Anonymus

Maronis

Anonymus

Maronis

ISBN/EAN: 9783741177385

Manufactured in Europe, USA, Canada, Australia, Japa

Cover: Foto ©Angelika Wolter / pixelio.de

Manufactured and distributed by brebook publishing software
(www.brebook.com)

Anonymus

Maronis

P. VIRGILII
MARONIS
OPERA.

INTERPRETATIONE ET NOTIS ILLUSTRAVIT

CAROLUS RUÆUS SOCIET. JESU

AD USUM SERENISSIMI DELPHINI.

EDITIO NOVA AUCTIOR ET EMENDATIOR,

Cui accessit Index accuratissimus, omnibus Numeris & Concordantiis absolutus,

Juxta Editionem tertiam Parisiensem Anno 1726.

TOMUS PRIMUS.

BASSANI, MDCCXCVI

PROSTANT
VENETIIS APUD REMONDINI.

SUPERIORUM PERMISSU.

PRÆFATIO.

FUIT iis hominibus, qui scripta veterum explanarunt, hoc in omni ætate familiare vitium, ut se primum, auctorem deinde suum, illustrandos ornandosque susceperint; eos, quorum scriberent gratia, nullo admodum in loco ac numero habuerint. Aut enim scribere otiosis videntur voluisse, quibus ad libelli intelligentiam interdum satis exigui multa & ~~magna commentationum volumina~~ placere possent; aut eruditis viris & maximarum rerum cognitione jam imbutis, qui levia & communia fastidirent. Qui vero primos juvenum conatus adjuvare non a sua dignitate alienum duceret, vix e tota Interpretum gente unus atque alter inventus est. Idcirco hanc partem, prope depositam a cæteris, tanto studiosius suscipi voluit, qui est ab Rege Christianissimo Serenissimi Delphini institutioni præpositus, Illustrissimus Montauserii Dux, quanto regii alumni indolem ad pernoscenda veterum opera propensiorem videbat: atque ut Princeps optimus prodesse jam tum inciperet suis, & orbis utilitati natum se intelligeret, hæc privatorum ejus studiorum qualiacumque subsidia, publica facere etiam visum est.

His ego auctoribus ac ducibus, in hac Virgilii explanatione, præter brevitatis nitorisque studium, id imprimis mihi proposui, publicis commodis, non meæ me laudi servire. Igitur versibus interpretationem, notas interpretationi subjeci. Et eum quidem interpretationis optimum esse duxi modum, primum ut esset continua; ne, dum omitto facilia, nonnulla etiam, ut fit, difficilia præterirem: tum ut expedita poeticis numeris versuum sententia redderetur, plano rectoque ordine, verbis totidem aliis; ut præter vim sensumque verborum, etiam eorum copia compararetur. In notis neglexi nihil, cujus in legendo Virgilio usus esse aliquis posset, nihil ad solam literaturæ ostentationem usurpavi.

Atque id quidem mihi a summis viris impositum quanta fide perfecerim, declarabit fructus, ut spero, non mediocris inde percipiendus. Quam sit autem scite prudenterque institutum, ex iisdem ipsis consilii auctoribus existimare jam nunc licet. Qui enim in informandis maximi Principis moribus tantam, non civilis modo militarisque prudentiæ, sed literatæ etiam sapientiæ vim præ se semper tulit, Carolus Sanctamauræus Montauserii Dux; potuitne ad eamdem sapientiam parum tutum ac facilem ipsi aditum aperire? Potuit ad veram erudi[illegible] præsidia conquirere vir divinis humanisque [illegible], Episcopus Condomiensis, Jacobus Benignus [illegible] monitis, auctoritati, prudentiæ non [illegible]issimus suas regnique sui spes omnes [illegible] cum curis meis consilia plerumque [illegible] Huetii, cujus in moderandis Serenissimi Principis studiis secundæ sunt partes. Is, cum & doctrinæ fama multum apud cæteros, & morum suavitate plus apud me aliquid posset; effecit amicitiæ suæ lenociniis, communicatis etiam [illegible] Virgilianis quibusdam suis, ne tanto me operi omnino imparem putarem.

De quo quid præter alios Interpretes præstiterim, facile intelliget, quisquis eos aliquando attigerit: quorum quidem errores notare nolim aperte, qui excusari meos spero. Sane opera non inutilis a me posita est in explicandis ex fide historiæ compluribus locis, obscuris prius, aut parum feliciter enodatis: advocata etiam interdum subsidia aliarum artium ac disciplinarum, ne Grammaticum egisse tantum dicerer: quibus tamen in singulis si cui videbor nimis presse strictèque versatus, cujusmodi querelæ jam ad me delatæ sunt; is me, non Geographum, aut Philosophum, aut Rhetorem, sed Virgilii Interpretem intelligat.

Hac quarta editione, tum alia multa, quæ primis curis exciderant, adjecta aut emendata; tum vero imprimis textus ipse Virgilii multis in locis, ex fide Nic. Heinsii, restitutus, cum ille novissimam editionem suam ex Mss. triginta diligentissime contexuerit. Cujus viri omnibus, qui litteras amant, luctuosa mors; memoria cara semper & jucunda futura est.

VI-

VITA

INCERTO AUCTORE,

Quem aliqui DONATUM *falso putant*.

PUblius Virgilius Maro parentibus modicis fuit, & praecipue patre Marone: quem quidam opificem figulum; plures, Magi cujusdam viatoris initio mercenarium, mox ob industriam generum tradiderunt: quem cum agricolationi reique rusticae & gregibus praefecisset socer, silvis coemundis & apibus curandis reculam auxit. Natus est, Cn. Pompeio Magno, & M. Licinio Crasso primum Coss. Iduum Octobrium die, in pago, qui Andes dicitur, qui est a Mantua non procul. Praegnans mater Maja, cum somniasset enixam se laureum ramum, quem compactum terrae coaluisse, & excrevisse illico in speciem maturae arboris, refertae variis pomis & floribus, cerneret: sequenti luce cum marito rus propinquum petens, ex itinere divertit, atque in subjecta fossa partu levata est. Ferunt infantem, ut fuit editus, nec vagisse, & adeo miti vultu fuisse, ut haud dubiam spem prosperioris geniturae jam tum indicaret. Et accessit aliud praesagium. Siquidem virga populea more regionis in puerperiis eodem statim loco depacta, ita brevi coaluit, ut multo ante satas populos adaequarit: quae arbor Virgilii ex eo dicta, atque consecrata est, summa gravidarum & foetarum religione, suscipientium ibi & solventium vota.

Initia aetatis, id est, usque ad septimum annum, Cremonae egit: & XVII. anno virilem togam cepit, illis Consulibus iterum, quibus natus erat. Evenitque ut eo ipso die Lucretius poeta decederet. Sed Virgilius Cremona Mediolanum, & inde paullo post Neapolim transiit: ubi cum litteris & Graecis & Latinis vehementissimam operam dedisset, tandem omni cura omnique studio indulsit Medicinae & Mathematicis. Quibus rebus cum ante alios eruditior peritiorque esset, se in urbem contulit: statimque magistri stabuli equorum Augusti amicitiam nactus, multos variosque morbos incidentes equis curavit. At Augustus in mercedem singulis diebus panes Virgilio, ut uni ex stabulariis, dari jussit. Interea a Crotoniatis pullus equi mirae pulchritudinis Caesari dono fuit missus, qui omnium judicio spem portendebat virtutis & celeritatis immensae. Hunc cum aspexisset Maro, magistro stabuli dixit, natum esse ex morbosa equa, & nec viribus valiturum, nec celeritate: idque verum fuisse inventum est. Quod cum magister stabuli Augusto recitasset, duplicari ipsi in mercedem panes jussit. Cum item ex Hispania Augusto canes dono

mit-

mitteretur, & parentes eorum dixit Virgilius, & animum celeritatemque futuram. Quo cognito, mandat iterum augmentari Virgilio panes.

Dubitavit Augustus, Octavii ne filius esset, an alterius: idque Maronem aperire posse arbitratus est, quia canum & equi naturam parentesque cognorat. Amotis igitur omnibus arbitris, illum in penitiorem partem domus vocat, & solum rogat, an sciat quisnam esset, & quam ad felicitandos homines facultatem haberet. Novi, inquit Maro, te Cæsarem Augustum, & ferme æquam cum Diis immortalibus potestatem habere scio, ut quem vis felicem facias. Eo animo sum, respondit Cæsar, ut si verum pro rogato dixeris, beatum te felicemque reddam. Utinam, ait Maro, interroganti tibi vera dicere queam. Tunc Augustus: Putant alii me natum Octavio: quidam suspicantur alio me genitum viro. Maro subridens: Facile, inquit, si impune licenterque quæ sentio loqui jubes, id dicam. Affirmat Cæsar jurejurando, nullum ejus dictum se ægre laturum: immo non nisi donatum ab eo discessurum. Ad hæc oculos oculis Augusti infigens Maro: Facilius, ait, in cæteris animalibus qualitates parentum Mathematicis & Philosophis cognosci possunt: in homine nequaquam possibile est. Sed de te conjecturam habeo similem veri, ut quid exercuerit pater tuus, scire possim. Attente expectabat Augustus quidnam diceret. At ille: Quantum ego rem intelligere possum, pistoris filius es, inquit. Obstupuerat Cæsar, & statim quo id pacto fieri potuerit, animo volvebat. Interrumpens Virgilius: Audi, inquit, quo pacto id conjicio. Cum quædam enuntiaverim prædixerimque, quæ intelligi scirique non nisi ab eruditissimis summisque viris potuissent, tu Princeps orbis iterum & iterum panes in mercedem dari jussisti: quod quidem aut pistoris, aut nati pistore, officium erat. Placuit Cæsari facetia. At deinceps, inquit Cæsar, non a pistore, sed a rege magnanimo dona feres. Illumque plurimi fecit, & Pollioni commendavit.

Corpore & statura fuit grandi, aquilino colore, facie rusticana, valetudine varia: nam plerumque ab stomacho & faucibus ac dolore capitis laborabat: sanguinem etiam sæpius ejecit. Cibi vinique minimi. Fama est eum libidinis pronioris in pueros fuisse; sed boni ita eum pueros amasse putaverunt, ut Socrates Alcibiadem, & Plato suos pueros. Verum inter omnes maxime dilexit Cebetem, & Alexandrum, quem secunda Bucolicorum ecloga Alexim appellat, donatum sibi ab Asinio Pollione. Utrumque non ineruditum dimisit: Alexandrum Grammaticum, Cebetem vero & poetam. Vulgatum est, consuevisse eum cum Plotia Hieria. Sed Asconius Pædianus affirmat, ipsum postea minoribus natu narrare solitum, invitatum quidem se a Vario ad communionem mulieris, verum se pertinacissime recusasse. Cætera sane vita, & ore, & animo, tam probum fuisse constat, ut Neapoli Partheniaa vulgo appellaretur: ac, si quando Romæ, quo rarissime commeabat, viseretur, in publico sectan-

tes

tes demonstrantesque se, subterfugere solitum in proximum tectum. Bona autem cujusdam exulantis, offerente Augusto, non sustinuit accipere. Possedit prope centies sestertium ex liberalitatibus amicorum. Habuitque domum Romæ in Exquiliis, juxta hortos Mæcenatis; quamquam recessu Campaniæ Siciliæque plurimum uteretur. Quæcumque ab Augusto peteret, repulsam nunquam habuit. Parentibus quotannis aurum ad abundantem alitum mittebat, quos jam grandis amisit: ex quibus, patrem oculis captum, & duos fratres germanos, Silonem impuberem, Flaccum jam adultum, cujus exitum sub nomine Daphnidis deflet. Inter cætera studia, ut supra diximus, Medicinæ quoque, ac maxime Mathematicæ operam dedit. Egit & causam unam omnino, nec amplius quam semel. Sermone tardissimum, ac pene indocto similem fuisse, Melissus tradidit.

Poeticam puer adhuc auspicatus, in Balistam ludi gladiatorii magistrum, ob infamiam latrociniorum obrutum lapidibus, distichon fecit:

Monte sub hoc lapidum tegitur Balista sepultus:
Nocte, die tutum carpe, viator, iter.

Deinde Catalecton, & Moretum, & Priapeia, & Epigrammata, & Diras, & Culicem, cum esset annorum quindecim: cujus materia talis est. Pastor fatigatus æstu, quum sub arbore obdormisset, & serpens ad illum progreteret e palude, culex provolavit, atque inter duo tempora aculeum fixit pastori. At ille continuo culicem contrivit, & visum serpentem interemit, ac sepulcrum culici statuit, & distichon fecit:

Parve culex, pecudum custos tibi tale merenti
Funeris officium vitæ pro munere reddit.

Scripsit etiam, de qua ambigitur, [illegible] inchoasset, offensus materia, & nominum asperitate, ad Bucolica transit: maxime ut Asinium Pollionem, Alphenum Varum, & Cornelium Gallum celebraret; quia in distributione agrorum, qui post Philippensem victoriam veteranis Triumvirorum jussu trans Padum dividebantur, indemnem se præstiterant. Deinde Georgica in honorem Mæcenatis edidit: cum sibi vix dum noto opem tulisset adversus Claudii veterani militis, vel ut alii putant, Arii Centurionis violentiam: a quo in altercatione litis agrariæ parum abfuit quin occideretur. Novissime autem Æneidem aggressus est, argumentum varium & multiplex, & quasi amborum Homeri carminum instar: præterea nominibus, ac rebus, Græcis Latinisque, commune; & in quo, quod maxime studebat, Romanæ simul urbis & Augusti origo contineretur. Cum Georgica scriberet, traditur quotidie meditatos mane plurimos versus dictare solitus, ac per totum diem retractando ad paucissimos redigere: non absurde carmen se ursæ more parere dicens, & lambendo demum effingere. Æneida prosa prius ora-

oratione formatam, digestamque in duodecim libros, particulatim componere instituit, ut quidam tradunt. Alii ejus sententiæ sunt, ut existiment eum, si diutius vixisset, quatuor & viginti libros usque ad Augusti tempora scripturum; atque alia quidem percursurum, Augusti vero gesta diligentissime executurum: quippe qui dum scriberet, ne quid impetum moraretur, quædam imperfecta reliquit: alia levissimis versibus scripsit, quos per jocum pro tigillis vel tibicinibus interponi a se dicebat, ad sustinendum opus, donec solidæ columnæ advenirent.

Bucolica triennio, Asinii Pollionis suasu, perfecit. Hic Transpadanam provinciam regebat: cujus favore, cum veteranis Augusti militibus Cremonensium & Mantuanorum agri distribuerentur, suos Virgilius non amisit. Facta enim distributione, suos, seu Claudio seu Ario datos, recuperavit. Hunc Pollionem maxime amavit Maro, & dilectus ab eo magna munera tulit: quippe qui invitatus ad cœnam, captus pulchritudine & diligentia Alexandri Pollionis pueri, eum dono accepit. Hujus Pollionis filium C. Asinium & Cornelium Gallum, oratorem clarum, & poetam non mediocrem, miro amore dilexit Virgilius. Is transtulit Euphorionem in Latinum, & libris quatuor amores suos de Cytheride scripsit. Hic primo in amicitia Cæsaris Augusti fuit: postea in suspicionem conjurationis contra illum adductus, occisus est. Verum usque adeo hunc Gallum Virgilius amarat, ut quartus Georgicorum a medio usque ad finem ejus laudem contineret; quem postea, jubente Augusto, in Aristæi fabulam commutavit.

Georgica septennio Neapoli: Æneida partim in Sicilia, partim in Campania undecim annis confecit. Bucolica eo successu edidit, ut in scena quoque per cantores crebra pronunciatione recitarentur. At cum Cicero quosdam versus audisset, & statim acri judicio intellexisset, non communi vena editos, jussit ab initio totam Eclogam recitari: quam cum accurate pernotasset, in fine ait, *Magnæ spes altera Romæ*; quasi ipse linguæ Latinæ spes prima fuisset, & Maro futurus esset secunda. Quæ verba postea Æneidi ipse inseruit.

Georgica, reverso ab Actiaca victoria Augusto, atque reficiendarum virium causa Atellæ commoranti, per continuum quatriduum legit, suscipiente Mæcenate legendi vicem, quoties interpellaretur ipse vocis offensione. Pronunciabat autem maxima cum suavitate, & lenociniis miris. Seneca tradidit, Julium Montanum poetam solitum dicere, involaturum se quædam Virgilio, si & vocem posset, & os, & hypocrisim: eosdem enim versus, eo pronunciante, bene sonare; sine illo inarescere, quasi mutos. Æneidos vix dum cœptæ tanta extitit fama, ut Sext. Propertius non dubitarit sic prædicare:

Cedite Romani scriptores, cedite Graii:
Nescio quid majus nascitur Iliade.

Augustus vero, cum tum forte expeditione Cantabrica abesset, & supplicibus

bus atque minacibus per jocum literis efflagitaret, ut sibi de Æneide, ut ipsius verba sunt, vel primas carminis hypographas, vel quodlibet colon mitteret, negavit se facturum Virgilius. Cui tamen multo post, perfecta demum materia, tres omnino libros recitavit: secundum videlicet, quartum, & sextum. Sed hunc præcipue ob Octaviam; quæ cum recitationi interesset, ad illos de filio suo versus, *tu Marcellus eris*, defecisse fertur: atque ægre refocillata, dena sestertia pro singulo versu Virgilio dari jussit. Recitavit & pluribus; sed neque frequenter, & ferme illa de quibus ambigebat, quo magis judicium hominum experiretur. Erotem librarium & libertum ejus, exactæ jam senectutis, tradunt referre solitum quondam in recitando eum duos dimidiatos versus complesse ex tempore; & huic, *Misenum Æolidem*, adjecisse, *quo non præstantior alter*. Item huic, *Ære ciere viros*, simili calore jactatum subjunxisse, *Martemque accendere cantu*: statimque sibi imperasse, ut utrumque volumini adscriberet.

Bucolica Georgicaque emendavit. Anno vero quinquagesimo secundo, ut ultimam manum Æneidi imponeret, statuit in Græciam & Asiam secedere, trienniοque continuo omnem operam limationi dare: ut in reliqua vita tantum Philosophiæ vacaret. Sed cum aggressus iter, Athenis occurrisset Augusto ab Oriente Romam revertenti, una cum Cæsare redire statuit. At cum Megara, vicinum Athenis oppidum, visendi gratia peteret, languorem nactus est: quem non intermissa navigatio auxit, ita ut gravior in dies, tandem Brundusium adventarit: ubi diebus paucis obiit, decimo Calend. Octobris, Cn. Plautio, & Q. Lucretio, Coss. Qui cum gravari morbo se se sentiret, scrinia sæpe & magna instantia petivit, crematurus Æneida: quibus negatis, testamento comburi jussit, ut rem inemendatam imperfectamque. Verum Tucca & Varius monuerunt, id Augustum non permissurum. Tunc eidem Vario ac simul Tuccæ scripta sub ea conditione legavit, ne quid adderent quod a se editum non esset, & versus etiam imperfectos, si qui erant, relinquerent. Voluit etiam ejus ossa Neapolim transferri, ubi diu, & suavissime vixerat: ac extrema valetudine hoc ipse sibi epitaphium fecit distichon:

Mantua me genuit: Calabri rapuere: tenet nunc
Parthenope: cecini pascua, rura, duces.

Translata igitur jussu Augusti ejus ossa, prout statuerat, Neapolim fuere, sepultaque via Puteolana, intra lapidem secundum: suoque sepulcro id distichon, quod fecerat, inscriptum est. Hæredes fecit ex dimidia parte, Valerium Proculum, fratrem ex altero patre: ex quarta Augustum: ex duodecima Mæcenatem: ex reliqua L. Varium, & Plotium Tuccam, qui ejus Æneidem post obitum, prout petiverat, jussu Cæsaris emendaverunt. Nam nullius omnino sententia crematu Æneis digna visa fuit, de qua re Sulpicii Carthaginiensis extant hujusmodi versus.

 Jus-

Jusserat hæc rapidis aboleri carmina flammis
Virgilius, Phrygium quæ cecinere ducem.
Tucca vetat, Variusque simul: tu, maxime Cæsar,
Non sinis, & Latiæ consulis historiæ.
Infelix gemino cecidit prope Pergamus igni,
Et pene est alio Troja cremata rogo.

Extant & Augusti de ipsa eadem re versus plures & clarissimi, quorum initium est:

Ergone supremis potuit vox improba verbis
Tam dirum mandare nefas? ergo ibit in ignes,
Magnaque doctiloqui morietur musa Maronis?

Et paullo post:

Sed legum servanda fides: suprema voluntas
Quod mandat, fierique jubet, parere necesse est.
Frangatur potius legum veneranda potestas,
Quam tot congestos noctesque diesque labores
Hauserit una dies .... Et ea quæ sequuntur.

Nil igitur auctore Augusto Varius addidit, quod & Maro præceperat: sed summatim emendavit: ut qui versus etiam imperfectos, si qui erant, reliquerit. Hos multi mox supplere conati, non perinde valuerunt: ob difficultatem, quod omnia fere apud eum hemistichia, præter illud, *Quem tibi jam Troja peperit*, sensum videntur habere perfectum. Nisus Grammaticus audisse se a senioribus dicebat, Varium duorum librorum ordinem commutasse; & qui tum secundus erat, in tertium locum transtulisse: etiam primi libri correxisse principium, his demptis versibus:

Ille ego, qui quondam gracili modulatus avena
Carmen, & egressus silvis, vicina coegi
Ut quamvis avido parerent arva colono;
Gratum opus agricolis: at nunc horrentia Martis
Arma virumque cano.

Obtrectatores Virgilio nunquam defuerunt, nam nec Homero quidem. Prolatis Bucolicis, innominatus quidam rescripsit Antibucolica, duas modo Eclogas, sed insulsissime παρῳδήσας, quarum prioris initium est:

Tityre, si toga calda tibi est, quo tegmine fagi?

Sequentis:

Dic mihi, Damœta, cujum pecus? anne Latinum?
Non; verum Ægonis: nostri sic rure loquuntur.

Alius, recitante eo ex Georgicis, *Nudus ara, sere nudus*, subjecit, *habebis frigora, febrem.*

Est & adversus Æneida liber Carbilii Pictoris, titulo Æneidomastix. M. Vi-

Vipranius eum a Mæcenate suppositum, appellabat novæ κακοζηλίας repertorem: dicebatque neque tumidum esse, neque exilem; sed communibus verbis opus illud confecisse. Herennius vitia ejus tantum contraxit, Petilius Faustinus furta. Sunt & Q. Octavii Aviti volumina: quibus annotatur, quos & unde versus transtulerit. Asconius Pædianus, libro quem contra obtrectatores Virgilii scripsit, pauca admodum ei objecta proponit: & potissimum quod non recte historiam contexuit, & quod pleraque ab Homero sumpsit. Sed hoc crimen sic defendere assuetum ait: Cur non illi quoque eadem furta tentarent? verum intellecturos, facilius esse Herculi clavam, quam Homero versum surripere. Et tamen destinasse secedere, ut omnia ad satietatem malevolorum decideret. Refert etiam Pædianus, benignum, cultoremque omnium bonorum atque eruditorum fuisse, & usque adeo invidiæ expertem, ut si quid erudite dictum inspiceret alterius, non minus gauderet ac si suum fuisset: neminem vituperare: laudare bonos: ea humanitate esse, ut nisi perversus maxime, quisque illum non diligeret modo, sed amaret. Nihil proprii habere videbatur. Ejus bibliotheca non minus aliis doctis patebat, ac sibi: illudque Euripidis antiquum sæpe usurpabat: *τὰ τῶν φίλων κοινὰ, communia esse amicorum omnia*. Quare coævos omnes poetas ita adjunctos habuit, ut cum inter se plurimum invidia arderent, illum una omnes colerent, Varius, Tucca, Horatius, Gallus, Propertius. Anser vero, quoniam Antonii partes sequutus est, illum non observasse dicitur. Cornificius ob perversam naturam illum non tulit. Gloriæ vero adeo contemptor fuit, ut cum quidam versus quosdam sibi adscriberent, eaque de re docti haberentur, non modo ægre non ferebat, immo voluptuosum id sibi erat. Cum enim distichon, quod laudem felicitatemque Augusti continebat, fecisset, valvisque non nominato auctore infixisset, id erat ejusmodi:

Nocte pluit tota, redeunt spectacula mane:
Divisum imperium cum Jove Cæsar habet:

diu quæritans Augustus, cujusnam hi versus essent, eorum auctorem non inveniebat. Bathyllus vero, poeta quidam mediocris, tacentibus aliis, sibi adscripsit. Quamobrem donatus honoratusque a Cæsare fuit. Quod æquo animo non ferens Virgilius, iisdem valvis affixit quater hoc principium: *Sic vos non vobis*. Postulabat Augustus ut hi versus complerentur. Quod cum frustra aliqui conati essent, Virgilius præposito disticho sic subjunxit;

Hos ego versiculos feci; tulit alter honores.
Sic vos non vobis nidificatis aves.
Sic vos non vobis vellera fertis oves.
Sic vos non vobis mellificatis apes.
Sic vos non vobis fertis aratra boves.

Quo cognito aliquandiu Bathyllus Romæ fabula fuit, Maro vero exaltatior:

Cum is aliquando Ennium in manu haberet, rogareturque quidnam faceret, respondit, se aurum colligere de stercore Ennii. Habet enim poeta ille egregias sententias, sub verbis non multum ornatis. Interroganti Augusto quo pacto feliciter civitas gubernaretur: Si, inquit, prudentiores temonem tenuerint, & boni malis præponantur: itaque optimi suos habeant honores, nulli tamen aliorum injusti quicquam fiat. At Mæcenas: Quid, inquit, Virgili, satietatem homini non affert? Omnium rerum, respondit, aut similitudo aut multitudo stomachum facit, præter intelligere. Idem interrogavit quo pacto quis altam feliceinque fortunam suam servare posset. Cui Maro: Si quantum honore ac divitiis aliis præstantior sit, tanto liberalitate & justitia alios superare nitatur. Solitus erat dicere, nullam virtutem commodiorem homini esse patientia, ac nullam asperam adeo esse fortunam, quam prudenter patiendo vir fortis non vincat. Quam sententiam in quinto Æneidos insuerit:

Nate Dea, quo fata trahunt, retrahuntque, sequamur:
Quicquid erit, superanda omnis fortuna ferendo est.

Cum quidam ejus amicus Cornificii in eum maledicta & inimicitias sibi narraret: Quam putas, inquit, esse hujusce malevolentiæ causam? nam neque unquam Cornificium offendi, & eum amo. An, inquit, Hesiodi sententiæ non meministi, ubi ait, architectum architecto invidere, & poetam poetæ? De malis, inquit, Græcus ille intellexit: nam boni eruditiores amant. Sed magna cum mea laude & gloria vindictam in manu habeo. Majore enim cura virtuti intendam: atque quo elegantior ego fiam, eo vehementius invidia rumpetur. Erat Augusto familiaris Filistus quidam, orator, & poesin mediocriter doctus, cui multiplex variumque ingenium erat; quique omnium omnia dicta reprehendere conabatur, non ut verum dignosceret, quod Socrates facere consuevit, sed ut eruditior videretur. Hic Virgilium, ubicumque convenire dabatur, maledictis salibusque vexabat. Quare ille sæpe, aut tacibundus discedebat, aut suffusus pudore tacebat. Verum cum Augusto audiente elinguem illum diceret, & causam etiam suam, si linguam haberet, defendere nequire: Tace, inquit, rabula. Nam hæc mea taciturnitas defensorem causarum mearum Augustum fecit, & Mæcenatem: & ea tuba, cum volo, loquor, quæ ubique & diutissime audietur. Tu loquacitate non modo aures hominum, sed muros rumpis. Augustus vero Filistum gravi vultu increpavit. Tunc Maro: Si tempus, Cæsar, inquit, tacendi hic sciret, raro loqueretur. Tacendum enim semper est, nisi cum taciturnitas tibi nocent, aut oratio aliis prosit. Nam qui contendit, & an contentionis finis utilis sit non novit, stultis illum annumerandum sapientes putant. Posteaquam Augustus summa rerum omnium potitus est, venit in mentem, an conduceret tyrannidem omittere, & omnem potestatem annuis Consulibus, & Senatui Rempublicam reddere. In qua re diversæ sententiæ consultos habuit Mæcenatem & Agrippam. Agrippa enim,

uti-

utile sibi fore, etiamsi honestum non esset, relinquere tyrannidem, longa oratione contendit; quod Mæcenas dehortari magnopere conabatur. Quare Augusti animus & hinc ferebatur & illinc. Erant enim diversæ sententiæ variis rationibus firmatæ. Rogavit igitur Maronem, an conferat privato homini se in sua republica tyrannum facere. Tum ille: Omnibus ferme, inquit, rempublicam aucupantibus molesta ipsa tyrannis fuit & civibus: quia necesse erat propter odia subditorum aut eorum injustitiam in magna suspicione magnoque timore vivere; sed si cives justum aliquem scirent, quem amarent plurimum, civitati id utile esset, si in eo uno omnis potestas foret. Quare si justitiam, quod modo facis, omnibus in futurum, nulla hominum facta compositione, distribues, dominari te, & tibi conducet, & orbi. Benevolentiam enim omnium ita habes, ut Deum te & adorent & credant. Ejus sententiam sequutus Cæsar, principatum tenuit. Audivit a Syrone præcepta Epicuri, cujus doctrinæ socium habuit Varum. Quamvis diversorum Philosophorum opiniones libris suis inseruisse, de animo maxime, videatur, ipse tamen fuit Academicus. Nam Platonis sententias omnibus aliis prætulit.

Hanc prestantissimi poetæ vitam, quod antiquissima sit, non omisi: quod tamen & scateat erroribus, & aliis fere omnibus locum errandi prœbuerit, ideo non esse absque censura proponendam existimavi. Quamobrem vitam aliam digessi per annos Urbis & Consules, quos cum annis Augusti Virgiliique contuli: ut ex ea comparatione series operum rerumque veritas certius innotesceret.

P. VIRGILII MARONIS

HISTORIA

DESCRIPTA PER CONSULES

A CAROLO RUÆO S. J.

Annus U. C. 684. *Virgilii* 1.

CN. POMPEIUS MAGNUS I.
M. LICINIUS CRASSUS I.

PUBLIUS Virgilius Maro nascitur in pago, cui nomen *Andes*, qui ter mille passibus Mantua distat, Idibus Octobris, qui dies est illius mensis decimus quintus. Ita vitæ scriptor. Ita Phlegon apud Photium: Οὐεργίλιος Μάρων ὁ ποιητὴς ἐγεννήθη τούτῳ τῷ ἔτει εἰδοῖς Ὀκτωβρίαις. *Virgilius Maro poeta natus est hoc ipso anno, Idibus Octobris*. Ita Martialis Epig. lib. 12. 68. *Octobres Maro consecravit Idus*. Patrem habuit, ex Pseudo-Donato, Maronem; ex Probo, Virgilium: matrem, Maiam. Pater, ex Servio, civis Mantuanus fuit; ex Probo, rusticus; ex aliis, opifex figulus; ex Pseudo-Donato, mercenarius, a socero Maio gregibus curandis & rei rusticæ præfectus.

Maium illum, avum Virgilii, exemplaria vitæ omnia *Magum* vocant. At cum ejus filia, Virgilii mater, juxta omnes *Maia* dicta sit; omnino Maiæ pater fuit Maius, non Magus: indeque ortum existimo, ut Virgilius magicis artibus imbutus fuisse creditus sit ab Elinando monacho aliisque sequioris sæculi scriptoribus, quod & Ecloga septima magica quædam sacra descripsisset, & peritus esset multarum artium, & præcipue avum habuisse *Magum* diceretur.

Virgilius, an *Vergilius* appellandus sit, magna fuit superiore sæculo controversia. Stabat Angelus Politianus pro Vergilio: pro Virgilio Pierius. Certe neque multitudo veterum lapidum ac monumentorum, quæ Vergilium præferunt, quicquam evincit; cum alia etiam complura Virgilium habeant: nec Græca Suidæ scriptio, Οὐεργίλιος; cum Stephanus scribat in dictione *Mantua* Βιργιλίου: nec etymon nominis a *Vere* aut *Vergiliis* stellis; cum alii deducant a *virga* laurea, quam prægnans mater in somnis vidit; alii a *virga* populea, quæ post ejus ortum more gentis humi defixa est; alii a *virginali* verecundia, propter quam Neapoli *Parthenias* appellatus est, a παρθένος *virgo*. Ego cum Pierio existimo, facilem aliquando & promiscuam fuisse commutationem elementorum *e* & *i*. Sic, teste Quintiliano, dicebatur apud veteres *Deana*, pro *Diana*; *Menerva*, pro *Minerva*; *leber* & *magester*, pro *liber* & *magister*. Sic reperitur adhuc in quibusdam codicibus *Verginius*, pro *Virginius*. Sic etiam scribi potuit *Vergilius*, pro *Virgilius*. Sed in iis omnibus litera *i* denique prævaluit.

Nec mihi videtur *Virgilii* nomen aliunde acceptum, quam a patre. Si enim fuit cognomen a *virga* aut *vere*, certe non secundo loco, sed tertio, quæ cognominis sedes est, appellandus fuit, P. MARO VIRGILIUS. Neque movet me, quod in quibusdam veteribus libris, *Partheniatis* cognomen secundo ferat loco, hoc nimirum ordine, PARTHENIATIS VIRGILII MARONIS LIBER; id enim ex scriptorum inscitia contra morem Romanum factum esse manifestum est.

An-

Annus U.C. 691. *Augusti* 1. *Virgilii* 8.

M. Tullius Cicero.
C. Antonius.

NAscitur Octavius, qui deinde Augustus appellatus est, 9. Kal. Oct. id est 23. Septemb. patre C. Octavio, matre Atia, M. Atii Balbi, & Juliæ illius filia, quæ Julii Cæsaris soror fuit. Quare Octavius fuit Cæsaris sororis nepos, non ex sorore nepos, ut male quidam scripserunt.

Annus U. C. 696. *Augusti* 6. *Virgilii* 13.

L. Calpurnius Piso.
A. Gabinius.

V*Irgilius Cremonæ studiis eruditur.* Ita Hieronymus in Eusebii Chronico. Aliter tamen vitæ scriptor: *Initia ætatis, id est, usque ad septimum annum, Cremonæ egit.* Quæ verba sic emendat Scaliger in Eusebium; *usque ad sedecimum annum*; quo fere anno Mediolanum concessit. Studia autem illius fuere Græci præcipue sermonis, tum medicinæ & mathematicarum disciplinarum: Philosophiæ quoque sub Syrone Epicureo, juxta Jos. Scaligerum sub Catio etiam Insubri, ejusdem sectæ Philosopho, qui Mediolani natus erat. Et in eo quidem studio socium habuit Varum illum, cujus gratia sextam Eclogam deinde scripsit, Epicureæ Philosophiæ placita de rerum origine continentem. De Syrone dicemus in illius Eclogæ argumento: de Varo in eadem Ecloga, v. 7.

Poesim imprimis dicitur auspicatus adhuc puer: & *Cirim*, *Ætnam*, *Culicem*, *Moretum*, *Copam*, *Diras*, *Catalecton*, *Epigrammata*, *Priapeia* junior scripsisse. At Jos. Scaliger, & post eum docti fere omnes *Ætnam* Cornelio Severo adjudicant: *Moretum*, Auli Septimii Severi esse idem suspicatur: *Diras*, quin a Valerio Catone scriptæ sint, ne dubitari quidem patitur: *Copam* Virgilio tribuit Priscianus, sed reclamante Scaligero; *Priapeia*, obscœnissimam epigrammatum farraginem, ex Ovidii, Catulli, Petroniique fæcibus collecta esse manifestum est. In *Catalectis* & *Epigrammatis*, ut multa sunt indigna Virgilio, propter maledicos & inverecundos sales: ita paucula quædam eodem adolescente digna possunt videri. *De Ciri & Culice* major est controversia.

Ac Virgilii quidem esse hoc utrumque opusculum sumserunt multis versus utrique complures aspersi, qui in Georgicis & Æneide, aut iidem omnino, aut paulo accuratius limati reperiuntur. Non esse autem, mihi persuadet stylus enervis ac vagus, obscura sententia, numeri dissoluti; prorsus ut qui tam sordide humilis fuit, non videatur potuisse unquam ad perspicuam illam Bucolicorum tenuitatem, multo minus ad splendidam Æneidos majestatem assurgere. Bene quidem Scaliger falsum demonstrat, id quod in vita Virgilii legitur, scripsisse Culicem, quicumque tandem Culex ille sit, annos quindecim natum. Quippe Statius in Genethliaco Lucani Silv. l. 2. v. 74. testatur Lucanum scripsisse Pharsaliam, *ante annos Culicis Maroniani*. At Lucanus post multa opera ultimam condidit Pharsaliam, eamque magna ex parte inemendatam reliquit, anno quo mortuus est ætatis vigesimo septimo. Addo ego, Culicem hunc, quem habemus, Octavio dicatum esse. At Octavius tum, cum numeraret Virgilius annum decimumquintum, ipse tantum octavum attigerat: qua ætate, nec ipsi poemata dicari, nec ea dici de ipso potuerunt; *At tu, cui meritis oritur fiducia tantis*; aut ut habent codices alii, *At tu, cui meritis oritur fiducia castris, Octavi venerande*. Igitur scriptum fuisse Culicem probabile est, cum Octavius aliquo in nomine cœpit esse: circa id temporis, quo donatus a Julio Cæsare militaribus donis, cum in Hispaniensia castra secutus est, anno U. C. circiter 709. Octavii 19. Virgilii 26. Quod quis credat? Virgilium ab illa Culicis exilitate ita repente convaluisse, ut anno post tertio quartove Bucolica scribere tam æquabili & vivido & puro nitore inceperit. His adducor ut putem, insulsum illum Culicem, quem habemus præ manibus, ab inepto aliquo posteriorum ætatum scriptore fictum esse; qui cum apud veteres laudari passim videret juvenilem Maronis Culicem, amissum illum vitio temporum restituere per ludum aut

per

per summam audaciam voluerit, quomodo deinceps a levissimis scriptoribus multa malitiose conficta sunt, ut Cornelii Galli elegiæ, & nuper Petronii fragmentum.

Idem esto de *Ciri* judicium, quam Ovidii tempore posteriorem esse indicat Scyllæ, patris & patriæ ruinam meditantis, cum nutrice colloquium; locus omnino exaratus ad similitudinem illius colloquii, quod habet Myrrha patris amore insaniens, cum nutrice item sua, Metam. l. 9. Nec abstinet Scyllæ nutrix ab exemplo ipsius Myrrhæ proferendo, ut plane existimem auctorem illum Virgilianæ Ciris, ad Myrrham Ovidianam inter scribendum oculos intendisse. Non est igitur audiendus Scaliger, cum Cirim illam ipsam ultimum esse statuit opus Virgilii, etiam Æneide posterius: quanquam enim fusum est feliciore vena, quam Culex; tamen jacent in eo multa, multa horrent, niteat quam paucissima: nec a Virgilio senescente, & æquo rerum suarum æstimatore scribi tantillo in poematio potuit; *Accipe dona meo multum vigilata labore*; nec Virgilium juvenem, & Bucolica, Georgica, Æneida meditantem, tantum rei poeticæ jam tum ceperat tædium, ut in hoc tam levi opere desinere non dubitaret: *in quo jure meas utinam requiescere Musas, & leviter blandum liceat deponere morem*. Nec juvenis itaque, nec senex Virgilius Cirim scripsit.

Annus U. C. 699. *Aug.* 9. *Virg.* 16.

CN. POMPEJUS MAGNUS 2.
M. LICINIUS CRASSUS 2.

VIrilem togam sumpsisse dicitur Virgilius apud Pseudo-Donatum, anno ætatis 17. iisdem illis Consulibus, quibus natus erat. Idipsum agnoscit Scaliger, sed minus considerate. Neque enim ab Idibus Octobribus primi Pompejani Consulatus, ad Idus Octobres secundi, completos annos reperio plures quam quindecim. Si ergo Virgilius toga virili donatus est Pompeio & Crasso secundum Coss. id anno Virgilii aut decimoquinto completo, aut decimosexto ineunte contigit. Sin ad usque decimum septimum ineuntem recedendum est, annus is fuit U. C. 700. Consules, L. Domitius Ænobarbus, & Ap. Claudius Pulcher. Si denique decimus septimus completus requiritur, annus fuit U. C. 701. Consules, Cn. Domitius Calvinus, & M. Valerius Messala, quem annum consignat his verbis Hieronymus in Eusebio: *Virgilius sumpta toga Mediolanum transgreditur*.

Et vero, etsi Romano jure pueritia anno 17. finiretur, tumque sumeretur toga pura seu virilis: tamen pro arbitrio tempus illud aliquando immutatum reperimus. Augustus ex Suetonio togam sumpsit anno 16. Caligula ex eodem anno 20. M. Antoninus Philosophus ex Julio Capitolino anno 15.

An. U. C. 708. *Augusti* 18. *Virgilii* 25.

C. JULIUS CÆSAR 3.
M. ÆMILIUS LEPIDUS 1.

JUlius Cæsar mense Octobri quater triumphat, de Gallia, de Asia, de Ægypto, de Africa. Octavius, sororis ejus nepos, *militaribus donis triumpho Cæsaris Africano donatus est, quanquam expers belli propter ætatem*. Suetonius in Augusto, 8.

An. U. C. 709. *Aug.* 19. *Virgilii* 26.

C. JULIUS CÆSAR 4. *solus*.

CÆsar proficiscitur in Hispanias adversus Pompeii magni liberos. Octavius *vixdum firmus a gravi valetudine, per infestas hostibus vias, paucissimis comitibus, naufragio etiam facto, avunculum subsecutus magnopere demeruit*. Suetonius ibid. Cæsar redux sub initium Octobris triumphat quintum de Hispaniis.

An. U. C. 710. *Aug.* 20. *Virg.* 27.

C. JULIUS CÆSAR 5.
M. ANTONIUS.

CÆsar expeditionem destinans in Parthos, Octavium præmittit Apolloniam. Ibi ille, dum studiis vacat, audit Cæsarem in Senatu occisum esse Idibus Martiis, se ab eo in nomen & familiam ado-

adoptatum. Romam redit, sed adversante M. Antonio Consule, adjungit se optimatibus, quos ei infensos sciebat.

An. U. C. 711. *Aug.* 21. *Virg.* 28.

C. Vibius Pansa.
A. Hirtius.

OCtavius mittitur cum Consulibus adversus M. Antonium, qui Decimum Brutum Mutinæ obsessum tenebat. Solvitur obsidio: Consules tamen bello pereunt. Fit agrorum aliqua inter milites divisio per decemviros, in quibus erat Cicero. Octavius armata manu Romam ingressus, Consulatum mortuo Pansa tunc vacuum, ab invito Senatu extorquet 14. Kal. Septembr. seu 19. Augusti, ante annum ætatis vigesimum expletum. Inito Consulatu statim in nomen & bona Cæsaris lege transiit, vocatusque est deinceps ab omnibus, Dione teste l. 46. C. JULIUS CÆSAR OCTAVIANUS. Paullo post, nempe 27. Novembris, ipse ac M. Antonius & M. Æmilius Lepidus, Triumviros se reipublicæ constituendæ in quinquennium renunciant, magistratus absque Senatus & Populi consilio designant in idem tempus, proscriptionem inimicorum suorum indicunt, qua Cicero 7. Decembris occisus est.

Hinc erroris arguuntur, qui volunt Eclogam Virgilii sextam Romæ auditam a Cicerone fuisse in theatro, cum a Cytheride mima cantaretur: eumdemque Romanæ eloquentiæ principem, ad suam & novi poetæ laudem exclamasse: *Magnæ spes altera Romæ*: quæ verba deinceps Virgilius in Æneida retulerit. Tum enim, cum Cicero occisus est, Eclogas scribere nondum Virgilius cœperat, necdum venerat Romam; sed adhuc, aut Mediolani, aut in rure suo versabatur, ut mox deinde ostendemus.

An. U. C. 712. *Aug.* 22. *Virg.* 29.

L. Munatius Plancus.
M. Æmilius Lepidus 2.

KAlendis Januariis Triumviri, inter cæteros Julio Cæsari habitos honores, sacellum ipsi dedicant in foro, ejus simulacrum ludis Circensibus cum Veneris simulacro circumferendum decernunt. Hinc Octavianus se *Divi filium* appellavit. Circa Novembrem pugnatur ad Philippos in Macedonia, pereuntque Cassius & Brutus, duobus prœliis, mensis fere unius intervallo dissitis, ex Plutarcho. M. Antonius abit in Asiam: Octavianus in Italiam redit, ut agros suis Antonianisque veteranis dividat.

An. U. C. 713. *Aug.* 23. *Virg.* 30.

L. Antonius.
P. Servilius Isauricus.

FIt agrorum divisio, ex optimis quibusque urbibus Italiæ, ejectis per vim dominis, non iis tantum, qui contra Triumviros steterant, sed etiam aliis, ut habent Appianus & Dio. Fulvia M. Antonii uxor, & Lucius Antonius Consul Marci frater, cum divisionis illius administrationem & gratiam apud milites derivare ad se non potuissent, veterum possessorum querelis in speciem commoti, bellum in Octavianum suscitant. Asinius Pollio, M. Antonii singularis amicus, Galliam Cisalpinam interim copiis tenet, & Alpium transitum Octaviani Legionibus intercludit, ut constat ex Appiano lib. 5. Idem Lucio Perusiæ obsesso suppetias ferre frustra conatus, sub anni sequentis initium dedita Perusia, cum septem Legionibus Venetiam, in qua regione Mantua est, in potestate Antonii diu retinet, ut testatur Vellejus.

Atque hæc illa est Agraria largitio, qua Virgilius Andino patrimonio suo mulctatus est. Neque enim est, cur Corradus calamitatem illam accidisse poetæ suspicetur decemvirali illa divisione, quæ Mutinense bellum sequuta est, cui intererat Cicero: tum enim levis erat ac fere nulla Romæ Octaviani auctoritas, ut optimates & ipse Cicero de eo occidendo cogitarent. Quare Virgilius dicere tum de illo non potuit id Ecl. 1. *Deus nobis hæc otia fecit*: neque istud: *Hic illum vidi juvenem, Melibœe, quotannis bis senos cui nostra dies altaria fumant*: potuit vero hac Philippensi divisione; cum se jam Octavianus *Divi Julii* filium appellaret, summaque polle-

le-

lere triumviratus auctoritate. Multo minus ferendi Probus & Pomponius Sabinus, qui id ad Actiacam divisionem rejiciunt, & annum U. C. 723. Cum enim e plerisque omnibus Virgilianæ vitæ Scriptoribus certum sit, Bucolica triennio esse perfecta; certum item, ut mox demonstrabitur, Eclogam quartam anno U. C. 714. Pollione Consule esse editam: certum id quoque habendum est, spatium illud triennii circa Consulatum Pollionis omnino esse numerandum. Adde quod idem ipse Pomponius Virgilium dicat edidisse Bucolica anno ætatis 23. aut 24. Probus & Pardianus, anno 28. Servius, anno 29. Atqui divisionis Actiacæ tempore annos numerabat plenos atque integros novem ac triginta, quod incuriam Scriptorum ejusmodi manifestam facit.

Igitur sic statuo, Virgilium Asinio Pollioni, cum in Gallia Cisalpina & Venetia, cujus pars est ager Mantuanus, cum imperio versanti, sive per Varum, quocum philosophiæ studuerat, sive per Cornelium Gallum, sive per seipsum innotuisset: per Pollionem commendatum esse Mæcenati: per hunc ad Octaviani gratiam irrepsisse. Quamquam enim tunc diversarum erant partium Mæcenas & Pollio: similitudo tamen studiorum & æqua probitatis fama sic utrumque sociabat, ut anno proxime sequente administri Brundusinæ pacis una adhibiti sint. Certe Pollionis in Virgilium priora fuisse merita, Mæcenatis potiora, vel ea res probat, quod prior a Virgilio gratia Pollioni, major Mæcenati relata sit: Ecloga unica mox in illius honorem edita; Georgicis deinde libris quatuor hujus nomini nuncupatis.

Fretus ea commendatione Virgilius, agros ut reciperet suos, Romam sub anni hujus initio primum venit. Quidni enim Virgilio de se fides habeatur? At Ecloga prima sub Tityri persona testatur, sibi ante amissos agros Romam ignotam fuisse: *Urbem quam dicunt Romam, Melibœe, putavi Stultus ego huic nostræ similem, &c.* Se libertatis obtinendæ gratia eo profectum: *Et quæ tanta fuit Romam tibi causa videndi? Libertas, &c.*

Eam ob rem inter fabulas puto quicquid habet vitæ Scriptor de ejus ad Octaviani gratiam aditu, quod magistro stabuli carus primum fuerit, quod panes eidem ut uni e stabulariis in singulos dies dari, quod Octavianus, de genere ac patre suo aliquando sollicitus, consuluerit ea de re stabularium Maronem, ejusque opera speraverit patrem se posse suum certo intelligere, quia is de canum equorumque genere ac parentibus scire interdum respondebat. Fuerit enimvero Maroni singularis illa, quam reipsa fuisse libri Georgici declarant, rei veterinariæ peritia; fuerint hæc omnia, quæ narrantur, temporum rationi accommoda, ut minime sunt: quis tantum Octaviani fuisse stuporem credat, ut veterinariæ medicinæ eam esse vim sibi persuaderet; aut tantam Romani moris inscitiam, ut se *regem magnanimum* appellaret? aut ipsi Virgilio tantam futurorum eventuum notitiam, ut Octavianum *Augusti* nomine appellaret, ante annos minimum quatuordecim, quam esset honorifica illa appellatio ejus in gratiam instituta? Quid? jocus ipse quam insulsus: Pistoris filium sibi Octavianum videri, quod panes liberaliter erogaret. Cui fabulæ locum puto præbuisse quod apud Suetonium legitur: Antonium Octaviano inter cætera probra solitum objicere, quod proavum haberet pistorem.

Hoc itaque anno scripta est Ecloga prima, qua poeta suam in agro recuperando felicitatem sub Tityri nomine repræsentat. Proinde exorsus est Bucolica, cum annum decurreret nonum ac vigesimum: necdum Idus Octobres attigisset, quo tempore trigesimum erat ingressurus. Statimque Roma profectus Mantuam, novosque possessores conatus ex agro ejicere, Arium nempe Centurionem, aut primipilarem Milienum Toronem, aut veteranum Claudium; ab eo, quisquis fuerit, male habitus, ægre vitæ suæ consuluit, Mincio natatu trajecto. Romam regressus, ut vim novo Octaviani edicto reprimeret, Eclogam, quæ ordine nona legitur, obtulisse videtur Varo, apud Octavianum gratioso, quasi libellum supplicem indicemque calamitatis; eamque, ut res urgebat, subitario impetu e variis carminum, quæ meditabatur, fragmentis concinnasse: quod legenti persuasum fore facile confido.

Annus U. C. 714. *Aug.* 24. *Virg.* 31.

CN. DOMITIUS CALVINUS.
C. ASINIUS POLLIO.

OCtavianus Lucium Antonium urbemque Perusiam deditione accipit. Marcus in Italiam veniens, maximo belli metu facto, Brundusii pacem cum Octaviano componit; administris ex parte Octaviani, Mæcenate; ex parte Marci, Pollione. Octavia soror Octaviani, mortuo Marcello priore viro, Marco Antonio conjux datur. Redeunt Romam Triumviri; sed Sexto Pompejo Magni filio mare Siculum infestis navibus obtinente, fames in urbe sæviens urbem in Triumviros concitat. Octavianus & Antonius, a plebe tantum non laniati, de pace cum S. Pompejo conveniunt ad Puteolos, in litore Campaniæ. Ita compositis rebus, lætitia communis & rerum omnium copia in urbem redit. Decedunt e magistratu Consules, Calvinus & Pollio, in paucos qui supererant anni hujus dies, more illorum temporum. Antonius exercitus sui partem, ut per hyemem exerceret, mittit adversus Parthinos, gentem Illyricam, & olim Bruti Cassiique studiosam; expeditionemque Pollioni suo committit; ut colligitur ex ejus triumpho de Parthinis anno proxime consequente.

Virgilius, cum filius Pollioni natus esset, ejus genethliacon canit Ecloga quarta, antequam Pollio magistratum abdicasset; nam v. 11. *Teque adeo decus hoc ævi, te consule inibit Pollio*, post Brundusinam pacem Pollionis opera constitutam, nam v. 17. *Pacatumque reget patriis virtutibus orbem*; post pacem etiam Puteolanam, invecta scilicet in urbem abundantia, nam v. 11. *Ipsa lacte domum referent distenta capellæ Ubera*, *&c.* Igitur sub extremos anni dies. Parum enim sana fuisset illa ætatis aureæ promissio, imminente aut Brundusini belli, aut Pompejanæ famis metu.

Annus U. C. 715. *Aug.* 25. *Virg.* 32.

L. MARCIUS CENSORINUS.
C. CALVISIUS SABINUS.

POllio bellum adversus Parthinos feliciter gerit: de quibus triumphum agit 8. Kal. Novembris.

Dum inde Pollio Romam redit ad triumphum, perlustratque Illyrici & Venetiæ litora, Virgilius Eclogam octavam componit, ubi perstringit bellicas ejus laudes, v. 6. *Tu mihi, seu magni superas jam saxa Timavi, Sive oram Illyrici legis æquoris, &c.*

Nec procul ab eo tempore, nempe circa medium Octobrem, videtur scripta etiam illa, quæ ordine tertia legitur: cum scilicet victimæ & sacra triumphalia pro Pollionis victoria pararentur. Ideo commendat poeta, ut vituli taurique Pollioni pascantur v. 84. *Pollio amat nostram, quamvis sit rustica, Musam: Pierides, vitulum lectori pascite vestro. Pollio & ipse facit nova carmina: pascite taurum; &c.* Quam si quis levem conjecturam putet, de illa non admodum pugnabo mecum ut sentiat.

Annus U. C. 716. *Aug.* 26. *Virg.* 33.

APPIUS CLAUDIUS PULCHER.
C. NORBANUS FLACCUS.

BEllum inter Octavianum & S. Pompejum renovatur, adversa primum Octaviani fortuna.

Virgilius Bucolicis finem imponit, postquam ea triennio ante incepisset. Tunc ergo scripta est Ecloga, quæ decima numeratur, quam hic ipse consignat nota: *Extremum hunc Arethusa mihi concede laborem*. Cæteræ, quas hic omisimus, quo tempore scriptæ sint, nihil certo indicat.

Annus U. C. 717. *Aug.* 27. *Virg.* 34.

M. VIPSANIUS AGRIPPA I.
L. CANINIUS GALLUS.

DUM adversus S. Pompejum Octavianus bellum instaurat, orditur Virgilius Mecænatis suasu Georgica, quæ septem annis consequentibus exsequitur, maxima ex parte Neapoli.

Annus U. C. 718. *Aug.* 28. *Virg.* 35.

L. GELLIUS POPLICOLA.
M. COCCEIUS NERVA.

S. Pompejus ab Octaviano navali pugna vincitur. Octavianus divinis ho-

honoribus coli nunc primum incipit: ut habet Appianus lib. 5. *Civil.* M. Antonius, re adversus Parthos male gesta, concedit in Ægyptum ad Cleopatram; ubi se luxui & voluptatibus tradit.

Annus U. C. 719. *Aug.* 29. *Virg.* 36.

L. Cornificius.
S. Pompejus S. F.

S. Pompejus fuga se recipit ad Antonium, ejusque jussu in Phrygia occiditur a Titio. Octavianus victor inter Deos tutelares oppidatim consecratur, cum jam annos 28. exegisset, ut habet diserte Appianus lib. 5.

Quicquid ergo hactenus de divinitate Octaviani apud Virgilium reperitur, id ab eo dictum, aut per adulationem, aut quia jam inde ab anno 712. *Divi Julii* se filium appellabat.

Annus U. C. 720. *Aug.* 30. *Virg.* 37.

M. Antonius 2.
L. Scribonius Libo.

An. U. C. 721. *Aug.* 31. *Virg.* 38.

C. Cæsar Octavianus 2.
L. Volcatius Tullus.

Annus U. C. 722. *Aug.* 32. *Virg.* 39.

Cn. Domitius Ænobarbus.
C. Sosius.

HIS annis tribus jacta sunt belli semina Octavianum inter & Antonium.

Annus U. C. 723. *Aug.* 33. *Virg.* 40.

C. Cæsar Octavianus 3.
M. Valerius Messala.

DEbellatur apud Actium, Epiri promontorium, 2. Septembris, M. Antonius ab Octaviano, cum immensis auxiliis, quæ ex Armenia, Media, Ægypto, Arabia, India, totaque ferme Asia collegerat. Mox in Ægyptum cum Cleopatra bellum reparaturus fugit.

Annus U. C. 724. *Aug.* 34. *Virg.* 41.

C. Cæsar Octavianus 4.
M. Licinius Crassus.

REversus in Italiam Octavianus, ut quartum Consulatum acciperet, obvium habet Brundusii Senatum, a quo Consul renunciatur: ibique dies, juxta Suetonium, septem & viginti, juxta Dionem triginta cum substitisset; inde statim abit in Asiam, ubi reliquam hyemem traducit, instruendo belli Ægyptii apparatu.

Falsum igitur, quod in vita Virgilii legitur: hunc Cæsari ex Actiaco bello reduci, & ad reficiendas vires Atellæ, quæ urbs est Campaniæ, commoranti, legisse Georgica, Mæcenate suscipiente legendi vices, quoties is vocis offensione interpellaretur. Aut id si verum est, non post Actiacum bellum, sed post Ægyptium necesse est accidisse.

Alexandriam, Ægypti regiam, Octavianus capit, mense Sextili, qui deinde Augustus appellatus est. Tum Cleopatræ & Antonii obitu solus universi orbis potitus imperio: primum Ægypti præfectum, sub procuratoris nomine, instituit Cornelium Gallum, eum, de quo decima Ecloga scripta est. Inde Octavianus per Syriam in Asiam revertitur, ibidemque hyemat non longe ab Euphrate: tum Tiridatem & Phraatem de regno Parthiæ contendentes victoriæ suæ terrore composuit: tum denique divinos honores affectavit palam, permisitque sibi templa exstrui Nicomediæ, Pergami, &c. Quæ omnia contigere per hyemem anni hujus, ex Dione lib. 51.

Interim Virgilius Neapoli ultimam Georgicis manum & clausulam adhibebat his verbis: *Hæc super arvorum cultu pecorisque canebam, Et super arboribus: Cæsar dum magnus ad altum Fulminat Euphratem bello, victorque volentes Per populos dat jura, viamque affectat Olympo. Illo Virgilium me tempore dulcis alebat Parthenope, &c.* Idem tunc prioribus libris quosdam attexuit versus, hujus ipsius anni & Ægyptiacæ victoriæ indices: ut G. 2. 171. *Te, maxime Cæsar, qui nunc extremis Asiæ jam victor in oris Imbellem avertis Romanis arcibus Indum.* Item G. 3. 28. *Atque hic undantem*

tem bello, magnumque fluentem Nilum, & navali surgentes ære columnas: Addam urbes Asiæ domitas, pulsumque Niphatem, &c. Qua eadem hyeme statim animum ad Æneida convertit, eamque per annos undecim executus est, ut communiter vitæ Scriptores habent.

Annus U. C. 725. *Aug.* 35. *Virg.* 42.

C. CÆSAR OCTAVIANUS 5.
S. APPULEJUS.

CÆsar Romam reversus ter triumphat Sextili mense; de Dalmatis, de Macedonia & Actio, de Cleopatra & Ægypto. Atque ita pace per universum orbem Romanum constituta, templum Jani claudit tertium a Romulo. Quod inseruit Virgilius Æneidos libro primo, quem tunc habebat in manibus, v. 295. *Aspera tunc positis mitescent secula bellis, Claudentur belli portæ, &c.*

Eodem anno Censuram exercet Cæsar, & Collegam sibi assumit M. Agrippam: quo in munere ad expurgandos ordines Reipublicæ, moresque ambo multa fecerunt. Id quoque significat Virgilius eodem libro v. 296. *Cana fides & Vesta, Remo cum fratre Quirinus, Jura dabunt.*

Dicitur & hoc anno Cæsar deliberasse de imperio deponendo, eaque de re consultores adhibuisse Mæcenatem & Agrippam. Et suadebat quidem Agrippa deponendum: negabat Mæcenas, cujus consilio obsecutus est. Id vero perquam absurdum, quod si esset, non fuisset a solo Pseudo-Donato, sed a gravissimis etiam Historicis memoratum: Maronem nempe ab Cæsare vocatum etiam in consilium, Mæcenati assensum esse, nutantemque principis animum assensu hoc suo confirmasse.

Annus U. C. 726. *Aug.* 36. *Virg.* 43.

C. CÆSAR OCTAVIANUS 6.
M. VIPSANIUS AGRIPPA 2.

CÆsar perfecta hoc anno Censura, solemnibus sacrificiis Romano more lustrum condit: ludos Actiacos quinquennales, ad æternam victoriæ suæ memoriam a se prius institutos, primum exhibet, nobilium puerorum equestri decursione & gymnica exercitatione præcipue insignes, ex Dione l. 51. & 53. Quæ omnia sub Æneæ persona repræsentat Virgilius l. 3. v. 279. *Lustramurque Jovi, votisque incendimus aras, Actiaque Iliacis celebramus litora ludis: Exercent patrias oleo labente palæstras Nudati socii, &c.*

Annus U. C. 727. *Aug.* 37. *Virg.* 44.

C. CÆSAR OCTAVIANUS 7.
M. VIPSANIUS AGRIPPA 3.

AUgusti nomine donatur Octavianus a Senatu, Munatii Planci sententia, Januario mense.

Annus U. C. 728. *Aug.* 38. *Virg.* 45.

C. CÆSAR AUGUSTUS 8.
T. STATILIUS TAURUS 2.

COrnelius Gallus, amicus Virgilii, primus Ægypti procurator ab Augusto constitutus, ob multa ibidem violenter acta eidem invisus, & a Senatu damnatus, seipsum interficit. Ajunt ejus laudes fuse a Virgilio fuisse celebratas Georg. lib. 4. indeque post ejus necem jussu Augusti sublatas, & Aristæi fabulam earum loco substitutam. Sed fidem ii apud me non faciunt: tum quod Aristæi fabula sic cum apum cultura connexa est, ut nata e re ipsa, non huic attexta videatur: tum quod Virgilius tantam operis partem laudando Gallo minime debuit tribuisse, qui non nisi pauculos versus Mæcenati dederat suo, cui totum ipsum opus dedicabat: tum quod Augustus ipse, qui Suetonio teste Inverat Galli necem, non ita videtur infestus ejus fuisse memoriæ, ut inanes ei laudes inviderct.

Annus U. C. 729. *Aug.* 39. *Virg.* 46.

C. CÆSAR AUGUSTUS 9.
M. JUNIUS SILANUS.

AUgustus movet expeditionem in Cantabros: qua dum abesset, supplicibus, ut Pseudo-Donatus ait, minacibusque

que literis partem Æneidos aliquam efflagitat a Virgilio, nec obtinet. Virgilianæ ad Augustum epistolæ fragmentum profert Macrobius Saturn. l. 1. c. ultimo: *Ego vero frequentes a te literas accipio... De Ænea quidem meo, si mehercule jam dignum auribus haberem tuis, libenter mitterem. Sed tanta inchoata res est, ut pene vitio mentis tantum opus ingressus mihi videar: cum præsertim, ut scis, alia quoque studia ad id opus, multoque potiora impertiar.*

Annus U. C. 730. *Aug.* 40. *Virg.* 47.

C. CÆSAR AUGUSTUS 10.
C. NORBANUS FLACCUS.

MArcellus, Octaviæ sororis Augusti filius, fit Ædilis, annos natus 18. Quintilius Cremonensis, Virgilii & Horatii familiaris, moritur, ex Hieronymo in Euseb. Horatius de hujus obitu Virgilium consolatur, Od. l. 1. 24. Hunc Grammatici, nullo veteri auctore, *Varum* appellant. Sed Quintilium Cremonensem, a Quintilio Varo debere distingui, ostendemus Ecl. 6. v. 7.

Annus U. C. 731. *Aug.* 41. *Virg.* 48.

C. CÆSAR AUGUSTUS 11.
CN. CALPURNIUS PISO.

MOritur Marcellus, anno circiter ætatis 20. maximo Augusti & Octaviæ totiusque populi Romani luctu, apud Bajas. Corpus ejus ingenti pompa crematur in campo Martio. Virgilius non multo post sextum Æneidos librum perficit, ornatque pulcherrimis de Marcelli obitu ac funere versibus; quos cum recenti adhuc dolore Augusto recitaret, dicitur Octavia defecisse, & pro singulis hujus argumenti versibus poetæ dena sestertia jussisse numerari.

Tiridates, Armeniæ rex, cui cum Phraate Parthorum rege male conveniebat, Romæ ab Augusto excipitur. Quo tempore accidit, quod innuit Dio, ut captivos & signa, bellis superioribus Romanis crepta, Augustus a Partho repeteret. Hæc Virgilius, cum in Parthicum bellum vergere tum suspicaretur, inseruit libro septimo, cui tunc dabat operam, v. 604. *Sive Getis inferre parat lacrymabile bellum*, &c. *Seu tendere ad Indos, Auroramque sequi, Parthosque reposcere signa. Sunt geminæ belli portæ*, &c. Igitur annis minus quatuor, sex fere ultimos operis libros poeta perfecit: nec vero tanta in iis elucet, quanta in superioribus, cura.

Annus U. C. 732. *Aug.* 42. *Virg.* 49.

M. CLAUDIUS MARCELLUS.
L. ARRUNTIUS.

SUb anni hujus finem, antequam sequentes Consules magistratum inirent, ex Dione, iter in Græciam Augustus suscipit.

Annus U. C. 733. *Aug.* 43. *Virg.* 50.

Q. ÆMILIUS LEPIDUS.
M. LOLLIUS.

AUgustus perlustrat Græciæ & Siciliæ civitates, hyememque transigit in insula Samo.

Annus U. C. 734. *Aug.* 44. *Virg.* 51.

M. APPULEIUS.
P. SILIUS NERVA.

TRajicit Augustus in Asiam, molestat Syriæ civitates, ibique amissas a Crasso aquilas recipit a Parthis. Romam revertitur; iterumque in Samum hyematurus concedit.

Annus U. C. 735. *Aug.* 45. *Virg.* 52.

C. SENTIUS SATURNINUS.
Q. LUCRETIUS VESPILLO.

VIrgilius, Æneide confecta, proficiscitur in Græciam, ut divinum opus per otium expoliret. Cum tamen Augusto Romam reverenti occurrisset, de reditu cum eo cogitans languore correptus est: auctaque per navigationem valetudine, Tarentum, aut, juxta plures, Brundusium appulit, ibidemque decessit, 22. Septembris; annos natus 51. menses 11. dies 7. Dicitur moriens Æneida, cum nondum ad eam, quam instituerat animo mo, formam perduxisset, petiisse comburendam, negatamque sibi ab amicis, per testamentum legasse Plotio Tuccæ, & Vario, qui eam aut comburerent, aut emendarent. Fabulam putat Corradus; sed cum id aperte Gellius, Macrobius, imprimisque Plinius, historiæ suæ lib. 7. c. 30. testentur: non video contra testes ejusmodi quæ vis possit esse tanta rationum. Plotii Variique mentio frequens apud Horatium: e quibus Varius Epici carminis ea ætate princeps fuit. Sat. l. 1. 5. *Postera lux oritur multo gratissima: namque Plotius & Varius Sinuessæ, Virgiliusque, Occurrunt: animæ, quales neque candidiores Terra tulit, nec queis me sit devinctior alter.* Corpus Virgilii Neapolim, ut cupierat, translatum, via Puteolana sepultum est. Scripta, sublatis aliquot versibus, nullo addito, dicuntur expurgata. Morum & famæ cognitio, e veterum testimoniis mox afferendis, potius quam ex Pseudo-Donato, repetenda est.

HORATIUS, *Satyr. l. 1. 10.*

Forte epos acer,
Ut nemo, Varius ducit: molle atque facetum
Virgilio annuerunt gaudentes rure Camœnæ.

Idem, *Sat. 6.*

Optimus olim
Virgilius, post hunc Varius, dicere quis essem.

PROPERTIUS, *lib. 2. Eleg. ult.*

Me juvet hesternis positum languere corollis,
Quem tetigit jactu certus ad ossa Deus:
Actia Virgilium custodis litora Phœbi,
Cæsaris & fortes dicere posse rates:
Qui nunc Ænea Trojani suscitat arma,
Jactaque Lavinis mœnia litoribus.
Cedite Romani scriptores, cedite Graii.
Nescio quid majus nascitur Iliade.
Tu canis umbrosi subter pineta Galesi
Thyrsin, & attritis Daphnin arundinibus &c.
Tu canis Ascræi veteris præcepta poetæ,
Quo seges in campo, quo viret uva jugo.
Tale facis carmen docta testudine, quale
Cynthius impositis temperat articulis.

OVIDIUS, *Artis amat. lib. 3.*

Et profugum Ænean, altæ primordia Romæ,
Quo nullum Latio clarius extat opus.

IDEM, *Amorum lib. 1.*

Tityrus, & segetes, Æneiaque arma legentur,
Roma triumphati dum caput orbis erit.

IDEM, *Trist. l. 2.*

Et tamen ille tuæ felix Æneidos auctor
Contulit in Tyrios arma virumque toros.
Nec legitur pars ulla magis de corpore toto,
Quam non legitimo fœdere junctus amor.
Phyllidis hic idem teneræque Amaryllidis ignes
Bucolicis juvenis luserat ante modis.

SILIUS, *lib. 8.*

Mantua Musarum domus, atque ad sidera cantu
Evecta Andino, & Smyrnæis æmula plectris.

STATIUS, *Thebaida alloquens.*

Vive precor, nec tu divinam Æneida tenta;
Sed longe sequere, & vestigia semper adora.

JUVENALIS, *Satyra 11.*

Conditor Iliados cantabitur, atque Maronis
Altisoni dubiam facientia carmina palmam.

MAR-

MARTIALIS, *Epig. l. 8.*

Temporibus nostris ætas cum cedat avorum,
Creverit & major cum duce Roma suo:
Ingenium sacri miraris abesse Maronis,
Nec quemquam tanta bella sonare tuba.
Sint Mæcenates, non deerunt, Flacce, Marones:
Virgiliumque tibi vel tua rura dabunt, &c.

IDEM, *lib. 14.*

Accipe facundi Culicem studiose Maronis,
Ne nugis positis arma virumque canas.

SULPICIUS CARTHAGINENSIS.

Jusserat hæc rapidis aboleri carmina flammis
Virgilius, Phrygium quæ cecinere ducem.
Tucca vetat Variusque simul; tu, maxime Cæsar,
Non sinis, & Latiæ consulis historiæ.
Infelix gemino cecidit prope Pergamus igni,
Et pene est alio Troja cremata rogo.

ALCIMUS.

Mæonio vati qui par aut proximus esset,
Consultus Pæan risit, & hæc cecinit:
Si potuit nasci quem tu sequereris, Homere:
Nascetur qui te possit, Homere, sequi.

VELLEIUS, *lib. 2.*

Inter quæ maxime nostri ævi eminent, princeps carminum Virgilius, Rabiriusque, &c.

SENECA, *Controv. lib. 3.*

Virgilium illa felicitas ingenii in oratione soluta reliquit. Ciceronem eloquentia sua in carminibus destituit.

PLINIUS, *Hist. l. 7. c. 30.*

D. Augustus carmina Virgilii cremari contra testamenti ejus verecundiam vetuit: majusque ita Vari testimonium contigit, quam si ipse sua carmina probavisset.

PLINIUS, *Epist. 21. lib. 3.*

Virgilii ante omnes imaginem venerabatur Silius, cujus natalem religiosius quam suum celebrabat: Neapoli maxime, ubi monumentum ejus adire ut templum solebat.

TACITUS, *Dialogo de Orat.*

Malo securum & secretum Virgilii secessum, in quo tamen, neque apud D. Augustum gratia caruit, neque apud populum Romanum notitia. Testes Augusti Epistolæ: testis ipse populus, qui auditis in theatro versibus Virgilii surrexit universus, & forte præsentem spectantemque Virgilium veneratus est sic quasi Augustum.

QUINTILIANUS, *lib. 10.*

Utar verbis iisdem, quæ ex Afro Domitio juvenis accepi; qui mihi interroganti, quem Homero crederet maxime accedere: Secundus, inquit, est Virgilius: propior tamen primo quam tertio.

IDEM, *lib. 9.*

Vetustatis amator unice fuit Virgilius.

MACROBIUS, & GELLIUS,

Totis capitibus, quæ exscribere longum esset.

LAMPRIDIUS, *de Alexandro Severo.*

Virgilium, Platonem poetarum vocabat, ejusque imaginem cum Ciceronis simulacro in secundo larario habuit, & Achillis, & magnorum virorum.

P. VIRGILII MARONIS

BUCOLICA.

ARGUMENTUM
IN
BUCOLICA.

BUCOLICUM *carmen idem est ac pastorale, deducto nomine a pastoribus; quorum sunt præcipui qui curant boves, sive bubulci, Græce βουκόλοι, a βοῦς* bos. *Quo in genere Virgilius Theocritum, Syracusanum poetam, imitandum sibi proposuit.*

Carmina ejusmodi sua vocavit Theocritus Idyllia, *Virgilius* Eclogas. *Est autem* ἐκλογή Ecloga, *delectus paucorum aliquot opusculorum e pluribus, quæ fecerit auctor, nec luce digna judicaris: vel, delectus quorumdam versuum, quos e Theocrito per imitationem expresseris: est enim* ἐκλέγειν eligere, secernere. *Male autem scribitur a quibusdam Æglogæ, quasi ab* αἴξ capra *&* λόγος sermo: *tum quia non* ἐκλογή, *sed* αἰγολογία *dicenda esset: tum quia minima pars hujus operis ad capras pertinet; ad oves, cantus, amores, multo maxima: tum denique quia nomen Eclogæ aliis operibus tribuitur bene multis, in quibus pastoritium nihil, immo nihil omnino præter* delectum *significat. Tales habemus hodie Polybii, Diodori, Strabonis* Eclogas, *sive excerpta e majori opere: Odas Horatii vocat Sidonius Apollinaris*, varii carminis Eclogas: *ejusdem Horatii Satyræ quibusdam in codicibus* Eclogæ *inscribuntur.*

Cœpta sunt Bucolica anno Virgilii 29. exeunte, U. C. 713. *& triennio perfecta: ut jam in Vita, moxque singulis in Eclogis disseremus.*

P. VIR-

ECLOGA I.

(*) TITYRUS.

ARGUMENTUM.

CÆSAR Octavianus cum Agrum Cremonensem & Mantuanum veteranis militibus in præmium attribuisset, Virgilius Mantuanus inter cæteros agello suo spoliatus est: sed Mæcenati commendatus per Asinium Pollionem, qui tunc in illa regione cum aliquot legionibus versabatur, & per Mæcenatem in Octaviani gratiam inductus, quod amiserat, recuperavit. Hæc igitur Ecloga laudes Octaviani & Romæ, suam felicitatem, Mantuanorum calamitatem commemorat. Tityrus Virgilium repræsentat, Melibœus Mantuanos.

Scripta est anno Virgilii 29. Urbis conditæ 713. Coss. P. Servilio & Lucio Antonio, Marci fratre: quo anno facta est celebris agrorum divisio, ex qua bellum Perusinum statim erupit, veteribus agrorum dominis confugientibus ad Lucium, & cum eo adversus Triumviros conspirantibus. Accidit autem agraria illa divisio post victoriam Philippensem Octaviani & M. Antonii de Bruto & Cassio Julii Cæsaris percussoribus anno proxime præcedente relatam: non vero post victoriam Actiacam Octaviani de M. Antonio, ut male in Pomponii & Probi commentariis legitur. Cadit enim hæc in annum Virgilii 39. at Bucolica ante annum ejus 32. absoluta sunt; quippe anno 29. incepta, & triennio perfecta. Quos errores in vita Poetæ fusius emendavimus.

MELIBŒUS, TITYRUS.

MEL. TItyre, tu patulæ recubans sub tegmine fagi,
Silvestrem tenui Musam meditaris avena:
Nos patriæ fines, & dulcia linquimus arva;
Nos patriam *fugimus*: tu, Tityre, lentus in umbra
Formosam resonare doces Amaryllida silvas.
T. O Melibœe, Deus nobis hæc otia fecit.

Nam-

INTERPRETATIO.

MEL. *Tityre, tu jacens sub umbraculo fagi spatiosæ modularis cantilenam pastoralem, cum parva fistula: nos deserimus terminos patriæ, & agros amœnos; nos exulamus e patria: tu, Tityre, otiosus sub umbra doces arbores referre nomen pulchræ Amaryllidis.* T. O *Melibœe, Deus nobis dedit hanc quie-*

NOTÆ.

(*) *TITYRUS.*) Aptum argumento nomen. Est enim Tityrus Hesychio *Satyrus, calamus, ovis quædam*, Servio *aries major*, interpreti Theocriti *aratus*.

Melibœus) Boum curator, ἀπὸ τοῦ μέλει αὐτῷ τῶν βοῶν, *quia cura est ipsi de bobus*.

1. *Fagi*) Fagus, quæ & æsculus dicitur, arbor glandifera, Ital. *faggio*, ex qua olim homines victitabant; unde dicta Græcis quidem φηγὸς, *fagus*, a φάγω, sive φαγεῖν, *edere*; Latinis autem esculus pariter ab esu. Utramque aliqui non male distinguunt.

2. *Avena.*) Musica instrumenta inter pastores excogitata, primo ex avenis calamisque triticeis inter se cera compactis: tum ex arundinibus & cavis buxi fistulis, tum e gruum tibiis, animalium cornibus, metallis, &c. Unde *avena, stipula, calamus, arundo, fistula, buxus, tibia, cornu, æs*, &c. pro musicis instrumentis usurpantur.

5. *Amaryllida silvas.*) Per silvas, Echo intellige, quæ frequens in silvis. De *Amaryllide* infra, vers. 31.

6. *Deus nobis hæc otia fecit.*) Octavianus, quem Deum per adulationem appellat. Errant quippe qui asserere volunt eum in honorem tum fuisse invectum; non enim coli cœpit divinis honoribus, ante post ultimam de Sexto Pompejo victoriam, anno ætatis 28. ut habet diserte Appianus l. 5. *Civ.* hoc est annis tribus post edita a Virgilio Bucolica simul omnia.

Namque erit ille mihi semper Deus: illius aram
Sæpe tener nostris ab ovilibus imbuet agnus.
Ille meas errare boves, ut cernis, & ipsum
Ludere, quæ vellem, calamo permisit agresti.
M. Non equidem invideo, miror magis; undique totis
Usque adeo turbatur agris. En ipse capellas
Protinus æger ago: hanc etiam vix, Tityre, duco.
Hic inter densas corylos modo namque gemellos,
Spem gregis, ah! silice in nuda connixa reliquit.
Sæpe malum hoc nobis, si mens non læva fuisset,
De cœlo tactas memini prædicere quercus:
Sæpe sinistra cava prædixit ab ilice cornix.
Sed tamen, ille Deus qui sit, da, Tityre, nobis.
T. Urbem, quam dicunt Romam, Melibœe, putavi
Stultus ego huic nostræ similem, quo sæpe solemus
Pastores ovium teneros depellere fœtus.
Sic canibus catulos similes, sic matribus hœdos

No-

INTERPRETATIO.

tem. *Nam habeo semper illum Dei loco: sæpe tener agnus* electus *ex ovili nostro tinget illius aram* sanguine. *Ille permisit vaccas meas vagari, ut vides, & me ipsum canere fistula rustica quicquid vellem.* M. *Ego quidem non invideo, imo admiror, cum tantus sit tumultus toto rure. Ecce ego mœrens abigo præ me capellas, & hanc, o Tityre, difficile traho. Modo enim enixa geminos* fœtus, qui erant *spes gregis, proh* dolor! *deseruit eos rigido in saxo, inter spissas corylos. Memini quercus afflatas fulmine sæpe prænunciasse nobis hanc calamitatem, nisi animus imprudens fuisset: sæpe cornix funesta admonuit ex ilice putri. Attamen, dic nobis, Tityre, quinam sit ille Deus.* T. *Ego demens, o Melibœe, existimavi urbem, quæ vocatur Roma, similem esse nostræ* Mantuæ, *ad quam nos pastores consuevimus deducere agnos tenellos. Quemadmodum scie-*

NOTÆ.

14. *Corylos.*) Corylus Ital. *nocciuola.* Nux avellana silvestris.

16. *Si mens non læva.*) Læva, seu sinistra pars, ambigue a Romanis accepta: sæpe in malum omen, ut hic, & v. 18. sæpe in bonum, ut Æn. 2. 693. *Intonuit lævum.* Perinde igitur dextra pars, aliquando boni, aliquando mali ominis fuit. Unde autem vis eidem parti tam diversa? An quod in interpretandis ostentis, aliquando situm Deorum, a quibus illa dabantur, aliquando situm augurum, qui illa petebant, attenderent? Dextra enim dantis, læva petentis est. Ita volunt aliqui, auctore Plutarcho lib. de quæstionibus Romanis. Aliud quiddam suggerit Cicero de divin. l. 2. 82. Cum enim dicat Græcis quidem & barbaris dextra ampliora, Romanis sinistra visa esse meliora: hinc dici prorsus Romani sæpe suo more, sæpe Græco more in re divinatoria locuti esse. Unde autem utrique sinistram dextramque partem numerarent, dicetur Ecl. 9. 15.

18. *Sæpe sinistra &c.*) Non quidem *a sinistra parte*; quippe ex augurum doctrina, *cornix a sinistra, corvus a dextra ratum facit*; ut docet Cicero de divin. lib. 1. 85. & Plautus in Asin. At *sinistra* hic simpliciter *funestam* significat, ex quacunque parte venerit. Nam ut ait idem Cicero de divin. lib. 2. 82. *Haud ignari, quæ nobis sunt sinistra nos dicere, etiamsi dextra sint.* Quæ vox, *mala*, quamquam suggesta sit a Lambino, ubi prius legebatur *bona*: tamen constat emendationis veritas ex eo, quod alioqui locus ille sensu omni caret, & aliis a Lambino potentissimis erroribus purgatus sit. Porro funesta hæc est Virgiliana cornix, 1. quia cornix omnis per se funesta, 2. quia ex ilice, arbore item funesta, 3. quia ex cava & putri.

18. *Ab ilice.*) Ilex, arbor glandifera, e genere quercuum, Ital. *elce.*

19. *Da, Tityre.*) *Dare & accipere* pro *dicere & audire.* Terentius Heaut. *Nunc quamobrem has partes didicerim, paucis dabo.* Æ. 2. *Accipe nunc Danaum insidias.* Audacius etiam sequioris ævi scriptores *datur* usurpavere pro *traditur, dicitur.* Statius 7. Theb. *Asopus genuisse datur.* Claud. 2. de raptu. *Illic purpuream crudam Ægida, capitumque parens post prælia prædam adduxisse datur.* Quod contra Jul. Scaligerum defendit Barthius, sed male: quicquid enim affert e veteribus in eam rem, probat *dare* pro *dicere* active dici, non passive.

23. *Sic canibus, &c.*) Sensus juxta Servium legitimus hic est: Putabam antea Romam ita similem esse urbibus aliis, ut sunt catuli canibus similes, qui sola magnitudine differunt, in quo errabam: nunc enim probavi, eam a cæteris genere etiam & natura distare: nam sedes est Deorum,

Noram: sic parvis componere magna solebam.
Verum hæc tantum alias inter caput extulit urbes,
Quantum lenta solent inter viburna cupressi.
M. Et quæ tanta fuit Romam tibi causa videndi?
T. Libertas: quæ sera tamen respexit inertem;
Candidior postquam tondenti barba cadebat:
Respexit tamen, & longo post tempore venit,
Postquam nos Amaryllis habet, Galatea reliquit.
Namque (fatebor enim) dum me Galatea tenebat,
Nec spes libertatis erat, nec cura peculi.
Quamvis multa meis exiret victima septis,
Pinguis & ingratæ premeretur caseus urbi,
Non unquam gravis ære domum mihi dextra redibat.

M.

INTERPRETATIO.

bam catulos canibus, & hœdos capellis esse similes: quemadmodum solebam comparare magna parvis. Sed urbs illa tantum eminet inter cæteras, quantum cupressi solent eminere inter viburna flexilia. M. *Et quæ tanta necessitas te coegit Romam petere?* T. *Libertas, quæ* licet *tarda, tamen aspexit me desidem, cum jam cana barba decideret secanti: tamen aspexit, & venit post multos annos servitutis: ex quo secutus sum Amaryllida, & reliqui Galateam. Scilicet, quamdiu amavi Galateam, (fatebor enim) nec speravi libertatem, nec curavi patrimonium, licet educerem ex ovilibus meis multas victimas, & coagularem opimos caseos* ad usum *ingratæ urbis; nunquam referebam domum manus*

NOTÆ.

rum, tamque nostris urbibus antecellit quam cupressi viburnis: quæ arbores duæ natura inter se, non sola magnitudine differunt.

26. *Lenta viburna cupressi.*) Viburnum, virgulti species, Ital. *viburno.* Cupressus, Ital. *cipresso*: arbor nota.

29. *Candidior postquam, &c.*) Grave hic dissidium interpretum. Causa dissidii, quod Virgilius, qui hic Tityrus, anno ætatis 29. quo scripsit hanc eclogam, canus esse non potuit. Quatuor modis solvitur hic nodus. I. Si *candidior* referatur ad *libertas*, hoc pacto: Postquam tondenti barba cadere cœpisset, id est, postquam cœpi barbam alere; tum inertem respexit me *libertas candidior*, id est, *speciosa & benigna*. Ita Servius. II. Si per candidiorem barbam prima intelligatur lanugo, quæ tenerior est, necdum colorem induit: hoc pacto: Libertas respexit me, tum, cum tondenti cœpit lanugo decidere. Ita Pomponius. Male tamen uterque, quia deinde Tityro expresse dicitur: *Fortunate senex!* &c. III. Melius, junior poeta latere sub senili persona dicitur voluisse, ideo; quia servum se fingit esse, atque *recepta* libertate gloriatur, quam obtinere servi, nisi jam senes & multis laboribus probati, non solebant. Ita Cerdanus. IV. Puto in ego non ubique servandam allegoriam, quod mox clarius patebit. *Igitur*, ut ait Probus, *eadem licentia senem se dixit, cum sit juvenis, qua pastorem se facit, cum sit urbanus, aut Tityrum nominat, cum sit Virgilius.*

31. *Postquam nos, &c.*) Amicarum nomina: *Galatea* quidem a lacte deductum, quod Græce est γάλα, γάλακτος. *Amaryllis* ab incilibus, per quæ in agris aquæ derivantur, hoc enim est ἀμάρα; rusticum utrumque etymon. Qui volunt his nominibus Romam ac Mantuam adumbrari, multa garriunt. Politianus quidem Romam dicit arcano nomine Amaryllida vocatam esse: quo id auctore? ut enim constet ex Plinio arcanum Romæ nomen fuisse, quod evulgare nefas esset, tamen quid illud nominis fuerit, a nemine proditum est. Nannius vero, Fabii Pictoris auctoritate fultus, Argeum campum, qui septem collibus includebatur, inundatione Tyberis inhabitabilem aliquando fuisse ait: factum deinde Vertumno sacris exsiccatum: quod per incilia factum esse suspicatur, atque inde tributum Romæ nomen *Amaryllidis*: ut & *Galateæ* nomen Mantuæ, quod illic Galatæ regnati sedes haberent, tractusque ille *Gallia togata* vocaretur. His omnibus nugis, ego nullam hic allegoriam agnosco: I. Quia Poeta bis in hac ecl. Romam diserte ac proprio nomine appellat, quam quid tamen cogeret, ut modo Romam, modo Amaryllida appellaret? II. Distinguit pariter Mantuam a Galatea, cum dixit se, dum serviret Galateæ, sine fructu caseos ingratæ urbi pressisse. III. Si sit allegoria, inextricabilis est versus ille: *Mirabar quid mœsta Deos, &c.* ut mox constabit. IV. Monet Servius in vita Virg. *Illud tenendum esse, in Bucolicis, neque nusquam, neque ubique aliquid figurate dici, hoc est, per allegoriam.*

33. *Nec cura peculi.*) Pro *Peculii*. *Peculium* autem, I. juxta Pomponium patrimonium universum significat, a *pecu*, sive *pecore*; unde & *pecunia* dicta: sive quod omnia veterum bona olim in pecoribus consisterent, ut habent Varro & Plutarchus: sive quod prima pecunia facta sit ex loreis pecudum coriis, ut volunt Casaub. & Suidas: sive quod æs antiquissimum, cum signari cœpit, ovis aut bovis capite signatum sit, ut refert Plinius. II. *Peculium* proprie est privata pecunia, quam servus, domini permissu, separatim a dominicis rationibus comparabat, aut ad redimendam libertatem, aut alios in usus. Atque eo quoque modo hic sumi potest, ubi Tityrus servi personam induit.

M. Mirabar, quid mœsta Deos, Amarylli, vocares,
Cui pendere sua pateretis in arbore poma.
Tityrus hinc aberat. Ipsæ te, Tityre, pinus,
Ipsi te fontes, ipsa hæc arbusta vocabant.
T. Quid facerem? neque servitio me exire licebat,
Nec tam præsentes alibi cognoscere divos.
Hic illum vidi juvenem, Melibœe, quotannis
Bis senos cui nostra dies altaria fumant.
Hic mihi responsum primus dedit ille petenti:
Pascite, ut ante, boves, pueri; submittite tauros.
M. Fortunate senex! ergo tua rura manebunt:
Et tibi magna satis: quamvis lapis omnia nudus,
Limosoque palus obducat pascua junco:

Non

INTERPRETATIO.

plenas pecunia. M. *Mirabar cur tristis invocares Deos, o Amarylli, cui servares poma pendentia suis quæque arboribus: Tityrus hinc aberat: ipsæ pinus, ipsi fontes, hæ ipsæ arbores te repetebant.* T. *Quid fecissem? nec poteram aliter abire e servitute; nec Deos experiri tam propitios in alio loco,* quam Romæ. *Illic vidi juvenem illum, o Melibœe, propter quem aræ nostræ fumant singulis annis per duodecim dies. Illic ipse primus ita respondit roganti mihi: Pueri, pascite boves, ut prius, & subjugate tauros jugo.* M. *O felix senex! itaque agri tui relinquentur tibi, iique tibi satis ampli: licet nuda saxa tegant cæteros undique, & palus operiat pascua cœnoso junco: insolita pa-*

NOTÆ.

36. *Gravis ære.*) Pecunia, quæ primum apud Romanos ære rudi, needum signato, constitit.

37. *Mirabar, quid, &c.*) Hic versus ita cruciat allegoriæ patronos, ut mendum irrepsisse hic velint, & reponi *Galateam* pro *Amaryllide*, quo sibi constet allegoria. Fatentur quippe in Romam cadere ista non posse: quia neque Melibœus, Romanarum rerum inscius, Romæ dolorem de absente Virgilio seu Tityro scire potuit, cum doceatur ab ipso Tityro quid sit Roma: *Urbem quam dicunt Romam, &c.* Neque Virgilius, poëtarum modestissimus, ita de se sentiebat jam tum ac scribebat magnifice, ut tantam de se fore Romæ sollicitudinem putaret. Planius itaque allegoria tenenda est, ut de amicis puellis intelligatur. Abjecit Galateam Tityrus, amat Amaryllida, proficiscitur Romam: Amaryllis interim, quæ Mantuæ relinquitur, absentis desiderio tabescit. Melibœus, qui dolorem Amaryllidis noverat, non item causam doloris, nunc demum a Tityro profectionis causam intelligit, eidemque absentiam exprobrat quasi leviter amanti: unde purgat se Tityrus: *Quid facerem,* inquit, quid aliud remedii malis meis esse poterat, quam Romam proficisci? &c.

40. *Arbusta.*) Non arbuscula sunt & fruticeta, ut quidam putant. Nam *convallis & arbustis* magna erant, inquit Gellius l. 17. c. 2. ex Q. Claudii annalibus; addique, *arboreta ignobilius verbum est, arbusta celebratius.* Igitur loca sunt arboribus consita fructiferis, vel non fructiferis, ut scite quidem Valla & Ramus colligunt ex auctoribus rei rusticæ. Nec obest quod legatur Ecl. 4. 2. *Non omnes arbusta juvant humilesque myricæ. Si canimus silvas, &c.* Sensus enim est, *Non omnibus placent myricæ, ac ne ipsa quidem arbusta; sed silvæ discret, &c.*

42. *Juvenem.*) Octavianum, annos natum tunc circiter 22. *Decrevit enim Senatus*, inquit Servius, *ne quis eum puerum appellaret, ne majestas imperii minueretur.*

43. *Bis senos.*) Singulos duodecim anni mensibus Calendas aut Idus intellige cum Servio, quibus forte sacrificia fiebant, ad conciliandos quidem Octaviano Deos; non vero tum in ipsius Octaviani honorem, ut diximus ad vers. 6.

44. *Primus.*) Prævenit beneficio preces meas.

45. *Pueri.*) Pueri appellatio tres habet significationes, ex Paulo *in Verb. signif.* Unam qua servi pueri dicuntur, alteram qua puer puellæ opponitur, tertiam qua puerilis ætas demonstratur. Addi potest & quarta, quæ ad blanditias pertinet: quando patronus aut dominus subditos, etiam ætate grandiores, populariter, & amice compellat. Quarta hæc, & prima conveniunt Tityro, qui servum se fingit, & *senex* appellatur.

45. *Submittite tauros.*) Secuti sumus interpretationem Servii, utpote simpliciorem & convenientiorem loco: sensus ergo erit, *Pascite & arate*, qua duplici cura res fere omnis rustica continetur. Aliam tamen deduci potest. I. Cum Nannio: *supersedentes ad propagationem*; aliquando enim in compositis *sub* usurpatur pro *super*, ut Æn. 12. 287. *corpora saltu subjiciunt in equos*: hoc est *superjiciunt*. II. Cum Cerdano, *proferte & producite in pascua*: est enim apud Lucret. l. 1. *Cerificat tellus ut flores submittere tellus*, i. e. *proferre*. III. Cum Erythræo, *supplete gregem*, & substituite novos tauros in locum eorum, qui belli tempore perierunt: est enim in Justin. Institut. l. 2. *de rerum divis. Si gregis usumfructum quis habeat, in locum demortuorum capitum ex fœtu fructuarius submittere debet.*

47. *Quamvis lapis.*) Volunt plerique nunc describi his verbis Virgiliani sterilitatem agri, qui, ut multi putant Ecl. 9. 7. a colle lapidoso ad fluvium usque Mincium vicinasque paludes pertinebat:

Non insueta graves tentabunt pabula fœtas;
Nec mala vicini pecoris contagia lædent.
Fortunate senex! hic inter flumina nota,
Et fontes sacros, frigus captabis opacum.
Hinc tibi, quæ semper vicino ab limite sepes,
Hyblæis apibus florem depasta salicti,
Sæpe levi somnum suadebit inire susurro.
Hinc alta sub rupe canet frondator ad auras.
Nec tamen interea raucæ, tua cura, palumbes,
Nec gemere aeria cessabit turtur ab ulmo.
T. Ante leves ergo pascentur in æthere cervi,
Et freta destituent nudos in litore pisces;

An-

INTERPRETATIO.

bula non vitiabunt gravidas pecudes, neque noxia contagia vicini gregis inficient eas. O felix senex! hic prope amnes cognitos, & fontes dicatos Nymphis, *frueris umbra frigida. Ex alia parte sepes limitis propinqui, in qua flos salicum carpitur semper a Siculis apibus, sæpe tenui murmure apum te invitabit, ut somno indulgeas. Ex alia parte putator frondium excelso in colle cantabit ad auras. Neque tamen interim raucæ palumbes, quæ sunt tuæ deliciæ, neque turtur desinet queri ex ulmo sublimi.* T. *Prius igitur agiles cervi pascent in aere, & maria deserent in litore pisces defectos unda:*

NOTÆ.

bat: adeoque nec erat frumento, nec pascuis opportunus. Ego iis non assentior: tum quod ejus agri descriptio, quæ fit Ecl. 9. non sterilitatem sed ubertatem potius notet: tum quod hic frequens de Tityri gregibus, pascuis & umbraculis mentio fiat. Igitur de cæteris Mantuanorum agris locum explico. Tibi scilicet agri tui colendi & exercendi permittentur: quamvis reliqua omnis regio, tum soli vitio, tum belli calamitate horreat.

50. *Graves tentabunt pabula fœtas.*) *Fœtas*, & *graves* conjungit, ut significat *prægnantes*: quia *fœtas* sine addito dici iis etiam dici possunt, quæ jam fœtum sive partum ediderunt. Et vero *fœta* aliquando est *gravida*, *plena*, Æn. 1. 55. *Loca fœta furentibus Austris*. Æn. 2. 238. *Fœta armis*, machina equi Trojani. Aliquando est, *jam enixa*: Æn. 8. 630. *Fœtam Mavortis in antro Procubuisse lupam, geminos huic ubera circum Ludere pendentes pueros.*

50. *Non insueta &c.*) Quia non cogeris, ut cæteri, exul abire in novas & incertas regiones cum gregibus.

51. *Nec mala, &c.*) Quia ex difficultate pascionis fames oritur in gregem, ex fame morbus, qui erumpit in grege contagiosus est.

52. *Flumina nota.*) Mincium, *Menzo*, de quo Ecl. 7. 13. & Padum, *il Po*, de quo Georg. 1. 482.

54. *Hinc tibi, &c.*) Sensus hujus loci satis intricatus his notis explanabitur. I. Sepes quædam Virgilium inter ejusque vicinum agri limes ac terminus fuit. II. Sepes illa salicibus constabat. III. Delectantur flore salicum apiculæ, & levi susurro soporem conciliant. IV. Apes Hyblææ figurate dicuntur pro apibus optimis: *Hybla* enim oppidum est Siciliæ & mons oppido vicinus, loca mellis commendatissima. V. Familiaris est Græcis hæc loquendi forma, *florem depasta*, ut Æn. 1. 593. *Os humerosque Deo similis*, &c. i. e. *secundum faciem, secundum os & humeros*. VI. *Salicti* dicitur pro *Saliceti*: *Salicetum* locus est salicibus consitus, ut *arbustum* arboribus.

58. *Palumbes.*) Columbæ silvestres, Ital. *colombe selvaggie*. Dicitur etiam palumbus & palumba.

61. *Freta.*) Fretum, synecdoche pro mari: *fretum* enim proprie est angustum mare inter duas terras: *fretum Siculum*, *Gaditanum*, &c. a fervendo dictum, quod in eo mare compressum effervescat, ac veluti ebulliat.

62. *Ante, pererratis, &c.*) *Parthi* oriundi e Scythia eam Asiæ regionem occupavere, quæ ab occasu, Media; a septentrione, mari Caspio; ab oriente, Bactriana & Arriana; a meridie, Carmaniæ desertis terminabatur. Mox in imperium prope immensum evasere sub Arsacidis regibus, regna duodeviginti complexi juxta Solinum c. 59. Romanum jugum nunquam omnino subiere, sagittis formidolosi præcipue, quas inter fugiendum in insequentes retorquebant, mira arte varie equis & instaurata pugna. *Germani*) Rheno ab occidente; Oceano & mari Baltico a septentrione; Vistula ab oriente; Danubio, a meridie olim circumscripti: nunc terminis ab oriente paulo angustioribus utuntur, a meridie vero latioribus, nempe Alpibus ab Italia divisi. *Ararim*) Non Germaniæ, sed Galliæ fluvius, *la Saone*, oritur ex Vogeso monte, *Vauge*, & placidissime fluens, ad Lugdunum Rhodano rapidissimo amni commixtus, cum eo in mare Mediterraneum fluit: unde Claudianus, *lentus Arar*, *Rhodanusque celer*. *Tigris*) Non est in Parthia proprie dicta: sed ortus ex Armeniæ montibus, aliquanto post spatio in terras mergitur, mox erumpens auctior, per Assyriam et Mesopotamiam in Euphratem influit, quocum in Persicum sinum defertur. *Ambarum*) Insulse Pomponius explicat de Ambis Arabiæ populis, qui nihil hic ad rem. Melius Ramus de utroque fluvio: sed optime Servius de utrisque populis Parthis & Germanis. Pri-

IV

Ante, pererratis amborum finibus, exul
Aut Ararim Parthus bibet, aut Germania Tigrim,
Quam nostro illius labatur pectore vultus.
M. At nos hinc alii sitientes ibimus Afros,
Pars Scythiam, & rapidum Cretæ veniemus Oaxem,
Et penitus toto divisos orbe Britannos.
En unquam patrios longo post tempore fines,
Pauperis & tuguri congestum cespite culmen,
Post aliquot, mea regna, videns mirabor aristas?

Im-

INTERPRETATIO.

prius exterris Parthia potabit Ararim, aut Germania Tigrim, regionibus mutuo permutatis, quam forma illius juvenis excidat mihi ex animo. M. *Nos vero hinc* pulsi *partim ibimus in Africam aridam, partim petemus Scythiam, aut celerem Oaxem Cretæ, aut Britannos omnino separatos a ceteris populis. Nunquamne post diuturnum tempus, post aliquot annos, revisam cum admiratione patriam regionem, & tectum casæ pauperis extructum e gleba,* quæ *tota* erat *mea possessio?*

NOTÆ.

eo quidem cavillantur Virgilium, quod videatur Tigrim in Parthia, Ararim in Germania *perperam* collocasse. Excusant errorem aliqui ex decoro inscitiæ pastoralis. Alii melius animadvertunt, hoc esse Virgilio familiare, non ex inscitia, sed potius ad majorem dignitatem, regionum limites, quantum sine veritatis dispendio fieri potest, extendere; quod sæpius deinde videbimus: G. 1. 490. & G. 4. 287. Atqui verum est Ararim & Tigrim, non in Germania quidem aut Parthia proprie dicta, sed saltem in subjectis Germanorum & Parthorum imperio regionibus tunc fuisse. Nam Parthos longo spatio Tigrim esse prætergressos, patet ex clade Crassi, qui paulo ante cæsus fuerat ab iisdem, ad Carrhas Mesopotamiæ urbem, non procul ab Euphrate. Germani autem, ut constat ex Cæsare l. 1. de bello Gal. ad CXX. millia consederant in Sequanis, quos Araris interfluit: ac licet inde pulsi ab eodem fuissent ultra Rhenum, id tamen de Ariovisto duntaxat ejusque exercitu, non etiam de [illegible] remanentibus familiis intelligi potest.

63. *Sitientes Afros.*) Africa mundi quarta pars, *sitiens* dicta, quia zonæ torridæ magna ex parte subjecta: maribus undequaque alluitur tribus, Mediterraneo ad septentrionem, Oceano ad occidentem & meridiem, Erythræo ad orientem: plane triangularis insula, nisi eam continenti Asiæ conjungeret aliquot leucarum Isthmus inter Erythræum & Mediterraneum mare interjectus; *Istmo di Suez.*

64. *Scythiam.*) Scytharum nomine Septentrionales omnes Asiæ populos antiqui complexi sunt, qui vagi, sine urbibus, tectis, & legibus, opes in armentis habebant omnes, uxores & liberos plaustris collo tectis hinc inde circumferebant, Martem sub specie acinacis adorabant, ex Herod. l. 4. Tartari regionem illam nunc occupant, quæ monte Imao, qui Tauri pars est, fere dividitur duas in partes: quarum quæ ad occidentem est, Scythia sive Tartaria citerior, & intra Imaum; quæ ad orientem vergit, ulterior & extra Imaum dicitur.

66. *Cretæ veniemus Oaxem.*) Extat fluvius hujus nominis non in Creta, sed in Mesopotamia, de quo sermonem hic esse contendit Servius, cumque *rapidum Cretæ* vocari ait, quod cretam, seu terram albam cursu secum rapiat, unde sit turbulentus. Quod vix cuiquam sano placeat. Volunt alii Oaxem ipsum fuisse in Creta: quod etsi in Geographia veteribus diserte non habeatur, tamen conjicitur ex eo, quod Apollonius Argon. 1. v. 1131. Cretam vocat *tellurem Oaxida*; tum Herodotus l. 4. *Oaxis*, urbis in Creta olim regem, meminit: cui quidem tributum nomen ab *Oaxe* quodam Apollinis filio refert ex Varrone Servius. Quidni fluvius ejusdem cum urbe nominis fuisse ibidem dicatur? quod malim vel uno auctore Virgilio affirmare, quam ad vanum inscitiæ pastoralis effugium cum aliis recurrere.

67. *Divisos orbe Britannos.*) Britannia, olim Albion, insula Europæ maxima in Oceano, Galliæ obversa, duas divisa in partes, Angliam & Scotiam. *Divisos orbe.*) Quia orbem antiqui vocabant terram continentem, quæ Oceano alluitur undique, ut monet Vives, insulæ Oceani extra orbem dicuntur esse, non item insulæ Mediterranei maris, ut Sicilia, Cyprus, &c.

68. *En unquam.*) Servius explicat, *unquamne, aliquandone*; Frutetius, *en nunquam.* Non satis diligenter: sunt enim ista omnia dubitantis tantum & interrogantis: Virgiliana autem vox etiam optantis, qui affectus per negationem aptius exprimitur, *nunquamne*: ut manifestum est ex Ecl. 8. 7. *En erit unquam ille dies, mihi cum liceat, &c.*

69. *Tuguri.*) Pro tugurii, ut supra *peculi* pro peculii: estque omne ædificium rusticæ rei custodiendæ conveniens, a tegendo dictum. *Cespite.*) Cespes herba est cum propria terra excisa, Ital. *cespuglio. Culmen.*) Tectum, quia apud antiquos tecta fiebant e culmis, seu paleis, inquit Servius.

70. *Post aliquot, mea regna, &c.*) Locus difficilis. I. *Aristæ* hic communiter pro messibus, & messes pro annis capiuntur: quo exemplo dixit Claudian. 4. Cons. Honorii, *decimas emensus aristas.* Non placet Germano & Cerdano: si enim implicant, *vix unquam* & *longo post tempore*, quomodo *post aliquot aristas*, sive annos, quod breve tempus notat, cum iis coniunguntur? II. Itaque iidem illi *post*, non præpositionem, sed adverbium esse volunt: & interpretantur *deinde*, hoc modo: nunquamne, ac longo quidem post tempore, dabitur hoc ut videam mea regna, paucas *deinde aristas*, id est, ex fertili messe, qualis erat cum ibi regnarem, paucas jam ac steriles

ari-

Impius hæc tam culta novalia miles habebit?
Barbarus has segetes? En quo discordia cives
Perduxit miseros! en queis consevimus agros!
Insere nunc, Melibœe, pyros, pone ordine vites.
Ite meæ, felix quondam pecus, ite capellæ.
Non ego vos posthac, viridi projectus in antro,
Dumosa pendere procul de rupe videbo:
Carmina nulla canam: non, me pascente, capellæ,
Florentem cytisum & salices carpetis amaras.
T. Hic tamen hac mecum poteris requiescere nocte
Fronde super viridi. Sunt nobis mitia poma,
Castaneæ molles, & pressi copia lactis.
Et jam summa procul villarum culmina fumant,
Majoresque cadunt altis de montibus umbræ.

INTERPRETATIO.

Sceleratus miles possidebit hæc arva tam culta? peregrinus has messes? Ecce quo calamitatis discordia adegit cives infortunatos: ecce propter quos seminavimus arva. Nunc, o Melibœe, insere pyros, dirige vineas in ordinem. Ite, ite, meæ capellæ, grex olim fortunate. Non ego deinde stratus viridi in spelunca aspiciam vos procul spinosa e rupe pendere: cantilenam nullam modulabor: non tondebitis, o capellæ, cytisum florentem & salices amaras, me custodiente. T. Tamen poteris hac nocte quiescere hic mecum super foliis virentibus. Habemus matura poma, castaneas molles, & multum coacti lactis: & jam summa pagorum tecta procul fumant, & umbræ grandiores porriguntur ex altis montibus.

NOTÆ.

aristas mirabitur? Sed hoc extorsum videtur. III. Conjicerem ego cum Germano, *post aristas*, eadem forma dictum esse, qua Ecl. 3. 20. *post carecta latebas*, Ital. *dietro ad un cespuglio di carici*; & esse descriptionem agelli Melibœi, cujus regnum constiterit in paucis aliquot jugeribus, adjacentibus pauperi casæ: cujus quidem tectum ita humile foret, ut vix emineret grandioribus aristis: adeoque inter eas, sive post eas, latere dici posset.

71. *Novalia.*) Dicitur *hoc novalis*, & *hoc novale*: estque terra, vel, juxta Servium, ex qua silva recens eradicata est; vel potius in qua antea jam aliquid fuit, & nunc, priusquam alia satione removetur, cessat per annum & requiescit: idque semper fit alternis annis. Ita Georg. 1. 71. *Alternis idem tonsas cessare novales.*

74. *Insere nunc.*) Apostrophe ironica Melibœi ad seipsum, qua indignatur se frustra laborem colendis hortis & vitibus impendisse, cum in barbarorum commoda cessura sint. *Nunc.*) Particula ironiæ & insultationi apta. Juven. Sat. 12. 57. *I nunc, & ventis vitam committe, &c. Insere*, surculum, vel diversi, vel ejusdem generis, silvestri arbori immittere, ut fructus meliores ferat, Ital. *innestare*. Vide Georg. 2. 73.

79. *Cytisum.*) Genus fruticis sive herbæ, cujus species multiplex, & descriptio apud diversos diversissima. Constat greges inde imprimis pinguescere & augeri lac. In insula Cythno, quæ Cycladum una est, primo inventus memoratur, ex [illegible].

82. *Castaneæ molles.*) Servio, *maturæ*; Erythræo, *novæ, recentes*: male utrique, quo enim maturiores & recentiores, eo duriores. Igitur mollitiem, vel ad coctionem refert, qua edules fiunt, vel ad corticem: castanearum enim aliud genus est duriore, aliud molliore cortice, ex Nicandri interp. [illegible]. Unde & Ecl. 7. 53. *Castaneæ hirsutæ*; hic, *Castaneæ molles*.

ECLOGA II.

(*) ALEXIS.

ARGUMENTUM.

Amabat Virgilius puerum: hunc Alexidis, se Corydonis nomine dissimulat, & I. Duritiem ipsi exprobrat. II. Jactat apud eum suas opes, musicæ peritiam, elegantiam formæ. III. Invitat eum in silvas, commendatione vitæ agrestis. IV. Promittit munuscula. Agnoscit insaniam suam, & ad curam rei familiaris redit. Puerum hunc innuit Apulejus Apologia 1. fuisse Pollionis; Martialis l. 5. Ep. 16. l. 8. Ep. 56. fuisse Mæcenatis: nihil prohibet quominus ita sit. Prohibet vero blanditiarum ejusmodi levitas, quominus eas Octaviano dictas putem, in quem sane orbis Dominum cadere ista non possunt, delicias domini; *imo ne in Cornelium quidem Gallum, virum, ut Ecl. 10. videbitur, muneribus gravem. Quarum opinionum primam Servius, secundam Lud. Vives perperam tuentur. De tempore, quo scripta est, nihil conjici potest.*

FOrmosum pastor Corydon ardebat Alexim,
Delicias domini: nec, quid speraret, habebat.
Tantum inter densas, umbrosa cacumina, fagos
Assidue veniebat: ibi hæc incondita solus
Montibus, & silvis studio jactabat inani.
O crudelis Alexi, nihil mea carmina curas:
Nil nostri miserere: mori me denique coges.
Nunc etiam pecudes umbras & frigora captant:
Nunc virides etiam occultant spineta lacertos;
Thestylis & rapido fessis messoribus æstu
Allia serpyllumque herbas contundit olentes.

At

INTERPRETATIO.

Pastor Corydon amabat pulchrum Alexim, qui erat voluptas domini: nec erat ipsi spes ulla. Solummodo veniebat frequenter ad spissas fagos, quarum cacumen opacum est: illic solus fundebat inutiliter montibus & nemoribus hæc verba incomposita. O dure Alexi! nullo modo curas meos cantus, nullo modo misereris mei: denique coges me mori. Nunc ipsa pecora fruuntur umbra & frigore; nunc lacerti ipsi virides latent in vepribus: & Thestylis conterit herbas odoriferas, allia & serpyllum, messoribus fati-

NOTÆ.

* ALEXIS. Ab ἀλέξειν, *arceo, opitulor*; seu quia puer arcebat a se Corydonem, seu quia voluptas erat ac solatium Domini.

1. *Corydon.*) Κορυδὼν vel κορυδαλλὶς, *alauda*, Ital. *Lodola uccello*.

3. *De fagis*, Ecl. 1. 1.

4. *Incondita.*) Incomposita, sine arte, sed quasi naturali impetu. Quo sensu Donatus interjectiones, quales sunt *Ah! o!* vocavit *inconditas*; quia natura, non hominum instituto proferuntur.

8. *Nunc etiam pecudes, &c.*) Commendat vim amoris sui a labore, laborem ex comparatione alienæ quietis. *Pecudes*, inquit, *lacertæque* vilissimi fruuntur umbra; messores vero defessi cibo reficiunt vires; ego autem & impatiens te quæro; nec ullus ardorem hunc meridianum tolerare mecum potest, præter cicadas, quibus undique strepitant arbores.

9. *Spineta lacertos.*) Lacertus, & lacerta, Ital. *Lucertola, picciolo serpentello noto.*

10. *Thestylis.*) Hic famulæ nomen, veneficæ apud Theocritum, Idyl. 2. 1. Unde id nomen derivat Servius a Latina voce *testa*, quia herbas ad cibum messorum in testaceis poculis tundebat.

11. *Allia serpyllumque.*) *Allium*, oleris & bulbi species, Ital. *aglio*. *Serpyllum*, herba odorata *serpens* humi ramusculis tenuibus; Ital. *Sermollino*.

Olentes.) Ambiguum vocabulum, tam ad bonos, quam ad malos odores pertinens. Ad bonos

qui.

At mecum raucis, tua dum vestigia lustro,
Sole sub ardenti resonant arbusta cicadis.
Nonne fuit satius tristes Amaryllidis iras
Atque superba pati fastidia? nonne Menalcan?
Quamvis ille niger, quamvis tu candidus esses.
O formose puer, nimium ne crede colori.
Alba ligustra cadunt, vaccinia nigra leguntur.
Despectus tibi sum, nec qui sim quæris, Alexi:
Quam dives pecoris, nivei quam lactis abundans.
Mille meæ Siculis errant in montibus agnæ:
Lac mihi non æstate novum, non frigore defit.
Canto, quæ solitus, si quando armenta vocabat,
Amphion Dircæus in Actæo Aracyntho.

Nec

INTERPRETATIO.

gatis ob gravem æstum. Interim, dum sequor tua vestigia, mecum ad solem ferventem rauca cicada strepitant per loca consita arboribus.

Nonne fuisset melius tolerare graves iras & imperiosa fastidia Amaryllidis? Nonne fuisset melius tolerare *Menalcam? Licet ille fuscus sit, licet tu albus sis. O formose puer, ne nimis confidas colori. Ligustra jacent humi, quamvis candida, vaccinia colliguntur, quamvis nigra. Me contemnis, o Alexi, nec consideras quis ego sim, quam multas possideam oves, quam multum habeam lactis candidi. Mille oves mea vagantur in montibus Siciliæ: lac recens non deest mihi per æstatem, nec per hyemem. Cano ea, quæ Amphion Thebanus solebat canere*

NOTÆ.

quidem, qualis est serpylli; ad umlos, qualis est alliorum. Sic ap. Hor. l. 1. Sat. 2. 27. *Pastillos Rufillus olet, Gorgonius hircum: Nil medium.* Contra, *olidus* omnium in partem ubique sumitur.

13. *Cicadis.*) Ital. *Cicala*, insecti genus, meridianum potius quam canorum. *De arbustis*, Ecl. 1. 40.

14. 15. *Amaryllidis, &c. Menalcan.*) De nomine *Amaryllidis*, Ecl. 1. 31. *Menalca*, Ecl. 3. 1.

17. 18. *Ne crede colori. Alba, &c.*) Ut enim ligustra, quamvis alba, ne humo quidem colliguntur, quod nihil habeant utilitatis; vaccinia vero, quamvis nigra, in pretio sunt, quia utilia tingendis vestibus: ita tu, quamvis candidus, negligeris propter superbiam; Menalcas, quamvis niger, propter ingenuam indolem amabitur.

18. *Ligustra.*) Ligustrum, Ital. *ligustro pianta e fiore*, arbor, florem Majo mense racematim ferens candidissimum.

Vaccinia.) Volunt aliqui baccas nigras, sive acinos esse ligustri, quasi *baccinia*, quæ scriptorio atramento inservirent. Alii mora agrestia, quæ e rubo sentis producta, ad tingendas servorum vestes olim legebantur. Tamen cunctat, vel florem esse, vel plantam, ex hoc hujus Eclogæ v. 50. *Mollia luteola pingit vaccinia calthe.* Melius igitur cum Turnebo & Salmasio dicemus hyacinthum esse, tum ob alia, tum quia Virgilius hyacinthum Theocriti per vaccinium Latine reddidit Ec. 10. 39. *Et nigræ violæ sunt, & vaccinia nigra*: plane ex illo Idyllii 10. [illegible] Adde quod & vaccinium tingendæ servorum purpuræ utile erat, ex Plinio; & hyacinthus hyacino colori, qui Gallica tinctura olim

conficiendo parabatur, item ex Plinio. Sic Salmas. in Solin. p. 472. & 1125. qui vaccinium ad eam hyacinthi speciem refert, quæ *gladiolus* dicitur, Ital. *ghiado*. Ruellius tamen fretus similitudine nominis, ad eam speciem, quam Ital. vocant *ghiaggiuolo*. Vide Ecl. 3. 42.

Nigra.) Non proprie nigra, sed ferruginea sunt: unde Georg. 4. 183. *ferrugineos hyacinthos*. Ferrugineus autem color est, non rubiginosi quidem ferri, ut quidam volunt; sed politi ac levigati ferri, postquam candefactum refrigerit, Ital. *brunisura*. Is autem color non admodum a violaceo diversus est: videturque e rubro, nigro, ac cæruleo temperatus; unde pro tribus his coloribus passim usurpatur: pro rubro quidem Æn. 11. 772. *ferrugine clarus & ostro*; pro nigro Æn. 6. 303. de Charonte: *Et ferruginea subvectat corpora cymba*; pro cæruleo apud Plaut. in Mil. 4. 4. 43. *palliolum habeas ferrugineum; nam is color thalassicus est*, id est, marinus & cæruleus. Talis est hyacinthi & vaccinii color.

21. *Siculis in montibus.*) Vel quia scena hujus Eclogæ forte in Sicilia constituitur, vel quia poeta imitatur Siculum Polyphemum, qui iisdem fere verbis Galateam apud Theocritum alloquitur, Idyl. 11. vel potius quia Sicilia fertilissimis abundat pabulis, unde olim Romani imperii horreum vocata est, ob vina, frumenta, & pascua. De *Siciliæ insula*, Ital. e adjacente, fuse Æn. 3. 687.

24. *Amphion Dircæus.*) Jovis filius & Antiopæ, quæ Lyci Thebarum regis uxor fuerat, ab eodemque repudiata, & a Dirce, cum qua Lycus secundas nuptias contraxerat, carcere inclusa, in-

tiäs-

Nec sum adeo informis: nuper me in litore vidi,
Cum placidum ventis staret mare: non ego Daphnim
Judice te metuam, si nunquam fallat imago.
O tantum libeat mecum tibi sordida rura,
Atque humiles habitare casas, & figere cervos,
Hædorumque gregem viridi compellere hibisco!
Mecum una in silvis imitabere Pana canendo.
Pan primus calamos cera conjungere plures
Instituit: Pan curat oves, oviumque magistros.
Nec te pœniteat calamo trivisse labellum.
Hæc eadem ut sciret, quid non faciebat Amyntas?
Est mihi disparibus septem compacta cicutis
Fistula, Damœtas dono mihi quam dedit olim:
Et dixit moriens: Te nunc habet ista secundum.

Di-

INTERPRETATIO.

in Aracyntho literali. Nec sum tam deformis: nuper vidi me e litore, cum mare tranquillum non moveretur vento. Ego non timerem Daphnim, te ipso arbitro, nisi aliquando forma me decipiat. Utinam velis tantummodo mecum incolere agros tibi viles, domosque parvas: & transfodere cervos, & ducere gregem hædorum ad hibiscum virentem. In silvis simul mecum imitaberis Pana cantando. Pan primus in morem induxit adstruere cera multas arundines: Pan protegit oves & pastores ovium. Nec pigeat te labra atterere fistula. Quid non faciebat Amyntas, ut disceres hæc eadem a me? Habeo fistulam conflatam e septem cicutis inæqualibus, quam Damœtas quondam donavit mihi: & dixit moriens: Tu nunc istam secundum

NOTÆ.

manie partus tempore a Jove ilbersata est, & in Cytheronem montem fugiens, ibi gemellos edidit in bivio. Hos inventos pastores educaverunt: & alterum quidem appellaverunt Zetum, a ζητεῖν quærere; alterum Amphionem, quod ἀμφὶ ὁδὸν circiter viam editus esset. Hi postea adulti matrem ulti sunt suam, occisa Dirce, quam Bacchus in fontem sui nominis mutavit, non procul Thebis. Amphion citharæ sono, quam a Mercurio dono acceperat, Thebarum muros extruxit. Dircæus, vel a Dirce occisa, vel a fonte ipso Thebano dictus.

24. *Actæo Aracyntho.*) Mons Aracynthus Vibio quidem in Attica est, quæ Ἀκτὴ vocata est, unde & mons ille *Actæus*. Sed Vibio plerique omnes repugnant, & Aracynthum in Bœotia communi ferme suffragio collocant, prope Thebas, in mare prominentem: his adhærendum est. At unde hic vocatur *Actæus*? Probus ab *Actæone* Thebano deducit, qui circa hunc montem forte venabatur, cum a canibus, ob visam in lavacro Dianam, laniatus est. Servius Actæum vocatum putat, quasi *littoralem*: est enim ἀκτὴ *litus*. Quo voce usus est Virgilius Æn. 5. 613. *At procul in sola secreta Troades acta.*

26. *Non ego Daphnim.*) Alius pastor forma nobilis. Nomen a δάφνη, *Laurus*.

30. *Compellere hibisco.*) *Hibiscum* planta e genere malvarum silvestrium, folio major & caule rigidior, Ital. *malvavischio, pierviriciano*. Hanc Scaliger in Varr. refert inter pastus purgantia, unde greges ait ad eam plantam medicinæ causa compelli solitos, atque ita *hibisco*, esse *ad hibiscum*: ut *it clamor cœlo*, pro *ad cœlum*. Stephanus vero ait in Seminario, ita interdum hibiscum grandescere, ut ex herbacea natura velut in arboream transeat, unde pastores conficere baculos possint: & ita *compellere hibisco*, erit *deducere baculo*. Servius *compellere* interpretatur, *a lacte depellere, & ad pastionem herbarum cogere*, hibisco proposito.

31. *Pana.*) Pan rustica & pastoritia vel præses Deus, quem habuerit patrem haud satis constat: Mercurium plerique dicunt. Sic appellatur a πᾶν *omne*: vel juxta Homerum in hymnis, quia Deorum omnium delectaverat mentes, cum citharam recens natus suis pulsaret; vel juxta alios, quia naturam omnem repræsentabat; cornibus, radios Solis & Lunæ cornua; rubicunda facie, ætherem; caprinis pedibus, terræ soliditatem; pilis hispidis, terræ arbores & feras, &c. Fistulam composuisse dicitur primus ex arundineis calamis, cum Syringem nympham, quam deperibat, sociarum precibus mutatam vidisset in arundinem, unde fistula Græcis σύριγξ dicta.

35. *Amyntas.*) Ab ἀμύνω *succurro*.

36. *Disparibus, &c.*) Fistula continebatur olim septem calamis, apud Theocritum etiam novem, Idyl. 8. ut vocum discrimina totidem imitaretur. Calamos porro cera inter se conjunctos ea proportione decrescebant, ut in summo, qua inflabantur, æquales essent; inæquales in imo, qua exibat spiritus. *Cicutis.*) Scaliger vult hic plantam illam esse venenatam, cujus succo Athenienses ad publicum mortis supplicium, caule autem cavo ad musicam utebantur. Gall. *de la cigue*. Servius pu-
tat

Dixit Damœtas, invidit stultus Amyntas.
Præterea duo, nec tuta mihi valle reperti
Capreoli, sparsis etiam nunc pellibus albo,
Bina die siccant ovis ubera: quos tibi servo.
Jampridem a me illos abducere Thestylis orat:
Et faciet; quoniam sordent tibi munera nostra.
Huc ades, o formose puer. Tibi lilia plenis
Ecce ferunt Nymphæ calathis: tibi candida Nais,
Pallentes violas & summa papavera carpens,
Narcissum & florem jungit bene olentis anethi.
Tum casia, atque aliis intexens suavibus herbis,
Mollia luteola pingit vaccinia caltha.
Ipse ego cana legam tenera lanugine mala,
Castaneasque nuces, mea quas Amaryllis amabat.

Ad-

INTERPRETATIO.

candus possides. Damœtas hoc dixit, Amyntas stolidus invidit. Insuper duo capreoli inventi a me in valle non sine periculo, quorum pelles sunt adhuc distinctæ maculis candidis: quotidie exhauriunt gemina ovis ubera, hos servo tibi. Jamdudum Thestylis conatur precibus obtinere illos a me, & obtinebit, siquidem dona mea tibi vilescunt. Huc veni, o formose puer. En Nymphæ ferunt tibi lilia plenis canistris: alba Nais tibi colligens violas pallidas, & capita papaverum, addit narcissum & florem anethi odoriferi. Deinde miscens cum casia & aliis herbis dulcibus, ornat mollia vaccinia calthis croceis. Ego vero colligam poma albentia molli lanugine, & nuces castaneas, quas mea Amaryllis diligebat. Adjungam

NOTÆ.

tat cum calamorum quorumlibet internodiis, sed sine teste.

39. *Damœtas.*) Dorice pro [illegible], quasi *populus popularis*, a [illegible] *populus*.

46. *Nymphæ.*) *Nympha*, quasi [illegible] *novas apparens*: & significat, tum *novam nuptam*; tum feminea illa numina, quæ juxta Pausaniam, non immortalia quidem, sed longissimi & pene immutabilis ævi putabantur. Præerant autem aquis fluvialibus *Naiades*, sive *Naides*, a [illegible] *fluere*; marinis *Nereides*, Nerei & Doridis filiæ, montibus *Oreades*, ab [illegible] *mons*; silvis *Dryades*, a [illegible] *arbor*, *quercus*; singulis arboribus *Hamadryades*, ab [illegible] *simul*, & [illegible] *arbor*, quia cum iisdem arboribus occidebant; hortis & lucis *Napææ*, a [illegible] *saltus*, *viretum*; pratis *Limoniades*, a [illegible] *pratum*, stagnis *Limniades*, a [illegible] *stagnum*.

Calathis.) Græcum est [illegible], Latine *canistrum*, *qualum*, *qualus*, *quasillum*, *quasillus*. Calathi forma patens lilio similis. Lilium enim ita describit Plin. l. 21. c. 5. *Effigie calathi, resupinis per ambitum labris*.

47. *Pallentes violas.*) Plin. l. 21. 6. Violas ait, alias esse: purpureas, alias luteas, alias albas: ad albas revocentur pallentes, quas elegit Corydon, ut amantium similes colore, Horat. enim l. 3. od. 10. 14. *Et tinctus viola pallor amantium*.

Papavera.) Papaver, Narcissus, & Anethum, pulcherrimi pueri fuerunt, qui, juxta Servium, in florem eorum nominum conversi sunt, quos dum offert Corydon, Alexim quasi admonet, ne ipse tale aliquid ex amore olim patiatur. De *Narcisso* quidem nota est fabula. Fuit Cephisi Bœotiæ amnis & Liriopes nymphæ filius: quem prædixerat Tiresias tamdiu victurum, quamdiu a sui conspectu abstinuerit. Is cum Echus nymphæ amorem sprevisset, suamque in fonte imaginem contemplatus, amore ejus contabuit, & in florem cognominem est mutatus. De *Anethi* autem & *Papaveris* metamorphosi nihil apud veteres legi.

49. *Tum casia.*) Casia multiplex. I. Frutex cinnamomo affinis, odorato cortice, *cannella*. II. Fistula, cujus medulla medicinalis est, *cassia*. III. Herba coronaria, quam etiam Cneorum ex Hygino Plinius vocat, l. 21. c. 9. Cneorum autem album, *Lavendulam*; nigrum *Rosmarinum* esse putat Dalecampius. De hac tertia specie solum hic sermo est.

50. *Vaccinia calthis.*) De *Vacciniis* supra v. 18. Caltha flos luteí sive crocei coloris, Ital. *girasole*, quasi *solsequium*, quia præsertim cum tenerior est, ad solem inflectitur.

51. *Cana legam, &c.*) Mala intelligit Cydonia sive Cotonea, Ital. *Cotogni*, ut ex canitie & lanugine colligitur: item ex fragmento Petronii, quod ex hoc loco manifeste expressum est.

Sordent velleribus hirsuta Cydonia canis,
Sordent hirsutæ munera Castaneæ:
Nolo nuces, Amarylli, tuas, nec cerea pruna;
Rusticus hæc Corydon munera magna putet.

52. *Castaneasque nuces.*) Nux, genus est fructuum omnium, qui duriore cortice muniti sunt: species sunt, avellanæ, amygdalæ, juglandes, castaneæ, &c.

Addam cerea pruna: & honos erit huic quoque pomo.
Et vos, o lauri, carpam, & te, proxima myrte,
Sic positae quoniam suaves miscetis odores.
Rusticus es, Corydon, nec munera curat Alexis:
Nec si muneribus certes, concedat Iolas.
Eheu, quid volui misero mihi? floribus Austrum
Perditus, & liquidis immisi fontibus apros.
Quem fugis, ah, demens? habitarunt Dii quoque silvas,
Dardaniusque Paris. Pallas, quas condidit, arces
Ipsa colat: nobis placeant ante omnia silvae.
Torva leaena lupum sequitur, lupus ipse capellam:
Florentem cytisum sequitur lasciva capella:
Te Corydon, o Alexi: trahit sua quemque voluptas.
Aspice, aratra jugo referunt suspensa juvenci,

Et

INTERPRETATIO.

pruna flava; & laus erit quoque huic fructui. Et vos decerpam, o lauri, & te, myrte, lauris vicina: quia ita juncta emittitis gratos odores. Agrestis es, o Corydon, & Alexis non movetur tuis donis: & si contendas donis, Iolas non cedet tibi. Heu miser, quid feci? immisi Austrum floribus, & apros puris fontibus, imprudens! Ah, stulte, quem fugis? Dii ipsi incoluerunt nemora, & Paris Trojanus. Pallas incolat ipsa urbes, quas exstruxit: silvae autem placeant nobis prae caeteris rebus. Ferox leaena sectatur lupum, lupus ipse capellam, petulans capella sectatur cytisum: te Corydon sectatur, o Alexi: unusquisque rapitur sua voluptate. Vide, ut juvenci referant domum

NOTAE.

53. *Cerea pruna.*) Cerea vel ob mollitiem ut Horat. de e. p. 163. *Cereus in vitium flecti.* Vel ob colorem croceum, ut in Priapeis, *magisque cera luteum novae prunum.*

Honos erit huic pomo.) Commendatione excipientis Alexidis: sicut castaneae, ob amorem Amaryllidis.

54. *Proxima myrte.*) Myrtus perpetuo virens, Veneri sacra, vel quia propter odorem accommoda est ad delicias, vel quia maris litoribus gaudet, unde & Venus orta. *Proxima* lauro, vel situ, vel odore, vel eadem dignitate, quia laureae coronae Romae usui fuerunt in triumpho; myrteae in ovatione, quae minor triumphus erat, in equo, non in curru.

56. *Rusticus es.*) Tria amoris impedimenta: Corydon ignobilis & rusticus, Alexis munerum negligens, rivalis Iolas muneribus potentior.

57. *Iolas.*) Forte ab interjectione *ἰώ*, quae modo laetitiam, modo luctum signat.

58. *Eheu, quid volui, &c.*) Multiplex explicatio. I. Lud. Vives: Inanem operam sumo, dum carmina surdis auribus, perinde ac si flores ventis exurendos exponerem, aut puram aquam suibus proculcandam. II. Nannii: Rem meam & fortunas hoc amore corrupi. Quam sententiam hic duplici proverbio, ventorum & porcorum, deinde expressis verbis exponit: *quae te dementia cepit? Semiputata tibi, &c.* III. Alterum: Quorsum vox excidit mihi, cum Iolam aemulum, & munerum feci mentionem? Alexis enim, ut eam audierit, Iolam ditiorem mihi praeponet. Perinde igitur feci, ac si *floribus austrum, &c.*

Austrum.) Auster sive Notus, ventus a meridie flans, magnos humores colligens, quibus infert floribus & valetudini perniciem.

60. *Dii quoque silvas.*) Apollo scilicet, cum Admeti gregem pavit, coelo pulsus ob caesos Cyclopas, qui fulmina Jovi fabricaverant, ad occidendum Phaetonta filium Apollinis.

61. *Dardaniusque Paris.*) Priami & Hecubae filius: a patre expositus in silvis, quia cum Hecuba facem ardentem parere se somniasset, conjectores responderant, infantem, quem in utero gestabat, Trojani excidii causam futurum. Itaque educatus inter pastores, in agonali certamine, quod ad Trojam celebrabatur, cum Hectorem vicisset, & ob eam causam prope esset occidendus, pro ejusdem fratre agnitus est. Caetera passim in Aen. *Dardanius.*) Id est, Trojanus, a Dardano Electrae Jovisque filio, uno e Trojae conditoribus.

Pallas, quas, &c.) Pallas, nata e cerebro Jovis, armata & hastam quatiens: unde nomen habuit a *πάλλω quatio*. Artium Dea, prima aedificiorum inventrix, & apud Athenienses conditrix habita ejus arcis, quae Ἀκρόπολις est dicta, quia in summa urbis parte posita erat.

64. De Cytiso, Ecl. 1. 79.

66. *Aspice, aratra, &c.*) Colligit animum Corydon, & ex occasu solis, & cessatione operum rusticorum, agnoscit festinam temporis & insaniam amoris sui. Mox illud quasi reprehendo sibi objicit, *Me tamen urit amor, quis enim modus, &c.* Tum negligentiam sibi suam ponit ob oculos: *Semiputata tibi, &c.* Denique ad saniora consilia per desperationis mentem revocat: *Quin tu aliquid, &c.*

Et sol crescentes decedens duplicat umbras:
Me tamen urit amor: quis enim modus adsit amori?
Ah, Corydon, Corydon, quæ te dementia cepit!
Semiputata tibi frondosa vitis in ulmo est;
Quin tu aliquid saltem potius, quorum indiget usus,
Viminibus mollique paras detexere junco?
Invenies alium, si te hic fastidit, Alexim.

INTERPRETATIO.

aratra sublevata jugo: & sol occidens auget crescentes umbras: me tamen amor inflammat: nam quis potest esse finis in amore? Ah Corydon, Corydon, quænam insania te occupavit! Habes in ulmo frondosa vitem media ex parte recisam; cur non potius conaris saltem texere vimine, aut junco flexili, aliquid earum rerum, quarum eget vita rustica? reperies alium Alexim, si hic te despicit.

NOTÆ.

71. *Quorum indiget usus.*) Quæ pertinent omnia ad commercium quotidianum vitæ rusticæ: ut sunt [illegible], crates, calathi.

72. *Detexere.*) Non evolvendi, sed augendi verbum: usque perfecte texere. Sic Plaut. in Pseud. I. 4. 7. *Neque exordiri primum unde occipias habes, neque ad detexendam telam certos terminos.*

73. *Alexim.*) Ad exemplum Theocriti: *Εὑρήσεις Γαλάτειαν ἴσως καὶ καλλίον' ἄλλαν, Invenies Galateam forte & pulchriorem aliam.* Idyll. XI. 76.

ECLOGA III.

(*) PALÆMON.

ARGUMENTUM.

Est amœbæa contentio inter Menalcam, & Damœtam, pastores: ac primo continet jurgia, deinde musicum certamen, denique judicium Palæmonis de utroque: unde a judice Palæmone nomen habet. Vives allegoricam hanc ecl[illegible] putat; & Virgilium, sub persona Damœtæ, poetam ex ejus obtrectatoribus aliquem, sub persona Menalcæ agnoscit.

Amœbæum vero carmen, alternum, sive reciprocum *est,* [illegible]*: hujus lex est, ut, qui posterior dicit, aut majora dicat, quam qui prior; aut certe paria; sensu, vel eodem, vel diverso: alioqui victus habeatur.*

Tempus editæ hujus Eclogæ erui potest ex his ejusdem versibus: Pollio amat nostram, quamvis sit rustica, musam: Pierides vitulam lectori pascite vestro. Pollio & ipse facit nova carmina, pascite taurum, &c. *Hæc enim tauri & vitulæ mentio facit, ut credam, scriptum hoc opus fuisse tum, cum Asinius Pollio missus a M. Antonio ad expeditionem Dalmaticam adversus Parthinos, inde reversus esset victor, & jam triumphi apparatus fierent. Hujus autem pompæ pars erat non ultima, deductio taurorum, aliarumque victimarum, pendentibus vittis, deauratisque cornibus; quæ Jovi Capitolino mactandæ a triumphante offerebantur. Præscribit igitur poeta bucolicus, ut taurus & vitula ad sacrificia Pollionis triumphalia saginentur: idque præscribit Musis ipsis: quia Pollio non solum bello, sed literis etiam & poesi clarus fuit* Ecl. 4. in Argum. *Porro cum triumphus ille notetur in Fastis ad 8. Kal. Nov. A. U. C.* 715. *scripta fuit hæc Ecloga circa medium Octobrem illius anni, qui fuit Virgilii* 31. *desinens, aut* 32. *incipiens. Hæc quanquam levis conjectura, non inutilis tamen quibusdam videbitur.*

MENALCAS, DAMŒTAS, PALÆMON.

MEN. DIc mihi, Damœta, cujum pecus? an Melibœi?
D. Non, verum Ægonis: nuper mihi tradidit Ægon.
M. Infelix o semper oves pecus! ipse Neæram
Dum fovet, ac, ne me sibi præferat illa, veretur,
Hic alienus oves custos bis mulget in hora:

INTERPRETATIO.

MEN. *O Damœta, dic mihi, cujus est grex iste? an Melibœi?* DAM. *minime, sed est Ægonis: Ægon mihi nuper* illum *commisit.* M. *O oves, pecudes semper infaustæ! dum* Ægon *ipse demulcet Neæram, ac timet ne illa me anteponat ipsi, mercenarius iste pastor* Damœtas *exprimit lac ovibus bis*

NOTÆ.

(*) PALÆMON.) A verbo [illegible] *luctari*; pro quo Poetæ dicunt [illegible].

Menalcas.) A [illegible], *robur*, vel [illegible], *dura*, [illegible], & [illegible], *auxilium*. *Damœtas*. Ecl. 2. 37.

1. *Cujum pecus.*) Antiquum nomen, *cujus*, *cuja*, *cujum*. Terent. in Eun. 5. 3. *Virgo cuja est?* Plaut. in Curcul. 2. 1. 14. *Cujam vocem audio?* Idem in Rud. 3. 4. 39. *Argentum pro istisce ambabus, cuja erant domino dedi.*

2. *Ægon.*) Pastor [illegible] Menalcæ in amore Neæræ, & herus Damœtæ. *Ægon* ab [illegible], *capra*. *Neæra.*) a [illegible], [illegible]. *Melibœus* v. Ecl. 1. sub initium.

3. *Infelix o semper oves pecus.*) Legunt aliqui: *ovis*. Quod Servius [illegible] interpretatur: O infelix pecus, semper ovis, id est, semper imbecille futurum. Ramus vero sic: O semper infelix pecus ovium; ita ut *ovis* in genitivo sit singulari, pro plurali *ovium*. Sed sinceriores codices habent, *oves*: plano sensu: O oves, pecus semper infelix! Quare autem *infelix*? & propter pastorem, qui, ut vacet amoribus, curam ejus abjicit; & propter custodem, a quo exhauritur & expilatur.

Et succus pecori, & lac subducitur agnis.
D. Parcius ista viris tamen objicienda memento.
Novimus & qui te, transversa tuentibus hircis,
Et quo, sed faciles Nymphæ risere, sacello.
M. Tum, credo, cum me arbustum videre Myconis,
Atque mala vites incidere falce novellas.
D. Aut hic ad veteres fagos, cum Daphnidis arcum
Fregisti & calamos: quæ tu, perverse Menalca,
Et cum vidisti puero donata, dolebas;
Et, si non aliqua nocuisses, mortuus esses.
M. Quid domini faciant, audent cum talia fures!
Non ego te vidi Damonis, pessime, caprum
Excipere insidiis, multum latrante Lycisca?
Et cum clamarem; Quo nunc se proripit ille?
Tityre, coge pecus: tu post carecta latebas.
D. An mihi cantando victus non redderet ille,
Quem mea carminibus meruisset fistula, caprum?
Si nescis, meus ille caper fuit; & mihi Damon
Ipse fatebatur, sed reddere posse negabat.
M. Cantando tu illum? aut unquam tibi fistula cera

Jun-

INTERPRETATIO.

singulis horis; & succus subripitur gregi, & lac agnis. D. *Memineris tamen ista cautius esse exprobranda viris. Scimus & qui te corruperint, hircis oblique spectantibus, & quo in delubro, sed bonæ Nymphæ riserunt.* M. *Tunc puto riserunt, cum viderunt me amputare improba falce arbores, & novas vites Myconis.* D. *Vel potius hic prope fagos antiquas, quando rupisti arcum & sagittas Daphnidis: quæ tu, maligne Menalca, quando vidisti data esse puero* illi, *& invidebas, & periisses, nisi damnum aliquod* ipsi *intulisses.* M. *Quid faciet herus Ægon,* si quidem servos *fures audent talia* mihi dicere? *Nonne ego te vidi, nequissime, dolo furari caprum Damonis, Lycisca multum latrante? Et cum clamarem: Quem in locum fugit ille? Tityre, collige gregem: tu delitescebas post carecta.* D. *An ille, cantando superatus, mihi non reddidisset caprum, quem avena mea meruerat cantilenis? si ignoras, caper ille erat meus, & ipse Damon id fatebatur, sed dicebat se non posse reddere.* M. *Tu illum* vicisti *canendo? an unquam habuisti avenam cera compactam?*

NOTÆ.

6. *Et succus pecori, & lac.*) Idem lac, qui matribus quidem nativus est succus, fœtibus autem, sive agnis alimentum. Notetur hic defectus synalœphæ.

7. *Parcius ista viris, &c.*) Scito moderatius & cautius ea esse exprobranda viris, & pudicis; iis præsertim, qui te mollem & corruptum sciunt. Servius non insulse explicat, & interpungit aliter: *Parcius: ista viris tamen objicienda memento. Novimus, &c.* hoc est: Parce quicquam mihi exprobrare: si tamen exprobres, memineris ea esse ejusmodi, quæ viro objici possint: at novimus tua scelera viro indigna.

8. *Transversa tuentibus hircis.*) Servius *hirquis* legit, & *hirquos* explicat, angulos oculorum, in quos tortores oculi libidinem notent. Alii simplicius *de hircis* intelligunt, libidinosis eo usque animalibus, ut iis etiam dicantur invidere, quos libidini indulgentes viderint: transversim autem tueri invidiæ signum est.

9. *Sacello.*) Sacellum, locus sacer numini, parva ædicula: quæ, præsertim apud rusticos, ab-struens erat. *Nymphæ.*) Vel Dryades, vel Napææ. Nemesian. Ecl. 2. 20. *Quæ colitis silvas Dryades, quæque antra Napææ.*

10. *Tum credo, cum, &c.*) Ironice loquitur, & scelus alienum quasi de se narrat; sed eo vultu & nutu, ut scelus Damœtas ejus auctor esse intelligatur. *Arbustum.*) Non arbuscula est, sed locus arboribus consitus, præsertim hoc loco ad fulciendas vites, quæ ideo *arbustivæ* a Columella dicuntur. Ecl. 1. 40. *Mycon.*) Pastoris nomen a μύκης fungo. *Daphnis*, a δάφνη corona laurea.

17. *Damonis.*) Quasi δῆμος populus.

18. *Lycisca.*) Canis ex lupo & cane editus, a λύκος *lupus*, & κύων *canis*.

20. *Carecta.*) Locus ubi multæ sunt carices. *Carex* planta est ex arundineo genere, Gallico nomine carex. *De Tityro* Ecl. 1. in Argum.

25. *Cantando tu illum.*) Supple *vicisti*: reticentia ad subsannationem: ut ista ad furorem & impetum, Æn. 1. 139. *Quos ego*, supple *si arripuero*.

Aut unquam tibi, &c.) Negat eum habere fi-

Juncta fuit? non tu in triviis, indocte, solebas
Stridenti miserum stipula disperdere carmen?
D. Vis ergo inter nos, quid possit uterque, vicissim
Experiamur? ego hanc vitulam (ne forte recuses,
Bis venit ad mulctram, binos alit ubere fœtus)
Depono: tu dic, mecum quo pignore certes.
M. De grege non ausim quicquam deponere tecum.
Est mihi namque domi pater, est injusta noverca:
Bisque die numerant ambo pecus, alter & hædos.
Verum, id quod multo tute ipse fatebere majus,
Insanire libet quoniam tibi, pocula ponam
Fagina, cœlatum divini opus Alcimedontis:
Lenta quibus torno facili superaddita vitis

Dis-

INTERPRETATIO.

Nonne tu, imperite, solebas rauca cicuta spargere in plateis miserabiles cantilenas? D. *Visne igitur ut privatim videamus, quid uterque* nostrum *valeat alterno carmine? ego do pignori hanc juvencam: ne forsasse rejicias eam, bis mulgetur, educat lacte geminos vitulos: tu dic quo pignore contendas mecum.* M. *De grege non ausim collocare quicquam in sponsione tecum: habeo enim domi patrem, habeo novercam difficilem: & bis quotidie recensent uterque gregem, alter vero hædos. At, siquidem tibi placet stultum esse, apponam id quod tu ipse fateberis esse longe pretiosius, calices e fago* confectos, *opus sculptum a præstantissimo Alcimedonte: in quibus vimen* hederæ

NOTÆ.

stulam illam nobilem, septiformem: non negat habere ignobilem, simplicem, atque unius calami, e cicuta, e stipula, de quo supra Ecl. 2. 36. Ait enim, *non tu in triviis, &c.*

26. *In triviis.*) *Bivium, trivium, quadrivium*, locus, in quem duæ, tres, quatuor concurrunt viæ. Rustici per trivia ululare certis diebus solebant, & flebile aliquid cantillare in honorem Dianæ, sive Proserpinæ: idque ad imitationem Cereris, cum a Plutone raptam per trivia cum clamore vestigaret. Unde Diana dicta *Trivia*; sive ex illis clamoribus; sive, ut ait Varro, quod ejus simulacrum in triviis apud Græcos poneretur.

29. *Vitulam.*) Proprie *juvencam*, siquidem jam fœtus binos enixa est. Sic Ecl. 6. 47. Pasiphaën *virginem* vocat, pro muliere, quæ jam viro est conjuncta.

Ne forte recuses.) Vel sensus est: Ne forte recuses mecum gratis certare, vitulam in pignus depono; ut saltem lucri spe ad certamen movearis. Vel, ne forte, quia vitulam nominavi, pignus quasi leve rejicias: binos fœtus alit, &c.

30. *Ad Mulctram.*) *Mulctram, mulctrum, mulctrale*, vas rusticum excipiendo lacti comparatum: *Mulctra* etiam dicitur pro ipsa actione mulgendi.

34. *Bisque die, &c.*) I. Servius sic explicat, ut *alter* ad novercam referatur: & sic recensio totius pecoris videatur uni patri attribui. Male, tum quia *ambo* pecus numerant, ergo non solus pater: tum quia *alter* ad masculinum genus pertinet, ergo non ad novercam. II. Cerdanus ait: Ambo pecus numerant; *alter*, id est, pater, seorsum hædos. III. Nannius vero, quem sequimur, ait: Ambo pecus, *id est*, matres numerant; *alter*, id est alteruter, hædos, id est fœtus; eo quod ad majorem numerum bini custodes adhibendi sint, ad minorem unus sufficiat.

36. *Insanire.*) Mecum certando, qui te multo doctior sum.

37. *Fagina.*) Vasa e fago, Ital. *faggio*, juxta Plin. l. 16. 38. fuere aliquando in honore, & in usu sacrorum: recensentur tamen a poetis in pauperum supellectili. Ovid. Fast. 5. 522. *Terra rubens, crater, pocula, fagus erat.*

Cœlatum.) Impressum, incisum, per cavitatem exsculptum, a κοῖλος cavum, unde & cœli nomen per æ scribendum: sive pro superiore illa & concava mundi parte, sive pro scalpro sumatur.

Alcimedontis.) Sculptoris nomen, ab ἀλκὴ *auxilium* & μέδω *rego, curo*: nomen heroi, quam sculptori, aptius.

38. *Lenta quibus, &c.*) Salmasius & Cerdanus duplicem hic artem agnoscunt, tornaturam & cælaturam: ajunt quippe, vites, corymbos, hominum figuras torno fieri non posse, quo ligna teruntur tantum & levigantur; sed solius cœli sive scalpri opus esse, quo sive ligna, sive metalla inciduntur & excavantur. Ili locum istum ita explicant, ut velint *quibus* esse ablativi casus, *torno* dativi, hoc pacto: *in quibus lenta vitis per cælaturam addita est torno, sive materiæ jam tornatæ.* Ego I. vix intelligo *tornum*, pro materia tornata, Latine dici. II. Video, *toreumata*, quæ proprie in veteribus gloss. exponuntur, *opera torno rasa*, sumi promiscue a probatissimis scriptoribus pro cælato opere: cujusmodi sunt calices, crateres, signa hominum ac ferarum anaglyptica emblemataque. Sic Martialis l. 4. 39. *Solus Phidiaci toreuma cæli.* Sic Cicero frequenter in Verr. eodem sensu. III. Pl. l. 34. 8. artis toreuticæ inventorem memorat Phidiam, consummatorem Polycletum; quos sculptores ac statuarios, non solum tornatores fuisse constat. Unde existimo,

licet

Diffusos hedera vestit pallente corymbos.
In medio duo signa, Conon: & quis fuit alter,
Descripsit radio totum qui gentibus orbem?
Tempora quæ messor, quæ curvus arator haberet?
Necdum illis labra admovi, sed condita servo.
D. Et nobis idem Alcimedon duo pocula fecit,
Et molli circum est ansas amplexus acantho:
Orpheaque in medio posuit, silvasque sequentes.
Necdum illis labra admovi, sed condita servo.
Si ad vitulam spectes, nihil est quod pocula laudes.
M. Nunquam hodie effugies: veniam quocunque vocaris.

Au-

INTERPRETATIO.

superadjectum ope *torni facilis implicat* frondibus *hederæ pallidæ corymbos suos dispersos*. *In medio duæ sunt effigies*, Conon: *& quis fuit alter*, *qui virga distinxit populis totum mundum*, *& tempora quæ essent apta messori*, *quæ curvo aratori? Neque adhuc illos* calices *attigi labiis*, *sed servo abditos*. D. *Mihi quoque idem Alcimedon fabricavit duos calices*, *& circumambiit ansas acantho flexili*, *& locavit in medio Orpheum & arbores sequentes. Neque adhuc illos attigi labiis*, *sed servo abditos*. *Si tamen ad juvencam respicias*, *non est cur æstimes calices*. M. *Nullatenus hodie evitabis certamen*: *descendam ad quascumque conditiones me adduxeris*. *Tantummodo*, *idem ille*

NOTÆ.

linea vastiùs torno à cælo, & scalpro distinguatur, ut tamen esse factum, ut promineat & eminentur. Facit insuper etymon, *tornus* enim à *verso*, vel τείρω τέρετρον, *tero*, *terebro*. Teritur enim materia non solum cum versando traditur, sed & cum repetita scalpri impressione inciditur.

38. *Torno facili*.) I. *Facile* alii explicant, vade, & facili arte longiori opera elaboratum. II. Alii, *versatile*, quemadmodum Virg. Æn. 8. 310. *Facilesque oculos fert omnia circum*. III. Alii, *facile obsequens*, & ad ligni teneritudinem referunt, quemadmodum Tibul. 2. 1. 32. *Pocula de facili composuitque luto*.

39. *Diffusos hedera*.) Multi vitem & hederam hic implexas fuisse volunt. Ego cum Nannio alisque hic hederam agnosco vitemque accipio pro ipso hederæ vimine, quod *vitilia* vocetur à Plinio; hederam vero pro foliis, hoc sensu: vimen hederaceum implicat foliis pallentibus corymbos suos. *Hedera*.) Ital. *ellera*; ideo poculis insculpta, quia Baccho sacra.

Corymbos.) Κόρυμβος Isidoro est annulus in hedera, quæ proxima quæque comprehendit atque alligat: sed Plinio est racemus hederæ in orbem circumflexus. Corymbus primo appellatus est nodus, sive quædam & suggestus capillorum in Atticorum capite; quem derivat Vossius à κόρση *caput*, unde & κόρυς *galea*.

40. *Conon*.) Non dux ille celebris Atheniensium, sed nobilis Mathematicus, patria Samius, qui in gratiam Ptolemæi Evergetæ Ægypti Regis, comam Berenices ejus conjugis inter sydera fuisse relatam: ut habet Callimachus in epigr. quod à Catullo Latine redditum exstat. Æqualis & amicus fuit Archimedis: imo, ut opinatur Pomponius, etiam in Mathemat. Magister.

Et quis fuit alter &c.) Oblitus pastor Mathematici alterius, nomen interroget; & non occurrente nomine, per eundem describit ab operibus, ita maxime, quæ ad agricolam nostrum pertinent: erudit divisionem temporum sationis & messionis. *Alter* autem ille, vel Aratus est, poeta Solensis, qui scripsit Græce *Phænomena*, sive motum situmque siderum: quo quidem opere sic Romani delectati sunt, ut illud Cicero adolescens, Claudius item, & Germanicus Latinum reddiderint. Vel Hesiodus est, poeta ex Ascra Bœotiæ oppidulo, qui inter alia scripsit *Opera & dies*, sive *Georgica*. Vel denique probabilius Archimedes, Cononis vel discipulus, vel saltem amicus, celebris ante alios Mathematicus, & bellicarum machinarum inventor: qui in expugnatione Syracusarum ab ignoto Marcelli victoris milite interfectus est, cum figuras in arena describeret.

41. *Radio*.) Radius hic virga est, sive baculus mathematicus, quo variæ cœli terrarumque partes designantur, & figuræ in arena describuntur.

45. *Acantho*.) Herba est acanthus longo latoque & sinuoso folio, Ital. *Acanto*, *sorte di fiore*: capitulis columnarum, in ordine Corinthio, adhiberi solita ad ornatum: unde Romanis *Marmoraria* dicta est, auctore Fuschio.

46. *Orpheaque*.) Orpheus Thrax, Apollinis & Calliopes filius: lyram à patre, aut à Mercurio acceptam ita suaviter impellebat, ut flumina sistere cursus, & silvas ferasque trahere dictus sit. Ejus cum Eurydice amores, profectionem ad inferos, & mortem lege Georg. 4. 454.

49. *Nunquam hodie effugies, &c.*) Deposuerat juvencam; negaverat Menalcas se ob patrem noverca metum posse juvencam deponere, & pocula obtulerat: jurabat tamen in sponsione juvenem Damoetas, *Si ad vitulam spectes*, *nihil est*, *&c.* eique adeo videbatur certamen subterfugere, quod hac sponsione admitti à Menalca non posset. Longe Menalcas, ne adversarius effugiat, admittit juvencæ conditionem, depositam, per spem victoriæ, patris & novercæ metu. *Veniam quocumque vocaris*. Unde arbiter Palæmon de præmio deinde judicium ferens, nullam poculorum, sed juvencæ duntaxat mentionem facit. *Et vitula tu dignus*, *& hic*.

Audiat hæc tantum vel qui venit, ecce, Palæmon.
Efficiam posthac ne quemquam voce lacessas.
D. Quin age, si quid habes; in me mora non erit ulla:
Nec quemquam fugio: tantum, vicine Palæmon,
Sensibus hæc imis, res est non parva, reponas.
P. Dicite: quandoquidem in molli consedimus herba:
Et nunc omnis ager, nunc omnis parturit arbos:
Nunc frondent silvæ, nunc formosissimus annus.
Incipe, Damœta: tu deinde sequere, Menalca.
Alternis dicetis: amant alterna Camenæ.
D. Ab Jove principium, Musæ: Jovis omnia plena:
Ille colit terras, illi mea carmina curæ.
M. Et me Phœbus amat: Phœbo sua semper apud me
Munera sunt, lauri, & suave rubens hyacinthus.
D. Malo me Galatea petit, lasciva puella:
Et fugit ad salices, & se cupit ante videri.

M.

INTERPRETATIO.

qui venit, ea audiat. En Palæmon. Faciam ne deinceps ullum provoces cantu. D. *Ergo age, si habes aliquid; ego nullo modo morabor: neque recuso ullum judicem. Unum precor, o Palæmon mi vicine: id penitus defige animo, res est non levis.* P. *Canite, siquidem sedimus in tenero gramine; & nunc omnis arbor, nunc omnis campus parit: nunc nemora virescunt, nunc annus pulcherrimus est. Incipe, o Damœta; tu deinde succedes, o Menalca: canetis vicissim, vicissitudo placet Musis.* D. *A Jove ducamus initium, o Musæ: omnia plena sunt Jove: ille fœcundat terras, ille curat meos versus.* M. *Phœbus quoque me amat: sunt semper apud me dona sacra Phœbo, lauri, & hyacinthus suaviter purpurascens.* D. *Galatea, jocosa puella, me ferit malo, & fugit ad*

NOTÆ.

50. *Audiat hæc tantum.*) Ad summam hic uterque, adstant pignora, deest tantum judex: audiat ille qui venit. *Vel qui venit.*) Menalcas, visum eminus pastorem, necdum inspecto vultu, hujus se subjicit arbitrio, quicumque tandem ille sit: inest quippe ea vis huic voci, *vel qui venit.* Mox agnito Palæmone, ipsum nomine compellat, & æmulum audacius alloquitur, *efficiam posthac ne, &c.*

59. *Camenæ.*) Musæ: prius dictæ *Casmenæ* & *Carmenæ*, ex Varr. Radix, *carmen*, quod prius dictum est, *casmen*: sicut *arbor, honos, janitor*, prius *arbos, honos, janitos*, ex eodem Varr. Unde errant qui scribunt *Camœnæ*, & deducunt a *cantu amœno*.

60. *Ab Jove principium, Musæ.*) Ex illo Theocriti ἐκ Διὸς ἀρχώμεσθα, καὶ ἐς Δία λήγετε Μοῖσαι, *a Jove incipiamus, & in Jovem desinite, o Musæ.* Idyl. 17. 1. Unde male quidam hic legunt *Musæ* in genitivo; quasi esset, *Ab Jove principium Musæ*, id est, carminis. *Jovis omnia plena.*) Tum quia Deorum ille princeps, & rerum omnium anima: tum quia Jovis nomine aer tribuitur vel undique diffusus. Georg. 2. 325. *Tum pater omnipotens fœcundis imbribus æther Conjugis in gremium lætæ descendit, & omnes Magnus alit magno commixtus corpore fœtus.*

Musæ.) Jovis & Mnemosynes filiæ novem, artium præsides: Calliope, Clio, Erato, Thalia, Melpomene, Terpsichore, Euterpe, Polymnia, Urania; natæ in Pieria regione Macedoniæ: eandem habere dicuntur in Helicone Bœotiæ, & Parnasso Phocidis montibus inter se vicinis.

62. *Phœbus.*) Idem qui Apollo & Sol, Jovis & Latonæ filius eodem partu cum Diana editus in insula Delo: medicinæ repertor: divinationis, musicæ, & poëseos Deus. Phœbus dictus quasi φῶς βίου, *lumen vitæ*.

62. *Sua semper apud me Munera.*) Sacra munera Phœbo, laurus & hyacinthus: de lauro quidem, Ecl. 2. 54. *Hyacinthus* flos ortus e cruore pueri cognominis, qui Zephyro & Apollini cum placeret, & aliquando disco luderet cum Apolline, Zephyri invidia inter ludendum periit; disco, quem Apollo libraverat, in pueri caput maligne deflexo. Quis autem flos ille sit, quæritur. Certe non is est, qui vulgo sic nominatur, cæruleus totus, & absque ullis literarum notis. Certissime is est, qui Græcis ξίφιον vel ξυρὶς dicitur, hoc est, *ensis*. Latinis autem, *gladiolus*, ob scutorum utrimque longorumque foliorum cum gladio similitudinem; Ital. vero, *ghiaggiuolo herba d'erba*; & communi Græcis, Latinis, Gallisque vocabulo, *Iris*; vel ob colorum diversitatem, vel deformato nomine a ξίφει. Hoc multis probat Salmasius in Solin. P. 1184. I. Ex Columella l. 9. 4. *Caelestis nomine Hyacinthus*, non *puniceis*, ut multi habent codices: quid porro cælestis nomen, nisi *Iris*? II. Ex Palladio, l. 3. 37. *Hyacinthus, qui Iris, vel gladiolus, dicitur.* III. Gladiolus habet in folio discurrentes lineas, quæ multa A, & multa I, confuse saltem exprimunt; at hyacinthus,

ai

M. At mihi sese offert ultro meus ignis Amyntas,
Notior ut jam sit canibus non Delia nostris.
D. Parta meæ Veneri sunt munera: namque notavi
Ipse locum, aeriæ quo congessere palumbes.
M. Quod potui, puero silvestri ex arbore lecta
Aurea mala decem misi: cras altera mittam.
D. O quoties, & quæ nobis Galatea locuta est!
Partem aliquam, venti, Divum referatis ad aures.
M. Quid prodest, quod me ipse animo non spernis, Amynta,
Si, dum sectaris apros, ego retia servo?
D. Phyllida mitte mihi, meus est natalis, Iola.
Cum faciam vitula pro frugibus, ipse venito.
M. Phyllida amo ante alias: nam me discedere flevit;
Et, longum, formose, vale, vale, inquit, Iola.
D. Triste lupus stabulis, maturis frugibus imbres,

Ar-

INTERPRETATIO.

lices, & optat se videri a me priusquam fugiat. M. *Amyntas vero, meus amor, se sponte exhibet mihi, ita ut jam Delia* ipsa *non sit familiarior canibus meis.* D. *Dona jam parata sunt amicæ meæ: nam observavi ipse locum, in quo palumbes aeriæ nidificarunt.* M. *Misi Amyntæ decem mala flava, electa ex arbore silvestri:* quod unum *potui* facere: *cras mittam* totidem *alia.* D. O *quoties, & quæ* verba *mihi dixit Galatea!* O *venti, ferte ad aures Deorum aliquam* eorum *partem.* M. *Quid prodest mihi, o Amynta, quod tu me non aspernaris animo, si ego servo retia, dum tu apros insequeris?* D. *Iola, mitte ad me Phyllida, meus est* dies *natalis. Quando immolabo vitulam pro terræ fructibus, tu ipse veni.* M. *O Iola, diligo Phyllida præ aliis, me enim abeunte ploravit, & diu dixit: vale, vale, o formose.* D. *Lupus funesta res est gregi-*

NOTÆ.

ni ei flos habet inscriptum. Ovid. Met. 10. 215. IV. Gladiolus magnitudine & specie accedit ad lilium: et hyacinthus, *formamque capit quam liliis, si non purpureus color his, argenteus esset in illis.* Ovid. Met. 10. 212. V. Gladiolus purpureus est; unde & ferrugineus, & niger, & rubens, ut explicuimus Ecl. 2. 18. Qui omnes colores tribuuntur hyacintho a poetis. Reliqua infra v. 107.

67. *Delia.*) Diana, Luna, venationis Dea, cujus in tutela canes: Latonæ filia: soror Phœbi, Delia dicta, ut ille Delius; vel quod luce sua omnia δηλοῖ, id est, *manifesta* faciat, vel ab insula Delo: quæ cum antea lateret, aut juxta alios erraret mari, Latonæ locum ad partum quærenti, subito emersit; & mox obtulit: unde in præmium affixa est uni loco, & conspicua deinceps ac stabilis facta; dicta Delos quasi δῆλος *manifesta*. Tamen hic *Delia* forte non Dea, sed Menalcæ famula, ex insula Delo: cui sane multo quam Deæ convenit magis illa cum canibus familiaritas. De *Amynta*, Ecl. 2. 35.

68. *Meæ Veneri.*) Amatorum blanditiæ: amicas Veneres vocant. Lucret. 4. 1178. *Nec Veneres nostras hoc fallit.* Mariti autem, uxores suas Junones; uxores vicissim, maritos Joves appellant. Plaut. in Cas. 2. 3. 14. *Ejo mea Juno, non decet te esse tam tristem tuo Jovi.*

69. *Aeriæ quo, &c.*) Palumbes, Ital. *colombi*: Veneri sacri, cujus trahendo currui addicuntur. *Aeriæ.*) Vel quia aerii sunt coloris, inquit Servius, & *liviæ* appellantur: vel potius, quia editis in arboribus nidificant. *Congessere.*) Accumulavere festucas, floccos, alia id genus, quæ Plautus in Rud. 3. 58. *nidamenta* nuncupat.

73. *Divum referatis ad aures.*) Vel quia inest his verbis tanta suavitas, ut beatissimos Deos beare possint, vel ut Dii testes sint promissorum Galateæ.

74. *Quid prodest, quod &c.*) Damœtas ostendit antea gaudium suum de colloquiis cum amica præsentis. Nunc Menalcas majori amoris testimonio dolorem suum testatur, primo de amici absentia: secundo de ejusdem periculo: *sectaris apros*: tertio de sua securitate, *ego retia servo*. In quo sic hæret, ut Amyntæ amorem inutilem putet, nisi societatem pariat etiam periculorum.

76. *Phyllida, &c. Iola, &c.*) Iolas pastor, ab interjectione ἰὼ ἰού. Iolæ famula *Phyllis*, communis amica Damœtæ & Menalcæ: a φύλλον *folium*.

76. *Meus est natalis.*) Natali in sacrificio licebat voluptati indulgere: non item in ambarvali, quod pro terræ frugibus Cereri offerebatur; ter ducta circum agros, aut agna, aut vitula immolata. Unde puella invitatur ad natales; solus pastor ad ambarvale. De ambarvali, Georg. 1. 345.

77. *Cum faciam vitula.*) *Facere & operari* sine addito, est *sacra facere, sacris operari.* Et *facere vitula*, est *sacra facere ex vitula.*

79. *Vale, inquit, Iola.*) Illa vox, *Iola*, non est Phyllidis ad Iolam, cui vale dicat; sed Menal-

Arboribus venti, nobis Amaryllidis iræ.
M. Dulce satis humor, depulsis arbutus hædis,
Lenta salix fœto pecori, mihi solus Amyntas.
D. Pollio amat nostram, quamvis est rustica, Musam:
Pierides, vitulam lectori pascite vestro.
M. Pollio & ipse facit nova carmina: pascite taurum,
Jam cornu petat, & pedibus qui spargat arenam.
D. Qui te, Pollio, amat, veniat, quo te quoque gaudet:
Mella fluant illi, ferat & rubus asper amomum.
M. Qui Bavium non odit, amet tua carmina, Mævi:
Atque idem jungat vulpes, & mulgeat hircos.
D. Qui legitis flores, & humi nascentia fraga,
Frigidus, o pueri, fugite hinc, latet anguis in herba.
M. Parcite oves nimium procedere: non bene ripæ

Cre-

INTERPRETATIO.

bus, pluviæ segetibus maturis, venti arboribus; nobis iræ Amaryllidis. M. *Humor grata res est teneris segetibus, arbutus hædis a lacte depulsis, salix flexilis gregi prægnanti: mihi solus Amyntas.* D. *Pollio diligit mea carmina, licet sint agrestia: o Musæ, nutrite juvencam* Pollioni, *qui vos legit.* M. *Ipse etiam Pollio componit novos versus: nutrite* illi *taurum, qui jam cornibus feriat, & spargat arenam calcibus.* D. *Quisquis te diligit, o Pollio, perveniat ad ea, ad quæ lætatur te quoque pervenisse: illi mel fluat, & vepres rigidi producant amomum.* M. *Quisquis non odit Bavium, amet tuos versus, o Mævi: idemque subjiciat jugo vulpes, & exprimat lac ex hircis.* D. *O pueri, qui colligitis flores, & fraga nascentia humi, hinc fugite: serpens lethalis occultus est sub gramine.* M. *O oves, abstinete longius ire, non tuto fiditur ripæ;*

NOTÆ.

valcon ad Iolam. Ut enim Dametas compellaverat prius Iolam: *O Iola, mitte mihi Phyllida;* ita nunc Menalcas eundem compellat: *O Iola, ante Phyllidi, nam dixit mihi longum vale.*

81. *Amaryllidis iræ.*) Cum videat Dametas Menalcam in amore Phyllidis rivalem sibi obstare, imo præferri; ad alium amorem deflectit, & jam Amaryllidi dicit blanditias. De nomine *Amaryllidis*, Ecl. 1. 31.

82. *Arbutus.*) Arbor foliis lauro affinibus, asperis, Ital. *corbezzolo*: in deliciis ejus umbra fuit apud antiquos. Hor. Od. l. 1. 1. 21. *Nunc viridi membra sub arbuto stratus.* Fructus profert instar cerasorum, aut fragorum, cum aliqua dulcedine asperos. Vocantur a Plinio *unedones*; quod inquit, plures edi non possunt propter asperitatem; a Virgilio *arbuta*. G. 1. 148. *Cum jam glandes, atque arbuta sacræ deficerent silvæ.* Et G. 2. 520. *Dant arbuta silvæ.*

83. *Mihi solus Amyntas.*) Ut ostendat Menalcas, quidquid a se de luctu Phyllidis, deque suo in eam amore dictum est, per jocum dictum esse, quo Dametam aliqua invidia stimularet: nunc ultro profitetur se præter Amyntam, amare neminem.

85. *Pierides.*) Musæ novem, de quibus v. 60. Sic dictæ, vel a Pierio Thessaliæ monte, ubi ex Jove & Mnemosyne natæ dicuntur; vel ex victoria in Pieri Macedonis novem filias, relatæ; quæ Musas ausæ ad cantum provocare, & ab iisdem superatæ, totidem in picas ab iis mutatæ sunt.

86. *Pollio & ipse.*) Quis fuerit, supra habetur in argum. Ecl. 4. pervenit ad summum honorum, consularem, & poetæ laudem; ad consulatum anno U. C. 714. ad triumphum anno 715. E quibus laudibus Poeticam solam hoc loco ei tribuit aperte Virgilius: *Pollio & ipse facit nova carmina;* ceteros honores, ut præstantiores modeste graviores, tantum innuit his vocibus: *veniat quo te quoque gaudet:* nempe ad consulatum & triumphum.

89. *Mella fluant illi, &c.*) Vota sunt ejus in gratiam, quicumque Pollionem amaverit.

Amomum.) Parvus est frutex, cujus inter aromata nominis, ex ligno uvæ convolutæ in racemi modum; aureo colore, flore exiguo, ceu violæ albæ; ligno subrufo & valde odorato: in Assyria, Armenia, Ponto, & Media optimum. Ita fere a Dioscoride describitur. Plerique tamen ab ea descriptione dissentiunt.

90. *Qui Bavium non odit, &c.*) Bavius & Mævius, poetæ pessimi, Virgilio pariter & Horatio infesti. Imprecatio est respondens e contrario votis Dametæ pro Pollione: si quis non odit Bavium, ita stultus sit, ut & amet Mævium, & jugo supponat vulpes.

94. *Parcite oves, &c.*) Sensus est juxta Servium & Farnabium: O pueri, cavete ne oves longius procedant: quod durius & absque exemplo est. Nostra interpretatio cum aliis est exemplis, est enim apud Catul. in Argon. 144. *Nil metuunt jurare, nihil promittere parcunt.* tum conformis est Theocriteo exemplo Idyl. 5. 100. [illegible] &c. *discedite ab oleastro capellæ, huc pascite.*

Non bene ripæ Creditur.) Quia periculosum est, ne vel oves lapsæ in profluentem rapiantur, vel

fin-

Creditur: ipse aries etiam nunc vellera siccat.
D. Tityre, pascentes a flumine reice capellas:
Ipse, ubi tempus erit, omnes in fonte lavabo.
M. Cogite oves, pueri: si lac praeceperit aestus,
Ut nuper, frustra pressabimus ubera palmis.
D. Eheu, quam pingui macer est mihi taurus in arvo!
Idem amor exitium pecori est, pecorisque magistro.
M. His certe neque amor causa est; vix ossibus hærent.
Nescio quis teneros oculus mihi fascinat agnos.
D. Dic quibus in terris, & eris mihi magnus Apollo,
Tres pateat cœli spatium non amplius ulnas.
M. Dic quibus in terris inscripti nomina regum
Nascantur flores: & Phyllida solus habeto.

P.

INTERPRETATIO.

ipse aries siccat adhuc villos. D. *O Tityre, remove a fluvio pascentes capellas: ego purgabo eas omnes in fonte, cum erit opportunum.* M. *O pueri, colligite oves in ovile: si vis caloris corruperit lac, ut ante paucos dies, incassum prememus mammas manibus.* D. *Heu! quam macilentos habeo tauros in fertili agro: idem amor perdit gregem, & dominum gregis.* M. *Non certe amor id importat his ovibus meis: tamen vix stant ossibus. Nescio quis oculus corrumpit mihi juniores agnos.* D. *Dic, qua in regione cœli spatium apertum sit ulnis non plusquam tribus, & eris mihi magnus vates.* M. *Dic qua in regione oriantur flores notati regum nominibus, & possidebis solus*

NOTÆ.

ripa ipsa, fluctuum allapsu rabidas eversa, ruinam faciat.

96. *Reice capellas.*) Est hic primo syncope, *rejice* in *reice*; tum contractio geminæ vocalis brevis in diphthongum longam; *reice*, in *reice*. Sic *eicit* pro *ejicit*, apud Lucret. l. 3. 871. *Nec radicitus e vita se tollit & eicit.*

98. *Si lac praeceperit æstus.*) Vel exsiccaverit, vel ita corruperit, ut cancescat, & nimis liquescat.

100. *In arvo.*) Alii legunt *in ervo*. Ervum autem, Ital. *rubiglia*, leguminis genus est, pisi affine, bobus saginandis utile.

101. *Pecorisque magistro.*) Damœtæ mercenario pecoris custodi, qui dum amat Phyllida, Galateam, Amaryllida, videtur prave e tam multiplici magistri sollicitudine maciem contrahere.

103. *Oculus mihi fascinat agnos.*) Fascinum species incantationis: sic dictum, I. Vel a fasciis sive liciis & filis, quibus ad illigandos & incantandos homines magicis in sacris utebantur, de quo more Ecl. 8. 74. II. Vel a fando, ut vult Festus; quia verbis ac præsertim laudatione immodica perficiebatur: de qua specie Ecl 7. 27. III. Vel ut probat Vossius in Etym. a [illegible] invidere. quod est, quasi [illegible] oculis occidere, quia oculorum intuitu præcipue fit fascinatio: cum scilicet maligni spiritus, ex invido aut male affecto pectore emissi per oculos, aerem circumfusum inficiunt; ideoque ut infectius aer eos inficit, in quos, vel ore, vel oculis, vel naribus commeat. Ita fere Heliod. Æthiop. l. 3. Junioribus vero, utpote tenerioris naturæ, sæpius fascinus adhærescit.

104. *Dic quibus in terris, &c.*) Uterque, quasi de victoria desperans, ad ænigmata confugit.

Apollo.) Vatum Deus, de quo supra v. 62. Cur sic appelletur, docet Macrob. Satur. l. 17. I. Quia [illegible] [illegible], id est, *semper vibrat.* II. Quia radiorum vi morbos frequenter excitat, quibus mortales [illegible], id est, *enecat.* III. Quia cœlestis benignitate morbos omnes [illegible], id est *fugat.* IV. Quia [illegible], id est, *inter utramque mundi polum vertitur.* V. Quia unus est, non multiplex: idem enim aliquando est atque Sol. Ab α privativo, & [illegible] *multi.*

105. *Tres pateat; &c.*) Ænigma difficile, in quo Virgilium crucem fixisse Grammaticis refert Servius ex Asconio, qui hoc ipsum a Virgilio audisse se professus est. Servius interpretatur, I. De Cœlio quodam Mantuano: qui dilapidato patrimonio sepulcrum sibi duntaxat trium ulnarum, seu pedum sex, reservaverat: idque valde placet Salmasio in Solin. p. 1222. II. De Syene urbe in confinio Ægypti & Æthiopiæ, sub tropico Cancri: quem locum ita recto lumine sol irradiare putabatur, medio solstitii die, ut ne altissimo quidem in puteo, eam in rem a philosophis effosso, umbram ullam efficeret. III. Alii de Ajacis clypeo, qui cœli figuram præferebat, eratque trium ulnarum, id est, trium cubitorum: sic enim aliquando ulna sumitur, ut ostendit Vossius in Ætym. IV. Alii de specu in Sicilia, ubi rapta fertur a Plutone Proserpina. V. Clarmontius & Cerdanus de fossa quadam Romæ in comitio facta more Etruscorum: quæ mundus dicebatur, & toto anno claudi solita, patebat certis duntaxat diebus tribus: hi autem cœlum pro mundo accipiunt, ulnas tres pro diebus tribus. VI. Pomponius de Cœlio quodam, cujus statua trium duntaxat erat cubitorum. VII. Alciatus de clibano, cujus cœlum ad ulnas tres apertum sit. VIII. Alii de quolibet puteo: in quem qui descenderit, spatium cœli tantum conspiciat, quantum putei latitudo permiserit. Elige.

107. *Nascantur flores, &c.*) Cerdanus explicat

de

P. Non nostrum inter vos tantas componere lites.
Et vitula tu dignus, & hic: & quisquis amores
Aut metuet dulces, aut experietur amaros.
Claudite jam rivos, pueri; sat prata biberunt.

INTERPRETATIO.

Phyllida. P. *Non meum est dirimere tantam contentionem inter vos. Tu mereris vitulam, & hic* quoque: *& quicumque aut diffidet a-moribus prosperis, aut experietur tristes. Nunc obstruite rivos, o juvenes; prata satis irrigata sunt.*

NOTÆ.

de argenteo nummo qui extat, cujus altera pars Augusti effigiem cum his verbis: *Augustus Cæsar*; altera florem præfert, cum hoc elogio: *Lucius Aquilius Florus triumvir.* Sed non advertit vir doctissimus, Augusti cognomen Octaviano attributum esse, nisi anno U. C. 727. Virgilii 43. Octavio VII. & Agrippa III. Coss. ut habet Censorinus. Edita autem sunt Bucolica anno Virgilii circiter 32. Igitur ad vulgarem & pastoralem sensum confugio, qui est de hyacintho flore, in quem Hyacinthus primum, Phœbo dilectus puer; tum Ajax Græcorum post Achillem fortissimus, mutati sunt. Videntur enim in illo scripta quodammodo litteræ αι, quæ primæ sunt in Αἴαξ; &, si retrorsum legantur, primæ etiam aliquo modo in Hyacintho, si, ut vult Nannius, per *y*, non per *v* scribatur, contra communem Græciæ totius fidem. Atque illa difficultas Hyacinthi nominis Ovidium movit, ut floris illius literas ad Ajacis quidem nomen referret; ad Apollinis vero gemitus, mortem Hyacinthi deplorantis. Quippe αι gemitus notat, unde est αἰάζειν *gemo*. Ita Met. 10. 215. *Ipse suos gemitus foliis inscripsit, & ai ai flos habet inscriptum.* Tom I. 13. 397. *Litera communis mediis, pueroque, viroque inscripta est foliis; hæc nominis, illa querelæ.* Ajax porro & Hyacinthus, non reges, sed regum filii fuere: Ajax quidem Telamonis, Hyacinthus Amyclarum regis. Reges tamen vocat Virgilius eo more, quo Laviniam & Ariadnam reginas alibi vocavit.

109. *Et quisquis amores, Aut, &c.*) Non uni digni estis vitula pro præmio, sed etiam quicumque vobis similes ita belle exprimunt affectus amantium: sive ejus qui felix in amore felicitati suæ diffidit, qualis Menalcas: *Dulce satis humor, &c. Quid prodest, si me ipse, &c.* sive ejus qui amaritiem in amore experitur, qualis Damœtas: *Triste lupus stabulis, &c. nobis Amaryllidis iræ.*

111. *Claudite jam, &c.*) Allegoria est. Jam cantare desinite: satis enim aures nostræ cantu vestro delectatæ sunt, quemadmodum aquarum humore prata reficiuntur.

ECLOGA IV.

(*) P O L L I O.

ARGUMENTUM.

Confecto bello Perusino, de quo dictum est in argum. Ecl. 1. M. Antonius multis de causis infensus Octaviano, cum ingenti exercitu venerat in Italiam. Reconciliati tamen circa Brundusium, administris L. Cocceio communi amico; & ex parte Octaviani, Maecenate; ex parte Antonii Asinio Pollione, tum consule: ambo cum ovationis honore Romam ingressi sunt. Sed paucis post diebus, cum Sext. Pompejus, Magni filius, occupata Sicilia commeatum intercluderet, ideoque Roma fame premeretur, Octavianus & Antonius, lapidibus palam appetiti a populo, coacti sunt pacem cum Sext. Pompejo componere. Pax composita ad Puteolos. Sublato igitur famis metu, cibariis in urbem confluentibus, civilibus bellis tanto post tempore extinctis, quaedam aurea species aetatis affulsit. Haec autem omnia cum accidissent sub extremum Pollionis consulatum, & ipso Pollione administro, cui tunc temporis filius natus erat: huic Pollionis filio genethliacon Virgilius cecinit; ejusdemque, & temporum illorum in laudem detorsit, quicquid in Cumanae Sibyllae libris, de Christi ortu, ejusque matre atque aetate legerat.

Scripta est anno Virgilii 31. ineunte: U. C. 714. exeunte: sub ipsum pacis Puteolanae tempus: Coss. Domitio Calvino, & Asinio Pollione: paullo antequam hi consules magistratum abdicarent; quod more illorum temporum fecerant, ad paucos qui supererant ex illo anno dies: in gratiam L. Cornelii Balbi Gaditani, & P. Canidii, qui consules in eorum reliquum appellati sunt.

Sicelides Musae, paullo majora canamus.
Non omnes arbusta juvant, humilesque myricae.

Si

INTERPRETATIO.

O Musae Siculae, canamus paullo grandiora. Arbores, & parva myrica non pla-

NOTAE.

(*) POLLIO.) C. Asinius Pollio, a Julio Caesare, paulo ante caedem, Hispaniae ulteriori praefectus; post ejus caedem amicissimus fuit M. Antonio, ut ipse profitetur suis in Epistolis, quae extant apud Ciceronem l. 10. *Famil.* In ejusdem Antonii partes cum duabus legionibus transiit, paullo ante triumviratum. Triumviratu instituto, & triumviris urbanos magistratus in quinquennium assignantibus, ipse in an. U. C. 714. Consul destinatus est, adnitente, ut credibile est, amico Antonio. Qui eodem tempore Fescenninis versibus ab Octaviano lacessitus dicitur. *Macr. Sat.* 2. 4.

Ei tunc in Gallia Cisalpina versanti videtur Virgilius innotuisse, & per eum commendatus esse Maecenati: ut aditum haberet ad Octavianum, qui agrorum dividendorum in suos & Antonianos milites negotium omnino susceperat. Orto deinde Perusino bello, L. Antonio, Marci fratri, suppetias tulit Pollio contra Octavianum. *Appian. l. 5. Civil.* Sed victo Lucio, ipse tum Consul, diu retenta in potestate Marci Venetia, eius in partes Domitium Ahenobarbum ejusque classem allexit. *Velleius lib.* 2. Consecuta est pax Puteolana: statimque in Parthinos, Illyricam gentem, & Bruti olim Caesarisque studiosissimam, auspiciis M. Antonii, expeditionem duxit: triumphavitque anno sequente 715. Reliquam vitam traduxit in Italia, & licet *post conversum amore Cleopatrae Antonii animum, partibus ejus nunquam se miscuerit*, ad bellum tamen Actiacum profici-sci noluit cum Octaviano, *propter nimia in se Antonii beneficia*, ait *Velleius l.* 2. Historiam scripsit bellorum civilium, item tragoedias; accusavit juvenis Catonem, orator egregius, sed Ciceronis eloquentiae infestissimus, *Quintil. l.* 6. 3. & *l.* 10. 1. fortasse ob memoriam M. Antonii, quem ille Philippicis laceraverat. Vixit ferme ad extremum Augusti principatum, & an. U. C. 757. obiit octogenarius, ut colligitur ex *Euseb. Chron.*

Filium habuit nullum, *Saloninum* nomine, sed nepotem; qui certe, cum edita est haec ecloga, nondum ortus erat; quippe qui annis, post editam hanc eclogam, 63. juvenis obiit Tiberio *progener destinatus*, inquit Tac. *an.* 3. 75.

Filius autem Pollionis dictus est C. Asinius Gallus, non *Saloninus*; diu deinde suppliciis a Tiberio Caesare necatus anno U. C. 786. Ille igitur Pollionis *Saloninus*, qui a Servio dicitur *inter ipsa primordia periisse*, aut Servii commentum est, aut certe tunc, cum scripta est Ecloga, *Saloninus* dici non potuit, cum *Salonae* a Pollione non captae sint nisi anno editionem eclogae consequente. Vide Ecl. 8. 13.

1. *Sicelides.*) A Graeco nomine Σικελίς; a Latino enim *Sicilia*, esset *Sicilides*; abesset vox propter exiguitatem literae *i*, saepius repetitae. Favent Musae, quia Theocritus Siculus, ex urbe Syracusis, bucolicorum princeps fuit. Unde & *Syracosium* versum dicit pro *Bucolico* Ecl. 6. 1. & *Arethusam* Siciliae fontem invocat Ecl. 10. 1.

2. *Myricae.*) Myrica, frutex humilis; hanc alii Ta-

Si canimus silvas, silvæ sint consule dignæ.
Ultima Cumæi venit jam carminis ætas:
Magnus ab integro sæclorum nascitur ordo.
Jam redit & Virgo, redeunt Saturnia regna:
Jam nova progenies cælo demittitur alto.
Tu modo nascenti puero, quo ferrea primum
Desinet, ac toto surget gens aurea mundo,
Casta fave Lucina: tuus jam regnat Apollo.

Te-

INTERPRETATIO.

-tent omnibus. Si cantamus silvas, silvæ deceant consulem. Nunc attigimus extremam seculum vaticinii Cumææ Sibyllæ: *magna series temporum oritur de novo. Nunc Astræa revertitur, regnum Saturni revertitur: nunc novum genus hominum mittitur e summo cælo. Tu tamen, o pudica Diana, adsis nascenti puero: sub quo ferrea ætas primum finietur, & aurea per totum orbem orietur: tuus frater Apollo jam imperat. Puero sub tuo consulatu,*

NOTÆ.

Tamariscum vocant, alii Bruyere silvestrem, Ital. *tamerigia*. De *arbustis* Ecl. 1. &c.

3. *Silvas*.) Per *silvas* hic, & per *silvestrem musam* Ecl. 1. 2. bucolica sive pastoritia carmina intelligit. Cœlius Rhodig. auctor est tamen, per *silvas consule dignas*, silvarum ad silvarum curam: quæ minima erat provinciarum illarum, quæ consuli e magistratu abeunti mandabantur. Unde apud Suetonium legimus, optimates ex invidia curatos esse, ut ea Jul. Cæsari provincia committeretur, quasi minimi negotii; hanc vero contra perfecisse, ut sibi Gallia daretur.

4. *Ultima*.) Vel *postrema* est; vel *prima*, & ab ætate nostra remotissima: utroque enim sensu dicitur *ultimum*. Hæc autem ætas, de qua hic Virgilius, *postrema* dici potest, quod eam Sibylla quinto quarto loco constituerit, post alias quatuor per metalla designatas, auream, argenteam, æream, & ferream. *Prima* vero dici etiam potest, quod hac eadem incipiente sit prima ætatis aurea, & eadem veluti iterum rediviva.

Cumæi carminis.) Sibyllini. *Cumæam* vero Sibyllam aliqui distinguunt a Cumana, ut altera Italica, altera Æolica sit. *Cumæ* enim duæ percelebres, inter urbes alias ejusdem nominis: alia in Æolide Asiæ, alia in Campania Italiæ. Utramque tamen unam confundi debet. De Sibyllarum nomine, numero, auctoritate, diximus Æn. 6. 36. De *Cumis*, Æn. 6. 2.

5. *Magnus ab integro*, &c.) *Sæclorum* pro *seculorum*. *Seculum* vulgo centum annorum spatium est, hic *ætas* & *tempus* indefinite. *Magnus seculorum ordo*, & postea *magni menses* explicantur a plerisque de magno anno Platonico, qui ex Cicerone 2. de Nat. Deor. *tum efficitur, cum Solis, & Lunæ, & quinque errantium, ad eandem inter se comparationem confectis omnium spatiis, est facta conversio*; id est, redierunt ad eundem situm, unde primo cursum inceperint. Quo tempore quidem volunt, inquit Clavius in c. 1. sphæræ, *tunc omnia quæcumque in mundo sunt, eodem ordine esse reditura, quo nunc versantur*. Addunt autem fabulosi hujus anni auctores, hunc spatio contineri annos, [illegible]: alii quindecim 15000. alii etiam plures. Quicquid sit, de hoc anno Virgilium loqui non puto; quidquid magnum hic, esse *illustrem*; quomodo heroes Alexander, Pompejus, magni dicti sunt. Multa tamen erudite docet Jos. Scaliger de magno anno, magnisque mensibus Chaldaicis, quæ huic loco convenire possunt. In Canon. Isagog. p. 252.

6. *Virgo*.) Astræa, seu Justitia, Jovis & Themidis filia: quæ aureo autem seculo, quo Dii cum hominibus habitaverant, Diis propter hominum iniquitatem abeuntibus, terram quoque reliquit, sed omnium ultima.

Saturnia regna.) Felicissima, aurea, qualia fuerunt Saturno imperante: sub Jovis enim ejus filii imperio deflexerunt omnia in pejus. 2 Georg. 1. 537. *Saturnus*, Cœli & Vestæ filius a Titane fratre ob regni contentionem carcere inclusus, a Jove filio liberatus: deinde ab eodem Jove, cui struebat insidias, regno pulsus, in Italiam confugit ad Janum regem. Unde regio, in qua latuerat, *Latium* dicta. Hæc omnia fabulis poetarum corrupta sunt.

8. *Tu modo nascenti puero*.) Quasi dicat: novum genus hominum orietur, dummodo Lucina faveat huic puero nascenti: qui princeps illius novi generis, id est primus esse debet.

10. *Lucina*.) Dea certe fuit partui præsidens: dicta sic a *luce*, quam infantibus dabat. Quænam vero fuerit, ambigitur. Alii Junonem fuisse colligunt ex hac solemni parientium formula: *Juno Lucina fer opem*. Alii Dianam e pluribus poetarum locis. Alii distinctam ab utraque numen ex hymno in Apoll. apud Homerum, ubi Lucina dicitur a Junone impedita, quominus Latonæ, Dianæ matri parturienti, opem ferret. Virgilius adhæret secundæ opinioni, cum eam Apollinis sororem hic dicat: *tuus jam regnat Apollo*: id est, *tuus frater*.

Apollo.) Multi de Octaviano interpretantur: ut & Lucinam de Octavia ejus sorore: quæ & multum apud fratrem poterat; & pudicitiæ laude insignis fuit; & mortuo priore conjuge Marcello, hoc ipso tempore vinculum fuit pacis illius, quæ hac ecloga celebratur, ab Octaviano contra Antonio tradita. Cur autem Octavianus Apollo dicitur? An quod in cœna quadam convivio duodecim Deorum habitu discumbentibus, ipse Apollinem repræsentaverit? Certe Antonius deinceps id ei quasi impie factum objecit; videturque cœna illa cadere in hoc ipsum tempus, ut ex Suetonio colligitur. Melius tamen Virgilium hic explicandum puto de Lucina ipsa, quæ ad pueri ortum invitatur: deque ipso Apolline, qui regnare dicitur ac triumphare, quia jam completur veritas vaticiniorum, quæ per Sibyllam suam ediderat, de reditu ætatis aureæ.

Teque adeo decus hoc ævi, te consule, inibit,
Pollio, & incipient magni procedere menses.
Te duce, si qua manent sceleris vestigia nostri,
Irrita perpetua solvent formidine terras.
Ille Deum vitam accipiet, Divisque videbit
Permixtos heroas, & ipse videbitur illis,
Pacatumque reget patriis virtutibus orbem.
At tibi prima, puer, nullo munuscula cultu,
Errantes hederas passim cum baccare tellus,
Mixtaque ridenti colocasia fundet acantho.
Ipsæ lacte domum referent distenta capellæ
Ubera: nec magnos metuent armenta leones.
Ipsa tibi blandos fundent cunabula flores,
Occidet & serpens, & fallax herba veneni
Occidet: Assyrium vulgo nascetur amomum.
At simul heroum laudes, & facta parentis

Jam

INTERPRETATIO.

o Pollio, gloria illa ætatum inchoabitur, & magni menses incipient currere. Te auctore, si aliqua nostri criminis reliquiæ supersunt, tunc deletæ liberabunt mundum æterno metu. Ipse puer particeps erit vitæ divinæ, & videbit heroas sociatos Diis, & ipse videbitur ab illis, & gubernabit mundum pacatum patriis virtute. Terra autem ubique sine cultura producet tibi parva munera, o puer, nempe vagas hederas passim cum baccare & colocasia mixta grato acantho. Ipsæ capræ reportabunt in stabulum mammas lacte tumentes, nec greges timebunt magnos leones. Ipsa cunæ proferent tibi jucundos flores: angues quoque morientur, & morientur plantæ venenatæ, quæ colligentem decipiunt: amomum Syriacum orietur ubique. Sed statim atque poteris jam legere laudes heroum,

NOTÆ.

11. *Inibit.*) Incipiet, orietur. Sic *ineunte anno*, id est, *incipiente*, dicitur absolute.

12. *Magni menses.*) Quintilis & Sextilis, aiunt Servius & Pomponius. *Magni* ideo, quia *Julius* & *Augustus* ex Imperatorum nominibus appellati sunt. Male. Licet enim hoc de Julio verum sit, de Augusto mense tamen falsum: cui nomen illud, non ante mortuam Cleopatram, & tres Octaviani triumphos, a senatu tributum est: imo non ante an. U. C. 727. *Magni* ergo *menses* dicendi, quomodo supra *magnus ordo seclorum*, v. 5.

13. *Sceleris vestigia nostri.*) Scelus illud, vel antiqui perjurii Trojanorum, quibus omnes posterorum Romanorum calamitates tribuuntur. Georg. 1. 501. *Jampridem sanguine nostro Laomedonteæ luimus perjuria Trojæ.* Vel bella civilia Cæsaris & Pompeii. Vel cædes ipsa Cæsaris, spectante senatu, patrata; cujus in patratores atrocissima bella Octaviani principatus initium infestarunt.

15. *Ille Deum vitam, &c.*) Alludit ad aureum sæculum, quo Dii cum hominibus familiariter degebant: innuitque puerum in eadem, qua pater est, futurum quoque gratia apud Triumviros & alios deinde reipublicæ administratores, quos per adulationem Deos vocat, ut Octavianum vocaverat, Ecl. 1. v. 6.

17. *Pacatumque reget patriis, &c.*) Addit eundem puerum rectorem orbis, id est, consulem futurum. Sic enim loqui tunc adhuc poterat poeta, nondum existente extincta republica: imo spe tum vigente maxima constituendæ mox a Triumviris antiquæ libertatis, ut ex Appiano constat. *Patriis virtutibus.*) Vel refertur ad *reget*: Reget orbem, usus & exemplo virtutum omnium patriarum, id est, Romanarum. Vel refertur ad *pacatum*: Reget orbem, pacatum virtute atque industria Pollionis patris, qui cum Mæcenate administer fuit pacis inter Octavianum & M. Antonium.

19. *Hederas passim cum baccare.*) *Baccar*, herba est radicis odoratæ, quæ vim ad fascinationem depellendam habere putabatur. Nomine Gallico caret: quibusdam videtur esse *nardus rustica*; quibusdam vero, *digitalis*: Ital. *Baccara sorte di pianta.* Despauterio feminini generis: at vero, ut probat exemplis veterum Vossius, semper neutrius: *hoc baccar*. Hederam puero promittit, ut futuro poetæ, quemadmodum Ecl. 7. 25. *Pastores hedera crescentem ornate poetam*; baccar, ut puero formoso, qui proinde fascinationi invidentium magis obnoxius sit, quemadmodum ibid. 27. *Baccare frontem cingite, ne vati noceat mala lingua futuro.*

20. *Colocasia fundet acantho.*) *Colocasium, ii*, vel *colocasia, æ*, faba est Ægyptia: cujus radix & caulis ad cibum, flos ad coronas adhibebatur. De *acantho* Ecl. 3. 45.

24. *Fallax herba veneni.*) Generatim omnem herbam intelligit latentioris veneni. De *Amomo* Ecl. 3. 89.

26. *At simul heroum, &c.*) Promovetur pueritia ætas, tunc tria studia adolescentiæ conjunge-

Jam legere, & quæ sit poteris cognoscere virtus:
Molli paullatim flavescet campus arista,
Incultisque rubens pendebit sentibus uva,
Et duræ quercus sudabunt roscida mella.
Pauca tamen suberunt priscæ vestigia fraudis,
Quæ tentare Thetim ratibus, quæ cingere muris
Oppida, quæ jubeant telluri infindere sulcos.
Alter erit tum Tiphys, & altera quæ vehat Argo
Delectos heroas: erunt etiam altera bella,
Atque iterum ad Trojam magnus mittetur Achilles.
Hinc, ubi jam firmata virum te fecerit ætas,
Cedet & ipse mari vector: nec nautica pinus
Mutabit merces; omnis feret omnia tellus.
Non rastros patietur humus, non vinea falcem:
Robustus quoque jam tauris juga solvet arator.
Nec varios discet mentiri lana colores:

Ipse

INTERPRETATIO.

& gesta tui patris, ac percipere quid sit virtus; tunc agri sensim flavescent spicis maturis, & racemi rubentes pendebunt e rubis agrestibus, & duræ quercus stillabunt mel instar roris. Tamen latebunt nonnullæ reliquiæ malitiæ veteris, quæ cogant adire navibus mare, & claudere urbes mænibus, & sulcare terram. Tunc erit alter Tiphys, & altera Argo, quæ portet electos duces: erunt quoque bella alia, & ingens Achilles rursus ibit adversus Trojam. Deinde postquam ætas jam robusta te reddiderit virum, ipse etiam nauta recedet e mari, nec naves e pinis fabricatæ transferent merces: omnis terra producet omnia: nec ager scindetur rastris, nec vitis falce. Tum quoque fortis agricola auferet jugum bobus. Nec assuescet lana simulare diversos colores:

NOTÆ.

rat. I. Pueritiæ, breviter laudes. II. Historiam, *facta parentis*, quæ vide in Arg. III. Philosophiam, *& quæ sit poteris cognoscere virtus*. Deinde ad virilis ætatis laudes ascendit: *Hinc ubi jam firmata, &c.*

31. *Pauca tamen, &c.*) Gradus quosdam ponit ætatis aureæ, simul cum pueri ætate procedentis: ita ut in ipsius ortu reflorescere natura videatur, *fundens cunabula flores*: in ejus adolescentia fructus ferre, *aristas, uvas, mella*, cum aliquibus tamen priscæ fraudis, & ætatis ferreæ vestigiis: firmata denique ejus in ætate, quasi plene pace gaudere, bellis & laboribus extinctis, *omnis feret omnia tellus*. Quod in primis abundantiam rerum ominum, qua gavisa est Roma post pacem Puteolanam.

32. *Thetim.*) Est & *Thetis*, Græce Θέτις, genitivo *Thetidis*, prima brevi. Et Τηθὺς *Tethys*, genitivo *Tethyos*, prima longa. Ista *Tethys*, uxor Oceani, sive Neptuni, Nympharum marinarum mater. Hæc vero *Thetis* Nerei & Doridis filia, quam cum amaret Jupiter, uxoremque ducere decrevisset, præmonitus est a Prometheo sic esse in fatis; ut qui ex ea nasceretur, patre major esset futurus: [illegible], Jupiter ab ejus nuptiis abstinuit. Eam itaque duxit Peleus, Æaci filius, ex eaque Achillem suscepit.

34. *Tiphys.*) Gubernator navis quæ dicta est Argo. *Argo.*) Navis, sive prima juxta fabulas, sive apparatu & mole maxima omnium, quæ prius in usu fuerant: constructa ad expeditionem Colchicam, ex pinis Pelii, montis in Thessalia: inserto e quercubus Dodonææ silvæ malo, qui oracula reddebat. Nomen, vel ab Architecto, quem *Argum* nominat Valer. Flaccus. Vel ab *Argivis*, id est, Græcis ducibus, quos vehebat, ut ait Ennius apud Cic. 1. Tusc. Vel a celeritate: ἀργὸς enim *velox* est. Inventrix ejus Minerva. Locus fabricationis, *Pagasa*, promontorium & oppidum Thessaliæ, non procul a Pelio monte. Unde *Pagasæa navis* dicta est.

35. *Delectos heroas.*) *Argonautas*, nobiles Græcos, a Thessalia præcipue: qui numero circiter quinquaginta navi Argo vecti sunt in Colchidem, ad diripiendum vellus aureum, a Tauris ignivomis & Dracone custoditum. Dux Jason: post eum notissimi Castor, Pollux, Hercules, Theseus, Orpheus, Zetes, & Calais.

36. *Achilles.*) Thetidis & Pelei filius, de quo Æn. 1. 34. Per Achillem vero quemcumque virum fortem: per Trojam, quamcumque civitatem: per Argo, quamcumque navem: per Tiphyn, quemcumque gubernatorem significari, bene admonet Servius: & est expositio illius, quod ante dixerat; futura semper bella & navigationes.

38. *Vector.*) Tam active dicitur pro eo qui vehit, quam passive pro eo qui vehitur.

39. *Mutabit merces.*) Ante nummos repertos commercia omnia per rerum commutationem fiebant, ut adhuc fit cum peregrinis multis gentibus.

40. *Rastros.*) *Rastrum*; plur. *Rastri*, vel *rastra*, instrumentum quo franguntur glebæ: a radendo dictum.

Ipse sed in pratis aries jam suave rubenti
Murice, jam croceo mutabit vellera luto:
Sponte sua sandyx pascentes vestiet agnos.
Talia sæcla, suis dixerunt, currite, fusis
Concordes stabili fatorum numine Parcæ.
Aggredere o magnos, aderit jam tempus, honores,
Cara Deum soboles, magnum Jovis incrementum!
Aspice convexo nutantem pondere mundum,
Terrasque, tractusque maris, cœlumque profundum;
Aspice, venturo lætentur ut omnia sæclo.
O mihi tam longæ maneat pars ultima vitæ,
Spiritus &, quantum sat erit tua dicere facta!
Non me carminibus vincet nec Thracius Orpheus;
Nec Linus: huic mater quamvis, atque huic pater adsit:
Orphei Calliopea, Lino formosus Apollo.
Pan etiam Arcadia mecum si judice certet,
Pan etiam Arcadia dicat se judice victum.

In-

INTERPRETATIO.

sed aries ipse in pascuis tinget vellus purpura suaviter rubenti, & croceo luteo: Sandyx ultro induet agnos inter pascendum. Parcæ firmo fatorum ordine unanimes dixerunt suis fusis: o talia tempora, currite. Accede o ad magnos magistratus, mox veniet tempus accedendi, *o dilecta proles Deorum, magne Jovis alumne! Vide mundum rotunda mole vacillantem, terramque, & spatia maris, & altum cœlum. Vide, ut cuncta exultent ob adventum ætatis aureæ. Utinam restet mihi pars extrema tam prolixæ vitæ, & anima, quantum sufficiet, ut tua gesta celebrem. Non me cantu superabit aut Orpheus Thracius, aut Linus, licet huic Orpheo mater faveat Calliopea, & huic Lino pater pulcher Apollo. Si Pan ipse contendat mecum, Arcadia arbitrio; ipse Pan fatebitur se superatum esse, Arcadia arbitrio.*

NOTÆ.

44. *Murice.*) Murex, piscis est marinus e concharum genere, paululum a purpura diversus: cujus in ostrum, sanguis in colorem assumitur, ex Martiale Epig. l. 13. 87. *Croceo luto.*) Alii pro croceo luteo dictum volunt: crocus autem, Ital. *Zafferano*, lutei coloris est, quod est, flavi rubescentis. Alii lutum herbam agnoscunt; quæ vel glastum sit, Ital. *glasto erba*, vel salsa quædam species, Ital. *ferrancio*.

45. *Sandyx.*) Vel color est compositus, ex æqua sandarachæ & rubricæ commixtione ex Plin. l. 35. 6. flammeus, vel minio consolor; Ital. *rosso di fiore vermiglio*. Vel frutex, aut herba, cujus dicitur a quibusdam flos similis cocco, Ital. *color rosso*.

47. *Parcæ.*) Erebi & Noctis filiæ: sic dictæ vel a parte quam *Partæ*, juxta Varronem; quia nascentibus bonum malumque in partu conferunt. Vel per antiphrasim a parcendo, juxta alios; quia nemini parcunt. Tres finguntur, quia tria sunt tempora; colo instructæ, quo vitæ humanæ stamina deducunt. Prima est *Clotho* a κλώθω *torqueo*. Secunda *Lachesis* a λαγχάνω *sortior*. Tertia *Atropos* ab α privativo, & τρέπω *verto*, quia inflecti non potest.

49. *Jovis incrementum.*) Jovis filius, alumnus; ideo incrementum & augmentum, quia pueri proli dicuntur augeri. Jovis autem Deorumque sobolem vocat & alumnum eo modo, quo Homerus, heroes suos, διοτρεφεῖς & Διὸς γένος, *nutritos a Jove*.

50. *Nutantem convexo, &c.*) Gestientem & præ lætitia commoventem se. *Convexum*, est curvatura exterior cœli; *concavum*, curvatura interior; utrumque promiscue sumitur a poetis. Æn. 4. 451. *Tædet cœli convexa tueri*, id est, *concava quæ sola intuemur*. *Convexum* dixit pondus, quia mundi pondus & gravitas rotundum illum, adeoque convexum efficit; omnibus ejus partibus æqualiter ad centrum nitentibus.

56. *Linus.*) Apollinis & Terpsichores filius, pastor idem & musicæ peritissimus, Orphei & Herculis ea in arte præceptor. Hunc ab ipso Hercule occisum ferunt, impacta in caput cithara, quod ipsum Herculem ineptius canentem irrideret.

57. *Orphei.*) Dativus Græcus, hic dissyllabus, Ὀρφέϊ, ex ει, vel εϊ. Sic apud Catullum est *Pelei*, τῷ Πηλεῖ. De Orpheo Ecl. 3. 46. *Calliopea.*) Vel *Calliope*, ut *Penelopea*, vel *Penelope*. Una e novem Musis, mater Orphei, heroici carminis præses: a καλλος *pulchritudo* & ὄψ, *vox*.

58. *Pan etiam Arcadia &c.*) De Pane Ecl. 2. 31. *Arcadia* Peloponnesi regio optima, a mari undi-

Incipe, parve puer, risu cognoscere matrem:
Matri longa decem tulerunt fastidia menses.
Incipe, parve puer; cui non risere parentes,
Nec Deus hunc mensa, Dea nec dignata cubili est.

INTERPRETATIO.

Incipe, parve puer, agnoscere matrem ex ipsius risu: decem menses attulerunt matri diuturna taedia. Incipe, parve puer; cui parentes non arrisere, hunc nec Deus ad mensam, nec Dea in lectum excipere *dignata est.*

NOTÆ.

dique timore, ubique in montes accurrerent; unde pastioni pecorum, quam agriculturae aptior, ideoque Pana pastorem Deum singulari cultu venerata.

61. *Longa decem.*) Vulgo mense nono nascuntur infantes: unde hic Vives, & Turnebus decem Lunae menses agnoscunt, qui breviores. Alii mensem decimum inchoatum intelligunt, vel etiam completum: cum ad illud usque tempus partum differri posse constet, imo etiam ulterius. *Tulerunt.*) Penultima brevi, cum vulgo habeatur longa: Sic Æn. 2. 774. & 3. 48. *Steteruntque comae*. Georg. 2. 129. *Miscueruntque herbas*. Lucret. 3. 89. *Prodiderunt*. 1042. *Occiderunt*, &c.

62. *Cui, &c. parentes, &c.*) De hac duplici voce controversia est. *Cui.*) Quintilianus l. 9. 3. legit, *Qui*, plurali nominativo, hoc sensu: *qui parenti non risere; hunc*, id est, *hos*, (per enallagen, sive commutationem numerorum) *nec Deus mensa dignatus, nec*, &c. II. Servius legit, *Cui*, dativo singulari; sive, *Quoi*, quomodo veteres Latini scripserunt, usque ad ipsius Quintiliani pueritiam, ut ait ipse l. 1. 7. Et hic erit sensus: *Cui puero parentes non arrisere, hunc nec Deus*, &c. Qui quidem sensus ut constet magis, haec superiora verba; *risu cognoscere matrem*, de risu matris, non de pueri risu, accipio cum Erythraeo & Bembo. Solent enim parentes ante caeteros a liberis agnosci ex blandiore risu, & est in liberis omen ingenuae bonaeque indolis, ex illo risu citissime parentes agnoscere. Quare poeta puerum invitat, ut ex risu cito parentes agnoscat. *Parentes.*) Qui legunt cum Servio, *Cui*, nihil hinc habent negotii; &, *parentes*, nominativo plurali intelligunt. Qui vero cum Quintiliano legunt, *Qui*, I. vel *parentes* esse volunt in vocativo, *o parentes*: ita Politianus, Miscell. 89. II. Vel in accusativo: pro, *qui non risere ad parentes*: ita Jos. Scaliger in Catull. 62. sic quomodo Plautus in Capt. 3. 4. 21. *Quasi mihi irato, neque me videant*: pro, *mihi arrideant*. Servium sequor, quia figura Quintiliani durior hoc loco videtur.

63. *Nec Deus hunc*, &c.) Certe comminatio est imminentis puero calamitatis, ni matrem risu [illegible]. Quae autem sit illa calamitas dubium est. I. Servius explicat de Vulcano, cui [illegible] sit futurus: Vulcanus vero, cum ei [illegible], Jupiter & Juno, propter deformitatem [illegible], ab iis in Lemnum insulam dejectus est; qua ex causa neque lectum, deinceps, nec a *Jove* ad mensam Deorum, nec a *Minerva* in matrimonium admissus est. Obstat tamen 1. vero Homerus, qui Vulcano dat locum in caelesti convivio, Iliad. 1. 595. II. Politianus, Misc. 89. explicat de *Genio & Junone*, qui puero propitii non sint futuri. Constat enim ex Seneca Ep. 110. et Plin. l. 2. 7. veteres hominibus singulis Genium & Junonem, tutelares Deos, ab ipso ortu attribuisse. Sed constat etiam apud eruditos omnes, Genium solis masculis, Junonem solis feminis fuisse attributum; atque ita uni eidemque Pollionis filio Genius & Juno non conveniunt. Minime autem constat id, quod hoc loco Philargyrius commentatur: nempe pueris nobilibus editis in atrio Junoni-Lucinae lectum sterni solitum, & mensam Herculi, sive juxta alios, Genio. Refert quidem Politianus duplicem Varronis locum: quorum alter docet *initiari pueros Edusa, Potina, & Cuba, divis edendi, potandi, & cubandi*: alter docet, *natus si erat sublatus, Diis conjugalibus, Pilumno & Picumno, in aedibus lectum sterni*. At ex his locis nihil erui potest, nisi quod mensa Diabus, lectus Diis poneretur: cum Virgilius contra mensam Deo, lectum Deae attribuat. Quare ego duplici modo nodum solvo. I. Per *mensam*, educationem & nutritionem pueri intelligo: cui rei favebat omnis profecto Genium; per *cubile* conjugium intelligo, cui constat praefuisse Junonem. Atque ita sensus erit: *Hunc puerum Genius sibi non permittet, nec per cibum incrementa capere; aut si permiserit, certe non permittet Juno ad felices nuptias pervenire*. II. Sic praeterea commode potest explicari: *Si non agnoscas matrem risu, infelix eris, neque ad illam poteris Deorum vitam & immortalitatem pervenire, quam prius tibi promiseram*, versu 15. Illa autem Deorum vita, sive apotheosis, geminis capite praecipue constabat: convictu Jovis, & Deae alicujus conjugio. Sic apud Horatium l. 4. Od. 8. Herculis divinitas inde statuitur, quod, *Jovis interest optatis epulis impiger Hercules*. Idemque, ut notum est, Heben juventutis Deam accepit in conjugem. Sic & Virgilius Georg. 1. 32. immortalitatem, quam promittit Augusto, ita exprimit: *Teque sibi generum Tethys emat omnibus undis*. Ex itaque recidunt Virgilii minae in puerum: *Non frueris Deorum vita, quia te nec Jupiter admittet ad mensam, nec Dea ulla in cubile.*

ECLOGA V.

DAPHNIS.

ARGUMENTUM.

Pastores duo funebres ac divinos honores amico Daphnidi exhibent: Mopsus illius epitaphium, Menalcas apotheosim canit. Quis autem sit ille Daphnis, ambiguum est. I. *Aliqui pastorem esse putant Siculum, de quo Diodor. lib. 4. Mercurii filium, natum laureo in nemore, unde nomen habuerit a δάφνη*, laurea: *peritum illum quidem musices, & Bucolici carminis apud Siculos inventorem. Qui cum amaretur a Nympha, eique datam fidem fefellisset ob amorem filiæ Regis, oculis in pœnam captus, carminis argumentum deinde pastoribus fuit. Nec sane vero absimile Virgilium, qui toties in Bucolicis rerum Sicularum meminit, juvenis illius laudes esse prosecutum; exemplo Theocriti, qui videtur ejus in memoriam scripsisse Idyllium primum.* II. *Alii Pollionis filium esse conjiciunt: cujus genethliacon ecloga superiore, hic mors immatura celebratur. At si inter ipsa, ut volunt, obiit primordia; quomodo* curru subjungere tigres instituit, & thyasos inducere Baccho? III. *Sentit Vives a Virgilio, quamquam inscio & imprudente, mortuum atque redivivum Christum esse laudatum. Sed pius magis, quam verus ille sensus est.* IV. *Pierius vult esse Quinctilium Cremonensem Virgilii atque Horatii familiarem. At ejus obitus hac Ecloga posterior est, annis circiter quindecim, caditque in an. U. C. 730. ut patet ex Euseb. Chron.* V. *Alii de Quinctilio Varo interpretantur, illo, qui in Germania cæsus est an. U. C. 762. post obitum ipsius Virgilii 27. Quam scite, ipsi viderint.* VI. *Jul. Scaliger Poet. l. 14. suspicatur Flaccum esse quemdam, ipsius Virgilii fratrem: idque alii probant hoc incerti Auctoris veteri disticho:* Tristia fata tui dum fles in Daphnide Flacci, Docte Maro, fratrem Diis immortalibus æquas. *Non putem tamen a modestissimo poeta tam superbe defletum fratrem fuisse, obscurum hominem ac semipaganum; nec fidem habeo versiculis incertis.* VII. *Melius Jos. Scaliger in Euseb. Chron. p. 143. & alii de cæde & apotheosi Julii Cæsaris rem explicant. Quam commode, constabit ex notis.*

Scripta est, forte quibusdam ludis, aut sacrificiis, in honorem Julii celebratis. Quo præcise tempore non liquet. Certe post secundam, ac tertiam Eclogam: siquidem extremis hujus versibus mentio fit secundæ & tertiæ.

MENALCAS, MOPSUS.

MEN. CUR non, Mopse, boni quoniam convenimus ambo,
Tu calamos inflare leves, ego dicere versus,
Hic corylis mixtas inter consedimus ulmos?
Mo. Tu major: tibi me est æquum parere, Menalca;
Sive sub incertas Zephyris motantibus umbras,

Si-

INTERPRETATIO.

MEN. *Mopse, siquidem una sumus: periti uterque, tu fistula canere, ego canere versus: cur nondum hic procumbimus inter ulmos mixtas corylis?* MOP. *Tu natu major: justum est ut tibi obediam, o Menalca: seu subimus umbracula fluctuantia ven-*

NOTÆ.

4. *Tu major.*) Ambo tamen juniores. Sic enim deinde v. 19. Mopsus ad Menalcam: *sed tu desine plura, puer.* Et vicissim Menalcas ad Mopsum v. 49. *Fortunate puer, tu nunc.*

5. *Zephyris.*) *Zephyrus* ventus flans ab occasu æquinoctiali: dictus quasi ζωηφόρος *vitam ferens.* Latinis *Favonius.* *Hic est genitalis mundi spiritus, a fovendo dictus*, inquit Plinius, lib. 16. 25. sive ut habent quidam codices, *a fœtando.*

Sive antro potius succedimus: aspice ut antrum
Silvestris raris sparsit labrusca racemis.
Me. Montibus in nostris solus tibi certet Amyntas.
Mo. Quid si idem certet Phœbum superare canendo?
Me. Incipe, Mopse, prior, si quos aut Phyllidis ignes,
Aut Alconis habes laudes, aut jurgia Codri.
Incipe: pascentes servabit Tityrus hædos.
Mo. Immo hæc, in viridi nuper quæ cortice fagi
Carmina descripsi, & modulans alterna notavi,
Experiar: tu deinde jubeto certet Amyntas.
Me. Lenta salix quantum pallenti cedit olivæ,
Puniceis humilis quantum saliunca rosetis:
Judicio nostro tantum tibi cedit Amyntas.
Mo. Sed tu desine plura, puer: successimus antro.
Extinctum Nymphæ crudeli funere Daphnim
Flebant: vos coryli testes & flumina Nymphis:
Cum, complexa sui corpus miserabile nati,

At-

INTERPRETATIO.

tis agitantibus, seu potius cavernam. Vide quomodo vitis agrestis prætexit cavernam uvis raris. Me. *Amyntas unus tecum potest contendere in montibus nostris.* Mo. *Quid mirum, cum ipse contendat vincere Phœbum cantu?* Me. *Mopse, incipe primus, si habes, aut aliquos amores Phyllidis, aut laudes Alconis, aut rixas Codri. Incipe: Tityrus custodiet hædos pascentes.* Mo. *Meditabor potius illa carmina, quæ nuper scripsi in cortice fagi, & per vices canens insculpsi: tu postea fac ut contendat Amyntas.* Me. *Quanto salix flexilis inferior est oliva, quanto parva saliunca rubentibus rosis; tanto tibi inferior est Amyntas; mea quidem sententia.* Mo. *At tu, puer, omitte plura loqui, ingressi sumus in antrum. Nymphæ lugebant Daphnim defunctum fera morte; vos, o coryli & fluvii, testes fuistis Nympharum* luctus. *Dum mater amplexa mise-*

NOTÆ.

7. *Labrusca,*) Vitis silvestris sic dicta, vel quia circa macerias & septa, in terræ marginibus & labris nascitur, vel quia sapore acerbo labra lædit. De *Amynta* Ecl. 2. 35. De *Phœbo* Ecl. 3. 62.

10. *Phyllidis ignes.*) *Phyllis* Lycurgi Thraciæ regis filia: quæ Demophoonta Thesei regis Atheniensis ex Phædra filium amavit, excepitque e Trojano bello redeuntem. Is cum Athenas ad componenda regni negotia reversus, illic longiores contra fidem datam traheret moras, Phyllis spretam se rata, amoris impatientia vitam laqueo finivit, & in arborem amygdalum foliis carentem est conversa. Reverso deinde Demophoonte cum arborem amplexus esset, illa sponsi adventum veluti sentiens emisit folia: unde folia quæ ante πέταλα dicebantur, ab ejus nomine dicta sunt φύλλα.

11. *Alconis.*) Alcon celebris sagittarius Cretensis: qui in serpentem Phaleri filii sui corpori circumplicatum tam industrie sagittam direxit, ut eam in serpente defigeret, nec filium tangeret. *Jurgia Codri.*) Codrus rex Atheniensium fuit; qui bello adversus Lacones, ut ait Servius; aut Dorienses, ut Justinus; aut Thraces, ut Plutarchus: cum ab oraculo responsum esset, eum populum victorem fore, cujus rex periisset; atque adeo edictum fuisset ab hostibus, ne quis regem Atheniensem læderet: ipse sumpto lignatoris habitu, jurgiis aliquos ex hostibus lacessivit, ab iisque occisus est: hostes re cognita sine prælio victi domum abierunt. *Phyllis* tamen, *Alcon*, & *Codrus*, fortasse hic pastoritia nomina sunt. Fuit & *Codrus* poeta, de quo Ecl. 7. 22.

14. *Modulans alterna notavi.*) Ita ut modo canerem, modo quæ cantaveram, describerem in fagi cortice. *De fago* Ecl. 1. 1.

17. *Puniceis.*) *Puniceus*, sive *phœniceus color*, splendide rubet; *qualis fructus palmæ arboris non admodum sole incocti: unde spadicis & phœnicei nomen est;* inquit Gellius, l. 2. 26. φοῖνιξ enim Dorice significat, *avulsum e palma termitem cum fructu*: & communiter φοῖνιξ *palma* est & *palmæ fructus. Saliunca.*) Ex Plinio l. 21. 7. *foliosa quidem est, sed brevis, & quæ necti non possit; radici numerosa cohæret, herba verius quam flos. Vestibus interponi eam gratissimum.* Alii lavendulam esse putant, alii nardum Celticam.

20. *Crudeli funere Daphnim.*) Aptum mihi videtur Julio Cæsari nomen: Laurum enim significat. At Cæsar, ex Suet. c. 45. *Calvitii sui deformitatem cum iniquissime ferret, ex omnibus decretis sibi a senatu, populoque honoribus, non aliud aut recepit, aut usurpavit libentius, quam jus laureæ coronæ perpetuo gestandæ.* Bene item, *crudeli funere.* Quia Cæsar medio in senatu, tribus & viginti plagarum ictibus occisus est, ducibus conjurationis Bruto & Cassio, ejusdem familiaribus, idibus Martiis.

Atque Deos atque astra vocat crudelia mater.
Non ulli pastos illis egere diebus
Frigida, Daphni, boves ad flumina: nulla neque amnem
Libavit quadrupes, nec graminis attigit herbam.
Daphni, tuum Pœnos etiam ingemuisse leones
Interitum, montesque feri silvæque loquuntur.
Daphnis & Armenias curru subjungere tigres
Instituit, Daphnis thyasos inducere Baccho;
Et foliis lentas intexere mollibus hastas.
Vitis ut arboribus decori est, ut vitibus uvæ,
Ut gregibus tauri, segetes ut pinguibus arvis;
Tu decus omne tuis: postquam te fata tulerunt,
Ipsa Pales agros, atque ipse reliquit Apollo.
Grandia sæpe quibus mandavimus hordea sulcis,

In-

INTERPRETATIO.

amplexata cadaver filii sui, & Deos, & sidera fera appellaret. O Daphni, nullos boves ardentes e pastu ad fluvios frigidos, per illos dies; nulla quadrupes nec degustavit aquam, nec attigit herbam graminis. O Daphni, & montes inculti, & silvæ dicunt leones ipsos Africæ doluisse mortem tuam. Daphnis etiam induxit morem *subligandi tigres Armeniæ ad currum, & celebrandi choreas* in honorem *Bacchi, & inducendi flexiles hastas teneris frondibus. Ut vitis est ornamentum arborum, ut racemi vitium, ut tauri armentorum, ut messes agrorum fertilium: sic tu eras ornamentum omne tuorum; ex quo mors te abstulit, ipsa Pales atque ipse Apollo deseruit arva.*

NOTÆ.

23. Mater.) Cerdanus transfert hunc affectum ad uxorem Julii Calpurniam, quæ paullo ante diem cædis somniavit maritum in *gremio suo confodi*; ex Suet. 81. ego matrem Romam puto: quæ corpus ejus, medio in Foro, pro rostris, insolito tumultu & gemitu omnium comploratione combussit; igne ex ipsis tribunalibus ac subselliis eruto; ut est apud Sueton. 84.

24. *Non ulli pastos &c.*) Huc refero Suetonii verba, c. 81. de prodigiis, quæ mortem Cæsaris præcesserunt. *Proximis diebus equorum greges, quos in trajiciendo Rubicone flumine consecrarat, ac vagos & sine custode dimiserat, comperit pertinacissime pabulo abstinere, ubertimque flere.* Equi per *Quadrupedem* hic significantur, ut Æn. 11. 714. *Quadrupedemque citum ferrata calce fatigat.*

26. *Libavit.*) Gustavit, attigit. Æn. 1. 740.

27. *Pœnos leones.*) Pœnicos; id est Carthaginienses, seu Africanos. Carthago enim urbs Africæ præcipua, cujus incolæ Pœni dicti, quasi Phœni; quia e Phœnicia profecti, duce Elisa, sive Didone. Æn. 1. 344. Ferax autem leonum & monstrorum est Africa. In qua Cæsar Catonem, Scipionem, & Jubam vicerat.

29. *Daphnis & Armenias, &c.*) *Hæc aperte ad Cæsarem pertinet, quem constat primum sacra Liberi patris transtulisse Romam, & Liberalia instituisse*, inquit Servius. Quo tamen id auctore dicat, ignoratur: immo sacra Liberi multo ante natum Cæsarem Romæ manifestum est. Nisi forte ducatur magnificentius ea deinceps a Julio celebrata; eo quod periculosissimo certamine Pompeii filios ad Mundam vicisset, ipso Liberalium die, *ἐν Διονυσίοις*, inquit Plutarchus in Cæsare: quo eodem die, ante quadriennium, Pompejus ad bellum exiisse quoque dicebatur. Præcipue autem Bacchi insignia ferre, Tigres: quibus currus subligatis circumvehi solitus est: *Thyrsus*, hasta erat, vestita pampinis & hedera, armata cuspide in coni formam desinente; Bacchi gestamen & comitum ejus fœminarum, quas *Bacchas* vocabant. Thyrsus quippe dicitur, quicquid ita surgit, ut in gracilitatem tenuetur; quemadmodum caulis medius fruticum & plantarum. *Thyasus* est chorus, sive sacra sodalitas canentium, saltantium, convivantium: non semper ad Bacchum, sed ad alia etiam divina pertinens. Diciturque [illegible], divina canere. *De Baccho* infra v. 69.

29. *Curru subjungere tigres.*) Curru pro *currui*. Veteres enim in nominibus quartæ, genitivum extulere per *uis*; *curruis*; & dativum per *ui*, *currui*. Unde postea ut genitivum contraxere in *us*, *curruis*, *currus*; ita aliquando contraxere dativum in *u*, *currui*, *curru*. Hoc innuit Gellius l. 4. 16. qui multa congerit exempla Virgilii & aliorum. Sic Æn. 1. 261. *parce metu*. & 461. *neque aspectu ne subtrahe*. 9. 605. *venatu invigilant pueri*. *Tigres*.) Bene *Armenias*. Tigris enim vox est Armena, ex Varr. aut Medica, ex Plinio: quæ celeritatem significet. Unde apud eos, ferrum illum, sagittam, & flumen celere significat.

35. *Ipsa Pales, &c.*) Pales Dea pastorum & pabuli: quam tamen Varro vult esse masculini generis. *Apollo.*) Hic Apollo Nomius intelligitur: sic dictus a *νομὸς*, *pascuum*; quia greges olim Admeti regis pavit. Geor. 3. 2.

36. *Grandia hordea.*) Speciem pro genere, hordeum pro quolibet frumento.

Infelix lolium, & steriles dominantur avenæ.
Pro molli viola, pro purpureo narcisso
Carduus & spinis surgit paliurus acutis.
Spargite humum foliis, inducite fontibus umbras,
Pastores: mandat fieri sibi talia Daphnis.
Et tumulum facite, & tumulo superaddite carmen:
Daphnis ego in silvis hinc usque ad sidera notus,
Formosi pecoris custos, formosior ipse.
Me. Tale tuum carmen nobis, divine poeta,
Quale sopor fessis in gramine, quale per æstum
Dulcis aquæ saliente sitim restinguere rivo.
Nec calamis solum æquiparas, sed voce magistrum.
Fortunate puer, tu nunc eris alter ab illo.
Nos tamen hæc quocumque modo tibi nostra vicissim
Dicemus, Daphninque tuum tollemus ad astra:
Daphnin ad astra feremus: amavit nos quoque Daphnis.
Mo. An quicquam nobis tali sit munere majus?
Et puer ipse fuit cantari dignus, & ista
Jampridem Stimicon laudavit carmina nobis.

Me.

INTERPRETATIO.

Sæpe miserum lolium, & infæcunda avena regnant in sulcis, quibus commisimus magna hordea. Carduus, aut paliurus armatus spinis acutis nascitur pro dulci viola, & narcisso purpureo. Spargite frondes per terram, tegite fontes umbraculis, o pastores: Daphnis jubet hæc sibi præstari: & statuite sepulcrum, & adjicite sepulcro epitaphium: Ego Daphnis hic jaceo, *celebris in silvis hinc usque ad cœlum: magister pulchri pecoris, ipse pulchrior.* Me. *Tales nobis sunt versus tui, o divine poeta, qualis res est fatigatis somnus in herba, & qualis res est æstuantibus sedare sitim scaturiente rivo dulcis aquæ. Nec tantum æquas magistrum fistula, sed etiam voce. Felix juvenis, tu modo eris primus post eum. Nos tamen vicissim tibi qualicumque modo canemus hæc nostra, & Daphnim tuum tollemus in cœlum: Daphnim tollemus in cœlum, Daphnis nos etiam dilexit.* Mo. *An ulla res mihi sit pretiosior, quam hoc munus? & puer ipse meruit celebrari, & jamdudum Stimicon laudavit mihi istos*

NOTÆ.

37. *Infelix lolium, &c.*) Lolium, Ital. *loglio*: Græci ζιζάνιον. *Avena.*) Duplex: altera sativa, & ad equinum pabulum utilis: altera plane inanis ac sterilis, de qua hic sermo. In hanc ultimam, & in lolium dicuntur frumenta degenerare.

38. *Purpureo narcisso.*) Duplex narcissi species præcipua. ex Dioscoride, l. 4. 161. *Flos albus*, inquit, *intus croceus, aliquibus, in quibusdam purpureus*, πορφυρώδης.

39. *Carduus &, &c.*) Carduus agrestis, Ital. *Cardone*. *Paliurus.*) Herba, vel juxta alios frutex asperrimus: quidam spinam albam putant.

49. *Alter ab illo.*) Secundus; non dignitate quidem, quia doctrina par utrique esse dicitur, *Nec calamis solum æquiparas, sed voce magistrum*: sed ordine tantum temporis! ita ut alter alteri sit æmulus, sed magister primus & antiquior, Mopsus vero secundus & junior. *Magister* autem ille Mopsi, videtur ipse fuisse Daphnis.

52. *Amavit nos quoque Daphnis.*) At, inquiunt, Menalcas Virgilius est, quidem dudum dixit de se ipso; *Hæc nos, Formosum Corydon ardebat Alexim; Hæc eadem docuit &c.* Virgilium autem non amavit J. Cæsar, quippe ignotum adhuc tunc temporis: atque adeo Daphnis non est J. Cæsar. Sed nihil obstat, quo minus dicamus amatos a Cæsare Mantuanos, & cæteros Galliæ Cisalpinæ populos; utpote ex ea provincia, quam Cæsar tantopere excoluerat. Virgilius autem Mantuanus fuit.

54. *Et puer ipse.*) Negat Servius posse id convenire J. Cæsari, qui non puer, sed annos natus 56. interfectus est. Ego existimo Cæsarem consulto hic vocari puerum, quia relatus fuerat inter cœlestes Deos: Dii vero credebantur vigorem semper habere juvenilem; nec aliam ob causam *Heben*, sive *Juventam* Dii ad pocula ministranda adhibebant. Contra *Senectus* inter inferna numina numerabatur. Æn. 6. 275. *Primisque in faucibus Orci, &c. pallentesque habitant morbi, tristisque senectus*. Sic Ovid. Met. l. 4. 17. de Baccho canit: *Tibi enim inconsumpta juventa: Tu puer æternus, tu formosissimus alto Conspiceris cœlo.*

Me. Candidus insuetum miratur limen Olympi,
Sub pedibusque videt nubes & sidera Daphnis.
Ergo alacris silvas & cætera rura voluptas,
Panaque, pastoresque tenet, Dryadasque puellas.
Nec lupus insidias pecori, nec retia cervis
Ulla dolum meditantur: amat bonus otia Daphnis.
Ipsi lætitia voces ad sidera jactant
Intonsi montes: ipsæ jam carmina rupes,
Ipsa sonant arbusta: Deus, Deus ille, Menalca.
Sis bonus o felixque tuis! en quatuor aras:
Ecce duas tibi, Daphni, duoque altaria Phœbo.
Pocula bina novo spumantia lacte quotannis,
Craterasque duos statuam tibi pinguis olivi.
Et multo imprimis hilarans convivia Baccho,
Ante focum, si frigus erit, si messis, in umbra
Vina novum fundam calathis Arvisia nectar.
Cantabunt mihi Damœtas, & Lyctius Ægon: Sal-

INTERPRETATIO.

versus. Me. *Daphnis splendens miratur portas cæli a se non ante visas, & despicit sub pedibus nubila & astra. Ergo læta voluptas occupat nemora, camposque omnes, & Pana, & pastores, & Dryadas virgines. Neque lupus struit insidias gregi, neque ulla plagæ moliuntur fraudem cervis. Daphnis bonus diligit pacem. Ipsi montes inculti emittunt clamores ad astra præ gaudio, ipsæ rupes* modulantur *versus, ipsæ arbores modulantur* hoc; *Deus, o Menalca, Deus ille est. Utinam sis commodus, & propitius tuis! ecce quatuor aras, ecce duas tibi, & duo altaria Phœbo erecta. Singulis annis offeram tibi duo vasa recenti lacte undantia, & duo vasa pinguis olei: Præterea lætificans epulas copioso vino; ad ignem, si* fuerit *hyems; sub umbraculis, si fuerit æstas: effundam e calicibus vina Chia, quæ* sunt *novum nectar. Damœtas, & Ægon*

NOTÆ.

58. *Candidus.*) Color Diis superis addictus, ut niger inferis & mortuis. Tibul. l. 3. 6. 1. *Candide liber, ades.* Ovid. Trist. 5. 5. 13. ad Natalem Deum; *Candidus huc venias.* Adde quod heroes in lacteo circulo crederent habitare, ex Cicer. in Somnio Scip. qui circulus non male cœli vestibulum & limen vocari potest. *Limen.*) Est transversum in januis lignum inferius vel superius. Sic dicitur vel a *limus*, quo terminatur hic domus; vel a *limus*, id est *obliquus & transversus*, ut vult Festus.

Olympi.) Montes duodecim hoc nomine insigniti sunt. Præcipuus in ea parte Thessaliæ, quæ ad Macedoniam vergit: cujus vertex ita editus, ut nubes penetrare, & ad cœlum usque pertinere dicatur, immo & pro cœlo usurpatur a poetis. Dictus quasi [illegible], *totus lucidus*, quia nubes excedit & sole semper illustratur. De *Dryadibus*, E. 2. 46. De *Pane*, E. 2. 31.

64. *Deus, Deus ille &c.*) Constat honores divinos J. Cæsari a Triumviris decretos esse, paulo post Triumviratum constitutum, anno U. C. 711. Lepido 2. & Munatio Planco Coss. Hi autem honores præcipue fuerunt: ut ædes ei in foro, ubi crematum ejus cadaver fuerat, construeretur: ut simulacrum ejus ludis Circensibus una cum simulacro Veneris circumferretur: ut, ei quæ victoria nunciaretur, ei seorsum quasi victori sacrificaretur: ut qui in ejus ædem confugissent, ab injuria tuti essent. Et ab eo tempore Octavianus se *Divi* filium appellavit.

65. *Felixque tuis.*) *Felix* dicitur, tam is qui habet felicitatem, quam is qui facit alios felices. Æn. 1. 334.

68. *Craterasque.*) *Crater* Græca vox: [illegible] *miscere*; istud autem a [illegible] *cornu*: quod veteres cavis cornibus, aut effictis in figuram cornuum poculis biberent, in iisque vinum aqua miscerent.

69. *Baccho.*) Vino, cujus inventor Bacchus a poetis dicitur; Jovis ex Semele filius [illegible] *bimater* dictus, quia ex utero matris fulminatæ translatus in Jovis femur, inde maturo partus tempore iterum prodiit. Orbem terrarum peragravit, Indos domuit, primus omnium triumphavit invectus elephanto: turba stipatus temulentarum & vociferantium fœminarum, quas ab eo *Bacchas* dixere. Supra v. 29.

71. *Arvisia nectar.*) Ab Arvisio promontorio Chii insulæ, in mari Ægæo: ubi vinum exquisitissimum. *Nectar.*) Potus Deorum, ut *ambrosia* cibus: sæpe tamen promiscue sumuntur: utrumque immortalitatem significat. *Nectar* enim a [illegible] privativa particula, & [illegible] *occido*; *ambrosia*, ab α privativo, & [illegible] *mortalis*. Utrumque ministrarunt Diis Hebe, sive Juventa, & Ganymedes. *Calathis.*) Poculis ad speciem calathorum formatis. Ecl. 2. 46. Et Martialis Apophor. 107. de calathis ait: *Nos Satyri, nos Bacchus amat*; unde patet calathum poculum quoque esse, non tantum canistrum.

72. *Damœtas, &c.*) Ecl. 3. 1. *Ægon.*) ab Ægeo

Saltantes Satyros imitabitur Alphesiboeus.
Hæc tibi semper erunt, & cum solennia vota
Reddemus Nymphis, & cum lustrabimus agros.
Dum juga montis aper, fluvios dum piscis amabit,
Dumque thymo pascentur apes, dum rore cicadæ;
Semper honos, nomenque tuum, laudesque manebunt.
Ut Baccho Cererique, tibi sic vota quotannis
Agricolæ facient: damnabis tu quoque votis.
Mo. Quæ tibi, quæ tali reddam pro carmine dona?
Nam neque me tantum venientis sibilus Austri,
Nec percussa juvant fluctu tam litora, nec quæ
Saxosas inter decurrunt flumina valles.
Me. Hac te nos fragili donabimus ante cicuta.
Hæc nos, Formosum Corydon ardebat Alexim:
Hæc eadem docuit, Cujum pecus? an Meliboei?
Mo. At tu sume pedum, quod, me cum sæpe rogaret,
Non tulit Antigenes (& erat tum dignus amari)
Formosum paribus nodis atque ære, Menalca.

INTERPRETATIO.

Cretensis mihi canet: Alphesibœus exprimet choreas Satyrorum. Hæc in honorem tuum semper fient, & cum solvemus Nymphis vota annua, & cum circuibimus campos cum hostia. *Quamdiu aper amabit culmina montium, quamdiu piscis amnes, & quamdiu apes alentur thymo, quamdiu cicadæ rore: semper gloria, & nomen tuum, & laudes durabunt. Agrestes singulis annis sic tibi vota facient, quemadmodum Baccho & Cereri. Tu quoque adiges eos ad vota solvenda.* Mo. *Qualia tibi, qualia munera rependam pro tali cantu? Neque enim susurrus Austri insurgentis, nec ripa undis verberata sic me delectant, neque fluvii qui inter lapidosas valles volvuntur.* Me. *Prius tibi dabo hanc tenuem fistulam, qua ego didici* canere: *Formosum Corydon amabat Alexim; eademque didici, Cujum pecus? an Melibœi?* Mo. *Tu vero, Menalca, accipe pedum insigne nodis æqualiter* distantibus, *& ære; quod Antigenes non obtinuit, licet a me sæpe peteret: & tunc tamen merebatur amari.*

NOTÆ.

capra: dictus *Lyctius*, a Lycto Cretæ insulæ civitate.

73. *Alphesibœus.*) Ab ἀλφεῖν *invenire*, & βοῦς *bos*. Hoc loco nomen pastoris proprium est: sed apud Homerum Il. 18. 593. epithetum est puellarum, quæ propter formam reperiebant multos juvenes, a quibus boves accipiebant munerum loco; quia opes omnes illis temporibus in gregibus sitæ erant. De *Satyris* Ecl. 6. in Arg.

74. *Et cum solennia vota.*) Sacra Nymphis fieri solita; vel in agris, ut Turnebo placet; vel etiam in domibus, ut Victorio. *Solennia* sunt quæ *solent in anno* fieri, id est, semel singulis annis.

75. *Et cum lustrabimus agros.*) Sacrificium lustrale dictum *Ambarvale*. De quo Geor. 1. 345.

79. *Cererique.*) Ceres Saturni & Opis filia, mater Proserpinæ, quam a Plutone raptam fertur laboriosissime toto orbe quæsivisse: frugum, & cultus terræ, magna ex parte repertrix.

80. *Damnabis tu quoque votis.*) Qui vota emittit, postulat aliquid a Deo, eidemque aliquid promittit. Si Deus promissa annuit, tum vovens quod damnatur, & judicio tenetur promissum exsolvere. Unde Deus dicitur *damnare votis*, vel *voti*, cum postulata annuit, & sic adigit voventem ad exsolvenda promissa. Livius, dec. 3. l. 7. *Deos, Deasque precabantur, ut illis faustum iter felixque pugna esset, & damnarentur ipsi votorum, quæ pro iis suscepissent.* Æn. 5. 237. eodem sensu dicitur, *voti reus*.

82. *Venientis sibilus Austri.*) Venientis, id est, assurgentis: tunc enim potius est aura, quam ventus. Sic Æn. 5. 344. *gratior & pulchro veniens in corpore virtus*: id est, *nascens & crescens*. De Austro, Ecl. 2. 58.

86. *Hæc nos, Formosum, &c.*) Hac eadem fistula recitamus Eclogam 2. quæ incipit: *Formosum pastor Corydon, &c.* Item Eclogam 3. quæ incipit: *Dic mihi, Damœta: cujum pecus? an Melibœi?*

88. *Pedum.*) Virgam pastoralem incurvam & *formosam ære*, quo compactum est, & *nodis paribus*, id est, nodis qui æquali intervallo a se invicem distant.

ECLOGA VI.

(*) SILENUS.

ARGUMENTUM.

Silenus pueros Chromin & Mnasilum docet primam rerum originem, juxta doctrinam Epicuri; additque varias fabulas. Per Silenum, Syronem Epicureum Philosophum; per Chromin & Mnasilum, Virgilium & Varum, Syronis ea in Philosophia discipulos, intelligunt Interpretes. Certe Romæ tunc temporis vigebat hæc secta plurimum. Et Virgilium *quidem ostendit hæc Ecloga disciplinæ huic aliquando adhæsisse. Nam consequentibus annis videtur ad Pythagoram aut Platonem deflexisse, cujus Philosophiam sequitur,* Æn. 6. 724. Varum *aut illum, de quo hic sermo, ab Epicuri disciplina, etiam in moribus, non abhorruisse conjicio ex Ode Horatii* 18. *lib.* 1. *quæ ad eum scripta est, & plane Epicurum sapit. De* Syrone *utriusque præceptore habemus apud Ciceronem, & quod ipsius Ciceronis amicus fuerit,* Epist. famil. *l.* 6. 11. *& quod vir optimus, doctissimusque Epicureus,* De finib. *l.* 2. 119. *Quo eodem ex opere facile colligitur, cum in Italia floruisse ultima Ciceronis ætate; qua ætate Virgilius, tum juvenis, operam ei dare potuit.*

Ex hoc primo Eclogæ versu, Prima Syracosio &c. *sunt qui probent, hanc inter cæteras ordine temporis primam esse, eamque a Cicerone fuisse auditam in theatro, cum a Cytheride sive Lycoride mima cantaretur; unde ad suam & Virgilii laudem Cicero exclamarit:* Magnæ spes altera Romæ. *Sed hæc Donati somnia sunt, qualia multa somniavit. Videtur quippe Poeta profiteri Ecl.* 1. *venisse se primo Romam, ut agros recuperaret suos; at Cicero annis ante Divisionem agrorum ferme duobus obiit, nempe sub initium Triumviralis proscriptionis anno* U. C. 711. *cum agri divisi non sint nisi anno* U. C. 713. *ineunte. Immo probo ego ex iisdem versibus, hanc non esse primam:* Prima Syracosio dignata est ludere versu: *igitur non jam primum, sed antea etiam luserat; idque unum significat, se primum omnium inter Latinos bucolicum scribendi genus e Græcia seu Sicilia transtulisse. Quo autem ordine ac tempore hæc scripta sit, incertum est.*

PRima Syracosio dignata est ludere versu
Nostra, nec erubuit silvas habitare Thalia.
Cum canerem reges & prælia, Cynthius aurem Vel-

INTERPRETATIO.

Musa mea, prima omnium, dignata est canere Sicula carmina: nec eam puduit incolere nemora. Cum canerem reges & bella, Apollo mihi vellicavit aurem, & me

NOTÆ.

(*) *SILENUS.*) Senex, Bacchi nutritius & pædagogus: semper asino vehi, semper ebrius describi solebat; calvo capite, simis naribus: magnæ tamen solertiæ; unde dicitur multa sapienter disseruisse regi Midæ: memoraturque rex Antigonus vertisse sibi laudi, quod ab hostibus propter deformitatem quasi Silenus videretur, ut est apud Senec. De Ira l. 3. 22. Nomen a *σιλλαίνειν*, *scommata jacere, cavillari*, ex Æliano, l. 3. Var. Histor. c. 18. Sileni autem dicuntur omnes Satyri senescentes ex Pausania in Attic. Quamquam aliqui pingunt Silenum pedibus humanis, Satyros caprinis.

Satyri autem e Bacchi comitibus etiam fuerunt, lascivitate insignes. Plutarchus in Sylla refert, unum ex illo genere ad Syllam esse adductum. Hieronymus in vita Pauli Eremitæ, unum quoque a S. Antonio visum esse testatur; itemque allatum ab omni Alexandrino populo, Constantini temporibus. Alii tamen hos inter aves aut naturæ monstra referunt, totumque id genus revocant ad fabulas. Nomen deducit Ælianus a *σάθη*, quod est, *os habere in modum virilis membri conformatum*: Casaubonus a Dorica voce *σάτυς*, *jocari*: aliunde alii.

Panes his non absimiles, quorum primus *Pan*, Mercurii filius; a *πᾶν*, *omne*: de quo multa Ecl. 2. 31.

Fauni, a *fando* dicti: quia silvestribus in locis effari homines & alloqui putabantur: quod aiunt in prælio Romanos inter & Etruscos de restituendis in regnum Tarquiniis accidisse: voce e silvis erumpente, qua Romanos bono esse animo juberet.

Silvanus & *Silvani*, a *silvis* dicti, Ecl. 10. 24.

I.

Vellit, & admonuit: Pastorem, Tityre, pingues
Pascere oportet oves, deductum dicere carmen.
Nunc ego (namque super tibi erunt qui dicere laudes,
Vare, tuas cupiant, & tristia condere bella)
Agrestem tenui meditabor arundine Musam.
Non injussa cano: si quis tamen hæc quoque, si quis
Captus amore leget: te nostræ, Vare, myricæ,
Te nemus omne canet: nec Phœbo gratior ulla est,
Quam sibi quæ Vari præscripsit pagina nomen.
Pergite, Pierides. Chromis & Mnasilus in antro

Si-

INTERPRETATIO.

sic admonuit: Tityre, decet pastorem pascere pingues oves, & componere tenues versus. Ego nunc, o Vare, exercebo fragili fistula rusticam musam: siquidem multi supererunt tibi, qui optabunt celebrare laudes tuas, & scribere funesta bella. Canto ea, quæ a Phœbo *jussus sum cantare. Si tamen aliquis, si aliquis hæc etiam legat, horum amore percitus; te nostræ myricæ, te omnis silva resonabit, o Vare: nullaque pagina magis placet Apollini, quam quæ sibi præfixit Vari nomen. Pergite, o Musæ. Chromis & Mnasilus pueri viderunt a*

NOTÆ.

1. *Prima Syracosio.*) Primus e Latinis non est dedignatus scribere carmina bucolica ad imitationem Theocriti Syracusani. *Syracosio*: ut brevis esset syllaba tertia, quæ alioqui longa est in *Syracusio*. Συρακούσιος. *Syracusæ*, urbs Siciliæ tunc amplissima: urbes olim quatuor, ex Cicerone, quinque ex Strabone, ambitu suo complectens. Nunc *Saragosa*.

2. *Thalia.*) Una e novem Musis, comœdiæ & ludicrorum præses: a θάλλω, *viresco*, *floreo*, *exhilaro*.

3. *Cum canerem reges.*) Dicitur Virgilius res Albanas primo tractandas suscepisse, sed abjecisse dein operâ, & ad bucolica studium convertisse. *Cynthius.*) Et Cynthia, nomina Apollinis & Dianæ; quia nati ambo in insula maris Ægæi Delo, ubi mons est *Cynthus*.

4. *Aurem vellit.*) Proverbialiter dictum, pro admonuit; sive quia, ut vult Erasmus, in jus ituri vellicabant aurem illius, quem esse testem volebant: unde Horat. Sat. l. 1. 9. 76. *Licet antestari? Ego vero Oppono auriculam. Rapit in jus.* Vel quia, ut vult Servius, auris memoriæ consecrata est; quemadmodum frons Genio, & digiti Minervæ. *Tityrum* hic se appellat Virgilius, ut Ecl. 1. 1.

5. *Deductum carmen,*) id est: tenue; a lana, quæ ad majorem tenuitatem nendo deducitur. Horat. Epist. l. 2. 1. 225. *Tenui deducta poemata filo.* Tibul. l. 1. 3. 86. *Deducat plenâ stamina longa colo.*

7. *Vare, &c.*) De illo magna lis apud interpretes. Alii enim laudes illas attribuunt *P. Alphено Varo*; alii *P. Quintilio Varo*; alii *Quintilio Cremonensi*, quem item *Varum* vocant. Constat hos tres Virgilii æquales fuisse. Et *Alphenus* quidem *Varus*, Servii Sulpicii jurisconsulti discipulus, jurisconsultus ipse fuit celebris: qui ex arte sutoria, aut, ut volunt alii, tonsoria, ad consulatum surrexit, an. U. C. 755. Digestorum libros scripsit quadraginta. Laudatus a Gellio propter studium antiquitatis, lib. 6. 5. Ab Horatio commoratur probus vafritiem, Sat. lib. 1. 3. Ab interpretibus Horatii, Cremonensis dictus. Tamen huic non puto dicatam esse hanc Eclogam; tum quia nulla laude bellica, sed una forensi claruit: tum quia, cum major dicatur fuisse, nec ad consulatum nisi diu post obitum Virgilii pervenerit; non videtur ejus fortuna tum, cum Ecloga scriberentur, tantis Virgilii fortunæ præstitisse, ut hic illi tam effusis laudibus adularetur. *Quintilius* vero *Cremonensis*, de quo sic Eusebii Chron. ad annum primum Olymp. 189. qui respondet anno U. C. 730. *Quintilius Cremonensis, Virgilii & Horatii familiaris, moritur*; idem ille est, quem Servius Virgilii cognatum appellat; & cujus in morte Horatius Virgilium consolatur, Od. l. 1. 24. Sed huic a nemine, præterquam a Grammaticulis *Vari* cognomen tribuitur. Omnino igitur laudes istæ ad *P. Quintilium Varum* referendæ sunt: qui magnis muneribus sub Augusti imperio perfunctus est. Consul an. U. 741. Syriæ deinde præsa per annos octo. Denique missus in Germaniam cum tribus legionibus; quas ingenti clade amisit, insidiis ab Arminio circumventus, an. U. C. 762. tanto suo dolore, ut sibi consciverit mortem: tanto Augusti luctu, ut caput illidens parieti exclamaret, *Vare, legiones redde*.

7. *Et tristia bella.*) Miror hic Nannium & alios, qui bella intelligunt Germanica, Varo tam funesta: illa enim anno, post obitum Virgilii septimo circiter & vigesimo, gesta sunt. Bella igitur significantur alia, quibus Varus per triumviralem tumultum interfuerat: *tristia*, non illi, sed ejus hostibus, & patriæ generatim.

9. *Si quis tamen &c.*) Quamquam Apollo me deterreat a tuis factis heroico versu describendis: si quis tamen hæc leget bucolica, is nomen tuum asserit in silvis, seu bucolicis, undique sparsum reperiet: quod quidem ideo undique sparsi, quia scio, scripta Phœbo placere magis nulla, quam quæ nomen tuum præferunt. Ita vero etiam omnia Ecloga mentionem Vari crebram facit. De *Myricis*, Ecl. 4. 2. De *Pieridibus*, Ecl. 3. 85.

13. *Chromis & Mnasilus.*) Juniores Satyri. *Chromis* a χρέμω, *hinnitus*, *audaeis*.

Mnasilus.) a μνάω, *memoriam facio*, & λᾶας, *lapis*.

Silenum pueri somno videre jacentem,
Inflatum hesterno venas, ut semper, Iaccho.
Serta procul tantum capiti delapsa jacebant:
Et gravis attrita pendebat cantharus ansa.
Aggressi (nam sæpe senex spe carminis ambo
Luserat) injiciunt ipsis ex vincula sertis.
Addit se sociam, timidisque supervenit Ægle,
Ægle Naiadum pulcherrima; jamque videnti
Sanguineis frontem moris & tempora pingit.
Ille dolum ridens: Quo vincula nectitis! inquit:
Solvite me, pueri: satis est potuisse videri.
Carmina, quæ vultis, cognoscite: carmina vobis,
Huic aliud mercedis erit: simul incipit ipse.
Tum vero in numerum Faunosque ferasque videres
Ludere, tum rigidas motare cacumina quercus.
Nec tantum Phœbo gaudet Parnassia rupes,
Nec tantum Rhodope miratur & Ismarus Orphea.
Namque canebat, uti magnum per inane coacta

Se-

INTERPRETATIO.

Silenum in caverna prostratum somno; venis tumentibus hesterno vino, ut mos est. Erant procul humi coronæ, tantum lapsæ e capite: & grande poculum suspensum erat per ansam attritam. Hunc invadentes, injiciunt vincula confecta ex ipsis coronis: sæpe enim ille senex utrumque deceperat spe versuum. Ægle adjungit se sociam, & accedit pavidis: Ægle formosissima Najadum: Et ipsi, jam oculos aperienti, linit frontem, & tempora moris rubris. Ille videns fraudem: Cur, ait, implicatis mihi vincula? expedite me ex iis, o pueri: sufficit quod potuerim deprehendi a vobis. Audite versus, quos petitis: vobis versus: huic Ægle aliud præmium erit: simul ipse incipit. Tunc vero aspiceres Faunos & feras saltare ad cantum, tunc duras quercus cacuminibus moveri. Nec mons Parnassus adeo lætatur Apolline, nec Rhodope & Ismarus adeo mirantur Orpheum. Cantabat enim quomodo semina terrarum, & aeris, & maris, & ri-

NOTÆ.

15. *Iaccho.*) Bacchi nomen, ab ἰαχή, clamor, ob vociferantes in ejus comitatu ebrias mulieres.

16. *Serta procul tantum, &c.*) Sic explicat Turnebus hunc versum, *tantum*: serta procul jacebant, tantum delapsa e capite, non rupta, non calcata. Sic Cerdanus: Jacebat, *dormiebat*, vinum inhalebat, omnes habebat ebrietatis notas; hæc una tantum nota deerat, quod serta non gereret in capite. Hic enim erat ebriorum mos. *Capiam coronam mihi in caput, assimulabo me esse ebrium.* Plaut. in Amphit. 3. 4. 16. *Capiti.*) pro capite. Sic G. 1. 287. *Nunc torrete igni fruges.*

17. *Cantharus.*) Vas vinarium in formam Scarabæi, qui κάνθαρος dicitur. Baccho sacer erat: unde notatur superbia C. Marini, quod post victoriam Cimbricam cantharis potare Liberi patris exemplo ausus fuerit, ex Plin. l. 33. 11.

18. *Ambo.*) *Ambos* Latina forma; *ambo* Græca, ἄμφω. Sic *duas* & *duo*, δύο. Ecl. 5. 68. *Craterasque duos statuam.* Æn. 11. 285. *Si duo præterea tales Idæa tulisset Terra viros.*

21. *Ægle Naiadum pulcherrima.*) Ab αἴγλη, *splendor*. Nymphæ nomen, Neæræ & Solis filiæ. De *Naiadibus* Ecl. 2. 46. Dicuntur *Naiades*, quadrisyllaba voce, ut hic; vel *Naiades*, aut *Naides*, trisyllaba voce, ut Ecl. 10. 10. *Naides, indigno cum Gallus amore periret.*

22. *Sanguineis frontem moris.*) Morum, fructus arboris mori; Ital. *Moro frutto moro*. Vocat *sanguinea*, quod candida cum essent prius, e sanguine Pyrami & Thysbes ruborem induerint. Ovid. Met. 4. 54.

24. *Satis est potuisse videri.*) Supple, ad impetrandum quod vultis: *quia*, inquit Servius, *ridiculi, cum volunt tantum, videntur*; atque adeo, si videri volunt, signum est non velle videntibus postulata concedere. Vel sensus est: Solvite me, satis enim ludi est, quod in vincula sim vobis, qui ligari potuerim.

27. *In numerum Ludere.*) Saltare ita, ut motuum ratio & mensura cantuum rationi & mensuræ respondeat. De Faunis, in notis ad argumentum hujus Eclog.

29. *Parnassia rupes.*) Mons in Phocide, Cithæroni & Heliconi vicinus; gemino vertice: quorum alter *Nisa* vocatur, Baccho sacer; alter *Cirrha*, Phœbo Musisque dicatus.

30. *Rhodope.*) Mons Thraciæ, nivibus semper horrens, ad Euxinum mare procedens, ex quo Hebrus profluit. *Ismarus.*) Plur. *Ismara*: mons alter; in maritima regione Thraciæ, non procul ab ostiis Hebri. Has loca peragravit Orpheus vates, de quo G. 4. 454. De *Orpheo*, ib.

31. *Namque canebat uti &c.*) Origo Mundi, jux-

Semina terrarumque, animæque, marisque fuissent,
Et liquidi simul ignis: ut his exordia primis
Omnia, & ipse tener mundi concreverit orbis.
Tum durare solum, & discludere Nerea ponto
Cœperit, & rerum paullatim sumere formas.
Jamque novum ut terræ stupeant lucescere solem,
Altius atque cadant submotis nubibus imbres:
Incipiant silvæ cum primum surgere, cumque
Rara per ignotos errent animalia montes.
Hinc lapides Pyrrhæ jactos, Saturnia regna,
Caucaseasque refert volucres, furtumque Promethei.
His adjungit, Hylan nautæ quo fonte relictum

Cla-

INTERPRETATIO.

mul puri ignis, congregata fuerint in immenso vacuo, ut ex his primis [illegible] *principiis, & ipsa moles recens* [illegible] *coaluerit. Deinde* quomodo *terra cœperit solidari, & aquas depellere suas in mare, & accipere sensim species rerum. Postea quomodo terra miraretur solem recentem emicare, & quomodo pluviæ deciderent e nimbis alte remotis a terra: cum nemora tunc inciperent crescere, & cum animalia* adhuc *rara vagarentur per montes* nondum *cognitos. Deinde narrat saxa projecta a Pyrrha, tempora Saturni, & aves Caucasi, & ignem subreptum a Prometheo. Addit his rebus, quem ad fontem Argonautæ alte vocassent Hylan amissum: quomodo ripa omnis refer-*

NOTÆ.

juxta opinionem Epicuri Philosophi Atheniensis, ex Oppido Gargetio; qui natus anno ante Christum circiter 342. regnante in Macedonia Philippo, Alexandri patre, ex calculo anno obiit. Cujus Philosophiam de rerum natura versibus persecutus est Lucretius. Statuebat igitur duo rerum principia, *plenum & inane*: quia quicquid est, vel continetur, & est *plenum*; vel continet, & est *inane*. *Inane* vocabat, spatium omnequaque diffusum, cæteris corporibus; *plenum* appellabat, atomos, sive minima corpuscula, toto inani volitantia, quæ hic a Virgilio *semina* vocantur: quorum ex fortuito concursu coaluerint illa quatuor, quæ dicimus elementa, ignis, aqua, terra, & aer. Aerem hic *animam* vocat, post Lucretium l. 6. 577. *Ventus ubi, atque animæ subito vis maxima quædam.* Quia *animabilis & spirabilis est*, ex Cicer. de Deor. Nat. l. 2. 91. Ex his porro elementis, inter se ordinatis ac temperatis, cœlum, sol, animalia, cæteraque deinde formata sunt.

35. *Solum.*) Primo dicitur de planta pedis. Sic Lucr. l. 3. 914. *Avia Pieridum peragro loca, nullius ante Trita solo.* Hinc *solea* dicta, quæ partem illam pedis obtegit. Hinc & *solum* pro terra vulgo usurpatur, ex Varr. l. 4. de L. L. quia *solo*, id est, planta pedis teritur. Neque pro terra tantum, sed pro unaquaque re, quæ alteri supponitur, eamque sustentat. Pro mari, Æn. 5. 198. *Vastis tremit ictibus ærea puppis, subtrahiturque solum.* Pro cœlo etiam, Ovid. Met. 1. 73. *Astra tenent cæleste solum.* Frequentius tamen pro terra, tum in singulari, quam in plurali numero. G. 1. 80. *Ne saturare fimo pingui pudeat sola.*

Discludere Nerea ponto.) *Pontus* hic usurpatur, non pro aquis, sed pro loco, sive cavitatibus terrarum, in quibus aquæ aggregatæ sunt. *Nereus* vero usurpatur pro aquis ipsis. Is juxta Orpheum, Deorum antiquissimus est; juxta alios, Oceani & Tethyos filius. Idem ex Doride, sorore & uxore sua, maximam Nympharum marinarum turbam suscepit, quæ *Nereides* dictæ. *Nerea*, accusativus Græcus.

41. *Lapides Pyrrhæ &c.*) Pyrrha Deucalionis uxor fuit, quo apud Thessalos regnante, contigit diluvium; ex quo servati duntaxat hi duo, & navicula delati in Parnassum, qui montium omnium unus aquis submersus non fuerat. Ibi Themidis oraculum consuluerunt de reparatione generis humani: acceptoque responso, ut magnæ matris ossa post tergum projicerent, lectos e terra omniparente lapides projecere: quorum qui quidem a Deucalione projecti, in mares, qui a Pyrrha, in feminas continuo mutati sunt. Ov. Met. 1. 318. De *Saturni regno*, Ecl. 4. 6.

42. *Caucaseasque, &c.*) Prometheus, Japeti filius ex Asia conjuge, Deucalionis pater: cum ignem e cœlo furatus esset, admota solis curru face e ferulis confecta, eoque igne, vel hominem a se e luto formatum animasset; vel, ut narrant alii, plurimas artes ad usum hominum reperisset, a Mercurio jussu Jovis in Caucaso scopulo ligatus est: vulture, aut aquila jecori ejus assidue pertundendo adhibita. *Caucasus.* Asiæ mons notissimus, inter mare Euxinum & Caspium.

43. *Hylan nautæ quo fonte, &c.*) Hylas puer, deliciæ Herculis, eique comes in Argonautica expeditione. Is cum e navi descendisset ad aquationem, in ripam fontis incumbens urnæ pondere demersus est: a Nymphis, ut fabulantur, raptus; ab Hercule & Argonautis diu frustra inclamatus. Unde in ejus memoriam solemnes eo in loco incolarum erant inclamationes, & cursitationes populi, ex Solino c. 42.

Quo fonte.) Quis enim fuerit ambigitur. Solinus *Hylam* fontem & lacum assignat, qui Prusiadem Bithyniæ urbem alluit. Alii Ascanium ejusdem regionis fluvium, &c.

Clamassent: ut litus, Hyla, Hyla, omne sonaret.
Et fortunatam, si nunquam armenta fuissent,
Pasiphaen nivei solatur amore juvenci.
Ah, virgo infelix, quæ te dementia cepit!
Prœtides implerunt falsis mugitibus agros:
At non tam turpes pecudum tamen ulla secuta est
Concubitus, quamvis collo timuisset aratrum,
Et sæpe in levi quæsisset cornua fronte.
Ah, virgo infelix, tu nunc in montibus erras!
Ille, latus niveum molli fultus hyacintho,
Ilice sub nigra pallentes ruminat herbas:
Aut aliquam in magno sequitur grege. Claudite, Nymphæ,
Dictææ Nymphæ, nemorum jam claudite saltus:
Si qua forte ferant oculis se se obvia nostris
Errabunda bovis vestigia. Forsitan illum,
Aut herba captum viridi, aut armenta secutum,
Perducant aliquæ stabula ad Gortynia vaccæ.
Tum canit Hesperidum miratam mala puellam:

INTERPRETATIO.

ret: Hyla, Hyla. Et ob amorem tauri condoles Pasiphae, felici, si nunquam tauri fuissent. Ah, mulier misera, quæ insania te occupavit! Filiæ Præti repleverunt campos falsis mugitibus: nulla tamen earum quæsivit tam infames amplexus pecudum: licet metueret suo collo jugum aratri, & sæpe exploraret cornua in fronte polita. Ah, mulier misera, tu jam vagaris per montes! taurus vero reclinans candidum latus in teneris hyacinthis, sub umbrosa ilice regustat herbas pallidas, vel consectatur aliquam vaccam in numeroso armento. O Nymphæ, Cretenses Nymphæ, claudite jam, claudite saltus silvarum: ut videamus, an fortasse alicubi vaga vestigia tauri se nostris oculis offerant obviam. Fortitan aliquæ vaccæ allicient illum ad stabula Gortynia, aut sectantem greges, aut cupidum viridis herbæ. Deinde cantat virginem admiratam poma Hesperidum. Deinde cingit sorores

NOTÆ.

45. *Hyla, Hyla, omne.*) Græci vocalem longam ante aliam vocalem raro elidunt, & sæpe corripiunt. Ita hoc loco Virgilius.

46. *Pasiphaen.*) Filia Solis fuit: nomen a patre deductum, qui πᾶσι φαίνει *omnibus lucet*: uxor Minois regis Cretæ; quæ tauri amore capta, & Dædali artificio per vaccam ligneam inclusa, Minotaurum e tauro peperit, semihominem & semibovem. Reliqua Æn. 6. 24. *Virginem* vocat, etsi jam Phædræ, Ariadnæ, & Androgei matrem: Plauti, Terentii, & Euripidis exemplo; qui sic appellant corruptam etiam quamlibet fœminam, modo junior sit.

48. *Prœtides.*) Filiæ Præti regis Argivorum, & Antiæ, vel Sthenobææ. Hæ cum se Junoni forma æquipararent, ab illa in eam rabiem actæ sunt, ut vaccas se putarent: postea sanatæ sunt a Melampo. *Falsis* mugitus vocat, quia re ipsa non erant vaccæ, sed vano errore deceptæ sæpe frontem tentabant, explorabantque num cornua erant.

54. *Ruminat.*) Rumen est pars eminens gutturis, cujus in cavitatem demissi cibi, a quibusdam animalibus revocantur, & remanduntur; quod ruminare dictum est.

Pallentes herbas.) Quia [illegible] stomachi viriditatem amiserunt, cum re[illegible]tur. De hyacinthis, Ecl. 3. 63. De ilice [illegible] 7. 13.

55. *Claudite, Nymphæ, &c.*) [illegible] Verba sunt, vel Pasiphaes, quam Silenus loquentem inducit ad Nymphas: vel ipsius Sileni Pasiphaen consolantis, & Nymphas precantis, ut ei in inveniendo tauro opem ferant.

56. *Claudite.*) Retibus, indaginibus; quomodo feræ clauduntur in venatione [illegible] effugiant.

Saltus.) A saliendo: pars est silvarum, vel in qua spissæ arbores exsiliunt, & assurgunt altius, ut Isidoro placet; vel potius, ut Varroni, para vacua & expedita ab arboribus, ubi pecudes libere pascunt & exsiliunt. Ita G. 3. 143. *Saltibus in vacuis pascunt.* *Dictæ,*) a Dicte, qui mons est in Creta celebris, cujus in antro aiunt Jovem infantem aluere. G. 4. 152.

58. *Forsitan illum, &c.*) Fortasse, nisi claudetis silvas, effugiet *stabula ad Gortynia*. Gortyna, vel Cortyna, oppidum Cretæ mediterraneum, uberioribus pabulis insigne, ubi propterea Solis armenta fuerant.

61. *Hesperidum miratam mala puellam.*) Atalanta est, filia Schœnei regis in Scyro, matris Æ-

Tum Phaetontiadas musco circumdat amaræ
Corticis, atque solo proceras erigit alnos.
Tum canit, errantem Permessi ad flumina Gallum
Aonas in montes ut duxerit una sororum;
Utque viro Phœbi chorus adsurrexerit omnis:
Ut Linus hæc illi divino carmine pastor,
Floribus atque apio crines ornatus amaro,
Dixerit: Hos tibi dant calamos, en accipe, Musæ,
Ascræo quos ante seni: quibus ille solebat
Cantando rigidas deducere montibus ornos.
His tibi Grynæi nemoris dicatur origo:
Ne quis sit lucus, quo se plus jactet Apollo.
Quid loquar? aut Scyllam Nisi, quam fama secuta est,

Can-

INTERPRETATIO.

Phaetontis musco corticis amaræ, & attollit e terra excelsas alnos. Deinde cantat quemadmodum una e Musis deduxerit in colles Bœotiæ Cornelium *Gallum, deambulantem circa flumina Permessi, & quemadmodum totus chorus Apollinis adsurrexerit* huic viro. *Quemadmodum Linus pastor, coronatus floribus & acri apio, hæc illi dixerit divinis versibus: En sume, Musæ dant tibi hanc fistulam, quam prius dederant Ascræo seni; qua ille canendo solebat evocare duras ornos e montibus: hac fistula celebretur a te origo Grynææ silvæ; ut nulla sit silva, qua magis Apollo glorietur. Quid dicam*, ut memoraverit, *aut Scyllam Nisi* filiam,

NOTÆ.

gei Insula, quæ cum procis cursu contendebat ea lege, ut victori nuberet, victum occideret. Victa tandem est ab Hippomene, Martis, vel Neptuni nepote: dum aureis malis, quæ ab illo projecta inter currendum fuerant, colligendis occuparetur. Mala Hippomeni dederat Venus, ex horto Hesperidum. *Hesperides* fuere tres, Ægle, Arethusa, & Hesperethusa: filiæ Hesperi, qui frater Atlantis fuit. Hæ ad Lixum, Mauritaniæ oppidum, hortum incolebant aureis arboribus pretiosum, & a pervigili dracone custoditum: quem Hercules occidit, fructusque deprædatus est.

62. *Phaetontiadas.*) Sorores Phaetontis filiæ Solis, a quo dictæ quoque sunt *Heliades*, Phaetusa, Lampetie, & Lampetusa: quæ nimio luctu ob fratrem dejectum e curru Solis in Eridanum, mutatæ sunt, vel in alnos, ut hic narrat Virgilius; vel in populos, ut Æn. 10. 190. Ovidius vero M. 2. 365. ait ex earum ramis electrum, sive succinum, in Eridanum lacrymarum instar stillare. *Muscus*, est quidquid villoso arborum cortici quasi lanuginosum [illegible]llum adhæret. *Cortex* masculini & fœminini generis.

64. *Permessi ad flumina Gallum.*) *Permessus*, fluvius Bœotiæ, ex Helicone profluens. *Gallum.*) De eo, Ecl. 10. in Argumento.

65. *Aonas in montes.*) Heliconem & Cithæronem, montes Bœotiæ; quæ primo Aonia dicta est, ab Aone Neptuni filio, qui montanis ejus regionis gentibus imperavit: deinde Bœotia, a bove, cujus ductu Cadmus pervenit ad eum locum, ubi Thebas condidit. Ovid. Metam. 3. 14. Hinc Musæ *Aonides* appellatæ, quia sacer est ipsis Helicon.

66. *Phœbi chorus.*) Musæ novem, vel poetæ. *Adsurrexerit.*) Surrexerit e sedibus, honoris causa. *Linus*, Apollinis & Terpsichores filius, Ecl. 4. 56.

68. *Apio.*) *Apium*, Ital. *Appio sorte d' erba*: herba coronaria, quæ & sepulcris spargi solebant ex Suida; & victores Isthmiis Nemeisque ludis, itemque epulantes, coronari, ex Horatio Od. l. 2. 7. 23. *Quis udo deproperare apio coronas, curatve myrto? Quem Venus arbitrum dicet bibendi?* Ergo ad luctus & delicias idonea.

70. *Ascræo quos ante seni.*) Hesiodo, cujus patria *Ascra*, vicus Bœotiæ, in dextro Heliconis latere situs: qui ut ipse de se fabulatur initio Theogoniæ, cum agnos in Helicone pasceret, accepit a Musis non calamos quidem, sed lauri virentis ramum. Strabo Cumam Æolicam illi patriam assignat, unde cum Dio patre commigravit Ascram. Hunc alii Homero antiquiorem, alii æqualem, non-nulli juniorem putant. Lis adhuc pendet.

71. *Ornos.*) *Ornus* Fraxinus silvestris & montana. Ital. *orno*.

72. *Grynæi nemoris.*) *Grynium*, juxta Strabonem, oppidum fuit Æolidis: ubi templum Apollinis candido e lapide, & lucus ei dem sacer fuit: locus oraculis insignis. *Gallus* autem, de quo fuse dicemus Ecl. 10. fertur reddidisse Latinis versibus quædam ex Euphorione Poeta Chalcidensi: Suidas vero, inter illius Euphorionis opera, memorat *Mopsopia*, sive *Confusa*, in quibus varias historias, imprimisque multa de oraculis, narrabat. Quo in opere probabile est originem Grynæi oraculi fuisse descriptam, eamque partem a Gallo Latine redditam esse.

74. *Quid loquar? aut Scyllam, &c.*) Duplex vulgo *Scylla* distinguitur: altera *Nisi* Megarensium regis filia, quæ patrem, excisso fatali ejus capillo, prodidit hosti Minoi, cujus amore flagrabat; & in avem Cirim est conversa. *Ciris* quibusdam est Ital. *Garza sorte d' uccello*; quibusdam, Ital. *Trombone sorte d' ucce lo*; quibusdam, Ital. *Lodola*. Altera *Phorci* filia, quæ etiam ... tetur

Candida succinctam latrantibus inguina monstris,
Dulichias vexasse rates, & gurgite in alto,
Ah! timidos nautas canibus lacerasse marinis?
Aut ut mutatos Terei narraverit artus?
Quas illi Philomela dapes, quæ dona pararit?
Quo cursu deserta petiverit, & quibus ante
Infelix sua tecta supervolitaverit alis?
Omnia quæ, Phœbo quondam meditante, beatus
Audiit Eurotas, jussitque ediscere lauros,
Ille canit: pulsæ referunt ad sidera valles,
Cogere donec oves stabulis, numerumque referre
Jussit, & invito processit Vesper Olympo.

INTERPRETATIO.

quam rumor tulit, cinctam latrantibus monstris circa *alba crura, disturbasse naves Ulysseas, & in profundo mari laniasse, heu! nautas pavidos canibus marinis? Aut ut memoraverit corpus Terei conversum* in upupam; *quos cibos, quæ munera Philomela illi præparaverit: qua celeritate abierit in deserta; & quibus pennis miser volaverit supra domum* prius *suam. Silenus cantat omnes fabulas, quas felix Eurotas olim audiit, Phœbo canente, & jussit ut lauri discerent: vallis repercussæ referunt cantus ad cœlum, quousque Hesperus apparuit, cœlo invito, & coegit* pastores *colligere oves in stabulis, & recensere numerum* earum.

NOTÆ.

fertur a Glauco, per Circes invidiam mutata est inferiori parte corporis in caninos rictus, fonte quo lavari solebat, veneficiis infecto: cujus deformitatis horrore Siculum in fretum se præcipitem dedit, ibique in scopulum est conversa; non longe a celebri vortigine, cui *Charybdis* nomen est: de qua Æn. 3. 420. Hoc loco valida tempestate jactatæ sunt naves Ulyssis, regis Ithacæ & Dulichii, insularum in Jonio mari. Igitur plerique Virgilium accusant, quod utramque fabulam confuderit, tribueritque *Scyllæ Nisi*, quæ ad *Scyllam Phorci* pertinent. Iidemque non male versum emendant ex fide MSS leguntque: *Quid loquar, aut Scyllam Nisi, aut quam fama, &c.* Vel: *Quid loquar, aut Scyllam Nisi, aut, &c.* Confirmant tamen vulgarem lectionem exemplo Ovidii, Amorum l. 3. el. 12. qui *Scyllæ Nisi* canes quoque attribuit: *Per nos, Scylla, patri canos furata capillos, Pube premit rabidos inguinibusque canes.* Item Propert. l. 4. 4. v. 39. *Quid mirum in patrios Scyllam sævisse capillos, Candidaque in sævos inguina versa canes?*

78. *Terei, &c.*) Philomela & Progne filiæ fuerunt Pandionis, Atheniensium regis. Tereus rex Thraciæ Prognem uxorem duxit, ex eaque suscepit Ityn filium. Postea Philomelæ stuprum intulit, ejusque linguam abscidit, ne scelus evulgaret: quo tamen in tela descripto, utraque soror Ityn jugulavit, & Tereo dedit epulandum: prolata deinde sub finem epularum capite pueri, cum Tereus stricto ense in ultionem ferretur, ipse in upupam avem mutatus est, Ital. *bubbola vel.* Philomela in lusciniam, Ital. *Rusignuolo*; Progne in hirundinem, Ital. *rondine*; Itys in phasianum, Ital. *fagiano*.

82. *Omnia quæ, &c.*) Quas omnes fabulas audiit Eurotas fluvius ab Apolline; cum Apollo ejus in ripis versaretur, ob amorem Hyacinthi, Laconis pueri.

83. *Eurotas.*) Laconiæ fluvius nobilis, ortus in Arcadia, lauris frequentibus inumbratus. Nunc *Basilipotamo*.

86. *Invito processit Vesper Olympo.*) *Vesper*, sive *Venus* e septem planetis unus, Solem fere comitatur. Et mane quidem dicitur *Lucifer*; Græce Φωσφόρος, qua etiam voce Latina usus est Martialis Epig. l. 8. 21. 1. *Phosphore redde diem.* Dicitur & *Eous*, id est, matutinus, Georg. 1. 288. *Aut cum Sole novo terras irrorat Eous.* Sero cum apparet, vocatur *Vesper*, *Hesperus*, apud Plautum *Vesperugo*. Hunc albo equo vehi putant, ut Solem quadrigis, & Lunam bigis: sed equo mane albo, sero *fusco*: unde, quia ex equo in equum desiliebat, equos ei dicebant *desultorios*, ex Isidoro & Cassiodoro. Stellam hanc alii Venerem ipsam dixere, alii Auroræ filium, alii fratrem aut filium Atlantis, Hesperum nomine: qui cum altissimum conscendisset montem, ut inde sidera melius contemplaretur, in cœlum raptus creditur, & in Stellam mutatus.

Invito Olympo.) Quia cantus suavitate quasi captus ægre ferebat noctem cum Vespero procedere, quæ cantum abrumperet. De *Olympo*, Ecl. 5. 56.

ECLOGA VII.

(*) MELIBŒUS.

ARGUMENTUM.

Narrat Melibœus pastor contentionem amœbæam, sive alternam, Thyrsidis & Corydonis, se coram & Daphnide judicibus; qui Corydoni palmam addicunt. In Corydone possumus agnoscere Cornelium Gallum, aut Asinium Pollionem, utrumque poeseos laude florentem: in Thyrside poetam aliquem ex eorum æmulis: in Daphnide, communem eorum amicum, apud quem illi contenderent: in Melibœo, Virgilium, qui dum amicos consulit, de recuperandis agris & pecoribus sollicitus, assumitur ab iis in judicem, jubeturque de re sua securus esse. Certe sub his pastoribus non infimæ sortis homines latere vel ex eo potest conjici, quod aureas marmoreasque Diis voveant statuas. Virgilium vero nihil prohibet hic Melibœum *vocari, qui non unam in Eclogis personam, sed multiplicem induit.* Tityrum *enim se, in prima Ecloga;* Corydonem, *in secunda;* Menalcam, *in nona nuncupat. De scriptionis tempore nihil certum. Affinis est Idyllio Theocriti octavo.*

MELIBŒUS, CORYDON, THYRSIS.

MEL. FOrte sub arguta consederat ilice Daphnis,
Compulerantque greges Corydon & Thyrsis in unum:
Thyrsis oves, Corydon distentas lacte capellas.
Ambo florentes ætatibus, Arcades ambo:
Et cantare pares, & respondere parati.
Hic mihi, dum teneras defendo a frigore myrtos,
Vir gregis ipse caper deerraverat: atque ego Daphnim
Aspicio: ille ubi me contra videt: Ocyus, inquit,
Huc ades, o Melibœe; caper tibi salvus & hœdi;
Et, si quid cessare potes, requiesce sub umbra.
Huc ipsi potum venient per prata juvenci:

Hic

INTERPRETATIO.

MEL. *Forte Daphnis recubuerat sub ilice susurrante, & Corydon, atque Thyrsis conjunxerant simul greges; Thyrsis oves, Corydon capellas tumentes lacte: Uterque in flore ætatis, uterque ex Arcadia, & pares cantu, & parati ad certandum. Circa hunc locum aberraverat a me hircus ipse dux gregis, dum munio teneras myrtos contra frigus. Ego vero statim Daphnim video. Daphnis ubi me videt e regione, dixit: Veni huc cito, o Melibœe: hircus & hœdi tui sunt in tuto: & si potes aliquantulum morari, quiesce sub hac umbra. Juvenci tui*

NOTÆ.

(*) *MELIBOEUS.*) A cura boum dictus: μέλει *cura est,* βοῦς *bos.* *Corydon* a κορυδὸς, *alauda,* Ital. *Allodola.* *Daphnis* a δάφνη *laurus.* *Thyrsis,* a θύρσος, hasta pampinis vestita in Bacchi sacris.

1. *Ilice.*) Arbore glandifera, Ital. *Leccio albero.* Eclog. 1. 18. *Arguta,* seu stridula; vel ob avium in ea sedentium concentus, vel ob ventorum inter folia susurrum.

4. *Arcades.*) Vel ex Arcadia oriundi, vel Arcadibus arte canendi similes. Scena enim hujus Eclogæ, non in Arcadia, sed in Gallia Cisalpina statuitur, ad Mincii ripas, non procul a Mantua. De *Arcadibus,* Ecl. 4. 58. *Myrtis,* Ecl. 2. 54.

7. *Vir gregis ipse.*) Caper pro hirco dictus; & *vir* per translationem: nam *vir* proprie hominum est. Sic G. 3. 125. de tauro: *Quem legere ducem, & pecori dixere maritum.* Horat. Od. 1. 17. 7. de capellis & hirco: *Olentis uxores mariti.* Auctor hujus licentiæ Theocritus, Idyl. 8. 49. Ὦ τράγε τᾶν λευκᾶν αἰγῶν ἄνερ: *O hirce albarum caprarum vir.*

Hic viridis tenera prætexit arundine ripas
Mincius, eque sacra resonant examina quercu.
Quid facerem? neque ego Alcippen, nec Phyllida habebam,
Depulsos a lacte domi quæ clauderet agnos:
Et certamen erat Corydon cum Thyrside, magnum.
Posthabui tamen illorum mea seria ludo.
Alternis igitur contendere versibus ambo
Cœpere: alternos Musæ meminisse volebant.
Hos Corydon, illos referebat in ordine Thyrsis.
C. Nymphæ, noster amor, Libethrides: aut mihi carmen,
Quale meo Codro, concedite: (proxima Phœbi
Versibus ille facit:) aut, si non possumus omnes,
Hic arguta sacra pendebit fistula pinu.
T. Pastores, hedera crescentem ornate poetam,
Arcades, invidia rumpantur ut ilia Codro.

Aut

INTERPRETATIO.

veniens ipsi huc per prata ad potandum: hic Mincius virens tegit ripas tenera arundine, & apes susurrant e quercu sacra. Quid egissem? Namque non habebam Alcippen, nec Phyllida, quæ domi separaret a matribus agnos abductos ab ubere. Præterea magna erat contentio Corydonis cum Thyrside. Attamen postposui mea negotia lusui illorum. Itaque cœpit uterque certare versibus alternis: Musæ enim volebant per vices ut cantarent. Hos Corydon, illos Thyrsis dicebat, sua quisque vice. C. Nymphæ Bœotiæ, nostræ deliciæ: vel inspirate mihi carmina, qualia inspiratis meo Codro: ille componit proxima carminibus Apollinis: vel, si non omnes possumus id assequi, hoc loco canora mea tibia suspendetur e sacra pinu. T. Pastores Arcadiæ, coronate hedera me poetam crescentem, ut Codro rumpantur vi-

NOTÆ.

13. *Mincius.*) Fluvius Galliæ Cisalpinæ lenissime fluens, *Mincio*: e Benaco lacu emittitur, Mantuam alluens, indeque influens in Padum.

Eque sacra, &c. quercu.) Sacra apud Græcos, quercus dicabant Jovi, & singulis addicebant Dryades & Hamadryadas; quæ cum illis viverent & occiderent: ab ἅμα *simul*, & δρῦς *quercus*. Apud Romanos item, qui Nymphas sive *Viras querquetulanas* colebant, præsides illius querceti, quod Romæ intra portam fuit, appellatam ideo *querquetulanam*: ex Festo. Apud Gallos etiam, quorum sacerdotes Druidæ, inde quoque appellati, sacra nulla faciebant sine quernu visco, Ital. *Visco di quercia*: ex Plinio l. 16. 44.

Examina.) Apum coloniæ, ad novas sedes quærendas emissæ: dictæ sic, vel ab *exeundo*, quia ab alvearibus exeunt; vel melius, ut probat Vossius in Etym. quasi ἐξάμματα *simul ligata*. *Apes* enim dictæ sunt ab antiquo verbo, *apo*: hoc autem deductum ab ἅπτω *ligo*: quia sæpe apes colligatæ in cumulum videntur. G. 4. 257. *Aut illæ pedibus connexæ ad limina pendent.* Et adhuc Latine aptum dicitur, quicquid ligatum & conjunctum est. G. 3. 168. *Ipsis e torquibus aptos junge pares, &c.*

14. *Alcippen, nec Phyllida, &c.*) Famularum Melibœi nomina. *Alcippe*, ab ἀλκὴ *subsidium*, & ἵππος *equus*; quasi, curans equos. *Phyllis*, a φύλλον *folium*.

16. *Et certamen erat Corydon, &c.*) Antiptosin hic Ramus agnoscit, casum pro casu, *Corydon*, pro *Corydoni*. Erat Corydoni magnum certamen cum Thyrside. Alii *certamen* accipiunt, quasi *certator*: qua figura dicitur Æn. 5. 339. *Nunc tertia palma Diores*: id est, *tertius victor*. De *Musis*, Ecl. 3. 60.

21. *Nymphæ, &c. Libethrides.*) Primum hoc amœbæum continet vota pro poesi; petitque Corydon a Musis, ut sibi dent vim condendi carmina, qualem Codro concesserant: alioquin se artem depositurum. *Nymphæ.*) Musæ. *Libethrides.*) Pierides Libethrii fontis: quem Solinus, c. 8. in Magnesia locat, vocatque *præsidium poetarum*; ceteri in Bœotia, ad Heliconem, auctore Pausania in Bœot. qui addit, signa ibidem esse Nympharum, & Musarum.

22. *Codro.*) Codrus Poeta fuit Virgilii temporum æqualis: ut probat Servius ex elegiis Valgii, quæ perierunt.

24. *Hic arguta sacra, &c.*) Mos fuit emeritorum aliqua in arte, ut artis instrumenta Diis ejus præsidibus suspenderent. Sic Vejanius gladiator apud Hor. Ep. 1. 1. 4. *Vejanius armis Herculis ad postem fixis latet abditus agro.* *Sacra pinu.*) Sacra magnæ Deorum matri Cybele, propter amicum Atyn in pinum commutatum.

25. *Pastores hedera.*) Hedera, non tantum lauro, coronantur Poetæ. Vel quia, sicut lauri, sic hederæ semper virent: idemque carminibus portendunt æternitatem. Vel quia Poetæ Baccho etiam sacri sunt, propter furorem, quo interdum Bacchantium instar corripiuntur. Unde e duobus

Pars

Aut si ultra placitum laudarit, baccare frontem
Cingite, ne vati noceat mala lingua futuro.
C. Setosi caput hoc apri tibi, Delia, parvus
Et ramosa Mycon vivacis cornua cervi.
Si proprium hoc fuerit, levi de marmore tota
Puniceo stabis suras evincta cothurno.
T. Sinum lactis, & haec te liba, Priape, quotannis
Expectare sat est: custos es pauperis horti.
Nunc te marmoreum pro tempore fecimus; at tu,
Si fetura gregem suppleverit, aureus esto.
C. Nerine Galatea, thymo mihi dulcior Hyblae,
Candidior cycnis, hedera formosior alba:

Cum

INTERPRETATIO.

scera prae invidia: aut si laudaverit me ultra quam volo, coronate mihi frontem baccare; ne lingua maligna fascinet poetam crescentem. C. *O Diana, puer Mycon offert tibi hoc caput pilosi apri, & arborea cornua cervi longaevi. Si hoc sit* mihi *stabile, statueris integra e polito marmore, ligata calceamento purpureo* circa *tibias.* T. *O Priape, satis est te singulis annis expectare a me vas lactis, & has placentas: tu es custos horti pauperis. Nunc te posuimus e marmore, juxta praesentem* facultatem. *Sed si fetus reparaverint gregem, tu eris ex auro.* C. *Galatea, Nerei filia, gratior mihi quam thymus Hyblae, candidior quam cycni, pulchrior quam alba hedera;*

NOTAE.

Parnassi jugis, alterum dictum *Cirrha*, sacrum est Apollini; alterum dictum *Nisa*, sacrum Baccho.

27. *Laudarit, baccare frontem, &c.*) Erat in laude immodica species quaedam fascinationis: quia *Nemesis Dea*, scelerum ultrix & bonorum remuneratrix, laude iram concipere putabatur; & ab eo, qui sic laudatus fuerat, poenas repetere. Ait & Plinius l. 7. 2. *esse in Africa familias quasdam effascinantium, quarum laudatione intereant probata, arescant arbores, emoriantur infantes.* Ad avertendum igitur fascinum, vel baccare corona quasi amuleto utebantur: vel laudi praemittebant voculam, *praefiscini*, sive *praefiscine*, hoc est, *sine fascino*: ut innuerent se laudare sincere, non animo fascinandi. Ita Plaut. Asin. 2. 4. 84. *Praefiscini hoc nunc dixerim: nemo etiam me accusavit merito meo; neque me Athenis est alter hodie quisquam, cui credi recte aeque putent.* Sensus igitur Eclogae est: Coronate me, aut lauro, ut invidia rumpatur Codrus; aut baccare, ne me fascinet maligne, id est, immodica laudatione. De *baccare*, Eclog. 4. 19. De *fascino* Eclog. 3. 103.

29. *Setosi caput hoc apri, &c.*) Secundum amoebaeum habet vota pro venatione atque rustica. At primo Corydon offert Dianae, per Myconem amicum, caput apri, & cervi cornua; vel arbori, vel fani valvis, aut parietibus affigenda; tum statuam integram promittit e marmore. Thyrsis primo jocose agit cum *Priapo* ludicro numine: mox et, placendi studio & lusus jactantia, marmoream, aureamque statuam vovet. De *Delia*, Eclog. 3. 67. De *Mycone*, Eclog. 5. 10.

31. *Si proprium hoc fuerit.*) Si hoc mihi proprium, & quasi meum in perpetuum addicas. Sic etiam Aen. 1. 76. *Connubio jungam stabili, propriamque dicabo.* Et Aen. 3. 85. *Da propriam Thymbraee domum.* Item Aen. 6. 871. *propria haec si dona fuissent.* Quid autem est illud, *hoc*? Ut tota carmina faciam, qualia Codrus, inquit Servius. Male: quid enim Diana, *apri*, & cornua ad poesim? Melius: ut quod in apri hujus & cervi venatione mihi contigit, hoc mihi sit proprium; nempe felicitas venandi.

32. *Puniceo.* Hujus quoque sive rubri coloris marmor est, *porphyrites*: in Aegypto frequens ex Plin. l. 36. 7. *Suras.*) Sura pars est tibiae maxime carnosa & mollis, quae solis inest hominibus. *Cothurno.*) Cothurnus est calceamenti genus utrique aptum pedi, & utriusque sexui. Non multum differre videtur ab ocreis, siquidem alte suras includit. Aen. 1. 341. *Purpureoque alte suras vincire cothurno.* Fuit in usu, tam in venatione, ut hinc patet, quam in theatro, quo primum a Sophocle inductus est. Sed tragicus a venatorio in eo differt, quod tragicus [illegible] subere suffultus esset, ad augendam histrionis staturam; ut innuit Juvenal. Sat. 6. 504. *Breviorque videtur virgine Pygmaea, nullis adjuta cothurnis.*

33. *Sinum lactis.*) Sinum, *sini*, vas est a *sinu* dictum, *quod majorem cavationem, quam pocula habeat*, inquit Varro. Sed cum prima syllaba in *sinu* sit longa, in *sinum* brevis: videtur Vossio deducendum a [illegible], *verto*, *circumago*: quia in eo butyrum versando conficiebatur. *Liba.*) *Libum*, placentae genus, ex farina, melle, & oleo: sic dictum, quia pars ejus in ignem sacrificiorum injecta Diis libabatur: *Libare* autem pro sacrificare saepe usurpatur, etsi proprie de liquidis tantum debeat dici, quae paulatim effunduntur: unde est *stilla*. *Priape.*) Priapus Veneris & Bacchi filius, Lampsaci, quae urbs est ad Hellespontum, natus & imprimis cultus: custos hortorum, quorum in limine statuam ei rudem & quasi informem ponebant.

36. *Si fetura gregem suppleverit.*) Si damnum, quo grex meus affectus est, fetus novi reparaverint. *Fetura* enim dicit agnos novos. *Supplere*, est, quod deest sufficere: talia sunt in exercitu *supplementa*, novi milites.

37. *Nerine Galatea.*) Tertium amoebaeum continet amicae desideria. Corydon invitat eam ter-

bus

Cum primum pasti repetent præsepia tauri,
Si qua tui Corydonis habet te cura, venito.
T. Immo ego Sardoïs videar tibi amarior herbis,
Horridior rusco, projecta vilior alga,
Si mihi non hæc lux toto jam longior anno est.
Ite domum pasti, si quis pudor, ite juvenci.
C. Muscosi fontes, & somno mollior herba,
Et quæ vos rara viridis tegit arbutus umbra,
Solstitium pecori defendite: jam venit æstas
Torrida: jam læto turgent in palmite gemmæ.
T. Hic focus, & tædæ pingues: hic plurimus ignis
Semper, & assidua postes fuligine nigri.
Hic tantum Boreæ curamus frigora, quantum
Aut numerum lupus, aut torrentia flumina ripas.

C.

INTERPRETATIO.

statim atque saturati tauri redibunt in stabula, accede, si habes aliquam curam tui Corydonis. T. *Ego vero appaream tibi asperior quam herba Sardonica, spinosior quam ruscus, abjectior quam alga ad litus ejecta, si hæc dies non mihi jam videtur prolixior, quam annus integer. Abite in stabulum, o boves jam saturati: abite, si vobis est aliquis pudor.* C. *Fontes muscosi, & gramen dulce ad somnum, & virens arbutus, quæ vos inumbrat raris foliis, protegite pecus contra calorem solstitialem: æstas nunc imminet calidissima, nunc gemma tumens in fœcundo palmite.* T. *Hic semper est focus & tædæ pingues, & multus ignis, & limina perpetuo fumo nigrantia: hic non magis timemus frigus Boreæ, quam lupus timet multitudinem ovium, aut flumen rapi-*

NOTÆ.

bus mollissimis blanditiis, ut sub noctem ad se veniat. Thyrsis irâ imprecatur sibi, quo testetur diem sibi anno esse longiorem; & juvencos increpat sero, quasi diutius pascendo producerent diem, & noctem removerent. *Nerine*, id est, Nerei filia & Doridis. Nympha fuit a Polyphemo amata, qui cum Acim, Siculum pastorem, Fauni filium, sibi ab ea præferri intelligeret, eum rupe impacta interfecit. Galatea mortuum pastorem miserata, mutavit in fluvium cognominem, qui in Ætna monte ortus in mare Siculum defertur. Corydon Galateam suam rusticulam, *Nerinem Galateam* hic vocat; quasi Nympha illi formâ appareret.

Thymo mihi dulcior, &c.) Dulcior odore, non gustu. *Hybla* mons in Sicilia, thymo abundans, atque apibus.

41. *Sardois herbis.*) Sic dictis, quia nascuntur in Sardinia insula, & mandentium ora sic contrahunt, ut ii quasi ridentes earum veneno emoriantur. Unde proverbium: *Sardonicus risus.* *Ruscus*, Virgultum acutis foliis & pungentibus, Ital. *Agrifoglio sorte d'erba*. *Alga*, herba vilis, foliis lactucæ similis, in mari nascens, unde ad litus ejectatur.

45. *Muscosi fontes.*) Quartum amœbæum continet commendationem agrorum & tectorum: agrorum quidem a fontibus, gramine, & umbris; tectorum autem, a fuco & igne. De musco, Eclog. 6. 62.

Somno mollior.) Mollis & commoda ad somnum. Sic dixit Propert. l. 3. 15. 29. *Et durum Zetum, & lacrymis Amphiona mollem*, id est, mollem ad lacrymas.

47. *Solstitium pecori defendite.*) *Solstitium* duplex est, unum æstivum, in 1. gradu Cancri, de quo hic agitur; tunc æstas est summa, diesque nobis longissimus: brumale alterum, in 1. gradu Capricorni; & tunc hyems summa diesque brevissimus. Solstitia dicta non quod ibi Sol stet immotus, sed quod ulterius non progrediatur, & iter motu incipiat relegere; unde quia eundo & redeundo bis eâdem viâ videtur insistere, ideo nobis quasi immotus apparet. *Solstitium* tamen, & *solstitio*, præter Columellam veteres omnes de æstivo tantum intelligunt, ut hic Virgilius; hyemale vero *brumam* vocant. Ita Cerdanus in G. 1. 100. Dicitur porro, Defendere aliquem ab aliquâ re, supra v. 6. *teneras defendo a frigore myrtos*; & defendere aliquam rem alicui, ut hic, & apud Horat. Od. l. 3. 27. 3. *Igneam defendit æstatem capellis*.

48. *In palmite gemmæ.*) Palmes proprie de vitibus dicitur, id quod in arboribus *surculus*; nempe lignum illud, quod ex ipsa stirpe quotannis emergit, gemmasque producit, quæ deinde abeunt in virgulas; virgulæ autem veluti palmæ digitos exhibent. *Gemmæ.* Nodi sunt palmitum, qui corticem rumpunt, & in pampinos aut racemos evadunt. Dicuntur quoque *oculi*, ob figuram.

49. *Hic focus & tædæ.*) *Focus* locus est continens & fovens ignem. *Tæda* lignum quodlibet, materies ignis. Proprie tamen *tæda* arbor est, a *pinu* non admodum diversa, ignem facile concipiens propter pinguedinem: in sacrificiis pro face adhiberi solita: unde sæpe apud poetas *tæda* pro facibus.

51. *Boreæ.*) Ventus est flans a septentrione, frigidus & siccus: a βοὴ clamo, & ῥέω decurro; quia flat cum strepitu. Vocatur & *Aquilo*, a vehe-

C. Stant & juniperi, & castaneæ hirsutæ;
Strata jacent passim sua quæque sub arbore poma.
Omnia nunc rident: at si formosus Alexis
Montibus his abeat, videas & flumina sicca.
T. Aret ager, vitio moriens sitit aeris herba:
Liber pampineas invidit collibus umbras.
Phyllidis adventu nostræ nemus omne virebit:
Jupiter & læto descendet plurimus imbri.
C. Populus Alcidæ gratissima, vitis Iaccho,
Formosæ myrtus Veneri, sua laurea Phœbo.
Phyllis amat corylos, illas dum Phyllis amabit,
Nec myrtus vincet corylos, nec laurea Phœbi.
T. Fraxinus in silvis pulcherrima, pinus in hortis,
Populus in fluviis, abies in montibus altis:
Sæpius at si me, Lycida formose, revisas,
Fraxinus in silvis cedet tibi, pinus in hortis,

M.

INTERPRETATIO.

dii timent ripas. C. *Hic sunt juniperi, & castaneæ hirsutæ: jacent hic inde sub arbore sui quique fructus: nunc omnia pulchra sunt: sed si pulcher Alexis discedat ex his collibus, videbis fluvios ipsos arentes.* T. *Campi arescunt, gramina pereunt exausta cæli æstu nimio. Bacchus abstulit montibus pampinos umbriferos: sed omnis silva revirescet ad adventum nostræ Phyllidis, & multus aer solvetur in pluviam fertilem.* C. *Populus acceptissima est Herculi, vinea Baccho, myrtus pulchra Veneri, Apollini sua laurus. Phyllis amat corylos: quamdiu Phyllis amabit illas, nec myrtus, nec laurus Apollinis superabit corylos.* T. *Fraxinus formosissima est in nemoribus, pinus in hortis, populus in fluminibus, abies in montibus excelsis: sed si me sæpe invisas, o pulcher Lycida, fraxinus in nemoribus, pinus in hortis, cedet tibi.*

NOTÆ.

vehementiori flatu & volatu; quasi *Aquila*, inquit Festus. Strymonis Macedoniæ fluvii filius, Orithyiam Erechthei Atheniensium regis filiam rapuit, ex qua suscepit Calaim & Zetem, quibus deinde ex patria origine alæ succreverunt.

53. *Stant & juniperi.*) Quinto amœbæo describuntur effectus varii præsentiæ & absentiæ amici & amicæ. *Stant hirsutæ*, nempe nucibus, quæ cum hirsutis echinis inclusæ sint, arborem ipsam, si multæ sint, amœna quadam hirsutie spectabilem reddunt. Ita Æn. 6. 300. *stant lumina flammis. Juniperus.*) Arbor foliis, spinarum in modum, angustis & acutis; baccis parvis rotundis, & odoratis, Ital. *Ginepri*. *De castaneis*, Ecl. 2. 52. Versus gravitate insignis, propter spondæum quinti pedis, & harum geminum syllabæ longæ, absque synalœpha, more Græco.

54. *Sua quæque sub arbore poma.*) Multiplex est interpretatio. I. *Quæque poma jacent, sua sub arbore.* At tum *sua* vel contrahitur unam in syllabam, ut in *suavis*, *suevus*; vel *sa*, pro *sua* dictum est, more veterum, qui *sas*, *sa*, *sam* dixere: imprimis Ennius, cujus in fragmentis exstat: *Postquam lumina sis oculis bonus Ancus reliquit.* II. *Quæque sub arbore, sua jacent poma.* At tum legitur *quæque* non *quæque*, ut ad arborem referatur: sed sine veterum librorum auctoritate. III. Absque his tricis, quidni dicas: *Sub arboribus jacent sua quæque poma.*

58. *Liber.*) Bacchus, de quo Ecl. 5. 30. sic dictus; vel quia Bœotiam, in qua natus erat, liberam fecit, ut ait Plutarch. Vel quia vinum liberat animum curis, aut loquendi libertatem inducit.

60. *Jupiter & læto &c.*) Jovem veteres aerem dixere: eundemque Veris, sive Terræ conjugem, quam imbre fœcundat. G. 2. 325.

61. *Populus Alcidæ.*) Sextum & ultimum amœbæum laudes prosequitur amici & amicæ, easque laudes a variis arboribus petit. *Populus*, Ital. *Pioppo*, sacra Herculi, quia is populo coronatus adiit inferos: unde pars ea foliorum, quæ capiti apposita erat, ex capitis sudore palluit; quæ pars ad auras obversa erat, loci fuligine nigram quamdam viriditatem contraxit. *De populo*, G. 2. 13. De *Alcide*, Æn. 5. 414. *Vitis.*) Baccho sacra, quia vini inventor apud profanos auctores habetur. De *Iaccho*, Bacchi nomine, Eclog. 6. 15.

62. *Myrtus.*) Veneri sacra, vel propter odoris delicias; vel quia frequens in litore maris, cujus e spuma Venus orta fingitur, Ecl. 2. 54. *Laurea.*) Sacra Phœbo, propter Daphnen in laurum mutatam. Sumitur sæpius pro corona e lauro: hic tamen pro ipsa arbore: ut & apud Hor. Od. l. 2. 15. 9. *Tam spissa ramis laurea*. De *lauro*, Ecl. 2. 54. De *corylis*, Ecl. 1. 14.

65. *Fraxinus, &c.*) Ital. *Frassino*. *Abies*, Ital. *Abete*, *sorte di legni*, &c.

M. Hæc memini, & victum frustra contendere Thyrsin.
Ex illo Corydon, Corydon est tempore nobis.

INTERPRETATIO.

M. *Recordor illorum carminum, & quod Thyrsis superatus frustra pugnaverit. Ab illo tempore Corydon, habetur a nobis vere Corydon.*

NOTÆ.

69. *Et victum frustra, &c.*) Victoria penes Corydonem. Quia Corydon in primo amœbæo ordi-tur a pietate in Deos: Thyrsis a rabie, quia ini-micum lacessit. In secundo Corydon invocat Dianam castum numen: Thyrsis Priapum, obscœnum Deum. In tertio Corydon blandissima vota facit: Thyrsis dira imprecatur sibi. In reliquis Corydon læta, Thyrsis tristia ut plurimum canit.

70. *Ex illo, &c.*) I. Servius vult hic sensum abruptum esse, ex decoro pastoralis rusticitatis: & sic supplet: Ex illo tempore Corydon est nobis; habetur a nobis, victor nobilis supra omnes. Sed hoc durum. II. Nonnius nunc ostentum legit, non quidem *nobis*, sed *nobilis*, seu *nobilis* per contractionem: sed hoc durius & absque auctoritate. III. Simplicius: ex illo tempore Corydon habetur a nobis vere Corydon; id est, vere dignus ea fama, quæ floret apud omnes.

ECLOGA VIII.

(*) PHARMACEUTRIA.

ARGUMENTUM.

Duæ sunt hujus Eclogæ partes. Prima e tertio, secunda e secundo Theocriti Idyllio fere deprompta. In prima juvenis, Nisæ puellæ procus, Mopsum rivalem sibi prælatum dolet. In secunda venefica Daphnim, a se aversum, incantationibus magicis ad se, suumque amorem pellicit. Primam canit Damon, secundam Alphesibœus: neuter in sua; sed hic in venefica, ille in proci persona. Utrumque pastorem inducit Virgilius. Tum opus dicat Asinio Pollioni; non, ut multi putant, Octaviano Cæsari; quemadmodum notæ docebunt.

Scripta est anno U. C. 715. Virgilii 31. L. Marcio Censorino, & C. Calvisio Sabino Coss. cum Pollio, subactis Parthinis, & perlustratis oræ Illyricæ populis, per Venetiam & Timavi fluvii ostia, Romam ad triumphum rediret.

DAMON, ALPHESIBŒUS.

PAstorum Musam, Damonis & Alphesibœi,
Immemor herbarum quos est mirata juvenca
Certantes, quorum stupefactæ carmine lynces,
Et mutata suos requierunt flumina cursus:
Da-

INTERPRETATIO.

Narrabimus carmen pastorum, Damonis & Alphesibœi, quos canentes admirata sunt vacca oblita pabuli: quorum ad cantum obstupuere lynces, & fluvii turbati cohiben-

NOTÆ.

* *PHARMACEUTRIA.*) Id est *venefica*: φάρμακον enim ambigua vox est: & modo remedium, modo venenum significat: unde φαρμακεύς, *veneficus*, & φαρμακεύτρια, *venefica*. Titulus autem ad secundam tantum Eclogæ partem attinet, quæ canitur ab Alphesibœo.

DAMON.) Eclog. 3. 17. *ALPHESIBŒUS*. Ecl. 5. 73.

3. *Lynces.*) *Lynx*, animal acutissimi visus e luporum cervariorum genere, maculosa & varia pelle.

4. *Requierunt, &c.*) Vel neutrum est, hoc sensu: Flumina mutata secundum suos cursus, id est,

Damonis Musam dicemus & Alphesibœi.
Tu mihi, seu magni superas jam saxa Timavi,
Sive oram Illyrici legis æquoris: en erit unquam
Ille dies, mihi cum liceat tua dicere facta?
En erit, ut liceat totum mihi ferre per orbem
Sola Sophocleo tua carmina digna cothurno?
A te principium; tibi desinet: accipe jussis
Carmina cœpta tuis, atque hanc sine tempora circum
Inter victrices hederam tibi serpere lauros.
Frigida vix cœlo noctis decesserat umbra,

Cum

INTERPRETATIO.

runt suos cursus. Tu mihi fave, o Pollio, sive jam transcendis rupes Timavi, sive veheris circum litus maris Illyrici. Nunquamne aderit illud tempus, quo permittetur mihi narrare tua gesta? Nonne aderit illud tempus, cum potero laudare per totum orbem tuas tragœdias, quæ solæ dignæ sunt cothurno Sophoclis? A te incœpi; in te finiam: accipe versus inchoatos ex mandato tuo: & permitte ut hæc hedera repat circum caput tuum, inter lauros triumphales. Vix frigida tenebræ noctis abierant

NOTÆ.

unt, mutato cursu deflectentia ab alveo, ut ad pascua currerent; quieverunt & steterunt, nunquam ad ea pervenere. Vel activum est hoc mutata: flumina steterunt cursum; mutata, id est, turbata: undis quæ affluebant, in ea quæ jam steterant, incurrentibus. Sic Propert. l. 2. 28. 25. *Alcmenæ geminas requierunt Arctos.* Et Seneca in Hercule Oetæo 1586. *Quæ tuas laudes populi quierunt.*

6. *Tu mihi, seu, &c.*) Pollionem hic appellat, non Octavianum: bellum enim Illyricum & Dalmaticum ab Octaviano Cæsare non gestum est, nisi post devictum occisumque Sextum Pompeium. Pollionis autem expeditio in Parthinos, Illyrici populos, omnino in hoc ipsum tempus cadit: ut constat ex fastis Capitol. & animadversionibus Jos. Scaligeri ad Euseb. Errat tamen in eo Scaliger, quod per *saxa Timavi*, res intelligat ab eodem Pollione gestas circa Altinum, urbem in Venetis: quibus de rebus ita Velleius l. 2. postquam Lucii Antonii Perusinam deditionem descripsit. *Pollio Asinius cum septem legionibus, diu retenta in potestate Antonii Venetia, magnis speciosisque rebus circa Altinum aliasque ejus regionis urbes editis, Antonium petens, vagum adhuc Domitium & propria classis factum ducem, consiliis suis illectum ac fide data, junxit Antonio.* Unde manifestum est res illas a Pollione, contra Octavianum, & pro M. Antonio Lucii fratre, gestas esse: neque Virgilius adeo expers fuit bonæ mentis, ut in ipsis Octaviani oculis Pollionem laudaret ob ea ipsa, quæ adversus ipsum præclare gesserat. Igitur melius hæc intelliges de reditu Pollionis e Dalmatia Romam: non recto quidem itinere, sed oram Illyricam, & ipsa Venetiæ litora lustrando.

6. *Timavi, &c.*) *Timavus*, Fluvius Carnorum, qui populi sunt in Foro-juliensi ditione, vul. *Friuli*, *Provincia del Veneziano*. Latissimus, sed brevissimus ejus decursus: quippe novem fontibus e monte erumpens, ad fanum Diomedis, nunc *S. Giovanni*, non longo post spatio in mare Hadriaticum devolvitur. Ad eum ostia insulæ parvæ quædam sunt, insignes calidis fontibus, quas maris æstu intercipiunt. Has forte insulas vocat hic Poeta, *saxa Timavi*.

7. *Illyrici.*) *Illyricum*, regio amplissima, in longitudinem obversa Italiæ, a qua per mare Hadriaticum dividitur; magna ex parte hodie dicta *Esclavonie*. Vulgo duas in partes apud veteres divisa, *Liburniam*, quæ ad occasum; & *Dalmatiam*, quæ ad ortum est. *En erit*, Ecl. 1. 68.

10. *Sophocleo, &c.*) Scripsit quidem Augustus tragœdiam *Ajacem*; sed posterioribus, ut verisimile est, pacatisque temporibus. Adde quod in lucem non edidit; ac ne perfecit quidem, sed delevit; unde dicere solitus erat, Ajacem suum in spongiam incubuisse, ut est apud Suetonium. At ex Horatio Od. 2. 1. 9. constat Pollionem, triumphi sui tempore, tragœdiarum scriptorem fuisse insignem. *Paulum severæ Musa tragœdiæ desit theatris, &c.* Per *cothurnum*, altiorem calceum, tragœdia ipsa intelligitur: ut per *soccum*, calceum humilem, comœdia, utrumque humiles. Horat. de Art. Poet. 90. *Indignatur item privatis, ac prope socco Dignis carminibus narrari cœna Thyestæ.* *Sophocles* Atheniensis, tragicæ poeseos princeps, exhibuit fabulas 123., in quibus ter & vicies victoriam retulit; quarum postrema cum ei præter spem contigisset, repentino gaudio expiravit. Cothurnum primus induxit in Theatrum. *De Cothurno*, Ecloq. 7. 32.

11. *A te principium; tibi desinet, &c.*) Videri potest hoc ad Augustum spectare: cujus in honorem primam Eclogam, & ultimum opus *Æneida* conscripsit. Melius tamen ad Pollionem, cujus gratia recuperavit agros, indeque scribendi occasionem arripuit. Quod si *non desinit* in ejus laudibus, ut promiserat, meminerit multa poetas promittere, quæ non exsolvunt.

13. *Hederam, &c.*) Permitte ut cingam tibi caput hac hedera poetica; dum te milites tui triumphantem coronant lauro victrici, id est, ut te laudem poetam poeta; dum te victorem laudant ii, qui tecum victores sunt. Olim corona poetarum ex hedera; triumphantium e lauro: quamquam deinde poetis etiam e lauro data est. Vide Ecloq. 7. 25.

Victrices lauros.) Triumphum intelligit Pollionis de Parthinis, anno U. C. 715. 8. Kal. Novemb., de quo in argumento Ecl. 4. dictum est.

Pa-

Cum ros in tenera pecori gratissimus herba est:
Incumbens tereti Damon sic cœpit olivæ.
D. Nascere, præque diem veniens age, Lucifer, almum:
Conjugis indigno Nisæ deceptus amore
Dum queror, & Divos (quamquam nil testibus illis
Profeci) extrema moriens tamen alloquor hora.
Incipe Mænalios mecum, mea tibia, versus.
Mænalus argutumque nemus pinosque loquentes
Semper habet: semper pastorum ille audit amores,
Panaque, qui primus calamos non passus inertes.
Incipe Mænalios mecum, mea tibia, versus.
Mopso Nisa datur; quid non speremus amantes?
Jungentur jam gryphes equis, ævoque sequenti
Cum canibus timidi venient ad pocula damæ.
Mopse, novas incide faces: tibi ducitur uxor.

Sper-

INTERPRETATIO.

ex arte, cum ros in molli gramine jucundissimus est pecudibus. Tunc *Damon innitens oleæ tereti, sic orsus est.* D. *Orere, Lucifer, & prævius adveho lucem: dum conqueror, delusus insano amore Nisæ sponsæ, & moriens appello Deos in ultima hora vitæ: quamvis nihil mihi profuit attestari eos. Incipe mecum, o mea fistula,* pastorales *cantus Mænali. Mænalus habet semper silvam canoram, & pinus resonantes; semper ille* mons *audit amores pastorum, & Pana, qui primus non reliquit arundines inutiles. Incipe mecum, o mea fistula, pastorales cantus. Nisa datur Mopso. Nos amatores quid non possumus exspectare? Jam gryphes copulabuntur equis, & futuris temporibus pavidi damæ venient potum cum canibus. Mopse, præ-*

NOTÆ.

Parthini autem, sive *Parthieni*, qui fuerint ambigitur. Hos in Macedonia Plinius, in Epiro Strabo collocat: in Illyrico cæteri, eaque Illyrici parte, quæ Dalmatia propria dicitur. Rursum qua in parte Dalmatiæ, dubitatur. Urbs enim eorum præcipua statuitur a Cæsare in ea Dalmatiæ ora, quæ Dyrrhachio & Macedoniæ confinis est. Alii Diocleam veteri *Epidaurum* esse volunt, *Ragusa*, in media fere Dalmatia. Alii *Salonas* esse putant in eo Dalmatiæ litore, quod a Macedonia remotissimum est: idque auctore Servio, qui de Salonis urbe Dalmatiæ triumphavit Pollionem ante consulatum refert. Hinc factum est, ut Josephus ipse Scaliger in Eusebium p. 162. duplicem ejus triumphum perperam distinxerit, primum de Salonis Dalmatiæ, ante consulatum; alterum de Parthinis Macedoniæ, post consulatum; sed contra fastorum fidem, contra fidem historiæ: quæ res ab eo gestas usque ad consulatum, immo itinera ejus omnia fere describit, absque ulla priorum illius in Dalmatas expeditionis mentione. Dicendum igitur, unica expeditione Pollionem Illyricum perlustrasse; eamque victoriam & *Dalmaticam* fuisse dictam, quia Dalmatia præcipua pars Illyrici; & *Parthinicam*, quia Parthini tunc in Dalmatia forte plurimum poterant; & *Salonicam*, quia Parthinorum ditio ad hanc usque urbem pertinere etiam potuit.

16. *Incumbens tereti olivæ.* Dicitur *teres* quicquid rotundum & oblongum est, ut columna, truncus arboris, baculus. *Incumbens*, vel innixus baculo ex oliva; vel trunco arboris ipsius defixum.

18. *Conjugis, &c.*) Non quæ erat, sed quæ fore sperabatur conjux. Sic Æn. 4. 536. *Quos ego jam toties sum dedignata maritos*, id est, *procos*, qui Didonis connubium ambiebant.

19. *Nil testibus illis, &c.*) Nihil mihi profuit, quod Nisa amanti mihi fidem dederit, ejusque testes appellaverit Deos.

21. *Incipe Mænalios, &c.*) Versus *intercalaris*, qui sæpius aliis interponitur. *Mænalios.*) Quales a pastoribus canebantur in Mænalo, monte Arcadiæ, qui Pani sacer; in plurali numero *Mænala*. *Argutum.*) Ecl. 7. 1. *Pana.*) Ecl. 2. 31.

27. *Gryphes.*) Vel *gryphi*, toto corpore leones, alis & rostro aquilæ, equis vehementer infesti, Apollini sacri, inquit Servius. Plinius tamen fabulosa monstra putat, ut & *Pegasos*, l. 10. 49.

28. *Damæ.*) E genere caprarum silvestrium. Ital. *Damma*. Virgilio, masculini; cæteris, femini generis.

29. *Mopse, novas, &c.*) Rivali suo, Nisæ marito, invide gratulatur: eumque hortatur, cum amara indignatione, ut ritus consuetos sequatur nuptiarum, cum non immineat. 1. Enim, præviis facibus quinque, ducebatur uxor sub noctem in mariti domum: faces e spina, vel corylo, vel pinu, incidebantur in summa parte minutas in virgulas, spicarum instar & cristarum, quo facilius ignem conciperent: unde G. 1. 292. *Ferroque faces inspicat acuto.* 2. Maritus nuces spargebat pueris, vel ut ostenderet se pueritiam relinquere: *nuces enim relinquere*, adagium est, hoc ipsum significans. Vel ob alia mysteria, quæ apud Rosinum videre est.

Sparge, marite, nuces; tibi deserit Hesperus Oetam.
Incipe Mænalios mecum, mea tibia, versus.
O digno conjuncta viro! dum despicis omnes,
Dumque tibi est odio mea fistula, dumque capellæ,
Hirsutumque supercilium, prolixaque barba:
Nec curare Deum credis mortalia quemquam.
Incipe Mænalios mecum, mea tibia, versus.
Sæpibus in nostris parvam te roscida mala,
(Dux ego vester eram) vidi cum matre legentem;
Alter ab undecimo tum me jam ceperat annus:
Jam fragiles poteram a terra contingere ramos.
Ut vidi, ut perii, ut me malus abstulit error!
Incipe Mænalios mecum, mea tibia, versus.
Nunc scio quid sit amor; duris in cotibus illum
Ismarus, aut Rhodope, aut extremi Garamantes,
Nec generis nostri puerum, nec sanguinis edunt.
Incipe Mænalios mecum, mea tibia, versus.
Sævus amor docuit natorum sanguine matrem
Commaculare manus; crudelis tu quoque, mater:

Cru-

INTERPRETATIO.

cide novas tædas, sponsa deducitur ad te. Abjice nuces, o sponse! Hesperus pro te relinquit Oetam. Incipe mecum, o mea fistula, pastorales cantus. O sociata digno marito! Dum contemnis reliquos, dumque odio habes meam fistulam, & capellas, & supercilia mea pilosa, & barbam longam: & putas nullum Deum providere mortalibus rebus. Incipe mecum, o mea fistula, pastorales cantus. In sepibus horti *nostri vidi te* adhuc *parvam, colligentem cum matre poma perfusa rore: ego vos ducebam* illuc. *Tunc ordiebar annum duodecimum: tunc poteram ab humo attingere teneros ramos. Statim ac te vidi, quomodo perii! quomodo noxius error me rapuit* mihi! *Incipe mecum, o mea fistula, pastorales cantus. Jam cognosco quid sit amor. Ismarus, aut Rhodope, aut Garamantes ultimi producunt in rigidis rupibus illum puerum, qui non est nostræ naturæ & originis. Incipe mecum, o mea fistula, pastorales cantus. Durus amor suasit matri fœdare manus cruore liberorum. Tu etiam immitis* fuisti, *o ma-*

NOTÆ.

30. *Hesperus Oetam.*) *Oeta*, Thessaliæ mons, in sinum Maliacum desinens, altissimus: ita ut Attici & Bœotii, qui hunc habebant ad Occidentem, ex eo stellas cadere dicerent: quemadmodum ex *Ida*, Phrygiæ monte item altissimo, quem habebant ad Orientem, oriri easdem fabulabantur. Qui loquendi mos ad aliarum etiam regionum poetas transiit, etsi alio situ positum. Noctem igitur jam procedere significat. *De Hespero*, Ecl. 6. 85.

34. *Hirsutumque*, &c.) Hoc addidit, vel ut robur commendet suum, cujus indicium est pilorum densitas: ita Polyphemus apud Theocrit. Idyl. 11. & apud Ovid. M. 13. Vel potius ut [illegible] exaggeret de amissa Nisa dolorem, quo factum est ut capillitium incultum adoleverit.

38. *Cum matre.*) Vel tua, vel mea. Melius tua. Tamen apud Theocrit. est mea. Idyl. 11. 26. Ἤνθες ἐμᾷ σὺν ματρί. *Venisti mea cum matre*. Discrimen est quod apud Theocritum puer matrem ducat in montes: apud Virgilium vero in hortum, & domesticas sepes; quem in locum duce puero egebat sua mater.

39. *Alter ab undecimo.*) An duodecimus est, an decimus tertius? Certe *alter* de duobus tantum dicitur. Unde concludit Servius hic annum decimum tertium signari: ut, inquit, *unus ab undecimo*, sit *duodecimus*; *alter decimus tertius*. Ego annum intelligo duodecimum puto, ita ut undecimus annus aliquid quasi aliis superioribus componat; *alter* vero huic adjectus sit post illum primus, adeoque de numeris veluti duobus dicatur. Sic Ecl. 5. 49. *Alter ab illo*, est omnium judicio *primus post illum*, adeoque secundus, non tertius.

41. *Ut vidi, ut perii*, &c. Omnino e Theocrito, Idyl. 3. 42. ὡς ἴδεν, ὡς ἐμάνη, ὡς ἐς βαθὺν ἅλατ' ἔρωτα. *Ut vidit, ut periit, ut in profundum saliit amorem!*

44. *Ismarus, aut Rhodope.*) Eclog. 6. 30. *Garamantes.*) Interioris Libyæ populi, sine legibus & matrimoniis. Eorum urbs dicitur *Garama*.

47. *Matrem.*) Medeam, Æetæ Colchorum regis filiam: quæ cum Jasoni Argonautarum duci artem docuisset expugnandi aurei velleris, & cum

eo

Crudelis mater magis, an puer improbus ille?
Improbus ille puer, crudelis tu quoque, mater.
Incipe Mænalios mecum, mea tibia, versus.
Nunc & oves ultro fugiat lupus, aurea duræ
Mala ferant quercus, narcisso floreat alnus,
Pinguia corticibus sudent electra myricæ:
Certent & cycnis ululæ: sit Tityrus Orpheus:
Orpheus in silvis, inter delphinas Arion.
Incipe Mænalios mecum, mea tibia, versus.
Omnia vel medium fiant mare: vivite silvæ:
Præceps aerii specula de montis in undas
Deferar: extremum hoc munus morientis habeto.
Desine Mænalios, jam desine, tibia, versus.
Hæc Damon: vos, quæ responderit Alphesibœus,
Dicite, Pierides: non omnia possumus omnes.
A. Effer aquam, & molli cinge hæc altaria vitta:
Verbenasque adole pingues, & mascula thura;
Conjugis ut magicis sanos avertere sacris

Ex-

INTERPRETATIO.

ter. Magisne immitis mater fuit, an puer ille improbus? Improbus fuit ille puer: sed tu etiam immitis fuisti, o mater. Incipe mecum, o mea fistula, pastorales cantus. Nunc & lupus sponte fugiat oves, rigidæ quercus producant poma aurea, alnus floreat narcisso, myricæ stillent cortice pingue succinum. Ululæ quoque contendant cum cygnis. Tityrus fiat Orpheus: Orpheus inter arbores, Arion inter delphines. Incipe mecum, o mea fistula, pastorales cantus. Cuncta fiant altum ipsum mare, valete nemora; præcipitabo me in mare e culmine rupis excelsæ: accipe donum hoc ultimum morientis. Cessa mecum, o mea fistula, a pastoralibus cantibus. Hæc dixit Damon: vos, o Musæ, narrate ea, quæ retulit Alphesibœus: non possumus omnes omnia facere. A. Exporta aquam, & circumda has aras tænia lanea, & adure verbenas pingues, & mascula thura: ut tentem magicis ritibus abalienare sponsum a recta men-

NOTÆ.

eo e paternis regnis refugisset, repudiata deinde ab eodem, ob amorem Creusæ Corinthiorum regis filiæ, Creusam cum Creonte patre magicis ignibus absumpsit; filios ipsa suos, ex Jasone susceptos, in oculis patris jugulavit: tumque alatis serpentibus alium in locum devecta est.

54. *Electra myricæ.*) Electrum, Ital. *Ambra*; sic Græcis dictum, quia refert fulgorem Solis, qui vocatur ἠλέκτωρ, Latinis *succinum*: quia succus est arborum quarundam e pineo genere, ex quibus quasi gummi diffluit in Oceanum, ibique induratum defertur ad litus, aut a piscatoribus extrahitur, maxime in insulis Septentrionalibus. Vide Ecl. 6. 62. De *myricis* Ecl. 4. 2. De *Narcisso*, Ecl. 2. 48.

55. *Cycnis ululæ, &c.*) *Cygni* non nisi apud Poetas canori: re autem ipsa & vivi & morientes fere muti, aut striduli. Quo magis mirum videtur, unde tanta apud Græcos Latinosque de Cygnorum cantus deliciis opinio. Nazianzenus Orat. 30. cantum illum refert ad plausum alarum, Zephyris inter pennarum calamos sibilantibus. *Ulula*, nocturna avis, ab ululatu sic dicta, Ital. *Allocco*. *Tityrus.*) Hic pro insulso pastore sumitur. *Orpheus.*) Ecl. 3. 46.

56. *Arion.*) Ex insula Lesbo, urbe Methymna, citharœdus & lyricus Poeta nobilis: qui cum in Italia, ubi multas opes arte sua sibi egerat, Corinthum rediret ad Periandrum regem, cui percarus erat; ab avaris nautis spoliatus in mare projectus est; sed a Delphino, quem dulcedine cantus illexerat, exceptus, Tænarum, quod oppidum est Laconiæ, vectus ab eodem est. *Delphinos* autem dicuntur & musica & amore hominum capi.

58. *Vivite silvæ.*) Græcis χαίρετε, *gaudete*. Etiam in eos, quos cum odio abdicimus, & abire jubemus. Catul. 11. 17. *Cum suis vivat, valeatque mœchis*: id est; *abeat*.

64. *Effer aquam.*) Saga præcipit hæc omnia Amaryllidi famulæ.

65. *Verbenasque.*) Proprie *verbena* certa quædam herbæ species est, *Verbena erba*. Vulgo tamen sumebatur apud Romanos pro omni herba, cum sua terra, e puro sacroque loco evulsa, quasi *herbena*, inquit Donatus. Talibus verbenis aras festis diebus coronabant: tales legati ferebant ex arce Capitolina evulsas, & ostendebant hostibus, cum ad eos ibant res captas repetitum; & legatorum unus ideo *verbenarius* vocabatur. Hæc ge-

Experiar sensus: nihil hic nisi carmina desunt.
Ducite ab urbe domum, mea carmina, ducite Daphnim.
Carmina vel cœlo possunt deducere Lunam:
Carminibus Circe socios mutavit Ulyssei.
Frigidus in pratis cantando rumpitur anguis.
Ducite ab urbe domum, mea carmina, ducite Daphnim.
Terna tibi hæc primum triplici diversa colore
Licia circumdo, terque hæc altaria circum
Effigiem duco: Numero Deus impare gaudet.
Ducite ab urbe domum, mea carmina, ducite Daphnim.
Necte tribus nodis ternos, Amarylli, colores:
Necte, Amarylli, modo, & Veneris, dic, vincula necto.
Ducite ab urbe domum, mea carmina, ducite Daphnim.
Limus ut hic durescit, & hæc ut cera liquescit
Uno eodemque igni; sic nostro Daphnis amore. Spar-

INTERPRETATIO.

te. *Nihil hic deest præterquam carmina. Trahite, trahite Daphnim ab urbe in meam domum, o mea carmina. Carmina possunt Lunam ipsam evocare e cœlo. Circe transformavit per carmina socios Ulyssis: Serpens gelidus in pratis obrigescit, dum incantatur. Trahite, trahite Daphnim ab urbe in meam domum, o mea carmina. Primo circumligo tibi hæc terna licia, triplici colore varia: & circa has aras ter fero tuum simulacrum. Numerus impar placet Deo. Trahite, trahite Daphnim ab urbe in meam domum, o mea carmina. O Amarylli, implica tres colores in tres nodos; implica jam, o Amarylli, & dic, implico nodos Veneris. Trahite, trahite Daphnim ab urbe in meam domum, o mea carmina. Quemadmodum hoc simulacrum e limo factum induratur, & hoc alterum e cera factum emollitur, una & eadem flamma:*

NOTÆ.

mensi magi putabant id impetrari quod volebant, abigi febres, servitiis conciliari. Plin. l. 24. c. 8. *Mascula thura.*) Mascula, non mas, nullum enim est fœmineum; sed bonitate.

67. *Nihil hic nisi carmina, &c.*) Omnis materia incantationis jam parata est; nihil ultra requiritur præter carmina, id est, solemnem ac ritualem verborum formulam. Deinde seipsam hortatur exemplo Circes, de qua deque sociis Ulyssis in sues transformatis, Æn. 3. 386. & Æn. 7. 19.

69. *Deducere Lunam.*) Antiqui putavere Lunam tum magorum incantationibus subdi: ita ut, quoties laboraret, rubesceret illa in modum sanguinis: & e cœlo deducaretur vel invita, ut in herbas despumaret. Atque inde putabant eam deliquium pati, tumque ipsi tinnitu cymbalorum succurrebant.

70. *Ulyssei.*) Pro *Ulyssis*. Sic Horat. Od. l. 1. 6. 7. *Nec cursus duplicis per mare Ulyssei.* Et Æn. 1. 34. *Reliquias Danaum atque immitis Achillei.* Latini enim Græca, in εὺς, ut Ὀδυσσεύς, Ἀχιλλεύς, Ὀρφεύς, aliquando ad secundam declinationem reducere: *Ulysseus, ei*; *Achilleus, ei*: aliquando ad tertiam, ut, *Ulysses, is*, *Achilles, is*.

71. *Cantando rumpitur anguis.*) Id est, dum incantatur. Sic G. 1. 293. *Sed pictis in cœpta ad digitos lentescit habendo*: id est, dum habetur, tractaturque digitis. Unde patet gerundia aliquando passiva etiam habere significationem.

74. *Licia.*) Sunt fimbriæ, qui telam hinc inde alligant, & in quibus capita staminum condantur.

73. *Terna triplici colore.*) Novem: tria alba, tria rosea, tria nigra; ex hoc versu, in Ciri, 371. *Terque novena ligat triplici diversa colore Fila, &c.* Quæ novem licia tribus deinde ligantur nodis: *Necte tribus nodis ternos, Amarylli, colores, & Veneris, dic, vincula necto*: quibus verbis incantationis formula continetur.

75. *Numero Deus impare gaudet.*) Numeris rerum omnium naturam constare affirmabant Pythagorici: in imparibus in primis vim esse vulgus putabat. Unde præcipitur in Geoponicis, l. 18. ut numerus gregis semper impar sit: in re bellica apud Vegetium, l. 3. 8. ut fossæ quibus castra muniuntur latæ sint pedes novem ad minimum, septem ac decem ad summum; semper numero impari. Hoc autem loco, per numerum imparem, ternarius significatur, principe omnium: tum quia, ut Aristoteles & Plutarcho, continet in se principium, medium, & finem: tum quia potestati Deorum, tam superorum, quam inferorum, significandæ adhibetur. Jovis enim trisulcum est fulmen, Neptuni sceptrum tridens, Plutonis canis triceps, Parcæ tres, Furiæ tres, Apollo idem, & Sol, & Liber dicitur: *tria virginis ora Dianæ*, quæ Diana est in terris, Luna in cœlo, Hecate in inferis, eademque colitur in triviis. *Deus.*) Vel quilibet Deus; vel Hecate, quæ magicis rebus præest. *Deum* enim genere fœminino dici posse quidam volunt; & sic Lucanum de furiis dixisse lib. 6. 80. *Terribilesque Deas scelerum.*

81. *Sic nostro, &c.*) Sic uno eodemque amore nostro, liquescat, & mollior fiat mihi, ceteris durescat.

Sparge molam, & fragiles incende bitumine lauros.
Daphnis me malus urit, ego hanc in Daphnide laurum.
Ducite ab urbe domum, mea carmina, ducite Daphnim.
Talis amor Daphnim, qualis, cum fessa juvencum
Per nemora atque altos quaerendo bucula lucos
Propter aquae rivum viridi procumbit in ulva
Perdita, nec serae meminit decedere nocti:
Talis amor teneat: nec sit mihi cura mederi.
Ducite ab urbe domum, mea carmina, ducite Daphnim.
Has olim exuvias mihi perfidus ille reliquit,
Pignora cara sui: quae nunc ego limine in ipso,
Terra, tibi mando: debent haec pignora Daphnim.
Ducite ab urbe domum, mea carmina, ducite Daphnim.
Has herbas, atque haec Ponto mihi lecta venena
Ipse dedit Moeris: nascuntur plurima Ponto.
His ego saepe lupum fieri, & se condere silvis
Moerin, saepe animas imis excire sepulcris,
Atque satas alio vidi traducere messes.
Ducite ab urbe domum, mea carmina, ducite Daphnim.

Fer

INTERPRETATIO.

tis *Daphnis nostro amore* induretur, & emolliatur. *Disperge fruges salsas, & combure bitumine crepitantem laurum. Daphnis crudelis me combussit, ego hanc laurum* comburo *contra Daphnim. Trahite, trahite Daphnim ab urbe in meam domum, o mea carmina. Talis amor* occupet *Daphnim, qualis est, cum juvenca fatigata sequendo juvencum per silvas, & altos saltus, recumbit misera juxta rivum aquae, in ulva viridi, & omittit abire sub seram noctem. Talis amor occupet Daphnim, & ego non curem illum sanare. Trahite, trahite Daphnim ab urbe in meam domum, o mea carmina. Perjurus ille reliquit mihi quondam has vestes, dilecta monimenta sui: quae nunc ego sub ipso limine committo tibi, o terra: hae exuviae debent* reducere *Daphnim* ad me. *Trahite, trahite Daphnim ab urbe in* meam *domum, o mea carmina. Moeris ipse mihi tradidit haec gramina, & haec venena, collecta in Ponto: multa* enim *oriuntur in Ponto. Ego vidi Moerim saepe transformari per illa in lupum, & abdere se in silvis: saepe evocare animas e profundis tumulis, & transferre messes satas in alium locum. Trahite, trahite Daphnim ab urbe in* meam *domum, o mea carmina.*

NOTÆ.

82. *Sparge molam.*) *Mola* placentae quaedam species, quae fiebat ex farre *tosto*, & sale *tosto*, id est, *illius anni*. Ex farre, inquam, moli, tosto, & molito: unde *mola* appellabatur; & victimae dicebantur *immolari*, quia & frons victimarum, & foci, & cultri hac mola inspergebantur. Itaque mola conspergitur effigies Daphnidis, ut victima hujus magici sacrificii.

Incende bitumine.) *Bitumen*, limus seu terra, cujus natura vicina est sulphuri.

83. *In Daphnide.*) Ex Theocriti Pharmaceutria Idyl. 2. 23. *Δέλφις ἔμ' ἀνίασεν, ἐγὼ δ' ἐπὶ Δέλφιδι δάφναν αἴθω, Delphis me torquet, ego hanc laurum contra Delphida comburo.* Sic enim veteres Theocriti interpretes Graeci *ἐπὶ Δέλφιδι*, vertunt ἀντὶ Δέλφιδος contra *Delphida*, in Delphide. Quod tamen Virgilius per ablativum casum extulit: *In Daphnide.*

87. *Ulva.*) Herba palustris: Ital. *Sala*, quae cum arida est, vertitur in vilia stramina quaedam.

92. *Pignora cara sui, debent, &c.*) Expetuntur in sacris magicis ea praecipue, quae sunt ejus, adversus quem sacra fiunt: ut capilli, vestes. *Pignora sui, quae debent Daphnim* adducere ad limen, & in ipso limine sistere: quare ipso in limine defodiuntur.

96. *Ponto.*) Pontus Asiae minoris regio; Euxino mari sive Ponto, a Septentrione terminatur; ab Oriente, Colchide: ferax venenorum utraque regio fuit. In Ponto regnavit Mithridates, qui venenis pascebatur; in Colchide nata est Medea, celebris venefica.

Fer cineres, Amarylli, foras; rivoque fluenti,
Transque caput jace: ne respexeris. His ego Daphnim
Aggrediar: nihil ille Deos, nil carmina curat.
Ducite ab urbe domum, mea carmina, ducite Daphnim.
Aspice: corripuit tremulis altaria flammis
Sponte sua, dum ferre moror, cinis ipse: bonum sit!
Nescio quid certe est: & Hylax in limine latrat.
Credimus? an, qui amant, ipsi sibi somnia fingunt?
Parcite, ab urbe venit, jam parcite, carmina, Daphnis.

INTERPRETATIO.

Amarylli, exporta cineres extra domum, & jacta eos post caput in rivum fluentem, neque retro aspicias. Ego per hos cineres *oppugnabo Daphnim;* siquidem *non movetur, neque per Deos, neque per carmina. Trahite, trahite Daphnim ab urbe in* meam *domum, o mea carmina. Vide dum exportare differo, cinis ipse ultro involvit aram flamma tremula: sit hoc faustum:* Certe *nescio quid apparet, & Hylax latrat in limine. Credamus illud? An amantes fingunt sibi somnia?* Cessate, *jam cessate, o mea carmina. Daphnis ab urbe venit.*

NOTÆ.

101. *Rivoque fluenti.*) In rivum fluentem. Sic Æn. 5. 451. *It clamor cœlo*, pro ad cœlum.

106. *Bonum sit.*) Cineres ignem concipiunt. Larum omen; quod Terentiæ Ciceronis uxori sacrificanti cum accidisset, quasi signum auspicatissimum opprimendi Catilinæ habitum est a Vestalibus: ut refert Plutarch. in Cicer.

107. *Hylax.*) Canis nomen, ut *Hylactor* apud Ovid. Met. 3. 224. ab ὑλάω & ὑλακτέω *latro*. Latratus autem canis in limine notat adesse Daphnim.

108. *An qui amant.*) Vocalis *i*, nec patitur hic synalœpham, nec tamen propriam qualitatem longam; sed hiat, & brevis fit.

ECLO-

E C L O G A IX.

(*) M Œ R I S.

ARGUMENTUM.

Cum in agrorum divisione Virgilium indemnem amici sui præstitissent, ut in Ecl. 1. dictum est, is ab Ario Centurione, vel a Milieno Torone primipilari, vel a Claudio veterano (variant enim in eo nomine interpretes), ab eo certe militum, cui prædium illud obvenerat, male habitus & ferme occisus, ut vitæ consuleret, Mincium natatu trajecit. Romam deinde profectus, ut vim auctoritate Octaviani reprimeret; interim reliquit domi villicum suum Mœrim, monuitque ut novum agri dominum officiis, quibus posset, leniret omnibus. Hic itaque Mœris huic domino munuscula Mantuam deferens ex itinere in Lycidam familiarem incidit; quocum de Menalca, id est, Virgilii fortuna colloquitur; simulque variis cantilenis tædium itineris levant.

Existimo fuisse oblatum Varo hoc opusculum, quasi libelli supplicis loco; ut beneficium, ejus, & Pollionis, Mecenatisque gratia, jam acceptum, tueri porro sibi apud Octavianum vellet. Est enim hic, I. Beneficii mentio. II. Vis illatæ declaratio. III. Invocatio Vari, & amplioris ejus in laudem operis promissio. IV. Julii Cæsaris consecratio quædam, ad adulandum comparata. Tum cætera, quæ congerit, carminum fragmenta notant opus, ut res ferebat, properatum ac subitarium, ex variis concinnatum versibus, quos primo impetu effuderat Poeta, aut ex occasione prius inchoatos, nondum suo quosque filo ac tenore ad exitum duxerat. Anno igitur eodem, quo prima Ecloga sane haud multo deinde, scripta est.

(*) LYCIDAS, MŒRIS.

LYC. QUo te, Mœri, pedes? an, quo via ducit, in urbem?
M. O Lycida, vivi pervenimus, advena nostri
(Quod nunquam veriti sumus) ut possessor agelli
Diceret: Hæc mea sunt; veteres migrate coloni.
Nunc victi, tristes, quoniam sors omnia versat,
Hos illi (quod nec bene vertat) mittimus hœdos.
L. Certe equidem audieram, qua se subducere colles
Incipiunt, mollique jugum demittere clivo,
Usque ad aquam & veteris jam fracta cacumina fagi,

O-

INTERPRETATIO.

LYC. O *Mœri, quo te ducunt pedes? an Mantuam, ad quam via ducit?* M. O *Lycida, viventes eo miseriæ devenimus, ut peregrinus occupator agri nostri diceret, id quod nunquam timueramus: Hic ager ad me pertinet, recedite, o antiqui cultores. Nunc superati, mœsti, siquidem fortuna vertit omnia, ferimus illi hos hædos, quod utinam non prosit illi.* L. *Ego sane audiveram Menalcam vestrum dominum versibus suis sibi conservasse cuncta ab eo loco, ubi colles incipiunt recedere, & incurvare cacumen facili clivo, usque ad aquam, & ad cacumen ruptum antiquæ fagi.*

N O T Æ.

(*) *MŒRIS.*) A μοῖρα, *sors, pars;* quia agrorum partem sorte amiserat.

(*) *LYCIDAS.*) A λύκος, *lupus:* de hominibus lupinum [illegible].

1. *Vivi pervenimus.*) Exaggerat vox ista calamitatis indignitatem. Ut apud Ciceronem pro Quinctio, cap. 15. *Huic acerbissimum vivo videntique funus inducitur.*

7. *Qua se subducere, &c.*) Descriptio agri Virgiliani, cujus erant hi termini: hinc clivus, inde in-

Omnia carminibus vestrum servasse Menalcam.
M. Audieras, & fama fuit: sed carmina tantum
Nostra valent, Lycida, tela inter Martia, quantum
Chaonias dicunt, aquila veniente, columbas.
Quod nisi me quacunque novas incidere lites
Ante sinistra cava monuisset ab ilice cornix;
Nec tuus hic Mœris, nec viveret ipse Menalcas.
L. Heu, cadit in quemquam tantum scelus! heu, tua nobis
Pene simul tecum solatia rapta, Menalca!
Quis caneret Nymphas? quis humum florentibus herbis
Spargeret? aut viridi fontes induceret umbra?
Vel quæ sublegi tacitus tibi carmina nuper,
Cum te ad delicias ferres Amaryllida nostras?
Tityre, dum redeo, brevis est via, pasce capellas:
Et potum pastas age, Tityre, & inter agendum
Occursare capro, cornu ferit ille, caveto.
M. Immo hæc, quæ Varo, necdum perfecta, canebat.

Va-

INTERPRETATIO.

M. *Id audiveras, & rumor sic tulit: sed versus nostri non plus possunt inter arma belli, o Lycida, quam dicunt posse columbas Epiroticas, aquila imminente. Quod nisi funesta cornix e cariosa ilice me admonuisset, ut quocunque modo abrumperem novas rixas; nec ego ipse tuus amicus Mœris, nec ipse Menalcas vivus esset.* L. *Heu, tantumne crimen venit cuiquam in mentem! heu, tantum versuum solamen fere nobis ablatum est tecum, o Menalca! Quis celebraret Nymphas? quis spargeret terram herbis floridis? aut inumbraret fontes virentibus ramis? Aut quis caneret versus, quos tibi nuper surripui, quando ibas ad Amaryllida, nostram amicam? Tityre, donec redeam, brevis est iter, pasce capellas: & postquam eas paveris, duc potum, o Tityre: & dum duces, cave ne occurras capro: ille enim cornu petit.* M. *Aut potius quis caneret hos versus, quos Menalcas cantabat Varo, nondum perfectos? O Vare, olores canent alte efferent ad*

NOTÆ.

fruges & aqua, vel paludis vel Mincii fluminis. *Clivus* est inclinatum montis latus.

12. *Martia.*) Bellica; quia *Mars* belli princeps, dictus etiam *Mavors*, quia magna vertit. Quidni a *μαρπτω*, *insiqua*, *obstero*: quod potius dicitur pro [illegible] Junonis & Jovis, aut potius Junonis absque patre filius; ut Minerva solius Jovis absque matre filia. Hunc dicitur Juno concepisse tactu cujusdam floris, quem ipsi eum in usum Flora monstraverat.

13. *Chaonias columbas.*) Speciem posuit pro genere: quia in Dodonæa Epiri silva, oracula reddidisse dicantur quercus, & iis insidentes columbæ duæ; quarum altera Delphos in templum Apollinis, altera in Jovis Ammonis templum evolaverit; ubi famosa deinceps fuerunt oracula. Epirus autem *Chaonia* sæpe dicitur; quod *Chaones*, gens Epirotica, olim toti regioni imperaverint, ut ait Strabo l. 7.

15. *Ante sinistra, &c.*) Præter illa, quæ de hac voce dicta sunt Ecl. 1. 16. 18. quærendum superest, unde veteres Græci Romanique dextram ac sinistram in auspiciis peterent. Utrique sane diverso modo locuti, eadem senserunt: hæc est orientalia auspicia, quia lucis & motus principium ab ea parte est, visa sunt utrisque meliora: quæ tamen eadem, Græci *dextra*, Romani *sinistra* vocaverunt. De Græcis patet ex Homero Iliad. 12. 239. ubi Hector ait, se aves augurales minime curare: *sive ad dextram vadant versus auroram & solem, sive ad sinistram versus occasum obscurum*, [illegible]. De Romanis constat ex Varrone Ep. Quæst. l. 5. *A Deorum sede cum in meridiem spectes, ad sinistram sunt partes mundi exorientes, ad dexteram occidentes: factum arbitror, ut sinistra meliora auspicia, quam dextra, esse existimentur.* Refert hunc locum Festus Pompejus, aliosque citat veteres ejusdem sententiæ. Confirmat Plinius l. 2. c. 54. *Læva prospera existimantur: quoniam læva parte mundi ortus est.* Ratio variæ appellationis fuit; quod in auspiciis, Græci ad Septentrionem, Romani ad Meridiem se converterent: ut patet ex antedictis: quod cur ita fecerint, non est hujus loci disquirere.

21. *Sublegi.*) *Sublegere*, est *suffurari*: unde, inquit Servius, *sacrilegus* dicitur, qui *sacra legit*, id est, *furatur*.

23. *Tityre, &c.*) Recitat primum fragmentum carminum, quæ sublegerat. *Tityrus* hic est capralius aliquis e Virgilii famulis. De *Varo*, Ecl. 6. 7.

Vare, tuum nomen (superet modo Mantua nobis,
Mantua, væ miseræ nimium vicina Cremonæ!)
Cantantes sublime ferent ad sidera cycni.
L. Sic tua Cyrneas fugiant examina taxos,
Sic cytiso pastæ distentent ubera vaccæ.
Incipe, si quid habes; & me fecere poetam
Pierides: sunt & mihi carmina: me quoque dicunt
Vatem pastores, sed non ego credulus illis.
Nam neque adhuc Varo videor nec dicere Cinna
Digna, sed argutos inter strepere anser olores.
M. Id quidem ago, & tacitus, Lycida, mecum ipse voluto,
Si valeam meminisse: neque est ignobile carmen.
Huc ades, o Galatea: quis est nam ludus in undis?

Hic

INTERPRETATIO.

astra nomen tuum: dummodo Mantua salva sit nobis: Mantua, væ nostræ nimis propinqua Cremonæ! L. *Sic tuæ apes evitent taxos Corsicæ* insulæ, *sic tuæ vaccæ saturatæ cytiso distendant ubera. Incipe si habes aliquid: Musæ me quoque reddiderunt poetam: habeo etiam versus: pastores appellant me etiam vatem, sed ego non adhibeo fidem illis: nondum enim videor ea proferre,* quæ sint *Varo aut Cinna digna: sed* videor *stridere inter cycnos canoros, velut anser.* M. *Equidem id facio, & tacite revolvo ipse mecum, o Lycida, an possim recordari: neque est carmen abjectum. Huc veni, o Galatea; quæ enim est voluptas in aquis?*

NOTÆ.

27. *Vare, tuum, &c.*) Secundum fragmentum, de laudibus Vari.

28. *Mantua Cremonæ, &c.*) Galliæ Cisalpinæ urbes vicinæ. *Mantua* ad Mincium fluvium, *Mantoua* nunc ducatus caput: *Cremona* ad Padum, *il Po fiume nato*, nunc ducatu Mediolanensi comprehensa. Hæc Antonii partes cum adversus Octavianum tenuisset, ejus ager veteranis Octaviani militibus addictus est; & cum non sufficeret, addita pars agri Mantuani.

29. *Sublime ferent.*) Vel ad nomen referri potest, vel adverbii loco sumitur. Ita G. 1. 320. *Segetem ab radicibus imis Sublime expulsam eruerent.* Et Cicero de Nat. 2. 101. *Aer sublime fertur:* id est, sublimiter, in sublime.

Cycni.) Poetæ. Sic Horat. Od. l. 4. 2. 25. *Multa Dircæum levat aura cycnum:* id est, Pindarum poetam Thebanum. Nam ut Cicer. Tusc. 1. 73. *Cycni Apollini dicati sunt, quod ab eo habere divinationem videantur: quia, providentes quid in morte sit boni, cum cantu & voluptate moriuntur.* Tamen fictus eorum cantus est, de quo Ecl. 8. 55.

30. *Sic tua, &c.*) Obtestandi formula & bene precandi, quoties quid ab aliquo petimus. Id est: Sic apes tuæ evitent taxos, quomodo mihi recitabis carmina. *Cyrneas taxos*) *Taxus* arbor funestis adnumerata, Ital. *Tasso.* Quæ parte apes mel amarissimum reddunt: unde Corsicum mel infame, quod hæc insula taxis & cicuta abundet. Ovid. Amor. l. 1. 12. 10. *Melle sub infami Corsica misit apis. Corsica,* insula in mari mediterraneo, quæ cum Sardinia & Sicilia Italiæ adjacet: *Cyrnus* Græcis dicta, a rege hujus nominis. *De examinibus,* Ecl. 7. 13. *De cytiso,* Ecl. 1. 79. *De Pieridibus,* Ecl. 3. 85.

35. *Varo, &c. Cinna.*) Alii poetam esse volunt, alii Virum Octaviani gratia insignem. Sed prima opinio stare non potest; I. Quia Cinna hic poeta, non potest esse alius, quam *Helvius Cinna,* qui Smyrnam scripsit annis novem, de incesto Myrrhæ in patrem Cinyram Cypriorum regem amore; laudatus a Catullo 95. & ab Ovidio Trist. 2. 1. 435. At is jam inde a tempore Cæsareæ cædis, errore nominis, pro Cornelio Cinna prætore & Cæsaris hoste, a plebe occisus fuerat, ut est apud Sueton. II. Quia ex *Variis,* qui florebant illa ætate, de quibus Ecl. 6. 7. nullus in poesi nomen habuisse dicitur. III. Quia licet celebris tum fuerit poeta *Varius,* de quo sæpe Horatius, imprimisque Od. l. 1. 6. 1. *Scriberis Vario fortis, & hostium victor, Mæonii carminis alite;* tamen male Servius hic legit *Vario* pro *Varo: Nam neque adhuc Vario videor, &c.* Male, inquam, siquidem dixit paulo ante Virgilius, *Vare, tuum nomen, &c.* Itaque secundam opinionem secutus, *P. Quinctilium Varum* intelligo, de quo Ecl. 6. 7. Et *Cornelium Cinnam Magnum,* Pompeii Magni ex filia nepotem, qui primo hostis Octaviani, deinde ab eodem susceptus in castris Bruti & Cassii, ut notat Lipsius in caput 9. l. 1. Senecæ de Clementia, magna deinceps apud eum floruit gratia; atque tamen in benefactorem suum conjuratus, novo beneficio veniam ab eodem accepit, & consulatum, an. U. C. 758.

36. *Anser.*) Voluit hic alludere ad Anserem, hujus ætatis poetam, M. Antonii laudatorem, cui Antonius e bonis Pompeii in Falerno agro aliquid in præmium dederat: unde Cicero Philip. 13. cap. 5. *Anseres de Falerno depellentur.*

39. *Huc ades, o &c.*) Tertium carminis fragmentum, expressum e Theocriti Cyclope, Idyll. 11. *De Galatea,* Ecl. 1. 31.

Hic ver purpureum! varios hic flumina circum
Fundit humus flores: hic candida populus antro
Imminet, & lentæ texunt umbracula vites.
Huc ades: insani feriant sine litora fluctus.
L. Quid, quæ te pura solum sub nocte canentem
Audieram? numeros memini, si verba tenerem.
M. Daphni, quid antiquos signorum suspicis ortus?
Ecce Dionæi processit Cæsaris astrum:
Astrum, quo segetes gauderent frugibus, & quo
Duceret apricis in collibus uva colorem.
Insere, Daphni, piros, carpent tua poma nepotes.
Omnia fert ætas, animum quoque. Sæpe ego longos
Cantando puerum memini me condere soles.
Nunc oblita mihi tot carmina: vox quoque Mœrim
Jam fugit ipsa: lupi Mœrim videre priores.
Sed tamen ista satis referet tibi sæpe Menalcas.
L. Causando nostros in longum ducis amores:

Et

INTERPRETATIO.

Hic est ver rubicundum; hic terra producit diversos flores circa fluvios; hic alba populus incumbit cavernæ, & vites flexosæ efficiunt umbram. Veni huc, ne cures quod procellosi fluctus percutiant litora. L. *Quid vero? quænam audiveram te cantantem solum per noctem serenam? recordor cantum, si scirem verba.* M. *Daphni, quid miraris veteres ortus siderum? En prodiit sidus Cæsaris* oriundi *a Venere: sidus, per quod sata abundabunt frumento, & per quod racemus in montibus apertis induet colorem. Daphni, planta piros, posteri colligent tua pira. Anni auferunt cuncta, memoriam quoque. Ego recordor me sæpe traduxisse canendo totos dies, cum essem puer. Nunc tot versus exciderunt mihi; ipsa etiam vox me destituit: lupi me priores aspexerunt. Attamen Menalcas sat sæpe recitabit ista tibi.* L. *Differs diu meum*

NOTÆ.

46. *Daphni, quid, &c.*) Quartum versuum fragmentum, quod recitat Mœris. In eo Menalcas, sive Virgilius alloquitur Daphnim, amicum pastorem, de morte J. Cæsaris; cujus in funebribus ludis crinita stella per septem continuos dies fulsisse dicitur, ex Suetonio III. Creditumque est animam esse Cæsaris in cœlum recepti; & ideo simulacris ejus & nummis stella in vertice addita. G. 1. 488.

47. *Dionæi.*) Cæsar ex gente Julia fuit; Julia gens orta ab Iulo Æneæ filio; Æneas Veneris & Anchisæ filius; Venus, juxta multos, Jovis & Diones Nymphæ marinæ filia; licet juxta alios, orta sit e spuma maris.

48. *Astrum, quo segetes.*) *Astrum* proprie signum est, e multis stellis compositum, vulgo *constellatio*, hic tamen pro stella unica sumitur.

49. *Apricis.*) Soli expositis & apertis, quasi *aperticis*, inquit Vossius. Nisi cum aliis deducere malis ab *a* privativo, & *phrikē horror*; quod sint sine frigore; unde & Africam dictam volunt. Opponuntur *opaci*, & *apaci*.

50. *Insere, Daphni, piros.*) Hortatur pastorem, ut serat arbores; futurum quippe, ut sidere illo favente crescant feliciter, & posterorum commodis serviant. *Inserere* hic non insitionem significat, qua surculus peregrinus arbori alterius naturæ immittitur; sed simpliciter plantationem arborum; quomodo Columella dixit, *brassicas inserere*. Tum quasi deficiente memoria, silet Mœris.

52. *Memini me condere.*) Pro *condidisse*. Sic Cicero ad Att. 8. 31. *Memini tibi librum afferri a Demetrio*; id est, allatum fuisse. *Condere*, est finire, ad occasum ducere, & quasi sepelire. Quemadmodum dicitur Æn. 1. 378. *Ante diem clauso componet Vesper Olympo*; quasi ad sepulturam componet.

53. *Nunc oblita mihi.*) Duo notanda. I. *Oblita* passiva significatione. II. *Mihi*, pro, *a me*. Sic Æn. 1. 330. *Nulla tuarum audita mihi neque visa sororum*.

54. *Lupi Mœrim videre priores.*) Dicuntur lupi, sed falso, vocem ei adimere, quem priores conspexerint; perdere vero ipsi conspecti prius; ex Plinio. Hinc, *Lupus in fabula*, proverbium est; quoties colloquentibus supervenit aliquis, de quo sermo erat; is enim tum sua præsentia sermonem amputat loquentibus.

56. *Causando.*) Causas & excusationem prætexendo; nempe caducam memoriam, raucedinem, & alia, quæ attulerat Mœris, ne versus cantare cogeretur. Hunc igitur Lycidas variis invitamentis ad cantandum pellicit; silent venti, medium iter confecimus, &c.

Et nunc omne tibi stratum silet æquor, & omnes
(Aspice) ventosi ceciderunt murmuris auræ.
Hinc adeo media est nobis via: namque sepulcrum
Incipit apparere Bianoris: hic, ubi densas
Agricolæ stringunt frondes, hic, Mœri, canamus:
Hic hædos depone, tamen veniemus in urbem:
Aut si, nox pluviam ne colligat ante, veremur,
Cantantes licet usque (minus via lædet) eamus.
Cantantes ut eamus, ego hoc te fasce levabo.
M. Desine plura, puer: & quod nunc instat, agamus:
Carmina tum melius, cum venerit ipse, canemus.

INTERPRETATIO.

voluptatem, quærendo varias causas. Aspice, jam tota aqua quieta tibi tacet, & omnes sibili ventorum strepentium cessaverunt. Præterea ex hoc loco superest nobis tantum media pars viæ: nam tumulus Bianoris incipit apparere: hoc loco, in quo agricolæ colligunt spissa folia, hoc loco canamus, o Mœri: hoc loco demitte hædos, nihilominus perveniemus in urbem: aut si timemus ne nox adducat imbrem; ante quam ad eam perveneri*mus, progrediamur, quamvis* interim *semper canentes: iter minus* nos *fatigabit. Ut progrediamur canendo, ego te levabo hoc onere.* M. *Puer, omitte cætera, & faciamus quod jam urget: tum cantabimus commodius versus, cum Menalcas advenerit.*

NOTÆ.

57. *Silet æquor.*) Non mare, sed aqua Mincii fluvii, qui Mantuam & vicinas regiones alluit; *Mezzo. Æquor* enim dicitur de quolibet planitie, sive æquorum, sive camporum. Et vero mare longe inde remotum est. *Æn.* 1. 780.

60. *Bianoris.*) Ocnus idem qui & Tuscorum rex, Tiberis fluvii & Mantus fatidicæ Nymphæ filius, Mantuam de matris nomine condidit. Hujus sepulcrum in via, veterum more: qui ideo sepulcrorum elogia ad viatores dirigunt: *Sta viator, Abi viator.*

61. *Stringunt frondes.*) *Stringi* dicuntur ea, vel quæ stricta manu decerpuntur, ut G. 1. 305. *Quernas glandes tum stringere tempus, Et lauri baccas, oleamque, cruentaque myrta*: Vel quæ colliguntur in fasciculum, ut hic, & G. 1. 317 *Fragili jam stringeret hordea culmo.*

ECLOGA X.

(*) GALLUS.

ARGUMENTUM.

Amabat Gallus Lycoridem: sprevit hæc illum, ut alium sibi chariorem sequeretur in Rhætiam, aliasque regiones Italiæ, sive Galliæ togatæ, quas Rhenus alluit, & Alpes incidunt. Gallus abire fingitur, quasi in exilium, repulsæ impatientia: locus exilii statuitur Arcadia, pastoribus nota sedes, poetisque Bucolicis, qualis ipse Gallus fuit. Huc omnes, huc Dii silvestres, ad solandum ejus dolorem conveniunt. Ille multa de remediis amoris, deque sua sorte diu frustra meditatus, ut amantium ingenium est, iterum ad amorem redit. Multa hic ex Idyll. Theocriti primo.

Volunt omnes hanc Lycoridem *eamdem esse cum* Cytheride *mima, quæ Volumnii Eutrapeli, Senatoris nobilissimi, liberta primum, ac deinde M. Antonio sic chara fuit, ut is illam in Italiæ perlustratione per civitates & municipia secum aperta lectica circumferret trahentibus leonibus, ut Plinius notat l. 8. 16. Id sane si ita est, multis eam necesse est nominibus insignitam: quam &* Volumniam *ab Antonio vocatam esse Cicero indignatur Philip. 2. 58. Quod autem volunt, iter illud Lycoridis Alpinum & Rhenanum, eam ipsam esse Antonianam perlustrationem Italiæ, parum certe congruit tempori. Quippe duplex ab Antonio perlustratio facta est,* eodem comite mima, *inquit Cicero, ibid. 51. Altera ante pugnam Pharsalicam, ab eo tum tribuno plebis; altera post pugnam, ab eodem tum equitum magistro: hoc est annis, ut minimum, decem ante editionem hujus Eclogæ, quæ postrema omnium scripta fuit, ea tempestate, qua jam Antonius in Oriente cum imperio versabatur.* Extremum hunc Arethusa, &c.

Ita igitur statuo: aut Lycoridem illam, a Cytheride, sive Volumnia mima diversam esse; aut Galli rivalem, diversum ab Antonio; aut hac Ecloga exhiberi Gallo præteritorum amorum historiam, veterumque casuum memoriam voluptatis causa revocari, cum Lycoridis fuga multo prius contigisset.

Extremum hunc, Arethusa, mihi concede laborem.
Pauca meo Gallo, sed quæ legat ipsa Lycoris,

Car-

INTERPRETATIO.

O Arethusa, permitte mihi hoc ultimum opus. Canendi sunt pauci versus amico meo Gallo, sed quos ipsa Lycoris legat.

NOTÆ.

(*) *GALLUS.*) Cneius, vel Publius Cornelius Gallus; nam vario prænomine reperitur: patria Forojuliensis, *de Frioul*: ex infima fortuna ad summam Octaviani gratiam, immo & amicitiam evectus est. *Suet. in Aug. 66.* Egregiam ei navavit operam in Alexandrino bello; in quo captam a se Parætonium urbem, adversus vim dolosque M. Antonii, vi dolisque fortiter propugnavit. Ideo mortuis Cleopatra & Antonio, redactaque in provinciæ formam Ægypto, non ausus Cæsar, [illegible] novarum turbarum, cupidam regionem, gentemque levissimam, viro nobili committere, tamen eam amico Gallo credere non dubitavit. *Dio l. 51.*

At non ita multo post, elatus fortunæ amplitudine, Thebas ob tributa vectigalium moventes, aut expilavit, *ut Ammianus l. 17.* aut funditus evertit, *ut Hieronymus in Euseb.* Tum cœpit in ipsum imperatorem multa intemperanter jactare, præsertim inter pocula. *Dio, l. 53. Ovid. Trist. 2. 445.* Statuas ubique sibi per Ægyptum erexit, acta sua pyramidibus insculpsit. Quibus nominibus cum reus a Valerio Largo, socio & convictore olim suo, accusatus; Augustus huic Gallo ob ingratum & malevolum animum, domo & provinciis suis interdixit. Senatus graviore sententia, mulctatum bonis, & exilii ignominia notatum eo adegit, ut sua sibi manu mortem accerseret. Mortuum tamen Gallum luxit Augustus, & ob severitatem Senatus vicem suam conquestus est: *quod sibi soli non liceret, amicis quatenus vellet, irasci. Suet. 66.* Periit ætatis anno 40. aut 43. ut in Hieron. & Eusebio varie scriptum est: U. C. 728. ante obitum Virgilii 7. Multis carus, Pollioni imprimis, itemque Ciceroni, ut colligitur ex epistolis Pollionis ad Ciceronem, quæ habentur apud ipsum Ciceronem *Famil.* l. 10. 31.

Carmina sunt dicenda: neget quis carmina Gallo?
Sic tibi, cum fluctus subterlabere Sicanos,
Doris amara suam non intermisceat undam.
Incipe; sollicitos Galli dicamus amores,
Dum tenera attondent simæ virgulta capellæ.
Non canimus surdis; respondent omnia silvæ.
Quæ nemora, aut qui vos saltus habuere, puellæ
Naiades, indigno cum Gallus amore periret?
Nam neque Parnassi vobis juga, nam neque Pindi
Ulla moram fecere, neque Aonia Aganippe.
Illum etiam lauri, illum etiam flevere myricæ.
Pinifer illum etiam sola sub rupe jacentem
Mænalus, & gelidi fleverunt saxa Lycæi.

Stant

INTERPRETATIO.

Quis posset negare versus Gallo? Sic salsa Doris non confundat suas aquas cum tuis, cum fluis subter mare Siculum. Incipe, celebremus anxium amorem Galli, dum capellæ depressis naribus carpunt teneros frutices. Non cantamus surdis, silvæ referunt omnia. Quæ silvæ, aut qui saltus detinuere vos, o Nymphæ Naiades, cum Gallus deficeret præ amore indigno? Neque enim ulla culmina Parnassi aut Pindi, neque Aganippe Bœotica vos retardaverunt. Illum etiam lauri, illum etiam myricæ ploraverunt. Mænalus etiam abundans pinus, & rupes gelidi Lycæi ploraverunt illum, stratum sub deserta rupe.

NOTÆ.

1. & 32. Virgilio certe carissimus: qui ejus etiam laudes celebrasse dicitur quarto Georg. libro: unde post ejus necem Augusti jussu sublatæ sunt, & earum in locum Aristæi fabula substituta. Quod mihi tamen verisimile non videtur; ita bellè Aristæi fabula cum reliquis libri partibus & argumento cohæret.

Poeta fuit. Scripsit de Lycoride sua, forte elegiaco carmine, libros quatuor: qui in genere Tibullo & Propertio durior fuisse dicitur a *Quint.* l. 10. 1. Transtulit præterea bucolicis versibus aliquid ex Euphorione, poeta Chalcidensi, ut probamus *Ecl.* hac 10. 50. & *Ecl.* 6. 72. Perierunt omnia. Illas enim sex elegias, quæ ejus nomine circumferuntur, opus insulsum & barbarum, planè constat Maximiani cujusdam esse recentioris scholasticis; ubi præter errores in syllabarum quantitate bene multos, & ineptam, minimeque Latinam verborum structuram, accedit illud præterea, quod in iis Gallus senem se profitetur, qui tamen firma adhuc ætate decessit. *Gyraldus*, *Vossius*, &c. Alia item fragmenta, quæ ab Aldo Manutio juniore reperta Venetiis, & edita sunt, etsi minus inepta, tamen omnino supposititia esse evincit Jos. Scaliger in opusculis. In quo peccavit & hoc alterum Manutius, quod Gallum hunc Cornelium cum Asinio Gallo Pollionis filio confudit, deceptus a veteribus grammaticulis Virgilianæ vitæ scriptoribus.

1. *Arethusa.*) Fons in insula Ortygia, quæ Siciliæ adjacet, & quartam Syracusanæ urbis partem efficit. Alpheus autem Peloponnesi fluvius, postquam in mare defluxit, impermixtas dicitur servare aquas, & continuo lapsu in Ortygiam erumpere, per hunc ipsum fontem Arethusam: idque eo probatur, quod projecta in Alpheum in Græcia, per os Arethusæ fontis in Ortygia redduntur. Narrant vero fabulæ, Alpheum fluvium Arethusæ Nymphæ fuisse amatorem; hanc fuga eam, a Diana conversam esse in fontem, eademque fuga subter mare in Ortygiam emersisse: Alpheum, eodem impetu consecutum, undas ei suas deinde miscuisse, *Æn.* 3. 693. Hunc fontem invocat Siculum, ut ante *Sicelides Musas*, ob Theocritum Siculum poetam, Bucolicorum principem.

2. *Quæ legat*, &c.) Quæ legat Lycoris, ad pudorem, quod se Gallo tam duram præbuerit.

4. *Sicanos.*) Siculi sic dicti sunt, vel a Sicano Cyclopis filio, vel a Sicanis Hispaniæ populis, illuc in insulam translatis. *Sic tibi.*) Ecl. 9. 30.

5. *Doris.*) Oceani & Tethyos filia, Nereo fratri nupta, ex quo Nereides peperit. Hic ponitur pro amara maris aqua, quæ dulcibus Arethusæ & Alphei aquis non admisceatur.

9. *Quæ nemora, aut*, &c.) Naiades alloquitur poeta, sive Nymphas praesides fontium, qui e Parnasso, Pindo, & Helicone profluunt, easque increpat, quod ad solandum Galli amorem non venerint, jam multis eo advolantibus. Estque tacita quædam ipsius Galli reprehensio, quod studia carminum omiserit, ut amori vacaret. De *Naiadibus*, Ecl. 2. 46.

11. *Nam neque Pindi*, &c.) Mons in Macedoniæ, Epiri, & Thessaliæ confinio: unde tribus his regionibus ex æquo tribuitur. Dicunt quidam eum in Phocidem & Bœotiam usque pertinere: & in Phocide quidem *Parnassum*, in Bœotia *Heliconem*, ac deinde *Cithæronem* vocari. Certe montes illi quatuor, licet in longa spatia diffusi, tamen fere contigui sunt, & perinde Musis dicati.

12. *Aonia Aganippe.*) Bœotiæ fons, Musis sacer, ex Helicone monte, non procul Thebis, in Permessum fluvium defluens. *Aonia*, id est Bœotica, ab Aone Neptuni filio. Nota hic hiatum vocalium: *Aonia Aganippe*. De *myricis*, Ecl. 4. 2.

15. *Mænalus*, &, &c.) *Mænalus*, & *Lycæus* Arcadiæ montes, Pani sacri. Unde & *Lycæa* festa, ejus in honorem ibi a pastoribus instituta: quæ

Stant & oves circum, nostri nec pœnitet illas;
Nec te pœniteat pecoris, divine poeta.
Et formosus oves ad flumina pavit Adonis.
Venit & upilio, tardi venere bubulci:
Uvidus hyberna venit de glande Menalcas.
Omnes, unde amor iste, rogant tibi? Venit Apollo,
Galle, quid insanis? inquit: tua cura Lycoris,
Perque nives alium, perque horrida castra secuta est.
Venit & agresti capitis Silvanus honore,
Florentes ferulas & grandia lilia quassans.
Pan Deus Arcadiæ venit, quem vidimus ipsi
Sanguineis ebuli baccis minioque rubentem.
Ecquis erit modus? inquit: amor non talia curat.
Nec lacrymis crudelis amor, nec gramina rivis,
Nec cytiso saturantur apes, nec fronde capellæ.
Tristis at ille: Tamen cantabitis, Arcades, inquit,
Montibus hæc vestris: soli cantare periti
Arcades. O mihi tum quam molliter ossa quiescant,

Ve-

INTERPRETATIO.

Oves quoque circumsistunt, neque contemnunt nos. Nec tu contemnas gregem, o divine poeta: ipse pulcher Adonis pavit gregem circa fluvios. Venit quoque custos ovium: venerunt lenti custodes boum, venit Menalcas madefactus e collectione glandium hybernarum. Omnes petunt, unde sit tibi amor iste. Venit Apollo: Galle, ait, cur desipis? Lycoris, amica tua, secuta est alium per nives, & per castra horribilia. Venit quoque Silvanus cum rustica corona capitis, quatiens ferulas florentes & magna lilia. Venit Pan Deus Arcadiæ, quem ipsi conspeximus rubicundum minio & sanguineis baccis ebuli. Quis erit finis, ait Pan? Amor negligit ista: nec durus amor satiatur fletu, nec herba rivis, nec apes cytiso, nec capellæ foliis. At Gallus mœstus ait: Tamen, o Arcades, soli docti canere Arcades, canetis hæc vestris montibus. O quam

NOTÆ.

quæ *Lupercalia* Latinis dicta; inter quæ instituta sunt ab Evandro, Arcadiæ rege, cum in Italiam profugisset.

18. *Adonis.*) Filius Cinyræ Cypriorum regis, & Myrrhæ ejus filiæ: quem Venus in deliciis habuit. Is dum in *Idalio*, montis Cyprii, nemore venaretur, apri dente percussus interiit; a Venere multis lacrymis defletus. Hujus mentionem facit poeta ad Galli solatium, ut is meminerit, ne ipsam quidem amoris Deam Venerem in amore felicem. Tum amatores adhibet Deos: Apollinem, qui Daphnen; Pana, qui Syringa; Silvanum, qui Cyparissum amavit: qui omnes parum feliciter amaverunt, Daphne in laurum, Syringe in arundinem, Cyparisso in arborem cognominem transformatis.

19. *Upilio.*) Pro *opilio*: o brevi in u longum, metri causa, mutato. Et antiqui *opes* dixere, quas postea *oves*.

24. *Silvanus.*) Deus τῆς ὕλης: ὕλην autem alii *silvam* interpretantur, unde silvarum Deum hunc fecere, alii *fæcem* omnium elementorum, seu quam dicunt Peripatetici *materiam primam*, ex qua omnia constant. Quare eundem esse volunt cum Pane, qui totius naturæ Deus est, ut diximus Ecl. 2. 31. πᾶν enim est *omne*, & ὕλη, *omnium materia*. Distinguuntur tamen Silvanus & Pan, G. 1. 17. & 20. *Agresti honore.* Corona e foliis agrestibus.

25. *Ferulas.*) Ferula, planta est affinis fœniculo; cujus caulem, levissimum & durum satis multum, senes assumebant in baculos; narthex a quibusdam dicitur, *ferula*.

27. *Ebuli baccis.*) Ebulum, *de l'hieble*, herba est virgultum affine sambuco, *du sureau*.

Minioque.) Minium, *du vermillon*, materies est fossilis, vel e propriis venis, vel ex argenti vivi fodinis eruta; præsertim in Hispania, circa fluvium, qui *Minius* appellatur, *Minho*, Gallæciam a Lusitania dividens. Hoc colore simulacra Deorum, Jovis præcipue illinebantur: Camillus vultu quoque miniato triumphavit.

30. *Nec cytiso.*) Ecl. 1. 79. De *Arcadibus* Ecl. 4. 58.

33. *Quam molliter ossa &c.*) Superstitiose timebant veteres ne mortuorum corpora superjecta terræ pondere gravius premerentur; quare levem & tenuissimam pulverem fere tumulo injiciebant, hac verborum formula: *sit tibi terra levis.*

Vestra meos olim si fistula dicat amores!
Atque utinam ex vobis unus, vestrique fuissem
Aut custos gregis, aut maturæ vinitor uvæ!
Certe sive mihi Phyllis, sive esset Amyntas,
Seu quicumque furor, (quid tum, si fuscus Amyntas?
Et nigræ violæ sunt, & vaccinia nigra)
Mecum inter salices lenta sub vite jaceret.
Serta mihi Phyllis legeret, cantaret Amyntas.
Hic gelidi fontes, hic mollia prata, Lycori:
Hic nemus; hic ipso tecum consumerer ævo.
Nunc insanus amor duri me Martis in armis
Tela inter media atque adversos detinet hostes.
Tu procul a patria (nec sit mihi credere) tantum
Alpinas, ah dura, nives, & frigora Rheni
Me sine sola vides. Ah te ne frigora lædant!

Ah

INTERPRETATIO.

placide tunc quiescerent mea ossa, si quandam vestra tibia referat meos amores! & utinam fuissem unus e vobis, aut custos vestri pecoris, aut putator maturorum racemorum. Certe sive amassem Phyllida, sive Amyntam, sive quemcumque alium, (quid refert utrum Amyntas sit niger? & violæ sunt nigræ, & vaccinia nigra) recumberet ille mecum sub vite flexuosa inter salices. Phyllis colligeret mihi flores, Amyntas caneret. O Lycori sunt hic fontes frigidi & amœna prata, & silva; hic traducerem tecum omnem ætatem. Nunc stultus amor me retinet inter media tela & infestos hostes, in armis sævi Martis. Tu, o crudelis, longe a patria (utinam liceret mihi id non credere) sola sine me vides tantummodo nives Alpium & glaciem Rheni. Ah ne te valeu-

NOTÆ.

38. *Seu quicumque furor.*) Amor, in quo sæpe una cum dementia & furoris est. Et vero ea, quæ sequuntur, speciem habent dementissimi amoris. Namque inops consilii, modo vota facit pro ea, cujus fastidia expertus est: *Ah! ne te frigora lædant, &c.* modo ad poesim & musicam, modo ad silvarum silentium, modo ad venationem, quasi ad totidem amoris diverticula & remedia confugit: mox in furorem relapsus, immedicabilem suum esse amorem profitetur. De *Phyllide*, Ecl. 3. 76. De *Amynta*, Ecl. 2. 35. De *vacciniis*, Ecl. 2. 18.

44. *Nunc insanus amor, &c.*) Sensus est: Hic, si tibi liberet, ambo quieti & securi viveremus; nunc propter duritiem tuam ambo miseri sumus. Amor enim meus cogit me præ desperatione bellicis periculis caput meum exponere, quod ita utile tibi se deaplicatum est. Te interim alienus amor rapit in regiones asperas, alieno tempore, difficili itinere.

46. *Nec sit mihi credere.*) Nec liceat mihi, nec possim. Sic Æn. 8. 676. *Auratis bella cernere erat.* Horat. Epod. 17. 83. *Neque est lenorum tecum spiritu præcordia.* Hausta e Græcis fontibus inclusio, apud quos ἐστι significat licet. Sic Homerus Odyss. 11. 157. τὸν ἄνευ ἔστι περῆσαι, quem sine licet transmittere.

Tantum.) Tribus præcipue modis explicatur. I. Ita ut sit nomen, & referatur ad *credere*; Utinam liceat non credere tantum, id est, rem tantam tamque indignam. II. Ita ut sit adverbium, & referatur ad *sit*; Utinam *sit tantum*; utinam liceat tantum hoc non credere. Quasi dicat; non peto ut Lycoris non sit perfida, sit ita sane; sed peto ut liceat mihi tantummodo id non credere. III. Ita ut sit adverbium, & referatur ad sententiam sequentis versus: *Vides tantummodo nives & frigora, &c.* Prima explicatio infirmior, secunda subtilior, tertia facilior.

47. *Alpinas, &c.*) Alpes, excelsi montes, qui Italiam a Gallia Germaniaque determinant, multis dicti nominibus, pro varia regionum, quibus adjacent, ratione. Sunt enim *Alpes* maritimæ, Cottiæ, Graiæ, Penninæ, Rhætiæ, Tridentinæ, &c. Ex his multi oriuntur fluvii celeberrimi, Padus, Ticinus, & Athesis, *il Po, il Tesino, e l'Adige*, qui in Italiam; Rhodanus, *il Rodano*, fiume noti, qui in Galliam; Rhenus, qui in Germaniam devolvitur.

Rheni.) Fluvii Europæ post Danubium celeberrimi, qui antiquum Galliæ & Germaniæ terminus fuit, a fontibus ad ostia. Fontes ejus duo in Alpibus, apud Rhætos occidentales, i *Grigioni*. Ostia plurima, quibus in Oceanum influit. Mirum tamen est, tanti famæ fluvium ad mare non perferre nomen. Nam ubi ad arcem Skinkiam, quæ caput est Insulæ Batavicæ, duas divisus est in partes, Vahalim, & Rhenum, unde *bicornis* appellatur; mox variis deinde scinditur minores in alveos, quorum minimo Rheni permanet nomen; sed is ad Lugdunum Batavorum, *Leyden*, antequam ad Oceanum pervenerit, inter arenas exhauritur.

Ah tibi ne teneras glacies secet aspera plantas!
Ibo, & Chalcidico quæ sunt mihi condita versu
Carmina, pastoris Siculi modulabor avena.
Certum est in silvis, inter spelæa ferarum,
Malle pati, tenerisque meos incidere amores
Arboribus: crescent illæ, crescetis amores.
Interea mixtis lustrabo Mænala Nymphis,
Aut acres venabor apros: non me ulla vetabunt
Frigora Parthenios canibus circumdare saltus.
Jam mihi per rupes videor lucosque sonantes
Ire: libet Partho torquere Cydonia cornu
Spicula: tanquam hæc sint nostri medicina furoris,
Aut Deus ille malis hominum mitescere discat.
Jam neque Hamadryades rursum, nec carmina nobis
Ipsa placent: ipsæ rursum concedite silvæ.
Non illum nostri possunt mutare labores,
Nec si frigoribus mediis Hebrumque bibamus,
Sithoniasque nives hyemis subeamus aquosæ:

Nec

INTERPRETATIO.

ret gelu! Ah ne glacies acuta tibi vulneret delicatos pedes! Ibo, & canam fistula Siculi pastoris ea, quæ versibus tradidi e Chalcidensi poeta. *Ratum est, me malle pati inter nemora, & speluncas belluarum, & meos amores inscribere teneris arboribus; crescent illa, crescetis, o amores. Interea circuibo Mænalum* montem cum *sociis Nymphis, aut persequar fortes apros; nulla frigora prohibebunt me cingere canibus silvas Parthenii* montis. *Jam fingo mihi me vagari per montes & nemora resonantia: juvat vibrare arcu Parthico sagittas Cretenses; veluti hæc* omnia *essent remedium insaniæ meæ: aut* quasi *ille Deus disceret placari miseriis hominum. Nunc iterum neque Hamadryades, neque versus ipsi nobis arrident: Valete iterum,* vos *ipsa nemora. Nostra cura nequeunt flectere amorem, ne* sic quidem, *si media hyeme potaremus* aquam *Hebri, & toleraremus Thracias nives hyemis humidæ; ne* sic quidem,

NOTÆ.

50. *Ibo.*) Vagabor hinc atque hinc. Vel abibo hinc, desertam castra, & silvis abditus carmina modulabor. *Chalcis* urbs est Eubœæ insulæ, quæ Chalcis quoque vocata est. Eubœa porro Bœotiæ continenti dicitur olim adhæsisse; ab ea nunc Euripo distincta, tam angusto, ut aliquando ponte transmissum fuerit. Ex illa insula oriundus Euphorion, Antiocho Magno Syriæ regi percarus, ejusque bibliothecæ præfectus; poeta nobilis, sed, judice Cicerone, obscurus: cujus opera in deliciis fuisse Tiberio Cæsari memorantur; ex quibus aliqua Latinis versibus expressisse dicitur, hunc Gallum, Ecl. 6. 72.

51. *Pastoris Siculi.*) Theocriti, poetæ Siculi, stylo. Non igitur elegiæ fuerunt, ut putat Probus: neque enim elegiæ potuerunt Theocriti stylo componi; sed aliqua bucolica Idylliis affinia.

53. *Malle pati.*) Supple, quam Lycorida in posterum amare, atque ita deperire.

55. *Mænala.*) Montem Arcadiæ, Ecl. 8. 21.

57. *Parthenios.*) *Parthenius* item Arcadiæ mons, ubi virgines venari solebant: unde nomen a παρθένος virgo.

59. *Libet Partho, &c.*) Species pro genere, arcus Parthicus & sagittæ Cydoniæ, pro quolibet arcu & quibuslibet sagittis. Parthi enim & Cydonii arte sagittandi celebres: Æn. 12. 858. *Parthus sive Cydon telum immedicabile torsit.* De *Parthis*, Ecl. 1. 63. *Cydon* urbs fuit in Creta insula. *Cornu* dixit, pro arcu e cornea materia fabricato.

62. *Jam neque Hamadryades.*) De iis Ecl. 2. 46. Hic incipit Gallus remediorum & consiliorum suorum insanitatem agnoscere, atque amori victum cedere.

63. *Concedite silvæ.*) Idem quod antea dixerat: *Vivite silvæ*, Ecl. 8. 58.

65. *Hebrumque.*) Fluvium Thraciæ maximum, hodie *Mariza*; arenas olim aureas volventem, in Ægæum mare influit: ortus ex Rhodope monte, qui cum Hæmi pars quibusdam videatur, ab iis idcirco dicitur Hebrus ex Hæmo profluere.

66. *Sithoniasque nives.*) Sithonia pars est Thraciæ vergens, vel in Pontum Euxinum, juxta Solinum; vel in oram Macedonicam Ægæi maris, juxta alios. Thracia frigida & nivosa est, propter altissimum montem Hæmum, quo dividitur.

Nec si, cum moriens alta liber aret in ulmo,
Æthiopum versemus oves sub sidere Cancri.
Omnia vincit amor; & nos cedamus amori.
Hæc sat erit, Divæ, vestrum cecinisse poetam,
Dum sedet, & gracili fiscellam texit hibisco,
Pierides: vos hæc facietis maxima Gallo:
Gallo, cujus amor tantum mihi crescit in horas,
Quantum vere novo viridis se subjicit alnus.
Surgamus: solet esse gravis cantantibus umbra:
Juniperi gravis umbra: nocent & frugibus umbræ.
Ite domum saturæ, venit Hesperus; ite capellæ.

INTERPRETATIO.

si pasceremus oves Æthiopum sub sidere Cancri, cum intimus cortex exsiccatus arescit in ulmo excelsa. Amor superat omnia; nos quoque cedamus amori. O Divæ Musæ, sufficiet vestrum poetam cantavisse ista carmina, sedendo, & conficiendo calathum ex hibisco tenui: vos efficietis, ut ista videantur Gallo maxima: Gallo, erga quem amor meus tantum crescit singulis horis, quantum alnus virens attollit se ineunte vere. Surgamus: umbra solet esse noxia canentibus; præsertimque *noxia est umbra juniperi: umbræ quoque nocent frugibus. Ite, ite domum, o capellæ saturatæ: Vesper imminet.*

NOTÆ.

68. *Æthiopum.*) Æthiopia regio Africæ vastissima, Ægypto finitima: quam Nilus quoque fere medium, ut & Ægyptum, interfluit, *il Paese degli Abissini.* Tota torrida zona complexa est, a tropico Cancri ultra æquatorem porrecta. Virgilius ergo *sidus Cancri* dixit, pro tropico Cancri: & tropicum pro zona ipsa torrida, cujus terminus est ad septentrionem. *Cancer* signum est in ea parte cœli, quam ubi Sol attigit, exeunte Junio, tum æstatem nobis calidissimam, diesque longissimos efficit. *De zonis & tropicis,* G. 1. 233. De *hibisco,* Ecl. 2. 30.

74. *Se subjicit alnus.*) Se superjicit, se attollit. Vide Ecl. 2. 46. *Alnus, alno,* arbor aquosis locis gaudens.

75. *Gravis cantantibus umbra.*) Imo gratissima: præsertim juniperi, *ginepro,* quæ arbor & odora est, & nihil venenatum patitur, & adversus aeris vitia comburi solet. Sed significat diuturniorem in umbra moram nocere cantantibus posse propter frigus. Unde quidam legunt *cunctantibus,* non *cantantibus.* De *Hespero,* Ecl. 6. 86.

FINIS BUCOLICORUM.

ARGUMENTUM

IN GEORGICA.

GEORGICORUM *nomen*, *a* γεωργὸς agricola: *hoc autem a* γαῖα *vel* γῆ terra & ἔργον opus. *Traduntur hoc opere præcepta de agricultura, quatuor libris. I. De aratione. II. De plantatione. III. De pastione cultuque pecorum. IV. De apibus & mellatione. Eaque omnia naturæ accommodantur Italici soli, præsertimque Veneti, in quo Mantua fuit. Ducem in eo genere secutus est Virgilius Hesiodum Ascræum ex Bœotia, de quo diximus Ecl. 6. 70. Cujus librum, inscriptum* ἔργα καὶ ἡμέραι, opera & dies, *longe & copia & elegantia superavit. Cœptum est opus anno circiter U. C. 717. Virgilii 32. aut 33. & septennio perpolitum.*

Mæcenas, cui Georgica inscripta sunt, primos in Octaviani gratia tenuit cum Agrippa gradus. Genere Tuscus, ex antiquis Etruriæ regibus: quorum posteri, post multas gentis clades, Romam in civitatem admissi, equestri dignitate vixerunt. Eruditos complexus est, imprimis Virgilium & Horatium; adeo parum cupidus, ut qui cæteris magistratibus imperabat, ipse equestri ordine, & urbis atque Italiæ præfectura contentus vixerit. Adhibitus ab Octaviano cum Agrippa in consilium de imperio deponendo, retinendum persuasit. Secta Epicureus fuit, in vestitu, incessu, supellectili, conviviis, ipsaque dictione mollior ac remissior. Scripsit Prometheum & Octaviam tragœdias, carminum libros decem, soluta oratione commentarios de rebus ab Augusto gestis, item de animalibus & gemmis dialogos; omnia periere. Decessit anno U. C. 746. C. Martio Censorino & C. Asinio Gallo Coss. Triplex est apud eruditos de ejus nomine controversia. I. Quodnam ipsius nomen fuerit? Lambinus in Vipsaniam *gentem inducit, sed eum confundit cum Agrippa, cujus certe gentile nomen hoc fuit: Paulus Manutius in* Cinciam; *Glandorpius in* Heliam: *Moretus in* Aquiliam; *omnes aut levibus aut falsis conjecturis. Maxima & optima pars, Turnebus, Lipsius, &c. in* Cilniam, *quæ gens erat Aretinæ urbis in Etruria. II. Unde cognomen* Mæcenatis? *Insulse deducit Becmannus ab ejus moribus, quod esset* μὴ κοινὸς, non communis; *aut* μὴ καινὸς, non novus: *nam & Græci nunquam negativis nominibus* μὴ, *sed privativum α præfigunt: & Varro l. 7. de L. L. a loco dictum testatur. Est igitur a mediterraneo quodam Etruriæ oppidulo, Cæsenæ vicino, quæ in ora Plinius vina Cæsenatia simul & Mæcenatia commendat, lib. 24. 6. III. Quomodo prima & media cognominis syllaba pingenda sit? Certe media per e longum, quia Græce vulgo per η legitur. Prima vel per æ, vel œ: quia in veteribus cod. utroque modo reperitur; per æ frequentius. Igitur nomen integrum fuit,* CAJUS CILNIUS MÆCENAS.

P. VIRGILII MARONIS
GEORGICON
AD C. CILNIUM MÆCENATEM
LIBER PRIMUS.

ARGUMENTUM.

Continet hic liber propositionem totius operis, ejusque divisionem quadruplicem. Tum sequitur Deorum invocatio, quotquot rusticæ præsident rei, quos inter Octaviano Cæsari locus tribuitur: novo sane illis temporibus adulationis exemplo; quo deinde Lucanus in Pharsalia, & Statius in Thebaide, ad laudem Neronis & Domitiani immodestius abusi sunt. Atque hæc exordio comprehenduntur. Liber vero ipse sex habet partes. I. Multiplicem agri colendi rationem, juxta variam ejus naturam. II. Agriculturæ originem. III. Agricolarum instrumenta. IV. Rusticorum operum tempora. V. Tempestatum prognostica. VI. Digressionem ad varia prodigia, quæ cædem Julii Cæsaris aut præcesserunt, aut subsecuta sunt. Denique Epilogi loco, Deos pro incolumitate Octaviani, & pro salute populi Romani precatur. Tamen ex iis, aliorumque librorum præceptis, non pauca obsolevere contrario usu posteriorum temporum, nostrorum imprimis, quæ multa, ut artibus cæteris, ita huic quoque addidere.

QUid faciat lætas segetes: quo sidere terram
Vertere, Mæcenas, ulmisque adjungere vites
Conveniat: quæ cura boum, qui cultus habendo
Sit pecori, atque apibus quanta experientia parcis,
Hinc canere incipiam. Vos, o clarissima mundi
Lumina, labentem cœlo quæ ducitis annum,

Li-

INTERPRETATIO.

O Mæcenas, ordiar scribere deinceps, quænam res efficiat messes copiosas; quo tempore oporteat arare tellurem, & vites alligare ulmis; quæ sit cura boum; quæ diligentia sit necessaria, ut habeatur pecus; & quanta industria, ut alantur apes frugales. O vos mundi splendidissima sidera, quæ præsidetis anno currenti per cœ-

NOTÆ.

1. *Quid faciat.*) Quatuor his versibus distinguitur cultura quadruplex, *terræ*, *arborum*, *pecorum*, *apum*: quæ singulæ singulis libris explicantur: estque partitio totius operis.

3. *Qui cultus habendo &c.*) Ibi supprimitur, *opus*, *par*, *necessarius*, aut aliquid simile, quod dativum regat; ut apud Cicer. ad Att. l. 13. Ep. 10. *Solvendo non erat*. Apud Plin. *Radix est vescendo*.

4. *Apibus quanta, &c.*) Præter interpretationem jam traditam afferri potest hæc altera: Dicam quæ sit apum experientia, prudentia, ingenium, ars quædam, non usu quidem comparata, sed ingenita.

5. *Clarissima mundi Lumina, Liber, &c.*) Liberum & Cererem appellat mundi lumina, antiqui doctores. Vel quia præsides & repertores habentur messis & vindemiæ, quæ præcipuæ sunt anni partes, & præcipua mundi ornamenta, unde cibus hominum & potus existit: Vel quia per eos Lunam & Solem significat. Et vero Prætextatus apud Macrob. l. 1. c. 18. fuse probat *Solem*, non Liberum & Dionysium dominari, sed & Jovem, & Martem, & Mercurium, & Herculem (eumdem) esse; *Liberum* vero dici, quod *libere vagetur*. Lunam item addit, ipsam esse *Cererem*: cujus nomen aliqui deducunt a *creando*, quod ad rerum productionem plurimum valeat. *De Libero*, Ecl. 7. 58. *De Cerere*, Ecl. 5. 79.

Liber & alma Ceres: vestro si munere tellus
Chaoniam pingui glandem mutavit arista,
Poculaque inventis Acheloia miscuit uvis:
Et vos, agrestum præsentia numina Fauni,
Ferte simul Faunique pedem Dryadesque puellæ:
Munera vestra cano. Tuque o, cui prima frementem
Fudit equum magno tellus percussa tridenti,
Neptune; & cultor nemorum, cui pinguia Ceæ
Ter centum nivei tondent dumeta juvenci:
Ipse nemus linquens patrium, saltusque Lycæi,
Pan ovium custos, tua si tibi Mænala curæ,
Adsis o Tegeæe favens: oleæque Minerva
Inventrix, uncique puer monstrator aratri:
Et teneram ab radice ferens, Silvane, cupressum.
Diique Deæque omnes, studium quibus arva tueri;

Qui-

INTERPRETATIO.

tum: Bacche, & Ceres nutrix hominum: si homines vestro beneficio reliquerunt glandes Dodoneas pro frumento pingui, & miscuerunt aquam Acheloi cum vino reperto. Et vos, o Fauni, Dii propitii rusticis: adeste, o Fauni, una cum Dryadibus Nymphis. Canto vestra dona. Et tu, cui terra adhuc recens produxit equum ferocem, icta magno tridente, o Neptune: & tu, qui coluisti loca silvestria, cui trecenti boves candidi carpunt frutices fertiles insulæ Ceæ. Tu ipse, o Pan Tegeæe protector ovium, si curas Mænalum tuum, adesto propitius, relinquens nemus patrium & silvas Lycæi: Et tu, o Pallas, repertrix olivæ: Et tu, o puer, auctor unci aratri: Et tu, o Silvane, portans a radice teneram cupressum. Et vos, o Dii & Deæ omnes, qui habetis

NOTÆ.

8. 9. *Chaoniam glandem*, &c. *Acheloia pocula*, &c.) Species pro generibus: primi enim homines glande ad pastum, aqua ad potum usi sunt. Celeberrime autem fuit inter silvas glandiferas Dodonæa, in Epiro sive Chaonia: de qua Ecl. 9. 13. Sicut inter fluvios Achelous in Ætolia: sive quia primus e terra erupit, sive quia ejus in ripa primæ vineæ sunt consitæ ab Oeneo Ætoliæ Rege, qui ex uva e Staphylo pastore suo reperta liquorem expressisset, Libero patri, apud se tum diversanti, cum obtulisset, ab eodem colendæ vitis accepit modum.

10. *Fauni.*) In argumento Ecl. 6.

11. *Dryades.*) Ecl. 2. 46.

12. *Prima tellus.*) Vel recens formata. Vel litoralis, quomodo G. 2. 44. *Primi lege litoris oram*. Vel Attica, quia Athenienses hominum se primos & antiquissimos esse jactabant.

14. *Neptune.*) Fuit Opis & Saturni filius, Jovis & Plutonis frater, cui in mundi divisione maris imperium obtigit. Uxorem habuit Amphitriten Nerei vel Oceani filiam. Equos domandos primus docuit: unde fabulantur poëtæ, cum lis inter eum & Minervam orta esset de tribuendo Athenis nomine, placuisseque Diis, ut ejus nomine civitas appellaretur, qui munus hominibus utilius dedisset: Neptunum percusso litore equum, bellicum animal, produxisse; Minervam hasta impacta olivam, pacis insigne, protulisse: victoriamque Minervæ fuisse adjudicatam. Neptuni insigne *tridens*, ob tres orbis antiqui partes, quas mari ambiuntur. Hoc loco invocatur, non quidem ut maris Deus: sed ut equorum custos, de quibus lib. 3. multa dicenda sunt.

Ceæ.) Cea, insula maris Ægæi, Cycladum una, quam relictis Thebis occupavit Aristæus, post Actæonem a canibus Actæonem filium, ob visam in lavacro Dianam. Is Apollinis filius fuit ex Cyrene, filia Penei Thessaliæ fluminis: rivalis Orphei in amore Eurydices: apum & mellis usum invenit, lactisque coagulum: unde hic invocatur. Plura vide, G. 4. 317.

17. *Tua si tibi*, &c.) Sensus est: si curas Mænalum, Lycæum, & reliquos Arcadiæ tuæ montes, & silvas, loca illa nunc relinque, ut mihi de re pastoritia, & arbores dicenti præsens adsis: his enim locis & honorificus & utilis erit sermo meus. De *Pane* Ecl. 2. 31.

18. *Tegeæe.*) Non *Tegæe*, ut quidem legunt. Constat enim *Tegea* urbs Arcadiæ, Pani sacra, brevibus syllabis, Τεγέα: unde adjectivum *Tegeæus*.

19. *Uncique puer*, &c.) Vel Osiris, apud Ægyptios aratri inventor, vel potius Triptolemus, Celei *Eleusinæ* urbis in Attica regis filius: quem adhuc puerum nutrivit Ceres, apud patrem excepta hospitio, dum Proserpinam inquireret; eum deinde grandiorem factum agriculturam edocuit, impositumque suo curru, quem alati serpentes trahebant, misit per totum orbem, ut usum frumentorum hominibus indiceret. Eleusinii incolæ, beneficii memores, Cereris sacra instituerant.

20. *Silvane*, *cupressum*.) Ob memoriam Cyparissi pueri: qui Silvano, aut juxta alios Apollini dilectus, cum ex dolore occisæ a se per errorem cervæ, quam habebat in deliciis, extabuisset, ab amatore Deo in cupressum arborem est conversus. De *Silvano* Ecl. 10. 24.

Quique novas alitis nonnullo semine fruges,
Quique satis largum cœlo demittitis imbrem.
Tuque adeo, quem mox quæ sint habitura Deorum
Concilia, incertum est, urbisne invisere, Cæsar,
Terrarumque velis curam: & te maximus orbis
Auctorem frugum, tempestatumque potentem
Accipiat, cingens materna tempora myrto:
An Deus immensi venias maris, ac tua nautæ
Numina sola colant: tibi serviat ultima Thule,
Teque sibi generum Tethys emat omnibus undis:
Anne novum tardis sidus te mensibus addas,
Qua locus Erigonen inter, Chelasque sequentes

Pan-

INTERPRETATIO.

curam protegendi agros; seu qui sustentatis novas fruges aliquo semine: seu qui effunditis e cælo pluviam copiosam in segetes. Et tu præcipue, o Cæsar, quem dubium est quinam cœtus Deorum deinde accepturi sint: an velis perlustrare urbes, & suscipere curam terrarum; an totus orbis agnoscat te parentem frugum, & rectorem tempestatum, cingens tuum caput myrto matris tuæ; an evadas Deus vasti æquoris, & nautæ adorent tuam solam potentiam, tibique Thule ultima insularum *pareat; & Tethys te comparet sibi generum omnibus aquis. An vero te adjungas* quasi *novum astrum pigris mensibus, qua patet spatium inter Virginem & brachia* Scorpii illam *sequentia*.

NOTÆ.

21. *Quique novas alitis, &c.*) Sensus est. Vel qui jacta ab hominibus frugum semina, occulto quodam semine, pluvia, rore, alitis: juxta Servium. Vel qui novas fruges, novo aliquo invento semine, producitis, juxta Cerdanum. Vel qui singulas frugum species conservatis, relicto semper aliquo semine, in consequentem annum superstite, quo renoventur. Legit N. Heinsius, *non ullo semine*, & verum hic esse putant: Qui novas fruges producitis primum sine ullo semine.

25. *Urbisne invisere, &c.*) Multi *urbis* agnoscunt in genitivo casu. Sed vix puto Latine dici, *invisere curam urbis*; & præterea Probus Valerius apud Gellium l. 13. 20. *urbis* esse vult in accusativo casu, pro *urbes*: & utrumque fuisse olim in usu, ut *turrim* & *turrem*. Unde & plerumque legitur *urbeis*, antiquâ pronunciatione. Igitur *urbis*, vel *urbes* in accusativo accipio, hoc sensu, *an velis curam terrarum, & invisere urbes*. Quod ne barbare dictum cuipiam videatur, firmabitur hac Horatii locutione plane simili, Od. l. 1. 2. 49. *Hic magnos potius triumphos, Hic ames dici pater atque princeps.*

28. *Materna myrto.*) Dicatâ Veneri, matri Æneæ, unde genus ducis. Ecl. 7. 62. De *Myrto*, Ecl. 2. 54.

30. *Thule.*) Terrarum ultima, quas antiqui noverint, & maxime septentrionalis versus occidentem. Ortelius putat esse tractum illum Norvegiæ, quem incolæ *Tilemark* appellant. Cambdenus *Schetlandias* insulas Oceani Caledonii, sub ditione regis Daniæ, quas nautæ dicunt *Thylensel*. Cuverius *Islandiam*, ejusdem ditionis insulam Borealem immanem; ubi mons est nive perpetua opertus, flammis eructans.

31. *Tethys emat.*) Tethys Ecl. 4. 32. Allusum putat Servius Danielis ad ritus Romanos, juxta quos conjugia tribus fiebant modis; usu, farre, & coemptione: usu, cum aliquo tempore simul conjuges fuerant; farre, cum per Flaminem Dialem aut Pontificem, sparso farre sive mola salsa, conjungebantur; coemptione, cum se sub certa verborum formula interrogabant, vir mulierem, an *sibi materfamilias esse vellet*; uxor virum, an vellet *sibi paterfamilias esse*, &c.

32. *Tardis te mensibus addas*). Æstivis mensibus succedas; in locum *Libræ*, inter *Virginem* & *Scorpium*; id est, in mensem Septembrem. *Tardos* vocat menses æstivos, quia dies mensium illorum longiores sunt, & mora Solis in horizonte diuturnior. Unde menses ipsi, quamquam ipsi non pigriores cæteris, tamen hominibus, qui dies præsertim inter se agunt, longiores dici possunt. Adde quod civili dimensione, dum quilibet dies in duodecim horas dividitur ab ortu Solis ad occasum; nox item duodecim in horas, ab occasu Solis ad ortum. Unde fit, ut æstivæ horæ per diem hybernis multo sint longiores, per noctem breviores; contra hyeme, diurnæ breves, nocturnæ longiores. Sic Martialis Ep. l. 12. 1. *Hora nec æstiva est*, id est, longa. Et Plaut. in Pseud. Scena ult. *Credo equidem potesse te, scelus, Massicî montis uberrimos quatuor fructus ebibere in una hora*. P. *hyberna addito*, id est, brevi.

33. *Erigonen.*) Icarii filiam, quæ cæsum patrem, a temulenta pastorum Atticorum turba occisi, tam graviter tulit, ut laqueo sibi vitam ademerit. Ob pietatem a Diis in cœlum translata, & *Virgo* dicta. Ita Hyginus. Quamquam alii signum illud Astræam vocant, de qua Ecl. 4. 6.

Chelasque sequentes.) Veteres diu *Libræ* signum ignoraverunt, medium inter *Virginem* & *Scorpium*: unde *Chelas*; id est, forfices & brachia Scorpii, dicit poeta post Virginem sequi. Itaque *Libræ* locum, Scorpium in 2. signa dividebant gradus. Ovid. M. 2. 198. *Porrigit in spatium signorum membra duorum.*

Panditur: ipse tibi jam brachia contrahit ardens
Scorpius, & cœli justa plus parte reliquit.
Quicquid eris; (nam te nec sperent Tartara regem,
Nec tibi regnandi veniat tam dira cupido:
Quamvis Elysios miretur Græcia campos,
Nec repetita sequi curet Proserpina matrem)
Da facilem cursum, atque audacibus annue cœptis:
Ignarosque viæ mecum miseratus agrestes,
Ingredere, & votis jam nunc assuesce vocari.
Vere novo, gelidus canis cum montibus humor
Liquitur, & Zephyro putris se gleba resolvit,
Depresso incipiat jam tum mihi taurus aratro
Ingemere, & sulco attritus splendescere vomer.
Illa seges demum votis respondet avari
Agricolæ, bis quæ solem, bis frigora sensit:
Illius immensæ ruperunt horrea messes.
At prius ignotum ferro quam scindimus æquor,
Ventos & varium cœli prædiscere morem
Cura sit, ac patrios cultusque habitusque locorum:
Et quid quæque ferat regio, & quid quæque recuset.
Hic segetes, illic veniunt felicius uvæ:
Arborei fœtus alibi, atque injussa virescunt
Gra-

INTERPRETATIO.

Ipse Scorpius ardens jam constringit pro te brachia, & cessit tibi de cœlo plus quam justam partem. Quicunque Deus eris, (nam neque inferi sperent te sibi regem, neque tam insana cupiditas regnandi veniat tibi; etsi Græcia admiretur campos Elysios, etsi Proserpina non curet sequi matrem, a qua repetitur) præbe iter facile, fave consiliis audacibus; & ingredere mecum viam, miseratus rusticos inscios viæ, & jam nunc assuesce invocari per vota. Principio veris, cum humor niveus liquescit e montibus candidis, & gleba emollita dissolvitur Zephyro; tunc statim aratro alte impresso incipiat mihi taurus gemere, & vomer sulcando tritus fulgere. Illa tandem seges complet desideria cupidi agricolæ, quæ bis æstatem, & bis hyemem passa est: amplissimæ messes illius agricolæ rumpunt horrea. Sed antequam aremus ferro campum incognitum, cura sit prænosse ventos, & diversam cœli rationem, & propriam culturam, naturamque terrarum: & quid unaquæque regio producat, & quid unaquæque neget. Hic segetes nascuntur feliciùs, illic vites: alibi fructus arborum, & herba

NOTÆ.

35. *Justa cœli, &c.*) Cedit tibi ex ea parte, quam hactenus plusquam justam ac sibi debitam obtinuit. Vel, Cedit tibi plusquam justam cœli partem, id est, plusquam opus est, ut commode sedeas; nempe locum Libræ. Isque locus Octaviano assignatur, ex Jos. Scaligeri mente, quia natus est principio Libræ, scilicet 9. Kal. Octob. De *Tartaro*, G. 4. 482. De *Elysiis campis*, Æn 6. 638.

39. *Proserpina.*) Jovis & Cereris filia, a Plutone rapta, a matre diu quæsita, & reperta impetravit a Jove, ut quotannis sex mensibus apud superos, sex apud inferos degeret. Ait tamen poeta sic eam Elysii deliciis capi, ut patrem superos curet.

43. *Vere, &c.*) I. PARS. De *agri colendi varia ratione*. Cujus I. Præceptum est, *De prima aratione*. De *Zephyro*, Ecl. 5. 5.

48. *Bis quæ solem &c.*) *Novale*, sive vervactum intellige; agrum scilicet qui primo vere actus, id est, aratus, tota quievit æstate; tum sub finem autumni, sive veris consequentis initio, iteratò aratus; ac deinde secunda æstate fructum fert; unde bis æstatem, & bis hyemem patitur.

50. *At prius, &c.* II. Præceptum. *De cognoscendo solo natura. Æquor.*) Terram: proprie est quælibet planities æqua, Æn. 2. 780.

Gramina. Nonne vides, croceos ut Tmolus odores,
India mittit ebur, molles sua thura Sabæi?
At Chalybes nudi ferrum, virosaque Pontus
Castorea, Eliadum palmas Epirus equarum?
Continuo has leges æternaque fœdera certis
Imposuit Natura locis, quo tempore primum
Deucalion vacuum lapides jactavit in orbem:
Unde homines nati, durum genus. Ergo age, terræ
Pingue solum primis extemplo a mensibus anni
Fortes invertant tauri: glebasque jacentes
Pulverulenta coquat maturis solibus æstas.
At si non fuerit tellus fœcunda, sub ipsum
Arcturum tenui sat erit suspendere sulco:
Illic, officiant lætis ne frugibus herbæ,
Hic, sterilem exiguus ne deserat humor arenam.

Al-

INTERPRETATIO.

sponte virent. Nonne vides, quemadmodum Tmolus mittit ad nos crocum odoratum, India ebur, delicati Sabæi suum thus? At nudi Chalybes mittunt *ferrum, & Pontus graveolentes castorum testiculos, Epirus optimas equarum Olympicarum. Natura imposuit certis locis has leges, & hæc pacta perpetua, statim ab illo tempore, quo Deucalion projecit saxa in mundum desertum: unde nati* sunt *homines,* quod *est durum genus. Eia igitur, statim a primis mensibus anni, robusti tauri arent pinguem terræ planitiem: & æstas sicca torreat glebas inertes vehementi Sole. Sed si terra non sit pinguis, sufficiet eam perstringere levi sulco, circa ortum Arcturi. In illa terra* hoc *facies, ne herbæ noceant frugibus fertilibus; in hac, ne modicus humor destituat infecundam terram.* Tu *idem permittes, ut novalia*

NOTÆ.

56. *Tmolus odores.*) Mons Phrygiæ magnæ, in confinio Lydiæ; vini ferax, juxta V. alt. G. 2. 98. item croci, juxta Solinum c. 53. Unde per croceos odores aliqui vinum intelligunt odore croceo: alii melius, crocum ipsum, *il Zafferano.*

57. *India mittit ebur.*) Asiæ regio amplissima; ad occidentem Indo fluvio; ad orientem Sero fluvio; ad meridiem Oceano Indico terminata; ad Septentrionem Emodis montibus, quæ Tauri pars est, a Scythia separata: Gange fluvio in duas divisa partes; regnis hodie plurimis distincta. Elephantos alit Lybicis multo majores, unde ebur, qui dente est Elephantino, in India celebre.

Tenui Sabæi.) Arabiæ Felicis populi: molles dicti, vel propter aeris clementiam, vel propter odorum copiam. Eorum enim divitiæ balsamo, casia, myrrha, cinnamomo, thure præcipue constant, quod ex arbusculis instar lacrymæ guttatim fluit. Apud eos ex Plinio l. 12. 17. *Non alia ligni genera in usu sunt, quam odorata, cibosque coquunt thuris ligno, alii myrrhæ.*

58. *Chalybes nudi ferrum.*) Natio, vel Pontica, ad Thermodontem fluvium ex Strabone: vel Hispanica, ad Chalybem fluvium ex Justino: ferri fodinis celebrata: unde *chalybs* dictum est pretiosissimum optimeque temperatum ferrum.

59. *Castorea.*) Castor sive fiber, canis est Ponticus: ita dictus quod in Ponto frequentissimus: hujus testiculi medicos in usus expetuntur: ideoque ubi se sequi sentit, ut vitam conservet, eos avellit morsu, & venatoribus permittit. Quod tamen merito plerique falsum existimant. *Castorea* sunt castoris testiculi. *Virosa* dicuntur: vel a viribus, quia ad medicamenta adhibentur: vel a *viro*, quod medix significationis vocabulum est, ut Unguentum; & modo bonam, modo malam in partem sumitur: in bonam apud Statium Silv. l. 1. 324. *Omne benignum virus, odoriferos Arabum quod doctus in ignes*, &c. in malam passim apud reliquos. Hic itaque gravem odorem significat, qualis tribuitur a Plinio castoreis.

Eliadum palmas Epirus equarum.) *Epirus*, olim regnum, vix inter Ionium mare, Thessaliam, Macedoniam, & Achaiam: dicta quibusdam, Albania inferior, equorum ferax. *Elis*, sive *Eleis*, regio Peloponnesi maritima, inter Achaiam, Messeniam, & Arcadiam. Cujus urbes præcipuæ *Elis*, ad Peneum; & *Olympia* in agro Piseo, ad Alpheum fluvium, Jovis Olympii templo, ludisque memorata, de quibus G. 3. 49. *Equarum* dixit, quia eas aliqui putant equis esse celeriores. *Palmas equarum*, id est, equas victrices in Olympico cursu: quomodo Æn. 5. 339. *Nunc tertia palma Diores*, id est Diores tertius victor.

62. *Deucalion.*) Ecl. 6. 41.

64. *Primis mensibus anni.*) Januario & Februario. Nec obstat, quod præcepit prius, *Vere novo.* Sic enim Columella l. 2. 2. *Nec vero terræ ipsius principium sic observare oportet, quemadmodum astrologus: sed aliquid etiam parte de parte hyemis, quoniam contempta bruma jam intepescit annus, permittitque clementior dies opera moliri.*

66. *Maturis solibus.*) *Diebus*, vel *Solis ardoribus*. Et *maturis* passive, pro activo *maturantibus*.

68. *Arcturum.*) *Arcturus* stella est primæ ma-

Alternis idem tonsas cessare novales,
Et segnem patiere situ durescere campum.
Aut ibi flava seres mutato sidere farra,
Unde prius lætum siliqua quassante legumen,
Aut tenues fœtus viciæ, tristisque lupini
Sustuleris fragiles calamos, silvamque sonantem.
Urit enim lini campum seges, urit avenæ:
Urunt Lethæo perfusa papavera somno.
Sed tamen alternis facilis labor: arida tantum
Ne saturare fimo pingui pudeat sola; neve
Effœtos cinerem immundum jactare per agros.
Sic quoque mutatis requiescunt fœtibus arva;
Nec nulla interea est inaratæ gratia terræ.
Sæpe etiam steriles incendere profuit agros,
Atque levem stipulam crepitantibus urere flammis:
Sive inde occultas vires & pabula terræ
Pinguia concipiunt; sive illis omne per ignem
Excoquitur vitium, atque exsudat inutilis humor;
Seu plures calor ille vias, & cæca relaxat

Spi-

INTERPRETATIO.

demessa requiescant alternis annis; *&* ut *ager inutilis indurescat otio. Vel* saltem *converso anno seminabis frumenta flaventia, illic, unde collegeris antea copiosa legumina folliculis strepentibus, aut parva grana viciæ, aut tenues stipulas & manipulos crepitantes lupini amari. Nam seges lini exsiccat agrum, exsiccat* quoque *seges avenæ, exsiccant papavera conciliantia somnum obliviosum. Attamen alternis annis facile erit* ea serere: *modo ne pigeat fœcundare terram pingui stercore, & ne pigeat spargere sordidos cineres per arva exhausta. Ita etiam agri quiescunt variatis segetibus: & interim terra,* quæ *non arata* fuerit, *non caret utilitate. Sæpe etiam utile fuit accendere agros infœcundos, & cremare leves calamos igne crepitante: sive* quia terra *sumit inde secretam virtutem, & pingue alimentum: sive* quia *omne ejus vitium igne consumitur, & humor nimius exsiccatur: sive* quia *calor ille aperit plures meatus &*

NOTÆ.

gnitudinis in signo Bootæ, prope caudam ursæ majoris: unde nomen habet ab ἄρκτος *ursa* & οὐρά *cauda*: pluvias tempestatesque portendit ortu & occasu suo. Monet Virgilius, ut sterilis terra leviter aretur sub ejus exortum *cosmicum*; qui contingit juxta Columellam, circa 5. Septembris: juxta Plinium, circa 12. ejusdem mensis. Nunc tamen multo tardius, nempe non nisi initio Octobris. Exoriri autem stella dicitur *cosmice*, cum ascendit supra horizontem nostrum orientalem, eodem momento, quo Sol ipse.

71. *Alternis idem, &c.*) III. Præceptum sequitur, *De novatione agrorum*, sive *alterna cessatione*. Quo jubet, si propter soli angustias servari non possit, moneat ne continuis annis frumenta serant, sed alternis *frumenta* & *legumina* leviora: qualis vicia, aut lupinus. Consulit tamen, ut a lino, & avena, & papaveribus ibi serendis abstineant, nisi agri copiosa stercoratione reficiantur.

73. *Farra.*) *Far*, antiquissimum & optimum frumenti genus.

74. *Siliqua quassante legumen.*) *Siliqua*, folliculus, involucrum seminis. *Quassante.* (Active, pro *quassata*, nimirum a vento, cujus impulsu siliquæ crepitant. Sic Æn. 1. 398. *Volventibus annis*, pro *volutis*. *Legumen.*) Fruges, quæ non secantur, sed manu leguntur.

75. *Viciæ, tristisque lupini.*) *Vicia*, legumen minutis & nigrantibus in siliqua granis, *Vesce*. *Lupinus*, aliud legumen, *lupins*, cujus semina sapore amarissima, unde *tristis* dicitur.

78. *Lethæo.*) Oblivioso; a fonte inferorum *Lethe*, cujus undæ epotæ rerum omnium oblivionem inducunt; a λήθη, *oblivio*. Æn. 6. 705.

80. *Ne saturare, &c.*) IV. Præceptum est, *De sterilitatis remediis*, quæ tria præcipue sunt, *stercoratio, cinerum jactatio, glebarum cum stipulis incensio*.

84. *Sive inde, &c.*) Quatuor causas profert hujus incendii. Ut terra novum inde alimentum concipiat, ex eorum philosophia, qui omnia ex igne constabant procreari. Ut omnis humor exsiccetur. Ut densitas terræ relaxetur. Ut ejusdem raritas adstringatur.

Spiramenta, novas veniat qua succus in herbas:
Seu durat magis, & venas adstringit hiantes:
Ne tenues pluviæ, rapidive potentia Solis
Acrior, aut Boreæ penetrabile frigus adurat.
Multum adeo rastris glebas qui frangit inertes,
Vimineasque trahit crates, juvat arva; neque illum
Flava Ceres alto nequicquam spectat Olympo:
Et qui, proscisso quæ suscitat æquore terga,
Rursus in obliquum verso perrumpit aratro,
Exercetque frequens tellurem, atque imperat arvis.
Humida solstitia atque hyemes orate serenas,
Agricolæ: hyberno lætissima pulvere farra,
Lætus ager. Nullo tantum se Mysia cultu
Jactat, & ipsa suas mirantur Gargara messes.
Quid dicam, jacto qui semine cominus arva
Insequitur, cumulosque ruit male pinguis arenæ?
Deinde satis fluvium inducit, rivosque sequentes?
Et cùm exustus ager morientibus æstuat herbis,
Ecce, supercilio clivosi tramitis undam
Elicit: illa cadens raucum per levia murmur

Saxa

INTERPRETATIO.

patentia spiracula, per quæ succus influat in plantas novas: sive quia ille calor *magis indurat* terram, *& comprimit rimas apertas; ne tenues imbres, nimiusve solis ardor, vel frigus penetrans Boreæ exsiccet eam.* Cæterum ille, *qui rumpit rastris glebas inutiles, aut qui trahit vimineas crates* super illas, *valde prodest agris; nec flava Ceres frustra illum aspicit ex alto cœlo.* Valde etiam prodest ille, *qui ducto oblique aratro perscindit terrarum tumores* sulcorum, *quos excitaverat* prima *agri aratione; & qui assidue colit terram, & domat agros. O agricolæ, petite* a Diis *æstatem humidam, & hyemem siccam; frumenta copiosa* sunt, *& ager fertilis* est, *ex siccitate hyemali.* Nullam aliam *ob culturam sic Mysia gloriatur, & ipsa Gargara admirantur suas segetes. Quid dicam* de eo, *qui projecto semine statim agros exercet, & frangit glebas terræ male compactæ? Postea inducit in* agros *consitos aquam, & rivos fluentes; & cum terra exsiccata languet herbis arescentibus, ex improviso educit aquam ex summitate canaliculi inclinati; illa cadens raucum strepi-*

NOTÆ.

93. *Boreæ penetrabile frigus adurat.*) De *Borea* Ecl. 7. 51. *Penetrabile* passiva voce, active sumpta, pro *penetrans*. Sic Æn. 10. 481. *Aspice num mage sit nostrum penetrabile telum.* *Adurat.*) Vim iam frigori, quam calori attribuit. Lucan. l. 4. 52. *Urebant montana nives.* Tacit. l. 13. Ann. *Ambusti multi vi frigoris.*

94. *Multum adeo rastris, &c.*) V. Præceptum, *De agri complanatione.* Cujus duplicem exhibet modum. Alterum per crates vel rastros: *Arpione, erastello.* Alterum, per transversam arationem, qua recti sulci priores alio obliquo ductu subigantur. *De Cerere*, Ecl. 5. 79.

100. *Humida solstitia, &c.*) VI. Præceptum, *De petenda a Diis commoda tempestate.* Commoda autem erit, si & æstas opportunis pluviis irrigetur, & hyems siccitate frigida ac serena temperetur. *Solstitium* dixit, pro *æstate*. Vid. Ecl. 7. 47.

102. *Nullo tantum se, &c.*) Sensus est; Nullo cultu tantum prodest Mysiæ & Gargaris fertilissimis regionibus, quantum illa cœli temperies. *Mysia.*) Vel *Mœsia*, duplex: Europæa, quæ proprie Mœsia dicitur, inter Macedoniam, Thraciam, & Daciam, nunc *Serviam*, *Bulgariam*, & *Bessarabiam* complexa: Asiatica, quæ proprie Mysia, de qua hic sermo est; Asiæ minoris pars, maxime occidentalis, ad Propontidem, Hellespontum, & Ægæum mare; Troadem undecumque ambiens, nisi qua parte Troas mari alluitur. *Gargara.*) Pars Idæ montis, & oppidum in Troade; regionis ubertate memorabilis.

104. *Quid dicam, jacto, &c.*) VII. Præceptum, *De comparatione seminis.* *Cominus.*) Vulgo locum notat, quasi *prope*, *e vicino loco*; hic tamen signat tempus, quasi *statim*, *sine mora*. Et hanc quoque habere significationem notat Cujacius l. 11. Observ. c. 30.

105. *Male pinguis arenæ.*) *Arena* sæpe pro terra quolibet. Et vero G. 4. 291. pro limo Nili eu-

Saxa ciet, scatebrisque arentia temperat arva.
Quid, qui, ne gravidis procumbat culmus aristis,
Luxuriem segetum tenera depascit in herba,
Cum primum sulcos æquant sata? quique paludis
Collectum humorem bibula deducit arena?
Præsertim incertis si mensibus amnis abundans
Exit, & obducto late tenet omnia limo,
Unde cavæ tepido sudant humore lacunæ.
Nec tamen (hæc cum sint hominumque, boumque labores
Versando terram experti) nihil improbus anser,
Strymoniæque grues, & amaris intuba fibris
Officiunt, aut umbra nocet. Pater ipse colendi
Haud facilem esse viam voluit, primusque per artem
Movit agros, curis acuens mortalia corda,
Nec torpere gravi passus sua regna veterno.
Ante Jovem nulli subigebant arva coloni:
Nec signare quidem, aut partiri limite campum

Fas

INTERPRETATIO.

tum movet inter lapides attritos, & ebullitionibus humectat agros aridos. Quid dicam de eo, qui, *ne calami concidant* sub pondere *plenarum spicarum, amputat superfluitatem segetum,* quando *herbæ teneræ sunt, statim atque herbæ æquales sunt sulcis? Et de eo, qui derivat ex terra bibula aquam* illic *collectam instar paludis? Præcipue si mensibus dubiis fluvius tumefactus exundat, & undique tegit omnia limo superjecto: unde cavæ fossæ fiunt madidæ tepida uligine. Tamen licet hominum & boum labores experti sint hæc* omnia, *terram exercendo:* præterea *maligmus anser, & grues Thraciæ, & cichorea,* cujus *radices amaræ* sunt, *nonnihil obstant, & umbra nocet. Ipse Jupiter colendæ terræ noluit rationem esse facilem: & primus ex arte versavit terram, excitans curis hominum animos: nec passus est sua regna languere tristi otio. Ante Jovis* tempora, *nulli agricolæ exercebant agros.* Nec *licebat quidem*

NOTÆ.

milia qui pingue est; *Et viridem Ægyptum nigra fæcundat arena.* Et G. 2. 199. dicitur; *Thyriferos Pourbsis pinguis arenis.* Atque ita, *male pinguis* non hic est, *sterilis terra;* sed *male, intempestive, & frustra compacta & conglobata.*

109. *Deinde satis, &c.*) VIII. Præceptum, *De irrigatione agri siccioris.*

110. *Scatebris.*) Effusionibus, ebullitionibus. *Scatebra* est a *scateo;* ut *latebra* a *lateo;* & *scatere* est *redundare, ex plenitudine effluere;* proprieque de fontibus dicitur, translative de aliis, ut *scatentem belluis pontum.* Horat. Od. 4. 17. 26. *Scatet arcica plurimis remediis.* Plin. 22. 13.

111. *Quid, qui, ne gravidis, &c.*) IX. Præceptum, *De noxia pinguedine coercenda.*

112. *Depascit.*) Ut calami breviores & crassiores surgant, atque adeo ferendo spicæ oneri aptiores.

115. *Incertis mensibus.*) Veris & Autumni: quando tempestas nunc sicca, nunc pluvia, semper dubia est.

117. *Tepido sudant, &c.*) Plerique explicant de fossis agros dividentibus, quæ aquis implentur. Ego de cavitatibus, quæ pluviæ impetu, aut aquæ insidentis pondere fiunt in agris, & uliginoso sudore diu postea madent. *Tepido.*) Qua terra autumnali vernoque pluvia intepescit, quo tempore generantur vermiculi, &c.

118. *Nec tamen, &c.*) Enumeratio diversarum rerum, quæ segetibus nocent. *Anser nocet, Ocætum* quia ex Colum. l. 8. 13. *Quicquid seratum contingere potest, carpit:* tum quia ex Pallad. l. 1. 23. *Anserem sertis satis omnibus inimicum esse. Grues nocent,* quia quemadmodum aves cæteræ, semina deprædantur. *Strymoniæ dictæ,* quia circa Strymonem, Macedoniæ fluvium, in confinio Thraciæ, frequentes versantur. Nocet & *Intybum,* vel *Intybus,* olus e cichorea genere: vel quia radicibus serpit latius, vel quia ab anseribus expetitur, eosque allicit, ex Turnebo. *Umbra* denique nocet, quia, ut monet Plinius l. 17. 18. *Aliquando nutrix, aliquando noverca est.*

121. *Pater ipse, &c.*) II. PARS. *De origine agriculturæ.*

124. *Veterno.*) *Veternum* & *Veternus,* morbus est stuporem inducens, tam animi, quam membrorum: alii ad *lethargum,* alii ad *hydropisim,* alii ad *phthisin* referunt. Hic pro otio & desidia sumitur.

Fas erat: in medium quærebant: ipsaque tellus
Omnia liberius, nullo poscente, ferebat.
Ille malum virus serpentibus addidit atris,
Prædarique lupos jussit, pontumque moveri:
Mellaque decussit foliis, ignemque removit,
Et passim rivis currentia vina repressit:
Ut varias usus meditando extunderet artes
Paullatim, & sulcis frumenti quæreret herbam,
Et silicis venis abstrusum excuderet ignem.
Tunc alnos primum fluvii sensere cavatas:
Navita tum stellis numeros & nomina fecit,
Pleiadas, Hyadas, claramque Lycaonis Arcton.
Tum laqueis captare feras, & fallere visco
Inventum: & magnos canibus circumdare saltus.
Atque alius latum funda jam verberat amnem
Alta petens, pelagoque alius trahit humida lina:
Tum ferri rigor, atque argutæ lamina serræ,

(Nam

INTERPRETATIO.

notare, aut definire terminis agros. Quærebant cibos *in commune, & ipsa terra sponte producebat omnia, nemine exigente. Jupiter adjunxit noxium venenum nigris serpentibus, & voluit lupos voraces esse, & mare agitari, & excussit mel e foliis arborum, & occultavit ignem, & sistit vinum ubique fluens in rivos: ut experientia observanda excogitaret paullatim diversas artes, & colligeret spicas frumenti e sulcis, & exprimeret ignem occultum e venis lapidum. Tunc primo flumina tulerunt arbores cavatas: tunc nauta attribuit ordinem & nomina sideribus*, appellans *Pleiadas, Hyadas, & lucidam ursam Lycaonis* filiam. *Tunc repertum est capere feras laqueis, & decipere visco: & cingere canibus magnas silvas. Et jam alius projicit reticulum in latum fluvium, se committens alto* fluvio; *& alius trahit e mari retia humida. Tunc* venit *durities ferri, & lamina serræ stri-*

NOTÆ.

131. *Ignemque removit.*) Non extinxit, aut abstulit; sed tantum occuluit, vel in lapidibus, vel in terræ visceribus. Illum vero, quia necessarium ad humanos usus, dicitur Prometheus dolo furatus esse; ut jam narravimus Ecl. 6. 42.

138. *Pleiadas.*) Stellæ sunt septem in collo Tauri. Sic dictæ, a πλέω navigo, quia navigandi tempus indicant, cum oriantur circa æquinoctium vernum, unde dicuntur Latine a vere *Vergiliæ*. Dicuntur etiam *Atlantides*, ab Atlante Mauritaniæ rege, cujus filiæ fuerunt, ex Pleione Nympha. Harum nomina *Electra*, *Alcyone*, *Celæno*, *Sterope*, *Taygeta*, *Maia* Mercurii mater ex Jove: quæ sex dicuntur apparere, quia Deos amatores habuerunt; septima *Merope*, quia mortali Sisypho nupsit, præ pudore latere. *Pleiadas* hic quadrisyllabum est: apud Ov. Fast. 4. 169. trisyllabum: *Pleiades incipiunt humeros relevare paternos*: apud Statium Sil. 1. 3. 95. etiam prima brevi. *Hæc per & Ægæi hyemes, Pliadumque nivosum Sidus.*

Hyadas.) Stellæ sunt septem, in fronte Tauri. Sic dictæ ab ὕειν *pluere*, quia pluvias creant. Latine *Suculæ*, ab eadem illa Græca voce: non a *suibus*; quam imperitorum esse opinionem ait Cicero, de Nat. Deor. 2. 111. Finguntur quoque Atlantis fuisse filiæ, ex Æthra matre. quæ cum Hyantem, fratrem suum, a leone interfectum insolabiliter lugerent, miseratione Jovis totidem in stellas conversæ sunt; & ad pietatis memoriam nomine fratris & imbrifera virtute insignitæ. Nomina: *Ambrosia*, *Eudora*, *Pasithoe*, *Coronis*, *Plexauris*, *Pytho*, & *Tyche*.

Lycaonis Arcton.) *Ursa*, Græce ἄρκτος signum coeleste. Duplex est, major & minor: utraque circa polum septentrionalem, qui inde vocatur Arcticus. Major vocatur etiam *Helice*, ab ἕλιξ *circumvolutio*, quia circa polum volvitur majori circulo, quam minor. Minor vocatur *Cynosura*, a κυνὸς *canis*, & οὐρὰ *cauda*; majorem nautæ Græci, minorem nautæ Phœnices intuebantur. Major fuit Lycaonis Arcadiæ regis filia, Callisto dicta: quæ a Jove amata, a Junone in ursam conversa est; atque sub forma cum ab Arcade filio, quem ex Jove susceperat, prope esset occidenda, in coelum a Jove cum eodem filio rapta est: & ipsa quidem in sidus simile nominis, filius in Booten sive Arctophylacem mutatus est. Minor ursa Nympha fuit e nutricibus Jovis in grati animi testimonium eo translata. De majore hic sermo est.

141. *Funda.*) Reticulum est quod in amnem projicitur, *a fundendo* dictum, inquit Servius: melius a *funda*, ut Taubmannus suggerit. *Humida lina.*) Retia e lino contexta.

143. *Ferri rigor.*) Ars indurandi ferri, & sub hac specie artes metallicæ omnes exprimuntur.

(Nam primi cuneis scindebant fissile lignum.)
Tum variæ venere artes. Labor omnia vincit
Improbus, & duris urgens in rebus egestas.
Prima Ceres ferro mortales vertere terram
Instituit: cum jam glandes atque arbuta sacræ
Deficerent silvæ, & victum Dodona negaret.
Mox & frumentis labor additus: ut mala culmos
Esset robigo, segnisque horreret in arvis
Carduus: intereunt segetes, subit aspera silva
Lappæque, tribulique: interque nitentia culta
Infelix lolium & steriles dominantur avenæ.
Quod nisi & assiduis terram insectabere rastris,
Et sonitu terrebis aves, & ruris opaci
Falce premes umbras, votisque vocaveris imbrem:
Heu, magnum alterius frustra spectabis acervum,
Concussaque famem in silvis solabere quercu.
Dicendum & quæ sint duris agrestibus arma:

Queis

INTERPRETATIO.

arvis; (nam majores dividebant cuneis lignum fissile.) Tunc variæ artes prodierunt. Magnus labor superat omnia, & necessitas urgens in rerum inopia. Ceres prima docuit homines movere terram ferro; cum jam glandes & arbuta sacræ silvæ deficerent, & Dodona recusaret cibos. Deinde addita est frugibus molestia laboris: nempe, ut noxia robigo absumeret calamos, & cardui inutiles horrescerent in agris: segetes emoriuntur, succedit copia herbarum *asperarum, & lappæ, & tribuli; & infelix lolium, sterilesque avenæ regnant per arva pinguia. Quod nisi & assidue terram proscindas rastris, & terreas volucres sonitu, & amputes falce ramos arborum ruris umbrosi, & precibus obtinueris pluviam: heu, frustra videbis magnum acervum alterius, & cogeris subvenire fami succutiendo quercum in silvis. Dicendum* est *quoque, quæ sint instrumenta durorum*

NOTÆ.

146. *Improbus.*) Id est, juxta Servium, *magnus*: juxta Pomponium, *continuus*; juxta Ascensium, *nudam miseriam*, & quasi *insatiabilis*: juxta Ramirem, *improbitas*: juxta alios, *incommodus*, *importunus*, *difficilis*. Eodem omnia fere recidunt. Sic Æn. 12. 687. *Fertur in abruptum magno mons improbus actu.*

147. *Prima Ceres.*) Supra v. 19. *Arbuta.*) Fructus arbuti, Ecl. 3. 82. *Dodona.*) Silva in Epiro; supra v. 8. & Ecl. 9. 13.

151. *Robigo.*) Vitii genus, quo culmi nigrescunt, *nebbia*. Ex nebula nascitur: vel ex pluvia aut rore, cum e spicis non decutitur, sed Sole superveniente putrescit. Hinc apud Romanos *Robigus* Deus, & *Robigalia* festa 8. Kal. Maias, ad avertendam hanc pestem.

152. *Aspera silva.*) Usurpatur & pro *arundinibus*, Æn. 10. 710. *Silva pascit arundinea*. Pro *capillis*, apud Juvenal. S. 9. 13. *Horrida siccæ silva comæ*. Pro *leguminibus*, supra v. 76. *Tristisque lupini Sustuleris fragiles calamos, silvamque sonantem*. Pro *verbis*, apud Cicer. De Orat. 3. 103. *silva rerum & sententiarum comparanda est*. Igitur significat translative, *copiam multarum rerum*. Et inde venit, ut poetæ congeriem breviorum poematum, diversi carminis & argumenti, *silvas* vocarent: imo & singula eorum unumquodque *silvam*. Tales habemus Statii Papinii *silvarum* libros quinque.

153. *Lappæque, tribulique, &c.*) *Lappa*, *lappola*: herba capitula ferens hamis aspera, quæ vestibus prætereuntium adhærent. *Tribulus*: herba item floribus aculeatis, Italice *tribolo sorta d'erbe spinosa*. *Lolium*, *zizania*, *loglio*. *Nitentia culta.*) Loca culta, & pinguia sunt. Pari forma dicet infra v. 393. *Aperta serena*, id est, spatia aeris serena & aperta.

157. *Umbras.*) Ramos: sic infra v. 391. *At si luxuria foliorum exuberat umbra.*

160. *Dicendum &, &c.*) III. PARS. *De rusticis instrumentis*. Aratrum, *aratro*. Vomis vel vomer, ferrum aratri terram secans, *vomere*. Plaustrum, *traino*. Tribulum, tabula ferro aspera, qua terebantur *fruges*; nomen est commune. Trahea, vel traha, grave vehiculum sine rotis: *veggia*. Rastrum, in plurali *rastri* vel *rastra*, ferreis aut ligneis dentibus armatum, *rastello*. Virgea supellex, *panieri di vinchi*. Crates, *graticcio*, ex arbuto arbore contexta. Ecl. 3. 82. Vannus, cribrum vel ventilabrum frumentarium, *crivello*.

Queis sine nec potuere seri, nec surgere messes.
Vomis, & inflexi primum grave robur aratri,
Tardaque Eleusinae matris volventia plaustra,
Tribulaque, traheaeque, & iniquo pondere rastri:
Virgea praeterea Celei vilisque supellex,
Arbuteae crates, & mystica vannus Iacchi.
Omnia quae multo ante memor provisa repones,
Si te digna manet divini gloria ruris.
Continuo in silvis magna vi flexa domatur
In burim, & curvi formam accipit ulmus aratri.
Huic a stirpe pedes temo protentus in octo,
Binae aures, duplici aptantur dentalia dorso.
Caeditur & tilia ante jugo levis, altaque fagus,
Stivaque, quae currus a tergo torqueat imos:
Et suspensa focis explorat robora fumus.
Possum multa tibi veterum praecepta referre;
Ni refugis, tenuesque piget cognoscere curas.
Area cum primis ingenti aequanda cylindro,

Et

INTERPRETATIO.

agricolarum: sine quibus segetes nec seminari, nec crescere possunt. Primo vomer, & gravis moles curvi aratri, & plaustra Cereris matris difficile volubilia, & tribula, & trahae, & rastri magni ponderis: Praeterea vilis & viminea supellex Celei, crates ex arbuto, & sacra vannus Bacchi. Quae omnia memineris multo ante parare & servare: si te spectat vera laus beati ruris. Principio in silva, magna vi inflexa subigitur ulmus in burim, & capit formam curvi aratri. Huic buri jungitur *per imam partem temo extensus in octo pedes, accommodantur binae aures, & dentalia,* quae habent *duplex dorsum. Amputatur quoque prius tilia levis ad jugum, & fagus alta, & stiva, quae regat posteriorem aratri partem: & fumus probat ligna illa suspensa ad focum. Possum enarrare tibi multa antiquorum praecepta, nisi nolis, & te taedeat discere minima quaeque. Praecipue* oportet *complanare aream magno cylindro, & ma-*

NOTAE.

162. *Grave robur aratri.*) *Robur*, vel est aratri moles & pondus ipsum, quod durum ac robustum est: sic Æn. 7. 609. *Centum aerei claudunt vectes, aeternaque ferri robora.* Vel est lignum quodcumque, unde aratrum fabricatur: sic enim aliquando *robur* sumitur pro ligno quovis duriore: infra, v. 175. *Et suspensa focis explorat robora fumus.* Sumitur etiam aliquando pro specie arboris e quercuum genere.

163. *Tardaque Eleusinae, &c.*) Plaustra, quorum rotae non erant radiatae, sed instar tympanorum e solidis tabulis, atque ita axi impactae, ut una cum eo volverentur. Tali vehiculo simulacrum Cereris circum agros ducebatur: adhibebantur etiam ferendis aliis oneribus. Eius usus tota in sacris Cereris, atque in re frumentaria, ab Eleusi, Atticae urbe, ubi regnavit Celeus, supra v. 19. *Volventia.*) Passive significat, ut Æn. 1. 238. *Volventibus annis*, id est revolutis, volubilibus.

166. *Mystica vannus Iacchi.*) Mystica, id est, in mysteriis Bacchi adhibita. Vel quia Isis dicitur cribro imposuisse membra Osiridis, sive Bacchi, a Typhone dissecta. Vel potius quia Baccho primitias frugum in vanno rustici offerebant. De *Iaccho*, Bacchi nomine, Ecl. 6. 15.

169. *Continuo in silvis &c.*) Aratri descriptio. *Ulmus*, olmo, apta ejus materia. *Buris*, aratri curvamentum, & praecipua pars aratri, cui cetera applicantur. *Temo*, qui usque ad jugum, inter boves, aut equos extenditur. *Dentalia*, quibus vomer infigitur & imponitur; dicuntur *dorso duplici*, id est, ut vulgo explicatur, *lato*, & *crasso*: ut G. 3. 87. *At duplex agitur per lumbos spina*: vel quia re ipsa duplex habent istam. *Aures*, annexi circa vomerem asserculi, quibus sulcus amplior fit. *Jugum*, quo domantur alligantur qui sunt boves: idque, vel ex tilia, arbore levissima, *tiglio*, vel ex fago, *faggio*, de qua Ecl. 1. 1. *Stiva*, pars quam agricola manu tenet, ad regendum aratrum, *il manico*.

174. *Currus torqueat imos.*) Aratrum, quod quibusdam in regionibus instruitur rotis. *Imos.*) Posteriorem aratri partem, quae idcirco *ima* est, quia vomerem continet, atque ita magis in terram propendet.

175. *Explorat robora fumus.*) Probatur enim soliditatis ea sunt ligna, quae fumo exposita rimas non agunt. Supra v. 162.

176. *Area cum primis, &c.*) Instrumentis ru-

sti-

Et vertenda manu, & creta solidanda tenaci,
Ne subeant herbae, neu pulvere victa fatiscat.
Tum variae illudunt pestes. Saepe exiguus mus
Sub terris posuitque domos, atque horrea fecit:
Aut oculis capti fodere cubilia talpae:
Inventusque cavis bufo, & quae plurima terrae
Monstra ferunt: populatque ingentem farris acervum
Curculio, atque inopi metuens formica senectae.
Contemplator item, cum se nux plurima silvis
Induet in florem, & ramos curvabit olentes:
Si superant foetus, pariter frumenta sequentur,
Magnaque cum magno veniet tritura calore.
At si luxuria foliorum exuberat umbra,
Nequicquam pingues palea teret area culmos.
Semina vidi equidem multos medicare serentes,
Et nitro prius & nigra perfundere amurca,
Grandior ut foetus siliquis fallacibus esset,
Et, quamvis igni exiguo properata maderent,
Vidi lecta diu, & multo spectata labore,
Degenerare tamen; ni vis humana quotannis

Ma-

INTERPRETATIO.

manu tractare terram, & firmare creta tenaci: ne herbae nascantur, & ne area siccitate resoluta rimas agat. Praeterea varii hostes nocent. Saepe parvus mus facit domum sub terris, & struit horrea: aut talpae privati oculis fodiunt cubilia: & bufo in cavernis reperitur, & multa alia animalia, quae terra producit: & curculio, & formica, providens egenae senectuti, corrodunt magnum cumulum frumenti. Praeterea contemplare, cum in silvis multa nux vestiet se floribus, & demittet ramos odoriferos; si flores plures sint quam folia, similiter frumenta succedent, & veniet magna ubertas cum magno calore. At si rami abundent nimia copia frondium; frustra conteres in area manipulos, palea crassos. Ego quidem vidi multos satores condire semina, & spargere prius nitro ac nigra amurca, ut grana majora essent in folliculis vulgo inanibus. At licet modico igne madefacta praepararentur, tamen vidi ea, diu electa, & magna cura explorata, degenerare: nisi hominum industria singulis annis

NOTAE.

aliud annectit praeceptum, *De paranda ad fruges terendas area*; ait. *Cylindro.*) Lapide rotatili & tereti, id est, longo ac rotundo, in modum columnae, a κυλίνδω volvo.

179. *Creta.*) Terra argillosa ac tenaci.

180. *Pulvere.*) Siccitate, quae pulverem creat: ita supra v. 101. *Hyberno laetissima pulvere farra.*

181. *Exiguus mus.*) Mus rusticus ac subterraneus, terrae.

184. *Bufo.*) *Rana.*

186. *Curculio.*) Vermis frumenta corrodens: dictus quasi *gurgulio*, quia nihil in eo fere praeter guttur, *Gorgoglione.*

187. *Nux.*) Nucis variae sunt species: amygdalum hic intelligunt vel eandem scriptores, cujus flores fertilitatis indicium esse statuunt.

190. *Tritura.*) Terendi actio, & hic pro fertilitate usurpatur: ubi enim multae fruges, ibi multa opus est tritura.

192. *Pingues palea.*) Alii legunt *paleae*: & referunt ad *culmos*, *paleae culmos*: melius alii cum Servio *palea* in ablat. & referunt ad *pingues*; sensusque est, culmos, non granis & fructu, sed inutili palea pingues fore.

193. *Semina vidi, &c.*) Aliud addit praeceptum, *De seminum cura.* Quae de re duo continet, medicationem, & majorum electionem seminum, sed illud magis.

194. *Et nitro prius &, &c.*) Nitrum, succus calidae naturae, sali affinis; frequens in ea Aegypti regione, quae inde *Nitria* vocata est. Fitque, vel Nili aqua, vel pluvia Solis ardore concocta lapidis in modum. Vulgo sal petrae dicitur, *salnitro*; sed male. *Amurca*, faeces olivarum, sive sedimentum & sordes olei.

195. *Fallacibus.*) Vulgo enim leguminum folliculi, laxiores & ampliores, minima grana continent.

196. *Properata maderent.*) Madescunt propter humorem vi caloris eductum: atque ita facti dicuntur, ut citius crescant semina.

Maxima quæque manu legeret; sic omnia fatis
In pejus ruere, ac retro sublapsa referri.
Non aliter quam qui adverso vix flumine lembum
Remigiis subigit; si brachia forte remisit,
Atque illum in præceps prono rapit alveus amni.
Præterea tam sunt Arcturi sidera nobis
Hædorumque dies servandi, & lucidus anguis;
Quam quibus in patriam ventosa per æquora vectis
Pontus & ostriferi fauces tentantur Abydi.
Libra die somnique pares ubi fecerit horas,
Et medium luci atque umbris jam dividet orbem:
Exercete, viri, tauros, serite hordea campis,
Usque sub extremum brumæ intractabilis imbrem.
Necnon & lini segetem & Cereale papaver
Tempus humo tegere, & jamdudum incumbere aratris:
Dum sicca tellure licet, dum nubila pendent.

Ve-

INTERPRETATIO.

eligeret maxima quæque grana. Sic vidi omnia vi fatorum abire in pejus, & retro acta converti. Perinde ac ille, qui contrario flumine ægre impellit remis cymbam; si forte remittat brachia, statim impetus rapit illum in profluentem, qua profundit fluvius. Præterea, nos agricolæ, tam debemus stellam Arcturi observare, & dies hædorum, & splendidum draconem; quam ii qui, vecti in patriam per ventosum mare, exponunt se Hellesponto, & freto Abydi ostriferi. Quando Libra fecerit horas diei & noctis æquales, & jam distribuet medium mundum luci ac tenebris: exercete tauros, o agricolæ, seminate hordea in agris, usque ad ultimas circiter pluvias duræ brumæ. Tempus quoque est abscondere terra segetem lini, & papaver Cereris, & quamprimum incumbere aratris; dum terra sicca id permittit, & nubes pluviæ su-

NOTÆ.

203. *Atque.*) Hic significat *statim*, ut explicat Gellius l. 10. 29.

204. *Præterea, &c.*) IV. PARS. *De temporibus operum rusticorum.* Monet tam esse agricolis observanda sidera, quam nautis: ea præsertim quæ tempestates cient, ut *Arcturus*, de quo v. 68. *Hædi*: stellæ duæ in humero aurigæ, sive Erichthonii. *Anguis*, nempe septentrionalis: nam triplex est; unus ad septentriones, alter in Ophiucho sub æquatore circulo, tertius ad Austrum: de ultimo hic sermonem esse putat Servius; de primo cæteri omnes, quia nobis magis est conspicuus.

207. *Pontus & ostriferi, &c.*) Plerique Pontum intelligunt *Euxinum*, latissimum illum maris sinum, inter Propontidem & Mæotidem paludem. Ego de *Hellesponto* accipio, *stretto di Gallipoli*, cujus in angustissima parte duæ sunt urbes, mille passuum trajectu disjunctæ, *Sestos* in Europa, *Abydos* in Asia, *li Dardanelli*. Totum illud litus ostreis ferax, unde Ennius: *Mures sunt Æni, ait aspera ostrea plurima Abydi.*

208. *Libra die, &c.*) I. Præceptum, *De satione hordei, lini, papaveris.* Ab æquinoctio autumnali, sive principio *libræ*, ad extremos usque *brumæ* dies. Ubi *bruma*, non pro tota hyeme, sed pro hyberno solstitio ponitur, quod cadit in extremum Decembrem, atque ita Virgilium explicat Plinius l. 18. 24. *Die.*) *Dii*: antiquorum more, qui sic genitivum illum efferebant. Probat enim exemplis Gellius lib. 9. 14. ab iis dictum esse, *hujus dies*, *hujus dii*, *hujus diei*; quod nunc est, *hujus diei*.

212. *Cereale papaver.*) Sic dictum: vel quia inventum a Cerere, juxta Eusebium de Præpar. Evang. l. 3. Vel quod eo Ceres usa fuerit, ad oblivionem doloris de amissa Proserpina; juxta Servium. Vel quod simulacra Cereris illud in manu gestarent; juxta Brodæum & Turneb. Vel quod frequens aspicatur in segetibus, quæ in Cereris tutela sunt, juxta Probum. Vel potius, quia *papaveris candidi semen tostum in secunda mensa cum melle apud antiquos dabatur, & panis rustici crustis ea inspergebatur*; juxta Plin. l. 19. 8. idque ad delicias & famem excitandam: unde *vescum papaver*, *papavero*, id est *edule* dicitur G. 4. 131.

214. *Dum sicca tellure licet, &c.*) Plerique post Servium interpretantur: Antequam pluat, cum imber imminet, necdum venit pluviosa tempestas. Ego sic: Quoties, in illa ipsa pluviosa tempestate, terra erit paulo siccior, & imber suspensus. Et vero poeta sationem illam assignat Autumno, cujus ultima pars pluviosa est; eamdemque sationem profert *usque sub extremum brumæ imbrem*: non igitur jubet prævenire tempestatem imbriferam; sed illius tempestatis eos eligi dies, qui sicci magis ac sereni essent.

Vere fabis satio: tum te quoque, Medica, putres
Accipiunt sulci, & milio venit annua cura:
Candidus auratis aperit cum cornibus annum
Taurus, & averso cedens canis occidit astro.
At si triticeam in messem robustaque farra
Exercebis humum, solisque instabit aristis:
Ante tibi Eoæ Atlantides abscondantur,
Gnosiaque ardentis decedat stella coronæ,
Debita quam sulcis committas semina, quamque
Invitæ properes anni spem credere terræ.
Multi ante occasum Maiæ cœpere: sed illos

Ex-

INTERPRETATIO.

sperata sunt. Vere fit sementis fabarum: tunc etiam sulci molles excipiunt te, o Medica, & redit annuus cultus milii, quando taurus fulgens aureis cornibus inchoat annum, & canis occidit, dans locum sideri retrogrado. Quod si preparas terram ad segetem tritici & far robustum, & soli frumento intentus es: Pleiades tibi occidant matutinæ, & ardens stella coronæ Ariadnes recedat prius, quam deponas in sulcis semina debita, & quam properes committere spem anni terræ repugnanti. Plurimi inceperant ante occasum Pleiadum, sed mes-

NOTÆ.

215. *Vere fabis, &c.*) II. Præceptum, *De tempore serendæ fabæ, medicæ, milii.* *Medica*, herba est, in Græciam a Medis advecta, per bella Persarum, quæ Græciæ Darius intulit: similis trifolio, optimum animalium pabulum, *gran trifoglio, e fieno di Borgogna*; semel sata, dicitur durare tricenis annis ex Plin. l. 18, 16. Unde hic opponitur milio, Ital. *miglio*, cujus est *annua cura*, quia singulis annis serendum est.

217. *Candidus auratis, &c.*) Tempus illud sationis assignat, non initium veris, sed ver jam adultum: quando *Canicula* sive *Sirius*, quæ stella est in ore canis majoris, occidit *acronyce* cum Sole, apud Taurum tunc existente: id est, quando Sirius descendit infra horizontem nostrum occidentalem, eodem momento, quo Sol in tauro existens infra eumdem horizontem descendit. Hic est enim occasus *acronycus*, ab ἄκρον *extremum*, & νὺξ *nox*; quia fit in primo noctis termino, seu initio. Porro occasus ille canis exeunte Aprili tunc contingebat, nunc multo tardius.

Aperit cum cornibus annum Taurus.) Annum fieri apertum ab *ariete* sive mense Martio, vulgare est; Virgilius tamen aperiri ait a *tauro*, sive mense Aprili: vel quod respexerit ad etymon Aprilis, qui ab *aperiendo* dictus est, quia tunc aperiuntur omnia molliori temperatura: vel quod, ut ait Jos. Scaliger, locutus sit ex mente Hesiodi & Rusticorum, qui annum suum, non ab ortu arietis, sed ab ortu Vergiliarum sive Pleiadum in tauro, inchoabant.

Auratis cornibus.) Sigelius alludi putat ad morem Romanorum, qui triumphalium taurorum cornua inaurabant. Ego sic dici puto, quia lucidissimam in utroque cornuum acumine stellam taurus gerit, alteram secundæ, alteram tertiæ magnitudinis.

218. *Averso cedens canis occidit astro.*) Ita correxit e MSS. N. Heinsius, cum antea legeretur, *adverso*, difficili & ambiguo sensu, nempe puto. *Aversum* enim astrum est navis *Argo*, post canem sequens, & post eum occidens: illa autem, contra navium morem, aversa & posteriore sui parte incedens in cœlo describitur, puppe scilicet, non prora.

219. *At si triticeam, &c.*) III. Præceptum, *De tempore serendi tritici & farris*: quæ dicuntur *robusta*: tum quia frumenta omnia multo plus habent, quam legumina, virium; adeoque terram exigunt multo pinguiorem: tum quia inter ipsa frumenta primum locum tenent *far* & *triticum*.

221. *Ante tibi Eoæ, &c.*) Tempus illud assignat ex duplici indicio: nempe post occasum *cosmicum* matutinum *Pleiadum*, & ortum *heliacum* stellæ *coronæ* septentrionalis: id est, quando Pleiades descendunt infra horizontem nostrum occidentalem; eo momento, quo Sol ascendit supra horizontem nostrum orientalem, & quando coronæ septentrionalis stella distat a Sole, ut possit expediri se e fulgore Solis, & paullo ante ejus ortum in horizonte orientali apparere: quod utrumque contingebat Virgilii ætate sub extremum Octobrem, nunc autem longe tardius. Occasus *cosmicus* dicitur, a κόσμος *mundus*; ortus *heliacus*, ab ἥλιος *Sol*. *Atlantides.*) Pleiades, Vergiliæ, v. 138. *Eoæ.*) Non *orientales* hoc loco, quia agitur de earum occasu versus horizontem occidentalem; sed *matutinæ*; quia occasus ille mane contingit: ab ἠώς *aurora*, *diluculum*.

222. *Gnosia.*) Cretica. *Gnosus* oppidum est Cretæ insulæ, in quo regnavit Minos pater Ariadnes: quæ a Theseo rapta, ab eodem relicta in insula Naxo, nupsit deinde Baccho: quibus in nuptiis, cum a Diis omnibus dona acciperent, inprimisque coronam a Venere; coronam Bacchus, sive juxta alios ipsam Ariadnen, in cœlum transtulit.

Decedat.) Non a nobis, quibus tunc incipit fieri conspicua ante ortum Solis, sed a Sole, cui antea cum esset vicinior, nobis mane non apparebat, quia tunc ejus nimia luce delibatur.

225. *Ante occasum Maiæ.*) Monet ad satienem

eos

Exspectata seges vanis elusit aristis.
Si vero viciamque seres, vilemque faselum,
Nec Pelusiacæ curam aspernabere lentis,
Haud obscura cadens mittet tibi signa Bootes:
Incipe, & ad medias sementem extende pruinas.
Idcirco certis dimensum partibus orbem
Per duodena regit mundi Sol aureus astra.
Quinque tenent cœlum zonæ: quarum una corusco
Semper Sole rubens, & torrida semper ab igni:
Quam circum extremæ dextra lævaque trahuntur,
Cærulea glacie concretæ atque imbribus atris.
Has inter mediamque duæ mortalibus ægris
Munere concessæ Divum, & via secta per ambas,

Ob-

INTERPRETATIO.

tis sperata fefellit vos inanibus spicis. Si autem seminas viciam, & vilem faselum; neque dedignaris cultum lentis Ægyptiæ: Bootes occidens dabit tibi signa non dubia: incipe tunc, & profer sationem usque ad mediam hyemem. Ideo Sol aureus gubernat, per duodecim mundi signa, orbem distributum in certas partes. Quinque zonæ occupant cœlum, quarum una semper rubet fulgente Sole, & semper incalescit ab ejus ardore. Circa illam, ad dextram & ad sinistram duæ *ultimæ ducuntur, rigentes glacie cærulea, & nigris pluviis. Inter illas & mediam, duæ beneficio Deorum datæ sunt miseris hominibus: & orbita secta*

NOTÆ.

zeo esse præveniendum occasum Vergiliarum: quarum unam appellat pro omnibus, nempe *Maiam*, quæ Mercurium ex Jove peperit in Cyllenæ monte Arcadiæ.

227. *Si vero viciamque &c.*) IV. Præceptum, *De tempore serendæ viciæ, faseli, & lentis.* Vicia, Ital. *veccia.* Faselus, *fagiuolo.* Lens, *lenticchia* frequens in Ægypto, præsertim apud *Pelusium* oppidum, a quo extremum e septem Nili ostiis Pelusiacum dictum est.

230. *Cadens mittet tibi signa Bootes.*) Tempus hujus sationis consignat cum Boote. Sed dubitatur quo Bootæ ortu. Duplex enim huic sationi convenire potest, *cosmicus, & acronychus: cosmicus* cum descendit Bootes infra horizontem occidentalem eo momento, quo Sol ascendit supra orientalem; quod contingebat tunc initio Martii: *acronychus* cum descendit infra horizontem occidentalem, eodem momento, quo Sol ipse; quod contingebat initio Novembris. Et vero Plinius l. 18. 25. triplicem agnoscit viciæ sationem: primam circa occasum Arcturi, quem indicat mense Decembri priorem esse; secundam circa mensem Januarium; tertiam circa Martium. Igitur primæ sationi conveniet occasus Arcturi, sive Bootæ, *acronychus*; tertiæ *cosmicus*. Hujus itaque, & proxime consequentis versus, hic sensus est: Incipe primam sationem a casu *acronycho* Bootæ, mense Novembri; & extende, sive remittas secundam sationem usque ad mediam hyemem, mensemque Januarium. Tertiam sationem mensis Martii, quæ convenit cum occasu Bootæ *cosmico*, videtur poeta non admittere. De *Arcturo*, v. 68. De *Boote*, in quo Arcturus est, v. 138.

233. *Quinque, &c. Zonæ.*) Zona ζώνη, Latine *cingulum, fascia*: quintuplex est: sic dicta, quia mundum zonæ instar circumcingit. Media torrida, inter utrumque tropicum comprehensa, semper itineri subjecta Solis, qui nunquam ex ea excurrit: extremæ duæ frigidæ, circulis polaribus polisque definitæ: duæ temperatæ, inter torridam & frigidam hinc inde interjectæ.

238. *Via secta, &c.*) *Zodiacus*, circulus obliquus, in quo duodecim signa certis ac æqualibus spatiis descripta sunt. De eo ista quinque notanda. I. Dividitur in partes, sive gradus 360. signa singula in gradus 30. e quibus unum circiter gradum singulis mensibus motu proprio Sol conficit, ab occidente in orientem procedendo; atque ita uno circiter anno duodecim signa decurrit. Interea dum communi motu, qui raptus dicitur, ab oriente in occidentem procedendo, quatuor & viginti horarum spatio orbem terrarum circuit. II. Signorum ordo & nomina his versibus continentur. *Sunt aries, taurus, gemini, cancer, leo, virgo, Libraque, scorpius, arcitenens, caper, amphora, pisces.* Quæ quia maxima ex parte animalia sunt, hinc circulus *zodiacus* appellatur, a ζώδιον, *animal*. III. Mensi *Martio* respondet *aries*: in quem ingredi Sol dicitur circa vigesimum Martii, eumque totum decurrere, usque sub vigesimum Aprilis: quo tempore in taurum subit: atque ita fere de cæteris. IV. *Obliquus* dicitur, quia non distat æqualiter a polis: sed per zonam torridam transversus, utrumque tropicum attingit, & æquatorem circulum bis secat. Attingit in primo gradu cancri tropicum septentrionalem, qui inde *tropicus cancri* dicitur, attingit in primo gradu capricorni tropicum meridionalem, qui inde vocatur *tropicus capricorni*. Secat æquatorem in primo gradu arietis, & in primo gradu libræ. V. Cum Sol pervenit ad tropicum cancri, circa 21. Junii, tunc nobis est æstas summa, sive *solstitium*. Cum ad tropicum

ubi

Obliquus qua se signorum verteret ordo.
Mundus ut ad Scythiam Riphæasque arduus arces
Consurgit, premitur Libyæ devexus in Austros.
Hic vertex nobis semper sublimis; at illum
Sub pedibus Styx atra videt, manesque profundi.
Maximus hic flexu sinuoso elabitur anguis
Circum, perque duas in morem fluminis Arctos:
Arctos, Oceani metuentes æquore tingi.
Illic, ut perhibent, aut intempesta silet nox
Semper, & obtenta densantur nocte tenebræ;
Aut redit a nobis Aurora, diemque reducit;
Nosque ubi primus equis oriens afflavit anhelis,

Illic

INTERPRETATIO.

est inter has duas, qua ordo duodecim *signorum obliquus se volveret. Sicut mundus sublimis attollitur versus Scythiam, & montes Riphæos, ita deprimitur inclinans in Austrum Africæ. Hic polus semper nobis altus est; sed illum Styx nigra, & umbræ infernæ vident sub pedibus. Ad polum* superiorem *maximus draco volvitur flexu sinuoso, in modum fluvii circa* polum, *& inter duas ursas: ursas, quæ timent lavari aquis Oceani. Ad polum* inferiorem, *aut profunda nox semper silet, ut ajunt, & tenebræ densantur offusa nocte: aut Aurora, a nobis* recedens, *illuc revertitur, & refert lucem; & cum primus ortus nos afflat equis*

NOTÆ.

capricorni, circa 21. Decembris, tunc hyems-summa, sive *bruma*: lique tropici dicuntur a τρέπω verto; quia Sol quando eorum alterum attigit, ad alterum vertit cursum. Cum vero Sol pervenit ad sectionem arietis, sub 20. Martii, tunc est *æquinoctium vernum*: cum ad sectionem libræ, 23. Septembris, tunc est *æquinoctium autumnale*.

239. *Mundus ut, &c.*) Nunc de polis disserit: qui sunt puncta duo, circa quæ mundus volvitur, a πολέω verto, unde a Latinis *vertices* appellantur. De his tria dicit, I. Duos esse, nempe Borealem, & Australem. II. Borealem semper a nobis videri, Italis, Gallis, *&c.* Australem numquam a nobis videri; sed ab iis quos appellamus *antipodes*: Virgilius *manes profundos*, ex ignara vetustatis mente, quæ sedem illam inferis tribuebat. III. Utrumque polum describit: Borealem quidem a sideribus circum, quæ inde apparent, *Dracone* præcipue & *ursa* gemina: de Australi, utpote ignoto, conjicit, aut Solem a nobis recedentem illuc abire, aut illic noctem esse perpetuam.

240. *Scythiam, Riphæasque arduus arces.*) De *Scythia*, per quam intelligit partes mundi septentrionales, Ecl. 1. 66. *Arces.*) Montes, ab *arce*, summas. Sic G. 4. 461. *Flerunt Rhodopeiæ arces. Riphæi.*) Montes Sarmatiæ Europææ, nunc *Moscoviæ*: porrecti versus Oceanum Scythicum, ad usque ostia *Obii* fluvii; a quibusdam nunc appellantur *Stolp*.

241. *Libyæ devexus in Austros.*) Partes mundi meridionales designat per ventum, qui inde flat, *Austrum*: de quo Ecl. 2. 58. Deinde per ipsam *Libyam*, terrarum tunc orbis veteris polum illum remotissimam. Certe *Libya* vulgo apud veteres pro tota Africa sumitur, a Libya Epaphi filia, quæ huic nomen suum dedit: proprie tamen Africæ pars est ea, quæ mari mediterraneo, Ægypto, Tripolitana regione, & Æthiopia circumcluditur: nunc regnum & desertum *Barca*.

243. *Styx atra, &c.*) De *Styge* inferorum fluvio, aut palude, Æn. 6. 323. De *Manibus* sive umbris, ib. 743.

244. *Anguis, &c.*) Sive *draco*, custos horti Hesperidum a Junone constitutus, & ab eadem in cœlum translatus, cum ab Hercule occisus esset. Ecl. 6. 61. Is circa polum versatur: & majorem ursam cauda attingit, minorem corpore complectitur.

246. *Arctos, Oceani &c.*) Ursas geminas, quæ numquam descendunt infra horizontem nostrum: quia viciniores polo septentrionali, qui semper nobis attollitur: ideo dicuntur numquam *æquore tingi*, id est, numquam occidere; more poetarum, qui Solem & astra, cum occidunt, in Oceanum decumbere fabulantur. Ovidius vero Fast. 2. 191. de majore ursa causam affert, odium Junonis: quæ cum eam in cœlum admissam doleret, Tethyn rogavit, ne umquam aquis eam suis lavari permitteret. De *Arcto* utraque, v. 138.

Metuentes æquore tingi.) Id est, numquam tingendas. Et est familiaris poetis locutio. Sic Horat. Od. 2. 2. *Illum aget penna metuente solvi Fama superstes*: id est, numquam solvenda.

247. *Intempesta silet nox.*) Quasi *intempestiva* & ad agendum incommoda: definit enim eam Varro lib. 5. L. L. *cum tempus agendi est nullum*.

249. *Aurora.*) Titanis & Terræ filia, Memnonis mater ex Tithono, Laomedontis Trojani regis filio, quem sic amavit, ut eum senem herbarum virtute ad juventutem revocaverit. Amavit & Cephalum. Roseos et digitos tribuit Homerus; roseos equos alii, sive bigas, sive quadrigas: quibus aspirare diem & Solem præcurrere dicitur. Idque ob colorem subrubentem & aureum, in quem desinit ante matutinum crepusculum. Unde & *Aurora* vocata est, ab *auro*, juxta Varronem.

250. *Equis oriens afflavit, &c.*) Sol perfudit

Illic sera rubens accendit lumina Vesper.
Hinc tempestates dubio prædiscere cælo
Possumus: hinc messisque diem, tempusque serendi;
Et quando infidum remis impellere marmor
Conveniat; quando armatas deducere classes,
Aut tempestivam silvis evertere pinum.
Nec frustra signorum obitus speculamur & ortus,
Temporibusque parem diversis quatuor annum.
Frigidus agricolam si quando continet imber,
Multa, forent quæ mox cælo properanda sereno,
Maturare datur. Durum procudit arator
Vomeris obtusi dentem, cavat arbore lintres:
Aut pecori signum, aut numeros impressit acervis.
Exacuunt alii vallos, furcasque bicornes;
Atque Amerina parant lentæ retinacula viti.
Nunc facilis rubea texatur fiscina virga:
Nunc torrete igni fruges, nunc frangite saxo.

Quip-

INTERPRETATIO.

anhelantibus, illic rubens Hesperus accendit sidera vespertina. Ex his possumus prænoscere tempestates, cælo incerto: ex his, & tempus messis, & tempus sationis; & quandonam opportunum sit agitare remis infidum mare, & quandonam opportunum sit deducere classes armatas, aut cadere in silvis pinum tempestivam. Nec frustra consideremus ortus & occasus siderum, & annum dimensum æqualiter in quatuor tempestates. Si aliquando pluvia frigida retinet domi agricolam, tunc licet multa præparare, quæ postea festinanter facienda essent sudo tempore. Arator exacuit duram aciem vomeris hebetati, cavat naviculas e ligno, vel imponit notas pecoribus, vel numeros cumulis frugum. Alii acuminant palos, & furcas bicornes; & præparant Amerina ligamina viteæ flexili. Modo conficite leves canistros e vimine rubeo: modo coquite igne

NOTÆ.

dit halitu & afflatu equorum, qui quatuor ipsi a poetis assignantur: *Pyrois*, a πῦρ *ignis*; *Eous*, ab ἠώς *Aurora*; *Æthon*, ab αἴθω *ardeo*; *Phlegon*, a φλέγω *comburo*.

251. *Accendit lumina Vesper.*) Vesper, prima stellarum apparet sero, unde cæteras dicitur accendere. De eo, Ecl. 6. 86.

256. *Tempestivam, &c.*) Hoc est, tempore idoneo cædendis arboribus: nempe decrescente luna, post meridiem, flante vento Austro, sine rore, semine maturo, mensibus præsertim Julio & Augusto: quia tunc minus obnoxiæ sunt putrefactioni, ac vermibus.

258. *Temporibusque parem diversis, &c.*) Veri, æstati, autumno, hyemi. Quasi *sufficientem* quatuor illis temporibus, id est, qui possit eas quasi ex se emittere, ac suppeditare: sic apud Cicer. *par disserendo*; apud Quintil. *par laboribus corpus*. Vel quia *sibi ipsi æqualem*, atque quasi ipsa temperatum: totum enim est æquale partibus. Sic apud Cicer. 5. De Fin. 23. *Verbum Latinum par Græco, & idem valens*. Vel quasi *æqualiter dimensum* in quatuor partes: quia singulæ in tres menses occupant. Sic apud Cic. in Orat. 49. *Verba verbis quasi demensa, & paria respondeant*.

259. *Frigidus, &c.*) V. Præceptum, *De iis quæ hyberna & pluvia tempestate agricolis facienda sunt*.

261. *Maturare.*) Sæpe significat, celeriter aliquid facere: ut Æn. 1. 141. *Maturate fugam*: apud Cicer. pro Cluentio 171. *Maturare mortem alicui*, &c. Hic tamen opponitur verbo *properare*; & significat aliquid cum maturitate & otio, seu tempestive, facere; neque serius, neque citius.

262. *Lintres.*) *Linter*, vel navicula est fluviatilis, ex unica arbore excavata; vel vas æquando pecori comparatum, ex uno item ligno exsculptum.

263. *Numeros impressit acervis.*) Modiorum numerum, vel tesseris inscribendo, vel saccis ipsis, quibus continentur, appingendo.

264. *Vallos.*) Sudes, *pali*.

265. *Amerina.*) Ex *Ameria*, civitate Umbriæ: ubi frequentes salices.

266. *Rubea virga.*) Vel quæ abundat circa *Rubos* oppidum Campaniæ; vel quæ fit ex *rubo*, virgulto spinoso.

267. *Nunc torrete, &c.*) Panificium intelligit, quo frumentum molitur, ac deinde panum coquitur. Vel alludit ad morem veterum, qui fru[illegible] sine pistrina tosta terebantur.

Quippe etiam festis quædam exercere diebus
Fas & jura sinunt: rivos deducere nulla
Relligio vetuit, segeti prætendere sepem,
Insidias avibus moliri, incendere vepres,
Balantumque gregem fluvio mersare salubri.
Sæpe oleo tardi costas agitator aselli
Vilibus aut onerat pomis: lapidemque revertens
Incusum, aut atræ massam picis urbe reportat.
Ipsa dies alios alio dedit ordine Luna
Felices operum: quintam fuge: pallidus Orcus
Eumenidesque satæ: tum partu Terra nefando
Cœumque, Iapetumque creat, sævumque Typhoea,
Et conjuratos cælum rescindere fratres.
Ter sunt conati imponere Pelio Ossam
Scilicet, atque Ossæ frondosum involvere Olympum:
Ter Pater exstructos disjecit fulmine montes.
Septima post decimam felix, & ponere vitem,
Et prensos domitare boves, & licia telæ

Ad-

INTERPRETATIO.

frumenta, modo ex terito saxo. Quin etiam fas & leges permittunt facere res aliquas festis diebus: nulla religio prohibet derivare aquas ex agris, cingere segetem septo, struere dolos avibus, comburere spinas, & lavare in aquis gregem ovium, sanitatis causa. Sæpe ductor pigri asini dorsum illius oleo onerat, vel fructibus vilibus: & rediens domum ex urbe refert molam incisam, vel massam nigræ picis. Ipsa Luna præbet dies varios vario serie prosperos ad opera. Evita quintam diem: illo die Pluto pallidus, & Furiæ genitæ sunt: præterea Terra scelerato partu produxit & Cœum, & Iapetum, & crudelem Typhœa, & fratres conjuratos evertere cœlum. Ter videlicet sunt conati imponere Ossam Pelio, & injicere Ossæ frondosum Olympum: ter Jupiter disturbavit fulmine montes accumulatos. Septimus dies felix est, minor quam decimus, & ad plantandam vineam, & ad subigendos boves ligatos, & ad jungenda

NOTÆ.

268. *Quippe etiam, &c.*) VI. Præceptum, *De his quæ festis diebus exercere licet agricolis.*

272. *Salubri.*) Explicat Columella l. 2. 22. *Pontifices vetant festis diebus lanarum causa lavari oves, nisi propter medicinam. Virgilius idcirco adjecit, fluvio mersare salubri.* Nempe, non ut purgetur lana, sed ut curetur scabies.

274. *Lapidemque, &c. incusum.*) Lapidem molarem, sive molam, arte incisam, ut sit usui terendis & molendis frugibus.

276. *Ipsa dies alios, &c.*) VII. Præceptum, *De observatione dierum felicium & infelicium.*

277. *Pallidus Orcus.*) Pro Plutone sumitur a Cicerone, de Nat. Deor. 3. 43. A Silio Italico pro Cerbero cane. Ab aliis pro Charonte portitore. Male autem a plerisque pro Thessaliæ fluvio, quem dicunt pinguem esse in modum olei, ideoque innatantem Peneo, in quem e Stygia palude influit. Fons erroris est Homeri versus Iliad. 2. 755. Ὅρκου γὰρ δεινοῦ Στυγὸς ὕδατός ἐστιν ἀπορρώξ. *Juramenti enim terribilis, aquæ Stygiæ rivus est.* Patet vero legentibus id ab Homero de Titaresio amne, quem ante descripsit, omnino dici: atque illic, ὅρκος, aliud significare, quam juramentum; non fluvium. Dicit quippe Stygiam paludem, cujus Titaresius rivus est, juramentum esse Deorum. Confirmatur vero hæc sententia a Strabone, lib. 9.

278. *Eumenides.*) Furiæ, sic dictæ per antiphrasim, quod minime sint εὐμενεῖς, benevolæ: Acherontis fluvii & Noctis filiæ, viperis crinitæ & facibus instructæ, ultrices criminum, numero tres: *Alecto* ab α privante, & λήγω cesso. *Tisiphone*, a τίω ulciscor, & φόνος, cædes. *Megæra*, a μεγαίρω, invideo.

279. *Cœumque, &c.*) Gigantum præcipuos, qui adversus Deos, ad Phlegram Macedoniæ urbem, sunt pugnare: aggressi ejus regionis, vicinisque Thessaliæ montibus, *Pelio, Ossa, Olympo.* De *Olympo*, Ecl. 5. 57. *Typhoea.*) Non *Typhœus*, ut passim scribitur: neque enim in eo nomine e & o in unum coalescunt; sed e & a: quippe est a Græco [illegible], ubi e cum o non facit diphthongum, sed e cum ε. Notetur versus Græco more bis hians: *Ter sunt conati, &c.*

280. *Fratres.*) Gigantes, Terræ & Titanis filios.

285. *Licia telæ.*) Ecl. 8. 74.

Addere. Nona fugæ melior, contraria furtis.
Multa adeo gelida melius se nocte dedere,
Aut cum Sole novo terras irrorat Eous.
Nocte leves stipulæ melius, nocte arida prata
Tondentur: nocte lentus non deficit humor.
Et quidam seros hyberni ad luminis ignes
Pervigilat, ferroque faces inspicat acuto.
Interea longum cantu solata laborem
Arguto conjux percurrit pectine telas:
Aut dulcis musti Vulcano decoquit humorem,
Et foliis undam tepidi despumat aheni.
At rubicunda Ceres medio succiditur æstu,
Et medio tostas æstu terit area fruges.
Nudus ara, sere nudus; hyems ignava colono.
Frigoribus parto agricolæ plerumque fruuntur,
Mutuaque inter se læti convivia curant.
Invitat genialis hyems, curasque resolvit.
Ceu pressæ cum jam portum tetigere carinæ,
Puppibus & læti nautæ imposuere coronas.
Sed tamen & quernas glandes tum stringere tempus,

Et

INTERPRETATIO.

licia telæ. Nonus felix est ad peregrinationem & adversus furtis. Multa etiam melius succedunt noctu, aut cum Lucifer spargit rore terras oriente Sole. Nocte graciles aristæ, noctu fœnum siccum melius secatur, humor tenax non deest noctibus. Et aliqui vigilant ad lucem nocturnam hyberni ignis, & acuto ferro incidunt faces. Interim uxor leniens cantilenis longum laborem addensat telam stridulo pectine, aut coquit igne liquorem dulcis vini, & frondibus aufert spumam ex unda cacabi bullientis. At segetes flavæ secantur media æstate, & media die frumenta exsiccata teruntur in area. Ara nudus, semina nudus: frigus pigrum reddit agricolam. Per hyemem vulgo agricolæ utuntur rebus per æstatem comparatis: & hilares agitant inter se mutuas epulas. Suadet hoc hyems voluptaria, & curas relaxat. Veluti cum naves onerata jam attigere portum, & nautæ hilares imposuere coronas puppibus. Attamen tunc tempus est

NOTÆ.

286. *Fugæ melior, contraria furtis.*) Opportuna servis aut captivis fugientibus, inquiunt alii. Melius opportuna itineribus & peregrinationi: velox enim cursus *fuga* poetis dicitur, G. 3. 201. *Ille volat, simul arva fuga, simul æquora verrens.*

287. *Multa adeo, &c.*) VIII. Præceptum, *De iis quæ nocte ac die, æstate atque hyeme melius præstantur. Eous.*) Lucifer, Ec. 6. 86.

292. *Faces inspicat.*) Faces e ligno minutas in virgulas incidit spicarum & aristarum in modum, Ecl. 8. 29.

294. *Pectine.*) Pecten est instrumentum quo densatur tela, Æn. 7. 14.

295. *Musti.*) Vini novi. Describit autem hic vini coctionem, quod si ad tertiam partem mustum decoquatur, *sapa* dicitur: si ad dimidiam, vocatur *defrutum*, ex Plin. l. 14. 9. Nota redundantem ultimam versus syllabam, quæ cum sequenti versus elidenda est.

Vulcano.) Pro igne sumitur, qui in ejus est tutela. Jovis & Junonis filius fuit; ab iis e cœlo propter deformitatem dejectus in insulam Lemnum, claudus e casu factus est, & ferrariam ibi fabricam exercuit, uxoremque duxit Venerem. Quamquam ejus officinam Virgilius alibi constituit. Æn. 8. 416.

297. *Ceres.*) Pro segete hic accipitur: alibi pro pane. De ea, Ecl. 5. 79.

302. *Genialis hyems.*) Ea, quibus inest voluptas, *genialia* dicuntur a *Genio* voluptatis Deo: unde dicimus *genio indulgere*, voluptati indulgere; & *genium defraudare*, voluptate abstinere.

303. *Pressæ.*) Jactatæ mari & afflictæ scopulis, juxta Ramum: onerata mercibus, juxta Taubmannum: ut Tibul. l. 1. Ecl. 3. 40. *Presserat externa navita merce ratem.*

304. *Coronas.*) Reduces e navigatione coronabant naves, puppem præcipue, quia in postrema illa navis parte sacrarium erat.

305. *Stringere.*) Ecl. 9. 61.

Et lauri baccas, oleamque, cruentaque myrta:
Tunc gruibus pedicas & retia ponere cervis,
Auritosque sequi lepores; tum figere damas,
Stupea torquentem Balearis verbera fundæ,
Cum nix alta jacet, glaciem cum flumina trudunt.
Quid tempestates autumni & sidera dicam?
Atque ubi jam breviorque dies, & mollior æstas,
Quæ vigilanda viris? vel cum ruit imbriferum ver,
Spicea jam campis cum messis inhorruit, & cum
Frumenta in viridi stipula lactentia turgent?
Sæpe ego, cum flavis messorem induceret arvis
Agricola, & fragili jam stringeret hordea culmo,
Omnia ventorum concurrere prælia vidi,
Quæ gravidam late segetem ab radicibus imis
Sublime expulsam eruerent: ita turbine nigro
Ferret hyems culmumque levem, stipulasque volantes.
Sæpe etiam immensum cœlo venit agmen aquarum,
Et fœdam glomerant tempestatem imbribus atris
Collectæ ex alto nubes: ruit arduus æther,
Et pluvia ingenti sata læta, boumque labores

Di-

INTERPRETATIO.

colligere & glandes quercinas, & baccas lauri, & olivas, & myrta sanguinea. Tunc tempus est objicere pedicas avibus, & retia cervis, & persequi lepores auritos: tunc tempus est occidere damas, intorquendo lora stupea Balearis fundæ: cum nix alta jacet, cum fluvii propellunt glaciem. Quid enumerem procellas & astra autumni? & quænam sint providenda rusticis, cum dies jam decrescunt, & æstas est mitior, vel cum ver pluvium desinit, cum spicæ segetum jam intremiscunt per agros, & cum frumenta plena lacte tumescunt in culmo adhuc herbescente. Sæpe cum colonus introduceret messorem in segetes maturas, & jam ligaret hordea paleis fragilibus, ego vidi misceri pugnas omnium ventorum, quæ dissipabant in auras plenam segetem extirpatam radicitus; tam denso nimbo tempestas jactabat calamos leves, & stipulas volantes. Sæpe etiam ingens copia imbrium cadit e cælo, & nubes e mari advectæ colligunt tempestatem nigræ pluviæ: cælum altum minatur ruinam; evertitque largo imbre opera boum

NOTÆ.

306. *Myrta.*) Fructus myrti arboris, qui maturi denso rubore nigrescunt.

307. *Gruibus pedicas.*) Laqueos, quibus implicantur pedes; & *gruibus* posuit pro quibuscumque avibus, speciem pro genere.

308. *Figere damas stupea, &c.*) Ordo est, tempus est, torquentem, id est, eum, qui torquet verbera fundæ, figere damas. Negat Philargyrius figi posse damas funda; sed tantum eum in locum compelli, ubi deinde jaculis figantur. Quidni tamen plumbo e fundis excusso perinde figantur, ut nunc figuntur explosis ex ferreis tubulis plumbis? Sic enim Ovid. Met. 2. 726. *Non secus exarsit, quam cum Balearica plumbum Funda jacit; volat illud, & incandescit eundo.* *Baleares* autem insulæ circa Hispaniam sunt, *Majorca* & *Minorca*: quarum incolæ fundæ usu præ cæteris inclaruere, inde nomen habere memorantur, a βάλλειν *jacere*. *Stupea verbera.*) Funes e stupa contexti, sive lora, quibus lapis aut plumbum intorquetur.

311. *Quid tempestates, &c.*) V. PARS. *De tempestatum prognosticis*; quibus præmittit tempestatum ipsarum descriptionem.

322. *Agmen aquarum.*) Vel, juxta Servium, motum & impetum significat: ut Æn. 2. 782. *Leni fluit agmine Tybris.* Vel juxta Pomponium, copiam & multitudinem: cui assentior propter epithetum *immensum*, quod potius copiæ quam motui convenit.

324. *Collectæ ex alto nubes.*) I. Collectæ ex *septentrione* & Aquilone, juxta Servium: quia septentrio sublimis mundi; Auster, sive meridies, depressus est: at procellæ tamen e meridionali parte, Austro flante, plerumque ingruunt; unde dicitur, *Ingeminant Austri*. II. Collectæ e mari, juxta Pomponium; quia nubes e mari & lacubus aquas colligunt. III. Collectæ ex aere sublimi: juxta alios communiter.

Diluit: implentur fossæ, & cava flumina crescunt
Cum sonitu, ferventque fretis spirantibus æquor.
Ipse Pater, media nimborum in nocte, corusca
Fulmina molitur dextra: quo maxima motu
Terra tremit, fugere feræ, & mortalia corda
Per gentes humilis stravit pavor. Ille flagranti
Aut Atho, aut Rhodopen, aut alta Ceraunia telo
Dejicit; ingeminant Austri, & densissimus imber:
Nunc nemora ingenti vento, nunc litora plangunt.
Hoc metuens, cœli menses & sidera serva;
Frigida Saturni sese quo stella receptet:
Quos ignis cœli Cyllenius erret in orbes.
Imprimis venerare Deos; atque annua magnæ
Sacra refer Cereri, lætis operatus in herbis,
Extremæ sub casum hyemis jam vere sereno.
Tunc agni pingues, & tunc mollissima vina:
Tunc somni dulces, densæque in montibus umbræ.
Cuncta tibi Cererem pubes agrestis adoret:
Cui tu lacte favos, & miti dilue Baccho,

Ter-

INTERPRETATIO.

& campos fertiles: fossæ implentur aquis, *& fluvii profundi augentur cum strepitu: & mare æstuat flatibus* quasi *ebullientibus. Jupiter ipse medius in tenebris nubium vibrat rubente manu tonitrua: quo tumultu terra late concutitur, feræ fugiunt, & humilis timor dejicit undique mentes hominum. Ille ferit ardenti fulmine vel Atho, vel Rhodopen, vel ardua Ceraunia: invalescunt Austri & pluvia copiosissima: jam silvæ, jam litora sonant magno vento. Hoc timens, observa menses & signa cœli: quam in partem abeat tardum astrum Saturni: Quos per circulos planeta Mercurii vagetur. Præcipue cole Deos, & annua sacrificia persolve magnæ Cereri, sacrificans in herbis fertilibus, sub exitum ultimæ hyemis, jam sudo vere. Tunc agni sunt pingues, tunc vina suavissima, tunc somni dulces, & umbræ opacæ in montibus. Omnis rustica juventus adoret tibi Cererem: cui tu misce mel cum lacte & vino leni, & victima*

NOTÆ.

327. *Ferventque fretis.*) Etymon *freti* apposuit. Fretum enim est mare inter geminas littoris angustias compressum, ibique quasi *fermentans*, & *spirans*, & ebulliens.

332. *Aut Atho, aut, &c.*) *Athos*, mons est in Macedonia, imminens mari Ægæo: *Rhodope* in Thracia: *Ceraunia* in Epiro, sic dicta, quia frequenti fulmine propter altitudinem feriuntur, a κεραυνός *fulmen*. Legitur in aliquot codic. *Athon*: & vero accusativus Græca lege est Ἄθων. Usu tamen Themistii, Isocratis, Strabonis, &c. receptus est accusativus Ἄθω, cujus ultima hic brevis fit, nec eliditur, Græco more; ut v. 281. *Imponere Pelio Ossam.*

336. *Frigida Saturni, &c.*) Vis astrorum, planetarum imprimis, ad procellas & anni tempestates maxima, augetur, aut minuitur, vel prout variis zodiaci signis quisque respondet, & hoc significat *quo se receptet*; vel prout planetis aliis conjungitur, & hoc significat *quos erret in orbes*: Assignantur enim planetis *orbes* sive circulus cuique suus. Itaque *Saturnus* noxius est, & respondens Capricorno, ciet pluvias, respondens Scorpio grandines. *Mercurius* præsertim nulla virtute peculiari insignis, talis est, qualis planeta, cui sese admovet; si *Jovi*, felix est; si *Saturno*, funestus; unde *minister deorum* dicitur. De *Saturno*, Ecl. 4. 6.

337. *Cyllenius.*) Mercurius, a Cyllene Arcadiæ monte, in quo natus est, patre Jove, matre Maja, una ex Pleiadibus. *Bene erret*: planetæ enim septem, ex quibus unus est, nomen habent a πλανάω *erro*: quia non fixa, sed errantia sidera sunt.

339. *Sacra refer Cereri.*) Cereri duo indicit sacrificia, vernum unum, *jam vere sereno*: alterum æstivum, atque *ante falcem maturis quisquam*, &c. *Operatus.*) *Operari* & *facere*, sine addito, est facere sacrificium: Ecl. 3. 77.

343. *Cuncta tibi, &c.*) Ritum describit sacrificii *ambarvalis*, quo solebant *arva ambire*, & circuire cum hostia. Qua vide fusius apud Tib. l. 2. 1. *Tibi.*) Tuo jussu, tui causa, *&c.* estque Latinis, ut & Gallis, familiaris locutio. Sic supra v. 45. *Depresso incipiat jam tum mihi taurus aratro Ingemere.*

344. *Cui tu lacte favos, &c.*) Sacrificii mate-

Terque novas circum felix eat hostia fruges,
Omnis quam chorus & socii comitentur ovantes;
Et Cererem clamore vocent in tecta: neque ante
Falcem maturis quisquam supponat aristis,
Quam Cereri, torta redimitus tempora quercu,
Det motus incompositos, & carmina dicat.
Atque hæc ut certis possimus discere signis,
Æstusque, pluviasque, & agentes frigora ventos;
Ipse Pater statuit, quid menstrua Luna moneret,
Quo signo caderent Austri, quid sæpe videntes
Agricolæ propius stabulis armenta tenerent.
Continuo ventis surgentibus, aut freta ponti
Incipiunt agitata tumescere, & aridus altis
Montibus audiri fragor; aut resonantia longe
Litora misceri, & nemorum increbescere murmur.
Jam sibi tum a curvis male temperat unda carinis,
Cum medio celeres revolant ex æquore mergi,
Clamoremque ferunt ad litora, cumque marinæ

In

INTERPRETATIO.

propitia ter ducatur circa novas fruges, quam omnis chorus, & socii læti comitentur: & clamoribus invocent Cererem in domum suam: nec ullus subjiciat falcem maturæ segeti, priusquam edat motus inconditos, & canat carmina in honorem *Cereris. Et ut possimus hæc cognoscere certis indiciis, calorem, & imbres, & ventos adducentes frigora; Jupiter ipse definivit, quid menstrua Luna indicaret, quo indicio Austri quiescerent, quid videntes rustici sæpe continerent greges non longe a stabulis. Statim ventis orientibus, aut æquor maris commotum incipit inflari, & siccus fragor audiri ex altis montibus; aut ripæ procul resonantes perturbari, & murmur silvarum augescere. Jam tunc fluctus difficile se abstinent a curvis navibus vorandis, cum mergi revolant celeriter e medio mari, & emittunt vocem ad litora: &*

NOTÆ.

tiam explicat: lac, mel, vinum, hostiam: quæ juxta Virg. Ecl. 3. 77. *vitula* erat: juxta Tibull. l. 2. 1. *agnus*; juxta eumdem, l. 1. 21. 26. *porcus*: juxta Servium, *sus gravida*.

Miti diluo Baccho.) Constat ex Plauto Aulul. act. 2. sc. 5. vinum a sacrificiis Cereris abfuisse: cur igitur hic adest? Dousa illum Plauti locum distinguit duo Cereris sacrificia; *ambarvalia*, quæ cum vino fiebant: quod patet ex Tibulli loco citato. *Eleusina*, quæ nuptiarum ejus memoriam celebrant, & hæc fiebant sine vino: de his Plautus explicandus est: *Cererine has nunc facturi nuptias? quia temeti*, id est vini, *nihil allatum intelligo*.

347. *Cererem clamore vocent in tecta.*) Ut eorum domino propitia sit, velitque copiosam segetem, quæ & Ceres ipsa dicitur, in ejus horreum inferri.

349. *Quercu.*) Ob memoriam victus prioris, nempe glandium; a quibus ad frumenta revocati sunt, beneficio Cereris.

353. *Quid menstrua Luna.*) Quæ singulis circiter mensibus cursum conficit: ut enim Sol anni, sic Luna mensium est præses: unde & *mensis* dictus est a μήνη *Luna*. Monitque poeta, tempestatum prognostica peti posse duplici e capite: ex astrologia & experientia. Astrologiam exprimit his verbis: *Quid menstrua Luna moneret; quo signo, &c.* Experientiam his verbis: *Quid sæpe videntes agricolæ &c.* Incipit a prognosticis experientiæ versu 356. tum exequitur prognostica astrologiæ, de Sole & Luna versu 424.

354. *Quo signo, &c.*) Vel *quo sub sidere*; vel melius, *quo indicio* intelligi possent ventos deficere. *Austri* pro quibuslibet procellosis ventis: de his Ecl. 2. 58.

356. *Continuo ventis surgentibus, &c.*) Ventorum affert prognostica XI. 1. Agitationem maris. 2. Fragorem e montibus. 3. Sonitum litorum. 4. Murmur silvarum. 5. Volatum mergorum e mari. 6. Ludos fulicarum in arena. 7. Fugam ardearum. 8. Lapsum stellarum. 9. Nocturnos lucis tractus. 10. Palearum volatum. 11. Plumarum in aqua collusionem.

357. *Aridus fragor.*) Epithetum e Lucretio l. 6. 118. *Aridus unde auris terget sonor.* Siccus & acutus; qualis est arboris cum frangitur.

361. *Mergi.*) Ital. *Smerghi*; aliis corvi aquatici dicuntur.

In sicco ludunt fulicæ: notasque paludes
Deserit, atque altam supra volat ardea nubem.
Sæpe etiam stellas, vento impendente, videbis
Præcipites cœlo labi, noctisque per umbram
Flammarum longos a tergo albescere tractus;
Sæpe levem paleam & frondes volitare caducas,
Aut summa nantes in aqua colludere plumas.
At Boreæ de parte trucis cum fulminat, & cum
Eurique Zephyrique tonat domus, omnia plenis
Rura natant fossis, atque omnis navita ponto
Humida vela legit. Numquam imprudentibus imber
Obfuit. Aut illum surgentem vallibus imis
Aeriæ fugere grues: aut bucula cœlum
Suspiciens, patulis captavit naribus auras:
Aut arguta lacus circumvolitavit hirundo:
Et veterem in limo ranæ cecinere querelam.
Sæpius & tectis penetralibus extulit ova
Angustum formica terens iter: & bibit ingens
Arcus: & e pastu decedens agmine magno

Cor-

INTERPRETATIO.

cum marinæ fulicæ ludunt in arena: & cum ardea relinquit paludes sibi notas, & volat supra altam nubem. Sæpe etiam, vento imminente, videbis stellas præcipites cadere e cælo: & longos tractus lucis albescere a tergo, per tenebras noctis: sæpe paleas leves, & folia caduca volitare, aut plumas natantes in superficie aquæ agitari. Si quando fulmen cadit a regione Boreali, & quando regio Euri & Zephyri tonat; omnes campi inundantur fossis plenis: & omnis nauta per mare colligit vela humida: numquam pluvia incautis nocuit. Vel istam venientem grues aeriæ fugiunt ex imis vallibus: vel juvenca cælum aspiciens hausit aerem naribus patentibus: aut hirundo canora volat circa lacus: & ranæ in limo canunt antiquam querelam. Sæpe formica fodiens parvam viam exportat ova ex intimis cavernulis: & haurit aquam magnus arcus cœle-

NOTÆ.

363. *Fulicæ.*) *Foulques*; anatibus non admodum absimiles.

364. *Ardea.*) *Heron*; e rapacium genere, quæ altius volant; unde dicta quasi *ardua*.

365. *Sæpe etiam stellas, &c.*) Communium omnes nullam cœlo stellam labi, sed hoc e vulgi more dictum esse, cui labi videtur. Lapsus autem illi juxta Plinium l. 2. 8. sunt redundationes quædam humoris illius, quo aluntur stellæ; ut in luminibus accensi liquore olei videmus accidere. Juxta Servium, sunt particulæ quædam ignis ætherei, quæ decutiuntur a vento vehementiore, cum altiora conscenderit. Nugæ. Juxta Aristotelem, sunt terræ exhalationes aptæ ad concipiendum ignem; quæ ad medium usque aeris regionem eductæ, illic circumfusi aeris frigore compressæ ignescunt.

370. *At Boreæ de parte, &c.*) Prognostica pluviarum colligit XII. 1. Fulmen a Borea, id est septentrione. 2. Concursum Euri venti orientalis, & Zephyri venti occidentalis. 3. Fugam gruum e vallibus. 4. Buculam captantem naribus auras. 5. Hirundinem lacus circumvolitantem. 6. Ranas coaxantes. 7. Formicas ova e latebris educentes. 8. Arcum cœlestem. 9. Corvos turmatim crocitantes. 10. Marinarum avium & cycnorum frequentes sub aquis demersiones. 11. Solitariam cornicum in arena deambulationem. 12. Fungos in lucerna concrescentes.

371. *Eurique, &c.*) Spirat ab oriente brumali. Latinis *Vulturnus* appellatur ex Plin. l. 2. 47. De *Zephyro*, Ecl. 5. 5. De *Borea*, Ecl. 7. 51.

373. *Numquam imprudentibus imber Obfuit, &c.*) Numquam incautis nocuit: quia tam clara dat sui signa, ut quibuscumque nocuit, id cavere potuerint.

378. *Et veterem, &c.*) Alluditur ad metamorphosim, qua Lycii rustici in ranas commutati sunt: cum Latonam, Dianam & Apollinem liberos suos gerenti, & ad lacum pro siti accedenti, convicium fecissent. Ovid. Met. 6. 374. *Nunc quoque turpes litibus exercent linguas; pulsoque pudore, Quamvis sint sub aqua, sub aqua maledicere tentant, &c.*

380. *Et bibit ingens Arcus.*) Vulgus veterum putabat arcum cœlestem ore suo haurire suis cornibus aquam e fontibus, eaque nutriri. Unde & eum [illegible] vocare, id est, [illegible].

Corvorum increpuit densis exercitus alis.
Jam varias pelagi volucres, & quæ Asia circum
Dulcibus in stagnis rimantur prata Caystri,
Certatim largos humeris infundere rores;
Nunc caput objectare fretis, nunc currere in undas,
Et studio incassum videas gestire lavandi.
Tum cornix plena pluviam vocat improba voce,
Et sola in sicca secum spatiatur arena.
Nec nocturna quidem carpentes pensa puellæ
Nescivere hyemem: testa cum ardente viderent
Scintillare oleum, & putres concrescere fungos.
Nec minus ex imbri soles, & aperta serena
Prospicere, & certis poteris cognoscere signis.
Nam neque tum stellis acies obtusa videtur,
Nec fratris radiis obnoxia surgere Luna,
Tenuia nec lanæ per cœlum vellera ferri.
Non tepidum ad Solem pennas in littore pandunt
Dilectæ Thetidi Halcyones: non ore solutos

Im-

INTERPRETATIO.

ctis: & turba corvorum rediens passim magno numero, strepit densis alis. Præterea videre potes diversas aves maris, & quæ circum vestigant Asiana prata in mollibus paludibus Caystri, certatim aspergere humeros multa aqua: nunc objicere caput fluviis, nunc currere per undas, & frustra agitari desiderio lavandi se. Tunc cornix importuna advocat imbrem alta voce, & sola privatim vagatur in arena arida. Ac ne puellæ quidem nocte nentes lanam ignorant pluviam futuram: cum vident oleum emittere scintillas in lucerna ardente, & putridos fungos cumulari. Pariter post imbrem poteris prævidere, & certis indiciis discere dies sudos & cœlum apertum & serenum. Tunc enim, nec lux stellarum apparet languida, nec Luna videtur oriri, debens lucem suam luci Solis, nec levia vellera lanæ volare per aerem. Halcyones chara Th-

NOTÆ.

381. *Et quæ Asia circum, &c.*) Cycnos intelligit, frequentes in Caystri ripis. *Cayster*, vel *Caystrus* fluvius Asiæ minoris, nascens in Phrygia majore, trajectaque Lydia per Joniæ litus in Ægeum mare defluens. *Asia* palus & oppidum inter *Caystrum* fluvium, & montem *Tmolum*, qui est in confinio Lydiæ & Phrygiæ majoris: primam syllabam habet longam; *Asia* vero mundi pars, brevem. *Rimari* est aliquid per terræ rimas vestigare, vermiculos, &c. *Stagna* hic prata sunt, in quæ Cayster exundat, & in quibus etiam resident aquæ.

387. *Incassum.*) Frustra. Quia cycnorum candori nihil addi per lotionem potest. *Gestire.*) Est lætitiam & contentionem suam motu, gestuque corporis exprimere.

388. *Tum cornix plena, &c.*) Ita vulgo legitur: Servius tamen *rauca*. Corvi itaque in utraque prognostica locum habent: ad pluviam quidem *Corvorum increpuit densis, &c. Cornix plena pluviam, &c.* Ad serenitatem vero v. 410. *Tum liquidas corvi presso ter gutture voces, &c.* Nempe si *plena* voce, ac rauca diu crocitent, pluviam indicant; si *ter* tantum *gutture*, & presso gutture, & *liquida voce*, serenitatem annuntiant.

390. *Pensa.*) Lanæ, quæ puellis dantur ad pensum, id est, intra constitutam diem expediendæ.

391. *Testa.*) Lucerna testacea.

392. *Fungos.*) Scintillas, quæ circumfusi aeris humore & crassitie erumpere cum fumo prohibitæ, in lucernis resident, & cumulantur in quamdam fungorum similitudinem.

393. *Nec minus ex imbri, &c.*) Enumerat prognostica serenitatis IX. 1. Nitorem stellarum. 2. Nitorem Lunæ exorientis. 3. Cœlum sine velleribus & nubeculis. 4. Halcyones alas ad Solem non explicantes. 5. Sues non jactantes manipulos. 6. Nebulas ad terram depressas. 7. Noctuam cadente Sole silentem. 8. Falconis in alaudam incursus. 9. Corvorum lætos strepitus. *Ex imbri.*) Vel post imbrem. Vel ex ipso imbre, sive observatione indiciorum pluviæ tempestatis, cognosces oppositam temperiem: si nimirum indicia illa abfuerint. *Aperta serena.*) Supra v. 153.

394. *Obnoxia.*) Quia tam clare lucet, ut lucem suam, non a Sole, sed a se ipsa habere videatur. Sol & Luna, Latonæ liberi, Ecl. 3. 67.

399. *Dilectæ Thetidi Halcyones.*) Ceyx, Luci-

feri

Immundi meminere sues jactare maniplos.
At nebulæ magis ima petunt, campoque recumbunt:
Solis & occasum servans de culmine summo
Nequicquam seros exercet noctua cantus.
Apparet liquido sublimis in aere Nisus,
Et pro purpureo pœnas dat Scylla capillo.
Quacumque illa levem fugiens secat æthera pennis,
Ecce inimicus atrox magno stridore per auras
Insequitur Nisus: qua se fert Nisus ad auras,
Illa levem fugiens raptim secat æthera pennis.
Tum liquidas corvi presso ter gutture voces
Aut quater ingeminant: & sæpe cubilibus altis,
Nescio qua præter solitum dulcedine læti,
Inter se foliis strepitant: juvat imbribus actis
Progeniem parvam, dulcesque revisere nidos.
Haud equidem credo, quia sit divinitus illis
Ingenium, aut rerum fato prudentia major.
Verum, ubi tempestas & cœli mobilis humor
Mutavere vias: & Jupiter uvidus Austris

Den-

INTERPRETATIO.

tidi non explicant soli alas in litore. Fœdi porci non meminerunt dissipare rostro fasciculos palearum laceratos. Sed potius nebulæ deprimuntur in valles, & resident in campis. Et noctua, observans occasum Solis ex alto cacumine, non emittit serotinos cantus. Falco videtur sublimis puro in aere, & alauda solvit pœnas pro crine purpureo a se secto: quacumque alauda fugiens findit alis tenuem aerem, ecce falco hostis crudelis magno murmure persequitur eam per aerem; alauda fugiens celeriter findit alis tenuem aerem. Præterea corvi ter aut quater iterant claras voces compresso gutture: & sæpe in nidis excelsis, nescio qua lætitia pleni præter morem, inter se frondes commovent: placet redire ad parvam prolem, & gratos nidos, pluvia exacta. Sane non puto quod sit illis datum a Diis ingenium, & rerum prudentia, quæ potentior sit fato. Sed quando tempestas & humor mutabilis cœli mutavit qualitates aeris: & quando

NOTÆ

feri filius, Trachiniæ rex, ob multa domestica portenta profectus ad Clarii Apollinis oraculum, in Ægæo mari naufragium fecit. Uxor ejus Halcyone, Æoli filia, cum in mariti cadaver appulsum littori involaret amoris impetu, ambo in aves conversi sunt, uxoris nomine *Halcyones* dictas: & in fidei præmium quoties nidis incubant, ipsarum fertur mare placidissimum substernitur per 7. vel 12. vel 14. dies, qui inde *Halcyonii dies* appellantur, & contingunt circa brumam. Hinc *dilectæ Thetidi* sunt. *De Thetide*, Ecl. 4. 32. *Meminere suos.*) Non memoria proprie dicta, quæ fit per species, seu imagines rerum, una & altera comparatas; sed memoria improprie dicta, quam vocant *instinctum*, quæ fit per species in ortu impressas, quibus animantes ad rem aliquam fugiendam, aut appetendam, moventur; quoties species illæ, rei similis objectu & præsentia excitantur. Ita species ingenita agitandi luti, solvendique manipuli movet suem, quoties luti, aut manipuli objectu excitatur.

403. *Nequicquam exercet.*) Id est, hoc loco, *non exercet*: juxta Servium, qui sic explicat Persium Sat. 2. 51. *Nequicquam fundo suspiret nummus in imo*, id est, *non suspiret*. *Noctua*, avis funesta & nocturna. Ital. *civetta*.

404. *Nisus, &c.*) *Haliæetus*, sive falco, Ital. *falcone*, olim Nisus Megarensium rex: *Scylla*, *Ciris*, sive *alauda*, *lodola*, ejus filia: aves inimicissimæ. De eorum metamorphosi, Ecl. 6. 74.

415. *Haud equidem, &c.*) Causam affert, cur aves, cæteraque animantes mutationem aeris præsentiant: non item homo. At negat eas habere rationem, & ingenium divinitus datum: indeque discrimen repetit; quia homo ratione pollet, atque adeo judicio & ratione, præter naturam & qualitatem aeris, potest esse tristis & lætus; at vero animantes reliquæ, cum ratione careant, obsequuntur naturæ aeris; atque adeo quoties vel tristes, vel lætæ apparent, id ex aliqua cœli secretiusque affectione fieri probabilius est, qua necessario commoventur.

418. *Mutavere vias.*) Mutavere rationem & qualitatem aeris. *Via* enim est sæpe *ratio* & *modus*. Sic G. 2. 22. *Sunt alii, quos ipse via sibi reperit usus.*

Densat, erant quæ rara modo, & quæ densa, relaxat;
Vertuntur species animorum, & pectora motus
Nunc alios, alios, dum nubila ventus agebat,
Concipiunt. Hinc ille avium concentus in agris,
Et lætæ pecudes, & ovantes gutture corvi.
Si vero Solem ad rapidum Lunasque sequentes
Ordine respicies; nunquam te crastina fallet
Hora, neque insidiis noctis capiere serenæ.
Luna revertentes cum primum colligit ignes,
Si nigrum obscuro comprenderit aera cornu:
Maximus agricolis pelagoque parabitur imber.
At, si virgineum suffuderit ore ruborem,
Ventus erit: vento semper rubet aurea Phœbe.
Sin ortu in quarto (namque is certissimus auctor)
Pura, neque obtusis per cœlum cornibus ibit;
Totus & ille dies, & qui nascentur ab illo
Exactum ad mensem, pluvia ventisque carebunt:
Votaque servati solvent in litore nautæ
Glauco, & Panopeæ, & Inoo Melicertæ.

Sol

INTERPRETATIO.

aer humectatus Austris condensat ea, quæ prius erant *rara*, & *rarefacit ea, quæ prius erant densa: tunc species animorum mutantur, & corda nunc suscipiunt affectus alios, & alios, dum ventus turbabat nubes. Hinc oritur ille cantus volucrum in campis, & læta sunt pecudes, & corvi exsultant gutture. Si autem consideres Solem rapidum, & ordinem Lunarum sequentium, nunquam dies crastinus te decipiet, nec decipieris fraude noctis serena. Cum primum Luna colligit lucem renascentem, si amplectatur aerem obscurum nigris cornibus, maxima pluvia imminet colonis & mari. Sed si sparserit in vultu suo ruborem virginalem, ventus erit: Luna aurea semper rubescit ex vento. Si vero quarto die (nam hic est index certissimus) incedit per aerem clara, & cornibus non hebetatis; & ille dies totus, & qui sequuntur post illum usque ad mensem transactum, erunt absque imbre & vento: & nautæ servati a tempestate reddent in litore vota Glauco, & Panopeæ,*

NOTÆ.

419. *Densat, &c.*) *Densare* est aliquid in minorem dimensionem contrahere: *relaxare* seu *rarefacere*, est in majorem dimensionem dilatare. Quæ duo imprimis cadunt in aerem, qui natura est facile mobilis: aeris autem vis est in animantes maxima. Itaque mutato aere mutantur, variaque agitantur species, & imagines rerum, in animantium memoria superstites: mutatis speciebus, mutatur cognitio: mutata cognitione, appetitus quoque varie movetur; sive ad tristitiam, sive ad lætitiam; sive ad prosecutionem, sive ad fugam. Per *species animorum*, cognitio exprimitur; per *motus*, affectio diversa appetitus, cujus sedes est in corde, seu *pectore*.

423. *Ovantes.*) Lætantes, Æn. 3. 189.

427. *Luna revertentes.*) Proponit ea prognostica, quæ ab astrologia petuntur. I. A *Luna* tria. 1. Si nova sit obscura, pluviam notat. 2. Si rubescat, ventum minatur. 3. Si quarta die serena sit, mensem serenum promittit. Unde vulgare est: *Pallida Luna pluit, rubicunda flat, alba serenat.* II. A *Sole* octo. 1. & 2. Si in ortu aut sit maculosus, aut media tantum sui parte appareat, imbrem nuntiat. 3. & 4. Si in ortu diversi sint radii, aut Aurora palleat, ventos prædicit. 5. & 6. In occasu si sit cæruleus, pluviam; si igneus, ventos. 7. Si maculosus, pluviam & ventos. 8. Si in ortu & occasu lucidus, serenum ac siccum Aquilonem.

427. *Colligit ignes.*) Quos decrescens amisisse videbatur, & quasi dissipasse.

437. *Glauco & Panopeæ, &c.*) Marinis numinibus. Versus hic est Græcum in morem. *Glaucus* piscator fuit: qui cum pisces a se captos fortuito cujusdam herbæ attactu resilire in aquam vidisset, eademque ipse degustata, piscis in mare receptus est, & in marinum Deum est conversus. *Panope*, vel *Panopea*: Nympha maris, Nerei & Doridos filia. *Melicerta* vel Melicertes *Inus* filius fuit. *Ino* autem Cadmi filia, Athamantis Thebarum regis uxor, quæ maritum fugiens, in mare se cum filio præcipitem dedit: ambo maris numi-

ni-

Sol quoque & exoriens, & cum se condit in undas,
Signa dabit: Solem certissima signa sequuntur:
Et quæ mane refert, & quæ surgentibus astris.
Ille ubi nascentem maculis variaverit ortum
Conditus in nubem, medioque refugerit orbe;
Suspecti tibi sint imbres: namque urget ab alto
Arboribusque satisque Notus, pecorique sinister.
Aut ubi sub lucem densa inter nubila se se
Diversi erumpent radii, aut ubi pallida surget
Tithoni croceum linquens Aurora cubile;
Heu male tum mites defendet pampinus uvas,
Tam multa in tectis crepitans salit horrida grando.
Hoc etiam, emenso cum jam decedet Olympo,
Profuerit meminisse magis: nam sæpe videmus
Ipsius in vultu varios errare colores.
Cæruleus pluviam denunciat, igneus Euros:
Sin maculæ incipient rutilo immiscerier igni,
Omnia tunc pariter vento nimbisque videbis
Fervere. Non illa quisquam me nocte per altum
Ire, neque a terra moneat convellere funem.
At si, cum referetque diem, condetque relatum,
Lucidus orbis erit, frustra terrebere nimbis,
Et claro silvas cernes Aquilone moveri.
Denique, quid Vesper serus vehat, unde serenas

INTERPRETATIO.

& Melicerta filio Inus. Sol quoque, & oriens, & quando se abscondit in mare, præbebit indicia: certissima indicia sequuntur Solem, & quæ dat mane, & quæ stellis apparentibus. Cum Sol abditus in cavo nubis, distinxerit primum ortum maculis, & media sui parte latuerit: tunc pluvia sit tibi suspecta. Nam Notus funestus & arboribus, & segetibus, & pecudibus imminet e mari. Vel cum sub initium *diei radii separati emittent se ex opacis nubibus: vel cum Aurora, relinquens croceum lectum Tithoni, orietur pallida: Heu! tunc frondes male tuebuntur maturos racemos: tam multa & horrida grando saliet crepitans in tectis. Præterea magis proderit hæc alia annotare, cum* Sol *occidet cælo decurso: nam sæpe videmus diversos colores spargi in ejus vultu. Cæruleus significat imbrem, flammeus ventum. Si vero maculæ incipiant misceri cum micanti lumine, tum videbis omnia æque turbari vento & pluvia. Nullus me hortetur ire illa nocte per mare, & solvere funem a terra. Sed si globus Solis nitidus sit, & quando reducet diem,* & quando *reductum abscondet: frustra timebis pluviam, sed videbis silvas agitari sudo Aquilone. Denique Sol tibi significabit,*

NOTÆ.

nibus addidi: & ipsa quidem Græcis *Leucothea*, Romanis *Matuta*; *Melicerta* illius *Palæmon*, his *Portumnus* appellatus est. Alii tamen Auroram his nominibus designatam putant: & *Leucotheam* Græco nomine, quasi *albam Deam*: *Matutam* Latino dictam esse, quasi *matutinam*. *Inous*.) *Inous*, adjectivum nomen, id est, *filius Inus*.

443. *Ab alto.*) Supra v. 324. *Notus.*) Idem qui Auster, ventus meridionalis, Ecl. 2. 58.

446. *Se se erumpent, &c.*) Hic active sumitur, auctore Lucretio l. 4. 1108. *Tandem ubi se erupit nervis collecta cupido.*

447. *Tithoni croceum, &c.*) De *Tithone*, deque *Aurora*, supra v. 249. *Croceus* color, Ital. *Zafferano*. Ecl. 4. 44. De *Olympo*, Ecl. 5. 56.

456. *Fervere.*) Penultima brevi semper apud Virgilium: ut & *fulgere*, *stridere*, *effulgere*, *effervere*.

460. *Aquilone.*) Vento septentrionali, qui & *Boreas* dicitur: siccat nubes & cælum abstergit. Ecl. 7. 51.

Ventus agat nubes, quid cogitet humidus Auster,
Sol tibi signa dabit. Solem quis dicere falsum
Audeat? ille etiam cæcos instare tumultus
Sæpe monet, fraudemque & operta tumescere bella.
Ille etiam exstincto miseratus Cæsare Romam,
Cum caput obscura nitidum ferrugine texit,
Impiaque æternam timuerunt sæcula noctem.
Tempore quamquam illo tellus quoque, & æquora ponti,
Obscœnique canes, importunæque volucres
Signa dabant. Quoties Cyclopum effervere in agros
Vidimus undantem ruptis fornacibus Ætnam,
Flammarumque globos, liquefactaque volvere saxa?
Armorum sonitum toto Germania cœlo

Au-

INTERPRETATIO.

quid ferat Vesper serotinus: qua ex parte ventus pellat siccas nubes; quid humidus Auster preparet. Quis audeat Solem appellare fallacem? Ille quoque sæpe declarat secretos tumultus imminere, insidiasque & bella occulta parari. Ille quoque misertus est Romæ, occiso Cæsare, quando velavit lucidum caput obscura ferrugine, & quando *homines scelerati timuerunt perpetuam noctem. Quamquam illo tempore terra quoque, & æquor maris, & fœdi canes, & infausta aves dabant signa. Quoties vidimus Ætnam exundantem, caminis effractis erumpere in arva Cyclopum, & eructare globos flammarum ac lapides comminutos? Germania audiit toto aere strepitum armo-*

NOTÆ.

464. *Ille etiam, &c.*) VI. PARS. *Digressio de prodigiis, quæ cædem J. Cæsaris, aut præcesserunt, aut subsecuta sunt.* Quæ singula Scriptorum aliorum auctoritate quoad poterit fieri confirmabo. Videndus Ovid. Met. 15. 782. qui prodigia illa recensuit, & Virgilium imitatus est.

467. *Cum caput obscura ferrugine, &c.*) Servius de vero Solis defectu interpretatur, sive eclipsi; quam tamen aut illo, aut sequente anno fuisse ullam negat Scaliger, & explicat de insolito Solis pallore: de quo sic Plin. l. 2. 30. *Fiunt prodigiosi & longiores Solis defectus, qualis occiso Dictatore Cæsare, & Antoniano bello; totius pene anni pallore continuo.* Ita quoque Plutarchus in Cæsare: [illegible] &c. *Circa Solem quoque hebetatio splendoris: nam toto illo anno pallens ejus globus, & sine fulgore oriens, debilem & tenuem emisit calorem: itaque nubilus aer & gravis extitit; unde fructus crudi semimaturique elanguerunt ob cœli rigorem, & flaccidi evasere. Ferrugine.*) Non proprie caligine, sed rubore nigricante; de eo colore, Ecl. 4. 28.

468. *Sæcula.*) Genus hominum, homines, Lucretii more: cui nihil est illa locutione familiarius, l. 1. 1020. *Quippe etiam veteri e terra mortalia sæcla;* l. 5. 986. *Mortalia sæcla Dulcia linquebant labentis lumina vitæ.* Sic l. 4. 1220. *Et muliebre oritur patrio de semine sæclum;* id est, mulieres: l. 3. 754. *Decipiebant homines, sapercunt fera sæcla ferarum,* id est, feræ: l. 5. 860. *Leonum sæcla;* id est leones: l. 5. 864. *Bucera sæcla;* id est boves, &c. Suspicatur Gifanius id e Græcis haustum esse, apud quos [illegible], & genus & sæculum, aut certe ætatem aliquot hominum significat.

470. *Obscœnique canes, &c.*) Mali ominis: sic passim a probatis auctoribus *fœda* dicuntur omina & auguria, quæ funesta sunt. De hac voce Æn. 3. 262. Appianus autem l. 4. civil. inter ostenta, quæ triumviratum, in ultionem Julianæ cædis institutum, præcesserunt, hoc quoque recenset. [illegible]. *Canes vero ululabant ex composito, instar luporum.*

Importunæque volucres.) Plutarchus habet inter præcedentia necis illius prodigia, [illegible], *aves solitarias in forum delatas.* Suetonius vero in Julio c. 81. *Pridie easdem Idus avem regaliolum cum laureo ramulo Pompejanæ curiæ se inferentem volucres varii generis ex proximo nemore persecutæ ibidem discerpserunt.*

471. *Cyclopum effervere in agros, &c.*) De hoc prodigio nemo singulatim hoc tempore. *Ætna,* mons est Siciliæ, Ital. *Etna:* de quo Æn. 3. 571. *Cyclopes,* juxta Diodorum, primi Siciliæ habitatores fuere: juxta fabulas, Neptuni & Amphitrites filii; sic dicti, quia unicum habebant in fronte oculum orbicularem, unde nomen ipsis inditum a [illegible] *circulus,* & [illegible] *oculus.* Iidem Vulcano ministri & opifices attributi; tres præcipue, Brontes, Steropes, & Pyracmon; officinam habent apud Ætnam, supra v. 295.

473. *Liquefactaque volvere saxa.*) Saxa excocta, & igne comminuta, seu pumices aridos, ac spongiosos, vel cineres: quod inde constat magna interdum copia erumpere.

474. *Armorum sonitum, &c.*) Appianus lib. 4. [illegible], &c. *Exaudiebantur magni clamores virorum, & armorum strepitus, & cursus equorum, cum nihil sole cerneretur.* De Germania, quæ bello tentata, & aliqua ex parte victa a Cæsare fuerat, vide Ecl. 1. 63.

Audiit, insolitis tremuerunt motibus Alpes.
Vox quoque per lucos vulgo exaudita silentes
Ingens, & simulacra modis pallentia miris
Visa sub obscurum noctis: pecudesque locutæ,
Infandum! sistunt amnes, terræque dehiscunt:
Et mœstum illacrymat templis ebur, æraque sudant.
Proluit insano contorquens vortice silvas
Fluviorum rex Eridanus, camposque per omnes
Cùm stabulis armenta tulit: nec tempore eodem
Tristibus aut extis fibræ apparere minaces,
Aut puteis manare cruor cessavit; & altæ
Per noctem resonare, lupis ululantibus, urbes.
Non alias cœlo ceciderunt plura sereno
Fulgura, nec diri toties arsere cometæ.

Er-

INTERPRETATIO.

rum, & *Alpes tremuerunt insuetis motibus. Voces etiam magna audita sunt passim per lucos tacitos*: & *spectra pallentia miris modis visa sunt circa crepusculum noctis*, & *pecora locuta sunt*: *dira res! Fluvii constiterunt*, & *terra hiaverunt*. Præ *tristitia statuæ eburneæ lacrymatæ sunt in templis*, & *æra sudaverunt*. *Padus rex fluminum inundavit silvas*, *eas pervolvens magnis vorticibus*, & *per omnes agros rapuit armenta cum stabulis*: *nec eodem tempore*, *aut venæ minaces* cessaverunt *apparere in tristibus visceribus* hostiarum, *aut sanguis cessavit fluere e puteis*, *aut urbes* cessaverunt *resonare alte per noctem ululatibus luporum*. *Aliis* temporibus *nunquam plura fulgura ceciderunt cœlo sereno*, *nec toties*

NOTÆ.

475. *Motibus Alpes*.) Ovidius, non Alpes, sed Romam tremore concussam dicit. Met. 15. 798. *Motamque tremoribus urbem*. De *Alpibus*, Ecl. 10. 47.

476. *Vox quoque per lucos*, &c.) Ovid. ibidem v. 793. *Cantusque feruntur Auditi*, *sanctis* & *verba minacia lucis*.

477. *Simulacra modis*, &c.) Plutarchus in Cæsare. [illegible], *imagines multa passim discurrentes*.

478. *Pecudesque locutæ*, *Infandum!*) Appian. l. 4. [illegible], &c. *Bos etiam humanam vocem emisit*, & *infans recens natus locutus est*.

479. *Sistunt amnes*.) Unde sequitur inundatio redundantium fluctuum. Horat. Od. 1. 2. *Vidimus flavum Tiberim*, *retortis Littore Hetrusco violenter undis*, *Ire dejectum monumenta regis*, *Templaque Vestæ*, &c. Huc adde, quæ mox dicentur, v. 481. de inundatione *Eridani*. De sequenti prodigio, *terræ hiatu*, nusquam mentio.

480. *Et mœstum illacrymat*, &c.) Appian. l. 4. [illegible]. *E simulacris alia quidem sudabant*, *alia etiam sanguinem sudabant*.

481. *Fluviorum rex Eridanus*.) [illegible] Græcè, Latine *Padus*, Ital. *il Po*: ex Vesulo monte in Alpibus Cottiis exoriens; Galliam Cisalpinam, quæ nunc Italiæ pars est, in *Transpadanam* & *Cispadanam* dividens: in mare Hadriaticum multis ostiis influit. *Rex*.) Vel quia fluviorum Italiæ maximus est: vel quia inter sidera est eius nomine signum cæleste vastæ magnitudinis, ab æquatore versus Oriona, ad circulum usque polarem antarcticum, vario anfractu pertinens. *Fluviorum*.) Vel pro anapæsto pro dactylo hic appositum; vel duæ breves *fluvi*, in unam longam coalescunt, ut supra v. 399. *tenuia nec lanæ*, &c.

484. *Tristibus aut extis fibræ*, &c.) Cicero de divinat. l. 1. 119. de J. Cæsare. *Cum immolaret illo die*, *quo primum in sella aurea sedit*, & *cum purpurea veste processit*, *in extis bovis opimi cor non fuit*. *Quæ ille vel nesciens prænuntiat*, *cum Spurinna diceret*, *timendum esse*, *ne consilium & vita deficeret*, *earum enim rerum utramque a corde proficisci*; *postero die caput in jecore non fuit*. *Quæ quidem illi portendebantur a Diis immortalibus*, *ut videret interitum*, *non ut caveret*. Eadem fere habent Plutarchus, Valerius Maximus, &c. *Exta*, dicta juxta Festum, quia e victimis iis Diis prosecantur, quæ maxime extant, eminentque. *Fibra* quoque dicta est antiquis juxta Varronem, cujusque rei *extremitas*: unde pro venulis, & nervulis, & radiculis vulgo usurpatur: & vestium extremitates appellantur *fimbriæ*.

485. *Aut puteis* &c. & *altæ per noctem*, &c.) De primo portento tacent historiæ: de secundo sic Appian. l. 4. [illegible] *Lupi per forum discurrebant*.

487. *Cœlo ceciderunt plura sereno*, &c.) Appian. l. 4. [illegible]. *Et fulmina crebra in templa & statuas cadebant*. Fulmen & fulgor sereno cælo, aliquando mali ominis fuit, ut hic; aliquando etiam boni, ut Æn. 9. 630. *Audiit*, & *cœli genitor de parte serena Intonuit lævum*.

488. *Cometæ*.) Plutarchus in Cæs. [illegible] ar-

Ergo inter se se paribus concurrere telis
Romanas acies iterum videre Philippi :
Nec fuit indignum superis, bis sanguine nostro
Emathiam & latos Hæmi pinguescere campos.
Scilicet & tempus veniet, cum finibus illis
Agricola, incurvo terram molitus aratro,
Exesa inveniet scabra rubigine pila :
Aut gravibus rastris galeas pulsabit inanes,
Grandiaque effossis mirabitur ossa sepulcris.

Dii

INTERPRETATIO.

cometa funesti effulserunt. Itaque campi Philippici viderunt Romanos exercitus pugnare iterum inter se armis paribus. Nec visum est indecorum Diis, bis Macedoniam, & præsertim vastos Hæmi agros, fecundari nostro cruore. Nempe futurum est, ut aliquando colonus, vertens in illis regionibus terram curvo aratro, reperiat tela corrosa rubigine aspera : vel pulset rastris gravibus cassides inutiles, & apertis

NOTÆ.

ἀνεῖλεν ἄξιον; *Grandis cometa post Cæsaris necem exitiale fulgens septem noctes apparuit.* Hic autem cometa, stella eadem illa fuit, de qua Ecl. 9. 47. *Ecce Dionæi processit Cæsaris astrum.* Sic enim Sueton. in Cæs. 88. *Ludis, quos primo consecratos ei hæres Augustus edebat, stella crinita per septem dies continuos fulsit exoriens circa undecimam horam; creditumque est animam esse Cæsaris in cœlum recepti.*

489. *Paribus telis.*) Quia Romani contra Romanos bello civili certabant.

490. *Romanas acies iterum videre Philippi, &c.*) Nodus difficilis. Hæc certa præmitto. I. *Philippi* urbs est in confinio Thraciæ & Macedoniæ, ad radices Pangæi montis, qui pars est *Hæmi*. II. *Pharsalus*, urbs est in ea parte Thessaliæ, quæ ad Macedoniam vergit. III. *Emathiæ* nomen, ab Emathione rege, Memnonis fratre, datum est Macedoniæ locisque confinibus. IV. Octavianus Cæsar haud dubie Brutum & Cassium delevit, ad Hæmum & Philippos Thraciæ: Julius vero Cæsar Pompeium, ad Pharsalum Thessaliæ. Atque ita locus utriusque pugnæ, tota Macedonia intermedia, immo leucis admodum octoginta, disjunctus est : ut constat e Græcis scriptoribus. V. Auctores tamen Romani, Virgilio posteriores, Lucanus, Florus, &c. utramque pugnam eidem omnino addicunt loco. Ovidius ipse Metam. 15. 824. de Octaviano, futuro Bruti victore, vaticinatur : *Pharsalia sentiet illum, Emathiaque iterum madefient cæde Philippi*: plane quasi unum idemque sit, *Pharsalia & Philippi*.

Illic nodus. Hunc solutio multiplex. I. Repererunt aliqui apud Stephanum, Scriptorem Græcum nobilem, Thebas Thessalicas aut Phthioticas, Pharsalo vicinas, etiam vocatas esse *Philippos*. Hinc utramque cladem, & Pompeianam, & Brutianam, uni eidemque, ut ait Florus, areæ addixerunt, Pharsalicæ nimirum; & Philippis, non Thraciæ, sed Thessaliæ. Errant illi : quippe qui Bruti cladem Philippis illis Thraciæ, & Hæmo monti abjudicant, quibus constanti totius historiæ fide tribuitur. II. Censent alii, Thessaliæ Thraciæque fines, ac proinde Pharsalum & Philippos, Hæmumque adeo montem, Emathiæ sive Macedoniæ nomine comprehendi : præsertim cum hæc omnis Macedonum regum, Philippi, Alexandri, aliorumque ditione teneretur. Idque more poetarum, imprimisque Virgilii, cui familiare esse regionum fines quam latissimos describere jam vidimus Ecl. 1. 63. Recte quidem illi, si Virgilius, & cæteri, pugnam utramque universim Emathiæ assignassent, non Philippis nominatim, aut Pharsaliæ. Quis vero id capiat? urbes duas, octoginta leucarum spatio dissitas, unum eundemque locum esse. III. Existimavi aliquando Virgilium, nullam hic de Pompeiano casu facere mentionem; sed tantum de gemina Bruti & Cassii clade; quæ utraque apud Philippos Thraciæ, ad radices Hæmi contigit : & prima quidem Cassium, secunda Brutum perdit : utraque menstruo fere unius intervallo discreta : ut liquet ex Plutarcho in Bruto. At visum est accuratius deinde meditanti, clades illas duas ita vicinas, atque conjunctas esse, ut agri dici non possint inde *bis pinguescere*, quod annorum diversitatem innuit. IV. Igitur simplicius & sanius ita explico. Adverbium *iterum*, non ad *Philippos*, sed ad Romanorum exercituum concursum refero. Unde sic his sensus, meo judicio planissimus. *Ergo Philippi viderunt Romanas acies iterum concurrere*. Philippi quidem tunc ipsi *primum* viderunt : pugnam tamen *iterandam*, de summo terrarum imperio decretoriam, inter Octavianum & Brutum, cum prima jam ante commissa esset apud Pharsalum inter Pompejum & Cæsarem.

491. *Bis sanguine nostro Emathiam, & latos Hæmi pinguescere campos.*) Admissa explicatione proxime allata, sensus est facilis : Bis sanguine nostro Emathia, sive Macedonia, redundavit : primum ad Pharsalum, victo Pompejo; iterum ad Philippos, victis Bruto & Cassio. Pharsalus enim & Philippi, etsi non in Macedonia stricte sumpta, tamen in ejus confinio sunt. Vox autem illa, *bis*, in Emathiam tantum cadit; non in Hæmi campos Philippicos, ubi semel duntaxat pugnatum est : sed Hæmum præcipue signat, ut insigniorem recentiore plaga, nimirum clade Bruti & Cassii, quæ nuper contigerat. Quasi dicat : *Bis sanguine Romano rigata fuit Emathia, sed præsertim semel Hæmus mons*. Sic G. 2. 192. *Pateris libamus, & auro*; id est pateris variis, sed præcipue aureis. Sic G. 3. 56. *Maculis insignis, & albo*, id est, maculis variis, sed præcipue albis.

Dii patrii Indigetes, & Romule, Vestaque mater,
Quæ Tuscum Tiberim & Romana palatia servas,
Hunc saltem everso juvenem succurrere sæclo
Ne prohibete. Satis jampridem sanguine nostro
Laomedonteæ luimus perjuria Trojæ.
Jampridem nobis cœli te regia, Cæsar,
Invidet, atque hominum queritur curare triumphos:
Quippe ubi fas versum atque nefas, tot bella per orbem,
Tam multæ scelerum facies; non ullus aratro
Dignus honos, squalent abductis arva colonis,
Et curvæ rigidum falces conflantur in ensem:
Hinc movet Euphrates, illinc Germania bellum:
Vicinæ ruptis inter se legibus urbes
Arma ferunt: sævit toto Mars impius orbe.
Ut cum carceribus sese effudere quadrigæ,
Addunt se in spatia; & frustra retinacula tendens
Fertur equis auriga, neque audit currus habenas.

INTERPRETATIO.

tumulis, admiretur ossa ingentia. O Dii patrii, Semidei, & Romule, & Vesta mater, quæ custodis Etruscum Tiberim & Romanas arces: ne impedite, quominus hic adolescens subveniat mundo everso. Jamdudum satis expiavimus nostro cruore perfidiam Laomedontis Trojani. Jamdudum, o Cæsar, aula Deorum dolet te esse apud nos, & indignatur te delectari mortalibus triumphis. Siquidem hic fas ac nefas confusum est: tot bella sunt per orbem, tot criminum formæ: non habetur *agriculturæ debitus honor, horrent agri cultoribus abreptis* ad militiam, *& curvæ falces cuduntur in condensum gladium: hinc Euphrates, illinc Germania parat bellum: urbes finitimæ violatis fœderibus capiunt arma invicem: Mars truculentus furit toto orbe. Veluti cum quadrigæ erumpunt e septis, per spatium circi; & auriga incassum adducens habenas abripitur ab equis, nec equi obtemperant habenis.*

NOTÆ.

498. *Dii patrii Indigetes, &c.*) Alii conjungunt, ut iidem sint *patrii & indigetes* Dii: alii distinguunt: priores [illegible] & *indigetes* dicti, vel quia eos *indigitare*, id est, appellare & invocare mos erat; vel quia homines fuerant, *in eodem solo cum hominibus degentes*; vel jam inter Deos *in cœlo degentes*; vel quia beati, nullius rei *indigentes*. Tales Romulus, & Æneas: *Quem turba Quirini nuncupat indigetem, templisque arisque recepit*. Ovid. M. 14. 608. De Romulo, Æn. 1. 280.

Vestaque.) Geminam esse volunt, alteram Saturni matrem, quam pro terra accipiunt; de qua Ovid. Fast. 6. 299. *Stat vi terra sua, vi stando Vesta vocatur*: alteram Saturni filiam, quam virginem & ignis præsidem statuunt; ab *ἑστία focus*, de qua Cicero, de Nat. 2. 67. Vulgo tamen utraque confunditur. Hanc volunt advectam ab Ænea inter Deos Penates, ut videbitur Æn. 2. 717. ejusque sacra tradita deinde Albanis, & a Numa Pompilio illata Romam, collegio virginum instituto, quæ perpetuum ignem ad salutem imperii alerent.

499. *Tuscum Tiberim.*) Italiæ fluvius est Tusciam, sive Etruriam, a Latio dividens. De eo Æn. 8. 330. de *Palatiis* Romanis, Æn. 9. 9.

500. *Juvenem.*) Octavianum Cæsarem, Ecl. 1. De *sæclo*, supra v. 468.

502. *Laomedonteæ, &c.*) Laomedon Priami pater, Trojanorum rex, cum urbem suam hactenus immunitam cingeret mœnibus, Neptunum, & Apollinem, qui fabricam illam susceperant, pacta mercede fraudavit. Ideo peste & inundatione vexatus, cum ad placandos Deos, Hesionem filiam jussu oraculi marinæ exposuisset belluæ: eaque per Herculem liberata esset; equos eidem liberatori, quos promiserat, abnuit: ideo capta urbe ab Hercule ac direpta: Unde complures Trojanis infensi, quorum odio Romanas quoque calamitates ascribunt.

509. *Hinc movet Euphrates, illinc &c.*) Significat bellum ab oriente, ab occidente, ab ipsa Italia imminere; a civibus vicinisque urbibus; a Parthis, quorum terminus erat Euphrates, & a Germanis: de utraque gente, Ecl. 1. 63. Et vero de Parthis paullo ante triumphaverat Ventidius, & adhuc adversus eos bellum movebat Antonius. *Euphrates.*) Nobilis fluvius ex Armeniæ montibus ortus: Mesopotamiam deinde, Nili instar, inundatione fœcundat: denique cum Tigride conjunctus, in Persicum sinum influit.

512. *Ut cum carceribus, &c.*) Septa, sive repagula, quibus continebantur equi ad cursum parati. *Quadrigæ.*) Quatuor equi simul juncti, dicti, vel quod sub eodem jugo sint, quasi *quadrijugæ*, ut est apud Gell. L. 11. Vel quod impellantur & agantur simul, quasi *quadrijugæ*: ut recentioribus magis placet. De illo equestri decursu, ludisque Circensibus, Æn. 5. 288.

P. VIRGILII MARONIS
GEORGICORUM
LIBER II.

ARGUMENTUM.

Habet hic liber de plantatione partes septem. I. Modos omnes producendarum arborum tam ex natura, quam ex arte. II. Varias earum species, & quo singulæ modo tractandæ sint, naturali, an artificioso. III. Quibus singulæ locis felicius proveniant: ubi excurritur in laudes Italici soli. IV. Artem discernendæ naturæ cujusque soli. V. Culturam vitis. VI. Culturam oleæ, & aliarum aliquot arborum. VII. Epilogum de vitæ rusticæ felicitate.

HActenus arvorum cultus, & sidera cœli:
Nunc te, Bacche, canam, nec non silvestria tecum
Virgulta, & prolem tarde crescentis olivæ.
Huc, pater o Lenæe: tuis hic omnia plena
Muneribus, tibi pampineo gravidus autumno
Floret ager, spumat plenis vindemia labris.
Huc, pater o Lenæe, veni: nudataque musto
Tinge novo mecum direptis crura cothurnis.

Prin-

INTERPRETATIO.

Hucusque locutus sum de cultura agrorum, deque signis cælestibus: jam loquar de te, o Bacche: & de silvestribus arbustulis tecum, deque sobole oleæ lente crescentis. Huc adsis, o Bacche pater: hic omnia repleta sunt tuis donis: ager floret tibi onustus pampinis autumnalibus: vindemia spumat plenis vasis. Huc adsis, o pater Bacche; & mecum tinge novo vino.

NOTÆ.

2. *Nunc te, Bacche, &c.*) Argumenta proponit hujus libri præcipua. Per *Bacchum*, vineam intelligit: per *prolem olivæ*, vel fructum, vel propaginem olearum: per *virgulta*, generatim silvestres omnes arbores.

3. *Tarde crescentis olivæ.*) *Oliva* tam tarde crescit, ut per ducentos annos crescere a quibusdam dicatur: tam tarde fructum olim tulit, ut ex Plin. l. 15. c. 1. *Hesiodus negaverit oleæ satorem fructum ex ea percepisse quemquam*; nunc tamen etiam baccas secundo anno decerpi, ait idem Plinius. Hinc dicta Græcis ὀψίγονος *sero genita*, ὀψίκαρπος *sero fructum ferens*.

4. *Pater o Lenæe.*) Invocatio Bacchi solius; quia præcipuum hoc libro studium impendit in vinearum cultu præscribendo. *Lenæus*, Bacchi nomen: non a *leniendis mentibus*, ut Donatus, putat, sed a ληνὸς *torcular*. At *Pater*, licet de omnibus Diis communiter, tamen de Baccho præsertim dicitur. Ita Vellejus de M. Antonio l. 2. *Cum ante novum se Liberum patrem vellet vocari Alexandriæ*. Hor. Epist. 2. 1. 5. *Romulus, & Liber pater, & cum Castore Pollux*. De Baccho ejusque insignibus, Ecl. 5. 29. 69.

5. *Pampineo gravidus autumno, &c.*) Diomedes *exilem* vocat hunc versum; quod in quinta sede iambum pro spondæo habeat.

6. *Floret ager.*) Vites autumno non florent: adeoque hic *florere*, non proprium, sed metaphoricum est. Sic Æn. 7. 804. *Florentes ære catervas*. Lucret. l. 5. *Florere mare navibus*, id est, *abundare, gaudere*, &c.

Labris.) *Labrum* vasis genus, in quo lavabant, quasi *lavabrum*.

7. *Musto tinge novo.*) Redundat hic *novo*, juxta aliquos: *Mustum* enim sine addito *novum est*, immo *novum* simpliciter, ut scribit Nonius, citaturque in illa significatione ex Nævio *virgo musta*: ex Catone Censorio, *agna musta*: pro quo magis placuit Plinio: *musteum piper, musteus ramus*; Plauto junior, *musteus liber*, id est, *novus, recens*. De *cothurnis*, Ecl. 7. 32.

9. *Principio arboribus.*) I. PARS. De modis, quibus *arbores proveniunt, tam a natura, quam*

ab

Principio arboribus varia est natura creandis.
Namque aliæ, nullis hominum cogentibus, ipsæ
Sponte sua veniunt, camposque & flumina late
Curva tenent: ut molle siler, lentæque genistæ,
Populus, & glauca canentia fronde salicta.
Pars autem posito surgunt de semine, ut altæ
Castaneæ, nemorumque Jovi quæ maxima frondet
Æsculus, atque habitæ Graiis oracula quercus.
Pullulat ab radice aliis densissima silva:
Ut cerasis, ulmisque: etiam Parnassia laurus
Parva sub ingenti matris se subjicit umbra.
Hos natura modos primum dedit: his genus omne
Silvarum fruticumque viret, nemorumque sacrorum.
Sunt alii, quos ipse via sibi repperit usus.
Hic plantas tenero abscindens de corpore matrum
Deposuit sulcis: hic stirpes obruit arvo,

Qua-

INTERPRETATIO.

serat nudas detractis calceamentis. Primo natura diversa est in producendis arboribus. Aliæ enim, nullis hominibus per artem compellentibus, ipsæ ultro nascuntur, & late occupant agros, & amnes flexuosos: ut siler tenerum, & genistæ flexibiles, & populus, & salices albentes foliis virentibus. Aliæ vero oriuntur ex jacto semine: ut castaneæ sublimes, & æsculus, quæ maxima in silvis frondescit ad honorem Jovis, & quercus quæ existimatæ sunt a Græcis oracula. Aliæ emittunt a radice spississimam multitudinem ramorum: ut cerasi, & ulmi; laurus etiam Apollinea parva attollit se sub grandi umbraculo matris suæ. Natura primo suppeditavit tres illos modos, quibus virescit omne genus silvarum, & virgultorum, & lucorum sacrorum. Sunt alii modi, quos ipsa experientia sibi invenit certa ratione. Hic avellens ramulos e trunco tenero matrum commisit eos fossulis. Iste sepelit terra radices, &

NOTÆ.

ab arte. A natura tribus modis oriuntur, sponte sua, semine fortuito, & radice: semine, inquam, fortuito, est enim quædam seminatio, quæ ad artem etiam pertinet. Ab arte quot modis oriantur, vide v. 22.

12. *Siler, lentæque genistæ.*) Siler, frutex humilis & lentus, *Arbore exigua fronde*: ut & genista, Ital. Ginestra.

13. *Populus*) Ital. pioppo. *Tria ejus genera*: ex Plinio l. 16. c. 23. *alba, nigra, & quæ Libyca appellatur, minimo folio ac nigerrimo. Alba folio bicolor superne candicans, inferiore parte viridis.* Imo contra, inferne candicans, superne viridis, ut notat Matthiol. Cæterum duplicis hujus coloris repete ex Ecl. 7. 61.

Glauca canentia fronde salicta.) Loca arboribus congesta dixit, pro ipsis arboribus, *salicta* vel *salicteta*, pro *salicibus*, It. *salici*. Multiplex earum species: præcipua *alba*, quæ validioribus assurgit ramis: & quemadmodum populus, foliis bicoloribus, inde albentibus notabilis est. Reliquæ gracilioribus virgis fere constant, & inter vimina recensentur.

15. *Castaneæ.*) Ital. Castagne. *Æsculus*, arbor glandifera, frequens in Dodonæo nemore, quod Jovi dicatum est: quidam eam cum fago confundunt. Ecl. 1. De quercubus ejus nemoris, e quibus oracula repeti solebant, Ecl. 9. 13.

18. *Cerasis, ulmisque.*) *Cerasus*, Ital. *Ciriegio*, arbor ex Cerasunte, urbe Cappadociæ maritima, deportata primo Romam a L. Lucullo, & in ejusdem de Mithridate Ponti rege triumpho circumlata. Scite autem notat Casaubonus in Athenæum, non arbori nomen ab urbe, sed urbi potius ab arborum ejusmodi multitudine inditum esse: ut & aliis compluribus locis. Sic enim *Rhamnus*, untis, vicus in Attica, a *rhamno*; *Achradus*, untis, Attica tribus, ab ἀχράς, *pyrus*, quæ *pyrus silvestris* est; *Selinus*, untis, in Sicilia, itemque in Cilicia, a σέλινον *apium*. *Ulmus* arbor nota, *olmo*. *Laurus*, Ecl. 2. 54. *Parnassia*, quia frequens in Parnasso, vel quia in tutela est Apollinis, cui sacer est Parnassus.

21. *Fruticum.*) Frutices, qui & *virgulta*: sunt ea quæ statim a radice se in ramos, ac veluti virgulas effundunt, & numquam arborescunt. Medii natura sunt, inter arbores & herbas sive olera: quæ vero propius ad herbas accedunt, vocantur a Plinio *suffrutices*.

22. *Sunt alii.*) Modos enumerat septem, quibus arbores per artem proveniunt.

23. *Hic plantas, &c.*) I. Modus. *Avulsio*; quæ stolones, Ital. *i rampolli*, non cum fibris, & radiculis, e stirpe aut corpore arboris abstrahuntur, & sulcis sive scrobibus mandantur.

24. *Hic stirpes.*) II. Modus. *Defossio stirpium*,

in-

Quadrifidasque sudes, & acuto robore vallos:
Silvarumque aliæ pressos propaginis arcus
Expectant, & viva sua plantaria terra.
Nil radicis egent aliæ: summumque putator
Haud dubitat terræ referens mandare cacumen.
Quin & caudicibus sectis, mirabile dictu,
Truditur e sicco radix oleagina ligno.
Et sæpe alterius ramos impune videmus
Vertere in alterius, mutatamque insita mala
Ferre pyrum, & prunis lapidosa rubescere corna.
Quare agite o proprios generatim discite cultus,
Agricolæ, fructusque feros mollite colendo.
Neu segnes jaceant terræ: juvat Ismara Baccho
Conserere, atque olea magnum vestire Taburnum.
Tuque ades, inceptumque una decurre laborem,

O

INTERPRETATIO.

perticas fissas in *quatuor* partes, & *palos trunco acuminato. Aliæ arbores desiderant ad propagationem palmites arcuatos deprimi, & plantas vivas in propria terra defodi. Aliæ non indigent radice, & amputator non timet reddens terræ committere summum fastigium* rami. *Præterea ex sicco stipite* oleæ, *ramis circumcisis, emittitur radix oleacea:* quod *mirum est dictu. Et sæpe cernimus ramos unius arboris sine damno mutari in* ramos *alterius, & pyrum transformatam producere mala* sibi *insita, & dura corna rubescere in pruno* arbore. *Agite igitur, o coloni: discite culturam singulis generibus congruam, & mansuefacite per cultum fructus silvestres.* Cavete vero *ne terræ sint inutiles: prodest Ismarum vitibus implere, & tegere oleis magnum Ta-*

NOTÆ.

id est, imi & crassioris trunci cum radicibus, Ital. *le radici.*

25. *Quadrifidasque sudes &, &c.*) III. Modus. *Infossio palorum*, sive in quatuor partes, sive in acumen incisorum, Ital. *Pali. Robore.*) Hic truncum ipsum pali significat, qua parte durior est: sic enim Plin. l. 17. 17. *Ramo serantur & punica, item myrtus, longitudine trium pedum, trunco prius exacuto.* Alibi aliud est robur: G. 1. 162.

26. *Silvarumque aliæ, &c.*) IV. Modus. *Propaginis*, quæ plurima in vitibus usu est, Ital. *palare.* Cum palmites e trunco in terram arcuatim inflectuntur, evaduntque novas in plantas: quæ sua, id est, propria nativaque terra deinde pullulant; & vivæ dicuntur, quia non reciduntur e matris corpore, sed ei semper adhærent. *Propago*, est palmes ille inflexus, quo vitis propagatur & multiplicatur, Ital. *sumesse.*

28. *Nil radicis, &c.*) V. Modus. *Infossio summi surculi*, sive talew e cacumine rami amputata, quæ absque radice crescit & virescit.

30. *Quin &, &c.*) VI. Modus. *Infossio circumcisi stipitis*, qui non acuminatus, non e cacumine decisus, ut in tertio, quartoque modo dictum est; sed præcisus ab utraque parte, & ramis undecumque spoliatus, radicem ex se progignit. *Caudex* in arboribus idem est quod caulis in herbis: nempe id, quod e terra simplex assurgit, ex quo rami, & folia circum erumpunt, Ital. *le pianta.*

32. *Et sæpe alterius, &c.*) VII. Modus. *Insitio*, cum surculus unius arboris alteri immittitur, quæ quasi in ejus naturam transit: Ital. *innestamento.* De ea fusius infra v. 73.

33. *Vertere.*) Id est, vertere se, ut Georg. 3. 365. *In glaciem vertere lacunæ*, id est vertebant se. Et Æneid. 1. 108. *tum prora avertit:* id est, avertit se. Et Æneid. 2. 229. *novus per pectora cunctis insinuat pavor;* id est, insinuat se.

34. *Prunis ... rubescere corna.*) *Cornum*, fructus est; *cornus*, arbor, Ital. *corno arbore.* Sensus ambiguus: vel enim dicit, corna insita rubescere in prunis arboribus: vel cornos arbores rubescere prunis insitis, quo sensu ultimo, non *corna*, sed *corni*, dicendum fuisset. Sed interdum Virgilius fructum nomine pro arbore: ut inferius v. 424. *poma* usurpat, non *pomos.*

36. *Fructusque feros.*) Plinius l. 17. c. 10. de plantis: *mansuescunt cultu*, ceu *feræ.*

37. *Juvat Ismara, &c.*) *Ismarum* & *Taburnum* pro quibuslibet montibus accipit. *Ismarus*, pluraliter etiam *Ismara*, in maritima Thraciæ regione mons, non procul ab ostiis Hebri. Regionis incolæ Cicones ab Homero appellantur: ipsa regio, percelebris vino: quo Ulyssem Polyphemum Cyclopem inebriasse narratur Odyss. 9. 197.

38. *Taburnum.*) *Taburnus* mons Campaniæ in confinio Samnii, inter Capuam & Nolam, ferax oleis, hodie *Taburo.*

39. *Decurre laborem.*) Plerique omnes allegoriam hanc a circo repetunt, in quo cursus equis decurrebatur: confirmantque suam sententiam his postremis libri hujus versibus: *Sed jam tempus equum fumantia solvere colla*, &c. Ego a navi-

ga-

O decus, o famæ merito pars maxima nostræ,
Mæcenas, pelagoque volans da vela patenti.
Non ego cuncta meis amplecti versibus opto:
Non, mihi si linguæ centum sint, oraque centum,
Ferrea vox. Ades, & primi lege litoris oram.
In manibus terræ: non hic te carmine ficto,
Atque per ambages & longa exorsa tenebo.
Sponte sua quæ se tollunt in luminis auras,
Infœcunda quidem, sed læta & fortia surgunt.
Quippe solo natura subest. Tamen hæc quoque si quis
Inserat, aut scrobibus mandet mutata subactis,
Exuerint silvestrem animum, cultuque frequenti,
In quascumque voces artes, haud tarda sequentur.
Nec non & sterilis quæ stirpibus exit ab imis,

Hoc

INTERPRETATIO.

inceptum. Tu quoque fave mihi, *ó Mæcenas, vere ornamentum & pars maxima famæ meæ, & persequere mecum susceptum opus: & navigans pande vela mari aperto. Non ego cupio comprehendere omnia meis carminibus: Non, si haberem centum linguas, & centum ora, & vocem ferream. Fave* mihi, *& rade oram proximi litoris. Terra est in propinquo: non hic morabor te poemate fabuloso, per circuitus, & exordia prolixa. Quæ* arbores *altæ erigunt se in aerem, oriuntur quidem steriles: sed ampla & robusta: quia vis nativa inest terræ. Attamen si aliquis etiam immittat his* surculos aliarum, *aut has translatas committat fossis præparatis, deponent naturalem asperitatem, & per assiduam culturam, quocumque artificiali modo tractaveris, parebunt celeriter. Pariter illa, quæ surgit sto-*

NOTÆ.

gatione repleta, ut & cætera quæ sequuntur. Et vero verbum *decurre* etiam aquis tribuit: apud Catul. 65. 6. *Ausi sunt vada salsa cita decurrere puppi.* Æn. 5. 212. *Prona petit maria & pelago decurrit aperto.*

41. *Pelagoque volans, &c.*) Antea rogaverat Mæcenatem, ut secum laborem susciperet: mox idem iterat per allegoriam, invitando, ut secum naviget. Solemne est autem veteribus scriptoribus, grave quodlibet inceptum per navigationem explicare: quod Galli quoque familiari sermone usurpamus, *s'embarquer*, Ital. *sommergersi in faccende*; id est negotium aliquod suscipere. *Volans.*) id est, *navigans*; magna est enim metaphoræ inter volatum, & natatum, aut navigationem. Sic Æn. 3. 219. de navi Menesthei: *sic illam fors impetus ipse volantem.* Et Æn. 6. 16. de volatu Dædali, *insuetum per iter gelidas enavit ad Arctos.* Et ibid. v. 19. *Tibi Phœbe sacravit remigium alarum.* Et G. 4. 59. de apibus, *Nare per æstatem liquidam suspexeris agmen.*

44. *Primi lege litoris oram.*) Ne te, o Mæcenas, alto mari committas; sed *lege* tantum, id est, stringe terrarum litora. Tamen cum antea dixerit, *pelago da vela patenti*, videtur quibusdam hic secum pugnare Virgilius. Alii agnoscunt hic figuram, quæ *correctio* dicitur, quasi dicat: *Expande vela in altum. Quanquam non omnia dicam, sed summa tantum capita; itaque lege duntaxat litus.* Ego neque correctionem, neque pugnam hic agnosco: *patens* enim mare, hic non altum & longe remotum litoribus mare significat; sed hunc habet sensum: *Naviga dum mare patet & apertum est, non clausum ventis*: id est: *Aspira mihi, dum vena fluit, dum scribere incipio; & lege litus terrarum, &c.*

45. *In manibus terræ.*) Servius explicat: In facili & in promptu est terra, rerum descriptio; de cujus cultu scribimus: —— enim Græcis facile est. Alii melius: Non recedimus a terra inter navigandum; legemus tantum litora; terra semper erunt in propinquo, & velut in potestate, & manibus nostris. Sic Æn. 9. 132. *Terra autem in manibus nostris.*

47. *Sponte sua, &c.*) Jam relegit singulos modos, docetque quid cuique sit proprium: tum admonet, artificiales modi quibus arboribus conveniant: quemadmodum antea de naturalibus monuerat, v. 12.

49. *Solo natura subest.*) *Solum* Turnebus explicat pedem seu radicem arboris: cujus natura vividior est in silvestribus ad eliciendum succum. Alii de *terra ipsa* explicant, cui nativa vis inest; eaque veluti fortior ad silvestres arbores, quam ad sativas sustentandas. De *solo*, sub utraque significatione, *terræ & pedis*, Ecl. 6. 35.

50. *Inserat.*) Id est, per insitionem in alium truncum transferat, inquit Ascensius. Male: non enim arbor silvestris alteri trunco, sed arbori silvestri surculus ex altero trunco fœcundiore imprimitur. Quippe *inserere arborem*, non est duntaxat eam alteri inserere, sed etiam eam insitione alterius perficere; sic Plin. l. 17. 17. *Cotellinus redidit castaneam suo metipsam surculo.*

Hoc faciet, vacuos si sit digesta per agros:
Nunc altæ frondes & rami matris opacant,
Crescentique adimunt fœtus, uruntque ferentem.
Jam, quæ seminibus jactis se sustulit, arbos
Tarda venit, seris factura nepotibus umbram:
Pomaque degenerant succos oblita priores:
Et turpes avibus prædam fert uva racemos.
Scilicet omnibus est labor impendendus, & omnes
Cogendæ in sulcum, ac multa mercede domandæ.
Sed truncis oleæ melius, propagine vites
Respondent, solido Paphiæ de robore myrtus.
Plantis eduræ coryli nascuntur, & ingens
Fraxinus, Herculeæque arbos umbrosa coronæ,
Chaoniique patris glandes: etiam ardua palma
Nascitur, & casus abies visura marinos.
Inseritur vero ex fœtu nucis arbutus horrida,
Et steriles platani malos gessere valentes:

Ca-

INTERPRETATIO.

vitis e radice, idem faciet, si disponatur per campos patentes: nunc alta folia & rami matris inumbrant eam, & abstrahunt fructum surgenti, & enecant ferentem fructus. Quæ autem arbor extulit se e semine projecto, lente crescit, sero datura umbram posteris: & fructus ejus degenerant, amisso priore sapore: & vitis gerit viles racemos, qui sunt *præda avium. Nempe cura est adhibenda erga omnes, & omnes redigendæ* sunt *in ordinem, & subigendæ magno sumptu. At oleæ melius ex caudicibus, vites per propaginem proveniunt, myrtus Veneris e crassis palis. Oriuntur ex stirpibus duræ coryli, & magna fraxinus; & po*pulus *arbor umbrifera, ex qua Herculis co*rona fuit; *& quercus Jovis Dodonæi: oritur etiam sic alta palma, & abies, quæ experitura est pericula maris. Arbutus autem horrida inseritur surculo nucis, & platani infecundæ tulerunt malos robustas:*

NOTÆ.

60. *Uva racemos.*) Aut hic uva pro vite, aut racemus pro acinis uvæ ponitur. Namque, ut admonet Turnebus, *uva*, *racemus*, & *botrus*, idem fiunt; scilicet totus ipse fructus vitis: partes ejus sunt *acini*, sive grana; partes acini, *folliculus*, sive cutis, *succus*, *caro*, & *nucleus*.

62. *Multa mercede.*) Vel multo labore, vel multo sumptu.

63. *Sed truncis oleæ, &c.*) Docet quo singulæ modo melius arbores per artem tractandæ sint. I. *Truncis oleæ*: id est, caudicibus undecumque sectis, qui septimus est modus, supra v. 30. *Quin & caudicibus*, &c. *Traditur e sicco radix oleagina ligno.* II. *Propagine vites*; qui quartus est modus, v. 26. *Alia pressos propaginis arcus*, &c. III. *Solido de robore myrtus*, id est, palo acuminato; qui tertius est modus, v. 25. *Et acuto robore vallos.* Et vero sic Plin. l. 17. 17. *Ramo seruntur & punica, item myrtus, longitudine trium pedum, trunco prius enecato.* Robur est ipsa pars trunci aut rami durior, ut diximus v. 25. IV. & V. *Plantis eduræ coryli*, &c. id est, vel stolonibus, vel stirpibus; qui primus & secundus modus est, v. 23. *Hic plantas tenero abscindens*, &c. VI. *Inseritur vero ex fœtu nucis arbutus*; id est, nux arbuto insita melius succe-dit. Arbutum, Ital. *corbezzolo*. Ecl. 3. 82. Unus e septem modis superest, nempe *decacuminatio*, sive *talea*: cujus exemplum non attulit; quia fere convenit vel cum tertio modo, vel cum sexto.

64. *Paphiæ.*) Veneris, a *Papho*, urbe in insula Cypro, ubi insigniter colebatur. Cui myrtus dicata Veneri, Ecl. 7. 62.

65. *Eduræ coryli.*) Nuces avellanæ, Ital. *Nori*. *Eduræ*, id est valde duræ; litera enim e vocabulis præfixa aliquando auget, ut hic, & apud Ovid. in Arte, *Nec tamen eduræ, quod prosit, illa*, negat. Aliquando minuit, ut infra, v. 78. *Enodes trunci*, id est, nodo carentes.

66. *Fraxinus.*) Ital. *Frassino arbore*. *Herculeæque arbos, &c.*) *Populus*, Ital. *pioppo*; de qua & Herculis corona, Ecl. 7. 61.

67. *Chaoniique patris glandes.*) Quercus, dicata Jovi in nemore Chaonio, sive Dodonæo, Ecl. 9. 13.

68. *Abies.*) Ital. *Abete*. Cujus aliqua species apta navibus: unde ipsi quasi animum tribuit, ad videnda maris pericula.

69. *Arbutus.*) Ital. *Corbezzolo*, Ecl. 3. 82. Horrida, quia varia est foliis; & versus ultima syllaba cum sequente vocali elidicur. *Fœtu nucis*, surculo, vel gemma e nuce decerpta.

70. *Steriles platani malos, &c.*) *Platanus*, pla-

Castaneæ fagus, ornusque incanuit albo
Flore pyri: glandemque sues fregere sub ulmis.
Nec modus inserere atque oculos imponere simplex.
Nam qua se medio trudunt de cortice gemmæ,
Et tenues rumpunt tunicas, angustus in ipso
Fit nodo sinus: huc aliena ex arbore germen
Includunt, udoque docent inolescere libro.
Aut rursum enodes trunci resecantur, & alte
Finditur in solidum cuneis via: deinde feraces
Plantæ immittuntur. Nec longum tempus, & ingens
Exiit ad cœlum ramis felicibus arbos,
Miraturque novas frondes, & non sua poma.
Præterea genus haud unum, nec fortibus ulmis,
Nec salici, lotoque, nec Idæis cyparissis:
Nec pingues unam in faciem nascuntur olivæ,
Or-

INTERPRETATIO.

fagus fuit alba flore *castaneæ*, *& ornus candido flore pyri: & porci comederunt glandes sub ulmis. Nec una & eadem res est, inserere, & inoculare. Nam qua parte oculi* arborum *emittunt se e medio cortice, & rumpunt tenuem pelliculam, arctus sinus aperitur in ipso nodo: in quo includunt oculum ex alia arbore* decisum, *eumque docent coalescere cum cortice* interiore *humido. Aut præterea trunci carentes nodis scinduntur, & profunde rima aperitur cuneis per medium* lignum: *postea fertiles surculi insinuantur; nec longo post tempore magna arbor surgit in aërem ramis fructiferis, miraturque nova folia, & fructus non sui generis. Præterea non est unica species, nec ulmorum robustarum, nec salicum, & lotorum, & cupressorum Idæarum. Nec oli-*

NOTÆ.

platano, arbor umbræ tantum opacitate, & foliorum amplitudine utilis. *Malus*, Ital. *Melo*.

71. *Castaneæ fagus.*) Vulgo legitur: *Castaneæ fagus*: quæ absurdum videtur, in castanea scilicet fagum inseri [illegible]. Unde mire se torquent interpretes. I. Ascensius legit: *Et steriles platani malos gessere valentes Castaneæ: fagus, ornusque incanuit*, &c. hoc sensu: Platani gessere ramos castaneæ arborum, ita valentes ac robustos, ut etiam navium mali videri possent. Sed hæc durius. II. Scaliger legit: *Castaneæ fagus*: ita ut fagus sit in plurali nominativo quartæ declinationis. At illa lectio, *castaneas* pro *castaneæ*, paullo est audacior. III. Meus Abramus legit, non *fagus*, sed levi literæ unius immutatione *Castaneæ fagus*: ita ut *castaneæ* sit in genitivo, *fagus* in nominativo, per [illegible] licentiam hic productum: hoc sensu: fagus incanuit flore castaneæ, & ornus flore pyri. Et vero flores castaneæ sunt [illegible]. *Fagus*, Ital. *faggio*, Ecl. 1. 1. *Ornus*, Ital. *Orno*, Ecl. 6. 71. *Pyrus*, Ital. *pero arbore*.

72. *Glandemque sues*, &c.) Significat quercus glandiferas ulmis fuisse insitas, ad pastum porcorum.

73. *Nec modus inserere*, &c.) Præscribit insitionis duplicis modos: unus qui proprie vocatur *insitio*, Ital. *innestare*: alter qui dicitur *inoculatio*, Ital. *innocchiare*. Additur a Plinio tertius, *emplastratio*: quæ ab aliis cum inoculatione confunditur. Videtur tamen, inter tres illos modos, id esse discriminis: quod insitio fiebat, fisso arboris trunco, & surculis uno vel pluribus in ipsam trunci fissuram insertis. *Inoculatio* autem, sinu inter corticem ac truncum aperto, cui surculus includebatur. *Emplastratio* denique, sublata particula corticis, cujus in locum substituebatur alterius arboris gemma, pari magnitudine, quæ sublati corticis spatium repleret. Id patet ex Plin. l. 17. c. 16. 18. &c. Unde constat variam fuisse, pro temporum ratione, inserendi artem: in eoque hodiernos homines a Virgilio discedere, quod hic oculum in ipso arboris nodo ac gemma faciendum moneat, quem nos infra, vel supra nodum, in corticis parte maxime tersa ac nitida, aperimus. De verbo *inolescere*, Æn. 6. 738.

74. *Gemmæ.*) Proprie nodi sunt, & germina, quibus in flores aut folia arbor protuberat, metaphorice vocantur *oculi* & *gemmæ*: *oculi*, propter corrugationem corticis, quæ circumpositam oculorum cuticulam imitatur; *gemmæ*, simili metaphora.

78. *Enodes.*) Supra, v. 45.

83. *Præterea genus*, &c.) II. PARS, de variis arborum speciebus. De *salicibus* v. 13. *Lotus* arbor Africana magna [illegible], & vinum: unde & populi dicti *Lotophagi*: de qua fuse Plinius, l. 13. 17. De *Cyparissis*, vel cupressis, G. 1. 20.

84. *Idæis.*) Mons Ida duplex, alter in Phrygia, alter in Creta insula: de ultimo hic sermo est, quem Plinius l. 16. 33. appellat *patriam cupressi*.

85. *Nec pingues*, &c.) Tres enumerat oliva-

Orchades, & radii, & amara pausia bacca,
Pomaque, & Alcinoi silvæ: nec surculus idem
Crustumiis, Syriisque pyris, gravibusque volemis:
Non eadem arboribus pendet vindemia nostris,
Quam Methymnæo carpit de palmite Lesbos.
Sunt Thasiæ vites, sunt & Mareotides albæ:
Pinguibus hæ terris habiles, levioribus illæ.
Et passo Psythia utilior, tenuisque lageos
Tentatura pedes olim, vincturaque linguam;
Purpureæ, preciæque. Et quo te carmine dicam,
Rhætica! nec cellis ideo contende Falernis.

Sunt

INTERPRETATIO.

va pingues oriuntur eadem figura, Orchades, & radii, & pausiæ, quarum bacca acerbæ sunt: nec poma & arbores Alcinoi; nec genus idem est pyris Crustuminis, Syriis, & volemis ponderosis. Non eadem uva pendet e nostris arboribus Italicis, atque illa, *quam Lesbos decerpit e vite Methymnæa. Sunt vites Thasiæ, sunt quoque Mareoticæ albæ, Thasiæ aptæ solo pingui, Mareoticæ* solo *tenui*. Est *quoque* vitis *Psythia*, quæ *aptior est ad vinum coctum, & lageos subtilis*, quæ *aliquando pedes tentat & alligat linguam*. Sunt *purpureæ, & preciæ. Et quo versu vos laudabo, o Rhæticæ? ne tamen idcirco pugnate* cum *cellariis*

NOTÆ.

rum species, *Orchades*, vel ut alii legunt, *Orchites* non ab insulis Scotiæ adjacentibus, quæ *Orcades* appellantur; sed ab ὄρχις *testiculus*, quod rotundæ sint: *Radios*, quod oblongæ sint instar radii textorii: *Pausias*, quod ad oleum exprimendum tundantur, ab antiqua voce *pavire*, id est, tundere: monet enim Columella, orchitem & radium, ad escam esse, quam ad liquorem meliorem: itaque pausia propter amaritiem ad oleum apta est.

87. *Alcinoi silvæ.*) Alcinous Phæacum rex, hortorum studio laudatus apud Homer. Od. 7.

88. *Crustumiis, &c.*) Pyrorum species plurimas tres eligit e pluribus: *Crustumia* ab oppido Tusciæ Crustumio, subrubicunda: Ital. *Pero ghiacciolo*, ex Dalecampio in Plin. l. 15. c. 15. *Syria*, nigricantia, aliter *Tarentina* dicta, quod e Syria Tarentum translata fuerant: Ital. *bergamotte*, juxta aliquos. *Volema*, quod volam manus impleant, Ital. *buon cristiano*: unde quidam confundunt cum iis, quæ Plinius appellat *libralia*, a libræ pondere; sed hæc ad aliam speciem pertinent, cui nomen Ital. *pera di una libra l'una*.

89. *Arboribus.*) Vel vitibus ipsis, quæ recensentur a Theophrasto inter arbores: vel ulmis, quibus in Italia fulciuntur. Harum species distinguit quindecim

90. *Quam Methymnæo, &c.*) *Lesbos* insula maris Ægæi, cujus urbs *Methymna* vino illustris.

91. *Thasiæ, &c.*) *Thasos*, ejusdem maris insula. *Mareotides.*) Fuit *Mareia*, lacus Ægyptius, Alexandriam a meridie alluens, & urbs lacui propinqua. Fuit *Mareotis*, Libyæ, seu Africæ pars Ægypto contermina, quæ & Marmarica dicta est, nunc *Barca*. Fuit denique *Mareotis* alia, pars Epiri, seu Græciæ. Tribus his vinum Mareoticum attribuitur a diversis auctoribus: lacui quidem & urbi ab Athenæo lib. 1. Libycæ regioni a Strabone lib ultimo; Græcæ regioni a Columel. l. 3. 2. Plures tamen Libycum & Ægyptium faciunt, unde Alexandrinum quoque appellant.

93. *Passo Psythia utilior.*) De passo Psythio & Melampsythio frequens apud varios auctores sermo: unde vero *Psythia* nomen, obscurum est. Cerdanus suspicatur, vel ab oppido aliquo Græciæ derivatum esse: siquidem Columella l. 3. c. 2. Psythiam vitem *Græcalem* facit: vel a ψιθὸς, quod apud Hesychium est vinum illud, quod sponte & sine torculari profluit. *Passum* vinum est, quod fit ex uvis in vite diutius Sole adustis ex Plin. l. 14. 9. vel ex uvis in lixivio & oleo ad ignem aliquantisper exsiccatis ex Columell. l. 12. 36. Unde *passum* dicitur, vel quia Solem aut ignem *patitur*, vel quia Soli *expanditur*.

93. *Tenuisque lageos, &c.*) λαγῶος *leporaria*, quæ leporis colorem refert. *Tenuis* dicitur: vel juxta Servium, quasi penetrabilis: quæ facile ebrietatem inducit. Nam, ut admonet idem Servius, *olim*, adverbium est cujuslibet temporis. Vel ut monuit Taubmannus, *tenuis* dicitur, quasi levis & exiguæ virtutis, quæ *olim*, id est tarde ac lente admodum inebriat.

95. *Purpureæ, preciæque.*) Illa a colore nomen habent: hæ a maturitate; quasi *præcoquæ*, inquit Servius: quia cito maturescunt.

96. *Quo te carmine dicam, Rhætica?*) Laudatur hæc vitis a Catone, a Plinio: apud Augustum etiam fuisse in pretio traditur a Svetonio. 77. Testatur tamen Servium, eam a Catullo fuisse vituperatam: qui locus Catulli non extat: unde putat Virgilium in ea laudanda, dubitatione usum esse. Quamquam Turnebus figuram illam, *quo te carmine, &c.* non dubitationi, sed admirationi tribuit, ac certæ laudi, qua locum ipsi inter optima vina assignat, sed post vina Falerna: ideo addit: *nec cellis, &c.* Firmatque sententiam auctoritate Plin. l. 14. 6. *Rhætica tantum Falernis postabita a Virgilio*. *Falernus* mons & ager Campaniæ: mons vino, ager frumento feracissimus. *Rhætia* Regio Italiæ contermina, inter Alpes Rhæticas ac Tridentinas: ubi hodie Grisones, Tridentinus ditio, Comitatus Tirolensis, Vallis Tellina; &c.

Sunt etiam Amminea vites, firmissima vina:
Tmolus & assurgit quibus, & rex ipse Phanaeus:
Argitisque minor, cui non certaverit ulla,
Aut tantum fluere, aut totidem durare per annos.
Non ego te, mensis & Diis accepta secundis,
Transierim, Rhodia, & tumidis, bumaste, racemis.
Sed neque quam multae species, nec nomina quae sint,
Est numerus: neque enim numero comprendere refert.
Quem qui scire velit, Libyci velit aequoris idem
Discere, quam multae zephyro turbentur arenae:
Aut, ubi navigiis violentior incidit Eurus,
Nosse, quot Ionii veniant ad litora fluctus.
Nec vero terrae ferre omnes omnia possunt.
Fluminibus salices, crassisque paludibus alni
Nascuntur, steriles saxosis montibus orni;
Litora myrtetis laetissima; denique apertos

Bac-

INTERPRETATIO.

Falernis. Sunt praeterea vites Amminea, vina valde *durabilia: quibus cedit & Tmolus, & Phanaeus ipse, princeps* montium vini*ferorum: & parva Argitis, cum qua nulla* alia *possit contendere, aut liquore tanto, aut duratione per tot annos. Non ego te praeteribo, o vitis Rhodia, grata Diis secundarum mensarum: nec te, o bumaste, turgidis uvis. At non est numerabile quot* sint earum *species, & quae sint nomina: neque vero interest eas redigere in numerum.* Numerum *quicumque vellet discere, idem vellet discere quot arenae moveantur zephyro; aut quot fluctus Ionii allabantur ad litus, cum Eurus vehementer irruit in naves. Nec vero terrae omnes possunt producere omnia. Salices oriuntur circa fluvios, alni circa pigras paludes, orni infoecunda in lapidosis montibus: litora feracissima* sunt *myrtorum:*

NOTAE.

97\. *Sunt etiam Amminea, &c.*) Scribunt Plinius & Ausonius *Amminaeum vinum*: Galenus & Hesychius Ἀμιναῖον: igitur juxta illos legendum: *Sunt & Aminaeae vites*: & utroque sane modo diversis in codicibus legitur. Ita dictum putat Alciatus generatim vinum optimum, quasi *ἄμινον melius*: at sine teste. Macrobius esse conjicit vinum ipsum Falernum, nam *Aminei fuerunt, ubi nunc Falernum est*, inquit ille Saturn. l. 3. 16. Virgilius tamen hic Amminaeum a Falerno distinguit. Ego vinum puto tota sparsum Italia, ubi solae ab antiquis agnitae fuere vites Amminneae teste Columella, & suis quoque temporibus velut nobilissimae ita solitae nuncupari. Eo quippe translatas vites e Thessalia ab *Aminaeis* Thessaliae populis, ait Aristoteles in Polit. citante Philargyrio. Plin. vero l. 14. 2. *Principatus datur Aminaeis propter firmitatem, senioque proficientem vini eius utique vitam.*

98\. *Tmolus, &c. Phanaeus.*) De vino Tmoli Lydiae montis G. 1. 56. *Phanaeus*, mons in promontorio Chii, insulae maris Aegaei, cujus vinum aliqui cum *Ariusio* confundunt, de quo Ec. 5. 71. *Assurgit.*) Cedit; assurgimus enim iis, quibus honorem habemus. Vel. 6. 66.

99\. *Argitisque minor.*) Minor minore praestantior; duplex enim est species ex Columel. l. 3. 2. Nomen habet, vel ab ἀργός, albus, vel ab *Argis*, Peloponnesi urbe, & regione, quasi *Argiva*.

101\. *Non ego te, &c. Rhodia.*) Mensae primae, carnium erant; mensae secundae, pomorum, & bellariorum ejusmodi, quae *bellaria* generatim appellabant, Graeci τραγήματα, Ital. *la desserta*. In secundis illis mensis comprecabantur Deos, iisque vina libabant, effundebantque, Mercurio praesertim: etiam aliis, Jovi, Junoni, Baccho, ut Aen. 1. 733. *Rhodium* igitur vinum, e *Rhodo* mediterranei maris insula, aptum dicit, vel ad usum inter bellaria, vel ad solemnem illam libationem.

102\. *Bumaste.*) Βούμαστε, vaccae mammam magnitudine referens: *bumamma* Varroni, *bumammia* Columellae & Plinio dicitur.

105\. *Libyci.*) Vel Africae, vel Libyae, quae pars est Africae; de qua G. 1. 241. *De Zephyro*, Ecl. 5. 5. De *Euro*, G. 1. 371.

108\. *Ionii.*) Ionium mare dicitur, non quod Ioniam alluit, angustam Asiae minoris regionem, inter Cariam & Aeolidem; sed quod Siciliam inter & Graeciam interfusum est: a quo mare Hadriaticum distinguitur *Acroceraunio* Epiri promontorio. Nominis origo incerta.

109\. *Nec vero terrae, &c.*) III. PARS. *De variis locis, quibus arbores aliis alia felicius proveniunt.* Salices, Ital. *Salci*, v. 13. Alni, Ital. *Olmi*. Orni, Ital. *Orni*. *Myrteta*, loca myrtis consita. Ecl. 2. 54. *Taxus*, *tasso albero*. Infra v. 249. *Aquilo*. Ecl. 7. 51.

Bacchus amat colles, Aquilonem & frigora taxi.
Aspice & extremis domitum cultoribus orbem,
Eoasque domos Arabum, pictosque Gelonos.
Divisæ arboribus patriæ. Sola India nigrum
Fert ebenum, solis est turea virga Sabæis.
Quid tibi odorato referam sudantia ligno
Balsamaque, & baccas semper frondentis acanthi?
Quid nemora Æthiopum molli canentia lana?
Velleraque ut foliis depectant tenuia Seres?

Aut

INTERPRETATIO.

denique vitis amat colles expositos Soli; taxi Boream & frigus. Aspice etiam ultimum orbem excultum ab agricolis, & regionem orientalem Arabum, & Gelonos pictos. Sua singulis *arboribus patria assignata est. Sola India producit nigrum ebenum: soli Sabæi habent ramos thuriferos. Cur commemorem tibi balsama sudantia ex odorifera arbore, & baccas acanthi semper virentis?* Cur dicam *silvas Æthiopum, albentes molli lana? & quemadmodum Seres*

NOTÆ.

115. *Eoasque domos Arabum.*) *Eoos*, orientales: ab ἠώς, *Aurora*, quæ inde oritur. *Arabia*, ingens Asiæ regio, sinu Persico ad orientem, mari rubro ad meridiem, sinu Arabico ad occidentem, Syria & Mesopotamia ad septentrionem definita; in tres divisa partes: in *Desertam*; in *Felicem*, ubi *Sabæi*, & *Panchæi* ture insignes; & in *Petræam*, ubi *Nabathæi*, suis quoque nobiles odoribus.

Gelonos.) Barbarum populum, de quibus ita Turnebus l. 29. 26. *Populos Scythiæ omnes esse agnoscunt, & scribunt Geographi. Vibius Sequester populos Thraciæ esse putat; ita enim scribit:* Geloni Thraciæ populi, picti corporis parte; *nisi si quis nomen Thraciæ, ut mendosum suspectat.* Et vero videtur Virgilius eos in Thracia collocare, G. 3. 461. *Et terque Gelonus cum fugit in Rhodopen atque in deserta Getarum, & lac concretum cum sanguine potat equino.* Rhodope enim Thraciæ mons est: & Getæ, Gens Dacica, Scythiæ tamen ac Thraciæ conterminæ.

116. *India nigrum Fert ebenum.*) Dicitur *hic ebenus, & hæc ebenus.* De ea sic Plin. l. 12. 4. *Unam e peculiaribus Indiæ Virgilius celebravit ebenum, nusquam alibi nasci professus. Herodotus eam Æthiopiæ intelligi maluit.* ... *eam in triumpho Mithridatico ostendit.* ... An Ebenus nostra vera sit dubitetur, quia adusta nullum emittit jucundum odorem, unde eam Persæ existimant esse Guayaci speciem. De *India*, *Sabæis*, & *ture*, G. 1. 57.

119. *Balsamaque.*) *Balsamum*, arbuscula est, de qua sic Plin. l. 12. 25. *Omnibus odoribus præfertur balsamum, uni terræ Judææ concessum; quondam in duobus tantum hortis, utroque regio. Ostendere arbusculam hanc urbi imperatores Vespasiani, nempe in triumpho Judaico. Servit nunc hæc & tributa pendit cum sua gente. Sævivere in eam Judæi, sicut in vitam quoque suam: contra defendere Romani, & dimicatum pro frutice est. Viti similior est, quam myrto:* & *amplius coller ... modo, quæ sine adminiculis se ipsa sustinent. Inciditur vitro, lapide, osseisve cultellis; ferro lædi vitalia odit. Succus e plaga manat, quem opobalsamum vocant, eximiæ suavitatis, sed tenui gutta plorans, lanis parva colligitur in cornua. Præcipua gratia lacrymæ, secunda semini, tertia cortici, minima ligno;* quod etiam odoratissimum est. Sic tamen Lipsius, in Tacit. l. 5. 6. *Atque ita tum tunc fuerit; postea non dubiam stirpem in Ægyptum transiisse.* Citatque Claudianum in Epithal. Palladii. Si tamen Josepho fides est Judaic. antiqu. lib. 8. 6. balsami planta postremo in Judæam ex Ægypto transiit, dono data Salomoni a *Nicauli*; quam hic reginam facit Ægypti & Æthiopum, sacræ literæ reginam Saba nuncupant.

Acanthi.) Non est hic *branca ursina*, de qua Ecl. 3. 45. quæ passim in agris reperitur, herba coronaria, sed arbor est peregrina, semper frondens, & baccis ferax. Ea certe est *Ægyptia spina*, sive *acacia*, flores habens candidos; semina item in siliquis, unde succus exprimitur medicinæ in usus expetitus, quæ *bacca* dici possunt. Hinc & gummi fluit, quod vocant officinæ *Arabicum*, quia plerique spinam Ægyptiam cum Arabica spina confundunt. *Acanthus*, ἄκανθος, porro dicitur omnis spina, ab ἀκμὴ *acuo*: unde *acacia* quoque deducitur: eadem igitur utriusque vocis origo est. Ita Budæus in Theophrastum l. 4. 3. Videtur nunc in Gallia arbor illa, sed propter soli mutationem ab Ægyptia multum degenerat.

120. *Quid nemora Æthiopum, &c.*) De his Plin. l. 13. 24. *Æthiopes Ægypto contermina insignem arborem non fere habet, præter laniferas: quarum natura, in descriptione Indorum, atque Arabiæ, dicta est.* Has autem Arabicas ita describit l. 12. 10. *Ferunt cucurbitas mali amplitudine, quæ maturitate ruptæ ostendunt lanuginis pilas, ex quibus vestes pretioso linteo faciunt.* Lana illa, species est gossipii, Ital. cotone. De *Æthiopia*, Ecl. 10. 68.

121. *Velleraque ut, &c.*) Distinguunt plerique vellera *byssina*, *bombycina*, & *serica*; ita ut byssina sint e lino mire subtili; *bombycina* e vermis satis noto; *serica* ex arborum lana. Et *byssum* quidem nasci perhibet Plinius *circa Elim in Achaia*, l. 19. 1. *Bombycem vero vermem* Assyriæ ascribit l. 11. 22. Ejusque velleris texendi artem a Pamphila quadam mulierculæ repertam esse, in Coo autem Ægæi insula, testatur idem, post

Ari-

Aut quos Oceano propior gerit India lucos,
Extremi sinus orbis? ubi aëra vincere summum
Arboris haud ullæ jactu potuere sagittæ:
Et gens illa quidem sumptis non tarda pharetris.
Media fert tristes succos tardumque saporem
Felicis mali: quo non præsentius ullum
(Pocula si quando sævæ infecere novercæ,
Miscueruntque herbas, & non innoxia verba)
Auxilium venit, ac membris agit atra venena.
Ipsa ingens arbos, faciemque simillima lauro:
Et, si non alium late jactaret odorem,
Laurus erat: folia haud ullis labentia ventis:
Flos apprima tenax. Animas & olentia Medi

Ora

INTERPRETATIO.

deducant e frondibus fila tenuia? aut quid describam *silvas, quas gerit India vicina Oceano,* & quæ est *recessus ultimi mundi? ubi nulla sagitta potuit jactu superare supremum cacumen arboris: & tamen illa natio non est pigra in usu pharetræ. Media producit succos acerbos, & lentum saporem mali fortunati; quo nullum remedium certius est,* & certius *expellit e corpore nigra venena: quando novercæ corrumpunt potum, & miscuerunt* cum eo *herbas, & verba perniciosa. Arbor ipsa magna est, & similis lauro* secundum *formam: & laurus esset, nisi circum emitteret alium odorem: frondes nullo vento decidunt: flos valde tenax est. Medi hoc* malo *corrigunt*

NOTÆ.

Aristotelem, Hist. nat. l. 5. 19. Unde celebrantur a poetis *Coæ vestes*. Arbores vero sericas in extremo Oriente, apud Seres populos, constituit Plinius, l. 6. 17. *Seres lanificio silvarum nobiles, perfusam aqua depectentes frondium canitiem. Mites quidem, sed & ipsi feris persimiles, cœtum reliquorum mortalium fugiunt, commercia expectant.* Hi fuerunt Scythis, Indis, & Sinis conterminai; unde cum iis omnibus vulgo confunduntur: videntur mihi communes ad Sinenses propius accedere.

122. *Aut quos Oceano, &c.*) Plin. l. 7. 2. *Maxima in India gignuntur animalia. Arbores quidem tantæ proceritatis traduntur, ut sagittis superari nequeant. Arundines vero tantæ proceritatis, ut singula internodia alveo navigabili ternos interdum homines ferant.* De India G. 1. 57.

123. *Extremi sinus orbis.*) Quia latissimum habet sinum, qui dicitur Gangeticus, versus oceanum Eoum sive Orientalem: & tota illa regio terrarum terminus habita est; Sinis, qui ad orientem ulteriores sunt, aut parum cognitis, aut Indorum nomine comprehensis. *Aëra summum.*) Vel cacumen arboris ita appellat, vel aërem cacumini circumfusum.

126. *Media fert, &c.*) Regio Asiæ opibus insignis: ad septentrionem mari Caspio, ad meridiem Perside, ad orientem Hyrcania & Parthia, ad occidentem Armenia & Assyria, definita. *Medicum* seu *Medorum* aut *Assyrium* nomine, vulgo *citrium*, Ital. *cedro*. Quod quidem hic octo notis pingit poeta. I. Amaritie, ex qua *tristes*, quod diu palato inhæreat, ut explicat Philargyrius. II. Felicitate, seu fœcunditate: ut enim ait Plin. lib. 12. 3. *Arbor ipsa omnibus horis pomifera est, aliis cadentibus, aliis maturescentibus, aliis vero subnascentibus.* III. Virtute adversus venena: futura, inquit Servius, non autem jam accepta. Immo ex Theophrasto, Athenæo, Dioscoride, etiam adversus accepta, præsertim si cum vino succus ejus bibatur. IV. Foliorum cum lauro similitudine. V. Odoris fragrantia. VI. Virore perpetuo. VII. Tenacitate florum: qui abeunt in fructus, non facile vento aut maturitate excutiendos. VIII. Usu ad fœtorem anhelitus corrigendum. Plin. l. 11. 53. *Parthorum populis hoc præcipue & a juventa propter indiscretos cibos; namque & vino fœtent ora nimio: sed sibi proceres medentur grano Assyrii mali, cujus est suavitas præcipua, in esculenta addito.* Addit & mederi *senibus anhelis*, id est, vel fœtide respirantibus, & idem erit cum priore sensus; vel asthmaticis & difficile respirantibus, & diversa erit sententia, omnaque mali virtus. Denique Plin. l. 12. 3. sic ait: *Tentavere gentes transferre ad se se, propter remedii præstantiam, fictilibus in vasis, sed nisi apud Medos in Perside nasci noluit.* Tamen deinde Palladii diligentia convaluit arbor in Italia, & inde propagata est.

134. *Apprima.*) Pro *apprime*: neutrum plurale pro adverbio, Græco more: id est, *imprimis*. Sic G. 3. 500. *Et pede terram Crebra ferit, &c.* Ita plerique omnes. At Jos. Scaliger & Gifanius legunt *apprime*, & contra fas corripiunt ultimam, Lucretiano more l. 6. 594. *Tecta superne timent, metuunt inferne cavernas.* Et l. 4. 429. *Longe tamen porro ab summo, &c.*

Ora fovent illo, & senibus medicantur anhelis.
Sed neque Medorum silvæ, ditissima terra,
Nec pulcher Ganges, atque auro turbidus Hermus,
Laudibus Italiæ certent: non Bactra, neque Indi,
Totaque turiferis Panchaia pinguis arenis.
Hæc loca non tauri spirantes naribus ignem
Invertere, satis immanis dentibus hydri:
Nec galeis densisque virum seges horruit hastis:
Sed gravidæ fruges, & Bacchi Massicus humor
Implevere: tenent oleæque, armentaque læta.
Hinc bellator equus campo se se arduus infert:
Hinc albi, Clitumne, greges, & maxima taurus
Victima, sæpe tuo perfusi flumine sacro,
Romanos ad templa Deum duxere triumphos.
Hic ver assiduum, atque alienis mensibus æstas.
Bis gravidæ pecudes, bis pomis utilis arbos.
At rabidæ tigres absunt, & sæva leonum

Se-

INTERPRETATIO.

halitum suum, & graveolentia ora; & medentur senibus anhelantibus. Attamen, nec silvæ Medorum, regio opulentissima, nec pulcher Ganges, nec Hermus fluens aureo limo contendat cum laudibus Italiæ: nec Bactra, nec India, nec tota Panchaia dives solo turifero. Tauri efflantes ignem naribus non aravere hanc regionem, dentibus magni draconis seminatis: nec seges viguit cassidibus, & densis hastis militum. Sed fœcunda fruges, & Massicus liquor vitis, replent illam, *& olea armentaque pinguia occupant. Ex una parte equus bellicosus immittit se campis alta cervice: ex alia parte greges ovium, & tauri,* quæ sunt *maxime victimæ, sæpe loti sacris aquis tuis, o Clitumne, præcessere Romanos triumphos ad templa Deorum. Hic est perpetuum ver, & æstas mensibus non solitis. Bis pecudes pariunt; bis arbores ferunt fructus. Sed ti-*

NOTÆ.

136. *Sed neque Medorum, &c.*) Excursio in laudes Italiæ quam commendat 1. A malis quibus caret. 2. A bonis quibus abundat. *Medorum silvæ.*) Quæ mala citria proferent, de quibus v. 126.

137. *Ganges, &c. Hermus.*) Auriferi fluvii: *Ganges* ex Emodis profluens montibus, Indiam duas in partes mediam dividens, in Oceanum Indicum exit meridiem versus, septem ostiis, si fides Virgilio, Æn. 9. 30. negante tamen Strabone l. 15. *Hermus* Lydiæ fluvius, qui auctus Pactolo, aurifero etiam amne, in Phocaicum sinum illabitur.

138. *Bactra.*) *Bactriana* regio Asiæ, inter Parthiam ab occidente, atque Indiam ab oriente, Oxo fluvio a septentrione definita. *Bactri*, vel *Bactrii* populi sunt: *Bactra*, orum, urbs eorum præcipua. Plin. l. 18. 6. de tritico. *Tradunt in Bactris grana tantæ magnitudinis fieri, ut singula spicas nostras æquent.* De *Indis*, deque *Panchaja*, vel *Panchæa*, Arabiæ felicis, sive Sabæorum regione, G. 1. 57.

140. *Hæc loca non, &c.*) Colchidem intelligit, in quam profectus Jason, vellus aureum in Martis luco suspensum diripuit; domitis, & ad aratrum alligatis ignivomis tauris: seminatis hydri dentibus: occisis militibus, qui statim ex illo semine eruperant: interfecto denique dracone, velleris custode: quæ omnia perfecit barbaræ cujusdam virtute, & arte Medeæ, Æetæ regis filiæ, qui custodiam illam velleri suo apposuerat. Ovid. Met. 7.

143. *Massicus.*) *Massicus* mons in Campania, vini ferax. De *Baccho*, Ecl. 5. 30. 69.

146. *Clitumne, &c.*) *Clitumnus* Italiæ fluvius, in Umbria: in Topinum primo amnem, mox cum eo in Tiberim labitur; in eo lavabantur victimæ, e quæ dealbari putabantur: victimæ enim Jovi Capitolino in triumphis non immolabantur, nisi candidæ. Notat Turneb. l. 30. 16. *Clitumnum* hic pro Deo, non pro ipso flumine accipi: siquidem dicitur, *tuo sacro flumine*. Deus autem ille, vel fuit fluminis præses, cui exstructum in ejus ripa templum ait Plin. Ep. l. 8. 8. Vel fuit ipse Jupiter, qui Vibio teste, Clitumnus dictus etiam est. *Maxima taurus victima.*) Victimæ dictæ olim sunt majora animalia, in quibus maximus est taurus: hostiæ minora, ut oves.

148. *Templa Deum.*) Capitolium, Jovi sacrum.

150. *Bis pomis utilis arbos.*) Hyperbole quibusdam videtur: est tamen aliquid apud Plin. l. 16. 27. & Varronem l. 1. 7. de malo bifera apud Consentiam, Brutiorum in Italia civitatem.

Semina: nec miseros fallunt aconita legentes:
Nec rapit immensos orbes per humum, neque tanto
Squameus in spiram tractu se colligit anguis.
Adde tot egregias urbes, operumque laborem:
Tot congesta manu præruptis oppida saxis:
Fluminaque antiquos subterlabentia muros.
An mare, quod supra, memorem, quodque alluit infra?
Anne lacus tantos? te, Lari maxime; teque
Fluctibus & fremitu assurgens, Benace, marino?
An memorem portus, Lucrinoque addita claustra,
Atque indignatum magnis stridoribus æquor,
Julia qua ponto longe sonat unda refuso,
Tyrrhenusque fretis immittitur æstus Avernis?

Hæc

INTERPRETATIO.

quæ furiosa hinc *absunt, & crudelis proles leonum, nec aconita decipiunt miseros colligentes: nec serpens squameus magnis gyris repit humi, nec tanta longitudine se convolvit in spiram. Adde tot urbes illustres, & difficultatem operum: tot oppida manu extructa in altis rupibus: & flumina subeuntia veteres muros* urbium. *An laudabo mare, quod alluit* Italiam *supra & infra? An vero lacus tam magnos? te, o magne Lari; & te, o Benace, intumescens fluctu & sonitu marino? An laudabo portus, & moles objectas* lacui *Lucrino, & mare* circa illas *indignans magno mugitu: qua parte aqua Julia resonat, mari procul repulso, &* qua *Tyrrhenum mare influit* in *fauces Averni? Eadem* Italia *monstrat* in

NOTÆ.

152. *Aconita, &c.*) Herba venenosa: dicta, vel juxta Solinum, ab *Acone* portu in Ponto, regione venenis infami; vel juxta Plin. Ovid. Lucan. a nudis cautibus, ubi nascuntur, quæ dicuntur ἀκόναι. Nascuntur & in Italia, teste Servio; sed poeta ita utitur ut rem elevet: nam ea innuit non obesse, quia nota omnibus sunt, nec *fallunt legentes*. Sunt item serpentes, sed parvi; neque tanti, quanti alibi: *neque tanto squameus, &c.*

158. *An mare, &c.*) Gemino mari alluitur Italia. *Hadriatico*, quod *superum* vocant, quia est ad septentrionem, superiorem nobis mundi partem; & *Tyrrheno*, quod *inferum*, quia est ad meridiem.

159. *Te, Lari maxime; teque, &c.*) Lacus commemorat duos. Primus est *Larius*, *Lago di Como*, in ducatu Mediolanensi: qui patet in longitudinem ad 30. milliaria, bicornis versus meridiem: & altero quidem in cornu *Comum* urbem habet. Secundus est *Benacus*, *Lago di Garda*, in agro Veronensi: Mincium fluvium ex se emittens meridiem versus; oppidum alluens *Gardam* ad orientem, unde ipsi nomen: Lario non multo longior, sed latior; unde marino instar agitari tempestatibus a Virgilio perhibetur. Fabricius tamen ita legit: *Te Lari, Maxime, teque, &c. Benace, &c.* ita ut tres distinguantur lacus, & per *Maximum* is intelligatur, qui nunc est *Lago maggiore*: sed neque lacus ille dictus est antiquis *Maximus*, sed *Verbanus*, neque versus ita interpunctus Virgilium sapit.

161. *Lucrinoque, &c.*) *Lucrinus*, in Puteolana Campaniæ ora minor est sinus, inter Baias & Puteolos: intra quem *Avernus* lacus est, eidem per angustas fauces conjunctus. Constat ex Strabone lib. 5. Lucrinum sinum fuisse jam inde a temporibus Herculis disclusum a Tyrrheno mari, aggere longo stadiis octo; lato, quantum trahendo currui sufficeret: cum autem vi tempestatis aquam admitteret multis locis, additum fuisse ab Agrippa id quod structuræ deerat. Causam affert illius instaurationis Suet. in August. 16. ut nempe commoda esset statio continendis & exercendis navibus, quas Sext. Pompeio, Siciliam occupanti, objecturus erat Octavianus. Notandum vero cum Abramo, quod quidam e veteribus scribere videantur, Lucrinum ab Octaviano fuisse perfossum, ut Dion. lib. 48. & Sueton. in August. 16. Quidam contra, fuisse molibus a mari exclusum, ut Virgil. & Plin. l. 36. 15. Hos ita concilio: Portus unus e gemino continuo lacu factus est: & Avernus quidem perfossus, ut cum Lucrino confluerat; Lucrinus fere interclusus ne mare liberius in eum influeret. Atque ita explicandus Suetonius: *Portum Julium apud Bajas, immisso in Lucrinum & Avernum lacum mari, effecit.* Male igitur Servius tribuit Julio Cæsari opus illud, quod Julii nomen ad memoriam duntaxat Cæsaris tulit: extructum anno U. C. circiter 717. ut ex Sueton. colligitur. Nunc Avernus superest, *lago d'Averno*; at e Lucrino nihil superest, nisi palus limosa cum arundineto; ex quo mons enatus, qui Cinereus dicitur, exstitit terræ motu, anno 1538.

164. *Tyrrhenusque, &c. Avernis.*) *Tyrrhenum* mare dicitur, quicquid ab usque Tuscia sive Etruria, ad fretum usque Siculum, æquorum est. De *Averno* lacu, qui a poetis inferorum ostium habitus est, fuse Æn. 6. 237.

Hæc eadem argenti rivos, ærisque metalla
Ostendit venis, atque auro plurima fluxit.
Hæc genus acre virum, Marsos, pubemque Sabellam,
Assuetumque malo Ligurem, Volscosque verutos
Extulit: hæc Decios, Marios, magnosque Camillos:
Scipiadas duros bello: & te, maxime Cæsar,
Qui nunc extremis Asiæ jam victor in oris
Imbellem avertis Romanis arcibus Indum.
Salve, magna parens frugum, Saturnia tellus,
Magna virum: tibi res antiquæ laudis & artis
Ingredior, sanctos ausus recludere fontes,
Ascræumque cano Romana per oppida carmen.
Nunc locus arvorum ingeniis: quæ robora cuique,

Quis

INTERPRETATIO.

venis rivos argenti & metallum æris, & auro multum abundavit. Hæc produxit bellicosum genus hominum, Marsos, & juventutem Sabellam, & Ligures assuetos labori, & Volscos armatos verubus. Hæc produxit Decios, Marios, & magnos Camillos, Scipiones bello asperos, & te, o Cæsar maxime, qui jam nunc victor in ultimis Asiæ finibus repellis molles Indos a Romanis urbibus. Salve, o terra Saturni, magna parens frugum, magna hominum: suscipio in tuam utilitatem res laudatas & excultas ab antiquis, ausus aperire primus sacros fontes; & cano per urbes Romanas carmen Hesiodi *Ascræi. Jam locus est* disserendi *de natura terrarum: quæ sit*

NOTÆ.

165. *Ærisque metalla.*) Plinius l. 3. c. ultimis, de Italia: *Metallis auri, argenti, æris, ferri, quamdiu libuit exercere, nullis cessit.*

167. *Marsos, &c.*) De Marsis, Æn. 7. 750. De Sabellis, Æn. 7. 665. De Liguribus, Æn. 10. 185. De Volscis, Æn. 7. 803.

168. *Verutos.*) Armatos verubus, id est, ex Nonio, brevibus & teretis telis. Legunt aliqui: *assuetumque malo Ligurem, Volscosque verutos*: & est idem, verutum & veru: sed præfero communem lectionem verutos a veru; quomodo passim legimus *stercus*, *a scuto*, *cinctutos*, a cincto.

169. *Decios.*) Familiam Romæ celeberrimam; ex qua P. *Decius Mus, consul bello Latino, collega Manlio Torquato: cum utrique consuli somnio obvenisset, eos victores futuros, quorum dux in prælio cecidisset: rem collato cum collega consilio, cum convenisset, ut cujus cornu in acie laboraret, Diis se Manibus voveret: inclinante sua parte, se & hostes, per Valerium pontificem, Diis Manibus devovit: impetu in hostes facto, victoriam suis reliquit.* Ita Aurelius Victor. Cicero vero, Tuscul. 1. 89. testatur idem ab ejus filio factum bello Etrusco; idemque ab ejus nepote, bello contra Pyrrhum Epiri regem.

Marios.) Caius Marius, ex municipio Arpinate humili loco natus, triumphavit de Jugurtha rege Numidiæ, deque Cimbris: septies Consul fuit: in septimo consulatu, metuens imminentem ex Asia Syllam, aut morbo, aut voluntaria morte decessit. *Marius* junior, ejus filius, aut ex nomine corpus, Præneste obsessus deinde a Syllanis, cum per cuniculum vellet effugere, septus ab hostili exercitu, mortem sibi conscivit in ipso cuniculo, cum crudele ac non grave animadverteret.

Camillos.) M. Furium Camillum: qui de Vejentibus, decenni obsidione victis, triumphavit: Gallos Roma capta Capitolium obsidentes vicit: alter Romulus dictus, pestilentia obiit octogenarius.

170. *Scipiadas.*) E Scipionum gente, duo præcipue insignes, *Africani dicti*: de quibus, Æn. 6. 842.

171. *Qui nunc extremis, &c.*) Certe versus illos operi jam perfecto Virgilius attexuit: nondum enim ullum eiusmodi bellum gesserat Octavianus, cum hunc libro primum utilis poeta operam daret. Omnino igitur de bello Actiaco, aut potius Ægyptio intelligamus. Primo enim Ægyptius Asiæ confinis est: deinde Indus, & Arabes, & Sabæos, inter auxilia M. Antonii & Cleopatræ fuisse memorat Æn. 8. 705. *Omnis eo terrore Ægyptus & Indi, Omnis Arabs, omnes vertebant terga Sabæi.* Neque vero Indi apud veteres, ut apud nos, exacta ratione numerantur; sed promiscue pro calidarum plagarum populis. Unde Ovidius eos cum Æthiopibus confundit; cum dicit alicubi, Perseum devexisse Andromedem *nigris ab Indis*. Appianus in Annib. narrat per Africam ultra Annibalem inducere, ut sibi consensere exemplo in Claudii castra transmitterent. Hyginus ad cap. 275. *Liber in India Arietem*, &c. id est, in Africa, ubi templum Jovis Ammonis.

173. *Saturnia tellus.*) Italia, in qua Saturnus latuit. Ecl. 4. 6. Æn. 8. 318.

176. *Ascræum.*) Ad imitationem Hesiodi Ascræi, qui Georgica conscripsit, Ecl. 3. 40. Ecl. 6. 70.

177. *Nunc locus, &c.*) IV. PARS. *De arte discernenda natura cujusque soli.* I. Iis quidem præceptum est, de terra apta oleis, v. 179. II. *Apta vitibus*, v. 184. III. *Apta pecoribus*, v. 195. IV.

A-

Quis color, & quæ sit rebus natura ferendis.
Difficiles primum terræ, collesque maligni,
Tenuis ubi argilla, & dumosis calculus arvis,
Palladia gaudent silva vivacis olivæ.
Indicio est, tractu surgens oleaster eodem
Plurimus, & strati baccis silvestribus agri.
At quæ pinguis humus, dulcique uligine læta,
Quique frequens herbis & fertilis ubere campus,
Qualem sæpe cava montis convalle solemus
Despicere: huc summis liquuntur rupibus amnes,
Felicemque trahunt limum: quique editus Austro,
Et filicem curvis invisam pascit aratris:
Hic tibi prævalidas olim multoque fluentes
Sufficiet Baccho vites: hic fertilis uvæ,
Hic laticis, qualem pateris libamus & auro,
Inflavit cum pinguis ebur Tyrrhenus ad aras,
Lancibus & pandis fumantia reddimus exta.
Sin armenta magis studium vituloque tueri,

Aut

INTERPRETATIO.

cuique vis, quis color, & quæ indoles ad certas quasdam *res producendas. Primo terra aspera & colles ingrati, ubi sterilis argilla & lapilli sunt in agris spinosis, amant silvam vivacis oleæ sacram* Minervæ. *Oleastri plurimi nascentes in illis locis, & campi operti olivis silvestribus, hoc indicant. At terra, quæ pinguis est, & abundans dulci humore, & campus, qui ferax est herbarum, & fecundus ubere: qualem sæpe solemus videre* in *ima valle montis, in quam fluvii defluunt ex altis rupibus, & devolvunt limum fertilem; &* campus *qui assurgit ad meridiem, & alit filicem incommodam curvis aratris: hic* campus *producet tibi aliquando vites robustas, & abundantes multo vino: hic ferax est racemorum & liquoris, qualem effundimus pateris aureis, quando pinguis Etruscus inflavit tibiam eburneam ante aras, &* quando *offerimus* Diis *viscera* victimarum *in patinis*

NOTÆ.

Apta frumento, v. 203. V. *Apta et aquis & humentibus*, v. 217. VI. *Quo modo terra cognoscantur densa & rara*, v. 227. VII. *Salsa*, v. 238. VIII. *Pinguis*, v. 248. IX. *Humida*, v. 251. X. *Gravis, levis, & frigida*, v. 254.

180. *Tenuis ubi argilla.*) Sicca, non est argilla pinguis, Ital. *Terra arida*.

181. *Palladia.*) De *Pallade*, Ecl. 2. 61. De olivæ vivacitate, G. 2. 3. Cur oliva Palladi sit sacra, G. 1. 18. *Oleaster*, est silvestris olea.

185. *Dulcique uligine.*) Servius: *Uligo proprie est naturalis humor terræ, ex ea nunquam recedens. Bene autem dulci addit, ad discretionem amaræ*, & salsæ: quæ ex Columella l. 3. 2. vitifero solo deesse debent: *Nam*, inquit, *saporem vini corrumpit, & incrementa vitium veluti quadam scabra rubigine coercent*. Et notat Abramus nimiam illam uliginem, quæ ex fluminum decursu oritur in vallibus, requiri a Virgilio, ex natura Italici soli, quod ut plurimum siccius est: a nobis enim planum potius, & siccior terra ad vites expetitur.

185. *Fertilis ubere campus.*) Uber aliquando adjective sumitur. Propert. l. 1. 22. *Umbria terris fertilis uberibus*; & significat, *fecundus*, *copiosus*. Aliquando substantive, ut hic, & infra v. 234. *vix sat erit animis aptius uber erit*; & significat ipsam ubertatem, sive mammam terræ. Idque exemplo Homeri, qui Il. 9. 141. agros appellat *mammam terræ* οὖθαρ ἀρούρης.

189. *Filicem, &c.*) *Filix*, *felce*, herba fruticosa, multiplici radicum nexu aratrum impedit.

192. *Pateris libamus & auro.*) Dissolutio est vocum pro *pateris aureis*: quibus vinum exquisitissimum Diis libabatur. De *libatione* Æn. 1. 740. Notat autem duo sacrorum, præcipue, quæ fiebant ad *exta* victimarum consulenda: quæ ars *aruspicina* dicta est: in qua principes erant Etrusci sive Tyrrheni, qui ideo Romæ ad sacrificia adhibebantur, cum tibia eburnea. *Pinguis* dicitur Etruscus; vel ex vitio gentis: nam Catullus 40. 11. *Aut parcus Umber, aut obesus Etruscus*. Vel ex vitio tibicinum, quibus intumescunt genæ. Vel ex vitio sacrificulorum, qui victimarum carnibus opipare vescebantur.

194. *Lancibus & pandis.*) Vel patentibus; vel melius, extorum pondere curvatis & *repandis*. *Reddere* autem verbum est sacrificiorum: *reddi*

Aut fœtus ovium, aut urentes culta capellas:
Saltus & saturi petito longinqua Tarenti,
Et qualem infelix amisit Mantua campum,
Pascentem niveos herboso flumine cycnos.
Non liquidi gregibus fontes, non gramina desunt,
Et quantum longis carpent armenta diebus,
Exigua tantum gelidus ros nocte reponet.
Nigra fere, & presso pinguis sub vomere terra,
Et cui putre solum, (namque hoc imitamur arando)
Optima frumentis. Non ullo ex æquore cernes
Plura domum tardis decedere plaustra juvencis:
Aut unde iratus silvam devexit arator,
Et nemora evertit multos ignava per annos,
Antiquasque domos avium cum stirpibus imis
Eruit: illæ altum nidis petiere relictis;
At rudis enituit impulso vomere campus.
Nam jejuna quidem clivosi glarea ruris
Vix humiles apibus casias roremque ministrat:
Et tophus scaber, & nigris exesa chelydris

Cre-

INTERPRETATIO.

curvis. Si vero magis amas nutrire armenta, & vitulos, & sobolem ovium, & capellas, quæ exhauriunt loca culta, quære silvas & remota arva Tarenti fertilis, & agros, quales infelix Mantua perdidit, qui nutriunt olores candidos in herboso fluvio. Illic *puri fontes non desunt gregibus, nec herba: & quantum* herbarum *armenta depascunt per longos dies, tantum ros humidus reddet* per *brevem noctem. Terra ferme nigra & pinguis sub vomere alte immisso, & cujus superficies mollis est, (hoc enim perficimus aratione) optima* est *frumentis. Nullo ex agro videbis plura plaustra exire, bobus* difficile *trahentibus.* Item illa *terra, ex qua arator iratus abstulit silvam, & diruit nemora infecunda multis annis, & evulsit vetera latibula volucrum cum radicibus imis: illæ fugerunt in aërem, nidis relictis; at campus,* prius *incultus, refulsit vomere impresso.* Nam *certe glarea sicca agri declivis vix profert apibus parvas casias & rosmarinum: quemadmodum tophus asper, & creta corrosa a nigris che-*

NOTÆ.

enim disturbantur cuta, ait Servius, *cum probata & alia ora impendebantur*. Tacit. l. 8. *Laterata bove, & super caspitem reddidit omis*, &c.

196. *Urentes culta capellas.*) *Morsus earum arbori esse exitialis, olivam lambendo quoque sterilem faciunt*, Plin. l. 8. 50. *Culta* G. 1. 153.

197. *Saturi Tarenti*, &c.) Servius: *Aut fecundi, aut quod est juxta oppidum Saturum; Tarentum enim & Saturum, utrumque sunt Calabriæ oppida*. Probus locum & paludem esse dicit vicinam Tarento. Qui autem explicant de *Saturæ palude*, *sive Pomptina*, *sive Ausonia palude*, ii graviter errant. Est enim Tarentum in orientali parte Italiæ, Æn. 3. 551. Pomptina vero palus, in litore meridionali, ad mare inferum, Æn. 7. sub finem circa 801.

198. *Mantua*.) De ejus calamitate, in argum. Ecl. 1. De *cycnis*, Ecl. 8. 55. *Flumen*, Mincius est, *Mantuæ*. Ecl. 7. 13.

204. *Hoc imitamur arando*.) Hoc autem contendimus, ut imitemur arte, terram natura sua mollem: ergo signum est, eam, quæ ex se ipsa mollis & subacta est, esse frumentis aptissimam.

207. *Iratus*.) Offensus ob diuturnam silvæ sterilitatem.

211. *Enituit*.) Aut campus refulsit repercussu lucidi vomeris. Aut pinguis factus est; nitere enim dicuntur ea, quæ pinguia sunt. Horat. Ep. 1. 4. 15. *Me pinguem & nitidum*, &c. Virgil. G. 1. 153. *Interque nitentia culta*. Aut per communicationem, id est, in eo enituit & refulsit vomer. G. 1. 46. *Sulco attritus splendescere vomer*.

212. *Nam jejuna*, &c.) Ita cohæret oratio. Terra nigra, & putris, aut ex qua erutæ sunt silvæ, optima est frumento: nam glarea, quæ huic contraria est, non est frumentaria, & vix flores producit. *Glarea*, Ital. *ghiaia*. *Tophus*, *tufo*, lapis asper & nidans, e terra & arena concretus. *Creta*, terra alba.

214. *Chelydris*.) Sunt serpentes teterrimi odoris, a χέρσος terrestri, & ὕδωρ *aqua*. Apud Ni-

can-

Creta. Negant alios æque serpentibus agros
Dulcem ferre cibum, & curvas præbere latebras.
Quæ tenuem exhalat nebulam, fumosque volucres,
Et bibit humorem, & cum vult ex se ipsa remittit,
Quæque suo viridi semper se gramine vestit,
Nec scabie & salsa lædit rubigine ferrum;
Illa tibi lætis intexet vitibus ulmos:
Illa ferax oleæ est: illam experiere colendo
Et facilem pecori, & patientem vomeris unci.
Talem dives arat Capua, & vicina Vesevo
Ora jugo, & vacuis Clanius non æquus Acerris.
Nunc, quo quamque modo possis cognoscere, dicam.
Rara sit, an supra morem sit densa, requiras:
(Altera frumentis quoniam favet, altera Baccho:
Densa, magis Cereri; rarissima quæque, Lyæo)
Ante locum capies oculis: alteque jubebis
In solido puteum demitti, omnemque repones
Rursus humum, & pedibus summas æquabis arenas.
Si deerunt, rarum, pecorique & vitibus almis
Aptius uber erit: sin in sua posse negabunt

Ire

INTERPRETATIO.

lædris. Nulli agri dicuntur producere tam gratum pabulum serpentibus, & præbere tam cavas latebras. Quæ exspirat tenues vapores & leves fumos, & bibit humorem, & ipsa sponte ejicit illum *ex se; & quæ semper tegit se propriis herbis, nec inficit vomerem scabritie, & rubigine amara: illa tibi implicabit ulmos fecundis vitibus; illa fertilis est oleæ: illam sentiet colendo & aptam gregibus, & tractabilem vomere acuto. Talem arat Capua dives, & regio propinqua monti Vesuvio, & Clanius non commodus Acerris desertis. Jam docebo quomodo poteris unamquamque agnoscere. Si quæris an rara sit, an plus æquo densa, (quia altera bona est frumento, altera viti: densa magis frumento, rarissima quæque viti) primo eliges locum oculis, & jubebis puteum defodi profunde in solido* loco: *deinde repones omnem terram* in eundem *locum, & complanabis pedibus summas arenas. Si non sufficient* ad replendum *locum, ager erit rarus, & melior ad pascua & vites almas: si vero abnuent se posse*

NOTÆ.

eandem tamen veram esse. [illegible] serpentes, qui modo in paludibus, modo in arboribus latent; unde *Dryinæ* quoque appellantur, a δρῦς quercus. De *casiis* & *rorismarino*, herbis coronariis, Ecl. 2. 47.

224. *Capua & vicina Vesevo, &c.*) Capua, Campaniæ caput: unde & *Capuam* a *capite* dictam putat Strabo l. 5. Virgilius tamen a Capy, Æneæ consanguineo, nomen ejus deducit Æn. 10. 145. Hanc censent nulli terrarum soli bonitate posthabendam; fuerat autem olim inter tres maximas urbes, Romam, Carthaginemque [illegible], teste Floro l. 1. 16. *Vesevus*, *Vesuvius*, & *Vesbius*, mons Campaniæ prope Nolam, mire fertilis, [illegible] in cacumine, unde [illegible] ignes [illegible] evomuit, sub [illegible] Tito: quo tempore Plinius Historiæ naturalis scriptor, [illegible] illius [illegible] cupiditate eo se contulerat, [illegible] exstinctus est.

225. *Ora jugo.*) Dicitur, ut narrat Gellius l. 7. 20. scripsisse primo Virgilius: *Nola jugo*, ad innuendam Nolam, urbem Vesuvio vicinam; sed postea delevisse, propterea quod Nolani aquam ipsi negaverant usum in rus, quod erat in propinquo, deducendam.

Clanius non æquus Acerris.) *Acerræ*, *Acerrarum*, antiquissima Campaniæ urbs, non longe a Neapoli: hanc præterfluit amnis *Clanius*, & *Liguis* cujus frequenti inundatione pene urbem interdum exhausit: unde ipse non *æquus Acerris*, & Acerræ *vacuæ* hic dicuntur.

229. *Cereri .... Lyæo.*) De Cerere Ecl. 5. 79. Lyæus, Bacchi nomen, a λύω *solvo*: quod curis solvat & liberet.

234. *Aptius uber.*) Supra v. 185. *Posse negabunt.*) Non poterunt. Et quod omnem [illegible] terramque terra tribuis: ut sibi [illegible] loco.

Ire loca, & scrobibus superabit terra repletis,
Spissus ager; glebas cunctantes crassaque terga
Exspecta, & validis terram proscinde juvencis.
Salsa autem tellus, & quæ perhibetur amara,
Frugibus infelix: ea nec mansuescit arando,
Nec Baccho genus, aut pomis sua nomina servat:
Tale dabit specimen. Tu spisso vimine qualos,
Colaque prælorum fumosis deripe tectis.
Huc ager ille malus, dulcesque a fontibus undæ
Ad plenum calcentur: aqua eluctabitur omnis
Scilicet, & grandes ibunt per vimina guttæ.
At sapor indicium faciet manifestus, & ora
Tristia tentantum sensu torquebit amaror.
Pinguis item quæ sit tellus, hoc denique pacto
Discimus: haud unquam manibus jactata fatiscit,
Sed picis in morem ad digitos lentescit habendo.
Humida majores herbas alit, ipsaque justo
Lætior: ah nimium ne sit mihi fertilis illa,
Neu se prævalidam primis ostendat aristis!
Quæ gravis est, ipso tacitam se pondere prodit,
Quæque levis. Promptum est oculis prædiscere nigram,
Et quisquis color. At sceleratum exquirere frigus

Dif-

INTERPRETATIO.

redire in suum locum, & foveis repletis terra exundet, ager erit densus; existima fore glebas duras & crassos tumores, & ara terram bobus robustis. Terra autem salsa, & quæ dicitur amara, inepta est frumentis: illa neque emendatur aratione, neque servat vino suum genus, nec nomina quidem propria pomis: tale præbebit indicium sui. Tu corbes e denso vimine, & cola torcularis detrahe e tectis fumosis. In iis terra illa mala, & dulces fontium aquæ comprimantur usque *ad summam* oram: *quippe omnis aqua exprimetur, & longæ guttæ defluent per* foramina *viminum. At sapor dabit signum manifestum, & amarities lædet gustu ora ægre explorantium. Præterea, hoc demum modo cognoscimus, quænam terra sit pinguis:* illa *manibus versata nunquam dissolvitur, sed dum tenetur, adhæret digitis instar picis. Humida nutrit grandiores herbas, & ipsa fœcunda est plusquam oportet: ah ne illa sit mihi nimis fertilis, & ne monstret se fortiorem primis in herbis! Quæ est gravis, & quæ levis, manifestat se ipsa pondere, etsi* de illa *taceatur. Facile est cognoscere visu nigram, & quisquis* unicuique *color est. Sed investi-*

NOTÆ.

240. *Nec Baccho genus, aut, &c.*) Terra salsa sic improba est, ut arboribus apud se depositis non servet nomen: sed eas & virtute & nomine spoliet: id est, ut arbores in ea degenerent, nec amplius ejusdem generis ac nominis esse videantur. De *Baccho*, Ecl. 5. 69.

241. *Qualos, Colaque prælorum, &c.*) *Torcular* tota machina est uvis premendis, a *torquendo* sic dicta. *Prælum*, sunt trabes, quæ uvas torculari impositas premunt; a *premendo* dicta per contractionem, *premulum*, *prælum*: unde syllaba prima brevis est in *premo*, longa in *prælum*. *Cola* sunt sacci, vel corbes, qui torculari suppositi vinum expressum excipiunt, percolantque. *Quali*, corbes e vimine, calathi, Ecl. 2. 45.

244. *Eluctabitur.*) Per vim, & quasi cum lucta exibit.

250. *Habendo.*) Passiva significatione, *dum habetur*: ut pleraque gerundia, Ecl. 8. 71.

252. *Ne sit mihi fertilis.*) Terra enim, cujus vis in herbas aut frondes absumitur, parum habet virtutis ad fructum ferendum.

254. *Tacitam.*) Licet de illa taceatur, nullumque aliud indicium a me assignetur.

Difficile est: piceæ tantum, taxique nocentes
Interdum, aut hederæ pandunt vestigia nigræ.
His animadversis, terram multo ante memento
Excoquere, & magnos scrobibus concidere montes,
Ante supinatas Aquiloni ostendere glebas,
Quam lætum infodias vitis genus. Optima putri
Arva solo: id venti curant, gelidæque pruinæ,
Et labefacta movens robustus jugera fossor.
At si quos haud ulla viros vigilantia fugit,
Ante locum similem exquirunt, ubi prima paretur
Arboribus seges, & quo mox digesta feratur:
Mutatam ignorent subito ne semina matrem.
Quin etiam cœli regionem in cortice signant:
Ut quo quæque modo steterit, qua parte calores
Austrinos tulerit, quæ terga obverterit axi,
Restituant. Adeo in teneris consuescere multum est.
Collibus, an plano melius sit ponere vites,
Quære prius. Si pinguis agros metabere campi,

Den-

INTERPRETATIO.

genere frigus perniciosum difficile est: tantummodo piceæ, & taxi noxiæ, vel nigræ hederæ dant aliquando signa illius. His cognitis, memineris putrefacere terram, & aperire foveis altos montes multo prius, & exponere Aquiloni glebas inversas multo prius, quam plantes hilare genus vitis. Optimi sunt agri, quorum solum est tenerum: id autem efficiunt venti, & pruina frigida, & robustus fossor agitans terram proscissam. Sed si nulla vigilantia deest quibusdam viris, hi prius eligunt loca duo similia: unum, in quo primum seminarium arborum præparetur, & alterum, in quem deinde transferatur distinguendum per ordines: ne surculi non assuescant terræ matri subito mutatæ. Præterea notant cœli situm in cortice: ut reponant arborem, quomodo unaquæque posita fuerat, qua parte passa erat calorem meridionalem, qua terga verterat septemtrioni. Tantum potest consuetudo capta a tenera ætate. Perpende prius, an melius sit plantare vites in plano, an in collibus. Si eligis agros pinguis campi, se-

NOTÆ.

257. *Piceæ ... taxi, &c.*) *Picea*, pini species: de qua Pl. l. 16. 10. *Picea montes amat atque frigora, feralis arbor, & funebri indicio ad fores posita, ac rogis virens: hæc plurimam resinam fundit.* *Taxus*, It. *tasso*, de qua Pl. ib. *Taxus, minime virens, gracilisque & tristis ac dira: letale baccis, in Hispania præcipue, venenum inest. Sunt qui taxica hinc appellata dicant venena, quæ nunc toxica dicimus.*

259. *His animadversis.*) V. PARS. *De cultura vitis.* Continet præcepta præcipua XV. I. *Est de scrobibus & foveis hyeme parandis*, v. 260. II. *De solo æquilibrando in seminario & vineto*, v. 265. III. *De signando vitis cortice, ad cognoscendum nativum ejus situm*, v. 269. IV. *De ordine, quo servanda est*, v. 273. V. *De profunditate fossionum*, v. 288. VI. *De iis quæ cavenda sunt in ratione vitis*, v. 298. VII. *De tempore sationis*, v. 315. VIII. *De stercoratione*, v. 346. IX. *De lapidum & concharum infusione*, v. 348. X. *De pastinatione*, sive terra vertenda partim, Ital. *zappa, vanga*, v. 354. XI. *De ligatione*, quæ *pedamento* ducitur, *palare*; v. 358. XII. *De frondatione*, seu frondium amputatione, v. 362. XIII. *De sepe adversus pecorum injurias*, v. 371. XIV. *De Bacchi sacris*, v. 380. XV. *De vinitoris diligentia aliis in rebus*, v. 397.

261. *Aquiloni.*) Vento septentrionali; generatim hic hyemem significat. De eo Ecl. 7. 51.

267. *Arboribus.*) Vel vites ipsas arbores vocat, ut supra v. 89. Vel præceptum generale est pro omnibus arboribus. *Seges.*) Bene de arbusculis, quæ serantur in seminario.

268. *Semina.*) Non hic grana sunt, sed surculi, sive avulsi e vitis corpore, qui vocantur *malleoli*, *magliuoli*; sive cum suis radicibus translati, qui vocantur *viviradices*.

271. *Austrinos, &c. axi, &c.*) Pro meridie *Austrum* dixit, ventum inde flantem, de quo Ecl. 2. 58. Pro septemtrione, *axem*, id est polum simpliciter: quia polus hic unus a nobis videtur.

275. *Densa.*) Pro *densa* supra v. 234. *De ubere*, supra, v. 185. *De Baccho*, Ecl. 5. 69.

Densa sere: In denso non segnior ubere Bacchus.
Sin tumulis acclive solum, collesque supinos,
Indulge ordinibus, nec secius omnis in unguem
Arboribus positis secto via limite quadret.
Ut sæpe ingenti bello cum longa cohortes
Explicuit legio, & campo stetit agmen aperto,
Directæque acies, ac late fluctuat omnis
Ære renidenti tellus, necdum horrida miscent
Prælia, sed dubius mediis Mars errat in armis.
Omnia sint paribus numeris dimensa viarum:
Non animum modo uti pascat prospectus inanem;
Sed quia non aliter vires dabit omnibus æquas
Terra, neque in vacuum poterunt se extendere rami.
Forsitan & scrobibus quæ sint fastigia quæras.

Au-

INTERPRETATIO.

ne vites spissius: vitis non est sterilior in denso agro. Si vero eligis solum assurgens in tumores, & colles inclinatos, fac ordines laxiores: nihilominus omnia intervalla congruant perfecte, arboribus dispositis per sectos tramites. Quemadmodum in magno bello, cum suas cohortes longa legio extendit, & omnis turba constitit in campo vacuo, & exercitus ordinati sunt, & omnis terra undique splendet fulgore armorum æreorum: nondum tamen commissam horridam pugnam, sed Mars incertus vagatur in medio armorum. Sic omnia intervalla arborum sint dimensa æqualibus numeris tramitum; non solum, ut aspectus delectet animum otiosum; sed quia aliqui terra non præbebit omnibus æquale robur; nec rami poterunt se extendere in aerem. Forte petes quænam debeat

NOTÆ.

277. *Secius.*) Vel *sequius*, ut Germano placet: utrumque significat *aliter*, & habet primam brevem; *secius* vel *sequius*, significat *deterius*, *pejus*, *minus*, & primam habet longam. Hac significatione dixit pessimi Apulejus, *sequiorem sexum*, pro *muliebri*, qui minor ac deterior est; & Græce, *sequius de aliquo loqui*, id est, sinistre. Et derivat Turn. l. 19. 17. a *sequor*: quia præire consuevit id, cujus melior est conditio; *sequi*, cujus deterior, ut servum.

In unguem.) Exacta perfectaque ratione. Translata dictio a marmorariis opificibus, qui marmorum juncturas ungue explorant, an perfecte continuæ sint. Hor. de A. P. 293. *Perfectum decies non castigavit ad unguem*. Et Sat. l. 1. 5. 32. *Ad unguem factus homo*.

278. *Secto via limite quadret.*) Dispositio arborum hic duplex intelligi potest. Ita ut singulæ viæ sectæ sint inter arbores, vel dispositas in quadrangulum, & tunc perfecte quadrata figura est: vel dispositas in triangulum, & tunc est quincuncialis figura, a *secando*. Quincuncialis vero figura, sive *quincunx*, ita dicebatur a figura quinti numeri V. quem singuli trianguli exprimunt.

Quadratum.

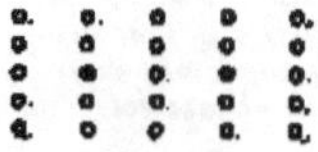

Quincunx.

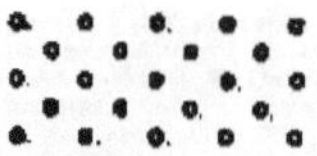

Vox *quadrat* proprie notat priorem figuram, metaphorice vero secundam. Ita Cic. de Orat. 3. 175. *Comprehensionem verborum numerose cadere, & quadrare, & perfici volumus.* Et in Bruto, 97. *Quoniam sibi quadrat*; id est, convenit, congruit.

279. *Cohortes explicuit legio.*) Militum numerum in legione, pro temporum variis rationes, varium fuit. Universim legio dividebatur in cohortes X. manipulos XXX. centurias LX. In incerto quadratam exhibebat figuram; in pugnæ porrigebatur in longum, triplici vero sive acies, quarum singulæ manipulos decem continebant.

281. *Fluctuat omnis Ære renidenti tellus.*) Id est; splendor quasi tremulus illuc in terris circumvolat. Sic supra, v. 111. *Borealis impulsu campus.* La Mare, Ecl. 9. 38.

Ausim vel tenui vitem committere sulco.
Altius ac penitus terræ defigitur arbos:
Æsculus imprimis, quæ quantum vertice ad auras
Æthereas, tantum radice in Tartara tendit.
Ergo non hyemes illam, non flabra, neque imbres
Convellunt: immota manet, multosque per annos
Multa virum volvens durando sæcula vincit.
Tum fortes late ramos & brachia tendens
Huc illuc, media ipsa ingentem sustinet umbram.
Neve tibi ad solem vergant vineta cadentem:
Neve inter vites corylum sere: neve flagella
Summa pete, aut summas defringe ex arbore plantas:
(Tantus amor terræ) neu ferro læde retuso
Semina: neve oleæ silvestres insere truncos.
Nam sæpe incautis pastoribus excidit ignis,
Qui furtim pingui primum sub cortice tectus
Robora comprendit, frondesque elapsus in altas
Ingentem cœlo sonitum dedit: inde secutus
Per ramos victor, perque alta cacumina regnat,
Et totum involvit flammis nemus, & ruit atram
Ad cœlum picea crassus caligine nubem:
Præsertim si tempestas a vertice silvis
Incubuit, glomeratque ferens incendia ventus.

Hoc

INTERPRETATIO.

esse altitudo fossarum: auderem ego deponere vitem in tenui etiam fossa; arbos vero profundius ac penitus defigitur in terra; præcipue æsculus, quæ tantum progreditur radice ad inferos, quantum progreditur cacumine ad plagas cælestes. Ergo non hyemes non venti, neque pluviæ illam evertunt: manet inconcussa, & per multos annos superat durando transigens multas ætates hominum: tum late porrigens ramos robustos, & brachia huc illuc, ipsa inter ramos suos media, alit magnam umbram. Ne autem vineæ tibi inclinent ad solem occidentem: & ne plantes corylum inter vites: & ne carpas suprema cacumina, aut ne abscindas supremos surculos ex arbore; (adeo amant terram) & ne vulneres ferro obtuso surculos: & ne plantes simul truncos oleæ silvestris. Nam sæpe pastoribus imprudentibus excidit ignis, qui primo occultus sub pingui cortice oleæ clam corripuit truncos, & evagatus in alta folia, edidit ingentem crepitum in aerem; inde gliscens regnat victor per ramos & altum verticem, & implicat flammis totam silvam, & densus piceo fumo emittit in cælum nigram nubem. Præcipue si tempestas a septentrione incumbat arboribus,

NOTÆ.

291. *Æsculus.*) Arbor glandifera, e quercuum genere. Supra, v. 16. *Tartara*, G. 1. 36.

299. *Corylum.*) Supra, v. 65. Nocet radicum densitate, quæ vitibus alimentum præripiunt. *Flagella*, sunt ramorum summitates, e quibus non sunt decerpendi ad plantandum surculi, sive malleoli; sed ex infima arboris parte, quæ terræ vicinior est: jam enim terræ assueverunt, eamque amant.

301. *Neu ferro læde retuso.*) Non prohibet ferrum præcidi, sed ferrum obtusum adhiberi, quo lacerarentur potius, quam amputarentur semina, id est, surculi: vide supra, v. 268.

303. *Nam sæpe, &c.*) Cur e vitibus removendæ sint oleæ silvestres, seu oleastri, affert rationem Theophrastus l. 5. 15. Quod nempe tam oleæ, quam ficus, alimenti plurimum exsugant, umbramque inducant maximam.

305. *Robora.*) Truncos, supra, v. 25.

306. *Dedit.*) Emisit; aliis hic complet, ut G. 1. 105. *Cumulosque ruit male pinguis arenæ.*

310. *A vertice.*) A septentrionali polo juxta Servium: quia *hic vertex nobis semper sublimis.* G. 1. 242. A vertice arborum, juxta Germanum & Victorium. Vide G. 1. 324. *Collectis ex alto nubibus.*

Hoc ubi, non a stirpe valent, cæsæque reverti
Possunt, atque ima similes revirescere terra;
Infelix superat foliis oleaster amaris.
Nec tibi tam prudens quisquam persuadeat auctor
Tellurem Borea rigidam spirante movere.
Rura gelu tum claudit hyems, nec semine jacto
Concretam patitur radicem affigere terræ.
Optima vinetis satio est, cum vere rubenti
Candida venit avis longis invisa colubris:
Prima vel autumni sub frigora, cum rapidus Sol
Nondum hyemem contingit equis, jam præterit æstas.
Ver adeo frondi nemorum, ver utile silvis:
Vere tument terræ, & genitalia semina poscunt.
Tum pater omnipotens fœcundis imbribus Æther
Conjugis in gremium lætæ descendit, & omnes
Magnus alit, magno commixtus corpore, fœtus.
Avia tum resonant avibus virgulta canoris,
Et Venerem certis repetunt armenta diebus.
Parturit almus ager, Zephyrique tepentibus auris
Laxant arva sinus: superat tener omnibus humor:
Inque novos soles audent se gramina tuto
Credere: nec metuit surgentes pampinus Austros,
Aut actum cœlo magnis Aquilonibus imbrem:
Sed trudit gemmas, & frondes explicat omnes.

Non

INTERPRETATIO.

& si ventus augens volvat incendia. Cum id accidit, tum vites neque possunt e radice, neque per amputationem repullulare, & renasci similes ab ima terra: sed sterilis oleaster amaris frondibus remanet solus. Ne autem ullus tam prudens tibi auctor sit hujus consilii, ut flante Borea aperias in scrobes terram rigentem: tunc hyems constringit arva frigore: nec permittit ut, surculo defosso, radix constricta infigatur terræ. Optima plantatio vinearum est vere purpureo, cum redit avis alba, infensa longis serpentibus: vel circa prima frigora autumni, cum Sol rapidus nondum attingit equis hyemem, sed jam calores abierunt. Ver prodest foliis arborum, ver arboribus utile est. Terræ intumescunt vere, & petunt semina fœcundantia. Tum Aer, qui est pater omnipotens, labitur per pluvias fertiles in sinum lætæ uxoris terræ: & magnus ipse, commixtus magno ejus corpori, nutrit omnes fœtus. Tum frutices extra vias positi resonant volucribus, & animalia redeunt ad concubitum statis diebus. Omnis campus parturit, & agri aperiunt sinum tepidis flatibus Zephyri: abundat in omnibus agris humor: & herbæ audent tuto exponere se novo soli: nec vites timent Austros surgentes, aut pluviam emissam e cœlo magnis Aquilonibus: sed propellit germina, & effundit omnia folia.

NOTÆ.

316. *Borea.*) Vento septentrionali, Ecl. 7. 51.

320. *Cum vere rubenti Candida, &c.*) Ciconia, de qua Plin. l. 10. 23. *Ciconiæ quonam e loco veniant, aut quo se referant, incompertum adhuc est. E longinquo venire non dubium, eodem quo grues modo. Nidos eosdem repetunt, genetricum senectam invicem educant.* Ver hic rubens dicitur propter flores; ut passim alibi purpureum.

322. *Hyemem contingit equis.*) Tropicum Capricorni, quem ubi attigit, tunc bruma & hyems summa; vide G. 1. 336.

325. *Tum pater, &c.*) Æther, sive aer, per Jovem a poëtis, terra per Junonem adumbrata est. Inter utrumque quoddam quasi conjugium.

330. *Zephyrique.*) Ecl. 5. 5.

333. *Austros.*) Ecl. 2. 58.

334. *Aquilonibus.*) Ecl. 7. 51.

Non alios prima crescentis origine mundi
Illuxisse dies, aliumve habuisse tenorem
Crediderim; ver illud erat, ver magnus agebat
Orbis, & hybernis parcebant flatibus Euri;
Cum primum lucem pecudes hausere, virumque
Ferrea progenies duris caput extulit arvis,
Immissæque feræ silvis, & sidera cælo.
Nec res hunc teneræ possent perferre laborem,
Si non tanta quies iret frigusque caloremque
Inter, & exciperet cœli indulgentia terras.
Quod superest, quæcumque premes virgulta per agros,
Sparge fimo pingui, & multa memor occule terra;
Aut lapidem bibulum, aut squalentes infode conchas:
Inter enim labentur aquæ, tenuisque subibit
Halitus, atque animos tollent sata. Jamque reperti
Qui saxo super atque ingentis pondere testæ
Urgerent: hoc effusos munimen ad imbres;
Hoc, ubi hiulca siti findit canis æstifer arva.
Seminibus positis, superest deducere terram
Sæpius ad capita, & duros jactare bidentes:

Aut

INTERPRETATIO.

Non puto alios dies fulsisse in primo ortu nascentis mundi, aut habuisse alium ordinem. Tempus illud ver fuit: magnus orbis habebat ver, & Euri continebant hybernos flatus, statim ut pecudes acceperunt lucem, & ferreum genus hominum extulit caput ex agris saxosis, & feræ immissæ sunt in silvas, & sidera in cælum. Et vero mundus adhuc tener non potuisset tolerare hunc laborem: nisi tanta quies esset inter hyemem & æstatem, & nisi clementia aeris complecteretur terras. Ceterum, quascumque arbusculas defodies in agris, sparge stercore pingui, & memineris tegere multa terra, vel circa infode lapides bibulos, aut conchas asperas. nam aqua inter eas fluet, & tenuis vapor permeabit, & ea, quæ plantata sunt, sument vires. Inventi sunt etiam, qui premerent ea desuper saxo, & pondere magnæ testæ, & hoc munimentum est adversus pluvias immodicas: hoc munimentum est, quando canis ardorem ferens aperit calore agros hiantes. Surculis plantatis, restat sæpe accumulare terram ad radices eorum: & immittere ligones ferreos

NOTÆ.

336. *Non alios, &c.*) Disputatur, quo tempore mundus conditus sit: verno, an autumnali: favet autumno ratio, quæ petitur a maturitate frugum, favet veri, quæ petitur a commodissima temperie. Posteriori omnes pene vero stant. De Euro, G. 1. 371.

341. *Ferreaque progenies, &c.*) Alludit ad ætatem ferream, & ad instaurationem mundi post diluvium factam a Deucalione & Pyrrha, jactis post tergum lapidibus, Ec. 6. 41.

343. *Nec res hunc teneræ, &c.*) Vel omnino res mundi res, tum tenera surrectæ, non potuissent perferre calorem æstivum, aut frigus hybernum; ergo [illegible] fuit, nihil esse verno tempore, quo [illegible] quies. Vel [illegible]: Nec mundi res, quæ per se tenera semper [illegible], possent ferre vim æstatis & hyemis? [illegible], quam quæ [illegible] recreentur.

353. *Canis æstifer.*) Sirius, vel canicula; stella in ore majoris canis, cujus vis in subjectas mundi partes insignis esse perhibetur, quo tempore Sol oritur in principio leonis, nempe [illegible] Julio: tumque æstus ferventissimus est, morbique ex illo æstu frequentissimi: diesque illi *caniculares* vocantur, donec Sol totum leonis signum perlustraverit ad usque diem 23. Augusti. *Sirius* dictus, vel a *σείριος siccus*; vel a *σειρόω* everro.

355. *Capita.*) Virium arborumque capita, ut supra sunt & radices; quibus, quasi ore alimentum e terra trahunt.

Bidentes.) *Bidens* aliquando est *ovis*; hic instrumentum fodiendæ terræ comparatum, *pastinum*, *ligo*, *hoccagrino*. Etymon a binis dentibus: quod ligo sit bifurcus. *De ove bidente*, Æn. 4. 57.

Aut presso exercere solum sub vomere, & ipsa
Flectere luctantes inter vineta juvencos.
Tum leves calamos, & rasæ hastilia virgæ,
Fraxineasque aptare sudes, furcasque bicornes:
Viribus eniti quarum, & contemnere ventos
Assuescant, summasque sequi tabulata per ulmos.
Ac, dum prima novis adolescit frondibus ætas,
Parcendum teneris: & dum se lætus ad auras
Palmes agit, laxis per purum immissus habenis,
Ipsa acies nondum falcis tentanda; sed uncis
Carpendæ manibus frondes, interque legendæ.
Inde ubi jam validis amplexæ stirpibus ulmos
Exierint: tum stringe comas, tum brachia tonde.
Ante reformidant ferrum: tum denique dura
Exerce imperia, & ramos compesce fluentes.
Texendæ sepes etiam, & pecus omne tenendum est:
Præcipue dum frons tenera imprudensque laborum:
Cui, super indignas hyemes, Solemque potentem,
Silvestres uri assidue capreæque sequaces
Illudunt; pascuntur oves, avidæque juvencæ.
Frigora nec tantum cana concreta pruina,
Aut gravis incumbens scopulis arentibus æstas;

Quan-

INTERPRETATIO.

In terram. *Aut movere terram sub vomere depresso, & deducere boves resistentes inter ipsas vineas. Deinde adjungere viti politas cannas & hastilia e virgis decorticatis, & palos fraxineos, & furcas bicornes: quarum viribus assuescant assurgere, & despicere ventos, & adhærere ramis ad usque summas ulmos. Et parcendum* quidem est *teneris* vitibus, *dum prima ætas crescit novis frondibus, & dum palmes lætus attollit se in altum, emissus in aerem* veluti *laxatis habenis. Ipsa acies ferri non est adhuc adhibenda: sed frondes præcidendæ* sunt *unguibus manuum, & passim auferendæ. Postea quando* vites, *firma radice implicatæ ulmis, creverint; tunc amputa pampinos, tunc seca palmites: prius timent ferrum: tunc demum exerce dura imperia, & coerce ramos superfluos. Præterea sepes jungendæ* sunt, *& greges omnes continendi: præcipue dum frondes teneræ sunt* & *inassuetæ noxiis rebus: quibus* frondibus, *præter magnas hyemes & solem vehementem, silvestres boves, & capreæ sequaces assidue nocent: oves & avidæ juvencæ carpunt eas. Nec hyems constricta albo gelu, aut gravis æstas prosternens rupes ari-*

NOTÆ.

356. *Aut presso exercere solum, &c.*) Ex more Italiæ, ubi vites ulmis aliisque arboribus sublevabantur, adeoque latum digestis spatium arandi relinquebant: immo & frugum interserendarum.

359. *Fraxineas.*) E fraxino arbore, *frassino*.

361. *Tabulata.*) Servius: *Sunt rami effusiores, & in plana tendentes, non in altitudinem crescentes.* Et Columella l. 5. 6. *Tabulata instituenda sunt: hoc enim nomine usurpant agricolæ ramos, truncosque prominentes, ut vites laxius diffundantur.*

364. *Laxis per purum, &c. habenis, &c.*) Laxæ habenæ metaphora est ab equis desumpta duce Lucretio l. 5. *Arboribusque datum est variis exinde per auras crescendi magnum immissis certamen habenis.* Et *per purum*, significat, *per aerem*. Sic & Horatius Od. 1. 34. 7. *Per purum tonantes egit equos, volucremque currum.*

374. *Silvestres uri.*) *Bubali*, quos vulgus cum *uris* confundit. Plin. l. 8. 15. *Uri enim* juxta Cæsarem de bello Gall. l. 6. *sunt fere, magnitudine paullo infra elephantos, specie & colore & figura tauri:* qui in sola Hercynia Germaniæ silva reperiuntur. *Bubali*, boves sunt silvestres, frequentes in Italia, ex Isidoro & aliis: quamquam aliter a Plinio describuntur.

Quantum illi nocuere greges, durique venenum
Dentis, & admorso signata in stirpe cicatrix.
Non aliam ob culpam Baccho caper omnibus aris
Cæditur, & veteres ineunt proscenia ludi:
Præmiaque ingentes pagos & compita circum
Thesidæ posuere: atque inter pocula læti
Mollibus in pratis unctos saliere per utres.
Necnon Ausonii, Troja gens missa, coloni
Versibus incomptis ludunt, risuque soluto:
Oraque corticibus sumunt horrenda cavatis:
Et te, Bacche, vocant per carmina læta, tibique
Oscilla ex alta suspendunt mollia pinu.
Hinc omnis largo pubescit vinea fœtu;
Complentur vallesque cavæ saltusque profundi,
Et quocumque Deus circum caput egit honestum.

Er-

INTERPRETATIO.

das, tantum nocuit; *quantum nocuerunt illæ pecudes, & venenum duri dentis, & cicatrix impressa in stirpe corrosa.* Non *aliud ob delictum caper immolatur Baccho* in *omnibus altaribus, & antiqui ludi prodeunt in theatra: & magni Athenienses constituerunt præmia circa pagos, & vias, & læti inter bibendum saltaverunt in pratis amœnis per unctas pelles hircorum. Romani quoque coloni, gens orta e Trojanis, jocantur versibus incompositis, & risu effuso; & induunt larvas horribiles e cavis corticibus; & te vocant, o Bacche, inter hilaria carmina; & in honorem tuum alligant fictiles imagunculas ex alta pinu. Hinc vinea omnis pullulat multo fructu, & valles curvæ, & saltus opaci implentur uvis, & quicumque* locus, in quem imago *Bacchi circumvertit*

NOTÆ.

381. *Proscenia.*) Theatrum locus fuit semicirculi figuram habens, spectaculis scenicis destinatus, a θεάομαι *specto*. Partes ejus fuere, I. *Porticus, scalæ, sedilia*: e quibus ordines dicebantur *cunei*: quia, cuneorum modo, eo arctiores erant, quo magis ab ambitu ad centrum theatri accedebant: & hæc omnia circa ambitum theatri erant disposita. II. *Orchestra* pars interior, sive centrum theatri, eaque omnium infima & concava: unde *cavea* dicebatur totum theatri spatium. Hic sedebant senatores, ludebantque chori saltatorum & musicorum: ab ὀρχεῖσθαι *saltare*. III. *Proscenium*, locus ab uno theatri cornu ad alterum ductus, inter orchestram & scenam, altior quam orchestra, inferior quam scena: in eo agebant loquebanturque histriones comici tragicique, e pulpito, id est, ex editiore aliquo & pedibus substrato tabulato. IV. *Scena*, pars theatri adversa spectantibus; velis, picturis, columnisque decorata, & olim arboribus ad inumbrandos actores, cum ludi in propatulo antiquitus exhiberentur, a σκιὰ *umbraculum*. V. *Postscenium*, ubi actores post scenam latent. VI. *Amphitheatrum* fuit locus, non in semicirculum, sed in circulum exstructus: ubi nulla erat scena, sed undecumque sedilia spectatorum cum arena in medio, in qua gladiatorum, ferarumque, & alia id genus certamina peragebantur: quare *amphitheatrum* dicebatur, quasi *undique theatrum*; ab ἀμφὶ *circum*, & θεάομαι, *specto*.

382. *Præmiaque, &c.*) Ludi omnes theatrales e Bacchicis ejusmodi ludicris ortum habuere, quibus victori hircum referebant: unde tragœdia comensit nomen a τράγος *hircus* & ᾠδὴ *cantilena*. Horatius in arte Poetica v. 220. *Carmine qui tragico vilem certavit ob hircum, Mox etiam agrestes Satyros nudavit, &c.* Floruit primo apud Athenienses, qui *Thesidæ* dicuntur, a *Theseo* rege, qui primus eos, in pagis degentes, in urbem coegit, eique ibi [illegible]. De eo, Æn. 6. 122.

384. *Unctos saliere per utres.*) Præcipua pars *Liberalium* sive *Bacchicorum* ludorum, erat saltus per pelles hircinas, in corpus cumulatas, inflatasque & unctas oleo. Hircinas eligebant pelles, sive utres ad contemptum hircorum etiam mortuorum, quod vitis infestum sit animal: ungebant, ut magis essent lubricæ, nec vestigium cadentis sustinerent: uno pede insiliebant, reducto altero: & cum frequenter caderent *cernui*, sive proni, vocabant ludos illos *Cernualia*; Græci ἀσκωλιασμὸν ab ἀσκὸς *uter*.

385. *Ausonii coloni.*) *Colonos* hic non *agricolam* significat, sed *coloniam*, sive Trojanos, Ænea duce, missos ad *incolendam* Ausoniam, id est, Italiam. De *Ausonibus*, antiquis Italiæ populis, Æn. 3. 171.

389. *Oscilla suspendunt.*) Imagunculas fictiles, Baccho sacras, & ad ejus speciem effictas, quas vineis providere putabant, eisque *fertilitatem* conferre, ad quas vento, aut numinis providentia impulsas se se converterent. Unde addit: *Et quocumque Deus circum caput egit honestum.* Nomen hoc, *oscillum*, diminutivum est ab *os*, *oris*, quasi *parvum os*: unde etiam est *osculum*, Æn. 1. 260.

391. *Saltusque, &c.*) *Saltus* nomen silvarum

Ergo rite suum Baccho dicemus honorem
Carminibus patriis, lancesque & liba feremus:
Et ductus cornu stabit sacer hircus ad aram,
Pinguiaque in verubus torrebimus exta colurnis.
Est etiam ille labor curandis vitibus alter,
Cui numquam exhausti satis est: namque omne quotannis
Terque quaterque solum scindendum, glebaque versis
Æternum frangenda bidentibus; omne levandum
Fronde nemus. Redit agricolis labor actus in orbem,
Atque in se sua per vestigia volvitur annus.
Et jam olim seras posuit cum vinea frondes,
Frigidus & silvis Aquilo decussit honorem;
Jam tum acer curas venientem extendit in annum
Rusticus, & curvo Saturni dente relictam
Persequitur vitem attondens, fingitque putando.
Primus humum fodito, primus devecta cremato
Sarmenta, & vallos primus sub tecta referto:
Postremus metito. Bis vitibus ingruit umbra,
Bis segetem densis obducunt sentibus herbæ:
Durus uterque labor. Laudato ingentia rura:

Exi-

INTERPRETATIO.

vultum formosum. Itaque rite cantabimus Baccho suas laudes versibus patriis, & offeremus ei discos atque placentas, & sacer hircus deductus cornibus statuetur ante aram: & torrebimus pinguia viscera in verubus e corylo facta. Est etiam iterandus in colendis vitibus labor ille, in quo nihil umquam satis perfectum est; nempe oportet omnem terram vertere singulis annis ter & quater, & assidue comminuere glebas ligonibus inversis, & exonerare totum vinetum frondibus. Labor revolutus in circulum redit agricolis, & annus in se replicatur per easdem vias. Et tum demum, cum vinea amisit ultimas frondes; & cum frigidus Aquilo abstulit arboribus pulchritudinem, jam tum diligens agricola profert curas in annum futurum: & persequitur curva Saturni falce vitem nudatam, eam tondens, & componit amputando. Primus move terram, primus combure sarmenta domum *deportata, & primus refer domum pedamenta; ultimus vindemiato. Bis frondes densiores inumbrant vitem, bis herbæ suffocant vinetum spissis vepribus: ma-*

NOTÆ.

ipsis arbores, sed loca silvarum ab arboribus vacua, notavimus, Ecl. 6. 56.

394. *Liba.*) Placentæ genus, Ecl. 7. 33.

395. *Et ductus.*) Verba sollemnia; ominosum enim erat in sacrificiis, si victima traheretur, non facile duceretur; tum si ad aram non sponte *staret*, sed reluctaretur.

396. *Colurnis.*) Bene: cum enim *corylum* & *hircum* viti esse infestum dixerit, utrumque ad sacrificia adhibet: *hircum*, ut victimam; *corylum*, ut materiam veru.

397. *Est etiam &c.*) Præcipit *alteram*, id est, secundam *pastinationem*, quæ dicitur *repastinatio*, de qua v. 354. Item & secundam *pampinationem*, seu frondium amputationem, de qua v. 365. Quamquam monuit, ter aut quater laborem utrumque esse repetendum; quia numquam *huic labori*, id est, in hoc labore, *satis est exhausti*, id est juxta Servium exhaustionis, finitionis, perfectionis: sic Æn. 1. 447. *Servantissimus æqui*, id est, æquitatis.

401. *Actus in orbem.*) Id est, perpetuus & continuus: nullus enim in orbe, seu circulo terminus est.

404. *Aquilo.*) Ventus septentrionalis. Ecl. 7. 51.

406. *Curvo Saturni dente, &c.*) Præcepta congerit de cura hyberna circa vitem: ac præcipue de *ablaqueatione*; quæ fit cum circa radices terra effoditur, tonduntur que ferro supervacuæ radices: eæ præsertim, quæ terræ superficiem propius contingunt; ut inferiores convalescant. Dicitur *ablaqueatio*, quia vitis radicibus, quasi tandem laqueis, expeditur & liberatur. *Saturni dente.* Falce dentata seu acuta, quæ Saturni gestamen est. De *Saturno*, Ecl. 4. 6.

410. *Bis vitibus, &c.*) Causam affert geminæ *pampinationis*, quam antea præceperat; item & geminæ *runcationis*, qua herbæ noxiæ eruuntur, [illegible]

Exiguum colito. Nec non etiam aspera rusci
Vimina per silvam, & ripis fluvialis arundo
Caeditur; incultique exercet cura salicti.
Jam vinctae vites, jam falcem arbusta reponunt,
Jam canit extremos effoetus vinitor antes:
Sollicitanda tamen tellus, pulvisque movendus,
Et jam maturis metuendus Juppiter uvis.
Contra, non ulla est oleis cultura: neque illae
Procurvam exspectant falcem, rastrosque tenaces,
Cum semel haeserunt arvis, aurasque tulerunt.
Ipsa satis tellus, cum dente recluditur unco,
Sufficit humorem, & gravidas cum vomere fruges.
Hoc pinguem & placitam paci nutritor olivam.
Poma quoque ut primum truncos sensere valentes,
Et vires habuere suas, ad sidera raptim
Vi propria nituntur, opisque haud indiga nostrae.
Nec minus interea foetu nemus omne gravescit,
Sanguineisque inculta rubent aviaria baccis.

Ton-

INTERPRETATIO.

gna difficultas in utrisque amputandis. *Laudato rura magna*, sed *cole parvum rus*. *Praeterea secanda sunt in silvis aspera vimina rusci, & fluviales cannae in ripis: & habenda cura salicti silvestris. Postquam vites ligatae sunt: postquam vineta* permittunt *falcem reponi: postquam vinitor lassus cantat attigisse se extremos* vineae *ordines; tamen vertenda est terra, & gleba comminuenda, & nec timendus racemis jam maturis. Contra, nulla est difficultas in colendis oleis, nec illae petunt curvam falcem & rastros mordaces: cum semel radices egerunt in terram, & assueverunt aeri. Ipsa terra suppeditat succum plantis* oleis, quando *aperitur ligone adunco; & reddit plenas olivas*, statim cum ipso *vomere*. *Ideo nutri olivam pinguem & gratam paci. Poma quoque, quando senserunt truncos robustos, & acceperunt vires sibi debitas, cito assurgunt in aerem virtute propria, nec egent nostro auxilio. Interea silvae omnes non minus onerantur se foetibus, & inculta avium*

NOTAE.

413. *Aspera rusci Vimina.*) Commendat curam fruticum, unde parentur viti retinacula. *Ruscus*, vel *ruscum*, Ital. *rusco*. De eo, Ecl. 7. 42. *Salictum* vel *salicetum*, locus salicibus consitus, Ital. *salceto*.

417. *Extremos effoetus vinitor antes.*) *Antes*, sunt ordines vitium, qui sunt ante caeteros positi, & vineam quasi circumdant, & quavis ex parte extremi sunt. *Effoetus*, lassus, qualis est mulier, quae multos edidit foetus.

418. *Pulvisque movendus.*) Commovendus & excitandus pulvis, fractione glebarum.

419. *Metuendus Jupiter uvis.*) Aer grandine & pluviis intempestivis infestus. *Jupiter* pro aere, supra v. 325.

420. *Contra, non &c.*) Laboriosae vitis culturae facilem opponit oleae culturam. Utraque tamen in tenera aetate similis est: diversitas igitur a seniori tantum aetate petenda, quae maximam in vite, nullam in olea curam exigit; unde addit poeta; *Cum semel haeserunt arvis.*

424. *Cum vomere, &c.*) Id est, statim atque aperitur vomere, sine mora, producit fructus. Exaggeratio, quae certum & celerem proventum indicat.

424. *Fruges.*) Olivas interpretor. Et vero voces illae promiscue adhibentur a poetis. *Nemus*, non proprie tantum pro silvestrium arborum multitudine, sed & pro vinea, v. 400. *Omne levandum fronde nemus*. *Silvae*, pro quarumlibet rerum multitudine, ut notavimus G. 1. 152. *Messis* pro collectione non solum frugum, sed etiam uvarum, G. 2. 410. *Postremus metito*. Item pro mellis proventu, G. 4. 231. *Duo tempora messis*. *Vindemia* apud Plin. l. 15. 1. pro olivarum etiam collectione. *Seges*, pro arbusculis in seminario, G. 2. 266. *Ubi prima paretur Arboribus seges*, &c.

425. *Placitam paci nutritor olivam.*) *Nutritor*, pro nutri; passivum, activa significatione: ut apud Cicer. pro Mil. 33. *Inimicissimum multo crudelius etiam punitus es*. Pro punivisti. *Placitam paci*, quia insigne pacis fuit. Æn. 7. 237. Minervae fuit dicata. Vide G. 1. 18.

426. *Poma.*) Fructus pro arbore: arbor enim pomus est.

Tondentur cytisi: tædas silva alta ministrat,
Pascunturque ignes nocturni, & lumina fundunt.
Et dubitant homines serere, atque impendere curam?
Quid majora sequar? salices, humilesque genistæ,
Aut illæ pecori frondem, aut pastoribus umbram
Sufficiunt, sepemque satis, & pabula melli.
Et juvat undantem buxo spectare Cytorum,
Naryciæque picis lucos: juvat arva videre,
Non rastris hominum, non ulli obnoxia curæ.
Ipsæ Caucaseo steriles in vertice silvæ,
Quas animosi Euri assidue franguntque feruntque,
Dant alios aliæ fœtus; dant utile lignum
Navigiis pinos, domibus cedrosque cupressosque:
Hinc radios trivere rotis, hinc tympana plaustris
Agricolæ, & pandas ratibus posuere carinas.
Viminibus salices fœcundæ, frondibus ulmi:
At myrtus validis hastilibus, & bona bello
Cornus; Ityræos taxi torquentur in arcus.
Nec tiliæ leves, aut torno rasile buxum,
Non formam accipiunt, ferroque cavantur acuto.

Nec-

INTERPRETATIO.

latebra rubescunt baccis sanguineis. Cytisi tondentur: silva alta suppeditat tædas, quibus ignes nocturni aluntur, & præbent lucem. Et homines negligunt eas plantare, & in iis curam adhibere? Quid commemorem majores arbores? salices & genistæ humiles, illæ ipsæ præbent, aut cibum pecudibus, aut umbram pastoribus, & sepem segetibus, & cibum avibus. Et pulchrum est videre Cytorum fluctuantem buxo, & silvas Narycianorum picearum: pulchrum est videre campos non egentes rastris, aut ulla cura hominum. Silvæ ipsæ steriles in Caucaso monte, quas validi Euri semper perflant & rumpunt, exhibent alios alia fructus; præbent pinos, ligna utilia navibus; cedros & cupressos, utilia domibus: ex his agricolæ tornaverunt radios rotis, & totas plaustris: & fabricaverunt curvas carinas navibus. Salices producunt vimina, ulmi frondes; myrtus vero commoda est ad valida hastilia, & cornus ad arma alia: taxi flectuntur in arcus Ityræos. Nec non tiliæ polita, & buxus torno rasilis, accipiunt fi-

NOTÆ.

431. *Cytisi; tædas, &c.*) De cytiso frutice, qui tondetur saginando pecori, Ecl. 1. 79. De *tædis* arboribus e picearum genere, Ecl. 7. 49.

434. *Salices, &c.*) Salceti, *salici*. Genistæ, *ginestra*; G. 1. 8.

436. *Pabula melli.*) Apibus, quæ mel conficiunt.

437. *Cytorum.*) Cytorus urbs, & mons Galatiæ, in ora Paphlagoniæ, buxo fertilis. Ovid. M. 4. 311. *Sæpe Cytoriaco deducit pectine crines*: id est, *buxeo*.

438. *Naryciæque picis lucos, &c.*) Silvas feraces tædarum, picearum, aliarumque arborum, e quibus succus erumpit; qui, si igne exprimitur, dicitur *pix*, Ital. *pece*: si sponte fluit, dicitur *resina*, Ital. *ragia*, tuti affinis. *Narycium* urbs Græciæ & Italiæ, de qua Æn. 3. 399.

440. *Caucasio, &c.*) De *Caucaso* monte Asiæ Ecl. 6. 42. De *Euro*, vento orientali, G. 1. 371. Hic Caucasum pro quolibet monte, Eurum pro quolibet vento.

444. *Hinc radios trivere rotis, hinc tympana plaustris.*) *Hinc*, non ad cedros & cupressos, e quibus nemo rotas fabricatur; sed ad sylvas, seu silvestres arbores, refertur. De *radiis*, *tympanis*, & *plaustris*, G. 1. 163. *Trivere*, polivere torno, de quo arte Ecl. 3. 38.

445. *Ratibus posuere carinas.*) *Rates* proprie sunt ligna inter se colligata, quæ per aquam aguntur; metaphorice accipitur pro navi perfecta. *Carina*, est trabs ima, eaque incurva, quæ totius navis fundamentum est.

447. De *myrto*, Ecl. 2. 54. De *cornu*, Ital. *corniola*, supra v. 34. De *taxo*, Ital. *tasso albero*, supra v. 257. De *tilia*, Ital. *tiglio*, G. 1. 173. *Hæc buxus*, vel *hoc buxum*, Ital. *bosso*.

448. *Ityræos.*) Gens est, juxta Servium, e Parthis; juxta cæteros, e Syria sagittandi arte commendabilis.

Necnon & torrentem undam levis innatat alnus
Missa Pado: necnon & apes examina condunt
Corticibusque cavis, vitiosæque ilicis alveo.
Quid memorandum æque Baccheia dona tulerunt?
Bacchus & ad culpam causas dedit: ille furentes
Centauros leto domuit, Rhœtumque, Pholumque,
Et magno Hylæum Lapithis cratere minantem.
O fortunatos nimium, sua si bona norint,
Agricolas! quibus ipsa, procul discordibus armis,
Fundit humo facilem victum justissima tellus.
Si non ingentem foribus domus alta superbis
Mane salutantum totis vomit ædibus undam;
Nec varios inhiant pulchra testudine postes,
Illusasque auro vestes, Ephyreiaque æra;

Al-

INTERPRETATIO.

guram & cavantur acuto ferro. Alnus quoque levis, demissa per Padum, innatat aquæ currenti: apes quoque abscondunt examina in *cavis corticibus, & in sinu ilicis cariosa. Quid produxerunt Bacchi munera,* quod sit *æqualiter laudandum? Bacchus occasiones etiam præbuit peccandi: ille morte affecit furiosos Centauros, & Rhœtum, & Pholum, & Hylæum minantem Lapithis magno poculo. O felices agricolas, si cognoscerent suam felicitatem! quibus terra ipsa æquissima producit ex se victum parabilem, longe a bellis discordibus. Si apud* illos *domus alta portis superbis non emittit* ex *totis ædibus magnam multitudinem* hominum *mane salutantium; si illi non appetunt limina variata pulchra testudine, & vestes distinctas auro, & æra Corinthia;*

NOTÆ.

451. 452. *Alnus missa Pado.*) *Alnus*, Ital. *alno*, nota arbor; *Padus*, *il Po*, nobilissimus Italiæ fluvius; de quo G. 1. 482. Hic sumitur pro quovis fluvio. *Pado*, pro, *per Padum*: ut, *It clamor cælo*, pro, *ad cælum*. De *examinibus* apum Ec. 7. 13. De *ilice arbore*, Ital. *leccio*, Ecl. 1. 18.

456. *Centauros, &c.*) *Centauri & Lapithæ* vicini sunt populi Thessaliæ: hi Pindum & Othryn: illi Pelion montem incolentes. Lapitharum rex Pirithous cum Hippodamiam uxorem duceret, Centauri, sponsam ipso nuptiarum die rapere aggressi, a Theseo & Hercule amicis Pirithoi, cæterisque Lapithis ingenti clade inter ipsa pocula affecti sunt. Centaurorum præcipuos commemorat Virgilius, Rhœtum, Pholum, & Hylæum. Pro *Rhœto*, aliqui *Rhœcum* legunt: & vero sic apud Callimachum aliosque legitur. De *cratere*, Ecl. 5. 68.

458. *O fortunatos, &c.*) VII. PARS & ultima: *Digressio de vitæ rusticæ felicitate.* I. Ejus commoda præfert commodis urbanæ vitæ, v. 458. II. Proximum facit litterarum & Philosophiæ studiis, v. 475. III. Præfert quibuslibet aliis hominum studiis, v. 493. IV. Hujus vitæ antiquitatem a primis Italiæ colonis, priscisque hominibus repetit, v. 513.

461. *Mane salutantum, &c.*) Mos apud Romanos, ut clientes magno numero patronos salutatum venirent prima luce. *Undam* exprimit multitudinem corpore confertam: dum alius alium, quasi fluctus fluctum trudit. *Vomit*, metaphora antiqui usus in eam rem; unde *vomitoria* dicebantur in Amphitheatris aditus illi, per quos populus confertim ingrediens in sedilia se se effundebat.

463. *Testudine postes.*) Portas intelligit, vel in testudinem, id est fornicem, arcuatas: vel tectas conchis testudinis Indicæ in laminas sectis. *De testudinibus*, Ital. *testuggine*, ita Plin. l. 9. 10. *Testudines tantæ magnitudinis Indicum mare emittit, ut singularum superficie habitabiles casas integant; atque inter insulas rubri præcipue maris his navigent cymbis. In mari conchyliis vivunt; tanta oris duritia, ut lapides comminuant: in terram egressæ, in herbis pariunt ova, avium ovis similia, ad centena numero; atque defossa extra aquas incubant noctibus.* Tum cap. 11. *Testudinum putamina secare in laminas, lectosque & repositoria his vestire, Carbilius Pollio instituit, prodigi & sagacis ad luxuriæ instrumenta ingenii.*

464. *Illusasque auro vestes, &c.*) *In quibus artifex illuserit, ex auro aliquid depingens*, inquit Servius.

Ephyreiaque æra.) Quinque syllabarum vox; apud Lucanum etiam quatuor, *Ephyrea*: lib 6. [illegible] *Ephyreaque mœnia servat*: id est, Corinthia: Corinthum enim, *Ephyra* dicta est, ab Ephyra Nympha. Urbs est Achaiæ, sita in medio Isthmi Peloponnesiaci, qui Corinthiacus ideo dicitur. Capta est & incensa a L. Mummio Consule. Æs porro Corinthium magno in pretio fuit, & ad vasa expetitum; cujus pretii causa hæc affertur a Floro l. 2. 16. *Quantas opes & abstulerit & cremaverit hinc scias; quod, quicquid*

Co-

Alba neque Assyrio fucatur lana veneno,
Nec casia liquidi corrumpitur usus olivi:
At secura quies, & nescia fallere vita,
Dives opum variarum; at latis otia fundis,
Speluncæ, vivique lacus; at frigida Tempe,
Mugitusque boum, mollesque sub arbore somni
Non absunt. Illic saltus, ac lustra ferarum,
Et patiens operum parvoque assueta juventus,
Sacra Deum, sanctique patres: extrema per illos
Justitia excedens terris vestigia fecit.
Me vero primum dulces ante omnia Musæ,
Quarum sacra fero ingenti perculsus amore,
Accipiant; cœlique vias & sidera monstrent,
Defectus Solis varios, Lunæque labores:
Unde tremor terris: qua vi maria alta tumescant
Obicibus ruptis, rursusque in seipsa residant:
Quid tantum Oceano properent se tingere soles

Hy-

INTERPRETATIO.

si apud illos *lana non tingitur Assyrio colore, & usus olei sinceri non depravatur casia: tamen* apud illos non deest *quies tuta, & vita nesciens decipere, affluens variis opibus: tamen otia in amplis fundis, & antra, & vivi lacus, & umbrosi campi, & mugitus boum, & dulces somni sub arbore non desunt. Illic sunt silvæ, & latibula ferarum, & juventus patiens in laboribus parvoque assueta, & cæremoniæ Deorum, & venerandi parentes. Justitia abiens e terra ultimum posuit pedem apud illos. Me vero teneant præ cæteris dulces Musæ, quarum fero res sacras, magno earum amore captus: & doceant me circulos cæli, & sidera, & diversas eclipses Solis, & eclipses Lunæ; unde motus terræ oriatur; qua virtute altum mare turgescat, superato alveo; ac deinde in seipsum recurrat: qua de causa sol hyemalis ita properet se lavare* aquis *Oceani, vel quæ mora differat noctes æsti-*

NOTÆ.

Corinthii æris toto orbe laudatur, incendio superfuisse comperimus: nam & æris metam pretiosiorem ipsi opulentissimæ urbis fecit injuria: quia incendio permistis plurimis statuis atque simulacris, æris, auri, argentique venæ in commune fluxere. Æri tamen huic fuisse pretium etiam ante Mummianum incendium, probat ex Homero Cerdanus, aliisque argumentis Germanus.

465. *Alba neque Assyrio, &c.*) Quadruplex est Syriæ divisio, Syria, Assyria, Cœlesyria, & Leucosyria: Phœnicia vero & Tyrus sunt in Cœlesyria: in Phœnicia autem & circa Tyrum inventa est purpura primum e conchis expressa. *Venenum*, ut & φάρμακον Græcis, ambiguæ significationis est: & significat quicquid naturam rerum immutat, in bonam malamque partem; atque adeo & colores, quibus lana fucatur.

466. *Casia.*) Casiam triplicem distinximus Ec. 2. 49. De prima specie haud dubie hic intelligendus poeta: quæ oleum ad majores delicias condiendum fuisse puto, Ital. *cannella.*

469. *At frigida Tempe.*) *Tempe*, pluralis numeri, ac neutrius generis, amœnissima vallis fuit in Thessalia: cincta montibus Ossa, Pelio, & Olympo; Peneo fluvio intersecta. Ab ea valle multæ, amœnitate pares, eo quoque nomine insigniuntur: sic in Sicilia ponit Ov. Fast. 4. 477. *Helorïa Tempe.* Statius in Bœotia, Theb. 1. 485. *Teumesia Tempe.* Hic Virgilius amœna quælibet loca intelligit. Nomen à τέμνειν *secare, findere*; quod Æoles deformarunt in τέμπεα.

471. *Saltus ac lustra ferarum.*) De *saltibus* vide Ecl. 6. 56. De *lustris*, quæ sunt ferarum in silvis cubilia, puto magis adhærendum Festo quam Servio. Festus derivat à *luo*: unde metaphorice *lustra* dicuntur popinæ & lupanaria, ubi ventri ac sordibus opera datur. Servius deducit ab *umbra*, quia loca illa parum *illustrantur*. Stat pro Festo Vossius in Etym.

474. *Justitia excedens.*) Astræa, de qua Ec. 4. 6.

475. *Musæ.*) Profitetur se literarum studia præferre agriculturæ: si tamen his studiis minus se idoneum sentiret, ad hoc alterum vitæ genus abiturum. *Musæ.*) Non hic solius carminis studia, sed literarum omnium, earum præcipue quæ ad naturalia pertinent, quibus præest *Urania.*

476. *Quarum sacra fero.*) Poetæ Musarum se sacerdotes appellant. Ita Horat. Od. 3. 1. 1. *Carmina non prius audita, Musarum sacerdos, virginibus puerisque canto.* Sacerdotum est *sacra ferre*, administrare, ac docere.

481. *Quid tantum Oceano, &c.*) Hyemem & æstatem significat: & sensus est: Quæ causa sit, cur

Hyberni, vel quæ tardis mora noctibus obstet.
Sin, has ne possim naturæ accedere partes,
Frigidus obstiterit circum præcordia sanguis,
Rura mihi & rigui placeant in vallibus amnes,
Flumina amem silvasque inglorius. O ubi campi,
Sperchiusque, & virginibus bacchata Lacænis
Taygeta! o qui me gelidis in vallibus Hæmi
Sistat, & ingenti ramorum protegat umbra!
Felix, qui potuit rerum cognoscere causas,
Atque metus omnes, & inexorabile fatum
Subjecit pedibus, strepitumque Acherontis avari!
Fortunatus & ille, Deos qui novit agrestes,
Panaque, Silvanumque senem, Nymphasque sorores!
Illum non populi fasces, non purpura regum
Flexit, & infidos agitans discordia fratres,
Aut conjurato descendens Dacus ab Istro:

Non

INTERPRETATIO.

483. Si vero sanguis frigidus circumfusus cordi impediat, quominus possim penetrare hæc secreta naturæ; placerent mihi rura, & fluvii decurrentes in vallibus: amarem fluvios & silvas, sine ulla alia *gloria. O ubi sunt campi, & Sperchius fluvius, & mons Taygetus frequentatus a puellis Laconicis! o, quis me transferat in valles gelidas Hæmi* montis, *& operiat me magna umbra ramorum! Felix* ille est, *qui potuit discere causas rerum, &* qui *posuit sub pedibus omnem timorem & tumultum Acherontis avari. Sed felix quoque est ille, qui colit Deos rusticos, & Pana, & senem Silvanum, & Nymphas sorores. Ille non movetur, nec fascibus populi, nec purpura regum, nec dissensione quæ turbas infidos fratres, nec Daco, qui descendit a Danubio con-*

NOTÆ.

cur dies hyberni tam sint in occasum præcipites: & quæ mora noctes æstivas differat, ac retardet. *Soles* dixit, pro *dies*, plurali numero, quemadmodum G. 1. 66. *Pulverulenta coquat maturis solibus æstas.*

484. *Frigidus obstiterit, &c.*) *Secundum physicos, qui dicunt stultos homines esse frigidioris sanguinis; prudentes, calidi. Unde & senes, in quibus jam friget; & pueri, in quibus necdum calor, minus sapiunt.* Ita Servius. *Præcordia* proprie sunt membrana cordi prætensa; Græci vocant διάφραγμα. Supra præcordia sunt pulmones & cor; infra jecur & lien. Sæpe tamen sumuntur pro cæteris visceribus, hic & alibi præcipue pro *corde*, sæpe pro ipso animo.

487. *Sperchiusque, &c.*) *Sperchius*, Thessaliæ fluvius, e Pindo monte in Maliacum sinum rapide fluens; hodie *Agriomela*. *Taygetus*, pluraliter *Taygeta*, mons Laconiæ, Spartæ & Amyclis imminens, venatione & Bacchi orgiis celebris; unde [illegible] *bacchata Lacænis*, id est, frequentata a [illegible] mulieribus, quæ illic Bacchanalium cultu [illegible] ludebant.

488. [illegible]) Mons Thraciæ, de quo G. 1. 492.

490. *Felix* [illegible]) Videntur hi versus geminam Philosophorum [illegible] distinguere: primus *Physicorum*, sive [illegible], qui rerum causas investigat: alii *Ethicorum*, [illegible], quæ tota est in temperandis hominum moribus, & comparanda beatitate, beatitas autem in voluptate a plerisque veterum constituebatur; metus porro volui tali metus fati & inferorum.

492. *Acherontis avari.*) *Acheron*, inferorum fluvius, de quo Æn. 6. 323. *Avarus* dicitur, quia inferi rapiunt omnia.

493. *Deos agrestes, Panaque, &c.*) De Diis agrestibus Ecl. 6. in notis ad Argum. De *Pane*, Ecl. 2. 31. De *Silvano*, Ecl. 10. 24. De *Nymphis sororibus*, puta *Dryadibus* aut *Napæis* &c. Ecl. 5. 46.

495. *Non populi fasces, non, &c.*) Neque movetur Romanorum honoribus, neque barbarorum regum. Romanos honores, per *fasces*, barbaros, per *purpuram* regum significat. *Fasces* erant fasciculi virgarum, quibus erat obligata securis, ita ut ferrum in summo exstaret: insignia suere magistratuum apud Romanos. Dicuntur *fasces populi*, quia populi suffragiis magistratus eligebantur in comitiis. Fasces habebat Dictator xxiv. Consul xii. Prætores provinciales vi. Prætores urbani ii. Præferebantur a *lictoribus*, quorum nomen a *ligando*: quia reos ligabant, feriebantque virgis & secure detractis.

497. *Dacus ab Istro.*) *Daci* nunc *Transilvani*, *Moldavi*, & *Valachi*, olim fera gens & Romanis infesta, intra Carpathum montem a septentrione, intra fluvium a meridie, ad usque Istri ostia porrecta. *Ister* sive *Danubius*, fluvius Europæ maximus. Oritur ex Abnoba monte in comitatu *Far*, prope Villingam oppidum Sueviæ

den-

Non res Romanæ, perituraque regna: neque ille
Aut doluit miserans inopem, aut invidit habenti.
Quos rami fructus, quos ipsa volentia rura
Sponte tulere sua, carpsit: nec ferrea jura,
Insanumque forum, aut populi tabularia vidit.
Sollicitant alii remis freta cæca, ruuntque
In ferrum, penetrant aulas & limina regum.
Hic petit excidiis urbem miserosque Penates,
Ut gemma bibat, & Sarrano indormiat ostro:
Condit opes alius, defossoque incubat auro.
Hic stupet attonitus rostris: hunc plausus hiantem
Per cuneos (geminatur enim) plebisque patrumque
Corripuit: gaudent perfusi sanguine fratrum,
Exsilioque domos & dulcia limina mutant,
Atque alio patriam quærunt sub sole jacentem.

Agri-

INTERPRETATIO.

jurata, nec negotiis Romanorum, nec regnis perituris; neque ille aut cum angore miserescit pauperis, aut invidet diviti. Colligit *fructus, quos rami, quos agri ipsi volentes ultro producunt: nec cognoscit leges duras, & tumultuosum forum, aut tabularia populi. Alii agitant remis mare profundum, & currunt ad militiam: pervadunt in aulas & domos regum. Hic intentat ruinam urbi & miseris domibus, ut bibat in* poculo *gemmeo, & dormiat in purpura Tyria: alius occultat divitias, & incumbit auro defosso: alius obstupescit mirabundus ad rostra; alium percellit hiantem plausus plebis & senatorum in theatris, nam iteratur:* alii *gaudent tincti sanguine fratrum, & relictis domibus & gratis liminibus abeunt in exsilium, & quærunt patriam suppositam alii*

NOTÆ.

deinde auctus fluviis 60. navigabilibus, in Pontum Euxinum influit ostiis sex, quorum duo tantum jam navigabilia sunt, cæteris arena clausis. Danubius olim vocatus ab ortu ad usque Axiopolim urbem Mysiæ; quo loco Ister appellabatur: unde proprie Ister a Virgilio bis dicitur: & Dacus usurpatur pro quolibet hoste barbaro Romani imperii, cujus olim terminus ab ea parte Ister fuit.

498. *Non res, &c.*) Opponit Romanum imperium regnis cæteris; quæ vocat *peritura*, ut Romanorum æternitatem notet.

499. *Aut doluit miserans, &c.*) Loquitur e Stoicorum sententia, qui motus omnes animi atque affectus, veluti morbos & vitia, ex homine sublatos volebant ad bene beateque vivendum. Ac speciatim patet misericordiam excludi a Seneca ex animo sapientis, lib. 2. de Clement. c. 5. *Quemadmodum religio Deos colit, superstitio violat: ita clementiam mansuetudinemque omnes boni præstabunt, misericordiam autem vitabunt. Est enim vitium pusilli animi, ad speciem alienorum malorum succidentis: itaque pessimo cuique familiarissima est.*

501. *Populi tabularia.*) *Tabularium* Romæ locus fuit, in quo publica omnia instrumenta de prædiis, vectigalibus, portoriis, reditibusque aliis publicis, servabantur in tabulis. Erat autem in atrio Libertatis. Livius l. 43. *Censores ex templo in atrium Libertatis ascenderunt: & ibi signatis tabellis publicis, clausoque tabulario, & dimissis servis publicis, negarunt se prius quicquam negotii publici gesturos, quam judicium populi de se factum esset.*

505. *Hic, &c.*) Eos carpit, qui opes e dirutarum urbium ruinis colligunt. De *Penatibus* Æn. 2. 717.

506. *Sarrano indormiat ostro, &c.*) Purpura quæ fit e maris ostrei sive conchylii, qui *murex* appellatur, Phœnicum lingua *Sar*: unde Tyrus, urbs Phœniciæ, hujus piscatu celebris, dicta est prius *Sarra*; & color purpureus, *Sarranus* & *Tyrius*. Distinguunt tamen plerique purpuram piscis, sive ostreum, a murice: hæc tamen a poetis vulgo promiscue usurpantur. Purpura alia rubra, alia violacea, alia dibapha, id est, bis tincta, a δὶς bis, & βάπτω tingo.

508. *Hic stupet attonitus rostris, &c.*) Notat studium audiendi oratores, vel orandi e suggestis, quæ *rostra* dicebantur. Nam ex Livio l. 8. cum *Antiates*, gens Latii maritima, cujus caput *Antium*, victi a Romanis & classe spoliati essent, naves eorum partim in navalia subductæ, partim incensæ sunt: earumque rostris, id est, eminentibus illis proræ partibus, quæ ferro aut ære armabantur, placuit in foro suggestum ex iis adornari, unde cum populo ageretur.

509. *Per cuneos (geminatur enim) &c.*) Notat studium spectaculorum: in quibus plausus, non a sola plebe, sed etiam a senatoribus ipsis dabatur, & sic geminabatur. *Cunei* sedilia sunt theatrorum, de quibus supra v. 381.

Agricola incurvo terram dimovit aratro:
Hinc anni labor, hinc patriam, parvosque nepotes
Sustinet: hinc armenta boum, meritosque juvencos.
Nec requies, quin aut pomis exuberet annus,
Aut fœtu pecorum, aut Cerealis mergite culmi:
Proventuque oneret sulcos, atque horrea vincat.
Venit hyems; teritur Sicyonia bacca trapetis:
Glande sues læti redeunt: dant arbuta silvæ:
Et varios ponit fœtus autumnus: & alte
Mitis in apricis coquitur vindemia saxis.
Interea dulces pendent circum oscula nati:
Casta pudicitiam servat domus: ubera vaccæ
Lactea demittunt: pinguesque in gramine læto
Inter se adversis luctantur cornibus hœdi.
Ipse dies agitat festos: fususque per herbam,
Ignis ubi in medio, & socii cratera coronant,
Te libans, Lenæe, vocat; pecorisque magistris
Velocis jaculi certamina ponit in ulmo,
Corporaque agresti nudat prædura palæstra.
Hanc olim veteres vitam coluere Sabini,

Hanc

INTERPRETATIO.

coli. Agricola autem vertit terram curvo aratro; inde est labor anni, inde alit patriam & parvos nepotes; inde alit armenta boum, & juvencos, qui id labore merentur. Nec cessat, donec annus abundet, vel pomis, vel fœtu pecudum, vel manipulis spicarum Cerealium: & oneret sulcos proventu, & superet horrea. Postquam hyems venit, oliva Sicyonia premitur trapetibus; redeunt porci saginati glandibus: silvæ præbent poma silvestria: & autumnus suppeditat varios fructus: & altè racemi dulces coquuntur in apertis collibus. Interea dulces nati pendent circa ora; casta domus servat pudicitiam: vaccæ demittunt mammas plenas lacte: & pingues hœdi in herba fertili certant invicem oppositis cornibus. Ipse agricola celebrat dies festos: & stratus in herba, ubi ignis est in medio, & ubi socii implent pocula, te invocat, o Bacche, vinum effundens tibi: & proponit custodibus gregis certamina celeris jaculi in ulmo, & nudat robusta eorum corpora ad luctam rusticam. Sic instituerant vitam olim antiqui

NOTÆ.

517. *Cerealis mergite culmi.*) *Hæc merges*, Virgilio videtur esse manipulus spicarum, ut explicat Servius. Plinius tamen l. 18. 30. videtur esse furca colligendis [illegible] qua significatione dicitur etiam *merga*, *æ*, à Columella, & Festo.

519. *Sicyonia bacca trapetis.*) *Sicyon*, urbs Achaiæ propriè dictæ, non longe ab Isthmo Peloponnesiaco, fertilis oleæ. *Trapes*, sive *trapetum* mola est, sive torcular olei.

520. *Arbuta.*) Propriè sunt fructus arbuti arboris, Ital. *corbezzolo*. de qua Ecl. 3. 82. Hic forte pro baccis omnibus silvestribus usurpantur.

522. *Mitis in apricis*, &c.) Maturescit Solis calore. De loco *aprico*, id est, Soli exposito, vide Ecl. 9. 49.

523. *Circum oscula.*) Circa os pendent; ab ore pendent. *Osculum enim*, non semper *basium*; sed magis propriè ipsum os significat, Æn. 1. 140.

528. *Cratera coronant.*) Non coronant floribus, sed vino: quod ad summam usque poculi oram, ut veluti coronam, infunditur. Docet Athenæus l. 15. ex Aristotele, [illegible] *Nihil mutilum esse offerendum Diis, sed integra & perfecta: plenum vero perfectum esse: coronare autem, plenitudinem quamdam significare.* Citatque Homerum: [illegible] *Juvenes vero crateras coronaverunt potu.*

531. *Palæstra.*) Lucta. Græcè [illegible], a [illegible] *agito*, propter corporis in ea agitationem.

532. *Sabini.*) Romæ vicini, Apennini jugis circumvallati: quorum feminas in ludis Romani rapuerunt.

Hanc Remus & frater: sic fortis Etruria crevit;
Scilicet & rerum facta est pulcherrima Roma,
Septemque una sibi muro circumdedit arces.
Ante etiam sceptrum Dictæi regis, & ante
Impia quam cæsis gens est epulata juvencis,
Aureus hanc vitam in terris Saturnus agebat.
Necdum etiam audierant inflari classica, necdum
Impositos duris crepitare incudibus enses.
Sed nos immensum spatiis confecimus æquor,
Et jam tempus equum fumantia solvere colla.

INTERPRETATIO.

Sabini, sic Remus, & frater ejus Romulus: *sic crevit generosa Tuscia: atque adeo Roma evasit pulcherrima mundi, & una circumcinxit sibi muris septem montes. Aureus quoque Saturnus ducebat hanc vitam in terris, ante imperium Jovis* Cretensis, *& antequam scelerati homines vescerentur cæsis bubus. Nondum etiam* homines *audiverant inflari tubas, nondum gladios sonare impositos duris incudibus. Sed nos decurrimus campum immensum longitudine, & jam tempus est liberare* jugo *fumantia colla equorum.*

NOTÆ.

533. *Hanc Remus & frater, &c.*) Remus & Romulus, fratres, Romæ conditores, Iliæ & Martis filii: de iis Æn. 8. 630.

Sic fortis Etruria.) Tuscia a Latio, per Tiberim, divisa. Æn. [illegible] 164.

535. *Septemque ... circumdedit arces.*) *Arces*, vel loca munita sunt, vel potius montes, rupes, ut G. 4. 461. *Flerunt Rhodopeiæ arces*. Et vero *arx* probabiliter derivatur ab ἄκρα *extremum*, *vertex*; quamquam inepte Solinus derivat ab *Arcadibus*, qui primi in excelsa parte montis habitarunt; Varro ab *arcendo*, Servius ab *arcano*. Porro septem Romæ colles inclusi muro fuere: Palatinus, nunc *palazzo maggiore*: Quirinalis, *monte cavallo*: Cælius, *monte di S. Giovanni Laterano*: Capitolinus, *Campidoglio*: Aventinus, *monte di S. Sabina*: Esquilinus, *monte di S. Maria Maggiore*: Viminalis denique; quibus duo additi deinceps fuerunt, Janiculus collis, *Montorio*; & Vaticanus.

536. *Dictæi regis, & ante Impia quam, &c.*) Antequam regnaret Jupiter, qui educatus est in Dictæo monte, Cretæ insulæ, G. 4. 152. id est, aurea ætate; cum homines nondum animalium carne, sed solis terræ fructibus vescerentur. De *Saturno*, & *aurea ætate*, Ecl. 4. 6.

542. *Sed nos, &c.*) Hunc librum, ut priores, allegoria terminat ab equis petita. *Æquor* hic est campus. Æn. 2. 780.

P. VIRGILII MARONIS
GEORGICORUM
LIBER III.

ARGUMENTUM.

Exordium tria continet: invocationem Deorum, qui pabulo & pecorum pastioni præsident: deinde laudes Octaviani: denique invitationem Mæcenatis, cujus jussu susceptum id operis fuisse, rursus testatur. Sequuntur præceptiones de cultura pecorum, quatuor in partes distinctæ. I. Agit de bobus & equis. II. De ovibus & capris. III. De canibus. IV. De rebus pecori infestis; nempe serpentibus, scabie, febri, ac peste; quæ pestis descriptio epilogi locum obtinet. Sparsæ sunt præterea toto libro suaviores, oblectationis causa, descriptiones, quasi quædam diverticula. Talis est descriptio cursus equestris, v. 103. Asili sive œstri, v. 147. Taurorum amantium, v. 217. Furiarum amoris, v. 242. Scythicæ hyemis, v. 349.

Te quoque, magna Pales, & te memorande canemus
Pastor ab Amphryso: vos, silvæ, amnesque Lycæi.
Cætera, quæ vacuas tenuissent carmina mentes,
Omnia jam vulgata. Quis aut Eurysthea durum,
Aut illaudati nescit Busiridis aras?
Cui non dictus Hylas puer, & Latonia Delos,
Hippodameque, humeroque Pelops insignis eburno,

Acer

INTERPRETATIO.

Te etiam cantabo, o magna Pales; & te, o pastor memorabilis ab Amphryso; & vos, o silvæ, & flumina Lycæi. Cætera omnia argumenta, *quæ delectare* possent *animos otiosos, jam pertractata sunt. Quis nescit aut Eurystheum severum, aut altaria infamis Busiridis? Cui non dictus est Hylas puer, & Delos Latonia, & Hippodame, &*

NOTÆ.

1. *Te quoque, magna Pales.*) Dea pastorum & pabuli, cui sacra instituebant: & festa celebrabantur *Palilia*, 11. Kal. Maii: quo die Romulus urbem fundavit.

2. *Pastor ab Amphryso.*) *Amphrysus* fluvius Thessaliæ, ubi Apollo greges pavit Admeti regis, vel ipsius regis amore captus, juxta Callimachum in hymno, vel juxta alios, coelo addictus in servitutem a Jove propter interfectos Cyclopas, qui fulmina Jovi fabricaverant ad occidendum, vel Phaetonta, vel Æsculapium, utrumque filium Apollinis. Idem dicitur etiam *pastor ab Amphryso*: id est, ob Amphrysum, quia ob operam eius in ripis Admeto exhibitam dictus est *Apollo Nomius*, a νομὴ pascuum.

Silvæ, amnesque Lycæi.) Loca quælibet pascuis abundantia, quales sunt in Arcadia silvæ, amnesque *Lycæi* montis, Ecl. 10. 15.

4. *Eurysthea.*) Mycenarum regem: qui Junonis odio obsequens, Herculem exercuit jussis sibi subditum, difficillimis periculis objecit: e quibus evasit victor. De *Hercule*, Æn. 8. 287.

5. *Illaudati Busiridis aras.*) Regis Ægypti, qui cum hospites ad aras immolaret, ad easdem cum Amphidamante filio & ministris occisus est ab Hercule, cui struebat easdem insidias. *Illaudati.*) Illaudabilis, in quo nihil est laude dignum, ac proinde summa sunt omnia vitia. Sic vulgo *invictus*, dumtaxat pro *invincibili*, quod non est in usu, ut notat Turn. l. 4. 17. Videturque Virgilius carpere Isocratem, Græcum oratorem, qui scripsit, quam adhuc habemus, laudationem Busiridis.

6. *Hylas ... Latonia Delos.*) *Hylas*, puer dilectus Herculi, Ecl. 6. 43. *Latona*, Cœi Titanis filia, a Jove compressa, Ecl. 3. 67. *Delos*, insula maris Ægæi, ubi Latona Dianam & Apollinem enixa est. Æn. 3. 73.

7. *Hippodameque.*) Vel Hippodamia, filia Œnomai regis Elidis & Pisarum, qui cum ex oracu-

lo

Acer equis? Tentanda via est, qua me quoque possim
Tollere humo, victorque virum volitare per ora.
Primus ego in patriam mecum (modo vita supersit)
Aonio rediens deducam vertice Musas.
Primus Idumæas referam tibi, Mantua palmas:
Et viridi in campo templum de marmore ponam
Propter aquam, tardis ingens ubi flexibus errat
Mincius, & tenera prætexit arundine ripas.
In medio mihi Cæsar erit, templumque tenebit.
Illi victor ego, & Tyrio conspectus in ostro,
Centum quadrijugos agitabo ad flumina currus.

Cun-

INTERPRETATIO.

Pelops notabilis humero eburneo, ac peritus artis equestris? Tentanda est mihi via, qua possim attollere me etiam e terra, & victor volare per ora hominum. Ego primus rediens e Bœotiis montibus deducam mecum Musas in patriam, dummodo vita duret mihi. Primus reportabo tibi palmas Idumæas, o Mantua: & ædificabo in campo viridi templum e marmore juxta aquam, ubi magnus Mincius errat lenis flexibus, & tegit marginem riparum tenera arundine. In medio templo mihi erit Cæsar, & templum occupabit. Ejus in honorem ego victor, & spectabilis purpura Tyria, impellam juxta fluvium centum currus actos quatuor equis.

NOTÆ.

lo se a genero occidendum esse acceperat: equis confisus velocissimis, qui ex ventorum flatu creati erant, curule certamen filiæ procis proposuit, ea lege, ut qui vinceret, filiam obtineret; qui vinceretur, mortem subiret. Igitur tredecim victis & occisis, Pelops Myrtilum Œnomai aurigam pretio corrupit, ut currus fragili & axem subruperet, aut objectum axi non adjiceret. Quo facto Œnomaus e curru concidit, membrisque casu collisis mortuus est. Pelops Hippodamia potitus, Myrtilum perfidiæ mercedem contumeliosius exigentem, in Ægæum mare præcipitem dedit, cujus illa pars ideo *Myrtoum* mare dicta est. Pelopis pater Tantalus fuit, Phrygiæ rex; qui cum Deos excepisset hospitio, eorumque numen explorare vellet, eisdem hunc filium suum epulandum dedit; a cujus esu cæteri abstinuerunt, excepta Cerere, quæ humerum ejus absumpsit. Jupiter eum suscitavit, humerumque ei restituit eburneum: Tantalus ob id scelus perpetua siti ac fame in inferis cruciatus fingitur, præsentibusque epulis coactus abstinere. Pelops deinde non Elide tantum, sed tota peninsula potitus, eam suo nomine *Peloponnesum* vocavit.

10. *Primus ego in patriam, &c.*) Certe hanc laudem prius dederat Ennio Lucret. l. 1. 117. *Ennius ut noster cecinit, qui primus amœno detulit ex Helicone perenni fronde coronam, per gentes, Italas, &c.* Igitur non significat Virgilius se primum omnium Græcas Musas deducturum in Italiam, sed in agrum Mantuanum.

11. *Aonio vertice.*) Helicone, monte Bœotiæ, quæ Aonia prius dicta, Ecl. 6. 65. De *Musis*, Ecl. 3. 60.

12. *Primus Idumæas, &c.*) Id est, nobiles palmas: quales nascuntur in *Idumæ*, sive *Idumæa*, Syriæ regione, ab *Edom*, hoc Esau, sic dicta. Attingit morem victorum Olympicis ludis: qui sua præmia referebant patriæ ac civitati: in quas triumphali pompa invehebantur, fruebantur que deinceps vectigalibus totam in vitam e republica concessis.

15. *Mincius.*) Fluvium Mantuam alluens, Benaco, Ecl. 7. 13.

16. *In medio, &c.*) Promittit multa in honorem Octaviani. I. *Templum*. II. *Ludos Olympicos, & Nemeæos*, Græco more. III. *Supplicationes cum Deorum statuis*. IV. *Sacrificia*. V. *Ludos theatrales*. VI. *Trophæa, imagines, & statuas*.

17. *Victor ego, & Tyrio, &c.*) Victor præstantium omnium Græcorum: quam victoriam explicat more tum Romano, tum Græco. Romano quidem, juxta quem victores purpura vestiti quadrigis invecti triumphabant; Græco vero, juxta quem victores ludis Olympicis palmam manu, coronam capite gestabant; unde supra dixit; *referam tibi, Mantua, palmas*; & infra v. 21. *Ipse caput tonsæ foliis ornatus olivæ, &c.* De *Tyrio ostro*, sive purpura, G. 2. 506.

18. *Centum quadrijugos, &c.*) Vel more poetarum, centum dixit, pro magna multitudine; vel alludit ad pompam Circensium ludorum, in quibus die uno fiebant viginti quinque curruum missus: id est, emissiones curruum e repagulis & carceribus: singulis autem missibus quatuor currus exibant, singuli, pro sua factione, suis distincti coloribus; quatuor enim erant factiones; russea; alba; prasina, sive viridis: & veneta, sive cærulea. Igitur centum currus Virgilii missus indicant viginti quinque, seu Circensium unius diei pompam. Circenses autem ludi, cursus equestres Olympicos imitabantur, Æn. 5. 114.

Ad flumina.) Veteri instituto; nam ante Circorum fabricam, *in litore fluminis Circenses agitabantur; in altero latere positis gladiis, ut ab utraque parte esset ignaviæ præsens periculum*, inquit Servius. Vide Æn. 5. 162.

Cuncta mihi, Alpheum linquens lucosque Molorchi,
Cursibus & crudo decernet Græcia cæstu.
Ipse caput tonsæ foliis ornatus olivæ
Dona feram. Jam nunc sollemnes ducere pompas
Ad delubra juvat, cæsosque videre juvencos:
Vel scena ut versis discedat frontibus, utque
Purpurea intexti tollant aulæa Britanni.
In foribus pugnam ex auro solidoque elephanto
Gangaridum faciam, victorisque arma Quirini:

At-

INTERPRETATIO.

Omnis Græcia relinquens Alpheum, & silvas Molorchi meo jussu certabit cursu, & duro cæstu. Ego decoratus frondibus tonsæ oleæ circa caput, proponam præmia. Jam nunc juvat ducere ad templa sollemnes pompas, & videre mactatas victimas: vel videre, quomodo scena mutetur conversa facie, & quomodo Britanni intexti attollant aulæa purpurea. In portis templi sculpam *in auro & solido ebore pugnam Indorum, & bella victoris Romuli: ibidemque* sculpam

NOTÆ.

19. 20. *Cuncta mihi, &c.*) Significat venturam esse Græciam ad suos ludos, patriis contemptis, quasi vilioribus. Quatuor autem erant in Græcia ludi, sive certamina insignia: *Olympica*, *Pythia*, *Isthmia*, & *Nemea*. I. *Olympica*, instituta sunt ab Hercule, in honorem Jovis, postquam Hercules Augeam regem Elidis occiderat: fraudatus ab eo mercede pacta propter stabulum a triginta annorum fimo repurgatum. Victores corona donabantur ex oleastro, vel olea. Constabant autem ludi illi pentathlo, sive quintuplici certamine, cæstu, cursu, saltu, disco, & palæstra: durabantque quinque dies, & quarto quoque anno celebrabantur: unde spatia quatuor annorum, duas inter ludorum illorum celebrationes interjecta, *Olympiades* appellata sunt. II. *Pythia*: fiebant in Pythio, Macedoniæ loco: in honorem Apollinis, ob cædem Pythonis serpentis: unde Apollo *Pæan* dictus est, a παίειν *ferire*, quod sagittis serpentem percusserit: indeque carmen in ipsius & cæterorum deinde Deorum laudem vocatur *pæan*. Coronabantur victores lauro. III. *Isthmia*, in honorem Neptuni, a Theseo Atheniensium rege instituta, in faucibus Isthmi Corinthiaci. Corona dabatur e pinu. IV. *Nemea*, edebantur in honorem Herculis, ob eundem leonem ab eo interfectum in silva Nemea, prope Cleonas, urbem Achaiæ, in Peloponneso. Corona erat ex apio. Præterea ludis omnibus victores palmam manu gestabant. Virgilius per *Alpheum*, Elidis in Peloponneso fluvium, prope Olympiam urbem, certamina intelligit *Olympica*, quæ ibi committebantur. Per *lucos Molorchi* certamina *Nemea*. Molorchus enim pastor fuit in agro Cleonæo, hospes Herculis, cujus in gratiam Hercules leonem Nemeæum sive Cleonæum interfecit. Certamina alia sub his duobus complectitur.

20. *Cæstu.*) Chirothecæ quædam species est, e corio bubulo, eoque *crudo*: quo pugiles manus & brachia ad pugnam armabant. Æn. 5. 401.

21. *Tonsæ.*) Concinne foliis apte composita.

22. *Ducere pompas.*) *Pompæ* erant imagines Deorum impositæ ferculis; & alia quælibet sollemnium ornamenta, quæ ad ostentationem circum pompa ducebantur; præcipue in *Circensibus*. Nomen a πομπή, hoc autem a πέμπω *mitto*, *deduco*, *transmitto*. De pompa illa Circensi fuse Ovid. Amor. 3. 2. 43. *Sed jam pompa venit: linguis animisque favete*, &c. *Prima loco fertur sparsis victoria pennis*, &c. Tum Neptunus, Mars, Phœbus, Minerva, Ceres, &c.

24. *Vel Scena, ut &c.*) Scena, frons est theatri, seu pars theatri adversa spectantibus: quæ aulæis, velis, aliisque ornamentis decorata, actores tegit atque inumbrat: *unde*, *umbraculum*, a σκιά *umbra*, G. 2. 381. Scena autem illa fiebat, aut *versatilis*, aut *ductilis*. Versatilis, cum subito machinis quibusdam, ut præcipit Vitruvius, triangulis tota vertebatur, aliamque picturæ faciem ostendebat. Ductilis, cum evolutis velis & aulæis, picturæ facies interior nudabatur. Utramque exprimit Virgilius.

25. *Intexti tollant aulæa Britanni.*) Singulæ voces egent explicatione. I. *Aulæa*: vela ingentia, peripetasmata, dicta sunt ab *aula* Attali, Pergami regis ditissimi, qui populum Romanum heredem reliquit: primusque invenit aurum intexere, ut Babylonii colores, ex Plinio l. 8. 48. unde *Attalica* & *Babylonica* aulæa vestesque memorantur. II. *Britanni*, nunc Angli & Scoti. Non ab Octaviano victi sunt, ut vult Servius, sed a Julio Cæsare: qui ex continenti Gallia bis in eorum insulam navigavit; duabusque victoriis bene gestis, & acceptis obsidibus, magnum servorum numerum, ac prædam reportavit juxta Strabonem l. 4. Ex iis igitur Julii mancipiis puto credendum officiis theatralibus addictos esse: de quibus, ut illo tempore passim notis, hic sermo est. III. *Intexti*. Nempe quia Julii victoriæ in ipsis aulæis depictæ erant, & inter eas, fortasse Britannica: unde portabant vela iidem Britanni qui in velis acu picti videbantur.

26. *Elephanto.*) De ebore, qui dens est elephanti, G. 1. 57.

27. *Gangaridum, &c. Quirini, &c.*) *Gangaridæ*, gens Indica circa Gangem. *Quirini.*) Octaviani: qui quasi alter Romulus, & alter conditor Romæ habitus est. Romulus autem Quirinus dictus est a *quiris*, quæ Sabinorum lingua hastam significat, qua semper instructus pingitur Romulus. Certum est agitatum fuisse in senatu, Romuli an Augusti nomine Octavianus donaretur.

Atque hic undantem bello, magnumque fluentem
Nilum, ac navali surgentes ære columnas.
Addam urbes Asiæ domitas, pulsumque Niphaten,
Fidentemque fuga Parthum versisque sagittis:
Et duo rapta manu diverso ex hoste trophæa,
Bisque triumphatas utroque ab litore gentes.
Stabunt & Parii lapides, spirantia signa,
Assaraci proles, demissæque ab Jove gentis
Nomina, Trosque parens, & Trojæ Cynthius auctor.
Invidia infelix furias amnemque severum
Cocyti metuet, tortosque Ixionis angues,
Immanemque rotam, & non exsuperabile saxum.

In-

INTERPRETATIO.

Nilum agitatum classibus, & longe fluentem, & columnas extructas ex ære navium captarum. Adjiciam urbes Asiæ expugnatas, & Armenios fugatos, & Parthos confidentes fuga ac sagittis retro jactis, & spolia bis rapta manu ex diversis hostibus, & populos bis victos in utroque mari. Erunt quoque statuæ e marmore Pario, simulacra prope animata, soboles Assaraci, & heroes familiæ deductæ a Jove, & Tros pater Assaraci, & Apollo munitor Trojæ. Invidia infelix timebit furias, & severum fluvium Cocyti, & tortos serpentes Ixionis, & rotam immensam, & rupem Sisyphi *insupe-*

NOTÆ.

tur. Sed utrumque certum est, neque id contigisse, nisi an. U. C. 727. annis post edita Georgica circiter tribus: neque umquam Gangaridas ab eo victos. Igitur appellatur a Virgilio *Quirinus*, non publica auctoritate, sed privata adulatione. *Gangaridum* vero victor, quia M. Antonii victor; qui ipse dolo Armenios, Ventidio duce, & Parthos vicerat; Indos vero, Arabes, atque Æthiopes habuerat in auxiliis, ut diximus G. 2. 172. Unde patet, id quod illo loco jam probavimus, hunc quoque locum Georgicis libris jam perfectis attextum esse.

28. *Magnumque fluentem Nilum.*) Nomen pro adverbio. Sic Æneid. 7. 399. *Torvumque repente clamat*, &c. De *Nilo* Ægypti flumine, G. 4. 288. & Nilus victoriam significat Alexandrinam, de M. Antonio & Cleopatra ab Octaviano relatam, anno U. C. 724.

29. *Navali surgentes*, &c.) Octavianus e rostris æreis Ægyptiarum navium, dicitur quatuor columnas conflavisse: auctor Servius.

30. 31. *Niphaten, Fidentemque*, &c.) Per Niphatem Armeniæ montem, Armenios apud intelligit: per montem, populos montis incolas. Sic Æn. 10. 13. *Alpes immittet apertas*: id est, populos Alpinos. De *Parthis*, diximus Ecl. 1. 63. Quomodo autem Octavianus dici possit vicisse Armenios & Parthos, vide supra in nota ad v. 27.

32. 33. *Et duo rapta ... Bisque triumphatas*, &c.) Omnes explicant *diversum hostem*, de Gangaridis & Britannis; *utroque litore*: de orientali, in quo sunt Gangaridæ; & occidentali, in quo sunt Britanni. Sed male, siquidem Britannos Octavianus non vicit. Ego explico de Asiaticis Africanisque gentibus, quæ a M. Antonio stabant: de gemina clade, quæ M. Antonium affecit; prima ad Actium Epiri promontorium, in Europæo litore: altera ad Alexandriam, in Africano litore. *Rapta manu.* Notat utrumque bellum ab Octaviano non per legatos, ut bella fere cætera; sed proprio Marte, propria manu, gestum esse.

34. *Parii lapides.*) Marmora candida e Paro insula, quæ una est e Cycladibus in mari Ægæo.

35. *Assaraci proles*, &c.) Gentis Juliæ seriem & originem indicat. Hic autem fuit ordo. *Jupiter: Dardanus*, Jovis filius ex Electra Atlantis filia: *Erichthonius: Tros*. Hic scindit se familia duas in partes, per duos Trois filios, *Ilum* & *Assaracum*. *Ilus* enim genuit *Laomedontem*, hic *Priamum*. *Assaracus* vero habuit *Capyn*, hic *Anchisen*. Ex *Anchise & Venere*, *Æneas*, *Ascanius* atque *Iulus* patet, qui auctor fuit gentis Juliæ.

36. *Trojæ Cynthius auctor.*) Apollo natus in insula *Delo*, ubi mons est *Cynthus*; Ecl. 6. 3. Trojæ muros extruxit, regnante Laomedonte. Vide G. 1. 502.

37. *Invidia*, &c.) Eorum supplicium notat, qui Octaviani laudibus obtrectabant: quales multi ad id usque tempus Romæ fuerant, e veteribus Sext. Pompeii, aut M. Antonii amicis.

38. *Cocyti*, &c.) Inferorum fluvium e Styge profluentem, a κωκύειν *gemere*, Æneid. 6. 323.

Ixionis angues.) Ixion, Phlegyæ Lapitharum in Thessalia regis filius: cum ob cædem soceri sui Deionei inexpiabilem vagaretur, assumptusque in cœlum, & expiatus a Jove esset: Junonis amore percitus, ex nube, quam ei Jupiter pro Junone substituerat, Centauros genuit. Apud homines deinde cum eos & Junonis amores quasi veros jactaret, fulmine dejectus ad inferos, ibique tortis anguibus alligatus est rotæ, cujus perpetuo circumactu torquetur.

39. *Non exsuperabile saxum.*) Sisyphi supplicium significat. Is filius Æoli, cum Atticam latrociniis infestaret, occisus est a Theseo Athenarum rege: cumque in gratiam fingere Græci, Sisyphum apud inferos hanc addictum pœnam; ut in montis verticem saxum provolvat, & continuo inde gravitate sua devolutum revolvat.

Interea Dryadum silvas saltusque sequamur
Intactos, tua, Mæcenas, haud mollia jussa.
Te sine nil altum mens inchoat: en age, segnes
Rumpe moras: vocat ingenti clamore Cithæron,
Taygetique canes, domitrixque Epidaurus equorum:
Et vox assensu nemorum ingeminata remugit.
Mox tamen ardentes accingar dicere pugnas
Cæsaris, & nomen fama tot ferre per annos,
Tithoni prima quot abest ab origine Cæsar.
Seu quis, Olympiacæ miratus præmia palmæ,
Pascit equos, seu quis fortè ad aratra juvencos,
Corpora præcipue matrum legat. Optima torvæ
Forma bovis, cui turpe caput, cui plurima cervix,
Et crurum tenus a mento palearia pendent.
Tum longo nullus lateri modus: omnia magna:
Pes etiam, & camuris hirtæ sub cornibus aures.
Nec mihi displiceat maculis insignis & albo,
Aut juga detrectans, interdumque aspera cornu,

Et

INTERPRETATIO.

vabilem. Interea subeamus silvas Dryadum, & saltus inaccessos; subeamus tua mandata, o Mæcenas, non sane facilia. Animus meus nihil altum incipit sine te. Eia vero amputemus pigras moras: Cithæron vocat nos magno clamore, & canes Taygeti, & Epidaurus domitrix equorum: & vox reboat multiplicata repercussu silvarum. Paullo post tamen aggrediar celebrare animosa bella Octaviani, & fama propagare nomen ejus per tot annos, quot annis Octavianus distat a primo ortu Tithoni. Sive aliquis alit equos, admirans præmia victoriæ Olympiacæ; sive aliquis alit robustos boves ad arationem, eligat præsertim corpora matrum. Optima est figura terribilis vaccæ, cui caput est deforme, cui collum est magnum, & cui pelles pendent a mento usque ad crura: cui præterea latus longum est sine modo, & omnia magna: pes etiam, & aures hirsutæ sub cornibus inflexis. Nec displicebit mihi vacca notata maculis albis, aut quæ fugit

NOTÆ.

40. *Dryadum, &c.*) Ecl. 2. 45. *Saltus.*) Ecl. 6. 56.

41. *Mæcenas.*) In argumento Georg.

43. *Vocat ingenti, &c.*) Dicit se vocari eo in regiones, quæ abundant iis animalibus, quorum culturam hoc libro docturus est. *Cithæron.*) Mons Bœotiæ, quæ regio a bove nomen habuit; ut dictum est Ecl. 6. 65. & a Juvenali, Sat. 10. 50. *Vervecum patria* nominatur.

44. *Taygetus.*) Mons in Laconia prope Spartam; venatu insignis, atque adeo canibus. *Epidaurus.*) Urbs multiplex hujus nominis: hæc in Peloponneso est, in Argia regione, ad orientale litus, ubi colebatur Æsculapius. Et tota Argia ferax equorum fuit: unde laudatur eo nomine Mycenæ, urbs ejusdem regionis, v. 121. *Et patriam Epirum referat, fortesque Mycenas.*

46. *Mox tamen, &c.*) Promittere videtur Æneida, quæ ad gentis Juliæ laudem conscripta est, continetque passim laudes Cæsaris Octaviani. *Accingar.*) Accingam. Translatio est ab iis, qui aliquid facturi vestem altius cingunt, ne laciniis defluentibus impediantur.

48. *Tithoni.*) Vel Tithonus est ille, Laomedontis aut frater, aut filius, ab Aurora dilectus, de quo G. 1. 447. Vel juxta Servium & Fortunatianum, Sol, qui Tithonus eodem modo dicitur, quo dicitur quoque Titan: nempe a τιτάινω, *extendo*, quia lucem undequaque extendit. Tithonus enim Auroræ distabat ab Octaviano mille ducentis annis; Sol tota mundi ætate, atque adeo quadam æternitate, quam videtur Octaviano polliceri Virgilius.

49. *Seu quis Olympiacæ, &c.*) I. PARS. *De equis, & bobus.* Continetque præcepta quatuor. I. *De cognoscenda optima forma vaccæ*, v. 51. *equi*, v. 75. II. *De delectu admissariorum, de stallone*, v. 95. *de equarum ad admissuram*, v. 123. quæ etiam tauris & vaccis accommodari possunt. III. *De cura equarum gravidarum*, v. 149. IV. *De cura & institutione vitulorum*, v. 157. & *equuleorum*, v. 179.

52. *Turpe caput.*) Deforme propter magnitudinem. Sic Homerus dixit, λᾶαν ἀναιδέα, *lapis impudens*, Iliad. 4. 521. & alibi.

56. *Maculis insignis & albo.*) Maculis albis: ut G. 2. 192. *Pateris libamus & auro*, pro pateris aureis.

Et faciem tauro propior: quæque ardua tota,
Et gradiens ima verrit vestigia cauda.
Ætas Lucinam justosque pati hymenæos
Desinit ante decem, post quatuor incipit annos:
Cætera nec fœturæ habilis, nec fortis aratris.
Interea, superat gregibus dum læta juventus,
Solve mares: mitte in Venerem pecuaria primus,
Atque aliam ex alia generando suffice prolem.
Optima quæque dies miseris mortalibus ævi
Prima fugit: subeunt morbi, tristisque senectus:
Et labor, & duræ rapit inclementia mortis.
Semper erunt, quarum mutari corpora malis.
Semper enim refice: ac, ne post amissa requiras,
Anteveni, & sobolem armento sortire quotannis.
Nec non & pecori est idem delectus equino.
Tu modo, quos in spem statues submittere gentis,
Præcipuum jam inde a teneris impende laborem.
Continuo pecoris generosi pullus in arvis
Altius ingreditur, & mollia crura reponit:
Primus & ire viam, & fluvios tentare minaces
Audet, & ignoto se se committere ponti:
Nec vanos horret strepitus. Illi ardua cervix,
Argutumque caput, brevis alvus, obesaque terga;
Luxuriatque toris animosum pectus: honesti

Spa-

INTERPRETATIO.

jugum, & aliquando cornibus petit, & facie similis est tauro: & quæ tota alta est, & ambulans verrit vestigia parte extrema caudæ. Ætas subeundi legitimum conjugium, & labores partus, finit ante decem annos, & incipit post quatuor; reliqua ætas nec apta est generationi, nec commoda agriculturæ. Interea dum læta juventus viget in armentis, da licentiam maribus, & cito immitte pecora ad coitum, & propaga progeniem aliam ex alia per generationem. Optima quæque dies vitæ primo elabitur miseris mortalibus: morbi succedunt, & mœsta senectus; & labor, & severitas duræ mortis eos rapit. Erunt semper aliqua pecudes, quarum voles mutare corpora; igitur semper repara armentum: & ne postea desideres ea quæ amiseris, præveni damnum, & substitue armento prolem novam singulis annis. Similiter necessarius est armento equorum delectus idem. Tu modo adhibe præcipuam curam circa eos, quos statuis seponere ad propagationem armenti, jam inde a tenera eorum ætate. Statim pullus generosi pecoris alte incedit per campos, & flexibili crure figit gradum. Primus audet ingredi viam, & explorare fluvios imminentes, & exponere se se ponti incognito: nec timet strepitus inanes. Collum habet erectum, caput acutum, ventrem substrictum, terga carnosa, pectus robustum eminens in to-

NOTÆ.

60. *Lucinam .... Hymenæos.*) Deam partus, Deumque conjugii, quæ numina etiam pecudibus tribuit, ut infra v. 125. mariti nomen equo. *Et pecori dicere maritum.* De *Lucina*, Ecl. 4. 10. *Hymen* vel *Hymenæus.* Vel fuit filius Liberi & Veneris, qui primus certas nuptias instituit: vel vir Atticus, qui raptas a latronibus virgines parentibus intactas restituit. Unde eius nomen invocare solebat apud Græcos in festis nuptialibus, & nuptiæ ipsæ dicebantur *Hymenæi*.

70. *Semper enim refice.*) Hic *enim*, non causam notat, sed effectum: *igitur*, *itaque*.

Ne post amissa requiras.) Ne ex re agnoscas negligentiam tuam, ne sero armenti jacturam doleas, præveni jacturam illam annua substitutione novæ sobolis.

81. *Luxuriatque toris animosum, &c.*) Tori, sunt eminentia musculorum, quasi nodos ac tumores: ut in robustioribus corporibus videre est.

Spadices, glaucique; color deterrimus albis,
Et gilvo. Tum, si qua sonum procul arma dedere,
Stare loco nescit; micat auribus, & tremit artus,
Collectumque premens volvit sub naribus ignem.
Densa juba, & dextro jactata recumbit in armo.
At duplex agitur per lumbos spina; cavatque
Tellurem, & solido graviter sonat ungula cornu.
Talis Amyclæi domitus Pollucis habenis
Cyllarus, &, quorum Graii meminere poetæ,
Martis equi bijuges, & magni currus Achillis.
Talis & ipse jubam cervice effudit equina
Conjugis adventu pernix Saturnus, & altum
Pelion hinnitu fugiens implevit acuto.
Hunc quoque, ubi aut morbo gravis, aut jam segnior annis
Deficit, abde domo, nec turpi ignosce senectæ.
Frigidus in Venerem senior, frustraque laborem

In-

INTERPRETATIO.

ros. Boni sunt badii, & glauci; color est pessimus albis & gilvis. Si autem arma aliqua longe sonuerunt, non potest consistere in loco: arrigit aures, & tremit membris, & volvit sub naribus collectum calorem, eum *coercens. Crines densi sunt, & agitati recidunt in dextrum humerum. At spina* dorsi *duplex extenditur inter lumbos: & ungula cavat solido cornu terram, sonatque graviter. Talis fuit Cyllarus domitus freno Pollucis Amyclæi: &* tales *equi bijuges Martis, &* equi *currules magni Achillis, quos Græci poetæ commemorant. Talis ipse quoque Saturnus velox emisit crines e collo equino, superveniente uxore, & fugiens implevit altum Pelium hinnitu acuto. Hunc etiam include stabulis, cum deficit, aut morbo tardus, aut senio piger: & sis indulgentior senectuti non infami. Senex inutilis est*

NOTÆ.

82. *Spadices, glaucique, &c.*) I. Tamen constat *spadices* esse, ex rubro nigricantes, badios, *bajo scuro*, ἀπὸ τῆς σπάδικος enim & ... significant palmæ termitem cum fructu, qui ad illum colorem accedit: unde color ille Phœniceus etiam dictus est, a φοίνιξ *palma*. Vide Gellium l. 2. 26. II. Docet ibidem Fronto apud Gellium, per *glaucum* equum, viridem hic significari: & proinde Virgilium dicere voluisse, cæruleum. Quis autem est equus viridis, aut cæruleus, aut glaucus? Haud dubie scutulatus ille, quem ex macularum densitate vocamus *pommelé*, *ardoise* forte di *pietra*. Ardesia quippe lapis est fissilis, & dense cæruleus. III. *Albus* hic a candido distinguitur: nam candidus color maxime probatur in equis Deorum ac triumphantium. Isidorus *album* explicat *pallidum*, *blanchâtre*. IV. *Gilvus*, Varroni *helvus*, qualis est melli aut lateri sexmestri color: *color di camoscio leonato*; Germani dicunt *Gelb*.

87. *Duplex spina.*) Ita Xenoph. l. de Re equestri. Ita Varro. Non quod re duplex sit, sed specie tantum & aspectu: ut enim in equo macilento exstat & eminet quasi acuta spina dorsi, ita in robusto ac vegeto cavum quoddam videtur per mediam spinam intercurrere; idque patet ex Varronis verbis: sit *spina maxime duplex*, *si minus non extans*.

89. *Talis Amyclæi, &c.*) De *Polluce*, ejusque fratre *Castore*, Æn. 6. 121. Pollux ab Homero, Theocrito, Horatio, Ovidio, dicitur pugil insignis fuisse; Castor, equorum domitor. Contra tamen videtur hic sensisse Virgilius.

90. *Cyllarus.*) Equus Pollucis, juxta Virgilium, & Propertium: Castoris, juxta Senecam, Valerium Flaccum, & Claudianum. *Amyclæ*, urbs in Laconia, non longe a Lacedæmone: unde Castor & Pollux, modo Lacedæmone, modo Amyclis nati dicuntur.

91. *Martis equi, &c.*) De *Marte* Ecl. 9. 12. *Martis* equos Servius aliique multi appellant *Pavorem*, & *Timorem*, Δεῖμον & Φόβον, idque ex Hesiodo & Homero conantur probare: sed ex iis ipsis ostendit Germanus, aurigas fuisse, non equos. *Achillis equi*, *Balius* & *Xanthus*, immortales; Zephyro patre, & Podarge Harpyia matre, geniti: Iliad. 16. 149. De *Achille*, Æn. 1. 34.

92. *Talis & ipse, &c.*) Saturnus, de quo Ecl. 4. 6. cum Philyram, Oceani filiam, amore insequeretur, Ope, sive Rhea uxore superveniente, in equum se convertit, aufugitque in montem Thessaliæ *Pelium*. Philyra Chironem ex eo peperit; superiore parte hominem, inferiore equum.

96. *Nec turpi ignosce senectæ.*) Affert Servius geminam hujus loci sententiam. Vel, *nec ignosce turpi senectæ*: vel, *ignosce senectæ non turpi*. Secunda pluribus placet, quia Ennius, Plutarchus, Ausonius, &c. laudant equi senectutem, cui et usque victum haberi, & præteritos labores quiete compensari: unde hic quoque est, *Abde domo*.

Ingratum trahit: &, si quando ad prælia ventum est,
Ut quondam in stipulis magnus sine viribus ignis,
Incassum furit. Ergo animos ævumque notabis
Præcipue; hinc alias artes, prolemque parentum:
Et quis cuique dolor victo, quæ gloria palmæ.
Nonne vides? cum præcipiti certamine campum
Corripuere, ruuntque effusi carcere currus;
Cum spes arrectæ juvenum, exsultantiaque haurit
Corda pavor pulsans; illi instant verbere torto,
Et proni dant lora: volat vi fervidus axis:
Jamque humiles, jamque elati sublime videntur
Aera per vacuum ferri, atque assurgere in auras.
Nec mora, nec requies. At fulvæ nimbus arenæ
Tollitur: humescunt spumis flatuque sequentum.
Tantus amor laudum, tantæ est victoria curæ.
Primus Erichthonius currus & quatuor ausus
Jungere equos, rapidisque rotis insistere victor.
Fræna Pelethronii Lapithæ, gyrosque dedere,
Impositi dorso: atque equitem docuere sub armis
Insultare solo, & gressus glomerare superbos.

Æ-

INTERPRETATIO.

ad coitum, & in eo frustra extendis laborem sterilem: & si interdum descenditur ad pugnam, frustra furit, ut aliquando magnus ignis in paleis furit sine viribus. Ergo spectabis præsertim generositatem & ætatem, deinde alias dotes; quorum parentum sint soboles: quomodo unusquisque doleat, cum vincitur: aut appetat victoriam. Nonne vides? in *celebri certamine cum currus corripuerunt campum, & ruunt emissi e repagulis: cum spes juvenum excitatur, & metus pulsans fatigat corda subsultantia: juvenes imminent flagello intorto, & proni dentes laxant habenas: rotæ volant, calidæ ex impetu: & jam demissi, & jam alte sublati, videntur ire per aerem vacuum, & attolli in ventos. Nec moram faciunt, nec quiescunt. At nubes flavi pulveris assurgit:* equi *fiunt humidi spuma & halitu sequentium. Adeo amant gloriam, adeo appetunt victoriam. Erichthonius primus* omnium *ausus est componere currus & quadrigas: & post victoriam insidere rapidis rotis. Lapithæ Pelethronii, insidentes dorso* equorum, *invenerunt* artem *frænandi & gyrandi: & docuerunt equitem armatum insultare terræ,*

NOTÆ.

101. *Artes, prolemque parentum.*) Id est, quorum parentum sint proles: sive qualis sit genus, & stirps parentum, e quibus nati sint. *Artes.*) Studia quibus apti sunt, bello ne, an agro, &c.

105. *Haurit.*) Ita pulsat, ut e sedibus trahere & haurire videatur: hoc enim significat *haurire*, quod est ab ἀρύω *haurio*, & istud ab ἐρύω *traho*: quod enim hauritur, e profundo trahitur. Vide Æn. 10. 314.

113. *Primus Erichthonius, &c.*) Æschylus Prometheum, Cicero Minervam, Maro Erichthonium curruum inventorem facit: sive illum Atheniensium regem, ex Vulcano & Tellure natum, & anguipedem, qui, ut pedum deformitatem tegeret, dicitur currum fabricatus: sive illum Phrygem, Dardani filium, Jovis nepotem, qui unus fuit ex Æneæ majoribus, de quo v. 35. Et vero Plinius l. 7. 56. *Bigas primum junxit Phrygum natio, quadrigas Erichthonius.*

115. *Fræna Pelethronii Lapithæ.*) Item freni & equitationis inventionem tribuit Sophocles Neptuno, Lysias orator Amazonibus, alii aliis: Virgilius *Lapithis*, Thessaliæ populis, de quibus G. 2. 457. *Pelethronii* vero vel adjectivum est, epithetum Lapitharum, a Pelethronio eorum oppido ad Pelium montem, vel nomen cujusdam Lapithæ proprium est, genitivo casu, frænorum inventoris, cujus inventum Lapithæ deinde exteri sunt ad domandum & insiliendum equum. Ait enim Plinius l. 7. 56. Invenisse *frenos & strata equorum Pelethronium; pugnare ex equo Thessalos, qui Centauri dicti sunt, habitantes secundum Pelium montem.* Lapithæ autem vicini Centauris.

117. *Gressus glomerare.*) Quasi colligere, reductis & replicatis anterioribus cruribus, dum posteriora extenduntur & explicantur.

Æquus uterque labor: æque juvenemque magistri
Exquirunt, calidumque animis, & cursibus acrem:
Quamvis sæpe fuga versos ille egerit hostes,
Et patriam Epirum referat, fortesque Mycenas;
Neptunique ipsa deducat origine gentem.
His animadversis, instant sub tempus; & omnes
Impendunt curas denso distendere pingui,
Quem legere ducem, & pecori dixere maritum:
Pubentesque secant herbas, fluviosque ministrant,
Farraque; ne blando nequeat superesse labori,
Invalidique patrum referant jejunia nati:
Ipsa autem macie tenuant armenta volentes.
Atque, ubi concubitus primos jam nota voluptas
Sollicitat, frondesque negant, & fontibus arcent:
Sæpe etiam cursu quatiunt, & sole fatigant;
Cum graviter tunsis gemit area frugibus, & cum
Surgentem ad zephyrum paleæ jactantur inanes.
Hoc faciunt, nimio ne luxu obtusior usus
Sit genitali arvo, & sulcos oblimet inertes:
Sed rapiat sitiens Venerem, interiusque recondat.
Rursus cura patrum cadere, & succedere matrum
Incipit, exactis gravidæ cum mensibus errant.

Non

INTERPRETATIO.

& glomerare superbos passus. Difficultas utraque par est; pariter magistri artis eligunt equum *juvenem & ferventem animis, & vividum in cursu:* non senem, *etsi sæpe ille converterit in fugam hostes pulsos, & referat patriam Epirum, aut fortes Mycenas, & ducat genus ab ipsa stirpe* equi *Neptunii. His notatis, magis solliciti sunt circa tempus* admissuræ: *& adhibent omne studium ut saginent densa pinguedine* eum, *quem elegerunt ducem, & designaverunt admissarium armenti, & secant* huic *herbas virentes, & præbent aquam* copiosam, *& frumenta: ne non possit sufficere jucundo labori, & ne pulli imbecilli ferant* notas *maciei paternæ. At de industria faciunt ipsas matres macilentas. Et cum voluptas prius cognita suadet novum coitum,* tunc *auferunt eis cibum, & avertunt eas a potu: sæpe etiam agitant eas cursu, & fatigant æstu: cum area sonat frugibus graviter tritis, & cum paleæ vacuæ projiciuntur in ventos surgentes. Hoc faciunt ne trajectus partis genitalis sit strictior ob nimiam pinguedinem, & claudat meatus hebetes: sed* ut *pars illa avide attrahat semen, & interius includat. Postea incipit cura patrum recedere, & cura matrum succedere, quando vagan-*

NOTÆ

118. *Æquus uterque labor.*) Par labor, atque difficultas in utraque arte: sive aurigandi, quæ fuit ars Erichthonii, sive equitandi, quæ fuit ars Lapitharum.

120. *Quamvis ille, &c.*) Agitur hic de delectu equi admissarii, Ital. *stallone*.

121. *Epirum referat, &c.*) De Epiro, equorum feraci, G. 1. 59. *De equo Neptuni*, G. 1. 14. *Mycenæ*, urbs in Argia Peloponnesi regione, Argis vicina, utraque equis nobilis.

124. *Denso pingui.*) Densa pinguedine: duplex adjectivum pro substantivo & adjectivo: ut G. 1. 393. *Aperta serena*, & alibi sæpe.

126. *Pubentes herbas.*) Non teneriores, aut duriores, sed succi plenas; qualis est homo adulta ætate, cum pubescit.

130. *Concubitus primos jam nota voluptas.*) Pugnant hæc verba, *primos* & *jam notas*. Nisi intra annos intelligimus *primos*, non omnino de primo concubitu: sed tantum de primo & novo anni cujusque redeuntis.

134. *Zephyrum.*) De vento illo occidentali, Ecl. 5. 5.

135. *Usus.*) Trajectus, via: ut Æn. 2. 453. *Limen erat, cæcæque fores, & pervius usus Tectorum inter se Priami.*

Non illas gravibus quisquam juga ducere plaustris,
Non saltu superare viam sit passus, & acri
Carpere prata fuga, fluviosque innare rapaces.
Saltibus in vacuis pascant, & plena secundum
Flumina: muscus ubi, & viridissima gramine ripa,
Speluncæque tegant, & saxea procubet umbra.
Est lucos Silari circa, ilicibusque virentem
Plurimus Alburnum volitans, cui nomen asilo
Romanum est, œstron Graii vertere vocantes:
Asper, acerbe sonans: quo tota exterrita silvis
Diffugiunt armenta, furit mugitibus æther
Concussus, silvæque, & sicci ripa Tanagri.
Hoc quondam monstro horribiles exercuit iras
Inachiæ Juno pestem meditata juvencæ.
Hunc quoque (nam mediis fervoribus acrior instat)
Arcebis gravido pecori, armentaque pasces
Sole recens orto, aut noctem ducentibus astris.
Post partum, cura in vitulos traducitur omnis:
Continuoque notas & nomina gentis inurunt:
Et quos, aut pecori malint submittere habendo,
Aut aris servare sacros, aut scindere terram,
Et campum horrentem fractis invertere glebis.
Cætera pascuntur virides armenta per herbas.

Tu

INTERPRETATIO.

tur gravidæ expletis mensibus. Nullus patiatur eas trahere juga gravium plaustrorum, aut viam trajicere saltando, aut percurrere prata celeri cursu, aut innatare fluviis rapidis. Pascantur in spatiis apertis silvarum, & juxta tumentia flumina: ubi sit muscus, & ripa virens herbis; & ubi antra tegant equas, & umbra rupium incumbat. Circa silvas Silari, & circa Alburnum virentem ilicibus, est plurima volitans musca, quæ Romanis nominatur asilus, Græci appellantes interpretati sunt œstrum: aspera & acerbe murmurans, qua armenta tota territa fugiunt e silvis, aer sonat percussus mugitibus, & silvæ, & ripa Tanagri aridi. Per hoc monstrum Juno exercuit olim iram horribilem, inferens perniciem juvencæ filiæ Inachi. Expelles quoque illum asilum a gravidis matribus, nam importunius ingruit media æstate; & pasces armenta, quando sol recens surrexit, aut quando stellæ inducunt noctem. Post partum omnis cura transfertur in vitulos: statimque imprimunt iis signa & nomina gentis, & notant eos quos velint, sive servare ad propagandum armentum, sive servare dicatos sacrificiis; sive quos velint arare terram, & versare agrum asperum glebis solutis. Reliqui vituli pascuntur inter

NOTÆ.

146. *Est lucos Silari, &c.*] *Silarus*, nunc *Sele*: Italiæ fluvius in Lucania: quo Lucani a Picentinis dividuntur.

147. *Alburnum.*] Ejus regionis mons, *Alburno*; ex quo monte fluvius oritur Tanagrus, *Negro*, tenuis, & idem æstate fere arenaceus. *Ilex*, arbor glandifera. Ital. *leccio*.

148. *Asilo Romanum, &c.*] Tabanus, *tafano*: musca boves agitans, veteribus Italis dicta est *asilus*: Græcis οἶστρος.

153. *Inachiæ Juno, &c.*] Io, Inachi fluvii Peloponnesiaci, vel potius Argivorum regis, filia: quæ ut lateret Junonem, a Jove in juvencam conversa est, & Junoni petenti dono data, ab ea tradita est Argo pastori in custodiam: qui cum fuisset a Mercurio sopitus & occisus, Io a Junone œstro immisso agitata in Ægyptum usque fugit, ubi implorato Jovis auxilio pristinam recepit formam nupsitque regi Osiridi; & post mortem ab Ægyptiis habita est pro Dea, sub Isidis nomine.

Tu quos ad studium atque usum formabis agrestem,
Jam vitulos hortare, viamque insiste domandi:
Dum faciles animi juvenum, dum mobilis ætas.
Ac primum laxos tenui de vimine circlos
Cervici subnecte: dehinc, ubi libera colla
Servitio assuerint, ipsis e torquibus aptos
Junge pares, & coge gradum conferre juvencos.
Atque illis jam sæpe rotæ ducantur inanes
Per terram, & summo vestigia pulvere signent.
Post valido nitens sub pondere faginus axis
Instrepat, & junctos temo trahat æreus orbes.
Interea pubi indomitæ non gramina tantum,
Nec vescas salicum frondes, ulvamque palustrem,
Sed frumenta manu carpes sata: nec tibi fœtæ,
More patrum, nivea implebunt mulctralia vaccæ,
Sed tota in dulces consument ubera natos.
Sin ad bella magis studium, turmasque feroces,
Aut Alphea rotis prælabi flumina Pisæ,
Et Jovis in luco currus agitare volantes;
Primus equi labor est, animos atque arma videre

Bel-

INTERPRETATIO.

virides herbas. Tu exerce jam tum vitulos, quos erudies ad laborem, & usum rusticanum: & institue rationem eos domandi: dum animi juvenum dociles sunt, dum ætas mutabilis est. Ac primo circumda collo laxos circulos tenero vimine: deinde postquam colla prius libera assueverint servituti, conjunge duos juvencos æquales, alligatos ipsis circulis, & coge eos simul incedere. Et jam tum rotæ sine onere sæpe trahantur ab iis per humum, & illi imprimant orbitas in superficie pulveris. Postea axis e fago laborans sub magno onere strideat, & temo ex ære trahat rotas sibi conjunctas. Interim manu colliges juvencis nondum domitis, non solum herbas, & frondes teneras salicum, & ulvam palustrem, sed etiam frumenta e tenera segete. Neque vaccæ fœtu solutæ replebunt tibi lacte candido mulctralia, ut erat consuetudo veterum: sed exhaurient totas mammas ad alendos dulces fœtus. Si vero studium magis est ad bella, & ad exercitus feroces; aut si magis studium est radere curru amnem Pisæ Alpheum, & impellere currus celeres in luco Jovis: primus labor equi est, videre concitationes & arma

NOTÆ.

166. *Circlos.*) Syncope pro *circulos*: quemadmodum *seclum* & *periclum*, pro seculum & periculum.

168. *Aptos.*) Ligatos; ab ἅπτω *ligo*, ut fuse ostendimus Ecl. 7. 13.

172. *Faginus.*) E fago, Ital. *di faggio.*) Ecl. 3. 1.

175. *Vescas.*) Edules, quæ famem expellent. Or 4. 131. *Ulva.*) Herba quælibet palustris, sine certo nomine.

176. *Sed frumenta, &c.*) Servius aliique explicant de farragine, hoc est de furfuribus triticeis & farina hordeacea. Ego de herbis adhuc teneris, & recens natis. Favent mihi voces, *carpes sata*, quæ plane herbarum pullulationem, & collectionem notant. Favet præterea non ipse Virgilii v. 205. *Tum demum crassa magnum farragine corpus Crescere jam domitis sinito*: ergo farragine interdicit indomitis, de quibus hic agitur. Varro tamen hunc cibum permittit vitulis semestribus. Virgilius itaque dicendus est, aut Varroni esse contrarius, aut farraginem domitis copiose, indomitis ac junioribus parce tantum, permittere. *Fœtæ.*) Vox ambigua, quæ sæpe gravidas, hic partu jam solutas significat. Ecl. 1. 50.

177. *Mulctralia.*) Vasa mulgendo pecori. Ecl. 3. 30.

180. *Aut Alphea, &c.*) De *Pisa*, urbe an fonte tantum fuerit, dubitare videtur Strabo l. 8. Regio certe fuit, & pars Elidis, sive Eleæ, in Peloponneso: in qua *Olympia* urbs, & *Alpheus* fluvius, G. 1. 59. loca ludis Olympicis & Jovis templo insignia. Vide supra v. 20.

Bellantum, lituosque pati, tractuque gementem
Ferre rotam, & stabulo frænos audire sonantes.
Tum magis atque magis blandis gaudere magistri
Laudibus, & plausæ sonitum cervicis amare.
Atque hæc jam primo depulsus ab ubere matris
Audiat, inque vicem det mollibus ora capistris
Invalidus, etiamque tremens, etiam inscius ævi.
At, tribus exactis, ubi quarta accesserit æstas,
Carpere mox gyrum incipiat, gradibusque sonare
Compositis: sinuetque alterna volumina crurum;
Sitque laboranti similis: tum cursibus auras
Provocet: ac per aperta volans, ceu liber habenis,
Æquora, vix summa vestigia ponat arena.
Qualis Hyperboreis Aquilo cum densus ab oris
Incubuit, Scythiæque hyemes atque arida differt
Nubila: tum segetes altæ campique natantes
Lenibus horrescunt flabris, summæque sonorem
Dant silvæ, longique urgent ad litora fluctus:
Ille volat, simul arva fuga, simul æquora verrens.
Hic vel ad Elei metas & maxima campi
Sudabit spatia, & spumas aget ore cruentas;
Belgica vel molli melius feret esseda collo.
Tum demum crassa magnum farragine corpus
Crescere jam domitis sinito: namque ante domandum

In-

INTERPRETATIO.

pugnantium, & ferre clangorem tubarum, & tolerare gemitum rotæ tractæ, & audire in stabulo crepitum frenorum: præterea magis ac magis lætari blandis laudibus magistri, & amare sonitum palpati colli. Audiat autem ista, ut primum depulsus est a lacte matris: & vice [illegible] *præbeat collum mollibus loris adhuc debilis, imo & tremens, necdum confidens ætati. At cum quartus annus accesserit, tribus jam elapsis, statim incipiat describere gyros, & incedat passibus numerosis ac sonantibus: & flectat alterne commissuras crurum, ita ut videatur coactus; deinde lacessat ventos cursu: & currens per campos patentes, quasi solutus freno, vix attingat pedibus superficiem arenæ. Qualis est Aquilo, cum imminet vehementer a septentrionalibus partibus, & cum dissipat procellas Scythiæ & nimbos adhuc siccos: tum segetes altæ, & agri spicis fluctuantes tremiscunt modico flatu: & cacumina silvarum dant strepitum: & longi fluctus impellunt se ad litora. Aquilo autem volat: simul radens cursu campos, & simul mare. Talis equus, vel sudabit, & emittet ore spumam sanguineam, ad metas & magna spatia campi Olympici; vel melius trahet collo tenero vehiculum Belgica. Tunc denique permitte, ut magnum corpus eorum, qui jam domiti sunt, pinguescat densa farragine: nam si saginentur, antequam domentur, efferent animum fero-*

NOTÆ.

183. *Lituosque pati, &c.*) *Lituus*, species incurvæ buccinæ: e cujus similitudine *lituus* quoque dicitur augurum baculus, quo varias cœli regiones designabant.

196. *Qualis Hyperboreis, &c.*) De *Scythia*, Ecl. 1. 66. De *Aquilone*, sive *Borea*, vento septentrionali, Ecl. 7. 51. De *Hyperboreis*, seu *Riphæis* Moscoviæ montibus, G. 1. 240. Dicuntur Hyperborei, quia supra eos & ex iis stare incipit Boreas. *Differt Aquilo Scythiæ hyemes.* Id est, nubes in Scythia collectas meridiem versus propellit; easque *aridas*, quia non solvit eas in pluviam, utpote siccus & constringens.

202. *Elei — campi spatia, &c.*) Stadium Olympicum in Elide, de quo G. 1. 59. & G. 3. 18. & modo v. 181.

204. *Belgica esseda.*) Essedum, vehiculi genus, tam ad iter, quam ad bella comparatum.

Eo

Ingentes tollent animos, prensique negabunt
Verbera lenta pati, & duris parere lupatis.
Sed non ulla magis vires industria firmat,
Quam Venerem & cæci stimulos avertere amoris,
Sive boum, sive est cui gratior usus equorum.
Atque ideo tauros procul atque in sola relegant
Pascua post montem oppositum, & trans flumina lata:
Aut intus clausos satura ad præsepia servant.
Carpit enim vires paullatim, uritque videndo
Fœmina: nec nemorum patitur meminisse, nec herbæ:
Dulcibus illa quidem illecebris, & sæpe superbos
Cornibus inter se subigit decernere amantes.
Pascitur in magna silva formosa juvenca:
Illi alternantes multa vi prælia miscent
Vulneribus crebris: lavit ater corpora sanguis,
Versaque in obnixos urgentur cornua vasto
Cum gemitu; reboant silvæque & magnus Olympus.
Nec mos bellantes una stabulare: sed alter
Victus abit, longeque ignotis exsulat oris:
Multa gemens ignominiam, plagasque superbi
Victoris, tum quos amisit inultus amores:
Et stabula aspectans regnis excessit avitis.
Ergo omni cura vires exercet, & inter

Du-

INTERPRETATIO.

rem, & comprehensi recusabant pati flagella flexibilia, & obtemperare duris frenis. Sed nulla cura magis corroborat eorum *vires, quam impedire coitum & acreis cæcos amoris, sive boum, sive equorum cultus alicui placeat. Et propterea removent tauros longe, & in deserta pascua, post montem interjectum, & trans latos fluvios. Vel servant inclusos interius ad præsepia* pabulo *abundantis. Nam femina, dum videtur, paullatim minuit vires, & exhaurit marem: nec permittit ut meminerit silvarum, & pabuli: illa quidem* facit hoc *dulcibus blanditiis, & sæpe cogit superbos amantes certare inter se cornibus. Pulchra juvenca pascitur in magna silva:* tauri vero *illi vicissim multo ardore miscent pugnam plagis frequentibus: niger sanguis tingit membra, & cornua impinguntur conversa* vicissim *in* adversarium *obnitentem, magno cum gemitu: & silvæ & magnum cælum remugiunt. Nec solent adversarii manere in eodem stabulo: sed alteruter abit victus, & procul exsulat in regione incognita: multum dolens de ignominia, & vulneribus* illatis *a feroci victore, & de amica quam perdidit sine ultione, & exit e regnis avorum,* frequenter *retorquens oculos ad stabulum. Exercet igi-*

NOTÆ.

[illegible] quippe ubi solitos fuisse Britannos in bellis [illegible] Cæsar, de bello Gall. lib. 4. Quod & [illegible] que tribuunt Belgis, qui Galliæ partem [illegible] occupabant, fuisse in usu colligitur ex [illegible]. De *[illegible]*, v. 173.

206. *[illegible]*.) Vide infra v. 268.

208. *Lup[illegible]*.) Lupatum, frenum asperrimum, [illegible] *lupinorum* dentium formam habentibus, unde [illegible] est.

213. *Uritque [illegible]*.) Dum videtur. Gerundia enim plerumque [illegible] habent passivam, Ecl. 8. 71.

221. *Lavit.*) Dicitur *lavare*, & *lavere*: hic *lavit*, cum est præteritum a *lavare*, longam enim haberet syllabam primam; sed præsens a *lavere*, atque ita habet brevem.

223. *Olympus.*) Cælum translative, proprie mons in Thessalia, tantæ altitudinis ut nubes excedere, & ad cælum usque pertingere dicatur: unde quasi Deorum sedes celebratur a Poetis. Vide Ecl. 5. 56.

228. *Regnis avitis.*) Agris in quibus natus erat, et velut dominabatur; ut Ecl. 1. *Mea regna videns mirabor aristas.*

Dura jacet pernox instrato saxa cubili,
Frondibus hirsutis & carice pastus acuta:
Et tentat se se, atque irasci in cornua discit
Arboris obnixus trunco: ventosque lacessit
Ictibus, & sparsa ad pugnam proludit arena.
Post, ubi collectum robur, viresque receptæ,
Signa movet, præcepsque oblitum fertur in hostem:
Fluctus ut in medio cœpit cum albescere ponto
Longius, ex altoque sinum trahit: utque volutus
Ad terras, immane sonat per saxa, nec ipso
Monte minor procumbit: at ima exæstuat unda
Verticibus, nigramque alte subjectat arenam.
Omne adeo genus in terris hominumque ferarumque,
Et genus æquoreum, pecudes, pictæque volucres,
In furias ignemque ruunt: amor omnibus idem.
Tempore non alio catulorum oblita leæna
Sævior erravit campis: nec funera vulgo
Tam multa informes ursi stragemque dedere
Per silvas: tum sævus aper, tum pessima tigris:
Heu! male tum Libyæ solis erratur in agris.
Nonne vides, ut tota tremor pertentet equorum
Corpora, si tantum notas odor attulit auras?
Ac neque eos jam frena virum, neque verbera sæva,

Non

INTERPRETATIO.

tur suas vires omni cura, & jacet pernoctans in cubili strato sub duris saxis, comedens frondes hispidas, & juncos acutos: & experitur se: & discit furere in sua *cornua obluctans trunco arboris: & impetit auram ictibus: & proludit ad pugnam arenis sparsis. Deinde postquam robur reparatum est, & vires refectæ, mutat* signa, *& celeriter incurrit in hostem immemorem. Veluti fluctus, cum cœpit albescere procul in medio mari, & eminus sinuatur: ac veluti volvens se ad litus, resonat horrende inter rupes, & cadit non minor ipsa rupe: at aqua infima ebullit in vortices, & superjicit in altum nigram arenam. Certe omne genus in terris, & hominum, & ferarum, & genus piscium, pecudes, & volucres versicolores, rapiuntur in furorem, & ignem: omnes habent eumdem amorem. Nullo alio tempore leæna negligens catulos crudelior errat in campis: neque ursi turpes ediderunt plures cædes passim & strages in silvis: tunc aper est crudelis, tunc tigris est pessima: heu! tunc periculose inceditur per desertos agros Africæ. Nonne vides, ut tremor quatiat omnia membra equorum, si dumtaxat aer advexit* ad nares *notum odorem feminæ? Tunc jam nec frena aurigarum, nec*

NOTÆ.

230. *Jacet pernox.*) Servius tamen, & juxta omnium, ut ait, veterum exemplarium fidem Pierius legunt *pernix*, & explicant, *perseverans*, a pernitendo. At *pernix* nusquam habet hanc significationem, & ubique celeritatem sonat: ut supra v. 93. *Pernix Saturnus*, & Æn. 4. 180. *Pedibus celerem & pernicibus alis*. Celeritas autem huic tauro [illegible] convenit: legitur itaque *pernox*, cum utroque Scaligero.

231. *Carice.*) Planta ex arundineo genere, Gallice [illegible] nominata, de qua Ecl. 3. 20.

236. *Signa movet.*) Metaphora a bellis hominum, qui, cum castra movent, signa terræ defixa avellunt, alioque transferunt.

241. *Subjectat.*) *Superjicit*: & notavimus Ecl. 1. 46. præpositionem *sub* in compositis aliquando significare *super*.

249. *Libyæ.*) Africæ pars est, quæ vulgo pro Africa tota sumitur. G. 1. 241.

251. *Odor attulit auras.*) Commutatio: id est, aura, sive aer impulsus attulit odorem.

Non scopuli, rupesque cavæ, atque objecta retardant
Flumina, correptos unda torquentia montes.
Ipse ruit, dentesque Sabellicus exacuit sus,
Et pede prosubigit terram, fricat arbore costas,
Atque hinc atque illinc humeros ad vulnera durat.
Quid juvenis, magnum cui versat in ossibus ignem
Durus amor? nempe abruptis turbata procellis
Nocte natat cæca serus freta: quem super ingens
Porta tonat cœli, scopulis illisa reclamant
Æquora: nec miseri possunt revocare parentes,
Nec moritura super crudeli funere virgo.
Quid lynces Bacchi variæ, & genus acre luporum,
Atque canum? quid, quæ imbelles dant prælia cervi?
Scilicet ante omnes furor est insignis equarum:
Et mentem Venus ipsa dedit, quo tempore Glauci
Potniades malis membra absumpsere quadrigæ.
Illas ducit amor trans Gargara, transque sonantem
Ascanium: superant montes, & flumina tranant.
Continuoque avidis ubi subdita flamma medullis,
Vere magis (quia vere calor redit ossibus) illæ
Ore omnes versæ in zephyrum, stant rupibus altis,
Exceptantque leves auras: & sæpe sine ullis

Con-

INTERPRETATIO.

seva flagella, nec scopuli & rupes cavæ, atque fluvii interjecti & volventes saxa ab rupta vi aquarum, retardant eos. Ipse aper Sabellicus irruit, & acuit dentes, & conculcat terram pedibus, & fricat costas arbore, & ex utraque parte indurat humeros ad plagas. Quid facit juvenis, cujus in ossibus durus amor excitat ignem? scilicet vigilans per obscuram noctem trajicit natans fretum agitatum subitis tempestatibus: super ejus caput magna porta cæli tonat, & mare impactum rupibus sonat: nec miseri parentes possunt eum impedire, nec ipsa insuper amica peritura crudeli morte. Quid, lynces maculosæ Bacchi, & genus acre luporum & canum: quid, fugaces cervi, quanta gerunt bella? Notabilis est tamen præ cæteris furor equarum. Et vero Venus ipsa immisit illis hunc furorem, quo tempore equæ Potniades devoraverunt maxillis membra Glauci. Amor rapit illas trans Gargara, & trans rapidum Ascanium: transcendunt montes, & trajiciunt fluvios: statimque, postquam ignis exarsit in medullis avidis, præsertim vere

NOTÆ.

255. *Sabellicus sus.*) Vel aper, vel sus domesticus, e Sabinorum, vel Sabellorum regione, Romæ vicina. *Æn.* 7. 665.

258. *Quid juvenis,* &c.) Leander juvenis ex Abydo Asiæ oppido, cum Heronem puellam, Veneris sacerdotem, e Sesto Thraciæ oppido, deperiret, eam noctu transnatato fretulo Hellesponti, inter utrumque oppidum interjecto; sed aliquando viribus deficientibus, et tempestate oppressus interiit. Cujus cadaver cum ad litus Thraciæ delatum, Hero doloris impatientia ex ipsa arce in mare se præcipitans obiit. De *Sesto, Abydo,* & *Hellesponto,* G. 1. 207.

261. *Porta cæli.*) [illegible] Manilium, [illegible] quia inde Sol [illegible] nubes, ex qua porta [illegible], fulmen erumpit. Juxta Cerdanum optime, regia, sive templum Jovis. Nam Jupiter a poetis quasi e templo fulminare fingitur. Lucret. l. 2. 1096. *Cæli tonitralia templa.* Silius l. 1. 134. *Tonat alti regia cæli.*

264. *Lynces.*) Species luporum cervariorum, de quibus Ecl. 8. 3. Has, ut & tigres, curru Bacchus alligavit.

267. *Glauci Potniades,* &c.) Glaucum Sisyphi filium, e Potniis Bœotiæ vico, cum equas suas, quo essent velociores, a coitu cohiberet; Venus indignata tantum iis furorem immisit, ut dominum laniarint.

269. *Gargara .... Ascanium.*) *Gargara,* pars Idæ montis, & oppidum in Troade. *Ascanius,* Bithyniæ fluvius in Asia. Hic pro quolibet monte & fluvio.

273. *Ore omnes versæ,* &c.) Equas in Lusita-

Conjugiis, vento gravidæ (mirabile dictu)
Saxa per & scopulos & depressas convalles
Diffugiunt: non, Eure, tuos, neque Solis ad ortus,
In Boream, Caurumque, aut unde nigerrimus Auster
Nascitur, & pluvio contristat frigore cœlum.
Hinc demum, Hippomanes vero quod nomine dicunt
Pastores, lentum distillat ab inguine virus.
Hippomanes, quod sæpe malæ legere novercæ,
Miscueruntque herbas, & non innoxia verba.
Sed fugit interea, fugit irreparabile tempus,
Singula dum capti circumvectamur amore.
Hoc satis armentis. Superat pars altera curæ,
Lanigeros agitare greges, hirtasque capellas:
Hic labor; hinc laudem fortes sperate coloni.
Nec sum animi dubius, verbis ea vincere magnum
Quam sit, & angustis hunc addere rebus honorem.
Sed me Parnassi deserta per ardua dulcis
Raptat amor: juvat ire jugis, qua nulla priorum
Castaliam molli divertitur orbita clivo.

Nunc,

INTERPRETATIO.

(quia vere calor redit in ossa) illæ omnes stant in altis rupibus obvertentes ora ad Zephyrum, excipiuntque leves auras: & sæpe sine ullo concubitu, gravidæ vento, (quod *mirum est dictu,*) *currunt per saxa, & rupes, & valles humiles:* non *ad* ortum *tuum, o Eure, neque ad ortum Solis,* neque *ad Boream & Caurum: neque ad eam partem, unde oritur Auster nigerrimus, &* unde *contristat cœlum pluvia tempestate. Post hunc denique* conceptum *distillat e partibus genitalibus viscosus liquor, quem pastores apto nomine vocant hippomanes, quod sæpe malæ novercæ collegerunt, addideruntque* huic *herbas, & verba malefica. Sed fugit interim, fugit tempus irreparabile, dum ferimur circa singula, correpti amore. Hoc sufficit armentis. Superest secunda pars laboris,* nempe *tractare greges lanigeros, & capellas hirsutas. Hic difficile est: hinc sperate gloriam, o rustici laboriosi. Nec dubito animo, quam sit difficile superare sermonis* dignitate *ista argumenta, & addere hoc ornamentum rebus vilibus. Sed amor suavis rapit me per altissimas solitudines Parnassi: placet ire per ea culmina, per quæ nulla orbita veterum deflectit facili inclinatione* ad Castaliam un-

NOTÆ.

ula circa Olysiponem ex vento concipere memorant Solinus, Columella, Varro. Fabulam putat Justinus, remque detorquet ad petulantiam equarum Galleciæ & Lusitaniæ. Virgilius, duce Aristotele, ex illo concepto non verum fœtum, sed lentum virus stillare ait: idque vocant *hippomanes* ab equi furore; ἵππος enim *equus*, & μανία *furor*. Est etiam *hippomanes*, caruncula, quæ fronti pulli adnascitur: utrumque venenatum creditur.

277. *Non, Eure, tuos, &c. in Boream, &c.*) Alii sic interpretantur: Non ad Eurum, sed ad Boream, &c. Ego sic: Non ad Eurum, neque ad Boream, &c. Quia scriptorum maxima pars videtur hanc vim uni Zephyro tribuere: ut ipse Virgilius: *Ore omnes versæ in Zephyrum*. De *Zephyro*, vento occidentali, Ecl. 5. 5. De *Borea* septentrionali, Ecl. 7. 51. De *Austro*, meridionali, Ecl. 2. 58. De *Euro*, orientali, G. 1. 371. *Caurus*, sive *Corus*, spirat inter septentrionem & occasum.

279. *Pluvio frigore.*) Auster non est frigidus, sed calidus atque humidus; unde *frigus* hic pro pluvia tempestate usurpatur; ut *hyems* sæpe pro quavis etiam tempestate, G. 1. 321. *Ferret hyems culmumque levem paleasque volantes.*

280. *Hippomanes.*) Supra v. 272.

286. *Hoc satis armentis. Superat, &c.*) II. PARS. *De cultu ovium & caprarum.* Præcepta continet quatuor. I. *De hyberna utrarumque gregis curatione*, v. 295. II. *De æstiva utrarumque cura, & meridiana ac vespertina pastione*, v. 322. III. *De lanificio*, v. 384. IV. *De lactis proventu*, v. 394.

291. *Parnassi.*) De eo monte Phocidis, Ecl. 6. 29. Cujus in radicibus *Castalia* est, sive fons Castalius, Musis sacer. De *Pale*, Dea pabuli, supra v. 1.

Nunc, veneranda Pales, magno nunc ore sonandum.
Incipiens, stabulis edico in mollibus herbam
Carpere oves, dum mox frondosa reducitur aestas:
Et multa duram stipula filicumque maniplis
Sternere subter humum, glacies ne frigida laedat
Molle pecus, scabiemque ferat, turpesque podagras.
Post, hinc digressus, jubeo frondentia capris
Arbuta sufficere, & fluvios praebere recentes;
Et stabula a ventis hyberno opponere soli
Ad medium conversa diem: cum frigidus olim
Jam cadit, extremoque irrorat Aquarius anno.
Hae quoque non cura nobis leviore tuendae,
Nec minor usus erit: quamvis Milesia magno
Vellera mutentur, Tyrios incocta rubores.
Densior hinc soboles, hinc largi copia lactis.
Quam magis exhausto spumaverit ubere mulctra,
Laeta magis pressis manabunt flumina mammis.
Nec minus interea barbas incanaque menta
Cinyphii tondent hirci, setasque comantes,
Usum in castrorum & miseris velamina nautis.

Pa-

INTERPRETATIO.

dam. *Nunc, o veneranda Pales, nunc canendum est magna voce. Principio, jubeo ut oves comedant herbam in mollibus stabulis, donec aestas frondosa paullatim redit:* & *ut colonus tegat duram terram multa palea,* & *manipulis filicum, sub* ipsis ovibus; *ne rigor frigidus terrae laedat pecus tenerum,* & *immittat scabiem ac turpes podagras. Postea discedens ab ovibus, jubeo ut praebeat capris arbutos virides,* & *det aquam recens* haustam; & *ut stabula fugata a ventis, objiciantur soli hyemali, versa ad meridiem: cum frigidus Aquarius jam demum occidit,* & *aquam emittit sub extremum annum. Hae quoque caprae non colendae sunt a nobis minore studio, nec minor erit utilitas ex his: etsi Milesia vellera* oviem, *imbuta Tyria purpura, magno* pretio *vendantur. E capris soboles frequentior est,* & *largior abundantia lactis. Quanto magis mulctrale spumaverit, uberibus exhaustis, tanto copiosius lac fluet ex uberibus pressis.* Interea pastores *etiam secant barbas,* & *pilos canos,* & *setas longas hircorum Libycorum, ad usus bellorum,*

NOTAE.

297. *Filicumque maniplis.*) Filix, Ital. *felce*, nota herba.

301. *Arbuta.*) Sunt proprie *fructus arbuti*: hic sumuntur pro ipsa arbuto, Ital. *corbezzolo*: quae arbor inter caprarum pabula numeratur a Colum. l. 7. *Et tum arbutus, cytisus agrestis*, &c. Vide Ecl. 3. 82.

303. *Olim.*) Varium tempus significat praeteritum, aut futurum; aliquando praesens, vel indefinitum, ut hic, & Æn. 1. 153. *Quod tumidis submersum tunditur olim fluctibus.* Et alibi. Tunc autem significat, *aliquando, saepe, denique*, &c.

304. *[illegible] irrorat Aquarius anno.*) Annum [illegible] eum, qui a Martio mense numerant, [illegible] desinebant in Januarium & Februarium. Aquarius [illegible] oritur Januario, cadit Februario mense. [illegible], dicitur Ganymedes Trois filius, [illegible], aquila transvectum in coelum, suis [illegible]: unde urnam habet, aquam fundentis ritu: de eo, Æn. 5. 252.

306. *Milesia, &c.*) Miletus urbs in finibus Ioniae & Cariae: lanarum proventu celebrata. De *Tyro & purpura*, G. 2. 506.

311. 312. *Incanaque menta Cinyphii, &c.*) *Incani* affirmat, augetque: ut Æn. 6. 809. *Incanaque menta regis Romani*. Numae, qui canus natus decessit. *Tondent.*) Priscianus *tondent* sumit passive pro *tondentur*; & *hirci*, accipit in nominativo: commodius tamen active legetur; & *hirci*, in genitivo; supplendo nominativum, *pastores*. *Cinyphii.*) Africani. Cinyps est Fluvius Africae Libyae, prope Garamantes; ubi hirci sunt villosissimi.

313. *Usum in castrorum, &c.*) Ex hircorum pilis cilicia texuntur: vel ad nautarum militumque vestes, saccos, funes; vel etiam ad tegenda castrorum tabulata, ne iis facile ignis, bellicis machinis immissus, adhaeresceret. Ita Varro, Philo, &c. De *Lyceo*, monte Arcadiae, Ecl. 10. 15.

Pascuntur vero silvas, & summa Lycæi,
Horrentesque rubos, & amantes ardua dumos.
Atque ipsæ memores redeunt in tecta, suosque
Ducunt, & gravido superant vix ubere limen.
Ergo omni studio glaciem ventosque nivales,
Quominus est illis curæ mortalis egestas,
Avertes: victum feres, & virgea lætus
Pabula, nec tota claudes fœnilia bruma.
At vero, Zephyris cum læta vocantibus æstas,
In saltus utrumque gregem atque in pascua mittes:
Luciferi primo cum sidere, frigida rura
Carpamus: dum mane novum, dum gramina canent,
Et ros in tenera pecori gratissimus herba est.
Inde, ubi quarta sitim cœli collegerit hora,
Et cantu querulæ rumpent arbusta cicadæ;
Ad puteos, aut alta greges ad stagna jubeto
Currentem ilignis potare canalibus undam:
Æstibus at mediis umbrosam exquirere vallem,
Sicubi magna Jovis antiquo robore quercus
Ingentes tendat ramos, aut sicubi nigrum
Ilicibus crebris sacra nemus accubet umbra.
Tum tenues dare rursus aquas, & pascere rursus

So-

INTERPRETATIO.

& ad vestes pauperum nautarum. Capræ *autem comedunt arbores, & cacumina Lycæi, & rubos spinosos, & dumos qui amant loca edita: & ipsæ meminerunt redire in stabula, & eo deducunt suos fœtus; & vix transiliunt limen, uberibus onustis* lacte. *Itaque omni cura defendes* ipsas *a frigore & ventis nivalibus; quo minus ipsæ provideant mortali indigentiæ: portabisque libens cibos & pabula e virgis. Nec claudes* ipsis *fœnile per totam hyemem. At vero cum grata æstas* imminebit. *Zephyro invitante, tum inducis utrumque pecus* ovium & caprarum *in saltus & in pascua: sub primum ortum Luciferi* fac ut *pascantur campos subfrigidos: dum mane novum est, dum herbæ candida sunt, & ros in teneris herbis jucundissimus est pecudibus. Deinde cum quarta diei hora induxerit sitim, & cicadæ querulæ fatigabunt stridore suo arbores; jube ut greges circa puteos, aut circa profunda stagna aquam bibant currentem canalibus* factis *ex ilice. At sub medium diem,* jube ut *quærant opacam vallem: si alicubi magna quercus Jovis antiqua firmitate porrigit ingentes ramos, aut si alicubi obscura multis ilicibus silva explicat sacram umbram. Postea* jube ut famuli *iterum dent* illis *dulcem potum &*

NOTÆ.

322. *Fœnilia.*) Loca in quibus fœnum includitur, non autem claudenda: id est, ea sic semper recludendum est fœnum ad alendas capras. De Zephyro, Ecl. 5. 5. De *Lucifero*, stella Veneris, Ecl. 6. 86.

327. *Quarta sitim, &c.*) Horas inæquales intellige, quæ diem quemlibet in duodecim partes dividunt, ab ortu Solis ad occasum, & noctem quamlibet dividunt in 12 partes. Quo sensu quarta diei hora est, quarta nona nostra respondet. De *cicadis*, *cicala*, Ecl. 2. 13. De *arbustis*, Ecl. 1. 40.

330. *Ilignis.*) Ex ilice factis. *Ilex* arbor glandifera, *leccio*.

332. *Jovis quercus, &c.*) Quomodo sacra sit Jovi, Ecl. 7. 13. Monet Servius non esse mentem Virgilii, ut greges in sacros lucos deducantur, quod nefas erat: sed hic *quercum Jovis*, & *sacrum nemus*, generalia esse, non specialia epitheta: quia generatim omnis quercus Jovi, & omne nemus Dianæ sacratum est.

336. *Vesper.*) Stella Veneris, Ecl. 6. 86. De *halcyone*, avi, ejusque fabula, G. 1. 399. *Acanthis*, avis, Ital. *cardellino*.

Solis ad occasum: cum frigidus aera Vesper
Temperat, & saltus reficit jam roscida Luna,
Litoraque halcyonem resonant, & acanthida dumi.
Quid tibi pastores Libyæ, quid pascua versu
Prosequar, & raris habitata mapalia tectis?
Sæpe diem noctemque, & totum ex ordine mensem
Pascitur, itque pecus longa in deserta sine ullis
Hospitiis: tantum campi jacet. Omnia secum
Armentarius Afer agit, tectumque, laremque,
Armaque, Amyclæumque canem, Cressamque pharetram.
Non secus ac patriis acer Romanus in armis
Injusto sub fasce viam cum carpit, & hosti
Ante expectatum positis stat in agmine castris.
At non, qua Scythiæ gentes, Mæoticaque unda,
Turbidus & torquens flaventes Ister arenas,
Quaque redit medium Rhodope porrecta sub axem.
Illic clausa tenent stabulis armenta: neque ullæ

Aut

INTERPRETATIO.

iterum ducant illos *pastum, sub occasum Solis; cum Vesper frigidus mitigat calorem aeris, & cum Luna humida reparat arbores, & cum litora perstrepunt voce halcyonis, & spina cantu acanthidis. Cur tibi pastores Numidiæ, cur pascua versu dicam, & pagos constantes paucis casis? Sæpe grex pascitur noctu diuque, & per totum spatium mensis; inceditque per longas solitudines, sine ullis stabulis: tanta est vastitas camporum. Pastor Numida trahit secum omnia, & domum, & larem, & arma, & canem Amyclæum, & pharetram Cretensem. Non aliter ac fortis Romanus in patrio exercitu, cum ingreditur viam sub graviori onere, & obstat hosti, castris ordine dispositis, antequam exspectetur. At non sic fit, ubi sunt Scythiæ gentes, & Mæotica palus, & Danubius turbidus volvens flavas arenas: & ubi Rhodope reflectitur tendens ad medium septentrionem. Illic continent pecora clausa*

NOTÆ.

339. *Libyæ.*) Libya generatim Africam significat, G. 1. 241. Tamen hi pastorum mores præcipue pertinent ad eam Africæ partem litoralem, quæ *Numidia* vocata est: cujus incolæ *Numidæ* vel *Nomades*, a νομή *pascuum*, quia pastioni pecorum adsueti.

340. *Mapalia.*) Sallustius. *Ædificia Numidarum, quæ mapalia illi vocant, oblonga, incurvis lateribus tecta: quasi navium carinæ sunt.* Ab his non fere differunt *magalia*, de quibus Æn. 1. 425. *Miratur molem Æneas, magalia quondam*: nisi quod hæc vox primam habet longam, illa brevem.

344. 345. *Laremque .... Amyclæumque canem, &c.*) De *Laribus & Penatibus*, Æn. 2. 717. *Amyclæ*, urbs Laconiæ, celebris canum genere & venatu, de qua supra v. 89. *Cressa*, a Creta, insula Mediterranei maris, cujus incolæ sagittandi industria memorabiles.

347. *Injusto sub fasce.*) Qui plus æquo gravis est. Sexaginta pondo librarum a Vegetio memoratur. Quarum autem rerum, patet ex Cic. Tusc. l. 2. 16. *Qui labor, quantus agminis: ferre plus dimidiati mensis cibaria. ferre, si quid ad usum velint: ferre vallum. Nam scutum, gladium, galeam, in onere nostri milites non plus numerant, quam humeros, lacertos, manus.*

347. 348. *Hosti Ante exspectatum, &c.*) Vulgo referunt *hosti* ad *stat*; hoc sensu: *stat hosti*, *obstat hosti*. Idemque *ante exspectatum*, vertunt, *antequam exspectetur*; ut supra v. 206. *ante domandum* pro, *antequam domentur*. Quo exemplo dixit Silius, imitator Virgilii, l. 2. v. 31. *Dubitant urbi coeptasse moveri, ante exspectatum*. Habent tamen exemplaria nonnulla *hostem*, non *hosti*; atque ita legit Vegetius lib. 1. de re milit. & interpretatur, *ante hostem exspectatum*, id est, *speratum*, *optatum*: ut animosam Romanorum audaciam notet.

349. *Scythiæ gentes, &c.*) De his Ecl. 1. 66. *Mæotica unda*, Palus Mæotis, *Mar bianca*, ultra pontum Euxinum, a quo per Cimmerium Bosphorum distinguitur, Tanaim fluvium excipiens. Primam habet syllabam brevem apud Ov. Trist. 3. 12. 2. *Longior antiquis visa Mæotis hyems.*

350. *Ister.*) Danubius, de quo, G. 2. 497.

351. *Redit medium Rhodope, &c.*) Mons ille Thraciæ in orientem extenditur, ibique conjungitur cum Hæmo; tum inde abscedens, septentrionem versus quasi regreditur. De *axe*, seu polo septentrionali, G. 1. 240.

Aut herbæ campo apparent, aut arbore frondes:
Sed jacet aggeribus niveis informis, & alto
Terra gelu late, septemque assurgit in ulnas.
Semper hyems, semper spirantes frigora Cauri.
Tum Sol pallentes haud umquam discutit umbras:
Nec cum invectus equis altum petit æthera, nec cum
Præcipitem Oceani rubro lavit æquore currum.
Concrescunt subitæ currenti in flumine crustæ:
Undaque jam tergo ferratos sustinet orbes,
Puppibus illa prius patulis, nunc hospita plaustris.
Æraque dissiliunt vulgo, vestesque rigescunt
Indutæ, cæduntque securibus humida vina,
Et totæ solidam in glaciem vertere lacunæ,
Stiriaque impexis induruit horrida barbis.
Interea toto non setius aere ningit:
Intereunt pecudes: stant circumfusa pruinis
Corpora magna boum: confertoque agmine cervi
Torpent mole nova, & summis vix cornibus exstant.
Hos non immissis canibus, non cassibus ullis,
Puniceæve agitant pavidos formidine pennæ:
Sed frustra oppositum trudentes pectore montem
Cominus obtruncant ferro, graviterque rudentes

Ca-

INTERPRETATIO.

in stabulis; nec ulla apparent, aut herbæ in agris, aut frondes in arboribus: sed terra jacet late deformata cumulis nivium, & alta glacie, & tumescit ad usque septem cubitos. Semper est hyems, semper Cauri proflantes frigus. Præterea numquam Sol dissipat umbras pallidas: nec quando conscendens currum ascendit in cælum altum; nec quando lavat rubris aquis Oceani currum cadentem. Crustæ subitæ constringuntur in currenti fluvio: & unda nunc portat dorso ferratas rotas; illa quidem ante excipiens latas naves, nunc excipiens plaustra. Vasa ærea passim franguntur, & vestes induta congelantur: & homines rumpunt securibus vina prius liquida, & totæ lacunæ convertunt se in durum glaciem, & gutta horrida durescit in barbis impexis. Interim non segnius nix cadit per totum aerem: moriuntur pecora: magna boum corpora stant circumdata nivibus: & cervi presso agmine torpent sub novo onere, & vix eminent extremis cornibus. Incolæ non persequuntur illos timidos immissis canibus, aut ullis laqueis, aut formidine pennarum rubrarum: sed cominus feriunt ferro eos, dum propellunt pectore oppositum cumulum nivis, &

NOTÆ.

355. *Septem ... in ulnas.*) *Ulna*, a Græco ὠλένη est proprie *cubitus*; sive spatium a flexu cubiti ad medii digiti partem extremam; atque ita hic sumitur. Latius etiam interdum sumitur pro spatio brachii utriusque extensi. Notandum autem hunc rigorem hyemis, ejusque perpetuitatem, non convenire proprie Scythiæ & Mæoticæ regioni; sed iis tantum partibus, quæ ad polum accedunt propius; sub quo probant Geographi annum die una, unica item nocte constare, utraque semestri. Igitur hyperbolica est hæc descriptio, & *nulla frondes*, *nullæ herbæ* sunt, *vana frondes & herbæ*. *Cauri*, venti inter septemtrionem & occasum spirantes.

359. *Rubro æquore.*) Non mari orientali, quod vulgo rubrum dicitur, & Erythræum; sed occidentali, quod a colore decedentis solis rubescere videtur.

365. *Vertere lacunæ.*) Fossæ, in quibus aquæ pluviæ, aliæque colliguntur. *Vertere*: verterunt, verterunt se, ut alibi passim.

366. *Stiria.*) Gutta; diminutivum est *stilla*.

367. *Non setius.*) Non segnius, G. 2. 277.

372. *Puniceæ formidine pennæ.*) *Formido*, linea, aut funiculus erat, cui plumæ implicabantur variis tinctæ coloribus, ad feras terrendas, ut in retia agerentur. De colore *puniceo*, splendide rubente, Ecl. 5. 17.

374. *Rudentes.*) Hanc vocem tribuit hic *cervis*, Æn. 7. 16. *Leonibus*, Æn. 8. 248. *Caco semifero*;

Per-

Cædunt, & magno læti clamore reportant.
Ipsi in defossis specubus secura sub alta
Otia agunt terra: congestaque robora, totasque
Advolvere focis ulmos, ignique dedere.
Hic noctem ludo ducunt, & pocula læti
Fermento atque acidis imitantur vitea sorbis.
Talis Hyperboreo septem subjecta trioni
Gens effræna virum Riphæo tunditur Euro:
Et pecudum fulvis velantur corpora setis.
Si tibi lanicium curæ: primum aspera silva,
Lappæque tribulique absint; fuge pabula læta:
Continuoque greges villis lege mollibus albos.
Illum autem, quamvis aries sit candidus ipse,
Nigra subest udo tantum cui lingua palato,
Rejice, ne maculis infuscet vellera pullis
Nascentum; plenoque alium circumspice campo.
Munere sic niveo lanæ, si credere dignum est,
Pan Deus Arcadiæ captam te, Luna, fefellit,

In

INTERPRETATIO.

occidunt eos alte rudentes, & læti referunt magno clamore. Scythæ ipsi secure & quiete vivunt in excavatis speluncis, sub profunda terra: & inferunt focis, injiciuntque flammis quercus accumulatas & ulmos integras. Illic traducunt noctem ludendo, & læti imitantur vini potum fermento & baccis acidis. Sic genus hominum indocile, suppositum Boreali septentrioni, proflatur Riphæo vento: & tegitur circa corpora fulvis villis animalium. Si studes lanæ: primo sint procul silvæ spinosæ, & lappa, & tribuli: fuge pabula nimis pinguia, & statim elige greges teneris pilis candidos. Etsi autem aries ipse sit candidus, cui lingua solum nigra est sub humido palato, illum rejice; ne denigret maculis fuscis vellera fœtuum: & elige alium in campo pleno ovium. Sic Pan Deus Arcadiæ, si fas est credere, decepit te, o Luna, captam dono

NOTÆ.

Persius Sat. 5. v. *Asina*; sed Persius primum produxit, quem corripit Virgilius: *Fœdus*, ut *Arcadiæ pecuaria rudere credas*.

380. *Fermento, atque acidis .... sorbis.*) Designat duplicem vitæ seu liquoris, qui vini defectum suppleat in frigidioribus plagis. Primus fit *fermento*, id est, fermentatione hordei, tritici, avenæ: cum scilicet certo quodam calore madefacta grana turgescunt, & acescunt; quod duo sunt effectus fermenti: quod ideo sic appellatur, a *ferveo*, quasi *fervimentum*: & sic fere cerevisia fit, Ital. *birra*. Alter liquor exprimitur e baccis fructibusque acidioribus contusis, qualia sunt poma, pyra, sorba, &c.

381. *Hyperboreo septem, &c.*) De nomine *hyperboreo*, supra v. 196. De nomine *septentrionum* variæ sunt sententiæ: probabilior illa, quæ Varronis est, ita dici a *bobus*, qui *teriones* olim vocari sunt, quia in aratione terram terunt. Signum enim illud Boreale, quod *ursam majorem* appellamus, veteres antiquitus *plaustrum* etiam appellavere: ob septem stellas, in eo maxime conspicuas, & in plaustri, aut junctorum boum formam dispositas. Veteresque utrumque dixerunt *Booten*; quia boves illos, seu plaustrum, prae se agere videtur.

382. *Riphæo Euro.*) De *Riphæis* montibus Moscoviæ, valde septentrionalibus, G. 1. 240. *Eurus*, ventus est orientalis: atque montibus ingruit, qua parte vergunt ad orientem: neque enim tota illa montium compages recto ordine ad polum tendit, sed longe lateque porrigitur.

385. *Lappæque, tribulique, &c.*) *Lappa*, Ital. *lappola*; *tribulus*, herba e carduorum genere, Ital. *tribolo*: de iis jam G. 1. 153.

Fuge pabula læta.) Quia succus omnis ex hoc cibo in adipem abit, non in lanam.

388. *Nigra subest, &c.*) Plinius l. 8. 47. *Arietum maxime spectandæ oræ; quia cujus coloris sub lingua habuere venas, ejus & lanitium est in fœtu: variumque, si plures fuere.*

391. *Pan Deus, &c.*) De *Pane* Eclog. 2. 31. Macrobius fabulam testatur sumptam e Nicandro, qui Georgicorum antiquus scriptor fuit. Ita narrat Probus, ut velit Pana, amore Lunæ pellectum, et mediam gregis sui partem muneris loco obtulisse; hanc elegisse oves candidissimas; atque ita deceptam fuisse, quod esset pars illa deterior. Aliter alii: nempe Pana se in arietem candidissimum transformasse, Lunamque forma candida deceptam, ac sequentem abduxisse in silvas ac vitiasse.

In nemora alta vocans: nec tu aspernata vocantem.
At cui lactis amor, cytisum, lotosque frequentes
Ipse manu, salsasque ferat præsepibus herbas.
Hinc & amant fluvios magis, & magis ubera tendunt,
Et salis occultum referunt in lacte saporem.
Multi jam excretos prohibent a matribus hœdos,
Primaque ferratis præfigunt ora capistris.
Quod surgente die mulsere horisque diurnis,
Nocte premunt: quod jam tenebris & sole cadente,
Sub lucem exportans calathis adit oppida pastor;
Aut parco sale contingunt, hyemique reponunt.
Nec tibi cura canum fuerit postrema: sed una
Veloces Spartæ catulos, acremque Molossum
Pasce sero pingui: numquam custodibus illis
Nocturnum stabulis furem, incursusque luporum,
Aut impacatos a tergo horrebis Iberos.
Sæpe etiam cursu timidos agitabis onagros;
Et canibus leporem, canibus venabere damas.
Sæpe volutabris pulsos silvestribus apros
Latratu turbabis agens, montesque per altos
Ingentem clamore premes ad retia cervum.
Disce & odoratam stabulis accendere cedrum,

Gal-

INTERPRETATIO.

nivea lana, invitans te in altam silvam: nec tu aspernata eum vocantem. At qui studet lacti, ille manu inferat in præsepia cytisum, & copiosas lotos, & salsas herbas: inde magis appetunt potum, & magis implent mammas, & relinquunt in lacte secretum saporem salis. Multi hœdos jam separatos arcent a matribus, cingendo extremum os lupis ferratis. Quod expresserunt lactis sub ortum diei, & per horas diei; id coagulant per noctem: quod expresserunt sub noctem, & Sole occidente; id pastor ferens in canistris circa lucem vadit in urbem: *aut condiunt moderato sale, & reservant in hyemem. Nec tibi ultima sit cura canum: sed simul ale sero pingui celeres canes Spartæ, & fortes Molossos. Illis custodientibus, numquam timebis stabulis nocturnum latronem, aut incursiones luporum, aut inquietos Hispanos a tergo ingruentes. Sæpe etiam persequeris cursu pavidos onagros; urgebisque canibus leporem, & canibus damas. Sæpe insequens exturbabis latratu apros ejectos e cubilibus silvestribus, & per montes altos impelles clamoribus magnum cervum in retia. Disce etiam urere in sta-*

NOTÆ.

394. *Cytisum, lotosque.*) De *Cytiso*, Ecl. 1. 79. *De loto*, G. 2. 84.

399. *Præfigunt ora capistris.*) Ut matrum ubera, cum appetunt, pungant, ab iisque repellantur.

402. *Calathis.*) Canistris e vimine. Sunt etiam pocula vinaria, Ecl. 5. 71.

404. *Nec tibi cura canum, &c.*) III. PARS. *De cultura canum.* Præceptum unicum de ipsorum cibo; quem, *serum*, sive aquam lactis esse jubet; idque vocat *pingue*, quia ejus usus inducit pinguedinem.

405. *Veloces Spartæ, &c.*) *Sparta* sive Lacedæmon, nobilissima totius Peloponnesi urbs, cujus legislator Lycurgus fuit. *Molossia*, Epiri regio, sic dicta a Molosso, Pyrrhi Epiri regis, & Andromaches Hectoris viduæ filio. Æn. 3. 295. Spartani canes iis respondent, quos dicimus *levriers*: Molossi iis, quos dicimus *alans*.

408. *Iberos.*) Iberi sæpius armati memorantur a Justino l. 44. aliisque scriptoribus: iidem tunc, qui & Hispani; sive id nominis habuerint ab Ibero, *Ebro*, hujus oræ nobili flumine, sive ab Iberis Asiæ populis, inter Colchidem & Albaniam sitis, unde commigrasse dicuntur.

409. *Onagros.*) Silvestres asinos.

414. *Disce &, &c.*) IV. PARS. *De rebus pecori infestis.* Præcepta continet quatuor. I. Est *De fugandis serpentibus, vel odorum suffitu, vel saxis, vel fustibus*, v. 414. II. *De stabiis [illegible],*
num-

Galbaneoque agitare graves nidore chelydros.
Sæpe sub immotis præsepibus, aut mala tactu
Vipera delituit, cœlumque exterrita fugit;
Aut tecto assuetus coluber succedere & umbræ,
Pestis acerba boum, pecorique aspergere virus,
Fovit humum: cape saxa manu, cape robora, pastor,
Tollentemque minas & sibila colla tumentem
Dejice. Jamque fuga timidum caput abdidit alte,
Cum medii nexus extremæque agmina caudæ
Solvuntur, tardosque trahit sinus ultimus orbes.
Est etiam ille malus Calabris in saltibus anguis,
Squamea convolvens sublato pectore terga,
Atque notis longam maculosus grandibus alvum:
Qui, dum amnes ulli rumpuntur fontibus, & dum
Vere madent udo terræ ac pluvialibus Austris,
Stagna colit, ripisque habitans hic piscibus atram
Improbus ingluviem, ranisque loquacibus explet.
Postquam exhausta palus, terræque ardore dehiscunt,
Exilit in siccum, & flammantia lumina torquens
Sævit agris, asperque siti, atque exterritus æstu.
Ne mihi tum molles sub dio carpere somnos,

Neu

INTERPRETATIO.

bulis cedrum odoratam, & fugare galbani odore perniciosos chelydros. Sæpe, vel vipera tactu noxia latuit sub præsepibus male purgatis, & territa fugit lucem; vel coluber, pestis infesta bobus, solitus subire tecta atque umbracula, & infigere venenum pecori, incubuit terræ; cape manu lapides, cape fustes, o pastor: & tollentem minas ac tumentem sibilanti collo deturba; jamque fugiens occuluit profunde timidum caput, cum compago media corporis, *& motus extremæ caudæ abrumpitur, & extrema curvatura trahit lentas spiras. Est etiam malus ille serpens in silvis Calabriæ, contorquens dorsum squamosum erecto pectore, & magnis maculis notatus sub longa alvo. Qui, quamdiu aliqui fluvii erumpunt e fontibus; & quamdiu terra humida est,* propter *ver udum, & Austros imbriferos: amat stagna, & degens in ripis illic avidus implet fœdam gulam piscibus & ranis clamosis. Postquam aquæ exsiccatæ sunt, & terræ hiant calore, emergit in siccam terram, & vibrans oculos igneos, & siti exasperatus, atque impatiens ardoris, furit per agros. Ne mihi tum veniat* in mentem *in-*

NOTÆ.

nempe imbre, frigore, illoto sudore, spinarum vulneribus: deinde ejus remediis, lotione, tonsione, & sectione ulceris, v. 444. III. *De febri, ejusque remedio, nempe venæ apertione*, v. 457. IV. *De peste ejusque effectis tristissimis*, v. 474.

415. *Galbaneoque, &c.*) Galbanum, succus est, gummi aut thuris modo expressus e ferula, sive narthece: cujus nidore serpentes fugantur, ex Plin. l. 12. 25. *Chelydros*, serpentis species, de qua G. 2. 214.

417. *Vipera.*) Serpentis species; sic dicta, quasi vivipara; quia ex Aristotele Hist. animal. l. 1. 6. cum cætera serpentes ova pariant, una vipera vivum animal parit.

423. *Agmina caudæ.*) Agmen de serpente dicitur, quia corporis pars post partem succedit, atque agitur: instar exercitus seriatim procedentis. Sic tribuitur pluviæ, G. 1. 322. *Cælo venit agmen aquarum*; quia gutta post guttam cadit. Sic tribuitur fluvio, Æn. 2. 782. *Leni fluit agmine Tybris*: quia fluctus post fluctum volvitur.

425. *Est etiam ille, &c.*) *Chersydrum* significat, eumque describit e Nicandro: nomen fide a χέρσος *terra* & ὕδωρ *aqua*, quia in terra & aqua vivit. Ex Solino cap. 8. frequentissimus est chersydris *Calabria*, extrema pars Italiæ meridiem versus.

429. *Austris.*) A meridie flantibus, Ecl. 2. 58.

431. *Ingluviem.*) Sinus est gutturis; sive pellis cava, qua cibus primo ingestus, & adhuc indigestus continetur.

435. *Sub dio.*) Sub divo, sub *Jove frigido*, inquit Horat. Od. 1. 1. 25. sub cœlo & aere: quia Jupiter pro aere sumitur: vide G. 2. 325.

Neu dorso nemoris libeat jacuisse per herbas:
Cum positis novus exuviis, nitidusque juventa
Volvitur, aut catulos tectis aut ova relinquens
Arduus ad Solem, & linguis micat ore trisulcis.
Morborum quoque te causas & signa docebo.
Turpis oves tentat scabies, ubi frigidus imber
Altius ad vivum persedit, & horrida cano
Bruma gelu: vel cum tonsis illotus adhæsit
Sudor, & hirsuti secuerunt corpora vepres.
Dulcibus idcirco fluviis pecus omne magistri
Perfundunt, udisque aries in gurgite villis
Mersatur, missusque secundo defluit amni:
Aut tonsum tristi contingunt corpus amurca,
Et spumas miscent argenti, vivaque sulphura,
Idæasque pices, & pingues unguine ceras,
Scillamque, helleboros que graves, nigrumque bitumen.
Non tamen ulla magis præsens fortuna laborum est,
Quam si quis ferro potuit rescindere summum
Ulceris os: alitur vitium, vivitque tegendo:
Dum medicas adhibere manus ad vulnera pastor
Abnegat, & meliora Deos sedet omnia poscens.

Quin

INTERPRETATIO.

dulgere dulci somno sub aere, nec jacere inter herbas in clivo nemoris; quando ille renovatus deposita pelle, & juventute resplendens, aut relinquens in latebris fetus vel ova, repit erectus ad Solem, & vibrat linguam trifidam. Docebo te etiam causas & indicia morborum. Fœda scabies corripit oves, cum frigida pluvia profunde penetravit ad vivum, & hyems horrens alba glacie; vel quando sudor hæsit, nec detersus est ovibus, post tonsuram, & quando spinæ asperæ laceraverunt earum corpora. Propterea pastores lavant aquis dulcibus totum gregem, & aries humido vellere demergitur in fluvium, & mersus rapitur aqua profluente: aut ungunt acerba amurca corpus tonsum, & miscent spumam argenti, & sulphur vivum, & picem Idæam, & ceram pinguem unguento, & scillam, & graves helleboros, & nigrum bitumen. Nulla tamen est opportunitas magis commoda in his *malis, quam si quis possit secare ferro extremam oram ulceris:* nam *malum crescit & durat, dum tegitur; quamdiu pastor recusat admovere vulneribus manum medicam, & otiatur, petens a Diis successum melio-*

NOTÆ.

436. *Dorso.*) Vel *dorso nemoris*, id est, clivo & colle nemoroso, qui in dorsum assurgit. Vel, ut vult Mancinellus, *dorso jacuisse*, id est supinum jacuisse.

437. *Cum positis novus exuviis, &c.*) Plinius l. 8. 27. *Anguis hiberna situ membranam corporis obductam, feniculi succo impedimentum illud exuit, nitidusque vernat. Exuit autem a capite primum, &c.* Juxta alios pellem exuit, per arcta petrarum foramina transeundo.

438. *Catulos aut ova, &c.*) *Catuli*, proprie sunt canum fœtus; transfertur, quorumlibet animalium. Videturque dubitare Virgilius, utrum chersydrus, *oviparus*, an *viviparus*, quemadmodum de vipera mox dicimus. Probabilius oviparus est; & hic, *catuli*, significant fœtum ex ovis egressos.

439. *Linguis trisulcis.*) Aristoteles de part. animal. l. 2. 17. serpentum linguam agnoscit longam ac bifidam; poetæ trifidam: sive quod in modum cuspidis conformata triplex habeat acumen; sive quod ita vibretur celeriter; ut non tantum trifida, sed triplex etiam appareat: unde Ovid. Met. 3. 34. *Tresque micant linguæ.*

448. 449. 450. &c. *Amurca.*) Fæx olivarum, vel sedimentum olei. *Spuma argenti*, aliter *lithargyrium*, quæ materies in argenti fodinis reperitur. Abramus ex Calpurnii Ecl. 5. de vivo argento explicat. *Pix Idæa*, id est optima, qualis est in Ida, sive Cretæ insula, sive Troadis monte, duplex enim est. *Scilla* vel *squilla*, bulbi genus. *Helleborus* vel *helleborum*, sive *veratrum*, *grave* dicitur, quia olim nomen habitum est ac *terribile*. *Postea tam promiscuum*, ut

Quin etiam ima dolor balantum lapsus ad ossa
Cum furit, atque artus depascitur arida febris,
Profuit incensos æstus avertere, & inter
Ima ferire pedis salientem sanguine venam,
Bisaltæ quo more solent, acerque Gelonus,
Cum fugit in Rhodopen, atque in deserta Getarum,
Et lac concretum cum sanguine potat equino.
Quam procul, aut molli succedere sæpius umbræ
Videris, summas carpentem ignavius herbas,
Extremamque sequi, aut medio procumbere campo
Pascentem, & seræ solam decedere nocti;
Continuo ferro culpam compesce, priusquam
Dira per incautum serpant contagia vulgus.
Non tam creber, agens hyemem, ruit æquore turbo,
Quam multæ pecudum pestes: nec singula morbi
Corpora corripiunt; sed tota æstiva repente,
Spemque, gregemque simul, cunctamque ob origine gentem.
Tum sciat, aerias Alpes, & Norica si quis
Castella in tumulis, & Iapidis arva Timavi,
Nunc quoque post tanto videat, desertaque regna

Pa.

INTERPRETATIO.

vem. *Praeterea, quando dolor penetrans in ossa intima ovium furit, & febris calida absumit corpus, prodest expellere calorem inflammatum, & inter extremas* ungulas *pedis aperire venam, ex qua sanguis exsilit: quomodo solent* aperire *Bisaltæ, & saevus Gelonus, cum fugit in Rhodopen atque in deserta Getarum, &* cum *bibit lac coagulatum cum sanguine equorum. Quam* ovem *procul videris, aut quaerere saepius dulcem umbram, aut mandere negligentius summas herbas, aut ultimam incedere, aut residere in medio campo inter pascendum, & solam abire nocte jam provecta;* hujus *morbum coerce statim ferro, antequam saeva contagio gliscat in turbam,* quæ tibi *non cavet. Turbo tempestatem ferens non ingruit tam densus, quam frequentes sunt pecudum morbi: neque morbi invadunt singula corpora, sed tota aestiva statim, & foetus, & gregem, & totam gentem ab ipsa origine.* Tum hoc *persuasum habebis,* quicquid *nunc etiam* videbit, *post tantum tempus, Alpes excelsas, & Norica castella in collibus, & agros Timavi* fluvii *Japidiae, & regna pastorum deserta, & sil-*

NOTÆ.

ut plerique studiorum genis, ad providenda a-nimas, quæ commemorabantur, saepius tempestatum. Plin. lib. 25. 9. Purgat, juxta eundem, vomitione, & sternutamento. *Bitumen* limus est, cujus natura vicina sulphuri. *Versusque hypermeter;* versus dactylicus, cujus extrema syllaba cum prima versus consequentis eliditur. Sic G. 2. 69. *Inseritur vero ex fetu nucis arbutus horrida.*

460. *Ima ferire pedis &c.*) Jubet Columella l. 7. 5. *De talo vel inter duas ungulas sanguinem emitti.*

461. *Bisaltæ quo more, &c.*) Mos ille tribuebatur, non *Bisaltis* duntaxat, Thraciæ, vel Macedoniæ populis, neque duntaxat *Gelonis* populis Scythiæ, vel Thraciæ; sed generatim Scythis, Sarmatis, Getis, & Massagetis omnibus. Ita Plinius, Claudianus &c.

463. *Lac.*) Vel ovium, vel equorum, cujus usus apud eos unus fuit. De *Rhodope*, *Getis*, & *Gelonis*, G. 2. 115.

472. *Tota æstiva.*) *Æstiva & hyberna*, loca sunt ubi milites per aestatem & hyemem degunt: Idque a militibus transtulit ad greges, qui aestivis mensibus non colliguntur in stabulis, sed in pascuis sub dio.

474. *Tum sciat, aerias Alpes, &c.*) V. PARS, & ultima, sive Epilogus. *Descriptio saevissimæ pestis*, quæ tractum omnem Alpinum vastaverat, regionem olim populis & pecore feracem maxime: ac licet multo ante Virgilii tempore saevisset, illius adhuc vestigia tum restabant. *Alpes*, Montes, qui Italiam a Gallia & Germania determinant, Eclog. 10. 47. *Norici.*) Natio Germanica, in limite Alpium & ultra Alpes: nunc Bavaria, fortasse & Austria.

475. *Timavus.*) Fluvius Carnorum in ea Venetorum ditione, quæ Forojuliensis dicitur, *Friuli*. Hic olim *Japides*, gens Illyrica, Straboni *Japodes*, Ecl. 8. 6.

Pastorum, & longe saltus lateque vacantes.
Hic quondam morbo cœli miseranda coorta est
Tempestas, totoque autumni incanduit æstu,
Et genus omne neci pecudum dedit, omne ferarum;
Corrupitque lacus, infecit pabula tabo.
Nec via mortis erat simplex, sed ubi ignea venis
Omnibus acta sitis miseros adduxerat artus,
Rursus abundabat fluidus liquor; omniaque in se
Ossa minutatim morbo collapsa trahebat.
Sæpe in honorem Deum medio stans hostia ad aram,
Lanea dum nivea circumdatur infula vitta,
Inter cunctantes cecidit moribunda ministros.
Aut si quam ferro mactaverat ante sacerdos;
Inde neque impositis ardent altaria fibris,
Nec responsa potest consultus reddere vates:
Ac vix suppositi tinguntur sanguine cultri,
Summaque jejuna sanie infuscatur arena.
Hinc lætis vituli vulgo moriuntur in herbis,
Et dulces animas plena ad præsepia reddunt.
Hinc canibus blandis rabies venit, & quatit ægros
Tussis anhela sues, ac faucibus angit obesis.
Labitur infelix studiorum atque immemor herbæ
Victor equus, fontesque avertitur, & pede terram
Crebra ferit: demissæ aures: incertus ibidem
Su-

INTERPRETATIO.

vas longe lateque vacuas. Hic olim dira pestilentia orta est corruptione aeris, & inflammata est toto ardore autumni, & interfecit omne genus pecudum, & omne genus ferarum, & vitiavit aquas, & fœdavit pabula veneno. Nec modus mortis erat vulgaris: sed postquam sitis fervida penetrans in omnes venas contraxerat misera membra, tum humor tabidus exsudabat, & convertebat in se paullatim medullam *omnium ossium putrefactam morbo. Sæpe in medio sacrificio Deorum victima stans ante aram, dum infula lanea alligatur niveis tæniis, cecidit moribunda inter ministros stupefactos. Aut si sacerdos prius occiderat aliquam cultro, ex ea neque viscera imposita aris concipiunt ignem, neque aruspex interrogatus potest reddere responsa: & cultri suffusi vix colorantur sanguine, & superficies arenæ nigrescit exigua sanie. Præterea vituli moriuntur in pratis fertilibus, & exhalant dulces animas in stabulis plenis. Præterea rabies oritur blandis canibus: & tussis anhela concutit porcos ægros,* eosque *strangulat tumente guttture. Equus* assuetus *victoria cadit, miser* post tot nobilia *exercitia, cibique negligens: & abhorret a fo-*

NOTÆ.

481. *Tabo.*) *Tabum*, diminutiva vox a *tabes*; quæ liquefactio est, rei alicujus soliditatem solvens: vulgo usurpatur *tabum* pro corrupto sanguine, nec multum differt a *sanie*; hic tamen pro corruptione sumitur. Oritur a Dorica voce τάκω pro τήκω *liquefacio*.

482. *Simplex.*) Non facilis, ex more & ordine naturali, sed violenta ac difficilis. Citatque Servius illud e Sallustio: *Ne simplici quidem morte moriebantur.*

487. *Lanea dum, &c.*) Infula, ut ex Prudentio colligitur, fuit latior fascia, lanea & alba: caput non quidem totum operiens, sed tempora instar diadematis cingens: unde vitta utrimque pendebat. Hac victimæ, sacerdotes, vates coronabantur. *Lanea* quidem, quia lanæ magnus in sacris usus fuit: vide Ecl. 8. 64. Æn. 4. 459.

497. *Faucibus angit obesis.*) Bene *angit*; quia *angina* morbus est fauces occupans: συνάγχη. *Obesis*) vel saturis, vel tumidis.

498. *Infelix studiorum.*) Pari forma dixit Virgilius G. 4. 491. *Victus animi*. Æn. 5. 73. *Ævi maturus*.

Sudor, & ille quidem morituris frigidus: aret
Pellis, & ad tactum tractanti dura resistit.
Hæc ante exitium primis dant signa diebus.
Sin in processu cœpit crudescere morbus,
Tum vero ardentes oculi, atque attractus ab alto
Spiritus, interdum gemitu gravis: imaque longo
Ilia singultu tendunt: it naribus ater
Sanguis, & obsessas fauces premit aspera lingua.
Profuit inserto latices infundere cornu
Lenæos: ea visa salus morientibus una.
Mox erat hoc ipsum exitio: furiisque refecti
Ardebant: ipsique suos jam morte sub ægra
(Dii meliora piis, erroremque hostibus illum!)
Discissos nudis laniabant dentibus artus.
Ecce autem duro fumans sub vomere taurus
Concidit, & mixtum spumis vomit ore cruorem,
Extremosque ciet gemitus. It tristis arator,
Mœrentem abjungens fraterna morte juvencum,
Atque opere in medio defixa relinquit aratra.
Non umbræ altorum nemorum, non mollia possunt
Prata movere animum, non qui per saxa volutus
Purior electro campum petit amnis: at ima
Solvuntur latera, atque oculos stupor urget inertes,
Ad terramque fluit devexo pondere cervix.
Quid labor, aut benefacta juvant! quid vomere terras

In-

INTERPRETATIO.

iu, & crebro percutit terram ungulis: aures dejectæ sunt: ibidem est dubius sudor, & ille quidem frigidus in iis qui mox morituri sunt: pellis rigescit, & dura ad tactum resistit tangenti. Primis diebus ante mortem dant hæc indicia. Si vero progressu temporis morbus incipit augeri: tunc vero oculi inflammantur; & anhelitus educitur ab intimo pectore, interdum impeditur gemitu: & tendunt ima ilia longo suspirio, sanguis niger fluit e naribus, & lingua sicca hæret gutturi obstricto. Utile fuit primo immittere in os liquorem Bacchicum insinuato cornu: hoc solum visum remedium morientibus. Deinde hoc ipsum perniciosum erat: & vino corroborati inflammabantur furore: & jam, non longe ab ægra morte, lacerabant dentibus carne nudatis sua membra discerpta. Dii reservate meliora piis, & illam rabiem hostibus! Ecce autem taurus anhelans cadit sub ferreo vomere, & ejicit ex ore sanguinem mistum spuma, trahitque ultimum spiritum. Arator tristis incedit, solvens taurum dolentem fratris morte, & relinquit aratrum fixum in medio labore. Non umbra profundarum silvarum, non jucunda possunt herba recreare animos taurorum, non amnis clarior electro, qui fluens inter saxa percurrit campum: at ima latera flaccescunt, & stupor tenet oculos eorum immobiles, & cervix vergit ad terram deprimente pondere. Quid prosunt illis labor aut opera collata homini? Quid prodest a-

NOTÆ

[illegible]. Æn. 11. 73. Læta laborum Dido. Æn. 12. 416. [illegible] laborum, &c.

500. Incertus Sudor.) Vel enim causa incerta erit, cum nulla præcesserit fatigatio, vel potius varius, instabilis, qui modo oritur, modo desinit.

510. Lenæos.) Bacchicos. Sic dictus Bacchus a ληνὸς torcular. G. 2. 4.

522. Electro.) Electrum purissime fulget: sive pro succino sumatur; ambre: de quo Ecl. 8. 54. sive pro metallo, de quo Æn. 8. 402.

Invertisse graves? atqui non Massica Bacchi
Munera, non illis epulæ nocuere repostæ:
Frondibus & victu pascuntur simplicis herbæ:
Pocula sunt fontes liquidi, atque exercita cursu
Flumina, nec somnos abrumpit cura salubres.
Tempore non alio dicunt regionibus illis
Quæsitas ad sacra boves Junonis, & uris
Imparibus ductos alta ad donaria currus.
Ergo ægre rastris terram rimantur, & ipsis
Unguibus infodiunt fruges, montesque per altos
Contenta cervice trahunt stridentia plaustra.
Non lupus insidias explorat ovilia circum,
Nec gregibus nocturnus obambulat: acrior illum
Cura domat: timidi damæ cervique fugaces
Nunc interque canes & circum tecta vagantur.
Jam maris immensi prolem, & genus omne natantum
Litore in extremo, ceu naufraga corpora, fluctus
Proluit: insolitæ fugiunt in flumina phocæ.
Interit & curvis frustra defensa latebris

Vi-

INTERPRETATIO.

vasto vomere terras difficiles? Tamen, non dona Bacchi e Massico monte, *non epulæ coacervatæ nocuerunt* illis. *Aluntur frondibus & pabulo herbæ communis: potus sunt vivi fontes, & amnes agitati cursu: nec curæ rumpunt somnum salutarem. Ajunt nullo alio tempore in illis plagis boves desideratas fuisse ad sacra Junonis: & currus tractos fuisse ad alta templa ab uris inæqualibus.* Itaque agricolæ *difficile proscindunt terram rastris, & ipsis unguibus defodiunt semina, & obnixo collo trahunt per altos montes plaustra stridentia. Lupus non meditatur insidias circa ovile, nec errat noctu circa greges: illum asperior cura subigit: timidæ damæ & fugaces cervi jam vagantur, & inter canes, & circa domos. Jam in ultimo litore fluctus lavat progeniem vasti maris, & omne genus piscium, velut corpora naufraga, & vituli marini præter solitum fugiunt in fluvios. Moritur quo-*

NOTÆ.

526. *Massica Bacchi.*) Vina e Massico, monte Campaniæ. De *Baccho*, Ecl. 5. 30. 69.

531. *Tempore non alio, &c.*) Volunt plerique omnes post Servium, allusum hic esse ad Historiam, quæ ab Herodoto, Plutarcho, Valerio refertur. Sic autem a Cicerone Tuscul. 1. 47. *Argiæ sacerdotis Cleobis & Bito filii prædicantur. Nota fabula est. Cum enim illam ad solemne & statum Junonis sacrificium curru vehi jus esset, satis longe ab oppido ad fanum, morarenturque jumenta: tunc juvenes ii, veste posita, ad jugum accesserunt. Ita sacerdos advecta in fanum, cum currus ductus esset a filiis, precata a Dea dicitur, ut illis præmium daret pro pietate, quod maximum homini dari posset a Deo: post epulatos cum matre ad-olescentes somno se dedisse, mane inventos esse mortuos.* Sed id quoquo modo Servius detorqueat, extra rem omnino est. Illud unum inde cognoscimus, Junonis sacerdotem, curru invectam, ad templa processisse. Ex quo suspicor adhibitos currus ad ipsa sacra, sive simulacra Junonis, sive alia quælibet sacrificii instrumenta convectanda: quemadmodum Cereris simulacrum plaustro quoque vehebatur. Juvat conjecturam tarditas boum; at Junonis sacra lente admodum & graviter mitti circumferri, notum est ex Horatio, Sat. 1. 3. 10. *Persæpe velut qui Junonis sacra ferret.* Ex Athenæo, apud quem scriptum est, Ἥρας βάδισμα, *Junonio gressu incedere.* De *Junone*, Æn. 1. 19.

532. *Uris imparibus.*) Cum boves mansueti deessent, feri jungebantur, iique impares, quod in re curuli deforme est. De *uris*, sive bubus silvestribus, G. 2. 374.

533. *Donaria.*) Aliquando *dona* significant: hic *templa*, sive loca in quibus dona servabantur. Apuleius lib. 4. *Ubi donarium Deæ perpetuo opulentum.*

534. *Rastris.*) De iis, G. 1. 160.

536. *Plaustra.*) De iis, Georg. 1. 163.

543. *Fugiunt in flumina phocæ.*) Marino pestilentiæ metu, ad flumina præter consuetudinem fugiunt. Plin. l. 9. 7. *Vituli marini, quos vocant phocas, spirant ac dormiunt in terra: item cetacea dormiunt.* Quare vitam sunt ancipitis, & in utroque elemento vivunt.

545. *Vipera.*) Plinius l. 10. 62. *Terrestrium so-*

la

Vipera, & attoniti squamis astantibus hydri.
Ipsis est aer avibus non æquus, & illæ
Præcipites alta vitam sub nube relinquunt.
Præterea nec jam mutari pabula refert,
Quæsitæque nocent artes: cessere magistri,
Phillyrides Chiron, Amythaoniusque Melampus.
Sævit & in lucem Stygiis emissa tenebris
Pallida Tisiphone: morbos agit ante metumque,
Inque dies avidum surgens caput altius effert.
Balatu pecorum, & crebris mugitibus amnes,
Arentesque sonant ripæ, collesque supini.
Jamque catervatim dat stragem, atque aggerat ipsis
In stabulis turpi dilapsa cadavera tabo:
Donec humo tegere, ac foveis abscondere discunt.
Nam neque erat coriis usus: nec viscera quisquam
Aut undis abolere potest, aut vincere flamma:
Nec tondere quidem morbo illuvieque peresa
Vellera, nec telas possunt attingere putres.
Verum etiam invisos si quis tentarat amictus;

Ar-

INTERPRETATIO.

quæ vipera, frustra tecta cavis latibulis, & hydri conterriti squamis arrectis. Aer est perniciosus ipsis avibus, & illæ cadentes amittunt vitam inter altas nubes. Præterea nec jam prodest mutare pabula: & medicinæ adhibitæ noxiæ sunt. Recessere medicinæ principes, Chiron filius Phillyræ, & Melampus filius Amythaonis. Pallida Tisiphone furit, emissa in lucem e tenebris infernis; præ se ducit morbos & metum, & assurgens in dies, attollit altius caput insatiabile. Fluvii, & sicca ripa, & colles curvi fremunt balatu ovium & frequentibus mugitibus. Jamque Tisiphone *edit strages turmatim, & accumulat in ipsis stabulis cadavera diffluentia fœda tabe: donec in mentem venit* populis *sepelire ea terra, & occultare in foveis. Nam neque* ulla *erat utilitas in coriis: nec quisquam potest abluere undis, aut purgare igne viscera: ac ne tondere quidem villos corrosos lue & tabe: nec possunt tangere telas putridas. Sed etiam si quis attrectaverat vestes* ejusmodi

NOTÆ.

in terra se ponit ova unius coloris, & mollia, ut pisces. Tertia die intra uterum catulos excludit: deinde singulis diebus singulis parit, viginti fere numero. Itaque cæteri tarditatis impatientes, perrumpunt latera occisa parente. Ita fere Aristoteles, Nicander, Plutarchus, &c. Propterea que Romæ parricidæ submergebantur insuti culeo cum vipera, cane, gallo & simia. Ælianus tamen, & alii, superesse partui suo viperam tradunt: idque verius esse nunc fere constat.

Hydri.) Plinius l. 29. 4. *In orbe terrarum pulcherrimum anguium genus est, quod in aqua vivit: hydri vocantur, nullis serpentium inferiores veneno.* Ab ὕδωρ *aqua*.

550. *Phillyrides Chiron, &c.*) Id est, præstantissimi medici, quales olim fuere *Chiron* & *Melampus*. *Chiron* fuit Centaurus, Saturni & Philyræ filius, ut diximus supra v. 93. Qui cum crevisset, abiit in silvas, ibique herbarum viribus cognitis sapientissimus evasit medicus: a Peleo, Nerei genero, & Thetide, Pelei uxore, ad instituendum Achillem electus. Denique cum esset graviter vulneratus fortuito casu Herculis sagitta, Lernæo sanguine infectæ, doloris impatientia oravit superos, ut sibi, quamquam immortali, mori liceret: quo concesso, ab illis in cælum translatus est, & in Zodiaco locatus, ubi nunc *Sagittarius* vocatur. *Melampus*, Amythaonis, & Dorippes filius, dicitur augurio claruisse, & animalium omnium atque avium percepisse voces. Filias Prœti furiis agitatas ad sanam mentem restituit, Ecl. 6. 48. Ob medicinæ scientiam, templo, festis & sacrificiis honoratus. Pausan. l. 1.

551. *Stygiis.*) *Styx*, fons Arcadiæ est, fluvius habitus inferorum, & a superis tanta veneratione cultus, ut per illum jurarent; & si juramentum violarent, divinitate atque nectaris per novem annos privarentur. Hic autem honos ei concessus, quia ejus filiæ Victoria, Vis, Robur, Zelus, Diis opem adversus Titanas tulerant, ut est apud Hesiodum in Theog. Nomen a στυγέω *odi*.

552. *Tisiphone.*) Una e Furiis, de quibus G. 1. 278.

Ardentes papulæ, atque immundus olentia sudor
Membra sequebatur: nec longo deinde moranti
Tempore contactos artus sacer ignis edebat.

INTERPRETATIO.

odiosas, ardentes pustulæ, & fœdus sudor adhærebat membris graveolentibus, & sacer ignis absumebat artque membra fœdata ejus, qui vel brevi temporis spatio tardabat eas dimittere.

NOTÆ.

566. *Sacer ignis.*) Male Servius interpretatur de sacro morbo, qui epilepsia est. Reliqui de eo qui dicitur vulgò, *ignis sancti Antonii*, Græcis ἐρυσίπελας; Plinio, *Zoster* & *circinus*; & a Lucretio ita describitur l. 6. *Existit sacer ignis & urit corpore serpens, quamcumque arripuit partem, repitque per artus.*

P. VIRGILII MARONIS
GEORGICORUM
LIBER IV.

ARGUMENTUM.

Post brevem de apibus, & mellatione propositionem, dedicationemque operis, opus ipsum octo partibus exsequitur. I. Est de commoda apum habitatione. II. De earum pabulatione, examinibus, pugnis. III. De duabus earum speciebus. IV. De earum quasi civili prudentia & republica. V. De mellationis temporibus. VI. De morbis apum, morborumque signis ac remediis. VII. De apum reparatione, cum perierunt. VIII. De reparationis hujus inventione, & auctore Aristæo, cujus fabulam epilogi loco fuse narrat: eidemque attexit fabulam Eurydices & Orphei.

PRotinus aerii mellis cœlestia dona
Exsequar. Hanc etiam, Mæcenas, aspice partem.
Admiranda tibi levium spectacula rerum,
Magnanimosque duces, totiusque ordine gentis
Mores, & studia, & populos, & prælia dicam.

In

INTERPRETATIO.

Continuo describam cœlestia munera aerii mellis. O Mæcenas, fave huic etiam parti Georgicorum. *Dicam spectacula parvarum rerum admiranda tibi, & reges apum generosos, & mores, atque artes totius generis per ordinem, & species, & pugnas.*

NOTÆ.

1. *Aerii mellis cœlestia dona.*) Ex aere ros defluit, adhæretque floribus, & arborum foliis: inde colligitur ab apibus, & mel conficitur. Quare *aeris* & *cœli* donum est. De Mæcenate in arg. Georg.

In tenui labor, at tenuis non gloria: si quem
Numina læva sinunt, auditque vocatus Apollo.
Principio sedes apibus statioque petenda,
Quo neque sit ventis aditus, (nam pabula venti
Ferre domum prohibent) neque oves hœdique petulci
Floribus insultent, aut errans bucula campo
Decutiat rorem, & surgentes atterat herbas.
Absint & picti squalentia terga lacerti
Pinguibus a stabulis, meropesque, aliæque volucres;
Et manibus Procne pectus signata cruentis.
Omnia nam late vastant, ipsasque volantes
Ore ferunt, dulcem nidis immitibus escam.
At liquidi fontes, & stagna virentia musco
Adsint, & tenuis fugiens per gramina rivus:
Palmaque vestibulum, aut ingens oleaster inumbret.
Ut, cum prima novi ducent examina reges
Vere suo, luderque favis emissa juventus,
Vicina invitet decedere ripa calori,

Ob-

INTERPRETATIO.

Labor ille est *in parva re, sed gloria non est parva: si Dii adversi permittant aliquem* id exsequi, & si *Apollo invocatus exaudit. Primo quærenda est apibus sedes & habitatio* in loco, *ad quem venti non possint pervenire; (nam venti impediunt quominus* apes *ferant pabula in alveare)* & In quo *oves & hœdi petulantes non saltent super floribus, & juvenca vaga per agros non excutiat rorem* ex herbis, *nec premat herbas nascentes. Absint quoque a pingui alveari lacerti maculosi splendenti tergo, & meropes, & cæteræ aves, & imprimis Procne,* quæ *notavit sibi pectus manibus sanguinolentis. Nam circum populantur omnia, & rostro ferunt ipsas apes, ut sibi gratum pabulum pullis crudelibus. Sed adsint fontes puri, & stagna* cooperta *viridi lanugine, & parvus rivus currens inter herbas, palmaque, vel magnus oleaster tegat vestibulum. Ut, quando novi reges ducent prima examina vere sibi commodo,* & quando *juniores apes ludent egressæ ex alvearibus, tunc ripa propinqua invitet eos, ut se*

NOTÆ.

7. *Numina læva.*) *Læva*, modo in bonam, modo in malam partem sumuntur; ut diximus Ecl. 1. 16. Hic in malam, ita enim explicat hunc versum Gellius l. 5. 12. dicitque vim esse quorundam *Deorum in lædendo majorem, quam in juvando potentem* . . . *eum Deos quosdam, ne obessent, placabant*. In his ponit Deum *Averruncum*, & *Robiginem*, & *Vejovem*, cujus erat Romæ templum, in eoque simulacrum, sagittas tenens quasi paratas ad nocendum. Indeque nomen ejus deduci, quod eum *Jovem* dixerant, Deum qui juvaret; ita *Vejovem*, qui non juvaret: particula enim *ve*, aliquando augendæ, aliquando minuendæ rei valet. *Vejovem* autem, & *Plutonem*, & *Ditem*, unum eundemque esse perhibet Martianus Capella. Et vero Virgilius Æn. 4. 638. *Plutonem* vocat *Jovem Stygium*: at Plutonem, & Furias, & cætera inferorum numina, *læva* & adversa hominibus fuisse habita, nemo nescit, testaturque Arnobius l. 3. De *Apolline* vatum Deo, Ecl. 3. 104.

8. *Principio, &c.*) I. PARS. *De apum habitatione*: præcepta continet duo. I. *De eligendo alvearibus loco, deque iis quæ adesse circum, aut procul abesse debent*, v. 8. II. *De forma alvearium*, v. 33.

13. *Squalentia terga lacerti.*) Lacertus, *lacertulus*. *Squalor*, *squalidus*, *squaleo*, *squalens*, derivantur a *squamis*: significantque quicquid ita incrustatum obsitumque est, ut squamarum in serpentium piscium que corio densitatem & asperitatem referat. Ita definit Gellius l. 2. 6. Sic Æn. 10. 314. *Per tunicam squalentem auro*: quia aurum dense intextum erat. Sic macula in lacerto. Sic in corporibus congeries sordium.

14. *Meropes.*) *Merops* avis, quæ & *apiaster* dicitur, Ital. *apiaruolo*, apibus infesta. *Procne*, hirundo: notas quasdam habet in pectore, quæ sanguinem aliquo modo referunt: quas sibi impresserit Progne, plangens pectus, manibus cæde filii sui cruentatis. Fabulam vide Ecl. 6. 78.

21. *Examina.*) Apum coloniæ ad novas sedes quærendas ex alvearibus egressæ, *Servio*. De iis Ecl. 7. 13.

Obviaque hospitiis teneat frondentibus arbos.
In medium, seu stabit iners, seu perfluet humor,
Transversas salices & grandia conjice saxa:
Pontibus ut crebris possint consistere, & alas
Pandere ad æstivum solem; si forte morantes
Sparserit, aut præceps Neptuno immerserit Eurus.
Hæc circum casiæ virides, & olentia late
Serpylla, & graviter spirantis copia thymbræ
Floreat, irriguumque bibant violaria fontem.
Ipsa autem, seu corticibus tibi suta cavatis,
Seu lento fuerint alvearia vimine texta,
Angustos habeant aditus; nam frigore mella
Cogit hyems, eademque calor liquefacta remittit.
Utraque vis apibus pariter metuenda: neque illæ
Nequicquam in tectis certatim tenuia cera
Spiramenta linunt, fucoque & floribus oras
Explent, collectumque hæc ipsa ad munera gluten
Et visco & Phrygiæ servant pice lentius Idæ.
Sæpe etiam effossis (si vera est fama) latebris

Sub

INTERPRETATIO.

subtrahant calori, & arbor occurrens excipiat eas hospitio foliorum. In mediam aquam, sive stabit immota, sive fluet, projice salices obliquas, & magnos lapides, ut possint stare in iis quasi *in frequentibus pontibus, & explicare alas ad solem æstivum: si forte Eurus vehemens dissipaverit sedentes, aut disjecerit in aquas. Circa illa* omnia, *casiæ virides, & serpylla longe redolentia, & copia thymbræ graviter halantis floreat; & violæ* illic *irrigentur liquido rivo. Ipsa autem alvearia, sive a te compacta sint ex corticibus cavatis, sive texta vimine flexili, habeant introitum arctum. Nam hyems constringit mella frigore, & calor resolvit eadem liquefacta. Utriusque violentia pariter formidabilis est apibus: neque frustra illæ diligenter cera oblinunt parvas rimas domorum, & margines rimarum fuco & floribus complent, & servant ad hos ipsos usus gluten collectum, tenacius visco & pice* montis *Idæ in Phrygia. Sæpe etiam, si vera est fama, aperuerunt si-*

NOTÆ.

29. *Neptuno immerserit Eurus.*) *Neptunus* hic pro quibuslibet aquis, G. 1. 14. *Eurus*, pro quolibet vento violentiore, G. 1. 371.

30. 31. 32. *Casiæ virides.*) *Casia* lavendula est, aut rosmarinus, Ecl. 2. 49. *Serpyllum*, *Sermollino*: Ecl. 2. 11. *Thymbra*, quæ satureja & cunila etiam dicitur, herba condimentaria, *Santoreggia*. *Violaria*, loca violis consita.

38. *Ceræ Spiramenta linunt, fucoque & floribus.*) Non cera proprie, neque floribus; sed *melligine*, id est, glutine quodam, & viscosa tenacique materia, unde operis fundamenta crustis struunt, ex Plin. l. 11. c. 6. & 7. aliisque. *Commosis*, *pissoceros*, & *propolis*. *Commosis*, κόμμωσις, crusta est prima, atque ima, saporis amari, dicta quasi *gummitio*, a κόμμι *gummi*: quia fit e lacrymis arborum, salicis, ulmi, arundinis; e gummi præcipue, & resina, &c. *Pissoceros*, πισσόκηρος, secunda est crusta, dilutior, fitque e mitiore gummi, mediæ naturæ inter picem & ceram, unde nomen habet a πίσσα *pix* & κηρός *cera*. *Propolis* tertia crusta, & proximum favorum stabilimentum, crassioris materiæ, cui florum succus additur: *hac omnes frigoris & injuriæ aditus obstruuntur*, inquit Plinius; hanc significat Virgilius *fucoque & floribus*; cæteras alios inferiores per *gluten*.

39. *Fuco.*) Herba est, lactucæ similis; ex algæ genere, *fucus marinus*, a Plinio dicta: hujus aliqua species quadantenus rubet. *Laudatissimus*, inquit, *qui in Creta insula juxta terram in petris nascitur, tingendis etiam lanis ita colorem alligans, ut elui postea non possit*, l. 32. 6. & l. 26. 10. Notat Aldrovandus in Museo metallico l. 1. 7. mulieres antiquitus hac herba conciliasse ruborem genis, indeque factum ut pigmenta omnia muliebris formæ, imprimisque cerussa ad candorem præparata dicta sit *fucus*, Ital. *liscio*.

41. *Visco & Phrygiæ, &c.*) Hoc *Viscum*, vel hic *viscus*, Ital. *pania*. De *pice* Idæ montis in Phrygia, G. 3. 450.

Sub terra fodere larem; penitusque repertæ
Pumicibusque cavis, exesæque arboris antro.
Tu tamen & levi rimosa cubilia limo
Unge fovens circum, & raras superinjice frondes.
Neu propius tectis taxum sine, neve rubentes
Ure foco cancros: altæ neu crede paludi:
Aut ubi odor cœni gravis, aut ubi concava pulsu
Saxa sonant, vocisque offensa resultat imago.
Quod superest, ubi pulsam hyemem Sol aureus egit
Sub terras, cœlumque æstiva luce reclusit:
Illæ continuo saltus silvasque peragrant,
Purpureosque metunt flores, & flumina libant
Summa leves. Hinc nescio qua dulcedine lætæ
Progeniem nidosque fovent: hinc arte recentes
Excudunt ceras, & mella tenacia fingunt.
Hinc ubi jam emissum caveis ad sidera cœli
Nare per æstatem liquidam suspexeris agmen,
Obscuramque trahi vento mirabere nubem;
Contemplator: aquas dulces & frondea semper
Tecta petunt; huc tu jussos asperge sapores,

Tri-

INTERPRETATIO.

bi domum sub terra, effossis latibulis; & inventæ sunt profunde in *lapidibus cavis*, & in *alvo arboris cariosa. Tu tamen &* unge *alvearia hiantia, circumlinens molli luto: & superjice* luto *folia tenuia: neve permitte ut taxus sit vicinior alveari: neve coque* in *foco cancros rubentes: neve colloca* alveare *prope paludem profundam; aut ubi odor luti gravis est; aut ubi saxa intus cava resonant pulsu* vocis, *& sonus speciei allisa resilit. Quod spectat ad alia, quando Sol rutilus expulit hyemem sub terras, & aperuit cœlum lumine calido: statim apes volant per saltus & silvas, & carpunt flores purpureos, & volando degustant superficiem fluviorum. Ex his* floribus, & aquis *recreatæ nescio qua delectatione, nutriunt fœtus, &* conficiunt *eorum nidos; ex his elaborant artificiose ceras novas, & fabricant mella glutinosa. Deinde quando videbis examen, emissum ex alvearibus per æstatem serenam, volare in altum aerem, & nigram nubem* apum *diffundi vento; considera: quærunt semper aquas dulces, & ramos frondentes* ubi considant: *sparge circa*

NOTÆ.

44. *Pumicibusque.*) Pumex, Ital. *pomice.*

45. *Tu tamen &c.*) Etsi ipsæ apes alvearia glutine obducunt, tu tamen unge externo limo, ad majorem cautelam, &c.

47. *Taxum.*) *Taxus*, Ital. *tasso*, de qua Ecl. 9. 30. ab alvearibus amovenda, quia ex eius succo mel amarissimum conficitur, quale est Corsicum, Ecl. 9. 31.

47. *Neve rubentes, &c.*) Cancri, *granchi*, rubentes cum cocti sunt, nidore nocent apibus. *Paludis* altitudine submergi apes: quia non facile patent lapides, quibus quasi pontibus, apes sustententur. *Cœnum*, nocet odoris gravitate. *Echo*, reciproco sono pavidas facit.

51. *Quod superest, ubi, &c.*) II. PARS. *De pabulatione apum, examinibus, pugnis.* Præcepta continet duo. I. *Quomodo examina retinenda sint in alvearia*, v. 58. II. *Quomodo pugnæ compescenda sint*, v. 80.

52. *Egit sub terras.*) Sub polum australem, sive antarcticum, quem sub *pedibus Styx atra videt*, G. 1. 243. Pellit autem Sol hyemem ad illas partes, quia ad nostras accedit, ab illis recedit: non ex recessu sequitur hyems.

52. *Æstiva luce.*) Calidiore: nec enim proprie æstas hic significatur, sed ver.

54. *Libant.*) Degustant, radunt: Æn. 1. 740.

57. *Excudunt ceras.*) Metaphora a fabris ferrariis ducta, quorum est proprie ferrum cudere: ideo comparantur apes cum Cyclopibus, v. 170.

59. *Nare per æstatem liquidam.*) *Nare* sæpe pro *volare*; volare sæpe pro *nare*, motus tremulatione communis: vide Æn. 5. 219. *Liquidam.*) Puram, serenam: unde Ecl. 6. v. 33. *Et liquidi simul ignis.*

Eripe: non illis quisquam cunctantibus altum
Ire iter, aut castris audebit vellere signa.
Invitent croceis halantes floribus horti:
Et custos furum atque avium, cum falce saligna,
Hellespontiaci servet tutela Priapi.
Ipse thymum pinosque ferens de montibus altis
Tecta serat late circum, cui talia curae:
Ipse labore manum duro terat, ipse feraces
Figat humo plantas, & amicos irriget imbres.
Atque equidem, extremo ni jam sub fine laborum
Vela traham, & terris festinem advertere proram;
Forsitan & pingues hortos quae cura colendi
Ornaret, canerem, biferique rosaria Paesti:
Quoque modo potis gauderent intyba rivis,
Et virides apio ripae, tortusque per herbam
Cresceret in ventrem cucumis: nec sera comantem
Narcissum, aut flexi tacuissem vimen acanthi,
Pallentesque hederas, & amantes litora myrtos.

Nam-

INTERPRETATIO.

rit difficultas revocare: tu regibus pennas evelle: nullus audebit illis morantibus vagari per aerem, & evertere signa e castris. Horti spirantes croceis floribus eas alliciant; & tutela Priapi Hellespontiaci, abactrix latronum & volucrum, cum falce e salice, eas *servet.* Ille *ipse, qui curat talia, transferens ex altis montibus thymum & pinos, plantet eas undique circa alvearia: ipse atterat manus duro* plantationis *labore: ipse infodiat terrae plantas fertiles, & inriget* plantis *aquam opportunam. Ego certe, nisi jam sub ultimum finem laborum colligerem vela, & properarem torquere proram ad terram; fortasse cantarem quoque, qua ratio culturae ornaret hortos fertiles, &* cantarem *rosaria Paesti bis fecundi: & quomodo intyba, & margines virentes apio, laetarentur aquis irrigantibus, &* quomodo *cucumis curvatus per herbam tumesceret in* modum *ventris: nec praetermisissem narcissum sero florentem, & caulem acanthi flexilis, & hederas albentes, & myrtos quae*

NOTAE.

108. *Castris audebit vellere signa.*) Metaphora e militia Romanorum; qui cum castra metabantur, signa in terram defigebant ante praetorium: cum castra movebant, evellebant; & si facile quidem, bonum erat omen; contra, si difficile.

109. *Croceis.*) Versicoloribus: color certus pro incerto; de eo colore Ecl. 4. 44.

110. *Cum falce saligna Hellespontiaci, &c.*) Solebant in hortis omnibus Priapi statuam collocare, cum falce e quolibet rudi ligno: pro quo genere salignum posuit, id est, e salice. De *Priapo* Ecl. 7. 33. *Hellespontiacus* dicitur, quia colebatur imprimis Lampsaci, quae urbs est in minori Mysia ad fretum Hellespontiacum. De *Hellesponto*, *stretto di Gallipoli*, G. 1. 207.

112. *Pinosque.*) Victorius non *pineam* arborem, sed pinus esse putat virgulta semper virentia; Taubmannus etiam florem. Sed quicquid ab iis affertur in rem suam, vanum est. Neque enim, ut volunt, Columella l. 9. 4. pinum inter frutices numerat, sed inter arbores apibus gratas; pinumque conjungit cum ilice, *semper virens pinus & minor ilex*. Neque Apollodorus eam inter flores admittit, cum admittit inter *coronamenta*: ut enim lauro triumphatores, sic pinu coronabantur victores ludis Isthmiis; nec tamen inde est e florum genere. Neque Virgilius in Culice v. 405. cum dicit *semper florida pinus*, significavit pinum florem esse perennem, sed arborem perpetuo florentem metaphorice, id est, semper virentem.

119. *Biferique rosaria Paesti.*) *Paestum*, oppidum & sinus Lucaniae. *Pesto*: cujus solum rosis nobile, quas bis, nempe mense Maio & Septembri, ferebat.

120. *Intyba.*) *Cicoria*, Georg. 1. 120.

121. *Ripae.*) Margines fontium. *Apium.*) De *apio* Ecl. 6. 68.

122. *Cucumis.*) *Cocomero*, ob ventris figuram.

123. *Narcissum.*) Ecl. 2. 48. tardius floret; ideo *sero comantem* vocat: & *sera* dicit, pro *sero*; adjectivum plurale acusativum pro adverbio. *Vimen acanthi.*) Caulem *branca ursina*, de qua Ecl. 3. 45. Non vero *spinae Aegyptiae*, quae alterum genus acanthi est, de quo G. 2. 119. De *myrtis*, Ecl. 2. 54.

Namque sub Oebaliæ memini me turribus altis,
Qua niger humectat flaventia culta Galesus,
Corycium vidisse senem, cui pauca relicti
Jugera ruris erant; nec fertilis illa juvencis,
Nec pecori opportuna seges, nec commoda Baccho.
Hic rarum tamen in dumis olus, albaque circum
Lilia, verbenasque premens, vescumque papaver,
Regum æquabat opes animis: seraque revertens
Nocte domum, dapibus mensas onerabat inemptis.
Primus vere rosam, atque autumno carpere poma:
Et cum tristis hyems etiam nunc frigore saxa
Rumperet, & glacie cursus frenaret aquarum,
Ille comam mollis jam tum tondebat acanthi,
Æstatem increpitans seram, zephyrosque morantes.
Ergo apibus fœtis idem atque examine multo
Primus abundare, & spumantia cogere pressis
Mella favis: illi tiliæ, atque uberrima pinus:
Quotquot in flore novo pomis se fertilis arbos
Induerat, totidem autumno matura tenebat.

Ille

INTERPRETATIO.

amant littora. Namque sub altis turribus Tarenti, qua profundus Galesus irrigat agros flaventes segetibus, memini me vidisse senem Corycium, qui habebat pauca jugera agri deserti; terra illa, nec apta erat arationi *boum, nec opportuna* pastioni *pecorum, nec commoda vitibus. Tamen in illo loco,* prius *dumoso, plantans rara olera, & in circuitu candida lilia, ac verbenas, ac edule papaver, æquabat animo divitias regum, & nocte jam provecta rediens domum, onerabat mensam cibis non emptis. Primus colligebat vere rosam, & autumno poma: & cum tristis hyems frangeret adhuc lapides vi frigoris, & cohiberet glacie fluxum aquarum; ille jam tum tondebat frondes flexilis acanthi, increpans æstatem pigram & zephyros tardos. Itaque primus abundabat apibus fœcundis, & multis examinibus, & colligebat mel spumosum e favis compressis: habebat tilias, & pinos copiosas, & quot pomis arbor ferax se vestierat* tempore *novorum florum, totidem matura* poma *retinebat autumni* tempore.

NOTÆ.

125. *Namque sub Oebaliæ, &c.*) Tarenti, urbis in Italiæ ora maxime Australi: cujus instaurator fuit Phalantus ex Oebalia, seu Laconia, profectus.

126. *Qua niger, &c.*) *Galesus, Galeso*, Calabriæ fluvius est, in sinum illum Tarentinum defluens: *niger* dicitur, vel ab umbra circumstantium arborum: unde a Propertio l. 2. 34. 67. vocatur umbrosus; *Umbrosi subter pineta Galesi*: vel a profunditate aquarum, quæ nigritiem inde contrahunt: unde frequens est illud epithetum Homero, *μέλαν ὕδωρ, nigra aqua*. Erythræus legit *piger*, quia certum est eum lentissime labi.

Flaventia culta.) Loca culta & flaventia: duo adjectiva, quorum alterum substantivi vim obtinet, ut G. 1. 393. *Aperta serena*.

127. *Corycium senem.*) Vel nomen fuit hujus senis proprium; vel appellativum a gente: *Corycus* enim, [illegible], mons croci ferax, & oppidum fuit Ciliciæ: quæ regio est Asiæ in littore maris inde dicti Cilicii. Hujus incolæ *Cilices*, eo quod piraticam exercerent, a Pompejo petiti bello, & partim cæsi, partim in fidem recepti, agris ab eo donati sunt: permultique Cilicum remiges, quorum opera usus erat Pompejus, in Calabria Tarentinoque agro collocati sunt. Ex iis hunc unum esse aliquem non immerito suspicantur.

130. *Rarum.*) Raris, non densis ordinibus consitum, quod in sterili terra fit.

131. *Verbenasque premens.*) Ital. *verbena*, Ecl. 8. 65. *Premens*. Plantans, G. 2. 346. *Quæcumque premes virgulta per agros. Vescumque papaver*. Edule: causam vide supra G. 1. 212. Vescum item, minutum ac parvum significat. Ovid. F. lib. 3. *Vescaque parva vocant*. Plin. l. 7. 20. *Corpore vesco fuisse, sed eximiis viribus Tritanum*, memorat.

137. *Mollis acanthi.*) *Branca ursina*. Ecl. 3. 45. De *Zephyris*, Ecl. 5. 5.

141. *Tiliæ, atque, &c.*) *Tilia, Tiglio*: arbor nota. *Pinus uberrima*, vel plurima, vel ferax pinearum nucum, vel ferax gluminis, quo apes utuntur ad mellis fundamina; vide supra, v. 38.

Ille etiam seras in versum distulit ulmos,
Eduramque pirum, & spinos jam pruna ferentes,
Jamque ministrantem platanum potantibus umbras.
Verum hæc ipse equidem, spatiis exclusus iniquis,
Prætereo, atque aliis post commemoranda relinquo.
Nunc age, naturas apibus quas Juppiter ipse
Addidit, expediam: pro qua mercede, canoros
Curetum sonitus crepitantiaque æra secutæ,
Dictæo cæli regem pavere sub antro.
Solæ communes natos, consortia tecta
Urbis habent, magnisque agitant sub legibus ævum;
Et patriam solæ, & certos novere penates:
Venturæque hyemis memores, æstate laborem
Experiuntur, & in medium quæsita reponunt.
Namque aliæ victu invigilant, & fœdere pacto
Exercentur agris: pars intra septa domorum
Narcissi lacrymam, & lentum de cortice gluten,
Prima favis ponunt fundamina; deinde tenaces
Suspendunt ceras: aliæ, spem gentis, adultos

Edu-

INTERPRETATIO.

Ille etiam digesserat in ordinem ulmos tarde crescentes, & *pirus duras, & spinos jam ferentes pruna, & platanum jam præbentem umbracula bibentibus. Sed ego quidem arctatus spatiis angustioribus, ista omitto, & relinquo aliis deinde commemoranda. Nunc age, describam facultates, quas ipse Jupiter addidit apibus: propter quod* donum obtinendum apes, *secutæ canoros sonitus* Corybantium & *æra crepantia, nutriverunt regem cæli sub caverna Dictæa.* *Solæ* volucrum *habent fœtus communes, & domos urbis communes, & vitam ducunt sub legibus immobilibus: & solæ cognoscunt patriam, & statas domos: & prævidentes hyemem futuram, exercent se labore per æstatem, & congregant in commune bona parta. Aliæ enim provident cibis, & lege constituta laborant per campos: pars intra claustra alveariorum componunt ima fundamenta favorum ex succo narcissi & viscoso glutine corticis; postea tenaces concamerant ceras: aliæ alunt* incubando *fœtus crescentes, qui*

NOTÆ.

144. *In versum, &c.*) De arborum ordinata plantatione, G. 2. 277.

145. *Eduram pirum.*) Duritiem vel ad lignum refert, vel ad fructum qui nondum maturum, est etiam in maturitatem latus lapidescentium. De hac voce, *edura*, vide G. 2. 65. De *Platano*, *Platano*, ibidem G. 2. 70.

145. *Spinos jam pruna ferentes.*) Spinus, vel significat prunum silvestrem, quod vult Car. Stephanus, vel spinam ipsam, quæ in prunum conversa sit per insitionem; de qua insitione G. 2. 73.

149. *Nunc age, &c.*) IV. PARS. *De apum republica, & quasi civili prudentia*, in melle conficiendo, in lege observando, &c.

151. *Curetum sonitus.*) Saturnus cum filios mares devoraret, vel ex pacto cum Titane fratre, vel ex metu suo, cum esset in fatis fore ut a filiis regno pelleretur, Rhea sive Ops, aut Cybele, ejus uxor, Jovem in Creta natum in antro Dictæi montis, qui Idæ monti vicinus est, occuluit; jussitque ut *Curetes*, sive *Corybantes*, sive *Dactyli*, sacrorum suorum administri, cymbalis, æreisque clypeis circa eum obstreperent, ne vagitus proderet infantem patri. Hujus porro insulæ rex dicitur fuisse *Melissus*, cujus filiæ duæ Jovem aluerunt caprino lacte & melle: unde fabulæ ferunt, capram nomine Amaltheam, & apes Curetum cymbalis excitas, Jovis nutrices fuisse: & ob id quidem beneficium, capram a Jove relatam inter sidera, cornu ejus nymphis nutricibus datum, hac adjecta facultate, ut quidquid optassent, id illis ex eo cornu largiter emanaret; apes, cum antea nihilo essent aureæ aliis sagaciores, nova sagacitate fuisse præditas: unde facultates illæ *additæ* dicuntur. *Pro qua mercede*, supple, consequenda; quasi hoc sibi officii sui præmium ac finem apes proposuerint.

158. *Victu.*) Pro *victui*, dativo contracto, de quo Ecl. 5. 29. De *Narcisso*, Ecl. 2. 48. De *glutine*, quo ceræ & mellis fundamenta constant, supra v. 40.

160. *Suspendunt ceras, &c.*) Plinius, lib. 11. 10. *Excitant ceras solicitum, pilarum intergerinis*

sic

Educunt fœtus: aliæ purissima mella
Stipant, & liquido distendunt nectare cellas.
Sunt quibus ad portas cecidit custodia sorti:
Inque vicem speculantur aquas & nubila cœli,
Aut onera accipiunt venientum, aut agmine facto
Ignavum fucos pecus a præsepibus arcent.
Fervet opus, redolentque thymo fragrantia mella.
Ac veluti lentis Cyclopes fulmina massis
Cum properant; alii taurinis follibus auras
Accipiunt, redduntque: alii stridentia tingunt
Æra lacu: gemit impositis incudibus Ætna.
Illi inter se se magna vi brachia tollunt
In numerum, versantque tenaci forcipe ferrum.
Non aliter (si parva licet componere magnis)
Cecropias innatus apes amor urget habendi,
Munere quamque suo. Grandævis oppida curæ,
Et munire favos, & Dædala fingere tecta.
At fessæ multa referunt se nocte minores,
Crura thymo plenæ: pascuntur & arbuta passim,
Et glaucas salices, casiamque, crocumque rubentem,
Et pinguem tiliam, & ferrugineos hyacinthos.
Omnibus una quies operum, labor omnibus unus.

Ma-

INTERPRETATIO.

sunt spes generis: aliæ addensant mella expurgata, & implent favos puro nectare. Sunt aliquæ quibus statio ad portas sorte obtigit: & quæ per vices prævident pluviam & nubes aeris; aut accipiunt onera venientium; aut conflato agmine expellunt ex alveari fucos, quod est genus pigrum. Fervet labor, & mella thymum halantia bene olent. At veluti quando Cyclopes fabricantur fulmina e massis emollitis; alii accipiunt & remittunt aerem follibus e taurino factis; alii mergunt in aquas æra stridentia: Ætna plangit sub incudibus sibi impositis. Illi inter se attollunt brachia magno robore per ordinem, versantque ferrum mordaci forcipe. Non aliter (si licet comparare parva magnis) ingenita cupiditas congregandi mella urget apes Atticas, unamquamque juxta suum officium. Seniores curant alvearia, & tuentur favos, & construunt domos artificiosas. At juniores redeunt lassæ provecta nocte, refertæ thymo circa crura; & hinc inde carpunt arbuta, & salices virides, & casiam, & crocum rufum, & tiliam viscosam, & hyacinthos nigrescentes. Simul omnes quiescunt a labore,

NOTÆ.

sit e tolo servientis, ne desit aliquis ad surgendum. De Nectare, ... Deorum, Ecl. 5. 71.

165. *Sorti.*) Pro sorte: sic igni pro igne, G. 2. 667. *Capiti* pro capite, Ecl. 5. 71.

168. *Fucos.*) Vespæ. Ex Plinio l. 11. 11. Fuci sunt sine aculeo apum, his sunt cellarum minimæ: ... imperant iis, primosque in opera expellunt, tardosque sine clementia puniunt.

170. *Cyclopes, &c.*) De his, ... Ætna monte G. 1. 471. & latius Æn. 3. 569.

175. *In numerum.*) Certo quodam ordine, ac veluti numeroso musicorum concentu.

177. *Cecropias.*) Atticas, a primo Atticorum rege Cecrope: mel autem Atticum celebre fuit, præsertim ex Hymettio monte.

178. *Dædala.*) A Dædalo ingeniosissimo Atheniensi fabro, qui labyrinthum condidit, artificiosa quælibet opera, *Dædala*, vel *Dædalea* dicta sunt. De eo plura Æn. 6. 14.

181. *Crura thymo plenæ.*) Plin. l. 11. 10. *Quæ flores comportant, prioribus pedibus femina onerant, propter id natura scabra, priores pedes rostro.*

Arbuta passim, &c.) Arbuta, Ital. *corbezzolo*, Ecl. 3. 82. *Casia*, Ecl. 2. 49. Crocus, *zafferano*, Ecl. 4. 44. Hyacinthus, *Giacinto*, Ecl. 3. 63. Tilia, *Tiglio*. De *Ferrugineo* colore, Ecl. 4. 18.

Mane ruunt portis, nusquam mora: rursus easdem
Vesper ubi e pastu tandem decedere campis
Admonuit, tum tecta petunt, tum corpora curant.
Fit sonitus, mussantque oras & limina circum.
Post, ubi jam thalamis se composuere, siletur
In noctem, fessosque sopor suus occupat artus.
Nec vero a stabulis pluvia impendente recedunt
Longius, aut credunt cælo adventantibus Euris;
Sed circum tutæ sub mœnibus urbis aquantur,
Excursusque breves tentant: & sæpe lapillos,
Ut cymbæ instabiles fluctu jactante saburram,
Tollunt: his sese per inania nubila librant.
Illum adeo placuisse apibus mirabere morem,
Quod nec concubitu indulgent, nec corpora segnes
In venerem solvunt, aut fœtus nixibus edunt.
Verum ipsæ e foliis natos & suavibus herbis
Ore legunt: ipsæ regem, parvosque Quirites
Sufficiunt, aulasque & cerea regna refingunt.
Sæpe etiam duris errando in cotibus alas
Attrivere, ultroque animam sub fasce dedere:
Tantus amor florum, & generandi gloria mellis.
Ergo ipsas quamvis angusti terminus ævi
Excipiat; (neque enim plus septima ducitur ætas)

At

INTERPRETATIO.

simul omnes laborant. Mane exeunt portis, nullo in loco ignavia est. Postea cum Hesperus eis significavit recedendum esse ex agris & pastione, tunc adeunt alvearia, tunc reficiunt corpora. Murmur excitatur, & strepunt circa vestibulum & portas. Deinde cum jam consederunt in cellis, silent per noctem, & conveniens sopor tenet membra lassa. Non autem abeunt longius ab alvearibus, quando imber instat, nec confidunt aeri, quando imminent venti: sed, secura prope parietes alvearis, circum hauriunt aquas, & faciunt breves excursiones; & sæpe, quemadmodum naves fluitantes habent arenam contra agitationem fluctuum, ita apprehendunt lapillos, & his sustinent se per nubes vagas. Miraberis autem hanc consuetudinem placuisse apibus, quod nec vacant coitui, nec inertes enervant corpus libidine, nec emittunt fœtus partu. Sed ipsæ rostro colligunt fœtus e foliis & herbis dulcibus: ipsæ supplent regem & parvos cives, & reparant palatia ac regna cerea. Sæpe quoque vagando contriverunt alas in duris saxis, & sponte amisere vitam sub onere: tantus est ipsis amor florum, tanta gloria faciendi mellis. Itaque licet brevis vita finis eas urgeat (non enim vivunt plus quam

NOTÆ.

186. *Vesper.*) Stella Veneris, Ecl. 6. 86.

192. *Euris.*) Quibuslibet ventis, proprie tamen Orientalibus.

195 *Saburram.*) Arenam graviorem, qui naves ad certam usque mensuram onerantur, ac *saburrantur*, ut stabiliores fiant.

198. *Concubitu.*) Pro *concubitui*. Ecl. 7. 19. Pl. l. 11. 16. *Fetus quonam modo progenerarent, magna inter eruditos & subtilis quæstio fuit; apum enim coitus visus est numquam. Plures existimavere oportere confici floribus ... Gallinarum modo incubant. Id quod exclusum est, primum vermiculus videtur candidus ... donec rupiis membranis, quæ singulos singulis ovorum modo, universum agmen emergit.* Ita fere Aristoteles aliique, qui omnes putant reperiri ab iis aliquid in floribus, quod sit seminis loco; idque deinde, formatum in fœtus, ab iis demitti ore.

201. *Quirites.*) Cives, dicti metaphora a Romanis civibus, qui dicti sunt *Quirites*; vel a Romulo rege, qui dictus est *Quirinus*: vel a *Curibus* oppido Sabinorum, postquam fœdus ictum est inter Tatium eorum regem, & Romulum.

203. *Duris in cotibus.*) *Cos* usurpatur sæpe pro lapide, qui ferro acuendo adhibetur. Hic tamen & alibi pro quolibet lapide aspero, & caute. *Cos* itaque & *cautes*, idem sunt: quemadmodum & a Græcis usurpatur ἀκόνη in utraque significatione.

At genus immortale manet, multosque per annos
Stat fortuna domus, & avi numerantur avorum.
Præterea regem non sic Ægyptus, & ingens
Lydia, nec populi Parthorum, aut Medus Hydaspes,
Observant. Rege incolumi mens omnibus una est;
Amisso, rupere fidem; constructaque mella
Diripuere ipsæ, & crates solvere favorum.
Ille operum custos, illum admirantur, & omnes
Circumstant fremitu denso, stipantque frequentes,
Et sæpe attollunt humeris, & corpora bello
Objectant, pulchramque petunt per vulnera mortem.
His quidam signis, atque hæc exempla secuti,
Esse apibus partem divinæ mentis, & haustus
Æthereos dixere; Deum namque ire per omnes
Terrasque tractusque maris, cœlumque profundum:
Hinc pecudes, armenta, viros, genus omne ferarum,
Quemque sibi tenues nascentem arcessere vitas.
Scilicet huc reddi deinde, ac resoluta referri

O.

INTERPRETATIO.

septem annos) tamen *genus* earum *manet immortale; & fortuna familiæ subsistit per multos annos, & numerantur avi avorum. Præterea non ita regem Ægyptus, & magna Lydia, & gens Parthorum & Hydaspes Medus, venerantur. Rege vivo, unanima est concordia omnium; rege mortuo, dissolvunt societatem, & ipsæ rapiunt mella accumulata, & evertunt compagem favorum. Ille rex præsidet operibus, admirantur illum, & omnes circa* illum *congregantur multo* cum *murmure, & ambiunt* illum *magno numero, & sæpe efferunt humeris, & in bello objiciunt corpora* pro eo, *& quærunt per vulnera gloriosam necem. Quidam ob hæc indicia, & considerantes hæc specimina* prudentiæ, *asserunt, partem divinæ mentis & cælestis spiritus inesse apibus. Quippe* dixerunt *Deum ferri per omnes & terras, & tractus maris, & cælum profundum: ex illo pecudes, armenta, homines, omne genus ferarum*, denique *quemlibet nascendo sibi attrahere animam. Quip-*

NOTÆ.

210. *Regem non sic, &c.)* Comparat obsequiis apum erga reges, cum studio populorum; eorum maxime qui deliciis fracti dominos quasi servili cultu adorabant. Tales *Ægyptii*, de quibus infra v. 287. *Lydi*, quorum regio pars est Asiæ minoris, Pactolo, aurifero flumine perfusa, Crœso olim regi ditissimo subdita. *Parthi*, de quibus Ecl. 1. 62. *Medi*, ad occidentem Parthorum siti, qui hic per Hydaspem fluvium indicantur. *Hydaspes* tamen ab uno Virgilio in Media, ab aliis in India collocatur; ab aliis in Indum influere dicitur ad urbem Nisam, ab aliis in mare labi. Probus putat *Medum* dici victoriæ causa; quia Medi & Persæ, duce Alexandro, Indiam domuerunt: quod si admittatur, *Græcus* etiam & *Macedo* meliori jure potuit vocari; quod quis ferat? Abramus legit, *Indus Hydaspes*, sed nulla fide manu scriptorum. Ego admodum incertam fuisse & vatis ejus notitiam puto, nec alia de causa dixit Horatius, Od. 1. 22. 8. *Quæ loca fabulosus lambit Hydaspes*: adeo varia de illo narrantur.

214. *Crates favorum.)* Quia favi in modum craticularum contexti sunt.

220. *Esse apibus partem, &c.)* Sequitur hic doctrinam Pythagoræ & Platonis. Pythagoræ opinio sic a Servio explicatur: *Omnia animalia ex quatuor elementis & divino spiritu constare manifestum est. Trahunt enim a terra carnem, ab aqua humorem, ab aere anhelitum, ab igne fervorem, a divino spiritu ingenium: quod quia est in apibus; sicut in hominibus (nempe metuunt, cupiunt, dolent, gaudent; quæ probantur ex his quæ faciunt: dimicant enim, colligunt flores, prævident pluvias) fatemur necesse est, etiam apes partem habere divinitatis.* Platonis autem opinio est in Timæo, Deum, cum mundum conderet, *astris* parem distribuisse numerum animarum, singulisque astris singulas attribuisse, quasi totidem vehiculis. Pythagoræ autem & Platonis communis sententia est, animam esse interitus expertem, &, cum exit, pervenire in cognatam sibi animam mundi, ut testatur Plutarchus lib. 4. de Placit. Philos. Juxta has igitur sententias docet Virgilius, *morti non esse locum*: id est exinanitioni, quippe cum anima remaneat: deinde animam reverti *sideris in numerum*, id est, ad ea sidera quibus singulæ addicuntur; atque ita in cœlum reverti, quæ præcipua Dei sedes est.

Omnia: nec morti esse locum; sed viva volare
Sideris in numerum, atque alto succedere cœlo.
Si quando sedem angustam, servataque mella
Thesauris relines; prius haustu sparsus aquarum,
Ora fove, fumosque manu prætende sequaces.
Bis gravidos cogunt fœtus, duo tempora messis;
Taygete simul os terris ostendit honestum
Pleias, & Oceani spretos pede reppulit amnes:
Aut eadem sidus fugiens ubi piscis aquosi,
Tristior hybernas cœlo descendit in undas.
Illis ira modum supra est, læsæque venenum
Morsibus inspirant, & spicula cæca relinquunt
Affixæ venis, animasque in vulnere ponunt.
Sin duram metues hyemem, parcesque futuro,
Contusosque animos & res miserabere fractas;
At suffire thymo, cerasque recidere inanes
Quis dubitet? nam sæpe favos ignotus adedit

Stel-

INTERPRETATIO.

se dixerunt *omnia post dissolutionem reverti ac referri ad eum: nec esse locum exinanitioni*; sed omnia *volare viva*, sui quæque *stellis in numerum, atque ire in altum cælum*. *Si aliquando recludis arctam alveare*, & *mella servata in favis*, *imbuens haustu aquarum os tuum imprimis*, & *prætende manu fumos* qui *insequuntur* apes. Apiarii *colligunt favos plenos*, & *duo sunt tempora mellationis*: *simul ac Taygete Pleias monstravit terris formosum vultum*, & *repulit pede aquas Oceani a se contemptas*; *aut cum eadem*, *fugiendo astrum piscis imbriferi*, *descendit mœsta e cælo in aquas hybernas*. *Illæ apes iracundæ sunt supra modum*, & *offensæ venenum punctione immittunt*, & *affixæ venis relinquunt aculeos occultos*, & *amittunt vitam in vulnere*. *Si vero timeas hyemem sterilem*, & *provideas in futurum*, & *miserescas gentis afflictæ opumque direptarum*; *tamen quis omittat fumigare eas thymo*, & *auferre ceras superfluas*? Nam

NOTÆ.

229. *Relines*, &c.) Aperies, detracta illa omni materia, qua totum alveare apes linunt. Tum duplici utere industria ad fugandas apes. I. Aquam haustam ore presso sparge super alveariis, pluviæ in modum. II. Prætende fumum.

Haustu sparsus aquarum Ora fove.) Supple, & deinde projice in pluviæ modum. Prius legebatur, *ore fove*: ambigua & difficili sententia. Restituit e Mss. N. Heinsius, *Ora fove*.

231. *Bis gravidos cogunt*, &c.) V. PARS. *De mellationis temporibus*; verno scilicet, & autumnali. Per *gravidos favos*, haud dubie mella intelligit, quæ sunt fructus & proventus apum: neque enim significat proprie favos, qui non sunt gravidi: neque mactat apes, quæ dici non possunt *fœtus*.

232. *Taygete simul*, &c.) Una e *Pleiadibus*, sub qua sex etiam alias comprehendit: de iis Georg. I. 138. Earum ortu & occasu notat duplex tempus colligendi mellis, quod metaphorice messem vocat. Oriuntur oriente Sole in tauro circa ultimum Aprilis, aut initium Maii: occidunt oriente Sole, circa finem Octobris, aut initium Novembris; vide G. I. 221.

233. *Oceani amnes.*) Quia Oceanus terram ambit.

234. *Sidus fugiens piscis aquosi.*) Certe fugiunt tantum insequentes: at nullum proprie piscium sidus Pleiades sequitur, sed antecedit. Nodum hunc ut solvat Pollius, versum sic interpungit. *Aut eadem sidus fugiens*, *ubi piscis aquosi tristior hybernas cælo descendit in undas*: hoc sensu: *Aut eadem fugiens sidus*, id est Solem, *ubi descendit in undas hybernas piscis aquosi*, id est, in quas jam sidus piscium ante descendit. Alii aliter solvunt. Ego servata vulgari interpunctione, per piscem aquosum, intelligo *hydram*, qui serpens est in aquis degens, unde nomen habet ab ὕδωρ *aqua*: hoc enim sidus, etsi in occasu Pleiadum gradibus circiter quinquaginta ab iis distet, tamen eas subsequitur, itaque videtur insequi.

238. *Animasque in vulnere ponunt.*) Hoc inde fit, quia aculeus cum alvo, sive intestino, connexus est; & cum infixum fuerit, e vulnere evelli nequit sine alvi ruptione.

239. *Sin duram*, &c.) Si providens in futurum nolis mella omnino detrahere, ne per hyemem deficientibus floribus apes fame pereant; relinque partem aliquam mellis ad cibum hybernum; & interim purga alvearia a noxiis pestibus: ut sunt stellio, Ital. *Tarantola*, blatta, *Tarlo*. fucus, *Vespa*, crabro, *Calabrone*, tinea, vermiculi genus, corrodens vestes & alia, &c.

Stellio, lucifugis congesta cubilia blattis:
Immunisque sedens aliena ad pabula fucus,
Aut asper crabro imparibus se immiscuit armis;
Aut durum tineæ genus, aut invisa Minervæ
In foribus laxos suspendit aranea casses.
Quo magis exhaustæ fuerint, hoc acrius omnes
Incumbent generis lapsi sarcire ruinas,
Complebuntque foros, & floribus horrea texent.
Si vero (quoniam casus apibus quoque nostros
Vita tulit) tristi languebunt corpora morbo,
Quod jam non dubiis poteris cognoscere signis:
Continuo est ægris alius color: horrida vultum
Deformat macies: tum corpora luce carentum
Exportant tectis, & tristia funera ducunt:
Aut illæ pedibus connexæ ad limina pendent,
Aut intus clausis cunctantur in ædibus omnes,
Ignavæque fame, & contracto frigore pigræ.
Tum sonus auditur gravior, tractimque susurrant:
Frigidus ut quondam silvis immurmurat Auster,
Ut mare sollicitum stridet refluentibus undis,
Æstuat ut clausis rapidus fornacibus ignis.
Hic jam galbaneos suadebo incendere odores,

Mel-

INTERPRETATIO.

sese occultans lacertus corrosit favos, cubilia plena sunt blattis fugientibus lucem, & fucus iners occupat prope alienum cibum, aut asper crabro se miscet apibus, *armatus majore aculeo, aut importunum genus tinearum, aut Minervæ odiosa aranea suspendit in portis telas tenues. Quo magis fuerint evacuatæ, eo diligentius omnes contendent reparare jacturam generis vexata, & replebunt cellas, & conficient favos e floribus. Si autem (quoniam vitæ* conditio *intulit quoque apibus nostras miserias) corpora earum languebunt tristi ægritudine, poteris deinceps cognoscere id signis non incertis. Statim ægræ habent aliam colorem; horrida macies deturpat speciem: tunc efferunt ex alvearibus cadavera carentium lumine, & ducunt tristia funera; aut eædem dependent ad portam simul implicatæ pedibus: aut omnes intus clausæ morantur in alvearibus, desides præ fame, & pigræ præ frigore contrahunt* membra. *Tum murmur obscurius auditur & susurrant* lon*go tractu: quemadmodum Auster frigidus aliquando sibilat in silvis; quemadmodum mare turbatum stridet fluctibus reciprocantibus; quemadmodum ignis fervens æstuat* in *fornacibus clausis. Tunc consulo,* ut

NOTÆ.

246. *Invisa Minervæ aranea.*) Arachne, Lydia, lanificii arte ausa cum Minerva contendere; ægre ferens opus suum ab eadem confractum esse, suspendio sibi vitam abstulit: a Minerva in araneam transformata est.

250. *Foros.*) Fori sunt spatia in navibus aperta, tabulata, in quibus inceditur: unde nomen habent, vel a *ferendo*, vel quod *foris* emineant. Sunt item in circo ejusmodi spatia, e quibus videntur spectacula. Hinc diminutivum est *foruli*, quæ sunt apud Suet. & Juven. librorum conditoria in Bibliothecis. Hic pro cellulis cereis usurpantur.

251. *Si vero, &c.*) VI. PARS. *De morbis apum, eorumque signis & remediis.*

257. *Pedibus connexæ, &c.*) Non puto hic examen significari: siquidem ut lætitiæ indicium apponitur infra, v. 558. Itaque intellige de singulis aut paucullis apibus, quæ vel mortuæ, vel languidæ pedibus adhærent ad limina.

261. *Frigidus Auster.*) Quilibet ventus: Auster enim non frigidus, sed humidus est. Macrobius tamen ait frigidum esse ab origine, & humidum fieri cum per torridam plagam ad nos commeat. *Quondam.*) Aliquando. Sic G. 3. 99. *Ut quondam in stipulis magnus sine viribus ignis incassum furit.*

264. *Galbaneos, &c.*) Galbanum, χαλβάνη, gummi e narthece sive ferula, in Syria: hujus odor fugat serpentes. Ital. *Galbano*. Destrictum,

vi-

Mellaque arundineis inferre canalibus, ultro
Hortantem, & fessas ad pabula nota vocantem.
Proderit & tunsum gallae admiscere saporem,
Arentesque rosas, aut igni pinguia multo
Defruta, vel psythia passos de vite racemos,
Cecropiumque thymum, & grave olentia centaurea.
Est etiam flos in pratis, cui nomen amello
Fecere agricolae, facilis quaerentibus herba.
Namque uno ingentem tollit de cespite silvam,
Aureus ipse: sed in foliis, quae plurima circum
Funduntur, violae sublucet purpura nigrae.
Saepe Deum nexis ornatae torquibus arae.
Asper in ore sapor: tonsis in vallibus illum
Pastores, & curva legunt prope flumina Mellae.
Hujus odorato radices incoque Baccho,
Pabulaque in foribus plenis appone canistris.
Sed si quem proles subito defecerit omnis,
Nec genus unde novae stirpis revocetur, habebit;
Tempus & Arcadii memoranda inventa magistri
Pandere, quoque modo caesis jam saepe juvencis
Insincerus apes tulerit cruor. Altius omnem
Expediam, prima repetens ab origine, famam.
Nam qua Pellaei gens fortunata Canopi

Ac-

INTERPRETATIO.

galbanei odores urantur illic, & mella infundantur per cannas arundineas; ultro excitando & invitando apes languidas ad cibum familiarem. Juvabit etiam addere huic melli *succum gallae contritae, & rosas siccas, vel mustum multo igne spissatum, vel passas uvas e psythia vite, & thymum Atticum, & centaurea gravia odore. Est etiam in pratis flos, cui agricolae dedere nomen amelli: planta est facilis repertu. Quippe uno e cespite erigit magnam copiam caulium: aureus ipse est; sed purpura violae nigricantis sublucet in foliis, quae multa in orbem ambiunt* flosculum. *Saepe altaria Deorum ornantur torquibus* amello *implexis. Sapor illius asper est palato: pastores colligunt eum in pratis demessis, & ad fluenta fluvii Mellae. Coque radices illius in vino optimo, & plenis calathis offer* apibus *in cibum ad foramina* alvearis. *Sed si aliquis amiserit subito totam gentem, nec habeat, unde reparetur genus novae familiae;* tunc *tempus* est *aperire inventum memorabile Arcadii apiarii, & quomodo occisis bubus, jam saepe sanguis putridus produxerit apes. Narrabo famam omnem hujus facti, repetens* eam *altius a prima origine. Nam, qua*

NOTAE.

vinum coctum, de quo G. 1. 295. Racemi passi, Ital. *Zibibo*: quem in usum apta prae caeteris uva Psythia, de qua G. 2. 93. Centaurea, orum; vel centaurium, ii; & centaurium, ii; Ital. *centaurea*: herbae quae nomen traxisse dicitur a Chirone Centauro; quia adhibita vulneri, quod ipsi Herculis sagittae fecerant, eum sanavit. *Cecropium thymum*, quod frequens in Hymetto monte Atticae regionis, in qua primus regnavit Cecrops. *Amellus* celeberrimus est *Aster Atticus*, id est, *stella Attica*, ob formam & colorem sic dicta. Alter bubonium, id est, *inguinalis*; quod inguinum doloribus medeatur: in hortis vicus notissimus, Italice *Amello*.

278. *Mella.*) Vel Mela, fluvii Galliae Cisalpinae, prope Brixiam. Unde nomen habet *amellus flos*, teste Servium.

281. *Sed si quem, &c.*) VII. PARS. *De reparatione apum, eamque reparationis inventore Aristaeo.* Is Apolline filius fuit ex Cyrene filia Penei fluminis, vel regis: in Arcadia deinde regnare dicitur; & apum ac mellis usum, lactisque coagulum invenisse; v. G. v. 1. 14.

287. *Qua Pellaei, &c.*) Locus perdifficilis. Vult

Cer-

Accolit effuso stagnantem flumine Nilum,
Et circum pictis vehitur sua rura phaselis:
Quaque pharetratæ vicinia Persidis urget,
Et viridem Ægyptum nigra fœcundat arena,
Et diversa ruens septem discurrit in ora
Usque coloratis amnis devexus ab Indis;
Omnis in hac certam regio jacit arte salutem.
Exiguus primum, atque ipsos contractus ad usus
Eligitur locus: hunc angustique imbrice tecti
Parietibusque premunt arctis: & quattuor addunt
Quattuor a ventis obliqua luce fenestras.
Tum vitulus, bima curvans jam cornua fronte,
Quæritur: huic geminæ nares, & spiritus oris
Multa reluctanti obstruitur, plagisque perempto
Tunsa per integram solvuntur viscera pellem.

Sic

INTERPRETATIO.

parte *felix natio Pellæi Canopi accolit Nilum insidentem agris inundante flumine, & circumnavigat suos agros in naviculis versicoloribus: & qua parte regiones vicinæ Persis pharetratis attingunt Ægyptum; & qua parte fluvius defluens ab usque nigris Æthiopibus fœcundat Ægyptum nigro limo, & præcipitans exonerat se in ostia septem distincta; tota regio collocat in hoc inventum spem certam. Primum quæritur locus angustus, & arctatur ad hunc ipsum usum: hunc tegulis parvi tecti & contractis muris coarctant: adjunguntque quatuor fenestras, obliquo lumine, a quatuor ventis. Tum quæritur juvencus, jam flectens cornua in fronte bienni: huic multum repugnanti clauduntur ambæ nares, & alitus oris; & huic interfecto verberibus, contusa viscera putrefiunt intra pellem non laceratam. Sic relin-*

NOTÆ.

Credamus duplicem hic regionem significari, Ægyptum & Indiam: duplicem fluvium, Nilum & Indum: utrobique inventam esse artem reparandarum apum. Sed refutatur: tum quia non est verisimile quod contendit, versum hunc suppositum esse, *& viridem Ægyptum nigra fœcundat arena*, qui versus plane de Nilo intelligi debet, & locus ipse totus de Nilo, non de Indo: tum quia male diceretur Indus devexus ab Indis, cum Indiæ fines non egrediatur. Abramus hic commiscuisse quid de Gange Indico fluvio, qui per subterraneos meatus erumpat in Ægyptum, ibique Nilum efficiat. Ego omnia de Nilo interpretor, & quæ duo videntur obstare, sic explico. I. Dicitur *Devexus ab Indis*, id est, Æthiopibus, qui ab antiquis Indi vocabantur, ut jam notavimus G. 2. 171. Et vero quicquid olim jactatum sit de ignotis Nili fontibus, nunc compertum est oriri ex duobus fontibus ad radices Lunæ montium, ad meridiem lacus ingentis, quem impermixtis aquis mox deinde præterfluit. Lacus dicitur Zembre. II. *Vicinia Persidis urget*, scilicet Ægyptum, non inquam ipsa Persis, sed vicinæ Persidi regiones, nempe Arabia, Syria, &c. quæ omnia Persidis nomine comprehendit, quia subjectæ aliquando fuerant Persarum imperio, Cyri nempe & Cambysis ejus filii, qui Ægyptum ipsam dicioni subjecit. Solet autem Virgilius terminos regionibus, quam potest latissimos, assignare: ut vidimus Ecl. 1. 63. & G. 2. 490. Nunc singulæ voces explicandæ.

Canopi.) Urbs est Ægypti, quam poeta innuit vicinam esse Alexandriæ, cum Canopum vocat *Pellæum*, id est, *Alexandrinum*. Alexander enim, conditor Alexandriæ, in urbe Macedoniæ Pelle natus erat. Per *Gentem Canopi* Ægyptios omnes intelligit, quia urbs illa erat antiquissima, sita ad maximum e septem ostiis, quibus Nilus in mare se exonerat. *Gens fortunata.*) Propter fertilitatem regionis.

288. *Stagnantem flumine Nilum.*) Qui Sole in cancrum subeunte, crescere incipit per centum dies ad usque Autumnum: qua inundatione fœcundantur agri, per quos itur phaselis & navigiis angustis, ex arundine papyracea.

290. *Pharetratæ Persidis.*) Quia Persæ equitatu, venatione, & sagittandi arte insignes fuerunt: sita ad orientem Assyriæ, ad occidentem Asiæ, ad meridiem Parthiæ, ad septentrionem sinus Persici. De *Indis*, G. 2. 57.

298. *Quattuor a ventis.*) Qui flant e quatuor mundi cardinibus sive partibus oppositis, unde *cardinales* vocantur: Eurus ab oriente, Zephyrus ab occidente, Boreas a septentrione, Notus a meridie.

300. *Nares & spiritus, &c.*) Oculi etiam, & partes omnes ad halitum aut egestionem necessariæ, linteo pice oblito obturabantur.

302. *Per integram, &c.*) Nec enim lacerenda est pellis & cruentanda, sed paullatim ictibus macerando; ita ut viscera, carnes, & ossa etiam comminuantur intra pellem. Id cavendum admonet auctor Geoponicarum præceptorum.

Sic positum in clauso linquunt: & ramea costis
Subjiciunt fragmenta, thymum, casiasque recentes.
Hoc geritur, zephyris primum impellentibus undas,
Ante novis rubeant quam prata coloribus, ante
Garrula quam tignis nidum suspendat hirundo.
Interea teneris tepefactus in ossibus humor
Æstuat: & visenda modis animalia miris,
Trunca pedum primo, mox & stridentia pennis
Miscentur, tenuemque magis, magis aera carpunt:
Donec, ut æstivis effusus nubibus imber,
Erupere, aut ut nervo pulsante sagittæ,
Prima leves ineunt si quando prælia Parthi.
Quis Deus hanc, Musæ, quis nobis extudit artem?
Unde nova ingressus hominum experientia cepit?
Pastor Aristæus, fugiens Peneia Tempe,
Amissis, ut fama, apibus morboque fameque,
Tristis ad extremi sacrum caput astitit amnis,
Multa querens: atque hac affatus voce parentem:
Mater Cyrene, mater, quæ gurgitis hujus
Ima tenes: quid me præclara stirpe Deorum
(Si modo, quem perhibes, pater est Thymbræus Apollo)
Invisum fatis genuisti? aut quo tibi nostri

Pul-

INTERPRETATIO.

quunt depositum in loco *clauso, & lateribus substernunt fragmina ramorum, thymum, & casias novas. Hoc fit, cum primum zephyri agitant aquas, antequam campi pingantur novis coloribus* florum, *antequam loquax hirundo defigat nidum* in *tignis* domorum. *Interea humor calefactus in ossibus teneris effervescit; & congregantur mirabili modo animalia digna visu, primo carentia pedibus, deinde alis etiam strepitantia, & magis magisque tentant auras tenues: donec evolent* tam dense, *quam imber cadens per æstatem e nubibus, aut quam sagittæ ex arcu emissæ, si quando fugaces Parthi faciunt præludia pugnandi. O Musæ, quis Deus invenit hanc artem in nostra commoda? Unde nova hæc hominum experientia cepit exordium? Pastor Aristæus relinquens Tempe,* quæ *Peneo* alluuntur, *apibus amissis per morbum & famem, ut narratur, stetit mæstus ad sacrum fontem summi fluvii, multum querendo; & allocutus est matrem his verbis.* Mater Cyrene, *mater quæ habitas in fundo hujus fluminis, cur me produxisti odiosum fatis ex illustri deorum genere, si modo Thymbræus Apollo pater meus est, ut memoras? aut quonam depulsus est a te amor* tuus *erga me? Cur*

NOTÆ.

304\. *Casiasque.*) Rosmarinum, vel lavendulam. Ecl. 2. 49.

305\. *Hoc geritur zephyris, &c.*) Id est, circa initium veris: monetque auctor Geoponic. per tres hebdomadas includendum esse, donec putrescat.

310\. *Trunca pedum, &c.*) Hinc aliqui dictas volunt *apes*, quasi *ἄποδες*, *sine pedibus*: sed verum etymon [illegible], Ecl. 7. 13.

311\. *Magis, magis aera carpunt.*) Exprimit primos conatus ad volandum, cum alas ventilant.

314\. *Leves ... Parthi.*) De iis Ecl. 1. 62. Levitatem refero, vel ad fugæ dolos, vel ad equitandi peritiam.

317\. *Pastor, &c.*) VIII. PARS. *Fabula Aristæi & Orphei*, Epilogi loco. *Tempe*) Thessaliæ vallis est, quam Peneus fluvius præterfluit, G. 2. 469. Fugiebat ille Tempe, ubi degebat, ut ad caput, sive fontem Penei fluvii, qui matris suæ Cyrenes pater erat, excurreret, quasi ad maternam domum. De *Aristæo* supra v. 283. & G. 1. 14.

323\. *Thymbræus.*) Apollinis cognomen a Thymbra Troadis oppido, ubi templum ejus celebre, in quo ferunt Achillem a Paride fuisse occisum.

Pulsus amor? quid me cœlum sperare jubebas?
En etiam hunc ipsum vitæ mortalis honorem,
Quem mihi vix frugum & pecudum custodia solers
Omnia tentanti extuderat, te matre relinquo.
Quin age, & ipsa manu felices erue silvas:
Fer stabulis inimicum ignem, atque interfice messes:
Ure sata, & validam in vites molire bipennem;
Tanta meæ si te ceperunt tædia laudis.
At mater sonitum thalamo sub fluminis alti
Sensit: eam circum Milesia vellera Nymphæ
Carpebant, hyali saturo fucata colore:
Drymoque, Xanthoque, Ligeaque, Phyllodoceque,
Cæsariem effusæ nitidam per candida colla;
Nesæe, Spioque, Thaliaque, Cymodoceque,
Cydippeque, & flava Lycorias; altera virgo,
Altera tum primos Lucinæ experta labores;
Clioque, & Beroe soror, Oceanitides ambæ,
Ambæ auro, pictis incinctæ pellibus ambæ;
Atque Ephyre, atque Opis, & Asia Deiopeia;
Et tandem positis velox Arethusa sagittis.
Inter quas curam Clymene narrabat inanem

Vul-

INTERPRETATIO.

jubebas me sperare honores *immortalium?* *Ecce amitto, cum sis mea mater, hunc ipsum honorem vitæ mortalis, quem diligens cura frugum & pecorum pepererat mibi explorandi omnia. Age ergo, ipsa etiam evelle manu fœcundas arbores, immitte infestum ardorem in pecora, & eneca segetes, incende agros, & impelle validam securim in vites: si tanta negligentia meæ gloriæ cepit te. At mater percepit sonum vocis e cubili profundi fluvii: circa eam Nymphæ nebant Milesiam lanam, tinctam multo colore vitri, & Drymo, & Xantho, & Ligea, & Phyllodoce, quarum coma sublucens diffusa erat per colla candida; Nesæe, & Spio, & Thalia, & Cymodoce, & Cydippe, & flava Lycorias; altera* adhuc *virgo, altera jam passa primam difficultatem partus; & Clio, & soror ejus Beroe, ambæ Oceani filiæ, ambæ vestitæ auro, & versicoloribus pellibus; & Ephyre, & Opis, & Asia Deiopeia, & velox Arethusa, sagittis armisque depositis. Inter quas Clymene narrabat*

NOTÆ.

330. *Stabulis inimicum ignem.*) Vel incendium, vel potius sacrum illum ac pestiferum ignem, de quo G. 3. 566.

331. *Bipennem.*) Securim utrimque acutam, a *bis pinna*: nam *pinnæ* sunt quædam fastigia; ut eorum terminantium, quæ vocantur *pinnacula*.

334. *Milesia vellera.*) Pretiosa, ex urbe Mileto, in finibus Ioniæ & Cariæ. Species est pro genere.

335. *Hyali colore.*) Vitreo, inter cæruleum, & viridem medio, ab [illegible] *vitrum*.

336. *Drymoque, &c.*) Nympharum nomina partim ex Homero lib. 18. 39. partim ex Hesiodo in Theogon. 243. Drymo, a [illegible] *silva quercea*. Xantho, a [illegible] *flava*. Ligea, a [illegible] *canora*. Phyllodoce, a [illegible] *folium*, & [illegible] *capio*. Nesæe, Nympha a [illegible] *insula*. Spio, a [illegible] *spelunca*. Thalia, a [illegible] *flореo*. Cymodoce, a [illegible] *unda*, & [illegible] *capio*. Cydippe, a [illegible] *gloria*, & [illegible] *equus*. Lycorias, a [illegible] *lupus*. Clio, a [illegible] *laudo*. Ephyre, a [illegible] *rigo*. Opis, ab [illegible], *vultus*. Deiopeia, a [illegible], *ardens*, & [illegible], [illegible]. Asia eadem appellatur, adjectivo nomine, quia ex Asia palude, de qua G. 1. 383. Clymene, a [illegible], *audio*. Arethusa, primo venatrix & Dianæ comes, tum sagittis & venatione dimissa, ab eadem mutata in fontem, Ecl. 10. 1.

340. *Lucinæ.*) De hac partuum præside Dea, Ecl. 4. 10.

345. *Curam inanem Vulcani, &c.*) Venus Vulcani conjux Martem amavit; in adulterio deprehensa est a marito; & subtilissimis vinculis cum adultero irretita, Deorum ludibrio exposita est. *Curam inanem Vulcani* appellat, sive in custodienda uxore, sive in eadem irretienda: neque enim illa vincula opprobrium Vulcani sustulere, sed evulgavere. De *Vulcano*, G. 1. 295. De *Marte*, Ecl. 9. 12.

Vulcani, Martisque dolos, & dulcia furta,
Aque Chao densos Divum numerabat amores.
Carmine quo captæ, dum fusis mollia pensa
Devolvunt, iterum maternas impulit aures
Luctus Aristæi, vitreisque sedilibus omnes
Obstupuere: sed ante alias Arethusa sorores
Prospiciens, summa flavum caput extulit unda.
Et procul: O gemitu non frustra exterrita tanto,
Cyrene soror; ipse tibi, tua maxima cura,
Tristis Aristæus Penei genitoris ad undam
Stat lacrymans, & te crudelem nomine dicit.
Huic percussa nova mentem formidine mater,
Duc age, duc ad nos; fas illi limina Divum
Tangere, ait. Simul alta jubet discedere late
Flumina, qua juvenis gressus inferret: at illum
Curvata in montis faciem circumstetit unda,
Accepitque sinu vasto, misitque sub amnem.
Jamque domum mirans genitricis, & humida regna,
Speluncisque lacus clausos, lucosque sonantes,
Ibat; & ingenti motu stupefactus aquarum,
Omnia sub magna labentia flumina terra,
Spectabat diversa locis, Phasimque, Lycumque,

Et

INTERPRETATIO.

vanam sollicitudinem Vulcani, de custodienda Venere, & fraudes, jucundaque furta Martis; & numerabat frequentes amores Deorum ab usque Chao. Quibus cantilenis intentæ dum versant fusis molles lanas, rursus querela Aristæi percussit aures matris, & omnes e vitreis sedibus obstupuerunt: sed ante alias sorores Arethusa prospectans extulit flavum caput e superficie aquæ. Et procul dixit: O Cyrene soror non frustra obstupefacta tanto luctu, ipse mœrens Aristæus, tua maxima cura, adstat tibi lacrymans ad fontem Penei patris sui: & te appellat nomine crudelem. Huic respondit mater, perculsa mentem novo timore: Age, duc illum ad nos; licet illi in domum Deorum ingredi. Statimque jussit ut aquæ late dividerentur, qua juvenis dirigeret passus: at aqua accumulata in speciem montis cinxit ipsum, & excepit magno gremio, & admisit intra fluvium. Jamque ibat admirans domum matris, & regna liquida, & aquas clausas in receptaculis, & silvas resonantes: & stupefactus magno motu aquarum, considerabat omnes fluvios labentes sub magna terra, distinctis locis, & Phasim, &

NOTÆ.

347. *Aque Chao.*) Ita restituit Heinsius ex antiquis MSS. cum antea legeretur, *Atque Chao* & *Usque Chao*. Chaos, indigesta moles, ex qua omnia eruperunt: vulgo numeratur inter ea nomina, quæ per casus non declinantur; tamen hic ablativus est *Chao*. Sensus est: Narrabat Clymene amores Deorum, incipiens, vel a primo mundi formatione, vel ab ipso Chao, qui primus Deorum fuit juxta Hesiodum in Theogon. v. 116. ubi Deorum parentes constituit, *Chaos*, *Tellurem*, & *Amorem*.

348. *Mollia pensa.*) Manipulum lanæ. *Pensum*, vel a *pendeo*, quia pendet e colo; vel potius a *pendo*, quia appenditur, & cuique assignatur cum mensura & pondere.

358. *Fas illi, &c.*) Quia Deo patre, matre Nympha genitus est.

364. *Speluncisque lacus clausos, &c.*) De fluviorum origine duæ sunt opiniones præcipuæ; altera Platonis, altera Aristotelis. Plato eorum omnium commune receptaculum infra terræ viscera conditum putat; quem hic sequitur Virgilius: Aristoteles e mari profluere existimat, quem sequitur Homer. Il. 21. 195. Admiratur Aristæus matris domum in illo communi receptaculo. *Lucos sonantes* appellat forte herbas in fluviis & lacubus magna copia crescentes, quæ aquarum interstrepentium motu agitantur.

367. *Phasimque, Lycumque, &c.*) *Phasis* fluvius nobilis in Colchide, ortus in Armeniæ montibus,

Et caput, unde altus primum se erumpit Enipeus,
Unde pater Tiberinus, & unde Aniena fluenta,
Saxosumque sonans Hypanis, Mysusque Caicus,
Et gemina auratus taurino cornua vultu
Eridanus, quo non alius per pinguia culta
In mare purpureum violentior influit amnis.
Postquam est in thalami pendentia pumice tecta
Perventum, & nati fletus cognovit inanes
Cyrene: manibus liquidos dant ordine fontes
Germanæ, tonsisque ferunt mantilia villis;
Pars epulis onerant mensas, & plena reponunt
Pocula; Panchæis adolescunt ignibus aræ.
Et mater; Cape Mæonii carchesia Bacchi:
Oceano libemus, ait. Simul ipsa precatur
Oceanumque patrem rerum, Nymphasque sorores,
Centum quæ silvas, centum quæ flumina servant.
Ter liquido ardentem perfudit nectare Vestam:

Ter

INTERPRETATIO.

Lycum, & fontem, ex quo Enipeus emittit se primo, & ex quo pater Tibris, & ex quo fluvius Anio, & Hypanis strepens inter saxa, & Caicus Mysiæ, & Eridanus decoratus circa duo *cornua taurini vultus, quo nullus alius amnis rapidior currit per agros fertiles in mare splendidum. Postquam pervenit in tecta cubiculi* structa *e pumice impendente, & Cyrene cognovit immoderata lamenta filii: sorores per ordinem infundunt aquas manibus, & offerunt mappas corrasis pilis: pars onerat mensas cibis, & ponit pocula plena* vino; *altaria incenduntur ignibus thureis. Et mater ait: Accipe duo pocula vini Lydii,* hoc *effundamus* in honorem *Oceani. Simul ipsa orat & Oceanum parentem rerum & Nymphas sorores* suas, *quæ tuentur innumeras silvas, & innumeros fluvios.*

NOTÆ.

tibus, in pontum Euxinum labens: circa quem frequentes aves, inde dictæ Phasiani, Ital. *fagiani*. *Lycus* multiplex: præcipuus in eadem Colchide. *Enipeus* in Thessalia, Pharsalicos campos irrigans. *Tiberinus* & *Anio* in Italia. *Hypanis* in Scythia. *Caicus* in Mysia. *Eridanus* in Italia: de eo G. 1. 482.

368. *Se erumpit.*) Sic Lucretius l. 4. 1108. *Se erupit venis collecta cupido.*

371. *Et gemina, &c.*) Tauri forma a poetis vulgo fluviis omnibus attribuitur; ut de Horatius Od. 4. 14. *Sic tauriformis volvitur Aufidus.* Id autem fit, vel quia fluviis aquarum strepitus mugitum taurorum imitantur; vel quia terram sulcant instar boum; vel quia flumina dividuntur in alveos, qui vocantur *cornua*. *Auratus* dicitur Eridanus, maxime propter stellas, quibus in cœlo insignis est: est enim astrum hujus etiam nominis. *Gemina cornua.* Quia etsi sit plura, tamen in duo præcipua dividitur.

372. *Pinguia culta.*) Vide supra v. 126. *Flaventia culta.*

373. *In mare purpureum.*) Poetæ *purpureum* dicere, quidquid nitet ac splendidum est: quale est mare, Sole præsertim affulgente. Catullus quoque *ramos purpureos* appellavit: Albinovanus ad Liviam, *purpureas nives*: Horatius, *purpureos olores*.

374. *Pendentia pumice tecta.*) *Pumex*, lapis ob foraminum multitudinem levissimus, *pietra pomice*.

379. *Panchæis adolescunt, &c.*) Nullum fere convivium apud antiquos absque re sacra & libatione: vide Æn. 1. 737. De thure Panchææ regionis in Arabia, G. 2. 139. De *libatione* Ec. 7. 33.

380. *Mæonii carchesia Bacchi.*) *Carchesium* ex Athenæo est poculum oblongum circa mediam partem mediocriter compressum, ansis a summo ad infimum pertinentibus. *Mæonium vinum*, id est Lydium: Lydia enim Asiæ minoris regio, prius Mæonia dicta est, arboribus fere carens, & vite consita, ex Strabone l. 13.

382. *Oceanumque patrem rerum.*) Ex Orpheo & Homero multis locis, eorumque philosophorum sententia, qui, Thalete Milesio duce, ex aqua putabant constare omnia: Cicero memorat Academ. 2.

384. *Ter ... nectare Vestam*) De mysterio numeri ternarii, Ecl. 8. 75. De *nectare*, quod hic pro vino sumitur, Ecl. 5. 71. De *Vesta* Dea, quæ hic pro igne usurpatur, G. 1. 498.

Ter flamma ad summum tecti subjecta reluxit.
Omine quo firmans animum, sic incipit ipsa:
Est in Carpathio Neptuni gurgite vates
Caeruleus Proteus, magnum qui piscibus aequor,
Et juncto bipedum curru metitur equorum.
Hic nunc Emathiae portus, patriamque revisit
Pallenen: hunc & Nymphae veneramur, & ipse
Grandaevus Nereus: novit namque omnia vates,
Quae sint, quae fuerint, quae mox ventura trahantur.
Quippe ita Neptuno visum est: immania cujus
Armenta, & turpes pascit sub gurgite phocas.
Hic tibi, nate, prius vinclis capiendus, ut omnem
Expediat morbi causam, eventusque secundet.
Nam sine vi non ulla dabit praecepta, neque illum
Orando flectes: vim duram & vincula capto
Tende: doli circum haec demum frangentur inanes.
Ipsa ego te, medios cum Sol accenderit aestus,
Cum sitiunt herbae, & pecori jam gratior umbra est,
In secreta senis ducam, quo fessus ab undis
Se recipit: facile ut somno aggrediare jacentem.
Verum ubi correptum manibus, vinclisque tenebis,
Tum variae illudent species, atque ora ferarum.

Fiet

INTERPRETATIO.

Ter respersit ardentem flammam puro vino; ter flamma supposita emicuit ad usque summum tecti. Quo omine corroborans animum illius, *sic ipsa incipit: In Carpathio sinu maris vates est, Proteus caeruleus, qui in*vectus *piscibus magnum mare perambulat, & curru equorum* habentium *duos pedes. Hic nunc revisit portus Emathiae, Pallenenque patriam: hunc nos Nymphae veneramur, hunc & ipse Nereus senior* colit: cum enim sit *vates, cognoscit omnia, & quae sunt* praesentia [illegible] *praeterita, & quae post* [illegible] *futura. Nam sic placuit Neptuno,* [illegible] *ducit sub mari magnos greges &* [illegible] *infames. O nate, ille primo tibi stringendus est catenis, ut explicet tibi omnem originem morbi, & det bonos successus. Quippe nulla dabit* tibi *consilia nisi coactus, neque vinces illum precando. Quando ceperis* illum, *injice* illi *vim durorum vinculorum: contra haec* vincula *fraudes e*jus *inutiles cadent. Ego ipsa, cum Sol calefecerit medium diem, cum herbae siccae sunt, & umbra jam jucundior est gregibus, ducam te in latebras senis, in quas se recipit e mari fatigatus; ut facile invadas* eum *stratum somno. Sed cum tenebis* illum *comprehensum manibus & vinculis, tunc variae figurae & vultus belluarum te decipient.*

NOTAE.

387. *Carpathio.*) Pars mediterranei maris *Carpatho* circumjecta: quae insula est, obversa *Aegypto*, inter *Cretam* & *Rhodum* media; hodie *Scarpanto*. De *Neptuno* G. 1. 14.

388. *Proteus.*) Neptuni & Phoenices, vel Oceani & Tethyos filius: *Aegyptius genere*, juxta Homerum; sed juxta Virgilium ex peninsula *Pallene*, quae est in Macedonia, inter sinum Thermaicum & Toronaicum. Regnavit in *Aegypto*, ex communi opinione; ex Pitone, ibidem sophista fuit, ex Luciano, histrio: unde eum quas vellet, induisse formas & mutasse memorant. Ajunt & hunc fuisse pastorem Neptuni pecoris, nempe phocarum; & Neptunum, ejus in gratiam, e quodam Pallenes hiatu speluncam sub mari fecisse, quae illum in *Aegyptum* usque occultum perduxit.

389. *Et juncto bipedum, &c.*) Eosdem & pisces & equos appellat; sed bipedes, equos videlicet marinos, qui pedes duos partemque corporis anteriorem habent equorum, posteriore desinunt in pisces.

390. *Emathiae.*) Macedonia est, G. 1. 490. De *Pallene* mox diximus. De *Nereo*, Ecl. 6. 35.

Fiet enim subito sus horridus, atraque tigris,
Squamosusque draco, & fulva cervice leæna:
Aut acrem flammæ sonitum dabit, atque ita vinclis
Excidet, aut in aquas tenues dilapsus abibit.
Sed quanto ille magis formas se vertet in omnes,
Tanto, nate, magis contende tenacia vincla;
Donec talis erit, mutato corpore, qualem
Videris, incepto tegeret cum lumina somno.
Hæc ait, & liquidum ambrosiæ diffudit odorem,
Quo totum nati corpus perduxit; at illi
Dulcis compositis spiravit crinibus aura,
Atque habilis membris venit vigor. Est specus ingens
Exesi latere in montis; quo plurima vento
Cogitur, inque sinus scindit se se unda reductos,
Deprensis olim statio tutissima nautis.
Intus se vasti Proteus tegit objice saxi.
Hic juvenem in latebris aversum a lumine Nympha
Collocat, ipsa procul nebulis obscura resistit.
Jam rapidus torrens sitientes Sirius Indos
Ardebat cœlo, & medium Sol igneus orbem
Hauserat: arebant herbæ, & cava flumina siccis
Faucibus ad limum radii tepefacta coquebant:
Cum Proteus consueta petens e fluctibus antra

Ibat:

INTERPRETATIO.

Nam repente apparebit sus horribilis, & sæva tigris, & serpens squameus, & leæna rufo capite; aut emittet stridorem acutum flammæ, & sic expediet se e vinculis, aut effugiet solutus in aquas tenues. Sed quo magis ille mutabit se in omnes figuras, eo magis, o nate, constringe vincula retinentia; usque dum evadat talis transformato corpore, qualem aspexeris, cum somnus inceptus clauderet oculos. Hæc dixit, & sparsit liquidum odorem ambrosiæ, quo perunxit totum filii corpus; at illi suavis odor exivit e capillis unctis, & conveniens robur inditum est membris. Est ingens antrum in latere montis excavati, quo plurimi fluctus pelluntur vi ventorum, & scinduntur in sinus replicatos; quod est aliquando receptaculum tutissimum nautis præcipitantibus. Proteus occultat se intus objectu ingentis saxi. Hic Nympha constituit juvenem in insidiis remotum a luce, ipsa remanet procul latens in nube. Jam rapidus Sirius, comburens sitientes Indos, ardebat in cœlo, & Sol flammeus siccaverat medium orbem; herbæ arescebant, & radii urebant usque ad limum profunda flumina calefacta siccatis alveis: cum Proteus exibat e mari pe-

NOTÆ.

415. *Ambrosiæ.*) Cibus est Deorum: *Nectar* potus: confunduntur tamen sæpe, ut hic, ubi *liquidus odor* dicitur ambrosiæ: Ecl. 5. 71.

418. *Habilis venit vigor.*) Ut facilius facile posset cum Proteo, contra vincula obluctari.

421. *Statio tutissima.*) Vel in ipso specu, vel in continente supra, vel inter rupem ipsam, & continentem. videtur enim rupes non in littore, sed in ipso mari fuisse, non longe a littore; ideoque spatii satis rupem inter & littus fuisse interjectum, ut possent illic stare naves, adversus vim ventorum, rupis objectu defensæ. *Olim*, aliquando, G. 3. 303.

425. *Sirius Indos, &c.*) Significat calorem tunc fuisse vehementissimum, qualis est tempore meridiano, per dies caniculares. Meridiem ista exprimunt, *medium Sol igneus orbem*, &c. Caniculares dies efficit *Sirius*, stella in ore majoris canis, de qua G. 2. 353. *Indos.*) Pro quibuslibet calentibus plagis: de iis G. 2. 57.

Ibat: cum vasti circum gens humida ponti
Exultans rorem late dispergit amarum.
Sternunt se somno diversæ in litore phocæ.
Ipse (velut stabuli custos in montibus olim,
Vesper ubi e pastu vitulos ad tecta reducit,
Auditisque lupos acuunt balatibus agni)
Considit scopulo medius, numerumque recenset.
Cujus Aristæo quoniam est oblata facultas,
Vix defessa senem passus componere membra,
Cum clamore ruit magno, manicisque jacentem
Occupat. Ille suæ contra non immemor artis,
Omnia transformat se se in miracula rerum,
Ignemque, horribilemque feram, fluviumque liquentem.
Verum ubi nulla fugam reperit fallacia, victus
In se se redit, atque hominis tandem ore locutus.
Nam quis te, juvenum confidentissime, nostras
Jussit adire domos? quidve hinc petis? inquit. At ille:
Scis, Proteu, scis ipse; neque est te fallere cuiquam.
Sed tu desine velle: Deum præcepta secuti
Venimus huc, lapsis quæsitum oracula rebus.
Tantum effatus. Ad hæc vates vi denique multa
Ardentes oculos intorsit lumine glauco,
Et graviter frendens, sic fatis ora resolvit.
Non te nullius exercent numinis iræ;
Magna luis commissa: tibi has miserabilis Orpheus

Haud-

INTERPRETATIO.

tens solitam speluncam: circa eum genus humidum magni maris exiliens spargit late aquam salsam. Vituli marini *abjiciunt se* pressi *somno separati in litore. Ipse Proteus (quemadmodum aliquando custos armenti in montibus, cum Hesperus revocat vitulos e pastione ad stabulum, & cum agni auditi* a lupis *excitant eos balatibus) sedet in rupe in medio* armentorum, *& recognoscit eorum numerum. Siquidem offertur Aristæo copia hujus* capiendi, *vix passus senem disponere* ad somnum *corpus fatigatum, irruit* in eum *magno clamore, & invadit vinculis dormientem. Contra Proteus, non oblitus suæ industriæ, vertit se in omnia prodigia rerum, &* in *ignem, & in belluam horribilem, &* in *amnem fluentem. Sed postquam nulla fraus invenit* modum *fugiendi, victus revertitur ad propriam* formam, *ac demum locutus est ore humano. At quis tibi, audacissime juvenum, imperavit ut venires* in *meam domum? aut quid a me postulas? ait. Ille autem* respondit*: Scis, o Proteu, scis ipse; neque ullus potest te decipere. Tu vero cessa velle* fallere me*: obsecuti jussis Deorum venimus huc, ad petendum oraculum,* quod medeatur *damnis rerum* nostrarum. *Hæc solum locutus est. Postea vates magno denique conatu defixit oculos cærulea luce* coruscantes*; & minaciter collidens* dentes, *sic aperuit os ad fata* evulganda. *Alicujus Dei ultio te persequitur: solvis* pœnam *magni sceleris: Or-*

NOTÆ.

434. *Vesper.*) Hesperus, stella Veneris, de qua Ecl. 6. 86.

447. *Neque est te fallere cuiquam.*) Pro, nec licet cuiquam; Græca locutio. Vide Ecl. 10. 46. *Nec sit mihi credere.*

454. *Orpheus.*) Thrax: Calliope matre; patre, vel Apolline, vel Oeagro Thraciæ fluvio. Ecl. 3. 46. De *Eurydice* Nympha, nihil admodum narratur præter ea, quæ habet hic locus.

AENAE TROJAN
NAVIGATIO
Aeneidos.
ASIA PROPRIA sive
pars ASIÆ MAGNÆ
Garpathium
Mare
RANEUM
PARS
AEGYPTUS
PHOENICIA
Occidens

Haudquaquam ob meritum pœnas (ni fata resistant)
Suscitat, & rapta graviter pro conjuge sævit.
Illa quidem, dum te fugeret per flumina præceps,
Immanem ante pedes hydrum moritura puella
Servantem ripas alta non vidit in herba.
At chorus æqualis Dryadum clamore supremos
Implerunt montes: flerunt Rhodopeiæ arces,
Altaque Pangæa, & Rhesi Mavortia tellus,
Atque Getæ, atque Hebrus, atque Actias Orithyia.
Ipse cava solans ægrum testudine amorem,
Te, dulcis conjux, te solo in litore secum,
Te veniente die, te decedente canebat.
Tænarias etiam fauces, alta ostia Ditis,
Et caligantem nigra formidine lucum
Ingressus, Manesque adiit, regemque tremendum,
Nesciaque humanis precibus mansuescere corda.

At

INTERPRETATIO.

pheus, nequaquam propter meritum miser, imprecatur tibi has pœnas, (nisi fata obstent) & atrociter furit ob conjugem sibi ereptam. Illa quidem virgo moritura, dum te fugeret currens juxta fluvios, non animadvertit ante pedes alta in herba magnum serpentem degentem in ripa. At turba Dryadum ejusdem ætatis impleverunt clamoribus summos montes; ploraverunt super Rhodopeiæ, & Pangæus altus, & Martia terra Rhesi, & Getæ, & Hebrus, & Attica Orithyia. Orpheus leniens cava cithara dolorem amoris, solus canebat te, o dulcis uxor, te deserto in ripa, te die oriente, te die occidente, solus canebat. Ingressus etiam Tænarias cavernas, quæ sunt portæ profundæ inferorum, & silvam obscuram tenebroso metu, adiit Manes, & Plutonem timendum, & animos insuetos lenire preci-

NOTÆ.

455. *Haudquaquam ob meritum pœnas, &c.*) Triplex interpretatio. I. Abrami: *minime præter meritum*, id est, majores quam tu meruisti. Non placet, quia antea Proteus magna vocavit ipsius commissa. II. Servii & aliorum: *non adhuc justa meritum*; id est, minores, quam tu mereris. Sed sane videntur verba aliud sonare. III. Quam suggerit Taubmannus, qui refert hæc verba ad Orpheum: *miserabilem nulla sua merito*, & in hac hæreo.

458. *Hydrum.*) Serpentem in aquis, humidisque locis degentem, ab ὕδωρ *aqua*.

460. *Dryadum.*) Nympharum silvestrium, a δρῦς *quercus*. Ecl. 2. 46.

461. *Flerunt Rhodopeiæ arces, &c.*) Enumerat varia Thraciæ loca, quæ Orphei dolore commota sunt. *Rhodope.*) Mons est, de quo Ecl. 6. 30. *Arces.*) Montes, rupes, ab ἄκρον *summum*: sic G. 1. 240. *Riphæasque arduus arces*. *Rhodopeiæ arces.*) Hiatus & contractio diphthongi longæ ante vocalem, Græco more.

462. *Pangæa.*) Neutrum plurale: singulare masculinum est *Pangæus*, Thraciæ mons, in Macedoniæ confinio, Philippis urbi imminens.

462. *Rhesi Mavortia tellus.*) Prolepsis est, sive anticipatio temporis: Rhesus enim Trojani excidii tempore vixit; Orpheo igitur posterior. De Rheso, Thraciæ rege, Martis filio, Æn. 1. 473. *Mavortia tellus.*) Thracia, quia Mars in Thracia natus, in Rhodope monte, ex Jove & Junone. De *Getis*, populis Scythiæ ac Thraciæ conterminis, G. 3. 462. De *Hebro*, Thraciæ fluvio, Ecl. 10. 65.

463. *Actias Orithyia.*) Erechthei Atheniensium regis filia, rapta a Borea in Thraciam; ex eo peperit Calain & Zethen, quibus alæ deinde succreverunt. *Actias* dicitur ab Attica regione. *Attica* enim ex Strabone l. 9. sic appellata est deformato nomine ab *Actica*; cum a veteribus *Acte* vocata esset, quia tota littoralis, ἀκτὴ autem est *litus*. *Orithyia*, vox quatuor syllabarum, quarum mediæ duæ diphthongi sunt, Ὠρείθυια, unde versus spondaicus est.

467. *Tænarias fauces.*) *Tænarus*, plur. *Tænara*: promontorium Peloponnesi, dividens sinum Messeniacum a Laconico; quod Græci fabulantur aditum esse inferorum. Æn. 6. 237.

Ditis.) Plutonis, qui Jovis & Neptuni frater, inferorum imperium sorte obtinuit: Proserpinam, Cereris filiam, rapuit, &c. Utrumque nomen a divitiis habet, quæ e terræ visceribus effodiuntur: *Dis* quidem Latine dictus a *divitiis*; *Pluton* Græce a πλοῦτος, quæ vox idem significat.

468. *Nigra formidine lucum.*) Silvas in inferis etiam myrteas, aliasque constituit, Æn. 6. v. 444. ac deinceps. Et hic est enallage sive immutatio: *caligantem nigra formidine*, pro *caligantem nigredine formidabili*.

469. *Manes.*) Sumuntur & pro mortuorum animis, & pro loco ipso inferorum, ubi animi degunt,

At cantu commotæ Erebi de sedibus imis
Umbræ ibant tenues, simulacraque luce carentum:
Quam multa in silvis avium se millia condunt,
Vesper ubi, aut hybernus agit de montibus imber:
Matres, atque viri, defunctaque corpora vita
Magnanimum heroum, pueri, innuptæque puellæ,
Impositique rogis juvenes ante ora parentum.
Quos circum limus niger, & deformis arundo
Cocyti, tardaque palus inamabilis unda.
Alligat, & novies Styx interfusa coercet.
Quin ipsæ stupuere domus, atque intima leti
Tartara, cæruleosque implexæ crinibus angues
Eumenides; tenuitque inhians tria Cerberus ora;
Atque Ixionii vento rota constitit orbis.
Jamque pedem referens casus evaserat omnes.
Redditaque Eurydice superas veniebat ad auras,
Pone sequens; namque hanc dederat Proserpina legem:
Cum subita incautum dementia cepit amantem,
Ignoscenda quidem, scirent si ignoscere Manes.
Restitit, Eurydicenque suam jam luce sub ipsa,

Im-

INTERPRETATIO.

bus hominum. *At umbræ tenues, cantu* Orphei *excitæ ex infimis locis inferorum, & figuræ carentium lumine, incedebant: quam multa millia volucrum occultant se in silvis, quando Hesperus, aut frigida pluvia pellit eas e montibus: uxores, & mariti, & corpora fortium heroum spoliata vita, pueri, & puellæ innuptæ, & juvenes elati in busta ante oculos parentum. Quos limus niger, & fœdæ arundines* Cocyti, *& palus odiosa pigris aquis circumcludit, & Styx novies circumvoluta compescit. Obstupuerunt etiam ipsæ domus, & profundissima Tartara mortis, & Furiæ implicatæ cæruleis serpentibus crinium* loco; *&* Cerberus *hians continuit tria guttura: & orbis rotæ Ixioniæ quievit,* flante vento contrario. *Jamque regrediens vitaverat omnia pericula, & Eurydice* ipsi *restituta redibat in altam lucem, propius sequens; nam Proserpina posuerat hanc conditionem: cum repentina insania occupavit improvidum amantem, condonanda* illa *quidem, si* Dii *inferi scirent condonare* quicquam. *Stetit, & jam in ipso* aditu *lucis, immemor & impatiens animi, respexit* Eurydicen *suam: illic omnis*

NOTÆ.

sunt, & pro Diis ipsis inferorum. De iis ita philosophatur Apuleius lib. de Deo Socratis, omnium, opinor, optime. Statuit, I. Animos illos generatim dici *lemures*. II. Ex his lemuribus, qui posterorum curam sortitus, pacato & quieto numine domum possidebat, *larem* dici familiarem. III. Qui propter adversa vitæ merita, nullis bonis sedibus, in terra quadam exilio puniebatur, inane terriculamentum bonis, noxium malis, *larvam* dici. IV. Cum incertum erat, quæ cuique sortitio evenisset, utrum lar esset, an larva, *Manem* Deum nuncupari, & honoris causa vocabulum esse additum. *Manes* porro dictos putant, vel a *manando*, quia manant & discurrunt per auras; vel ab antiqua voce *manus*, hoc est *bonus*, unde & *mane* derivatum volunt. Reliqua vide Æn. 6. 743.

471. *Erebi*.) Juxta Hyginum, Deus est inferorum, ex Chao & Caligine progenitus, pater noctis: juxta alios, ipsa est inferorum profundissima sedes, ab [illegible].

479. *Cocyti* ... 480. *Styx*.) Inferorum flumina sunt. Æn. 6. 323.

482. *Tartara*.) *Tartarus*, plur. *Tartara*, infimus inferorum locus: a [illegible] conturbo, quod illic plena sint omnia perturbationis; vel a [illegible] tremere obrigescere.

483. *Eumenides*.) Furiæ: Georg. 3. 278. *Cerberus*.) Canis triceps, custos inferorum. Æn. 6. 417.

484. *Ixionii*.) G. 3. 38.

487. *Proserpina*.) G. 1. 39. 475.

Immemor, heu! victusque animi respexit: ibi omnis
Effusus labor, atque immitis rupta tyranni
Fœdera, terque fragor stagnis auditus Avernis.
Illa; Quis & me, inquit, miseram, & te perdidit, Orpheu?
Quis tantus furor? en iterum crudelia retro
Fata vocant, conditque natantia lumina somnus.
Jamque vale: feror ingenti circumdata nocte,
Invalidasque tibi tendens, heu! non tua, palmas.
Dixit, & ex oculis subito, ceu fumus in auras
Commixtus tenues, fugit diversa; neque illum
Prensantem nequicquam umbras, & multa volentem
Dicere, præterea vidit; nec portitor Orci
Amplius objectam passus transire paludem.
Quid faceret? quo se rapta bis conjuge ferret?
Quo fletu Manes, quæ numina voce moveret?
Illa quidem Stygia nabat jam frigida cymba.
Septem illum totos perhibent ex ordine menses
Rupe sub aeria deserti ad Strymonis undam
Flevisse, & gelidis hæc evolvisse sub antris,
Mulcentem tigres, & agentem carmine quercus.
Qualis populea mœrens Philomela sub umbra
Amissos queritur fœtus, quos durus arator
Observans nido implumes detraxit; at illa
Flet noctem, ramoque sedens miserabile carmen
Integrat, & mœstis late loca questibus implet.

Nul-

INTERPRETATIO.

opera perdita est, & pactum crudelis regis rescissum, & fragor ter auditus per stagna Averna. Illa sic locuta est: Quis & me miseram, & te perdidit, o Orpheu? Quis tantus furor? Ecce rursus dura fata retro appellant me, & somnus claudit oculos fluitantes. Jam ergo vale: trahor circumfusa magnis tenebris, & porrigens tibi manus imbecilles, heu! non amplius tua. Sic locuta est, & ex oculis statim evanuit in aliam partem, veluti fumus commixtus in aerem tenuem: neque postea vidit Orpheum, frustra captantem umbras, & conantem multa loqui; neque portitor inferorum passus est deinde eum trajicere fluvium interjectum. Quid faceret? quo se conferret, conjuge bis erepta? quibus lacrymis Manes, quibus verbis Deos flecteret? Eurydice quidem jam frigida vehebatur navicula Stygia. Ajunt illum septem integros menses continuo plorasse, sub rupe alta, juxta aquas deserti Strymonis, & revolvisse frigidis in cavernis hos casus suos, movendo tigres, & trahendo cantu quercus. Qualis luscinia tristis sub umbra populi lamentatur pullos amissos, quos crudelis agricola deprehendens in nido abstulit adhuc implumes: illa vero plorat per noctem, & stans in ramo renovat lugubrem cantum, & implet loca omnia tristi-

NOTÆ

493. *Stagnis Avernis.*) *Avernus*, lacus in Campania: Latinis habitus ostium inferorum, ut Tænarus Græcis: Æn. 6. 237.

496. *Natantia lumina.*) *Invalida*, juxta Servium: *humida*; quod, juxta de Oriens Hippocratis, in ægrotante mortis indicium est: *fluitantia & errantia*, juxta Scaligerum, dum modo clauduntur, modo aperiuntur; ut fit quando somnus invitis obrepit.

502. *Portitor Orci.*) *Charon*, qui animas cymba transportat. Æn. 6. 299. *Orcus*, inferi, G. 1. 277.

508. *Strymonis.*) Macedoniæ fluvii, in confinio Thraciæ.

511. *Philomela.*) Quæ in lusciniam conversa est, Ecl. 6. 78.

Nulla Venus, nullique animum flexere hymenæi.
Solus Hyperboreas glacies, Tanaimque nivalem,
Arvaque Riphæis nunquam viduata pruinis
Lustrabat, raptam Eurydicen, atque irrita Ditis
Dona querens: spreto Ciconum quo munere matres,
Inter sacra Deum, nocturnique orgia Bacchi,
Discerptum latos juvenem sparsere per agros.
Tum quoque marmorea caput a cervice revulsum
Gurgite cum medio portans Oeagrius Hebrus
Volveret, Eurydicen vox ipsa & frigida lingua,
Ah miseram Eurydicen, anima fugiente, vocabat:
Eurydicen toto referebant flumine ripæ.
Hæc Proteus: & se jactu dedit æquor in altum;
Quaque dedit, spumantem undam sub vertice torsit.
At non Cyrene: namque ultro affata timentem;
Nate, licet tristes animo deponere curas.
Hæc omnis morbi causa: hinc miserabile Nymphæ,
Cum quibus illa choros lucis agitabat in altis,
Exitium misere apibus. Tu munera supplex
Tende petens pacem, & faciles venerare Napæas;
Namque dabunt veniam votis, irasque remittent.
Sed modus orandi qui sit, prius ordine dicam.

Quat-

INTERPRETATIO.

bus querelis. Nullus amor, nulla conjugia lenierunt animum. Solus percurrebat glacies Boreales, & Tanaim nivosum, & agros nunquam carentes Riphæo gelu, lugens Eurydicen ereptam, & vana dona Plutonis: quo nuptiali munere contempto mulieres Ciconum, inter cæremonias Deorum, & nocturna orgia Bacchi, disjecerunt per vastos campos membra laniati juvenis. Tunc etiam, cum Hebrus Oeagrius ferens medio in flumine volveret caput ejus resectum a candido collo, ipsa vox & lingua frigida Eurydicen, ah infelicem Eurydicen, appellabat, anima erumpente; ripæ totius fluminis repetebant Eurydicen. Hæc dixit Proteus, & se saltu immisit in profundum mare, & qua se immisit, supra caput suum convolvit aquam spumantem. At Cyrene non se immisit; nam prior allocuta est trepidantem. Fili, potes abjicere ex animo mœstam sollicitudinem. Hæc est tota origo morbi: ideo Nymphæ, cum quibus Eurydice miscebat choreas in profundis silvis, intulerunt funestam perniciem apibus. Tu supplex offer dona, obsecrans veniam, & cole Napæas placabiles; nam concedent veniam precibus, & deponent furorem. Sed antea docebo te

NOTÆ.

516. *Hymenæi.*) De *Hymenæo*, conjugii Deo, G. 3. 60. De *Hyperboreis regionibus* G. 3. 196. De *Riphæis* montibus G. 1. 240. De *Dite*, supra v. 467.

517. *Tanaim.*) *Tanais* fluvius in Moscorum finibus oriens, in Mæoticam paludem influens, Europam ab Asia discriminans.

520. *Spreto Ciconum quo munere matres.*) Ita lego ex antiquis aliquot codic. non *spreta*: quia hæc constat sibi sententia: Thraciæ enim mulieres Orpheum de Nuptiis sollicitaverant: *quo nuptiali munere spreto*, ipsum laniaverunt. *Cicones*, gens fuit Thraciæ, circa ostia Hebri, & montem Ismarum, de quibus G. 2. 37.

521. *Nocturnique orgia Bacchi.*) *Orgia*, sacra Bacchi, ab ὀργὴ *furor*, quod cum furore peragerentur. De *Bacchis* & *Baccho*, Ecl. 5. 29. 69.

524. *Oeagrius Hebrus.*) Orphei truncum caput in Hebrum cum lyra projectum, dicitur in insulam Lesbum appulisse, atque ibi *esse* sepultum: lyra relata inter sidera, & a singulis Musis, quarum cecinerat laudes, stellis novem insignita. Hebrus *Oeagrius* dicitur ab *Oeagro*: sive Oeagrus rex fuerit Thraciæ, qui nomen suum fluvio relinquerit, ut vult Diodorus Siculus; sive fluvius fuerit, ex quo Hebrus nascitur, ut vult Servius.

535. *Napæas.*) Nymphæ lucorum sunt, a νάπος *saltus*, *viretum*.

Quattuor eximios præstanti corpore tauros,
Qui tibi nunc viridis depascunt summa Lycæi,
Delige, & intacta totidem cervice juvencas.
Quattuor his aras alta ad delubra Dearum
Constitue, & sacrum jugulis demitte cruorem,
Corporaque ipsa boum frondoso desere luco.
Post, ubi nona suos aurora ostenderit ortus,
Inferias Orphei lethæa papavera mittes,
Placatam Eurydicem vitula venerabere cæsa,
Et nigram mactabis ovem, lucumque revises.
Haud mora, continuo matris præcepta facessit:
Ad delubra venit, monstratas excitat aras;
Quattuor eximios præstanti corpore tauros
Ducit, & intacta totidem cervice juvencas.
Post, ubi nona suos aurora induxerat ortus,
Inferias Orphei mittit, lucumque revisit.
Hic vero subitum, ac dictu mirabile monstrum
Aspiciunt; liquefacta boum per viscera toto
Stridere apes utero, & ruptis effervere costis,
Immensasque trahi nubes, jamque arbore summa
Confluere, & lentis uvam demittere ramis.
Hæc super arvorum cultu pecorumque canebam,
Et super arboribus: Cæsar dum magnus ad altum
Fulminat Euphratem bello, victorque volentes

Per

INTERPRETATIO.

ordinem, quæ sit ratio precandi. Elige quatuor tauros insignes robusto corpore, qui nunc tondent tibi cacumina viridis Lycæi, & totidem juvencas, collo nondum subacto. Erige his victimis quatuor altaria in altis templis Nympharum, & effunde e gutturibus sacrum sanguinem, & relinque ipsa corpora victimarum in frondoso luco. Deinde quando nona aurora patefecerit ortum suum, dabis inferias Orpheo e papaveribus lethæis, & coles mitigatam Eurydicen occisa vitula, & immolabis ovem nigram, & repetes lucum. Sine mora, statim exsequitur mandata matris; venit ad templa, erigit altaria præscripta, ducit quatuor tauros insignes robusto corpore, & totidem juvencas, collo nondum *subacto: deinde, postquam nona aurora patefecerat suum ortum, dat inferias Orpheo, & repetit lucum. Illic vero videt prodigium improvisum & mirabile dictu: apes stridere toto utero inter putrefacta viscera boum, & erumpere fractis costis, & diffundi magnas earum nubes, & jam eas congregari in cacumine arboris, & e ramis flexibilibus dependere* in modum *uvæ. Hæc cantabam de cultura agrorum & pecorum, & de arboribus: dum magnus Cæsar tonat circa profundum*

NOTÆ.

539. *Lycæi.*) Montis Arcadiæ, qua in regione Aristæus aliquando regnavit. De aurora G. 1. 249.

545. *Inferias Orphei lethæa, &c.*) Inferiæ, sacrificia, quæ Diis Manibus offerebantur. *Orphei.* Dativus Græcus Ὀρφεῖ Ecl. 4. 57. *Papavera lethæa,* id est, oblivionem & somnum inducentia; a λήθη oblivio, G. 1. 78. Æn. 4. 583.

556. *Stridere, effervere.*) Penultima brevi, G. 1. 456.

558. *Uvam demittere.*) Certe hic lætitiæ signum est illa apum glomeratio, de qua vide supra v. 557.

561. *Fulminat Euphratem bello, &c.*) Certum est ex hoc loco, ultimam huic operi manum admotam esse post bellum Alexandrinum, occisis Cleopatra & Antonio: cum Octavianus per Syriam in Asiam hyematurus abiret: tunc enim non longo aberat ab Euphrate. Tunc Teridatem Phraatemque, de regno Parthiæ contendentes, vi-

ctos

Per populos dat jura, viamque affectat Olympo.
Illo Virgilium me tempore dulcis alebat
Parthenope, studiis florentem ignobilis oti:
Carmina qui lusi pastorum, audaxque juventa,
Tityre, te patulæ cecini sub tegmine fagi.

INTERPRETATIO.

Euphratem, & victor distribuit leges populis non invitis, & præparat sibi viam ad cœlum. Illa tempestate Neapolis amœna me Virgilium nutriebat, vacantem studiis otii privati: qui lusi versibus pastoralibus, & confidens juventuti te cecini, o Tityre, sub umbraculo opacæ fagi.

NOTÆ.

ctor'a sua terrore aliquomodo composuerat; Tiridatemque victum in Syria permiserat vivere, Phraatis filium obsidem secum abducebat Romam. Tunc divinos maxime honores affectabat, & templa sinebat sibi fieri Nicomediæ, Pergami, & alibi passim. Quæ omnia, ut constat ex Dione lib. 5. contigere per hyemem anni U. C. 724. ineuntis, cum annum tunc Octavianus ætatis expleret 33. Virgilius [illegible] aliud est in historia [illegible] hæc consistit. Tamen [illegible] operi jam perfecto, [illegible] in eo passim legimus de Octaviani victoria, G. 2. 171. *Qui nunc extremis Asiæ jam victor in oris*, &c. G. 3. 28. *Atque hic undantem bello, magnumque fluentem Nilum*, &c. Quod autem dicunt ejus vitæ scriptores, cum Octaviano, ex Actiaco bello reduci, & Atellæ commoranti, legisse Georgica, Mæcenate excipiente legendi vicem; id aut omnino falsum est, aut certe nonnisi post bellum Alexandrinum contigit. Constat enim ex Dione, Plutarcho, & aliis, Octavianum, confecto bello Actiaco, non mansisse in Italia, nisi paucissimos dies Brundusii; indeque statim in Græciam Asiamque abiisse, ibidemque hyemasse, ad instruendos Alexandrini belli apparatus; tantum abest ut Atellam, quæ urbs est Campaniæ, venerit.

364. *Parthenope.*) Neapolis, urbs Italiæ Campaniæ maritima, nunc regni caput; a Chalcidensibus, qui Cumas Italicas condiderant, etiam condita. Ii primo illam *Parthenopen* vocaverunt, invento ibidem tumulo unius e Sirenibus hujus nominis, quæ dolens Ulyssem cantu suo non fuisse allectum, mortem sibi consciverat. At cum loci hujus ubertas & frequentia Cumis noceret, hanc postea diruerunt; deinde gravante late pestilentia, admoniti divinitus, instauraverunt, vocaveruntque *Neapolim*, id est urbem novam. De Virgilii in ea commoratione ac morte, vitam consule.

Studiis ignobilis oti.) Studia intelligit privata litterarum ac bonarum artium, quæ a poeta modestissimo dicuntur *ignobilia*, præ administratione reipublicæ & magistratuum, ad quod nunquam Virgilius accessit.

P. VIRGILII
MARONIS
ÆNEIS.

ARGUMENTUM.

ÆNEIS poema heroicum, sive epicum, ab Ænea Trojano, Veneris & Anchisæ filio, Priami genero, nomen habet: non quod actiones illius omnes comprehendat, sed unam inter omnes præcipuam, scilicet regnum in Italia fundatum. Scripta est a Virgilio in gratiam, tum Romanæ totius gentis, tum familiæ imprimis Juliæ, quæ originem referebat suam ad Julum sive Ascanium Æneæ filium ex Creusa Priami filia. In hanc porro familiam adscitus a Julio Cæsare avunculo fuerat Octavianus, tunc rerum potens, atque Ægypto subacta, M. Antonio & Cleopatra interfectis, unus orbis Romani dominus. Scribi cœpta est Anno U. C. 724. exeunte, Virgilii 40. Octaviani 33. cum Octavianus in Asia non longe ab Euphrate hyemaret: atque ita Virgilius post adhibitam Georgicis extremam manum, continuo animum Æneidi videtur applicuisse, in eaque annos, ut habet Servius, undecim collocasse, quot ab eo tempore ad mortem Virgilii omnino numerantur. Sequutus est Virgilius, ut in Bucolicis Theocritum, in Georgicis Hesiodum, ita in Æneide Homerum: cujus Odysseam sex prioribus libris, Iliadem sex posterioribus expressit, an etiam superavit? id vero ambigitur inter doctos.

DE

DE
NATURA POEMATIS EPICI.

POEMA *epicum*, sive *epopœia*, [illegible] est ab *ἔπος verbum*; quia totum poetæ dictione seu narratione [illegible]. Definitur ex doctrina Aristotelis: *Imitatio actionis unius*, [illegible] *completæ*, *certæ magnitudinis*, *quæ narratione & versu* [illegible] *principes cum admiratione & delectatione ad primarias virtutes*[illegible]

Quinque compl[illegible], *fabulam*, *mores*, *sententiam*, *dictionem*. Actio, est po[illegible]: Fabula, est actionis forma & tractatio; Mores, Senten[illegible] necessaria fabulæ ornamenta. Poeta sumit actionem ab [illegible] ab arte sua, mores a philosophia, sententiam a rhetorica, [illegible]grammatica.

A[illegible] esse *una*, *illustris*, *completa*, *certæ magnitudinis*.

[illegible] uno heroe præcipuo, & uno continuo spatio temporis ab[illegible]tione perfecta; talisque præterea, ut alias in actiones integras i[illegible]etasque dividi non possit.

[illegible]*is*, ergo & virorum principum, & in gravi splendidaque materia.

[illegible]*pleta*, cui nihil desit eorum omnium, quæ adesse debent, ut absoluta [illegible] finem perducta dici queat.

Certæ magnitudinis sive durationis, quæ vulgo anni unius spatio, interdum etiam minore definitur: ab ea nimirum actionis parte, unde poeta sumit poematis exordium, ad usque poematis finem. Sic Odysseæ dies quinque omnino & quinquaginta; Ilias annum integrum capit.

FABULA constat partibus, sive plane necessariis, quæ sunt *exordium nexus*, & *solutio*: sive non plane necessariis, quæ sunt *episodia*.

Exordium, habet propositionem actionis, invocationem numinis, etiam aliquando dedicationem operis principi aut amico viro.

Nexus, est variorum casuum series, ad eam usque perducta partem operis, in qua fit actionis flexus in felicitatem aut infelicitatem.

Solutio, est quicquid ab eo flexu ad finem usque actionis peragitur.

Episodia, sunt actiones quædam adscititiæ, quæ cum actione præcipua veluti necessariam, certe verisimilem conjunctionem habent. Ea vulgo in nexum, raro in solutionem, nunquam in exordium inseruntur. Ἐπεισόδια dicta ab ἐπὶ *super*, *præter*, εἰς *in*, & ὁδὸς *via*; quasi *supervenientia in viam & seriem* actionis.

MO-

MORES denique manifestant animi affectus. SENTENTIA mentis cogitationes exprimit. DICTIO mores & sententiam repræsentat.

DE

NATURA ÆNEIDOS.

ACTIO Æneidos, ut nuda est operis materia, sic se habet. Æneas, incensa a Græcis Troja, cum suorum reliquiis mari se committit, Italiam petiturus, unde majores ejus orti esse ferebantur: illuc, post casus terra marique varios, appellit: excipitur humaniter a Latino, tunc ibidem regnante; &. Laviniæ nuptiis in generum adoptaretur, nisi obstaret Turnus, Dauni Rutulorum regis filius. Is Laviniæ nuptias jampridem ambiens, Æneam gravi bello vexat: sed ab eo victus & occisus, sponsam ei regnumque habendum denique permittit.

Unam esse, atque *Illustrem*, eam actionem liquet.

Completam negavit Maphæus Vegius, ideoque sibi posse visus est decimum tertium librum Æneidi assuere, quo dolorem Rutulorum, Turni funus, Æneæ nuptias & apotheosin complexus est, temere omnino. Nam apotheosis a Jove promissa est lib. 1. 263. *Feres ad sidera cœli Magnanimum Æneam*. Tum confirmata l. 12. 794. *Indigetem Æneam scis ipsa, & scire fateris, Deberi cœlo*. Jam Lavinia regnumque Latii a Turno moriente Æneæ permittitur l. 12. 937. *Tua est Lavinia conjux*. Cætera, quæ ad pompam inflatumque pertinent, frigida ac puerilia, certe minime necessaria.

Magnitudinem habet *certam* ac justam: licet enim octo circiter annis durare actio tota dicatur, unum tamen ex iis, eumque ultimum, poeta complectitur: superioribus reliquis in Episodicam Æneæ coram Didone narrationem redactis. Mambrunus quidem sexdecim menses Æneidi attribuit, eo adductus, quod Anchises, ut ex l. 5. liquidum est, obierit in Sicilia verno tempore. Unde sic colligit: Æneam non multo post, verno item tempore, inde solvisse, cum in Africam tempestate ejectus est: quid enim eum, mortuo patre, fatis in Italiam vocantibus, diutius in Sicilia tenuisset? Tum addit eumdem in Africa totam hyemem, atque adeo annum fere traduxisse; siquidem inde iterum in Siciliam ineunte vere trajiciens, anniversarios patri ludos celebravit; reliquis autem in Italia præclare gestis menses minimum quatuor esse tribuendos. Pugnat contra Segresius, in egregia Præfatione in Gallicam Æneidos interpretationem: ostenditque Æneam e Sicilia non nisi Julio mense, quarto nempe post obitum patris, in Africam appulisse: toto illo intervallo temporis, vel reficiendæ classi, vel expectandæ commodæ tempestati, curisque aliis impenso. Atque ita legitimo unius anni spatio Æneis tota continebitur; quod suis locis probabimus, præsertim l. 1. v. 539. & 760.

FABULA, sive actio suis episodiis ornata, repeti potest ex argumentis cuique libro præfixis: ea tamen cautione, ut, si quæritur ordo temporis, secundus liber primum legendus sit, tum tertius, deinde primus, quartus deinceps & cæteri: artis enim, sive poematis, alium ordinem poeta instituit, seriemque consulto perturbavit earum rerum, quas historicus singulas, prout evenerunt, recto ac naturali ordine describeret.

Exordium brevissimum versus vix quindecim capit. Unde autem sumendum sit, dubitatur: utrum ab illis versibus, *Ille ego*, an ab his, *Arma virumque cano*. Ego ab his puto sumendum, veteres secutus, Virgilii præsertim æquales: qui quoties Æneidos meminere, toties eam his ipsis vocibus designarunt. Ovid. Amor. l. 1. 15. 25. *Tityrus & segetes, Æneiaque arma legentur*. Idem Trist. l. 2. 533. *Felix Æneidos auctor Contulit in Tyrios arma virumque toros*. Propert. l. 2. 34. 63. *Qui nunc Æneæ Trojani suscitat arma*. Martialis l. 8. 56. 19. *Protinus Italiam concepit & arma virumque, Qui modo vix culicem fleverat ore rudi*. Ausonius Epig. 129. *Arma virumque docens, atque arma virumque peritus, &c.* Et vero abesse prævios quatuor versus a MSS. antiquissimis testatur Pierius: adeo ut N. Heinsius nec editioni suæ dignatus sit adscribere. Vulgo tamen adscribuntur, sed seorsim ab aliis consequentibus: unde conjiciunt plerique a Tucca & Vario, quasi parum aptos tanti operis exordio, fuisse sublatos; factos tamen a Virgilio, non quidem ut exordium, sed ut auctoris signaculum notamque operis editioni præfigendam, & inter recitandum ab eo supprimi solitam: unde cum statim ordiretur ab *Arma virumque, &c.* poema sub his versibus, non sub aliis, innotuisse probabile est.

Nexus totis duodecim libris ad usque duellum Æneæ cum Turno pertinet. *Solutio* incipit a duello.

Episodia sunt Junonis consilium de subvertenda Trojana classe, Æneæ apud Didonem diversio, amores, narratio Trojani incendii, cæteraque ejusmodi, quæ partes quidem sunt fabulæ, non autem actionis: possunt enim ab actione, qualis antea nude descripta est, omnino separari; a fabula, sine gravi ejus immutatione, non possunt.

MORES ubique æquabiles, & ad imitationem ac delectationem aptissimi. SENTENTIA autem & DICTIO sic absoluta ac perfecta est, ut vel hoc utroque nomine princeps poetarum Virgilius habendus sit.

P. VIR-

P. VIRGILII MARONIS

ÆNEIDOS

LIBER I.

ARGUMENTUM.

Propositione & invocatione præmissis, narratio incipit a septimo Æneæ expeditionis anno: quo tempore, Trojanis e Sicilia in Italiam solventibus, Juno tempestatem excitat, conciliato sibi Æolo. Sedat tempestatem Neptunus. Naves Æneæ septem in portum Africæ se recipiunt, reliquis alio disjectis. Venus apud Jovem de filii calamitate queritur. Solatur eam Jupiter, exposita Æneæ ejusque posteritatis futura felicitate. Mittitur Mercurius, qui Carthaginensium animos Trojanis placabiles reddat. Venus habitu venatricis occurrit Æneæ, regionem cum Achate exploranti: indicataque Didonis ac regionis conditione, utrumque nebula septum Carthaginem dimittit. Illic Æneas, templum ingressus, primum in belli Trojani picturas incidit: deinde in Didonem, & in socios, quos fluctibus oppressos putaverat, Didoni supplicantes. Dat se in conspectum Æneas: a Regina benigne excipitur: accersitur per Achatem Ascanius: cujus in locum dolo Veneris Cupido substituitur, ut Æneæ amorem Didoni inspiret. Abeunt omnes in aulam ad convivium.

ILle ego, qui quondam gracili modulatus avena
Carmen, & egressus silvis vicina coegi
Ut quamvis avido parerent arva colono:
Gratum opus agricolis. At nunc horrentia Martis

INTERPRETATIO.

Ego ille sum, qui olim cecini cantilenas tenui calamo, & egressus e silvis coegi propinquos agros, ut obedirent agricolæ quantumlibet cupido; quod opus jucundum fuit rusticis. Sed jam horrida Martis

Arma, virumque cano, Trojæ qui primus ab oris

Italicam bella, & hominem, qui pulsus fatis, primus venit e regione Trojana in

NOTÆ.

5. *Trojæ.*) Troja, regio Phrygiæ minoris, in Asia minore: cujus urbs præcipua *Ilium*, ab Ilo rege dicta; non procul ab Ida monte. Hæc & *Troja*, a Troe rege, & *Dardania*, a Dardano Trois avo, & *Teucria*, a Teucro Dardani socero, vocata est. Ejus arx *Pergamus*, plur. *Pergama*.

Primus.) Antenor tamen prius in Italiam venit, Pataviumque condidit: sed non prius Troja profectus est, neque ad Lavinum litus venit, sed in Venetiam, ut legitur infra, v. 246.

6. *Italiam.*) Regio est Europæ maxima in formam ocreæ extensa; inter Hadriaticum sinum a septentrione & oriente, ac mare Tyrrhenum a meridie: ad septentrionem, & occidentem Alpibus separatur a Germania & Gallia.

Lavina.) Id est, quæ deinde *Lavina* dicta sunt, a Laviniæ nomine, quæ, Latini filia, Æneæ nupsit. Unde hic *prolepsis* agnoscitur, sive anticipatio temporis. Servius tamen affirmat eandem urbem dictam esse primo *Lavinum* a Lavino Latini fratre; deinde *Laurentum*, ob inventam ibidem laurum a Latino, cum regnum fratre mortuo suscepisset; & hoc utroque nomine fuisse insignitam, priusquam Æneas in Italiam venisset: tertio denique ab Ænea vocatam esse *Lavinium*, a Lavinia uxore. Sed unde Lavinum hunc Latini fratrem fuisse acceperit, non liquet. Laurentum item ac Lavinum unam urbem fuisse negat Strabo: quare primæ opinioni adhæreo. Damnant Virgilium nonnulli, quod *Lavina*, non *Lavinia* dixerit: sed præterquam quod sibi constent in ea scriptione MSS. omnes, habet quoque Propertius lib. 2. 34. 64. *Jactaque Lavinis mœnia litoribus.*

Italiam, fato profugus, Lavinaque venit
Litora. Multum ille & terris jactatus & alto,
Vi superum, saevae memorem Junonis ob iram.
Multa quoque & bello passus, dum conderet urbem,
Inferretque Deos Latio: genus unde Latinum,
Albanique Patres, atque altae moenia Romae.
Musa, mihi causas memora: quo numine laeso,
Quidve dolens regina Deum, tot volvere casus
Insignem pietate virum, tot adire labores
Impulerit. Tantaene animis coelestibus irae?
Urbs antiqua fuit, Tyrii tenuere coloni,

Car-

INTERPRETATIO.

Italiam, & ad *Lavinum litus*. *Ille multum agitatus fuit terra & mari*, *per potentiam Deorum*, & *propter iram memorem crudelis Junonis*. *Multa quoque toleravit praeterea in bello*, *donec fundaret urbem*, & *induceret Deos in Latium*; *ex quo* facto *populus Latinus*, & *cives Albani*, & *muri altae Romae* orti sunt.

O *Musa*, *suggere mihi causas* earum rerum: *quo Deorum violato*, *vel quo scelere offensa regina Deorum coegerit hominem pietate illustrem agitari tot calamitatibus*, & *suscipere tot labores*. *Tantusne furor* inest *mentibus divinis*? *Fuit urbs vetus*, quam

NOTÆ.

7. *Litora*.) Quamvis Lavinium distaret a litore, juxta Servium, octo milliaribus; juxta alios, minimum tribus: litus tamen, quod huic urbi respondebat, eodem nomine insigniri potuit.

Terris jactatus & alto, &c.) Propositio est sex priorum librorum, qui continent maritima pericula. *Multa quoque & bello*, &c.) Propositio est sex posteriorum, qui terrestria continent.

8. *Memorem Junonis ob iram*.) Id est, iram Junonis memorem: quam autem rerum memoriam habes infra v. 30.

9. *Dum conderet urbem*.) *Lavinium*. In quam primum Deos & sacra intulit: quae Albae parens fuit, ac deinde Romae. Male enim ait Servius posse explicari de *Troja*, quam condidit Aeneas lib. 7. 159. statim post adventum in Italiam, castrorum potius quam urbis in speciem; siquidem hujus deinde mentio nulla. Male iterum de Roma: siquidem urbs bis significaretur, unde *Albani patres*, *atque altae moenia Romae* orta sunt.

10 *Deos Latio*.) Penates, de quibus Æn. 2. 717. *Latio*, pro, *in Latium*: ut *It clamor caelo*, Æn. 5. 451. *Latium* Italiae regio: de qua Æn. 7. [illegible]

Genus unde Latinum.) Quomodo ex Aenea genus Latinum? si quidem Latini ante adventum Aeneae in Italia noti erant; quare Juno ad Jovem Æn. 12. 820. *Pro Latio obtestor* ... *Ne vetus indigenas nomen mutare Latinos*, *neu Troas fieri jubeas*. Facile solvunt, qui vocem *unde* ad Latium referunt: patet enimvero, ex Latio ortos esse Latinos, Albanos item, & Romanos; cum ii omnes populi Latium incoluerint. Quia tamen melius vox *unde* refertur ad factum Aeneae, idcirco quaeritur quomodo Latinum inde ortum dicatur. Illum autem modum exegerit Servius: quia victor Aeneas, cum Trojanum nomen Latinis imponere jure potuisset, ipse Latinum nomen Trojanis imposuit suis, & ex utroque genere unum fecit; quo ex genere mixto, *Albani* deinde *patres*, sive reges, & *moenia Romae* propagata sunt: ut infra fusius dicetur, v. 265.

12. *Musa*.) Musam invocat nullo certo nomine: Homeri exemplo, qui in Iliade, Μῆνιν ἄειδε θεά, *Iram cane Dea*: & in Odyssea, Ἄνδρα μοι ἔννεπε Μοῦσα, *Virum mihi dic Musa*. Alibi Calliopen, heroici carminis praesidem, distincte invocat: hic tam obscure.

Quo numine laeso.) Quibus laesis numinibus. Quippe praeter Junonem, Deos alios Aeneas infestos habuit: ut patet ex illo versu, qui huic respondet. *Vi superum*, *saevae memorem Junonis ob iram*.

13. *Tot volvere casus*.) Pro *tot volvi casibus*: quod quanquam durum est, tamen firmatur hoc Statii non absimili exemplo, ex Theb. l. 2. 408. *Ex quo frater inops ignota per oppida tristes Exul agit casus*: pro *agitur casibus*.

16. *Tyrii*.) *Tyrus*, urbs Syriae in Phoenicia inter Sidonem ad septentrionem, & Ptolemaidem ad meridiem in ora maris Mediterranei. Nunc *Sur* dicta, olim *Sarra*: unde *Sarranum* ostrum pro *Tyrio* celebratum est. Tyrii, cum in Africam venerunt, dicti sunt *Poeni* quasi *Phoeni*: quia ex *Phoenicia* profecti.

Coloni.) Proprie sunt ii, qui terram colunt, agricolae: ut supra v. 3. *Ut quamvis avido parerent arva colono*, &c. Aliquando sumuntur pro parte civium, qui ex consensu civitatis ad sedes alias incolendas deducuntur, dicunturque *coloniae*; quae ex sexaginta supra centum deductae a Romanis variis in locis numerantur. Tyrii autem, Carthaginis conditores, non proprie *coloni* fuere, sed profugi; ut quidem non ex consensu suae civitatis, sed fuga & secessione Tyro profecti sunt.

17. *Carthago*.) Urbs, caput Africae, Graecis Καρχηδών dicta. Aemula Romae diu fuit, cumque eaque gessit bella tria gravissima, a Scipione victa primum, & vectigalis facta; postmodum a Scipione Aemiliano deleta. De illa, deque illius initiis, dicemus in argumento libri IV.

Carthago, Italiam contra, Tiberinaque longe
Ostia; dives opum, studiisque asperrima belli:
Quam Juno fertur terris magis omnibus unam
Posthabita coluisse Samo. Hic illius arma,
Hic currus fuit: hoc regnum Dea gentibus esse,
Si qua fata sinant, jam tum tenditque fovetque.
Progeniem sed enim Trojano a sanguine duci
Audierat, Tyrias olim quæ verteret arces.
Hinc populum late regem, belloque superbum
Venturum excidio Libyæ; sic volvere Parcas.
Id metuens, veterisque memor Saturnia belli,
Prima quod ad Trojam pro caris gesserat Argis.
Necdum etiam causæ irarum, sævique dolores
Exciderant animo. Manet alta mente repostum

Ju-

INTERPRETATIO.

colonia Tyriorum incoluit, Carthago nomine, procul ex adverso Italiæ & ostiorum Tiberis: abundans opibus, & acerrima belli artibus. Juno dicitur hanc unam habitasse præ cæteris regionibus, etiam Samo postposita. Illic Junonis arma, illic currus fuit: jam tunc Dea contendit ut illa imperet populis, protegitque eam in hanc spem, *si fatum* id *quoquo modo permiserit. Enim vero audierat prolem deduci e stirpe* Trojanorum, *quæ aliquando everteret mœnia Tyriorum. Inde per cladem Africæ, gentem* illam *futuram ubique dominam, & bello gloriosam: ita statuisse Parcas.* Audierat hoc *Juno, hoc ipsum timens, & reminiscens præteriti belli, quod prima suscitaverat contra Trojanos pro Argis* sibi *dilectis. Præterea tanta iracundia & sæva indignatio non abierant adhuc ex animo: residet infixum*

NOTÆ.

17. *Tiberina Ostia.*) *Tiberis*, fluvius Italiæ, de quo Æn. 8. 330. Ostia ejus duo, quibus in mare Tyrrhenum evolvitur: ubi urbes duæ, *Ostia* ad orientem, *Portus* ad occidentem.

19. *Magis omnibus unam, &c.*) Multas habuit urbes sibi addictas Juno, Argos, Spartam, Mycenas: imprimis Samon.

20. *Samo.*) *Samos*, sive *Samus*, insula est Icarii maris, Ioniæ adjacens, contra Ephesum. In ea Juno adolevit, nupsitque Jovi: ideoque templum ejus erat Sami nobilissimum, & simulacrum habitu nubentis, & sacra ritu nuptiarum.

21. *Arma, Hic currus fuit.*) Currum Junonis describit Homerus Il. 5. 720. cujus ministra est Hebe: hunc aut similem intellige, aut potius thensam, vehiculum, quo Deorum simulacra in sacris circumferebantur. *Illius arma.*) Vel hasta fuit; agnoscit enim Plutarchus Junonem *Curitim*, & *curis* lingua Sabinorum hasta est. Vel sceptrum & fulmen, his enim insignibus ornatam fuit Carthagini simulacrum Junonis. Vel clypeus; refert enim Servius hanc sollemnem e sacris Tiburtibus formulam: *Juno curitis, tuo curru clypeoque tuere meos curiæ vernulas sane.*

22. *Si qua fata sinant.*) Juno enim, & ipse Jupiter, Dique cæteri subditi erant fato, quod esse dicebatur causarum rerum immutabilis & æterna.

26. *Venturum excidio, &c.*) Modicius hic agnoscit ablativum casum, *excidio*, pro *per excidium*; hoc sensu: *Hinc populum Romanum futurum late regem per excidium Africæ.* Vulgo tamen agnoscitur dativus: *venturum excidio*, pro *ad excidium*; ut *It clamor cælo* pro *ad cælum*; hoc sensu: *Populum Romanum hinc, id est post Carthaginis expugnationem, late ac sine æmulo regnaturum, venturum ac progressurum ad excidium usque Africæ.* Placet utraque interpretatio: secunda communior: prima subtilior. *Libya*, pars Africæ, pro tota, G. 1. 241.

26. *Sic volvere Parcas.*) Parcæ tres, quæ fatorum humanorum fila volvunt; de iis Ecl. 4. 47.

27. *Saturnia.*) Juno Saturni & Opis filia, atque ita Jovis soror, itemque conjux.

Id metuens.) Difficile est intelligere, quo nominativus iste referatur. Alii referunt ad verbum superius, *audierat*; hoc sensu: *Audierat Carthaginem a Romanis delendam esse, id metuens, id est, cum metu audierat.* Alii ad posterius verbum, *arcebat longe Latio*: hoc sensu: *Id metuens; præterea his aliis causis commotis, quæ per parenthesim enumerantur, accensa, arcebat Trojanos Latio.* Sed longior sane mihi videtur illa trajectio: potest tamen admitti, si *Necdum etiam*, cum quatuor sequentibus versibus, parenthesi includatur.

28. *Prima.*) Quia origo belli Trojani fuit judicium Paridis: a quo postposita Veneri fuerant Juno & Pallas. Juno igitur prima & dignitate & tempore, Græcis idcirco adversus Trojanos favit. *Argis.*) Urbis nomen est in Peloponneso; *Argi* masculinum plurale, vel *Argos* neutrum singulare: cives hujus, & Græci deinde omnes *Argivi* communiter dicti.

30. *Repostum.*) *Repositum*; syncope frequenti

apud

Judicium Paridis, spretæque injuria formæ,
Et genus invisum, & rapti Ganymedis honores.
His accensa super, jactatos æquore toto
Troas, relliquias Danaum atque immitis Achillei,
Arcebat longe Latio; multosque per annos
Errabant acti fatis maria omnia circum.
Tantæ molis erat Romanam condere gentem.
Vix e conspectu Siculæ telluris in altum
Vela dabant læti, & spumas salis ære ruebant;
Cum Juno, æternum servans sub pectore vulnus,
Hæc secum: Mene incepto desistere victam?
Nec posse Italia Teucrorum avertere regem?
Quippe vetor fatis! Pallasne exurere classem

Ar-

INTERPRETATIO.

profunda in mente judicium Paridis & contumelia contempta pulchritudinis suæ, & familia sibi odiosa, & munus Ganymedis a Jove rapti. His insuper irritata, repellebat procul a Latio Trojanos, reliquias Græcorum & crudelis Achillis, agitatos per totum mare: & illi a multis annis vagabantur impulsi fatis circa maria omnia. Tanti erat momenti fundare Romanum populum. Vix vela faciebant læti e conspectu Siculæ terræ in altum mare, & rostris æneis secabant spumas maris; cum Juno servans sub pectore plagam immortalem, hæc mente volvebat: Egone ut victa cessem a cœpto, nec possim arcere ab Italia regem Trojanorum? scilicet impedior fatis! An Pallas potuit in-

NOTÆ.

apud poetas. Lucr. l. 1. 35. *Tereti cervice reposta.* Horat. Epod. 9. v. 1. *Quando repostum Cæcubum ad festas dapes.*

31. *Judicium Paridis.*) Paris sive Alexander, Priami & Hecubæ filius; a patre primum expositus in silvis, quia, cum Hecuba facem ardentem parere se somniasset, conjectores responderant, infantem, quem in utero gestabat, Trojani excidii causam futurum: a matre tamen clam educatus in Ida monte, propter æquitatis famam a Diis electus est judex pulchritudinis inter Junonem, Palladem, ac Venerem: orto nempe inter eas dissidio, propter malum aureum ad Pelei nuptias a Discordia illatum, atque inscriptum his verbis, *Detur pulcherrimæ*, Paris Veneri malum addixit: postmodum agnitus ab Hectore fratre & parentibus, ac deinde missus in Græciam, a Menelao Spartano rege hospitio exceptus, Helenam ejus uxorem Veneris favore secum abduxit: ad quam recuperandam bellum a Græcis conflatum est. Occidit deinde Achillem in templo Thymbræi Apollinis, & paulo post a Philoctete occisus est.

32. *Et genus invisum.*) Quia Trojanorum genus a Dardano fluxerat, Jovis filio ex Electra pellice, Atlantis filia. Infra v. 239.

Rapti Ganymedis honores.) Munus ministrandi pocula in Deorum conviviis translatum est ab Hebe, Dea juventutis, ad Ganymedem, formosum puerum Trois filium, a Jove sub aquilæ formam latente sublatum inter sidera, cum in Ida monte venaretur. *Rapti.*) Vel genitivus est casus, & refertur ad *Ganymedis*; vel nominativus pluralis, & *honores* respicit, qui rapti, seu erepti sunt Hebæ, Junonis & Jovis, vel juxta alios, unius Junonis filiæ.

33. *His accensa super.*) Accensa *super his*, id est, *de his causis tribus*, nempe judicio Paridis, Electræ amoribus, & Ganymedis honore. Donatus et Servius melius *super* explicant, quasi *præterea*: nempe accensa his tribus *super* sive *præter* metum de Carthaginis excidio conceptum: quæ quarta erat odii ejus in Æneam causa.

34. *Danaum, &c.*) Græcorum, a *Danao* Ægypti fratre, qui in Græciam navigavit, indeque expulso rege Sthenelo, Argos tenuit, ac novæ gentis parens fuit.

Achillei.) Genitivus est pro *Achillis*: causam vide infra v. 224. *Achilles Pelei* & Thetidis filius, regnavit in Australi Thessaliæ parte, quæ Phthiotis dicta est. Statim ab ortu Stygiis aquis immersus, atque inde vulnere non violabilis, præterquam ea pedis parte, qua, dum lavaretur, a matre comprehensus est. Occultatus a Thetide inter Lycomedis, Scyri regis, filias habitu muliebri, ne ad Trojam iret, unam earum vitiavit Deidamiam, ex eaque Pyrrhum suscepit. Agnitus tamen Ulyssis dolo, & ad illam expeditionem profectus, Hectorem occidit, & vicissim a Paride occisus est, sagitta in talum impacta. *Pelides*, a patre Peleo dictus: *Æacides* ab avo Æaco, Jovis filio, Æginæ insulæ rege, de quo Æn. 1. 7.

38. *Siculæ telluris.*) Sicilia, insula Mediterranei maris, de qua fuse Æn. 3. 687. Hinc solvit Æneas mense Julio exeunte: ut diximus in argumento generali.

42. *Teucrorum.*) Trojanorum, a *Teucro* rege: de quo infra v. 239.

43. *Quippe vetor fatis.*) Occurrit objectioni, quæ peti poterat e summa vi fatorum in ipsos Deos; & est indignatio cum amaro quodam joco: *Quasi vero fata debuerint ulteriorem injuriæ permittere Palladi, mihi negare.* De Pallade, Ecl. 2. 61.

Argivum, atque ipsos potuit submergere ponto
Unius ob noxam & furias Ajacis Oilei?
Ipsa, Jovis rapidum jaculata e nubibus ignem,
Disjecitque rates, evertitque æquora ventis:
Illum expirantem transfixo pectore flammas
Turbine corripuit, scopuloque infixit acuto.
Ast ego, quæ Divum incedo Regina, Jovisque
Et soror & conjux, una cum gente tot annos
Bella gero: & quisquam numen Junonis adoret
Præterea, aut supplex aris imponat honorem?
Talia flammato secum Dea corde volutans,
Nimborum in patriam, loca fœta furentibus Austris,
Æoliam venit. Hic vasto rex Æolus antro
Luctantes ventos, tempestatesque sonoras
Imperio premit, ac vinclis & carcere frenat.
Illi indignantes magno cum murmure montis

Cir-

INTERPRETATIO.

incendere naves Græcorum, & ipsos submergere mari, propter culpam & furorem solius Ajacis Oilei? Ipsa vibrans e nubibus rapidum fulmen Jovis, & dissipavit naves, & turbavit mare ventis, ipsumque Ajacem evomentem flammas e transfixo pectore involvit turbine, & impegit rupi acutæ. Ego vero quæ gradior regina Deorum, Jovisque & soror & uxor, bellum facio a tot annis adversus unicum populum: & aliquis postea colet divinitatem Junonis, aut supplex imponet victimam altaribus? Talia volvens Dea privatim animo ardente, venit in Æoliam, regionem tempestatum & loca plena furiosis ventis. Illic rex Æolus spatiosa in caverna continet auctoritate sua ventos pugnantes & tempestates sonantes, eosque coercet catenis & carcere. Illi impatientes

NOTÆ.

44. *Argivum.*) Non proprie Argivorum, sive Græcorum omnium; sed Locrensium, qui cum rege suo Ajace, Oilei filio, post Trojanum excidium patriam repetentes, tempestate oppressi sunt: Ajax ipse fulmine afflictus a Pallade; eo quod is, capta Troja, Cassandram Priami filiam virginem, & vaticinandi munere insignem, in ipso Palladis templo vitiasset. Juxta Homerum tamen submersus est a Neptuno, eo quod invitis Diis evasurum se e fluctibus impudenter jactasset, Odyss. 4. 509.

45. *Ajacis Oilei.*) Duo enim Ajaces fuerunt. Hic Oilei, Locrensium regis; alter Telamonis Salaminii regis filius, qui propter amissa in judicio Achillis arma, in gladium incubuit. *Oilei.*) Substantivum est, & est *Ajax Oilei*, nempe *filius*; ut alibi *Deiphobe Glauci*, nempe *filia*.

46. *Jovis.*) A quo fulmen mutuata fuerat, ut graviorem infligeret plagam. Juno enim, & Pallas, & Vulcanus, fulmina mittere dicebantur; sed non tam valida, quam Jupiter.

49. *Scopuloque.*) Aut Caphareo, Eubœæ monti; aut juxta Homerum Odyss. 4. 507. Gyræa petra, quam Didymus esse putat Gyarum, Ægæi insulam, non longe a Delo, exsulibus & exsilii locum habitam a Romanis.

50. *Incedo regina, &c.*) De gravitate Junonii incessus Æn. 5. 648. Solemnia Deorum erant fraterna connubia. Ovid. Met. 9. 498. *Dii nempe suas habuere sorores. Sic Saturnus Opem junctam sibi sanguine duxit, Oceanus Tethyn, Junonem rector Olympi.* Per Jovem autem, fabulæ ætherem ætheremque ignem significarunt; per Junonem, aërem: unde Juno Jovis *soror* dicitur, quia aër ætheri subtilitate persimilis; *conjux* vero, quia ætheri subjectus. Ex Cicerone & Macrobio. Tamen Virgilius aërem ipsum & ætherem videtur in uno Jove adumbrare, eique terram conjugem attribuere, G. 2. 325.

55. *Austris.*) Proprie ventis a meridie flantibus, de quibus Ecl. 2. 58. Hic promiscue pro omnibus.

56. *Æoliam.*) Non hic Asiæ minoris regio intelligitur, inter Troadem & Ioniam sita, *Æolis*, sive *Æolia* dicta; sed *Æoliæ insulæ* inter Italiam & Siciliam sitæ, numero septem; alias *Vulcaniæ* & *Hephæstiades* appellatæ: quarum principes sunt Lipara, Hiera, Strongyle. *Vulcaniæ* & *Hephæstiades* dictæ, quia propter frequentem ignium eruptionem Vulcanus, qui Græcis Ἥφαιστος, ibidem habere officinam existimatus est; præsertim in Hiera, de qua Æn. 8. 416. *Æoliæ* vero, quia Æolus Hippotæ filius ibidem regnavit, maxime in Strongyle, rex ventorum habitus ideo, quia juxta Plinium, Diodorum, ac Solinum, ex inspiciendo fumo ventos in triduum prædicere usu solitus erat, unde hæ insulæ dicuntur hic *ventorum patria*. Nomen Æoli ab αἰόλος *varius*, ob naturam ventorum mutabilem.

Circum claustra *fremunt*. Celsa sedet Æolus arce,
Sceptra tenens, mollitque animos, & temperat iras.
Ni faciat, maria ac terras cœlumque profundum
Quippe ferant rapidi secum, verrantque per auras.
Sed pater omnipotens speluncis abdidit atris,
Hoc metuens: molemque & montes insuper altos
Imposuit, regemque dedit, qui fœdere certo
Et premere, & laxas sciret dare jussus habenas.
Ad quem tum Juno supplex his vocibus usa est:
Æole, (namque tibi Divum pater atque hominum rex
Et mulcere dedit fluctus, & tollere vento)
Gens inimica mihi Tyrrhenum navigat æquor,
Ilium in Italiam portans, victosque Penates.
Incute vim ventis, submersasque obrue puppes,
Aut age diversas, & disjice corpora ponto.
Sunt mihi bis septem præstanti corpore Nymphæ:
Quarum, quæ forma pulcherrima, Deiopeiam
Connubio jungam stabili, propriamque dicabo:
Omnes ut tecum meritis pro talibus annos
Exigat, & pulchra faciat te prole parentem.

Æo-

INTERPRETATIO.

tumultuantur circa obices, magno cum fragore montis. Æolus sedet in summo monte, tenens sceptrum, & mitigat animos, & moderatur furorem. Nisi id *faceret, scilicet* venti *rapidi secum raperent maria ac terras & cælum intimum, eaque per aerem traherent. Sed Deus omnipotens id timens clausit eos in antris obscuris, & super imposuit moles altarum rupium, præfecitque regem, qui constanti lege sciret & eos coercere, & iis permittere laxiora frena,* quoties *juberetur. Apud quem Juno tunc supplicans usa est his verbis: Æole, (nam parens Deorum & rex mortalium tibi dedit & mitigare, & concitare vento fluctus) Natio mihi infensa currit per mare Tyrrhenum, in Italiam ferens Trojam & Penates comites. Adde impetum ventis, & obrue naves submersas, aut impelle* in *diversas* partes; *& disperge corpora mari. Ego habeo quatuordecim Nymphas formoso corpore: e quibus Deiopeiam, quæ specie elegantissima* est, *sociabo* tibi *firmo conjugio, & propriam addicam; ut pro tali officio transigat tecum omnes annos, &*

NOTÆ.

60. *Arce.*) Vel proprie in arce, quæ ipsi palatii loco erat; vel in summo montis cacumine: sæpe enim *arces* aliquando appellantur: G. 4. 461. *Flerunt Rhodopeiæ arces.*

63. *Verruntque.*) Vox Lucretiana, l. 5. 267. *Validi verrentes æquora venti.*

66. *Fœdere.*) Est enim quoddam veluti *fœdus*, imperium principum in subditos: quo subditi obsequium principibus, principes subditis tutelam promittunt.

71. *Tyrrhenum æquor.*) Mediterranei maris ea pars est, quæ Italiam ad meridiem alluit; unde mare *inferum* etiam vocatur, & mare *Tuscum*; a Tuscia, sive Etruria, ad fretum Siculum extenditur: Ital. *mare di Toscana.*

72. *Ilium in Italiam, &c.*) De *Ilio*, Troja, supra v. 5. De *Italia* v. 6. De *Penatibus*, Diis domesticis, l. 2. 717.

75. *Nymphæ.*) Propter munera aquarum numina sunt, ut diximus Ecl. 2. 46. Addicuntur Junoni & aliis numinibus quasi famulæ.

76. *Deiopeiam.*) Nomen a *δαίω ardeo*, & *ὄψ* vox.

77. *Connubio.*) Vulgo secundam syllabam habet longam, quia est a *nubo*, cujus prima longa; ita Æn. 3. 319. *Hectoris Andromache, Pyrrhin' connubia servas?* Æn. 4. 316. *Per connubia nostra &c.*

78. *Pulchra prole.*) Innuit hic Æolum liberis fuisse hactenus infelicem; Sisypho nempe latrocinii infami, Macareo sororis suæ Canaces incesto amatore: hos enim duos hujus ejusdem Æoli ventorum regis liberos facit Ovidius Ep. Heroid. 11. 9. Et propterea Juno novam ei conjugem proponit, ex qua digniores suscipiat liberos. Adde quod Dea nuptiarum & partuum est: unde non inducta est hæc ejus promissio.

Æolus hæc contra: Tuus, o regina, quid optes,
Explorare labor: mihi jussa capessere fas est.
Tu mihi quodcumque hoc regni, tu sceptra, Jovemque
Concilias, tu das epulis accumbere Divum,
Nimborumque facis tempestatumque potentem.
Hæc ubi dicta, cavum conversa cuspide montem
Impulit in latus: ac venti, velut agmine facto,
Qua data porta, ruunt, & terras turbine perflant.
Incubuere mari, totumque a sedibus imis
Una Eurusque Notusque ruunt, creberque procellis
Africus, & vastos volvunt ad litora fluctus.
Insequitur clamorque virum, stridorque rudentum.
Eripiunt subito nubes cœlumque, diemque
Teucrorum ex oculis: ponto nox incubat atra.
Intonuere poli, & crebris micat ignibus æther:
Præsentemque viris intentant omnia mortem.
Extemplo Æneæ solvuntur frigore membra.
Ingemit, & duplices tendens ad sidera palmas
Talia voce refert: O terque quaterque beati,
Queis ante ora patrum, Trojæ sub mœnibus altis,
Contigit oppetere! o Danaum fortissime gentis

Ty-

INTERPRETATIO.

efficiat te patrem formosa sobole. Æolus hæc *vicissim respondit: Tua cura est, o regina, considerare quid velis: æquum est me exequi tua mandata. Tu mihi acquiris Jovem, & imperium. & eam qualemcumque potestatem: tu facis ut accubem mensis Deorum, & reddis me dominum nubium ac tempestatum. Postquam hæc dicta sunt, concussit cavernosum montem ad latus inversa cuspide, ac venti quasi turmatim erumpunt, qua via aperta est, & agitant flatu terras. Incubuerunt mari, ac simul Eurusque Notusque, & frequens tempestatibus Africus, evertunt totum mare ab ipso fundo: & propellunt ad litora magnos fluctus. Sequitur & clamor hominum, & stridor funium. Statim nubes auferunt cœlum & diem ex oculis Trojanorum, nox obscura insidet mari; poli tonuere, & aer splendet frequentibus fulguribus, & omnia ingerunt hominibus præsentem necem. Continuo membra Æneæ frigore dissolvuntur. Ingemit, & attollens ad astra ambas manus, talia ore pronunciat: O ter & quater felices, quibus accidit mori in oculis parentum, sub mœnibus excelsis Trojæ! o generosis-*

NOTÆ.

81. *Fas est.*) Licebit mihi facere, etiamsi illicita imperes: tibi enim tam multa debeo, sceptra, gratiam Jovis, ut, nemini rectius possim videri, si jussa tua, quæcumque fuerint, impleverim. Atque id ad mentem Donati. Servius vero vult esse commutationem negativi sensus in affirmativum; *fas est capessere*, pro, *nefas est non capessere*: ut alibi affirmativum in negativum commutatur; *munera nec sperno*, pro, *libenter accipio*, Æn. 7. 261.

83. *Epulis accumbere.*) Divinitatis hæc nota est: sic notat Horatius divinitatem Herculis, Od. l. 4. 8. 29. *Sic Jovis interest optatis epulis impiger Hercules.*

84. *Tempestatumque potentem.*) Dominum. Sic Horat. Od. 1. 3. 1. *Sic te Diva potens Cypri.*

89. *Eurusque, &c.*) *Eurus*, ventus ab oriente, *Notus* a meridie, qui & *Auster* dicitur, *Africus* ab Africa spirans, inter occidentem ac meridiem.

91. *Stridorque rudentum.*) Nauticorum funium, qui propter gravem in motu stridorem *rudere* quodammodo videntur.

93. *Teucrorum.*) Trojanorum, supra v. 42.

96. *Extemplo.*) *Continuo*: & verbum est sacrorum, ut *ilicet* judiciorum: quemadmodum enim *ilicet*, dimisso senatu, id est, *ire licet*, ita *extemplo*, sacrificio peracto, pronunciabatur a præcone: quo significaretur, ut exirent *e templo*. Quod quia cito fiebat, ideo pro *cito* & *continuo* sumi utrumque cœptum est.

97. *Ingemit.*) Accusatur hic a quibusdam Æneas pusilli animi, sed temere: non enim hic mortem deprecatur, sed mortem ingloriam atque inutilem.

100. *Danaum.*) *Danaum*, Græcorum a Danao, supra v. 34.

Tydide, mene Iliacis occumbere campis
Non potuisse? tuaque animam hanc effundere dextra?
Sævus ubi Æacidæ telo jacet Hector, ubi ingens
Sarpedon: ubi tot Simois correpta sub undis
Scuta virum, galeasque, & fortia corpora volvit.
Talia jactanti stridens Aquilone procella
Velum adversa ferit, fluctusque ad sidera tollit.
Franguntur remi: tum prora avertit, & undis
Dat latus: insequitur cumulo præruptus aquæ mons.
Hi summo in fluctu pendent: his unda dehiscens
Terram inter fluctus aperit: furit æstus arenis.
Tres Notus abreptas in saxa latentia torquet;
Saxa vocant Itali, mediis quæ in fluctibus Aras,

Dor-

INTERPRETATIO.

sime nationis Danaorum, fili Tydei, egone non potui mori in campis Trojanis, & amittere hanc vitam tua manu? Ubi durus Hector periit armis Achillis, & magnus Sarpedon: ubi Simois volvit inter aquas tot correptos clypeos hominum, & galeas, & generosa corpora. Talia dicenti tempestas stridens ab *Aquilone percussit ex opposita parte velum, & propellit fluctus ad astra. Rumpuntur remi, deinde prora detorquetur, & objicit latus undis: succedit mons aquæ altitudine præruptus. Alii pendent e summo fluctu; mare hians pandit aliis terram inter fluctus: mare ebulliens turbatur arenis. Notus affligit tres* naves *abreptas ad scopulos occultos; scopulos* inquam illos, *quos Itali*

NOTÆ.

101. *Tydide.*) Vocativus Græcus. Diomedem intelligit, Tydei filium, Argivorum ducem Trojano bello: de quo Æn. 11. 243. Ab eo vulneratum Æneam in coxa, & tantum non occisum est. Iliad. 5.

103. *Sævus.*) Hic pro forti, bonam in partem sumitur.

Æacidæ.) Achillis, qui nepos fuit Æaci, supra v. 34.

Hector.) Priami & Hecubæ filius, Trojæ propugnator; qui decimo obsidionis anno ab Achille occisus est, & bigis alligatus, ac circa Patrocli sepulcrum & Trojæ muros tractus: cadaver a Priamo redemptum auro, postquam dies duodecim insepultum fuisset.

104. *Sarpedon.*) Jovis ex Laodamia filius, Lyciæ rex, Priamo contra Græcos in auxilium venit, & a Patroclo occisus est.

Simois.) Fluvius Troadis, ex Ida monte, per agrum Trojanum in Scamandrum profluens, & cum eo in Hellespontum, non longe a Sigeo promontorio.

106. *Aquilone.*) Qui & *Boreas* appellatur, ventus septentrionalis. Ecl. 7. 51.

107. *Adversa.*) Quia Aquilo, flans a septentrione, adversus est illac navigantibus e Sicilia in Italiam. Atque hunc quidem venti flatu Æneas, qui solverat e Drepani portu, & Siciliæ parte maxime occidentali, jamque aliquantum in mare Tyrrhenum ad septentrionem processerat, retro ad meridiem actus est, Africam versus. Ubi cum inter Siciliam atque Africam, quasi medium teneret, tum Notus a meridie tres naves ad septentrionem & *aras* repulit, v. 112. Eurus ab oriente tres alias in occidentem impegit, ad litora Africæ, & Syrtem minorem, v. 114.

108. *Prora avertit.*) In quibusdam codd. *proram avertit*, & refertur ad *procella*: in cæteris melius *prora avertit*, id est, *avertit se*. *Prora.*) Pars navis anterior.

109. *Insequitur cumulo, &c.*) Dabit lucem huc imitatio Ovidiana Met. 15. 509. *Cum mare surrexit, cumulusque immanis aquarum in montis speciem curvari & crescere visus.*

112. *In saxa latentia.*) Non in quælibet saxa latentia; sed in ea, quæ ab Italis *aræ* vocantur: quænam autem illa sint, non inquiremus.

113. *Aras.*) I. Explicant aliqui apud Pomponium Sabinum de Aris Philænorum, loco in Africa celebri propter mortem duorum ejus nominis fratrum, qui, pro determinandis Carthaginiensium morum a Cyrenaica ditione limitibus, ibi se vivos defodi passi sunt: ut est apud Salust. in Jugurtha. At locus ille circa Syrtim majorem in Continenti Africæ fuit: igitur Notus, meridionalis ventus, non potuit illuc naves pellere; adde quod non aræ istæ *mediis in fluctibus*. II. Scaliger in Commentario ad Epistolam 9. Ausonii *aras* ait esse moles & crepidines, quibus flumina aut maria coercentur, citatque hunc Virgilii versum, sed male; nam crepidines illæ litora muniunt, *aræ* istæ sunt *mediis in fluctibus*. Firmat sententiam hoc eandem epistolæ versu, *Deserat* *curvis salisque exterior aris*: sed libentius, ut semper rescriberem, vel *agris*, vel *oris*; cui lectioni favet imperet subsequentium versuum sententia. Addit locum e Tertulliani pallio, cap. 2. *Salve de qualibet margine, vel ara, medicinam moribus dicere*: putatque *marginem* & *aram* hic esse synonyma: sed præterquam quod in quibusdam codd. legitur *area*, non *ara*, manifestum est nihil hic esse, quod ad mare fluviosque pertineat: & hæc esse Cynici cujusdam Philosophi verba, qui profitetur se ad dicendum, non suggestu, non

pul-

Dorsum immane mari summo. Tres Eurus ab alto
In brevia & syrtes urget, miserabile visu:
Illiditque vadis, atque aggere cingit arenæ.
Unam, quæ Lycios, fidumque vehebat Orontem,
Ipsius ante oculos ingens a vertice pontus
In puppim ferit: excutitur, pronusque magister
Volvitur in caput: ast illam ter fluctus ibidem
Torquet agens circum, & rapidus vorat æquore vortex.

Ap-

INTERPRETATIO.

in medio mari appellant Aras, quæ sunt quasi *grande dorsum* in *superficie maris*. *Eurus tres naves impellit a pleno mari in brevia & syrtes, res sane miserabilis: easque impingit in vada & circumdat vallo arenæ. Ingens fluctus ante oculos ipsius Æneæ percutit a prora in puppim unam navim, quæ ferebat Lycios & fidelem Orontem: concidit gubernator, & pronus subvertitur in caput: navim vero fluctus ter eodem in loco circum involvens torquet, & præceps vortex*

NOTÆ.

pulpito insigere; sed ex quolibet loco paullo editiore, quales sunt in viis margines, quales in aris gradus, concionem habere. III. Ex Servio & Pomponio Sabino colligitur *aras* insulas esse, Africam inter & Siciliam positas, non longe a Lilybeo Siciliæ promontorio; communi nomine *Ægathes* appellatas; tres numero, Phorbantiam, nunc *Levanzo*; Æginam, nunc *Favognana*; Hieram, nunc *Maretimo*; easque admodum scopulosas, & saxis *latentibus* vallatas. Ad has constat victos esse navali prœlio Pœnos a Q. Lutatio Catulo consule anno U. C. 512. & pace ibidem constituta terminatum ab eo feliciter bellum Punicum primum iis conditionibus, ut quicquid insularum est Africam inter & Italiam, Romani juris deinceps foret. Id habetur ex Floro, Cornelio Nepote, Polybio. Tradatur Servius ex illo fœdere saxa illa dicta fuisse *aras propitias*, & eo nomine appellari apud Sisennam historicum veterem, cujus opera perierunt. Atque ille insularum situs plane cum Virgiliana tempestatis descriptione convenit, qualem explicuimus ad v. 107. Non possum tamen, quin hic Turnebum, & Pomponium Melam obiter perstringam. Turnebus quidem l. 26. c. 27. saxa illa magno in honore apud Romanos habita confirmat ex hoc Lucani l. 8. 822. *Augustius aris victoris Libyco pulsatur ab æquore saxum Tarpeiis.* Ubi sane dormivit vir sagax: patet enim vero legentibus, saxum hoc Lucani, tumulum illum esse subitaneum, quo Pompeii cadaver in Ægyptio litore conditum est; & hanc esse versuum sententiam *saxum Pompeii tumulum, quem fluctus allidit in litore, augustius esse aris illis, quas adulatrix Roma victori Cæsari deinde erexit:* Vox autem *Tarpeiis* plane sequenti versui adjungenda est. Pomponius Mela, cum l. 2. c. 7. vocavit *Ægathes Romana clade memorabiles*, aut erravit, aut cladem intellexit, non quam Romani passi sunt, sed quam Pœnis intulerunt.

114. *Dorsum immane, &c.*) Quomodo igitur *latentia*, si quidem dorsum in mari faciebant? scilicet dorsum faciebant inania: circumjecta fluctibus saxa *latebant*. Polybius l. 4. de Istri ostiis loquens, ait, in iis aggerationem quoque arenarum esse, quas nautæ vocant *pulvere*; ἐπάνω δ' αὐτοῦ αἱ ναυτικοὶ ...

115. *In brevia & syrtes.*) Non in omnia brevia, sed in ea quæ peculiariter vocantur *syrtes*. Et *brevia, vada, syrtes*, communiter significant partes illas maris, ubi frequentes & vento mutabiles fiunt arenarum aggestiones: *brevia* quidem dicta βραχέα, quia *brevis* & parum alta ibidem aqua est: *vada*, quia pedibus illac facile est *vadere*, difficile navibus; *syrtes*, a σύρω, *traho*, inquit Sallustius, id est, quod *trahere a vi ex traho*, quia eo *limum, arenamque, & saxa ingentia fluctus trahunt*, ait idem. Syrtes ejusmodi duæ sunt in Africano litore; variæ in sinus porrectæ, Tripolitanam regionem utrimque vallant: major ad orientem est, *le secche di Barbaria*; minor ad occidentem, *il golfo di Capes*: major a minore intervallo ducentis & quinquaginta passuum millibus. Itaque de minore sola hic est sermo: pluralem tamen numerum poeta ad rem augendam adhibuit. Et *Eurus* facile potuit ad Syrtes illius occidentales latus, Carthagini vicinius, Æneæ naves impellere, cum ab oriente spiret.

117. *Lycios.*) Asiæ minoris populos, inter Pamphyliam & Cariam, qui Trojanis in auxilium venerant: & mortuo Rege suo Sarpedone, Æneæ adhæserant. *Orontes*, eorum dux. Magister navis *Leucaspis* videtur fuisse, de quo Æn. 6. 334.

118. *A vertice, &c.*) Explicat Servius, *a puppi*, quam ait esse verticem navis; male, non enim *a puppi in puppim* pontus ferire potest. Idem Servius, *ab aquilone*, seu *Boreali polo*, qui vertex appellatur; durius. Modicius, *a puncto verticali*, quod Arabes *Zenith* vocant; eumdemque Turnebus, *a vertice*, sive quod idem est, *vertice aquarum & undarum*; Lucretius enim lib. 1. 293. de ventis, *Involvunt vertice raro corripiunt*: sed ab eo sensu videtur abhorrere præpositio *a*. Ego interpretor *a prora*; quæ pars est navis, si non mole altior, saltem acutior & in rostrum desinens: unde vertex dici potest. Adde quod levior cum sit, facilius potuit fluctuum impetu extolli, & in puppim subverti: unde *pronus magister in caput* revolutus fuerit.

121. *Vortex.*) Charisius distinguit *vorticem* a *vertice*, & hunc derivat a *vertendo*, illum a *vorando*. Alii tamen melius utrumque a *vertendo* deducunt, & utriusque vim confundunt; ut significent quicquid *vertitur* ac torquetur, ut in aquis, ventis, extrema parte ovis, capillis: a capillis autem ad summam capitis partem exprimendam

Apparent rari nantes in gurgite vasto:
Arma virum, tabulæque, & Troia gaza per undas.
Jam validam Ilionei navem, jam fortis Achatæ,
Et qua vectus Abas, & qua grandævus Alethes,
Vicit hyems: laxis laterum compagibus omnes
Accipiunt inimicum imbrem, rimisque fatiscunt.
Interea magno misceri murmure pontum,
Emissamque hyemem sensit Neptunus, & imis
Stagna refusa vadis: graviter commotus, & alto
Prospiciens, summa placidum caput extulit unda.
Disjectam Æneæ toto videt æquore classem,
Fluctibus oppressos Troas, cælique ruina.
Nec latuere doli fratrem Junonis, & iræ:
Eurum ad se Zephyrumque vocat; dehinc talia fatur:

Tan-

INTERPRETATIO.

absorbet mari. Videntur pauci enatantes in immenso mari: & arma hominum, & tabulæ, & Trojanæ opes per aquas. Jam tempestas superavit firmam navem Ilionei, jam navem generosi Achatæ, & eam qua portabatur Abas, & qua senior Alethes: & omnes solutis juncturis laterum admittunt perniciosam aquam, & rimis dehiscunt. Interea Neptunus animadvertit mare magno tumultu agitari, & immissam tempestatem, & profunda maris ab imis vadis revoluta: graviter iratus, & mari providens, sustulit caput tranquillum e superficie aquæ. Cernit naves Æneæ dispersas toto mari, Trojanos obrutos fluctibus & aeris fulminibus. Nec fraudes & iræ Junonis ignotæ fuerunt fratri Junonis: *appellat ad se Eurum.*

NOTÆ.

transfertur vertex, a capite ad cacumina montium, atque arborum. Patet utriusque vocis affinitas ex Quintiliano, qui ait Scipionem Africanum primum in vertices & vortex literam o mutasse in e.

122. *Apparent rari.*) Hoc de navi Orontis intelligendum: ex qua pauci enatare conabantur, cæteris mari demersis.

Gurgite vasto.) Gurges est pars maris aut fluvii profundi, aquas ingenti vortice quasi sorbens, unde a soni similitudine nomen habet: sumitur hic, ut vulgo apud antiquos poetas, pro toto mari, & est tapinosis, sive rei magnæ expositio humilior, unde additur, vasto. Sic Æn. 3. 197. *Dispersi jactamur gurgite vasto.*

123. *Troia gaza.*) Persica vox, ærarium significat ex Pomp. Mela l. 1. 11. Neque tantum pro auro sumitur, quod natare non potuisset, sed pro quacumque pretiosa supellectili. Addit Mela, Gazam, Palæstinæ urbem inde nomen accepisse, quod Cambyses Persarum rex, cum Ægyptum armis peteret, *huc belli opes & pecuniam intulisset.* *Troia* adjective, *Troius*, *Troia*, trium syllabarum.

124. *Ilionei ... Achatæ.*) *Ilionei* vult esse dativum Servius, & casum pro casu positum: at dativus quidem est Græcus, sed genitivus est Latinus primæ declinationis, ut Æn. 4. [illegible]. *Me patris Anchisæ.* Et *Achates* quidem fidus erat Æneæ comes, de quo passim ubique agendum est. *Ilioneus* mox apud Didonem naufragorum orator erit, v. 523.

125. *Abas ... Alethes.*) *Abas*, is forte, qui a Lauso Mezentii filio occiditur Æn. 10. 427. *Alethes*, ut præcipui vir consilii atque auctoritatis inducitur Æn. 9. 246. *Hic annis gravis atque animi maturus Alethes.*

126. *Hyems.*) Vis tempestatis: æstas enim tunc erat, ut videbimus v. [illegible]. Sic de æstiva tempestate G. 1. 321. *Ita turbine nigro ferret hyems culmumque levem stipulasque volantes.*

127. *Imbrem.*) Vel proprie pluviam, vel ipsam maris aquam: aqua enim generatim imber a Lucretio dicitur l. 1. 715. *Ex igni, terra, atque anima procrescere, & imbri.*

128. *Neptunus.*) Jovis & Plutonis frater, maris præses. Uxorem habuit Amphitriten: ex qua liberos complures suscepit. Muros Trojanos condidit cum Apolline: equum e terra suscitavit, cum Pallade contendens de nomine Athenis imponendo, ut habetur G. 1. 12. Nomen ejus, juxta Ciceronem, a *nando*; juxta Varronem, a *nubendo*, quia terras aquis obnubit & cooperit.

130. *Stagna vadis.*) Tapinosis, humilis expressio majoris rei: *stagnum* enim est *aqua stans*; *vadum*, locus in mari aut fluvio, ubi parum aquæ, multum arenæ est: hic utrumque pro *mari*.

133. *Cælique ruina.*) Imbre, fulguribus, fulminibus, quæ e cælo ruunt.

134. *Fratrem Junonis.*) Neptunum: ambo enim Saturnum patrem, Opem matrem habuerunt. Neptunus autem dicitur Junonis frater: quia aer, quæ Juno est, confinis est aquæ, qui Neptunus.

135. *Eurum — Zephyrumque.*) Ventos oppositos; hunc ab occidente, illum ab oriente.

Tantane vos generis tenuit fiducia vestri?
Jam cœlum terramque meo sine numine, venti,
Miscere, & tantas audetis tollere moles?
Quos ego. Sed motos præstat componere fluctus.
Post mihi non simili pœna commissa luetis.
Maturate fugam, regique hæc dicite vestro:
Non illi imperium pelagi, sævumque tridentem,
Sed mihi sorte datum. Tenet ille immania saxa,
Vestras, Eure, domos: illa se jactet in aula
Æolus, & clauso ventorum carcere regnet.
Sic ait, & dicto citius tumida æquora placat,
Collectasque fugat nubes, Solemque reducit.
Cymothoe simul, & Triton adnixus, acuto
Detrudunt naves scopulo: levat ipse tridenti,
Et vastas aperit syrtes, & temperat æquor,
Atque rotis summas levibus perlabitur undas.
Ac veluti magno in populo cum sæpe coorta est
Seditio, sævitque animis ignobile vulgus:
Jamque faces & saxa volant, furor arma ministrat;
Tum, pietate gravem ac meritis si forte virum quem

Con-

INTERPRETATIO.

ac Zephyrum, deinde hæc ait: Tantane vos cepit confidentia ex vestra origine? Jam audetis, o venti, absque mea auctoritate, confundere cœlum & terram, & attollere tantos cumulos fluctuum? *Vos ego puniam. Sed melius est sedare turbatas aquas. Deinceps non luetis crimina tali pœna. Celerate fugam, & dicite ista vestro regi: Non illi concessam esse dominationem maris, & potentem tridentem; sed mihi per sortem. Habet ille rupes immanes*, quæ sunt *vestræ domus, o Eure: Æolus glorietur in illa aula, & clauso carcere ventorum exerceat imperium. Sic dixit, & celerius quam dixerat sedat inflatum mare, & pellit nimbos congregatos, &* rursus *inducit Solem. Simul* cum eo *Cymothoe, & Triton connitens, depellunt naves* ab *acuto scopulo: ipse* Neptunus *sublevat eas tridente, & recludit immensas sirtes, & sedat mare, & perstringit superficiem aquarum levibus rotis. Et quemadmodum sæpe, cum in populo numeroso commota est seditio, & plebs vilis furit animis, & jam tædæ ac lapides volant, ira suppeditat tela; tunc si forte*

NOTÆ.

136. *Generis fiducia.*) Venti enim principes feruntur Auroræ & Astræi Titanis filii esse. Admonet ergo Neptunus objurgando, ut, si Gigantum majorum suorum imitari pervicaciam velint, pœnas consimilem timeant.

137. *Cœlum terramque.*) Potest hic a Neptuno communem elementorum omnium perturbationem ventis exprobrari: & per *cœlum* quidem, aerem, & æthera; per terram, aquam etiam significari, quæ cum terra conglobata est.

Numine.) *Numen*, proprie *nutus* est; sive motus quidam oculorum & capitis, quo potentiores significamus nos postulata concedere. Hinc ad significandam voluntatem Deorum traducitur, ut hic, & Æn. 2. 777. *Non hæc sine numine Divum eveniunt.* Tum ad potentiam eorumdem & auctoritatem, ut supra v. 52. *Et quisquam numen Junonis adoret?* & infra v. 670. *Et supplex tua numina posco.* Denique ad ipsum Deum, ut G. 4. 453. *Non te nullius exercent numinis iræ*, & Æn. 4. 382. *Si quid pia numina possunt.*

139. *Quos ego.*) Reticentia, ad terrorem incutiendum. Supple: *Quos ego si corripuero, probe ulciscar.* De hac figura Ecl. 3. 23.

141. *Maturate fugam.*) Celerate. De hac voce Georg. 1. 261.

142. *Tridentem.*) Sceptrum Neptuni, quod ipsi tribuitur; vel quia tria sunt aquarum genera, maria, flumina, paludes: vel potius, ut innuit Cornutus, quia piscatores telo ejusmodi ad venationem piscium utebantur, vocabantque *fuscinam*.

143. *Saxa.*) Æoliarum Insularum, de quibus v. 55.

148. *Cymothoe ... Triton.*) Dii marini. *Cymothoe* Nympha, Nerei & Doridis filia: a κῦμα unda, & θέω *curro*. *Triton*, Neptuni & Amphitrites, aut Salaciæ Nymphæ filius: superiore parte hominem, inferiore piscem referens; Neptuni buccinator, concha utens pro tuba.

150. *Syrtes.*) De syrtibus supra, v. 115.

Conspexere, silent, arrectisque auribus adstant:
Ille regit dictis animos, & pectora mulcet.
Sic cunctus pelagi cecidit fragor, æquora postquam
Prospiciens genitor, cœloque invectus aperto
Flectit equos, curruque volans dat lora secundo.
Defessi Æneadæ, quæ proxima, litora cursu
Contendunt petere, & Libyæ vertuntur ad oras.
Est in secessu longo locus: insula portum
Efficit objectu laterum, quibus omnis ab alto
Frangitur, inque sinus scindit se se unda reductos.
Hinc atque hinc vastæ rupes, geminique minantur
In cœlum scopuli: quorum sub vertice late
Æquora tuta silent: tum silvis scena coruscis

De-

INTERPRETATIO.

viderunt virum aliquem insignem virtute ac meritis, tacent, & stant attentis auribus: ille temperat animos & placat corda sermone. Ita omnis tumultus maris cessavit, statim atque pater videns mare, & vectus per aerem serenum, impulit equos, & currens immisit habenas curru facili. Trojani fatigati conantur assequi cursu litora quæ vicina sunt, & deflectunt ad plagas Africæ. Est locus in longo recessu, ubi insula portum oppositu laterum format, quibus omnis a mari veniens fluctus frangitur, & finditur in sinus replicatos. Hinc & inde rupes immanes & duo scopuli eminent ad cælum; quorum sub cacumine undique mare placidum quiescit: præterea umbraculum ar-

NOTÆ.

159. *Cæloque aperto.*) Non per cælum vectus, inquit Servius; sed vectus per maria cælo jam sereno. Tamen sit aer mari immobilior, inquit Cerdanus, ut vectus per mare Neptunus, moveri tamen in aere dici potest.

160. *Flectit equos.*) Geminos, marinos, qui Lpriore curru a poetis alligantur: pedibus anterioribus instructos, posterioribus carentes. Unde sic a Statio describuntur Achil. lib. 1. 590. *Illi spumiferos glomerant a pectore fluctus, pone natant, delentque pedum vestigia cauda.* Et a Virgilio Georg. 4. 389. *Prœteus magnum qui piscibus æquor, & juncto bipedum curru metitur equorum.* Equos hujusmodi bipedes, quos a cauda fixa *hippocampos* appellant, inter poetarum figmenta refert Aldrovandus: nullosque agnoscit nisi quadrupedes: quorum effigiem refert, magis bubulæ aut suillæ, quam equinæ, affinem: vocatque *hippopotamos*, a fluviis, præcipue Ægypti, ubi frequentes dicuntur inveniri, maxime in Nigro & Nilo.

Curru.) Dativus antiquus, pro *currui*: de quo Ecl. 5. 29.

158. *Libyæ.*) Pars est Africæ ad oram mediterranei maris, ad occidentem Ægypti: varie a variis scriptoribus definita: vulgo pro tota Africa ponitur.

159. *Est in secessu, &c.*) Portum a natura, non ab arte factum describit. Et hunc aliqui volunt esse portum Africanæ Carthaginis: sed falso: statim enim vidisset Æneas fundamenta urbis, quæ non vidit nisi postera die. Alii dicunt eam descriptionem plane convenire portui Carthaginis Hispanicæ, sive novæ; at ea similitudo casu occurrit, neque enim ad Hispanicas, sed ad *Libycas oras Æneas vertitur.* Turnebus mel ut putat portum illum fictum a poeta, sive litus Carthaginense, & omnino expressum ad formam Ithacensis portus, apud Homer. Odys. 13. 95.

163. *Insula portum, &c.*) Suppressa est vox relativa *quem*, aut adverbium *ubi*. Sic supra: *Urbs antiqua fuit; Tyrii, &c.* pro *quam Tyrii, &c.* Hæc autem est loci descriptio. 1. Sinus est longus ac profundus, non latus, in ora Libyæ. 2. Sinus illius fauces, ne latiores sint, clauduntur objectu insulæ, quæ in longum porrecta, latus unum opponit sinui, alterum pleno mari. 3. Insula sinum ita claudit, ut aditum tamen in sinum utrumque liberum relinquat. 4. Sic insula mari latus opponit, ut fluctus eo allapsi frangantur, & in se vicissim revoluti, non recto impetu, sed magno flexu per extrema insulæ aditum utrimque in portum quærant. 5. Sinus ipse, non insula, scopulis fere circumcingitur, quorum altissimi duo procurrunt ad extrema terræ continentis cornua, & utrumque aditum defendunt, silvis in vertice inumbrati. 6. In intimo sinus recessu, qua frons est adversa portum subeuntibus, scopuli antrum exhibent vivis aquis irriguum, &c.

165. *Sinus reductos.*) Vel sinus in se revolutos ac replicatos, quia unda tum impetu sic allisa semper facit, ut explicamus Georg. 4. 420. Vel sinus a se leviter recedentes, ut explicat Turnebus; qui sic exponit quoque illud Horatii, Epod. 2. 13. *Aut in reducta valle*, id est, *recedente ac remota.*

167. *Sub vertice tuta.*) Quia scopuli imminent mari, atque insulæ; utroque locum a ventis ac tempestate tutum præstant.

168. *Scena.*) *Scena*, σκηνή, est *umbraculum*, a σκιά, *umbra*: unde hic proprie dicitur: transfertur ad Theatrum, Georg. 3. 24. & 3. 34.

Coruscis desuper horrentique, &c.) Vel silvis

de

Desuper, horrentique atrum nemus imminet umbra.
Fronte sub adversa scopulis pendentibus antrum:
Intus aquæ dulces, vivoque sedilia saxo;
Nympharum domus. Hic fessas non vincula naves
Ulla tenent, unco non alligat anchora morsu.
Huc septem Æneas collectis navibus omni
Ex numero subit: ac magno telluris amore
Egressi, optata potiuntur Troes arena,
Et sale tabentes artus in litore ponunt.
Ac primum silici scintillam excudit Achates,
Suscepitque ignem foliis, atque arida circum
Nutrimenta dedit, rapuitque in fomite flammam.
Tum Cererem corruptam undis, Cerealiaque arma
Expediunt fessi rerum: frugesque receptas
Et torrere parant flammis, & frangere saxo.
Æneas scopulum interea conscendit, & omnem
Prospectum late pelago petit, Anthea si qua

Ja-

INTERPRETATIO.

(ar)borum micantium, & nemus obscurum horrentibus tenebris desuper impendet. Et opposita parte, caverna est in scopulis suspensis: in caverna *sunt aquæ dulces, & sedilia e vivo lapide: domus* videtur *Nympharum. Illic nulla retinacula continent naves lassatas, anchora non affigit eas unco dente. Illuc intrat Æneas congregatis navibus septem ex tota multitudine: & Trojani ex iis egressi cum magno terræ desiderio, obtinent arenam desideratam, & sternunt in litore corpora salsis* undis *fluentia. Et primo Achates excussit scintillam e lapide, & recepit ignem in frondibus, & circumjecit sicca alimenta, & suscitavit flammam in foco. Tum fatigati casibus educunt frumenta infecta undis, & instrumenta pistoria: incipiuntque & coquere igne, & comminuere lapide frumenta erepta e naufragio. Interim Æneas conscendit rupem, & petit omnem undique prospectum in mare: si*

NOTÆ.

desuper Sole illustratis, *subter* ramorum opacitate horrentibus. Vel iis vis crispantibus & ventorum impulsu agitatis, & ingenti umbra nigricantibus: scena & nemus *desuper* immineant. Nam *desuper*, & ad *coruscis*, & ad *imminet* referri potest. *Coruscis.*) Notat interdum *splendorem*, ut Georg. 1. 233. *Corusca semper sole rubens.* Interdum motum, ut Æn. 12. 919. *Telum Æneas fatale coruscat*; id est, *movet*, *vibrat*. Sic *micare* ambiguum est. Æn. 10. 396. *Semianimesque micant digiti*, id est, *moventur*.

172. *Hic fessas non, &c.*) Vel significat adeo tutum a procellis portum esse, ut naves vinculis & anchoris in eo non egeant. Vel dicit Nymphis unis familiarem esse locum, ignotum adhuc mortalibus, necdum ullas eo naves appulisse.

174. *Septem.*) Nempe viginti navibus Troja solverat, infra v. 385. Una Lyciorum mox naufragio periit v. 117. Duodecim mari dissipatæ, deinde incolumes redibunt, v. 397.

180. *Rapuitque in fomite flammam.*) Servius & Diomedes hic agnoscunt speciem solœcismi: *in fomite*, pro *fomitem*: idque factum a poeta ea veteri licentia circa communes præpositiones, *in*, *sub*, *super*, &c. *Fomes*, inquit Servius, sunt assulæ, quæ ab arboribus cadunt cum inciduntur, & igni concipiendo commoda sunt. Mihi tamen hic videtur aliquid præterea significari; & *fomitem* sumi pro *foco*, ubi sit congeries grandiorum lignorum: *focus* enim & *fomes* sunt pariter a *fovere*. Sensus igitur erit. I. Excudit scintillam. II. Suscepit eam in foliis. III. Foliis arida alia nutrimenta adjecit, puta assulas. IV. Ex his foliis ac nutrimentis jam flagrantibus, rapuit in fomite flammas; id est, celeriter & raptim excitavit flammam in foco & strue lignorum.

181. *Cererem.*) *Ceres*, Saturni & Opis filia fuit, frugum repertrix. Ideoque hic pro *pane* sumitur, ut *Bacchus* pro vino.

Cerealiaque arma.) Arma, sunt cujusque artis instrumenta. Sic Georg. 1. 160. *Dicendum & quæ sint duris agrestibus arma.* Hic igitur artis pistoriæ significantur instrumenta.

182. *Fessi rerum.*) Rerum nempe, quæ ipsis acciderant, ut Æn. 12. 589. *Trepidæ rerum.* Vel fessi laborum, ut infra v. 466. *Sunt lacrymæ rerum.*

183. *Et torrere, &c.*) Transpositio; prius enim fuit tundere saxo fruges, quam panem coquere.

185. *Anthea, &c.*) *Anthea*) accusat. Græco

An-

Jactatum vento videat, Phrygiasque biremes,
Aut Capyn, aut celsis in puppibus arma Caici.
Navem in conspectu nullam, tres litore cervos
Prospicit errantes: hos tota armenta sequuntur
A tergo, & longum per valles pascitur agmen.
Constitit hic, arcumque manu celeresque sagittas
Corripuit, fidus quæ tela gerebat Achates.
Ductoresque ipsos primum, capita alta ferentes
Cornibus arboreis, sternit: tum vulgus, & omnem
Miscet agens telis nemora inter frondea turbam.
Nec prius absistit, quam septem ingentia victor
Corpora fundat humi, & numerum cum navibus æquet.
Hinc portum petit, & socios partitur in omnes.
Vina, bonus quæ deinde cadis onerarat Acestes
Litore Trinacrio, dederatque abeuntibus heros,
Dividit, & dictis mœrentia pectora mulcet:
O socii (neque enim ignari sumus ante malorum)
O passi graviora! dabit Deus his quoque finem.
Vos & Scyllæam rabiem, penitusque sonantes

Ac-

INTERPRETATIO.

aliquibi Antheum cernat agitatum vento, & Phrygias naves, vel Capyn, vel arma Caici in altis puppibus. Nullam videt navem ante oculos, sed tres cervos vagantes in litore; hos toti greges sequuntur a tergo, & turba pascitur per valles. Illic stetit, & cepit manu arcum & sagittas veloces, quæ arma fidelis Achates ferebat. At primo interficit ipsos duces, attollentes capita sublimia cornibus ramosis: deinde persequens telis frondosam per silvam turbat vulgum & reliquam multitudinem. Nec cessat ante, quam victor affligat ad terram septem magna corpora, & eorum numerum æqualem faciat numero navium. Postea redit in portum, & distribuit inter omnes socios. Deinde dividit vina, quæ largus Acestes imposuerat cadis in litore Siculo, dederatque heros discedentibus: & solatur verbis mœsta corda. O socii (nam non ignari sumus malorum præteritorum) o qui toleravistis acerbiora! Deus ponet his quoque terminum. Vos accessistis ad rabiem Scyllæ, & ad rupes

NOTÆ.

Antheum; de quo mentio est l. 12. 443. *Capys*, qui Capuæ deinde conditor fuit; de quo Æn. 10. 145. *Caicus*, de quo Æn. 9. 35.

186. *Phrygiasque biremes.*) Naves, quæ duplici remorum ordine instructæ erant; Æn. 5. 119.

187. *Arma Caici.*) Explicant multi de insignibus, figuris belluarum, avium, monstrorum, quæ in puppi exsculptæ navi nomen dabant: unde altera *Centaurus*, Æn. 5. 122. altera *Chimæra*, ibid. 118. &c. Ego cum Corrado existimo, *arma* esse ipsa, quæ a navigantibus in puppi ordine disponebantur, præsertim clypeos, ut in veteribus nummis & monumentis videre est: sic Æn. 10. 80. *Prætendere puppibus arma*, pro *armare naves*. Et fortasse navis Caici clypeos atque arma certæ cujusdam habebat formæ, quæ facile agnosci posset.

188. *Cervos.*) Aristoteles & Plinius negant in Africa cervos esse. Affirmat tamen Dalecampius in Plin. lib. 8. 33. additque id jam omnibus notum esse.

199. *Vina bonus, &c.*) Parum commoda vocum perturbatio, quæ vocis unius immutatione facile tolli potuisset: *Deinde bonus quæ vina cadis onerarat Acestes, dividit*. De *Aceste* Siciliæ rege Æn. 5. 36.

Cadis onerarat.) *Cadus*, vas vinarium, aliter *Amphora Attica*, capiens *urnas* duas. *Onerarat cadis vina*, pro *oneraverat cados vino*.

200. *Trinacrio.*) Siculo. *Sicilia* dicta est *Trinacria* a tribus promontoriis, de quibus Æn. 3. 687.

203. *Ante malorum.*) Agnoscit hic J. C. Scaliger *synchysin*, sive *conjunctionem*: ita ut *antemalorum* sit una vox e duabus composita: opponitque hanc figuram *tmesi*, qua vox una in duas dissolvitur, ut infra v. 614. *Quæ me cumque vocant terræ*. Turnebus mavult suppressum esse participium, & verbum, fere Græco more; & sensum esse; *ignarum quæ fuerant ante*: quemadmodum apud Ovid. Met. 1. 20. *Mollia cum duris, sine pondere habentia pondus*, id est, *quæ sunt sine pondere*.

Accestis scopulos; vos & Cyclopea saxa
Experti: revocate animos, mœstumque timorem
Mittite: forsan & hæc olim meminisse juvabit.
Per varios casus, per tot discrimina rerum,
Tendimus in Latium; sedes ubi fata quietas
Ostendunt: illic fas regna resurgere Trojæ.
Durate, & vosmet rebus servate secundis.
Talia voce refert: curisque ingentibus æger
Spem vultu simulat, premit altum corde dolorem.
Illi se prædæ accingunt dapibusque futuris;
Tergora diripiunt costis, & viscera nudant.
Pars in frusta secant, verubusque trementia figunt:
Litore ahena locant alii, flammasque ministrant.
Tum victu revocant vires: fusique per herbam
Implentur veteris Bacchi, pinguisque ferinæ.
Postquam exempta fames epulis, mensæque remotæ,
Amissos longo socios sermone requirunt,
Spemque metumque inter dubii: seu vivere credant,
Sive extrema pati, nec jam exaudire vocatos.

Præ-

INTERPRETATIO.

acute latrantes: vos experti estis quoque saxa Cyclopum: resumite animos, & pellite tristem metum: fortasse gratum erit aliquando recordari harum etiam rerum. Per casus diversos, per tam multa pericula rerum, imus in Latium, ubi fata monstrant sedes tranquillas: in illo loco licebit regnum Trojanum excitari. Perseverate, & reservate vos ipsos ad res prosperas. Hæc dicit ore quidem tenus, *& anxius gravi sollicitudine spem fronte fingit, sed comprimit corde profundum dolorem. Trojani parant se ad prædam & ad futuras epulas, detrahunt pelles e costis & detegunt carnes; alii scindunt in partes, & trajiciunt verubus eas adhuc palpitantes: alii disponunt ærea* vasa in *litore, & subjiciunt ignem.* Tum *reficiunt vires cibo; & discumbentes in gramine satiantur vino veteri & pingui* carne *ferarum.* Postquam *fames pulsa est cibo, & mensæ sublatæ* fuerunt, *inquirunt longo colloquio de sociis amissis, inter spem ac timorem incerti, utrum putare* debeant *eos vivere, an in extremis versari, nec jam audire,* quamvis *inclamentur. Imprimis*

NOTÆ.

205. *Accestis scopulos.*) Pro *accessistis ad scopulos.* Sic *extinxem* pro *extinxissem* Æn. 4. 606. Et *direxti* pro *direxisti* Æn. 6. 57. De *Scylla* olim virgine, nunc scopulo ad fretum Siculum, Æn. 3. 420. De *Cyclopibus* ejusdem Siciliæ ad montem Ætnam incolis, Æn. 3. 569.

209. *Latium.*) De ea Italiæ regione, Æn. 7. 54.

211. *Durate.*) Perseverate, sustinete: quo tamen active etiam dicitur Æn. 8. 577. *Quemvis durare laborem.* Et apud Hor. Od. l. 1. 14. 7. *Vix durare carinæ possint imperiosius æquor.*

214. *Prædæ accingunt.*) Cervis, quæ venantium *præda* erat, ad cibum curandis *accingunt se*, id est, parant: solent enim ministri ad præstandam commodius operam, defluentem vestem altius cingere.

215. *Tergora, &c.*) Per *tergora* pelles intellige; per *viscera*, vel interiora quæ educuntur, vel potius alias carnes ipsas, quæ pelli proxime subjectæ sunt: per *ahena*, vasa ærea, vel ad elixandas carnes, vel, ut mavult Servius, ad lavanda ante epulas hominum corpora. Errat tamen Servius, cum ait heroicis temporibus elixæ carnis usum non fuisse. Nam Ovid. Met. 1. 228. de Lycaone loquitur, qui, ante ipsa diluvii tempora, hospitum suorum *semineces partim ferventibus artus Mollit aquis, partim subjecto torruit igni.*

219. *Implentur veteris Bacchi, &c.*) Græcorum more, apud quos verba implendi regunt genitivum. Sic Plaut. in Amphit. Act. 2. S. 2. v. 8. *Erroris ambo ego illos & dementiæ complebo. Bacchi*, id est, vini, cujus inventor fuisse dicitur a Poetis: Jovis & Semeles filius fuit. Æn. 5. 69.

223. *Vocatos.*) Significat eos esse mortuos: & alludit ad morem veterum, qui & morientium manes, & eos, quos per maria amiserant, ter vocabant. Sic Æn. 6. 505. *Tunc egomet tumulum Rhœteo in litore inanem Constitui, & magna ma-*

ma-

Præcipue pius Æneas, nunc acris Orontei,
Nunc Amyci casum gemit, & crudelia secum
Fata Lyci, fortemque Gyan, fortemque Cloanthum,
Et jam finis erat: cum Jupiter æthere summo
Despiciens mare velivolum, terrasque jacentes,
Litoraque, & latos populos, sic vertice cœli
Constitit, & Libyæ defixit lumina regnis.
Atque illum tales jactantem pectore curas,
Tristior, & lacrymis oculos suffusa nitentes,
Alloquitur Venus: O qui res hominumque Deumque
Æternis regis imperiis, & fulmine terres,
Quid meus Æneas in te committere tantum,
Quid Troes potuere? quibus tot funera passis
Cunctus ob Italiam terrarum clauditur orbis?
Certe hinc Romanos olim volventibus annis,
Hinc fore ductores, revocato a sanguine Teucri,

Qui

INTERPRETATIO.

pius Æneas nunc dolet privatim fortunam *generosi Orontis, nunc fortunam Amyci, nunc duram sortem Lyci, & fortem Gyan, & fortem Cloanthum. Et jam erat finis, cum Jupiter ex alto despectans mare navigabile, & terras humiles, & litora, & diffusas gentes, tali situ stetit in suprema* parte *cœli, & fixit oculos in regnis Africæ. Venus autem tristior, &* habens *pulchros oculos lacrymis perfusos, illum alloquitur volventem animo tales curas.* O tu, *qui sempiterna potentia moderaris res hominum, ac Deorum, & fulmine terribilis es, quid meus Æneas tam grave peccare contra te* potuit? *Quid Trojani potuere? quibus* jam *oppressis tam multiplici clade, totus orbis terrarum clauditur propter Italiam? Sane promiseras hinc aliquando annis labentibus Romanos, hinc duces orituros esse e stirpe Teucri instaurata,*

NOTÆ.

nomen ter voce vocavi. Et Æn. 2. 769. *Mœstusque Creusam nequicquam ingeminans iterumque iterumque vocavi.* Huc etiam valet *Hyla* inclamatio Ecl. 6. 43.

224. *Orontei.*) In genitivo casu, pro *Orontis.* Sic apud Ciceronem, *Ariobarzani, Verri,* &c. pariter in genitivo. Ratio e Græcis repetenda est, apud quos frequens erat declinationum commutatio. Sic nomina in ης, ut, Ἀχιλλεύς, efferebant Dores per ει, Ἀχιλλεῖ: poetæ vicissim nomina in ευς, ut Ἀ[illegible], efferebant per ης, Ἀ[illegible]. Hinc nomina Latina ex iis deducta ad duplicem quoque declinationem pertinent: & dictum est *Achillei* supra, v. 34. *Ulyssei,* Ecl. 8. 70. hic *Orontei,* ab *Achilleus, Ulysseus, Oronteus,* Ἀχιλλεὺς &c. Vicissimque *Orphei* dativo casu Ecl. 4. 57. *Orphea* accusativo, *Orontem, Achillem, Ulyssem;* ab *Orphes, Orontes, Achilles, Ulysses;* Ὀ[illegible] &c. An vero *Orontei* an *Oronti, Achilles* an *Achilli* scribendum sit, inanis est controversia.

225. *Amyci, &c.*) Duo hujus nominis a Turno deinceps occiderunt: alter Æn. 9. 771. alter Æn. 12. 509. Uter hic fuerit, non liquet, qui naufragio periisse nunc putatur, unde tamen emersit cum aliis compluribus, de quibus v. 513. *Lyci* pugna cum Turno describitur Æn. 9. 545. De *Gya* & *Cloantho,* frequens sermo est nauticis in ludis, Æn. 5.

227. *Finis erat.*) Cœnæ, colloquii, diei.

228. *Velivolum.*) Ubi naves velis, quasi alis, volant, Æn. 3. 520. *Velorum pandimus alas.* Et contra, volucres navare per aerem dicuntur: de Dædalo Æn. 6. 16. *Gelidas enavit ad Arctos;* ibidemque v. 19. *Remigium alarum.* De *Libya,* pro *Africa,* supra v. 162.

237. *Cunctus ob Italiam.*) *Ob,* non est hoc loco *circa,* ut somniat Servius, sed *propter:* quod enim Italiam petunt, ideo tantus in eos exarsit Deorum & hominum furor, ut toto orbe arceantur.

238. *Volventibus annis.*) Usu venit in illa voce, quod vix unquam in alia; nempe ut activa vox passivam habeat vim, & hic, & G. 3. 143. *Volventia plaustra,* id est, *volubilia, quæ volvuntur.* Tum ut vox futuri temporis præteriti vim significet, ut Æn. 9. 7. *Volvenda dies en attulit ultro:* & apud Lucr. l. 6. *Glans etiam longo cursu volvenda liquescit:* id est, *voluta.*

239. *Revocato a sanguine Teucri.*) *Dardanus* Jovis dicitur filius ex Electra Atlantide, Coryti Tusciæ regis uxore. Hic cum venisset in Phrygiam, Teucri Regis, in Phrygia patre, gener factus, ei successit in regnum, & urbem *Dardaniam* condidit, quæ deinde dicta est *Troja.* Itaque Trojani modo *e sanguine Teucri,* modo *Dardanidæ* appellantur. Hinc statuit Servius, hoc loco *Teucri* nomen a poeta substitutum esse pro nomine *Dardani;* siquidem Dardanus ex Italia, non Teucer, ortus erat: at hoc durum videtur. Conradus *sanguinem Teucri,* Trojanos explicat;

sed

Qui mare, qui terras omni ditione tenerent,
Pollicitus: quæ te, genitor, sententia vertit?
Hoc equidem occasum Trojæ tristesque ruinas
Solabar, fatis contraria fata rependens.
Nunc eadem fortuna viros tot casibus actos
Insequitur: quem das finem, rex magne, laborum?
Antenor potuit, mediis elapsus Achivis,
Illyricos penetrare sinus, atque intima tutus
Regna Liburnorum, & fontem superare Timavi:
Unde per ora novem vasto cum murmure montis
It mare proruptum, & pelago premit arva sonanti.
Hic tamen ille urbem Patavi sedesque locavit

Teu-

INTERPRETATIO.

qui mare & terras regerent omni auctoritate: quodnam consilium mutavit te, o pater? Hac spe leniebam dolorem *de interitu Trojæ, & tristi excidio, compensans* his *fatis fata adversa. Nunc* tamen *eadem infortunium persequitur homines agitatos tot casibus: quem ponis terminum laborum, o magne rex? Antenor, cum effugisset e mediis Græcis, potuit securus intrare in sinum Illyricum, & intima regna Liburniæ, & transgredi fontem* Timavi*: unde per novem scaturigines magno cum sonitu montis exit, quasi profusum mare, & aquis strepentibus operit agros. Nihilominus ille fundavit il-*

NOTÆ.

sed negat Dardanum Italum fuisse: atque adeo *revocare* interpretatur, non ut cæteri, *revocare in Italiam, sed restituere & revocare in pristinum splendorem, unde per incendium urbis exciderant.* Tamen quia Virgilius affirmat Dardanum ex Italia oriundum esse Æn. 3. 167. ideo e Servio & Conrado tertiam explicandi rationem compono: & per *sanguinem Teucri*, Trojanos, per *revocationem*, reditum in Italiam intelligo; hoc sensu: Sanguine Teucri & avunculi Dardani (in quo unus idemque est;) ii revocabuntur in Italiam, unde profecti; non per Teucrum quidem, sed per Dardanum.

241. *Fatis contraria fata rependens.*) Compensans Trojani fati acerbitatem secunda spe Romani fati. Sed cur Venus timeat mobilem erga Trojanos Jovis animum, cum immobilem esse fati vim sciat? Puto ego *Fatum* nihil aliud fuisse, quam immutabilem *rerum* & eventuum seriem, in Jovis mente, sive decretis existentem; quam deinde solus ipse commoveret, solus Diis per se, hominibus per oracula declararet: unde ait Harpyia fatidica Æn. 3. 251. *Quæ Phœbo pater omnipotens, mihi Phœbus Apollo prædixit.* Adde fatum veteres immobile quidem credidisse: sic tamen, ut crederent I. Ejus eventum, etsi omnino impediri non posset, posse tamen aliquantum retardari. Ita Juno Æn. 7. 313. *Non dabitur regnis, esto, prohibere Latinis: At trahere, atque moras tantis licet addere rebus.* II. Eventum pendere sæpe a certis conditionibus, quibus [illegible] esset. III. Fati cujuslibet declarationem sive per Jovem, sive per oracula, posse esse ambiguam. Unde sæpe tam Dii, quam homines, contra fata sibi adversa nitebantur. Hic igitur Venus timere, ne Jupiter parum sincere de futura Æneæ felicitate sit locutus.

246. *Antenor.*) Hunc aliqui testantur ex sorore Priami natum esse; de quo sic Livius initio historiæ: *Constat Troja capta, in cæteros sævitum esse Trojanos; duobus, Æneæ, Antenorique, & vetusti jure hospitii,* (quia Ulyssem sub habitu mendici latentem & a se agnitum, Priamo non prodiderant) *& quia pacis reddendæque Helenæ semper auctores fuerant, omne jus belli Achivos abstinuisse. Casibus deinde variis Antenorem cum multitudine Henetum, qui seditione ex Paphlagonia pulsi, & sedes, & ducem, rege Pylæmene ad Trojam amisso quærebant; venisse in intimum maris Adriatici sinum: Euganeisque, qui inter mare & Alpes incolebant, pulsis, Henetos Trojanosque eas tenuisse terras. Et in quem primum egressi sunt locum, Troja vocatur, pagoque inde Trojano nomen est: gens universa Veneti appellati.* Addunt *Patavium* urbem ab ipso conditam in illo tractu, nunc *Padova*. De *Achivis*, Geor. 1, v. 403.

247. *Illyricos penetrare sinus, &c.*) Iter Antenoris describit per mare Hadriaticum, qui sinus est ingens, cui ad meridiem adjacet Italia, ad septentrionem *Illyricum*, Ital. *Schiavonia*, cujus Illyrici pars orientalis est *Dalmatia*, occidentalis *Liburnia*, nunc maritima pars Croatiæ. Ulterius in intimo sinu sunt *Carni*, nunc pars Fori Julii, *Friuli*: ubi fluvius est *Timavus*. In meridiem deinde, Italiam versus, *tertio cornu* occurrit Veneta regio, ubi *Patavium* & *Venetiæ*, urbes celeberrimæ.

249. *Per ora novem, &c.*) De *ostiis Timavi* explicantur: quæ varias inter incolas dicitur, septem ab aliis, ab aliis octo, novemque numerantur. Quidni ad *fontem Timavi* referam? qui dicitur e monte erumpere per novem scaturigines, quæ deinde in unum confluunt fluvium, brevissimum quidem, sed latissimum; unde *maris* nomen ipsi attribuitur ab incolis, teste Servio ex Varrone. Hunc tamen fluvium hodie obscurum esse eruditum perhibent. De illo jam diximus Ecl. 8. 6.

Teucrorum, & genti nomen dedit, armaque fixit
Troia: nunc placida compostus pace quiescit.
Nos, tua progenies, cœli quibus annuis arcem,
Navibus (infandum) amissis, unius ob iram
Prodimur, atque Italis longe disjungimur oris.
Hic pietatis honos? Sic nos in sceptra reponis?
Olli subridens hominum sator atque Deorum,
Vultu, quo cœlum tempestatesque serenat,
Oscula libavit natæ: dehinc talia fatur:
Parce metu, Cytherea: manent immota tuorum
Fata tibi: cernes urbem & promissa Lavini
Mœnia, sublimemque feres ad sidera cœli
Magnanimum Ænean, neque me sententia vertit.
Hic (tibi fabor enim, quando hæc te cura remordet,
Longius & volvens fatorum arcana movebo)
Bellum ingens geret Italia, populosque feroces
Contundet, moresque viris & mœnia ponet:
Tertia dum Latio regnantem viderit æstas,
Ternaque transierint Rutulis hyberna subactis.

A:

INTERPRETATIO.

lic urbem Patavium, & sedes Trojanorum, & imposuit populo nomen, & suspendit arma Trojana: jamque quiescit fruens dulci sua pace. Nos, qui sumus *tua soboles, quibus promittis regiam cœli, amissis navibus, (horrenda res) prodimur propter furorem solius* Junonis, *& procul ejicimur ab Italis litoribus. Hoc præmium est virtutis! Sic restituis nos in regna? Pater hominum ac Deorum illi subridens, eo fatie, quo serenat aerem & tempestates, tetigit labra filiæ: deinde hæc dicit: Abstine metu, Cytherea: fata tuorum stant tibi immota: videbis urbem & muros promissos Lavinii, & sublimem extolles ad astra cœli generosum Ænean, neque* aliud *consilium mutavit me. Ille (dicam enim tibi, siquidem ea cura te sollicitat, & explicabo secreta fatorum ea longe revolvens) faciet grave bellum in Italia, & domabit gentes asperas, & dabit viris leges & urbes; donec tertia æstas eum viderit dominantem, & tres hyemes*

NOTÆ.

251. *Teucrorum, & genti, &c.*) Trojanorum, a Teucro, supra v. 239. *Genti nomen dedit*, cum Venetos appellavit ab Henetis sociis. *Arma fixit Troia*, dum pagum Trojam ibi condidit, supra v. 248.

254. *Cœli quibus annuis arcem.*) Quia inter Indigetes Æneam aliquando vocandum esse, fatum ferebat Æn. 12. 794. De Indigetibus, G. 1. 498.

256. *Prodimur.*) Tradimur a te in potestatem hostium.

260. *Oscula libavit natæ.*) *Natæ*, non dativo casu, sed genitivo. *Libavit*, non dedit, sed leviter tetigit. *Oscula*, non basia, sed summum os, parvum os. Id est, os totum summo ore vix leviter attingens. Sic Ovidius oscula dixit diminutive, pro parva ora. M. 1. 499. *Videt igne micantes sideribus similes oculos, videt oscula*. Et Martialis Ep. l. 11. ep. 4. *Ipsaque crudeles ederunt oscula morbi*. Et Hor. Od. 1. 13. *Dulcia barbare lædentem oscula*.

Natæ.) Quadruplex fuit Venus ex Cic. lib. 3. de Nat. Deorum. Præcipuæ duæ, ea quæ nata est e spuma maris, & ea quæ Jovis & Diones filia fuit, de qua hic sermo est. Utraque vulgo confunditur, & re, & nomine: utraque enim Græcis dicitur Aphrodite, ab ἀφρὸς spuma; Latinis autem Venus; quod, inquit Cicero, ad omnes veniat, est enim voluptatis Dea; at veniet sua quemque voluptas.

261. *Parce metu, Cytherea.*) Metu pro metui, dativus antiquus, de quo Æn. 9. 89. *Cytherea*, orum, insula Mediterranei maris, contra Cretam, non longe a Malea Peloponnesi promontorio, dicata Veneri; vide nostrum secunda syllaba longa, quamquam in Cytherei brevis est.

258. *Lavini.*) Pro *Lavinii*. Et prima in hoc nomine communis est; hic brevis, ut & versu 274. ubi longa, ut v. 6. *Italiam fato profugus Laviniaque venit litora*. Sic quoque prima in *Italia*; *Italiam fato*, &c. & v. 536. *Prodimur atque Italis*, &c.

270. *Ternaque transierint, &c.*) Per tres æstates tresque hyemes, tres annos describit, quibus Æneas

At puer Ascanius, cui nunc cognomen Iulo
Additur, (Ilus erat, dum res stetit Ilia regno)
Triginta magnos volvendis mensibus orbes
Imperio explebit, regnumque ab sede Lavini
Transferet, & longam multa vi muniet Albam.
Hic jam tercentum totos regnabitur annos
Gente sub Hectorea, donec regina sacerdos,
Marte gravis, geminam partu dabit Ilia prolem.
Inde lupæ fulvo nutricis tegmine lætus
Romulus excipiet gentem, & Mavortia condet
Mœnia, Romanosque suo de nomine dicet.
His ego nec metas rerum, nec tempora pono:
Imperium sine fine dedi. Quin aspera Juno,
Quæ mare nunc terrasque metu cœlumque fatigat,
Consilia in melius referet, mecumque fovebit
Romanos rerum dominos, gentemque togatam.

Sic

INTERPRETATIO.

fluxerint post Rutulos domitos. At puer Ascanius, cui modo adjicitur cognomen Iuli, qui dicebatur Ilus, dum res Iliacæ vigebant regno, traducet imperando triginta magnos annos, mensibus labentibus: & transportabit regnum ab urbe Lavinio, & multo labore ædificabit Albam longam. Illic deinde regnum erit per annos trecentos integros sub stirpe Trojana: donec Ilia, regii sanguinis sacerdos, Marte gravida edet partu binam sobolem. Postea Romulus, gaudens fulvo tegmine lupæ altricis suæ, succedet in curam gentis, statuet urbem Martiam, & appellabit Romanos de suo nomine. Ego illis nec definio limites ditionis, nec durationem: concessi imperium absque termino. Imo acerba Juno, quæ nunc timore commovet mare, & terras, & cœlum, mutabit sententiam in melius, & mecum promovebit Romanos rerum dominos, & populum togatum. Ita

NOTÆ.

neas regnavit Lavinii, post Turnum, Rutulorum regem, a se devictum. Tacet autem de Æneæ morte, quæ varie a variis describitur. Aliqui occisum volunt in prælio adversum Mezentium, aut certe post victoriam nusquam comparuisse: inde habitum inter Deos. De *Latio* Æn. 7. 52. De *Italia* & *Lavinio*, supra v. 6. De *Rutulis* Latii populis, Turno subditis, Æn. 7. 795.

271. *At puer Ascanius.*) *Ascanius* sic dictus est, ab Ascanio Phrygiæ fluvio, ut putat Servius: *Ilus*, ab ipso Ilio, sive Troja, ut innuit hic Virgilius. Hinc porro nomen deformatum deinde est in *Iulus*, ab ἰουλος [illegible], quæ est prima lanugo; quia videlicet Mezentium singulari certamine occiderat, cum prima lanugine vestiretur, ut refert ex Catone Servius. At hoc minime cum Virgilio [illegible], qui eadem Mezentii tribuit Æneæ, Æn. [illegible] quæ de morte Æneæ [illegible] obscura sunt [illegible], aut [illegible] Lavinia [illegible] Albam [illegible]

27[illegible] *Triginta*, &c.) [illegible] ait Ascanium ann[illegible] triginta [illegible] octo [illegible] triginta: forte triginta Lavinii, [illegible] Albæ [illegible]) Revolutis, supra v. 2[illegible] *Orbes.*) [illegible] in se [illegible] per [illegible] annos [illegible] *Magnos orbes.*) Sic comparantur cum Lunaribus, qui breviores ac menstrui sunt.

277. *Hectorea.*) Trojana, ab Hectore Priami filio, supra v. 103.

277. *Regina sacerdos Marte gravis*, &c.) Ilia, sive Rhea Sylvia, Numitoris Albani regis filia, atque hinc dicta regina; ab Amulio, patris fratre & expulsore, sacerdotio Vestæ addicta, ut virgo permaneret; a Marte compressa Remum ac Romulum peperit. Hi, jubente Amulio, per Faustulum pastorem feris expositi, a *lupa* nutriti dicuntur; juxta alios, ab Acca Laurentia Faustuli uxore, quæ meretricio cognomine *lupa* appellabatur. Hinc sibi avum suum, & occiso Amulio, Romam condidere. Romulus urbi nomen dedit; fratrem, saltu parvitati mœnium illudentem, interfecit; post bella deinde plurima fulmine ictus, in cœlum raptus esse creditus est.

280. *Mavortia.*) Marti dicata, quia Mars Remi & Romuli pater.

281. *Suo de nomine.*) *Romulus* diminutivum est nomine ad blanditias; nomen ipsum *Romus*, unde *Roma*: sicutque Servius in eam rem hæc Sibyllæ verba, *'Ρωμαῖοι 'Ρώμου παῖδες*.

286. *Togatam.*) Per togam, exteriorem vestem vulgo albam, distinguit Romanam gentem a exteris: Romanorum enim tam erat propria *toga*, quam *pallium* Græcorum, *braccæ* Gallorum.

Sic placitum. Veniet lustris labentibus ætas,
Cum domus Assaraci Phthiam clarasque Mycenas
Servitio premet, ac victis dominabitur Argis.
Nascetur pulchra Trojanus origine Cæsar,
Imperium Oceano, famam qui terminet astris,
Julius, a magno demissum nomen Iulo.
Hunc tu olim cœlo, spoliis Orientis onustum,
Accipies secura: vocabitur hic quoque votis.
Aspera tum positis mitescent sæcula bellis.
Cana Fides, & Vesta, Remo cum fratre Quirinus
Jura dabunt: diræ ferro & compagibus arctis

Clau-

INTERPRETATIO.

placuit. Veniet fluentibus temporibus ætas, quando familia Assaraci subjiciet servituti Phthiam, nobilesque Mycenas, & imperabit Argis superatis. Orietur Cæsar, Trojanus illustri origine, qui definiet ditionem suam Oceano, *famam sideribus*, isque erit *Julius*, quod *nomen deductum* est *a magno Iulo. Tu olim secura illum excipies in cœlo, oneratum spoliis Orientis: ille etiam invocabitur per vota. Tunc dura tempora mansuescent compositis bellis. Cana Fides, & Vesta, Romulus cum fratre Remo jus distribuent: odiosæ portæ belli claudentur ferro*

NOTÆ.

287. *Lustris.*) Varro l. 5. de L. L. *Lustrum nominatum tempus quinquennale a luendo, hoc est, solvendo: quod quinto quoque anno vectigalia & ultro tributa per censores persolvebantur.* Completur autem perfectum quinquennium: unde differt ab *Olympiade*, quæ quadriennium duntaxat capit.

288. *Domus Assaraci.*) Bene Romanos vocat domum Assaraci. Nam in duobus Trois filiis, Ilo & Assaraco, familia regia divisa est; & ex *Ilo* Trojani propagati sunt; ex *Assaraco* Capys, e Capy Anchises, ex Anchise Æneas ortus: ex quo Romani.

Phthiam &c.) Urbs est & regio Thessaliæ, Achillis patria & ditio. *Mycenæ*, urbs Peloponnesi, in qua regnavit Agamemnon.

289. *Argis.*) Urbs item Peloponnesi, in qua idem regnasse quoque dicitur ab Euripide passim in Oreste; patetque ex ejus tragœdiæ v. 98. & 101. utrarum illarum urbium populos, quod inter se vicini essent, eidemque regi parerent, ideo communia habuisse nomina; & promiscue utrosque modo Argivos, modo Mycenæos esse appellatos: id quod Strabo ipse annotavit l. 8. Argivos tamen item ad bellum Trojanum duxisse dicitur Diomedes ab Homero Iliad. 2. 563. Quod autem hic disputant interpretes, a quo Romanorum ducum orbe illæ captæ sint, discutiemus Æn. 6. 838.

292. *Julius.*) De hoc Julio Cæsare diximus [illegible] Ecl. 5.

294. *Orientis.*) Ex quatuor enim triumphis, quibus victor Cæsar per urbem invectus est diebus quatuor continuis, secundus de Ægypto fuit, Ægyptique Rege Ptolemæo, tertius de Pharnace Ponti rege; de Gallia primus, de Africa & Hispania ultimus.

295. *Aspera tum positis, &c.*) Ex his & sequentibus confirmatur id, quod in argumento diximus de tempore scriptæ Æneidos. Inscripta enim est ineunte anno U. C. 724. Deducti ad hæc, quæ explicavimus, locum ineunte anno sequenti 725. Quo anno, Kal. Januariis, renunciatus est Octavianus quinto Consul, & portæ Jani, pacato jam orbe bellisque civilibus extinctis, clausæ. Tum eodem anno triplicem triumphum celebravit, Sextili mense; (qui post annos duos Augustus appellatus est): nempe unum de Pannonia & Dalmatia, alterum de Actio & Macedonia, tertium de Ægypto & Cleopatra. Quod autem hujus libri scriptio ad sequentes annos non pertineat, patet ex eo, quod vaticinium Jovis desinit in clausis Jani portis, quæ anno proxime sequente rursus apertæ sunt ob bellum Cantabricum.

296. *Cana Fides, & Vesta, Remo, &c.*) Perfectam reipublicæ felicitatem describit; quæ his quatuor continetur, *religione, fide legitima auctoritate, pace. Religio* conjungit principem & populos cum Deo; *fides* populos & inter se, & cum principe unit; *auctoritas* principem populo commendat; *pax* rempublicam cum reliquis terrarum populis conciliat. *Religio* per *Vestam* adumbratur, quæ ignem significat, inquit Servius; & proinde e cœlo, quæ sine igne esse non possunt: de hac G. 1. 498. *Fides* eaque antiqua, per *canitiem* insinuatur. *Auctoritas* principum per Remum ac Romulum, primarum legum auctores. *Pax* per clausas belli portas.

Remo cum fratre Quirinus.) Vel alludit ad discordiam utriusque fratris, quam comparat cum bellis civilibus, hoc sensu: frater a fratre non dissidebit amplius, non insidiabitur fratri, non occidet fratrem; ut in civilibus bellis usu venit: res, mores, auctoritas communis inter eos; idem omnes futurus est: Romulus jam cum Remo, si nunc vivat, de imponendo urbi nomine, legibusque conveniet. Vel Octavianum & Agrippam intelligi: nam Octavianus eodem anno Censor factus collegam desumpsit sibi Agrippam, e Consularium omnium numero administrum, etiam deinde generum: quo in munere senatum expurgasse, Patriciorum familias supplevisse ambo dicuntur.

Ex

Claudentur belli portæ: Furor impius intus
Sæva sedens super arma, & centum vinctus ahenis
Post tergum nodis, fremet horridus ore cruento.
Hæc ait, & Maja genitum demittit ab alto:
Ut terræ, utque novæ pateant Carthaginis arces
Hospitio Teucris: ne fati nescia Dido
Finibus arceret. Volat ille per aera magnum
Remigio alarum, ac Libyæ citus adstitit oris.
Et jam jussa facit: ponuntque ferocia Pœni
Corda, volente Deo: imprimis Regina quietum
Accipit in Teucros animum mentemque benignam.
At pius Æneas per noctem plurima volvens,
Ut primum lux alma data est, exire, locosque
Explorare novos, quas vento accesserit oras,
Qui teneant (nam inculta videt) hominesne, feræne,
Quærere constituit, sociisque exacta referre.
Classem in convexo nemorum, sub rupe cavata,

Ar-

INTERPRETATIO.

& strictis compagibus: intus sceleratus Furor sedens supra arma crudelia, & ligatus post terga centum æreis catenis, frendebit horrens ore sanguinolento. Hæc dicit, & mittit e cælo filium Majæ: ut regio, & ut mœnia nova Carthaginis aperiantur ad hospitium Trojanorum: ne Dido ignara voluntatis divinæ *prohibeat eos a sua regione. Ille volat per latum aërem,* utens *alis* quasi *remis, & statim constitit in litore Africæ. Et jam exsequitur mandata; &* Carthaginenses *deponunt asperum animum, Deo jubente: præcipue Regina sumit animum lenem & mentem placidam erga Trojanos. Sed pius Æneas multa cogitans per noctem, statim atque lux alma data est, statuit egredi, & considerare nova loca, & inquirere quasnam in regiones vi ventorum venerit, quinam eas habitent, an homines, an feræ, (nam cernit loca inculta) & statuit renarrare ista sociis,* postquam *inquisiverit. Abscondit in curvo silvarum, sub spelunca*

NOTÆ

Et vero jam Octavianum *Quirini* nomine insigniverat Virgilius G. 3. 27. ubi de *Quirino*, Romuli nomine, diximus.

298. *Claudentur belli portæ.*) Templum Jani a Romulo conditum quidam volunt post initum fœdus Romanos inter & Sabinos, ideoque pingi Janum fronte gemina, ad significandam conjunctionem geminæ gentis. Macrobius tamen ante bellum Sabinum innuit conditum fuisse, siquidem ait in ipsa pugna, templo illo patente, calidæ aquæ torrentes erupisse, qui Sabinorum exercitum jam victorem fugarint. Unde ortus mos ejus aperiendi, cum irrueret bellum, ad memoriam & spem auxilii. Quicumque fuit ille conditor, Numa certe instituit, ut aperiretur bello, pace clauderetur. Raro autem contigit clausum: primo sub Numa; secundo post primum bellum Punicum, T. Manlio Consule; deinde ter ab Octaviano, ut refert [illegible] nempe primo post Actiacam victoriam, [illegible] consulatu quinto; iterum post bellum Cantabricum, consulatu decimo; denique orbe terrarum terra marique pacato, consulatu undecimo. Deinceps a Nerone per Iulium; denique a Domitiano.

299. *Ahenis post tergum nodis.*) Nodis vinculorum æreorum. Adjunxit, juxta Turnebum, ad imaginem belli, hoc habitu pictam ab Apelle, & ab Augusto dedicatam in foro suo; ut est apud Pl. l. 35. 10. Sed needum hoc tempore forum dedicatum erat. Juxta Germanum, ad simulacrum Martis a Spartanis in urbe sua sic constructi.

301. *Maja genitum.*) Mercurium, Jove genitum, & Maja Atlantis filia, quæ inter Pleiades stellas numeratur: editum in *Cyllene*, Arcadiæ monte, unde dicitur *Cyllenius*: nuntium Deorum, unde habet *geminas cursoriæ alas*, superi scilicet atque inferi, & capite ac pedibus alatus pingitur: Deum eloquentiæ, palæstræ, mercatorum, & furum: inventorem lyræ, quam Apollini dono dedit.

302. *Carthaginis .... Teucris.*) De illa v. 17. De his v. 42.

303. *Ne fati nescia Dido.*) Voluntatis divinæ, quæ Trojanos benigne excipi jubebat. Sic Æn. 2. 2,2. *Fatis Junonis iniquæ.*

305. *Remigio alarum, &c.*) De hac translatione v. 228. De *Libya*, Africæ parte, v. 162. *Pœni*, quasi Phœni; Carthaginienses e Phœnicia oriundi.

312. *Convexo.*) Concavo: est enim *convexum* exterior rei rotundæ superficies; *concavum* interior: & promiscue est Poetis utrumque vocabulum.

Æ-

Arboribus clausam circum atque horrentibus umbris
Occulit: ipse uno graditur comitatus Achate,
Bina manu lato crispans hastilia ferro.
Cui mater media se se tulit obvia silva,
Virginis os habitumque gerens, & virginis arma
Spartanæ: vel qualis equos Threissa fatigat
Harpalyce, volucremque fuga prævertitur Hebrum.
Namque humeris de more habilem suspenderat arcum
Venatrix, dederatque comam diffundere ventis:
Nuda genu, nodoque sinus collecta fluentes.
Ac prior, Heus, inquit, juvenes, monstrate mearum
Vidistis si quam hic errantem forte sororum,
Succinctam pharetra & maculosæ tegmine lyncis,
Aut spumantis apri cursum clamore prementem.
Sic Venus: at Veneris contra sic filius orsus.
Nulla tuarum audita mihi, neque visa sororum,
O (quam te memorem?) Virgo: namque haud tibi vultus
Mortalis, nec vox hominem sonat. O Dea certe,
An Phœbi soror, an Nympharum sanguinis una?
Sis felix, nostrumque leves quæcumque laborem;

Et

INTERPRETATIO.

cavâ, navis undique cinctas arboribus & umbra nigrante: ipse incedit comitatus solo Achate, quassans manu duo jacula latis cuspidibus armata. Huic Venus *genitrix occurrit obviam in medio silvæ, præ se ferens vultum & amictum virginis, & arma virginis Laconæ, aut talis, qualis equos Thracia impellit Harpalyce, & præcurrit cursu celerem Hebrum. Quippe juxta consuetudinem* venatorum *suspenderat humeris commodum arcum,* quasi *venatrix, & permiserat ventis diffiare capillos:* habens *nuda genua, vagos plexus* vestium *diffluentes correctos nodo. Et prior ait: Heus juvenes! docete num fortasse videritis hic vagantem aliquam mearum sororum, succinctam pharetra & pelle versicoloris lyncis, aut urgentem clamore cursum spumantis apri. Sic* loquuta est *Venus: at natus Veneris ita cœpit* loqui *vicissim: Nec ulla tuarum sororum audita est, nec visa a me, o virgo! quam te dicam esse? non enim habes speciem mortalem: nec vox tua refert hominem. O Dea certe, an vero soror Phœbi, an una e genere Nympharum? esto propitia, & quæcumque es, minue nostram sollicitu-*

NOTÆ.

Æn. 4. 451. *Tædet cœli convexa tueri*, id est, *concava*. Et Ovid. Trist. l. 11. 10. *Inque modum tumuli concava surgit aqua*, id est, *convexa*.

320. *Spartanæ*.) Virgines enim Spartanæ, secundum Lycurgi instituta, virilibus etiam studiis exercebantur, imprimisque venatu.

Equos Threissa fatigat.) Comparatio quidem non in equitatione est, sed præcipiti cursu; neque enim equitabat aut præceps currebat Venus: sed in ipso habitu, quo Venus Amazoni similis est. *Threissa*.) E Thracia, non Europæa, sed Asiatica, ut ostendemus Æn. 11. 659. ubi fuse de Amazonibus.

321. *Harpalyce*.) Celebris Amazon, quæ patrem suum a Getis bello captum dicitur fortiter & celeriter ex eorum manibus recepisse.

Hebrum.) Quid mirum, si fluvii impetum cursu præverterit sum, quem violens fluvio epithetum, volucrem? Quare locum solerter emendat V. C. Daniel Huetius, legitque non *Hebrum*, sed *Eurum*, in quem ista perquam conveniunt. Juvat conjecturam, quod facilis fuit literarum in his vocibus commutatio: tum quod *Hebrus* fluvius est Thraciæ Europeæ, ut dictum est Ecl. 10. 65. Amazones autem Thraciam Asiaticam incoluerunt, Æn. 11. 659.

321. *Fuga*.) Cursu. Sic G. 3. 142. de equo; *Atra carpere prata fuga*.

327. *Lyncis*.) *Lynx*, animal est acutissimi visus, luporum cervariorum genere.

333. *Phœbi soror*.) Diana: utriusque pater Jupiter, mater Latona. De utroque Ecl. 3. 67. De *Phœbi* nomine vid. 66.

334. *Sis felix*.) Dicitur *felix*, & qui habet felicitatem, & qui facit esse felicem, inquit Servius. Ecl. 5. 65. *Sis bonus o felixque tuis*.

Et quo sub cœlo tandem, quibus orbis in oris
Jactemur, doceas. Ignari hominumque locorumque
Erramus, vento huc & vastis fluctibus acti.
Multa tibi ante aras nostra cadet hostia dextra.
Tum Venus: Haud equidem tali me dignor honore.
Virginibus Tyriis mos est gestare pharetram,
Purpureoque alte suras vincire cothurno.
Punica regna vides, Tyrios, & Agenoris urbem;
Sed fines Libyci, genus intractabile bello.
Imperium Dido Tyria regit urbe profecta,
Germanum fugiens: longa est injuria, longæ
Ambages; sed summa sequar fastigia rerum.
Huic conjux Sichæus erat, ditissimus agri
Phœnicum, & magno miseræ dilectus amore:
Cui pater intactam dederat, primisque jugarat
Ominibus: sed regna Tyri germanus habebat
Pygmalion, scelere ante alios immanior omnes.
Quos inter medius venit furor. Ille Sichæum
Impius ante aras, atque auri cæcus amore,
Clam ferro incautum superat, securus amorum

Ger-

INTERPRETATIO.

dinem, & doce quo demum sub cælo, qua in regione terrarum versemur. Vagamur nescii hominum & locorum istorum, *huc impulsi ventis & magnis tempestatibus. Multa hostia occidetur manu mea*, in honorem *tuum, ante altaria. Tunc Venus ait: Non equidem me judico dignam tali cultu. Consuetudo est puellarum Tyriarum ferre pharetram, & cingere alte tibias purpureis ocreis. Cernis regna Punica, Tyrios, & urbem Agenoridarum; sed regio Libya est, gens bello ferox. Dido tenet* hoc *regnum, quæ exiit ex urbe Tyro, fugiens fratrem; longa est ea injuria, longi circuitus: sed percurram summa rerum capita. Huic maritus erat Sichæus, inter Phœnices agris ditissimus, & magno amore dilectus ab infelici* Didone: *huic* Sichæo *pater eam dederat* adhuc *virginem, & primis auspiciis conjunxerat; sed frater* Didonis *Pygmalion tenebat regnum Tyri, crimine crudelior præ cæteris omnibus. Hos inter medios odium ortum est. Ille sacrilegus, & obcæcatus cupidine divitiarum, clam occidit*

NOTÆ.

341. *Suras, &c.*) *Sura*, pars est tibiæ maxime carnosa & mollis. *Cothurnus*, est calceamenti genus. Ecl. 7. 32.

342. *Punica, &c.*) Quasi *Phœnicia*, seu *Phœnicea*, unde Dido & Carthaginenses profecti. *Tyrios.*) Non cives, sed colonos Carthaginis conditores. *Agenoris.*) Id est, *Agenoridum*, ab Agenore, qui in ea regnavit regione, quæ Phœnicia deinde appellata est, fuitque inter Didonis avos, ut videbimus in argumento lib. 4. De *Libyæ finibus* v. 162.

347. *Conjux Sichæus.*) Idem & avunculus Didonis fuit, & Herculis sacerdos, & nomine Acerbas ex Justino: *Sichæus*, hic primam producit, alibi corripit v. 724. *Abolere Sichæum*.

349. *Pater.*) Belus rex Tyri v. 733.

350. *Primis ominibus.*) Primis nuptiis. Cicero de divin. l. 1. 104. *L. Flaccum ego audivi cum diceret, cum vellet sororis suæ filiam in matrimonium collocare, exisse in quoddam sacellum ominis capiendi causa: quod fieri more veterum solebat.*

352. *Quos inter, &c.*) Adjungit hæc Servius versibus proxime præcedentibus: *Immanior ante omnes eos, inter quos furor medius venit*, id est, *inter omnes qui magno in odio & furore jactari sunt.* Alii distinguunt melius, & ad Pygmalionem ac Sichæum referunt, *quos inter ortum est odium*; si non mutuum, saltem Pygmalionis in Sichæum; quod sufficit ut medium dici possit. De *Pygmalione*, in argumento libri 4.

353. *Ante aras.*) Herculis, cujus erat sacerdos Sichæus, & hæc erat prima post regem dignitas, ex Justino l. 18.

354. *Securus amorum.*) Negligens, contemnens, nihil sibi ab iis timens. Sic loquitur Juno de Trojanis, Æn. 7. 304. *Securi pelagi atque mei.*

Germanæ: factumque diu celavit, & ægram,
Multa malus simulans, vana spe lusit amantem.
Ipsa sed in somnis inhumati venit imago
Conjugis, ora modis attollens pallida miris:
Crudeles aras, trajectaque pectora ferro
Nudavit, cæcumque domus scelus omne retexit.
Tum celerare fugam, patriaque excedere suadet,
Auxiliumque viæ veteres tellure recludit
Thesauros, ignotum argenti pondus & auri.
His commota fugam Dido sociosque parabat.
Conveniunt, quibus aut odium crudele tyranni,
Aut metus acer erat: naves, quæ forte paratæ,
Corripiunt, onerantque auro: portantur avari
Pygmalionis opes pelago; dux fœmina facti.
Devenere locos, ubi nunc ingentia cernes
Mœnia, surgentemque novæ Carthaginis arcem:
Mercatique solum, facti de nomine Byrsam,
Taurino quantum possent circumdare tergo.
Sed vos qui tandem? quibus aut venistis ab oris?
Quove tenetis iter? Quærenti talibus ille
Suspirans, imoque trahens a pectore vocem:

O

INTERPRETATIO.

ipsum gladio ante altaria improvidum, non curans amores sororis: & diu abscondit scelus, & plurima malitiose simulans inutili spe fefellit mœstam conjugem. At umbra ipsa mariti insepulti apparuit ipsi in somno, mirum in modum erigens caput pallidum: revelavit fatalia altaria, & pectus gladio confossum, & declaravit omne crimen ignotum familiæ. Deinde suadet, ut celeret fugam, & exeat e patria: & ad subsidium itineris aperit antiquos thesauros in terra, incognitum pondus auri & argenti. His rebus concitata Dido instruit fugam & socios. Concurrunt, quibus erat aut odium crudelis tyranni, aut gravis metus: invadunt naves, quæ casu instructæ erant, earque onerant auro: vehuntur mari divitiæ avari Pygmalionis: mulier auctor est facti. Pervenerunt ad ea loca, ubi nunc videbis magnos muros, & arcem novæ Carthaginis se attollentem; & emerunt agrum, dictum Byrsam, nomine ab ipsa fraude deducto; tanti spatii, quantum possent includere pelle tauri. Vos vero, quinam estis denique, aut quanam e regione profecti estis? aut quem in locum habetis iter? Æneas huic talibus verbis interroganti respondit suspirans, &

NOTÆ.

357. *Inhumati.*) Centum annos errabant inhumatorum umbræ, ut est Æn. 6. 329. Crudelitati igitur addiderat impietatem Pygmalion, qui cæsum Sichæum insepultum abjecerat.

363. *Ignotum argenti.*) Justinus lib. 18. 4. *Sichæus divitias metu regis, non tectis, sed terra crediderat; quam rem etsi homines ignorabant, fama tamen loquebatur.* Idque Pygmalionis cupiditatem ad scelus incenderat.

366. *Paratæ.*) Vel ad frumenta aliunde convehenda, ut ait Servius. Vel ut ipsam Didonem ad Pygmalionem transportarent. *Finxit enim se,* inquit Justinus, *ad fratrem migrare velle; sed ministros migrationis a rege sibi datos, navibus imposuit, &c.*

368. *Pygmalionis opes.*) Vel quas jam ut suas Pygmalion animo conceperat. Vel quia se ipsa cum opibus conjugis opes quoque Pygmalionis rapuit Dido.

370. *Arcem: Mercatique, &c.*) Dido in Libyam appulsa cum ab Jarba Getulorum rege rejiceretur, emit ab eo tantum terræ, quantum amplecti bovis corium posset. Quod ubi obtinuit, corio tenuissimas in partes consciso, stadia occupavit duo ac viginti. Explicat Donatus de pecunia e bubalo corio quæ primis temporibus in usu fuit, qua Dido mercata sit urbis solum. Ita Lubinus. Quid verum sit, vide in argumento l. 4.

O Dea, si prima repetens ab origine pergam,
Et vacet annales nostrorum audire laborum,
Ante diem clauso componet vesper Olympo.
Nos Troja antiqua (si vestras forte per aures
Trojæ nomen iit) diversa per æquora vectos
Forte sua Libycis tempestas appulit oris.
Sum pius Æneas, raptos qui ex hoste Penates
Classe veho mecum, fama super æthera notus.
Italiam quæro patriam, & genus ab Jove summo.
Bis denis Phrygium conscendi navibus æquor,
Matre Dea monstrante viam, data fata secutus:
Vix septem convulsæ undis Euroque supersunt.
Ipse ignotus, egens, Libyæ deserta peragro,
Europa atque Asia pulsus. Nec plura querentem
Passa Venus: medio sic interfata dolore est:
Quisquis es, haud (credo) invisus cœlestibus auras
Vitales carpis, Tyriam qui adveneris urbem.
Perge modo, atque hinc te Reginæ ad limina perfer.
Namque tibi reduces socios classemque relatam

Nun-

INTERPRETATIO.

*educens vocem ex intimo pectore: O Dea, si revolvens a prima causa progrediar, & si tibi otium sit audire historiam narratam calamitatum, prius Hesperus clauso cælo sepeliet diem. Tempestas, casu solito, projecit ad litus Africæ nos, pulsos per varia maria e Troja vetere (si fortasse nomen Trojæ venit ad aures vestras.) Sum pius Æneas, fama super cælum cognitus, qui fero mecum navibus Penates ereptos e po*testate *hostium. Quæro Italiam patriam, & originem* familiæ meæ, quæ est *a summo Jove. Conscendi mare Phrygium viginti navibus, genitrice Dea iter ostendente, obsequutus fatis* mihi *positis. Vix septem naves supersunt concussæ fluctibus & Euro.* Ego *ipse incognitus, egenus, erro per solitudines Africæ, ejectus ex Asia & Europa. Nec Venus sustinuit eum longius queri: medio in dolore sic interlocuta est: Quicumque es, non odiosus superis ducis spiritum vitalem, opinor, si quidem appulisti urbi Tyriæ. Perge tantummodo, & confer te ad Palatium Reginæ. Tibi enim*

NOTÆ.

377. *Annales.*) Bene; quia totis decem annis Troja obsidio, septem annis Æneæ navigatio duraverat.

378. *Diem clauso, &c.*) Duplex hic metaphora. I. Est a morte ac tumulo: *componere* enim est *sepelire*; & *diem clauso Olympo componere*, est *diem in cælo quasi in tumulo sepelire ac condere*. Dies enim ut nasci dicitur, sic mori: Statius, Sylv. lib. 4. 6. 3. *Jam moriente die*. Hor. Sat. l. 1. 9. 28. *Omnes composui. Felices, nunc ego resto*. Virg. Ecl. 9. 52. *Longos cantando puerum memini me condere Soles*. II. Est quod cælum claudi nocte, & aperiri die dicatur; unde G. 1. 2[illegible]. [illegible] *Vesper.*) Stella Veneris, Ecl. 6. 86. *Olympus.*) Mons Thessaliæ, qui pro cælo sumitur. Ecl. 5. 56.

381. *Forte sua.*) *Casu suo quo solet*: & nomen est a nominativo *fors*. De *Troja*, v. 6. De *Libya*, v. 162. De *Penatibus*, Æn. 2. 717. De *Italia*, v. 6.

383. *Fama super æthera notus.*) Secutus est Virgilius Homerum Odyss. 9. 20. ubi ait Ulysses ad Alcinoum: *Καί μευ κλέος οὐρανὸν ἵκει*, & *mea gloria cælum attingit*.

384. *Patriam, & genus.*) Dardanus enim, Jovis filius, auctor alter Trojanæ gentis, Italus fuit v. 139.

385. *Phrygium.*) Alluens Phrygiam utramque. Duplex enim est ejus nominis in Asia minore regio, altera *major*, quæ tota mediterranea est, altera *minor*, quæ maritima est, ad Propontidem, Hellespontum, & Ægæum mare, contra insulam Lesbum. Hæc minor etiam *Troas* dicta est, quia pars ejus fuit præcipua.

387. *Euroque.*) Vento orientali, quo naves eæ, partim ad latus Syrtis minoris, partim ad litus Africæ dejectæ sunt, v. 114.

388. *Ignotus.*) Licet enim Æneæ nomen *fama super æthera notum sit*, ipse tamen Afris nondum sub eo nomine innotuit.

389. *Europa atque Asia.*) Troja enim est in Asia, unde profectus est, Italia in Europa, unde rejectus in Africam.

Nuntio, & in tutum versis Aquilonibus actam:
Ni frustra augurium vani docuere parentes.
Aspice bis senos lætantes agmine cycnos,
Ætherea quos lapsa plaga Jovis ales aperto
Turbabat cœlo: nunc terras ordine longo
Aut capere, aut captas jam despectare videntur.
Ut reduces illi ludunt stridentibus alis,
Et cœtu cinxere polum, cantusque dedere;
Haud aliter puppesque tuæ, pubesque tuorum
Aut portum tenet, aut pleno subit ostia velo.
Perge modo, & qua te ducit via, dirige gressum.
Dixit, & avertens rosea cervice refulsit,
Ambrosiæque comæ divinum vertice odorem
Spiravere: pedes vestis defluxit ad imos,
Et vera incessu patuit Dea. Ille ubi matrem
Agnovit, tali fugientem est voce secutus:
Quid natum toties crudelis tu quoque falsis
Ludis imaginibus? cur dextræ jungere dextram

Non·

INTERPRETATIO.

annuntio socios rediisse, & naves reductas esse, & perrectas in securum locum *Aquilonibus mutatis: nisi mendaces parentes* mel *frustra me docuerunt* artem *auspiciorum. Aspice duodecim cycnos turmatim exsultantes, quos avis Jovis labens e cœli partibus agitabat vacuo in aere: jam videntur longa serie, vel eligere sedes in terra, vel jam electas considerare propius. Quemadmodum illi redeuntes ludunt alis strepitantibus, & turmatim circumiere aerem, & emisere cantus; non alio modo, & naves tuæ, & flos tuorum, vel portum occupat, vel inflatis velis intrat ostia* portus. *Perge tantummodo, & dirige passus qua via te ducit. Sic locuta est, & recedens resplenduit pulchra cervice, & capilli ambrosia* delibuti *divinum odorem e capite emiserunt: vestis decidit ad pedes infimos, & gressu apparuit vera Dea. Æneas, statim atque agnovit genitricem* suam, *prosecutus est abeuntem talibus verbis:* Cur *tu etiam, o dura, decipis tam sæpe filium* tuum *vanis figuris? quare non permittitur applicare dextram*

NOTÆ.

395. *Versis Aquilonibus.*) Ut enim Aquilo e septentrione ad meridiem Æneæ naves depulerat in Africam v. 106., ita ut illæ e minori Syrte ad litus Carthagini vicinum emergerent, opus fuit ut Aquilo in fugam *versus* retrocederet, prævaleretque Notus a meridie.

396. *Ni frustra &c.*) Ne divinitas futuri prædictionem velata fiat, fingit se a parentibus imbutam augurandi arte.

398. *Jovis ales.*) Aquila, quæ ministra fulminis dicitur, quia tempestatis tempore super altissimas nubes esse volatu eriget.

406. *Avertens.*) Supple, *se*, ut supra v. 108. *Tum prora avertit.*

Rosea cervice.) Vel ad colli colorem refero, unde Venus dicitur ab Anacreonte, 53. 42. [illegible] *roseicolor*: vel roseam interpretor, *pulchram*, quo de re dicemus infra v. 595. Et hoc primum affert Divinitatis indicium, *fulgorem roseæ cervicis*.

407. *Ambrosiæque comæ.*) Secundum Divinitatis judicium, *suavitas odoris*. Sic Ovid. Fast. v. 375. *Omnia Numen, tenues secessit in auras, Mansit odor, posses scire fuisse Deam.* More autem Homerico *ambrosiæ comæ* vel sunt *immortales*, vel potius respersæ succo *ambrosia*. De *Ambrosia & nectare*, Ecl. 3. 71.

408. *Pedes vestis &c.*) Tertia Divinitatis nota, *prolixa vestis ad pedes*. Idque Deorum omnium proprium fuisse, præterquam Virtutis, docet Lactantius in Statium l. 10. 639. Proprium item Baccho attribuit Propertius l. 3. 17. 32. Tibullus quoque et Statius.

409. *Incessu patuit Dea.*) Quartum & maximum Divinitatis argumentum, *incedendi modus*: Quem sic ab humano distinguit Heliodorus Æthiop. l. 3. ut divinus, non dimotione pedum & transpositione, sed continuo impetu & quasi lapsu quodam fiat: unde perhibet statuas Deorum apud Ægyptios conjunctis & quasi unitis pedibus insistere: eliciatque testem Homerum. Et vero apud Theocritum, Idyl. 17. 15. Dii vocantur [illegible], *sine pedum motu*: & apud Callimachum, Hymno 3. 3. Palladis [illegible], *Dea prona serpit.* Addit & aliud indicium Divinitatis Heliodorus, quod Dii oculo obtuto, neque claudunt unquam palpebris intueantur. Statiam tamen grandem Diis non finxerunt, sed humano majorem & ni-

Non datur, ac veras audire & reddere voces?
Talibus incusat, gressumque ad mœnia tendit.
At Venus obscuro gradientes aere sepsit,
Et multo nebulæ circum Dea fudit amictu:
Cernere ne quis eos, neu quis contingere posset,
Molirive moram, aut veniendi poscere causas.
Ipsa Paphum sublimis abit, sedesque revisit
Læta suas: ubi templum illi, centumque Sabæo
Thure calent aræ, sertisque recentibus halant.
Corripuere viam interea, qua semita monstrat.
Jamque ascendebant collem, qui plurimus urbi
Imminet, adversasque aspectat desuper arces.
Miratur molem Æneas, magalia quondam:
Miratur portas, strepitumque, & strata viarum.
Instant ardentes Tyrii: pars ducere muros,
Molirique arcem, & manibus subvolvere saxa;
Pars aptare locum tecto, & concludere sulco.
Jura, magistratusque legunt, sanctumque senatum.
Hic portus alii effodiunt: hic alta theatris
Fundamenta locant alii, immanesque columnas
Rupibus excidunt, scenis decora alta futuris.
Qualis apes æstate nova per florea rura
Exercet sub sole labor, cum gentis adultos

Edu-

INTERPRETATIO.

meam *dexteram tuæ*, *atque audire & reddere verba non simulata? Sic queritur de ea*, *& dirigit passus ad urbem*. *Sed Venus cinxit euntes tenebroso aere*, *& circumdedit multo tegmine nubis*, utpote *Dea*: *ne quis posset eos videre*, *neve quis tangere*, *aut facere moram*, *aut petere rationem cur venissent*. *Ipsa se attollens abit Paphum*, *& redit gaudens in regionem suam*: *ubi templum & centum altaria fervent* in *ejus* honorem *thure Arabico*, *& redolent floribus novis*. *Interim ingressi sunt viam*, *qua callis ostendit*. *Et jam conscendebant collem*, *qui valde impendet urbi*, *& desuper aspicit turres oppositas*. *Æneas admiratur magnitudinem* urbis, ubi erant *olim casæ*: *admiratur portas*, *& tumultum*, *& pavimenta viarum*. *Festinant ardentes Tyrii*: *pars extendit muros*, *& erigit arcem*, *& manibus rotat lapides*: *pars eligit locum* ad *domum*, *& cingit sulco*: *eligunt jura & magistratus & sacrum consilium*. *Illic alii excavant portus*, *illic alii ponunt profunda fundamenta theatri*, *& secant e rupibus ingentes columnas*, quæ sint *alta ornamenta futurarum scenarum*. Talis est eorum labor, *qualis labor occupat apes ad solem æstate incipiente per agros floridos*: *quando*

NOTÆ.

nimium tribuit l. 10. 347. *Tamen aspera prudens* [illegible] *Deum*, *nimiique gradus*.

417. *Cernere ne quis*, *&c.*) Dubitabat enim Venus, quo in eos animo Dido futura esset, Junonis cultui addicta.

419. *Paphum.*) Urbem in Cypro, notissima mediterranei maris insula, Veneri dicatam.

420. *Centumque Sabæo*, *&c.*) Tacitus l. 2. de sacris Paphiæ Veneris. *Hostiæ*, *ut quisquis vovisset*, *mares deliguntur*. *Certissima fides hædorum fibris*. *Sanguinem aræ offundere vetitum*, *precibus & igne puro altaria adolentur*. Unde hic cum de aris fiat mentio, nulla fit de victimis. *Sabæum thus*, petitum e *Sabæis*, Arabiæ felicis populis: de quibus G. 2. 57.

425. *Magalia*,) seu *mapalia*, rusticorum Afrorum casæ sunt, de quibus G. 3. 340.

430. *Jura*) pro *legibus*; alii pro *judiciis*; alii melius pro *locis ipsis* accipiunt, ubi jus dicendum erat. Sic enim accipimus, quoties dicimus *in jus rapere*, *in jus ambulare*. De *Scenis* theatralibus G. 2. 381. & 3. 24.

Educunt fœtus, aut cum liquentia mella
Stipant, & dulci distendunt nectare cellas,
Aut onera accipiunt venientum, aut agmine facto
Ignavum fucos pecus a præsepibus arcent.
Fervet opus, redolentque thymo fragrantia mella.
O fortunati, quorum jam mœnia surgunt!
Æneas ait, & fastigia suspicit urbis.
Infert se septus nebula, mirabile dictu,
Per medios, miscetque viris: neque cernitur ulli.
Lucus in urbe fuit media, lætissimus umbra;
Quo primum jactati undis & turbine Pœni
Effodere loco signum, quod regia Juno
Monstrarat, caput acris equi; sic nam fore bello
Egregiam, & facilem victu per sæcula gentem.
Hic templum Junoni ingens Sidonia Dido
Condebat, donis opulentum & numine Divæ:
Ærea cui gradibus surgebant limina, nexæque

Ære

INTERPRETATIO.

emittunt grandiorem sobolem generis, aut cum densant mella liquidissima, & implent alvearia suavi nectare, aut excipiunt onera venientum e pastu, aut collecta turma expellunt a stabulis suis fucos, pigrum gregem. Fervent omnes in opere, *& mella odorata olent thymum. O felices, quorum muri jam eriguntur, inquit Æneas, & aspectat altitudinem urbis. Immittit se in medios cives clausus nube,* quod *admirabile* est *dictu: miscet se viris, nec videtur a quoquam. Erat in media urbe silva sacra gratissima* propter *umbram: quo loco Pœni, agitati fluctibus, & ventis, primum fodiendo* reperierunt *signum, quod regina Juno eis ostenderat;* nempe *caput bellicosi equi: ita quippe* ostendebat, *populum illum futurum esse nobilem bello,* & *aptum vivere æterna fama.* Hoc loco *Tyria Dido ædificabat Junoni magnum templum, splendidum muneribus, & præsentia Deæ: cui limen æreum impositum erat gradibus, & trabes compa-*

NOTÆ.

437. *Nectare.*) Potu Deorum, de quo Ecl. 5. 71. pro *melle* sumitur.

439. *Fucos.*) Ital. *Vespe*, apum quasi [illegible] sunt. G. 4. 168.

444. *Caput acris equi.*) Justinus lib. 18. 5. *In primis fundamentis caput bubulum inventum est: quod auspicium quidem fructuosæ terræ, sed laboriosæ perpetuoque servæ urbis fuit; propter quod in alium locum urbs translata. Ibi quoque equi caput repertum, bellicosum potentemque populum futurum significans, urbi auspicatam sedem dedit.*

449. *Facilem victu.*) Explicat Pierius, *quæ facile vinci posset*; ita ut *victu*, supinum a *vinco*, passive significet: sed malum hoc omen, bonum autem hic quæritur. Explicat Germanus Valens, *quæ facile vincere posset*; ita ut *victu*, supinum a *vinco*, active significet. Explicant alii communiter, *quæ sit fertilis frugibus, & commoda ad victum*, ita ut *victu* sit supinum a *vivo*. Ego eundem supinum etiam, *victu* a *vivo* interpretor de fama & gloria gentis, quæ florere æternum debeat: hoc enim est proprie, *vivere per sæcula.*

450. *Sidonia.*) *Tyria*: nam *Sidon*, urbs Phœnicia in Syria, portus interna mediterranei maris, nunc *Saide*: hic pro *Tyro* sumitur, quia utraque vicina, & a Phœnicibus condita, & eidem regi subdita.

453. *Limina.*) *Portæ ac januæ* partes omnes hic distinguemus. *Porta* proprie de urbibus dicitur: quia cum circuitum urbis aratro primum designabant, qua parte relinquendus erat in urbem aditus, attollebatur aratrum ac *portabatur*, ne sulcum imprimeret. At privatarum domorum ingressus, cum apertus est, dicitur *Janua*, vel ab *eundo*, vel a *Jano*; cum clausus est, dicitur *Ostium* ab *obstando*. Jam ea per quæ prohibetur ingressus, et *foras* aperiuntur, dicuntur *fores*; si duas in partes ab utroque latere pandantur, *Bifores*; si ab uno tantum latere, sed in se *volvantur* ac replicentur, *Valvæ*, quasi *volvæ*. Id autem, quo vertuntur fores, est *Cardo*; quia est earum, vel quasi *cor*, ut volunt Servius & Isidorus, vel quasi *ramus* ex quo suspenduntur, est autem *ramus* Græcis κράδη. Tum *Limen*, est transversum in janua lignum, inferius, vel superius; vel a *limite*, quia illo terminatur domus: vel a *limus*, id est, *obliquus & transversus*. Denique *Postes*, sunt arrectaria portarum, quasi *post ostium*: sunt vel ligna ab utroque portæ latere, quibus cardines, seræ, & repagula immittuntur. Hæc tamen omnia promiscue vulgo usurpantur pro janua.

Ære trabes; foribus cardo stridebat ahenis.
Hoc primum in luco nova res oblata timorem
Leniit: hic primum Æneas sperare salutem
Ausus, & afflictis melius confidere rebus.
Namque, sub ingenti lustrat dum singula templo
Reginam opperiens, dum, quæ fortuna sit urbi,
Artificumque manus inter se operumque laborem
Miratur, videt Iliacas ex ordine pugnas,
Bellaque jam fama totum vulgata per orbem;
Atridas, Priamumque, & sævum ambobus Achillem.
Constitit, & lacrymans: Quis jam locus, inquit, Achate,
Quæ regio in terris nostri non plena laboris?
En Priamus: sunt hic etiam sua præmia laudi,
Sunt lacrymæ rerum, & mentem mortalia tangunt.
Solve metus: feret hæc aliquam tibi fama salutem.
Sic ait: atque animum pictura pascit inani
Multa gemens, largoque humectat flumine vultum.
Namque videbat, uti bellantes Pergama circum
Hac fugerent Graji, premeret Trojana juventus;
Hac Phryges, instaret curru cristatus Achilles.

Nec

INTERPRETATIO.

fixæ ære, & cardo stridebat in portis æreis. In hac sacra silva nova res occurrens primo minuit metum: hic Æneas primo ausus est sibi promittere salutem, & melius sperare de rebus male affectis. Nam, dum circumspicit singula magno in templo, expectans Reginam: dum admiratur quæ sit felicitas illius urbis, & manus opificum invicem concordes, & difficultatem operum; cernit prælia Trojana per ordinem, & bellum jam fama vagatum per omnes terras, & Atrei filios, & Priamum, & crudelem utrisque Achillem. Subsistit, & flens: Quis jam locus est, ait, o Achate, quæ plaga in terris non plena nostrorum casuum! Ecce Priamus: hic quoque datur virtuti sua merces, est commiseratio calamitatum, & ea ut hominum movent corda. Depone timorem, hæc fama afferet tibi aliquam salutem. Sic loquutus est, & oblectat mentem vanis picturis, multum gemens, & irrigat faciem copioso fletu. Nam cernebat, quemadmodum pugnantes circa Trojam Græci hac fugerent, & Trojana juventus persequeretur eos: hac Trojani fugerent, & Achilles crista insi-

NOTÆ.

462. *Sævum ambobus Achillem.*) Tres numerantur, *Atridæ* duo, Menelaus & Agamemnon, Atrei regis Mycenarum filii: & *Priamus*, Trojæ rex. Tamen *Achilles* Menelao infensus non fuit: sed Agamemnoni tantum, cum recessit ab ejus exercitu propter ereptam sibi Briseida, & Priamo, cujus filium Hectorem occidit, & indigne habuit. Quomodo igitur *ambobus*? An geminos Atridas pro uno posuit, quia unius patris erant filii? An *ambobus* dixit, pro utrisque? An gemino exercitui [illegible], Atridarum & Priami? An potius [illegible] cum Seneca Ep. 104. *Atriden*, non *Atridas*, ut ad unum Agamemnona referatur? Hunc [illegible] quam Donatum, qui [illegible] interpretatur, [illegible], Agamemnone scilicet et Menelao [illegible].

466. *Lacrymæ rerum.*) Propter res adversas, calamitates. Sic Æn. 2. 784. *Lacrymas dilectæ pelle Creusæ*, id est, Lacrymas propter dilectam Creusam, & dolorem de ea conceptum mitte.

470. *Pergama.*) *Pergamus*, arx fuit Trojana, in editissimo urbis loco sita: unde alia omnia ædificia deinde *Pergama* appellata sunt. Cave ne arcem illam confundas cum urbe *Pergamo*, quæ in eadem Phrygia minore postea condita est ad Caicum fluvium, fuitque *Attalicorum* regum sedes, & Galeni patria, & celebris usu chartæ Pergamenæ, Ital. *Carta Pergamena*.

472. *Hac Phryges, instaret, &c.*) *Phryges*, Trojani, qui Phrygiæ minoris partem incolebant; supra v. 385. *E curru* pugnabant olim veteres, quo miles & auriga ferebantur. *De cristis*, Æn. 3. 468.

Nec procul hinc Rhesi niveis tentoria velis
Agnoscit lacrymans: primo quæ prodita somno
Tydides multa vastabat cæde cruentus:
Ardentesque avertit equos in castra, priusquam
Pabula gustassent Trojæ, Xanthumque bibissent.
Parte alia fugiens amissis Troilus armis,
Infelix puer, atque impar congressus Achilli,
Fertur equis, curruque hæret resupinus inani,
Lora tenens tamen: huic cervixque comæque trahuntur
Per terram, & versa pulvis inscribitur hasta.
Interea ad templum non æquæ Palladis ibant
Crinibus Iliades passis, peplumque ferebant,
Suppliciter tristes, & tunsæ pectora palmis.
Diva solo fixos oculos aversa tenebat.

Ter

INTERPRETATIO.

quis immineret e curru. Non longe hinc agnoscit flens tabernacula Rhesi candidis velis, quæ sibi *proditione tradita filius Tydei prima nocte populabatur multa strage sanguinolentus, & abduxit acres equos in castra* Græcorum, *antequam carpsissent pabula Trojæ, & potassent* aquam *Xanthi. Parte alia Troilus, miser adolescens, &* quamquam *inæqualis ausus pugnare in Achillem, trahitur* ab *equis, & pendet resupinus e curru vacuo, retinens tamen habenas: huic & cervix & capilli trahuntur per humum, & pulvis sulcatur hasta inversa. Interea ad templum Palladis non* ipsis *amicæ, ibant Trojanæ sparsis capillis, & portabant* ei *pallam, mœstæ more supplicantium, & percutientes pectus palmis. Dea infensa tenebat oculos defixos in*

NOTÆ.

473. *Rhesi.*) Rhesum Thraciæ regem, Martis, vel Strymonis filium; cum Trojanis venisset in auxilium, adduxeratque secum equos, quorum erat fatum, ut si semel Xanthi aquam bibissent, Troja fieret invicta: clausis jam portis, coactus est in litore tentoria ponere. Sed proditum a Dolone Trojano speculatore, qui in Græcorum speculatores Diomedem & Ulyssem inciderat, a Diomede interfectus est, & equi fatales abducti Iliad. 10. 473. Equi porro illi ferocitate præcellebant; ab equis Diomedis Thraciæ regis oriundi, humana carne vesci soliti, quibus ideo dominum ipsum devorandum Hercules tradidit.

474. *Primo somno.*) *Somnus* pro *nocte*, ut Georg. 3. 308. *Libra die somnique pares ubi fecerit horas.*

475. *Tydides.*) Diomedes Tydei filius, Æn. 11. 243.

477. *Xanthum.*) Diis ita dictum, hominibus vero *Scamandrum*, inquit Homerus: quia nomen aliud sero acquisivit; fluvium Troadis, ex Ida monte profluentem, unde se in Hellespontum exonerat.

478. *Troilus.*) De ejus ætate variæ sunt sententiæ. Virgilius hunc *puerum*, Horatius *impuberem* facit: alii, ut Hyginus & Tzetzes, jam grandiorem, & unum e maximis Priami natis. Variæ quoque de ejus morte opiniones: Theocritus & Lycophron eum volunt, ob spretum Achillis amorem, in templo Apollinis ab Achille fuisse occisum: alii, in ipso certamine: alii per vim. alii ex insidiis.

479. *Impar congressus Achilli.*) Vel *impar Achilli*: vel, ut mavult Servius, *congressus Achilli*: id est, cum Achille: ut Catullus dixit in carmine nupt. v. 64. *Nolo pugnare duobus.*

482. *Versa pulvis inscribitur hasta.*) Non hasta Troili, quam adhuc manu retineret; nam *amissis armis*, id est *dilapsis*, ferebatur: & sola lora manu implicata retinebat. Igitur hasta Achillis, quæ per Troili pectus adacta, & cum eo resupino *inversa*, ferro pulverem sulcabat.

483. *Non æquæ Palladis.*) Infensæ, propter judicium Paridis, de quo v. 31. De *Pallade* v. 43. Ibant autem ad templum Trojanæ mulieres, duce Hecuba, Heleni & Hectoris admonitu, cum gravem e Diomede accepissent cladem, ut Deam Diomedi faventem, & pepli dono, & sacrificiis placarent. Iliad. 6. 300.

484. *Crinibus Iliades, &c.*) Alludit ad morem Romanarum mulierum, quæ in luctu, aperto capite, & solutis passisque crinibus incedebant, fortasse etiam Trojanæ ac barbaræ; cum contra Græcæ tonderent comas: quod docet Plutarchus in Romanis quæst. *Peplum.*) Offerebatur Deabus, non in luctu tantum, sed etiam solemnibus quibusdam diebus, universa loco: *Palladi præsertim*; *Junoni* ex Pausania lib. 2. & Statio Theb. 10. 56. imo & *Veneri* ex Claudiano de nuptiis Honor. v. 123. Eo induebantur simulacra; sic enim Stat. Theb. 10. 65. *Hæc tunc Argolica sanctum velamine matres induerant ebur. Peplum* autem fuit pallium, sive pallium muliebre, nobili arte intextum, ad pedes effusum, sine manicis, coloris aliquando purpurei, aliquando candidi; aurea fimbria clavisque aureis, & variis Deorum heroumque figuris ornatum.

Ter circum Iliacos raptaverat Hectora muros,
Exanimumque auro corpus vendebat Achilles.
Tum vero ingentem gemitum dat pectore ab imo,
Ut spolia, ut currus, utque ipsum corpus amici,
Tendentemque manus Priamum conspexit inermes.
Se quoque principibus permixtum agnovit Achivis,
Eoasque acies, & nigri Memnonis arma.
Ducit Amazonidum lunatis agmina peltis
Penthesilea furens, mediisque in millibus ardet,
Aurea subnectens exsertæ cingula mammæ
Bellatrix, audetque viris concurrere virgo.
Hæc dum Dardanio Æneæ miranda videntur,
Dum stupet, obtutuque hæret defixus in uno;
Regina ad templum forma pulcherrima Dido
Incessit, magna juvenum stipante caterva.
Qualis in Eurotæ ripis, aut per juga Cynthi
Exercet Diana choros, quam mille secutæ
Hinc atque hinc glomerantur Oreades: illa pharetram

Fert

INTERPRETATIO.

terram. Achilles traxerat Hectorem ter circa muros Trojanos, & vendebat auro cadaver exanimum. Tunc autem Æneas emittit ex intimo pectore magnum gemitum, ut vidit spolia, & currum, & ipsum cadaver amici, & Priamum tendentem manus exarmatas. Animadvertit etiam se mixtum principibus Græcis, & exercitus orientales, & arma nigri Memnonis. Penthesilea furens ducit turmas Amazonum instructas *scutis lunatis, & ardet inter media millia, nectens cingulum aureum sub nudato ubere,* utpote *bellatrix, & audet puella certare* cum *viris. Dum ista mirabilia conspiciuntur ab Ænea Trojano, dum stupet, & stat defixus in hoc solo aspectu; Regina Dido specie clarissima venit in templum, magna juvenum turba ambiente. Talis in ripis Eurotæ, vel per culmina Cynthi, Diana miscet choreas; quam secutæ mille Oreades hinc at-*

NOTÆ.

487. *Ter circum, &c.*) De *Achille*, v. 34. De *Hectore*, v. 103.

492. *Achivis.*) Græcis; *Græcia* enim propriè dicta, sive *Hellas*, *Achaia* quoque appellata est ab *Achæo* quodam, vel Jovis filio, vel Xuthi, qui in ea regione regnavit: cujus populi *Achæi* & *Achivi* sunt dicti. Est & alia minor *Achaia*, Peloponnesi pars.

493. *Eoasque acies, & &c.*) *Memnon* Auroram matrem, Tithonum patrem habuit, Laomedontis Trojani regis filium. Quare Trojanorum in auxilium venisse dicitur, cum [illegible] Indorum & Æthiopum copiis, & ab Achille occisus, e rogo suo aves produxisse, quæ duas in partes divisæ rostris atque unguibus, ad parentandum auctori suo, decertant. Ejus statua, in Ægypto, Solis orientis ictu radiis, canticum sonum edere memoratur. *Eoas*) Orientales ab ἠώς *Aurora*.

494. *Amazonidum.*) Id est, *Amazonum*: quæ ubi [illegible] alteram inurebant, ut jaculandis sagittis essent [illegible]: alteram balteo subtingebant: [illegible] ab *a* privativo, & μαζὸς mamma. De iis [illegible] 41. 679. &c. Harum regina *Penthesilea* Trojanis post mortem Hectoris opem tulit; & juxta aliquos, ab Achille; juxta alios, a Neoptolemo Achillis filio interfecta est. *Peltis.*) Scutis brevissimis, & in formam mediæ Lunæ.

502. *Qualis in Eurotæ, &c.*) Explodit hanc Didonis cum Diana comparationem Valerius Probus apud Gellium l. 9. c. 9. utique nihil tam improsperè a Virgilio conversum esse ex Homero, apud quem illa repetitur Odyss. 6. 102. Defendit eam Scaliger Poet. lib. 5. cap. 3. atque Virgilianam esse a magistro, Homericam a discipulo. Ego in Valerii sententiam paullo sum propensior; vel idem, quod ex iis circumstantiis, quas tam multas congerit, nulla est ad rem, nisi multitudo Oreadum, quæ Dianam comitantur; cæteræ omnino a Didone diversæ sunt. *Eurotæ.*) Fluvii in Laconia, Spartam alluentis: qua regio venatu celebris est. *Cynthi.*) Montis in Insula Delo, ubi Diana & Apollo nati sunt.

503. *Choros.*) Multitudo saltantium & canentium est propriè *chorus*.

504. *Oreades.*) Nymphæ montium, ab ὄρος mons. Ecl. 2. 49.

Fert humero, gradiensque Deas supereminet omnes:
Latonæ tacitum pertentant gaudia pectus.
Talis erat Dido, talem se læta ferebat
Per medios, instans operi regnisque futuris.
Tum foribus Divæ, media testudine templi,
Septa armis, solioque alte subnixa resedit.
Jura dabat legesque viris, operumque laborem
Partibus æquabat justis, aut sorte trahebat:
Cum subito Æneas concursu accedere magno
Anthea, Sergestumque videt, fortemque Cloanthum,
Teucrorumque alios: ater quos æquore turbo
Dispulerat, penitusque alias avexerat oras.
Obstupuit simul ipse, simul perculsus Achates
Lætitiaque metuque; avidi conjungere dextras
Ardebant: sed res animos incognita turbat.
Dissimulant, & nube cava speculantur amicti,
Quæ fortuna viris, classem quo litore linquant,
Quid veniant: cunctis nam lecti navibus ibant
Orantes veniam, & templum clamore petebant.
Postquam introgressi, & coram data copia fandi,
Maximus Ilioneus placido sic pectore cœpit:

O

INTERPRETATIO.

quæ inde congregantur: Diana gestat humero pharetram, & incedens extat supra cæteras Nymphas. Lætitia tacita mulcet animum Latonæ. Talis erat Dido, talem se attollebat læta inter medios, urgens opus, & regna futura. Deinde sedit ad fores Junonis, sub medio fornice templi, cincta militibus, & alte suffulta solio. Distribuebat jus & leges civibus, & dividebat in æquas partes laborem operum, aut ducebat sorte: cum repente Æneas videt accedere cum *ingenti multitudine Antheum, & Sergestum, & generosum* Cloanthum, *& alios Trojanorum, quos nigra tempestas mari disjecerat, & abstulerat ad litora omnino diversa. Obstupuit continuo ipse, & cominus Achates* quoque *commotus est gaudio & timore; cupiebant avide sociare dextras* cum illis: *sed successus incertus turbat mentes. Dissimulant* adhuc, *& obtecti cava nebula considerant, quæ sociorum sors, quo in litore reliquerint naves, cur veniant: veniebant autem electi singulis e navibus, poscentes veniam, & lamentando accedebant ad templum. Postquam ingressi sunt, & data est facultas loquendi coram* Reginâ, *spectatissimus* inter socios *Ilioneus sic incepit.*

NOTÆ.

506. *Latonæ.*) Filia Cœi Titanis, quæ Dianam, & Apollinem ex Jove peperit in insula Delo, Ecl. 3. 67.

509. *Tum foribus Divæ, &c.*) Adjungit Servius hæc verba proxime præcedentibus, hoc sensu: *Instat Regina operi, tum præsertim ædificandis Junonis templi foribus* .... Affert & aliam interpretationem, quam etsi priori postponat, ego tamen præfero: nempe medio in templo locum fuisse separatum, ubi servabatur simulacrum Numinis, & religio administrabatur, isque appellatur a Polluce *sacellum*, *delubrum*, a Vitruvio *cella*, a Cicerone *adytum*, *penetrale*; a quo vel velo, vel muro septus erat, & propriis *foribus*, quemadmodum nostra in templis videmus. Ibi porro in *foribus* Dido jus dicebat; & mos ille Romanorum deinceps fuit in templis jus dicere, ac senatum habere. *Media testudine.*) Medio in templo, cujus tectum concavum & fornicatum erat in morem testudinis, Ital. *testuggine*.

514. *Anthea, Sergestumque, &c.*) De *Antheo*, v. 185. De *Cloantho*, & *Sergesto*, passim lib. 5. nauticis in ludis. De *Teucris*, Trojanis, supra v. 38.

523. *Orantes veniam.*) Orantes ut mitius haberentur; nam *venia* non semper *culpam* supponit; sed sæpe *pacem* & favorem significat. Cicero pro Rabir. 5. *Ab Jove pacem & veniam peto.* Pro Fonteio 21. *In bellis gerendis, a Diis immortalibus pacem & veniam petunt.* De *Ilioneo*, v. 124.

O regina, novam cui condere Jupiter urbem,
Justitiaque dedit gentes frænare superbas,
Troes te miseri, ventis maria omnia vecti,
Oramus: prohibe infandos a navibus ignes,
Parce pio generi, & propius res aspice nostras.
Non nos aut ferro Libycos populare Penates
Venimus, aut raptas ad litora vertere prædas:
Non ea vis animo, nec tanta superbia victis.
Est locus, Hesperiam Graji cognomine dicunt:
Terra antiqua, potens armis atque ubere glebæ:
Oenotrii coluere viri; nunc fama, minores
Italiam dixisse, ducis de nomine, gentem.
Huc cursus fuit:
Cum subito assurgens fluctu nimbosus Orion
In vada cæca tulit, penitusque procacibus Austris
Perque undas, superante salo, perque invia saxa
Dispulit. Huc pauci vestris adnavimus oris.

Quod

INTERPRETATIO.

pio sedata mente: O Regina, cui Jupiter permisit exstruere urbem novam, & coercere æquitate populos feroces; nos miseri Trojani, acti ventis per omnia maria, precamur te; prohibe diva incendia a navibus, ignosce religiosæ genti, & benignius aspice miserias nostras. Nos non venimus, aut vastare gladio domos Africanas, aut abducere ad litora prædas raptas: non inest menti ea violentia, nec tanta ferocitas victis. Est regio, quam Græci vocant nomine Hesperiam: regio antiqua, potens bello & fertilitate terræ: Oenotrii populi ipsam incoluerunt: nunc rumor est, posteros eam regionem appellavisse Italiam de nomine ducis. Illuc direximus cursum; cum repente oriens e mari procellosus Orion impulit nos in vada latentia, & petulantibus ventis, ac mari superante, funditus disjecit perque aquas, perque rupes inaccessas. Pauci enim

NOTÆ.

534. *Est locus, Hesperiam, &c.*) Supple quem: ut supra v. 16. *Urbs antiqua fuit, Tyrii*, supple, *quam Tyrii*. Italia multis nominibus dicta fuit, pro varia temporum ratione. *Hesperia*, quod nomen ipsi cum Hispania commune fuit, vel ab *Hespero*, Atlantis Mauritaniæ regis fratre, qui primo obtinuit Hispaniam, indeque a fratre pulsus in Italiam venit; vel ab *Hespero*, Veneris stella; quæ mane sub Luciferi nomine apparet, sero sub nomine *Hesperi*, atque ita occasum significat; quo factum est, ut Græci ex iis regionibus, quas habent ad occasum, Italiam appellaverint *Hesperiam magnam*, Hispaniam vero, *minorem Hesperiam*. Alterum Italiæ nomen fuit *Oenotria*, vel ab *Oenotro* rege Sabinorum, vel ab Oenotro Lycaonis Arcadiæ regis filio, vel potius ab οἶνος vinum & [illegible], quod vini ferax regio sit. Aliud ejusdem regionis nomen est *Italia*, [illegible] ab Italo rege Siculorum, vel a bobus, qui veteri lingua Græca dicebantur ἰταλοί, & sunt ibi magna copia. Alia item nomina habuit, de quibus fuse Kirckerus in Latio lib. 1. cap. 1. & 2. Quoniam autem ut omnium antiquorum [illegible], difficile est conjecturam [illegible] *Italiam* [illegible], cum ait, minores *Italiam dixisse*.

535. *Ubere glebæ.*) De forma illa loquendi Georg. 2. 185.

539. *Orion.*) De hujus signi cœlestis fabula dicemus Æn. 3. 517. Ex hoc autem versu probat Servius, Æneam non nisi Julio mense in Africam esse appulsum. Nam de triplici tantum Orionis ortu hic agi potest, *de quotidiano*, *de heliaco*, *de acronico*, quas voces explicuimus Georgic. 1. 217. & 221. & 139. Constat autem de *quotidiano* non posse explicari, nec enim Orion quotidie tempestates excitaret: non *de acronico*, qui hyeme contingit: ergo *de ortu heliaco*, qui nunc in Julii initia cadit, olim tamen in medium Junium: at vis hujus sideris, non ad unum ortus diem, sed ad consequentes etiam dies pertinere putanda est. Firmat opinionem hos etiam versu libri 4. 52. ubi Anna Didoni suadet, ut Æneam per hyemem detineat: *Dum pelago desævit hyems, & aquosus Orion*: quod omnino tunc intelligendum de ortu ejus *acronico*, qui mensibus post heliacum circiter quinque contingit.

540. *Procacibus Austris, &c.*) Obstinate importunis. Hor. Od. l. 1. od. 26. *Tradam protervis in mare Creticum portare ventis.* Lucret. lib. 6. 110. *Fortis petulantibus Euris.* De *Austris* ventis meridionalibus, Ecl. 2. 58.

541. *Salo.*) *Sal* & *salum* usurpat Virgilius, pro mari, quod Græcis dicitur, ἅλς. Æn. 5. 866. *Sale saxa sonabant.*

Quod genus hoc hominum? quæve hunc tam barbara morem
Permittit patria? hospitio prohibemur arenæ:
Bella cient, primaque vetant consistere terra.
Si genus humanum & mortalia temnitis arma,
At sperate Deos memores fandi atque nefandi.
Rex erat Æneas nobis, quo justior alter
Nec pietate fuit, nec bello major & armis.
Quem si fata virum servant, si vescitur aura
Ætherea, neque adhuc crudelibus occubat umbris;
Non metus, officio nec te certasse priorem
Pœniteat. Sunt & Siculis regionibus urbes,
Armaque, Trojanoque a sanguine clarus Acestes.
Quassatam ventis liceat subducere classem,
Et silvis aptare trabes, & stringere remos;
Si datur Italiam, sociis & rege recepto,
Tendere, ut Italiam læti Latiumque petamus:
Sin absumpta salus, & te, pater optime Teucrum,
Pontus habet Libyæ, nec spes jam restat Iuli;
At freta Sicaniæ saltem sedesque paratas,
Unde huc advecti, regemque petamus Acesten.
Talibus Ilioneus: cuncti simul ore fremebant
Dardanidæ.
Tum breviter Dido, vultum demissa, profatur:
Solvite corde metum, Teucri; secludite curas.

Res

INTERPRETATIO.

tavimus huc ad vestra litora. Quodnam est hoc genus hominum? aut quæ regio tam crudelis tolerat hanc consuetudinem? negatur nobis arena pro hospitio: bella movent, & impediunt quominus maneamus in primo litore. Si despicitis genus humanum, & vindictam hominum: at expectate Deos memores æqui & iniqui. Regem habebamus Æneam, quo non fuit ullus justior: nec pietate, nec bello & armis insignior. Si fata virum hunc servant, si spirat aerem cælestem, nec adhuc cecidit sub sævas umbras; nullus est timor nobis, neque pœnitebit te provocasse prius eum beneficiis. Sunt etiam nobis urbes in terra Sicula, & arma, & Acestes illustris e Trojana origine. Permittatur nobis detrahere ad terram naves ventis fractas, & accommodare trabes e silvis, & abscindere remos, ut læti eamus in Italiam & Latium, si conceditur ire in Italiam sociis & rege recepto; si vero salus extincta est, teque mare Africæ tenet, o pater optime Trojanorum, nec jam superest spes Ascanii; at saltem ut eamus ad mare Siciliæ & ad paratas urbes, ex quibus huc pulsi sumus, & ad regem Acestem. His verbis Ilioneus orabat: interea Trojani omnes murmure approbabant. Tum Dido, vultu demisso, breviter loquitur: Ejicite metum ex animo, o Trojani: expellite sol-

NOTÆ.

547. *Sperate Deos, &c.*) Expectate. Æn. 4. 419. *Hunc ego si potui tantum sperare dolorem, & perferre, soror, potero.* *Fandi atque nefandi.*) Illius, quod fas, & nefas est: utrumque enim a *fando* dicitur, quia quod æquum est, digne fari possumus: quod iniquum, fari non possumus.

550. *Si vescitur aura.*) Si spirat, si halitum ducit ex aere. Et vero apud Lucret. l. 5. 72. *Vesci* est aliis: *Quove modo genus humanum variante loquela cœperit inter se vesci.*

554. *Acestes.*) Rex Siciliæ, de quo Æn. 5. 30. De *Sicilia* insula Æn. 3. 687.

556. *Stringere remos.*) Ecl. 9. 61. *Agricolæ stringunt frondes*, id est, amputant.

558. *Latiumque, &c.*) De eo, v. 6. De *Latio*, Æn. 7. 54. De *Teucris*, Trojanis supra v. 239. De *Libya*, Africa v. 162. De *Iulo*, Ascanio, v. 271. De *Sicania*, Sicilia Æn. 3. 687. De *Dardanidis*, Trojanis, supra v. 239.

Res dura, & regni novitas me talia cogunt
Moliri, & late fines custode tueri.
Quis genus Æneadum, quis Trojæ nesciat urbem?
Virtutesque, virosque, & tanti incendia belli?
Non obtusa adeo gestamus pectora Pœni:
Nec tam aversus equos Tyria Sol jungit ab urbe.
Seu vos Hesperiam magnam, Saturniaque arva,
Sive Erycis fines, regemque optatis Acesten,
Auxilio tutos dimittam, opibusque juvabo.
Vultis & his mecum pariter considere regnis?
Urbem, quam statuo, vestra est: subducite naves:
Tros Tyriusque mihi nullo discrimine agetur.
Atque utinam rex ipse Noto compulsus eodem
Afforet Æneas! Equidem per litora certos
Dimittam, & Libyæ lustrare extrema jubebo,
Si quibus ejectus silvis aut urbibus errat.
His animum arrecti dictis, & fortis Achates,
Et pater Æneas, jamdudum erumpere nubem
Ardebant. Prior Æneam compellat Achates:
Nate Dea, quæ nunc animo sententia surgit?
Omnia tuta vides, classem, sociosque receptos.

Unus

INTERPRETATIO.

solitudinem. Difficilis status rerum mearum, & novitas dominationis cogunt me facere talia, & circum munire terminos custodibus. Quis ignoret familiam Æneæ, & Trojam urbem, & virtutes, & populos, & incendia tanti belli? Nos *Pœni non habemus adeo crassa ingenia, nec Sol alligat equos* currui *tam remotus ab urbe Carthagine. Seu vos appetitis magnam Italiam & agros Saturni; sive regionem Erycis, & regem Acesten: dimittam vos securos præsidio, & reficiam opibus. Vultisne etiam manere mecum pariter* in *hoc regno? urbs, quam condo, vestra est: trahite* in terram *naves: Trojanus & Tyrius a me tractabitur* sine *ulla diversitate. Atque utinam ipse rex Æneas adesset, pulsus eodem vento! Sane mittam fidos* homines *circa litora, & mandabo* ut illi *pervestigent extremam Africam, si* forte *naufragus vagatur aliquibus* in *silvis, aut urbibus. His sermonibus excitati, & generosus Achates, & pater Æneas, jam diu optabant exire e nube. Prior Achates alloquitur Æneam: Fili Veneris, quod consilium jam venit in mentem? cernis omnia tuta, & naves & so-*

NOTÆ.

365. *Vultum demissa.*) Pudebat enim Reginam minime barbaram, naufragos, & exteros a suis tam dure habitos fuisse.

369. *Genus Æneadum.*) Non nepotes Æneæ, qui nulli tum erant; sed majores, a quibus ille genus ducebat.

371. *Pœni.*) Dicti quasi *Phœni*, v. 342.

372. *Nec tam aversus, &c.*) Sensus est: *Tyriam urbem non esse tam remotam a Solis ortu & calore; atque adeo cives eorum ingenio non esse tam obtuso. Nam obtusos &c.* Aiunt enim Philosophi populos, qui frigidioribus in plagis nascuntur, vulgo tardiores esse ingenio.

373. *Hesperiam magnam, &c.*) Italiam, v. 534. *Saturnia arva.*) Eam Italiæ partem, quæ Latium dicta est, quod in ea Saturnus latuerit; Æn. 8. 322.

374. *Erycis fines.*) Siciliæ montem in parte occidentali, nunc Ital. *Monte di S. Giuliano*, non longe a Drepano, cui nomen imposuit *Eryx*, ibidem sepultus. De eo, Æn. 5. 24. *Acesten.*) Egestæ Siciliæ rex, Æn. 5. 36.

377. *Urbem, quam statuo, vestra est, &c.*) Servius refert accusativum *urbem* ad præcedens verbum *vultis*; hoc sensu *Vultis his considere regnis? vultis urbem quam statuo? vestra est.* Vulgo tamen agnoscunt Grammatici mutationem casus, *Urbem quam statuo*, pro *urbs quam statuo*. Aliqui, quibus accedo, solam ordinis mutationem putant, pro, *quam urbem statuo*.

379. De *Noto*, sive Austro, vento meridionali, Ecl. 2. 58.

388. *Unus abest.*) *Orontes*, de quo v. 117.

Unus abest, medio in fluctu quem vidimus ipsi
Submersum: dictis respondent cætera matris.
Vix ea fatus erat, cum circumfusa repente
Scindit se nubes, & in æthera purgat apertum.
Restitit Æneas, claraque in luce refulsit,
Os, humerosque Deo similis: namque ipsa decoram
Cæsariem nato genitrix, lumenque juventæ
Purpureum, & lætos oculis afflarat honores.
Quale manus addunt ebori decus, aut ubi flavo
Argentum Pariusve lapis circumdatur auro.
Tum sic Reginam alloquitur, cunctisque repente
Improvisus ait: Coram, quem quæritis, adsum
Troius Æneas, Libycis ereptus ab undis.
O sola infandos Trojæ miserata labores!
Quæ nos, relliquias Danaum, terræque marisque
Omnibus exhaustos jam casibus, omnium egenos,
Urbe, domo socias. Grates persolvere dignas
Non opis est nostræ, Dido: nec quicquid ubique est
Gentis Dardaniæ, magnum quæ sparsa per orbem.
Dii tibi (si qua pios respectant numina, si quid

Us-

INTERPRETATIO.

cias recuperatas. Unus tantum deest, quem ipsi conspeximus mediis in undis submersum; reliqua conveniunt cum sermone matris tuæ. Vix ea locutus erat, cum subito nebula circumjecta rumpit se, & solvitur in vacuum aerem. Visus *est stans Æneas & emicuit claro splendore, similis Deo* secundum *vultum & humeros. Ipsa enim mater aspiraverat filio decorem in coma, & egregiam lucem juventutis, & hilarem pulchritudinem oculis. Qualem pulchritudinem ars adjicit ebori; aut quando argentum, vel marmor Parium cingitur rutilo auro. Tunc sic alloquitur Reginam, & statim omnibus inexpectatus inquit: Adsum præsens* ego, *quem quæritis, Trojanus Æneas, servatus a fluctibus Africæ.* O quæ *sola miserta es infandarum calamitatum Trojæ! Quæ nos excipis urbe & domo,* nos qui sumus *reliquiæ Græcorum, fractos jam omnibus infortuniis terræ & maris, indigentes omnium* rerum. *Non est nostræ facultatis tibi referre gratias debitas, o Dido, nec quodcumque usquam est nationis Trojanæ, quæ dissipata est toto mundo, tibi reddere* possit *præmia merita;* sed

NOTÆ.

595. *Purpureum.*) Ad colorem potest referri, qui rubicundus ac roseus juvenibus fere est. Sic supra v. 406. tribuitur Veneri *rosea cervix*. Sic Æn. 10. 16. *Venus aurea* dicitur, forte ex aureo colore capillorum. Quanquam his nominibus existimo non tam certum colorem significari, quam generatim pulchritudinem, ut cum dixit Horat. Od. lib. 4. 1. 10. *Purpureis ales oloribus.* Pedo Albin. *Brachia purpurea candidiora nive.* Homer. Od. 6. 231. Κόμας ὑακινθίνῳ ἄνθει ὁμοίας; *comas hyacinthino flori similes.* Cum enim inter colores pulcherrima sit purpura, inter metalla aurum, inter flores rosa, & veterum æstimatione hyacinthus; ideo hæc nomina ad exprimendam quamlibet pulchritudinem transtulerunt. Expressus est hic locus, cum sequenti comparatione, ex Homer. Odyss. lib. 6. 232. ubi Minerva formam addit Ulyssi, ut Nausicaæ placeat.

596. *Manus addunt, &c.*) *Manus*, pro arte & labore hic sumuntur; ut supra v. 459. *Artificumque manus inter se.*

597. *Parius lapis.*) Marmor candidum e Paro insula, in mari Ægæo.

602. *Relliquias Danaum.*) Supra v. 34.

603. *Si qua pios, &c.*) Modicius ait tria hic promitti virtutis præmia: primum a Diis, *si qua pios respectant numina*; secundum ab hominibus, *si quid usquam justitia est*; tertium ab ipsa Didonis conscientia, *& mens sibi conscia recti*; quasi dicat Æneas: *Non meum est nec Trojanorum, tuam virtutem remunerari, sed Deorum, sed omnium hominum, sed tui ipsius*, nam virtus sibi est ipsa præmium.

Usquam justitiæ est, & mens sibi conscia recti,)
Præmia digna ferant. Quæ te tam læta tulerunt
Sæcula? qui tanti talem genuere parentes?
In freta dum fluvii current, dum montibus umbræ
Lustrabunt convexa, polus dum sidera pascet:
Semper honos, nomenque tuum, laudesque manebunt:
Quæ me cumque vocant terræ. Sic fatus, amicum
Ilionea petit dextra, lævaque Serestum:
Post alios, fortemque Gyan, fortemque Cloanthum.
Obstupuit primo aspectu Sidonia Dido,
Casu deinde viri tanto; & sic ore locuta est:
Quis te, nate Dea, per tanta pericula casus
Insequitur? quæ vis immanibus applicat oris?
Tune ille Æneas, quem Dardanio Anchisæ
Alma Venus Phrygii genuit Simoentis ad undam?
Atque equidem Teucrum memini Sidona venire,
Finibus expulsum patriis, nova regna petentem
Auxilio Beli. Genitor tum Belus opimam

Va-

INTERPRETATIO.

soll *Dii, si aliqui Dii respiciunt pios, si est ullo in loco aliquid justitiæ;* sed *& tua mens conscia sibi æquitatis. Quæ tam fortunata tempora te protulerunt! qui tanti parentes talem produxere? Quamdiu amnes current in mare, quamdiu umbræ* arborum *circuibunt cacumina montium, quamdiu cælum alet astra: semper gloria, & nomen tuum, & laudes durabunt: quæcumque regio trahat me* ad se. *Sic locutus, apprehendit* manu *dextra carum Ilioneum, & sinistra Serestum, postea alios, & generosum* Gyan, *& generosum* Cloanthum. *Obstupuit primo Tyria Dido ob aspectum, deinde ob tantam calamitatem Æneæ; & sic ore dixit: Quæ te fortuna, o fili Deæ, persequitur per tot discrimina? quæ potentia te projecit ad crudelia litora? Tune es ille Æneas, quem alma Venus peperit Anchisæ Trojano prope aquas Phrygii Simoentis? Ego quidem recordor Teucrum venisse Sidona, ejectum e terminis patriis, & quærentem nova regna ope Beli.* Tunc meus *pa-*

NOTÆ.

612. *Lustrabunt convexa, &c.*) *Convexa* montium accipio pro *cacuminibus*, quæ rotunda & convexa sunt, *lustrabunt* pro *circuibunt*; quemadmodum Hercules Æn. 8. 231. *Ter totum fervidus ira Lustrat Aventini montem*, id est *circuit*. *Lustrare* autem proprie significat *expiare a luo*; per translationem, *circuire*, quia expiationes agrorum & urbium per *circuitiones* habebant; unde de sacrificio ambarvali ait Virgil. Ecl. 5. 75. *Et cum lustrabimus agros.* Umbræ porro ad motum Solis moventur, & in orbem circumflectuntur.

Polus dum sidera pascet.) E veterum opinione, qui Solem & sidera, quia ignea atque adeo voracis naturæ, *pasci* crediderunt aquarum humore in cælum educto; sed frustra quidam legunt *palos*: nam Lucretius in multis Virgilii Magister, dixit l. 1. 232. *Unde æther sidera pascit.*

615. *Ilionea, &c.*) Penultimam, natura brevem, metri causa produxit, Ionum more, qui Ἰλιονῆα dicunt pro Ἰλιονέα. *Serestum.*) Testatur Pierius in Longobardico cod. *Sergestum* legi; & v. 514. dixit, *Anthea Sergestumque videt.* Nulla de *Seresto* mentio. Tamen l. 12. 561. distinguuntur hæc duo nomina: *Mnesthea, Sergestumque vocat, fortemque Serestum.*

621. *Dardanio Anchisæ.*) Notanda gravitas versus, quæ oritur ex hiatu vocalium, & spondæo quinti pedis. *Dardanio*, Trojano, v. 239. *Anchisæ*, Capyos filio, Assaraci nepoti, e stirpe Trojanorum regum. Hic a Venere adamatus, oculis deinde privatus fuisse dicitur, quod amores jactasset suos. De *Venere*, v. 260. De *Simoente*, fluvio, v. 104. De *Phrygiis*, v. 385.

623. *Teucrum memini Sidona.*) Teucer, Telamonis Salaminis insulæ regis filius, cum e bello Trojano rediisset in patriam, inulta fratris Ajacis morte, qui dolis Ulyssis circumventus, ob dolorem de amissis judicio armis Achillis, mortem sibi intulerat; a patre actus in exilium, & Cyprum appulsus urbem ibi, de patriæ suæ nomine, Salaminam constituit. Addit Virgilius Cyprum tunc temporis a Belo, Tyri rege Didonis patre, fuisse expugnatam; atque adeo Teucrum venisse ad Belum, ut ejus ope sedem in illa insula obtineret. *Sidona.*) De qua urbe v. 450.) De Belo in argumento lib. 4.

Vastabat Cyprum, & victor ditione tenebat.
Tempore jam ex illo casus mihi cognitus urbis
Trojanæ, nomenque tuum, Regesque Pelasgi.
Ipse hostis Teucros insigni laude ferebat,
Seque ortum antiqua Teucrorum a stirpe volebat.
Quare agite, o, tectis, juvenes, succedite nostris.
Me quoque per multos similis fortuna labores
Jactatam, hac demum voluit consistere terra.
Non ignara mali, miseris succurrere disco.
Sic memorat: simul Æneam in regia ducit
Tecta, simul Divum templis indicit honorem.
Nec minus interea sociis ad litora mittit
Viginti tauros, magnorum horrentia centum
Terga suum, pingues centum cum matribus agnos:
Munera, lætitiamque Dei.
At domus interior regali splendida luxu
Instruitur, mediisque parant convivia tectis.
Arte laboratæ vestes, ostroque superbo:
Ingens argentum mensis, cælataque in auro
Fortia facta patrum, series longissima rerum,
Per tot ducta viros antiquæ ab origine gentis.
Æneas (neque enim patrius consistere mentem

Pas-

INTERPRETATIO.

ter Belus populabatur pinguem Cyprum, & victor cum imperio possidebat. Jam inde ab illo tempore nota est mihi ruina urbis Trojanæ, & nomen tuum, & reges Græci. Ipse Teucer hostis extollebat magnis laudibus Teucros, Trojanos, & ajebat se oriundum e vetere Teucrorum illorum familia. Agite ergo, o juvenes, intrate in nostras domos. Similis fortuna voluit, ut ego quoque agitata per multos casus, denique manerem hac in regione. Non inscia miseriarum didici auxiliari miseris. Sic loquitur: statimque ducit Æneam in regiam domum, & eodem tempore mandat sacra fieri in templis Deorum. Interim nec minore cura mittit ad litora sociis Æneæ viginti tauros, centum corpora hirsuta porcorum: centum agnos pingues, cum centum ovibus: præterea dona & gaudia Bacchi. At domus interior licet splendida, ornatur regali pompa, & sub medio tecto parantur epulæ. Adsunt vestimenta perfecta magno artificio, & purpura illustri tincta: magna vasa argentea in mensis, & egregia facinora majorum sculpta in auro, ordo rerum longissimus deductus per tot viros, ab ipso ortu veteris familiæ. Æneas (nam affe-

NOTÆ.

626. *Cyprum.*) Ingentem insulam mediterranei maris, in sinu Issico, inter Ciliciam & Syriam, Veneris olim cultu celebrem.

628. *Pelasgi.*) Proprie Thessali; qui sic dicti sunt, vel a *Pelasgo*, Lycaonis Arcadiæ regis filio, a quo ducebant originem; vel quasi *Pelargi*, a *πελαργοῖς*, *ciconiis*, quia ciconiarum more per multas regiones erraverunt. Pro Græcis omnibus, & hic, & passim ponuntur.

630. *Teucrorum a stirpe.*) Trojanorum, qui ab antiquo Teucro, Dardani socero, sic dicti fuerant v. 239. Ab ea Teucri stirpe oriebatur Teucer per Hesionem matrem suam, quæ Laomedontis Trojani Regis filia fuit: Laomedon Ili filius, Ilus Trois, Tros Erichthonii, Erichthonius Dardani, Dardanus Teucri gener.

640. *Lætitiamque Dei.*) Vinum, lætitiam Dei, id est Bacchi, de quo infra v. 738. *Adsit lætitiæ Bacchus dator.* Gellius aliique legunt non *Dei*, sed vel *dii*, vel *die*, qui sunt antiqui genitivi, a nomine *dies*, ut G. 1. 208. *Libra die somnique pares ubi fecerit horas.* Et sensus erit; missa esse a Didone hæc omnia, ut diem illum hilariter Trojani ducerent. Plura tamen & vetustiora exemplaria habent *Dei*.

Fatiis amor) rapidum ad naves præmittit Achaten:
Ascanio ferat hæc, ipsumque ad mœnia ducat.
Omnis in Ascanio cari stat cura parentis.
Munera præterea, Iliacis erepta ruinis,
Ferre jubet, pallam signis auroque rigentem,
Et circumtextum croceo velamen acantho:
Ornatus Argivæ Helenæ, quos illa Mycenis,
Pergama cum peteret, inconcessosque Hymenæos,
Extulerat, matris Ledæ mirabile donum.
Præterea sceptrum, Ilione quod gesserat olim
Maxima natarum Priami, colloque monile
Baccatum, & duplicem gemmis auroque coronam.
Hæc celerans, iter ad naves tendebat Achates.
At Cytherea novas artes, nova pectore versat
Consilia: ut faciem mutatus & ora Cupido
Pro dulci Ascanio veniat, donisque furentem
Incendat Reginam, atque ossibus implicet ignem.
Quippe domum timet ambiguam, Tyriosque bilingues:

U-

INTERPRETATIO.

Quia paternus non sustinuit ejus animum tardare diutius) *mittit celerem Achatem ad naves, ut referat ista Ascanio, & adducat eum in urbem. Tota sollicitudo cari patris posita est in Ascanio. Insuper imperat, ut afferat munera servata ex Trojano excidio, pallam figuris auratis, & velamen, cui croceus acanthus intextus erat: ornamenta Argivæ Helenæ, quæ ipsa Mycenis exportaverat, cum iret Trojam ad vetitum conjugium, dona miranda Ledæ matris ejus. Præterea sceptrum, quod Ilione primogenita filiarum Priami tulerat quondam, & monile ex unionibus* ad ornatum *colli, & coronam duplici* ordine *auri & gemmarum. Properans ista afferre Achates dirigebat iter ad naves. At Venus volvit animo novos dolos, nova consilia:* nempe ut Cupido, *mutata forma & vultu, veniat pro dulci Ascanio, & inflammet muneribus amentem Reginam, ac immisceat ignem ossibus ejus. Nam metuit domum dubiam, & Tyrios fal-*

NOTÆ.

652. *Pallam.*) Pallium muliebre: utraque vox, vel à *palam*, quia vestis est exterior: vel à πάλλω vibro, quod frequenti motu vibretur.

653. *Croceo velamen acantho.*) Ornatum variis flexibus acanthi herbæ, croceo colore, vel auro expressæ. *Velamen* aliqui *cyclada* esse volunt; genus fœmineæ vestis tenuissimum, rotundum, ac fimbriatum; alii, quia croci fit mentio, putant esse *epicrocum*, amiculum tenue ac pellucidum: itque melius, quia *epicrocum* velaminis instar fuit, *cyclas* talaris vestis. Prop. lib. 4. 7. 40. *Aurata cyclade signat humum*. *Acanthus*, branca ursina, herba coronaria, Ecl. 3. 45. *Crocus*, flos, Ital. zafferano.

654. *Argivæ Helenæ.*) Patrem habuit Jovem, sub cycni specie; matrem Ledam, Tyndarei Lacedæmonis uxorem. Leda ova duo peperit: ex altero Pollux & Helena [illegible], ex altero Castor & Clytemnestra [illegible] exclusi sunt. Dissentiunt Horatius [illegible] communem opinionem, Pollucem & Castorem ex eodem ovo prodiisse, Sat. lib. 2. 1. 26. *Castor gaudet equis, ovo prognatus eodem, pugnis.* Nupsit Helena Menelao, sub eoque est à Paride, & Trojam [illegible] bello Trojano, supra v. 31. Cætera de eadem, Æn. 2. 567. Æ. 7. 311. *Argivæ.*) Græcæ; non enim *Argis* nata fuit, nec *Mycenis* regnavit; sed vir ejus Menelaus frater fuit Agamemnonis, qui in hac utraque regnavit urbe, supra v. 258. Menelaus autem adscitus in generum à Tyndareo, Spartæ vel Lacedæmonis rege, mortuis Castore ac Polluce, Spartæ regnavit. Promiscue tamen sumuntur harum urbium nomina, propter vicinitatem, omnes enim sunt in Peloponneso.

655. *Pergama. Hymenæos.*) Illa pro *Troja* sumuntur v. 470. Illi pro nuptiis, G. 3. 60.

657. *Ilione.*) Polymnestoris Thraciæ regis uxor.

659. *Duplicem.*) Quæ duplex erat in eà ordo, sive fascia, altera aurea, altera gemmea.

661. *Cytherea.*) Veneri, v. 260. *Cupido*, Amoris Deus, duplex à quibusdam fingitur; honestus, Jove ac Venere prognatus; turpis, Nocte atque Erebo. Alii non Jovem, sed Mercurium honesti patrem assignant.

665. *Bilingues.*) Vel alludit ad duplicem linguam, quâ utebantur, Phœniciam & Libycam, vel perfidiam notat genti familiarem; proverbio enim fuit, *Punica fides*.

Urit atrox Juno, & sub noctem cura recursat.
Ergo his aligerum dictis affatur Amorem:
Nate, meæ vires, mea magna potentia; solus,
Nate, Patris summi qui tela Typhoea temnis:
Ad te confugio, & supplex tua numina posco.
Frater ut Æneas pelago tuus omnia circum
Litora jactetur, odiis Junonis iniquæ,
Nota tibi: & nostro doluisti sæpe dolore.
Hunc Phœnissa tenet Dido, blandisque moratur
Vocibus: & vereor, quo se Junonia vertant
Hospitia: haud tanto cessabit cardine rerum.
Quocirca capere ante dolis & cingere flamma
Reginam meditor: ne quo se numine mutet;
Sed magno Æneæ mecum teneatur amore.
Qua facere id possis, nostram nunc accipe mentem,
Regius, accitu cari genitoris, ad urbem
Sidoniam puer ire parat, mea maxima cura,
Dona ferens pelago & flammis restantia Trojæ.
Hunc ego sopitum somno, super alta Cythera,
Aut super Idalium, sacrata sede recondam;
Ne qua scire dolos, mediusve occurrere possit.
Tu faciem illius, noctem non amplius unam,
Falle dolo, & notos pueri puer indue vultus.
Ut, cum te gremio accipiet lætissima Dido,

Re-

INTERPRETATIO.

laces; angit eam aspera Juno, & hæ sollicitudines per noctem redeunt. Igitur alloquitur alatum Amorem his verbis: Fili, qui es *meum robur, & magna mea vis: Fili, qui solus despicis fulmina supremi Jovis,* quibus vicit *Typhœum; confugio ad te, & supplex imploro tuam potestatem. Notum tibi est, quomodo frater tuus Æneas agitetur mari circa omnia litora, odiis Junonis* nobis *infensæ: & sæpe condoluisti mihi dolenti. Hunc Tyria Dido detinet, & retardat dulcibus sermonibus: & dubito quem habitura sint exitum hæc hospitia,* quibus præest *Juno: non quiescet in hoc flexu tam commodo* rerum. *Quapropter meditor prius occupare Reginam fraude, & ambire igne: ne mutet se ad ullius Dei nu*tum; *sed ut mecum prosequatur Æneam amore. Quomodo possis id exequi, audi jam consilium meum. Regius juvenis, quem maxime curo, parat se, vocatu dilecti patris,* ad *eundem in urbem Carthaginem, portans munera,* quæ *supersunt e naufragio, & incendio Trojæ. Ego super alta Cythera illum sopitum somno occultabo, vel super Idalium* nemus, *sacro* in *loco: ne possit aliquo modo cognoscere fraudes meas, & medius intervenire. Tu simula per fraudem formam illius, & puer assume notam faciem pueri, non plus quam una nocte: ut*

NOTÆ.

665. *Typhoea.*) Fulmina, quibus Gigantes vicit, imprimisque Typhœum; de quo G. 1. 279. Sunt qui scribant *Typhoia*; nec admodum refert; debuit enim dici *Typhoeia*, a Græco τυφώειος: periode autem potuit ex diphthongo ει vel abjici ε, ut fieret *Typhoea*, vel abjici ι, ut fieret *Typhoia*.

674. *Phœnissa.*) E Phœnicia oriunda, & Junonis cultui addicta, supra v. 450. De *cardine*, qui sit pro flexu rerum sumitur, ex eo quod janua flectitur & vertitur in cardine, v. 453.

681. *Sidoniam.*) Carthaginem, coloniam Sidoniorum, ac Tyriorum v. 16.

684. *Super alta Cythera, &c.*) Ut Æn. 6. 794. *Super & Garamantas & Indos proferet imperium;* vel est ultra, vel in. *Cythera, orum.*) Insula mediterranei maris contra Cretam v. 261.

685. *Idalium.*) Vel *Idalia*, oppidum & nemus est insulæ Cypri.

Regales inter mensas laticemque Lyæum,
Cum dabit amplexus, atque oscula dulcia figet,
Occultum inspires ignem, fallasque veneno.
Paret Amor dictis caræ genitricis, & alas
Exuit, & gressu gaudens incedit Iuli.
At Venus Ascanio placidam per membra quietem
Irrigat: & fotum gremio Dea tollit in altos
Idaliæ lucos, ubi mollis amaracus illum
Floribus & dulci aspirans complectitur umbra.
Jamque ibat dicto parens, & dona Cupido
Regia portabat Tyriis, duce lætus Achate.
Cum venit, aulæis jam se Regina superbis
Aurea composuit sponda, mediamque locavit.
Jam pater Æneas & jam Trojana juventus
Conveniunt, stratoque super discumbitur ostro.
Dant famuli manibus lymphas, Cereremque canistris
Expediunt, tonsisque ferunt mantilia villis.

Quin-

INTERPRETATIO.

cum Dido læta excipiet te sinu, inter epulas regias & liquorem Bacchicum, cum amplectetur te, & præbebit tibi *suavia oscula, insinues ei secretam flammam, & decipias* eam *veneno* amoris. *Amor obtemperat mandatis dilectæ matris, & deponit alas, & gaudo imitatur incessum Ascanii. Venus autem infundit Ascanio dulcem somnum in membra: & Dea aufert* eum, *compositum* in suo *sinu, in altas silvas Idaliæ, ubi amaracus suaviter halans cingit illum floribus, & grata umbra. Et jam ibat Cupido obediens jussis Æneæ, & portabat Carthaginensibus realia munera, gaudens duce Achate. Quando venit, tum Regina discumbit in aurea sponda, & magnificis tapetibus, & media sedet. Tum pater Æneas, & tum juvenes Trojani simul accedunt, & discumbunt in lectis purpureis. Ministri infundunt aquam manibus, & proferunt panem canistris, & gestant mantilia e rasis velleribus.* Inter suat

NOTÆ.

690. *Lyæum.*) Bacchum: Bacchus enim *Lyæus* dictus est, a λύω *solvo*, quod curis animum solvat ac liberet. De *Iulo*, sive *Ascanio*, v. 271. De *Venere*, v. 260.

697. *Amaracus.*) Herba coronaria, suaviolentis odoris, flosculos emittens [illegible], candidos, *majorana*.

701. *Aulæis.*) Velis pretiosisque tapetibus: vel suspensis super lectum, vel in lecto substratis.

702. *Aurea sponda, &c.*) *Sponda* pars lecti exterior est; sæpe pro toto lecto sumitur, a [illegible]; unde & sponsæ nomen est. *Aurea.*) Dissyllaba voce; quomodo Æn. 7. 190. *Aurea percussum virga*.

Mediamque locavit.) Usus ad mensam duplex fuit, vel sedendi in sella, vel in lecto discumbendi: [illegible] antiquior & severior: Barbari [illegible] populi mollioris, discumbendi morem [illegible]. Unde Romani primis temporibus sedere: [illegible] debellatam, auctis opibus ac deliciis, [illegible]; mulieres tamen adhuc sedendi morem [illegible] retinebant. Augusti temporibus [illegible] domibus, & in sacris tantum Capitolii [illegible]; ut apud Valerium Max. lib. 2. [illegible] autem ex Livio l. 28.

18. Afros discumbere solitos, jam inde a Scipionis, & Syphacis temporibus. Unde Virgilius hic ad barbarum alludit morem. *Mediam.*) Vel in lecto, qui erat medius, ut vult Cerdanus, nec enim decebat in eodem lecto gravem feminam discumbere cum Ænea: & vero circa mensam tres vulgo lecti sternebantur; unde conclave dicebant *triclinium* a τρεῖς *tres* & κλίνη *lectus*. Vel etiam in eodem lecto, quod dici poterat apud Barbaros gravitati non obfuisse. Et vero videtur Ascanius, sive Cupido, inferiorem seu sinistrum in eodem lecto locum occupasse, unde facile Didonis gremio incumberet, v. 722. eo quippe amici & amicæ discumbebant loco, ut commode jacerent illius in sinu, qui medium locum obtinebat; & dextra manus ejus ad cibos carpendos libera esset. Æneas autem certe dextrum sive superiorem obtinuit locum, [illegible] lib. 2. 2. *toro sic orsus ab alto*. Quis autem locus dignior haberetur, an dexter & superior, an medius, dubia est controversia, suis utraque rationibus ac testimoniis nixa. De *ostro* conchylio, unde exprimitur purpura, G. 2. 506. De *Cerere*, pro pane, Ecl. 5. 79.

706. *Mantilia.*) Villosa lintea, tergendis manibus comparata, unde habent nomen; differunt a *mappis*, juxta Vossium in Etym. quod mantilibus

el-

Quinquaginta intus famulæ, quibus ordine longo
Cura penum struere, & flammis adolere Penates.
Centum aliæ, totidemque pares ætate ministri,
Qui dapibus mensas onerent, & pocula ponant.
Necnon & Tyrii per limina læta frequentes
Convenere, toris jussi discumbere pictis.
Mirantur dona Æneæ, mirantur Iulum,
Flagrantesque Dei vultus, simulataque verba,
Pallamque & pictum croceo velamen acantho.
Præcipue infelix, pesti devota futuræ,
Expleri mentem nequit, ardescitque tuendo
Phœnissa, & puero pariter donisque movetur.
Ille, ubi complexu Æneæ colloque pependit,
Et magnum falsi implevit genitoris amorem,
Reginam petit. Hæc oculis, hæc pectore toto
Hæret, & interdum gremio fovet: inscia Dido,
Insideat quantus miseræ Deus. At memor ille
Matris Acidaliæ, paullatim abolere Sichæum
Incipit, & vivo tentat prævertere amore
Jampridem resides animos desuetaque corda.
Postquam prima quies epulis, mensæque remotæ,

Cra-

INTERPRETATIO.

quinquaginta ministræ, quibus cura est componere longa serie penum, & suffire igne domesticos *Deos. Sunt aliæ centum, & totidem famuli æqualis ætatis, qui imponant mensis cibos, & præbeant pocula. Pariter etiam Pœni magno numero congregantur per lætam domum, jussi recubare in lectis pictis. Mirantur munera Æneæ, mirantur Ascanium, & vultum ardentem Cupidinis, & ficta ejus verba, & pallam, & velamen intextum croceo acantho. Præsertim misera Dido, destinata amori futuro, non potest satiare animum, & inflammatur spectando, & æqualiter capitur* pulchritudine *munerum & pueri. Ille postquam hæsit collo &* in *complexu Æneæ, & satiavit magnum amorem ficti patris, it ad* Reginam. *Hæc oculos, hæc totum animum defigit* in puerum, *& aliquando premit* eum *sinu: ignorans* Dido, *quantus Deus* sibi *miseræ insideat. Sed ille recordatus* mandatorum *matris suæ Veneris incipit delere paullatim* memoriam *Sichæi, & conatur præoccupare vehementi amore mentem jamdudum otiosam, & corda desueta* amandi. *Postquam cessatum est a primis epu-*

NOTÆ.

etiam detergerentur manus, *mappis* manus tantum tergerentur, afferebanturque mappæ aliquando cum in usum a singulis convivis: unde Martial. Epig. lib. 12. 29. 11. *Attulerat mappam nemo, dum furta timentur: mantile e mensa surripit Hermogenes.*

708. *Penum, &c.*) *Penus, hujus peni*, vel *hujus penus*, masculini vel feminini generis: vel *penus, penoris*, neutrius: sunt res ad victum necessariæ, quæ in intima domus parte servantur. Hinc est *penitus*, & *penetro*, & *Penates*, Dii, qui in intima domus parte colebantur. Cum autem ait Nascimbænus, *flammis adolere Penates*, esse *coquinam facere*, plane errat: patet enim ex Athenæo compluribus locis, coquinam rem sacram apud veteres fuisse; ubique in iis adhiberi frequentibus, quæ libare, fumare, Deorum simulacra, libationes. Igitur *flammis adolere Penates*, est suffitu Penates colere, ut in cænaculo Nympharum, G. 4. 379. *Panchæis adolescunt ignibus aræ.* De *Penatibus*, Æn. 2. 717.

720. *Acidaliæ.*) Veneris, quæ sic dicitur ab *Acidalio* fonte, in Orchomeno Bœotiæ civitate, qui Gratiis dicatus est: Gratiæ autem Veneris & Liberi filiæ a quibusdam dicuntur. De *Sichæo*, v. 347.

725. *Prævertere.*) Præoccupare, ne Juno Didoni odium inspiret in Trojanos.

727. *Mensæque remotæ.*) Mensæ, non tantum sunt triclinia, sed mensa ipsa, quæ fercula continentur; sed etiam ea, seu cibi & fercula, quæ imponebantur mensis: quod diserte scribit Pollux, & innuunt auctores Latini, apud quos frequens est divisio convivii in *primas* ac *secundas mensas*;

et

Crateras magnos statuunt, & vina coronant.
Fit strepitus tectis, vocemque per ampla volutant
Atria: dependent lychni laquearibus aureis
Incensi, & noctem flammis funalia vincunt.
Hic Regina gravem gemmis auroque poposcit,
Implevitque mero pateram; quam Belus, & omnes
A Belo soliti. Tum facta silentia tectis:
Jupiter (hospitibus nam te dare jura loquuntur)
Hunc lætum Tyriisque diem Trojaque profectis
Esse velis, nostrosque hujus meminisse minores.
Adsit lætitiæ Bacchus dator, & bona Juno:
Et vos o cœtum Tyrii celebrate faventes.
Dixit, & in mensa laticum libavit honorem,
Primaque libato summo tenus attigit ore.
Tum Bitiæ dedit increpitans: ille impiger hausit
Spumantem pateram, & pleno se proluit auro:
Post alii proceres. Cithara crinitus Iopas
Personat aurata, docuit quæ maximus Atlas.

Hic

INTERPRETATIO.

fit, & sublati sunt cibi, ponunt magna pocula, & coronant vinum. Fit sonus per domum, & vox volvitur per spatiosa atria: lucernæ accensæ pendent e laquearibus auratis, & faces luce pellunt tenebras. Tunc Regina petiit pateram auro & gemmis gravem, & replevit eam vino, quam Belus, & omnes Beli posteri solebant *replere. Tunc silentium factum est* tota *domo: Jupiter,* inquit Dido, (*nam ajunt te auctorem esse legum hospitalium*) *fac ut hic dies sit felix Carthaginiensibus, & advenis Trojanis; &* ut *posteri nostri hujus recordentur. Adsit Bacchus auctor lætitiæ, & propitia Juno.* Et vos, o Carthaginienses, *adeste faventes huic convivio.* Sic *ait, & stillavit in mensam* vinum, *honorem liquorum; &* eo *stillato, prima degustavit* reliquum *summis tantummodo labris: deinde dedit Bitiæ hortans* eum: *ille alacer ebibit pateram spumantem, & conspersit se* vino *aureæ pateræ plenæ: postea alii proceres. Iopas comatus ludit cithara aurata,* ea *quæ maximus*

NOTÆ

et mensæ bis mutabantur; itaque prima & secunda fercula intellige, quorum prima graviorum essent ciborum; secunda pomorum, compotationum, libationum: utraque distinguebantur saltationibus, cantu, ludis, dum convivæ ab edendo quiescerent: & hæc est *prima quies*, cui respondet, *secunda quietis* loco, finis epularum post secundas mensas. De *crateribus*, poculis vinariis, Ecl. 5. 68. De *coronatione vini*, G. 2. 528.

730. *Lychni laquearibus.*) λύχνοι, *lucernæ*: Græcam vocem Latinæ præposuit, quia minus humilem. *Laquear.*) Sive *lacunar*, est intervallum trabium ac tignorum, in concameratione tecti, diciturque a *lacu* quia cavum est, *lacus* autem significat proprie cavum quodlibet aquarum receptaculum, sed transfertur ad alia multa ob figuræ similitudinem.

731. *Funalia.*) Funes cera obliti.

733. *Belus & omnes a Belo, &c.*) Belus iste non Didonis pater est, de quo prius v. 625. de hoc enim dici non posset *omnes a Belo*, id est, *omnes Beli posteri*, siquidem inter hunc & Didonem nullus occurrit medius. Igitur de Belo antiquiore intellige, qui numeratur inter Didonis majores: vide argumentum lib. 4.

735. *Jupiter, hospitibus.*) Magna fuit in veneratione *Jupiter hospitalis*, Græcis Ξένιος.

740. *Libavit.*) Stillavit; a λείβω *stillo*. Ritus hic fuit sacrificiorum: sacerdos vinum e vasculo degustabat, dabatque deinde degustandum ceteris; tum aliud, vel in victimæ cornua; vel si sacra solo thure absque victima fierent, in ignem aræ impositum, vel, si absque igne, ut in conviviis, in mensam invergebat. Unde *libo* primo significat *stillo*; deinde quia in libatione vinum degustabatur, significat etiam *Oscula degusto ac leviter tango*, ut supra v. 260. *oscula libavit natæ*: Georg. 4. 54. *Flumina libant summa leves*. Denique generatim sumitur pro *sacrificio*, quia nullum sacrificium erat sine libatione.

745. *Atlas.*) Bene Pœnus ea narrat, quæ docuit Atlas *Afer*, rex Mauritaniæ, qui cum esset astrologiæ peritissimus, cælum humeris sustinuisse dicitur; & in montem cognominem mutatus, objectu Gorgonei capitis, a Perseo Jovis filio, quem excipere hospitio noluerat.

Hic canit errantem Lunam, Solisque labores:
Unde hominum genus, & pecudes: unde imber, & ignes:
Arcturum, pluviasque Hyadas, geminosque Triones:
Quid tantum Oceano properent se tingere soles
Hyberni, vel quæ tardis mora noctibus obstet.
Ingeminant plausum Tyrii, Troesque sequuntur.
Nec non & vario noctem sermone trahebat
Infelix Dido, longumque bibebat amorem;
Multa super Priamo rogitans, super Hectore multa:
Nunc, quibus Auroræ venisset filius armis:
Nunc, quales Diomedis equi: nunc, quantus Achilles.
Immo age, & a prima, dic, hospes, origine nobis
Insidias, inquit, Danaum, casusque tuorum,
Erroresque tuos: nam te jam septima portat
Omnibus errantem terris & fluctibus æstas.

INTERPRETATIO.

Atlas docuit. Canit ille errores Lunæ, & defectus Solis: unde oriatur genus hominum, & pecudes; unde pluvia & fulmina: canit *Arcturum, & Hyadas imbriferas, & duos Triones; cur Sol hyemalis ita properet se lavare aquis Oceani, vel quæ mora retardet lentas noctes æstatis. Carthaginienses dant plausum, & Trojani eos imitantur. Misera etiam Dido trahebat noctem variis cum Ænea colloquiis, & sensim hauriebat amorem; quærens multa de Priamo, multa de Hectore: modo, quibus armis instructus filius Auroræ venisset* Trojam: *modo, quales* essent *equi Diomedis: modo, quantus esset Achilles. Age potius, o hospes, inquit, & narra nobis dolos Græcorum a prima origine, ruinamque* civium *tuorum, & tuos errores: nam æstas jam septima te circumfert errantem omnibus terris & maribus.*

NOTÆ.

748. *Arcturum, &c.*) Stellam procellosam, in signo Bootæ, prope caudam ursæ majoris; unde nomen habet ab *ἄρκτος ursa*, & *οὐρά cauda*, G. 1. 68. *Hyadas*) stellas septem in fronte tauri, quibus nomen est ab *ὕω pluo*, G. 1. 138. *Geminos Triones.*) Ursas duas, signa Borealia, quæ a rusticis *plaustrum majus*, ac *plaustrum minus*, olim dicta sunt: quia in majore septem stellæ ita dispositæ sunt, ut boves aratro subligatos referant: boves autem *triones* antiquis dicti sunt: quod arando, vel terram terant, juxta Varronem, quasi *teriones*; vel strias in terra excavent, juxta Scaligerum, quasi *striones*. In minore vero stellæ item aliquot, licet multo minores, eumdem fere situm imitantur.

749. *Se tingere soles.*) Ex vulgi mente, qui sidera in Oceanum decumbere & lavari dicebantur. Sensus est; cur dies hyberni tam sint breves; & quæ mora sic obstet noctibus æstivis, ut sero ac lente veniant: versus ii hac translati sunt e G. 2. 481. 482. *Soles*, dies, vel Sol ipse.

754. *Priamo, &c.*) Trojano Rege, de quo passim lib. 2. De *Hectore* ejus filio, & *Achille*, supra v. 103. De *Auroræ filio Memnone*, v. 493. De *Diomede*, Tydei filio, v. 101. De *equis*, quos Rheso Diomedes abduxit, v. 476.

760. *Septima æstas.*) Hinc probat Segrenius æstate Æneam ad Africæ litus appulsum esse. Nec refert quod lib. 5. v. 626. sub ipsum sequentis veris initium, dicat etiam Beroe: *Septima post Trojæ excidium jam vertitur æstas.* Illic enim addit *vertitur*, id est, transacta est, & in aliam æstatem vertitur & deflectit, nempe in octavam.

P. VIRGILII MARONIS
ÆNEIDOS
LIBER II.

ARGUMENTUM.

Narrat Didoni Æneas Trojani excidii seriem; ea est ejusmodi. Græci decennali bello pene fracti, dolo capere urbem constituunt: fugam simulant; circa Tenedum insulam latent; equum relinquunt in castris, structum intus militibus. Quo per fraudem Sinonis, cui fidem mors Laocoontis faciebat, in urbem inducto, noctu reserato ejus utero Græci erumpunt: admissoque exercitu, Trojam ferro & igne populantur. Admonetur in somnis Æneas ab Hectore, ut fuga sibi consulat. Æneas mortem fugæ præferens, coacta manu, Græcos aliquot cædit; sumptisque eorum armis, suorum telis fere obruitur. At vastata regia, Priamo Pyrrhi manu interfecto, Æneas domum revertitur, Anchisæ patri sacra Penatesque committit, suis eum imponit humeris, & cum Ascanio filio, Creusaque uxore, fugam arripit. Mox amissa inter eundum Creusa, iter ad eam quærendam relegit: occurrit mortuæ uxoris umbra, monetque se a Cybele in Phrygia detineri. Redit ille in montem Idam, & cum sociis mari fugam parat.

CONticuere omnes, intentique ora tenebant,
Inde toro pater Æneas sic orsus ab alto:
Infandum, regina, jubes renovare dolorem:
Trojanas ut opes & lamentabile regnum
Eruerint Danai, quæque ipse miserrima vidi,
Et quorum pars magna fui. Quis talia fando
Myrmidonum, Dolopumve, aut duri miles Ulyssei

Tem-

INTERPRETATIO.

Omnes siluerant, & attenti comprimebant vocem. Tum pater Æneas sic incepit e superiori parte lecti: Jubes me, o Regina, renovare dolorem infandum, narrando quomodo Græci everterint potentiam Trojanam, & regnum deplorandum: & quæcumque vidi ipse digna miseratione, & quibus magna ex parte interfui. Quis Myrmidonum aut Dolopum, aut quis miles duri Ulyssis

NOTÆ.

2. *Ab alto.*) Quia Æneas sedebat in altiore, id est, dextera parte lecti, Ascanius in inferiore, i. e. sinistra, Dido in media. Æn. 1. 702.

4. *Danai.*) Græci, Æn. 1. 34.

7. *Myrmidonum, &c.*) Milites Achillis fuerunt, ex Ægina insula sinus Saronici, inter Peloponnesum & Atticam; sic dicti a μύρμηξ *formica*: quod, ut ait Strabo, propter soli sterilitatem, formicarum in morem terram fodientes, eruta in saxa congererent, itemque laterum coctorum penuria in fossis habitarent. Fabulæ tamen ex eo derivant nomen, quod Æacus Achillis avus, Æginæ rex, cum regnum videret peste vastatum, precibus a Jove impetravit, ut formicas, quas ingenti numero repentes videbat, novos in incolas converteret. Aliqui sic fabulam explicant, ut putent Æginam insulam frequentiorem ab ipso redditam, deductis ex Thessalia coloniis; testatur enim Velleius initio historiæ, Thessaliam prius vocatam esse Myrmidonum civitatem, ac non nisi post Trojana tempora Thessaliam. Igitur Achillis Myrmidones, vel erant Æginetæ, vel potius Thessali.

Dolopum.) Eos quidem Thessaliæ, Plinius Ætoliæ, Ptolemæus Epiro annumerat. Addit Strabo, præpositum iis fuisse a Peleo Achillis patre Phœnicem, qui cum Chirone centauro Achillis educationi præfuerat, eumque ad Trojam secutus est. Igitur Dolopes vel Phœnicis milites erant, vel Achillis, vel, ut alii volunt, Pyrrhi Achillis filii.

Ulyssei.) Ithacæ & Cephaleniæ insularum in Ionio mari, regis; cujus dolis Trojana expeditio præcipue promota est: de illo passim hæc & alibi ii-

Temperet a lacrymis? & jam nox humida cœlo
Præcipitat, suadentque cadentia sidera somnos.
Sed si tantus amor casus cognoscere nostros,
Et breviter Trojæ supremum audire laborem:
Quamquam animus meminisse horret, luctuque refugit;
Incipiam. Fracti bello, fatisque repulsi
Ductores Danaum, tot jam labentibus annis,
Instar montis equum, divina Palladis arte
Ædificant, sectaque intexunt abiete costas.
Votum pro reditu simulant: ea fama vagatur.
Huc delecta virum sortiti corpora furtim
Includunt cæco lateri, penitusque cavernas
Ingentes, uterumque armato milite complent.
Est in conspectu Tenedos, notissima fama
Insula, dives opum, Priami dum regna manebant:
Nunc tantum sinus, & statio male fida carinis.
Huc se provecti deserto in litore condunt.
Nos abiisse rati, & vento petiisse Mycenas.
Ergo omnis longo solvit se Teucria luctu:
Panduntur portæ; juvat ire, & Dorica castra,
Desertosque videre locos, litusque relictum.

Hic

INTERPRETATIO.

hæc commemorando abstineat a fletu? Et jam nox humida e cœlo præceps abit, & astra decedentia invitant ad somnum. Sed si tanta tibi est *cupiditas cognoscendi casus nostros, & breviter audiendi ultimam Trojæ ruinam, quamvis* mea *mens abhorreat, &* præ *dolore recuset recordari,* tamen *incipiam. Duces Græcorum, afflicti bello, & fatis repulsi* ab expugnatione urbis, *tot annis jam elapsis, faciunt equum in modum montis, divino consilio Minervæ, & struunt costas ex abiete scissa. Fingunt esse votum pro reditu: spargitur is rumor. Ad* eam rem *sortiti electa corpora militum, ea clam occultant in obscuris lateribus equi, & magnas cavernas atque uterum profunde implent armatis militibus. Est in propinquo Tenedus insula, fama nobilissima, abundans opibus, dum regnum Priami stabat: nunc solum est sinus & statio parum tuta navibus. Illuc elapsi occultant se deserto in litore: nos putavimus eos discessisse, & ventis* propitiis *repetiisse Mycenas. Itaque Troja omnis liberat se diuturno angore; portæ aperiuntur: dulce est exire, & aspicere castra Græca, & vacua spatia, &*

NOTÆ.

libris. *Ulyssei*, pro *Ulyssis*, Genitivus, de quo Æn. 1. 124.

8. *Cœlo præcipitat.*) Nox abit, fugit e cœlo.

9. *Suadentque cadentia sidera somnos.*) Decedentia, die proxime imminente; quam interpretationem probavimus Æn. 4. 81.

15. *Instar montis equum, &c.*) De voce, *instar*, Æn. 6. 865. Equi fabricator fuit *Epeus*; machinam adinvenit *Ajax Oïlei*. Equus autem ille non vere equus fuit: sed, vel machina, cujusmodi est aries, qua muri subruti sunt; vel pictura in ea urbis porta, quam Græcis prodidisse Antenor dicitur; vel [illegible] Græcis datum, ut in pugna [illegible] ab hostibus discernerentur: vel equestrem [illegible] pugnam, qua [illegible] Trojanos vicerint; vel montem *Hippium*, post quem latentes Græci urbem oppresserint. [illegible] equus; & ideo quibusdam videtur dixisse Virgilius: *Instar montis equum*.

16. *Abiete, &c.*) *Abiete*: pro quovis ligno.

17. *Votum pro reditu.*) Ad obtinendum felicem reditum. & Accius in Deiphobo ait inscriptum [illegible] equo fuisse. *Minervæ donum armipotenti Danai abeuntes dicant*.

21. *Tenedos.*) Insula Hellesponti, contra Sigeum Troadis promontorium.

25. *Mycenas.*) Urbem regiam Agamemnonis in Peloponneso, de qua Æn. 1. 288.

26. *Teucria.*) Troja, a *Teucro* rege, *Dardani* socero, Æn. 1. 239.

27. *Dorica.*) *Doris*, Græciæ regio, inter Thessaliam, Ætoliam, & Phocidem, ad Parnassum & Œtam montes. Pro tota Græcia hic sumitur.

Hic Dolopum manus, hic sævus tendebat Achilles:
Classibus hic locus: hic acies certare solebant.
Pars stupet innuptæ donum exitiale Minervæ,
Et molem mirantur equi: primusque Thymœtes
Duci intra muros hortatur, & arce locari;
Sive dolo, seu jam Trojæ sic fata ferebant.
At Capys, & quorum melior sententia menti,
Aut pelago Danaum insidias, suspectaque dona
Præcipitare jubent, subjectisque urere flammis,
Aut terebrare cavas uteri & tentare latebras.
Scinditur incertum studia in contraria vulgus.
Primus ibi ante omnes, magna comitante caterva,
Laocoon ardens summa decurrit ab arce,
Et procul: O miseri, quæ tanta insania, cives?
Creditis avectos hostes? aut ulla putatis
Dona carere dolis Danaum? sic notus Ulysses?
Aut hoc inclusi ligno occultantur Achivi,
Aut hæc in nostros fabricata est machina muros,
Inspectura domos, venturaque desuper urbi;
Aut aliquis latet error: equo ne credite, Teucri.
Quicquid id est, timeo Danaos & dona ferentes.
Sic fatus, validis ingentem viribus hastam

In

INTERPRETATIO.

litus derelictum. Hic turma Dolopum, hic crudelis Achilles habebat tentoria: hic erat statio navium: hic exercitus solebant pugnare. Pars stupet munus perniciosum oblatum innuptæ Palladi, & admiratur magnitudinem equi, & primus Thymœtes suadet ut admittatur intra muros, & statuatur in arce: seu per fraudem, seu jam fata Trojæ ita volebant. At Capys, & quorum animo prudentior inerat status, aut suadent, ut abjiciant dolos Græcorum & munera suspecta, comburantque suppositis ignibus: aut ut fodiant & explorent cavas latebras alvi. Plebs ambigua distrahitur in opposita consilia. Tunc prior coram omnibus Laocoon, magna turba sequente, decurrit celer e summa arce, & procul clamat: O miseri cives! quæ tanta est stultitia? An putatis hostes esse profectos? aut existimatis ulla Græcorum munera carere fraudibus? Sic Ulysses cognitus est vobis? Aut Græci latent clausi hoc ligno, aut hæc machina structa est contra nostra mœnia, ad explorandum domos, & ex alto ingruendum urbi; aut alius aliquis dolus latet: Trojani, ne fidite huic equo. Quodcumque illud est, metuo Græcos, etiam dum munera dant. Cum hæc dixisset, immisit totis

NOTÆ.

29. *Tendebat.*) Tendebat tentoria: vox Tacito & Suetonio familiaris. Suet. in Galba 12. *Germanorum cohortem remisit in patriam, quasi Cn. Dolabellæ, cujus juxta hortos tendebat, proniorem.* De *Achille*, Æn. I. 103.

31. *Innuptæ Minervæ.*) *Pallas* item dicta est. Vulcani nuptias recusavit, & virginitatem servavit. Nomen, vel a *minuo*, quod armata minatur: vel a *memini*, quod memoriæ Dea dicitur; vel potius ab antiquo *menervo*, id est *moneo*, quod homines bene moneat, utpote Dea sapientiæ atque artium.

34. *Sive dolo.*) Habuit enim Thymœtes aliquam prodendi Priami quasi jam causam. Narrat enim scholiastes Lycophronis, *Cillam*, Hecubæ sororem, Thymœtæ uxorem, amatam a Priamo; ac deinde cum filio Munippo, quem furtim ex eo susceperat, ab eo fuisse occisam. De *Danais*, Græcis, Æn. I. 34.

41. *Laocoon.*) Juxta aliquos, Anchisæ frater fuit: juxta alios, Priami filius, sacerdos Apollinis: cætera infra v. 201. 229. De *Achivis*, Græcis, Æn. I. 172.

47. *Inspectura domos, venturaque &c.*) Cum enim altior esset muris & domibus, suspicabatur Laocoon esse aut speculam, aut machinam fœtam militibus, qui deinde in subjectam urbem ingruerent.

In latus, inque feri curvam compagibus alvum
Contorsit: stetit illa tremens, uteroque recusso
Insonuere cavæ gemitumque dedere cavernæ.
Et, si fata Deum, si mens non læva fuisset,
Impulerat ferro Argolicas fœdare latebras:
Trojaque nunc stares [illegible] Priamique arx alta maneres.
Ecce manus juvenem [illegible] post terga revinctum
Pastores magno ad reg[illegible]more trahebant
Dardanidæ: qui se ignotum [illegible]ientibus ultro,
Hoc ipsum ut strueret, Troj[illegible]ue aperiret Achivis,
Obtulerat, fidens animi, atque i[illegible]umque paratus,
Seu versare dolos, seu certæ [illegible] morti.
Undique visendi studio Trojana [illegible]
Circumfusa ruit, certantque illude[illegible]
Accipe nunc Danaum insidias, & [illegible] ab uno
Disce omnes.
Namque, ut conspectu in medio turba[illegible] inermis
Constitit, atque oculis Phrygia agmina circumspexit:
Heu, quæ nunc tellus, inquit, quæ me æquora possunt
Accipere? aut quid jam misero mihi denique restat?
Cui neque apud Danaos usquam locus: insuper ipsi
Dardanidæ infensi pœnas cum sanguine poscunt.
Quo gemitu conversi animi, compressus & omnis
Impetus: hortamur fari, quo sanguine cretus,

Quid-

INTERPRETATIO.

viribus magnam hastam in latus, & in uterum equi curvatum juncturis: hæsit illa tremens, & repercusso utero cava spatia sonuerunt, & emiserunt gemitum. Et, si fata Deorum, si mens non fuisset sinistra, Laocoon *persuasisset, ut violaremus armis Græcas latebras; & nunc stares, o Troja; & maneres, o arx alta Priami. Ecce interim pastores Trojani magno clamore ad Regem trahebant juvenem ligatum manibus post terga: qui sponte se ignotum tradiderat venientibus, ut illud ipsum firmaret,* ac deinde *panderet Trojam Græcis, confidens animo, & paratus ad utrumque, seu ad faciendam fraudem, seu ad mortem certo subeundam. Undique Trojana juventus cupiditate videndi circumfusa accurrit, & insultat certatim captivo. Audi jam dolos Græcorum, & ab una totum fraude cognosce omnes* Græcos. *Scilicet ut stetit in medio conspectu, stupefactus, sine armis, & circumspexit oculis Trojanas turmas: Heu, inquit, quæ jam terra, quæ maria possunt me excipere: aut quid misero mihi demum superest? Cui neque locus usquam est apud* Græcos: *præterea ipsi Trojani inimici pœnas cum sanguine repetunt. Quo gemitu mutati sunt animi, & vis omnis cohibita est: hortamur* ut *loquatur, & narret, quo stir-*

NOTÆ.

51. *Feri.*) Equi: sic Æn. 7. 489. de cervo: *Pectoribusque ferum.*

54. *Læva.*) Hæc significat *contraria*, ut G. 4. 7. *Numina læva*; *mentem vero imprudentem*, ut Ecl. 1. 16. *Si mens non læva fuisset.* Ubi de ambigua vocis hujus potestate fuse agitur.

55. *Argolicas fœdare.*) *Argolicas*, Græcas ob *Argis*, urbe Peloponnesi; de qua Æn. 2. 497. *Fœdare.*) Lacerare, vulnerare: Æn. 3. 241. *Obscœnas ferro fœdare volucres.*

59. *Dardanidæ.*) Trojani a rege Dardano, Teucri genero, Æn. 1. 239. De *Achivis*, Græcis, Æn. 1. 492.

68. *Phrygia.*) Trojana, quia Troas in Phrygia minore fuit, Æn. 1. 383.

Quidve ferat, memoret, quæ sit fiducia capto.
Ille hæc, deposita tandem formidine, fatur:
Cuncta equidem tibi, Rex, fuerint quæcunque, fatebor
Vera, inquit: neque me Argolica de gente negabo.
Hoc primum, nec, si miserum fortuna Sinonem
Finxit, vanum etiam mendacemque improba finget.
Fando aliquid, si forte tuas pervenit ad aures
Belidæ nomen Palamedis, & inclyta fama
Gloria: quem falsa sub proditione Pelasgi
Insontem infando indicio, quia bella vetabat,
Demisere neci: nunc cassum lumine lugent:
Illi me comitem, & consanguinitate propinquum
Pauper in arma pater primis huc misit ab annis.
Dum stabat regno incolumis, regnumque vigebat
Conciliis; & nos aliquod nomenque decusque
Gessimus. Invidia postquam pellacis Ulyssei
(Haud ignota loquor) superis concessit ab oris,
Afflictus vitam in tenebris luctuque trahebam,

Et

INTERPRETATIO.

de natus sit, *quid nuntiet, quæ fides adhibenda sit* ipsi *captivo. Ille compresso denique metu sic loquitur: Ego quidem, o Rex, vera, inquit, tibi aperiam omnia, quæcunque fuerint: neque negabo me esse e genere Græco: hoc primum; nec adversa fortuna, etsi miserum fecerit Sinonem, faciet etiam fallacem & mendacem. Si forte inter loquendum de aliqua re, venit ad aures tuas nomen Palamedis Belidæ, &* per *famam nobilis gloria; quem Græci sub falso* prætextu *proditionis innocentem morti addixerunt per crudelem calumniam, quia dissuadebat bellum, nunc deflent privatum luce: pater meus pauper misit me, illi* Palamedi *comitem & sanguine cognatum, huc ad bellum, a prima adolescentia. Dum salvus stetit in regno, & regnum floruit ejus consiliis; ego quoque aliquid famæ & honoris obtinui. Postquam invidia fallacis Ulyssis (non ignota dico) abiit ex* hoc *mundo superiore, tristis ducebam vitam in*

NOTÆ.

78. *Argolica.*) De *Argis*, urbe Peloponnesi, Æn. 1. 280.

81. *Fando aliquid.*) Gerundia modo passive significant, ut hic, *fando*, id est, *dum aliquid dicitur*; modo active, ut supra v. 6. *Quis talia fando*, id est. *dum dicit talia*. Ita Servius.

82. *Belidæ Palamedis.*) Fuit Palamedes Nauplii filius, regis Euboeæ insulæ, in Ægæo mari: per Amymonen, Danai filiam, ortum duxit a Belo Prisco, rege illius Africæ partis, quæ deinde Ægyptus vocata est. Is Palamedes infensum habuit Ulyssem duabus maxime de causis. I. Nolebat Ulysses ad bellum Trojanum proficisci cum cæteris Græcis; ideoque insaniam simulans, junctis ad aratrum animalibus diversæ naturæ, arebat salem. Filium ejus Telemachum aratro Palamedes supposuit; quem vitans Ulysses aratrum avertit, atque ita minime stultus esse judicatus est. II. Ulysses ad bellum profectus, & in Thraciam deinde missus ad frumenta convehenda, cum nihil retulisset, increpitus est a Palamede, qui illuc ipse missus magnam frumenti vim advexit. Subtilissimo ingenio fuit Palamedes, & in otio castrorum reperit multa, literas quatuor Θ, Ξ, Φ, Χ, ludos complures, multa de ponderibus.

83. *Falsa sub proditione Pelasgi, &c.*) Sub specie proditionis. Ulysses enim aurum in Palamedis tentorio clam defodit: tum epistolam finxit Priami ad Palamedem, qua gratiæ ei agebantur pro proditione, & aurum muneris loco fuisse datum indicabatur: quod cum Græci in ejus tentorio reperissent, insontem lapidibus obruerunt. Rem Dictys aliter narrat. *Pelasgi*, Græci, proprie Thessali, Æn. 1. 628.

84. *Indicio.*) Relatione Ulyssis, & auri indicatione. *Quia bella vetabat.*) Hoc mentitur Sinon in gratiam Trojanorum, ut fidem sibi apud eos faciat.

86. *Consanguinitate propinquum.*) Et hoc mentitur Sinon; non enim Palamedi sanguine junctus fuit, sed Ulyssi, ex eadem *Autolyci & Sisyphi* stirpe.

88. *Regno incolumis, &c.*) Vel intelligit regnum Euboeæ, quod obtinebat Nauplius Palamedis pater; vel potius commune imperium & concilium Græciæ totius ad bellum Trojanum consociatæ.

Et casum insontis mecum indignabar amici.
Nec tacui demens, & me, sors si qua tulisset,
Si patrios unquam remeassem victor ad Argos,
Promisi ultorem, & verbis odia aspera movi.
Hinc mihi prima mali labes: hinc semper Ulysses
Criminibus terrere novis: hinc spargere voces
In vulgum ambiguas, & quærere conscius arma.
Nec requievit enim, donec Calchante ministro ....
Sed quid ego hæc autem nequicquam ingrata revolvo?
Quidve moror? si omnes uno ordine habetis Achivos,
Idque audire sat est jamdudum; sumite pœnas:
Hoc Ithacus velit, & magno mercentur Atridæ.
Tum vero ardemus scitari, & quærere caussas,
Ignari scelerum tantorum artisque Pelasgæ.
Prosequitur pavitans, & ficto pectore fatur:
Sæpe fugam Danai Troja cupiere relicta
Moliri, & longo fessi discedere bello.
Fecissentque utinam! Sæpe illos aspera ponti
Interclusit hyems, & terruit Auster euntes.
Præcipue, cum jam hic trabibus contextus acernis
Staret equus, toto sonuerunt æthere nimbi.
Suspensi Eurypylum scitatum oracula Phœbi
Mittimus, isque adytis hæc tristia dicta reportat:

San-

INTERPRETATIO.

dolore ac tenebris, & clam indignabar ob mortem innocentis amici. Nec silui insanus: & si me fortuna aliqua reduxisset, si aliquando rediissem victor ad patriam meam *Argos, promisi* me *fore ultorem, & querelis concitavi acerbum odium* Ulyssis in me. *Hæc mihi* fuit *prima origo calamitatis: inde semper Ulysses* cœpit me *terrere novis criminationibus: inde emittere in plebem sermones dubios* de me, & apud se *reus quærere ea* unde mihi noceret. *Neque vero cessavit, donec Calchante administro .... At vero cur ego hæc frustra renarro vobis ingrata? aut cur moror? si eodem modo tractatis omnes* Græcos, & si *jamdudum satis est hoc audire; sumite supplicium* de me: *hoc optaverit Ulysses, & Atridæ magno pretio emerint. Tunc autem cupimus interrogare, & petere causas, inscii tantorum criminum & fraudis* Græcæ. *Pergit timens, & mendaci animo ait: Sæpe Græci optaverunt fugam petere* Troja *relicta, & abire, fatigati diuturno bello. Et utinam* id *fecissent! Sæpe adversa tempestas maris eos detinuit, & Auster terruit abeuntes. Præcipue cum jam staret hic equus constructus e lignis acernis, nubes sonuerunt toto aere. Incerti* ad *consulendum oraculum Apollinis Eurypylum mittimus, & ille refert ex ejus penetralibus hæc tri-*

NOTÆ.

99. *Quærere conscius arma.*) *Conscius*; Id est, *sciens se reum accersi Palamedis, atque adeo se verbis, & querelis meis nimium peti. Arma.*) Sunt quælibet res faciendo instrumenta & auxilia, hic, *insidiæ, fraudes, nocendi occasio.*

100. *Calchante.*) Calchas, Græcorum augur: cujus absque consilio & divinatione nihil Trojano bello gestum est. De *Achivis*, Græcis, *Æn.* 1. 488.

104. *Ithacus velit, &c.*) Rem faciet optatissimam Ulyssi *Ithacæ* regi, & *Agamemnoni & Menelao* Atrei filiis.

106. *Pelasgæ.*) Græcæ, nam suspecta olim fuit Græcorum fides. De *Pelasgis*, *Æn.* 1. 628. De *Danais*, *Æn.* 1. 30.

111. *Auster.*) Ventus meridionalis, adversus redeuntibus a Troade in Græciam. *De Austro*, Ecl. 2. 58.

112. *Acernis.*) Ex *acere* arbore, Ital. *acero.*

Sanguine placastis ventos, & virgine cæsa,
Cum primum Iliacas Danai venistis ad oras:
Sanguine quærendi reditus, animaque litandum
Argolica. Vulgi quæ vox ut venit ad aures,
Obstupuere animi, gelidusque per ima cucurrit
Ossa tremor; cui fata parent, quem poscat Apollo.
Hic Ithacus vatem magno Calchanta tumultu
Protrahit in medios: quæ sint ea numina Divum,
Flagitat: & mihi jam multi crudele canebant
Artificis scelus, & taciti ventura videbant.
Bis quinos silet ille dies, tectusque recusat
Prodere voce sua quemquam, aut opponere morti.
Vix tandem magnis Ithaci clamoribus actus,
Composito rumpit vocem, & me destinat aræ.
Assensere omnes: & quæ sibi quisque timebat,
Unius in miseri exitium conversa tulere.
Jamque dies infanda aderat: mihi sacra parari,
Et salsæ fruges, & circum tempora vittæ.
Eripui (fateor) leto me, & vincula rupi:
Limosoque lacu per noctem obscurus in ulva

De-

INTERPRETATIO.

tria verba: O Græci, cum primo venistis ad litus Trojanum, propitiastis ventos sanguine, & immolata virgine: reditus impetrandus est sanguine, & sacrificandum est anima Græca. Quæ vox postquam venit ad aures plebis, obstupuerunt animi, & frigidus timor penetravit in ossa intima; cui mortem destinent, quem petat Apollo. Tum Ulysses magno tumultu educit in medios vatem Calchanta: quærit quænam sit illa voluntas Deorum: & multi mihi jam prædicebant crudele crimen artificiosi Ulyssis, *& clam prævidebant futura. Ille* Calchas *tacet per decem dies, & occultus abnuit declarare ullum voce sua, aut objicere morti. Denique ægre coactus magnis clamoribus Ulyssis, ex composito emittit vocem, & me devovet altaribus. Applauserunt omnes: & passi sunt verti in perniciem unius miseri ea, quæ unusquisque metuebat sibi. Jamque dies funesta advenerat: mihi* incipiebant *parari sacrificia, & mola salsa, & tæniæ circa caput* pendulæ. *Subduxi me morti, fateor, & abrupi catenas, & latui per noctem obscuram in herbis limosi lacus, donec præberent vela ventis, si*

NOTÆ.

114. *Eurypylum.*) Augurem nobilem, quem quadraginta navibus ad bellum Trojanum venisse ait Homerus Il. β. 736.

116. *Virgine cæsa.*) Iphigenia, Agamemnonis filia. Nam Græci Trojam profecti, cum ad Aulidem Bœotiæ portum venissent, suspensis ventis & pestilentia grassante, consuluerunt oraculum; a quo responsum est, Agamemnonis filiam Dianæ esse immolandam, sed hæc in ipso sacrificio a Diana subducta est, et cerva ejus in locum supposita; ipsa virgo in Tauricam regionem translata, ubi Dianæ sacerdos facta est. Videtur tamen Virgilius e eorum numero, ut & Ovidius.

118. *Litandum.*) Et sacrificandum, dicerunt, cum *litare* dicuntur ii, quorum sacrificium Diis gratum & acceptum est: [illegible] *precatio supplex*, unde & *litaniæ* nostræ derivantur. De *Apolline*; vaticinator [illegible] D. [illegible] 3. 174.

123. *Numina.*) Hic sumi pro voluntate Deorum, haud dubium est; vide Æn. 1. 137. *Ithacus.*) Ulysses, Ithacæ insulæ rex.

133. *Salsæ fruges.*) *Mola*, placentæ species, ex *farre* sive frumento, sale, tosto, ac molito: unde *mola* appellabatur; & victimæ, quarum fronti ante sacrificium imponebatur, dicebantur *immolari*, Ecl. 8. 82.

Vittæ.) *Infula*, fascia latior, vulgo lanea & nivea, ex qua minores aliæ dependebant: unde Lucretius l. 1. 88. de Iphigenia immolanda: *Cui simul infula virgineos circumdata comptus, Ex utraque pari malarum parte profusa est.* Hac infula non tantum victimæ, sed sacerdotes, & ipsa etiam Deorum simulacra coronabantur; unde infra v. 168. *Virgineas ausi Divæ contingere vittas.*

135. *Ulva.*) Herba quælibet palustris, sine certo nomine.

Delitui, dum vela darent, si forte dedissent.
Nec mihi jam patriam antiquam spes ulla videndi,
Nec dulces natos, exoptatumque parentem:
Quos illi fors ad pœnas ob nostra reposcent
Effugia, & culpam hanc miserorum morte piabunt.
Quod te, per superos & conscia numina veri,
Per, si qua est, quæ restat adhuc mortalibus usquam
Intemerata fides, oro: miserere laborum
Tantorum, miserere animi non digna ferentis.
His lacrymis vitam damus, & miserescimus ultro.
Ipse viro primus manicas atque arcta levari
Vincla jubet Priamus, dictisque ita fatur amicis:
Quisquis es, amissos hinc jam obliviscere Grajos,
Noster eris: mihique hæc edissere vera roganti.
Quo molem hanc immanis equi statuere? quis auctor?
Quidve petunt? quæ relligio? aut quæ machina belli?
Dixerat. Ille dolis instructus & arte Pelasga,
Sustulit exutas vinclis ad sidera palmas.
Vos, æterni ignes, & non violabile vestrum
Testor numen, ait; vos, aræ ensesque nefandi,
Quos fugi; vittæque Deum, quas hostia gessi;
Fas mihi Grajorum sacrata resolvere jura,
Fas odisse viros, atque omnia ferre sub auras

Si

INTERPRETATIO.

fortasse præbituri essent. Neque mihi nunc spes ulla est videndi veterem patriam, & jucundos liberos, & patrem desideratum: quos illi fortasse ad sacrificium repetent ob meam fugam, & expiabunt hoc delictum nece miserorum. Hic ergo precor te per Superos & Deos qui veritatem sciunt, per, si qua est inviolata fides, quæ supersit usquam hominibus: miserere tot calamitatum, miserere animi indigna passi. His lacrymis concedimus vitam, & libenter miseremur ejus. Ipse Priamus imperat solvi manicas & catenas strictas, & amicis verbis sic loquitur: Quicumque sis, jam inde obliviscere Græcos relictos, noster eris; et hæc mihi petenti vere declara. Cur posuerunt hanc ingentem molem equi? quis hujus auctor est? aut quid petunt? quæ est in eo religio? aut quæ est hæc machina belli? Dixerat. Ille imbutus fraudibus & calliditate Græca, extulit ad astra manus solutas vinculis. Vos æterni, inquit, ignes sempiterni, & inviolabilem vestram divinitatem: vos aræ & enses funesti, quos evitavi; & tæniæ Deorum, quas victima gestavi: liceat mihi violare arcana sacramenta Græcorum, liceat odisse illos, & exponere cuncta in lucem, si occultant aliqua: neque

NOTÆ.

141. *Quod.*) Vel est *quocirca*; vel redundat, ut sæpe apud Græcos ὅτι; vel ut mihi videtur, pronomen est, *quod te oro*; id est *hoc te oro*, *hoc unum te oro*, *miserere*, &c. Sic Æn. 6. 363. *Quod te per cœli jucundum lumen & auras*, *Per genitorem*, *oro*, &c.

142. *Per, si qua est*, &c.) Locutio poetis familiaris; & sensus est: *Per intemeratam fidem*, *si qua est intemerata fides hominibus*. Sic Æn. 12. 56. *Per, si quis Amatæ tangit honos animum.*

146. *Manicas.*) Vox a manu deducta, significatque aliquando vestium partem, quæ manus & brachia protegit: aliquando vincula manuum, ut *compedes*, pedum.

152. *Arte Pelasga.*) Græci vafritie & dolo famosi; de infamia sua una. De *Pelasgis*, propriè Thessalis Æn. 1. 628.

154. *Vos, æterni ignes.*) Aliqui explicant de ignibus aræ, quam evitaverat; alii melius cum Servio, de Sole, Luna, & sideribus aliis. Nam hæc putabant veteres, & ignem esse naturæ, & in æternum lucere, & habere Divinitatem: & frequenter jurabant per sidera, Æn. 9. 429. *Cælum hoc & conscia sidera testor.*

Si qua tegunt; teneor patriæ nec legibus ullis.
Tu modo promissis maneas, servataque serves
Troja fidem, si vera feram, si magna rependam.
Omnis spes Danaum & cœpti fiducia belli
Palladis auxiliis semper stetit. Impius ex quo
Tydides sed enim, scelerumque inventor Ulysses,
Fatale aggressi sacrato avellere templo
Palladium, cæsis summæ custodibus arcis,
Corripuere sacram effigiem, manibusque cruentis
Virgineas ausi Divæ contingere vittas:
Ex illo fluere, ac retro sublapsa referri
Spes Danaum: fractæ vires, aversa Deæ mens.
Nec dubiis ea signa dedit Tritonia monstris.
Vix positum castris simulacrum; arsere coruscæ
Luminibus flammæ arrectis, salsusque per artus
Sudor iit, terque ipsa solo (mirabile dictu)
Emicuit, parmamque ferens hastamque trementem.
Extemplo tentanda fuga canit æquora Calchas,
Nec posse Argolicis exscindi Pergama telis,

O-

INTERPRETATIO.

vero jam absolutus sum ullis legibus patriæ. Tu tantum, o Troja, sta promissis, & per me servata serva mihi fidem, si vera protulero, si magna præstitero. Tota spes Græcorum, & confidentia incepti belli posita fuit in ope Palladis. At vero a quo tempore impius Diomedes & Ulysses repertor criminum, aggressi auferre e sancto templo Trojæ fatale Palladium, occisis custodibus summæ arcis, rapuerunt sacram statuam, & ausi sunt tangere sanguinolentis manibus virgineam infulam Deæ; ab illo tempore spes Græcorum cœpit evanescere, & retro acta abire; vires infirmatæ sunt, animus Deæ alienatus est ab iis. Nec incertis portentis id significavit Pallas. Vix statua deposita est in castris Græcorum; cum flammæ erumpebant ex ejus oculis subrectis, & salsus sudor fluxit per ejus membra, & ipsa ter exsiluit e terra, quatiens clypeum & hastam trementem: quod res est miranda dictu. Statim Calchas declarat tentandam esse fugam mari, nec posse Trojam everti Græcis armis, nisi repetant ex urbe

NOTÆ.

159. *Si qua tegunt.*) *Si* pro *siquidem*, non dubitantis, sed affirmantis est.

162. *Danaum.*) Græcorum, Æneid. 1. 34. De *Pallade*, ibid. 43. & supra 31. De *Tydide*, Diomede Tydei filio, Æn. 1. 101. De *Ulysse*, supra v. 7.

166. *Palladium.*) Statua fuit Palladis, armata parma, id est, scuto breviore, & hasta; eo ritu consecrata, ut crederent, urbem, in qua esset, inexpugnabilem fore. Aliqui dicunt e cœlo esse delapsum; alii factum ex ossibus Pelopis. Hanc Ulysses & Diomedes, subacti per cuniculum aut cloacas in urbem Trojam, ex arce subripuerunt: Diomedes deinde post excidium Trojæ tempestate actus in Italiam, Deorum responsis monitus ut Palladium Trojanis restitueret, dicitur illud Æneæ per Calabriam transeunti restituisse, vel cuidam ex Æneæ amicis, cui nomen *Nautes*. Ab hoc illatum in Italiam, & Lavinii primum, deinde Albæ, tum Romæ servatum in templo Vestæ, sub Vestalium & Nautiæ familiæ custodia, tam secreto, ut Herodianus testetur, sub Commodo Imperatore cum templum Vestæ conflagrasset, Palladium Romæ tunc primo visum esse. De vittis, supra v. 133. *Virgineæ* dicuntur, quia Pallas intemerata.

171. *Tritonia.*) Pomponius Mela lib. 1. cap. 7. paludem & amnem Africæ *Tritona* memorat, non longe a Syrte minore, unde, inquit, *Minervæ cognomen inditum est, ut incolæ arbitrantur, ibi genitæ; faciuntque ei fabulæ aliquam fidem, quod quem natalem ejus putant, ludicris virginum inter se decertantium celebrant.* Sic & Lucanus l. 9. 347. *Torpentem Tritonos adit illæsa paludem. Hanc & Pallas amat: patrio quæ vertice nata Terrarum primam Libyen (nam proxima cælo est, Ut probat ipse calor) tetigit, stagnique quieta Vultus vidit aqua, posuitque in margine plantas: Et se dilecta Tritonida dixit ab unda.* Vel forte allusum est a Latinis scriptoribus ad Græcum Palladis epithetum, quo dicitur Iliad. 1. 157. & alibi, *ἀτρυτώνη indefessa*, vapore tremoris; a τρύω timere, & α privativo.

176. *Calchas, &c.*) Græcorum vates.

177. *Pergama.*) Arx Trojæ, Æn. 1. 470. *Argos*, & *Mycenæ*, urbes Peloponnesi, regnum Agamemnonis, Æn. 1. 252.

Omina ni repetant Argis, numenque reducant,
Quod pelago & curvis secum advexere carinis.
Et nunc quod patrias vento petiere Mycenas,
Arma Deosque parant comites, pelagoque remenso
Improvisi aderunt: ita digerit omnia Calchas.
Hanc pro Palladio moniti, pro numine læso,
Effigiem statuere, nefas quæ triste piaret.
Hanc tamen immensam Calchas attollere molem
Roboribus textis, cœloque educere jussit:
Ne recipi portis, aut duci in mœnia possit;
Neu populum antiqua sub relligione tueri.
Nam si vestra manus violasset dona Minervæ,
Tum magnum exitium (quod Di prius omen in ipsum
Convertant) Priami imperio Phrygibusque futurum:
Sin manibus vestris vestram ascendisset in urbem,
Ultro Asiam magno Pelopeia ad mœnia bello
Venturam, & nostros ea fata manere nepotes.
Talibus insidiis, perjurique arte Sinonis

Cre-

INTERPRETATIO.

gis alia auspicia, & reducant Palladem i entem, qualem prius mari & curvis navibus secum adduxerant. Et nunc si vento redeunt Mycenas, in urbem patriam, parant nova bella, & Deos socios, & mari iterum trajecto aderunt inexspectati: sic Calchas disponit omnia. Pro Palladio rapto, & Dea offensa, admoniti construxerunt hoc simulacrum, quod expiaret funestum crimen. Tamen Calchas præcepit eos construere lignis compactis hanc molem altissimam, & eam ad cælum erigere: ne possit capi portis, & induci in muros; neve servare populum secundum antiquam religionem. Nam dicebat, si vestræ manus læsissent hoc oblatum Palladi munus, tunc magnam ruinam imminere regno Priami & Phrygibus, quod vaticinium Dii potius convertant in ipsum Calchanta: si vero manibus vestris inductum fuisset in urbem vestram, ipsam Asiam magnis copiis venturam esse ad urbes Peloponnesi, & ea fata exspectare nostros posteros. Talibus dolis, & vafritie perjurii Sinonis res credita est; &

NOTÆ.

178. *Omnia ni repetant, &c.*) Respexit morem Romanorum, inquit Servius: nam si egressi male pugnaverant, revertebantur ad captanda rursus auguria: aut si longius aberant Roma, locus aliquis ex agro captivo Romanus fiebat, in illa provincia, in qua bellabatur; ad quem, si renovanda essent auspicia, dux rediret.

182. *Omnia Calchas.*) Legunt aliqui *omina*, nec male.

186. *Roboribus.*) Vel species est quercus robur, vel lignum quodvis durissimum, Georg. 1. 162.

188. *Antiqua sub religione tueri.*) Id est, in locum Palladii succedere, quod antiquo cultu & populi credulitate urbem servaturum erat.

191. *Phrygibus.*) Trojanis, in minore Phrygia sitis, Æn. 1. 385.

193. *Asiam.*) Duplex est: major & minor. *Major*, e tribus mundi partibus, quas veteres agnoverunt, longe maxima est: quam ab Europa Tanais fluvius, Pontus Euxinus, & Ægeum mare discriminant; ab Africa sinus Arabicus; nunc in partes distincta præcipue sex, imperium Moscoviticum, Tartaricum, Turcicum, Persicum, Indicum, & Sinense. *Minor*, proxima est majoris Asiæ, maxime occidentalis: inter Pontum Euxinum, & eam mediterranei maris partem, quæ Issico sinu terminatur: nunc *Natolia*: de hac sermo hic est, quia in ea erat *Troas*.

Pelopeia ad mœnia.) Vel *Argos*, ubi præcipue regnavit Pelops: vel totam peninsulam Isthmo Corinthiaco Græciæ annexam: quæ cum *Apia* diceretur, *Peloponnesus* deinde, id est, *insula Pelopis*, vocata est a *Pelope*; qui e Phrygia, ubi Tantalus eius pater regnaverat, coloniam eo deduxit. *Pelops* a Tantalo patre dicitur appositus fuisse Diis ad epulas, cumque humerum avidior Ceres comedisset, eburneo humero donatus a Jove. Oenomaum deinde regem Elidis curuli certamine vicit, fraude aurigæ Myrtili, qui vectem axi subduxerat: atque ita Hippodamiam Oenomai filiam solus e procis obtinuit, aliis tredecim ab Oenomao jam ante victis & occisis: eam enim is posuerat legem, ut victi morerentur, victori filia nuberet; monitus oraculo a genero sibi mortem imminere. Pelops ex Hippodamia *Atreum* ac *Thyestem* suscepit; ex Atreo *Menelaus* & *Agamemnon*. *Pelopeia*, quatuor syllabis Græca diphthongo, *Pelopeia*.

Credita res: captique dolis, lacrymisque coacti,
Quos neque Tydides, nec Larissæus Achilles,
Non anni domuere decem, non mille carinæ.
Hic aliud majus miseris multoque tremendum
Objicitur magis, atque improvida pectora turbat.
Laocoon, ductus Neptuno sorte sacerdos,
Sollemnes taurum ingentem mactabat ad aras.
Ecce autem gemini a Tenedo tranquilla per alta
(Horresco referens) immensis orbibus angues
Incumbunt pelago, pariterque ad litora tendunt:
Pectora quorum inter fluctus arrecta, jubæque
Sanguineæ exsuperant undas; pars cætera pontum
Pone legit, sinuatque immensa volumine terga.
Fit sonitus spumante salo: jamque arva tenebant,
Ardentesque oculos suffecti sanguine & igni,
Sibila lambebant linguis vibrantibus ora.
Diffugimus visu exsangues: illi agmine certo
Laocoonta petunt: & primum parva duorum
Corpora natorum serpens amplexus uterque
Implicat, & miseros morsu depascitur artus.
Post ipsum auxilio subeuntem ac tela ferentem
Corripiunt, spirisque ligant ingentibus: & jam
Bis medium amplexi, bis collo squamea circum

Ter-

INTERPRETATIO.

decepti fraudibus, coactique fletu subacti sunt ii, quos neque Diomedes, nec Achilles Larissæus, nec decem anni, nec mille naves subegerant. Tunc aliud majus & longe magis terribile portentum *objicitur miseris* Trojanis, *& turbat incautas mentes. Laocoon forte electus sacerdos Neptuno, sacrificabat magnum taurum ad solemnia altaria. Ecce autem (horresco narrans) duo serpentes immensis spiris a Tenedo venientes per mare sedatum, innatant undis, & simul accedunt ad litus: quorum pars anterior sublata e fluctibus, & cristæ sanguinolentæ excedunt undas; pars reliqua propius radit mare, & curvat volvendo immanes caudas. Fit strepitus, mari spumante: & jam attigerant litus, & suffusi sanguine & igne circa coruscantes oculos, lambebant linguis mobilibus ora sibilantia. Fugimus exanimati aspectu: illi certo impetu currunt ad Laocoonta: & primo serpens uterque amplectendo constringit parva corpora duorum filiorum* Laocoontis, *& morsu devorat misera membra. Deinde invadunt* patrem *ipsum venientem in auxilium & arma afferentem, spirisque grandibus involvunt: & jam bis complexi medium, bis circumdantes*

NOTÆ.

197. *Tydides, &c.*) Diomedes Tydei filius, Æn. 1. 101. *Larissæus Achilles.*) Phthius potius; quia Phthiæ natus est; cum ejus pater Peleus, ex Ægina insula propter fratris sui Phoci cædem profugus, ab Eurytione Phthiæ rege in tertiam regni partem adscitus esset. Sed *Phthia & Larissa* vicinæ sunt Thessaliæ urbes.

198. *Mille carinæ.*) Homerus in catalogo numerat mille centum & octoginta sex. *Carina* proprie est trabs ima, quæ fundamentum est totius navis: vulgo pro tota navi usurpatur.

201. *Neptuno sorte, &c.*) De *Laocoonte* supra v. 41. De *Neptuno* Æn. 1. 129. Sorte ductus est sacerdos Laocoon, quia ubi non erant certi Deo sacerdotes, sorte duci mos erat: non erant autem apud Trojanos Neptuno; vel ex quo Laomedon Neptunum contempserat: vel ex quo Trojani ejus sacerdotem interfecerant, quia sacrificiis adventum Græcorum non vetuerat. Nunc itaque rati Græcos abiisse, sacra Neptuno facienda putaverant ipso in litore, & sors in Laocoonta cecidit, jam antea sacerdotem Apollinis. De *Tenedo* insula Hellesponti, supra v. 21.

209. *Salo.*) Mari; Æn. 1. 541.

212. *Agmine certo.*) Certo & ordinato motu: sic G. 3. 423. *Extremæque agminis caudæ*; locum vide.

Terga dati, superant capite & cervicibus altis.
Ille simul manibus tendit divellere nodos,
Perfusus sanie vittas atroque veneno;
Clamores simul horrendos ad sidera tollit;
Quales mugitus, fugit cum saucius aram
Taurus, & incertam excussit cervice securim.
At gemini lapsu delubra ad summa dracones
Effugiunt, sævæque petunt Tritonidis arcem:
Sub pedibusque Deæ, clypeique sub orbe teguntur.
Tum vero tremefacta novus per pectora cunctis
Insinuat pavor: & scelus expendisse merentem
Laocoonta ferunt; sacrum qui cuspide robur
Læserit, & tergo sceleratam intorserit hastam.
Ducendum ad sedes simulacrum, orandaque Divæ
Numina conclamant.
Dividimus muros, & mœnia pandimus urbis.
Accingunt omnes operi: pedibusque rotarum
Subjiciunt lapsus, & stupea vincula collo
Intendunt: scandit fatalis machina muros,
Fœta armis: pueri circum innuptæque puellæ

Sa-

INTERPRETATIO.

ejus collo dorso squamoso, excedunt capite & collis altis. Ille simul conatur manibus disrumpere nexus, infectus circa tænias tabo & nigro veneno: simul emittit ad astra clamores horrendos: tales, quales mugitus emittit taurus, cum vulneratus fugit altaria, & excussit e collo securim dubio ictu impactam. At gemini angues serpendo fugiunt ad summa templa, & abeunt in ædem sævæ Minervæ: & occultantur sub pedibus simulacri, & sub orbe clypei. Tunc vero novus timor omnibus illabitur in corda attonita: ajuntque Laocoonta dignum fuisse pœna, quam persolvit: qui vulneravit telo sacrum lignum, & immiserit tergo hastam impiam. Clamant invehendum esse in urbem equum, & orandam Deæ divinitatem. Evertimus muros, & aperimus munimenta urbis. Omnes præparant se ad opus: & pedibus equi rotarum supponunt orbes, & injiciunt collo funes e stupa: fatalis machina intrat muros, plena armatis: circum pueri

NOTÆ.

221. *Sanie vittas.*) Sanies est sanguis mutatus ac fere corruptus, atro colore permixtus. De vittis supra v. 133.

225. *Delubra.*) Templa sic dicta, a *deluo*: quia plerumque ante templa fontes erant, aut lacus, ubi templa ingressuri deluebantur.

226. *Tritonidis arcem.*) Minervæ Tritoniæ, de qua supra, v. 171. *Arcem*: Vel Trojanæ urbis, in qua templum illud erat, ut v. 41. *Laocoon ardens summa decurrit ab arce.* Vel arcem dixit, pro templo & æde Minervæ, quocumque loco sita fuerit.

227. *Clypeique sub orbe.*) Serpentes a Pallade excitatos in hujus perniciem non mirabitur, qui sciet ex Plutarchi libro de Iside, draconem sacrum fuisse Minervæ, & a Phidia Minervæ simulacro fuisse appositum: qui Politianum legerit, scribentem, se vidisse Romæ Palladis clypeum, cui mons draconis collo contextum, & dracunculis fimbriatum.

229. *Insinuat.*) Supple *se*: ut Æn. 1. 208. *Tum prora avertit.*

Scelus expendisse merentem.) Quidam dicunt supplicium luisse tum quidem Laocoonta, non ob læsum equum, iramque Palladis, sed ob violatam alio scelere sanctitatem Apollinei templi, cujus erat sacerdos; & serpentes aufugisse in idem illud templum, quod erat in urbis arce.

230. *Robur.*) Lignum quodvis durius, G. 1. 162.

231. *Tergo.*) Dixit v. 51. *In latus, inque alvum.* Ergo a *tergo* equum aggressus, ictum in eam impegit *lateris* partem, quæ *alvo* contermina est.

233. *Muros, & mœnia, &c.*) Ita distinguit Germanus, ut *muros* velit esse lapideum ambitum, quo urbs cingitur; *mœnia* munitiones, turres, & id genus cætera, quibus muri defenduntur.

235. *Accingunt.*) Supple *se*, ut v. 229. *Insinuat pavor.*

Sacra canunt, funemque manu contingere gaudent.
Illa subit, mediæque minans illabitur urbi.
O patria, o Divum domus Ilium, & inclyta bello
Mœnia Dardanidum! quater ipso in limine portæ
Substitit, atque utero sonitum quater arma dedere.
Instamus tamen immemores, cæcique furore,
Et monstrum infelix sacrata sistimus arce.
Tunc etiam fatis aperit Cassandra futuris
Ora, Dei jussu, non umquam credita Teucris.
Nos delubra Deum miseri, quibus ultimus esset
Ille dies, festa velamus fronde per urbem.
Vertitur interea cœlum, & ruit Oceano nox,
Involvens umbra magna terramque, polumque,
Myrmidonumque dolos: fusi per mœnia Teucri
Conticuere: sopor fessos complectitur artus.
Et jam Argiva phalanx instructis navibus ibat
A Tenedo, tacitæ per amica silentia Lunæ,
Litora nota petens: flammas cum regia puppis
Extulerat; fatisque Deum defensus iniquis,
Inclusos utero Danaos & pinea furtim
Laxat claustra Sinon: illos patefactos ad auras

Red-

INTERPRETATIO.

& virgines puellæ canunt sacra carmina, & gaudent tangere manu funes. Machina progreditur, & minans inducitur in mediam urbem. O patria, o Troja sedes Deorum, & muri Trojanorum nobiles bello! restitit quater in ipso aditu portæ, & quater arma in ejus alvo ediderunt strepitum. Urgemus tamen improvidi & obcæcati insania, & locamus funestum portentum in sacra arce. Tunc etiam Cassandra solvit in vaticinia futuræ ruinæ verba, Phœbi voluntate, numquam creditam a Trojanis. Nos miseri per urbem tegimus festivis ramis templa Deorum, quibus dies ille futurus erat extremus. Interim cælum mutatur, & nox cadit in Oceanum tegens magnis umbris & terram, & cælum, & fraudes Græcorum. Trojani sparsi per urbem siluerunt: somnus tenet lassa membra. Et jam exercitus Græcus armatis navibus proficiscebatur e Tenedo, per opportuna silentia Lunæ tacitæ accedens ad litora cognita: cum navis regia sustulisset facem; Sinon quoque, protectus

NOTÆ.

241. *Divum domus Ilium.*) Quia murorum structores habuit Neptunum & Apollinem; quia Ganymedem Jovis, Tithonum Auroræ delicias, e stirpe regia protulit. De *Ilio*, Troja, Æn. 1. 5. De *Dardanidis*, Trojanis, ibid. 237.

246. *Cassandra.*) Priami & Hecubæ filia, quæ cum ab amatore Apolline artem accepisset vaticinandi, nec ei tamen gratiam amoris mutui retulisset, indignatus Deus effecit, ut a Trojanis fides ejus vaticiniis non haberetur. Nupsit sub extremis illius belli temporibus Chorœbo: capta urbe, violata est ab Ajace Oilei, in ipso Minervæ templo, & in prædam Agamemnoni cessit; quem cum admoneret sæpe de cavendis Clytemnestræ insidiis, nec dictis haberet audientem, cum ipso deinde, Ægisthi & Clytemnestræ scelere, in convivio obtruncata est. De *delubris*, supra, v. 225. De *Myrmidonibus*, Achillis subditis, v. 7.

250. *Ruit Oceano nox.*) Sole nimirum in Oceanum, ut fingitur, cadente, consequitur statim nox, & post eum præcipitat Oceano, id est, in Oceanum. Sicut, *it clamor cælo*, id est, ad cælum.

254. *Argiva phalanx.*) *Phalanx* proprie Macedonum est agmen pedestre, perpetuo umbonum textu consertum, atque ita juncto impetu in hostes insurgens: unde nomen habet teste Suida, a πελάζειν ἄγχι *accedere prope*. Ex Vegetio habebat hominum octo millia. *Argiva.*) Græca, ab *Argis* urbe Peloponnesi, de qua Æn. 1. 289. De *Tenedo*, Hellesponti insula, supra v. 21.

255. *Silentia Lunæ.*) Ne explices de Luna cum Sole conjuncta, quæ tum dicitur *silens*, quia minime lucet; sed intellige de media & silente nocte, ut explicabimus v. 340.

Reddit equus, lætique cavo se robore promunt
Tisandrus Sthenelusque duces, & dirus Ulysses,
Demissum lapsi per funem, Athamasque, Thoasque,
Pelidesque Neoptolemus, primusque Machaon,
Et Menelaus, & ipse doli fabricator Epeus.
Invadunt urbem somno vinoque sepultam:
Cæduntur vigiles: portisque patentibus omnes
Accipiunt socios, atque agmina conscia jungunt.
Tempus erat, quo prima quies mortalibus ægris
Incipit, & dono Divum gratissima serpit.
In somnis ecce. ante oculos mœstissimus Hector
Visus adesse mihi, largosque effundere fletus:
Raptatus bigis, ut quondam, aterque cruento
Pulvere, perque pedes trajectus lora tumentes.
Hei mihi, qualis erat! quantum mutatus ab illo
Hectore, qui redit exuvias indutus Achillis,

Vel

INTERPRETATIO.

voluntate Deorum nobis infesta, aperuit clam lignea claustra, & Græcos in alvo clausos: equus apertus effundit eos in aerem: & hilares emittunt se e cavo ligno duces Tisandrus & Sthenelus, & improbus Ulysses, descendentes per funem dejectum, & Athamas, & Thoas, & Neoptolemus Pelei nepos, & primus Machaon, & Menelaus, & ipse Epeus architectus dolosi equi. Aggrediuntur urbem impeditam vino ac somno: occiduntur excubitores: & apertis portis admittunt omnes socios, & conjungunt turmas ejusdem consilii participes. Tempus erat, quo primus somnus fessis hominibus subit, & Deorum munere gratissimus illabitur. Ecce per somnum Hector tristissimus visus est mihi adstare pro oculis, & emittere copiosas lacrymas: tractus equis, ut olim, & niger sanguineo pulvere, & transfossus loris per pedes tumidos. Hei mihi, qualis erat! quam diversus ab illo Hectore, qui redit ornatus spoliis Achillis,

NOTÆ.

261. *Tisandrus.*) Servius ait eum fuisse filium Polynicis illius, qui de regno Thebano cum fratre Eteocle confligens occidit: sed hunc Polynicis filium vulgo *Thersandrum*, non Tisandrum vocant. At Servius *Thersandrus* hic legit; Pomponius, *Therrandrus*.

Sthenelus.) Filius illius Capanei Argivi, qui eodem Thebano bello Polynicem secutus occiderat, vel Jovis fulmine, vel Thebanorum lapidatione obrutus.

Duces.) Non ad Tisandrum & Sthenelum duntaxat vox illa pertinet, sed ad Ulyssem etiam, & Neoptolemum, & alios, quos hic appellat.

263. *Pelidesque Neoptolemus.*) *Pyrrhus*, Achillis & Deidamiæ filius: *Pyrrhus* dictus a colore capillorum: nam πυῤῥὸς *rufus* est: *Neoptolemus*, a νέος *novus*, & πόλεμος *bellum*, quia admodum adolescens ad belli Trojani reliquias perductus est: erat enim in fatis absque aliquo Æacidarum capi Trojam non posse. Troja capta Priamum interfecit, Polyxenam Priami filiam sub Achillis tumulo immolavit, Andromachen Hectoris uxorem ex præda captivam habuit; Molossum ex ea suscepit; & cum hanc deinde matrimonio junxisset Heleno Priami filio, duxerat Hermionem Menelai & Helenæ filiam, ab Oreste Agamemnonis filio, cui Hermione desponsata fuerat, in Delphico Apollinis templo interfectus est. *Pelides* vocatur, quia *Pelei* nepos, qui Æaci fuit filius, regis in Ægina insula, & Thetidis maritus.

Primusque Machaon.) Æsculapii filius, Podalirii frater; uterque medicus insignis fuit, præcipue sanandis vulneribus. *Primus*: id est, primo loco delapsus per funem: nec obstat quod Tisandrus & reliqui supra vocati sint *duces*; erant enim *duces* dignitate ac munere, non descendendi ordine.

264. *Menelaus.*) Atrei filius, Agamemnonis frater, Tyndarei Spartani regis gener, ac deinde successor; maritus Helenæ, quam cum raptam a Paride frustra legationibus a Priamo repetiisset, sociali totius Græciæ bello repetiit, recepitque tandem everso Trojano regno: & consenescens navi, post octavum erroris annum domum rediit.

Epeus.) Ideo equi lignei fabricator dicitur, quia muralem reperit machinam, quæ vocatur etiam *aries*, ex Plin. lib. 7. 56.

272. *Raptatus bigis.*) De *Hectore* bigis raptato, Æn. 1. 487. De *bigis* & quadrigis, duobus & quatuor equis sub eodem jugo conjunctis, Georg. 1. 512.

275. *Exuvias Achillis*, &c.) Cum contra Achilles e Græcorum castris recessisset, offensus Agamemnoni ob ereptam sibi Briseïda; tertii ex-

sium

Vel Danaum Phrygios jaculatus puppibus ignes!
Squalentem barbam, & concretos sanguine crines,
Vulneraque illa gerens, quæ circum plurima muros
Accepit patrios. Ultro flens ipse videbar
Compellare virum, & mœstas expromere voces:
O lux Dardaniæ! spes o fidissima Teucrum!
Quæ tantæ tenuere moræ? quibus Hector ab oris
Exspectate venis? ut te post multa tuorum
Funera, post varios hominumque urbisque labores
Defessi aspicimus? quæ causa indigna serenos
Fœdavit vultus? aut cur hæc vulnera cerno?
Ille nihil: nec me quærentem vana moratur:
Sed graviter gemitus imo de pectore ducens,
Heu fuge, nate Dea, teque his, ait, eripe flammis.
Hostis habet muros, ruit alto a culmine Troja:
Sat patriæ Priamoque datum: si Pergama dextra
Defendi possent, etiam hac defensa fuissent.
Sacra, suosque tibi commendat Troja Penates:
Hos cape fatorum comites: his mœnia quære,
Magna pererrato statues quæ denique ponto.
Sic ait, & manibus vittas, Vestamque potentem,
Æternumque adytis effert penetralibus ignem.
Diverso interea miscentur mœnia luctu:

Et

INTERPRETATIO.

vel cum injecisset ignes Trojanos in naves Græcorum! habens barbam sordidam, & capillos cohærentes sanguine, & plagas illas, quas multas accepit circa muros patriæ. Ego plorans videbar primus alloqui virum, & emittere hæc *tristia verba: O lumen Trojæ! o spes firmissima Trojanorum! quæ tam longa mora te detinuit? o Hector optate, quibus e regionibus venis? quomodo te videmus lassi post multas neces tuorum, post diversos & urbis & civium labores? quæ causa indigna maculavit pulchram faciem? aut quare video has plagas? Ille nihil* ad hæc dixit: *nec responsis detinet me petentem inutilia: sed ægre trahens gemitus ex intimo pectore, Heu! fuge, fili Veneris, & te, inquit, subtrahe huic incendio. Hostis tenet urbem, cadit ab alto vertice Troja: satisfecimus patriæ & Priamo: si Troja manu* aliqua *servari posset, hac mea etiam fuisset servata. Troja committit tibi* sua *sacra, & suos Deos: accipe hos casuum tuorum socios: quære illis urbem, quam tandem magnam condes peragrato mari. Sic locutus est, & manibus exportat ex adytis intimis infulas, & potentem Vestam, & ignem inextinctum. Interim urbs turbatur vario ululatu: & quam-*

NOTÆ.

vium incendio Græci, frustra precibus Achillem tentaverunt, Patroclus imprimis, ipsi carissimus, qui cum ad reditum impellere eum non posset, rogavit, ut sibi saltem arma militesque suos concederet, quibus Trojanis metum incuteret. Id concessit Achilles: et Patroclus, Achillis arma indutus, ab Hectore occisus est. Igitur per *Achillis exuvias*, Achillis arma intellige; non Achilli quidem, sed Patroclo direpta. Ita Homerus Iliad. 17. sub finem, & 16.

291. *Pergama, etc.*) Arx Trojæ: Æn. 1. 470.

293. *Sacra, suosque, &c.*) Per *sacra*, res eas intelligis, quæ ad ceremonias Deorum pertinebant; ut vittæ, infulæ, de quibus supra v. 133. pepla, de quibus Æn. 1. 484. Per *Penates*, Deorum domesticorum simulacra, de quibus infra, v. 717. Per *Vestam* vel unum ex illis Penatium simulacris, vel ignem ipsum æternum: ait enim Ovid. Fast. 6. 291. *Nec tu aliud Vestam, quam vivam intellige flammam.* Per *ignem perpetuum*, ignem inextinctum; qui, si aliquando extingueretur, non alio igne, sed admotis Solis fomitibus ipso Solis calore excitandus erat. De hoc, deque *Vesta*, Georgicorum 1. 498.

Et magis atque magis (quamquam secreta parentis
Anchisæ domus, arboribusque obtecta recessit)
Clarescunt sonitus, armorumque ingruit horror.
Excutior somno, & summi fastigia tecti
Ascensu supero, atque arrectis auribus asto.
In segetem veluti cum flamma furentibus Austris
Incidit; aut rapidus montano flumine torrens
Sternit agros, sternit sata læta, boumque labores,
Præcipitesque trahit silvas: stupet inscius alto
Accipiens sonitum saxi de vertice pastor.
Tum vero manifesta fides, Danaumque patescunt
Insidiæ. Jam Deiphobi dedit ampla ruinam,
Vulcano superante, domus: jam proximus ardet
Ucalegon: Sigea igni freta lata relucent.
Exoritur clamorque virum, clangorque tubarum.
Arma amens capio, nec sat rationis in armis:
Sed glomerare manum bello, & concurrere in arcem
Cum sociis ardent animi: furor iraque mentem
Præcipitant, pulchrumque mori succurrit in armis.
Ecce autem, telis Panthus elapsus Achivum,
Panthus Otriades, arcis Phœbique sacerdos,

Sa-

INTERPRETATIO.

ut domus patris Anchisæ separata, & cincta arboribus submoveatur, magis & magis auditur sonus, & horror armorum imminet. Excitor e somno, & ascendens supergredior summum culmen tecti, & sto attentis auribus. Sicut quando ignis ventis sævientibus cecidit in segetem: aut quando *præceps torrens montanis undis* vastat *agros, vastat segetes fertiles & labores boum, & rapit arbores in præceps:* tunc *pastor ignarus obstupescit audiens sonum ex alto cacumine rupis. Tunc vero clara fuit veritas* verborum Hectoris, *& apparent fraudes Græcorum. Jam domus magna Deiphobi fecit ruinam, igne vincente: jam domus vicina Ucalegontis ardet: promontorium Sigeum late relucet flammis. Attollitur clamor virorum, & fremitus tubarum. Attonitus arma sumo, nec satis erat rationis,* cur sumerem *arma: sed cupit animus colligere turbam ad pugnandum, & convolare in arcem cum sociis: furor & ira impellunt animum, & venit* in mentem *gloriosum* esse *mori sub armis. Ecce autem Panthus elapsus ex armis Græcorum, Panthus Otrei filius, sacerdos Phœbi &*

NOTÆ.

297. *Adytis effert.*) Vel re ipsa effert: vel insomni videtur efferre. Effert autem in Æneæ domum e templo, quod erat in arce; & cum iis imperium a Priamo in Æneam transfert. Cultum porro ignis acceperant Phryges & Græci ab orientalibus populis, præcipue Persis, quibus ob usus maximos dignus Divinitate visus est, & perpetua custodia. *Adyta.*) Sunt intimæ partes domorum templorumque, in quas intrare nefas est, ab α privativo, & δύω *ingredior*. De *penetralibus*, in voce *penus*, Æn. 1. 708. De *Austris*, ventis meridionalibus, Ecl. 2. 58.

310. *Deiphobi.*) Priami filius fuit, qui postquam Paris a Pyrrho occisus est, Helenam duxit uxorem, cujus dolo inter primos interfectus est, ut fuse describitur, Æn. 6. 495. De *Vulcano*, qui pro igne hic sumitur, Georg. 1. 295.

312. *Ucalegon: Sigea igni freta, &c.*) Ucalegon, senex, unus e Consiliariis Priami; *Ucalegon* ponitur pro *domo Ucalegontis*. *Sigea.*) *Sigeum, & Rhœteum*: promontoria duo Troadis, non longe ab urbe Troja. *Freta* dixit, pro mari Hellespontiaco, quod regionem illam alluit, & proprie fretum est.

319. *Panthus Otriades, &c.*) Otrei filius, sacerdos Apollinis, qui in arce colebatur: licet enim arx Trojana præcipue sacra esset Palladi, ut deinde Romanum Capitolium Jovi; utraque tamen ædes Diis aliis compluribus dicata erat. De *Phœbo*, Ecl. 3. 62. 104. De *Achivis*, Græcis, Æn. 1. 492.

Sacra manu, victosque Deos, parvumque nepotem
Ipse trahit, cursuque amens ad limina tendit.
Quo res summa loco, Panthu? quam prendimus arcem?
Vix ea fatus eram, gemitu cum talia reddit:
Venit summa dies & ineluctabile tempus
Dardaniæ: fuimus Troes, fuit Ilium, & ingens
Gloria Teucrorum; ferus omnia Jupiter Argos
Transtulit. Incensa Danai dominantur in urbe.
Arduus armatos mediis in mœnibus astans
Fundit equus, victorque Sinon incendia miscet
Insultans: portis alii bipatentibus adsunt,
Millia quot magnis numquam venere Mycenis:
Obsedere alii telis angusta viarum
Oppositi: stat ferri acies mucrone corusco
Stricta, parata neci: vix primi prælia tentant
Portarum vigiles, & cæco Marte resistunt.
Talibus Otriadæ dictis & numine Divum
In flammas & in arma feror: quo tristis Erinnys,
Quo fremitus vocat, & sublatus ad æthera clamor.
Addunt se socios Ripheus & maximus annis
Iphitus, oblati per lunam, Hypanisque, Dymasque,

Et

INTERPRETATIO.

arcis, rapit ipse manu res sacras, & Deos superatos, & parvum nepotem: & exanimatus currendo tendit ad januam meam. O Panthu, dixi, quo in statu suprema res est? quam in arcem currimus? Vix ea locutus eram, cum talia respondet gemens: Venit ultima dies & tempus inevitabile Trojanis, periimus Trojani, periit Troja, & magna gloria Trojanorum: crudelis Jupiter omnia transmisit ad Argivos. Græci regnant in urbe inflammata. Equus altus stans in mediis muris emittit milites, & victor Sinon spargit incendia illudens: totque alii instant portis utrimque apertis, quot millia numquam venere e magna urbe Mycenis: alii obstantes occupaverunt armis angustas vias: obstat gladiorum acies micanti mucrone, nuda, parata ad cædem: vix primi excubitores portarum sustinent pugnam, & resistunt insano certamine. Talibus verbis Panthi, & voluntate Deorum, rapior in arma & incendia: quo crudelis Erinnys, quo tumultus, & clamor elatus in cælum me vocat. Adjungunt se socios Ripheus, & grandis ætate Iphitus, occurrentes mihi ad lucem

NOTÆ.

321. *Limina.*) Legunt alii *litora*, nec male. Servius & Donatus retinent *limina*: & hinc Æneæ virtutem exaggerant, cujus in domum, & Hector & Panthus sacra deferebant.

322. *Quam prendimus arcem?*) Sensus est. *Quam occupabimus arcem? in quam arcem confugiemus?* Maxime enim de arce videtur Æneas fuisse sollicitus, dixit enim v. 315. *Et concurrere in arcem cum sociis ardent animi.* Sed arx illa primo a Græcis capta fuerat, & equus in eam inductus, v. 245. *Et monstrum infelix sacrata sistimus arce.* Tamen aliæ fuere arces & munita loca: imprimis Priami regia, in quam maximus Græcorum impetus fuit, infra v. 437. Dubitat igitur Æneas, quænam arx adhuc propugnari possit.

325. *Dardaniæ. Ilium.*) Trojæ nomina, Æn. 1. 5. *Troes, Teucrorum*: Trojanorum nomina, Æ. 1. 34. 239. *Argos, Mycenis*: urbes sunt Peloponnesi, regnum Agamemnonis, Æn. 1. 285. *Danai*, Græci, Æn. 1. 34. *Sinon*, supra 58.

332. *Angusta viarum.*) Angustas vias: familiaris poetis & historicis locutio: infra v. 425. *Opaca locorum*, Æn. 1. 426. *Strata viarum.*

335. *Cæco Marte.*) Certamine vel obscuro, quia per noctem committebatur; vel incerto, quia a paucis & improvidis contra multos & paratos. De *Marte*, belli Deo, Ecl. 9. 12.

336. *Otriadæ.*) Panthi, qui filius Otrei. *Numine*, Æn. 1. 137.

337. *Erinnys.*) Nomen commune tribus furiis: quæ, ut *Eumenides*, sic *Erinnyes* vocantur: Propert. l. 2. 16. 29. *Tunc me vel tragicæ vexetis Erinnyes.* Privata singularum nomina sunt, *Alecto*, *Tisiphone*, *Megæra*: de quibus Georg. 1. 278.

Et lateri agglomerant nostro: juvenisque Chorœbus
Mygdonides: illis ad Trojam forte diebus
Venerat, insano Cassandræ incensus amore;
Et gener auxilium Priamo Phrygibusque ferebat:
Infelix, qui non sponsæ præcepta furentis
Audierat.
Quos ubi confertos audere in prælia vidi,
Incipio super his: Juvenes, fortissima frustra
Pectora, si vobis audentem extrema cupido est
Certa sequi: quæ sit rebus fortuna, videtis.
Excessere omnes adytis arisque relictis
Dii, quibus imperium hoc steterat: succurritis urbi
Incensæ: moriamur, & in media arma ruamus.
Una salus victis, nullam sperare salutem.
Sic animis juvenum furor additus. Inde lupi ceu
Raptores, atra in nebula, quos improba ventris
Exegit cæcos rabies, catulique relicti
Faucibus expectant siccis; per tela, per hostes
Vadimus haud dubiam in mortem, mediæque tenemus
Urbis iter; nox atra cava circumvolat umbra.
Quis cladem illius noctis, quis funera fando

Ex-

INTERPRETATIO.

Lunæ, & *Hypanis*, & *Dymas*: & *densantur ad latus nostrum*: & *Chorœbus juvenis*, Mygdonis filius; *forte per illos dies venerat Trojam*, *ardens magno amore Cassandræ*, & *gener ferebat auxilium Priamo* & *Trojanis*: *miser*, *qui non crediderat monitis sponsæ vaticinantis*. *Postquam vidi illos collectos promptos esse ad pugnam*, *de iis rebus sic cœpi* loqui: *O juvenes*, *corda frustra generosa*, *si firmum est vobis desiderium sequendi me tentantem extrema*: *cernitis qui sit status rerum*. *Omnes Dii*, *per quos hoc regnum steterat*, *abierunt desertis altaribus* & *penetralibus*; *vos* vero vultis *subvenire urbi* jam *combustæ*; *moriamur* potius, & *ruamus in medium armorum*. *Sola salutis* via, quæ restat *victis*, est *nullam sperare salutem*. *Sic furor additus est virtuti juvenum*. *Deinde veluti lupi rapaces*, *per nebulosum tempus*, *quos rabida ventris aviditas expulit furiosos ex* antris, & quos *proles relicta exspectat siccis gutturibus*: ita nos *per arma*, *per hostes*, *imus ad mortem certissimam*, & *insistimus mediam viam urbis*: *nigra nox errat circa* nos *cavis tenebris*. *Quis explicet sermone stragem* & *mortes illius noctis*? *aut*

NOTÆ.

340. *Oblati per lunam*.) Probat enim Scaliger de emendatione temp. lib. 5. captam esse Trojam circa plenilunium & finem veris: idque etiam probat ex Petronii fragmento de expugnatione Trojæ: *Jam plena Phœbe candidum extulerat jubar*: at tum Luna maxime lucida est. Igitur *silentia Lunæ*, ut etiam dicit Virgilius, v. 255. de media nocte explicanda sunt, quod tempus vocatur conticinium, quo tamen tacent omnia: Luna autem nocturni silentii præses dicitur: unde Horat. Epod. 5. 51. *Nox & Diana quæ silentium regis*.

342. *Mygdonides*.) Nomen a *Mygdone* patre, fratre Hecubæ Priami uxoris; non a *Mygdonia* regione; monet enim Servius gentilia nomina non desinere in *des*, sed patronymica. De *Cassandra* supra v. 246. De *Phrygibus*, Æn. 1. 385.

348. *Fortissima frustra*.) Hic agnoscunt vulgo interpretes plane prolixam & incommodam verborum trajectionem, & verba digerunt hoc modo: *juvenes*, *fortissima pectora*: *videtis quæ sit fortuna rebus*: *omnes Dii*, *quibus hoc imperium steterat*, *abierunt adytis arisque relictis*, *frustra succurritis urbi incensæ*. *Si vobis cupido certa est sequi audentem extrema*, *ruamus in media arma*, & *moriamur*. Sed rectum, absque trajectione, ordinem verborum videre mihi videor, ut patet in interpretatione: ubi vocat Æneas juvenum *pectora frustra fortissima*, quia omnium fortitudo ad patriæ salutem deinceps inutilis erat.

Explicet? aut possit lacrymis æquare labores?
Urbs antiqua ruit, multos dominata per annos:
Plurima perque vias sternuntur inertia passim
Corpora, perque domos, & religiosa Deorum
Limina. Nec soli pœnas dant sanguine Teucri:
Quondam etiam victis redit in præcordia virtus,
Victoresque cadunt Danai: crudelis ubique
Luctus, ubique pavor, & plurima mortis imago.
Primus se Danaum, magna comitante caterva,
Androgeos offert nobis, socia agmina credens,
Inscius; atque ultro verbis compellat amicis:
Festinate viri, nam quæ tam sera moratur
Segnities? alii rapiunt incensa feruntque
Pergama: vos celsis nunc primum a navibus itis?
Dixit: & extemplo (neque enim responsa dabantur
Fida satis) sensit medios delapsus in hostes.
Obstupuit, retroque pedem cum voce repressit.
Improvisum aspris veluti qui sentibus anguem
Pressit humi nitens, trepidusque repente refugit
Attollentem iras, & cærula colla tumentem.
Haud secus Androgeos visu tremefactus abibat.
Irruimus, densis & circumfundimur armis:
Ignarosque loci passim & formidine captos
Sternimus: aspirat primo fortuna labori.
Atque hic exsultans successu animisque Chorœbus:
O socii, qua prima, inquit, fortuna salutis

Mon-

INTERPRETATIO.

possit lugendo æquare illos labores? Perit urbs vetus, quæ regnaverat per multos annos: multa inutilia corpora passim funduntur, & per vias, & per domos, & per sacra vestibula Deorum. Nec soli Trojani luunt pœnas sanguine: aliquando etiam virtus redit victis in corda, & Græci victores occiduntur; ubique crudelis est luctus, ubique timor, & multa species mortis. Androgeos primus e Græcis occurrit nobis, magna turba cingente, putans nos esse agmen sociorum, incautus; & prior nos alloquitur sermone amico: Properate, o viri. Quæ enim tam tarda desidia vos detinet? alii vastant & evertunt Trojam combustam; vos nunc primo venitis ab altis navibus? Sic locutus est, & statim agnoscit se devenisse in medium hostium, nam non reddebantur ipsi responsa satis tuta. Obstupuit, & retro continuit pedem cum voce. Sicut qui in vepribus rigidis innitens terræ calcavit anguem ex improviso, & subito tremens fugit eum attollentem iras, & inflantem collum cæruleum. Non aliter Androgeos recedebat territus aspectu. Irrumpimus, & circum miscemus confertis armis: & passim dejicimus Græcos, inscios locorum & metu perculsos: fortuna favet primis conatibus. Et tunc Chorœbus lætus successu & animosior ait: O socii, eamus, qua

NOTÆ.

367. *Quondam.*) Aliquando, sic Georg. 3. 99. *Ut quondam in stipulis magnus sine viribus ignis incassum furit.* De *Teucris*, Trojanis, Æn. 1. 239. De *Danais*, Græcis, Æn. 2. 14.

377. *Sensit delapsus in hostes.*) Id est, se delapsum esse: Græcismus, latinis veteribus familiaris. Sic Catul. in Phaselo, v. 2. *Ait fuisse navium celerrimus*, &c.

379. *Aspris.*) Pro *asperis*: ut Æn. 1. 107. *Accestis*, pro *accessistis*.

Monstrat iter, quaque ostendit se dextra, sequamur.
Mutemus clypeos, Danaumque insignia nobis
Aptemus. Dolus, an virtus, quis in hoste requirat?
Arma dabunt ipsi. Sic fatus, deinde comantem
Androgei galeam, clypeique insigne decorum
Induitur, laterique Argivum accommodat ensem.
Hoc Ripheus, hoc ipse Dymas, omnisque juventus
Læta facit; spoliis se quisque recentibus armat.
Vadimus immixti Danais haud numine nostro,
Multaque per cæcam congressi prælia noctem
Conserimus, multos Danaum demittimus Orco.
Diffugiunt alii ad naves, & litora cursu
Fida petunt: pars ingentem formidine turpi
Scandunt rursus equum, & nota conduntur in alvo.
Heu, nihil invitis fas quemquam fidere Divis!
Ecce trahebatur passis Priameia virgo
Crinibus a templo Cassandra adytisque Minervæ,
Ad cœlum tendens ardentia lumina frustra:
Lumina, nam teneras arcebant vincula palmas.
Non tulit hanc speciem furiata mente Chorœbus,
Et se se medium injecit moriturus in agmen.
Consequimur cuncti, & densis incurrimus armis.
Hic primum ex alto delubri culmine telis
Nostrorum obruimur, oriturque miserrima cædes,
Armorum facie, & Grajarum errore jubarum.

Tum

INTERPRETATIO.

fortuna ostendit viam salutis, & quæ se præbet propitiam. Mutemus clypeos, & accommodemus nobis arma Græcorum. Quis exigat in hoste, utrum virtus, an dolus sit? Ipsi Græci *occisi suppeditabunt* nobis *arma. Sic loquutus mox induit cassidem cristatam Androgei, & pulchrum ornamentum clypei, & alligat lateri gladium Græcum. Hoc facit Ripheus, hoc ipse Dymas, & omnis juventus læta: unusquisque armat se spoliis novis. Imus permixti Græcis, Diis non propitiis: & congressi per obscuram noctem committimus multas pugnas, mittimus plurimos Græcorum ad inferos. Alii fugiunt ad naves & quærunt currendo tutum litus: aliqui fœdo metu iterum conscendunt magnum equum, & occultantur in utero* ejus sibi *cognito. Heu, nihil oportet quemquam sperare invitis Diis! Ecce filia Priami Cassandra, capillis expassis, rapiebatur a templo, & penetralibus Palladis, frustra tollens ad cœlum ardentes oculos, oculos* inquam, *nam catenæ ligabant teneras manus. Chorœbus irato animo non passus est hoc spectaculum, & moriturus immisit se in mediam turbam. Omnes sequimur, & irruimus spissis telis. Tum statim e summo fastigio templi obruimur jaculis nostrorum* Trojanorum, *& fit strages deploranda ob armorum formam, &*

NOTÆ.

392. *Comantem galeam.*) Cristatam, caudis animalium ornatam, Æn. 1. 468.

393. *Argivum.*) Græcum, ab Argis urbe Peloponnesi, Æn. 1. 28.

396. *Haud numine nostro.*) Non propitiis Diis. Sic Æn. 12. v. 339. [illegible] *Æneæ* [illegible] *sui. De Orco,* qui pro inferis ponitur, Georg. 1. 277.

404. *Cassandra, &c.*) Supra v. 246. In templo Minervæ vitiata ab Ajace Oilei filio, Æn. 1. 44. De *Ajace* Oilei, de quo hic mentio, Æn. 1. 45. De *Atridis*, Atrei filiis, Agamemnone, Æn. 1. 54. & Menelao, supra v. 264. De *Dolopibus*, supra v. 7.

Tum Danai gemitu, atque ereptæ virginis ira,
Undique collecti invadunt; acerrimus Ajax,
Et gemini Atridæ, Dolopumque exercitus omnis.
Adversi rupto ceu quondam turbine venti
Confligunt, Zephyrusque, Notusque, & lætus Eois
Eurus equis: stridunt silvæ: sævitque tridenti
Spumeus, atque imo Nereus ciet æquora fundo.
Illi etiam, si quos obscura nocte per umbram
Fudimus insidiis, totaque agitavimus urbe,
Apparent: primi clypeos mentitaque tela
Agnoscunt, atque ora sono discordia signant.
Ilicet obruimur numero, primusque Chorœbus
Penelei dextra Divæ armipotentis ad aram
Procumbit: cadit & Ripheus, justissimus unus
Qui fuit in Teucris, & servantissimus æqui.
Dis aliter visum. Pereunt Hypanisque, Dymasque,
Confixi a sociis: nec te tua plurima, Panthu,
Labentem pietas, nec Apollinis infula texit.
Iliaci cineres, & flamma extrema meorum,
Testor, in occasu vestro, nec tela, nec ullas
Vitavisse vices Danaum; &, si fata fuissent
Ut caderem, meruisse manu. Divellimur inde,

Iphi-

INTERPRETATIO.

errorem cristarum Græcarum. *Tunc Græci* commoti *dolore & ira* ob *ereptam* sibi *Cassandram, undique congregati* nos *oppugnant: ardentissimus* erat *Ajax, & gemini filii Atrei, & omnis exercitus Dolopum. Quemadmodum venti oppositi scisso turbine aliquando certant, & Zephyrus, & Notus, & Eurus exultans equis orientalibus: sibilant silvæ, at Nereus spumosus tridente furit, & commovet mare* ab *imo fundo. Illi etiam, si aliquos per tenebras obscuræ noctis fugavimus dolis, & dispersimus tota urbe, occurrunt; primique agnoscunt scuta & arma simulata, & notant voces sono discrepantes* a *suis. Statim opprimimur numero, & primus Chorœbus occiditur manu Penelei ad aram Deæ Palladis. Occiditur etiam Ripheus, qui inter Trojanos unus omnium justissimus fuit, & observantissimus æquitatis. Aliter visum est Diis. Moriuntur Hypanis & Dymas, confossi a civibus; nec multa religio tua, nec vitta Phœbi protexerunt te morientem, o Panthu. Trojani cineres, & supremus ignis meorum, testor* vos me *in exitio vestro nec effugisse arma, nec ulla pericula* illata *a Græcis: & si fatum voluisset ut morerer, me dignum fuisse* propter *facta. Abstrahimur inde,*

NOTÆ.

416. *Quondam.*) Aliquando, supra v. 367.

417. *Zephyrus, &c.*) Ventus occidentalis, Ecl. 5. 5. *Notus.*) Qui & *Auster*, meridionalis, a [illegible] *humiditate*: Ecl. 2. 58.

418. *Eurus.*) Orientalis, unde equis invectus dicitur *Eois*, ab ἠώς, *Aurora*. Et vero Horatius equos etiam Euro tribuit, Od. 4. 4. 44. *Per Siculas equitavit undas.*

419. *Nereus.*) Juxta aliquos pro *Neptuno* sumitur, ob tridentem: juxta Orpheum pro Deorum antiquissimo: juxta Hesiodum, pro Ponti filio; juxta omnes, pro Nereidum Nympharum patre, & uno e maris præsidibus.

423. *Ora sono discordia.*) Alii enim Phrygia, alii Græca lingua utebantur: quidam explicant de vario militum symbolo, Ital. *el nome*.

425. *Penelei.*) Unius e quinque Bœotorum ducibus, qui ad expeditionem Trojanam venerant, Iliad. 2. 494. *Armipotentis.*) Palladis, quæ quoniam armata e cerebro Jovis nata est, unde nomen a πάλλειν quatere.

428. *Dis aliter visum.*) Licet justissimus esset, visus est tamen Diis non ac morte dignus esse. De *infula*, seu vittis Apollinis, v. 133. De *Apolline*, Ecl. 3. 104.

434. *Meruisse manu.*) Me dignum fuisse mori propter ea, quæ manu *feceram*; nempe ob cædes Græcorum plurimas.

Iphitus & Pelias mecum: quorum Iphitus ævo
Jam gravior, Pelias & vulnere tardus Ulyssei.
Protinus ad sedes Priami clamore vocati.
Hic vero ingentem pugnam, ceu cætera nusquam
Bella forent, nulli tota morerentur in urbe:
Sic Martem indomitum Danaosque ad tecta ruentes
Cernimus, obsessumque acta testudine limen.
Hærent parietibus scalæ, postesque sub ipsos
Nituntur gradibus: clypeosque ad tela sinistris
Protecti objiciunt, prensant fastigia dextris.
Dardanidæ contra turres ac tecta domorum
Culmina convellunt; his se, quando ultima cernunt,
Extrema jam in morte parant defendere telis;
Auratasque trabes, veterum decora alta parentum,
Devolvunt: alii strictis mucronibus imas
Obsedere fores, has servant agmine denso.
Instaurati animi, regis succurrere tectis,
Auxilioque levare viros, vimque addere victis.
Limen erat, cæcæque fores, & pervius usus
Tectorum inter se Priami, postesque relicti
A tergo: infelix qua se, dum regna manebant,
Sæpius Andromache ferre incomitata solebat
Ad soceros, & avo puerum Astyanacta trahebat.

Eva-

INTERPRETATIO.

Iphitus & Pelias mecum, e quibus Iphitus jam erat annis tardior, Pelias etiam tardatus ob plagam ab Ulysse acceptam. *Statim vocamur clamoribus ad regiam Priami. Illic autem* videmus *magnum certamen: quasi nulla essent alibi prælia, & nulli morerentur reliqua* in *urbe; sic videmus Martem effrenem, & Græcos ad fastigia ascendentes, & portas obsessas admota testudine. Scalæ affiguntur muris, & innituntur gradibus ad ipsas portas: & Græci tecti opponunt sinistris* manibus *clypeos ad jacula, dextris apprehendunt tecta. Contra Trojani diruunt turres & culmina tegentia domos, siquidem vident extremas res: conantur defendere se his armis in ruina jam suprema: & dejiciunt auratas trabes, magna ornamenta antiquorum patrum: alii strictis gladiis occupaverunt portas, & has defendunt spissa multitudine. Renovatus est* mihi *ardor succurrendi domui regis, & adjuvandi* viros *auxilio, & addendi vires victis. Erat limen, & janua occulta, & pervia conjunctio domorum Priami inter se, & porta relicta a tergo: qua misera Andromache, dum stabant regna, sæpe solebat*

NOTÆ.

440. *Martem.*) Pro bello, cujus Deus est, Ecl. 9. 12.

441. *Testudine.*) Machina, quæ inventa dicitur bello Trojano. Sic describitur a Livio l. 44. 9. *Scutis super capita densatis, stantibus primis, secundis submissioribus, tertiis magis & quartis, postremis etiam genu nixis, fastigatam, sicut tecta ædificiorum sunt, testudinem faciebant.* Ait Kirchmannus in Augusto, tam firmam fuisse, ut homines supra illam ire possent; sed & equi atque vehicula. Nomen a corio *testudinis, χελώνη:* Græcis *συνασπισμὸς* a clypeis simul junctis. *De postibus*, Æn. 1. 438.

454. *Tectorum inter se, &c.*) Videntur contigua duo fuisse palatia Priami & Hectoris, cujus Andromache uxor fuit. *Relicti.*) Ab hostibus, qui posticam illam januam non animadverterant.

456. *Andromache.*) Filia Eetionis regis Thebes in Cilicia, minoris Asiæ provinciæ. Occiso marito Hectore, Priami & Hecubæ filio, captaque Troja, Pyrrho cessit in prædam: a quo ducta in Epirum ex eo Molossum suscepit; ac deinde Heleno, Priami item filio, cum regni Epirotici parte ut uxorem concessa est. *Soceri igitur Andromaches fuere* Priamus & Hecuba.

457. *Astyanacta.*) Filium unicum Andromaches

ex

Evado ad summi fastigia culminis, unde
Tela manu miseri jactabant irrita Teucri.
Turrim in præcipiti stantem, summisque sub astra
Eductam tectis, unde omnis Troja videri,
Et Danaum solitæ naves, & Achaica castra,
Aggressi ferro circum, qua summa labantes
Juncturas tabulata dabant, convellimus altis
Sedibus, impulimusque. Ea lapsa repente ruinam
Cum sonitu trahit, & Danaum super agmina late
Incidit: ast alii subeunt; nec saxa, nec ullum
Telorum interea cessat genus.
Vestibulum ante ipsum primoque in limine Pyrrhus
Exsultat, telis & luce coruscus ahena:
Qualis ubi in lucem coluber, mala gramina pastus,
Frigida sub terra tumidum quem bruma tegebat,
Nunc positis novus exuviis, nitidusque juventa,
Lubrica convolvit sublato pectore terga
Arduus ad solem, & linguis micat ore trisulcis.
Una ingens Periphas, & equorum agitator Achillis
Armiger Automedon: una omnis Scyria pubes
Succedunt tecto, & flammas ad culmina jactant.
Ipse inter primos correpta dura bipenni
Limina perrumpit, postesque a cardine vellit

Æra-

INTERPRETATIO.

absque timiditate se conferre ad soceros, & ducebat avo parvum Astyanacta. Hac ascendo ad fastigia summi tecti: unde miseri Trojani vibrabant manibus jacula vana. Evertimus ab altissima parte, & dejecimus turrim sitam in loco declivi, & summis tectis elatam ad sidera, unde solebat tota Troja spectari, & naves Græcorum, & Achaica castra: postquam eam circum accidimus ferro, qua parte supremum tabulatum reddebat juncturas parietis infirmiores. Illa turris extemplo concidens ruinam fecit cum tumultu, & late incubuit super turmas Græcorum: sed alii succedunt, nec lapides, nec ullum genus armorum interim cessat. Ante ipsum introitum, & ad primam portam, Pyrrhus gaudet fulgens armis, & luce armorum æreorum. Qualis est coluber, quem hyems frigida occultabat tumefactum sub terra, quando refectus venenatis herbis, & jam reparatus deposita pelle, ac juventute conspicuus, elato pectore protrahit in lucem lubricum dorsum, erectus ad solem, & vibrat linguam tricuspidem. Simul magnus Periphas, & armiger Automedon auriga equorum Achillis: simul tota juventus Scyri insulæ, accendunt ad tectum, & conjiciunt ignes ad fastigia. Pyrrhus ipse inter primos correpta securi durum limen perfringit, & e cardinibus eruit portas æreas:

NOTÆ.

ex Hectore: hic post Trojam captam cum quæreretur a Græcis ad mortem, occultatus a matre in ipso Hectoris tumulo, indeque dolo Ulyssis erutus, e turri præceps actus est.

462. *Achaica castra.*) De Achaia, Græciæ regione, Æn. 1. 492. De *Danais*, ib. 34.

463. *Qua summa, &c.*) Qua trabium, quæ summum tabulatum sustinebant, capita parieti immissa, infirmiorem illum reddebant, & nutandi facilem. De *Pyrrho*, supra v. 263.

471. *Qualis ubi, &c.*) De illa serpentis renovatione, herbarum pastu, lingua tricuspide, jam diximus, Georg. 3. 437.

477. *Scyria pubes.*) E Scyro insula, una e Cycladibus, in qua regnavit Lycomedes: apud quem depositus a Thetide Achilles puellari habitu, ne ad bellum raperetur, interim ex Deidamia Lycomedis filia Pyrrhum suscepit. De *bipenni*, securi utrinque acuta, Georg. 4. 331. De *limine, postibus, cardine*, Æn. 1. 452.

Æratos: jamque excisa trabe firma cavavit
Robora, & ingentem lato dedit ore fenestram.
Apparet domus intus & atria longa patescunt:
Apparent Priami & veterum penetralia regum:
Armatosque vident stantes in limine primo.
At domus interior gemitu miseroque tumultu
Miscetur, penitusque cavæ plangoribus ædes
Fœmineis ululant: ferit aurea sidera clamor.
Tum pavidæ tectis matres ingentibus errant,
Amplexæque tenent postes, atque oscula figunt.
Instat vi patria Pyrrhus; nec claustra, neque ipsi
Custodes sufferre valent: labat ariete crebro
Janua, & emoti procumbunt cardine postes.
Fit via vi: rumpunt aditus, primosque trucidant
Immissi Danai, & late loca milite complent.
Non sic, aggeribus ruptis cum spumeus amnis
Exiit, oppositasque evicit gurgite moles,
Fertur in arva furens cumulo, camposque per omnes
Cum stabulis armenta trahit. Vidi ipse furentem
Cæde Neoptolemum, geminosque in limine Atridas:
Vidi Hecubam, centumque nurus, Priamumque per aras
Sanguine fœdantem, quos ipse sacraverat, ignes.
Quinquaginta illi thalami, spes tanta nepotum,

Dar-

INTERPRETATIO.

& jam abscissa trabe perforavit durissima ligna, fecitque magnum hiatum lato spatio. Apparet interior domus, & longa atria patent; apparent recessus Priami & antiquorum regum: & cernunt milites resistentes in ipso aditu. At domus interior turbatur luctu & misero tumultu: cavæ ædes intime resonant planctibus fœminarum; clamor ferit astra lucida. Tunc timidæ matres vagantur tota domo, & hærent amplexæ postes, iisque *dant oscula. Urget Pyrrhus paterno impetu; nec obices, nec ipsi custodes possunt* eum *sustinere; janua quatitur multo ariete, & portæ concidunt ejectæ e cardinibus. Fit via per vim, & Græci immissi pandunt* sibi *aditum, & occidunt in atriis fermam primos, & undique replent palatia militibus. Non sic spumans fluvius volvitur in agros furens aestu aquarum, & per omnes campos evertit armenta cum stabulis: quando fractis obicibus exundavit, & superavit* aquarum *copia moles oppositas. Ipse vidi furiosum cædibus Pyrrhum & duos Atrei filios in limine. Vidi Hecubam, & centum fœminas, & Priamum inter aras inficientem sanguine ignes, quos dicaverat* Diis. *Quinquaginta cubicula,* in quibus erat ei *magna spes posteritatis*

NOTÆ.

491. *Vi patria.*) Hoc est, patris Achillis exemplo, qui ex *Horat.* de A. P. 392. *iracundus, inexorabilis, acer.*

492. *Ariete.*) Machina fuit longior, cujus caput in arietis caput ex ære conformatum, in urbium portas magna vi librabatur. De *Pyrrho Neoptolemo*, supra v. 263.

501. *Hecubam.*) Uxorem Priami, filiam Cissei Thraciæ regis: quæ in servitutem a Græcis abducta, fingitur mutata in canem, quia Græcos furoribus conviciis lacessebat. *Centumque nurus. Nurus*, proprie uxor filii est, *nurus*. Cum tamen constet Priamum filios centum, atque adeo centum nurus, non habuisse, constat hic juniores intelligi fœminas, quæ in comitatu Hecubæ erant, aut ad eam confugerant: ut apud Ovid. Met. 2. 364. de populis arboribus loquentium: *Inde fluunt lacrymæ, stillataque Sole rigescunt de ramis electra novis, quæ lucidus amnis excipit; & nuribus mittit gestanda Latinis.* De aris Priami, infra v. 513.

503. *Quinquaginta illi thalami.*) Separata cubicula. Priamus enim ex Homero Iliad. ζ. 244. totidem habuit thalamos, ubi filii totidem apud uxores habitabant: & e regione thalamos præterea duodecim, ubi totidem habitabant filiæ apud ge-

Barbarico postes auro spoliisque superbi,
Procubuere: tenent Danai, qua deficit ignis.
Forsitan & Priami fuerint quæ fata, requiras.
Urbis ubi captæ casum, convulsaque vidit
Limina tectorum, & medium in penetralibus hostem;
Arma diu senior desueta trementibus ævo
Circumdat nequicquam humeris, & inutile ferrum
Cingitur, ac densos fertur moriturus in hostes.
Ædibus in mediis, nudoque sub ætheris axe
Ingens ara fuit, juxtaque veterrima laurus,
Incumbens aræ, atque umbra complexa Penates.
Hic Hecuba, & natæ nequicquam altaria circum,
Præcipites atra ceu tempestate columbæ,
Condensæ, & Divum amplexæ simulacra tenebant.
Ipsum autem sumptis Priamum juvenilibus armis
Ut vidit: Quæ mens tam dira, miserrime conjux,
Impulit his cingi telis? aut quo ruis? inquit.
Non tali auxilio, nec defensoribus istis
Tempus eget: non, si ipse meus nunc afforet Hector.
Huc tandem concede: hæc ara tuebitur omnes,

Aut

INTERPRETATIO.

ris: forte ornatæ auro peregrino, & spoliis, ceciderunt: ubi deest ignis, occupant locum *Græci. Forte etiam petes, quæ fuerit sors Priami. Postquam vidit ruinam captæ urbis, & perruptas portas domus, & hostem in medio ejus recessu: senex frustra induit humeris senio trementibus arma diu desueta, & accingitur gladio inutili, & ruit moriturus in confertos hostes. In media domo & sub aperto axe cæli fuit ara magna, & prope laurus antiquissima, imminens aræ, & tegens umbra* Deos *domesticos. Hic Hecuba, & ejus filiæ frustra circa aras consedere, sicut fugientes columbæ per nigram tempestatem, & amplectentes Deorum statuas, iis adhærebant. Cum vero vidit Priamum ipsum sumptis armis juvenilibus: Quæ tam funesta mens, ait, o miser marite, impulit te ad induenda hæc arma? aut quo curris? Tempus* præsens *non indiget tali subsidio, nec talibus propugnatoribus; & ne si meus* quidem *Hector nunc ipse adesset. Huc denique te recipe: hæc*

NOTÆ.

generum: ergo liberos habuit ex utroque sexu duos et quinquaginta, e variis uxoribus, præsertimque ex Hecuba novemdecim, ut ait ipse Priamus, Iliad. ultimo, 496.

504. *Barbarico.*) Cardanus probat exemplis compluribus, *Barbaricum & Phrygium* idem esse, & Phryges divitiis fuisse insignes: & certum quidem est barbaros a Græcis vocatos esse Asiaticos omnes, quales erant Trojani, Phryges, & *Persæ*. Nec tamen puto potissimum *Æneæ* barbarum ab Ænea ipso hic appellari: igitur melius explica de auro Asiaticis aliis gentibus per bellum direpto, præcipue quia cum *spoliis* hic jungitur.

512. *Sub ætheris axe.*) *Sub Dio*, vel *sub Jove*; id est, sub ipso aere & aperto cælo, quem locum in mediis domibus *impluvium* vocant. *Axe.*) Cælo. Vel quia pars cæli summis luminibus signata habet maxime conspicuum, *ursam*, sive *septemtriones*; quod & *plaustrum* dicitur, & ex axe illo dici potest, juxta Servium. Vel quia, sicut *poli*, ita & *axis*, pro toto cælo sumitur: sunt enim *poli*, puncta duo axem terminantia; *axis* autem linea ipsa sive obelus, circa quem cælum volvi concipitur.

513. *Ingens ara fuit.*) Ara illa, in loco subdiali & aperto, mediis in ædibus posita fuit, & *Jovi Herceo* dicata ex Acherau, l. 3. Ad hanc occisus fuit Priamus ex Euripide, Pausania, Ovidio, Seneca. Dicebatur Herceus ἑρκεῖος, ab ἕρκος *septum*, quia intra domorum septa statuebatur ejus ara. *Præter* oculos naturales duos, tertium habebat in fronte ex Pausania in Corinth. Non assentior Turnebo l. 4. 16. in hac ara servatum fuisse ignem perpetuum, sed ignem recens a Priamo excitatum ad placandos Deos, de quo v. 502. *Laurus*. Hanc aliqui dicunt arte factam fuisse: cujus truncus cubitorum duodecim ex auro purissimo, rami & folia ex auro & argento, flores & fructus e gemmis. Sed sativam & naturalem puto.

514. *Penates.*) Vel domum intelligit, vel statuas domesticorum Deorum cum Herceo Jove in eadem ara positas. De *Penatibus*, infra v. 717.

Aut moriere simul. Sic ore effata, recepit
Ad se se, & sacra longævum in sede locavit.
Ecce autem elapsus Pyrrhi de cæde Polites,
Unus natorum Priami, per tela, per hostes
Porticibus longis fugit, & vacua atria lustrat
Saucius: illum ardens infesto vulnere Pyrrhus
Insequitur, jam jamque manu tenet, & premit hasta.
Ut tandem ante oculos evasit & ora parentum,
Concidit, ac multo vitam cum sanguine fudit.
Hic Priamus, quamquam in media jam morte tenetur,
Non tamen abstinuit, nec voci, iræque pepercit.
At tibi pro scelere, exclamat, pro talibus ausis
Di (si qua est cœlo pietas, quæ talia curet)
Persolvant grates dignas, & præmia reddant
Debita: qui nati coram me cernere letum
Fecisti, & patrios fœdasti funere vultus.
At non ille, satum quo te mentiris, Achilles
Talis in hoste fuit Priamo; sed jura fidemque
Supplicis erubuit, corpusque exsangue sepulcro
Reddidit Hectoreum, meque in mea regna remisit.
Sic fatus senior, telumque imbelle sine ictu
Conjecit: rauco quod protinus ære repulsum,
Et summo clypei nequicquam umbone pependit.
Cui Pyrrhus: Referes ergo hæc, & nuntius ibis
Pelidæ genitori: illi mea tristia facta,
Degeneremque Neoptolemum narrare memento.

Nunc

INTERPRETATIO.

ara proteget conflat, aut morieris nobiscum. Sic ore loquuta, accepit senem juxta se, & posuit eum in sacro sedili. Ecce autem Polites, unus filiorum Priami, evitata morte illata *a Pyrrho, inter arma, inter hostes, fugit per longas porticus, & percurrit ampla atria, vulneratus: Pyrrhus furens persequitur illum inimico telo, & prope manu attingit, urgetque hasta. Postquam autem* Polites *pervenit ante oculos, & ora parentum, cecidit, & emisit animam cum multo sanguine. Tum Priamus etsi jam in media morte positus, tamen non* sibi *temperavit, nec iram & vocem continuit. Tibi vero, exclamat, Dii referant meritam gratiam, & reddant debitam mercedem pro hoc crimine, & talibus factis; si est* in *cœlo aliqua pietas, quæ provideat talia:* tibi, inquam, *qui fecisti me coram videre mortem filii, & funestasti faciem patris* hac *cæde. At ille Achilles, ex quo fingis te procreatum esse, talis non fuit erga hostem Priamum: sed rationem habuit juris* gentium *& fidei* debitæ *supplicantibus; & restituit tumulo exanime corpus Hectoris, & me remisit in urbem meam. Sic aiens senex, & projecit telum debile absque impetu: quod statim resiliit ex ære rauco, & frustra pependit e summo umbone clypei. Cui Pyrrhus* respondit*: Feres ergo ista, & ibis nuntius ad Achillem patrem* meum*: memento narrare illi mea indigna facta, & Pyrrhum*

NOTÆ.

529. *Vulnere.*) Ictu, vel telo, quo vulnus infligitur.

541. *Supplicis, &c.*) De hac Priami supplicatione apud Achillem, pro repetendo Hectoris cadavere, Æn. 1. 103.

546. *Umbone.*) *Umbo;* umbo est quidquid in planum eminet, rotunda figura: talis erat media pars clypei. *Pelidæ.* Achillis, filius Pelei, de quo Æn. 1. 34.

Nunc morere. Hæc dicens, altaria ad ipsa trementem
Traxit, & in multo lapsantem sanguine nati,
Implicuitque comam læva, dextraque coruscum
Extulit, ac lateri capulo tenus abdidit ensem.
Hæc finis Priami fatorum: hic exitus illum
Sorte tulit, Trojam incensam & prolapsa videntem
Pergama, tot quondam populis terrisque superbum
Regnatorem Asiæ: jacet ingens litore truncus,
Avulsumque humeris caput, & sine nomine corpus.
At me tum primum sævus circumstetit horror:
Obstupui; subiit chari genitoris imago,
Ut regem æquævum crudeli vulnere vidi
Vitam exhalantem: subiit deserta Creusa,
Et direpta domus, & parvi casus Iuli.
Respicio, &, quæ sit me circum copia, lustro.
Deseruere omnes defessi, & corpora saltu
Ad terram misere, aut ignibus ægra dedere.
Jamque adeo super unus eram, cum limina Vestæ
Servantem, & tacitam secreta in sede latentem
Tyndarida aspicio: dant clara incendia lucem

Er-

INTERPRETATIO

argentum. Nunc morere. Hæc dicens traxit eum ad ipsas aras trepidum, & vacillantem in multo sanguine filii, & involvit sinistra capillos, ac dextera sustulit ensem micantem, condiditque in ejus latus usque ad manubrium. Hic fuit terminus casuum Priami: hic exitus fato abstulit eum, videntem Pergama eversa, & Trojam combustam; eum inquam regem Asiæ, clarum propter tot gentes, & tot regiones: jacet in litore magnus truncus, & caput abscissum ex humeris, & cadaver sine nomine. Tunc vero primum dirus horror invasit me. Attonitus fui: venit in mentem *imago dilecti patris* mei, *quando vidi regem* ipsi *coævum efflantem crudeli plaga animam: venit in mentem Creusa derelicta, & spoliata domus, & periculum parvi Ascanii. Circumspicio, & quæro quænam esset circa me multitudo. Omnes* me *reliquerant fatigati, & corpora saliendo præcipitaverant in terram, aut afflicta conjecerant in flammas. Et jam fere restabam solus, cum video filiam Tyndarei occupantem templum Vestæ, & clam occultam in arcano loco: clara*

NOTÆ.

554. *Hæc finis.*) Vulgo masculini generis est; hic etiam fœminini, ut & Æn. 3. 145. *Quæ finis* [illegible]

557. *Regnatorem Asiæ.*) Priamus enim imperavit [illegible] Phrygiæ minori ac majori, quæ [illegible] Asiæ minoris partes complectuntur.

Litore truncus.) Dicitur enim a quibusdam Priamus a Pyrrho tractus ab ara domestica ad Achillis tumulum, qui erat in litore Sigei promontorii, ibique occisus. Virgilius [illegible] quidem [illegible], [illegible] cadaver deinde protractum fuisse [illegible].

561. [illegible].) De [illegible] v. 773.

567. *Jamque adeo, &c.*) Versus duo & viginti sequentes [illegible] dicuntur Varius & Tucca; eo quod [illegible] continent, Helenæ fuga [illegible] quæ legimus Æn. 6. v. 511. ubi dicitur [illegible] Priamum, sed apud [illegible] post necem Paridis maritum, habitasse; & in ejus domum Græcos ad ipsum jugulandum induxisse: *arma* [illegible] *Menelaum &* [illegible]; *scilicet id* [illegible] *sperans fore* [illegible], *& famam* [illegible] *veterum sic posse malorum.* At respondeo cum Nascimbæno, duo posse, spem Helenæ de placando Menelao vanam fuisse, quod timuit [illegible] *scilicet*; proditoque Deiphobo Helenam, cum se [illegible] veluti hostem peti animadvertisset, [illegible] fuga in Vestæ templum, [illegible] domus regiæ per illud ipsum posticum ostium, quo Æneas eumdem in locum penetraverat. Et vero Euripides in Troad. v. 35. 876. 1036, docet Helenam cum Trojanis mulieribus captivam a Menelao abductam esse, eo consilio, ut Græcis, quorum liberi Trojano bello perierant, occidenda traderetur.

569. *Tyndaris* vocatur, ob *Tyndareum patrem*, Spartæ regem. Æn. 1. 654.

Erranti, passimque oculos per cuncta ferenti.
Illa sibi infestos eversa ob Pergama Teucros,
Et pœnas Danaum, & deserti conjugis iras
Permetuens, Trojæ & patriæ communis Erinnys,
Abdiderat sese, atque aris invisa sedebat.
Exarsere ignes animo: subit ira cadentem
Ulcisci patriam, & sceleratas sumere pœnas.
Scilicet hæc Spartam incolumis patriasque Mycenas
Aspiciet? partoque ibit regina triumpho?
Conjugiumque, domumque, patres, natosque videbit,
Iliadum turba & Phrygiis comitata ministris?
Occiderit ferro Priamus? Troja arserit igni?
Dardanium toties sudarit sanguine litus?
Non ita: namque etsi nullum memorabile nomen
Fœminea in pœna est, nec habet victoria laudem;
Exstinxisse nefas tamen, & sumpsisse merentis
Laudabor pœnas; animumque explesse juvabit
Ultricis flammæ, & cineres satiasse meorum.
Talia jactabam, & furiata mente ferebar:
Cum mihi se, non ante oculis tam clara, videndam
Obtulit, & pura per noctem in luce refulsit
Alma parens, confessa Deam; qualisque videri
Cœlicolis & quanta solet; dextraque prehensum
Continuit, roseoque hæc insuper addidit ore:
Nate, quis indomitas tantus dolor excitat iras?

Quid

INTERPRETATIO.

flammæ præbent lumen vaganti mihi, *& circumquaque intendenti oculos in omnia. Illa communis furia Trojæ, & Græciæ, timens Trojanos sibi infensos ob ruinam Trojæ, & supplicia a Græcis inferenda, & furorem derelicti mariti, occultaverat se se, & hærebat aris non visa. Accensus est furor* in *animo: subortus est ardor vindicandi patriam eversam,* & *repetendi pœnas sceleris.* *Nempe*, ajebam, *hæc videbit illæsa Spartam & Mycenas patrias? & abibit regina post partam victoriam? & cernet maritum, & domum, & parentes, & filios, stipata multitudine Trojanarum & famulis Phrygiis? Priamus* interea *gladio perierit? Troja arserit igni? Trojanum litus tam sæpe maduerit sanguine? Non sic erit: nam licet nulla sit memorabilis gloria in punitione fœminæ,* & *talis victoria non sit digna laude: tamen laudabor* quod *occiderim sceleratam, & pœnis affecerim ream; & dulce erit explevisse desiderium ardentissimæ ultionis, & satisfecisse manibus* meorum *civium. Talia dicebam, & currebam furioso animo: tum alma mater mea præbuit se mihi videndam, nunquam antea tam manifesta oculis: & in tenebris resplenduit candido lumine, fassa se Deam esse, & qualis ac quanta solet apparere Divis, & repressit me dextra apprehensum; præterea que adjecit hæc* verba *ore roseo: Fili, quis tantus dolor commovet* hanc *iram in-*

NOTÆ.

573. *Erinnys.*) Furiis commune nomen, supra v. 337. De *Vesta*, v. 296.

577. *Spartam.*) *Sparta* sive *Lacedæmon* patria Helenæ, urbs Peloponnesi, ut *Mycenæ*; quare a[illegible] dicitur etiam ejus patria *Mycenæ*, [illegible] Æn. 1. 654.

580. De *Phrygia*, Æn. 1. 385.

585. *Nefas.*) Pro persona scelesta & nefaria; uti frequenter apud Plautum usurpatur *scelus*.

Quid furis? aut quonam nostri tibi cura recessit?
Non prius aspicies, ubi fessum ætate parentem
Liqueris Anchisen? superet conjuxne Creusa,
Ascaniusque puer? quos omnes undique Grajæ
Circumerrant acies: &, ni mea cura resistat,
Jam flammæ tulerint, inimicus & hauserit ensis.
Non tibi Tyndaridis facies invisa Lacænæ,
Culpatusve Paris, verum inclementia Divum
Has evertit opes, sternitque a culmine Trojam.
Aspice: namque omnem, quæ nunc obducta tuenti
Mortales hebetat visus tibi, & humida circum
Caligat, nubem eripiam: tu ne qua parentis
Jussa time, neu præceptis parere recusa.
Hic ubi disjectas moles, avulsaque saxis
Saxa vides, mixtoque undantem pulvere fumum,
Neptunus muros, magnoque emota tridenti
Fundamenta quatit, totamque a sedibus urbem
Eruit. Hic Juno Scæas sævissima portas
Prima tenet, sociumque furens a navibus agmen
Ferro accincta vocat.
Jam summas arces Tritonia, respice, Pallas
Insedit, nimbo effulgens & Gorgone sæva.

Ipse

INTERPRETATIO.

tractabilem? Cur furis? aut quem in locum *tibi abiit cura nostrarum* rerum? *Nonne prius quæres, ubi deserueris patrem* tuum *Anchisen, annis gravem? an supersit uxor Creusa, aut Ascanius filius? quos omnes cingunt undique turmæ Græcorum; &, nisi mea sollicitudo obstitisset, jam ignis absumpsisset, aut gladius hostilis interfecisset. Non vultus Helenæ Lacedæmoniæ tibi odiosus, aut* toties *incusatus Paris, sed Deorum ira delet hanc potentiam, & dejicit Trojam ex alto fastigio. Vide: nam auferam omnem nubem, quæ offusa tibi aspicienti debilitat oculos mortales, & humida circum nigrescit: tu ne ulla matris imperia metue, & ne abnuas obtemperare ejus mandatis. Illic ubi cernis moles prostratas, & lapides avulsos lapidibus, & fumum undatim* surgentem *mixta pulvere,* illic *Neptunus succutit fundamenta impulsa magno tridente, & a radicibus totam urbem convellit. Illic ferocissima Juno prima occupat Scæas portas, & armata ferro ac furiosa vocat e navibus exercitum sociorum. Jam, aspice, Tritonia Pallas stetit in summis arcibus, resplendens*

NOTÆ.

600. *Hauserit.*) De hac voce, pro *exhauserit, everterit*, Æn. 10. 314.

601. *Tyndaridis Lacænæ*, &c.) Helenæ, Tyndarei filiæ, Lacedæmoniæ, Æn. 1. 654. *Lacæna*, fœmininum, non a masculino *Lacæner*, sed a Laco, incola Laconiæ; ut a λέων, *leo*, λέαινα, *leæna*.

602. De Paride, Æn. 1. 31.

610. *Neptunus muros*, &c.) Neptunum Virgilius Trojanis semper infestum facit, ob perjurium Laomedontis, qui Deo mercedem pactam [illegible] fraudavit, postquam is cum Apolline muros urbis condidisset: G. 1. 502. Neptunus tamen apud Euripid. in prologo Troad. sic se Trojanis benevolum semper fuisse, ex quo muros eorum condiderat: sed in fabulis incerta omnia. Atque Servius Laomedontem Apollini & Neptuno pecuniam ad sacra vovisse, ac deinde ad murorum fabricam convertisse: unde fabula emanavit, Deos, & fecisse muros, & regi offensos fuisse. De Neptuno, Æn. 1. 129.

611. *Scæas portas.*) Trojæ portas sex fuisse ait Dares, *Antenoridas, Dardaniam, Iliam, Catumbriam, Trojanam, & Scæam.* Hæc nomen habuit, vel a σκαιᾷ *sinistra*, quod in sinistra urbis parte esset; vel a [illegible], *cadaverum*; quod hic sepulchrum esset Laomedontis: vel juxta Strabonem l. 13. vox est Thracica, cujus significatum non affert.

615. *Tritonia.*) Supra v. 171. *Pallas* Æn. 1. 44.

616. *Nimbo.*) Servius explicat, *nube divina*: & puto circulum esse lucidum, huic similem dra-

Ipse Pater Danais animos viresque secundas
Sufficit: ipse Deos in Dardana suscitat arma.
Eripe, nate, fugam, finemque impone labori.
Nusquam abero, & tutum patrio te limine sistam.
Dixerat, & spissis noctis se condidit umbris.
Apparent diræ facies, inimicaque Trojæ
Numina magna Deum.
Tum vero omne mihi visum considere in ignes
Ilium, & ex imo verti Neptunia Troja.
Ac veluti summis antiquam in montibus ornum
Cum ferro accisam crebrisque bipennibus instant
Eruere agricolæ certatim; illa usque minatur,
Et tremefacta comam concusso vertice nutat:
Vulneribus donec paullatim evicta supremum
Congemuit, traxitque jugis avulsa ruinam.
Descendo, ac ducente Deo flammam inter & hostes
Expedior: dant tela locum, flammæque recedunt.
Ast ubi jam patriæ perventum ad limina sedis,
Antiquasque domos: genitor, quem tollere in altos
Optabam primum montes, primumque petebam,
Abnegat excisa vitam producere Troja;

E-

INTERPRETATIO.

nube & torvo capite Medusæ. Ipse Jupiter suggerit Græcis animos & robur opportunum: ipse commovet Deos adversus arma Trojana. Fili, accelera fugam, & pone finem laboribus. Nusquam te deseram, & ducam te securum ad paternam domum. Sic *locuta fuerat, & statim abdidit se densis tenebris noctis. Apparent horrendæ species, & numina magna Deorum adversa Trojæ. Tunc vero omne Ilium visum est mihi recumbere in flammas, & Troja Neptunia a fundamentis subverti. Et quemadmodum quando in altis montibus rustici conantur certatim evellere veterem ornum circumcisam ferro, multisque securibus; illa diu minatur, & ramis tremens vacillat emoto cacumine: donec paullatim victa ictibus, postremum insonuit, & evulsa fecit ruinam in montibus. Descendo, ac ducente Venere elabor inter ignes & hostes: totum arma permittunt* mihi *viam, & ignes retro abeunt. Sed postquam jam progressum ad januam paternæ domus, & veteres ædes; pater, quem cupiebam exportare primum in altos montes, &* ad quem *primum ibam, renuit protrahere vitam, & tolerare exilium, post ever-*

NOTÆ.

dentati, quo Divorum capita Christiani præcingunt. Atque Isidorus l. 19. 31. *Nimbum* quoque dici *fasciolam transversam ex auro, assutam in linteo, quod est in fronte feminarum.* Qua voce usus est Arnobius lib. 2. *Lemnias prætenderent amictum, innumerarent frontes nimbis.* Et Plautus in Pœnulo Act. 1. sc. 2. v. 135. Meretricem vocat *nimbatam.*

Gorgone.) *Medusa, Euryale, Stheno*, Phorci filiæ, apud insulas Dorcades in Æthiopico Oceano regnasse dicuntur; *Gorgones* dictæ a γοργός *velocitas.* Ex his cum *Medusa* vim a Neptuno passa esset in Minervæ templo, Minerva capillos ejus mutavit in serpentes, quorum aspectu homines in saxa vertebantur. Hoc deinde caput Perseus, Jovis & Danaes filius, abscidit auxilio Minervæ: quæ eam ipsi clypeum eam in rem commodavit ex ære politissimo, quo velut in speculo reflexam capitis speciem tuto aspiceret: abscissum caput Minerva deinceps eidem suo clypeo ad terrorem imposuit.

625. *Neptunia.*) A Neptuno condita, supra v. 610.

626. *Ornum.*) *Ornus*, fraxinus est silvestris & montana, Ital. *frassino selvaggio.*

632. *Deo.*) Dea Venere. Nam *Deus* communi genere aliquando sumitur. Sic Lucanus l. 8. 80. *Terribilemque Deos scelerum* fuisse appellat. Sic Euripides in Troad. v. 948. τὴν θεὸν κόλαζε *Deam castiga*, Venerem intelligit. Sic Demosthenes in exordio orationis de Corona εὔχομαι πᾶσι καὶ πάσαις *Deos precor cunctas & cunctos.*

Exiliumque pati. Vos o, quibus integer ævi
Sanguis, ait, solidæque suo stant robore vires,
Vos agitate fugam.
Me si cœlicolæ voluissent ducere vitam,
Has mihi servassent sedes: satis una superque
Vidimus excidia, & captæ superavimus urbi.
Sic o, sic positum affati discedite corpus.
Ipse manu mortem inveniam: miserebitur hostis,
Exuviasque petet: facilis jactura sepulcri est.
Jampridem invisus Divis & inutilis annos
Demoror: ex quo me Divum pater atque hominum rex
Fulminis afflavit ventis, & contigit igni.
Talia perstabat memorans, fixusque manebat.
Nos contra effusi lacrymis, conjuxque Creusa,
Ascaniusque, omnisque domus: ne vertere secum
Cuncta pater, fatoque urgenti incumbere vellet.
Abnegat, inceptoque & sedibus hæret in iisdem.
Rursus in arma feror, mortemque miserrimus opto.
Nam quod consilium, aut quæ jam fortuna dabatur?
Mene efferre pedem, genitor, te posse relicto
Sperasti? tantumque nefas patrio excidit ore?
Si nihil ex tanta Superis placet urbe relinqui,
Et sedet hoc animo, perituræque addere Trojæ
Teque tuosque juvat: patet isti janua leto.

Jam-

INTERPRETATIO.

sam Trojam, & dicit: O vos, quibus sanguis ætate vigens, & sanæ vires stant propria firmitate, vos tentate fugam. Si superi voluissent me proferre vitam, servassent mihi hanc domum: satis & plusquam satis est, me *vidisse jam unum excidium,* & satis *superfuisse captæ urbi. Abite o,* postquam ultimum *vale dixeritis meo cadaveri sic deposito. Ipse reperiam mortem* propria *manu, aut hostis misertus* mei me occidet, *& detrahet mihi spolia: leve est privari sepulcro. Jamdudum odiosus Diis & inutilis traho vitam: ex quo pater Deorum & rex hominum afflavit me aura fulminis, & tetigit igne. Talia dicens perstabat & manebat pertinax. Nos contra effusi in fletus, & uxor Creusa, & Ascanius, & tota domus: ne pater vellet evertere omnia secum, & vim addere fato* nos *prementi. Abnuit* hoc, *& hæret in proposito & loco eodem. Iterum curro ad pugnam, & infelicissimus mortem appeto. Quod enim* aliud *consilium, vel quæ sors jam offerebatur? An sperasti, o pater, me posse* hinc *exportare pedem, te deserto? an tantum crimen exiit ex ore patris? Si placet Diis nihil superesse ex urbe tanta, & si hoc fixum est* in eorum *mente, & delectat* eos *adjicere te ac tuos Trojæ* mox *perituræ; aperta est via ad hanc mortem. Et*

NOTÆ.

642. *Una excidia.*) Cum olim ab Hercule Troja expugnata est, Æn. 3. 476.

644. *Positum affati.*) Verba duo funebria. *Positum* jacens, mortuum. Ovid. Heroid. 10. 124. *Nec positos artus unget amica manus. Affati:* morem notat Romanorum, qui statim atque cadaver combustum aut sepultum fuerat, antequam discederent, *vale ter* inclamabant.

649. *Fulminis afflavit, &c.*) Fulmen fere numquam, nisi vento flante, impellitur: unde plagitur cum aliis, & Æn. 8. 430. Cyclopes admiscent fulmini *radios tres ignis & alitis Austri.* Anchises autem a quibusdam dicitur oculis privatus, hic a Virgilio tactus fulmine, eo quod suos cum Venere amores evulgaverat; nec plane occisus, sed *afflatus* tantumque, ac propter *attonitus*, unde stuporem & debilitatem membrorum contraxit.

Jamque aderit multo Priami de sanguine Pyrrhus,
Natum ante ora patris, patrem qui obtruncat ad aras.
Hoc erat, alma parens, quod me per tela, per ignes
Eripis? ut mediis hostem in penetralibus, utque
Ascanium, patremque meum, juxtaque Creusam,
Alterum in alterius mactatos sanguine cernam?
Arma, viri, ferte arma: vocat lux ultima victos.
Reddite me Danais, sinite instaurata revisam
Prælia: numquam omnes hodie moriemur inulti.
Hic ferro accingor rursus, clypeoque sinistram
Insertabam aptans, meque extra tecta ferebam.
Ecce autem complexa pedes in limine conjux
Hærebat, parvumque patri tendebat Iulum.
Si periturus abis, & nos rape in omnia tecum:
Sin aliquam expertus sumptis spem ponis in armis,
Hanc primum tutare domum: cui parvus Iulus,
Cui pater, & conjux quondam tua dicta relinquor.
Talia vociferans, gemitu tectum omne replebat:
Cum subitum dictuque oritur mirabile monstrum.
Namque manus inter mœstorumque ora parentum,
Ecce levis summo de vertice visus Iuli
Fundere lumen apex, tactuque innoxia molli
Lambere flamma comas, & circum tempora pasci.
Nos pavidi trepidare metu, crinemque flagrantem
Excutere, & sanctos restinguere fontibus ignes.
At pater Anchises oculos ad sidera lætus

Ex-

INTERPRETATIO.

mox veniet Pyrrhus ex effusione multi sanguinis Priami, qui novit jugulare filium ante oculos patris, & patrem ante altaria. Haeccine erat causa, o alma mater, cur me inter arma, inter flammas servavisti? ut videam hostem in mediis recessibus domus, *& ut* videam *Ascanium, & patrem meum, &* Creusam, *occisos alterum in alterius sanguine? O famuli, arma, date arma: dies postremus invitat victos.* Permittite ut *redeam ad Graecos, permittite ut aspiciam pugnas renovatas: nullatenus moriemur hodie omnes absque ultione. Tunc iterum induor armis, & accommodans inserebam clypeum sinistrae, & conferebam me extra domum. Ecce autem uxor amplectens pedes meos in* ipso *adito* domus *haerebat, & projiciebat* mihi *patri parvum Julum: Si exis moriturus, & nos trahe tecum in omnes* casus: *si vero* propter *experientiam* militarem *collocas aliquam spem in pugna, defende primo hanc domum: cui parvus Julus, cui pater tuus* relinquuntur, *cui relinquor ego olim vocata uxor tua. Talia inclamans implebat gemitu totam domum, cum repentinum & dictu admirabile prodigium apparuit. Nam inter complexus & oscula tristium parentum, ecce levis apex visus est e summo capite Juli emittere lucem, & flamma innoxia molli attactu delibare capillos ejus & nutriri circa tempora. Nos timidi coe*pimus *currere* præ *metu, & agitare capillos accensos, & extinguere aqua sacrum ignem. Sed pater Anchises gaudens erexit*

NOTÆ.

683. *Apex.*) Summa pars pilei. Nam ex Servio Danielis, qui Suetonium citat, tria erant pileorum genera, quibus sacerdotes utebantur. *apex, tutulus, galerus. Galerus,* pileum erat ex pelle hostiae caesae: *tutulus,* pileum lanatum, in metae formam: *apex,* pileum simile, circa medium virgam eminente, cui lana circumligata erat; nomen ab antiqua voce *apio* vel *apo,* ab ἅπτω *ligo.*

Extulit, & cœlo palmas cum voce tetendit.
Jupiter omnipotens, precibus si flecteris ullis,
Aspice nos, hoc tantum: &, si pietate meremur,
Da deinde auxilium, pater, atque hæc omnia firma.
Vix ea fatus erat senior, subitoque fragore
Intonuit lævum, & de cælo lapsa per umbras
Stella facem ducens multa cum luce cucurrit.
Illam, summa super labentem culmina tecti,
Cernimus Idæa claram se condere silva,
Signantemque vias: tum longo limite sulcus
Dat lucem, & late circum loca sulfure fumant.
Hic vero victus genitor se tollit ad auras,
Affaturque Deos, & sanctum sidus adorat.
Jam jam nulla mora est: sequor, &, qua ducitis, adsum.
Di patrii, servate domum, servate nepotem.
Vestrum hoc augurium, vestroque in numine Troja est.
Cedo equidem, nec, nate, tibi comes ire recuso.
Dixerat ille, & jam per mœnia clarior ignis
Auditur, propiusque æstus incendia volvunt.
Ergo age, chare pater, cervici imponere nostræ:
Ipse subibo humeris: nec me labor iste gravabit.
Quo res cunque cadent, unum & commune periclum,
Una salus ambobus erit. Mihi parvus Iulus
Sit comes, & longe servet vestigia conjux.

Vos

INTERPRETATIO.

oculos ad astra, & protulit manus ad cælum cum his verbis: Jupiter omnipotens, si placaris ullis precibus, intuere nos, hoc solum petimus: *& si religione meremur* aliquid. *præterea fer opem, o pater, & confirma hæc auspicia. Vix senex ea dixerat, & repentino sonitu tonuit ad sinistram partem; & stella protrahens facem, cadens e cælo per tenebras excurrit multo cum lumine. Videmus hanc stellam cadentem supra summa fastigia domus, se manifestam abdere in silva Idæa, & designantem iter: tum trames longo tractu emittit fulgorem, & circum undique loca fumant sulfure. Tunc vero pater expugnatus convertit se ad cælum, & alloquitur Deos, & adorat sanctam stellam,* atque: *Nunc, nunc nulla est mora: sequor, & vado, qua ducitis. O Dii patrii, custodite domum, custodite nepotem. Omen hoc vestrum, & Troja est in vestra potestate. Equidem cedo, nec abnuo ire tibi socius, o fili. Ille locutus fuerat: & jam flamma clarius* crepitans *auditur per urbem; & incendium propius spargit calorem. Age igitur, o dilecte pater, imponaris nostro collo, ipse portabo te humeris: nec istud pondus me premet. Quocumque res abeant, unum & idem utrique periculum, una salus erit. Parvus Julus mihi sit comes, & uxor eminus sequatur ve-*

NOTÆ.

693. *Intonuit lævum.*) De sinistro fulmine prospero, & hujus vocis, *lævum*, ambigua significatione fuse Ecl. 1. 16.

694. De *stellis*, quæ cadere videntur, & accensis in media aeris regione siccis exhalationibus, G. 1. 365.

696. *Idæa silva.*) Infra v. 801.

698. *Sulfure.*) Fulmina enim sulfuris odorem habere dicuntur.

703. *Augurium.*) Proprie est consultatio avium ad futura prænoscenda, tamen ad alia omnia futuri omina transfertur. Nomen ab *avium* vel *gestu*, vel *garritu*, vel *gustu*: quia hujus artis ministri spectabant, quomodo aves se gererent in volatu; quomodo garrirent; quomodo offam oblatam gustarent. De *Numine* Æn. 1. 137.

Vos famuli, quæ dicam, animis advertite vestris.
Est urbe egressis tumulus, templumque vetustum
Desertæ Cereris: juxtaque antiqua cupressus,
Relligione patrum multos servata per annos.
Hanc ex diverso sedem veniemus in unam.
Tu, genitor, cape sacra manu, patriosque Penates.
Me bello e tanto digressum & cæde recenti,
Attrectare nefas; donec me flumine vivo
Abluero.
Hæc fatus, latos humeros subjectaque colla
Veste super, fulvique insternor pelle leonis,
Succedoque oneri: dextræ se parvus Iulus
Implicuit, sequiturque patrem non passibus æquis.
Pone subit conjux. Ferimur per opaca locorum:
Et me, quem dudum non ulla injecta movebant
Tela, neque adverso glomerati ex agmine Graji,
Nunc omnes terrent auræ, sonus excitat omnis

Sus-

INTERPRETATIO.

stigia. Vos, o famuli, defigite mentibus vestris ea quæ dicam. Occurrit exeuntibus ex urbe colliculus, & antiquum templum Cereris desertum: & prope vetusta cupressus, ob majorum reverentiam servata per multos annos. Veniemus in hunc eundem locum per varias vias. Tu, pater, accipe manu res sacras, & patrios Deos. Non licet mihi, redeunti e tanta pugna & recenti strage, tangere eos: donec me lavero pura aqua. Hæc locutus tego veste & pelle rufi leonis circa latos humeros collumque submissum; & subeo onus: parvus Ascanius adhæsit meæ dexteræ, & sequitur me patrem passibus non æqualibus. Uxor juxta sequitur. Vadimus per obscura loca: & me, quem nulla spicula immissa, neque conferti Græci ex hostili exercitu antea turbabant, nunc omnes flatus terrent, omnis mur-

NOTÆ

714. *Cereris.*) Ceres fuit Saturni & Opis filia, frugum repertrix, G. 1. 39.

717. *Penates.*) Deos domesticos: qui cum in interiore domo colerentur, ita dicti sunt a nomine *penus*; quæ sunt res necessariæ in intima domus parte servatæ: ut ab *optimus*, *magnus*; *optimas*, *magnas*: *optimates*, *magnates*; ita a *penus*, *penas*, *penates*. Quinam illi essent, ambigitur. Alii *Jovem*, *Junonem*, ac *Minervam* solere aiunt; alii *Neptunum* & *Apollinem*: alii *Cœlum* ac *Terram*. Arnobius Deos *consentes* seu *complices*, quorum numerum ac nomina ignota fatetur docet. Dionysius Halicarn. l. 1. refert ex Timæo caduceos fuisse æreos, & ferreos, Trojanumque terram fictilem. Hos tamen ait se Romæ in templo vidisse: formas duorum juvenum hastatorum habitu sedentium. Hi tamen *Castor* & *Pollux* esse non possunt, cum fratres essent Helenæ; Penates vero multo antiquiores. Hos Dardanus e *Samothracia*, insula contra Thraciam, advexisse cum Palladio dicitur, & Trojæ collocasse; unde Æneas eos in Italiam detulerit. Porro unde Penates acceperit Æneas, dubium videri potest. An vere Hectoris umbra e locis, ubi servabantur, ipsi detulerit, ut dictum est v. 297. An similes domi habuerit eorum dotatos, quos Anchisæ patri commiserit. An cum Palladio a Diomede acceperit, ut videmus v. 166. An Æneas, per incendii tumultum ingressus arcem, eos inde extulerit: ut ait Halicarnasseus, negare tamen videtur Virgilius. *Lares* vero, Dii etiam fuerunt domestici; ut Ovidio placet, Mercurii & Laræ sive Larundæ, filii; juxta Plautum, canina specie efformabantur: juxta Plutarchum, canina pelle tantum induebantur, propter fidam custodiam domus. Existimo cum Apulejo *Lares* esse ipsas animas parentum; qui, quod olim in ipsa domo sepulturæ mandarentur, curare semper familiam putabantur suam: unde erat *Lar familiaris*: & *Lar* vox est Etrusca, quæ *populi principem* significat. In eoque distinguo *Penates* a *Laribus*: quod *Penates* divinæ essent originis, Lares humanæ. De *Larium* cultu, Æn. 3. 177.

719. *Flumine vivo.*) Mos fuit veterum, ut nunquam aut attrectarent sacra, aut ad sacrificium offerendum accederent, nisi lotis manibus, aliquando capite, quandoque etiam toto corpore; præsertim si cæde aliqua, aut funere, aut impuro aliquo fœdamento. Lotio fiebat, non stagnanti, aut pluviali, torrentique aqua; sed viva ac perenni, qualis est fontium ac fluminum: sive in ipso flumine per immersionem; sive aqua inde hausta, per solam effusionem.

725. *Opaca locorum.*) Opaca loca: supra v. 332.

Suspensum, & pariter comitique onerique timentem.
Jamque propinquabam portis, omnemque videbar
Evasisse viam; subito cum creber ad aures
Visus adesse pedum sonitus: genitorque per umbram
Prospiciens: Nate, exclamat, fuge, nate; propinquant:
Ardentes clypeos atque æra micantia cerno.
Hic mihi nescio quod trepido male numen amicum
Confusam eripuit mentem. Namque avia cursu
Dum sequor, & nota excedo regione viarum:
Heu! misero conjux fatone erepta Creusa
Substitit, erravitne via, seu lassa resedit,
Incertum: nec post oculis est reddita nostris.
Nec prius amissam respexi, animumque reflexi,
Quam tumulum antiquæ Cereris, sedemque sacratam
Venimus. Hic demum collectis omnibus una
Defuit, & comites, natumque, virumque fefellit.
Quem non incusavi amens hominumque Deorumque?
Aut quid in eversa vidi crudelius urbe?
Ascanium, Anchisenque patrem, Teucrosque Penates
Commendo sociis, & curva valle recondo.
Ipse urbem repeto, & cingor fulgentibus armis.
Stat casus renovare omnes, omnemque reverti
Per Trojam, & rursus caput objectare periclis.
Principio muros, obscuraque limina portæ,
Qua gressum extuleram, repeto: & vestigia retro
Observata sequor per noctem, & lumine lustro.
Horror ubique animos, simul ipsa silentia terrent.

In-

INTERPRETATIO.

mur sollicitat ancipitem, & æqualiter metuentem comiti & oneri. Et jam accedebam ad portas, & videbar excessisse ex omnibus viis: cum repente frequens strepitus pedum visus est allabi ad aures, & pater per noctem intuens vociferatur: Fili, fuge, fili: appropinquant: video fulgentes clypeos, & arma ærea splendentia. Tunc nescio quis Deus inimicus abstulit mihi timenti turbatam mentem. Nam dum currendo quæro loca a viis remota, & recedo e spatiis cognitis itinerum: heu! Creusa uxor substitit; dubium est, an fato ablata mihi misero, an aberraverit a via, an fessa sederit: nec deinde restituta est oculis meis. Neque vidi eam esse amissam, aut adverti mentem, prius quam pervenissemus ad collem vetustæ Cereris, & templum sacrum. Hic denique congregatis cæteris sola defuit, & frustrata est comites & filium & maritum. Quem non accusavi Deorum & hominum insanus? aut quid vidi durius in ruina urbis? Commendo sociis Ascanium, & Anchisen, & Trojanos Deos, eosque occulto in humili valle. Ego redeo in urbem, & tegor armis nitentibus. Constitui renovare omnes casus, & redire per omnem Trojam, & iterum objicere caput periculis. Primum reviso muros, & limina obscura portæ urbis, qua exportaveram pedem: & retro relego vestigia notata in tenebris, & quæro oculis. Ubique horror, & simul i-

NOTÆ.

754. *Lumine lustro.*) Vel luce ex flammis ardentis patriæ, ut vult Donatus: & vero dicetur v. 312. *Sigea igni freta lata relucent.* Vel oculis: *lumen* enim hoc sensu, etiam singulari numero dicitur: Æn. 10. 250. *Aram supplicitet venerans demisso lumine Turnus.*

Inde domum, si forte pedem, si forte tulisset,
Me refero. Irruerant Danai, & tectum omne tenebant.
Ilicet ignis edax summa ad fastigia vento
Volvitur, exsuperant flammæ, furit æstus ad auras.
Procedo ad Priami sedes, arcemque reviso.
Et jam porticibus vacuis, Junonis asylo,
Custodes lecti Phœnix & dirus Ulysses
Prædam asservabant: huc undique Troia gaza
Incensis erepta adytis, mensæque Deorum,
Crateresque auro solidi, captivaque vestis
Congeritur: pueri & pavidæ longo ordine matres
Stant circum.
Ausus quin etiam voces jactare per umbram
Implevi clamore vias, mœstusque Creusam
Nequicquam ingeminans iterumque iterumque vocavi.
Quærenti, & tectis urbis sine fine furenti,
Infelix simulacrum atque ipsius umbra Creusæ
Visa mihi ante oculos, & nota major imago.
Obstupui, steteruntque comæ, & vox faucibus hæsit.
Tum sic affari, & curas his demere dictis:
Quid tantum insano juvat indulgere dolori,
O dulcis conjux? non hæc sine numine Divum
Eveniunt: nec te comitem asportare Creusam
Fas, aut ille sinit superi regnator Olympi.

Lon-

INTERPRETATIO.

ipsum silentium terret mentem. Inde redeo domum, ut viderem *an fortasse retulisset gradum* illuc. *Græci invaserant, & occupabant totam domum. Continuo ignis vorax fertur* vi *ventorum ad supremum culmen: flammæ supra assurgunt, ardor sævit in aerem. Progredior ad regiam Priami, & repeto arcem. Et jam in porticibus desertis, & templo Junonis, custodes electi Phœnix & crudelis Ulysses servabant spolia:* in *hunc* locum *undique cumulantur divitiæ Trojanæ, sublatæ e recessibus combustis, & mensæ Deorum, & pocula solida ex auro, & vestimenta capta: pueri & timidæ matres longa serie stant circum. Imo etiam ausus emittere voces inter tenebras, replevi vicos clamoribus, & tristis frustra repetens* Creusam *rursus & rursus appellavi. Misera species & umbra ipsius* Creusæ, *& figura grandior*, quam ea quæ erat *cognita, apparuit præ oculis mihi vestiganti, & sine fine dolenti per domos urbis.* Obstupui, *& capilli obriguerunt* mihi, *& vox hæsit in gutture.* Tunc *sic* cœpit *me alloqui, & auferre sollicitudinem his verbis. Quid tantum prodest vacare immodico dolori, o care marite? ista non contingunt absque voluntate Deorum: nec fatum, aut ille rex summi cœli, permittunt te auferre* hinc *sociam* Creu-

NOTÆ.

760. *Priami sedes, arcemque.*) Duo sunt loca diversa, ut diximus v. 355.

761. *Vacuis.*) Non a Græcis, qui multi ibi erant, sed a civibus ac defensoribus.

Junonis asylo.) *Asylum*, ἄσυλον ab α privativo & *σύλαω spoliare*, *unde spolium*, quia qui ad illud confugissent, inde trahi aut spoliari non poterant. Idque jus olim quibusdam, sed præcipue templis tributum est. *De Phœnice*, Achillis rectore, supra v. 7. De *Ulysse* ib. De *gaza*, Æn. 1. 123. De *crateribus*, poculis, Ecl. 5. 68.

772. *Creusa.*) Æneæ uxor fuit, mater Ascanii, filia Priami & Hecubæ. Scriptores Æneæ infensi hanc ab Ænea occisam volunt, ex pactione cum Græcis: ne quid ex Priami sanguine superesset. Virgilius fingit a Cybele fuisse retentam: ne quid esset impedimenti, quominus Æneas aut a Didone adoptaretur, aut a Lavinia assumeretur in uxorem.

Longa tibi exilia, & vastum maris æquor arandum.
Ad terram Hesperiam venies, ubi Lydius arva
Inter opima virum leni fluit agmine Tybris.
Illic res lætæ, regnumque, & regia conjux
Parta tibi: lacrymas dilectæ pelle Creusæ.
Non ego Myrmidonum sedes Dolopumve superbas
Aspiciam, aut Grajis servitum matribus ibo:
Dardanis, & Divæ Veneris nurus.
Sed me magna Deum genitrix his detinet oris.
Jamque vale, & nati serva communis amorem.
Hæc ubi dicta dedit, lacrymantem & multa volentem
Dicere deseruit, tenuesque recessit in auras.
Ter conatus ibi collo dare brachia circum:
Ter frustra comprensa manus effugit imago,
Par levibus ventis, volucrique simillima somno.
Sic demum socios consumpta nocte reviso.
Atque hic ingentem comitum affluxisse novorum
Invenio admirans numerum, matresque, virosque,
Collectam exilio pubem, miserabile vulgus.
Undique convenere, animis opibusque parati,

In

INTERPRETATIO.

sam. Tu percursurus es longa exilia, & immensum spatium maris. Pervenies ad terram Italicam, ubi Tybris Lydius volvitur placido cursu inter pingues agros populorum. Illic parata est tibi fortuna prospera, & regnum, & uxor, regis filia: depone dolorem de cara Creusa conceptum. Ego non videbo superbas regiones Myrmidonum aut Dolopum, nec ibo ministratum matribus Græcis: cum sim e Dardani sanguine, & nurus Deæ Veneris. Sed magna mater Deorum retinet me in his regionibus. Nunc igitur vale, & retine amorem filii nostri. Postquam protulit hæc verba, reliquit me plorantem & volentem loqui plurima, & evanuit in aerem levem. Tunc ter conatus sum injicere brachia collo ejus; ter species frustra apprehensa abiit e manibus, similis levi vento, & similis vago somno. Denique transacta nocte sic redeo ad socios. Et illic reperio admirans magnam multitudinem novorum sociorum advenisse, & matres, & viros, juventutem congregatam ad fugam, & plebem miserandam. Undecumque concurrerunt, parati & voluntate &

NOTÆ.

777. *De numine.*) Voluntate Deorum, Æn. 1. 137.

779. *De Olympo.*) Thessaliæ monte, qui pro cælo sumi solet, Ecl. 5. 56.

780. *Maris æquor arandum.*) *Æquor* est quælibet æqua planities, sive terræ, sive maris, sive etiam spatii: vide Æn. 7. 781. *Æquore campi exercebat equos.* Et *camporum æquore*, Lucretius l. 4. 105. *Reddunt speculorum ex æquore visum.* *Arandum.*) Docta metaphora ab agris: sicut Æn. 3. 158. *Sulcant vada salsa carinæ.* Est enim *sulcus* longus ille tractus, quem vomer inter arandum excavat.

781. *Hesperiam.*) Duplex est, *Hispania*, & *Italia*; hic Italia, Æn. 1. 534. *Tybris*, Italiæ fluvius de quo Æn. 8. 330. *Lydius* dicitur, quia Tuscos, sive Etruscos, a Latio dividit. Tusci autem etiam *Tyrrheni* dicti sunt a Tyrrheno, f- illo Atyos, qui Atys, Herculis & Omphales filius, *Lydiæ* rex in Asia minore, cum regio fame laboraret, sorte inter filios jacta, *Lydum* regni successorem habuit, & *Tyrrhenum* e regno emisit ad condendam coloniam: quam post varios tandem errores in Italia ad superiorem Tybris ripam collocavit: quare Etrusci & Tyrrheni e *Lydia* oriundi sunt.

782. *De agmine*, pro impetu, G. 3. 423.

785. De *Myrmidonibus* ac *Dolopibus*, supra v. 7.

787. *Dardanis, &c.*) Quia Priami filia, e Dardano oriunda. Vide stemma G. 3. 35.

788. *Magna Deum genitrix.*) *Cybele*, de qua, ejusque sacris, Æn. 3. Quomodo autem Creusam detinet? Servius ait: Creusam in Idææ famulatum ejus chorus adscitam esse, & immortalitate donatam, quasi Nympha fruebatur.

In quascunque velim pelago deducere terras.
Jamque jugis summæ surgebat Lucifer Idæ,
Ducebatque diem: Danaique obsessa tenebant
Limina portarum, nec spes opis ulla dabatur.
Cessi, & sublato montem genitore petivi.

INTERPRETATIO.

facultatibus, in quascumque terras velim eos ducere mari. Et jam Lucifer oriebatur e cacuminibus summæ Idæ, & inchoabat diem: & Græci occupabant clausos aditus portarum; nec offerebatur ulla spes auxilii. Cessi, & patrem ferens conscendi montem.

NOTÆ.

801. *Lucifer Idæ.*) Significat *Idam* montem ad orientem fuisse Trojæ, unde *Lucifer*, stella Veneris, ante Solis ortum primum appareret. *Ida* quippe per Troadem universam sparsa est in varios montes: quorum pars septentrionalis, ad Propontidis litus: pars occidentalis, ad Hellespontum; pars meridionalis, ad sinum Adramyttenum maris Ægæi pertinet. Imminebat Trojæ ad orientem, ibidemque Paris de tribus Deabus judicium tulit. Feminini generis est *Ida* contra regulam communem. De *Lucifero*, Ecl. 6. 86. Ait Varro stellam ei esse Veneris ab Ænea semper visam esse, donec ad agrum Laurentem venerit: quo tempore videri tandem ab eo desiit.

P. VIRGILII MARONIS

ÆNEIDOS

LIBER III.

ARGUMENTUM.

Pergit Æneas enarrare Didoni casus suos, quorum altera pars hoc libro continetur, nempe navigatio. Æneas incensa Troja, classe viginti navium ad urbem Antandrum clam fabricata, defertur in Thraciam; ubi cum urbem conderet, territus prodigio cæsi a Polymnestore rege Polydori, navigat in insulam Delum, consulturus oraculum Apollinis: a quo monitus ut antiquam matrem exquireret, Anchisæ interpretatione Cretam esse insulam ratus Trojanæ gentis originem, eo contendit, urbemque novam ædificat. At inde peste depulsus, monitus in somnis a Diis Penatibus, Italiam vera esse Trojanorum cunabula, Italiam petit. In itinere actus tempestate in insulas Strophades, infestas habet Harpyias: quarum ex una audit se non prius in Italia futurum sedes, quam fame coactus fuerit mensas absumere. Hinc delatus ad Actium promontorium, ibi ludos celebrat. Tum in Epirum appulsus, Andromachen reperit, jam Heleni uxorem, & mortuo Pyrrho in Chaonia Epiri parte regnantem. Audit ab Heleno, rege eodem ac vate, sedem sibi a Diis in Italia paratam eo loco, ubi suem albam invenire: triginta fœtus enixam. Admonetur ab eodem, ne in proxima Italiæ parte considat, Græcorum metu, qui ventis eo disjecti fuerant: tum ne Siculum trajiciat fretum, metu Scyllæ & Charybdis: sed deflexo ad occasum cursu Siciliam circumeat. Igitur relicta Epiro, Tarentum, quæ in vicina Italiæ ora est, & Siciliæ partem Ætnæ monti proximam prætervectus, hinc supplicem recipit Achæmenidem, socium Ulyssis, ab eoque de feritate Cyclopum edoctus, observatis omnibus Heleni præceptis, tandem Drepanum, occidentalem Siciliæ portum, obtinet: ubi moritur Anchises. Atque hinc media æstate solvens Æneas in Italiam, tempestate in Africam ejicitur. Et hic finis est narrationis.

Postquam res Asiæ Priamique evertere gentem
Immeritam visum superis, ceciditque superbum
Ilium, & omnis humo fumat Neptunia Troja;
Diversa exilia, & desertas quærere terras,
Auguriis agimur Divum: classemque sub ipsa

An-

INTERPRETATIO.

Postquam placuit Diis destruere potentiam Asiæ, & populum Priami nihil tale meritum: & postquam nobile Ilium cecidit, & tota Troja a Neptuno munita fumat a fundamentis, impellimur ominibus Deorum petere exilia remota, & regiones vacuas: &

NOTÆ.

1. *Res Asiæ.*) Minoris, cujus magna pars erat utraque Phrygia, major & minor, Priamo subdita. Æn. 2. 557.

2. *Immeritam.*) Nam perfidia Laomedontis in Neptunum & Apollinem, & crimen Paridis in Junonem ac Minervam, non debuere tanto populo creare perniciem. Æn. 1. 735. Æn. 2. 610.

3. *Ilium ... Neptunia Troja.*) Per *Ilium*, arx; per *Trojam*, urbs significatur. *Ilium* dicitur a Virgilio tantum neutro genere: ab Horatio, *Ilios* fœminino: ab Ovidio *Ilion* etiam fœminino, communi urbium genere.

5. *Auguriis.*) Hectoris admonitu, Æn. 2. 295. flamma, quæ verticem Ascanii lambebat, v. 682. stella cadente & lævo fulmine, v. 694. sermone ultimo Creusæ, v. 781.

Antandro, & Phrygiæ molimur montibus Idæ,
Incerti quo fata ferant, ubi sistere detur:
Contrahimusque viros. Vix prima inceperat æstas,
Et pater Anchises dare fatis vela jubebat.
Litora tum patriæ lacrymans, portusque relinquo,
Et campos ubi Troja fuit. Feror exsul in altum,
Cum sociis, natoque, Penatibus, & magnis Diis.
Terra procul vastis colitur Mavortia campis,
Thraces arant, acri quondam regnata Lycurgo:
Hospitium antiquum Trojæ, sociique Penates,
Dum fortuna fuit. Feror huc, & litore curvo
Mœnia prima loco, fatis ingressus iniquis:
Æneadasque meo nomen de nomine fingo.
Sacra Dionææ matri, Divisque ferebam
Auspicibus cœptorum operum: superoque nitentem
Cœlicolum regi mactabam in litore taurum.

For-

INTERPRETATIO.

fabricamus naves prope ipsam Antandrum & montes Idæ Phrygiæ: dubii, quem in locum fata nos mittant, ubi permittatur manere: & colligimus socios. Vix prima æstas inceperat; & jam pater Anchises imperabat nos dirigere vela, quo fata vellent. Tunc lugens desero litora patria, & portus, & arva, ubi Troja sita fuit. Abeo exul per mare, cum sociis, & nato, cum Penatibus, & magnis Diis. Terra Martia spatiosis agris longe habitatur, quam Thraces colunt, subjecta olim bellicoso Lycurgo: vetus hospitium Trojanorum, & cujus Dii erant conjuncti nostris, dum felices fuimus. Illuc navigo, & in sinuoso litore statuo primos muros, appulsus fatis adversis: & nomen civibus facio Æneadas, de meo nomine. Offerebam sacrificia matri Veneri, & Diis auctoribus operis inchoati, & immolabam in litore taurum pinguem

NOTÆ.

6. *Antandro.*) *Antandros*, urbs est Phrygiæ minoris, nunc *S. Demetrio*, ad sinum Adramyttenum, in litus Ægæi maris, sub radice Idæ, ubi copia erat arborum ad navalem structuram, & latebrosi sinus procul e conspectu Græcorum. De *Ida* monte: Æn. 2. 801.

7. *Incerti quo fata ferant.*) Tamen Creusa monuerat Æn. 2. 781. in Hesperia ad ripas Tybris sedes esse futuras. Ergo vel non credidit inani Creusæ simulacro, vel illud Creusæ vaticinium ex iis est locis, quæ Virgilius emendare debuisset.

8. *Æstas.*) Nam Troja sub finem veris capta est, ut diximus Æn. 2. 340. Et in ædificanda viginti navium classe aliquantum sane temporis abiit.

12. *Penatibus & magnis Diis.*) Magni sunt Juno, Jupiter, Mars, &c. communes Dii: *Penates*, domestici, nec minores, Æn. 1. 717.

13. *Procul.*) Thracia tamen a Troade non distinguitur, nisi angustissimis faucibus Hellesponti, *Sesto*, & *Abido*. Igitur *procul*, non est longe dissita, sed quæ longe lateque colitur, latissima enim est Thracia. *Mavortia dicta*, quia Mars ibi ea natus est. Ecl. 6. 30. & 9. 12.

14. *Thraces arant.*) Relativum quam suppressit more suo: ut Æn. 1. 16. *Urbs antiqua fuit, Tyrii tenuere coloni.* *Thracia*, ampla Europæ regio olim duas in partes divisa, in Thraciam cis Rhodopen, & trans Rhodopen montem. *Romania* dicta deinde est, cum in eam Constantinus Romanum imperium transtulit. Ejus caput *Constantinopolis*: terminat, a septentrione & occidente Bulgaria; a meridie, mare Ægæum; ab oriente, Hellespontus, Propontis, & Pontus Euxinus.

Lycurgo.) Thraciæ rex fuit, Dryantis filius, qui Baccho infensus ipsum fugere compulit in insulam Naxum, & vites Thraciæ tota succidi jussit: quas cum ipse succideret, digitus Dei ultione in futurorum adeo sibi crura amputavit. *Regnatas.*) Passive dixit: ut Æn. 6. 770. *Regnandam acceperit Albam*: & Horat. Od. l. 2. 6. 11. *Regnata Laconi rura Phalanto.*

15. *Sociique Penates.*) Nam Polymnestor Thraciæ rex conjugem habebat Ilionem, filiam Priami. De Penatibus, Æn. 2. 717.

18. *Æneadas.*) Urbem vocat Mela lib. 2. 2. *Æneos*, inter ostia Hebri & Chersonesum; confirmatque Plinius, cum ait ad eam urbem esse Polydori tumulum lib. 4. 11. Nunc etiam dicitur *Eno*.

19. *Dionææ matri.*) Veneri, filiæ Jovis & Diones, Æn. 1. 260.

21. *Taurum.*) Dicunt interpretes, ex Ateio, non licuisse immolare Jovi *taurum*, *verrem*, *arietem*; adduntque ideo non acceptum fuisse sacrificium Jovi, secutumque statim esse Polydori prodigium. Malim tamen dicere tunc temporis non ita distinctas fuisse religionum rationes: tau-

rum-

Forte fuit juxta tumulus, quo cornea summo
Virgulta & densis hastilibus horrida myrtus.
Accessi, viridemque ab humo convellere silvam
Conatus, ramis tegerem ut frondentibus aras;
Horrendum & dictu video mirabile monstrum.
Nam, quæ prima solo ruptis radicibus arbos
Vellitur, huic atro liquuntur sanguine guttæ,
Et terram tabo maculant. Mihi frigidus horror
Membra quatit, gelidusque coit formidine sanguis.
Rursus & alterius lentum convellere vimen
Insequor, & causas penitus tentare latentes:
Ater & alterius sequitur de cortice sanguis.
Multa movens animo Nymphas venerabar agrestes,
Gradivumque patrem, Geticis qui præsidet arvis,
Rite secundarent visus, omenque levarent.
Tertia sed postquam majore hastilia nixu
Aggredior, genibusque adversæ obluctor arenæ:
Eloquar, an sileam? gemitus lacrymabilis imo
Auditur tumulo, & vox reddita fertur ad aures:
Quid miserum, Ænea, laceras? jam parce sepulto,
Parce pias scelerare manus: non me tibi Troja
Externum tulit: haud cruor hic de stipite manat.
Heu! fuge crudeles terras, fuge litus avarum:

Nam

INTERPRETATIO.

summo regi cœlestium. Forte tumulus prope erat, quo in summo erant frutices cornei, & myrtus aspera multis hastilibus. Accessi ad tumulum, *& conatus abrumpere e terra ramos virides, ut tegerem altaria ramis* illis *foliosis; video prodigium tremendum, & mirabile dictu. Nam quæ arbor prima evellitur e terra fractis radicibus, ex hac defluunt guttæ nigri sanguinis, & tingunt terram tabe. Frigidus tremor agitat meum corpus, & sanguis metu gelidus congregatur* ad cor. *Iterum pergo extirpare virgam flexilem alterius* arboris, *& explorare causas occultas, & niger sanguis fluit ex alterius cortice.* Ego *volvens mente plurima, orabam Nymphas silvestres, & patrem Martem, qui præest campis Thraciæ,* ut *bene prospera redderent visa, & averterent* malum *augurium. Sed postquam majore conatu accessi ad tertios ramos, & genibus obnitens sum* contra *terram oppositam: dicam, an tacebo? flebilis gemitus auditur* ab *intimo tumulo, & vox emissa pervenit ad aures:* Cur *discerpis miserum, o Ænea? abstine a sepulto, cave polluere religiosas manus* tuas: *Troja non me produxit alienum tibi; sanguis hic non fluit e trunco. Heu! fuge regionem crude-*

NOTÆ.

rumque etiam Jovi placuisse, ut probat hic multis exemplis Cerdanus.

22. *Tumulus.*) Et editiorem locum, & sepulcrum significat. *Cornea*, ex arbore *corno*. Ital. *corniolo*: de qua G. 2. 34. De *Virgultis*, Ibid. 21. De *Myrto*, Ecl. 2. 54. De *silva* pro qualibet multitudine, G. 1. 152.

34. *Nymphas agrestes.*) Hamadryadas, Ecl. 10. 62. Cum enim hæ una cum arboribus vivant & occidant, dubitabat num essent earum sanguis.

35. *Gradivum. Geticis.*) *Gradivus* Mars nominatur, a *κραδαίνω*, vibro: *Getæ*, populi Daciæ, Thraciæ tamen annumerati ob viciniam, Georg. 4. 463. De *Marte*, Ecl. 9. 12.

36. *Secundarent visus.*) *Visus*, pro *visa*. Notatque Cerdanus, *secundarent*, proprie dictum; nam post adversum omen, cum repeteretur novum, si hoc prosperum erat, priorem destruebat, vocabaturque *secundum*; si rursus adversum erat, vocabatur *alterum*.

42. *Scelerare manus.*) Violatione sepulcri; quæ religio sancta semper fuit.

Nam Polydorus ego: hic confixum ferrea texit
Telorum seges, & jaculis increvit acutis.
Tum vero ancipiti mentem formidine pressus
Obstupui, steteruntque comæ, & vox faucibus hæsit.
Hunc Polydorum auri quondam cum pondere magno
Infelix Priamus furtim mandarat alendum
Threicio regi: cum jam diffideret armis
Dardaniæ, cingique urbem obsidione videret.
Ille, ut opes fractæ Teucrum, & fortuna recessit,
Res Agamemnonias, victriciaque arma secutus,
Fas omne abrumpit, Polydorum obtruncat, & auro
Vi potitur. Quid non mortalia pectora cogis,
Auri sacra fames? Postquam pavor ossa reliquit,
Delectos populi ad proceres, primumque parentem,
Monstra Deum refero; &, quæ sit sententia, posco.
Omnibus idem animus, scelerata excedere terra,
Linquere pollutum hospitium, & dare classibus Austros.

Er-

INTERPRETATIO.

lem, fuge litus avarum. Ego *enim* sum *Polydorus; multitudo* telorum *ferreorum obruit hic* me *confixum, &* crevit in *acuta hastilia.* Tum *autem obstupui, oppressus dubia formidine* secundum *animum, & capilli obriguerunt, & vox hæsit in gutture. Olim miser Priamus clam miserat regi Thraciæ hunc Polydorum educandum cum ingenti copia auri; cum jam male speraret de armis Trojæ, & videret urbem premi obsidione. Ille* Polymnestor, *postquam potentia Trojanorum imminuta* est, *& fortuna abiit* ab eis, *convertit ad partes Agamemnonis & exercitum victorem, violat jura omnia, jugulat Polydorum, & per vim rapit aurum* ejus. *Quid non cogis corda hominum facere, o execranda cupiditas divitiarum? Postquam timor abiit e membris* meis, *renuntio prodigia Deorum electis principibus populi, & primum patri* meo; *& peto, quis sit eorum sensus* ea de re. *Idem* est *omnibus consilium, abire ex impia regione, deserere funestatum hospitium, & pra-*

NOTÆ.

45. *Hic confixum, &c.*) Euripides tamen in Hecuba v. 700. ait a Polymnestore cæsum, & in mare projectum, ad illud litus ejectum esse, quo Græci e Troja ... redeuntes appulsi erant, ibique ab Hecuba matre fuisse agnitum: & in ultionem sceleris Polymnestorem obcæcatum a Trojanis mulieribus, eadem Hecuba duce, quæ remotum in locum eum adduxerat spe detegendi thesauri. Aliter etiam narrat Hyginus: nempe Polydorum admodum infantem in Thraciam missum; ab Ilione sorore, Polymnestoris uxore, suppositum esse pro Deiphilo, Polymnestoris filio, sed ex alia uxore, ut furtum Græcos lateret; atque ita Deiphilum ab inscio patre occisum deinde fuisse, non Polydorum.

54. *Agamemnonias.*) Agamemnon, Atrei Mycenarum regis filius, Menelai Spartani regis frater, rex ipse Mycenarum, ad expeditionem Trojanam dux electus totius Græciæ, unde *rex regum* a poetis appellatur: capta Troja Cassandram filiam Priami captivam sibi habuit, amavitque; ac reversus in patriam, occisus est cum eadem Cassandra in convivio, insidiis Clytemnestræ uxoris, ab Ægystho adultero, Thyestis filio, qui Thyestes Atrei frater fuerat. At Orestes Agamemnonis filius in ejus ultionem, & Ægysthum & matrem Clytemnestram interfecit.

57. *Sacra.*) *Execranda:* vox frequens apud veteres: ab iis ducta, qui *devovebantur, sacrabantur, & addicebantur* morti pro publicis delictis: ita ut impune occidi possent. Sic devovebatur apud Massilienses pauper aliquis, pestilentia sæviente: sic aliquando Codrus apud Athenienses, Curtius & Decius apud Romanos se devoverunt: sic etiam omnis victima immolatur, quasi omnium populi totius delictis. Rhodiginus tamen ait sacrum dici quidquid magnum est, & sic Homero Il. 16. 407. ἱερὸν ἰχθύν, sive *piscem magnum*. Addo sic etiam apud Hebræos magna omnia dici *Dei* esse, sic Ps. 35. 7. *Montes Dei*, sunt *magni montes*: & 79. 11. *Cedri Dei*, sunt *magnæ cedri*. Hic igitur fortasse *sacra fames*, est *magna fames*.

61. *Dare classibus Austros.*) Commeatio: id est, *committere classem ventis*. Ponit *Austros*, ventum meridionalem, de quo Ecl. 2. 58. pro vento generatim. Euntibus enim e Thracia in insulam Delum, Auster contrarius, Boreas commodus est.

Ergo instauramus Polydoro funus, & ingens
Aggeritur tumulo tellus; stant manibus aræ,
Cæruleis mœstæ vittis atraque cupresso:
Et circum Iliades crinem de more solutæ.
Inferimus tepido spumantia cymbia lacte,
Sanguinis & sacri pateras: animamque sepulcro
Condimus, & magna supremum voce ciemus.
Inde, ubi prima fides pelago, placataque venti
Dant maria, & lenis crepitans vocat Auster in altum,
Deducunt socii naves, & litora complent.
Provehimur portu, terræque urbesque recedunt.
Sacra mari colitur medio gratissima tellus
Nereidum matri & Neptuno Ægæo:
Quam pius Arcitenens oras & litora circum

Er-

INTERPRETATIO.

...here vela ventis. Itaque apparamus exequias Polydoro, & multum terræ accumulamus in sepulcrum: eriguntur altaria animæ ejus, tristia cæruleis tæniis & nigra cupresso: & Trojanæ circum eunt passis capillis, juxta consuetudinem. Infundimus pocula spumantia tepido lacte, & pateras sanguinis bestiarum, & claudimus animam in sepulcro, & magna voce ultimum conclamamus. Deinde statim ut prima securitas maris apparuit, & venti præbuerunt quietum mare, & Auster blande strepens invitavit ad navigationem, socii deducunt naves & tegunt litora. Recedimus e portu, terræque & urbes relinquuntur. Media in mari jucundissima insula incolitur, dicata Matri Nereidum & Neptuno Ægæo, quam

NOTÆ.

62. *Instauramus Polydoro funus, &c.*) Exsequiarum hic ceremoniæ funebres, quæ fusius l. 6. 213. describuntur. I. *Instaurat funus*, quia male cumulatum primo fuerat, [illegible] ac tellure obrutum: unde videri poterat inhumatus. II. *Funus* alii *sepulcrum* explicant, alii *pompam funebrem*. III. *Manes* sunt animæ mortuorum, hic anima Polydori: de his Georg. 4. 469. IV. *Aræ*, numero plurali, quia heroum animis geminæ consecrabantur: infra v. 305. Hectori Andromache *geminas, causam lacrymis, sacraverat aras*. Ecl. 5. 66. pastores Daphnidi, *en quatuor aras, ecce duas tibi, Daphni*. V. *Cæruleis vittis*, & tæniis ornabantur aræ: & cæruleus color, tum in sacris usui fuit; unde Valer. Argon. [illegible] *Multa pallens ferrugine [illegible]*, [illegible] *per cærula vitta*: tum in luctu [illegible] a mulieribus, deposita veste purpurea, [illegible] Danielis Servium, qui citat [illegible] cæruleum a veteribus nigrum dici: unde [illegible] hic cæruleæ vittæ, nigræ sunt. VI. *Cupressus* adhibebatur aris & [illegible] ad [illegible]: vel quia [illegible] odoris, ad fœtorem cadaverum [illegible]; vel quia semel excisa non renascitur, ad mortem [illegible]; vel quia cariem non sentit, ad [illegible] immortalitatem significandam. VII. *Iliades* [illegible] crines solverent: aliudque [illegible] [illegible], qui forte fuit etiam apud [illegible] Græci [illegible] in luctu non [illegible], ut ait Plutarch. in Roman. [illegible]: vasa oblonga & [illegible], [illegible] & navicula. IX. *Sanguinis*, & lac; etiam [illegible] vinum, & mel, & aquam effundebant [illegible] & delectari animas credebant, [illegible]: hinc Odyss. 11. 34.

[illegible] Ulyssem [illegible] [illegible], [illegible] victimarum sanguine. X. *Animam condimus sepulcro*; quia qui fuerant inhumati, [illegible] circum [illegible] [illegible]. XI. *Voce ciemus*, [illegible] proprio nomine, ut [illegible] ad sepulcrum [illegible] revocarent: tum [illegible] dicta [illegible].

74. *Nereidum, &c.*) Delum insulam significat, in qua nati Apollo & Diana, Ecl. 9. 47. Una est e Cycladibus [illegible], in mari Ægæo, quod hic dicitur *Neptunus Ægæus*: vel ab *Ægis* Eubœæ oppido; vel ab Ægæ Æolidis promontorio, juxta Strabonem; vel a crebris insulis, quæ [illegible] videntur habere speciem *aiyos* caprarum, juxta Festum; vel ab [illegible] capra, [illegible] [illegible] [illegible] gravem ibi tempestatem [illegible]. [illegible] multitudo: quarum meridionales [illegible] *Sporades*, a *σπείρω* spargo, quia disperse [illegible]; [illegible] *Cyclades*, a [illegible] *circulus*, quia quasi in circulo [illegible] Delum: quam, [illegible] vero [illegible] [illegible], & quasi [illegible]. [illegible], pro [illegible] hic [illegible], [illegible] Delo [illegible]. [illegible] ad ortum, una e Cycladibus, [illegible] [illegible] propter [illegible] ejus Di[illegible], ad [illegible] inter Sporades, [illegible] olim [illegible] [illegible]: [illegible] [illegible], & [illegible], & [illegible].

75. *Arcitenens.*) Apollo, qui statim ut natus est, Pythona serpentem arcu, & sagittis [illegible], [illegible]

Errantem, Mycone celsa Gyaroque revinxit;
Immotamque coli dedit, & contemnere ventos.
Huc feror: hæc fessos tuto placidissima portu
Accipit: egressi veneramur Apollinis urbem.
Rex Anius, rex idem hominum Phœbique sacerdos,
Vittis & sacra redimitus tempora lauro
Occurrit, veterem Anchisen agnoscit amicum.
Jungimus hospitio dextras, & tecta subimus.
Templa Dei saxo venerabar structa vetusto:
Da propriam, Thymbræe, domum, da mœnia fessis,
Et genus, & mansuram urbem: serva altera Trojæ
Pergama, relliquias Danaum atque immitis Achillei.
Quem sequimur? quove ire jubes? ubi ponere sedes?
Da, pater, augurium, atque animis illabere nostris.
Vix ea fatus eram: tremere omnia visa repente,
Liminaque, laurusque Dei: totusque moveri
Mons circum, & mugire adytis cortina reclusis.

Sub-

INTERPRETATIO.

pius Apollo religavit Mycono alta & Gyaro, vagam antea circa litora & circa extrema terrarum: & voluit coli stabilem, & aspernari ventos. Illuc navigo: illa tranquillissima excipit securo portu nos lassos: egressi e navibus veneramur urbem Apollinis. Rex Anius, idem Rex populi & sacerdos Apollinis, coronatus circa caput tæniis & lauro dicata Apollini, *venit obviam, & agnoscit Anchisem antiquum amicum. Jungimus manus* in signum *hospitii. Reverebar templum Apollinis conditum vetere saxo: O Thymbræe, concede* nobis *propriam sedem, da muros fatigatis, & familiam, & urbem stabilem: protege secunda Pergama Trojæ, reliquias Græcorum & crudelis Achillis. Quem sequimur? aut quo imperas* nos *ire, & ubi statuere sedes? O pater, præbe* nobis *omen, & descende in mentes nostras. Vix dixeram ista: statim omnia visa sunt trepidare, & porta, & laurus Dei: & totus mons circum concuti,*

NOTÆ.

in Latonam matrem suam, jam gravidam, impetitam a Junone: unde *pius* dicitur. De *Neptuno*, Æn. I. 124. De *Doride*, quæ *Nereides* ex Nereo fratre suscepit, Ecl. x. 5.

77. *Immotamque*, &c.) Quia dicitur errasse mari, atque adeo aliquando ventorum agitatu movisse [illegible]. Deinceps vero Δῆλος *manifesta* vocata est: vel quia Latonæ locum ad pariendum quærenti, tutum a serpente Pythone [illegible], subito e mari emersit: vel quod post diluvium Ogygium, quod Deucalioneum longe præcessit, prima ex aquis apparuit: vel quod Phœbi oracula, alibi obscura, hic manifesta sunt. Fabulam aliqui referunt ad terræ motus, quibus agitabatur antea, & deinceps agitari desiit; alii ad securitatem portus. Urbs ejus primaria dicta est etiam *Delos*.

80. *Rex Anius*, &c.) Veterum more, rex idem & sacerdos: Apollinis filius ex Rhœo, vel Rhea. Filiæ ejus ex Dorippe fuere tres, *Oeno*, *Spermo*, & *Elais*, dictæ *Oenotropæ*, a [illegible], & [illegible]: quæ Bacchi beneficio, quicquid tangerent, mutare in formas verterent: Oeno quidem in *vinum*: Spermo in [illegible] frumentum; Elais in *oleum*. Fabula inde est, quod patres magnam rerum vim colligerent ex donis Apollini Delio oblatis. Constat enim ex antiquis monumentis, quæ citat Cerdanus, aram Apollinis Delii nullo victimarum sanguine cultam fuisse, sed precibus, floribus, &c. unde fit solum *Æneas venerabar*; & preces misit, non etiam victimas commemorat.

85. *Thymbræe*.) Strabo l. 13. ait templum esse Thymbram, in agro Trojano, quem Thymbrius fluvius interfluit, in Scamandrum influens, ubi templum est Apollinis Thymbræi, quibus locis ex Servio nomen est a copia thymbræ, herbæ condimentariæ, *cimbra*. Hic Æneas Apollinem, non Delium vocat, sed Thymbræum: ut ostendat unum eumdemque Deum esse, eumque sibi placabilem reddat commemoratione Trojani cultus & patrii templi.

91. *Liminaque laurusque*, &c.) Vel laurus quæ caput cingebat: coronabatur. Vel potius laurea silva, consita in templi atrio aut vestibulo: more veterum, qui lucos templis addebant. Notetur hic syllaba que, contra naturam producta.

93. *Mons* &c.) *Cynthus*, mons Deli insulæ, unde Apollo *Cynthius*, & Diana *Cynthia*.

Cortina.) Proprie fuit vas tingendis lanis, dictum a *corio*, Ital. *vaso basso*; vel quia bubulo corio formæ rotundæ fuit, ut *cortis*, quam rotun-

dam

Submissi petimus terram, & vox fertur ad aures:
Dardanidæ duri, quæ vos a stirpe parentum
Prima tulit tellus, eadem vos ubere læto
Accipiet reduces: antiquam exquirite matrem.
Hic domus Æneæ cunctis dominabitur oris,
Et nati natorum, & qui nascentur ab illis.
Hæc Phœbus: mixtoque ingens exorta tumultu
Lætitia, & cuncti, quæ sint ea mœnia, quærunt,
Quo Phœbus vocet errantes, jubeatque reverti.
Tum genitor, veterum volvens monumenta virorum,
Audite, o proceres, ait, & spes discite vestras.
Creta Jovis magni medio jacet insula ponto:
Mons Idæus ubi, & gentis cunabula nostræ.
Centum urbes habitant magnas, uberrima regna:
Maximus unde pater, si rite audita recordor,
Teucrus Rhœteas primum est advectus in oras,

O-

INTERPRETATIO.

& tentorium sonare apertis recessibus. Humiles cadimus in terram, & vox pervenit ad aures: Trojani fortes, quæ terra vos produxit a prima origine majorum, eadem fertili sinu excipiet vos redeuntes: quærite matrem genitricem. Illic familia Æneæ regnabit in regiones omnes, & filii filiorum, & qui orientur ab illis. Apollo hæc dixit: & gaudium magnum ortum est mixto tumultu, & omnes inquirunt quæ sit ea urbs, quo Phœbus revocet vagos, & imperet eos redire. Tunc pater mente recogitans historias antiquorum hominum, dixit: O primates, audite & intelligite spes vestras. Creta, insula Jovis magni, sita est in medio mari: ubi est mons Ida, & origo nationis nostræ. Incolæ illius occupant centum urbes magnas, regna fertilissima: unde, si bene memini auditarum rerum, maximus pater Teucer primo advenit ad promonto-

NOTÆ.

dam fuisse habemus ex Catone; vel quia vasis hujus mensura erat unum in *corte*. Hinc e formæ similitudine cortinæ appellatio translata est ab Ennio ad significandum *hemisphærium cæli*. *Quæque fronte [illegible] cortina recepta.* Hinc ad exprimendum tentorium circa tripoda Delphicum, ubi sedens Pythia puella vaticinabatur. Hinc ad vela illa, quibus in theatro histriones tegunt; & in sacris libris quælibet pellicea tentoria, Ital. *cortinaggio*. Alii aliunde deducunt: vel a *cute* Pythonis serpentis, ex quo tentorium Delphici tripodis factum dicunt; vel a *corde* puellæ, quod illic e Phœbo tremebat: sed primum probabilius Vossio videtur, Scaligero, &c. Hic autem ambiguum est, an velum simpliciter, an etiam *tripodis* tentorium significet: cum dubium sit, an ex tripode, an per puellam, an per Anium regem, an sola Dei voce redditum sit ex adytis hoc Æneæ oraculum.

95. *Ubere.*) De ubere terræ, pro ubertate, Æn. 1. 535. & Georg. 2. 185.

97. *Domus Æneæ, &c.*) Versus hi duo vaticinium continent de magnitudine Romani imperii. Traducti sunt ex Homero Iliad. 20. 307. Ubi Neptunus Æneam ab Achille occidendum periculo eripuit. Sed apud Homerum illic, & in Hymno Veneris v. 197. omnia exemplaria habent, non *πάντεσσιν ἀνάξει*, sed *Τρώεσσιν ἀνάξει*: unde plerique putant Æneam non venisse in Italiam, sed post Priami familiam extinctam Trojæ regnasse: cujus rei tamen multa vestigia & argumenta profert Bochartus in dissertatione, quam Segresius præfixit Gallico suo Virgilio: prævaluit tamen Italorum opinio, quam secutus est Virgilius.

102. *Veterum monumenta, &c.*) Erravit in ea explicatione oraculi & pater & filius; pater quidem, quod in re dubia, qualis erat origo Trojanæ gentis, quæ per Dardanum ex Italia, per Teucrum e Creta oriebatur, minime dubitavit: filius autem, quod patrem non monuerit, se a Creusa alumnate audivisse, sibi sedes a Diis in Italia ad Tybrim fluvium esse paratas: quod in alteram interpretationis partem deflectere patris animum potuisset: vide Æn. 2. 781.

104. *Creta, &c.*) *Candia*, ingens insula mediterranei maris: inter Ægæum & Libycum mare: olim urbibus clara centum, unde ab Homero in Iliade *ἑκατόμπολις* dicitur; in Odyss. habet tantum urbes *ἐνενήκοντα*, *nonaginta*: præcipuæ fuere *Gnossus*, *Gortyna*, *Cydon*, *Dictynna*. De Jovis in ea insula cunabulis, deque *Cybele* & *Corybantibus*, Georg. 4. 152. & mox v. 111.

108. *Teucrus Rhœteas.*) Teucer, Scamandri Cretensis filius, cum insula frugum inopia laboraret, dicitur, ad sedes novas quærendas, cum tertia populi parte abiisse; acceptoque oraculo, ibi ut poneret sedes, ubi terrigenis hosticis oppugnaretur, in Phrygia circa Amaxitum & Rhœteum Troadis in Hellesponto promontorium

Optavitque locum regno: nondum Ilium & arces
Pergameæ steterant, habitabant vallibus imis.
Hinc mater cultrix Cybele, Corybantiaque æra,
Idæumque nemus: hinc fida silentia sacris,
Et juncti currum dominæ subiere leones.
Ergo agite, &, Divum ducunt qua jussa, sequamur.
Placemus ventos, & Gnosia regna petamus.
Nec longo distant cursu: modo Jupiter adsit,
Tertia lux classem Cretæis sistet in oris.
Sic fatus, meritos aris mactavit honores:
Taurum Neptuno; taurum tibi, pulcher Apollo:
Nigram Hyemi pecudem, Zephyris felicibus albam.

Pa-

INTERPRETATIO.

rium Rhœteum, & elegit sedem regni: nondum Ilium & arx Pergamea condita erat, degebant in profundis vallibus. Hinc venit mater Cybele protectrix loci, & cymbala Corybantia, & silva Idæa: hinc fidele arcanum cærimoniarum, & juncti leones traxerunt currum Deæ. Itaque agite, & sequamur qua mandata Deorum nos ducunt. Propitiemus ventos, & proficiscamur in regnum Creticum. Neque abest longo spatio: dum Jupiter faveat, tertia dies appellet naves ad litus Creticum. Sic locutus immolavit in altaribus dignas victimas: Neptuno taurum; tibi taurum, o Phœbe formose: Tempestati ovem

NOTÆ.

maxime morborum multitudine vexatus, ibi vederit ... templum construxit Apollini Smintheo, cujus simulacrum pede premebat murem, qui Phrygia, aut Cretica lingua σμίνθος appellatur. Præterea veterum colonorum more, patrium nomen intulit in Troadem, & montem vocavit Idam ab Ida Cretensi monte, Æn. 2. 801. a patre suo Scamandrum fluvium, qui antea Xanthus vocabatur: unde Homerus ait Xanthum a Diis vocari, Scamandrum ab hominibus; id est, nomen hoc esse illo recentius. Denique cultum Cybeles matris Deorum in Phrygiam intulit e Creta, ubi illa Jovem pepererat & aluerat.

109. *Optavitque locum regno.*) *Elegit*: sic Æn. 1. 429. *Pars optare locum tecto.* Et vero primus ibi regnavit; paulloque post venit ex Italia Dardanus, qui ab ipso in generum ac successorem adscitus est, Æn. 1. 239.

111. *Mater cultrix Cybele.*) Quæ & *Rhea*, & *Ops*, Saturni uxor, mater Deorum ac terra ipsa. Nomen vel a *Cybele* monte Phrygiæ; vel a κυβιστᾶν in *caput saltare*, *in caput rotare*, quod in sacris ejus ministri crebro caput rotarent. Et vero Græcis ipsa dicitur & Κυβήβη, & Κυβέλη. Vocabantur ministri illi *Corybantes*, *Curetes*, & *Dactyli Idæi*, Jovis altores, qui frequenti cymbalorum æreorum pulsu in sacris utebantur. Vehebatur curru, quia ex Lucret. lib. 2. 600. terra est; terra autem in medio pendet. Trahebatur a leonibus, quia mater est omnium, & parentum officio prolem etiam ferocissimam mollire debet. Cætera vero mysteria ibi fuse ab eodem Lucretio explicantur. [illegible] autem ejus sacra gravi silentio, ut & Cereris cæremoniæ: fortasse ut inscrutabilem terræ profunditatem exprimerent. Reliqua vide Georg. 4. 151. & Æn. 6. 784. Legunt hic multi *cultrix Cybeli*, in quo Phrygiæ monte culta esse dicitur; atque adeo hanc lectionem di-ci potest, & propterea, quomodo Juno Carthaginem lib. 1. 20. *Quam Juno fertur terris magis omnibus unam posthabita coluisse Samo.* Aliqui *cultrix Cybele* dicitur, pro cultrice montium, in quibus coli amavit, quo nomine eam appellat Catul. de nuptiis Pelei 371. *Unigenamque simul cultricem montibus Idæ.*

115. *Gnosia regna.*) Cretam, cujus urbs præcipua *Gnossus*, supra v. 104.

116. *Jupiter.*) Sumitur hic vel pro Deorum rege, qui natus in Creta eidem præfuerat, vel pro aere ventis impulso, ut a Catullo sumitur in Phaselo: *sive utrumque Jupiter simul secundus incidisset in pedem.*

118. *Honores.*) Pro sacrificiis sæpe sumuntur; infra v. 547. *Junoni Argivæ jussos adolemus honores.* De *Neptuno*, Æn. 1. 129. De *Apolline*, Ecl. 3. 104.

120. *Nigram Hyemi*, &c.) Per *Hyemem* intelligit *Tempestates*, quæ ex Cicer. de Nat. Deorum 3. 51. *Populi Romani ritu consecratæ sunt: antea duces, mare ingredientes, immolare hostias fluctibus consueverant.* Ad hunc morem allusit Virgilius hic, & l. 5. 772. *Tempestatibus agnam cædere deinde jubet.* Et notat hic Taubmannus ex Plauto, *pecudem* maxime de ovino genere dici. *Venti* quoque Deorum loco habiti sunt, tam apud Græcos ex Herodoto, qui l. 7. Athenienses inducit Boreæ sacrificantes; quam apud Romanos, ex Seneca, Natur. quæst. l. 5. 17. qui ait, Augustum in Gallia commorantem Circio, Galliæ Narbonensis peculiari vento, templum vovisse ac fecisse. De *Zephyro*, Ecl. 5. 5. At notat Macrobius hæc sacrificia non in templo Deliaco facta esse, ubi sanguinem fundi nefas erat. Et vero non ædificabant hyemi & ventis ad aram Apollinis. Ubi igitur? fortasse in litore.

Fama volat, pulsum regnis cessisse paternis
Idomenea ducem, desertaque litora Cretæ,
Hoste vacare domos, sedesque astare relictas.
Linquimus Ortygiæ portus, pelagoque volamus:
Bacchatamque jugis Naxon, viridemque Donysam,
Olearon, niveamque Paron, sparsasque per æquor
Cycladas, & crebris legimus freta consita terris.
Nauticus exoritur vario certamine clamor.
Hortantur socii, Cretam proavosque petamus.
Prosequitur surgens a puppi ventus euntes:
Et tandem antiquis Curetum allabimur oris.
Ergo avidus muros optatæ molior urbis,
Pergameamque voco: & lætam cognomine gentem
Hortor amare focos, arcemque attollere tectis.
Jamque fere sicco subductæ litore puppes:
Connubiis arvisque novis operata juventus:

Ju-

INTERPRETATIO.

nigram, Zephyris propitiis candidam. Rumor spargitur, ducem Idomeneum ejectum abiisse e paternis regnis, & litora Cretæ esse vacua, domos carere hostibus, & regionem relictam patere. Linquimus portus Deli, & mari currimus, & radimus Naxum in montibus sonantem tumultu Baccharum, & viridem Donysam, & Olearon, & Paron candidam, & Cycladas sparsas per mare, & freta distincta multis insulis. Tollitur clamor nauticus diverso conatu. Socii impellunt sese, ut adeamus Cretam & majores. Ventus subsequens a puppi propellit navigantes: ac demum appellimur ad vetera litora Curetum. Ergo cupidus extruo muros desideratæ urbis, & eam appello Pergameam, & hortor populum gaudentem hac appellatione, ut curet domos, & erigat arcem alto fastigio. Et jam ferme naves deductæ e mari stabant in litore sicco: juventus va-

NOTÆ.

122. *Idomenea.*) Ionice, Ἰδομενῆα, ut longa sit penultima, ut Æn. 1. 603. *Illanes preces dedit.* Idomeneus filius Deucalionis, nepos fuit Minois Cretensis regis, duxitque Cretenses ad Trojanum bellum; unde rediens cum in tempestate vovisset se sacrificaturum Diis, quod sibi appulso primum occurreret; occurrissetque filius, eum pater immolavit; sive deinde peste pulsus est regno a civibus, quasi impius in prolem, atque ita Diis invisus. Inde abiisse dicitur in Calabriam Italiæ, & ad Salentinum promontorium urbem condidisse. Ait tamen interpres Lycophronis, eum a Nauplio pulsum, Eubœæ rege: qui ut necem Palamedis filii Ulyssis dolo a Græcis ad Trojam occisi vindicaret, Cretam occupaverat. Diodorus non pulsum Idomenea, sed in patria diem obiisse censet.

124. *Ortygiæ.*) Antiquum nomen Deli insulæ; vel ab ὄρτυξ *coturnix*, Ital. *quaglia*: quod primum illic, aut primum, aut magna multitudine eiusm [illegible]; vel juxta alios, ab Ortygia Ætolia; [illegible] & hanc, & alias complures Ortygias, [illegible] volunt.

125. *B[illegible] jugis Naxon.*) Naxus, una Cycladum insula [illegible], ad meridiem Deli, vino fertilis, unde [illegible] dicata, quia Ariadnen, a Theseo raptam, [illegible] relictam, fertur excepisse. *Bacchata* dicitur, id est, frequentata a Bacchis, furiosis Bacchi comitibus feminis. ℣. 29. 6. Hodie *Nicsia*.

Viridemque Donysam.) Jacet inter Icariam & Gyarum, marmore viridi celebris: hodie *Donussa*.

126. *Olearon, &c.*) *Olearus* vel *Oliaros*: juxta Nigrum nunc dicta *Quinimio*. *Paron.*) *Paros*, hodie *Paro*, niveo marmore notabilis. De *Cycladibus*, supra v. 74.

127. *Consita terris.*) Ubi variæ terræ, seu insulæ, quasi *sata & seminata* sunt, & post mentionem *Cycladum*, hic significat *Sporadas*; quæ nomen habent a σπείρω, *semino*, quia sine ordine sparsæ sunt.

131. *Curetum oris.*) Cretam significat: ubi *Curetes* populi, vel familia fuit ministrorum Cybeles: sic dicti juxta Strabonem l. 10. a κουρά *tonsura*, quia anteriorem capitis partem detonsam gestabant. Saltationis armatæ inventionem iis Pitenius tribuit; aiunt etiam tympana, quorum strepitu Jovem recens natum Saturni patris voracitati subduxere. Iidem dicti *Corybantes* & *Idæi Dactyli*.

134. *Amare focos.*) Servius ait commendari studium sacrificiorum, quæ semper igne perficiebantur: ego curam privatarum domorum & rei familiaris. Id enim focus sæpe significat; ut cum dicimus, *pugnare pro aris & focis*, id est, pro re sacra ac profana, publica ac domestica.

Jura domosque dabam: subito cum tabida membris,
Corrupto cœli tractu, miserandaque venit
Arboribusque satisque lues, & letifer annus.
Linquebant dulces animas, aut ægra trahebant
Corpora. Tum steriles exurere Sirius agros.
Arebant herbæ, & victum seges ægra negabat.
Rursus ad oraculum Ortygiæ Phœbumque remenso
Hortatur pater ire mari, veniamque precari:
Quem fessis finem rebus ferat, unde laborum
Tentare auxilium jubeat, quo vertere cursus.
Nox erat, & terris animalia somnus habebat.
Effigies sacræ Divum, Phrygiique Penates,
Quos mecum a Troja mediisque ex ignibus urbis
Extuleram, visi ante oculos astare jacentis
In somnis, multo manifesti lumine, qua se
Plena per insertas fundebat Luna fenestras.
Tum sic affari, & curas his demere dictis:
Quod tibi delato Ortygiam dicturus Apollo est,
Hic canit, & tua nos en ultro ad limina mittit.
Nos te, Dardania incensa, tuaque arma secuti,
Nos tumidum sub te permensi classibus æquor;
Iidem venturos tollemus in astra nepotes,
Imperiumque urbi dabimus. Tu mœnia magnis

Ma-

INTERPRETATIO.

dabam conjugiis & agris novis; distribuebam leges ac domos: cum repente pestis funesta, & putrida, & annus mortifer venit in corpora, & in arbores, & in segetes, vitiatis spatiis aeris. Socii *amittebant dulces animas, aut trahebant languentia corpora. Præterea Sirius cœpit urere campos infœcundos: herbæ siccabantur, & messes aridæ non dabant cibum. Pater meus hortatur me, ut remenso mari eam iterum ad oraculum Deli, & ad Phœbum; & ut orem veniam:* & per-m *quem terminum ponat rebus afflictis, unde imperet nos quærere subsidium* in tot *difficultatibus, & quo convertere cursum. Nox erat, & somnus tenebat animalia per terras. Statuæ sacræ Deorum, & Penates Phrygii, quos exportaveram mecum a Troja, & e medio incendio urbis, visi sunt in somnis stare ante oculos decumbentis, multa luce conspicui, qua parte Luna plena mittebat suum lumen per fenestras hiantes. Tunc sic* visi sunt *me alloqui, & auferre sollicitudinem his verbis: Quod Apollo dicturus esset tibi appulso ad Delum,* hoc ipsum tibi *prædicit hoc loco, & ecce nos ipse sponte mittit in tuam domum. Nos* post *Trojam combustam secuti* sumus *te & tua arma; nos te duce percurrimus navibus procellosum mare; nos ipsi extollemus ad sidera futuros posteros tuos, & dabimus imperium* orbis *urbi tuæ.*

NOTÆ.

136. *Operata, &c.*) Vel *operam dabat* connubiis & agris colendis, ut explicat Donatus. Vel *sacrificabat* pro felici successu conjugiorum & agrorum; nam & ante hæc omnia præibat apud veteres sacrificium, & *operari* simpliciter, *sacrificare* interdum significat, ut Georg. 1. 339. *Lætis operatus in herbis.*

141. *Sirius.*) Stella in ore majoris canis, quæ *canicula* dicitur: de ea Georg. 2. 353. De *Ortygia*, sive Delo insula, supra v. 124. De *Phœbo*, Ecl. 3. 62. De *Phrygiis Penatibus*, Æn. 2. 717.

152. *Insertas.*) Servius explicat, *inseratas*, id est *non seratas*, *non clausas sera*; per synecdochen, ut Æn. 2. 379. *Aspris sentibus*, pro *asperis*: paulo durius. Turnebus, *additas internas & interpositas* ad lucem admittendam. Germanus, *trajectas & penetratas lumine*. Alii, *hiantes*, quibus lumen *insertum erat*; quo fere modo dixit, Æn. 2. 135. *Per noctem obscurus in ulva delitui*: id est, *per noctem obscuram*.

Magna para, longumque fugæ ne linque laborem.
Mutandæ sedes: non hæc tibi litora suasit
Delius, aut Cretæ jussit considere Apollo.
Est locus, Hesperiam Graji cognomine dicunt;
Terra antiqua, potens armis atque ubere glebæ.
Oenotrii coluere viri: nunc fama, minores
Italiam dixisse, ducis de nomine, gentem.
Hæ nobis propriæ sedes: hinc Dardanus ortus,
Iasiusque pater, genus a quo principe nostrum.
Surge, age, & hæc lætus longævo dicta parenti
Haud dubitanda refer. Coritum, terrasque require
Ausonias. Dictæa negat tibi Jupiter arva.
Talibus attonitus visis ac voce Deorum,
(Nec sopor illud erat; sed coram agnoscere vultus,
Velatasque comas, præsentiaque ora videbar:
Tum gelidus toto manabat corpore sudor)
Corripio e stratis corpus, tendoque supinas
Ad cœlum cum voce manus, & munera libo

In-

INTERPRETATIO.

Tu destina magnos muros nobis magnis, & ne abjice laborem longi itineris. Mutanda est *regio: Delius Apollo non suasit tibi* adire *hæc litora, nec jussit te manere in Creta. Est regio,* quam *Græci cognomine appellant Hesperiam: terra vetus, potens bello & fertilitate agrorum. Populi Oenotrii* hanc *tenuerunt: nunc rumor* est *posteros vocavisse nationem, Italiam, e nomine ducis. Hæ sedes addictæ* sunt *nobis: hinc natus* est *Dardanus, & pater Jasius, a quo* Dardano *principe genus nostrum* ductum est. *Age, surge, & lætus renarra seniori patri hæc verba non* revocanda *in dubium. Quære* Coritum, *& terras Ausonias. Jupiter negat tibi Cretenses agros.* Ego *stupefactus talibus jussis & sermone Deorum, (Neque enim hoc erat somnus; sed videbar coram distinguere vultus, & capillos velatos, & facies præsentes: & tum sudor frigidus fluebat toto corpore) effero corpus e lecto, & extollo ad cælum manus inversas cum prece, & injicio flammis pura dona;*

NOTÆ.

163. *Est locus, &c.*) Hi versus & sequentes omnino translati sunt ex Æn. 1. v. 534. ubi fuse explicantur.

167. *Dardanus, Iasiusque pater, &c.*) Pater ad posteros refertur, non ad Dardanum, qui ejus frater fuit: ambo Electram habuere matrem, filiam Atlantis Mauritaniæ regis, uxorem Coriti Tusciæ regis in Italia; sed Jasius hunc Coritum habuit patrem, Dardanus Jovem. Mortuo Corito, utrinque de succedendi jure dissidio, Jasium Dardanus occidit; ideoque pulsus a Tuscis, & a Siculo Hispaniæ rege, Electræ fratre, qui ad eum puniendum dimidio venerat; primo in Samothraciam insulam fugit, ac deinde in Phrygiam, ubi Teucri filiam accepit in conjugem, & cum eo gentis hujus parens fuit, quæ deinde Trojana dicta est. Igitur a quo non ad Jasium, sed ad Dardanum referri debet, Æn. 1. 139.

170. *Coritum.*) *Coritus*; oppidum & urbs Tusciæ, nunc *Cortona*: vel a Corito Dardani, ut putabatur, patre sic dicta; vel a κόρυς *galea*, quam Dardanus illic in pugna amisit. De *Tuscia* sive *Etruria*, Italiæ regione, Æn. 8. 479.

171. *Ausonias. Dictæa, &c.*) Italiam volunt dictam esse Ausoniam ob *Ausone* Ulyssis & Calypsus filio: at male; non enim hic Penates Æneæ nomen hoc Italiæ tribuerunt, cum vix dum natus esset Auson, tantum abest, ut illic regnaret. Nisi interpretum id putemus per anticipationem temporis. Alii volunt *Ausones* dictos esse Græcis veteres seu Latii populos, qui Latinis *Aurunci* dicebantur, commutatione vulgari literæ r in s. Et bene; nam *Aurunci* antiquiores fuerunt Ulyssis & Æneæ temporibus, siquidem sit Latinus Latii rex, Æn. 7. 206. *Atque equidem memini ... Auruncos ita ferre senes. Dictæa arva*, Cretensia sunt, a monte *Dicte*, ubi educatus est Jupiter, nunc *Lassiti*, in parte orientali Cretæ; ab aliquibus Idæ pars esse dicitur, & distinguitur ab aliis.

174. *Velatasque comas.*) Ornatas vittis, quæ etiam statuarum deorum capitibus alligabantur, Æn. 2. 133.

176. *Supinas.*) Id est sublatas, ut palmæ cœlo obvertantur.

Intemerata focis: perfecto lætus honore
Anchisen facio certum, remque ordine pando.
Agnovit prolem ambiguam, geminosque parentes:
Seque novo veterum deceptum errore locorum.
Tum memorat: Nate Iliacis exercite fatis,
Sola mihi tales casus Cassandra canebat.
Nunc repeto hæc generi portendere debita nostro,
Et sæpe Hesperiam, sæpe Itala regna vocare.
Sed quis ad Hesperiæ venturos litora Teucros
Crederet? aut quem tum vates Cassandra moveret?
Cedamus Phœbo, & moniti meliora sequamur.
Sic ait, & cuncti dictis paremus ovantes.
Hanc quoque deserimus sedem, paucisque relictis
Vela damus, vastumque cava trabe currimus æquor.
Postquam altum tenuere rates, nec jam amplius ullæ
Apparent terræ, cœlum undique & undique pontus:
Tum mihi cæruleus supra caput astitit imber,
Noctem hyememque ferens: & inhorruit unda tenebris.
Continuo venti volvunt mare, magnaque surgunt
Æquora: dispersi jactamur gurgite vasto:
Involvere diem nimbi, & nox humida cœlum
Abstulit: ingeminant abruptis nubibus ignes.

Ex-

INTERPRETATIO.

confecto sacrificio lætus facio Anchisen certum de iis rebus, *& explico ordine prodigium.* Anchises *animadvertit familiam ancipitem, & binos ejus auctores: & se delusum esse novo errore antiquarum regionum. Deinde ait: Fili, agitate fatis Trojanis, sola Cassandra mihi prædicebat tales casus. Nunc reminiscor* illam *prædixisse hæc destinata esse nostro generi, & sæpe appellasse* Hesperiam, *sæpe regna Italica. Sed quis putavisset Trojanos venturos ad litus Italiæ? aut quem tum Cassandra vaticinans movisset? Obediamus Apollini, & admoniti sequamur meliora* consilia. *Sic dicit, & omnes obtemperamus læti verbis* ejus. *Relinquimus hanc etiam terram, & paucis* ibi *relictis, præbemus vela ventis, & decurrimus magnum mare cavis navibus. Postquam naves provectæ* sunt *in altum* mare, *nec jam ulla terra amplius videbantur*, sed *undequaque aer, & undequaque aqua: tunc cærulea pluvia decidit mihi supra caput, inducens noctem & tempestatem, & mare terribile* factum est *ob tenebras. Statim venti impellunt mare, & magni fluctus intumescunt; agitamur sparsi immenso mari; nubes abstulerunt diem, & nox imbrifera eripuit lucem: crebro micant fulgura e scissis*

NOTÆ.

177. *Munera libo, &c.*) Penatibus & Laribus sacra fiebant; alia quotidiana & privata; alia publica in compitis, unde apud Romanos dicebantur *Compitalia.* Privata vulgo *ad focum*, aliquando etiam ad aram, quæ in sacrario domus erecta erat: eaque fiebant thure, vino, coronis & lanugine floris, cibo aliquo laudiore e mensa in ignem injecto. Patet id præsertim ex Plauto in Aulularia prologo. Publica sacrificia fiebant porca cæsa. Igitur hic munera *intemerata* erant, merum vinum, ac thus: quare *libari* dicuntur, id est, *stillari & injici*, Æn. 1. 740.

180. *Geminosque parentes, &c.*) Teucrum, qui ex Creta; *Dardanum*, qui ex Italia venerat. At vero errorem agnoscere ante debuerat, præsertim ex ultimis Creusæ verbis ad Æneam, Æn. 2. 781.

183. *Cassandra.*) De illa Priami filia, & vate, cujus vaticiniis nulla fides a Trojanis habebatur, Æn. 2. 246. De *Hesperia*, Italia, Æn. 1. 534. De *Teucris*, Trojanis, ibid. 239.

189. *Ovantes.*) Propria *ovatio* erat minor triumphus, pedestris; ad summum ex equo, non e curru. Nomen est, vel ab acclamatione militum, geminata sæpius litera O, juxta Festum; vel ab ove, quæ in minori triumpho immolabatur, non taurus, juxta Plutarchum. Hinc ad lætitiam omnem significandam vox illa traducta; etiam ad corvos, qui dicuntur Georg. 1. 423. *Ovantes gutture corvi.*

Excutimur cursu, & cæcis erramus in undis.
Ipse diem noctemque negat discernere cælo,
Nec meminisse viæ media Palinurus in unda.
Tres adeo incertos cæca caligine soles
Erramus pelago, totidem sine sidere noctes.
Quarto terra die primum se attollere tandem
Visa, aperire procul montes, ac volvere fumum.
Vela cadunt, remis insurgimus: haud mora, nautæ
Adnixi torquent spumas, & cærula verrunt.
Servatum ex undis Strophadum me litora primum
Accipiunt. Strophades Graio stant nomine dictæ
Insulæ Ionio in magno: quas dira Celæno,
Harpyiæque colunt aliæ, Phineïa postquam
Clausa domus, mensasque metu liquere priores.
Tristius haud illis monstrum, nec sævior ulla
Pestis & ira Deum Stygiis sese extulit undis.
Virginei volucrum vultus, fœdissima ventris
Proluvies, uncæque manus, & pallida semper

Ora

INTERPRETATIO.

nubibus. Dejicimur a recto cursu, & vagamur per undas ignotas. Ipse Palinurus ait se non distinguere diem a nocte in cælo, nec cognoscere iter in mediis fluctibus. Itaque vagamur mari per tres dies ambiguos propter tenebras obscuras, & per tres noctes sine astro. Quarto demum die terra primum visa est se erigere, & procul ostendere montes, atque emittere fumum. Vela detrahuntur, incumbimus remis: non est mora, nautæ connitentes convolvunt spumosos fluctus, & secant spatia cærulea. Litora Strophadum primo excipiunt me ereptum ex undis. Strophades insulæ Græco nomine appellatæ jacent in magno mari Jonio: quas sæva Celæno & aliæ Harpyiæ habitant, ex quo tempore domus Phinei clausa est ipsis, & præ timore deseruerunt mensas priores. Non est monstrum perniciosius illis: nec ulla pestis aut furor Deorum crudelior extulit se ex undis inferorum. Vultus earum volucrum sunt fœminei, sordidissima effusio alvi, & manus aduncæ, & facies semper pal-

NOTÆ.

201. *Palinurus.*) Gubernator navis Æneæ, qui Morphei dolis oppressus in mare decidit Æn. 5. 833. & in Italiam, ad litus Veliense enatans, ab incolis occiditur, nomenque dabit promontorio Lucaniæ Palinuro, Æn. 6. 337.

210. *Strophades Graio, &c.*) Insulæ duæ parvæ, hodie *Strivali*, ad latus *Peloponnesi*, in mari Jonio. *Jonium* vero mare dicitur: non quod Joniam alluit, Asiæ minoris regionem inter Æolidem & Cariam; sed quicquid æquoris interjacet Siciliam inter & Græciam ad usque promontorium Epiri Acroceraunium, ubi mare Hadriaticum incipit, quod vocatur a quibusdam *sinus Jonius*. Insulæ porro illæ prius dicebantur *Plotæ*: deinde *Strophades* a στροφὴ *conversio*: quia Calais & Zetes, alati Boreæ filii ex Orithyia, cum Harpyias a Phineo usque ad has usque insulas repulissent, a Jove admoniti ne Harpyias ultra persequerentur, inde reversi retro iter verterunt. Notetur [illegible] *a* ante vocalem correpta, quæ alias, [illegible]: *Insulæ Ionio*.

211. *Celæno, Harpyiæque, &c.*) Ponti & Terræ dicuntur filiæ, unde in insulis habitant: nomen ab ἁρπάζω, *rapio*. Vulgo tres numerantur ab Hesiodo, *Iris*, *Aëllo*, *Ocypete*. Alii mutant nomina. Virgilius unam appellat *Celæno*, nec definit aliarum nomina aut numerum. Aliqui quartam addunt *Thyellam*. Vocavit eas Apollonius, Διὸς κύνας *Jovis canes*; Valerius Flaccus, *Jovis famulas*; Virgilius hic *furias*, v. 252. *diras* v. 262. unde probat Servius, & post eum Cerdanus, easdem esse quæ apud inferos dicuntur *furiæ*, apud superos *diræ*, in medio *harpyiæ*: quemadmodum eadem est Diana in terris, Luna in cælo, Proserpina in inferis.

212. *Phineia.*) Phineus Arcadiæ; vel Thraciæ rex, cum filios ex prima conjuge novercæ fraude excæcasset, ipse a Jove excæcatus & immissis Harpyiis vexatus est. Argonautas deinde, in Colchidem ad expeditionem velleris aurei profectos, cum iter doceret, Calais & Zetes ut gratiam referrent, Harpyias ad Plotas usque insulas persecuti sunt, ut supra diximus.

215. *Stygiis.*) *Styx*, inferorum fluvius, de quo Æn. 6. 323.

Ora fame.
Huc ubi delati portus intravimus, ecce
Læta boum passim campis armenta videmus,
Caprigenumque pecus, nullo custode, per herbas.
Irruimus ferro, & Divos ipsumque vocamus
In prædam partemque Jovem. Tum litore curvo
Exstruimusque toros, dapibusque epulamur opimis.
At subitæ horrifico lapsu de montibus adsunt
Harpyiæ, & magnis quatiunt clangoribus alas,
Diripiuntque dapes, contactuque omnia fœdant
Immundo: tum vox tetrum dira inter odorem.
Rursum in secessu longo, sub rupe cavata,
Arboribus clausi circum atque horrentibus umbris,
Instruimus mensas, arisque reponimus ignem.
Rursum ex diverso cœli cæcisque latebris
Turba sonans prædam pedibus circumvolat uncis,
Polluit ore dapes. Sociis tunc arma capessant,
Edico, & dira bellum cum gente gerendum.
Haud secus ac jussi faciunt, tectosque per herbam
Disponunt enses, & scuta latentia condunt.
Ergo ubi delapsæ sonitum per curva dedere
Litora, dat signum specula Misenus ab alta
Ære cavo: invadunt socii, & nova prælia tentant,

Ob-

INTERPRETATIO.

lida præ fame. Postquam huc appulsi ingressi sumus portum, ecce cernimus passim in campis pingues boum greges, & greges caprarum in pratis, sine custode. Irruimus in eos gladiis, & vocamus in prædam & in partem Deos & Jovem ipsum. Deinde in sinuoso litore struimus lectulos, & comedimus pingues carnes. Sed improvisæ Harpyiæ advolant tremendo volatu e montibus, & succutiunt alas magno stridore, & rapiunt cibos, & turpant omnia immundo tactu. Præterea vox earum horribilis est inter fœtidum odorem. Iterum in recessu remoto sub rupe cavata circumtecti arboribus & densa umbra, sternimus mensas, & collocamus ignem in aris. Iterum ex alia parte cœli & latebris incognitis turba Harpyiarum stridens advolat circa prædam aduncis pedibus, & fœdat cibos ore. Præcipio tunc sociis ut sumant arma, & bellum faciendum esse cum sæva turba. Non aliter ac jussi erant faciunt, & præparant gladios occultos sub herba, & abscondunt clypeos latentes. Igitur, cum Harpyiæ advolantes ediderunt strepitum per sinuosa litora, Misenus ab alto colle dat signum pugnæ cava buccina: aggrediuntur socii, & tentant novum præ-

NOTÆ.

223. *In prædam partemque Jovem.*) Id est, *in prædæ partem*. Et mos erat veterum, ut partem spoliorum in bello, aut prædæ in venatione Diis voverent: eamque vel addicerent sacrificiis, vel e tholo & fornice & arboribus ad memoriam suspenderent. Sic Æn. 9. 407. Nisus ad Dianam: *Si qua ipse meis venatibus auxi, Suspendive tholo, aut sacra ad fastigia fixi.*

224. *Toros.*) *Lectos*: juxta grammaticos veteres, a torta herba, in qua sternebantur; juxta recentiores, a [illegible], & *funis*, quia ex funibus fiebant.

231. *Arisque, &c.*) Vel quia nunquam epulabantur veteres absque aliqua specie sacrificii, & saltem libationis, de qua Æn. 1. 740. Vel quia forte aras Jovi erexerant, ut prædæ partem ei sacrificarent.

239. *Specula Misenus, &c.*) *Specula* locus editior, unde late prospectus patet: ab antiquo *specio*, id est, *video*: hinc est *speculor*. *Misenus*, Æoli filius, Hectoris olim tubicen, nunc Æneæ, de quo multa Æn. 6. 164.

Obscœnas pelagi ferro fœdare volucres.
Sed neque vim plumis ullam, nec vulnera tergo
Accipiunt: celerique fuga sub sidera lapsæ
Semesam prædam & vestigia fœda relinquunt.
Una in præcelsa consedit rupe Celæno
Infelix vates, rupitque hanc pectore vocem:
Bellum etiam pro cæde boum stratisque juvencis,
Laomedontiadæ, bellumne inferre paratis?
Et patrio insontes Harpyias pellere regno?
Accipite ergo animis atque hæc mea figite dicta:
Quæ Phœbo pater omnipotens, mihi Phœbus Apollo
Prædixit, vobis furiarum ego maxima pando.
Italiam cursu petitis, ventisque vocatis
Ibitis Italiam, portusque intrare licebit.
Sed non ante datam cingetis mœnibus urbem,
Quam vos dira fames, nostræque injuria cædis,
Ambesas subigat malis absumere mensas.
Dixit, & in silvam pennis ablata refugit.
At sociis subita gelidus formidine sanguis
Diriguit: cecidere animi: nec jam amplius armis,
Sed votis precibusque jubent exposcere pacem,
Sive Deæ, seu sint diræ obscœnæque volucres.

At

INTERPRETATIO.

gnam, nempe vulnerare gladio turpes volucres maris. At neque excipiunt plumis ictum ullum, aut plagas tergo, & celeri fuga elapsæ ad astra deserunt prædam semimanducatam & notas fœdas. Una ex iis Celæno constitit in altissima rupe funesta vates, & emisit hæc verba e pectore: An etiam bellum, bellum, inquam, vultis nobis inferre, post stragem boum & occisos juvencos nostros, o Trojani? & ejicere Harpyias insontes e paterna ditione? Ergo animis excipite & imprimite hæc mea verba: quæ Jupiter omnipotens dixit Apollini, Phœbus Apollo mihi, ego maxima furiarum expono vobis. Petitis navigatione Italiam: & ventis invocatis pervenietis in Italiam, & permittetur vobis ingredi portus ejus. Sed non claudetis muris urbem concessam, priusquam crudelis fames & injuria cædis nobis illatæ cogat vos devorare dentibus mensas corrosas. Sic locuta est, & fugit in silvam alis ablata. At sociis sanguis frigidus constipatur repentino timore: animi defecerunt: nec jam ulterius volunt armis pugnare, sed votis & precibus petere pacem ab Harpyiis, seu sint Deæ, seu funestæ & fœdæ volucres.

NOTÆ.

241. *Pelagi volucres.*) Quia Harpyiæ Ponti aut Neptuni, & Terræ dicuntur filiæ, supra v. 212.

248. *Laomedontiadæ.*) Trojani, a Laomedonte rege, Priami patre. Georg. 1. 502.

249. *Patrio regno.*) Neptuni patris, cui parent mare & insulæ. *De Phœbo* Ecl. 3. 62. *De Apolline*, ibid. 104. Nomen utrumque conjunxit, Homerico more. Innuit autem, futurorum omnem cognitionem & oracula a solo Jove prodire; ut diximus Æn. 1. 245.

257. *Ambesas subigat, &c.*) Horrendum vaticinium! quanta enim fames, quæ mensas ligneas absumere subigat? Tamen ludicrum esse probabit eventus Æn. 7. v. 116. Cum non fames dira, sed edendi aviditas, Trojanis suadebit, ut panis frusta, quæ cibis aliis substraverint, etiam comedant. *Ambesas*, id est circumesas: ambi enim vel ambe, Latinis est circum, a Græco ἀμφί.

262. *Deæ, diræ, obscœnæque, &c.*) Per *Diras* intelligit *furias*, quæ sic passim a Græcis Latinisque poetis appellantur. Per *obscœnas volucres*, non tantum *fœdas*, sed potius *funestas* & mali ominis. *Obscœnum* enim vox est auguralis, cujus etyma septem affert Vossius. Tria hæc probabilissima: alterum ab ob & scævum, quod est a scævo sinistrum & bonum; itaque obscœnum, quod obstat scævo & bono omini; alterum ab ob & cano, id est, contra cano: quod quando pulli in auguriis captandis faciebant, funestissimum erat: tertium ab ob & cœnum, lutum, quod sordidum notat. Ex prima origine scribi debet per æ, ex secunda per e simpliciter, ex tertia per œ.

At pater Anchises passis de litore palmis
Numina magna vocat, meritosque indicit honores:
Di, prohibete minas; Di, talem avertite casum,
Et placidi servate pios. Tum litore funem
Diripere, excussosque jubet laxare rudentes.
Tendunt vela Noti: fugimus spumantibus undis,
Qua cursum ventusque gubernatorque vocabant.
Jam medio apparet fluctu nemorosa Zacynthos,
Dulichiumque, Sameque, & Neritos ardua saxis.
Effugimus scopulos Ithacæ, Laertia regna,

Et

INTERPRETATIO.

At pater Anchises extensis e litore manibus invocat magnos Deos, & destinat ipsis digna sacrificia: O Dii, inquit, impedite effectum harum minarum, Dii, avertite talem infortunium, & placati protegite pios. Deinde imperat socios evellere funem e litore, & solvere ablatos rudentes. Austri inflant vela, fugimus per spumosas aquas, qua ventus & gubernator dirigebant navigationem. Jam Zacynthus silvosa apparet in medio mare, & Dulichium, & Same, & Neritos alta rupibus. Evitamus scopulos Ithacæ, re-

NOTÆ.

264. *Numina magna.*) Erant enim majores & minores Dii. Majores duodecim; mares sex, Jupiter, Neptunus, Mars, Mercurius, Vulcanus, Apollo; sex feminæ, Juno, Vesta, Ceres, Pallas, Diana, Venus. Minores erant, heroes, semidei, &c. inter quos *furias* illas, quasi famularum Deos, reponebat Æneas. De *rudentibus*, funibus nauticis, Æn. 1. 91.

268. *Noti.*) Austri, venti meridionales: & proprie quidem, hoc enim vento opus est a Strophadibus ad Zacynthum naviganti. De *Noto*, Ecl. 2. 58.

270. *Zacynthos.*) Persequitur iter, in eodem Ionio mari, a meridie in septentrionem: quo ordine, post *Strophades* occurrit

I. *Zacynthus, Zante*, ad latus occidentale Peloponnesi, contra promontorium Chelonaten, hodie sub Veneta ditione.

II. *Same, Dulichium, & Ithaca.* Hæ tres sub eadem fere linea occurrunt, ante fauces sinus Corinthiaci.

Dulichium ab eo aliæ minus distat, estque una ex *Echinadibus* insulis, quæ jam communi nomine vocantur *Curzolari*, incerto numero, ut monet Strabo lib. 10. quia cum parvæ sint, & ad ostia Acheloi fluvii Acarnaniæ modo arenarum aggeribus uniuntur, modo aquæ impetu separantur.

Same, vel *Samos*, quæ & *Cephalenia*, nunc *Cefalonia*, ex Strabone lib. 10. major, & a Corinthiaco sinu magis ad occidentem recedens: paret Reipublicæ Venetæ.

Ithaca, nunc *Val del compare*, inter Cephaleniam & Dulichium media: Ulyssis patria; quandoque paruit Turcis. In Ithaca est *Neritos*, non insula, ut Lexica geographica vulgo ferunt, ex Strabone. Strabo enim contra probat multis Homeri versibus montem esse Ithacæ *Neritum*, Neritos. Quod autem hic legitur femineo genere, *Neritos ardua saxis*, explicat Scaliger; apud quem *Neritum* mons est, *Nerites* silva ibidem denominata: quod confirmat Hesychius, cum ait; *Neritum*, Ithacæ montem esse semper virentem ac frondentem; & Homerus, qui vocat Nήριτον εἰνοσίφυλλον *Neritum frondosum*. Et bene congruit, quod statim mentio sequitur Ithacæ: quasi dicat Æneas: *Apparet Ithacæ silva Nerites, saxis altissimis imposita; sed tamen illos Ithacæ scopulos effugimus.*

III. Sequitur ad septentrionem trium illarum, insula *Leucas, Leucadia*, vel *Leucate, extra*; nunc *Santa Maura*; sub ditione Venetæ, ad litus Acarnaniæ, quæ pars est Epiri: cui aliquando conjuncta fuit angusto isthmo; ac deinde posteri, postquam isthmum illum Corinthii perfodiarunt. In hac igitur, Cephaleniam versus, mons est altus rupes, *Leucate, extra*. Hæc rupes, quia alba est, inde sibi & insulæ nomen fecit; λευκὸς enim est *albus*. Ex hac rupe qui amantes exsiliebant in mare, amore ab amore putabantur; quod fecisse perhibetur Sappho poetria, Phaonis amore insaniens. Eidem rupi fanum Apollinis impositum fuisse testatur Strabo, cui quotannis in sacrificium solebat reus aliquis e rupe in mare dejici, quam ob rem, sive ob scopulorum asperitatem, dicitur hic, *formidatus nautis Apollo*. In ea insula urbs est eodem nomine *Leucas*, quam Plinius ait olim dictam fuisse *Neritum*; sed emendandus est ex Strabone, legendumque *Nericum*, non *Neritum*. De hac urbe Æneas loquitur, cum dicit; *Parvæ succedimus urbi*. Tum deinde relicta illic navibus, ad Actiacum usque litus processit, a quo eousque Leucas divisa fuerat, ut colligi potest ex Homeri verbis apud Strabonem lib. 10.

IV. Epirus, sequitur ad septentrionem *Actium* promontorium, nunc *capo Figalo*, in ipsis faucibus Ambracii sinus, ubi Actium erat oppidulum, & fanum alterum Apollinis: totus enim ille tractus Epiri sacer erat Apollini, dicebaturque *Actius*, id est, litoralis, ab ἀκτή, *litus*.

272. *Laertia regna.*) Laertes Arcesii filius, Jovis nepos, vulgo Ulyssis pater creditus est: quidam tamen dicere Ulyssem Anticlea quidem Laertæ uxore procreatum esse, sed patre Sisypho vel Autolyco. Regni autem Laertæ præcipua quidem sedes Ithaca fuit: patuit tamen ipsi etiam Cephalenia, & Zacynthus, & Epiri magna pars, præcipue apud Leucaten ut ex Strabone colligitur.

Et terram altricem sævi execramur Ulyssis.
Mox & Leucatæ nimbosa cacumina montis,
Et formidatus nautis aperitur Apollo.
Hunc petimus fessi, & parvæ succedimus urbi.
Anchora de prora jacitur, stant litore puppes.
Ergo insperata tandem tellure potiti,
Lustramurque Jovi, votisque incendimus aras:
Actiaque Iliacis celebramus litora ludis.
Exercent patrias oleo labente palæstras,
Nudati socii: juvat evasisse tot urbes
Argolicas, mediosque fugam tenuisse per hostes.
Interea magnum Sol circumvolvitur annum,
Et glacialis hyems Aquilonibus asperat undas.
Ære cavo clypeum, magni gestamen Abantis,

Po-

INTERPRETATIO.

gna Laertæ, & detestamur regionem nutricem crudelis Ulyssis. Deinde etiam ostenditur procellosus vertex Leucatæ montis, & Apollo terribilis navigantibus. Hunc montem lassi petimus, & imus ad parvam urbem. Anchora demittitur e prora, puppes sistunt in litore. Igitur potiti demum terra insperata, & sacrificamus Jovi, & cumulamus aras victimis; & nobilitamus Actium promontorium Trojanis ludis. Socii nudati committunt patrias luctas oleo fluente: delectat eos evasisse tot urbes Græcas, & iter habuisse inter medios hostes. Interea Sol circum agit annum integrum, & gelida hyems infestat mare Aquilonibus. Appendo liminibus anterioribus scutum æris cavi, quod

NOTÆ.

a Homero Iliad. 2. 632. *Dulichium* vero & *Echinades*, etsi fortasse aliquando Laertæ paruerunt, siquidem Ulysses ipse *Dulichius* appellatur: tamen earum incolas ad expeditionem Trojanam duxit Meges quadraginta navibus. Iliad. 2. 625.

179. *Lustramurque Jovi*, &c.) Solvimus vota & sacrificamus Jovi. *Lustro* enim, ut jam notavimus Æn. 1. 457. & 608. dicitur a *luo*, *solvo*, *solvo*: unde cum vota Deo solvimus, vota reddimus, ut d [illegible] Ecl. 5. 75. Igitur *lustramur*, cum solvimus vota: & multo etiam magis, cum ad placandos Deos pro delicto aliquo sacra expiatoria facimus. Ita ceremoniæ omnes, quæ ad sacra pertinent, *lustrales* dicuntur. Sic lib. 6. 231. in funere Miseni, sacerdos *ter socios pura circumtulit unda* ... *lustravitque viros*. Sic lib. 8. 183. post oblatas Herculi victimas Trojana juventus vescitur *perpetui tergo bovis*, & *lustralibus extis*. Quare autem nunc *lustrantur Jovi*? Ut exsolvant vota, quæ nuncupaverat Anchises amaris ominibus, in Strophadum litore, supra v. 264. Quare Jovi præcipue sacrificatio, Apollini ludos reddit.

280. *Actiaque Iliacis*, &c.) Alludit certo poeta ad ludos eos, quos Octavianus magna cum celebritate instituit, post victoriam de M. Antonio & Cleopatra relatam, ad Actium Epiri promontorium, Anno U. C. 723. IV. Nonas Septembris. Cujus ad memoriam, naves plurimas Apollini Actiaco consecravit; Actiacum templum amplius extruxit; urbem Nicopolim condidit in ipsis faucibus sinus Ambracii, contra Actium in eo loco ubi castra habuerat; locum ubi tentorium ipse habuerat magnis lapidibus communivit, ibique trophæum e rostris captarum navium, & ... Apollini sub dio erexit; ludos quinquennales instituit quinquennales, qui præcipue equestri decursu, ac certamine ... puerorum patriciorumque virorum, tum gymnica pugna constabant. Sed ludos illos non exhibuit, nisi Anno U. C. 726. quo annum ipse Octavianus VI. & M. Agrippa II. consules fuerunt, perfeceruntque simul censum ac lustrum populi, anno primum post quadraginta integrum: quæ omnia leguntur apud Dionem lib. 51. & 53.

Atque hæc paulo fusius; quia ex his conjicio Virgilium ad hunc, quem explicamus, operis sui partem pervenisse hoc ipso anno 726. paulo post exhibitos ludos. Quia I. *Iliaci ludi*, est ipsa equestris puerorum decursio, quam vocatam esse *Trojam*, & a Trojanis ad Romanos transisse, legitur Æn. 5. 602. Facile autem Æneas suppetebant equi in Epiro, feracissima equorum regione. Georg. 1. 59. II. *Palæstra & nudati socii*, sunt ludi gymnici, γυμνὸς enim nudus est; qui autem eo pugnæ genere exercebantur, nudi erant: atque ut manus adversariorum in lubricam cutem impactæ, facilius ictum mitterent, idem sibi cutem oleo, aut, & cera ungebant: hinc aliqui nomen *palæstra* deducunt a πάλη *luctu*; quamquam alii melius a πάλλω *vibro*, *agito*; ob variam agitationem & vibrationem corporis ad vitandos ictus. III. *Lustramur Jovi*: alludit ad solemnem populi lustrationem, quæ singulis quinquenniis post conditum Populi Romani censum fiebat suovetaurilibus, id est, sacrificio suis, ovis, & tauri, aliisque ceremoniis, quæ censum terminabant & condebant. Quod hoc anno U. C. 726. ab Octaviano perfectum est.

283. *Argolicas*.) Græcas: *Argi*, urbs Peloponnesi, Æn. 1. 289.

286. *Abantis* [illegible] *gestibus*.) Abantes ad [illegible] bum.

Postibus adversis figo, & rem carmine signo:
Æneas hæc de Danais victoribus arma.
Linquere tum portus jubeo, & considere transtris.
Certatim socii feriunt mare, & æquora verrunt.
Protinus aerias Phæacum abscondimus arces,
Litoraque Epiri legimus, portuque subimus
Chaonio, & celsam Buthroti ascendimus urbem.
Hic incredibilis rerum fama occupat aures:
Priamidem Helenum Grajas regnare per urbes,
Conjugio Æacidæ Pyrrhi sceptrisque potitum;
Et patrio Andromachen iterum cessisse marito.
Obstupui: miroque incensum pectus amore
Compellare virum, & casus cognoscere tantos.
Progredior portu, classes & litora linquens.
Solemnes tum forte dapes & tristia dona,
Ante urbem, in luco, falsi Simoentis ad undam,
Libabat cineri Andromache, manesque vocabat

He-

INTERPRETATIO.

gestaveras magnus Abas, & noto factum hoc versu; Æneas posuit hæc spolia de Græcis Trojæ victoribus relata. Postea impero socios relinquere portum & sedere in scamnis. Socii certatim verberant mare remis & radunt fluctus. Continuo præterimus altas arces Phæacum, & radimus litora Epiri, & intramus portum Chaonium, & ascendimus ad excelsam urbem Buthrotum. Hic incredibilis rumor rerum implet aures nostras: Helenum filium Priami imperare per urbes Græcas, potitum uxore & regno Pyrrhi nepotis Æaci, & Andromachen rursus venisse in potestatem mariti Trojani. Obstupui: & pectus exarsit mirabili desiderio alloquendi hominem & sciendi tantos casus. Progredior extra portum, relinquens naves & litus. Tunc forte Andromache ante urbem, in sacra silva, ad aquas ficti Simoentis, offerebat cineri solemnes epulas & funebria

NOTÆ.

bem Æneæ factum; qui in mediis Græcorum urbibus, atque insulis, templum de Græcis ipsis victoribus erigit. *Abas* quis fuerit ambigitur: unus fortasse ex iis, quos noctis supremæ e comitibus Androgei occiderat, Æn. 2. 391. *Postibus* autem figit Apollinei templi, vel Leucatæ, vel Actii.

289. *Transtris.*) Scamnis, in quibus remiges sedent, quæ dicuntur etiam *juga*.

291. *Phæacum abscondimus arces.*) Ab Actio promontorio, sive Leucade, ad occidentem deflexo cursu, occurrit deinde insula *Phæacum*, sive *Corcyra*, hodie *Corfù*, ad latus Epiri, olim hortis Alcinoi regis nobilitata, nunc sub ditione Veneta. *Abscondimus arces*, id est, *abscondentur nobis*, dum celeri nave decursu prætermittuntur: qua voce usus est de urbe Seneca Ep. 70. *In hoc cursu rapidissimi temporis primum pueritiam abscondimus*. Et bene dixit *abscondimus arces*, id est, urbes aliquas ad orientem insulæ sitas; non vero *abscondimus insulam*; quia *Buthrotum*, quam petebat, est in ipso conspectu, & ex adverso insulæ, quæ ad occidentem vergit.

292. *Epiri.*) Regio olim in Europa nobilis, cujus ad meridiem & occidentem est mare Jonium, ad orientem Achaia & Thessalia, ad septentrionem Macedonia: nunc Albania inferior a quibusdam dicitur. Ejus olim præcipuæ partes fuerunt *Acarnania*, *Cassiopæa*, *Amphilochia*, *Thesprotia* & *Chaonia*, quæ maxime occidentalis est, dicta etiam *Molossia*. Hanc tamen ab illa Strabo distinguit; Chaonia quidem a *Chaone* Trojano, Heleni fratre; *Molossia* deinde a Molosso Andromaches & Pyrrhi filio, qui regnavit ubi post Helenum, quem velut tutorem, occiso Pyrrho habuerat. In Chaonia urbs est *Buthrotum*, vel *Buthrotus*, hodie *Butrintò*; in ingressu portus *Pelodis*, hoc est *cænosi*, inquit Strabo l. 7. de quo portu hic est mentio. In eadem regione est *Dodona* Silva, ubi Jovis oraculum: quam tamen ibidem Strabo primum Thesprotiæ, deinde Molossiæ, attributam fuisse testatur.

295. *Priamidem Helenum.*) De eo Priami filio, deque *Pyrrho*, Achillis filio, Æaci pronepote, Æn. 2. 469. De *Andromache*, autem Hectoris uxore, Æn. 2. 456.

301. *Solemnes dapes, &c.*) Annua sacrificia, quæ vulgo cum epulis conjuncta erant, ex ipsis victimarum extis. De *Simoente* Trojano fluvio, cujus nomen alicui rivulo Andromache in Epiro tribuerat, Æn. 1. 104. De *Hectore*, ibid. 103.

303. *Libabat cineri.*) Vel vero cineri, cujus partem aliquam in urna deferre secum Andromache potuerat, ex iis qui collecti sunt ex ejus funere, Iliad. ultimo 790. Vel ejus manibus atque umbræ. *Deos Histia.* Lac, sanguinem, &c. ut su-

Hectoreum ad tumulum; viridi quem cespite inanem,
Et geminas, causam lacrymis, sacraverat aras.
Ut me conspexit venientem, & Troia circum
Arma amens vidit; magnis exterrita monstris,
Diriguit visu in medio: calor ossa reliquit;
Labitur, & longo vix tandem tempore fatur:
Verane te facies, verus mihi nuntius affers,
Nate Dea! vivisne? aut, si lux alma recessit,
Hector ubi est? Dixit, lacrymasque effudit, & omnem
Implevit clamore locum. Vix pauca furenti
Subjicio, & raris turbatus vocibus hisco:
Vivo equidem, vitamque extrema per omnia duco.
Ne dubita, nam vera vides.
Heu! quis te casus dejectam conjuge tanto
Excipit? aut quæ digna satis fortuna revisit?
Hectoris, Andromache, Pyrrhin' connubia servas?
Dejecit vultum, & demissa voce locuta est:
O felix una ante alias Priameia virgo,
Hostilem ad tumulum Trojæ sub mœnibus altis
Jussa mori: quæ sortitus non pertulit ullos,
Nec victoris heri tetigit captiva cubile!
Nos patria incensa diversa per æquora vectæ,
Stirpis Achilleæ fastus, juvenemque superbum

Ser-

INTERPRETATIO.

munera, & appellabat manes prope sepulcrum Hectoris, quod e viridi cespite vacuum ædificaverat, & binas aras, causam lacrymarum. Ut aspexit me accedentem, & stupefacta vidit circa me Trojana arma, attonita hoc *magno prodigio, exanimata est in ipso aspectu: calor abiit ex ossibus: cadit, & longo* post *tempore vix demum* ita *loquitur: An vera species, & verus nuntius te mihi sistis, o fili Veneris? an vivis? aut si lux alma abiit a te, ubi est Hector?* Sic *locuta est & emisit lacrymas, & implevit clamore omnem locum. Vix respondeo pauca furenti, & turbatus os aperio interruptis verbis: Certe vivo, & traho vitam per omnes miserias. Ne dubita, nam vera aspicis. Heu! quis casus successit tibi orbatæ tanto marito, aut quæ fortuna satis* tibi *congrua rediit* ad *te? O Andromache, tenesne conjugium* Hectoris, *an Pyrrhi? Demisit vultum, & humili voce dixit: O fortunata præ aliis virgo Priami* filia, *coacta mori ad sepulcrum hostis, prope muros altos Trojæ: quæ non passa est ullam sortitionem, nec tetigit captiva lectum victoris domini! Nos post patriam combustam vectæ per longinqua maria, patientes* in *captivitate, toleravimus superbiam familiæ Achillis, & juvenem su-*

NOTÆ

supra v. 66. Unde proprie *libabat* erit *effundebat*: quamquam generatim etiam sumi potest pro *sacrificabat*. De hac voce, Æn. 1. 740.

304. *Inanem.*) Tumulum *honorarium* vocat Suetonius in Claudio cap. 1. Xenophon in exped. Cyri l. 6. κενοτάφιον, id est, *vacuum tumulum*.

305. *Geminas, causam lacrymis, &c.*) Alteram Hectori, alteram Astyanacti filio, quem Græci e Trojæ turribus præcipitem miserant. Vel potius utrique Hectori; quia geminis honoribus donari mos erat, supra v. 63. *Causam lacrymis.*) Id est, quæ hujus memoriam, ac dolorem suum alerent.

319. *Connubia servas?*) Manesne in viduitate, ac fide data Hectori, an vero transiisti ad Pyrrhi nuptias?

321. *Priameia virgo.*) Polyxena, Priami & Hecubæ filia, amata ab Achille: qui cum ad ejus nuptias in templum Apollinis Thymbræi convenisset, a Paride, post Apollinis simulacrum latente, sagitta ictus occisus est. Capto deinde Ilio, ejus umbra Polyxenam immolari sibi petiit. Illa ad Achillis tumulum ab ipso Pyrrho Achillis filio jugulata est.

Servitio enixæ tulimus: qui deinde secutus
Ledæam Hermionem, Lacedæmoniosque Hymenæos,
Me famulam famuloque Heleno transmisit habendam.
Ast illum, ereptæ magno inflammatus amore
Conjugis, & scelerum Furiis agitatus Orestes
Excipit incautum, patriasque obtruncat ad aras.
Morte Neoptolemi, regnorum reddita cessit
Pars Heleno: qui Chaonios cognomine campos,
Chaoniamque omnem Trojano a Chaone dixit:
Pergamaque, Iliacamque jugis hanc addidit arcem.
Sed tibi qui cursum venti, quæ fata dedere?
Aut quis te ignarum nostris Deus appulit oris?
Quid puer Ascanius? superatne, & vescitur aura?
Quem tibi jam Troja...

Ec-

INTERPRETATIO.

rorem: qui postea quærens Hermionem neptem Ledæ, & conjugium Spartanum, me servam tradidit possidendam Heleno ipsi quoque servo. At Orestes ardens magno desiderio raptæ uxoris, & impulsus Furiis criminis sui, intercipit illum improvidum, & jugulat ad altaria patria. Per mortem Pyrrhi pars regni data cessit Heleno. qui a Trojano Chaone vocavit cognomine campos Chaonios & totam Chaoniam, & condidit in monte Pergama, & hanc arcem Iliacam. Sed quinam venti & quænam fata direxerunt tibi cursum? aut quis Deus adduxit te inscium ad nostra littora? Quid? puer Ascanius superestne & fruitur vita? is quem

NOTÆ.

327. *Servitio enixæ.*) Andromache captiva a Pyrrho in uxorem adscita suscepit ex eo Molossum: qui parti Epiri nomen fecit, v. 292.

328. *Ledæam Hermionem, &c.*) Menelai filiam, Spartani seu Lacedæmonii regis, ex Helena filia Jovis & Ledæ. Hermione, Menelao ad Trojanum bellum profecto, a Tyndaro Ledæ marito desponsata est Oresti cognato suo, Agamemnonis filio. Eadem interim a patre Menelao ad Trojam desponsata est Pyrrho, Achillis filio: eidemque post confectum bellum tradita. Quod cum ægre ferret Orestes, Delphos venit, & nactus ibi Pyrrhum de futura sibi ex eo conjugio prole oraculum consulentem, eum ad ipsas aras Apollinis interfecit.

331. *Scelerum Furiis agitatus Orestes.*) Agamemnonis & Clytemnestræ filius: patre ad Trojam profecto, & Ægistho Clytemnestræ adultero Mycenas tenente, subductus ejus insidiis a sorore Electra, & ad Strophium Phocidos principem missus est: ubi singularem cum ejus filio Pylade amicitiam contraxit. Post Trojam expugnatam, & patrem Agamemnonem Ægisthi insidiis jugulatum; matrem cum adultero interfecit. Ideo Furiis agitatus, ac post labores plurimos expiatus ac solutus crimine ab Areopagitis, aut, ut ait Cicero, ipsius Minervæ judicio, in regnum rediit; Hermionem uxorem accepit, occiso prius apud Delphos Pyrrho; cum ea regnum quoque Spartanum addidit suo. Corpus ejus post mortem repertum septem cubitorum fuisse refert Plinius lib. 7. 16.

332. *Patrias ad aras.*) Certum est Pyrrhum ab Oreste occisum esse *Delphis*, in Phocide, apud ipsas Delphici Apollinis aras: Achillem vero Pyrrhi patrem interfectum a Paride ad Trojam, in Apollinis Thymbræi templo, atque ita fatale fuisse patri & filio, ut apud Apollinem caderent. At varie se torquent interpretes, ut explicent, cur *patrias aras* poeta dixerit: multa comminiscuntur: hæc duo mihi videntur optima. I. Si ad sensum Nascimbæni per *patrias*, intelligamus easdem, ad quas *pater* Achilles occisus fuerat, nempe *Apollineas*, quamquam loco diversas. II. Tamen malim puto *patrias* explicare ad sensum Turnebi; *Græcas*; ara enim Delphica, fere in medio totius Græciæ sita, publicum erat Græciæ totius oraculum. Addo, quod rem firmet: Epirum, ubi tum regnabat Pyrrhus, inter Græciæ provincias non esse habitam, ut patet ex Strabone lib. 7. Pyrrhum vero & Orestem patria Græcos fuisse: Orestem quidem Argivum e Peloponneso; Pyrrhum, patre natum Achille, Thessalo e Phthia, matre Deidamia, e Scyro Ægæi maris insula.

335. *Trojano a Chaone.*) *Chaon*, unus e Priami filiis: quem Helenus frater cum in venatu ignarus occidisset, ad solatium doloris, regionem ejus nomine appellavit; regnavitque quasi tutor Molossi, ut jam diximus, v. 292.

336. *Pergamaque, Iliacamque, &c.*) Divisio est unius rei in duas: Pergamum enim fuit arx Iliaca, sive Trojana.

340. *Quem tibi jam Troja &c.*) Versus, aut a Virgilio relictus imperfectus, aut a Tucca & Vario mutilatus. Suppleverunt sic aliqui: *Quem tibi jam Troja peperit fumante Creusa.* Male. Troja enim fumante, & Ænea fugiente, patrem sequebatur jam tum parvus Ascanius, Æn. 2. 724. Alii sic: *Quem tibi jam Troja obsessa est enixa*

Creu-

Ecquæ jam puero est amissæ cura parentis?
Ecquid in antiquam virtutem animosque viriles
Et pater Æneas, & avunculus excitat Hector?
Talia fundebat lacrymans, longosque ciebat
Incassum fletus: cum sese a mœnibus heros
Priamides multis Helenus comitantibus affert,
Agnoscitque suos, lætusque ad limina ducit:
Et multum lacrymas verba inter singula fundit.
Procedo, & parvam Trojam, simulataque magnis
Pergama, & arentem Xanthi cognomine rivum
Agnosco, Scææque amplector limina portæ.
Necnon & Teucri socia simul urbe fruuntur.
Illos porticibus rex accipiebat in amplis.
Aulai in medio libabant pocula Bacchi,
Impositis auro dapibus, paterasque tenebant.
Jamque dies, alterque dies processit; & auræ
Vela vocant, tumidoque inflatur carbasus Austro.
His vatem aggredior dictis, ac talia quæso:
Trojugena, interpres Divum, qui numina Phœbi,

Qui

INTERPRETATIO.

tibi jam Troja... Quinam est jam puero dolor de amissa matre? quomodo & pater Æneas, & avunculus Hector incitant ipsum ad veterem fortitudinem & animos viriles? Talia dicebat plorans, & frustra movebat longos fletus: cum heros Helenus, filius Priami, offert se ex urbe, comitantibus plurimis: & agnoscit suos Trojanos, *& lætus ducit in domum suam: & inter singulas voces emittit multum lacrymarum. Progredior, & agnosco parvam Trojam, & Pergama assimilata magnis, & siccum rivum cognomine Xanthi, & amplector postes portæ Scææ. Trojani quoque potiuntur simul urbe socia. Rex sub vastis porticibus excipiebat eos. Bibebant vini pocula in medio aulæ, cibis auro impositis, & tenebant pateras. Jamque dies & secundus dies abiit, & venti invitant vela, & lintea inflantur tumido vento. Alloquor his verbis Helenum vatem, & rogo eum talia:. Trojane, interpres Deo-*

NOTÆ.

Creusa. Paulo verisimilius. Cum enim decem annos bellum Trojanum, annos septem Æneæ navigatio duraverit, annos sexdecim aut septemdecim numerare tum potuit Ascanius, cum Italicis pugnis deinde interfuit: sed omnino abhorret versus a nitore Virgiliano.

341. *Ecqua jam puero est, &c.*) Putant aliqui oblitum hic sui esse Virgilium. Quomodo enim scire potuit Andromache Creusam, Ascanii matrem, in fuga amissam fuisse; cum ea de re nihil tum Æneas ei dixisset? quidni vero scire id potuit ante eum e Trojano littore discessum: præsertim cum Æneas in urbem redierit, quæsiveritque eam omnibus viis, ab omnibus amicis; quorum aliquis ad captivas deferre casum potuit.

348. *Multum lacrymas.*) Alii legunt, *Multum lacrymans.* Favet primæ lectioni, quod alioqui verbum *fundit* nullo casu fulciretur. Favet secundæ, quod durum sit: *multum lacrymas*, pro *multum lacrymarum.* Hæreo tamen priori, quia communior est. De *Xantho*, seu *Simoente* Troadis fluvio, Æn. 1. 477. De *Scæa*, Trojæ Porta, Æn. 2. 612.

354. *Aulai in medio, &c.*) *Aulai*, dissolutio more veterum diphthongi *æ*, quæ Græcis est *αι*, in vocales duas *a* & *i*. *Libabant*: vel gustabant, bibebantque; vel offerebant Diis per libationem & effusionem: Æn. 1. 740. De *Baccho*, Eclog. 5. 29. 69. De *Austro*, vento meridionali, Eclog. 2. 58.

359. *Qui numina Phœbi, &c.*) Quinque divinationis species enumerat. Primam, quæ fit *afflatu Dei*: secundam, quæ *insessu in tripode*: tertiam, quæ *combustione lauri*: quartam, quæ *inspectione siderum*: quintam, quæ *observatione avium*. I. Significatur per *numina Phœbi*, qui aliquando in vatem illapsus os ipsius ad futura prædicenda aperiebat, ut mox continget Heleno. II. Per *tripodas*, in quibus sedentes puellæ vaticinabantur: præsertim Delphis, unde mos ille in pleraque alia Apollinis templa transierat. Erat autem *tripus*, vel puteus tres latus pedes, in quem demissa puella emergente halitu amens reddebatur: vel vas & crater, tribus altem pedibus: vel mensa, tribus edita gradibus: vel probabilius, sella tribus fulcris imposita, in medio petens, ubi sedebat va-

tes;

Qui tripodas, Clarii lauros, qui sidera sentis,
Et volucrum linguas, & præpetis omina pennæ,
Fare age: namque omnem cursum mihi prospera dixit
Relligio; & cuncti suaserunt numine Divi
Italiam petere, & terras tentare repostas.
Sola novum dictuque nefas Harpyia Celæno
Prodigium canit, & tristes denuntiat iras,
Obscœnamque famem. Quæ prima pericula vito?
Quidve sequens tantos possim superare labores?
Hic Helenus, cæsis primum de more juvencis,
Exorat pacem Divum, vittasque resolvit
Sacrati capitis: meque ad tua limina, Phœbe,
Ipse manu multo suspensum numine ducit.
Atque hæc deinde canit divino ex ore sacerdos:
Nate Dea, nam te majoribus ire per altum
Auspiciis manifesta fides: sic fata Deum rex
Sortitur, volvitque vices: is vertitur ordo.
Pauca tibi e multis, quo tutior hospita lustres
Æquora, & Ausonio possis considere portu,
Expediam dictis: prohibent nam cætera Parcæ

Sci-

INTERPRETATIO.

rum, qui cognoscis divinitatem Apollinis, & tripodas, & lauros Clarii, & astra, & cantus avium, & auspicia volantis alæ. Dic age; nam cæremoniæ propitiæ mihi declaraverunt totum iter meum: & omnes Dii sua auctoritate suaserunt mihi petere Italiam, & quærere terras mihi præparatas. Sola Harpyia Celæno canit prodigium novum & horrendum dictu, & prædicit funestas iras, & fœdam famem. Quod periculum primo effugiam? & quid exequendo possum emergere e tantis casibus? Tunc Helenus, primo mactatis juvencis juxta consuetudinem, precatur veniam a Diis, & solvit tænias sacri capitis: & ipse ad tua templa, o Phœbe, manu ducit me trepidantem ob magnam reverentiam Dei. At postea sacerdos loquitur hæc divino ex ore. Fili Veneris, nam certo scio te majoribus auspiciis currere per mare: ita rex Deorum disponit fata, & miscet fortunas: ea series rerum decurrit. Explicabo tibi verbis pauca e plurimis, ut securior percurras maria, quæ te excipient, & possis quiescere in portu Italico: nam

NOTÆ.

ter; eaque aliquando ærea, aliquando aurea, etiam Delphis corio Pythonis serpentis cooperta. III. Per *Clarii lauros* vaticinium innuit, quod petebatur ex combustione lauri rami: qui si in igne crepitaret, bono erat omini; si taceret, malo. Tibul. l. 2. 5. 81. *Ut succensa sacris crepitet bene laurea flammis, Omine quo felix & sacer annus erit*. Propert. l. 2. 28. 36. *Deficiunt magico torti sub carmine rhombi, Et jacet extincto laurus adusta foco*. *Clarii*.) Epithetum Apollinis, a *Claro*, urbe Joniæ, prope Colophonem, in Asia minore, celebri templo & oraculo dicata ei: & hoc epithetum pro quolibet alio hic additum est; quemadmodum Apollo *Delius* appellatur est *Thymbræus* vers. 85. IV. Per ipsa *sidera* astrologia notatur *astronomica*. V. Per *volucrum linguas* notatur propria ars augurum, qui *avium* garritum & cantum consulebant. Per *Præpetis omina pennæ*, propria ars *auspicum*, qui *aves spectabant* volantes. Et aves quidem, quarum spectabatur cantus, dicebantur *oscines*, ab *os*, & *cano*: ut corvus, cornix, picus: quarum autem spectabatur volatus, dicebantur *præpetes*, a προπέτεσθαι, *prævolare*; ut vultures, aquilæ. De *Celæno*, & *Harpyiis*, supra v. 212.

370. *Vittasque resolvit*.) Infulam, qua implicati erant capilli. Vittata enim infula, sacerdotis insigne est, Æn. 2. 133. Soluta autem indicium erat vaticinantis ac furentis, Æn. 6. 48. de Sibylla: *Non comptæ mansere comæ*.

374. *Majoribus auspiciis*.) Vel bonis, vel ad majora spectantibus; vel majorum Deorum, Jovis, Apollinis, &c. non avium aut siderum solum.

379. *Parcæ, &c.*) Tres, quæ fusi dispensabant fata hominum, Ecl. 4. 47. *Juno Saturni* & Opis filia, inimica Trojanis: iratam habes Æn. 1. 15.

Scire Helenum, farique vetat Saturnia Juno.
Principio Italiam, quam tu jam rere propinquam,
Vicinosque ignare paras invadere portus,
Longa procul longis via dividit invia terris.
Ante & Trinacria lentandus remus in unda,
Et salis Ausonii lustrandum navibus æquor,
Infernique lacus, Ææaque insula Circes,
Quam tuta possis urbem componere terra.
Signa tibi dicam, tu condita mente teneto.
Cum tibi sollicito secreti ad fluminis undam
Litoreis ingens inventa sub ilicibus sus,
Triginta capitum fœtus enixa, jacebit,
Alba, solo recubans, albi circum ubera nati;
Is locus urbis erit, requies ea certa laborum.
Nec tu mensarum morsus horresce futuros.
Fata viam invenient, aderitque vocatus Apollo.
Has autem terras, Italique hanc litoris oram,

Pro-

INTERPRETATIO.

Parcæ impediunt, ne Helenus sciat reliqua, & Juno impedit ne loquatur. Primo longum iter impeditum procul longis regionibus separat a te Italiam, quam tu jam putas propinquam, & cujus paras intrare vicinos portus, o ignare. Et curvandi sunt remi in mari Siculo, & percurrenda navibus planities maris Italici, & infernæ paludes adeundæ, & insula Circes Colchicæ, priusquam possis condere urbem in secura regione. Dicam tibi signa, tu ea retine commissa animo. Quando porca reperta a te sollicito jacebit circa undam remoti fluvii, enixa prolem triginta capitum, alba, recumbens humi, & porcelli albi circa mammas; ille locus erit urbis, ille certus finis laborum. Nec tu expavesce futurum esum mensarum. Fata aperient viam, & Apollo invocatus adjuvabit. Evita autem has terras, & hanc par-

NOTÆ.

384. *Trinacria lentandus, &c.*) Flectendus & curvandus, ob vim adversam fluctuum inter se pugnantium. Sic Catullus de nupt. Pelei, v. 183. *Quid ne fugis lentos incurvans gurgite remos?* De *Trinacria*, Sicilia, fuse infra v. 687. De *Ausonia*, Italia, supra v. 171.

386. *Infernique.*) De descensu ad inferos, Æn. 6. De appulsu ad insulam *Circes*, Æn. 7. 10. Erat autem Solis & Perses Nymphæ filia, soror Æetæ Colchici regis, qui pater fuit Medeæ; aut juxta alios, Æetæ filia, Medeæ soror. *Ææa*, id est, *Colchica*, ab *Æa*, insula & urbe Colchici regni, circa ostia Phasis fluvii. Sarmatarum regi nupsit, quo veneno occiso in Italiam fugit, ad promontorium & montem, qui deinde *Circæus* dictus est, hodie *Circello*, in Latio; qui quidem mons continenti junctus est, sed quia Pomptinis paludibus cingitur ad septentrionem, ideo insulæ formam aliquando habuit. Eadem Circe cum Glaucum, marinum Deum amaret, ex zelotypia Scyllam puellam in monstrum marinum commutavit; item & Picum Latinorum regem in avem, quod Canentem conjugem sibi prætulerat.

387. *Secreti ad fluminis, &c.*) De omine suis, cum triginta porcellis repertæ, ad ripam Tybris, ubi *Alba* urbs, aut juxta alios *Lavinium* condita deinde est, Æn. 8. 43.

394. *Mensarum morsus.*) De his v. 257.

396. *Italique hanc litoris oram, &c.*) Italiæ frontem intelligit, sive partem meridionalem: quæ confecto Trojano bello, Græcis plurimis illuc post varios errores appulsis, ab iis magna *Græcia* vocata est: nunc Neapolitani regni maximam partem constituit; Italiamque dividit duo in cornua, quæ Tarentino sinu vasto & patenti separantur. Tota illa frons ad orientem paulatim obversa est Epiro, marique Jonio. Atque in cornu quidem orientali, quod ab Epiro minus remotum est, promontorium est Japygium, vel Salentinum, *Capo di Santa Maria*: totumque cornu Salentini occupabant: quorum urbes præcipuæ, Tarentum *Taranto*, Brundusium *Brindisi*, Hydrus *Otranto*. In altero cornu, quod ad meridiem pertinet, tria sunt præcipua promontoria; Lacinium, *Capo delle Colonne*, Salentino respondens; Brutium, sive Leucopetra, *Capo dell' armi*, Siciliæ proximum; & Zephyrium, *Capo di Burzano*, inter utrumque medium. In ea Lacinium, in ipso sinu Tarentino, est Petilia, *Strongoli*. Inter Lacinium, & Zephyrium, est sinus Scylaceus vel Scylleticus, *golfo di Squillaci*, ubi urbs Scylaceum. Inter Zephyrium, & Brutium intermedia est ora, ubi non longe a Zephyrio occurrit Caulonia, vel Caulon, *Castel vetere*: tum juxta, meridiem versus,

Proxima quæ nostri perfunditur æquoris æstu,
Effuge: cuncta malis habitantur mœnia Grajis.
Hic & Narycii posuerunt mœnia Locri,
Et Salentinos obsedit milite campos
Lyctius Idomeneus: hic illa ducis Melibœi
Parva Philoctetæ subnixa Petilia muro.
Quin, ubi transmissæ steterint trans æquora classes,
Et positis aris jam vota in litore solves;
Purpureo velare comas adopertus amictu:
Ne qua inter sanctos ignes in honore Deorum
Hostilis facies occurrat, & omnia turbet.
Hunc socii morem sacrorum, hunc ipse teneto:
Hac casti maneant in religione nepotes.
Ast, ubi digressum Siculæ te admoverit oræ
Ventus, & angusti rarescent claustra Pelori,
Læva tibi tellus & longo læva petantur

Æ-

INTERPRETATIO.

tum Italici litoris, quæ propinqua alluitur fluctu nostri maris: omnes illæ urbes incoluntur a pravis Græcis. Illic & Narycii Locri statuerunt muros, & Cretensis Idomeneus occupat militibus campos Salentinos: illic est illa Petilia ducis Melibœi Philoctetæ, defensa muro. Imo quando naves transvectæ ultra mare constiterint, & jam reddes vota altaribus in litore structis, tegaris secundum *capillos coopertus velo purpureo: ne aliquis vultus hostilis occurrat inter pia sacrificia, in cultu Deorum, & abrumpat auspicia. Socii servent hanc consuetudinem sacrificiorum, tu ipse hanc serva: posteri pii persistant in hac cæremonia. Sed quando ventus te profectum appulerit ad litus Siculum, & minuentur angustia arcti Pelori, sinistra terra & sinistra maria a te petan-*

NOTÆ.

Narycia, vel Locri Epizephyrii, nunc *Geraci*. Atque hæc fusior descriptio ad ea, quæ sequuntur hoc libro, plane necessaria visa est.

399. *Narycii Locri.*) Constat eos a Græcis Locris oriundos esse: duce, vel Evanthe juxta Strabonem, vel Ajace juxta alios. Tres autem in Græcia fuerunt hujus nominis populi; *Epicnemidii & Opuntii*, conterminei, ad septentrionem Phocidis, & meridiem Eubœæ sinusque Maliaci: tum *Ozolæ*, ad occidentem Phocidis, & septentrionem, sinumque ipsum sinus Corinthiaci sive Crissæi. Strabo vult Epizephyrios ab Ozolis Crissæi sinus oriundos, negat ab Opuntiis. Tamen nomen ipsum *Narycia* urbis innuit, eos, si non ab Opuntiis, saltem ab Epicnemidiis esse profectos; siquidem *Narycium* urbs a Plinio collocatur apud Locros Maliaci sinum, & Boagrium fluvium. At ibidem erant Epicnemidii; ibidem regnabat Ajax Oilei filius, ex Homero Il. 2.527. Et *Naryx*, sive *Naryce*, sive *Narycium*, urbs est, ex qua, juxta Suidam, fuit Ajax. Quæ ut conciliem, existimo Locris omnibus, Ozolis, Epicnemidiis, Opuntiis, Ajacem ad Trojam imperitasse, communi Parnasso monte conjunguntur; in reditu deinde Ajace mortuo, ut diximus Æn. 1. 44. aliis alio per tempestatem dispersis, aliquos e Locris omnibus reliquias Evanthe duce in Italiam pervenisse, & Naryciam condidisse: itaque dictos esse *Epizephyrios*; quod non procul a promontorio Italiæ *Zephyrio* sedem elegerint.

400. *Salentinos, &c.*) De eorum situ, v. 396.

401. *De Idomeneo* Cretæ rege, v. 122. *Lyctius* dicitur a *Lycto* oppido Cretæ, de qua insula, v. 104.

Melibœi Parva, &c.) Philoctetes, Pœantis filius, Melibœæ rex, urbis in Thessalia, ad radices montis Ossæ: cum in Œta, Thessaliæ monte Trachiniæ propiis pyram, in qua se Hercules comburendum collocaverat, ejus jussu succendisset; ab eodem arcum & sagittas, Lernææ hydræ felle imbutas, accepit in munus. Trojam deinde profectus, & colubri morsu in crure sauciatus, a Græcis in insula Lemno fœtoris impatientia relictus est. Postea tamen, monente oraculo Trojam non nisi sagittis Herculeis capi posse, ab Ulysse & Neoptolemo in castra accersitus, Paridem occidit; & urbe capta, audiataque Melibœensium defectione, ut narrat Strabo, venit in Italiam: ibique Petiliam aut condidit, aut juxta alios mœnibus firmavit: situm ejus vide v. 396.

405. *Purpureo, &c.*) Hunc morem servavere Romani, ut in sacris caput obnuberent: ne turbaret alienarum rerum aspectu sacerdos, aut interrumperet sacra, aut ex iis aliquid omitteret: utrumque enim fatale atque ominosum erat. Idque ajunt Romani scriptores *Æneæ* exemplo a posteris usurpatum, infra v. 545. Saturno tamen, Honori, & Herculi, aperto capite facta sacra, non velato, probat multiplici auctoritate Cerdanus.

Æquora circuitu; dextrum fuge litus, & undas.
Hæc loca, vi quondam & vasta convulsa ruina,
(Tantum ævi longinqua valet mutare vetustas)
Dissiluisse ferunt: cum protinus utraque tellus
Una foret, venit medio vi pontus, & undis
Hesperium Siculo latus abscidit: arvaque & urbes
Litore diductas angusto interluit æstu.
Dextrum Scylla latus, lævum implacata Charybdis
Obsidet, atque imo barathri ter gurgite vastos
Sorbet in abruptum fluctus, rursusque sub auras
Erigit alternos, & sidera verberat unda.
At Scyllam cæcis cohibet spelunca latebris,
Ora exsertantem, & naves in saxa trahentem.
Prima hominis facies, & pulchro pectore virgo
Pube tenus: postrema immani corpore pristis,
Delphinum caudas utero commissa luporum.

Præ-

INTERPRETATIO.

tur longa circuitione: vita dextrum litus & dextras aquas. Narrant hæc loca olim magna violentia & ruina discessisse. Adeo remota vetustas temporis potest mutare res. Cum utraque terra esset una continua, mare cum impetu venit in medium, & aquis separavit Italicum latus a Siculo: & labitur angusto freto inter arva & urbes, distinctas suo quamque litore. Scylla occupat dextrum latus: immanis Charybdis lævum, & profundo gurgite voraginis ter vorat fluctus in præceps, deinde alternatim attollit eos in aerem, & ferit aquis astra. At caverna includit Scyllam in obscuris latebris, pandentem guttura, & trahentem naves in scopulos. Superior forma est humana, & puella formoso pectore, usque ad imum ventrem; inferior est pristis immenso corpore, conjuncta uteris canum circa caudam delphinorum. Melius est, te morantem circumna-

NOTÆ.

411. *Rarescent claustra Pelori.*) *Pelorus*, seu *Pelorum*, *Capo di Faro*, promontorium Siciliæ maxime orientale: sic Italiæ vicinum est, ut eidem contiguum aliquando fuerit, quemadmodum hic narrat poeta; & adhuc procul aspicientibus conjunctum appareat, nec ullo freto pervium: tamen propius accedentibus paullatim rarescunt & aperiuntur claustra illa, minuiturque vitæ angustia, & laxior aditus apparet paullo. De *Sicilia*, infra v. 687.

416. *Protinus.*) Sine interruptione atque intervallo, continua & perpetua serie. Sic Æn. 9. 337. *Felix si protinus illum Æquasset nocti ludum, in lucemque tulisset:* id est, si continuo lusisset. Hinc Æn. 12. 345. *Protinus hasta fugit*, & alibi vulgo vertitur *statim*; quia quod statim fit, sine intermissione fit. De *Hesperia*, Italia, Æn. 1. 534.

420. *Dextrum Scylla, &c.*) *Scylla* ad latus Italiæ, & Cænym promontorium: scopulus est tumultuoso fluctuum allapsu & murmure fremens, nunc, *Sciglio*: a σκύλλω vexo. *Charybdis*, ad latus Siciliæ, prope Messanam urbem: mare est vorticosum, aquas sorbens, & cum impetu deinde eructans, nunc *Capo di faro*: a χάω hio, & ῥοιβδῶ sorbeo. *Charybdim* aiunt meretricem fuisse voracissimam: quæ, cum Herculi boves eripuisset, a Jove fulmine icta, & in fretum præceps acta, in voraginem ibi conversa est. *Scyllam* Phorci filiam, a Circe commutatam dicunt in monstrum, cujus suprema pars fœmineam speciem retinuerit, infima in canes abierit: quorum latratu fluctuum strepitum exprimere voluerunt; ipsumque monstrum in scopulo latere, eoque naves attrahere ac lacerare fabulati sunt: atque hæc ex mente poetarum dicta, emendabimus, infra vers. 555. & 685.

421. *Barathri.*) Græca vox βάραθρον *barathrum*: ex Suida & Diomede, locus erat apud Athenienses profundissimus, in quem noxii & morti destinati præcipitabantur, a βάθος *profundus*, juxta Festum.

427. *Pristis, &c.*) Scylla tres habuit partes: superiorem virgineam, pube tenus; infimam, in modum pistricis, sive ingentis piscis desinentem in caudas bifidas, quales habent Delphini; mediam, scilicet communem pubis & caudæ, uteri & capita canum, sive luporum exprimebant. Ex his patet sensus versuum. Notanda hic quatuor. I. Græco more dictum est *commissa caudas*, supple κατὰ, *circa caudas*, *pro caudis*. II. *Delphinus*, vel *Delphin*, piscis aliquot porcus est marinus, Ital. *Delfino*. III. *Pristis*, vel *pistrix*, *πρίστις*: sumitur vulgo pro *balæna*, quamvis a Plinio distinguatur; maximæ molis, & tamen velocissime fluctus secans, unde nomen habet: πρίστης enim est *sector*. IV. Cæteri poetæ *canes* tantum Scyllæ attribuunt. Virgilius ad terrorem *lupos* addit.

Præstat Trinacrii metas lustrare Pachyni
Cessantem, longos & circumflectere cursus;
Quam semel informem vasto vidisse sub antro
Scyllam, & cæruleis canibus resonantia saxa.
Præterea, si qua est Heleno prudentia, vati
Si qua fides, animum si veris implet Apollo:
Unum illud tibi, nate Dea, præque omnibus unum
Prædicam, & repetens iterumque iterumque monebo.
Junonis magnæ primum prece numen adora:
Junoni cane vota libens, dominamque potentem
Supplicibus supera donis: sic denique victor
Trinacria fines Italos mittere relicta.
Huc ubi delatus Cumæam accesseris urbem,
Divinosque lacus, & Averna sonantia silvis;
Insanam vatem aspicies, quæ rupe sub ima
Fata canit, foliisque notas & nomina mandat.
Quæcumque in foliis descripsit carmina virgo,
Digerit in numerum, atque antro seclusa relinquit.
Illa manent immota locis, neque ab ordine cedunt.
Verum eadem verso tenuis cum cardine ventus
Impulit, & teneras turbavit janua frondes;
Numquam deinde cavo volitantia prendere saxo,
Nec revocare situs, aut jungere carmina curat.
Inconsulti abeunt, sedemque odere Sibyllæ.
Hic tibi ne qua moræ fuerint dispendia tanti;

Quam-

INTERPRETATIO.

vigare fines Siculi Pachyni, & circumsinuare longos cursus; quam semel videre sub lata caverna turpem Scyllam, & scopulos sonantes canibus caeruleis. Praeterea, si aliqua est scientia Heleno, si aliqua fides habenda vati, si Apollo implet animum veris rebus, unum hoc tibi praedicam, & unice ante omnia, & repetens rursus ac rursus inculcabo. Primo cole precibus divinitatem magnae Junonis, fer libens vota Junoni, & vince potentem reginam supplicibus muneribus: sic demum victor relicta Sicilia admitteris in regiones Italas. Quando illuc appulsus veneris ad Cumaeam urbem, & lacus sacros, & Avernum inter silvas sonantem: videbis Sibyllam furentem, quae sub antro profundo aperit fata, committitque frondibus litteras & vaticinia. Virgo disponit in ordinem, & manens clausa in antro relinquit ante ostium vaticinia, quae scripsit in frondibus. Illa vaticinia stant suis locis immota, nec recedunt a situ. Sed quando revoluto cardine levis ventus afflavit ea, & porta aperta turbavit frondes, numquam postea curat colligere vaticinia cavo in antro, aut restituere in ordinem, aut jungere. Exeunt sine consilio, & oderunt domum Sibyllae. Illic ne ulla damna morae sint tibi curae: et-

NOTÆ.

429. *Trinacrii Pachyni.*) *Pachynum*, meridionale promontorium Siciliæ, unum e tribus, quæ ipsam Trinacriam efficiunt, *Capo Passaro*, v. 687.

437. *Junonis, &c.*) De ea ejusque in Trojanos odio, Æn. 1. 27. 48. 52.

441. *Cumæam &c.*) *Cumæ*, urbs fuit Italiæ, in litore Campaniæ, nunc eversa. De hac Æn. 6. 2. *Divinos lacus* vocat, *Avernum*, & *Lucrinum*, in Puteolano sinu, prope Baias & Cumas. *Divinos* dicit, propter vicinum Sibyllæ antrum. De his fuse Georg. 2. 161. Et Æn. 6. 237. *Avernus*, plur. *Averna*, montibus undequaque horrebat & silvis, quas excidit Agrippa, locumque deinde multis ædificiis amœnum reddidit rus. De *Sibylla*, Æn. 6. 10.

Quamvis increpitent socii, & vi cursus in altum
Vela vocet, possisque sinus implere secundos:
Quin adeas vatem, precibusque oracula poscas.
Ipsa canat, vocemque volens atque ora resolvat.
Illa tibi Italiæ populos, venturaque bella,
Et quo quemque modo fugiasque ferasque laborem,
Expediet: cursusque dabit venerata secundos.
Hæc sunt, quæ nostra liceat te voce moneri.
Vade age, & ingentem factis fer ad æthera Trojam.
Quæ postquam vates sic ore effatus amico est,
Dona dehinc auro gravia sectoque elephanto
Imperat ad naves ferri: stipatque carinis
Ingens argentum, Dodonæosque lebetas,
Loricam consertam hamis, auroque trilicem,
Et conum insignis galeæ, cristasque comantes,
Arma Neoptolemi. Sunt & sua dona parenti.
Addit equos, additque duces.

Re-

INTERPRETATIO.

si socii te increpent, & navigatio per vim invitet vela in altum mare, & possis replere vento favente sinus velorum: *immo potius conveni Sibyllam, & ora precibus, ut ipsa reddat oracula, & libens aperiat os & vocem. Illa explicabit tibi gentes Italiæ, & futura bella, & qua ratione tolerabis aut evitabis unumquemque laborem: & a te culta impertiet tibi cursus felices. Hæc sunt* de quibus *licet admoneri te mea voce. I, perge, & factis extolle ad astra magnam Trojam. Postquam vates ore benevolo locutus est ista, deinde jubet portari ad naves munera gravia auro & secto ebore: & congerit in naves multum argenti, & ollas Dodonæas, loricam compactam hamis, & triplici licio auri, & apicem pulchræ cassidis, & cristas capillatas*, quæ fuerant *arma Pyrrhi. Sunt quoque pro patre* meo *sua munera. Adjicit equos, adjicit etiam*

NOTÆ.

460. *Venerata.*) Passive dictum: sic Horatius Sat. lib. 2. 2. 124. *Ac venerata Ceres ut culmo surgeret alto.*

464. *Elephanto.*) Ebore, quod ex dentibus elephanti secatur & perpolitur.

466. *Dodonæosque lebetas.*) Pelves *Dodonæas*, id est, *æreas*: æs enim Dodonæ, ut Corinthi, celebre fuit. At duo fuere lebetum genera: alii qui admovebantur igni ad culinæ ministeria, ad abluendas manus: alii qui appendebantur ad ornatum, sive in domibus, sive in templis. Et vero aiunt, locum, ubi Dodonæi Jovis oracula reddebantur, cinctum fuisse lebetibus, ita sibi invicem conjunctis, ut commoto uno cæteri moverentur, sonitumque diu redderent: unde proverbium fuit *Dodonæum æs*, in loquaces. Fuit autem Dodone locus silvaque, Jovis oraculo & quercu fatidica celebris, in Epiro, Ecl. 9. 13. & supra 105.

467. *Loricam consertam hamis, &c.*) Lorica tunica quædam fuit, ac munimentum pectoris in bello: quæ quia primum *e loris* & coriis fiebat, *lorica* dicta est. Contexta deinceps ex laminis ferreis: tum annulis ubi invicem *hamorum* instar impositis & concatenatis: denique squamis etiam ferreis, aut laminis aut corio consertim insertis. Hæc autem aliquando simplex, aliquando etiam duplex, ac triplex erat. Unde Statius l. 7. 322. *Ter insuto servant ingentia ferro pectora.* Et Virgil. lib. 9. 707. *Nec duplici squama lorica fidelis & auro.* Duplex vocabatur *bilix*; triplex *trilix*: id est, *bino & trino licio*, sive textu: parte pro toto accepta. Atque ut multiplex textus per multiplex *licium* hic exprimitur, sic a Silio lib. 4. per *subtemen*, quæ pars in ipso textu alia est: *Nexilis summoto chalybum subtemine thorax.* De *licio* & *subtemine*, infra vers. 483. Quid vero si dicamus *auro trilicem loricam*, unico ac simplici ferreorum annulorum textu fuisse: sed cujus extrema ora triplici licio aureo sive triplici annulorum aureorum serie ornata & quasi fimbriata esset? Audi Valerium lib. 3. 109. *Per clypei redeuntis opus, partem trilicem, quæ stomacho textura, ferit.* Ergo in thorace, non contextus totus, sed *pars* tantum aliqua *trilix* fuit: eaque ima, quæ ad *serrata stomachi*, sive ad ventrem proxime accederet.

468. *Conum, &c.*) Proprie *conus* est quidquid in pineæ nucis figuram assurgit, & ex rotundo in acutum desinit. Transfertur ad eam galeæ partem, quæ ex ejus convexo eminet, sustinetque *cristas*, sive e jubis equinis, sive e versicoloribus pennis: quæ in modum capillorum sive comarum diffundebantur.

Remigium supplet: socios simul instruit armis.
Interea classem velis aptare jubebat
Anchises, fieret vento mora ne qua ferenti.
Quem Phœbi interpres multo compellat honore:
Conjugio Anchisa Veneris dignate superbo,
Cura Deum, bis Pergameis erepte ruinis,
Ecce tibi Ausoniæ tellus; hanc arripe velis.
Et tamen hanc pelago præterlabare necesse est.
Ausoniæ pars illa procul, quam pandit Apollo.
Vade, ait, o felix nati pietate! quid ultra
Provehor, & fando surgentes demoror Austros?
Nec minus Andromache, digressu mœsta supremo,
Fert picturatas auri subtemine vestes,
Et Phrygiam Ascanio chlamydem: nec cedit honori:
Textilibusque onerat donis, ac talia fatur:
Accipe & hæc, manuum tibi quæ monumenta mearum
Sint, puer, & longum Andromachæ testentur amorem,
Conjugis Hectoreæ. Cape dona extrema tuorum,
O mihi sola mei super Astyanactis imago.

Sic

INTERPRETATIO.

duces. Substituit remiges: simul instruit armis socios meos. *Interim Anchises imperabat* eos *instruere naves velis, ne ulla mora opponeretur vento faventi. Quem vates Apollinis alloquitur magno honore: O Anchisa,* qui *honoratus es connubio glorioso Veneris,* qui es *cura Deorum, & bis servatus e Trojano excidio, ecce tibi præsens* est *terra Italiæ, hanc apprehende navibus. Et tamen opus est, ut naviges mari ultra istam* partem. *Pars ista Italiæ, quam aperit Apollo, procul* est. *I, inquit, o fortunate,* propter *pietatem filii! quid ulterius pergo, & retardo surgentes Austros loquendo? Nec minus Andromache, tristis ob ultimum discessum, fert Ascanio amictus versicolores auro texta, & chlamydem Phrygiam: nec male respondet dignitati ejus: & cumulat operibus textilibus, & hæc dicit: Accipe etiam hæc, o puer, quæ tibi sint monumenta mearum manuum, & diu probent amorem Andromachæ, uxoris Hectoris: accipe ultima munera tuorum, o unica effigies,* quæ

NOTÆ.

470. *Duces.*) Nempe itineris, qui scopulos & syrtes ostenderent.

473. *Anchisa, &c.*) Vocativum Græcum, qui longam habet ultimam. Venus amavit Anchisen, ex quo Æneam peperit. Æn. 1. 643.

476. *Bis Pergameis, &c.*) *Primo*, cum Hercules Laomedonti offensus ob negatam sibi pro Hesiones filia, e ceti faucibus liberata, pactam mercedem, expugnavit Trojam, Hesionem Telamoni Salaminio conjugem dedit, Podarcem Laomedontis filium captivum abduxit, qui deinde redemptus dictus est Priamus a πρίαμαι, emo. *Secundo*, cum a Græcis Troja incensa est. De *Austris*, ventis meridionalibus, Ecl. 2. 58.

483. *Picturatas auri subtemine vestes.*) Aliqui legunt *subtegmine*; male. Nam machina tota, in qua tela texitur, & præcipue ea pars, cui alligatur, dicitur *jugum*: prima fila, quæ jugo junguntur, telamque ordiuntur, et definiunt, vocantur *licia*: fila, quæ in longum ducta alligantur licio, & subinde attolluntur, deprimunturque, dicuntur *stamina*: fila, quæ inter stamina transversim inseruntur, alternam staminum depressione & sublatione, sunt *subtemina*, quasi *subtexamina*: instrumentum, quo deprimuntur attolluntque stamina, dicitur *arundo*; quo inseritur subtemen, dicitur *radius*; quo addensatur subtemen cum stamine, dicitur *pecten*. Patent ista ex his Ovidii versibus, Metam. 6. 53.

Haud mora, constituunt diversis partibus ambæ,
Et gracili geminas intendunt stamine telas.
Tela jugo juncta est: stamen secernit arundo:
Inseritur medium radiis subtemen acutis;
Quod digiti expediunt, atque inter stamina ductum
Percusso feriunt insecti pectine dentes.

484. *Phrygiam chlamydem.*) Vestem brevissimam, & vulgo militarem, quæ superponebatur thoraci, ad ornatum, casacca. *Phrygiam.*) Id est, acu pictam: nam Plin. lib. 8. 48. *Pictas vestes jam apud Homerum fuisse, unde triumphales natæ: acu facere, id Phryges invenerunt, ideoque Phrygioniæ appellatæ sunt.*

489. De *Astyanacte*, Æn. 2. 457.

Sic oculos, sic ille manus, sic ora ferebat:
Et nunc æquali tecum pubesceret ævo.
Hos ego digrediens lacrymis affabar obortis:
Vivite felices, quibus est fortuna peracta
Jam sua: nos alia ex aliis in fata vocamur.
Vobis parta quies, nullum maris æquor arandum,
Arva neque Ausoniæ semper cedentia retro
Quærenda: effigiem Xanthi, Trojamque videtis,
Quam vestræ fecere manus, melioribus, opto,
Auspiciis, & quæ fuerit minus obvia Grajis.
Si quando Tybrim vicinaque Tybridis arva
Intraro, gentique meæ data mœnia cernam:
Cognatasque urbes olim, populosque propinquos,
Epiro, Hesperia, quibus idem Dardanus auctor,
Atque idem casus, unam faciemus utramque
Trojam animis: maneat nostros ea cura nepotes.
Provehimur pelago vicina Ceraunia juxta:
Unde iter Italiam, cursusque brevissimus undis.
Sol ruit interea, & montes umbrantur opaci.
Sternimur optatæ gremio telluris ad undam,
Sortiti remos, passimque in litore sicco
Corpora curamus; fessos sopor irrigat artus.

Nec-

INTERPRETATIO.

mihi restat mei Astyanactis. Sic ille gerebat oculos, sic manus, sic vultum. Et jam tecum adolesceret pari ætate. Ego discedens eos alloquebar lacrymis erumpentibus: Vivite fortunati, vos quibus sua fortuna jam perfecta est: nos trahimur in fata alia post alia. Vobis quies acquisita est, nulla planities maris est secanda, neque quærendi agri Italiæ semper fugientes retro: cernitis imaginem Xanthi, & Trojam, quam manus vestræ fecerunt melioribus ominibus, ut cupio, & quæ minus exposita sit Græcis. Si umquam ingrediar Tybrim & agros Tybridi propinquos, & aspiciam muros destinatos meo populo: quondam urbes consanguineas, & nationes vicinas, ex Epiro, & ex Italia, quibus idem conditor est Dardanus, & eadem fortuna, faciemus utramque Trojam unam voluntate: ea cura spectet nostros posteros. Progredimur mari prope vicina Ceraunia, unde via & trajectus brevissimus est mari in Italiam. Interim Sol cadit, & montes densi obscurantur. Decumbimus in sinu desideratæ terræ, prope aquam, partiti officia navalia: & passim in litore sicco reficimus corpora; somnus fluit

NOTÆ.

497. *Xanthi, &c.*) De Xantho, Troadis fluvio, cujus nomen Andromache rivo alicui dederat, ut & Trojæ nomen alicui vico, Æn. 1. 477. De Epiro, supra v. 292.

503. *Idem Dardanus auctor.*) Non Epiri & Hesperiæ, sed populis in utramque regionem appulsis; nempe Trojanis, qui, cum Heleno in Epiro jam sedebant, cum Ænea in Hesperia sive Italia erraturi erant. Utrique jactati Trojæ casibus, & a Dardano oriundi, supra v. 167.

504. *Unam faciemus utramque Trojam, &c.*) Nempe hanc Trojam in Epiro sitam ab Heleno, & alteram Trojam, quam in agro Laurente Italiæ conditurus erat Æneas, Æn. 7. 158. Sive potius, utrosque Trojanos intelligit, tam Epiri, quam Italiæ.

506. *Ceraunia.*) Montes sunt altissimi, & ideo crebro fulminibus percussi: unde etiam *Acroceraunii* nuncupantur, ab [illegible], & [illegible] *fulmen*. Terminant Epirum [illegible] septentrionem; ut & maris Jonii, quod inde Hadriaticum dici incipit. Hinc cursus in Italiam brevissimus; quare facile a media nocte ad Auroram transmisso mari Æneas potuit in conspectum Italiæ venire.

510. *Sortiti remos.*) Remigandi officium apud veteres, non in remis, sed in ipsos milites sorte dividebatur; ut & excubiandi cura. De *Palinuro*, navis Æneæ gubernatore, Æn. 5. 833. & 6. 337.

Necdum orbem medium nox horis acta subibat;
Haud segnis strato surgit Palinurus, & omnes
Explorat ventos, atque auribus aera captat:
Sidera cuncta notat tacito labentia cœlo,
Arcturum, pluviasque Hyadas, geminosque Triones,
Armatumque auro circumspicit Oriona.
Postquam cuncta videt cœlo constare sereno,
Dat clarum e puppi signum: nos castra movemus,
Tentamusque viam, & velorum pandimus alas.
Jamque rubescebat stellis Aurora fugatis,
Cum procul obscuros colles, humilemque videmus
Italiam. Italiam primus conclamat Achates;
Italiam læto socii clamore salutant.
Tum pater Anchises magnum cratera corona
Induit, implevitque mero, Divosque vocavit,
Stans celsa in puppi.
Di, maris & terræ tempestatumque potentes,
Ferte viam vento facilem, & spirate secundi.
Crebrescunt optatæ auræ, portusque patescit
Jam propior, templumque apparet in arce Minervæ;
Vela legunt socii, & proras ad litora torquent.

Por-

INTERPRETATIO.

in lassa membra. Nondum nox provecta horis attigerat medium cursum: impiger Palinurus surgit e lecto, & observat omnes ventos, & auditu captat aerem: notat omnia astra decurrentia cœlo silente, Arcturum, & imbriferas Hyadas, & geminos Triones, & aspicit Oriona armatum aurea luce. Postquam cernit omnia congruere in cœlo sereno, e puppe dat clarum signum: nos movemus classem, & ingredimur iter, & extendimus alas velorum. Et jam stellis expulsis Aurora rubescebat: cum videmus procul colles obscuros & planam Italiam. Achates primus conclamat Italiam: socii clamore hilari salutant Italiam. Tunc pater Anchises cinxit magnum poculum corona, & replevit vino, & invocavit Deos erectus in alta puppe: O Dii, ait, præsides maris & terræ & tempestatum, date nobis viam facilem per ventum, & favete prosperi. Augentur flatus desiderati, & portus jam propior aperitur, & in monte apparet templum Palladis. Socii colligunt vela, &

NOTÆ.

516. *Arcturum, &c.*) Stellam in signo Bootæ, quæ aliquando pro toto signo sumitur: Georg. 1. 68. *Hyadas*, stellas septem in fronte tauri, Ibid. 138. *Geminosque Triones*, utramque ursam, majorem ac minorem, Æn. 1. 748.

517. *Oriona.*) Orion venator fuit, comes Dianæ, qui scorpii morsu in talo vulneratus occubuit: & Deorum miseratione in sidus mutatus est. Scorpius autem, vel a Terra in eum immissus erat, quod Orion nullam sibi feram insuperabilem esse gloriaretur; vel, juxta alios, a Diana, cui vim inferre in venatione voluerat. Orion in cœlo lucidissimum sidus stellis constat seu & quinquaginta, pingiturque accinctus gladio & clavam intendens: unde *armatus auro* dicitur, id est, *aurea luce conspicuus*. De ejus ortu, Æn. 1. 539.

518. *Constare.*) Omnia tranquillitatis signa sibi respondere, inter se convenire: eoque certa, & firma, & constantia, non vana.

520. *Velorum alas.*) Mutua translatio est, inter volandi & navigandi verba, Æn. 1. 228.

522. *Humilem Italiam.*) Tum quia in ea parte altis montibus caret: tum quia e longinquo spectantibus altissima quæque humilia videntur: tum quia universim mare terris altius apparet.

525. *Cratera corona Induit, &c.*) *Coronare poculum*, duo significat. Aliquando *implere vino*, ut diximus Georg. 2. 528. Aliquando cingere corona florea, ut hic; siquidem hic utrumque distinguitur: *corona induit, implevitque mero*. Et *libationem* exprimit, facile ac quotidianum Diis fere omnibus sacrificium, vini effusionem in aram. *De libatione*, Æn. 1. 740.

531. *Templum in arce Minervæ.*) Templum in promontorio Japygio, sive Salentino, de quo Strabo lib. 6. de Salentinis loquens: [illegible], &c. *Hic vero fuit & Minervæ templum dives olim*, &

Portus ab Eoo fluctu curvatur in arcum,
Objectæ salsa spumant aspergine cautes,
Ipse latet: gemino demittunt brachia muro
Turriti scopuli, refugitque a litore templum.
Quatuor hic, primum omen, equos in gramine vidi
Tondentes campum late, candore nivali.
Et pater Anchises: Bellum, o terra hospita, portas;
Bello armantur equi: bellum hæc armenta minantur.
Sed tamen iidem olim curru succedere sueti
Quadrupedes, & fræna jugo concordia ferre:
Spes est pacis, ait. Tum numina sancta precamur
Palladis armisonæ, quæ prima accepit ovantes:
Et capita ante aras Phrygio velamur amictu:
Præceptisque Heleni, dederat quæ maxima, rite
Junoni Argivæ jussos adolemus honores.
Haud mora, continuo perfectis ordine votis,
Cornua velatarum obvertimus antennarum:

Gra-

INTERPRETATIO.

vertunt proras ad litora. Portus ab orientali mari curvatur in arcum, rupes opposita spumant salsa aspergine, ipse portus *occultus est; scopuli turribus* similes *demittunt* utrinque *latera* quasi *duplici muro, & templum recedit a litore. Illic vidi in pratis quatuor equos candore niveo late carpentes herbam*, quod fuit *primum omen. Et pater Anchises ait. O terra hospitalis, portendis bellum. Equi armantur ad bellum: hæc armenta minantur bellum. Sed tamen iidem equi assueti* sunt *subire currum, & portare fræna concordia* sub *jugo: spes est pacis. Tunc oramus sanctam Divinitatem Palladis armigeræ, quæ prima excepit lætos; & ante altaria tegimur Phrygio amictu* circa *capita, & ex monitis Heleni, quæ dederat maxima, offerimus rite Junoni Argivæ sacrificia præscripta. Absque mora, votis continuo ordine persolutis, convertimus cornua an-*

NOTÆ.

& scopulos, quem vocant promontorium Japygium, multum procurrens in mare contra ortum hybernum.

533. *Portus ab Eoo fluctu.*) Id est, ad orientem obvertitur: *Eos Aurora* est, quæ ab oriente nascitur. *Arcum* vero accipio, vel pro munitione aliqua, quæ locum defenderet; vel pro ipso scopulo promontorii, quod ἄκρα dicitur, ut explicuimus ad illud, Georg. 4. 461. *Flerunt Rhodopeiæ arces.*

535. *Brachia muro Turriti scopuli.*) Nec turres erant, nec brachia: sed rupes porrectæ in modum brachiorum, & erectæ instar turrium. Prop. l. 3. 20. 24 *Scandam ego Theseæ brachia longa viæ.*

541. *Curru, &c.*) Pro *currui*, dativo contractio, Ecl. 5. 29. De *Pallade armisona*, Æn. 1. 43. De *ovantes*, pro lætitia, supra v. 189.

545. *Phrygio velamur amictu.*) Observat præceptum Heleni, de quo supra 405. *Amictum* illum volunt esse capitis integumentum, cui nomen erat *tutulus*, de quo Æn. 1. 651. *Phrygium* autem vocat, vel simpliciter quasi Trojanum, vel arte factum Phrygia, id est, acu elaboratum, ut supra v. 483. Hic autem aliqui volunt accidisse *Æneæ*, quod attigimus Æn. 2. 166, ut Diomedes, qui cum Ulysse fatale Palladium ex arce Trojana eripuerat, pulsus deinde fatis adversis in Italiam; & jussus a Diis illud Trojanis restituere, *Æneam* forte illuc appulsum, & operto capite sacrificantem nactus, hoc eidem reddere non ausus sit, ne turbaret sacra, sed cuidam ex *Æneæ* sociis tradiderit, cui nomen *Nautes*. Et vero regnasse dicitur Diomedes in Apulia, quæ Salentinis & Calabris contermina est ad occidentem, quamquam satis longo intervallo dissita.

547. *Junoni Argivæ.*) Quæ celebratur in *Argia* Peloponnesi regione, ita ut cum *Mycenæ & Argi*, vicinæ illic urbes, quæ Danao simul paruerant, in duo deinde regna divisæ sunt; templum celebre Heræum dictum, Ἡραῖον, id est Junonium, licet ad Mycenas situm, utrique tamen regi commune esset; Strabo lib. 8. Hinc profecti in Italiam Græci, sacra Junoni Argivæ ibidem instituerunt: Diomedes lucum apud Venetos ex Strabone lib. 5. Jason fanum in Lucania ex eodem l. 6.

548. *Continuo.*) *Continuo ordine*, id est, nec interrupto sacrificio: alioquin caput velare jussus fuerat, supra v. 405.

549. *Cornua velatarum, &c.*) *Antennæ* sunt ligna transversa in malo, quibus alligantur vela: antennarum extrema cornua a Virgilio vocantur, unde ipsas antennas appellat Lucanus lib. 5. [illegible] *summis cornibus*: id est, [illegible], ab ἔχω habeo, & κέρας cornu.

Graiugenumque domos, suspectaque linquimus arva:
Hinc sinus Herculei, si vera est fama, Tarenti
Cernitur: attollit se Diva Lacinia contra,
Caulonisque arces, & navifragum Scylacæum.
Tum procul e fluctu Trinacria cernitur Ætna,
Et gemitum ingentem pelagi, pulsataque saxa
Audimus longe, fractasque ad litora voces:

Ex-

INTERPRETATIO.

tentatum velificatum: & deserimus sedes Græcorum, camposque suspectos. Hinc videtur sinus Tarenti, si verus est rumor, Herculei: ex adverso templum Deæ Laciniæ erigit se, & arces Caulonis, & Scylacæum navifragum. Deinde procul e mari videtur Ætna Sicula, & eminus audimus magnum fremitum maris, & scopulos verberatos, & sonitus ruptos ad litora: & fluctus exi-

NOTÆ.

Obvertimus.) Ab extremo illo Italiæ promontorio Iapygio ad partem maxime meridionalem, cujus descriptionem habes vers. 396.

551. *Herculei Tarenti.*) De Tarenti situ v. 396. urbs est cum portu celebri, in recessu maxime septentrionali sinus Tarentini: bella olim gessit maxima cum Romanis, advocato in auxilium Pyrrho Epiri rege; Romanis deinde subdita, tum in Annibalis potestatem redacta, iterum ad Romanos reversa est. Hujus conditor *Taras*; qui heros, juxta Strabonem; juxta Servium, Neptuni filius fuit: instaurator aut potius invasor, *Phalantus* Lacedæmonius, qui cum Partheniis, notha Lacedæmoniorum prole, expulsus e patria ibidem sedes statuit, & divinis honoribus post mortem affectus est, ut est apud Strabonem lib. 6. & Justin. in l. 3. 4. *Herculeum Tarentum* cur appelletur, non liquet: videturque Virgilius de nominis veritate ipse dubitare, cum addit, *si vera est fama*. Quadruplicem conjecturam affero. I. Est ex Servio, qui ait Phalantum ex Herculis fuisse posteris, eb eoque instauratum; sed hoc quasi commentum rejicitur. II. Est ex Erythræo, qui docet ex Aristotelis libro de mirabilibus auditis, locum, quem Tarentini occupaverant, nominatum esse postea *Heracleam*, cum prius dictus esset *Piron*, & *Sigeum*. Addit vero quod plane incertum est, Tarentinos ab Hercule fuisse domitos. III. Est ex Pomponio [illegible], qui ait de Herculis [illegible] Tarentinorum [illegible] in Strabone lib. [illegible] Herculis æreum, [illegible] a Fabio maximo, qui recepit urbem, inde sublatum, & in Capitolio dedicatum. IV. Addo: non urbem solam, sed totum tractum Herculis itineribus & memoria fuisse insignem; quod colligo ex eodem Strabone: urbs enim ibidem fuit *Heraclea*, id est, *Herculea*; ubi communis agebatur conventus Græcorum omnium, qui has regiones tenebant: tum *Leuca* urbs, ubi fons fœtentis aquæ, excitatus e sanguine Gigantum Leuterniorum, quos ab usque Phlegræis Italicæ Campaniæ campis persecutus Hercules ibidem terra obruerat.

552. *Diva Lacinia contra.*) Junonis Laciniæ templum, prope Crotonem urbem, sanctum omnibus circa populis ex Livio lib. 24. cujus tegulas marmoreas Fulvius Flaccus in censura sua transtulit in ædem Fortunæ equestris, quam Romæ faciebat, ex Valerio lib. 1. 2. ubi ara sub dio posita, in qua cinis, pulsantibus procellis, semper immobilis, ex Plin. lib. 2. 107. *Contra.*) Meridiem versus, in promontorio Lacinio, cum Tarentum sit ad septentrionem v. 396.

553. *Caulonisque arces, & navifragum, &c.*) Prius tamen occurrit *Scylaceum*, quam *Caulon*. Est *Caulon*, vel *Caulonia*, urbs prius *Aulonia* dicta a valle, quam habebat in conspectu, erat enim in Apennini jugo sita; Græce autem αὐλὼν, *vallis*. Ab Achivis condita ex Strab. l. 6. nunc *Castel vetere*; nonn adhuc *Caulo*.

Navifragum Scylaceum.) *Scylaceus* sinus, in medio sinus ora *Scylaceum* habebat urbem, coloniam Atheniensium, qui Mnestheum regem ad Trojam secuti ducem fuerant. Strabo lib. 6. Sed hic varia est lectio. Dubitat Scaliger Poet. l. 2. 30. an sit, *Navifragum Scylaceum*, redundante syllaba, aut extremis duabus in unam coalescentibus; an vero, *Naufragum Scylaceum*, ubi amphimacer in dactyli locum succederet. Turnebus tenuit lib. 29. 22. commodius legi posse *Scylleum*, quod vel est promontorium *Cænys*, *Coda della volpe*, in angustiis freti Siculi; vel *Scylla* scopulus, etiam ultra Cænym longe integre remotus. Sed sane cum Æneas ne ad Charybdim quidem nisi eminus accesserit, vix potuit Scyllæum videre. Igitur commodius est legere cum antiquis plerisque codicibus *Navifragum Scylaceum*, per unicum *l*, præsertim cum dicat Strabo *Scylletium* antiquis, recentioribus dictum esse Σκυλάκιον *Scylaceum*.

555. *Et gemitum ingentem pelagi, &c.*) Videtur hic Virgilius versus, quam cæteri poetæ naturam Charybdis exprimere. Quippe Cluverius, qui ad pernoscendam loci naturam se Messanam contulerat, ait, probatque in Sicilia antiqua l. 1. c. 5. esse vorticem illic circa Messanam extendatur, appellaturque *Galofaro & la Rema*; tamen mare toto freto vorticosum esse, ac tumultuosum; laudatque Thucydidem, qui fretum totum Charybdim appellavit lib. 4. *Est autem fretum, mare inter Rhegium & Messanam, qua minimum Sicilia distat a continente: & hoc illud est, quod Charybdis appellatum fuit, qua Ulysses fertur transnavigasse;* καὶ ὅτι ἡ Χάρυβδις κληθεῖσα τοῦτο &c. Hinc a quibusdam ad Pelorum promontorium, ab aliis ad Messanam collocatur; ab Homero sub scopulo caprificis arboribus inumbrato, ab aliis ut hians absque scopulis vorago describitur. Re autem ipsa impetus est maris, e septentrione vehementius quam a meridie infesti; cu-

jus

Exultantque vada, atque æstu miscentur arenæ.
Et pater Anchises: Nimirum hæc illa Charybdis:
Hos Helenus scopulos, hæc saxa horrenda canebat.
Eripite, o socii, pariterque insurgite remis.
Haud minus ac jussi faciunt: primusque rudentem
Contorsit lævas proram Palinurus ad undas:
Lævam cuncta cohors remis ventisque petivit.
Tollimur in cœlum curvato gurgite, & iidem
Subducta ad Manes imos descendimus unda.
Ter scopuli clamorem inter cava saxa dedere,
Ter spumam elisam & rorantia vidimus astra.
Interea fessos ventus cum Sole reliquit:
Ignarique viæ, Cyclopum allabimur oris.
Portus ab accessu ventorum immotus, & ingens
Ipse; sed horrificis juxta tonat Ætna ruinis:
Interdumque atram prorumpit ad æthera nubem,
Turbine fumantem piceo & candente favilla;
Attollitque globos flammarum, & sidera lambit:

In-

INTERPRETATIO.

liunt, & arena turbantur ebullitione. Et pater Anchises ait: Scilicet hæc est illa Charybdis: Helenus prædicebat hos scopulos, has rupes horrendas. Eruite hinc vos, *o socii, & pari* conatu *incumbite remis. Nec faciunt minus quam jussi erant facere: & primus Palinurus deflexit proram stridentem ad aquas sinistras: turba omnis abiit in sinistram* partem *remis & ventis. Erigimur in cœlum sinuato mari, & iidem subtracta aqua delabimur ad imos inferos. Ter scopuli sonitum emiserunt intra cava saxa; ter vidimus spumam impactam & sidera stillantia. Interim ventus cum Sole destituit nos fatigatos: & inscii viæ appellimur ad litus* Cyclopum. *Portus est imperturbatus ab ingressu ventorum, & ipse capax; sed Ætna prope tonat horribilis tumultu; & aliquando emittit ad cœlum nigram nubem, fumantem turbine piceo & ferventibus favillis, & attollit globos flamma-*

NOTÆ.

jus fluxus, adversis ventis obluctantibus, Austro præsertim a meridie sæviente, repelluntur in freti angustias; ibique compressi, ingenti murmure & litorum scopulorumque mugitu in vortices contorquentur. Scite ergo Virgilius, nulla certi loci mentione facta, generatim *gemitum*, *litora*, *saxa*, *vada*, *æstum* commemorat; additque *nimirum hæc illa Charybdis*. Male ergo plerique cum Cerdano *saxa* & *scopulos* interpretantur de *Scylla*: quæ, ut ostendemus v. 685. nimium distat a vulgari Charybdis loco, quam ut ejus latratus inde audiri possit. De fabula *Charybdis* & *Scyllæ*, supra, v. 420.

565. *Ad Manes*.) In profundum maris, & quasi ad inferna, sedem umbrarum & animarum, quæ *Manes* dicuntur, de quibus Georg. 4. 469.

567. *Rorantia astra*.) Stillantem autem, depluente aqua, quæ maris impetu ejecta sursum fuerat.

569. *Cyclopum oris*.) Ex Cluverio de Sicilia l. 1. 2. *Cyclopes* primi Siciliæ, sive Trinacriæ habitatores fuerunt: præcipue circa montem Ætnam, & agrum Leontinum. Fuisse eos statura fuisse giganteæ, quod probant multa [illegible] ingentibus cadaveribus insolitæ magnitudinis [illegible] sed item agrestes, & hospitibus infestos memorat. Hinc finxerunt poetæ vesci eos humanis carnibus; unicum habere medio in fronte rotundum oculum, unde nomen ipsis κύκλος *circulus*, & ὤψ *oculus*. Tum, ob Ætnæ montis, & Liparearum in septentrionali Siciliæ litore septem insularum viciniam, addiderunt eosdem Vulcani ministros esse suis illis in officinis, ad fabricanda Jovis fulmina; Neptuni autem filios, quia solent fabulæ sceleratos omnes ei pro filiis attribuere. Portus Cyclopum a Virgilio fingitur circa litus, ubi nunc est *Catanea* urbs, ad radices *Ætnæ*: patet enim e subsequenti narratione, eum in Siciliæ continenti, loco silvoso describi: non in iis scopulis, qui circa idem litus a Cyclopibus vulgo nomen habent.

571. *Ætna*.) *Mongibello*, non longe a litore Siciliæ orientali: miræ fertilitatis.

572. *Prorumpit nubem*.) Activum hic est; & hinc de passivum apud Lucret. l. 6. 435. *Prorumpitur in mare venti vis*: neutrum vero Æn. 10. 379. *Medius densos prorumpit in hostes*.

573. *Candente*.) Non solum *candida*, sed *fervente*, quæ ex fervore candorem contraxerit. Sic Æn. 12. 90. *Ensem quem .... Stygia candentem tinxerat unda*.

Interdum scopulos avulsaque viscera montis
Erigit eructans, liquefactaque saxa sub auras
Cum gemitu glomerat, fundoque exæstuat imo:
Fama est, Enceladi semustum fulmine corpus
Urgeri mole hac, ingentemque insuper Ætnam
Impositam, ruptis flammam expirare caminis:
Et, fessum quoties mutat latus, intremere omnem
Murmure Trinacriam, & cœlum subtexere fumo.
Noctem illam tecti silvis immania monstra
Perferimus: nec, quæ sonitum det causa, videmus.
Nam neque erant astrorum ignes, nec lucidus æthra
Siderea polus; obscuro sed nubila cælo,
Et Lunam in nimbo nox intempesta tenebat.
Postera jamque dies primo surgebat Eoo,
Humentemque Aurora polo dimoverat umbram;
Cum subito e silvis, macie confecta suprema,
Ignoti nova forma viri, miserandaque cultu
Procedit, supplexque manus ad litora tendit.
Respicimus: dira illuvies, immissaque barba,
Consertum tegmen spinis: at cætera Grajus,
Et quondam patriis ad Trojam missus in armis.

In-

INTERPRETATIO.

rum, & tangit astra: aliquando erigit evomens rupes & disrupta viscera montis, & cum sonitu congerit in aere saxa comminuta, & ebullit ex imo fundo. Rumor est, corpus Enceladi semiustum fulmine premi hac mole, & magnam Ætnam superimpositam exhalare ignem fractis caminis: &, quoties Enceladus *vertit latus fatigatum, Siciliam totam tremere tumultu, & involvere cælum fumo.* Per *illam noctem occulti* in *silvis patimur infanda prodigia, nec cognoscimus quæ causa emittat* illum *sonitum.*

Nam nec erant lumina siderum, nec cælum fulgens splendore ætheris: sed nebula tenebroso aere, & nox importuna includebat Lunam in nube. Et jam dies sequens nascebatur primo diluculo, & aurora depulerat e cælo humidas tenebras: cum repente prodit e silvis nova figura hominis ignoti, exesa macie summa, & miserabilis habitu, & supplex tendit manus ad litora. Respicimus: *fœdæ erant sordes, & barba diffusa, vestis contexta spinis;* quantum ad *alia* Græcus, *& olim missus ad* Trojam *in patriis*.

NOTÆ.

576. *Liquefactaque saxa.*) Extra in pumices, comminuta in cineres, quæ torrentium instar inde erumpunt; & Catanensium agrum, vicinumque mare interdum operiunt. Vide Cluverium loco citato.

578. *Enceladi semustum, &c.*) Causam affert hujus incendii fabulosam: nempe bello gigantico, unum unum gigantum Enceladum, Titanis ac Terræ filium, fulminatum a Jove fuisse, & Ætnæ monte abjectum. Pindarus, & Ovidius hoc supplicium Typhœo attribuunt: eumdemque volunt non hoc uno monte, sed Sicilia tota, oppressum esse: Ovid. Met. 5. 346. Verum alii causam proferunt, quod totus ille tractus, ad usque Campaniam, sulfure abundet ac speluncis, in quas admissi venti incendia excitant. Unde existimo non aliam ob causam Liparæas insulas, & *Æolias* & *Vulcanias* appellatas esse; earumque regnum & *Æolo* & *Vulcano* ex æquo attributum; quam quod & igne & vento perinde agitentur.

585. *Æthra siderea.*) Cœlestis ignis sphæra, ut aiunt, quæ vocatur *æther*; & pro cælo, & aere & astrorum splendore sumitur.

587. *Nox intempesta.*) Ad agendum inepta, atque intempestiva.

588. *Eoo.*) Lucifero, Veneris stella, qui pro *diluculo* sumitur: nomen ab ἠώς *Aurora*. De eo, Ecl. 6. 86. De *Aurora*, Georg. 1. 249.

594. *Consertum tegmen spinis.*) Vestis e frondibus arborum, quæ spinis inter se sutum, & composita erant. *Cætera.*) Quantum ad cætera, nempe statum, incessum, colorem, vocis sonum.

Isque ubi Dardanios habitus & Troia vidit
Arma procul; paullum aspectu conterritus hæsit,
Continuitque gradum: mox sese ad litora præceps
Cum fletu precibusque tulit. Per sidera testor,
Per superos, atque hoc cœli spirabile lumen:
Tollite me, Teucri, quascumque abducite terras.
Hoc sat erit. Scio me Danais e classibus unum,
Et bello Iliacos fateor petiisse Penates.
Pro quo, si sceleris tanta est injuria nostri,
Spargite me in fluctus, vastoque immergite ponto.
Si pereo manibus hominum, periisse juvabit.
Dixerat: & genua amplexus, genibusque volutans
Hærebat. Qui sit, fari, quo sanguine cretus,
Hortamur: quæ deinde agitet fortuna, fateri.
Ipse pater dextram Anchises, haud multa moratus,
Dat juveni, atque animum præsenti pignore firmat.
Ille hæc, deposita tandem formidine, fatur:
Sum patria ex Ithaca, comes infelicis Ulyssei,
Nomen Achemenides: Trojam genitore Adamasto
Paupere (mansissetque utinam fortuna!) profectus.
Hic me, dum trepidi crudelia limina linquunt,
Immemores socii vasto Cyclopis in antro

De-

INTERPRETATIO.

exercitu. Atque ille quando vidit eminus vestes Trojanas & Trojana arma, paullulum substitit territus visu & pedem cohibuit: deinde currens contulit se ad litora cum precibus, & fletu: aitque: Obsecro per astra, per Deos, & per hanc lucem cœli, qua respiramus: auferte me, o Trojani, asportate in quaslibet terras. Hoc satis erit. Scio me unum esse e classe Græca, & fateor me invasisse armis Iliacas domos. Pro quo, si tanta est iniquitas mei criminis, projicite me in undas, & demergite vasto mari. Si pereo manibus hominum, dulce erit perire. Dixerat: & amplectens genua nostra, & abjectus in genua, hærebat. Incitamus eum, ut dicat qui sit, quo ortus sanguine; utque postea fateatur, quæ sors eum vexet. Ipse pater Anchises, non expectans diutius, porrigit dexteram juveni, & confirmat ejus animum hoc præsenti testimonio fidei. Ille excusso metu hæc demum loquitur: Sum ex patria Ithaca, comes miseri Ulyssis, nomen mihi est Achemenides, qui iveram Trojam patre Adamasto paupere existente, & utinam illa sors mihi mansisset! Hic socii, dum fugiunt festini crudelem domum, obliti mei me reliquerunt in

NOTÆ.

600. *Cœli spirabile lumen.*) Vel aerem quem respiramus, & qui luce penetratur; vel lucem ipsam Solis vitalem, qua cuncta fruuntur ac vivunt [illegible].

611. *Præsenti pignore.*) Tradita manu; quod fidei signum fuit. Sic Curtius lib. 5. Darium morientem ita inducit cum Polystrato loquentem: *Alexandro hanc fidei [illegible] pignus pro me dabis, Hæc dicens [illegible] accepta Polystrati manu vita decessit.*

613. *Ex Ithaca, &c.*) [illegible] Ulyssis; supra v. 272. *Ulyssei* pro *Ulyssis*, Æn. 2. 164.

614. *Achemenides.*) Fictum nomen ab ἄχος mœror, & μένω maneo: quia derelictus a suis in mœrore diu fuerat: unde miror Nannium hujus nominis rationem etymon reperisse; ideoque rescribendum duxisse *Agemenides*, quasi ab ἄγαν valde, & μένω maneo; eoque miror magis, quod Ovidius, qui Metam. libro 14. totum hoc iter ex Virgilio quasi exscripsit, hunc ipsum tamen *Achemeniden* vocat.

615. *Paupere.*) Ut se ad Trojam non voluntate profectum ostendat, habuitque necessitatis excusationem. Sic Sinon ad Priamum Æn. 2. 87. *Pauper in arma pater primis huc misit ab annis.*

617. *Cyclopis in antro.*) Polyphemi. Is Ulyssem, appulsum in Siciliam, & cum sociis duode-

cim

Deseruere. Domus sanie, dapibusque cruentis,
Intus opaca, ingens: ipse arduus, altaque pulsat
Sidera: (Di, talem terris avertite pestem)
Nec visu facilis, nec dictu affabilis ulli.
Visceribus miserorum, & sanguine vescitur atro.
Vidi egomet, duo de numero cum corpora nostro,
Prensa manu magna, medio resupinus in antro
Frangeret ad saxum, sanieque aspersa natarent
Limina: vidi, atro cum membra fluentia tabo
Manderet, & tepidi tremerent sub dentibus artus.
Haud impune quidem: nec talia passus Ulysses,
Oblitusve sui est Ithacus discrimine tanto.
Nam simul expletus dapibus, vinoque sepultus
Cervicem inflexam posuit, jacuitque per antrum
Immensus, saniem eructans, ac frusta cruento
Per somnum commixta mero: nos, magna precati
Numina, sortitique vices, una undique circum
Fundimur, & telo lumen terebramus acuto
Ingens, quod torva solum sub fronte latebat,
Argolici clypei aut Phœbeæ lampadis instar:
Et tandem læti sociorum ulciscimur umbras.
Sed fugite, o miseri, fugite, atque ab litore funem
Rumpite.

Nam

INTERPRETATIO.

vasta caverna Cyclopis. Domus est interius tenebrosa, magna, tabo & sanguinolentis cibis plena: *ipse Cyclops altissimus, & tangit alta astra: (Dii, servate terras a tali pernicie) nec facilis videri, nec sermone affabilis cuiquam. Pascitur visceribus miserorum & nigro sanguine. Vidi ego ipse, cum supinus media in caverna allideret ad rupem duo corpora de numero nostro comprehensa magnis manibus, & porta redundaret sanguine infecta: vidi, cum devoraret membra stillantia tabo, & membra calentia tremerent sub ejus dentibus. Non tamen absque ultione: nec Ulysses toleravit talia, aut Ithacensis oblitus est sui* in *tanto periculo. Nam statim* atque Cyclops *satiatus cibis & sepultus vino, demisit collum incurvatum, & jacuit per cavernam vastus, inter dormiendum ejectans tabum & frusta mista* cum *vino sanguineo: nos* postquam *invocavissemus magnos Deos, & duxissemus sorte officia, simul undique circumstitimus: & perfodimus telo acuto oculum magnum, qui unicus occultabatur sub torvâ fronte, in modum scuti Argolici aut solaris lampadis: & læti vindicavimus denique animas sociorum. Sed fugite, o infortunati! fugite,*

NOTÆ.

eum ad se venientem, antro inclusum tenuit: devoratisque sex ex illis, ab Ulysse vini poto sopitus, impacta in oculum clava excæcatus est. Ulysses deinde sub arietum villis socios, atque ipsum implicuit, & cum grege ex antro emersit. Quæ fuse describit Homerus Odyss. ι. 105. Hæc imitatur Virgilius, fingitque eum relictum illic esse unum e sociis Ulyssis, qui ante tres menses ad idem litus appulsus fuerat.

636. *Latebat.*) Clausus erat tunc oculus, præ somno.

637. *Argolici clypei aut Phœbeæ lampadis.*) Tria notat, figuram, magnitudinem, & splendorem oculi. Notat *figuram* quidem rotundam, quæ figura erat *clypei*, & Cyclopes vocabantur a rotundo oculo, v. 540. Notat *magnitudinem* ingentem; qualis erat *clypei Argolici*, qui totum tegebat militem, ita ut cæsorum corpora in clypeis exportarentur. Notat denique *splendoris* vim acerrimam, qualis est *Phœbeæ lampadis*, id est, Solis.

Nam qualis quantusque cavo Polyphemus in antro
Lanigeras claudit pecudes, atque ubera pressat,
Centum alii curva hæc habitant ad litora vulgo
Infandi Cyclopes, & altis montibus errant.
Tertia jam Lunæ se cornua lumine complent,
Cum vitam in silvis, inter deserta ferarum
Lustra, domosque traho, vastosque ab rupe Cyclopas
Prospicio, sonitumque pedum vocemque tremisco.
Victum infelicem, baccas, lapidosaque corna
Dant rami, & vulsis pascunt radicibus herbæ.
Omnia collustrans, hanc primum ad litora classem
Conspexi venientem: huic me, quæcumque fuisset,
Addixi: satis est gentem effugisse nefandam.
Vos animam hanc potius quocumque absumite leto.
Vix ea fatus erat, summo cum monte videmus
Ipsum inter pecudes vasta se mole moventem
Pastorem Polyphemum, & litora nota petentem:
Monstrum horrendum, informe, ingens, cui lumen ademptum.
Trunca manum pinus regit, & vestigia firmat.
Lanigeræ comitantur oves, ea sola voluptas,
Solamenque mali: de collo fistula pendet.
Postquam altos tetigit fluctus, & ad æquora venit,
Luminis effossi fluidum lavit inde cruorem,
Dentibus infrendens gemitu: graditurque per æquor
Jam medium, necdum fluctus latera ardua tinxit.
Nos procul inde fugam trepidi celerare, recepto
Supplice, sic merito, tacitique incidere funem:

Ver-

INTERPRETATIO.

& abscindite funem a litore. Nam qualis & quantus Polyphemus includit cavo in specu greges ovinos, & premit ubera; tales ac tanti *centum alii horrendi Cyclopes manent circa hæc sinuosa litora, & vagantur per altos montes. Jam tertia Luna cornua implent se luce, ex quo duco vitam in silvis, inter cubilia vacua & sedes ferarum, & e rupe specto Cyclopas immanes, & trepido ad sonum pedum & vocem. Rami præbent* mihi *misera alimenta, baccas & lapidosa corna, & herbæ nutriunt* me *vulsis radicibus. Circumspiciens omnia, vidi hanc primo classem tendentem ad litora: destinavi me illi, qualiscumque esset: sufficit evitasse nationem immanem. Vos potius* quam illa, *extinguite hanc* meam *vitam morte. Vix ista locutus erat, cum cernimus in summo monte ipsum pastorem Polyphemum moventem se vasta mole inter greges, & tendentem ad litora* sibi *cognita: monstrum horribile, deforme, immane, cui lux ablata est. Pinus truncata sustinet manum, & firmat incessum. Oves lanigeræ sequuntur eum, hæc unica oblectatio est* ipsi, *& solatium miseriæ: tibia pendet e collo. Postquam attigit summos fluctus, & pervenit ad mare, inde abstergit sanguinem fluentem ex oculo excæcato, stridens dentibus* inter *gemendum: & jam incedit per medium mare, necdum* tamen *aqua madefecit alta ejus latera. Nos timentes* cœpimus *properare fugam procul inde, admisso supplice,* qui *sic merebatur,*

NOTÆ.

640. *Lapidosaque corna.*) Fructus *corni* arboris, Ital. *corniolo*: qui rubicundi sunt, instar oliculo multi dulcissimo. *Baccæ* sunt exigui quilibet arborum fœtus.

Verrimus & proni certantibus æquora remis.
Sensit, & ad sonitum vocis vestigia torsit.
Verum ubi nulla datur dextram affectare potestas,
Nec potis Ionios fluctus æquare sequendo,
Clamorem immensum tollit, quo pontus & omnes
Intremuere undæ, penitusque exterrita tellus
Italiæ, curvisque immugiit Ætna cavernis.
At genus e silvis Cyclopum & montibus altis
Excitum ruit ad portus, & litora complent.
Cernimus astantes nequicquam lumine torvo
Ætnæos fratres, cœlo capita alta ferentes,
Concilium horrendum: quales cum vertice celso
Aeriæ quercus, aut coniferæ cyparissi
Constiterunt, silva alta Jovis, lucusve Dianæ.
Præcipites metus acer agit quocumque rudentes
Excutere, & ventis intendere vela secundis.
Contra jussa monent Heleni, Scyllam atque Charybdim
Inter utramque viam, leti discrimine parvo,
Ni teneant cursus: certum est dare lintea retro.
Ecce autem Boreas angusta a sede Pelori

Mis-

INTERPRETATIO.

& silentes secamus funem, & incurvi percutimus mare remis inter se contendentibus. Agnovit hoc Polyphemus, *& retulit pedem ad murmura vocum. Sed quoniam nulla datur ipsi facultas attingendi manum, nec potest procedendo æqualis esse fluctibus Ioniis, emittit clamorem, quo mare & omnes fluctus timuerunt, & terra Italiæ intime tremefacta, atque Ætna sinuosis cavernis remugiit. At gens Cyclopum evocata e silvis & altis montibus currit ad portum, & cingit litus. Videmus fratres Ætnæos frustra stantes oculo fero, attollentes ad cœlum alta capita, turbam horrendam: quales cum aeriæ quercus, vel cyparissi coniferæ alto cacumine eriguntur, altum nemus Jovis, aut silva Dianæ. Timor gravis compellit socios festinos solvere funes quamcumque* in partem, *& committere vela prosperis ventis.* Contra autem *præcepta Heleni admonent, ne iter habeant inter utramque viam,* nempe *Scyllam & Charybdim, quæ parum distat a morte: deliberatum est retro agere vela.* Ecce autem Boreas *oritur flans ab*

NOTÆ.

670. *Dextram affectare.*) Cum affectu & aviditate apprehendere.

671. *Nec potis Ionios, &c.*) Nec potis est, nec potest: antiquæ voces, *pos & potis*: unde *compos, impos*: & verbum *possum*, quasi *pos sum*: & *potire* a *posse* apud Plautum. *Ionios fluctus.*) Quia mare *Ionium* a Sicilia ad usque Græciam appellatur, supra v. 210. De *Ætna*, v. 571. De *Cyclopibus*, v. 569.

680. *Coniferæ cyparissi.*) Fructus pini & cupressi, quia rotundi in acumen abeunt, ideo dicuntur *coni*; *conus* enim hæc ipsa figura est, v. 468. Quercus dicata Jovi erat: ideo *silva Jovis*. Cupressus, arbor luctuosa, Proserpinæ; quæ Diana eadem erat: ideo *lucusve Dianæ*. Æn. 4. 511.

685. *Inter utramque viam.*) *Utraque via* hic, pro Scyllæ scopulo, & Charybdi vortigine sumitur; utram qui tentat, vitæ discrimen adeat: & *Ni*, pro *ne* dictum esse, conveniunt omnes interpretes. Monuerat enim Helenus supra v. 429. ne illac transirent, sed retro potius abirent, & gyro ad sinistram reflexo, Siciliam circumnavigarent.

Leti discrimine parvo.) Non hoc dicit; utrumque monstrum *Scyllam & Charybdim parum inter se distare*: sciebat enim, id quod jam scimus, distantiam ac discrimen inter utrumque esse, ut minimum, duodecim mille passuum. Sed hoc dicit: in his freti angustiis, utraque adeo via, quicumque earum tenent, *parum a morte distare*, propter frequentes vortices, supra v. 555.

687. *Boreas.*) Ventus septentrionalis, de quo Ecl. 7. 51. Et hic quidem proprie, quia Siculum fretum arctis faucibus a septentrione ad meridiem patet: unde a *Peloro* promontorio ad *Pachynum* navigantibus omnino Borea opus est.

Angusta a sede Pelori.) Bene *angusta*, hic e-

nim

Missus adest, vivo prætervehor ostia saxo
Pantagiæ, Megarosque sinus, Tapsumque jacentem.
Talia monstrabat relegens errata retrorsum
Litora Achemenides, comes infelicis Ulyssei.
Sicanio prætenta sinu jacet insula contra
Plemmyrium undosum: nomen dixere priores
Ortygiam. Alpheum fama est huc, Elidis amnem,

Oc-

INTERPRETATIO.

angusto freto Pelori: prætervehor ostia e vivo saxo Pantagiæ, & sinus Megareos, & Tapsum humilem. Hæc ostendebat nobis *Achemenides, comes miseri Ulyssis, retro radens litora* jam ante à se *peragrata. Insula jacet objecta sinui Sicano, contra Plemmyrium undosum: majores dedere* ipsi *nomen, Ortygiam. Fama narrat Alpheum, Elidis*

NOTÆ.

nim sunt maxime Siculi freti angustiæ: passuum scilicet mille quingentorum, qui leucam circiter medium efficiunt. Atque hic opus est brevem Siciliæ descriptionem attexere.

Sicilia, omnium mediterranei maris insularum maxima, multis nominibus appellata fuit, multos habuit incolas. I. *Cyclopes*, ut diximus vers. 569. II. *Sicanos*, Hispaniæ populos circa fluvium Sicanum; qui juxta alios est Sicoris, *Segre*; juxta alios Cinga, *Cinca*: ab his dicta est *Sicania*. III. *Italos*, qui Siculo duce, Sicanos in occidentalem insulæ partem ejecerunt: a quibus dicta est *Sicilia*: quamquam aliis aliter placet. IV. *Græcos* complures ac barbaros, qui colonias in eam deduxerant. Denique Carthaginiensibus paruit, Romanis, &c.

Nomen antiquissimum est *Trinacria* a triangulari figura, quam efficiunt τρία ἄκρα, *tria* extrema, seu *promontoria*. Primum est *Pelorus*, *Capo di Faro*, ad septentrionem, sic dictum a Pharo, sive specula & turri, quæ illic ad dirigendas naves extructa est. Secundum est *Pachynus*, *Capo di Passaro*, ad meridiem. Tertium *Lilybæum*, *Capo di Marsala*, vel *di Boco*, ad occidentem.

In orientali latere occurrunt, *Pantagias* fluvius, *Megareus* sinus, *Tapsus* peninsula, *Ortygia* insula, *Plemmyrium* promontorium, *Helorus* fluvius, *Pachynum* promontorium.

In meridionali latere, a Pachyno, sunt *Camarinæ* palus, *Geloi campi*; *Gela*; *Agragas*, *Selinus*, urbes, tum *Lilybæum* promontorium.

In septentrionali latere, a Lilybæo, *Drepani portus*.

689. *Pantagiæ*.) *Pantagias*, fluvius brevissimus, nunc *Porcari*: cujus ostia utrinque prærupto saxo etiam nunc includuntur, viginti ferme cubitos alto: hic tamen hybernis auctus torrentibus e Leontinis collibus, magnam secum saxorum copiam devehit ingenti murmure: unde Claudianus eum vocat lib. 2. de raptu, v. 58. *saxa rotantem Pantagiam*: nomenque deducit Cluverius a πάντα *omnia*, & ἄγω *traho*: quamvis alii a παντὸς *fragor*.

Megarosque sinus.) Apud Ovid. *Megareos*. Sinus est hic à Tauro promontorio ad Tapsum peninsulam. In media sinus ora, fuit urbs *Megara*, vel *Megaris*; a Megarensibus Achajæ sic appellata: prius *Hybla* dicta, ab *Hyblæis* collibus vicinis, thymi & mellis feracibus: jamdiu penitus excisa.

Tapsumque jacentem.) Peninsula est, *Tapsus*, sinum Megarensem a meridie definiens, plana, æqua fluctibus, & iis quasi sepulta: unde forte nomen habet à θάπτω *sepelio*; præcipue isthmum habet humilem & angustum; quare insula dicitur a Servio, & adhuc vocatur, *isola delle Manghisi*.

690. *Relegens errata retrorsum*.) Nempe Virgilius eorum opinionem sequitur, qui putant Ulyssem, e Lotophagorum terra, quæ *Meninx* insula est, ad Syrtim Africæ minorem, per meridionale ac deinde orientale Siciliæ latus, ad montem Ætnam & ad Cyclopes venisse, Odyss. lib. 9. Juxta quam opinionem, Achemenides viam jam à se litora retro legit, ab orientali quippe latere ad meridionale navigans. At Cluverius ab illa opinione abhorret: probatque in Sicilia lib. 2. 17. Ulyssem a Lotophagis ad Lilybæum promontorium Drepanumque navigasse; &, cum Cyclopes totam insulam occupassent, Polyphemum illic in Eryce monte, non in Ætna, latuisse.

692. *Sicanio*, &c.) De hoc Siciliæ nomine supra v. 687. Syllabas habet ad arbitrium longas aut breves: legitur enim Ecl. 10. 4. *Fluctus subterlabere Sicanos*. Hoc autem *Sicanio sinu* significat sinum consequentibus post Æneam temporibus, *Syracusanum* dictum: cujus fauces ad septentrionem limitabat urbs ipsa *Syracusæ*, ad meridiem *Plemmyrium* castellum in promontorio cognomine. Inter urbem & promontorium, insula erat *Ortygia*, ponte quidem urbi juncta, urbis ipsa pars; magis autem a promontorio remota, & quasi sinui prætenta, ne ille ut pateret. Urbs nunc *Saragosa* dicitur, cujus Virgilius quare hic non meminerit, dicemus, vers. 707. *Plemmyrium*, quod *undosum* significat, a πλημμυρὶς *maris inundatio*, nomen promontorio conveniens: nunc dicitur *massa d'Oliviere*. Denique *Ortygia* insula, juxta Diodorum lib. 5. nomen inde habuit, quod sit sacra Dianæ, quæ, cum nata sit in *Ortygiâ* Delo, de qua v. 124. suo natalis appellationem in illam transtulit.

694. *Alpheum fama est*.) *Alpheus*, fluvius e Elidis, regionis in Peloponneso. *Arethusa* fons, in occidentali Ortygiæ latere, in sinum Syracusanum erumpens, munitione & mole lapidum a mari disjunctus, ne fluctu totus operiatur; tanta dulcissimarum aquarum copia, ut flumen emittere statim in ortu dicatur. Hunc porro fluvium arbitrabantur veteres ipsum esse Elidis Alpheum; qui, vel per subterraneos meatus, vel inter maris fluctus incorruptus, eo penetraret: idque vel inde certum volebant, quod lutus Olympicis, qui

Occultas egisse vias subter mare; qui nunc
Ore, Arethusa, tuo Siculis confunditur undis.
Jussi numina magna loci veneramur: & inde
Exsupero praepingue solum stagnantis Helori.
Hinc altas cautes projectaque saxa Pachyni
Radimus: & fatis numquam concessa moveri
Apparet Camarina procul, campique Geloi,
Immanisque Gela, fluvii cognomine dicta.
Arduus inde Agragas ostentat maxima longe
Moenia, magnanimum quondam generator equorum.
Teque datis linquo ventis, palmosa Selinus:
Et vada dura lego saxis Lilybeia caecis.

Hinc

INTERPRETATIO.

fluvium, fecisse sibi secretum iter huc usque sub mari; qui fluvius nunc exiens per os tuum, o Arethusa, miscetur aquis Siculis. Adoramus magnos Deos regionis, ut jussi eramus: & inde praetereo pingues terras Helori stagnantis. Inde radimus altas rupes & saxa procurrentia Pachyni: & procul videtur Camarina, quam fata numquam permiserunt moveri, & campi Geloi, & ingens Gela, appellata de nomine fluvii. Inde altissimus Agragas, olim ferax generosorum equorum, ostendit eminus maximos muros. Te quoque praetereo secundis ventis, o palmosa Selinus: & trajicio vada Lilybeia, aspe-

NOTÆ.

in Elide quintis quibusque annis celebrabantur, victimarum sordes in Alpheum projectae, per os Arethusae Siculae emergerent. Hoc figmentum explodit Servius lib. 6. Hinc fabulosum Alphei & Arethusae Nymphae amorem vide Ecl. 10. 1. Nunc fons Arethusa in ea insula fere ignoratur, nempe multos in alveolos ad unum orificium divisus fuit; aut fluctibus ea litora, unde erumpebat, excedentibus, ex ipso mari nunc erumpit: ubi nunc multae sunt ejusmodi dulcis aquae non longe a litore scaturigines. Ita Fazellus Dec. 1. lib. 4. c. 1. quocum recentiores consentiunt.

697. *Jussi numina magna, &c.*) Admoniti, vel tum ab Achemenide, vel prius ab Heleno. *Numina*, fortasse Dianae, cui dicatam hanc insulam fuisse ex Diodoro retulimus, v. 694.

698. *Stagnantis Helori.*) *Helorus*, paullo supra Pachynum promontorium, ad septentrionem: fluvius amoenissimus, [illegible] decursu nunc dictus *Atellaro*; [illegible] *Abisso*; qua parte stagnat [illegible] hyberno praeterea auctus imbribus more Nili vicinos in agros saepe redundat: unde *stagnans* hic dicitur: tanta porro amoenitate atque ubertate, ut Ovidius Fast. 4. 477. locum illum *Heloria Tempe* vocaverit. Fuit non procul urbs *Helorum*, & ora *Helorina*: utraque deleta.

699. *Saxa Pachyni.*) *Pachynus*, vel *Pachynum*; prima syllaba vulgo brevi, longa tamen apud Ovid. Metam. 13. 725. promontorium est meridionale Siciliae, duorum fere milliarium spatio in mare projectum, in peninsulae modum: quae aliis cautibus praerupta, arenosiorum est parvum ambitu; cujus isthmus, parvum admodum vigiliti, tumescente mari insulae speciem praebet.

701. *Camarina.*) *Palus*, verius *lacus*, cum e vicinis fontibus erumpat: prope urbem cognominem, constructam a Syracusanis, nunc omnino dirutam. Lacum medium, nunc *lago di Camarana*, fluvius *Hipparis* praeterfluit, nunc *fiume di Camarana*. Dicitur *fatis numquam concessa moveri*; quia ex Suida, & veteribus Grammaticis, cum aliquando deficiente aqua pestilentiam ex putore creasset, petiissentque Camarinenses ab Apolline, num eam penitus exsiccarent, prohibuit Deus: quod tamen praeter Dei nutum cum fecissent, morbus quidem exstinctus est, at hostes per spatium paludis ingressi Camarinam urbem expugnarunt. Qua de re exstat oraculum Apollinis hoc carmine conceptum in Anthol. lib. 4. Μὴ κίνει Καμάριναν, ἀκίνητος γὰρ ἀμείνων. *Ne moveas Camarinam; immota enim melior.*

701. 702. *Geloi, Immanisque Gela.*) *Gela* urbs olim ingens, unde *immanis* dicitur; & propriis regionibus insignis fuit, quibus frequens cum Syracusanis bellum: a Rhodiis & Cretensibus condita: ab Agrigentinorum tyranno Phintia tandem diruta: urbs *Gela* dicebatur; fluvius, unde ipsi nomen, *Gelas*, nunc *fiume di Terra nova*; populi *Geloi*, & *Gelenses*. In voce *Gela* brevis ultima syllaba producitur ob sequentem in *fluvii* geminam consonantem.

703. *Agragas.*) Graecis, ὁ Ἀκράγας, Latinis *Agrigentum*, nunc *Gergenti*: ad fluvium cognominem, nunc *fiume di S. Biagio*; urbs olim in vertice rupis exstructa a Gelensibus.

704. *Generator equorum.*) Habemus ex Servio, qui Pindarum citat, Agrigentinos equos in Graecia inde nobiles fuisse: ex Diodoro l. 13. Exaenetum Olympicis victorem curru urbem ingressum esse, bigis Agrigentinis comitantibus trecentis, albi coloris; tum sepulcra victoribus equis magnifice interdum ibidem exstructa.

705. *Palmosa Selinus.*) A Megarensibus Siculis condita, de quibus v. 689. Nunc plane diruta: diciturque locus, *terra di Pulici*: ad fluvium cognominem, hodie *Madiuni*. Nomen dedit σέλινον *apium*, Ital. *appio*; cujus adhuc ibidem, ut & palmarum agrestium, ingens copia est.

706. *Saxis Lilybeia caecis.*) *Lilybaeum*, tertium Si-

Hinc Drepani me portus & illætabilis ora
Accipit. Hic, pelagi tot tempestatibus actus,
Heu! genitorem, omnis curæ casusque levamen,
Amitto Anchisen. Hic me, pater optime, fessum
Deseris, heu! tantis nequicquam erepte periclis.
Nec vates Helenus, cum multa horrenda moneret,
Hos mihi prædixit luctus, non dira Celæno.
Hic labor extremus, longarum hæc meta viarum.
Hinc me digressum vestris Deus appulit oris.
Sic pater Æneas, intentis omnibus unus,
Fata renarrabat Divum, cursusque docebat.
Conticuit tandem, factoque hic fine quievit.

INTERPRETATIO.

ra scopulis occultis. Inde portus Drepani & injucunda regio me excipit. Hic agitatus tot procellis maris, heu! amitto patrem Anchisen, solatium omnium curarum & casuum. Hic me deseris, o pater optime, heu! frustra servate a tantis periculis. Nec vates Helenus, cum prænuntiaret aspera plurima, mihi prædixerat hunc dolorem, neque ipsa Celæno. Hoc fuit ipsi extremum malum, hic terminus longæ navigationis. Hinc me profectum Dii applicuerunt ad vestra litora. Sic pater Æneas, solus omnibus attentis, narrabat fata a Diis sibi imposita, *& referebat errores* suos. *Denique siluit, & hoc posito fine* secessit *ad quietem.*

NOTÆ.

Siciliæ promontorium, ad occidentem: planum quidem, sed ad tria passuum millia excurrens in mare, aquis ad cubitorum trium altitudinem superfusis. Unde hic *saxis cæcis dura vada* dicuntur. Ibi olim urbs *Lilybæum*, cujus in ruinis urbs est hodie *Marsala*: a qua promontorium appellatur *Capo di Marsala*, vel a Latino nomine corrupto *Capo di Boco*. Græce τὸ Λιλύβαιον, Jonice Λιλυβήϊον, unde Virgilius deduxit *Lilybeia* pro *Lilybæa*.

707. *Drepani me portus, &c.*) A Lilybæo in Boream deflectendo, portus hic occurrit capacissimus, ad radices *Erycis* montis, qui nunc est mons *S. Juliani*, & *Erycis* ibidem urbis: unde diu dictus est *portus Erycinorum*, sive *Drepanum*; a littoris curvatura in modum *falcis*, quæ Græcis est δρέπανον. Hic Amilcar Carthaginiensis oppidum condidit, Eryce urbe destructa, anno primi belli Punici primo, U. C. circiter 480. quod oppidum nunc *Drepanum* est, sive neutro plurali *Drepana*, vulgo *Trapani*.

Atque hic non abs re erit observare prudentiam Virgilii: qui, cum sciret Punici belli & conditi Drepani recentem esse memoriam, quippe nondum annis ducentis, & quinquaginta distantem ab ætate sua; cavit omnino, ne quam Æneas vir mentionem *de urbe* faceret, *de portu* tantum & *ora* locutus. Idem cavit in *Syracusis* omittendis: cujus urbis cum esset maximum Romæ nomen, & celeberrima per Marcellum expugnatio; multi ejus originem noverant, sciebantque ab Archia Corinthiisque conditam, annis ab excidio Trojæ plus quadringentis. In cæteris vero, quarum obscuriora initia, non veritus nobiliorum hominum supercilium, indulsit aliquid rudiorum simplicitati, plebejis etiam & notis urbium nominibus. Sic *Megaridem* & *Tapsum* passus est ab Ænea commemorari: quamvis eadem prope, ac Syracusæ, ætate essent. Sic ad *Camerinæ* urbis casum alludi: quamvis annis centum ac triginta recentior Syracusanorum colonia esset. Sic *Gelam* urbem laudari, annis post Syracusas quadraginta quinque conditam a Cretensibus & Rhodiis; *Agrigentum* quoque, Geloensium opus; & *Selinuntem*, Megarensium Siculorum. Quæ temporum ratio partim ex Strabone, partim ex Thucydide certissima est.

710. *Amitto Anchisen.*) Verno tempore: ut patebit Æn. 5. 46. cum anniversarios patri ludos celebrabit. De *Anchisa* Æn. 1. 621. De *Heleno*, Æn. 3. 295. *De Celæno & Harpyiis*, supra 211.

715. *Hic me digressum, &c.*) E Drepani portu in vicinam Italiam solvens, tempestate ad littus Africæ rejectus est, ut vidimus Æn. 1. Idque contigit, æstate post Trojæ excidium septimi; ut est Æn. 1. 759. Ita ut totos annos sex jam errando consumpserit. Quanquam vix constat hæc tam longi temporis ratio: nisi dicatur per annum alterumve mansum in Thracia, itemque in Creta permissum ad condendas urbes: neque enim videtur aliis in locis moram fecisse, nisi brevem.

Occultas egisse vias subter mare; qui nunc
Ore, Arethusa, tuo Siculis confunditur undis.
Jussi numina magna loci veneramur: & inde
Exsupero præpingue solum stagnantis Helori.
Hinc altas cautes projectaque saxa Pachyni
Radimus: & fatis numquam concessa moveri
Apparet Camarina procul, campique Geloi,
Immanisque Gela, fluvii cognomine dicta.
Arduus inde Agragas ostentat maxima longe
Mœnia, magnanimum quondam generator equorum.
Teque datis linquo ventis, palmosa Selinus:
Et vada dura lego saxis Lilybeia cæcis.

Hinc

INTERPRETATIO.

fluvium, fecisse sibi secretum iter huc usque sub mari; qui fluvius nunc exiens per os tuum, o Arethusa, miscetur aquis Siculis. Adoramus magnos Deos regionis, ut jussi eramus: & inde prætereo pingues terras Helori stagnantis. Inde radimus altas rupes & saxa procurrentia Pachyni: & procul videtur Camarina, quam fata numquam permiserunt moveri, & campi Geloi, & ingens Gela, appellata de nomine fluvii. Inde altissimus Agragas, olim ferax generosorum equorum, ostendit eminus maximos muros. Te quoque prætereo faventibus ventis, o palmosa Selinus: & trajicio vada Lilybeia, aspe-

NOTÆ.

In Elide quinto quoque anno celebrabantur, victimarum sordes in Alpheum projectæ, per os Arethusæ Siculæ emergerent. Hoc figmentum explodit Strab. lib. 6. Hinc fabulosos Alphei & Arethusæ Nymphæ amores vide Ecl. 10. 1. Nunc fons Arethusa in ea insula fere ignoratur. semper multos in alveolos ad suum orificium divisus fuit; aut fluxit has ex litora, unde erumpebat, excedentibus, ex ipso mari nunc erumpit: ubi nunc multæ sunt ejusmodi dulcis aquæ non longe a litore scaturigines. Ita Fazellus Dec. 1. lib. 4. 1. quocum recentiores consentiunt.

697. *Jussi numina magna, &c.*) Admoniti, vel tum ab Achæmenide, vel prius ab Heleno. *Numina*, fortasse Dianæ, cui dicatam hanc insulam fuisse ex Diodoro retulimus, v. 694.

698. *Stagnantis Helori.*) *Helorus*, paullo supra Pachynum promontorium, ad septentrionem: fluvius amœnissimus: in decursu nunc dictus *Acellaro*; circa ostium, *Abiso*; qua parte instar leniter fluens, hybernis præterea auctus imbribus more Nili vicinos in agros sæpe redundat; unde *stagnans* hic dicitur: tanta porro amœnitate atque ubertate, ut Ovidius Fast. 4. 477. locum illum *Heloria Tempe* vocaverit. Fuit non procul urbs *Helorum*, & arx *Helorus*: utraque diruta.

699. *Saxa Pachyni.*) *Pachynus*, vel *Pachynum*: prima syllaba vulgo brevi, longa tamen apud Ovid. Metam. 13. 726. promontorium est meridionale Siciliæ, duorum fere milliarium spatio in mare projectum, in peninsulæ modum; quæ altis cautibus prærupta, ... est passuum ambitu; cujus in bruma, passuum adusvolum vigiali, intumescente mari insulæ speciem præbet.

700. *Camarina.*) *Palus*, vetius *lacus*, cum e ... fontibus erumpat: propre urbem cognominem, exstructam a Syracusanis, nunc omnino dirutam. Lacum medium, nunc *lago di Camarana*, fluvius *Hipparis* præterfluit, nunc *fiume di Camerana*. Dicitur *fatis numquam concessa moveri*: quia ex Suida, & veteribus Grammaticis, cum aliquando deficiente aqua pestilentiam ex putore afflasset, petiissentque Camarinenses ab Apolline, num eam penitus exsiccarent, prohibuit Deus: quod tamen præter Dei jussum cum fecissent, morbus quidem exstinctus est, at hostes per spatium paludis ingressi Camarinam urbem expugnarunt. Quo de re exstat oraculum Apollinis hoc carmine conceptum in Anthol. lib. 4. [illegible] *Ne moveas Camarinam; immota enim melior.*

701. 702. *Geloi, Immanisque Gela.*) *Gela* urbs olim ingens, unde *immanis* dicitur; & propriis regionibus insignis fuit, quibus frequens cum Syracusanis bellum: a Rhodiis & Cretensibus condita: ab Agrigentinorum tyranno Phintia tandem diruta: urbs *Gela* dicebatur; fluvius, unde ipsi nomen, *Gelas*, nunc *fiume di Terra nova*; populi *Geloi*, & *Gelenses*. In voce *Gela* brevis ultima syllaba producitur ob sequentem in *fluvii* geminatam consonantem.

703. *Agragas.*) Græcis, ὁ Ἀκράγας, Latinis *Agrigentum*, nunc *Gergenti*: ad fluvium cognominem, nunc *fiume di S. Biagio*; urbs olim in vertice rupis exstructa a Gelensibus.

704. *Generator equorum.*) Habemus ex Servio, qui Pindarum citat, Agrigentinos equos in Græcia ludis nobiles fuisse: ex Diodoro l. 13. Exænetum Olympiis victorem curru urbem ingressum esse, bigis Agrigentinis comitantibus trecentis, albi coloris; tum sepulcra victoribus equis magnifice interdum ibidem exstructa.

705. *Palmosa Selinus.*) A Megarensibus Siculis condita, de quibus v. 689. Nunc plane diruta: diciturque locus, *terra di Pulici*: ad fluvium cognominem, hodie *Madinni*. Nomen dedit σέλινον *apium*, Ital. *appio*; quod adhuc ibidem, ut & palmarum agrestium, copia magna est.

706. *Saxis Lilybeia cæcis.*) *Lilybæum*, tertium

Si-

Hinc Drepani me portus & illætabilis ora
Accipit. Hic, pelagi tot tempestatibus actus,
Heu! genitorem, omnis curæ casusque levamen,
Amitto Anchisen. Hic me, pater optime, fessum
Deseris, heu! tantis nequicquam erepte periclis.
Nec vates Helenus, cum multa horrenda moneret,
Hos mihi prædixit luctus, non dira Celæno.
Hic labor extremus, longarum hæc meta viarum.
Hinc me digressum vestris Deus appulit oris.
Sic pater Æneas, intentis omnibus unus,
Fata renarrabat Divum, cursusque docebat.
Conticuit tandem, factoque hic fine quievit.

INTERPRETATIO.

va scopulis occultis. Inde portus Drepani & injucunda regio me excipit. Hic agitatus tot procellis maris, heu! amitto patrem Anchisen, solatium omnium curarum & casuum. Hic me deseris, o pater optime, heu! frustra servate a tantis periculis. Nec vates Helenus, cum prænuntiaret aspera plurima, mihi prædixerat hunc dolorem, neque ipsa Celæno. Hoc fuit ipsi extremum malum, hic terminus longæ navigationis. Hinc me profectum Dii applicuerunt ad vestra litora. Sic pater Æneas, solus omnibus attentis, narrabat fata a Diis sibi imposita, *& referebat errores suos. Denique siluit, & hic posito fine* secessit *ad quietem.*

NOTÆ.

Siciliæ promontorium, ad occidentem: planum quidem, sed ad tria passuum millia excurrens in mare, aquis ad cubitorum trium altitudinem superfusis. Unde hic *saxis cæcis dura vada* dicuntur. Ibi olim urbs *Lilybæum*, cujus in ruinis urbs est hodie *Marsala*: a qua promontorium appellatur *Capo di Marsala*, vel a Latino nomine corrupto *Capo di Boeo*. Græca vox Λιλύβαιον, Jonice Λιλύβηιον, unde Virgilius deduxit *Lilybeia* pro *Lilybæa*.

707. *Drepani me portus, &c.*) A Lilybæo in Boream deflectendo, portus hic occurrit capacissimus, ad radices *Erycis* montis, qui nunc est mons *S. Juliani*, & *Erycis* ibidem urbis: unde diu dictus est *portus Erycinorum*, sive *Drepanum*; a litoris curvatura in modum *falcis*, quæ Græcis est δρέπανον. Hic Amilcar Carthaginensis oppidum condidit, Eryce urbe destructa, anno primi belli Punici primo, U. C. circiter 490. quod oppidum nunc *Drepanum* est, sive neutro plurali *Drepana*, vulgo *Trapani*.

Atque hic non abs re erit observare prudentiam Virgilii: qui, cum sciret Punici belli & conditi Drepani recentem esse memoriam, quippe nondum annis ducentis, & quinquaginta distantem ab ætate sua; cavit omnino, ne quam Æneas tunc mentionem de *urbe* faceret, de *portu* tantum & *ora* locutus. Idem cavit in *Syracusis* omittendis: cujus nobilis cum esset maximum Romæ nomen, & celebratissima per Marcellum expugnatio; multi ejus originem noverant, sciebantque ab Archia Corinthiisque conditam, annis ab excidio Trojæ plus quadringentis. In cæteris vero, quarum obscuriora initia, non verebatur nobiliorum hominum supercilium, indulsit aliquid rudiorum simplicitati, plebeiis suis & notis urbium nominibus. Sic *Megaridem & Tapsum* passus est ab Ænea commemorari; quamvis eadem prope, ac Syracusæ, ætate essent. Sic ad *Camarinæ* urbis casum alludi; quamvis annis centum ac triginta recentior Syracusanorum colonia esset. Sic *Gelam* urbem laudari, annis post Syracusas quadraginta quinque conditam a Cretensibus & Rhodiis; *Agrigentum* quoque, Geloensium opus; & *Selinuntem*, Megarensium Siculorum. Quæ temporum ratio partim ex Strabone, partim ex Thucydide certissima est.

710. *Amitto Anchisen.*) Verno tempore: ut patebit Æn. 5. 46. cum anniversarios patri ludos celebrabit. De *Anchisa* Æn. 1. 621. De *Heleno*, Æn. 2. 295. De *Celæno* & *Harpyiis*, supra 211.

715. *Hinc me digressum, &c.*) E Drepani portu in vicinam Italiam solvens, tempestate ad litus Africæ rejectus est, ut vidimus Æn. 1. Idque contigit, ætate post Trojæ excidium septima; ut est Æn. 1. 759. Ita ut totos annos sex jam errando consumpserit. Quamquam vix constat hæc tam longi temporis ratio; nisi dicatur per unum alterumve annum in Thracia, itemque in Creta permansisse ad condendas urbes: neque enim videtur aliis in locis moram fecisse, nisi brevem.

P. VIRGILII MARONIS
ÆNEIDOS
LIBER IV.

ARGUMENTUM.

Dido amores in Æneam suos Annæ sorori aperit, ejusque consilio animum adjicit ad nuptias. Juno, ut Æneam ab Italia deducat, agit cum Venere de conciliandis inter utrumque nuptiis. Æneas ac Dido venatum abeunt, subortaque Junonis artibus tempestate, confugiunt in antrum: ibidemque falsum illud infaustumque conjugium perficitur. Iarbas, Getulorum rex, Jovis Ammonis filius, Didonis procus, advenam sibi præferri indignans, apud Jovem graviter queritur. Jupiter, & ejus precibus, & fatis jam urgentibus adductus, Mercurium ad Æneam mittit, qui eum abire in Italiam jubeat. Parat clam Æneas omnia ad navigationem necessaria: quod suspicata Dido, precibus & lacrymis deterrere eum ab incepto, tum per se, tum per sororem conatur. Æneas iterum a Mercurio in somnis admonitus, nocte intempesta anchoras solvit. Dido doloris impatiens, exstructam simulatione sacri magici pyram conscendens, ipso Æneæ gladio sibi vitam adimit.

Unus hic e libris omnibus plurimum artis habet ac suavitatis, motusque animi tenerrimos quosque ac violentissimos: præsertim in octo Didonis orationibus, quibus I. Sorori amorem aperit, v. 9. II. Dissuadet Æneæ profectionem, v. 305. III. Eidem multa exprobrat, & multa comminatur, v. 365. IV. Sororem adhibet apud Æneam conciliatricem, v. 416. V. Desperatis omnibus, specie sacri magici, moriendi consilium sorori dissimulat, v. 478. VI. Secum ipsa noctu varia consilia agitat, v. 534. VII. Fugientium Trojanorum aspectu extremum furit, v. 590. VIII. Stricto ense sibi imminens in verba novissima erumpit, v. 651. Accusant Virgilium aliqui, quod ex Argon. Apollonii lib. 4. multa decerpserit: quos damnat Scaliger: neque convenit argumentum, nisi hoc uno, quod hospitem hic Dido, illic Medea suum ament. At nihil admodum, præter comparationes paucula, inde excerptum est: qualia etiam nonnulla ex Calypsus & Ulyssis amoribus Odyss. l. 5. tum ex Euripidis Medea & Hippolyto, & Catulli carmine de Pelei nuptiis excerpta sunt.

NOTÆ.

De ætate, familia, moribus Didonis, locus hic est diluendi; quæ tria constat esse a Virgilio parum expressa fideliter.

I. DE ÆTATE. Male Virgilius *Æneam* Didoni æqualem fecit, cum sit hæc illo tribus propemodum sæculis recentior: quam temporis anticipationem *anachronismum* appellant. At nuper Marollius hac Virgilium culpa liberare conatus est ex ficta fabulosæ historia, atque in ejus familiæ gradibus hunc ordinem statuit: ut caput sit generis, I. *Inachus*. II. *Io*, ejus filia. III. Ex ea & Jove *Epaphus*. IV. Ex Epapho, *Belus senior*. V. Ex Belo seniore *Agenor*. VI. Ex Agenore *Phœnix*, *Cadmus*, *Europa*, &c. Per quos familia multas in partes divisa est. Et ex Phœnice quidem ortus putatur I. *Belus junior*, sive *Methres*, & *Pilisthenes*. II. Ex Belo, *Pygmalion*, *Elissa* sive *Dido*, & *Anna*. Ex Pisthene *Acerbas*, qui *Sichæbas* & *Sichæus* dicitur, consobrinus & conjux Didonis, itaque tripliciter tantum gradu ab Agenore distat. Cujus ex altero filio Cadmo prodiit, I. *Polydorus*. II. Ex Polydoro *Labdacus*. III. Ex Labdaco *Laius*. IV. Ex Laio *Oedipus*. V. Ex Oedipo *Polynices* & *Eteocles*. VI. Ex Polynice *Thersander*, qui in equo Trojano cum aliis Græcorum ducibus inclusus dicitur. Cætera familiæ membra gradusque non attingo. Ex ista autem ipsa, quam profert Marollius in rem suam, manifestum est Didonem, si non prætergressa est, annis centum & pluribus Trojanum esse excidium antegressam. Qui enim fiat, ut Dido, quæ tribus tantum gradibus distat a capite generis Agenore, cadat in ætatem illius Thersandri, qui totis septem gradibus ab eodem capite distat? Quod vero addit Marollius, aliquot esse omissos in serie Didonis gradus, incuria temporum aut scriptorum, inde fit id ipsum quod volumus: nempe & incertam esse temporum illorum scriptorumque fidem; & nisi omnino non sciri, quot omissi sint gradus: an quatuor, ut ad Trojana tempora Dido perduci possit: an plures, ut si superis placet, etiam ad Romana.

Porro ab a fabulis ad historiam appellamus: constat Didonem, Troja multo posteriorem, Roma paulipaulo superiorem esse, etsi intervalla illa temporum alii aliis modis definiunt. Quippe a Carthagine condita ad Romam conditam numerantur a Velleio anni 65. a Trogo & Justino 72. Colliguntur ex Epitome quinquagesima prima T. Livii 93. ex Solino 110. ex aliis apud Eusebium 140. Statuuntur ab exactissimis ætatis nostræ chronographis, imprimisque Labbeo, quem, quia rem adversus Marsilium accurate defendit, secuti sumus, anni omnino 132. Cum autem ex Porcii Catonis exactissimis calculis apud Dionysium Halicarnasseum, Roma distet ab excidio Trojano annis 432. quem reducit Labbeus ad 431. hinc facile patebit subductis numeris, quanta sit ab illo excidio distantia Didonis & Carthaginis: nempe juxta nos annorum 276. juxta veteres, aut plurium aut paulo pauciorum. Atque hæc omnia aliuntur gravissimo Josephi testimonio, qui l. 1. contra Appionem scriptum describit Tyriorum regum ex Menandro Ephesio & exactissimis Tyriorum annalibus. Ubi consignatus est excessus Didonis e Phœnicia ad condendam Carthaginem anno Pygmalionis regis septimo, qui in annum ab excidio Trojano 275. plane cadit.

At cum doceat Appianus fama circumferri, fundatam fuisse a Zoro & Carchedone Phœnicibus Carthaginem, annis ante excidium Trojæ 50. Et in Virgilio Æn. 1. v. 425. legamus de Carthagine: *Miratur molem Æneas, magalia quondam*; tum v. 370. *Ingentia cernes mœnia, surgentemque novæ Carthaginis arcem; Mercatique solum facti de nomine Byrsam, &c.* Ex his colligi posse existimo, Carthaginis quidem *magalia*, casasque & initia quædam, annis ante excidium Trojæ 50. a Phœnicibus Zoro & Carchedone posita esse. Tum annis ab excidio Trojæ 276. fugisse Didonem e Phœnicia: eoque fugam intendisse, ubi multis ante annos aliquos e Phœnicibus sedem posuisse audierat; hanc sedem avectis e patria opibus munivisse; & ad magalia adjunxisse arcem, quæ inde *Byrsa* dicta est, a *Bosra*, voce Hebraica, quæ *munitum locum* significat: quam deinde vocem Græci, ob similitudinem, fabulis & *corio* suo bubulo deformarunt. Est enim apud Græcos *βύρσα corium*. Sic arce munita vetus Carthago, nova facta est, concurrente cum antiquo fundatoris nomine Phœnicia voce *Carthaga*, quæ juxta Solinum cap. 30. *civitatem novam* significat. Atque ita Carthago perfecta est anno post fugam Didonis 30. Pygmalionis 37. a Troja capta 296. ante Romam 135. ante Christum 888. mundi 3166.

II. DE FAMILIA. A Josepho, ex certissimis monumentis Tyriorum, pater ponitur Didonis, Anno, & Pygmalionis *Metginus*: qui vocatur a Theophilo Antiocheno *Matten*; avus *Badezorus*: proavus *Ithobalus*, sacris in literis *Ethbaal* nuncupatus; qui occiso rege *Phele*, regnum in familiam transtulit suam, ex antiqua *Abibali*, *Hirami*, & *Baleazari* familia.

Ex his conjicio Virgilium historiæ Phœniciæ parum scientem, aut Didonem retro ad usque Trojæ tempora removeret, e Græcorum fabulis antiqua nomina petiisse; vel, si Phœnicum literas attigerat, nominum asperitate deterritum, ea mollioribus elementis leniisse. Sic *Belo* nomen & patri Didonis, & uni ex avis majoribus dedit: haud dubie detruncatum ex *Abibalo*, *Baleazaro*, *Ithobalo*. Tum *Acerbam*, seu *Sicharbam*, in *Sichæum* mollivit. Servius *Mathrem* suum, quem ipsum esse Belum putat Didonis patrem, ex *Metgino* seu *Mattene*, vero Didonis patre, deformavit. Porro *Anna*, *Elisa*, & *Dido*, Phœnicum vocabula sunt. Anna enim est, *gratiosa*: Elisa, *fortitudo viri*, seu *virago*: Dido, *dilecta*. Dubium autem est, utrum huic reginæ nomen prius inditum fuerit. Si consulantur interpretes, prius nomen Elisæ: si vocis significatio, Didonis prius fuit: & ex facti audacia, Elisæ posterius.

III. DE MORIBUS. Graviter quidem querentem de Virgilio Didonem inducit Ausonius Epig. 118. quod eam impudici amoris impatientia & dolore mortem oppetiisse cecinerit, contra fidem historiæ: quæ rogum eam conscendisse testatur, ne datam Sichæo primo conjugi fidem, novis cum Jarba Getuliæ rege nuptiis violaret. Atque ea quidem in re peccasse gravius Virgilium puto, si peccavit, quam in illa mutatione temporum.

Statuo itaque scientem ac volentem in hunc utrumque errorem lapsum esse Virgilium; eo consilio, ut Punicis bellis, quibus nihil erat in historia Romana illustrius, in poemate etiam suo locum daret; mutuique inter utramque gentem odii causam aliquam afferret. Quæ tamen in re non eum puto a poeticæ legibus recessisse. Quemadmodum enim per eas cautum est, ne poeta temporum ordinem temere intervertat, in re nota præsertim atque insigni, tum ne quem nisi suis moribus coloribusque depingat: lex tamen est omnium prima, *placere*. Quod si assequi speravit poeta Virgilius apud suos, illa deformatione temporum atque morum (& verum assecutus est) omnino poetæ maximi partes implevit. Est autem certe assecutus, siquidem Ovidius paulo post hos Didonis amores transferre non dubitavit in Met. lib. 14. 77. idemque testatur, Trist. l. 2. 535.

Nec legitur pars ulla magis de corpore toto,
Quam non legitimo fœdere junctus amor.

AT Regina gravi jamdudum saucia cura,
Vulnus alit venis, & cæco carpitur igni.
Multa viri virtus animo, multusque recursat

Gen-

INTERPRETATIO.

Regina autem, jamdiu vulnerata gravi sollicitudine, fovet plagam in venis, & absumitur occulto igne. Multa virtutes Æneæ,

NOTÆ.

1. *At Regina.*) Pendet hoc initium ex ultimo libri tertii versu: *Æneas conticuit tandem, factoque hic fine quievit: At Regina*, ex quo ipsum audivit, amore saucia non quievit, &c.

2. *Vulnus alit, &c.*) Hic videtur Amor solito habitu depingi: cæcus, sagittis & face armatus: sagittis vulnus intulit, face ignem accendit, cæco ergo igne carpsit.

3. *Multa viri virtus, &c.*) Quatuor amoris causæ. Virtus: *multa viri virtus*. Nobilitas: *gentis*

Gentis honos: hærent infixi pectore vultus,
Verbaque: nec placidam membris dat cura quietem.
Postera Phœbea lustrabat lampade terras,
Humentemque Aurora polo dimoverat umbram;
Cum sic unanimem alloquitur male sana sororem:
Anna soror, quæ me suspensam insomnia terrent?
Quis novus hic nostris successit sedibus hospes?
Quem sese ore ferens! quam forti pectore & armis!
Credo equidem, nec vana fides, genus esse Deorum.
Degeneres animos timor arguit. Heu quibus ille
Jactatus fatis! quæ bella exhausta canebat!
Si mihi non animo fixum immotumque sederet,
Ne cui me vinclo vellem sociare jugali,
Postquam primus amor deceptam morte fefellit;
Si non pertæsum thalami tædæque fuisset;
Huic uni forsan potui succumbere culpæ.
Anna, fatebor enim, miseri post fata Sichæi
Conjugis, & sparsos fraterna cæde Penates,
Solus hic inflexit sensus, animumque labentem

Im-

INTERPRETATIO.

& multa gloria generis redit in mentem: vultus ejus & sermo hærent impressi animo; & hæc cura non permittit tranquillam quietem corpori. Postera Aurora illustrabat terras luce Solis, & expulerat e cœlo humidas tenebras; cum sic male sana loquitur ad concordem sororem: Anna soror, quæ insomnia terrent me dubiam? quis hic novus hospes venit in regionem nostram? qualem se specie exhibens! quam generosis animis & factis! Certe credo hunc esse prolem Deorum, nec temere credo: metus prodit animos ignobiles. Heu! quibus fatis fuit ille agitatus! quæ bella confecta narrabat! Si non maneret mihi constitutum & immutabile id propositum, *ut nolim me ulli conjungere* per *nexum conjugalem, ex quo primus amor fefellit me deceptam morte* Sichæi; *si non tæderet me lecti & facis, fortasse possem cadere in hoc solum delictum. Nam fatebor, Anna, post mortem miseri mariti Sichæi, & Deos infectos cæde a fratre facta, solus Æneas movit sensus meos: impulit animum va-*

NOTÆ.

gis honos. Pulchritudo; *infixi pectore vultus.* Eloquentia; *verbaque.* Quas easdem causas iterum enumerat v. 10.

6. *Phœbea lampade.*) Tapinosis, sive rei magnæ expositio humilior, *Solis*, per *lampada*: similis huic, qua *mare* appellat *gurgitem*, Æn. 3. 322. Imo ausus est dicere Lucret. lib. 6. 1196. *Aut etiam nona reddebant lampade vitam*, pro *nona die.*

9. *Anna soror, quæ me, &c.*) Oratio plane ad ejus ingenium conformata, quæ primum a severis moribus ad amorem deflectit. Quatuor habet partes. I. Admiratur Æneæ pulchritudinem, virtutem, nobilitatem, res præclare gestas. II. Proponit sibi causas, quæ ab ejus amore animum avertant: nempe viduitatis propositum, primi conjugii calamitates, voluptatum fastidium. III. Fatetur tamen sensus suos, non animum, aliquatenus inflexos. IV. Denique alienam ab amore voluntatem æternam fore pollicetur. Quod tamen propositum invito animo fieri testantur effusæ in fine lacrymæ.

Insomnia.) ἐνύπνια, ea quæ in somniis apparent, somnia, simulacra.

17. *Deceptam morte.*) Primo nupserat Sichæo, qui a Pygmalione Didonis fratre occisus fuerat, Æn. 1. 347.

18. *Tædæque.*) Facis e *tæda* arbore, e picearum genere, pro nuptiis sumitur; quia præferebatur novæ uxori, in mariti domum deducendæ. De illo more nuptiali, Ecl. 8. 29.

19. *Culpæ.*) Quia secundæ nuptiæ adjunctam infamiæ notam habuerunt, propter suspicionem intemperantiæ: unde, juxta Servium, apud Romanos repellebantur a sacerdotio bis nuptæ; juxta Tacitum, apud Germanos secundæ nuptiæ lege prohibebantur.

21. *Penates.*) Vel pro domo sumuntur: vel potius pro Diis ipsis domesticis: nam Æn. 1. 353. occisus est Sichæus *ante aras.* De *Penatibus*, Æn. 2. 717. *Fraterna cæde.*) Non qua frater occisus est, sed qua vir Sichæus a Didonis fratre Pygmalione, Tyri rege, occisus est.

Impulit: agnosco veteris vestigia flammæ.
Sed mihi vel tellus optem prius ima dehiscat,
Vel pater omnipotens adigat me fulmine ad umbras,
Pallentes umbras Erebi, noctemque profundam,
Ante, pudor, quam te violo, aut tua jura resolvo.
Ille meos, primus qui me sibi junxit, amores
Abstulit: ille habeat secum, servetque sepulcro.
Sic effata, sinum lacrymis implevit obortis.
Anna refert: O luce magis dilecta sorori,
Solane perpetua mœrens carpere juventa?
Nec dulces natos, Veneris nec præmia noris?
Id cinerem, aut manes credis curare sepultos?
Esto: ægram nulli quondam flexere mariti;
Non Libyæ, non ante Tyro: despectus Iarbas,
Ductoresque alii, quos Africa terra triumphis

Di-

INTERPRETATIO.

cillantem; animadverto signa veteris amoris. Sed cupio, ut vel terra intima mihi ante aperiatur, vel pater omnipotens fulmine demittat me ad umbras, pallidas umbras inferorum & noctem profundam, antequam te lædam, o pudicitia, & frangam tua jura. Ille Sichæus, qui me primus sociavit sibi, abstulit meos amores: ille habeat eos secum, & servet in tumulo. Sic locuta implevit gremium lacrymis erumpentibus. Anna respondet: O soror cara sorori magis, quam vita, an sola consumeris dolens per totam juventutem? nec experieris jucundos liberos, nec dona Veneris? Putasne cinerem aut umbras sepultas id curare? Itavit: nulli proci antea commoverunt dolentem te; nec in Libya, nec prius Tyri: contemptus est a te Iarbas, aliique duces, quos regio Africana

NOTÆ.

23. *Veteris vestigia flammæ.*) Sensus duplex esse potest. Primus obvius; *Agnosco vestigia veteris amoris in Sichæum; qui me ab Æneæ amore deterret.* Secundus abstrusior, at convenientior est: *Agnosco vestigia conjugalis amoris, quo primum olim in Sichæum, nunc iterum in Æneam feror.* *De Erebo*, pro inferis, Georg. 4. 471.

27. *Ante, pudor, quam, &c.*) Redundat illud *ante*. Sic enim est, *tellus prius ima dehiscat, ante, pudor, quam te violo.* Sic apud Sallustium in Catilina ... *Priusquam legiones scriberentur, multa ante capere.*

Violo ... resolvo.) Hæc est antiqua lectio, quam Apronianus & MSS. plurimi confirmant; cum vulgo legatur *violem, resolvam*.

31. *O luce magis dilecta, &c.*) Annæ oratio, animum eo, quo propensum videt, arte impellentis. Duas habet partes. I. Persuadet nuptias, 1. a delectabili, ut aiunt: cui addit posthabendam esse memoriam Sichæi, cum nullus insit sensus mortuis: posthabendum quoque propositum viduitatis, quæ ideo tantum chara fuit, quia nullus procorum aberior. 2. Ab utili: ad defensionem & gloriam novæ urbis ac gentis, cui hanc a Diis opem præstitam putat. II. Modum assignat perficiendi consilii, sacrificia, moram hospitis, &c.

32. *Mœrens carpere juventa.*) Translatio est a floribus, qui carpuntur manu, atque ita deflorescunt, quasi dicat: *Solane tota juventa tristis consumeris ac deflorescens?*

36. *Libyæ.*) Aliquando pro tota Africa sumitur: hic pro parte Africæ, quæ Ægyptum proxime attingit. Georg. 1. 241. *De Tyro*, Æn. 1. 6.

Non Libyæ, non ante Tyro.) Aliqui nulla interpunctione, continuo ordine, sic legunt; *Non Libyæ, non ante Tyro despectus Iarbas:* ut sensus sit, Iarbam & in Libya despectum fuisse a Didone, & prius Tyri. Sed cum nulla auctoritate constet Didonem, ante adventum in Libyam, ab Iarba petitam fuisse, alios interpunctione solertiorum interpretum, unde sensum istum elicio, Didonem, ut in Libya, sic Tyri multos despexisse procos. Nec vero mirum est *Libyæ* dictum esse pro *in Libya*; & *Tyro*, sive *in Tyro*, pro *Tyri*; siquidem dixit Cicero; *Siciliæ* cum essem, & *in Alexandriæ*: pro, *in Sicilia*, & *Alexandria*.

Iarbas.) Jovis & Garamantidis Nymphæ filius, aut Maurusiorum, aut Musulanorum, aut Getulorum, fortasse totius Africani litoris rex: cum dicatur deinde vers. 198. filius Ammonis Jovis, qui est in extrema orientali parte, juxta Ægyptum. Is cum fraude bovini corii deceptus Carthaginem a Didone structam videret, ejus nuptias sub belli denunciatione petiit: ad quas cum cives repugnantem adigerent, trium mensium petito spatio, pyra in ultima urbis parte exstructa, tanquam placatura viri prioris manes, multis hostiis cæsis pyram conscendit; atque ita ad populum respiciens, ituram se ad virum, sicut præceperant, dixit, vitamque gladio finivit. Quamdiu Carthago invicta fuit, pro Dea culta est. Ita fere Justinus lib. 18. 6. & alii.

37. *Africa terra &c.*) Africana. Sic Tibullus, 1. 9. 33. *Terra Campanæ*; Catullus 40. 37. *Terra Celtiberia*. De *Africa* Eccl. 1. 65.

Dives alit: placitone etiam pugnabis amori?
Nec venit in mentem quorum consederis arvis?
Hinc Getulæ urbes, genus insuperabile bello,
Et Numidæ infræni cingunt, & inhospita Syrtis;
Hinc deserta siti regio, lateque furentes
Barcæi. Quid bella Tyro surgentia dicam,
Germanique minas?
Diis equidem auspicibus reor, & Junone secunda,
Hunc cursum Iliacas vento tenuisse carinas.
Quam tu urbem, soror, hanc cernes! quæ surgere regna
Conjugio tali! Teucrum comitantibus armis,
Punica se quantis attollet gloria rebus!
Tu modo posce Deos veniam, sacrisque litatis
Indulge hospitio, causasque innecte morandi:
Dum pelago desævit hyems, & aquosus Orion,
Quassataque rates, & non tractabile cœlum.
His dictis incensum animum inflammavit amore,

Spem-

INTERPRETATIO.

abundans victoriis nutrit: an etiam resistes grato amori? Nec venit tibi in mentem, quorum in agris consideris? Hinc urbes Getulæ, gens bello insuperabilis, & Numidæ indomiti, & Syrtis inhospitalis nos cingunt: hinc regio siccitate solitaria, & Barcæi furiosi. Quid dicam de bellis imminentibus ab urbe *Tyro, & de minis fratris? Certe existimo naves Iliacas Diis auctoribus, & Junone propitia, huc vento direxisse cursum.*

Qualem tu videbis hanc urbem, o soror, qualia regna crescere, tali connubio! quantis factis eriget se Pœnorum gloria, adjuvantibus armis Trojanorum! Tantummodo tu pete a Diis favorem, & sacrificiis perfectis præbe tempus *hospitii, & suggere* iis *causas morandi: dum hyems & pluvius Orion furit mari, & naves fractæ erant, & aer est intolerabilis. His verbis incendit amore animum* jam *ardentem, & spem*

NOTÆ.

38. *Pugnabis amori.*) Verba contentionis junguntur sæpe dativo casui, Ecl. 5. 8. *Tibi certet Amyntas*, Georg. 2. 99. *Cui non certaverit ulla*, &c.

40. *Getulæ urbes*, &c.) *Getuli* ad meridiem Carthaginis siti erant: *Numidæ* ad occidentem, qui & *Nomades*, ob feram ac pastoralem vitam, est enim νομὴ *pastus*. *Syrtis* utraque, major & minor, Libyci maris sinus, arenarum aggestionibus infesti, ad orientem; de iis Æn. 1. 115. *Barcæi*, sive Barcitæ; ultra Syrtim ad orientem majorem; nunc regnum *Barca*.

44. *Germanique minas.*) Testatur Justinus, Pygmalionem Tyri regem, cognita sororis fuga, impio bello persequi fugientem paravisse, sed matris precibus & Deorum minis victum quievisse.

45. *Junone secunda.*) Quæ & pronuba est nuptiarum, & Pœnorum custos, Æn. 1. 19. & infra, v. 59.

50. *Veniam.*) Vel ipsam veniam, quia conjugii desiderium vocavit *culpam*, vers. 19. Vel *favorem*, quem sæpe venia significat, Æn. 1. 523.

Sacris litatis.) Non factis tantum, sed feliciter factis; hoc enim est *litare*, ut diximus Æn. 2. 118. Et jam addo locum e Cicerone de Divin. 2. 36. *Quid? cum pluribus Diis immolatur: qui tandem evenit, ut litetur aliis, aliis non litetur?* Dictum est autem *litare sacra*, ut a Propert. lib. 4. 1. 24. *Litare exta*; a Suetonio *litare victimas*.

52. *Desævit.*) Duo significat: & valde *sævit*, & *sævire cessat*. Cerdanus affirmat semper cessationem significare, nullumque exemplum esse, quod non explices hunc in modum. Hoc ergo explicat ex Æn. 10. 569. *Sic toto Æneas desævit in æquore victor, ut semel intepuit mucro*: ubi certe affirmat augetque, non minuit. At minuit & cessationem notat apud Lucanum, 5. 303. *Nec dum desæviat ira, expectat*. Hic affirmat, atque idem affirmant cætera: *Quassataque rates, & non tractabile cœlum*. Porro certissimum puto, tempus præsens hic positum esse pro futuro; *desævit*, pro *desæviet*: hoc sensu: *detine hic Æneam, quamdiu sæviet hyems*. Patet enim ex v. 6. hoc institutum inter Æneam Didonemque colloquium, postridie quam Æneas advenerat: tunc autem æstas fuit, ut probavimus Æn. 1. 539. Firmabit interpretationem meam geminus versus, alter ex hoc eodem libro v. 122. *Dum trepidant alæ*, id est, *trepidabunt*: alter e Georg. l. 4. v. 84. *Dum gravis aut hos, aut hos versa fuga victor dare terga coegit*, id est, *dum coget*, *donec coegerit*. De Orione, Æn. 3. 517. Æn. 1. 539.

Spemque dedit dubiæ menti, solvitque pudorem.
Principio delubra adeunt, pacemque per aras
Exquirunt: mactant lectas de more bidentes
Legiferæ Cereri, Phœboque, patrique Lyæo:
Junoni ante omnes, cui vincla jugalia curæ.
Ipsa tenens dextra pateram pulcherrima Dido,
Candentis vaccæ media inter cornua fundit:
Aut ante ora Deum pingues spatiatur ad aras,
Instauratque diem donis, pecudumque reclusis
Pectoribus inhians spirantia consulit exta.
Heu, vatum ignaræ mentes! quid vota furentem,
Quid delubra juvant? Est mollis flamma medullas
Interea, & tacitum vivit sub pectore vulnus.
Uritur infelix Dido, totaque vagatur
Urbe furens. Qualis conjecta cerva sagitta,
Quam procul incautam nemora inter Cressia fixit
Pastor agens telis, liquitque volatile ferrum
Nescius; illa fuga silvas saltusque peragrat

Di-

INTERPRETATIO.

attulit menti incertæ, & abstulit verecundiam. Primo petunt templa, & ad altaria petunt favorem Deorum; *immolant juxta ritum oves selectas Cereri legum inventrici, & Phœbo, & Baccho patri; præ omnibus Junoni, cui curæ sunt nexus conjugales. Ipsa formosissima Dido, tenens manu dextera pateram, fundit* vinum *inter media cornua vaccæ candidæ: aut incedit circa pinguia altaria ante imagines Deorum, & renovat sacrificia* per *diem, & intenta pectoribus victimarum apertis, consulit viscera earum palpitantia. Heu, ignaræ mentes vatum! quid vota, quid templa prosunt amanti? Interim gratus ignis absumit medullas, & occulta plaga durat sub corde. Uritur misera Dido, & insana errat* per *totam urbem. Qualis cerva* post *conjectam sagittam, quam pastor persequens armis perfodit improvidam procul in silvis Creticis, & relinquit ignarus volatile ferrum in* vulnere; *illa* cerva *percurrit fugiens silvas,*

NOTÆ.

56. *Delubra.*) Templa: de his Æn. 2. 225.

57. *Bidentes.*) Oves Gellius deputat ita dici, quasi biennes, duorum annorum. Festus, quod inferiores ac superiores haberent dentes, unde & ambidentes etiam vocabantur, quasi utrinque dentatæ. Isidorus, quod inter dentes octo bini haberent cæteris eminentiores. Tales autem oves eligebantur ad sacrificia.

58. *Legiferæ Cereri.*) Ceres Saturni & Opis filia, Proserpinæ mater ex Jove: quæ fruges & culturam agrorum invenit: ideoque jura & leges, quæ de agrorum divisione natæ sunt: unde sacra ejus apud Athenienses Θεσμοφόρια appellabantur, a θεσμὸς lex & φέρω fero. De *Phœbo*, Ecl. 3. 62. De *Lyæo*, Baccho, Georg. 1. [illegible]

59. *Junoni, &c.*) Hæc Saturni & Opis filia, Jovis & soror & conjux, quia nuptiis præerat, ideo Græcis dicebatur Ζυγία, Romanis *Juga*, a *jugo*, sive *junctura conjugali*: nam in nuptiis, ut Servio & Isidoro placet est, in symbolum conjunctionis, jugum olim imponebatur contrahentibus: ut alias credimus, vitta tantum sive tænia simul ambo ligabantur.

61. *Candentis vaccæ.*) Allusum putat Nascimbenus ad legem Numæ Romanorum regis, quam refert Plutarchus: ne mulieres ab obitu conjugis ad atque mensium decem nuptias repeterent: quæ autem intra id tempus vellent renubere, vaccam prægnantem sacrificarent. Illa porro vini effusio libatio est, Æn. 1. 740.

62. *Spatiatur ad aras.*) Etiam more Romano, matronæ ante aras, facula tenentes, & gestu gravi, saltationemque quandam imitantes, movebantur & ferebantur: quod Horatium intelligere puto, cum in Arte scribit: *Ut festis matrona moveri jussa diebus.* Hæc Turnebus, lib. 13. 3.

63. *Instaurat.*) Frequenter repetit ac renovat sacrificia. Verbum in ea re sollemne.

64. *Spirantia consulit exta.*) *Extispicium* est e quo *exta*, id est, victimarum interiora, quæ maxime *exta*: cor, pulmo, lien, jecur, celeriter extrahebantur, & adhuc spirantia ac palpitantia inspiciebantur, antequam frigescerent, habebaturque inde futuri cognitio.

70. *Cressia.*) Cretica, in Creta insula, *Candia*, de qua Æn. 3. 104. cujus in parte orientali situs est *Dicte*.

Dictæos: hæret lateri letalis arundo.
Nunc media Æneam secum per mœnia ducit,
Sidoniasque ostentat opes, urbemque paratam.
Incipit effari, mediaque in voce resistit.
Nunc eadem labente die convivia quærit,
Iliacosque iterum demens audire labores
Exposcit, pendetque iterum narrantis ab ore.
Post, ubi digressi, lumenque obscura vicissim
Luna premit, suadentque cadentia sidera somnos:
Sola domo mœret vacua, stratisque relictis
Incubat: illum absens absentem auditque videtque:
Aut gremio Ascanium, genitoris imagine capta,
Detinet, infandum si fallere possit amorem.
Non cœptæ assurgunt turres, non arma juventus
Exercet, portusve aut propugnacula bello
Tuta parant: pendent opera interrupta, minæque
Murorum ingentes, æquataque machina cœlo.
Quam simul ac tali persensit peste teneri
Cara Jovis conjux, nec famam obstare furori,

Ta-

INTERPRETATIO.

& saltus Dictæos: mortifera sagitta hæret lateri. Dido *nunc ducit Æneam secum per media munimenta, & ostentat Tyrias divitias, & urbem paratam. Incipit loqui, & hæret in media voce. Nunc die occidente repetit easdem epulas, & insana postulat rursus audire Trojanos casus, & suspensa est rursus ab ore narrantis. Deinde, cum exierunt, & vicissim Luna obscurior subduxit lucem* suam, *& stellæ decedentes suadent ad somnum: sola dolet* in *domo vacua, & incumbit lecto relicto ab Ænea: aspicit auditque absens absentem illum: aut tenet in sinu Ascanium, capta similitudine patris ejus,* ut *videat an possit fallere amorem infandum. Turres inceptæ non attolluntur, juventus non exercetur armis, nec præparat portus, & tuta munimenta ad bellum: opera manent interrupta, & eminentia magna murorum, & machinæ eductæ ad cælum. Statim atque dilecta uxor Jovis cognovit hanc tali veneno imbutam esse, nec famam obsi-*

NOTÆ.

81. *Suadentque cadentia sidera somnos.*) Non initium noctis, ut vulgo putatur, sed exitum intellige, ut Æn. 2. 9. Duo enim hic distinguit tempora: unum, quo Dido repetit convivia, scilicet *labente die*; & hoc est initium noctis: alterum, quo mœret domo vacua, nempe, cum *vicissim luna premit lumen*; & hic exitus noctis. Nec te decipiat, quod dicantur tunc *suadere cadentia sidera somnos*, quod videtur in initia noctis aptius convenire: imo plane in exitum convenit; tunc enim propriè *cadunt sidera*, noctis initio *surgunt*; tunc etiam somnus mollior & facilior, iis, qui noctu vigilavere, omnino necessarius est.

82. *Vacua.*) Silente, cæteris ad somnum digressis.

82. *Stratis relictis.*) Lectis, non *conjugalibus*, nondum enim conjugium coïerant; sed *epularibus*, qualis ille, de quo Æn. 2. 2. *Inde toro pater Æneas*, &c.

85. *Si fallere possit amorem.*) Eadem forma Æn. 6. 78. *Magnum si pectore possit excussisse Deum.*

88. *Minæ murorum.*) Contendunt cum Turnebo plerique omnes *minas* esse partes altissimas murorum, pinnas fenestratas, vel quia inde propugnatores hostibus *minentur*, juxta Turnebum; vel quia partes illæ maxime *emineant*, juxta Hortensium. Sed quia id auctoritatibus firmant sequioris seculi scriptorum, Rufini, Ammiani, &c. liberum habeo, suspicarique *minas* dici non de muris tantum, sed etiam de celsis quibuslibet ædificiis, ac molibus imperfectis, quæ ruinam videntur *minari*, aut certe ipso aspectu terrent. Juvant conjecturam hic, *opera imperfecta*.

89. *Machina.*) Sunt qui pro ædificiis sumant; ego pro machinis illis, quæ ad subvehendos lapides, attollendamque molem ædificii eriguntur.

91. *Nec famam obstare furori.*) Nec famæ curam ac studium obstare amori ardentissimo, qui sæpe in furorem accenditur. *Saturnia*, Juno, Saturni & Opis filia. De *Venere*, Æn. 1. 260. De ejus puero *Cupidine*, Æn. 1. [illegible]

Talibus aggreditur Venerem Saturnia dictis:
Egregiam vero laudem & spolia ampla refertis,
Tuque, puerque tuus; magnum & memorabile nomen:
Una dolo Divum si fœmina victa duorum est.
Nec me adeo fallit, veritam te mœnia nostra,
Suspectas habuisse domos Carthaginis altæ.
Sed quis erit modus? aut quo nunc certamine tanto?
Quin potius pacem æternam pactosque hymenæos
Exercemus? habes, tota quod mente petisti:
Ardet amans Dido, traxitque per ossa furorem.
Communem hunc ergo populum, paribusque regamus
Auspiciis: liceat Phrygio servire marito,
Dotalesque tuæ Tyrios permittere dextræ.
Olli (sensit enim simulata mente locutam,
Quo regnum Italiæ Libycas averteret oras)
Sic contra est ingressa Venus: Quis talia demens
Abnuat, aut tecum malit contendere bello?
Si modo, quod memoras, factum fortuna sequatur.
Sed fatis incerta feror: si Jupiter unam
Esse velit Tyriis urbem, Trojaque profectis,
Miscerive probet populos, aut fœdera jungi.

Tu

INTERPRETATIO.

stare ejus insaniæ, Juno compellat Venerem talibus verbis: Nempe reportatis pulchram laudem, & magna spolia, & tu, & filius tuus; magnam & memorabilem gloriam: quod una mulier superata sit fraude duorum Deorum. Nec vero me latet, te timuisse nostros muros, & suspectas habuisse domos Carthaginis altæ. Sed quis erit finis? aut quo jam tendimus tanta contentione? Quin potius facimus pacem æternam, & firmas nuptias? obtines quod quæsivisti toto animo: uritur amans Dido, & hausit per ossa amorem. Gubernemus igitur hanc gentem communem, & æquali potestate: liceat obedire Phrygio marito, & tradere in manum tuam Tyrios quasi dotem. Contra Venus sic cœpit loqui illi: (nam agnovit illam locutam esse ficto consilio, ut abduceret imperium ab Italia ad Africanam terram.) Quis stultus recuset talia? aut malit tecum disceptare bello? dummodo sors prosequatur consilium, quod suggeris. Sed fatis rapior dubia: utrum Jupiter velit eandem urbem esse Tyriis, & iis, qui venerunt Troja; aut approbet confundi nationes, aut nuptias sociari. Tu es ejus uxor, tibi

NOTÆ.

96. *Veritam te mœnia nostra.*) Et vero Venus Æn. 1. 673. ideo sub Ascanii habitu Cupidinem Didoni obtulit, qui eam in amorem Æneæ illiceret: ne Juno, Carthagini propitia, Trojanis infesta, hoc hospitio adversus eos abuteretur: *Vereor quo se Junonia vertant hospitia.* De Hymenæo Deo, pro nuptiis, Georg. 3. 60.

102. *Paribus Auspiciis.*) Translata dictio e comitiis, ubi creabantur consules captato prius volatu avium, quod proprie *auspicium* est.

103. *Liceat Phrygio servire marito, &c.*) *Liceat*, me ac Didonem; Deam nempe, Reginamque; *servire Phrygio*, id est exuli, & servo, quod acerbe ac maligne dictum est: erant enim Phryges Trojani tum exules, & universim tota gens nota servitutis atque infamis: ex ea enim servi ac mancipia vulgo petebantur, ut notat Athenæus, & passim apud scriptores videre est. De *Phrygia*, Æn. 1. 381.

104. *Dotalesque.*) *Dos* est patrimonium uxoris, & quicquid viro cum uxore datur.

106. *Quo regnum Italiæ, &c.*) Æn. 1. 23. *Progeniem sed enim Trojano a sanguine duci Audierat, Tyrias olim quæ verteret arces: Hinc populum late regem ... venturum;* nempe Romanum, Italum: cujus parentem Æneam ideo mari Juno insequebatur, ejectumque vi tempestatis ad litus Africæ, ut eum a fundando in Italia regno averteret, ac debitum suo fatis orbis imperium in Africa stabiliret.

110. *Fatis incerta feror, &c.*) Pro *sum*: ita fere v. 85. *Si fallere possit amorem;* id est, ut videat an *fallere possit amorem.*

Tu conjux: tibi fas animum tentare precando.
Perge, sequar. Tum sic excepit regia Juno:
Mecum erit iste labor: nunc qua ratione, quod instat,
Confieri possit, paucis, adverte, docebo.
Venatum Æneas, unaque miserrima Dido
In nemus ire parant, ubi primos crastinus ortus
Extulerit Titan, radiisque retexerit orbem.
His ego nigrantem commista grandine nimbum,
Dum trepidant alæ, saltusque indagine cingunt,
Desuper infundam, & tonitru cœlum omne ciebo.
Diffugient comites, & nocte tegentur opaca.
Speluncam Dido, dux & Trojanus eamdem
Devenient: adero, &, tua si mihi certa voluntas,
Connubio jungam stabili, propriamque dicabo.
Hic Hymenæus erit. Non adversata petenti
Annuit, atque dolis risit Cytherea repertis.
Oceanum interea surgens Aurora reliquit.
It portis jubare exorto delecta juventus.

Re-

INTERPRETATIO.

facile est sollicitare precibus mentem ejus. Perge, sequar. Tum sic respondit Juno regina: Mea erit illa cura: jam attende; paucis verbis *explicabo, quo modo* id *quod imminet, possit perfici. Æneas & miserrima Dido parant ire venatum in silvam, quando Sol crastinus primo extulerit se exortum, & luce detexerit mundum. Ego, dum equites currunt, & claudunt silvas retibus, desuper immittam obscuram nubem mixta grandine, & commovebo fulmine totum aerem: dispergentur comites, & occultabuntur densis tenebris. Dido & dux Trojanus pervenient ad idem antrum: præsens ero, & si tuus consensus mihi certus est, sociabo* illam *firmo conjugio, & addicam Æneæ propriam. Hic erit Hymen. Non obsistens petenti Venus annuit, & risit* ob *fraudem repertam a* Junone. *Interim Aurora surgens deseruit* Oceanum. *Luce orta*

NOTÆ.

116. *Confieri.*) Balbus Ciceroni, in Epist. ad Atticum, lib. 9. 13. *Ut per te rus iam confieret.* Cæsar de bello Gall. l. 7. *Postquam id difficilius confieri animadvertit.*

119. *Titan.*) Solis nomen. Refert Gyraldus ex antiquis fabularum auctoribus, *Titanem*, qui *Terra* dicta etiam est, e *Cœlo* genuisse *Titanes*, quorum unus fuit *Hyperion*, qui ex sorore *Basilea* suscepit *Solem* & *Lunam*. Unde Sol *Titan* dictus est gentili nomine. Omnia quippe incerta in fabulis.

121. *Trepidant alæ.*) *Trepidare*: non semper est, *timere*, sed aliquando *festinare*, ut hic, & Æn. 9. 114. *Ne trepidate meas, Teucri, defendere naves, neve armate manus*: id est, *ne festinate*, prohibeo enim defendi. *Alæ.*) Idem sunt in equestri, quod in acie pedestri *cornua*: quæ dicta, quia equestres turmæ pedestres copias quasi *alis* tegunt. Et venatorum species quatuor profert Joannes Scoppa e veteri fragmento, *vestigiatores*, *indicatores*, *insidiatores*, & *alatores*, qui equo feras in casses urgent.

Indagine cingunt.) *Indago*, juxta Servium, est ipsa ferarum inquisitio. Juxta *Hortensium*, sunt canes ferarum indagatores atque inquisitores. Juxta Budæum, quem sequuntur plerique omnes, est retium ac plagarum series in perticas sublata capiendis feris. Facit pro Budæo quod *indago*, ut plurimum, jungitur cum verbis *cingendi*, *includendi*. Facit pro Hortensio nomen ipsum *indaginis*, quod in canes melius cadit; tum illud Georg. 1. 140. *Canibus circumdare saltus*: tum istud e Livio l. 7. *Cum præmissus eques velut indagine dissipatos Samnites ageret*; quod canibus longe convenientius est. Hinc suspensus hæreo de utroque quid statuam.

Trepidant .... cingunt.) Certe hic tempus præsens est pro futuro, quod jam notavimus, vers. 52.

127. *Hymenæus.*) Deus nuptiarum præses, Georg. 3. 60. *Cytherea*, Venus, Æn. 1. 261. *Aurora*, Georg. 1. 249.

130. *Jubare exorto.*) Primum diluculum notat: nam *Jubar*, juxta Varronem, lib. 6. de L. L. *dicitur stella Lucifer, quæ in summo habet diffusum lumen, ut leo in capite jubam.* A quibusdam etiam pro Sole sumitur, & generatim pro rerum quarumlibet splendore: Stat. Theb. 9. 695. *Et pictum gemmis galeæ jubar.*

Retia rara, plagæ, lato venabula ferro,
Massylique ruunt equites, & odora canum vis.
Reginam thalamo cunctantem ad limina primi
Pœnorum exspectant: ostroque insignis & auro
Stat sonipes, ac fræna ferox spumantia mandit.
Tandem progreditur, magna stipante caterva,
Sidoniam picto chlamydem circumdata limbo:
Cui pharetra ex auro, crines nodantur in aurum,
Aurea purpuream subnectit fibula vestem.
Necnon & Phrygii comites, & lætus Iulus
Incedunt: ipse ante alios pulcherrimus omnes
Infert se socium Æneas; atque agmina jungit.
Qualis ubi hybernam Lyciam Xanthique fluenta
Deserit, ac Delum maternam invisit Apollo;
Instauratque choros: mixtique altaria circum
Cretesque, Dryopesque fremunt, pictique Agathyrsi:

Ipse

INTERPRETATIO.

juventus electa ruit e portis. Adsunt retia subtilia, plagæ, hastilia lata cuspide, & equites Massyli, & virtus odoratrix canum, erumpunt. Primi Carthaginensium expectant ad portas reginam tardantem in cubiculo: statque equus ornatus auro & purpura, & acer mandit frænum spumans. Denique procedit comitante magna turba, cincta versicolore instita circa Tyriam chlamydem: huic pharetra est aurea, capilli colliguntur in nodum aureum, aurea fibula coercet vestem purpuream. Nec non & Trojani comites & lætus Ascanius eunt quoque: Æneas ipse formosissimus aliis omnibus addit se socium, & adjungit suas turmas. Qualis est Apollo, quando frigidam Lyciam, flumenque Xanthum relinquit, ac petit Delum insulam matris, & renovat choreas, & mixti Cretenses, Dryopesque, pictique Agathyrsi

NOTÆ.

131. *Retia rara, plagæ, &c.*) Venatoria instrumenta. *Retia rara*, tenuiora minusque denso filo contexta. *Plagæ*; vel majora retia juxta Turnebum; vel, juxta Servium, funes quibus retia tenduntur circa imam summamque partem. *Venabula*; tela, sive hastæ breviores, ferro latiore.

132. *Massyli.*) Gens Africana, admodum incerti situs, a Virgilio ponitur ad occidentem Carthaginis, nempe ad oceani fines, ut videbitur v. 483.

Odora canum vis.) *Odoratrix*, nam *odora* proprie est, quæ odorem ex se emittit; *odoratrix* vero, quæ percipit.

Canum vis.) Vel *copia & multitudo*: ut apud Cicer. de Aratp. responsis, *Vis innumerabilis rerum*. Vel *facultas odorandi*, ut apud eundem de Divin. 2. 35. *vis cordis ad vivendum*, & 37. *vis quædam sentiens*. Vel *canes ipsi*: Græco more, ut Homerus dixit Iliad. 3. 105. πριάμοιο βίην, *Priami vim*, pro ipso *Priamo*.

133. *Cunctantem.*) Scilicet placendi studio; ut in iis fuit mulieribus, de quibus Terent. Heaut. A. 2. S. 2. 11. *Dum comuntur, annus est.* De *ostro*, purpura, Georg. 2. 506.

137. *Sidoniam chlamydem picto limbo.*) *Sidoniam*, chlamydem purpuream, a Sidone, urbe Phœniciæ, vicina Tyro, unde purpura celebris, Georg. 2. 506. *Picto*, interpretor, diverso a purpura colore, ferrove auri. *Limbo*, instita, in extrema ora chlamydis. *Chlamydem*, vestem militarem ac venatoriam, thoraci superpositam, Ital. sopraveste.

138. *In aurum.*) Vel in reticulum aureum contextus implexi crines: vel crines ipsi flavi coloris in aurei nodi formam ligati. De *Phrygia*, Asiæ regione, unde Trojani erant, Æn. 1. 385. De *Iulo*, Ascanio, ibid. 271.

143. *Qualis ubi, &c.*) Comparaverat Virgilius Æn. 1. 502. Didonem cum Diana: nunc Æneam cum fratre Dianæ Apolline. Et aliquantum expressa res est ex duobus Apollonii locis Argon. lib. 1. Solemnis autem erat opinio, Deos certis anni temporibus commutare sedes: atque Servius constare, sex hybernis mensibus Apollinem apud Pataram Lyciæ urbem oracula reddere: sex æstivis apud Delum Ægæi maris insulam. *Lycia*, regio est Asiæ minoris, ad meridiem; maritima urbs ibi *Patara* fuit, nunc *Patera*, Apollinis templo quondam insignis, & Xanthus fluvius & urbs, nunc *Sanso*.

144. *Delum maternam.*) Quia in ea Ægæi maris insula Dianam & Apollinem Latona e Jove peperit, Æn. 3. 74. & 77.

146. *Cretesque, Dryopesque, &c.*) Confluentes ad oraculum Delium undecumque populi. *Cretes* ex insula Creta, *Candia*, Æn. 3. 104. *Dryopes* ex Strabone lib. 9. fuerunt in Peloponneso: eo transvecti, vel a Dryope Arcade, cum antea circa Sperchium Thessaliæ fluvium habitarent; vel ab Hercule ejecti e Doride, quæ est juxta Parnassum

Ipse jugis Cynthi graditur, mollique fluentem
Fronde premit crinem fingens, atque implicat auro:
Tela sonant humeris. Haud illo segnior ibat
Æneas: tantum egregio decus enitet ore.
Postquam altos ventum in montes, atque invia lustra;
Ecce feræ saxi dejectæ vertice capræ
Decurrere jugis: alia de parte patentes
Transmittunt cursu campos, atque agmina cervi
Pulverulenta fuga glomerant, montesque relinquunt.
At puer Ascanius mediis in vallibus acri
Gaudet equo: jamque hos cursu, jam præterit illos;
Spumantemque dari pecora inter inertia votis
Optat aprum, aut fulvum descendere monte leonem.
Interea magno misceri murmure cœlum
Incipit: insequitur commista grandine nimbus.
Et Tyrii comites passim, & Trojana juventus,
Dardaniusque nepos Veneris, diversa per agros
Tecta metu petiere: ruunt de montibus amnes.
Speluncam Dido, dux & Trojanus eamdem
Deveniunt: prima & Tellus & pronuba Juno
Dant signum; fulsere ignes & conscius æther

Con-

INTERPRETATIO.

saltant circa aras: ipse incedit in cacuminibus Cynthi, & comprimens effusos capillos cingit tenera corona, involvitque auro: sagittæ sonant ad humeros. Non deformior ille Æneas incedebat: tanta pulchritudo elucet in eximio vultu. Postquam perventum est ad altos montes & cubilia ferarum inaccessa, ecce capræ silvestres emissæ e cacumine rupis decurrerunt per colles: ex alia parte cervi prætereunt cursu campos apertos, & fugiendo colligunt se in greges pulverulentos, et deserunt montes. At juvenis Ascanius per medias valles exultat in equo generoso: & jam hos, jam illos antevit cursu; cupitque concedi votis suis aprum spumantem inter pigros illos greges, aut rufum leonem descendere e monte. Interim cœlum incipit turbari magno tumultu: succedit nubes mixta grandine. Passim & comites Carthaginenses, & juventus Trojana, & Trojanus nepos Veneris, hinc inde per agros quæsiverunt dispersas casas: torrentes cadunt e montibus. Dido & dux Trojanus deveniunt in idem antrum: & prima Tellus ac Juno pronuba dant signum: fulgura emicuerunt, & cœlum particeps consilii *de conju-*

NOTÆ.

num montem. *Agathyrsi* gens Scythica, qui ex Mela lib. 2. 1. *Ora artusque pingebant, ut quisque majoribus præstabat; ita magis, vel minus.* Juxta alios gens Sarmatica. *Cynthus*, mons in insula Delo, Æn. 3. 92.

151. *Lustra.*) Ferarum cubilia: quare? Georg. 2. 471. De *Cervis*, quos esse in Africa multi negant, Æn. 1. 188. affirmant tamen Oppiani & Philostrati aliorumque testimonia apud Cerdanum.

163. *Dardaniusque nepos Veneris.*) Ascanius, filius Æneæ, qui Anchisæ & Veneris filius. *Dardanius*, Trojanus, Æn. 1. 498.

166. *Prima & Tellus, & pronuba Juno.*) Consuetum ad singula gravioris momenti negotia solitos veteres capiare auspicia, atque omina, sed præsertim ad nuptias, ut diximus Æn. 4. 59. Igitur omina quæ fuerint, hic notandum est. I. Quidam ajunt *Tellurem* quoque e Diis solam nuptiarum præsidibus: *prima* autem dicitur ordine significandi, quia tunc prima omnium signa dedit: quæ autem? nisi terræ motum. II. *Juno*, ut constat, nuptiis præfuit, hinc dicta *Pronuba*, *pronuba a pronis nuptiis*. Hæc autem, cum pro *aere* terræ proximo sæpe sumatur, signum dedit, *nimbis & commista grandine*. III. *Æther* superior, & ignea mundi pars, quæ *Jupiter* aliquando dicitur, signa dedit fulguribus & fulmine; juxta eorum opinionem, qui fulmina putabant, non in media aeris regione fabricari, sed a Jove mitti & igneo æthere. *Conscius* dicitur, quia nuptiarum illarum conscii & auctores superi ipsi fuerant, Juno, Venus, & ipse, quem eorum in concilium adegerant, Jupiter, vers. 110. & sequentibus.

167. *Fulsere ignes, &c.* Mos erat in nuptiis, ut

Connubii, summoque ulularunt vertice Nymphæ.
Ille dies primus leti primusque malorum
Causa fuit: neque enim specie famave movetur,
Nec jam furtivum Dido meditatur amorem,
Conjugium vocat, hoc prætexit nomine culpam.
Extemplo Libyæ magnas it fama per urbes:
Fama, malum quo non aliud velocius ullum,
Mobilitate viget, viresque acquirit eundo:
Parva metu primo; mox sese attollit in auras,
Ingrediturque solo, & caput inter nubila condit.
Illam Terra parens, ira irritata Deorum,
Extremam (ut perhibent) Cœo Enceladoque sororem
Progenuit, pedibus celerem & pernicibus alis:
Monstrum horrendum, ingens: cui quot sunt corpore plumæ,
Tot vigiles oculi subter, (mirabile dictu)
Tot linguæ, totidem ora sonant, tot subrigit aures.
Nocte volat cœli medio, terræque per umbram
Stridens, nec dulci declinat lumina somno:
Luce sedet custos, aut summi culmine tecti,

Tur-

INTERPRETATIO.

gio, & Nymphæ ululârunt ex alto cacumine. Ille dies primus auctor fuit exitii, & primus calamitatum; nec enim Dido amplius *terretur specie aut rumore, nec jam exercet amorem secretum;* hunc *appellat conjugium,* & *velat crimen hac appellatione. Statim fama currit per magnas urbes Africæ: Fama, malum, quo nullum celerius, præstat agilitate, & auget vires eundo: parva primum* ob *timorem, mox erigit se in aërem, inceditque per terram, & abscondit caput inter nubes. Terra mater irritata ob furorem Deorum produxit illam, ut narrant, ultimam sororem* Cœo *& Enceladi, velocem pedibus & citis alis: monstrum horribile, ingens, cui quot sunt plumæ* in *corpore, tot oculi aperti vigilant subter eas, tot mirabile dictu, tot linguæ, tot ora loquuntur, tot erigit aures. Volat nocte per medium cœli, & per umbram terræ, stridens, nec permittit somnum oculis: die sedet speculatrix, aut* in *fastigio summi tecti, aut in altis turribus, &*

NOTÆ.

ut sponsam ad sponsum euntî præferrentur faces; ut puellæ ad mediam noctem ante conjugum fores lætis carminibus perstreperent, quorum exemplum insigne reperies apud Theocritum Idyllio 18. Ideo Virgilius hic adhibet *fulgura* pro facibus; & *ululatum Nympharum*, pro carminibus.

168. *Nymphæ.*) Vel fuere *Oreades*, Nymphæ montium, quia erant in *spelunca summo vertice*. De his Ecl. 2. 46. Vel, ut censet Cerdanus, *Diræ & Furiæ*, quæ pro Nymphis ab amantibus acceptæ fuerint. De quo errore sic Dido apud Ovid. Heroid. 7. 95. *Audieram voces: Nymphas ululasse putavi: Eumenides fatis signa dedere meis.*

170. *Neque enim specie famave movetur.*) Non specie, ac præsenti deformitate sceleris sui; nec fama ac sermone absentium hominum.

174. *Fama, malum, &c.*) Vapulat a Macrobio aliisque Virgilius, ob eam famæ descriptionem, quam iidem subsequentes poetæ imitari frustra conati sunt: & certe multum habet acuminis. *Mobilitate viget*, quia est stiteria ac mutabilis. *Vires acquirit eundo*, quia vel una re monstrum videri potest, cum eundo cætera deficiunt. *Parva metu primo, &c.* quia non nisi timide primo, quæ sunt secreta, divulgantur. *Caput inter nubila condit*: quia licet sparsa sit ubique fama, sæpe tamen ejus caput, atque auctor, & veritas, ignorantur. *Terra parens extremam progenuit sororem gigantibus*: quia Fama turpia Deorum scelera evulgavit: qui videtur extremus Terræ conatus in Deos, post extincta Gigantum bella. Huic *plumæ multæ*: quia unusquisque de suo aliquam quasi plumam famæ addit. *Vigiles oculi subter plumas*: quia videt omnia, videtur a nemine. *Nocte volat*: neque enim animadverti potest, qui fiat, ut tantillo tempore tam longe lateque pervagetur. *Luce sedet custos*, ut observet quæ transiguntur inter homines, præsertim in ædibus regum, magnisque urbibus. Cæterum tam est apta veris, quam falsis evulgandis.

179. *Cœo, Enceladoque sororem.*) Gigantum præcipuos, Terræ ac Titanis filios: qui bellum Jovi intulerunt ad ulciscendam patris injuriam, cui cœli regnum, ut fratri Saturni natu majori, debitum esse contendebant. Hi aggestis montibus, ut cœlum ascenderent, fulmine oppressi sunt, Georg. 1. 279.

Turribus aut altis, & magnas territat urbes:
Tam ficti pravique tenax, quam nuntia veri.
Hæc tum multiplici populos sermone replebat
Gaudens, & pariter facta atque infecta canebat:
Venisse Æneam Trojano a sanguine cretum,
Cui se pulchra viro dignetur jungere Dido:
Nunc hyemem inter se luxu, quam longa, fovere
Regnorum immemores, turpique cupidine captos.
Hæc passim Dea fœda virum diffundit in ora.
Protinus ad regem cursus detorquet Iarbam,
Incenditque animum dictis, atque aggerat iras.
Hic Ammone satus, rapta Garamantide Nympha,
Templa Jovi centum, latis immania regnis,
Centum aras posuit; vigilemque sacraverat ignem,
Excubias Divum æternas, pecudumque cruore
Pingue solum, & variis florentia limina sertis.
Isque amens animi, & rumore accensus amaro,
Dicitur ante aras, media inter numina Divum,
Multa Jovem manibus supplex orasse supinis.

Ju-

INTERPRETATIO.

tremefacit magnas urbes: tam retinens mali & falsi, quam nuntia veri. Illa tunc læta implebat populos vario rumore, & narrabat pariter facta & non facta: Æneam venisse, ortum e Trojano sanguine, cui marito sociare se dignetur formosa Dido: nunc illos in luxu traducere inter se hyemem, quam longa est, oblitos regnorum, & captos infami amore. Turpis Dea spargit hæc passim per ora hominum. Confestim deflectit volatum ad regem Iarbam, inflammatque sermonibus animum ejus, & accumulat iras. Ille natus Jove Ammone, & Nympha Garamantide rapta, struxerat Jovi centum templa spatiosa vastis in regnis, & centum altaria: & dedicaverat ignem immortalem, perpetuas excubias Deorum; & dedicaverat terram pinguem sanguine victimarum, & portas ornatas sertis versicoloribus. Ille autem impos mentis & inflammatus rumore acerbo, dicitur ante altaria, inter media simulacra Deorum, supplex elatis manibus plurimum orasse Jovem:

NOTÆ.

198. *Hic Ammone satus.*) *Jupiter Ammon*, Ægyptiis & Afris celebre oraculum ac templum habuit in Libya, ad orientem Cyrenaicæ regionis, ad occidentem Ægypti, ad septentrionem Garamantum ac Nasamonum: in irriguo & palmifero loco, quamvis tota regio aridissima ac desertissima sit. Hujus origo varie refertur: tribuitur tamen maxime Libero, sive Baccho, cui per Libyæ deserta iter facienti aries cornu fontem ibi monstravit; quem ille Jovem esse patrem arbitratus, templum ibidem erexit Jovi, cornuto & arietino capite, vocavitque *Ammonem*, ab *arena*, quæ Græcis est ἄμμος vel ψάμμος. Plutarchus tamen lib. de Iside videtur negare nomen esse illud Græcæ originis, sed Ægyptiorum proprium. Unde aliqui putant *Ham*, sive *Cham*, Noe filium, primum Ægypti cultorem, sub eo coli nomine: alii *Solem*, qui, ut & *calor*, dicitur Hebræis *Hamma*; eique volunt, ut & Mosi, appicta esse cornua pro radiis. Et vero ex Curtio lib. 4. juxta illud templum fons erat quoque, *Solis* dictus, qui algebat interdiu, noctu fervebat; tepidus aut frigidus, pro vario Solis accessu aut recessu. Hoc adiit oraculum Alexander, cum esset in Ægypto; ab eoque se Jovis filium dici per sacerdotem curavit. Hujus hic Iarbas filius dicitur fuisse, & *Garamantidis* Nymphæ, sive *Garamantis* proprium, sive gentile nomen sit; non enim longe aberant populi Garamantes. De *Iarba*, v. 36.

199. *Templa Jovi centum, &c.*) Aliqui inde colligunt Iarbam Ammonis templi conditorem dici, sed perperam; cum centum illa templa, *latis regnis*, id est, variis latissimi regni locis condita dicantur.

200. *Vigilem ignem.*) Plutarchus, lib. de defectu oraculorum, testatur in Ammonis templo lucernam fuisse perpetuo ardentem, de quo more, Æn. 2. 297.

205. *Supinis.*) Notatur mos orandi veterum, non expansis, non porrectis, sed supinis manibus, ita ut palmæ cœlo obversæ essent.

Jupiter omnipotens, cui nunc Maurusia pictis
Gens epulata toris Lenæum libat honorem,
Aspicis hæc? an te, genitor, cum fulmina torques,
Nequicquam horremus? cæcique in nubibus ignes
Terrificant animos, & inania murmura miscent?
Fœmina, quæ nostris errans in finibus urbem
Exiguam pretio posuit, cui litus arandum,
Cuique loci leges dedimus, connubia nostra
Reppulit, ac dominum Ænean in regna recepit.
Et nunc ille Paris cum semiviro comitatu,
Mæonia mentum mitra crinemque madentem
Subnexus, rapto potitur: nos munera templis
Quippe tuis ferimus, famamque fovemus inanem.
Talibus orantem dictis, arasque tenentem
Audiit omnipotens, oculosque ad mœnia torsit
Regia, & oblitos famæ melioris amantes.
Tunc sic Mercurium alloquitur, ac talia mandat:

Va-

INTERPRETATIO.

O Jupiter omnipotens, cui gens Maurica epulata in versicoloribus lectis nunc effundit Bacchicum liquorem, videsne hæc? an vero, frustra timemus te, o pater, cum vibras fulmina? an fulgura vana in nubibus terrent mentes, & edunt inutiles sonos? Mulier, quæ vaga in regione nostra condidit parvam urbem emptione, cui dedimus litus colendum, cui imposuimus conditiones loci, rejecit nuptias nostras, & admisit in regnum Æneam maritum. Et nunc ille Paris cum comitatu effœminato, subligatus mitra Lydia circa mentum & capillos delibutos, fruitur præda: nos scilicet dona templis tuis inferimus, & sustentamus famam inanem. Omnipotens audiit eum precantem talibus verbis, & hærentem ad aras, & flexit oculos ad urbem regiam, & ad amantes negligentes famæ honestæ. Tunc sic loquitur ad Mercurium, & imperat talia. Vade age,

NOTÆ.

206. *Cui gens Maurusia, &c.*) *Maurusii* sive *Mauri*, partem Africæ occidentalem obtinebant ab utraque Carthaginis cum Numidiæ, ad fretum Gaditanum: varias in gentes distributi.

207. *Gens epulata toris, &c.*) Post sacrificia solebant e victimarum extis epulari, inque epulis vina in honorem Deorum *libare* & effundere. De *epulis* illis, Æn. 7. 175. De *libatione*, Æn. 1. 730. De *toris*, lectis vulgo genialibus, Æn. 5. 384. De *Lenæo*, sive Bacchico honore, pro vino, Georg. 2. 4.

215. *Paris, &c.*) Æneam vocat Paridem, id est mollem: de eo Æn. 1. 32. Propterea quod Athenæus l. 5. notet Homerum nemini Heroum unguentorum, præterquam Paridi, tribuisse: erat autem ille præcipue in capillis: unde mox addit, *crinemque madentem*. *Semiviro comitatu.*) Alludit ad morem Phrygum, apud quos insignis erat cultus Deæ Cybeles, cujus sacerdotes castrabantur, unde molles & effœminati evadebant, vocabanturque *Galli*.

216. *Mæonia mitra, &c.*) Lydi ex Strabone, lib. 13. Priami tempore vocabantur *Mæones*, *Mæonii*, vel *Mæones*: paulo post *Lydi*, a Lydo rege, Herculis nepote, Æn. 8. 781. Lydia porro Asiæ minoris mediterranea regio est, quæ a parte ... Phrygiam ... ex eodem Strabone lib. 14. Ad orientem ac septentrionem habet Phrygiam majorem; ab occidente Æolidem & fluvios *Pactolum* & *Hermum*, aurea arena insignes: montem *Tmolum*, vino & croco celebrem: unde regio tota divitiis deliciisque nobilis fuit: illic in usu erat *mitra*, pileum muliebre, incurvum, buccis insigne, ac redimiculis vinculisque, quibus mento subligabatur.

217. *Subnexus.*) Sic emendo cum Gevartio, Elect. lib. 1. cap. 7. Olim legebatur *Subnixus*, librariis vel ante Servii tempora male corruptis. Frustra quippe Servius interpretabatur, *crinem unguentatum subnixum habens*, vel *fiducia elatus*. Frustra Turnebus explicabat, *sub mitra crinem ac mentum subjectum habens*. Utraque enim interpretatio prava esset & contorta: nostra rectior & simplicior.

218. *Famam inanem.*) Qua dicor filius tuus, rex Libyæ, [illegible].

219. *Arasque tenentem.*) Mos supplicantium ac sacrificantium: unde Varro apud Macrobium l. 3. c. 2. ait *aras* dictas olim esse *asas*, quasi *ansas*, quibus vasa teneri solent; quemadmodum *Valerios* & *Furios*, prius dicebantur *Valesios* & *Fusios*.

222. *Mercurium.*) De eo, infra v. 238. Æn. 1. 301. De *Zephyris*, ventis occidentalibus, Ecl. 3. 5. De *Dardanis*, Trojanis, Æn. 1. 239. De *Tyria Carthagine*, supra in argumento.

Vade age, nate, voca Zephyros, & labere pennis:
Dardaniumque ducem, Tyria Carthagine qui nunc
Exspectat, fatisque datas non respicit urbes,
Alloquere, & celeres defer mea dicta per auras.
Non illum nobis genitrix pulcherrima talem
Promisit, Grajumque ideo bis vindicat armis:
Sed fore, qui gravidam imperiis, belloque frementem
Italiam regeret, genus alto a sanguine Teucri
Proderet, ac totum sub leges mitteret orbem.
Si nulla accendit tantarum gloria rerum,
Nec super ipse sua molitur laude laborem,
Ascanione pater Romanas invidet arces?
Quid struit? aut qua spe inimica in gente moratur?
Nec prolem Ausoniam & Lavinia respicit arva?
Naviget: hæc summa est, hic nostri nuntius esto.
Dixerat. Ille patris magni parere parabat
Imperio: & primum pedibus talaria nectit
Aurea, quæ sublimem alis, sive æquora supra,
Seu terram, rapido pariter cum flamine portant.
Tum virgam capit: hac animas ille evocat Orco

Pal-

INTERPRETATIO.

fili, advoca Zephyros, & descende alis: & alloquere Trojanum ducem, qui nunc moratur in Tyria Carthagine, nec considerat urbes a fatis sibi concessas: & porta per levem aerem mandata mea. Mater ejus formosissima non eum nobis pollicita fuerat talem, nec eam ob rem bis eripuit eum e Græcorum armis: sed pollicita fuerat hunc *futurum, qui possideret Italiam plenam regnis, & belli cupidam:* qui *probaret originem suam esse e nobili sanguine Teucri, & subjiceret imperio* suo *totum orbem. Si nullus splendor tantorum factorum* hunc *movet, nec suscipit ipse laborem ad suam laudem, an pater invidet Ascanio Romanam urbem? Quid parat? aut qua spe moratur apud gentem inimicam? nec cogitat posteritatem Italicam, & campos Lavinios? Naviget: hæc est summa: hic sit* ille *nuntius a nobis. Sic loquutus erat. Mercurius præparabat se ad obediendum jussis magni patris: & primo subligat talaria aurea, quæ seu supra mare, seu supra terram, ferunt pennis eum volantem pari-*

NOTÆ.

228. *Bis vindicat armis.*) Eneam *Venus* bis e Græcorum armis eripuerat. *Primo*, quando Diomedes in Trojana obsidione Æneam saxo ita percussit, ut is in genua prolapsus haud dubie occidendus fuisset, nisi Venus eum peplo circumfusum eripuisset morti, Iliad. 5. 311. *Secundo*, quando Æneas, matris consilio & auxilio, e Trojano incendio ereptus, & ad fugam incitatus est, Æn. 2. 619. Neque enim iis assentior, qui explicant de ejus congressu cum Achille, ubi a Neptuno morti ereptus est, Iliad. 20. 290. Namque hanc ei opem non Venus, sed Neptunus contulit.

229. *Gravidam imperiis.*) Variis regnis regibusque distinctam ac plenam: qua forma dixit, Georg. 2. 5. *Pampineo gravidus autumno floret ager.* De *sanguine Teucri*, Trojanorum parente, Æn. 1. 239. De *orbis* imperio Trojanis Romanisque promisso, Æn. 1. 282.

234. *Ascanione, &c.*) De eo, Æn. 1. 271. Albam condidit, unde prodiit *Roma* per *Romulum*, Albanorum regum sobolem; Æn. 1. 273. 276. De *Ausonia*, Italia, Æn. 3. 171. De *Lavinio*, ab Ænea condita urbe, Æn. 1. 6.

239. *Talaria.*) Calceamenta alata Mercurii; quæ Valerius Flaccus vocat *plantaria*; Statius *alas plantares*.

242. *Virgam.*) Quam donum vicissim accepit ab Apolline Mercurius, cum ei lyram dedisset. Hac instructus cum abiret in Arcadiam, incidit in serpentes duos ad pugnam comparatos, projectaque virga statim compescuit. Unde pacis symbolum evasit virga illa duobus implexa serpentibus, quam Græci legatis suis dabant, ad pacem & amicitiam; vocabantque [illegible] quia *legati* [illegible]; ex qua voce Latini virgam istam appellaverunt, cum aliqua literarum deformatione, *Caduceum*. De *Orco*, qui pro inferis sumitur, Georg. 1. 277. De *Tartaro*, profundissimo inferiorum loco, Geor. 1. 36.

Pallentes, alias sub tristia Tartara mittit,
Dat somnos adimitque, & lumina morte resignat.
Illa fretus agit ventos, & turbida tranat
Nubila. Jamque volans apicem & latera ardua cernit
Atlantis duri, coelum qui vertice fulcit;
Atlantis, cinctum assidue cui nubibus atris
Piniferum caput & vento pulsatur & imbri.
Nix humeros infusa tegit: tum flumina mento
Præcipitant senis, & glacie riget horrida barba.
Hic primum paribus nitens Cyllenius alis
Constitit; hinc toto præceps se corpore ad undas
Misit: avi similis, quæ circum litora, circum
Piscosos scopulos humilis volat æquora juxta.
Haud aliter terras inter coelumque volabat,
Litus arenosum Libyæ ventosque secabat
Materno veniens ab avo Cyllenia proles.
Ut primum alatis tetigit magalia plantis,
Æneam fundantem arces, ac tecta novantem
Conspicit: atque illi stellatus jaspide fulva

En-

INTERPRETATIO.

ter cum rapido vento. Deinde accipit virgam: per hanc ille educit ex inferis animas pallidas, alias dejicit ad tristes inferos, præbet aufertque somnos, & ex morte aperit oculos. Hac instructus pellit ventos & trajicit turbidas nubes. Jamque volans videt cacumen & excelsa latera duri Atlantis, qui capite sustinet coelum: Atlantis, cui caput piniferum, semper circumdatum nigris nubibus tunditur ventis & pluviis. Nix superjecta tegit humeros: præterea flumii devolvuntur e mento senis, & barba horrida concrevit glacie. Hic primo stetit Mercurius contendens alis æqualibus: hinc delapsus toto corpore se impulit ad undas: similis volucri, quæ circa litora, circa rupes piscosas volat demisse prope mare. Non aliter proles Cyllenia veniens ab Atlante avo materno volabat inter coelum & terram, scindebat aerem & litus arenosum Libyæ. Statim atque alatis pedibus attigit casas, vidit Æneam fundantem arces, & reparantem tecta: illi autem erat ensis in-

NOTÆ.

244. *Lumina morte resignat.*) I. Explicat Servius, *claudit*: male, cum opponantur *resigno*, & *signo*, id est, *sigillo munio*, *claudo*. II. Explicat Turnebus *aperit in busto*: idque hausit e Plinio lib. 11. 37. *Morientibus oculos operire, rursumque in rogo patefacere, Quiritium magno ritu sacrum est: ita more condito, ut neque ab homine supremum eos spectari fas sit; & coelo non ostendi, nefas.* Hoc igitur officium tribuit Mercurio; sed quia solebat id fieri a cognatis, antequam homo cadaver imponeretur, ideo III. explico, *aperit oculos ex morte*, id est *revocat e morte corpora*: quod quintum officium a primo distinguitur: primum enim est, *quod animas ex Orco evocet*, sive ut Jovi sistat, sive ad alia ministeria; quintum est, quod *corpora ipsa revocet a morte, oculosque corporis aperiat*.

247. *Atlantis.*) *Atlas* mons Africæ maximus, tractu semper continuo, Mauritaniam a Libya interiore dividens, & ad oceanum occidentalem decurrens: hujus longa series dicitur ab Hispanis *montes claros*. In hunc dicitur Atlas rex Mauritaniæ commutatus a Perseo, aspectu Medusei capitis, quod in eum excipere hospitio noluisset: cum autem esset idem Atlas astrologiæ peritissimus, coelum dictus est humeris sustinere. Hic a Virgilio describitur, quasi humanam figuram adhuc retineret.

252. *Cyllenius.*) Atlas his septem Pleiadum pater fuit, Georg. 1. 138. Harum una *Maja* Mercurium peperit ex Jove, in vertice *Cyllenes*, Arcadiæ montis. Unde Atlas dicitur Mercurii *avus maternus*, id est, avus Mercurii ex parte matris.

254. *Avi similis.*) Comparatio illa habitusque Mercurii est ex Homero Odyss. ε. 51. Avem vocat Homerus [illegible], quæ vel est fulica, Ital. *folaga*, vel [illegible], vel alia, de ea enim varie disputatur.

259. *Magalia.*) Casas pastorum Libyæ, de quibus Georg. 3. 340.

261. *Stellatus jaspide fulva.*) Capulus gladii cum vagina gemmis, quasi stellis interpunctus. De *jaspidis* pretiosi lapilli coloribus multa Pli-

nius

Ensis erat, Tyrioque ardebat murice læna
Demissa ex humeris: dives quæ munera Dido
Fecerat, & tenui telas discreverat auro.
Continuo invadit: Tu nunc Carthaginis altæ
Fundamenta locas, pulchramque uxorius urbem
Exstruis, heu, regni rerumque oblite tuarum!
Ipse Deum tibi me claro demittit Olympo
Regnator, cœlum & terras qui numine torquet:
Ipse hæc ferre jubet celeres mandata per auras.
Quid struis? aut qua spe Libycis teris otia terris?
Si te nulla movet tantarum gloria rerum,
Nec super ipse tua moliris laude laborem;
Ascanium surgentem, & spes heredis Iuli
Respice: cui regnum Italiæ, Romanaque tellus
Debentur. Tali Cyllenius ore locutus
Mortales visus medio sermone reliquit,
Et procul in tenuem ex oculis evanuit auram.
At vero Æneas aspectu obmutuit amens,
Arrectæque horrore comæ, & vox faucibus hæsit.
Ardet abire fuga, dulcesque relinquere terras,
Attonitus tanto monitu imperioque Deorum.
Heu! quid agat? quo nunc Reginam ambire furentem
Audeat affatu? quæ prima exordia sumat?

At-

INTERPRETATIO.

interpunctus iaspide fulva, & toga rubescebat ex Tyria purpura pendens ex humeris: quæ ornamenta fecerat opulenta Dido, & distinxerat telas subtili auro. Statim aggreditur eum his verbis: Tu nunc statuis fundamenta alta Carthaginis, & condis pulchram urbem uxori serviens, heu! immemor regni tui & rerum tuarum. Ipse Rex Deorum, qui potestate sua vertit cœlum & terras, misit me tibi e cœlo splendido: ipse imperat me portare hæc sua mandata per levem aerem. Quid paras, aut qua spe perdis otia in Libyca regione? Si nullus splendor tantarum rerum te movet, nec suscipis ipse laborem ad tuam laudem, attende ad Ascanium crescentem, & ad spes heredis Iuli: cui imperium Italiæ & Romana terra debentur. Talibus verbis loquutus Mercurius fugit aspectum humanum in medio sermone, & procul abiit ex oculis in levem aerem. At vero Æneas stupefactus visu obmutuit, & capilli præ horrore arrecti sunt, & vox stetit in gutture. Cupit abire fugiendo, & deserere gratam regionem, irritatus tanto monitu & jussu Deorum. Heu! quid faciat? quo alloquio audeat circumvenire Reginam amantem? unde capiat

NOTÆ.

mus l. 37. 9. Nulla tamen fulva tota agnoscitur: sed auro inaurum distincta quasi pulvere. Fulvus autem color mixtus est ex rufo & viridi, qualis est in leonibus.

262. *Tyrio murice læna.*) Læna Nonnio vestimentum est militare, quod su[illegible] omnia vestimenta assumitur; sed facile erit & potuit, & lænam cum chlamyde confundere: atquidem Varroni, Festo, atque aliis *læna* vestimentum est duplex, instar duarum togarum; atque adeo oblongum, & bello parum commodum. Sacerdotalis fuit vestis: unde Popilius *Lænas* appellatus est, quod ex Senatu exiisset e sacrificio ad seditionem sedandam. Hybernum etiam videtur fuisse ob densitatem: quare tum conveniens erat Æneæ, qui in hyeme versabatur, infra v. 309. *Hyberno moliris sidere classem.* Nomen vel a lana multa, juxta Varronem; vel juxta Plutarchum a Græca voce χλαῖνα, quæ vestis erat ejusdem usus; χλαίνω enim est *calefacio*. De *Tyrio murice*, purpura, Georg. 2. 506. De *Olympo*, Thessaliæ monte, qui pro cælo sumitur, Ecl. 5. 56.

275. *Regnum Italiæ, Romanaque tellus.*) Tellus Romana nondum dicenda; supra, v. 234.

Atque animum nunc huc celerem, nunc dividit illuc,
In partesque rapit varias, perque omnia versat.
Hæc alternanti potior sententia visa est.
Mnesthea, Sergestumque vocat, fortemque Cloanthum:
Classem aptent taciti, sociosque ad litora cogant,
Arma parent, & quæ sit rebus causa novandis,
Dissimulent: se se interea, quando optima Dido
Nesciat, & tantos rumpi non speret amores,
Tentaturum aditus, & quæ mollissima fandi
Tempora, quis rebus dexter modus. Ocius omnes
Imperio læti parent, ac jussa facessunt.
At regina dolos (quis fallere possit amantem?)
Præsensit, motusque excepit prima futuros,
Omnia tuta timens. Eadem impia fama furenti
Detulit armari classem, cursumque parari.
Sævit inops animi, totamque incensa per urbem
Bacchatur: qualis commotis excita sacris
Thyas, ubi audito stimulant trieterica Baccho
Orgia, nocturnusque vocat clamore Cithæron.
Tandem his Æneam compellat vocibus ultro:
Dissimulare etiam sperasti, perfide, tantum

Pos-

INTERPRETATIO.

primum initium? & nunc huc, nunc illuc distrahit animum, & trahit in diversas partes, & volvit per omnia. Hoc consilium visum est melius ponderanti. Vocat Mnestheum, & Sergestum, & fortem Cloanthum: jubetque ut instruant classem secreto, & congregent socios ad litus, & præparent arma; & celent, quæ sit causa mutandarum rerum: interim, dum bona Dido ignorat, & non suspicatur abrumpi tantos amores, se quæsiturum aditus, & quæ tempora loquendi erunt commodissima, quæ via negotii conficiendi tutissima. Celeriter omnes obediunt læti mandato, & exequuntur jussa. Sed Regina præsensit fraudem (quis possit decipere amantem?) & cognovit prima tumultum futurum, metuens omnia vel tutissima. Eadem fama nuntiavit amenti classem instrui, & parari discessum. Furit impos mentis, & inflammata bacchatur per totam urbem: qualis Baccha incitata quassatis simulacris, quando orgia trieterica stimulant eam audito Baccho, & Cithæron invitat eam nocturno tumultu. Denique ultro alloquitur Æneam his verbis: Etiamne, o perfide, sperasti posse celare

NOTÆ.

288. *Mnesthea, &c.*) Accusativus Græcus, pro Latino *Mnestheum*. De eo, deque *Sergesto*, & *Cloantho*, Æn. 5. v. 116.

301. *Bacchatur, &c.*) Didonem comparat Bacchis comitibus furentis: quæ Lyæum ex India victorem temulentæ sequebantur; lynces ac tigres eius currui subligatas commovebant, coronatæ pampino, thyrsos armatæ sive hastas pampino atque hedera implicitas. Hinc I. *Bacchæ* vocatæ sunt & *Thyades*, a θύω curro, vel a θύω sacrifico, impetu feror. II. Harum exemplo, certis deinceps annis a mulieribus fieri voluit, quæ dictæ sunt ὄργια *Orgia*, ab ὀργή ira, quæ cum furore peragebantur. III. Cithæron mons illis celebris, mons Bœotiæ, prope Parnassum, ut quibusdam videtur: & vero pars aliqua Parnassi dicata fuit Baccho, Ecl. 7. 25. IV. Sacra illa imprimis tertio quoque fiebant anno, & Athenienses ante inventas Olympiades per Dionysia sive Bacchica festa solebant tempora distinguere: vocabantque festa illa τριετηρικὰ *trieterica*, id est, *triennalia*, a τρεῖς & ἔτος annus. V. Nocte fiebant: unde dicebantur νυκτέλια *nyctelia*, a νύξ, nox. VI. *Commotis sacris*: id est, vel quassatis thyrsis, sacris Baccho hastis, de quibus Ecl. 5. 29. vel simulacris, quæ circumferebant, Bacchi simulacris: unde Horatius Od. l. 1. 18. 11. *Non ego te, candide Bassareu, invitum quatiam.*

305. *Dissimulare, &c.*) Tres habet partes hæc oratio. PROPOSITIONEM, qua committit non esse Æneæ clam fugiendum, idque per interrogationem duobus primis versibus comprehendit. CONFIRMATIONEM per quinque rationes. 1. Est *Amor*. 2. *Data dextera* & fides. 3. Pœ-

Posse nefas, tacitusque mea decedere terra?
Nec te noster amor, nec te data dextera quondam,
Nec moritura tenet crudeli funere Dido?
Quin etiam hyberno moliris sidere classem,
Et mediis properas Aquilonibus ire per altum,
Crudelis! Quid? si non arva aliena domosque
Ignotas peteres, & Troja antiqua maneret,
Troja per undosum peteretur classibus æquor?
Mene fugis? per ego has lacrymas dextramque tuam te,
(Quando aliud mihi jam miseræ nihil ipsa reliqui)
Per connubia nostra, per inceptos Hymenæos;
Si bene quid de te merui, fuit aut tibi quicquam
Dulce meum: miserere domus labentis, & istam,
Oro, si quis adhuc precibus locus, exue mentem.
Te propter Libycæ gentes, Nomadumque tyranni
Odere; infensi Tyrii: te propter eundem
Exstinctus pudor, &, qua sola sidera adibam,
Fama prior: cui me moribundam deseris, hospes?
Hoc solum nomen quoniam de conjuge restat.
Quid moror? an mea Pygmalion dum mœnia frater
Destruat? aut captam ducat Getulus Iarbas?
Saltem si qua mihi de te suscepta fuisset
Ante fugam soboles, si quis mihi parvulus aula
Luderet Æneas, qui te tantum ore referret;

Non

INTERPRETATIO.

tantum crimen, & tacitus abire e mea regione? Nec te amor noster, nec te dextra olim data, nec Dido retinet peritura crudeli morte? Imo etiam struis classem hyemali tempore, & properas navigare per mare inter medios Aquilones, crudelis! Quid? si non quæreres regionem externam & sedes incognitas, sed si vetus Troja staret, an classe peteretur a te Troja per mare procellosum? An fugis me? ego oro te per has lacrymas, & dexteram tuam (siquidem ipsa nihil aliud reservavi mihi jam misera), per conjugium nostrum, per nuptias inchoatas; si bene merui quicquam de te, aut si quicquam meum fuit gratum tibi: miserere domus meæ cadentis: & si quis adhuc aditus est precibus, precor, depone hoc consilium. Propter te populi Libyæ & reges Numidarum oderunt me, & Tyrii infensi sunt mihi: propter eundem te pudor periit, & prima fama, per quam unicam attingebam astra: cui relinquis me morituram, o hospes? siquidem hoc unum nomen superest de conjuge. Quid expecto? an ut Pygmalion frater diruat muros meos? aut Iarbas Getulus trahat me captivam? Saltem si ante fugam aliqua proles mihi suscepta fuisset de te, si parvulus aliquis Æneas mihi lu-

NOTÆ.

tas in morituram *crudeli funere*. 4. Incommoda itineris, *hyberno sidere*. 5. Comparatio a majori ad minus. Non peteres Trojam hac tempestate, ergo multo minus *arva aliena* & *domos ignotas*. PERORATIONEM, sive affectuum commotionem, in qua maxima vis est. Nam 1. Obsecrationes adhibet per sanctissima & carissima quæque. 2. Commemorat beneficia, odium externorum & suorum, extinctum pudorem, famam amissam. 3. Exponit solitudinem suam & pericula, quibus ad mortem certissime adigetur. 4. Videtur aliquid Æneæ concedere, ut vicissim aliquid obtineat; precaturque saltem ut expectet, dum aliqua sibi supersit ex eo soboles.

310. *Aquilonibus.*) De iis septentrionalibus ventis, Ecl. 7. 51. De *Hymenæo*, nuptiali Deo, Georg. 3. 60. De *Nomadibus*, qui & *Numidæ* dicuntur, supra vers. 40. De *Pygmalione*, vers. 44. De *Iarba*, v. 36.

Non equidem omnino capta aut deserta viderer.
Dixerat. Ille Jovis monitis immota tenebat
Lumina, & obnixus curam sub corde premebat.
Tandem pauca refert: Ego te, quæ plurima fando
Enumerare vales, numquam, regina, negabo
Promeritam: nec me meminisse pigebit Elisæ,
Dum memor ipse mei, dum spiritus hos reget artus.
Pro re pauca loquar. Nec ego hanc abscondere furto
Speravi, ne finge, fugam: nec conjugis umquam
Prætendi tædas, aut hæc in fœdera veni.
Me si fata meis paterentur ducere vitam
Auspiciis, & sponte mea componere curas;
Urbem Trojanam primum dulcesque meorum
Relliquias colerem, Priami tecta alta manerent,
Et recidiva manu posuissem Pergama victis.
Sed nunc Italiam magnam Grynæus Apollo,
Italiam Lyciæ jussere capessere sortes:

Hic

INTERPRETATIO.

deret in aula, qui te tantummodo vultu repræsentaret, equidem non plane viderer decepta aut derelicta. Sic loquuta fuerat. Ille jussu Jovis tenebat immotos oculos, & obstinatus coercebat curam in animo. Tandem reposuit hæc pauca: Ego, o regina, numquam negabo te meruisse de me multa quæ loquendo potes enumerare: nec me pœnitebit recordari Elisæ, quamdiu ipse recordabor mei, dum anima movebit ista membra. Dicam pauca pro statu rei. Nec ego speravi tegere silentio hanc fugam, ut fingis id tibi; sed etiam *numquam prætuli faces maritales, aut veni huc ad has nuptias. Si fata permisissent me transigere vitam mea voluntate, & constituere negotia meo arbitratu, primo venerarer Trojanam urbem & dulces reliquias meorum, & starent alta palatia Priami, & manu condidissem victis Pergama caduca. Sed jam Grynæus Apollo magnam Italiam, Lyciæ*

NOTÆ.

333. *Ego te, quæ, &c.*) Tres habet partes Æneæ responsio. CONFESSIONEM acceptorum beneficiorum, pro quibus gratum animum pollicetur: idque locum habet exordii. NEGATIONEM *furtivæ fugæ*: immo & conjugii, quod legitimum non fuit, & sine sollemnibus cæremoniis, supra v. 166. EXCUSATIONEM, 1. Quia primum ipsius consilium fuit Trojam instaurare in Phrygia: quo in statu rerum, conjux Didonis esse non poterat. 2. Quia Dii in Italiam ipsum etiam repugnantem miserunt; quod alterum fuit conjugii obstaculum. 3. Comparatione a pari; quia si Dido ipsa paruit, & eorum jussu Carthaginem deduxit, quidni ipse sequatur Deos in Italiam? 4. Quia cogitur iis obsequi, & paternæ umbræ, & ipsius Mercurii admonitio. 5. Quia tenetur Ascanio regnum parare, quo careret in Libya, ubi regnum ad suam ex Didone sobolem pertineret. Fatendum tamen orationem illam, si Deorum jussa excipias, esse subfrigidam.

341. *Meis Auspiciis.*) Mea voluntate atque sponte, meo arbitratu. Mos enim erat veterum, ut graviora nihil, nisi prius captatis auspiciis susciperent. Atque ita suis auspiciis rem gerere, est sua voluntate.

344. *Recidiva.*) Alii explicant *restituta*, & post excidium redeuntia: quomodo *recidivæ febres* dicuntur. Sed puto *recidivas febres* idcirco dici, quia iis nos *recidimus*; atque ita semper casum significare. Igitur *recidiva* simpliciter interpretor *caduca* sive *caducaria*. Quod si *recidiva* eorum iterationem notant, puto allusum ad geminam Trojæ expugnationem, primam ab Hercule, alteram a Græcis, Æn. 3. 476.

345. *Grynæus, &c.*) *Grynium*, in Æolide Asiæ minoris maritima regione, ad occidentem Lydiæ: ubi vetus oraculum & templum Apollinis sumptuosum. Sic Strabo l. 13. De eo, Ecl. 6. 72. *Lycia*, ejusdem Asiæ minoris regio ad meridiem, urbem habuit *Pataram*, ubi celebre etiam oraculum Apollinis, de quo supra v. 143. Hinc Apollo *Grynæus* & *Patareus* dictus est; & quamquam *Æneas* Phœbi monita de quærenda Italia, neque Grynii, neque Pataris acceperit, sed in insula Delo apud Anium regem Æn. 3. 97. & in Epiro apud Helenum regem Æn. 3. 381. per hæc tamen communia nomina *Grynæi* & *Lycii*, unus idemque Apollo, ejusque oraculum, non locus significatur. Sic in ipso Delio templo Apollinem nuncupat *Thymbræum*, cum Thymbra sit in Troade, Æn. 3. 85.

346. *Sortes.*) *Oracula*, quæ consulentibus modo prospera, modo adversa, prout *sors*, sive fatum ferebat.

Hic amor, hæc patria est. Si te Carthaginis arces
Phœnissam, Libycæque aspectus detinet urbis,
Quæ tandem Ausonia Teucros considere terra
Invidia est? Et nos fas extera quærere regna.
Me patris Anchisæ, quoties humentibus umbris
Nox operit terras, quoties astra ignea surgunt,
Admonet in somnis & turbida terret imago:
Me puer Ascanius, capitisque injuria chari,
Quem regno Hesperiæ fraudo & fatalibus arvis.
Nunc etiam interpres Divum, Jove missus ab ipso,
(Testor utrumque caput) celeres mandata per auras
Detulit: ipse Deum manifesto in lumine vidi
Intrantem muros, vocemque his auribus hausi.
Desine meque tuis incendere, teque querelis:
Italiam non sponte sequor.
Talia dicentem jamdudum aversa tuetur,
Huc illuc volvens oculos: totumque pererrat
Luminibus tacitis, & sic accensa profatur;
Nec tibi Diva parens, generis nec Dardanus auctor,
Perfide, sed duris genuit te cautibus horrens
Caucasus, Hyrcanæque admorunt ubera tigres.

Nam

INTERPRETATIO.

oracula Italiam imperaverunt me quærere: hic est amor, hæc patria. Si munimenta Carthaginis & visus Libycæ urbis retinet te Phœnissam, quæ demum est tibi invidia, quod *Trojani sedeant* in *Italica terra? licet nos quoque quærere regna externa. Umbra aspera Anchisæ sollicitat me in somnis, quoties nox tegit terras humidis tenebris, quoties lucida sidera oriuntur.* Sollicitat *me puer Ascanius, & injuria facta dilecto capiti ejus, quem privo regno Italiæ & terris fatalibus. Nunc etiam nuntius Deorum missus ab ipso Jove (attestor utrumque Deum) portavit ejus jussa per levem aerem: ipse vidi Deum in luce perspicua ingredientem muros, & excepi his auribus vocem ejus. Cessa commovere & me & te his questibus: non sponte peto Italiam. Talia loquentem* Dido *jamdiu infensa intuetur, agitans huc illuc oculos: & totum Æneam circumspicit oculis tacitis, & sic irata loquitur: Nec tibi mater est Dea, nec Dardanus auctor familiæ est, o perfide; sed* Caucasus *horribilis duris rupibus peperit te, & Hyrcanæ tigres præbuerunt*

NOTÆ.

348. *Phœnissam.*) Cum e Phœnicia oriunda sit, Æn. 1. 450. De *Libya*, supra v. 36. De *Ausonia*, Italia, Æn. 3. 171. De *Hesperia*, Italia, Æn. 1. 534. De *Italia Æneæ promissa*, Æn. 1. 270.

356. *Interpres Divum.*) Mercurius, qui Græce Ἑρμῆς dicitur, quasi ἑρμηνεὺς *interpres*.

360. *Incendere querelis.*) Sic Æn. 10. 895. *Clamore incendunt cœlum.* Et Æn. 11. 147. *Mœstam incendunt clamoribus urbem.*

362. *Aversa.*) Vel *oculis aversa*, id est, torvis ac retortis oculis intuens: vel *aversa animo*.

365. *Nec tibi Diva parens, &c.*) Erumpit Didonis furor in hanc supremam orationem, qua I. Negat ea quæ jactaverat v. 12. de divino Æneæ genere. II. Æneam incusat, quod nec gemitu, nec aspectu, nec fletu dignatus flentem & amantem fuerit. III. Deos incusat ipsam, quod hanc impune sinant abire. IV. In Æneam iterum, ut in ingratum invehitur commemoratione beneficiorum quisque. V. Ut in mendacem, qui oracula, Deorumque jussa fugæ prætexat: quod refutat, negando curam rerum mortalium Diis inesse. VI. Per correctionem, negat se velle mendacia illius refellere: tum addit concessionem delusoriam, & comminationem futuri naufragii, perpetuarumque post mortem inimicitiarum. Ubi notandum, eam ex animi perturbatione Deos modo iniquos dicere, modo rerum humanarum negligentes incusare, modo pios appellare, a quibus justam perfidiæ ultionem speret. VII. Denique sequitur ex furore deliquium.

365. *Dardanus.*) Auctor Trojanorum, Æn. 3. 167.

Nam quid dissimulo? aut quæ me ad majora reservo?
Num fletu ingemuit nostro? num lumina flexit?
Num lacrymas victus dedit? aut miseratus amantem est?
Quæ quibus anteferam? jam jam nec maxima Juno,
Nec Saturnius hæc oculis pater aspicit æquis.
Nusquam tuta fides. Ejectum litore, egentem
Excepi, & regni demens in parte locavi:
Amissam classem, socios a morte reduxi.
Heu! furiis incensa feror. Nunc augur Apollo,
Nunc Lyciæ sortes, nunc & Jove missus ab ipso
Interpres Divum fert horrida jussa per auras.
Scilicet is superis labor est, ea cura quietos
Sollicitat. Neque te teneo, neque dicta refello.
I, sequere Italiam ventis, pete regna per undas.
Spero equidem mediis, si quid pia numina possunt,
Supplicia hausurum scopulis, & nomine Dido
Sæpe vocaturum. Sequar atris ignibus absens:
Et, cum frigida mors anima seduxerit artus,

O-

INTERPRETATIO.

tibi abero. *Quid enim dissimulo? aut quæ graviora expecto? An gemuit ob fletum meum? an dimovit oculos? an emollitus fudit lacrymas, aut misertus est amantis? Quæ quibus præferam? nunc nunc neque maxima Juno, nec pater Saturnius videt hæc justis oculis. Nullibi certa est fides. Excepi Æneam expulsum e litore, egenum, & stulta constitui eum in parte regni; servavi naves amissas & socios a morte. Heu! rapior inflammata a furiis. Nunc Apollo vates, nunc oracula Lyciæ, nunc nuntius Deorum missus ab ipso Jove portat per aerem dira mandata. Quasi vero is esset labor Deorum, & ea cura vexaret eos tranquillos. Neque te retineo, neque refuto quæ dixisti. I, pete ventis Italiam, quære regna per mare. Equidem, si justi Dii possunt aliquid, spero te luiturum pœnas in mediis scopulis, & sæpe nomine appellaturum Didonem. Persequar te nigris ignibus licet absens: & postquam frigida mors separaverit corpus ab anima, adero umbra cunctis*

NOTÆ.

347. *Caucasus, Hyrcanæque, &c.*) *Caucasus*, mons Asiæ, præ cæteris altus & scopulosus, inter mare Euxinum & Caspium: *Hyrcania*, olim Parthiæ pars ad meridiem Caspii maris, nunc *Tabarestan*, sub ditione Persarum: regio pantheris ac tigribus infesta.

371. *Quæ quibus anteferam?*) Inter quæ omnia immanitatis signa, quænam aliis majora dicam?

Jam jam nec, &c.) Sed quid mirum, si est in me iniquus Æneas: cum ne Juno quidem Carthaginis & conjugii perinde tutrix, ne Jupiter quidem ipse Saturni filius & Junonis conjux, æquis oculis hæc in me ab illo commissa scelera aspiciant.

373. *Nusquam tuta fides.*) Nec apud homines, qui eam temere violant; nec apud Deos, qui eam impune violari sinunt.

380. *Neque dicta refello, &c.*) Sensus est. Oracula quidem & jussa illa a te ficta sunt: possem fraudem tuam exinde refellere: sed nec refello, nec te hic ultra detineo: *I, sequere Italiam*, &c.

383. *Supplicia hausurum.*) Pro *hausurum*: id est, fluctibus submergendum, suffocandum aquis, quibuscum mortem hauriat. *Dido.*) In accusativo Græco.

384. *Sequar atris ignibus absens.*) Instar furiæ tibi adhærebit amantis & derelictæ Didonis memoria.

386. *Anima, &c.*) Tribuuntur Ovidio quatuor hi versus:

Bis duo sunt homini; manes, caro, spiritus, umbra:
Quatuor ista, loci bis duo suscipiunt.
Terra tegit carnem, tumulum circumvolat umbra,
Orcus habet manes, spiritus astra petit.

Ex quibus erui potest in hujus loci sensus: *Cum mihi mors carnem a spiritu, corpus ab anima separaverit, umbra mea te semper insequetur, & finem supplicii tui sub terras persentiet ad manes meos.* Hæc fusius, Æn. 6. 743.

Omnibus umbra locis adero: dabis, improbe, pœnas:
Audiam, & hæc manes veniet mihi fama sub imos.
His medium dictis sermonem abrumpit, & auras
Ægra fugit: seque ex oculis avertit & aufert,
Linquens multa metu cunctantem & multa parantem
Dicere. Suscipiunt famulæ, collapsaque membra
Marmoreo referunt thalamo, stratisque reponunt.
At pius Æneas, quamquam lenire dolentem
Solando cupit, & dictis avertere curas,
Multa gemens, magnoque animum labefactus amore:
Jussa tamen Divum exequitur, classemque revisit.
Tum vero Teucri incumbunt, & litore celsas
Deducunt toto naves: natat uncta carina;
Frondentesque ferunt remos, & robora silvis
Infabricata, fugæ studio.
Migrantes cernas, totaque ex urbe ruentes.
Ac veluti ingentem formicæ farris acervum
Cum populant, hyemis memores, tectoque reponunt:
It nigrum campis agmen, prædamque per herbas
Convectant calle angusto: pars grandia trudunt
Obnixæ frumenta humeris: pars agmina cogunt,
Castigantque moras: opere omnis semita fervet.
Quis tibi tunc, Dido, cernenti talia sensus?

Quos-

INTERPRETATIO.

locis: solves mihi *pœnas, o improbe; audiam, & hæc fama* pœnarum tuarum *veniet ad me apud inferos profundos. His prolatis interrupit medium sermonem, & afflicta fugit lucem, & se abducit & aufert ex aspectu, relinquens* Æneam *metu tardantem* dicere *multa, & parantem dicere multa. Sustinent* eam *famulæ, & reportant in marmoreum cubiculum membra defecta, locantque* eam in *lecto. At pius Æneas, quamvis optet consolando placare mœrentem, & pellere curas sermonibus, multum gemens, & concussus animo propter amorem: tamen observat jussa Deorum, & repetit classem. Tunc autem Trojani incumbunt* operi, *& detrahunt altas naves e toto litore: natant unctæ naves; &* nautæ *portant remos virescentes, & ligna e silvis* adhuc *informia, desiderio fugiendi. Videas eos exeuntes, & erumpentes ex urbe tota. Et quemadmodum formicæ, quando depraedantur magnum cumulum frumenti, provida in hyemem, & se ponunt* in *latebris: nigra turba incedit* per *agros, & subvehunt prædam angusto tramite inter herbas: partim obnixæ humeris propellunt magna grana: partim colligunt turmas, & accelerant morantes: omnis semita fervet labore. Quis tunc sensus erat tibi, o Di-*

NOTÆ.

398. *Uncta carina.*) Pice aliaque pingui materia perlitæ naves, quarum trabs infima *carina* est.

399. *Frondentes remos.*) Non elaboratos aut siccos; sed adhuc recentes ex arbore, immo & frondibus vestitos: hyems enim tum desinebat in vere: quem tamen hyemem simpliciter vocat Dido, *Æneæ deterrendi causa*, v. 309. *Hiberno moliris sidere classem.* Ver autem optime congruit cum iis quæ dicentur Æn. 5. 46. *Robora.*) Duriora grandioraque ligna, ad malos conficiendos. De *robore*, quod aliquando pro specie glandiferæ arboris sumitur, sæpius pro duriore quovis ligno, Georg. 1. 162.

402. *Ac veluti.*) Trojanorum laborem cum formicarum sedulitate comparat. *Parvula nam exemplo est magni formica laboris*, inquit Horat. Sat. 1. 1. 33. Expressa est ista comparatio ex pseudo-Phocylide, quæ legitur apud Hortensium. *Far.*) Plur. *farra*, frumenti species est purissimi.

405. *Calle.*) Est semita, quæ e vi pedum inducitur.

407. *Semita.*) Angusta via, quasi *semi iter*.

Ca-

Quotve dabas gemitus? cum litora fervere late
Prospiceres arce ex summa, totumque videres
Misceri ante oculos tantis clamoribus æquor.
Improbe amor, quid non mortalia pectora cogis?
Ire iterum in lacrymas, iterum tentare precando
Cogitur, & supplex animos submittere amori:
Ne quid inexpertum, frustra moritura, relinquat.
Anna, vides toto properari litore circum:
Undique convenere: vocat jam carbasus auras:
Puppibus & læti nautæ imposuere coronas.
Hunc ego si potui [redacted]
Et perferre, soror, [redacted] unum
Exequere, Anna, mihi: solam nam perfidus ille
Te colere, arcanos etiam tibi credere sensus;
Sola viri molles aditus & tempora noras.
I, soror, atque hostem supplex affare superbum:
Non ego cum Danais Trojanam exscindere gentem
Aulide juravi, classemve ad Pergama misi:

Nec

INTERPRETATIO.

do, spectanti talia? aut quos emittebas gemitus? cum ex alta arce spectares litora undique æstuare, & aspiceres coram oculis totum mare turbari tantis clamoribus. Improbe amor, quid non cogis facere animos hominum? cogitur rursus descendere ad lacrymas, rursus oppugnare Æneam precando, & supplicando subjicere animum amori: ne omittat quicquam intentatum, antequam frustra moriatur. Anna, inquit, *cernis circum properari toto litore: undique collecti sunt: jam vela invitant ventos, & nautæ hilares addiderunt puppibus coronas. Ego si potuissem præsentire tantam calamitatem, possem etiam eam sustinere. Tamen, o Anna, fac istud solum mihi miseræ: nam perfidus ille solebat te solam revereri, etiam tibi committere secretos sensus; sola cognoscebas tempora & commodos aditus ad illum. I, soror, & supplex alloquere hostem ferocem. Non ego juravi cum Græcis in Aulide evertere Trojanam gentem, aut misi naves adversus Trojam: nec effo-*

NOTÆ.

Castigantque moras.) Accelerant, ac veluti increpant morantes.

409. *Litora fervere.*) Æstuare, agitari, Trojanis, aliis refertis esse. Utraque translatio petitur ab aquis, & aquis ferventibus, quæ dum ebulliunt, confertim ac tumultuose inter se miscentur inter se, multiplicantur, intumescunt.

416. *Anna, vides, &c.*) Dido jam Æneæ dirissima quæque comminata atque imprecata fuerat, v. 381. Nunc suadet Annæ ut eum supplex adeat pro se: more amantum, qui nunc minis, nunc precibus agunt, jam iratos, mox dejecti, nunquam sibi similes. Oratio tres habet partes. I. Exponit præsens profectionis periculum. II. Rogat Annam ut Æneam adeat: tum quia colitur ab Ænea, tum quia novit ipsa penetrare ejus animum. III. Docet rationes argumenta, quibus eum a profectione deterreat, eaque tria. 1. Quod nihil in eum hostile Dido commiserit. 2. Quod nondum commoda sit navigationi tempestas. 3. Quod non jam connubium, sed breve tantum tempus petat, ut dolori assuescat suo, ejusque absentiæ.

417. *Carbasus.*) Plur. *Carbasa*, lini genus, quo & vela, & vestes etiam fiunt: in Hispania inventus est circa Tarraconem, ex Plin. L. 19. 1.

418. *Coronas.*) Mos nautarum cum solverent, & appellerent, in signum lætitiæ. Georg. 1. 303. *Ceu pressæ cum jam portum tetigere carinæ, Puppibus & læti nautæ imposuere coronas.* Imponebant autem præcipue puppibus, quia in ea navis parte sacrarium erat.

419. *Hunc ego si potui, &c.*) *Si potuissem*: mutatio temporis, ut supra vers. 17. *Aut putas quam te viole?* id est, violem. Et sensus est: Quamvis non possim perferre, tamen hoc mihi solatium qualecumque exhibe, *I, soror, atque hostem affare, &c.*

426. *Aulide juravi.*) *Aulis*, Tanagræorum pagus est, in ora Bœotiæ, loco saxoso, ad euripum Euboicum appositus, non longe a Chalcide: portum habet duplicem; quo convenit Græcorum classis navium mille, ad Trojanam expeditionem proficiscens. Hic cum in illo Græcorum conventu Agamemnon rex Mycenarum cervam. Dianæ Aulidensi sacram, inter venandum occidisset, ventis adversis detenta classis fuit, donec admonitus a Calchante Agamemnon Iphigeniam filiam suam

Da-

Nec patris Anchisæ cineres manesve revelli.
Cur mea dicta negat duras demittere in aures?
Quo ruit? Extremum hoc miseræ det munus amanti;
Expectet facilemque fugam, ventosque ferentes.
Non jam conjugium antiquum, quod prodidit, oro;
Nec pulchro ut Latio careat, regnumque relinquat.
Tempus inane peto, requiem spatiumque furori,
Dum mea me victam doceat fortuna dolere.
Extremam hanc oro veniam: miserere sororis:
Quam mihi cum dederis, cumulatam morte remittam.
Talibus orabat, talesque miserrima fletus
Fertque refertque soror: sed nullis ille movetur
Fletibus, aut voces ullas tractabilis audit.
Fata obstant, placidasque viri Deus obstruit aures.
Ac veluti annoso validam cum robore quercum
Alpini Boreæ, nunc hinc, nunc flatibus illinc
Eruere inter se certant; it stridor, & altæ
Consternunt terram concusso stipite frondes:
Ipsa hæret scopulis: & quantum vertice ad auras
Ætherias, tantum radice in Tartara tendit.
Haud secus assiduis hinc atque hinc vocibus heros

Tun-

INTERPRETATIO.

di cineres & umbram patris Anchisæ. Cur abnuit excipere rigidis auribus meos sermones? Quo vadit? Concedat ultimum hoc munus miseræ amanti: expectet commodam fugam, & ventos opportunos. Non jam precor antiquum conjugium, quod violavit: nec ut abstineat pulchro Latio, & deserat regnum. Peto tempus leve, quietem & moram ad amorem extinguendum; donec sors mea me domitam assuefaciat huic dolori. *Hoc precor* ab illo *beneficium ultimum: miserere sororis: cum mihi hoc dederit, dimittam illum expletum* etiam *morte mea.*

Talibus verbis *precabatur, & soror miserrima fert ac refert* Æneæ *tales fletus: sed ille nullis fletibus movetur, & nulla verba audit exorabilis. Fata obstant, & Deus occludit Æneæ benignas aures. Et veluti quando Boreæ Alpini nunc hinc, nunc illinc conantur inter se evertere flatibus quercum validam antiquo robore; tunc stridor auditur, & trunco profunde commoto folia tegunt terram; ipsa* quercus *hæret cautibus, & tantum radice progreditur ad inferos, quantum cacumine in cælestem aerem. Non aliter heros verberatur hinc at-*

NOTÆ.

Dianæ immolaret, Æn. 2. 116. De *Danais*, Græcis, Æn. 1. 34. De *Pergamis*, arce Trojæ, Æn. 1. 470.

417. *Anchisæ cineres manesve.*) Grave crimen apud veteres, violare mortuorum sepulcra. De *manibus* supra, v. 387. De *Latio*, Italiæ parte, Æn. 1. 10.

435. *Veniam.*) Favorem ac beneficium. Æn. 1. 523.

Miserere sororis.) Extremum hoc ab illo beneficium peto: miserere igitur sororis, & fac ut illud obtineam.

436. *Quam mihi cum dederis, cumulatam morte remittam.*) Ita, collatis exemplaribus, hunc versum, totius operis difficillimum & maxime luxatum, emendo: & sensus est. *Hoc beneficium moræ paulo longioris, hanc gratiam extremam cum mihi contuleris, remittam illum, dimittam, sinam abire, & mortem meam quasi cumulum veniæ ejus adjiciam.* Estque hæc amantium locutio, qui perfidis amantibus mortem conferre morte sua existimant: qualis ille pastor Ecl. 8. 59. *Præceps aerii specula de montis in undas deferar: extremum hoc munus morientis habeto.* Habent alii codices: *Quam mihi cum dederis, cumulatam morte relinquam*, vel, *cumulata in morte relinquam*; nullo, vel obscuro sensu.

442. *Alpini Boreæ.*) De *Borea*, vento septentrionali, Ecl. 7. 51. Hic numero plurali, ut passim *Aquilones* & *Austri*. Dicuntur *Alpini*, quia flant a septentrione: ager autem Mantuanus, unde Virgilius erat, & magna pars Italiæ, Alpibus a septentrione & occidente cingitur. De *Alpibus* Ecl. 10. 47.

Tunditur, & magno persentit pectore curas:
Mens immota manet, lacrymæ volvuntur inanes.
Tum vero infelix fatis exterrita Dido
Mortem orat: tædet cœli convexa tueri.
Quo magis inceptum peragat, lucemque relinquat,
Vidit, thuricremis cum dona imponeret aris,
Horrendum dictu! latices nigrescere sacros,
Fusaque in obscœnum se vertere vina cruorem.
Hoc visum nulli, non ipsi effata sorori.
Præterea fuit in tectis de marmore templum
Conjugis antiqui, miro quod honore colebat,
Velleribus niveis & festa fronde revinctum.
Hinc exaudiri voces & verba vocantis
Visa viri, nox cum terras obscura teneret:
Solaque culminibus ferali carmine bubo
Sæpe queri, & longas in fletum ducere voces.
Multaque præterea vatum prædicta priorum
Terribili monitu horrificant. Agit ipse furentem
In somnis ferus Æneas: semperque relinqui
Sola sibi, semper longam incomitata videtur
Ire viam, & Tyrios deserta quærere terra.
Eumenidum veluti demens videt agmina Pentheus,

Et

INTERPRETATIO.

qua hinc continuis sermonibus, & magno animo sentit dolores; animus tamen perstat immutabilis, inutiles lacrymæ defluunt. Tunc autem misera Dido territa fatis rogat mortem: tædet eam aspicere concava cæli. Ut magis perficiat consilium, & abjiciat vitam, vidit, cum imponeret munera altaribus ubi *thus crematur, rem horribilem dictu, sacrum liquorem nigrescere, & vinum effusum mutare se in fœdum sanguinem. Nulli elocuta est* hoc *prodigium, ne ipsi* quidem *sorori. Præterea fuit in ædibus sacrarium primi mariti e marmore, quod venerabatur mirabili cultu, cinctum vittis albis & festivis foliis. Verba & voces mariti appellantis visa* sunt *hinc audiri, cum opaca nox obtegeret terras: & bubo solus* visus *est e tectis sæpe queri funesto cantu, & protrahere longas voces in* modum *fletus. Et præterea vaticinia veterum vatum terrent* eam *monitis horrendis. Ipse crudelis Æneas turbat furentem per somnia: &* ipsa sibi *videtur semper deseri sola, semper ire* per *longum iter incomitata, & quærere Carthaginenses* in *locis desertis. Quemadmodum Pentheus insaniens vi-*

NOTÆ.

451. *Convexa, &c.*) *Tædet cælum videre*, id est, *vivere*. *Convexa* dixit, id est, *concava*; concavam enim cæli superficiem duntaxat videmus, non convexam, Æn. 1. 314.

454. *Latices nigrescere, &c.*) *Per latices*, lac & aquam intelligit, quæ cum alba vulgo sint, novo prodigio nigrescebant; tum vina in cruorem vertebantur. Hæc enim offerebantur in sacrificiis, vina præsertim, ad libationem, de qua Æn. 1. 740.

457. *Templum.*) *Sacrarium*, locus in privata domo, ubi statuam servabat Sichæi, primi conjugis: ornatam frondibus, & velleribus niveis, lineque laneis, quæ *vittæ* dicebantur; ornamentum sacerdotum tantum, aræ & statuarum & victimarum, Ecl. 8. 64. Æn. 2. 133.

463. *Sola bubo.*) *Bubo*; vulgo masculini generis, hic feminini: idque notat Nonius Marcellus; idemque legit *sera*, non *sola*, utrumque apte, cum *sera* sub noctem canat, & loca *sola* plerumque incolat.

469. *Eumenidum veluti, &c.*) Furorem Didonis comparat cum furore Penthei & Orestis. *Pentheus*, Echionis filius, Cadmi nepos ex Agave filia, rex Thebarum in Bœotia; cum cives a Bacchi veneratione averteret, ipsumque Bacchum, ad se sub Acœtis forma adductum a famulis, carcere includi juberet; tum in Cithæronem, Bœotiæ montem, ad orgia disturbanda venisset, a matre & materteris orgia celebrantibus laceratus est.

Ita

Et solem geminum, & duplices se ostendere Thebas:
Aut Agamemnonius scenis agitatus Orestes,
Armatam facibus matrem & serpentibus atris
Cum fugit, ultricesque sedent in limine Diræ.
Ergo ubi concepit Furias evicta dolore,
Decrevitque mori: tempus secum ipsa modumque
Exigit, & mœstam dictis aggressa sororem,
Consilium vultu tegit, ac spem fronte serenat:
Inveni, germana, viam, gratare sorori,
Quæ mihi reddat eum, vel eo me solvat amantem.
Oceani finem juxta, Solemque cadentem,
Ultimus Æthiopum locus est: ubi maximus Atlas
Axem humero torquet stellis ardentibus aptum.

Hinc

INTERPRETATIO.

det turmas Furiarum, duosque Soles, & duas Thebas se offerre ipsi: *vel* quemadmodum *Agamemnonis* filius *Orestes*, tam sæpe *jactatus* in *theatris*: *quando fugit matrem armatam facibus & nigris anguibus*, & quando *Furiæ vindices stant ad januam*. *Igitur postquam* Dido *succumbens dolori suscepit* animo *furias*, & *statuit mori*: *secum ipsa meditatur tempus & modum*, & *compellans verbis tristem sororem*, *celat consilium sub vultu*, & *exhilarat frontem spe* simulata. *O soror*, inquit, *gratulare sorori*: *reperi artem*, *quæ restituet illum mihi*, *vel me amantem liberabit ab illo*. *Prope terminos Oceani & Solem occidentem*, *extrema est regio Æthiopum*: *ubi magnus Atlas vertit humeris cœlum*

NOTÆ.

Ita Ovid. Metam. 3. 700. Ita fere & Euripides in Bacchis; ubi ait Pentheum, antequam in montem abiret, furore immisso vexatum a Baccho fuisse v. 848. ipsumque inducit Pentheum ita loquentem v. 916. Καὶ μὴν ὁρᾶν μοι δύο μὲν ἡλίους δοκῶ, Δισσὰς δὲ Θήβας. *Et vero videre mihi duos quidem Soles videor, duplicesque Thebas*. Addit Virgilius etiam *agmina Eumenidum*, sive Furiarum, quæ tres tantummodo sunt. De quibus Georg. 1. 278.

471. *Orestes*.) Agamemnonis filius, propter occisam matrem Clytemnestram agitatus ab ejus umbra & Furiis, quæ semper ei cum facibus imminere videbantur, Delphos adiit ad consulendum Apollinem; a quo cum audisset se Athenis in templo Minervæ expiandum, Furiisque templi limen obsidentibus ne exiret, exiit tamen; & Athenas profectus, Minervæ judicio causam adversus Furias obtinuit. Hinc dixit Virgilius *in limine*. Ita fere Æschylus in Eumenidum Tragœdia: quæ de re cum alias ab Euripide aliisque poetis Tragœdiæ scriptæ sint, ideo dicitur *scenis agitatus Orestes*. Cætera de eo, Æn. 3. 331. De *Scenis*, parte theatri; Georg. 2. 381. & 3. 24. De *Diris*, Furiis, Æn. 3. 211. Georg. 1. 278. Georg. 3. 552.

480. *Oceani finem juxta, &c.*) *Hesperides* tres, *Ægle*, *Arethusa*, *Hesperethusa*: patrem habuerunt, vel Hesperum Atlantis fratrem: vel Atlantem ipsum, ex Hesperide. In hortos filiabus attribuit, ubi mala fuere aurea, eaque custodienda dedit pervigili draconi: inde Hercules, ab Eurystheo jussus, occiso dracone, mala diripuit. Pervigilem draconem addit Virgilius *sacerdotem* & *templum*, fortasse Veneris, cui mala dicata erant. Situs hortorum a Virgilio describitur juxta communiorem opinionem in Mauritania Tingitana, extrema Africæ parte ad occidentem, circa Linum oppidum: vel in continenti, juxta aliquos: vel in insula, juxta alios. Hic locus ad orientem habet *Massylos* sive *Massæsylos*; ad meridiem *Æthiopes* occidentales, & *Atlantem* montem, de quo v. 247. qui mons cum variis nominibus ad Ægyptum usque pertineat, & Africam universam dividat in septentrionalem & meridionalem; ideo veteres partes quidquid erat ultra gentium ad meridiem Atlantis, Æthiopum nomine comprehenderunt, dividebantque in orientales & occidentales. De *Æthiopia* proprie dicta diximus Ecl. 10. 68. Alii Hesperidum hortos collocant in parte Africæ plane opposita, nempe ad orientem in orientali ora Syrtis majoris: quorum errorem refellit Salmasius ad Solinum. *Mala* porro hortorum, alii *oves* pretiosissimi velleris ajunt fuisse; quæ ut & *mala*, Græcè dicuntur μῆλα; alii *mala* illa existimant, quæ vel *citrea* vel *aurantia* appellamus, inde ab Hercule exportata in Græciam. *Hortos* vero putant insulas easdem *fortunatas*, nunc *Canarias*, olim Linum quidem, sed Atlanti proximas, & a littore non admodum dissitas. Alii volunt eas esse, quæ ab antiquis *Hesperides* & *Gorgades* appellatæ sunt, nunc *Isola di Capo verde*: sed illæ multo ad meridiem accedunt magis, & ab Atlante recedunt ad ostia Nigri fluvii, a quibus leucis totis centum & quinquaginta distantes sunt. *Draconem* denique existimant flexuosum alicujus fluvium fuisse, quo horti a continente dividebantur.

482. *Stellis ardentibus aptum*.) Hæc locutio ter reperitur in Ennii fragmentis, unde Virgilius eam hausit. *Aptum* autem hic, *firmum* & *connexum* est a Græco ἅπτω *ligo*; Ecl. 7. 23. Sic Lucret.

Hinc mihi Massylæ gentis monstrata sacerdos,
Hesperidum templi custos, epulasque draconi
Quæ dabat, & sacros servabat in arbore ramos,
Spargens humida mella, soporiferumque papaver.
Hæc se carminibus promittit solvere mentes
Quas velit; ast aliis duras immittere curas,
Sistere aquam fluviis, & vertere sidera retro:
Nocturnosque ciet manes. Mugire videbis
Sub pedibus terram, & descendere montibus ornos.
Testor, chara, Deos, & te, germana, tuumque
Dulce caput, magicas invitam accingier artes.
Tu secreta pyram tecto interiore sub auras
Erige: & arma viri, thalamo quæ fixa reliquit
Impius, exuviasque omnes, lectumque jugalem,
Quo perii, superimponas. Abolere nefandi
Cuncta viri monumenta jubet monstratque sacerdos.

Hæc

INTERPRETATIO.

consitum astris fulgentibus. Inde oriunda *ostensa est mihi saga Massyla nationis, custos templi Hesperidum: & quæ præbebat cibum draconi, & servabat sacros ramos in arbore, fundens liquida mella & somniferum papaver. Hæc pollicetur se carminibus resolvere animos, quos velit; aliis vero injicere tristes curas, retinere aquam* in *fluviis, & retro agere sidera; & evocat infernas umbras. Videbis terram reboare sub pedibus, & ornos delabi e montibus. O dilecta soror, attestor Deos, & te, tuumque jucundum caput, me coactam præparari ad magicas artes. Tu tacita, sub aere,* in *interiore domo, exstrue rogum: & superpone arma Æneæ, quæ sceleratus reliquit suspensa* in *cubiculo, & omnes vestes, & lectum conjugalem* in *quo perii. Placet delere omnes reliquias pessimi homi-*

NOTÆ.

erat. l. 5. 518. *Ex integro ævo conjunctam atque* [illegible] *aptam.* Et v. 3007. *Stellisque micantibus æthera fixum:* id est, in *quo stellæ micantes fixæ sunt.* Ita: *Stellis ardentibus aptum,* id est, *in quo stellæ ardentes aptæ & junctæ sunt.*

486. *Soporiferumque papaver.*) Si pervigil esse debuit draco, quomodo soporifero papavere sacerdos eum alebat? Hic multa interpretes. Ego hæc duo. I. Non significat poeta sopitum draconem a sacerdote, sed nutritum cibis delicatissimis. Erat autem in deliciis mensarum secundarum apud veteres massa quædam dulciaria, tosto semine papaveris & melle condita: ex Plin. l. 19. 8. ubi quæ apud eos fere [illegible] erat, quod non esset sparsum etiam papavere. II. Forte vult illius sagæ potentiam extollere, quæ artem etiam haberet sopiendi pervigilis draconis: ut Medea apud Ovid. Met. 7. 150. De *manibus*, animis mortuorum, Georg. 4. 469. De *ornis*, fraxinis silvestribus, Ecl. 6. 71.

493. *Accingier artes.*) Pro *accingi ad artes:* suppressa præpositione, & voce trisyllaba in quadrisyllabam prolata, more Græcorum, qui infinitivis attexunt syllabas. *Accingi*, pro *parari:* morem eorum innuit, qui fluentem vestem colligunt & cingunt, ut sint ad opus expeditiores. Cur autem opus erat hoc apparatu? nonne ubi rogum construere poterat Dido clam sorore? Poterat ea [illegible]. Sed aperte etiam poterat, apparatus illius insolentia Æneam fore commovendum. Et pompam illam ex arte adhibuit Virgilius, ut historiæ aliquomodo serviret, quæ Didonem erecto rogo sibi vitam ademisse testatur, licet [illegible] ob causam, supra v. 36.

494. *Pyram.*) Struem lignorum ad comburenda cadavera. *Rogus* dicitur, antequam ardeat; vel a [illegible] *struere*, ex Marcilio; vel potius a *rogandis* Diis, qui cadavere imposito rogabantur, ex Perotto. *Pyra* dicitur, cum jam ardere cœpit a πῦρ, *ignis*. *Bustum*, cum ardere desiit, vel quasi bene ustum ex Festo; vel potius, ex Vossio, ab antiquo *buro*, unde *comburo*, quod est a Græco πῦρ.

Tecto interiore sub auras.) Non quidem sub *tecto*, quod inde arceret, sed in interiore regiæ recessu, aperto loco, *sub auras*. *Tectum* igitur hic pro domo sumitur, pars pro toto.

495. *Arma, thalamo, &c.*) Et infra v. 507. *ensem relictum*. Itaque immerito culpant aliqui Virgilium, quod ensis ab Ænea Didoni, a viro mulieri dono datus sit. At non ait *datum*, sed eum *relictum* in cubiculo. Nec obstat, quod eum *munus* appellet, vers. 647. Sic enim ait: *non hos quæsitum munus in usus*, id est, *non hoc in usus quæsitum & comparatum ab Ænea; cui, muneris loco, datus ab aliquo alio fuerat.*

496. *Exuvias.*) Spolia, vestes, ab *exuo*.

Hæc effata silet: pallor simul occupat ora.
Non tamen Anna novis prætexere funera sacris
Germanam credit, nec tantos mente furores
Concipit, aut graviora timet, quam morte Sichæi.
Ergo jussa parat.
At Regina pyra, penetrali in sede, sub auras
Erecta ingenti, tædis atque ilice secta,
Intenditque locum sertis, & fronde coronat
Funerea: super exuvias, ensemque relictum,
Effigiemque toro locat, haud ignara futuri.
Stant aræ circum; & crines effusa sacerdos
Tercentum tonat ore Deos, Erebumque, Chaosque,
Tergeminamque Hecaten, tria virginis ora Dianæ.
Sparserat & latices simulatos fontis Averni.
Falcibus & messæ ad Lunam quæruntur ahenis

Pu-

INTERPRETATIO.

nis, & ita docet *saga*. *Hæc locuta tacet*; *simul pallor invadit vultum*. *Tamen Anna non putat sororem celare mortem suam sub* illis *novis cæremoniis*, *nec suspicatur animo tantam rabiem*, *aut timet atrociùs* quicquam, *quam* in *nece Sichæi*. *Igitur præparat*, quæ *mandata* fuerant. *Sed Regina extructo rogo*, *e tædis & ilicibus sectis*, *sub aëre*, *in interiore domo*, *cingitque locum sertis*, & *coronat funebribus foliis*: *superponit lecto vestes*, & *ensem relictum*, & *imaginem Æneæ*, *non inscia futuri casus*. *Altaria stant circum*, & *saga soluta crinibus tonat ore trecentos Deos*, & *Erebum*, & *Chaos*, & *Hecaten triplicem*, *tria capita virginis Dianæ*. *Effuderat quoque fictas aquas lacus Averni*. *Et conquiruntur lanuginosæ herbæ*, *succisæ falcibus*

NOTÆ.

505. *Tædis atque ilice*.) *Tæda*, arbor pinguis e picearum genere, ex qua faces fiebant, quæ ideo *tædæ* vocabantur: *Ilex*, arbor glandifera e quercuum genere, Ital. *leccio*.

506. *Intenditque locum sertis*, &c.) Vel pyram, vel parietes loci ubi stabat pyra. *Funerea fronde*, verbena ex funeralis arboribus, cupresso, taxo, &c. De *verbenis*, Ecl. 8. 65.

508. *Effigiemque toro* &c.) Ad amoris affectum, ut ne in morte quidem ab Ænea separaretur; in speciem tamen, ad magica sacra; quibus adhibebantur effigies eorum, in quos illa parabantur, præsertim cereæ, Ecl. 8. 75. De *toro*, lecto, Æn. 3. 224.

509. *Sacerdos*.) Massyla, de qua v. 483. De *crinium in sacris effusione*, Æn. 3. 370.

510. *Tercentum tonat ore Deos*.) Vel juxta Hortensium, tonat *tercentum Deos*, id est, *innumeros*: certo numero, pro incerto. Vel juxta Servium, *Ter tonat centum Deos*, id est centum numina Hecates, quæ sic dicta ab ἑκατὸν *centum*, quia centum varias habere dicebatur potestates, & centum victimis placabatur, & centenarius numerus ipsi sacer erat.

Erebum.) Vel Deus est inferorum ex Chao & Caligine prognatus, paterque Noctis, juxta Hyginum: vel profundissima inferorum sedes, ab ἔρεβος *tego*.

Chaos.) Vel antiquissimus Deorum est, unde cæteri propagati, juxta Hesiodum in Theog. v. 116. Vel prima rerum omnium & confusa moles, unde omnia educta est. Georg. 4. 347.

511. *Tergeminam Hecaten*, &c.) Sororem Apollinis, triplici nomine: quippe *Luna* in cælo, *Diana* in terra, *Proserpina* in inferis appellabatur. At præterea *Hecate*. Ergo nominis quadruplici, non triplici. Immo *Hecate* nomen non fuit, sed cognomen, de quo proxime diximus. Eadem quoque tribus capitibus pingebatur, dextro equino; sinistro canino; medio, vel humano, vel suillo; variant enim auctores. Tum colebatur in triviis. *Virgo* dicitur, quia virginitatis amans, ideoque silvestres mores & venatum coluit. Igitur poëta per *Hecaten* & *Dianam*, idem dixit, diverse tamen expressit.

512. *Simulatos fontis Averni*.) *Lacus* proprie, non *fontis*, in Campania Italiæ, per quem descensus esse dicitur ad inferos, Georg. 2. 161. Cujus aquæ ad magica sacra celebres dicuntur apud Latinos: an item apud Barbaros & Græcos, non perinde liquet. Fortasse *Averni* generatim dicuntur lacus omnes, quorum halitus putris & gravior avibus infestus est: inde enim *Avernus* nomen habuit, quasi ἄορνος ab α privativo, & ὄρνις *avis*, Æn. 6. 237. Conjecturam firmat Lucret. l. 6. 738. *Nunc age*, *Averna tibi quæ sint loca cumque*, *lacusque*. Aquam autem ejusmodi a magis ubique expetitam, quippe fœdam & gravéolentem, verisimile est. Addit *simulatos*, quia communem aquam hoc nomine Dido appellabat, ad fallendam sororem.

513. *Falcibus* &, &c.) *Ad Lunam*, quia putabatur in herbas despumare, & inservire rebus magicis; quippe eadem atque Hecate, Ecl. 8. 69.

Pa-

Pubentes herbæ, nigri cum lacte veneni.
Quæritur & nascentis equi de fronte revulsus
Et matri præreptus amor.
Ipsa mola manibusque piis, altaria juxta,
Unum exuta pedem vinclis, in veste recincta,
Testatur moritura Deos, & conscia fati
Sidera: tum, si quod non æquo fœdere amantes
Curæ numen habet justumque memorque, precatur.
Nox erat, & placidum carpebant fessa soporem
Corpora per terras, silvæque & sæva quierant
Æquora: cum medio volvuntur sidera lapsu:
Cum tacet omnis ager; pecudes, pictæque volucres,
Quæque lacus late liquidos, quæque aspera dumis
Rura tenent, somno positæ sub nocte silenti
Lenibant curas, & corda oblita laborum.

INTERPRETATIO.

æreis ad Lunam, cum succo nigri veneni. Conquiritur *etiam* Hippomanes, *amor equæ subductus, & avulsus e fronte pulli nascentis.* Ipsa Dido *moritura, exuta calceamentis* circa *unum pedem, in veste succincta, prope altaria, testatur mola & manibus piis Deos, & ad suum fatum concurrentia sidera: præterea, si aliquis Deus æquus & memor curam gerit amantum non æquali nexu junctorum, hunc implorat. Nox erat, & corpora fatigata somnum carpebant in terris, silvæque & aspera maria quieverant: quando astra vertuntur in medio cursu: quando omnis campus silet; bestiæ, & versicolores aves, & quæ incolunt late lacus liquidos, & quæ agros rubis horridos, jacentes sub nocte tacita mulcebant somno curas & corda oblita labo-*

NOTÆ.

Pubentes herbæ, vel villosæ & lanuginosæ, vel grandiores & adultæ, quibus vis lenti major; non teneræ. *Ahenis falcibus*, id est æreis, quia id æs in arte magica adhibebatur. Ovid. Met. 7. 228. de Medea: *Partim succidit curvamine falcis ahenæ.*

514. *Nigri lacte veneni.*) Vel *lac* dixit, pro quolibet succo: *nigrum venenum*, pro infausto, diro, ut Georg. 1. 129. *Membris agit atra venena.* Vel, *lac nigri veneni*, pro succo nigri coloris.

515. *Nascentis equi, &c.*) Plin. l. 8. 42. *Equis amoris veneficium, hippomanes appellatum, in fronte, carica magnitudine, colore nigro, quod statim edito partu devorat fœta, aut partum ad ubera non admittit, si quis præreptum habeat.* Eadem fere Aristoteles & Ælianus. Ideo Hippomanes matris amor dicitur, quia primo expetitur ab equa, eique pullum charum reddit. Nomen ab ἵππος equus, & μανία furor. Hoc autem hippomanes quæri jubet Dido, ut omnes personaret, sacra illa, ad conciliandum Æneam, non ad mortem sibi quærendam institui.

517. *Ipsa mola manibusque, &c.*) Ipsa Dido, mola salsa, Deos attestatur: *spargens molam*, sive placentam salsam super aras, eamque manibus mundis. De mola, ejusque spargendæ consuetudine, Æn. 2. 133. De tenendis aris inter supplicandum, supra v. 219.

518. *Unum exuta ped. m vinclis, &c.*) Sagarum habitus. Talis Medea apud Ovid. Met. 7. 182. *Egreditur tectis, vestes induta recinctas, Nuda pedem, nudis humeris infusa capillos.* Sinistrum pedem fuisse existimat Cerdanus. *Vincla* explicat Pontanus, *calceamenta*, ex Tibul. 1. 6. 37. *Vinclaque de niveo detrahet ipsa pede.*

In veste recincta.) Explicant omnes, *discinctam, solutam, ac fluentem vestem*, quia, inquit Nascimbænus, nihil in sacrificiis non solutum esse oportebat. Ego *succinctam & collectam*, ut pes nudus appareret, & commodior esset ad circuitionem habitus. Et vero tres poetarum principes reperio hæc tria in magicum habitu descripsisse, nudos pedes, effusos capillos, & vestem recinctam. Virgilium quidem hoc loco de Didone. Ovid. M. 7. 182. de Medea: *Egreditur tectis, vestes induta recinctas, Nuda pedem, nudis humeris infusa capillos.* Horat. S. l. 1. 8. 23. de Canidia: *Vidi egomet nigra succinctam vadere palla Canidiam, pedibus nudis, passoque capillo.* Tutius igitur puto Virgilii & Ovidii interpretem adhibere Horatium, & *recinctam* explicare *succinctam, accinctam*, præsertim cum antea vers. 493. Dido dixerit: *Magicas invitam accingier artes*, & in plerisque aliis verbis *re*, non negat, sed auget, ut in *recido, recepio*; in plerisque utramque vim habeat, ut in *recludo*, & *resigno*, quæ significant incapsulationem & dissolvere & ligare; ut erit in *recingo* utraque vis.

520. *Non æquo fœdere amantes.*) Amantes, non æquali affectu, non pari fide conjunctos: quales erant Dido & Æneas; illa multum, hic leviter amans.

At non infelix animi Phœnissa, neque umquam
Solvitur in somnos, oculisve aut pectore noctem
Accipit: ingeminant curæ, rursusque resurgens
Sævit amor, magnoque irarum fluctuat æstu.
Sic adeo insistit, secumque ita corde volutat:
En quid ago? rursusne procos irrisa priores
Experiar? Nomadumque petam connubia supplex,
Quos ego sum toties jam dedignata maritos?
Iliacas igitur classes atque ultima Teucrum
Jussa sequar? quiane auxilio juvat ante levatos,
Et bene apud memores veteris stat gratia facti?
Quis me autem, fac velle, sinet? ratibusque superbis
Irrisam accipiet? nescis heu, perdita, necdum
Laomedonteæ sentis perjuria gentis?
Quid tum? sola fuga nautas comitabor ovantes?
An Tyriis, omnique manu stipata meorum
Insequar? & quos Sidonia vix urbe revelli,
Rursus agam pelago, & ventis dare vela jubebo?
Quin morere, ut merita es, ferroque averte dolorem.
Tu lacrymis evicta meis, tu prima furentem
His, germana, malis oneras, atque objicis hosti.
Non licuit thalami expertem sine crimine vitam

De-

INTERPRETATIO.

rum. *Non vero mulcebat curas Phœnissa animo misera, nec umquam resolvitur in somnum, aut oculis, aut pectore noctem admittit; augescunt curæ, & iterum renascens amor furit, & agitatur magno motu irarum. Sic adeo instat sibi, & sic apud se cogitat: Quid nunc faciam? an vicissim contemnenda tentabo primos amatores, & supplex flagitabo nuptias Numidarum, quos ego jam toties dedignata sum accipere conjuges? An ergo sequar naves Trojanas, & suprema imperia Trojanorum? an quia mihi prodesse eos prius a me recreatos esse subsidio, & quia gratia illius antiqui facti manet adhuc in bene gratis eorum animis? Fac autem me velle eos sequi, quis eorum mihi permittet? & navibus admittet irrisam? Heu! nescisne, misera, necdum sentis perjuria Trojanæ gentis? Quid tum si hoc accidat? an sola fugiendo sequar nautas eorum triumphantes? an cincta Carthaginiensibus, & omni turba meorum persequar eos? & iterum traham in mare, & jubebo committere vela ventis eos, quos difficile extraxi ex urbe Tyro, Sidonia vicina? Morere potius, ut digna es, & expelle ense dolorem. Tu, o soror, commota meis lacrymis, tu prima oppressisti amantem his miseriis, & exponis me hosti. Nonne fas erat ducere vitam immunem nuptia-*

NOTÆ.

529. *Phœnissa.*) Hic *Phœnix*, hæc *Phœnissa*: oriunda e Phœnicia, Æn. 1. 450.

Infelix animi.) Græca locutio, ut Georg. 4. 491. *Victusque animi.* Georg. 3. 498. *Infelix studiorum*, &c.

534. *En quid ago?* &c.) Deliberat modo Dido, quid factura sit. Quinque sibi proponit consilia. I. Procos priores adire precibus, ut per eos lusum amorem ulciscatur. II. Trojanorum navibus, & fidei se committere. III. Solam Trojanos fugientes sequi. IV. Eos totius regni sui viribus persequi. V. Rebellis his omnibus, mori. Denique miseriarum causam in sororem refert; cujus blanditiis inductus est, ut datam Sichæo fallerat fidem. De *Nomadibus*, vel Numidis, supra, v. 41.

538. *Quiane.*) An quia? Et ironia est, hoc sensu: *An quia jam nihil prodest mihi, quod eos olim juverim; ideo eorum naves sequar, eorum imperio me subjiciam!* De gente *Laomedontea*, ejusque perjuriis, Georg. 1. 502.

Degere more feræ, tales nec tangere curas?
Non servata fides cineri promissa Sichæo.
Tantos illa suo rumpebat pectore questus.
Æneas celsa in puppi, jam certus eundi,
Carpebat somnos, rebus jam rite paratis.
Huic se forma Dei vultu redeuntis eodem
Obtulit in somnis, rursusque ita visa monere est,
Omnia Mercurio similis, vocemque, coloremque,
Et crines flavos, & membra decora juventæ:
Nate Dea, potes hoc sub casu ducere somnos?
Nec, quæ circumstent te deinde pericula, cernis?
Demens! nec zephyros audis spirare secundos?
Illa dolos dirumque nefas in pectore versat,
Certa mori, varioque irarum fluctuat æstu.
Non fugis hinc præceps, dum præcipitare potestas?
Jam mare turbari trabibus, sævasque videbis
Collucere faces; jam fervere litora flammis:
Si te his attigerit terris Aurora morantem.
Eja age, rumpe moras: varium & mutabile semper
Fœmina. Sic fatus nocti se immiscuit atræ.
Tum vero Æneas, subitis exterritus umbris,
Corripit e somno corpus, sociosque fatigat:

Præ-

INTERPRETATIO.

rum, in modum feræ, nec tangi talibus curis? Non est servata a me fides jurata cineribus Sichæi. Illa emittebat e pectore tantas querelas. Æneas jam certus abeundi capiebat somnum in alta puppe, jam bene præparatis rebus. Species Dei redeuntis sub eadem figura obtulit se illi per somnum, & iterum visa est ita increpare illum, similis Mercurio per omnia, & vocem, & colorem, & flavos capillos, & membra pulchra juventutis. Fili Veneris, inquit, potesne capere somnum in hoc casu? nec vides pericula, quæ mox te circumstabunt? nec audis ventos propitios flare? Illa Dido, certa moriendi, meditatur animo fraudes, & sævum crimen, & agitatur variis motibus irarum. Nec fugis hinc festinans, quamdiu potestas est festinandi? Mox videbis mare agitari remis, & splendere funestis facibus; mox litora accendi flammis: si Aurora invenerit te tardantem in his regionibus. Age ergo, amputa moras; mulier res est semper varia & mutabilis. Ita locutus confudit se cum nigris tenebris. Tunc autem Æneas territus subito simulacro, eripit corpus somno, & in-

NOTÆ.

551. *More feræ, &c.*) Id est solitariam vitam degere, & minime sociabilem, & quasi feram. Feruntur enim nonnulli ad lynces transpositi animalia, quæ sunt amissa conjuge nunquam deinceps alteri sociari. *Tangere curas.*) Dictum, pro *tangi curis*, ut Æn. 2. 13. *volvere casus*, pro *volvi casibus*.

552. *Cineri Sichæo.*) Adjective pro *Sichæo*: nisi legatur, ut in antiquis plerisque cod. *Sichæi*.

560. *Nate Dea.*) Secunda Mercurii ad Æneam legatio, qua suadet, ut etiam nocte fugiat. Duplici ratione utitur. I. Petitur ab imminentibus periculis. II. A commoda tempestate. Periculum deinde exponit, in eo positum, quod nunc quidem Dido statuerit mori; sed cum sit *varium ac mutabile femina*, fieri posse, ut nolit invita mori, & postera die fugientem armata classe persequatur.

562. *Zephyros.*) Commodum quemlibet ventum: nam ex Africa in Italiam solventibus Austro meridionali, non Zephyro occidentali opus est. Ecl. 5. 5.

566. *Jam mare turbari trabibus.*) Carthaginiensium navibus, a Didone immittendis. Sic Æn. 3. 191. *Cava trabe currimus æquor.* De *Aurora* Georg. 1. 249.

Præcipites vigilate viri, & considite transtris:
Solvite vela citi: Deus æthere missus ab alto
Festinare fugam tortosque incidere funes
Ecce iterum stimulat. Sequimur te, sancte Deorum,
Quisquis es, imperioque iterum paremus ovantes.
Adsis o, placidusque juves, & sidera cœlo
Dextra feras. Dixit: vaginaque eripit ensem
Fulmineum, strictoque ferit retinacula ferro.
Idem omnes simul ardor habet: rapiuntque, ruuntque;
Litora deseruere: latet sub classibus æquor:
Adnixi torquent spumas, & cærula verrunt.
Et jam prima novo spargebat lumine terras
Tithoni croceum linquens Aurora cubile:
Regina e speculis ut primum albescere lucem
Vidit, & æquatis classem procedere velis,
Litoraque & vacuos sensit sine remige portus;
Terque quaterque manu pectus percussa decorum,
Flaventesque abscissa comas: Proh Jupiter! ibit
Hic, ait, & nostris illuserit advena regnis!

Non

INTERPRETATIO.

excitat socios: Expergiscimini celeriter, o socii, & sedete in scamnis: explicate vela cito: ecce Deus missus ex alto cælo rursus hortatur celerare fugam, & secare tortos funes. Sequimur te, o sancte Deus, quicumque es, & rursus læti obtemperamus mandatis. Adsis o, & nos benignus adjuves, & reddas e cælo sidera propitia. Dixit: & eripit e vagina gladium coruscantem, & stricta acie secat funes. Idem ardor occupat simul omnes; & rapiunt, & ruunt: reliquerunt litora; mare tegitur sub navibus; adnixi convolvunt fluctus spumosos, & trajiciunt cærulea spatia. Et jam prima Aurora, deserens croceum lectum Tithoni, illustrabat terras nova luce. Statim atque Regina vidit e specula diem albescere, & classem progredi velis paribus; & animadvertit litora & portus vacuos absque remigibus: percutiens ter & quater manu pulchrum pectus, & evellens flavos capillos: Proh Jupiter! inquit, abibit ille ad-

NOTÆ.

573. *Transtris.*) Scamnis nauticis, ubi remiges sedent.

576. *Sancte Deorum, quisquis es.*) Sumpsit ex Ennio: *Respondit Juno Saturnia, sancta Dearum*, qui forte ex Græcis, apud quos illa dicitur δῖα θεάων. Alii sic interpungunt: *Sequimur te, sancte, Deorum quisquis es.*

577. *Quisquis es.*) Non enim videtur iterum venisse Mercurius armatus caduceo & talaribus ut vers. 239. sed colore tantum & voce similis vers. 559.

Ovantes.) Læti, Æn. 3. 189.

579. *Dextra sidera.*) Propitia. De hac vocis hujus, & aliis etiam *læva* etiam prospera est, Ecl. 1. 16.

585. *Tithoni croceum, &c.*) Tithonus Laomedontis Trojani regis filius, ex Strymone: ob formam raptus ab Aurora, ab eadem immortalitatem obtinuit; sed oblitus perpetuam juventam etiam petere, cum demum consenuisset, tædio affectus mortalitatem petiit; quæ redditæ cum non posset, in cicadam ab Aurora mutatus est. De Aurora, Georg. 1. 447. Croceus color, qui proprius est croci floris, Ital. *gafferano*.

586. *E speculis.*) Locis editioribus: unde speculari procul poterat elementa: insomnis enim tota nocte, ex ut Dido amoris impatientia continuerat.

590. *Proh Jupiter, &c.*) Erumpit in hanc orationem Reginæ furor. *Imprecatoria* est, habetque partes septem. I. Exclamationem abruptam, qua Jovem appellat, quasi violati hospitii vindicem, quemadmodum eum in excipiendo primum hospite appellaverat, Æn. 1. 735. II. Jussa aspera & concitata, quibus Carthaginienses in fugaces Trojanos commovet. III. Correctionem amentiæ suæ, quæ ab absentibus multa imperare cogitaverit: tum enim sola loquebatur e specula. IV. Exprobrationem falsæ Æneæ pietatis in Deos, in patrem. V. Dolorem amissæ ultionis, quam in Æneam, ejusque filium, & comites, exercere potuisset. VI. Obtestationem Deorum, tum superorum, tum inferorum, ut sibi adesse ultores velint. VII. Diram imprecationem, tum in Æneam, quam in ejus posteros; quæ æterna Carthaginiensibus & Italis inter se odia portendit.

Non arma expedient, totaque ex urbe sequentur,
Diripientque rates alii navalibus? Ite,
Ferte citi flammas, date vela, impellite remos.
Quid loquor? aut ubi sum? quæ mentem insania mutat?
Infelix Dido! nunc te fata impia tangunt.
Tum decuit, cum sceptra dabas. En dextra fidesque!
Quem secum patrios ajunt portare Penates,
Quem subiisse humeris confectum ætate parentem.
Non potui abreptum divellere corpus, & undis
Spargere? non socios, non ipsum absumere ferro
Ascanium, patriisque epulandum apponere mensis?
Verum anceps pugnæ fuerat fortuna! fuisset.
Quem metui moritura? faces in castra tulissem:
Implessemque foros flammis: natumque, patremque
Cum genere exstinxem: memet super ipsa dedissem.
Sol, qui terrarum flammis opera omnia lustras,
Tuque harum interpres curarum, & conscia Juno,
Nocturnisque Hecate triviis ululata per urbes,
Et Diræ ultrices, & Dii morientis Elisæ:

Ac-

INTERPRETATIO.

vena, & illuserit nostro regno? Cives non educent arma, nec eum insequentur ex urbe tota, nec alii extrahent naves e stationibus? Ite celeres, injicite faces, committite vela, agitate remos. Quid dico, aut ubi sum? quæ amentia turbat mentem? misera Dido, nunc fata crudelia te urgent. Tunc decebat hæc facere, *cum tradebas sceptra tua Æneæ. En dextra, & data fides:* en ille, *quem dicunt ferre secum patrios Penates, quem sustentasse humeris patrem annis effœtum. Nonne potui lacerare correptum corpus & spargere in aquas? nonne occidere gladio socios, nonne ipsum Ascanium, & afferre eum in mensa patris comedendum? At dubius fuisset exitus* illius *pugnæ! fuisset. Quem timebam ego moritura? immisissem faces in castra: & implevissem ignibus naves: exstinxissem patrem & filium cum gente: ipsa me præcipitassem super* illos. *Sol, qui luce circumspicis omnia terrarum opera: tuque Juno, conciliatrix & particeps nuptialium negotiorum: & tu Hecate inclamata per urbes in triviis nocturnis; & Furiæ vindices,*

NOTÆ.

595. *Quæ mentem insania mutat?*) Olim quippe servabas Æneam ejusque naves a Pœnorum furore Æn. 1. 366. nunc eris in illum immitis? Olim sceptra dabas Æneæ, nunc ejus vitam petis?

596. *Nunc te fata impia tangunt.*) Nunc instant tibi fata ultima, dura sors, suprema dies: & jam tibi mentem & consilium, mox vitam quoque eripient.

597. *Tum decuit, cum, &c.*) Decuit hæc, quæ nunc jubes, tum jubere, & Trojanos habere hostiliter, cum eos hospitio, eorum ducem in regni partem accepisti, cum ei sceptra tua, itaque adeo tradidisti.

598. *Penates.*) De *Penatibus*, quos Trojano incendio Æneas eripuerat, deque *Anchisa* sublato in humeros, Æn. 2. v. 717. & sequentibus.

600. *Abreptum divellere corpus.*) Quemadmodum Bacchæ Orpheum, & Pentheum discerpserunt, Georg. 4. 520. & supra v. 469.

602. *Patriis epulandum, &c.*) Quemadmodum Atreus, Thyestæ fratris filios, ipsi ad epulas comedendos apposuit: Procne & Philomela Tereo Itym, Ecl. 6. 78.

605. *Foros.*) Vel spatia in navibus aperta, ut tabulata in quibus inceditur, vel concava navium latera, quæ onus ferunt, Georg. 4. 250.

606. *Exstinxem.*) Syncope, pro *exstinxissem*, infra v. 682.

607. *Sol, qui, &c.*) *Solem* obtestatur, vel quasi ultorem sui, quam relictura erat: vel ut, qui lustrat omnia, sui mortis & alienæ perfidiæ testis esse velit. *Junonem*, ut pronubam & conciliatricem interpretemque nuptiarum, propter quas moritur, supra v. 59. *Hecaten*, ut præsidem sacrorum magicorum, quorum simulatione moritur, supra v. 511. *Diras*, seu *Furias*, ut infestæ sint *Æneæ*, cujus scelere moritur, Æn. 3. 252. Georg. 3. 552. *Deos denique*, vel tutelares urbis suæ, ut inter illam atque Italos odia æterna sustineant; vel mortis præsides, ut facilem sibi mortem præbeant. De voce *lustro*, pro *circumeo*, Æn. 3. 613.

Accipite hæc, meritumque malis advertite numen,
Et nostras audite preces. Si tangere portus
Infandum caput, ac terris adnare necesse est;
Et sic fata Jovis poscunt, hic terminus hæret:
At bello audacis populi vexatus & armis,
Finibus extorris, complexu avulsus Iuli,
Auxilium imploret, videatque indigna suorum
Funera: nec, cum se sub leges pacis iniquæ
Tradiderit, regno, aut optata luce fruatur;
Sed cadat ante diem, mediaque inhumatus arena.
Hæc precor: hanc vocem extremam cum sanguine fundo.
Tum vos, o Tyrii, stirpem & genus omne futurum
Exercete odiis, cinerique hæc mittite nostro
Munera: nullus amor populis, nec fœdera sunto.
Exoriare aliquis nostris ex ossibus ultor,
Qui face Dardanios ferroque sequare colonos.
Nunc, olim, quocumque dabunt se tempore vires,
Litora litoribus contraria, fluctibus undas

Im-

INTERPRETATIO.

O Dii morientis Didonis: audite hæc, & applicate huc numen meritum a sceleratis, & excipite nostras preces. Si necesse est Æneam, sceleratum illud caput, attingere portus, & appelli terris: & sic voluntas Jovis id exigit, & hic terminus stat: saltem agitatus & bello & armis fortis populi, exul e finibus suis, abstractus a complexu Ascanii, imploret auxilium, & cernat indignas mortes suorum: &, cum submiserit se conditionibus pacis iniquæ, non potiatur regno, aut vita desiderata; sed moriatur ante tempus, & sit insepultus in media arena. Hæc imprecor: emitto hæc ultima verba cum sanguine. Vos etiam, o Carthaginienses, persequimini odiis stirpem ejus & omnem gentem futuram, & offerte hæc dona meis cineribus: nullus amor, nulla concordia sit inter hos populos. Nascere, o vindex aliquis, e nostris ossibus, qui persequaris ferro & flamma colonias Trojanas. Nunc, & olim, & quocumque tempore offerent se vires, imprecor litora inimica lito-

NOTÆ.

611. *Meritum malis, &c.*) Advertite & applicate huc numen vestrum, id est, potestatem illam & vim ulciscendi ac puniendi, qua mali coerceri atque opprimi merentur. De *Fatis*, eorumque dispensatore Jove, Æn. 1. 243.

615. *At bello, &c.*) Volunt interpretes hanc imprecationem aliquatenus exitum habuisse. Nam Æneas I. appulsus in Italiam, vexatus est armis Turni regis. II. Avulsus est ab Iuli complexu, cum ab eo discessit, ut apud Evandrum quæreret auxilium, Æn. 8. 80. III. Vidit indigna suorum funera variis in prœliis, Æn. 10. 11. 12. Præsertim cædem Pallantis, Æn. 10. 480. IV. Pacem, aiunt, iniquis conditionibus cum Latino rege sanxivit; quia proprium gentis amisit nomen, & commune Latinorum nomen accepit, Æn. 1. 10. V. Cecidit ante diem, & inhumatus jacuit: quia dicitur, tertio imperii anno cum Mezentio pugnans, in Numici fluminis ripa, nusquam comparuisse: alii tamen aliter, Æn. 1. 270. VI. Nullus amor populis, nec fœdera fuerunt: siquidem tria Romanos inter & Carthaginienses orta sunt Punica bella, ex Pœnorum perfidia, qui nulla fœderum religione coerceri poterant. VII. Exortus ex ipsius gente Annibal novem annos natus ab Amilcare patre ad aras Deorum jurejurando adactus est, ut, quamprimum posset, hostis Romanorum foret. Idem bellum Punicum secundum Romanis intulit, in ipsam Italiam etiam; illudque octodecim annis gessit. Victus demum a Scipione Africano majore, in Asia apud Prusiam Bithyniæ regem veneno se ipse interemit, ne in manus Flaminii Romanorum legati traderetur.

620. *Cadat ante diem, &c.*) Cadere dicuntur ante diem, qui non præfixo illis communi naturæ ordine tempore, sed violenta, aut fortuita, aut immatura morte pereunt. De *Tyriis*, Carthaginiensibus Tyro oriundis, Æn. 1. 16. De *Dardaniis*, Trojanis, Æn. 1. 239.

623. *Cinerique hæc mittite, &c.*) Alludit ad munera, quæ sepulcris mortuorum imponebant, infundebantque; *lac*, *vinum*, *sanguinem*, Æn. 3. 66. Quorum loco petit *odia*, & inimicitias cum Trojanis stirpe.

628. *Litora litoribus, &c.*) Nam Carthaginis litus Italiæ litori situ oppositum est, Æn. 1. 17. *Carthago Italiam contra*. Sic odiis quoque.

Imprecor, arma armis: pugnent ipsique nepotes.
Hæc ait: & partes animum versabat in omnes,
Invisam quærens quamprimum abrumpere lucem.
Tum breviter Barcen nutricem affata Sichæi,
Namque suam patria antiqua cinis ater habebat:
Annam, cara mihi nutrix, huc siste sororem:
Dic corpus properet fluviali spargere lympha,
Et pecudes secum & monstrata piacula ducat.
Sic veniat, tuque ipsa pia tege tempora vitta.
Sacra Jovi Stygio, quæ rite incepta paravi,
Perficere est animus, finemque imponere curis,
Dardaniique rogum capitis permittere flammæ.
Sic ait. Illa gradum studio celerabat anili.
At trepida & cœptis immanibus effera Dido,
Sanguineam volvens aciem, maculisque trementes
Interfusa genas, & pallida morte futura,
Interiora domus irrumpit limina, & altos
Conscendit furibunda rogos, ensemque recludit
Dardanium, non hos quæsitum munus in usus.
Hic postquam Iliacas vestes notumque cubile
Conspexit, paullum lacrymis & mente morata,
Incubuitque toro, dixitque novissima verba:

Dul-

INTERPRETATIO.

ribus, undis undibus, arma armis: certent etiam ipsi posteri. Dixit hæc, & convertebat animum in varias partes, quærens quam citissime abrumpere vitam odiosam. Tunc breviter allocuta est Barcen nutricem Sichæi, nam nigra humus tenebat suam nutricem in veteri patria: O nutrix dilecta, accerse huc mihi Annam sororem. Move ut festinet aspergere corpus aqua fluminea, & secum adducat pecudes ac piacula præscripta. Sic veniat, & tu ipsa cinge caput sacra vitta. Mens est mihi absolvere sacrificia, quæ inchoata destinavi Jovi inferno: & ponere terminum miseriis: & dare igni bustum Trojani ducis. Sic locuta est. Illa urgebat gressum senili affectu. At Dido tremens, & efferata horrendis consiliis, rotans oculos sanguineos, & infecta maculis circa malas trementes, & pallens ob mortem imminentem, ingreditur interiorem partem domus, & furens conscendit altam pyram, & educit gladium Trojanum, munus non comparatum in hos usus. Postquam vidit vestes Trojanas & lectum sibi cognitum, paullulum illic morata flendo & cogitando, abjecit se in lectum, & protulit hæc ultima

NOTÆ.

635. *Fluviali spargere lympha.*) De ablutione veterum, ante sacrificia, pura & fluviali in aqua, Æn. 2. 719. Notant autem Interpretes, ad sacra superorum Deorum ablutionem adhibitam, ad sacra inferorum solam aspersionem. Sic Æn. 6. 636. *Æneas ramum Proserpinæ figens apud inferos: Corpusque recenti spargit aqua.* At idem Æn. 2. 720. Penates attingere non audens ait: *Donec me flumine vivo abluero.*

636. *Monstrata piacula.*) Res ad expiandum necessarias. Cur autem? quia fidem juratam Sichæo suo & fatali conjugio violaverat. Quæ autem illa piacula? Nempe nigræ victimæ, quæ Diis inferis immolabantur, Æn. 6. 153. *Duc nigras pecudes, ea piacula sunto.* Et multa mandat verbis nutrici, ut ea diutius absente, se ipsam facilius interimat: adstantibus paucis duntaxat, iisque inferioris ordinis mulierculis, de quibus v. 664. *Collapsam aspiciunt comites:* non enim aliis eam prope accedere. De vittis, in usu sapientibus prudentibus ad sacra mysteria, Æn. 2. 133.

638. *Jovi Stygio.*) Plutoni, Saturni filio, Jovis fratri: cui, in divisione universi imperii, sors inferi obtigerant. Dictus a *Styge*, inferorum fluvio, Æn. 6. 323.

640. *Dardaniique rogum capitis.*) Rogum extructum ad abolenda monumenta omnia conjugisque Æneæ Trojani, ejusque amorem extinguendum, ut a saga sibi præscriptum esse fingebat, v. 495. De rogo, busto, v. 494.

646. *Ensem, non hos, &c.*) De ense illo, supra v. 495. De toro, lecto, Æn. 3. 224.

Dulces exuviæ, dum fata Deusque sinebant,
Accipite hanc animam, meque his exsolvite curis.
Vixi, & quem dederat cursum fortuna, peregi:
Et nunc magna mei sub terras ibit imago.
Urbem præclaram statui: mea mœnia vidi:
Ulta virum, pœnas inimico a fratre recepi:
Felix, heu nimium felix! si litora tantum
Nunquam Dardaniæ tetigissent nostra carinæ.
Dixit, & os impressa toro: Moriemur inultæ?
Sed moriamur, ait: sic, sic juvat ire sub umbras.
Hauriat hunc oculis ignem crudelis ab alto
Dardanus, & nostræ secum ferat omina mortis.
Dixerat: atque illam media inter talia ferro
Collapsam aspiciunt comites, ensemque cruore
Spumantem, sparsasque manus. It clamor ad alta
Atria, concussam bacchatur fama per urbem,
Lamentis gemituque & fœmineo ululatu
Tecta fremunt, resonat magnis plangoribus æther.
Non aliter quam si immissis ruat hostibus omnis
Carthago, aut antiqua Tyros, flammæque furentes

Cul-

INTERPRETATIO.

verba: *Reliquiæ dulces, dum fata & Dii permittebant, excipite hanc animam, & liberate me his curis. Vixi, & perfeci cursum, quem fortuna* mihi *dederat: & nunc simulacrum meum descendet illustre sub terras.* Condidi *urbem egregiam, vidi muros meos, vindicavi maritum, exegi pœnas ab inimico fratre. Fortunata, heu nimis fortunata! si tantummodo Trojanæ naves non attigissent nostra litora.* Dixit hæc, *& ore incumbens in lectum:* An *moriemur inultæ? sed tamen moriamur, inquit: sic, sic dulce est descendere ad umbras. Crudelis Trojanus e mari videat oculis has flammas, & auferat secum signa nostræ mortis.* Dixerat: *& in medio talium ver*borum *famulæ vident eam collapsam, & gladium spumantem sanguine, & manus* eodem *tinctas. Clamor spargitur in profundam aulam, fama furit per urbem commotam, domus fremunt gemitu & ululatu feminarum, aer sonat magnis planctibus. Non aliter ac si tota Carthago, aut Tyrus antiqua, subverteretur irrumpentibus hostibus;*

NOTÆ.

651. *Dulces exuviæ, &c.*) In hac suprema Didonis oratione tres elucent præcipue sensus; *Amoris, gloriæ, ultionis.* I. AMORIS: cum Æneæ imaginem, jugalique lecto visam suam animamque committit: & in illis exuviis non tam præsentem infortunii acerbitatem, quam præteritæ dulcedinis recordatur; *dulces, dum fata, &c.* II. GLORIÆ: cum se credit illustrem fore, tum apud inferos, *magna mei sub terras, &c.* quam inter homines; apud quos & præclaram urbem fundavit, mœniaque, & Sichæum ultra est, raptis Pygmalionis opibus: illustrior ac felicior futura, si numquam Æneas Carthaginem appulsus esset. III. ULTIONIS: cum os lecto imprimens rabie quadam furoris inultam se mori dolet: mox resipiscit quasi rerum momentis, & statum existimans dum esse quo mente quærere possit, altiorem, & mortiferam furem; statuit sibi esse moriendum, saltem ut finem litium & quietem consequatur; *sic, sic juvat, &c.* maxime cum ipsius incensi rogi permovere Æneæ animum possit, & ultionem inchoare. De *Exuviis*, spoliis, v. 496.

654. *Imago.*) Umbra, manes. Æn. 2. 81.

656. *Ulta virum.*) Quia opes Pygmalionis, tum suas, tum eas, propter quas Sichæum occiderat, fugiens eripuit, Æn. 1. 363. 368. De *Dardaniis* & *Dardanidis*, Trojanis, Æn. 1. 239.

666. *Atria.*) Proprie *atrium* est *area subdialis* ante ædes, quasi αἴθριον, unde etiam ad primam ædium ipsarum partem significandam traductum est. Ab eo non longe aberat culina: in eaque cœnabant veteres, & majorum imagines ibi suspendebant; quæ cum a fumo culinæ non longe abessent, ideo appellabantur *fumosæ*; ipsumque atrium, ut frigide argutatur Servius, dictum etiam inde volunt quasi *atrum*. De voce *bacchatur* pro *furit*, a furiosis Bacchi comitibus furentibus deducta, supra v. 301. De Carthagine in argumento. De *Tyro*, Æn. 1. 16.

Culmina perque hominum volvantur perque Deorum.
Audiit exanimis, trepidoque exterrita cursu,
Unguibus ora soror fœdans & pectora pugnis,
Per medios ruit, ac morientem nomine clamat:
Hoc illud, germana, fuit? me fraude petebas?
Hoc rogus iste mihi, hoc ignes aræque parabant?
Quid primum deserta querar? comitemne sororem
Sprevisti moriens? eadem me ad fata vocasses,
Idem ambas ferro dolor atque eadem hora tulisset.
His etiam struxi manibus, patriosque vocavi
Voce Deos, sic te ut posita crudelis abessem?
Exstinxti me, teque, soror, populumque, patresque
Sidonios, urbemque tuam. Date, vulnera lymphis
Abluam; &, extremus si quis super halitus errat,
Ore legam. Sic fata gradus evaserat altos,
Semianimemque sinu germanam amplexa fovebat
Cum gemitu, atque atros siccabat veste cruores.
Illa graves oculos conata attollere, rursus
Deficit: infixum stridet sub pectore vulnus.
Ter sese attollens cubitoque innixa levavit,
Ter revoluta toro est: oculisque errantibus alto
Quæsivit cœlo lucem, ingemuitque reperta.
Tum Juno omnipotens, longum miserata dolorem,

Dif-

INTERPRETATIO.

& si flammæ furentes spargantur per tecta & Deorum, & hominum. Audit hoc *soror exanimata; & perterrefacta festino cursu, lacerans vultum unguibus & pectus pugnis, irrumpit inter medios, & inclamat morientem nomine: Hoc ipsum fuit, o soror? fallebas me hoc dolo? hoc parabat mihi pyra ista, hoc ignes, & altaria? quæ de re primum conquerar* ego *derelicta? an moriens aspernata es sororem te comitari? si me invitasses ad eadem funera, idem dolor atque eadem hora sustulisset utramque gladio. Extruxi etiam his manibus* meis, *& voce appellavi patrios Deos, ut* ego *inhumana abessem a te sic jacente? Perdidisti, o soror, & me, & te, & populum, & senes Phœnicios, & tuam urbem. Date, abluam aquis plagas; & si aliquis ultimus spiritus adhuc vagatur, illum ore colligam. Sic locuta pervenerat ad summos gradus, & gremio complexa sororem semimortuam, fovebat eam cum gemitu, & abstergebat veste nigrum sanguinem. Illa conata erigere tardos oculos, deficit iterum: stridet sub pectore plaga infixa. Ter erexit se efferens & innitens cubito, ter relapsa est in lectum: & vagis oculis quæsivit lucem ex alto cœlo, & ingemuit* post lucem *repertam. Tunc Juno omnipotens, miserescens longi do-*

NOTÆ.

681. *Sic te ut posita.*) Sic *deposita*, ac *jacente*: voce funebris, de qua Æn. 2. 644. Et sensus loci est: *Itane vero struxi hunc rogum meis manibus, & ad hæc sacra Deos vocavi? ut eorum particeps non essem; ut abessem, dum tu te occidisti?*

682. *Exstinxti, &c.*) Pro *exstinxisti*, syncope; ut supra, 606. *Exstinxem*, pro *exstinxissem*: & Æn. 1. 205. *Accestis*, pro *accessistis*. Ita legunt Valerius Probus, Catiolus, &c. Veteres tamen plurimi codices habent *Exstinxi*, prima persona: ita ut culpam omnem damnumque commune Anna in se unam conferat. De *Sidoniis*, unde oriundi Carthaginienses. Æn. 1. 470.

685. *Ore legam.*) Mos Romanorum veterum, ut amici & propinqui, admoto ad os morientis ore, extremum ejus spiritum quasi excipere & haurire velle viderentur. Moris etiam illius apud Græcos aliqua reperit vestigia Cerdanus in hunc locum.

Difficilesque obitus, Irim demisit Olympo,
Quæ luctantem animam nexosque resolveret artus.
Nam, quia nec fato, merita nec morte peribat;
Sed misera ante diem, subitòque accensa furore:
Nondum illi flavum Proserpina vertice crinem
Abstulerat, Stygioque caput damnaverat Orco.
Ergo Iris croceis per cœlum roscida pennis,
Mille trahens varios adverso Sole colores,
Devolat, & supra caput astitit: Hunc ego Diti
Sacrum jussa fero, teque isto corpore solvo.
Sic ait, & dextra crinem secat: omnis & una
Dilapsus calor, atque in ventos vita recessit.

INTERPRETATIO.

loris & difficilis mortis, misit Irim e cælo, quæ separaret animam pugnantem & membra eidem conjuncta. Nam, quia nec moriebatur ex natura, neque morte merita; sed misera ante tempus, & inflammata subito furore: nondum Proserpina eripuerat illi flavum capillum, nec damnaverat ejus caput Stygio Orco. Igitur Iris rorifera, ducens ex opposito Sole mille colores varios, devolat per cælum croceis alis, & stetit supra ejus caput: Ego jussa offero Plutoni hunc crinem sacrum, & libero te isto corpore. Sic dixit, & dextra abscindit crinem: & simul omnis calor effusus est, ac vita abiit in aerem.

NOTÆ.

696. *Nec fato, merita, &c.*) Triplex distinguit genus mortis: quæ *fato*, quæ *merito*, quæ *casu* contingit. Contingit *fato*, quæ naturalis est; *merito*, quæ propter scelera, aut intemperantiam accidit; *casu*, quæ nec natura, nec merito. In primis duabus fatalem crinem secari debuit Virgilius, in tertia negat; quasi *fato* tantum, hominumque *merito*, sub Deorum providentiam caderent, *casus* eam falleret. At Dido cadit ante diem, non *fato* & natura, supra v. 620. Cadit *misera*, non rea, nec merita. Igitur *casu*. Quare crinis ipsi non amputatur.

698. *Flavum Proserpina crinem.*) Credebant Græci Romanique, mori neminem posse, nisi Proserpina morientis crinem abstulisset, quasi sacras sibi inferisque primitias. Hujus opinionis multa sunt in posterioribus poetis vestigia: nonnulla etiam in antiquioribus: in Euripidis Alceste v. 74. *Θάνατος*, sive *Mors*, crinem sacrum Alcestidi amputat, pro conjuge Admeto morituræ. Hic Iris officio illo fungitur. Mos forte repetitus e sacrificiis: ubi setas aliquot e media victimarum fronte decerpere, & in ignem conjicere solebant, Æn. 6. 245. Ita & in hominibus putabant fieri, quos Orco quasi victimas mors demittebat. De *Junone*, custode Carthaginis Dea, Æn. 1. 19. De *Proserpina*, inferorum Dea, Plutonis conjuge, Georg. 1. 39. De *Styge*, inferorum fluvio, Æn. 6. 323. De *Orco*, Deo inferorum, Georg. 1. 277.

700. *Iris croceis, &c.*) *Iris*, Deorum, & Junonis præcipue nuncia, Thaumantis, & Electræ dicitur filia: quia arcus est cœlestis, qui maximam colorum varietate admirationem facit: & *admirari*, Græce dicitur θαυμάζειν. Est autem cœlestis arcus, solaris lucis pictura, in adversa nube; eaque *rorida*; id est, mox in pluviam solvenda. Colores refert varios, pro majori minorique nubis densitate: præcipue purpureum, cæruleum, viridem, croceum, qui croceum florem refert, [illegible]. De *Dite*, Plutone, inferorum Deo, Georg. 4. 467.

P. VIRGILII MARONIS
ÆNEIDOS
LIBER V.

ARGUMENTUM.

Æneas, e Libya in Italiam navigans, deflectere in Siciliam vi tempestatis cogitur: ubi ab Aceste Trojano benevole exceptus, patri, quem illic superiore anno mors abstulerat, anniversarium celebrat sacrum, ludosque quatuor, cursum navalem, ac pedestrem, cestuum pugnam, sagittarum ejaculationem, quibus addit Ascanius equestrem decursum. Interim Trojanæ mulieres, Junonis impulsu, hortatu Iridis, tædio navigationis, incendunt naves: quarum quatuor exuruntur, ceteræ immissa a Jove pluvia servantur. Quare suadet Æneæ Nautes, ut avecto secum juvenum flore, senes ac mulieres in Sicilia relinquat. Firmat id consilium Anchises in somnis: idemque suadet Æneæ, ut appulsus in Italiam adeat Sibyllam, eaque duce descendat ad inferos, ubi posterorum seriem & eventus docebitur. Paret Æneas patris monitis, & condita in Sicilia urbe Acesta, Neptuno per Venerem conciliato, solvit in Italiam: quo in cursu Palinurus navis gubernator dormiens in mare excutitur. Delineatus est hic liber ad exemplum libri Iliad. 23. ubi ludi ab Achille ad tumulum Patrocli celebrantur.

INTEREA medium Æneas jam classe tenebat
Certus iter, fluctusque atros Aquilone secabat,
Mœnia respiciens, quæ jam infelicis Elissæ
Collucent flammis. Quæ tantum accenderit ignem,
Causa latet; duri magno sed amore dolores
Polluto, notumque, furens quid fœmina possit,
Triste per augurium Teucrorum pectora ducunt.
Ut pelagus tenuere rates, nec jam amplius ulla
Occurrit tellus, cœlum undique & undique pontus;

Ol-

INTERPRETATIO.

Interim Æneas jam tenebat medium iter, certus eundi, & vento secabat fluctus nigros, respectans ad urbem, quæ jam splendet ignibus miseræ Didonis. Ignoratur causa, quæ excitaverit tantum incendium: sed acerbi dolores, violato magno amore, & id, quod furens mulier potest facere, cognitum Trojanis, *deducunt animos Trojanorum in tristia auguria. Postquam naves attigere altum mare, nec jam ulla terra amplius apparet,* sed *undique cœlum & undique ma-*

NOTÆ.

1. *Medium.*) Non præcise medium itineris partem, Africam inter & Siciliam; hinc enim mœnium flammas videre non potuisset: sed *medium*, id est, *plenum mare*: quemadmodum Polyphemus Æn. 3. 664. *Graditurque per æquor jam medium, necdum fluctus latera ardua tinxit.*

2. *Certus.*) Vel *certus eundi*, & ad petendam Italiam obstinatus, ut Æn. 4. 554. *Celsa in puppi jam certus eundi carpebat somnos.* Vel *certus & gnarus itineris*, quod jam semel confecerat, Drepano in Italiam solvens, indeque tempestate retro actus in Africam, Æn. 1. 1.

Aquilone.) *Vento generatim*: neque enim Aquilone septentrionali vento impelli ex Africa in Italiam potuit, sed Austro potius, Aquiloni opposito: Ecl. 7. 51. De *Elissa*, altero Didonis nomine, in argumento lib. 4. De *augurio*, quod hic pro *præsagio* universim sumitur, Æn. 3. 703. De *Teucris*, Trojanis, Æn. 1. 239.

Olli cæruleus supra caput astitit imber,
Noctem hyememque ferens; & inhorruit unda tenebris.
Ipse gubernator puppi Palinurus ab alta:
Heu! quianam tanti cinxerunt æthera nimbi?
Quidve, pater Neptune, paras? Sic deinde locutus,
Colligere arma jubet, validisque incumbere remis,
Obliquatque sinus in ventum, ac talia fatur:
Magnanime Ænea, non, si mihi Jupiter auctor
Spondeat, hoc sperem Italiam contingere cœlo.
Mutati transversa fremunt, & vespere ab atro
Consurgunt venti, atque in nubem cogitur aer.
Nec nos obniti contra, nec tendere tantum
Sufficimus: superat quoniam fortuna, sequamur;
Quoque vocat, vertamus iter. Nec litora longe
Fida reor fraterna Erycis, portusque Sicanos:
Si modo rite memor servata remetior astra.

Tum

INTERPRETATIO.

re; cærulea pluvia incubuit illi in caput, inveheus noctem ac tempestatem: & aqua inhorruit tenebris. Ipse gubernator Palinurus ex alta puppe exclamat: Heu! quare tanti nimbi circumdederunt cœlum? quidve praeparas nobis, o pater Neptune? Sic locutus, deinde imperat eos sumere arma nautica, & incumbere fortibus remis, & tendit obliqua vela ad ventum, & talia dicit: Generose Ænea, etiam si auctor Jupiter mihi promitteret, non sperarem attingere Italiam hac cœli temperie. Venti mutati e transverso fremunt, & flant ab obscuro occidente; & aer densatur in nubes. Nec nos possumus obluctari contra, ac ne progredi quidem: obsequamur, siquidem fortuna vincit: & convertamus iter, quo nos vocat. Et puto non procul esse fida regna Erycis fratris tui, & portus Siculos; si modo bene memor remet-

NOTÆ.

11. *Noctem hyememque.*) *Tempestatem cum nocte.* Nocte enim hanc tempestatem contigisse hinc patet, quod astra tum observari poterant, infra v. 25. *Si modo rite memor servata remetior astra.* Porro *hyemem* sumi pro tempestate diximus Æn. 1. 126. Habentur hæc duo carmina etiam Æn. 3. 194. 195.

13. *Quianam.*) Jovianus Pontanus scribit *quinam tanti*. Sed contra codices omnes, atque interpretes. Et vero non Ennianum est; *Heu! quianam dictis nostris sententia flexa est?* quam antiquitatis causa affectatam a Virgilio ait Quintilianus. De *Neptuno*, Æn. 1. 129. 324.

15. *Colligere arma, &c.*) *Arma* cujuslibet artis instrumenta sunt, ut vidimus Æn. 1. 181. Atque ita appellat omnia nautica, *vela, rudentes, remos.* Obnixe tamen contendit Cerdanus, *arma*, in re nautica, nihil ligneum significare; atque adeo non *remos*, sed *vela* tantum & his affinia. Quod quamquam curiosius notatum puto, tamen favet ipsi vox *colligere*, quæ proprie de velis dicitur. Erit igitur hic sensus, juxta ipsum: *Jubet colligi & contrahi vela*; ne transversi venti e cursu dejiciant: *jubet incumbere remis*; ut quantum eos e recto itinere ventorum vis amovebit, tantum labor atque industria provehat; *jubet vela*, non omnino *contrahi*, *sed obliquari*; ut aura venti saltem aliqua capiatur, quæ remigantes adjuvet. De *sinu obliquando*, infra v. 830. De *Italia*, Æn. 1. 554.

19. *Transversa.*) Neutrum plurale, pro adverbio: Græco more. Sic Æn. 9. 125. *Amnis rauca sonans.*

Vespere.) *Occidente.* Causam habes Æn. 1. 374. Et mirror dici ab accuratis interpretibus, Taubmanno, Cerdano, cursum Æneæ tum ad occidentem fuisse: manifestum enim est, Carthagine solventibus Italiam, quo tunc Æneæ cursus erat, esse ad septentrionem. Itaque verba hæc, *vespere ab atro consurgunt venti*, superiora explicant, *mutati transversa fremunt*; erat enim tum transversus Æneæ ventus occidentalis, & plane in Siciliam propellebat; unde concludit Palinurus, *quoque vocat, vertamus iter*, scilicet in Siciliam.

24. *Fraterna Erycis.*) Eryx filius Butæ communem creditus est cum Ænea matrem habuisse Venerem; regina Lycaste Sicula meretricem, quæ ob formæ elegantiam, mutato veteribus nomine, Venus appellata est. Avum habuit Amycum, regem Bebrycum circa Pontum, qui cæstuum certamine occisus est a Polluce: quapropter fugiens Butes, regnum in Sicilia constituit: Eryx pariter ab Hercule cæstibus occisus est, infra vers. 412. Ex eo nomen datum *Eryci* monti atque urbi circa Lilybæum occidentale Siciliæ promontorium, de quo Æn. 3. 706. quo nunc iter Trojani deflectunt. De *Sicanis*, antiquis Siciliæ populis, Æn. 3. 687.

25. *Remetior.*) Nota enim erant jam inde memoria illa Palinuro, ut modo diximus.

Tum pius Æneas: Equidem sic poscere ventos
Jamdudum, & frustra cerno te tendere contra.
Flecte viam velis. An sit mihi gratior ulla,
Quoque magis fessas optem dimittere naves,
Quam quæ Dardanium tellus mihi servat Acesten,
Et patris Anchisæ gremio complectitur ossa?
Hæc ubi dicta, petunt portus, & vela secundi
Intendunt zephyri: fertur cita gurgite classis;
Et tandem læti notæ advertuntur arenæ.
At procul excelso miratus vertice montis
Adventum, sociasque rates, occurrit Acestes,
Horridus in jaculis & pelle Libystidis ursæ:
Troia Crimiso conceptum flumine mater
Quem genuit. Veterum non immemor ille parentum
Gratatur reduces, & gaza lætus agresti
Excipit, ac lessos opibus solatur amicis.
Postera cum primo stellas oriente fugarat

Cla-

INTERPRETATIO.

tior sidera jam observata. Tunc pius Æneas ait: Certe video ventos petere hoc jamdiu, & te incassum contra obniti. Detorque iter velis. An ulla terra potest esse mihi gratior, & ad quam potius cupiam appellere naves fessas, quam quæ servat mihi Trojanum Acesten, & continet sinu ossa patris Anchisæ? Postquam ea dicta sunt, tendunt ad portum, & zephyri faventes inflant vela: classis velox mari provehitur, ac demum læti applicantur noto littori. At Acestes eminus ex alto cacumine montis admiratus adventum sociarum navium, venit obviam, terribilis ob jacula, & pellem ursæ Libycæ: hunc mater Trojana peperit conceptum e Crimiso fluvio. Ille, non oblitus veterum patrum, gratulatur revertis, & lætus excipit pro rustica opulentia, & reficit fatigatos amicis opibus. Cum postera dies clara pepulisset stellas e primo orien-

NOTÆ.

36. *Acestes, &c.*) De hujus genere multa e Græcis asserunt admodum ambigua Hortensius & Cluverius. Ex iis ista collige. Laomedon, rex Trojanus, offensus viro nobili, cujus fraude coactus erat Hesionem filiam suam marinæ belluæ exponere, virginis tres ejus filias Siculis nautis tradidit, vel mari submergendas, vel quo lubebet avehendas. His in Siciliam appulsis, una e Trojanis tribus puellis filium suscepit, vel ex adolescente Troiano, qui se illis præ amore comitem adjunxerat, juxta Dionysium Halicarnassæum; vel ex Crimiso amne in canem converso, juxta Lycophronem. Hic hujus filius, revectus Trojam Priami temporibus, inde iterum post Trojæ excidium in Siciliam regressus est, & secum Elymum advexit. Ibi recepti a Sicanis, & agris donati, mox Æneam eodem appulsum exceperunt, & cum eo varias illic statuerunt urbes ad occidentalem Siciliæ partem, de quibus infra vers. 755. Porro pater puellarum trium a Lycophrone Phœnodamas, a Servio & Pomponio Hippotes appellatur. Illa filia Crimisi uxor, a Servio & Pomponio Egesta. Egesta filius, de quo hic agitur, a Stephano Egestus, a Dionysio Ægestus, a Tzetze Ægestus, a Virgilio & Silio Acestes. Fluvius pater, ex Lycophrone Crimisus, ex Diodoro Crimissus, ex Plutarcho Crimenus, ex Cornelio Nepote Crinissus, ex Virgilii variis exemplaribus Crinisus, Crimisus, & omnium emendatissime, ut contendit Cluverius in Sicilia l. 2. 2. Crimisus. Hic modo, ut idem luculenter probat, non est brevis ille fluvius, ad Segestam urbem in mare Tyrrhenum influens, vulgo Freddo, ut multi putant; sed major alius, ex agro Panormitano & septentrionali Siciliæ parte in meridionalem decurrens, qui cum Hypsa fluvio denique commixtus, cum eo in mare Libycum devolvitur ad Selinuntem urbem, cum Hypsa communi deflue nomine Belici, aut Belici destre, qua in dextram Hypsæ ripam influit.

37. *Horridus in, &c.*) In præpositio adhibetur hoc modo ad significandum habitum, Æn. 4. 518. *In veste recincta.* Pellium antiquissimus usus est ad vestes, tamen post arborum folia. Ursos Plinius negavit nasci in Africa, ob calidiorem cœli temperiem: Cardanus tamen multis defendit Virgilium, imprimis auctoritate Solini cap. 19. *Numidici ursi forma cæteris præstant, villis profundioribus.* Lipsius ursos Numidicos & Libycos a Romanis dictos putat non veros ursos, sed leones; quemadmodum elephantes, ob iisdem boves lucas, ob insolitam formam, cui nomen ex notiore animali imponebant. *Libystidis*, a *Libystis*, gentile nomen est per pleonasmum forma-

tum

Clara dies, socios in cœtum litore ab omni
Advocat Æneas, tumulique ex aggere fatur:
Dardanidæ magni, genus alto a sanguine Divum,
Annuus exactis completur mensibus orbis,
Ex quo relliquias, divinique ossa parentis
Condidimus terra, mœstásque sacravimus aras.
Jamque dies, ni fallor, adest; quem semper acerbum,
Semper honoratum, sic Dii voluistis, habebo.
Hunc ego Getulis agerem si Syrtibus exul,
Argolicove mari deprensus, & urbe Mycenæ:
Annua vota tamen, solemnesque ordine pompas
Exequerer, struerémque suis altaria donis.
Nunc ultro ad cineres ipsius & ossa parentis,
Haud equidem sine mente, reor, sine numine Divum,
Adsumus, & portus delati intramus amicos.
Ergo agite, & lætum cuncti celebremus honorem:

Po-

INTERPRETATIO.

te, Æneas advocat socios in concionem e toto litore, & ex summitate tumuli sic loquitur: Trojani magni, genus e nobili sanguine Deorum, completur annuus circulus mensibus transactis, ex quo mandavimus terræ reliquias & ossa divini patris, & dedicavimus altaria funebria. Et jam, nisi decipior, adest dies, quem semper existimabo mæstum, semper colendum; sic voluistis, o Dii. Ego si hunc diem *transigerem exul in syrtibus Getulis, aut interceptus mari Argolico, vel in urbe Mycenis: tamen celebrarem annua vota, & solemnes cæremonias juxta ritum, & cumularem altaria congruis muneribus. Nunc libenter adsumus ante cineres & ossa ipsius patris, certe non sine consilio & sine voluntate Deorum,* ut *puto: &* vento *impulsi ingredimur portus amicos. Agite igitur, & omnes læ-*

NOTÆ.

tum a proprio *Libys*. Legunt tamen aliqui *Libyssidis*: ut sit a *Libys*, *Libyssa*; a *Libyssa*, *Libyssis*, *Libyssidis*. De *gaza*, opibus, Æn. 1. 123.

44. *Tumuli aggere.*) *Agger*, aggestio est, vel lapidum, vel terræ, unum in locum. *Tumulus*, est terræ tumor, ex illa aggestione: unde tam pro *sepulcro*, quam pro *colle* usurpatur: hic pro *colle*.

45. *Dardanidæ.*) A Dardano Jovis filio orti; ideo *a sanguine Divum*.

46. *Annuus exactis, &c.*) Anniversarius recurrit dies, Anchisæ morte consignatus. Igitur Anchises vere ineunte, hyeme exeunte, obierat. Patet id, quia I. tempus hoc ipsum adhuc hybernum vocat Dido, Æn. 4. 309. *Hyberno moliris sidere classem.* II. In ipsa profectione Trojani *frondentes ferunt ramos*, Æn. 4. 399. ex Africa autem in Siciliam cursus vix duorum triumve dierum est. III. Incerta tum erat cæli temperies, qualis primo vere: solvit Æneas ex Africa nudo cælo, mox tempestas oritur, nunc dubitat utrum subsequens dies nona serena futura sit, v. 64. *Si nona diem &c.* IV. Terra tum vestita erat graminae & floribus, v. 79. *Purpureosque jacit flores*, v. 287. *Tendit gramineum in campum.* Nec tamen inde sequitur Æneidos opus annuum spatium prætergredi, ut monuimus in argumento Æneidos.

48. *Condidimus terra.*) Non totum ipsum cadaver, qui sepulturæ mos non erat; sed combusti corporis *reliquias*, *ossa*, *cineres*, quæ e busto collecta tumulo deinde ac terræ mandaverit. Etsi enim apud veteres in usu fuerit, cadavera unguentis condita terræ mandare, usitatius tamen comburere, præsertim virorum illustrium apud Græcos: sic Patroclus ab Achille comburitur, ac deinde tumulatur, Iliad. 23. Sic Misenus ab Ænea, Æn. 6. De *aris geminis* ad sepulcra struendis, Æn. 3. 62. De *Getulis* Africæ populis, qui ad *Syrtes* usque pertinent, Æn. 4. 40. De *Syrtibus*, importuosis littoris Africani oris, Æn. 1. 115.

52. *Argolico mari.*) *Argolico sinu*, qui pars est Ægæi maris ad orientem Peloponnesi. *Urbe Mycenæ*: ut Æn. 1. 251. *Urbem Patavi*. Habent aliqui codices *Mycenæ*, *Mycena*, *Mycenis*. *Argos* & *Mycenæ*, urbes Peloponnesi, Æn. 1. 288.

54. *Struerémque suis altaria donis.*) *Struerem*, explicat Taubmannus *cumularem*: unde *structor* dicebatur in re coquinaria, qui fercula struebat, recte componebat, cumulabat. *Suis donis*, congruis; congrua autem erant mortuis dona, *lac*, *vinum*, *mel*, *sanguis*; ut dicemus Æn. 3. 63. & mox videbitur v. 78.

56. *Sine mente, sine numine.*) Sine consilio, & voluntate Deorum. De *numine* hoc sensu, Æn. 1. 237.

Poscamus ventos, atque hæc me sacra quotannis
Urbe velit posita templis sibi ferre dicatis.
Bina boum vobis Troja generatus Acestes
Dat numero capita in naves: adhibete Penates
Et patrios epulis, & quos colit hospes Acestes.
Præterea, si nona diem mortalibus almum
Aurora extulerit, radiisque retexerit orbem,
Prima citæ Teucris ponam certamina classis.
Quique pedum cursu valet, & qui viribus audax,
Aut jaculo incedit melior, levibusque sagittis,
Seu crudo fidit pugnam committere cestu;
Cuncti adsint, meritæque expectent præmia palmæ.
Ore favete omnes, & cingite tempora ramis.
Sic fatus, velat materna tempora myrto.

Hoc

INTERPRETATIO.

rem sacrificium peragamus: petamus ventos ab eo, *& ut patiatur me urbe condita singulis annis persolvere hæc sacrificia in templis sibi dedicatis. Acestes oriundus Troja donat vobis capita boum duo numero per naves singulas: invitate ad epulas penates, & patrios, & eos, quos hospes Acestes veneratur. Insuper, si nona Aurora protulerit hominibus diem serenum, & luce detexerit orbem, proponam Trojanis pugnam velocium navium. Et qui valet cursu pedum, & qui incedit fidens viribus, aut solertior jaculo, vel levibus sagittis, sive* qui *audet conserere pugnam duro cestu; hi omnes adsint, & expectent præmia merita victoriæ. Favete omnes linguis, & circumdate caput ramis. Sic loquutus, tegit caput myrto.*

NOTÆ.

59. *Poscamus ventos.*) Ab ipso Anchisa, quem ut Deum colere instituit. *Divinique esse parentis.* Hi sunt autem divini cultus notæ: *aræ, sacra, ludi, templa dicata*, vota pro ventis obtinendis. Quorum tamen aliqua in communibus mortuorum omnibus funeribus usurpabantur.

62. *Adhibete Penates.*) De Penatibus, Æn. 2. 717. Quomodo adhiberentur epulis, Æn. 3. 177.

64. *Si nona, &c.*) *Si*, aliis dubitantis esse videtur, qui idco *almum* interpretantur *serenum*: & sensus erit: *ludi nono die celebrabuntur, si sudum erit*; sin minus, in alium diem remittentur. Aliis videtur esse *affirmantis*: & absolute sensus est: *cum aurora extulerit nonum diem*. Sic explicuimus Æn. 1. 607. *Si qua pios respectant numina.* Per nonum diem, alludit ad novendialia Romanorum sacra pro mortuis: servabantur enim domi cadavera septem dies, octavo cremabantur, nono reliquiæ sepulcro mandabantur.

66. *Ponam certamina.*) Vox hæc est solemnis, *ponere*. Sic apud Græcos, ludorum ejusmodi designator dicebatur ἀγωνοθέτης ab ἀγὼν *certamen*, & τίθημι *pono*.

68. *Incedit.*) Sic Æn. 1. 50. *Divum incedo Regina.* Quæ quanquam ad majestatem incessus pertinere videri possunt, occurrit tamen mihi, *incedo* a poeta dici pro *sum*. Sic usurpatur & *venio*, Georg. 1. 34. *An Deus immensi venias maris.* De *cestu*, chirotheca e corio bubulo *crudo*, infra v. 401.

71. *Ore favete omnes.*) Passim apud alios auctores, *Favete linguis*. Quibus formulis dubium est, *silentium*, an *plausus* & acclamatio indicetur. Pro *silentio* facit locus Senecæ lib. de vita beata cap. 27. *Quoties mentio sacrarum literarum intervenerit, favete linguis.* Hoc verbum, non ut plerique existimant, *a favore* trahitur; sed imperatur *silentium*, ut rite peragi possit sacrum, nulla voce mala obstrepente. Pro plausu & acclamatione facit Ovid. Met. 15. 677. *En Deus est, Deus est, animis, linguisque favete. Quisquis adest visum venerabitur omen, & omnes Verba sacerdotis referunt geminata, piumque Æneadæ præstant & mente & voce favorem.* Idem in Ibin v. 96. *Quisquis ades, sacris ore favete meis. Quisquis ades, sacris lugubria dicite verba.* Hæc ut conciliem, existimo, non perpetuum silentium indici, neque perpetuam *acclamationem*; sed omnino *attentionem* ad sacra, ut ea tantum dicant, quæ sacrorum ritu dicenda sunt: a cæteris omnibus verbis abstineant: interpretationem adjuvat Ovidius loco citato, cum ait, *animis linguisque favete*; quibus eumdem *animis* ac *linguis* exhiberi favorem jubet. At non jubet, nihil omnino animis interim ac mente cogitari, sed ea duntaxat quæ ad Deos, & sacra pertinent; ita nec omnino nihil dici, sed ea quæ eo etiam spectent. Et vero Seneca vocem tantum *malam* & *obstrepentem* arcet; Horatius Od. l. 3. 1. tantum *profanum vulgus*, id est, profanis sermonibus indulgens: Ovidius loquentes inducit ea solum, quæ sacrificio conveniunt, ut patebit superiora exempla relegenti. Latini autem veteres hujus auctores formulæ, cum eam vocibus ambiguis expresserint, *favete ore, linguis*; non autem *tacete verbis, sermone, silentio*; indicare videntur voluisse tempestivas illas loquendi ac tacendi vices.

72. *Materna myrto.*) Veneri, Æneæ matri, dicata

Præcipites vigilate viri, & considite transtris:
Solvite vela citi: Deus æthere missus ab alto
Festinare fugam tortosque incidere funes
Ecce iterum stimulat. Sequimur te, sancte Deorum,
Quisquis es, imperioque iterum paremus ovantes.
Adsis o, placidusque juves, & sidera cœlo
Dextra feras. Dixit: vaginaque eripit ensem
Fulmineum, strictoque ferit retinacula ferro.
Idem omnes simul ardor habet: rapiuntque, ruuntque;
Litora deseruere: latet sub classibus æquor:
Adnixi torquent spumas, & cærula verrunt.
Et jam prima novo spargebat lumine terras
Tithoni croceum linquens Aurora cubile:
Regina e speculis ut primum albescere lucem
Vidit, & æquatis classem procedere velis,
Litoraque & vacuos sensit sine remige portus;
Terque quaterque manu pectus percussa decorum,
Flaventesque abscissa comas: Proh Jupiter! ibit
Hic, ait, & nostris illuserit advena regnis?

Non

INTERPRETATIO.

crepat socios: Expergiscimini celeriter, o socii, & sedete in scamnis: explicate vela cito: ecce Deus missus ex alto cælo rursus hortatur celerare fugam, & secare tortos funes. Sequimur te, o sancte Deus, quicumque es, & rursus læti obtemperamus mandatis. Adsis o, & nos benignus adjuves, & reddas e cælo sidera propitia. Dixit: & eripit e vagina gladium coruscantem, & stricta acie secat funes. Idem ardor occupat simul omnes; & rapiunt, & ruunt: reliquerunt litora; mare tegitur sub navibus; adnixi convolvunt fluctus spumosos, & trajiciunt cærulea spatia. Et jam prima Aurora, deserens croceum lectum Tithoni, illustrabat terras nova luce. Statim atque Regina vidit e specula diem albescere, & classem progredi velis paribus; & animadvertit litora & portus vacuos absque remigibus: percutiens ter & quater manu pulchrum pectus, & evellens flavos capillos: Proh Jupiter! inquit, abibit ille ad-

NOTÆ.

573. *Transtris.*) Scamnis naviculæ, ubi remiges sedent.

576. *Sancte Deorum, quisquis es.*) Sumpsit ex Ennio: *Respondit Juno Saturnia, sancta Dearum*, qui forte ex Græcis, apud quos illa dicitur δῖα θεάων. Alii sic interpungunt: *Sequimur te, sancte, Deorum quisquis es.*

577. *Quisquis es.*) Non enim videtur iterum venisse Mercurius ornatus caduceo & talaribus ut vers. 239. sed colore tantum & voce similis vers. 558.

Ovantes.) Læti, Æn. 3. 189.

579. *Dextra sidera.*) Propitia. De usu vocis hujus, & cur sæpe læva etiam prospera sint, Ecl. 1. 16.

585. *Tithoni croceum, &c.*) Tithonus Laomedontis Trojani regis filius, ex Strymone: ob formam rapitur ab Aurora, ab eadem immortalitatem obtinuit; sed oblitus perpetuam juventam etiam petere, cum demum consenuisset, tædio affectus mortalitatem petiit; quam cum non posset, in cicadam ab Aurora mutatus est. De Aurora, Georg. 1. 447. Croceus color, qui proprius est croci floris, Ital. zafferano.

586. *E speculis.*) Locis editioribus: unde *speculari* procul poterat abeuntes: insomnis enim tota nocte, eo se Dido amoris impatientia contulerat.

590. *Proh Jupiter, &c.*) Erumpit in hanc orationem Reginæ furor. *Imperatoria* est, habetque partes septem. I. Exclamationem abruptam, qua Jovem appellat, quasi violati hospitii vindicem, quemadmodum eum in excipiendo primum hospite appellaverat, Æn. 1. 735. II. Jussa rapida & concitata, quibus Carthaginienses in fugientes Trojanos commovet. III. Correctionem amentiæ suæ, qua se absentibus stultis imperare cognoscit: tum enim sola loquebatur e speculis. IV. Exprobrationem falsæ Æneæ pietatis in Deos, in patrem. V. Dolorem amissæ ultionis, quam in Æneam, ejusque filium, & comites, exercere potuisset. VI. Obtestationem Deorum, tam superorum, quam inferorum, ut sibi adesse ultores velint. VII. Diram imprecationem, tum in Æneam, quam in ejus posteros; quæ æternas Carthaginienses & Italos inter se odia portendit.

Non arma expedient, totaque ex urbe sequentur,
Diripientque rates alii navalibus? ite,
Ferte citi flammas, date vela, impellite remos.
Quid loquor? aut ubi sum? quæ mentem insania mutat?
Infelix Dido! nunc te fata impia tangunt.
Tum decuit, cum sceptra dabas. En dextra fidesque!
Quem secum patrios ajunt portare Penates,
Quem subiisse humeris confectum ætate parentem.
Non potui abreptum divellere corpus, & undis
Spargere? non socios, non ipsum absumere ferro
Ascanium, patriisque epulandum apponere mensis?
Verum anceps pugnæ fuerat fortuna! fuisset.
Quem metui moritura? faces in castra tulissem:
Implessemque foros flammis: natumque, patremque
Cum genere extinxem: memet super ipsa dedissem.
Sol, qui terrarum flammis opera omnia lustras,
Tuque harum interpres curarum, & conscia Juno,
Nocturnisque Hecate triviis ululata per urbes,
Et Diræ ultrices, & Dii morientis Elissæ:

Ac-

INTERPRETATIO.

vena, & illuserit nostro regno? Cives non *educent arma, nec eum insequentur ex urbe tota, nec alii extrahent naves e stationibus? Ite celeres, injicite faces, immittite vela, agitate remos. Quid dico, aut ubi sum? quæ amentia turbat mentem? misera Dido, nunc fata crudelia te urgent. Tunc decebat* hæc facere, *cum tradebas sceptra tua Æneæ. En dextra, & data fides*: en Ille, *quem dicunt ferre secum patrios Penates, quem sustentasse humeris patrem annis effœtum. Nonne potui lacerare correptum corpus & spargere in aquas? nonne occidere gladio socios, nonne ipsum Ascanium, & offerre eum in mensa patris comedendum? At anceps fuisset exitus* illius *pugnæ! fuisset. Quem timebam ego moritura? immisissem faces in castra: & implevissem ignibus naves: extinxissem patrem & filium cum gente: ipsa me præcipitassem super* illos. *Sol, qui lure circumspicis omnia terrarum opera: tuque Juno, conciliatrix & particeps nuptialium negotiorum: & tu Hecate inclamata per urbes in triviis nocturnis; & Furiæ vindices,*

NOTÆ.

595. *Quæ mentem insania mutat?*) Olim quippe servabas Æneam ejusque naves a Pœnorum furore Æn. 1. 566. nunc eris in illum immitis? Olim sceptra dabas Æneæ, nunc ejus vitam petis!

596. *Nunc te fata impia tangunt.*) Nunc instant tibi fata ultima, dura sors, supremus dies: & jam tibi mentem & consilium, mox vitam quoque eripient.

597. *Tum decuit, cum, &c.*) Decuit hæc, quæ nunc jubes, tum jubere, & Trojanos habere hostiliter, cum eos hospitio, eorum ducem in regni partem accepisti, cui et sceptra tua, itaque adeo tradidisti.

598. *Penates.*) De *Penatibus*, quos Trojano incendio Æneas eripuerat, deque *Anchise* sublato in humeros, Æn. 2. v. 717. & sequentibus.

600. *Abreptum divellere corpus.*) Quemadmodum Bacchæ Orpheum, & Pentheum discerpserunt, Georg. 4. 520. & supra v. 469.

602. *Patriis epulandum, &c.*) Quemadmodum Atreus, Thyestæ fratris filios, ipsi ad epulas sic apposuerunt: Procne & Philomela Tereo Ityn, Ecl. 6. 78.

604. *Foros.*) Vel spatia in navibus aperta, ut tabulata in quibus incéditur, vel concava navium latera, quæ olim *fori*, Georg. 4. 250.

606. *Extinxem.*) Syncope, pro *extinxissem*, infra v. 682.

607. *Sol, qui, &c.*) *Solem* obtestatur, vel quasi auctorem vitæ, quam relictura est: vel ut, qui lustrat omnia, sui amoris & alienæ perfidiæ testis esse velit. *Junonem*, ut pronubam & conciliatricem interpretemque nuptiarum, propter quas moritur, supra v. 59. *Hecaten*, ut præsidem sacrorum magicorum, quorum simulatione moritur, supra v. 511. *Diras*, seu *Furias*, ut infestæ sint *Æneæ*, cujus scelere moritur, Æn. 3. 252. Georg. 3. 552. *Deos* denique, vel tutelares urbis suæ, ut inter illam atque Italos odia æterna suscitent; vel mortis præsides, ut facilem sibi mortem præbeant. De voce *Elissæ*, pro *Didone*, Æn. 1. 618.

Accipite hæc, meritumque malis advertite numen,
Et nostras audite preces. Si tangere portus
Infandum caput, ac terris adnare necesse est;
Et sic fata Jovis poscunt, hic terminus hæret:
At bello audacis populi vexatus & armis,
Finibus extorris, complexu avulsus Iuli,
Auxilium imploret, videatque indigna suorum
Funera: nec, cum se sub leges pacis iniquæ
Tradiderit, regno, aut optata luce fruatur;
Sed cadat ante diem, mediaque inhumatus arena.
Hæc precor: hanc vocem extremam cum sanguine fundo.
Tum vos, o Tyrii, stirpem & genus omne futurum
Exercete odiis, cinerique hæc mittite nostro
Munera: nullus amor populis, nec fœdera sunto.
Exoriare aliquis nostris ex ossibus ultor,
Qui face Dardanios ferroque sequare colonos.
Nunc, olim, quocumque dabunt se tempore vires,
Litora litoribus contraria, fluctibus undas

Im-

INTERPRETATIO.

O Dii morientis Didonis: audite hæc, & applicate huc numen meritum a sceleratis, & excipite nostras preces. Si necesse est Æneam, sceleratum illud caput, attingere portus, & appelli terris: & sic voluntas Jovis id exigit, & hic terminus stat: saltem agitatus & bello & armis fortis populi, exul e finibus suis, abstractus a complexu Ascanii, imploret auxilium, & cernat indignas mortes suorum: &, cum submiserit se conditionibus pacis iniquæ, non potiatur regno, aut vita desiderata; sed moriatur ante tempus, & sit insepultus in media arena. Hæc imprecor: emitto hæc ultima verba cum sanguine. Vos etiam, o Carthaginenses, persequimini odiis stirpem ejus & omnem gentem futuram, & offerte hæc dona meis cineribus: nullus amor, nulla concordia sit inter hos populos. Nascere, o vindex aliquis, e nostris ossibus, qui persequaris ferro & flamma colonias Trojanas. Nunc, & olim, & quocumque tempore offerent se vires, imprecor litora inimica lito-

NOTÆ.

611. *Meritum malis, &c.*) Advertite & applicate hoc numen vestrum, id est, potestatem illam & vim ulciscendi ac puniendi, qua mali coerceri atque opprimi meruerunt. De *fatis*, eorumque dispensatore Jove, Æn. 1. 243.

615. *At bello, &c.*) Volunt interpretes hanc imprecationem aliquatenus exitum habuisse. Nam Æneas I. appulsus in Italiam, vexatus est armis Turni regis. II. Avulsus est ab Iuli complexu, cum ab eo discessit, ut apud Evandrum quæreret auxilium, Æn. 8. 80. III. Vidit indignas suorum strages variis in prœliis, Æn. 10. 11. 12. Præsertim necem Pallantis, Æn. 10. 489. IV. Pacem, aiunt, iniquis conditionibus cum Latino rege sancivit; quia proprium gentis amisit nomen, & commune Latinorum nomen accepit, Æn. 1. 10. V. Cecidit ante diem, & inhumatus jacuit: quia dicitur, tertio imperii anno cum Mezentio pugnans, in Numici fluminis ripa, nusquam comparuisse: alii tamen aliter, Æn. 1. 270. VI. Nullus amor populis, nec fœdera fuerunt; siquidem tria Romanos inter & Carthaginenses orta sunt Punica bella, ex Pœnorum perfidia, qui nulla fœderum religione constringi poterant. VII. Exortus ex ipsius gente Annibal novem annos natus ab Amilcare patre ad aras Deorum jurejurando adactus est, ut, quamprimum posset, hostis Romanorum foret. Idem bellum Punicum secundum Romanis intulit, in ipsam Italiam usque; illudque octodecim annis gessit. Victus demum a Scipione Africano majore, in Asia apud *Prusiam* Bithyniæ regem veneno se ipse interemit, ne in manus Flaminii Romanorum legati traderetur.

620. *Cadat ante diem, &c.*) Cadere dicuntur ante diem, qui non præfixo juxta communem naturæ ordinem tempore, sed violenta, aut fortuita, aut immatura morte pereunt. De *Tyriis*, Carthaginensibus Tyro oriundis, Æn. 1. 10. De *Dardaniis*, Trojanis, Æn. 1. 239.

623. *Cinerique hæc mittite, &c.*) Alludit ad munera, quæ sepulcris mortuorum imponebant, infundebantque; *lac*, *vinum*, *sanguinem*, Æn. 3. 66. Quorum loco petit *odia*, & inimicitias cum Trojana stirpe.

628. *Litora litoribus, &c.*) Nam Carthaginis litus Italiæ litori situ oppositum est, Æn. 1. 17. *Carthago Italiam contra*. Sic odiis quoque.

Imprecor, arma armis: pugnent ipsique nepotes.
Hæc ait: & partes animum versabat in omnes,
Invisam quærens quamprimum abrumpere lucem.
Tum breviter Barcen nutricem affata Sichæi,
Namque suam patria antiqua cinis ater habebat:
Annam, cara mihi nutrix, huc siste sororem:
Dic corpus properet fluviali spargere lympha,
Et pecudes secum & monstrata piacula ducat.
Sic veniat, tuque ipsa pia tege tempora vitta.
Sacra Jovi Stygio, quæ rite incepta paravi,
Perficere est animus, finemque imponere curis,
Dardaniique rogum capitis permittere flammæ.
Sic ait. Illa gradum studio celerabat anili.
At trepida & cœptis immanibus effera Dido,
Sanguineam volvens aciem, maculisque trementes
Interfusa genas, & pallida morte futura,
Interiora domus irrumpit limina, & altos
Conscendit furibunda rogos, ensemque recludit
Dardanium, non hos quæsitum munus in usus.
Hic postquam Iliacas vestes notumque cubile
Conspexit, paullum lacrymis & mente morata,
Incubuitque toro, dixitque novissima verba:

Dul-

INTERPRETATIO.

tibus, maria maribus, arma armis: certent etiam ipsi posteri. Dixit hæc, & convertebat animum in varias partes, quærens quam citissime abrumpere vitam odiosam. Tunc breviter allocuta est Barcen nutricem Sichæi, nam nigra humus texebat suam nutricem in veteri patria: O nutrix dilecta, accerse huc mihi Annam sororem. Moneat ut festinet aspergere corpus aqua fluminea, & secum adducat pecudes ac piacula præscripta. Sic veniat, & tu ipsa cinge caput sacra vitta. Mens est mihi absolvere sacrificia, quæ inchoata destinavi Jovi inferno: & ponere terminum miseriis: & dare igni bustum Trojani ducis. Sic locuta est. Illa urgebat gressum senili affectu. At Dido tremens, & efferata horridis consiliis, votans oculos sanguineos, & infecta maculis circa malas trementes, & pallens ob mortem imminentem, ingreditur interiorem partem domus, & furens conscendit altam pyram, & educit gladium Trojanum, munus non comparatum in hos usus. Postquam vidit vestes Trojanas & lectum tibi cognitum, paullulum illic morata flendo & cogitando, abjecit se in lectum, & protulit hæc ultima

NOTÆ.

635. *Fluviali spargere lympha.*] De ablutione veterum, ante sacrificia, pura & fluviali lympha, Æn. 2. 719. Notant autem Interpretes, ad sacra superorum Deorum ablutionem adhibitam, ad sacra Inferorum solam aspersionem. Sic Æn. 6. 636. Æneas ramum Proserpinæ figens apud inferos; *Corpusque recenti spargit aqua.* At idem Æn. 2. 720. Penates attingere non audens ait: *Donec me flumine vivo abluero.*

636. *Monstrata piacula.*] Res ad expiandum necessarias. Cur autem? quia fidem juratam Sichæo novo & fatali conjugio violaverat. Quæ autem illa piacula? Nempe nigræ victimæ, quæ Diis inferis immolabantur, Æn. 6. 153. *Duc nigras pecudes, ea prima piacula sunto.* Et multa mandat veteri nutrici, ut eo diutius absente, ac ipsam facilius interimat; adstantibus famula dominanat, itaque inferioris ordinis mulierculas, de quibus v. 664. *Collapsam aspiciunt comites*: [illegible] ad eam propius accedere. De *vitta*, [illegible] capite prudentibus ad sacra mysteria, Æn. 2. 133.

638. *Jovi Stygio.*] Plutoni, Saturni filio, Jovis fratri; cui, in divisione universi imperii, sorte inferi obtigerunt. Dictus a *Styge*, inferorum fluvio, Æn. 6. 323.

640. *Dardaniique rogum capitis.*] Rogum extructum ad abolenda monumenta omnia ex[illegible]que Æneæ Trojani, ejusque amorem extinguendum, ut a saga sibi præceptum esse fingebat, v. 493. De *rogo*, bustum, v. 474.

646. *Ensem, non hos, &c.*] De ense illo, supra v. 495. De *toro*, lecto, Æn. 3. 224.

Dulces exuviæ, dum fata Deusque sinebant,
Accipite hanc animam, meque his exsolvite curis.
Vixi, &, quem dederat cursum fortuna, peregi:
Et nunc magna mei sub terras ibit imago.
Urbem præclaram statui: mea mœnia vidi:
Ulta virum, pœnas inimico a fratre recepi:
Felix, heu nimium felix! si litora tantum
Nunquam Dardaniæ tetigissent nostra carinæ.
Dixit, & os impressa toro: Moriemur inultæ!
Sed moriamur, ait: sic, sic juvat ire sub umbras.
Hauriat hunc oculis ignem crudelis ab alto
Dardanus, & nostræ secum ferat omina mortis.
Dixerat: atque illam media inter talia ferro
Collapsam aspiciunt comites, ensemque cruore
Spumantem, sparsasque manus. It clamor ad alta
Atria, concussam bacchatur fama per urbem,
Lamentis gemituque & fœmineo ululatu
Tecta fremunt, resonat magnis plangoribus æther.
Non aliter quam si immissis ruat hostibus omnis
Carthago, aut antiqua Tyros, flammæque furentes

Cul-

INTERPRETATIO.

verba: *Reliquiæ dulces, dum fata & Dii permittebant, excipite hanc animam, & liberate me his curis. Vixi, & perfeci cursum, quem fortuna* mihi *dederat: & nunc simulacrum meum descendet illustre sub terras. Condidi urbem egregiam, vidi muros meos, vindicavi maritum, exegi pœnas ab inimico fratre. Fortunata, heu nimis fortunata! si tantummodo Trojanæ naves non attigissent nostra litora. Dixit* hæc, *& ore incumbens in lectum: An moriemur inultæ! sed tamen moriamur, inquit: sic, sic dulce est descendere ad umbras. Crudelis Trojanus e mari videat oculis has flammas, & auferat secum signa nostræ mortis. Dixerat: & in medio talium ver*borum *famulæ vident eam collapsam, & gladium spumantem sanguine, & manus* eodem *tinctas. Clamor spargitur in profundam aulam, fama furit per urbem commotam, domus fremunt gemitu & ululatu feminarum, aer sonat magnis planctibus. Non aliter ac si tota Carthago, aut Tyrus antiqua, subverteretur irrumpentibus hostibus;*

NOTÆ.

651. *Dulces exuviæ, &c.*) In hac suprema Didonis oratione tres elucent præcipue sensus; *Amoris, gloriæ, ultionis.* I. AMORIS: cum Æneæ imagini, jugalique lecto vitam suam animamque committit: & in his exuviis non tam præsentem intuetur acerbitatem, quam præteritæ dulcedinis recordatur; *dulces, dum fata, &c.* II. GLORIÆ: cum se sperat illustrem fore, tam apud inferos, *magna mei sub terras, &c.* quam inter homines; apud quos & præclaram urbem fundavit, munivitque, & Sichæum ultra est, rapta Pygmalionis opibus: illustrior ac felicior futura, si nunquam Æneas Carthaginem appulsus esset. III. ULTIONIS: cum os lecto imprimens rabie quadam furoris insultem se mori dolet; non vergentis quasi rerum momentis, & arcum exstinctum duo esse quæ morte quærere potuit, ultionem, & miserationem suam; statuit sibi esse moriendum, eatenus ut finem illum & quietem consequatur; *sic, sic juvat, &c.* maxime cum aspectus incensi rogi permovere Æneæ animum potuit, & altiorem inchoare. De *Exuviis*, spoliis, v. 496.

654. *Imago.*) Umbra, manes. Æn. 2. 81.

656. *Ulta virum.*) Quia opes Pygmalioni, tum suas, tum eas, propter quas Sichæum occiderat, fugiens eripuit, Æn. 1. 367. 368. De *Dardaniis* & *Dardanidis*, Trojanis, Æn. 1. 239.

666. *Atria.*) Proprie *atrium* est *area subdialis* ante ædes, quasi αἴθριον, unde etiam ad primam ædium ipsarum partem significandam traductum est. Ab eo non longe aberat culina; in eoque cœnabant veteres, & majorum imagines disponebant; quæ cum a fumo culinæ non longe abessent, ideo appellabantur *fumosæ*; ipsumque atrium, ut frigide argutatur Servius, dictum etiam inde volunt quasi *atrum*. De voce *bacchatur* pro *furit*, a furiosis Bacchi comitibus feminis deducta, supra v. 301. De Carthagine in argumento. De *Tyro*, Æn. 1. 16.

Culmina perque hominum volvantur perque Deorum.
Audiit exanimis, trepidoque exterrita cursu,
Unguibus ora soror fœdans & pectora pugnis,
Per medios ruit, ac morientem nomine clamat:
Hoc illud, germana, fuit? me fraude petebas?
Hoc rogus iste mihi, hoc ignes aræque parabant?
Quid primum deserta querar? comitemne sororem
Sprevisti moriens? eadem me ad fata vocasses,
Idem ambas ferro dolor atque eadem hora tulisset.
His etiam struxi manibus, patriosque vocavi
Voce Deos, sic te ut posita crudelis abessem?
Exstinxti me, teque, soror, populumque, patresque
Sidonios, urbemque tuam. Date, vulnera lymphis
Abluam; &, extremus si quis super halitus errat,
Ore legam. Sic fata gradus evaserat altos,
Semianimemque sinu germanam amplexa fovebat
Cum gemitu, atque atros siccabat veste cruores.
Illa graves oculos conata attollere, rursus
Deficit: infixum stridet sub pectore vulnus.
Ter se se attollens cubitoque innixa levavit,
Ter revoluta toro est: oculisque errantibus alto
Quæsivit cœlo lucem, ingemuitque reperta.
Tum Juno omnipotens, longum miserata dolorem,

Dis-

INTERPRETATIO.

& si flamma furentes spargantur per tecta & Deorum, & hominum. Audit hoc *soror exanimata; & perterrefacta festino cursu, lacerans vultum unguibus & pectus pugnis, irrumpit inter medios, & inclamat morientem nomine: Hoc ipsum fuit, o soror! fallebas me hoc dolo? hoc parabat mihi pyra ista, hoc ignes, & altaria? quæ de re primum conquerar ego derelicta? an moriens aspernata es sororem te comitari? si me invitasses ad eadem funera, idem dolor atque eadem hora sustulisset utramque gladio. Erexi etiam his manibus* meis, *& voce appellavi patrios Deos, ut* ego *inhumana abessem a te sic jacente? Perdidisti, o soror, & me, & te, & populum, & senes Phœnicios, & tuam urbem. Date, abluam aquis plagas; & si aliquis ultimus spiritus adhuc vagatur,* illum *ore colligam. Sic locuta pervenerat ad summos gradus, & gremio complexa sororem semimortuam, fovebat eam cum gemitu, & abstergebat veste nigrum sanguinem. Illa conata erigere tardos oculos, deficit iterum: stridet sub pectore plaga infixa. Ter erexit se efferens & innitens cubito, ter relapsa est in lectum: & vagis oculis quæsivit lucem ex alto cælo, & ingemuit* post *lucem repertam. Tunc Juno omnipotens, miserescens longi do-*

NOTÆ.

681. *Sic te ut posita.*) Sic *deposita*, sic *jacente*: vox funebris, de qua Æn. 2. 644. Et sensus loci est: *Itane vero struxi hunc rogum meis manibus, & ad hæc sacra Deos vocavi; ut eorum particeps non essem; ut abessem, dum tu te occidisti?*

682. *Exstinxti, &c.*) Pro *exstinxisti*, syncope; ut supra, 606. *Exstinxem*, pro *exstinxissem*: & Æn. 1. 205. *Accestis*, pro *accessistis*. Ita legunt Valerius Probus, Carisius, &c. Veteres tamen plurimi codices habent *Exstinxi*, prima persona: ita ut culpam omnem damnumque commune Anna in se unam conferat. De *Sidoniis*, unde oriundi Carthaginienses. Æn. 1. 450.

685. *Ore legam.*) Mos Romanorum veterum, ut amici & cognati, admoto ad os morientis ore, extremum ejus spiritum quasi excipere & haurire velle viderentur. Moris etiam illius apud Græcos aliqua reperit vestigia Cerdanus in hunc locum.

Difficilesque obitus, Irim demisit Olympo,
Quæ luctantem animam nexosque resolveret artus.
Nam, quia nec fato, merita nec morte peribat;
Sed misera ante diem, subitòque accensa furore:
Nondum illi flavum Proserpina vertice crinem
Abstulerat, Stygioque caput damnaverat Orco.
Ergo Iris croceis per cœlum roscida pennis,
Mille trahens varios adverso Sole colores,
Devolat, & suprà caput astitit: Hunc ego Diti
Sacrum jussa fero, teque isto corpore solvo.
Sic ait, & dextra crinem secat: omnis & una
Dilapsus calor, atque in ventos vita recessit.

INTERPRETATIO.

loris & difficilis mortis, misit Irim e cælo, quæ separaret animam pugnantem & membra eidem conjuncta. Nam, quia nec moriebatur ex natura, neque morte merita; sed misera ante tempus, & inflammata subito furore: nondum Proserpina eripuerat illi flavum capillum, nec damnaverat ejus caput Stygio Orco. Igitur Iris rorifera, ducens ex opposito Sole mille colores varios, devolat per cælum croceis alis, & stetit supra ejus caput: Ego jussa offero Plutoni hunc crinem sacrum, & libero te isto corpore. Sic dixit, & dextra abscindit crinem: & simul omnis calor effusus est, ac vita abiit in aerem.

NOTÆ.

696. *Nec fato, merita, &c.*) Triplex distinguit genus mortis: quæ *fato*, quæ *merito*, quæ *casu* contingit. Contingit *fato*, quæ naturalis est; *merito*, quæ propter scelera, aut intemperantiam accidit; *casu*, quæ nec natura, nec merito. In primis duabus fatalem crinem secari desinit Virgilius, in tertia negat; quasi *fata* tantum, hominumque *merita*, sub Deorum providentiam caderent, *casus* eam falleret. At Dido cadit ante diem, non *fato* & natura, supra v. 620. Cadit *misera*, non rea, nec merito. Igitur *casu*. Quare crinis ipsi non amputatur.

698. *Flavum Proserpina crinem.*) Credebant Græci Romanique, mori neminem posse, nisi Proserpina morientis crinem abstulisset, quem sacraret sibi Inferisque primitias. Hujus opinionis multa sunt in poematibus poetis vestigia: nonnulla etiam in antiquioribus: in Euripidis Alceside v. 74. Θάνατος, sive *Mors*, crinem sacrum Alcestidi amputat, pro conjuge Admeto morituræ. Hic Iris officio illo fungitur. Mos forte repetitus e sacrificiis: ubi setas aliquot e media victimarum fronte decerpere, & in ignem conjicere solebant, Æn. 6. 245. Ita & in hominibus putabant fieri, quos Orco quasi victimas morte demittebat. De *Junone*, custode Carthaginis Dea, Æn. 1. 19. De *Proserpina*, inferorum Dea, Plutonis conjuge, Georg. 1. 39. De *Styge*, inferorum fluvio, Æn. 6. 323. De *Orco*, Deo inferorum, Georg. 1. 277.

700. *Iris croceis, &c.*) *Iris*, Deorum, & Junonis præcipue nuncia, Thaumantis, & Electræ dicitur filia: quia arcus est cœlestis, qui maximam colorum varietate admirationem facit: & *admirari*, Græce dicitur θαυμάζειν. Est autem cœlestis arcus, solaris lucis pictura, in adversa nube; eaque *roscida*; id est, non in pluviam solvenda. Colores refert varios, pro majori minorique nubis densitate; præcipue purpureum, cæruleum, viridem, croceum, qui *croceum* florem refert, ζαφράνιον. De *Dite*, Plutone, inferorum Deo, Georg. 4. 467.

P. VIRGILII MARONIS

ÆNEIDOS

LIBER V.

ARGUMENTUM.

Æneas, e Libya in Italiam navigans, deflectere in Siciliam vi tempestatis cogitur: ubi ab Aceste Trojano benevole exceptus, patri, quem illic superiore anno mors abstulerat, anniversarium celebrat sacrum, ludosque quatuor, cursum navalem, ac pedestrem, cestuum pugnam, sagittarum ejaculationem; quibus addit Ascanius equestrem decursum. Interim Trojanæ mulieres, Junonis impulsu, hortatu Iridis, tædio navigationis, incendunt naves: quarum quatuor exuruntur, cæteræ immissa a Jove pluvia servantur. Quare suadet Æneæ Nautes, ut avecto secum juvenum flore, senes ac mulieres in Sicilia relinquat. Firmat id consilium Anchises in somnis: idemque suadet Æneæ, ut appulsus in Italiam adeat Sibyllam, eaque duce descendat ad inferos, ubi posterorum seriem & eventus docebitur. Paret Æneas patris monitis, & condita in Sicilia urbe Acesta, Neptuno per Venerem conciliato, solvit in Italiam: quo in cursu Palinurus navis gubernator dormiens in mare excutitur. Delineatus est hic liber ad exemplum libri Iliad. 23. ubi ludi ab Achille ad tumulum Patrocli celebrantur.

INTEREA medium Æneas jam classe tenebat
Certus iter, fluctusque atros Aquilone secabat,
Mœnia respiciens, quæ jam infelicis Elisæ
Collucent flammis. Quæ tantum accenderit ignem,
Causa latet; duri magno sed amore dolores
Polluto, notumque, furens quid fœmina possit,
Triste per augurium Teucrorum pectora ducunt.
Ut pelagus tenuere rates, nec jam amplius ulla
Occurrit tellus, cœlum undique & undique pontus;

Ol-

INTERPRETATIO.

Interim Æneas jam tenebat medium iter, certus eundi, & vento findebat fluctus nigros, respectans ad urbem, quæ jam splendet ignibus miseræ Didonis. Ignoratur causa, quæ excitaverit tantum incendium: sed acerbi dolores, violato magno amore, & id, quod furens mulier potest facere, cognitum Trojanis, deducunt animos Trojanorum in tristia auguria. Postquam naves attigere altum mare, nec jam ulla terra amplius apparet, sed undique cœlum & undique ma-

NOTÆ.

1. *Medium.*) Non præcise mediam itineris partem, Africam inter & Siciliam; hinc enim rogi flammas videre non potuisset: sed medium id est, plenum mare: quemadmodum Polyphemus Æn. 3. 664. *Graditurque per æquor jam medium, necdum fluctus latera ardua tinxit.*

2. *Certus.*) Vel certus eundi, & ad petendam Italiam obstinatus, ut Æn. 4. 554. *Celsa in puppi jam certus eundi carpebat somnos.* Vel certus & gnarus itineris, quod jam semel confecerat, Drepano in Italiam solvens, indeque tempestate retro actus in Africam, Æn. l. 1.

Aquilone.) Vento generatim: neque enim Aquilone septentrionali vento impelli ex Africa in Italiam potuit, sed Austro potius, Aquiloni opposito: Ecl. 7. 51. De *Elisæ*, altero Didonis nomine, in argumento lib. 4. De *augurio*, quod hic pro præsagio universim sumitur, Æn. 2. 703. De *Teucris*, Trojanis, Æn. 1. 239.

Olli cæruleus supra caput astitit imber,
Noctem hyememque ferens; & inhorruit unda tenebris.
Ipse gubernator puppi Palinurus ab alta:
Heu! quianam tanti cinxerunt æthera nimbi?
Quidve, pater Neptune, paras? Sic deinde locutus,
Colligere arma jubet, validisque incumbere remis,
Obliquatque sinus in ventum, ac talia fatur:
Magnanime Ænea, non, si mihi Jupiter auctor
Spondeat, hoc sperem Italiam contingere cœlo.
Mutati transversa fremunt, & vespere ab atro
Consurgunt venti, atque in nubem cogitur aer.
Nec nos obniti contra, nec tendere tantum
Sufficimus: superat quoniam fortuna, sequamur;
Quoque vocat, vertamus iter. Nec litora longe
Fida reor fraterna Erycis, portusque Sicanos:
Si modo rite memor servata remetior astra.

Tum

INTERPRETATIO.

ro; cærulea pluvia incubuit illi in caput, invehens noctem ac tempestatem: & aqua inhorruit tenebris. Ipse gubernator Palinurus ex alta puppe exclamat: Heu! quare tanti nimbi circumdederunt cælum? quidve præparas nobis, *o pater Neptune? Sic locutus, deinde imperat eos sumere arma* nautica, *& incumbere fortibus remis, & tendit oblique vela ad ventum, & talia dicit: Generose Ænea, etiam si auctor Jupiter mihi promitteret, non sperarem attingere Italiam hac cœli temperie. Venti mutati e transverso fremunt, & flant ab obscuro occidente; & aer densatur in nubes. Nec nos possumus obluctari contra, ac ne progredi quidem: obsequamur, siquidem fortuna vincit; & convertamus iter, quo nos vocat. Et puto non procul esse fida regna Erycis fratris tui, & portus Siculos; si modo bene memor remetior*

NOTÆ.

11. *Noctem hyememque.*) *Tempestatem cum nocte.* Nocte enim hanc tempestatem contigisse hinc patet, quod astra tum observari poterant, infra v. 25. *Si modo rite memor servata remetior astra.* Porro *hyemem* sumi pro tempestate diximus Æn. 2. 116. Habentur hæc duo carmina etiam Æn. 3. 194. 195.

13. *Quianam.*) Jovianus Pontanus rescribit: *quinam tanti.* Sed contra codices omnes, atque interpretes. Et vero vox Enniana est; *Heu! quianam dictis nostris sententia flexa est!* quam antiquitatis causa affectatam a Virgilio ait Quintilianus. De *Neptuno*, Æn. 1. 129. 134.

15. *Colligere arma, &c.*) *Arma* cujuslibet artis instrumenta sunt, ut vidimus Æn. 1. 181. Atque ita supellex omnis nautica, *vela, rudentes, remi.* Obnixe tamen contendit Cerdanus, *arma*, in re nautica, nihil lignorum significare; atque adeo non *remos*, sed *vela* tantum & his affinia. Quod quamquam satis non notatum puto, tamen favet ipsi vox *colligere*, quæ proprie de velis dicitur. Erit igitur hic sensus, juxta ipsum: *Jubet colligi & contrahi vela*; ne transversi venti e cursu dejiciant: *jubet incumbi remis*; ut quantum eos e recto itinere ventorum vis amovebat, tantum labor atque industria provehat; *jubet vela, non omnino contrahi, sed obliquari*; ut aura venti saltem aliqua capiatur, quæ remigantes adjuvet. De illa *obliquatione*, infra v. 830. *De Italia*, Æn. 1. 534.

20. *Transversa.*) Neutrum plurale, pro adverbio: Græco more. Sic Æn. 9. 125. *Amnis rauca sonans.*

Vespere.) *Occidente.* Causam habes Æn. 1. 534. Et miror dici ab accuratis interpretibus, Taubmanno, Cerdano, cursum Æneæ tum ad occidentem fuisse: manifestum enim est, Carthagine solventibus Italiam, quo tunc Æneas cursum erat, esse ad septentrionem. Itaque verba hæc, *vespere ab atro consurgunt venti*, superiora explicabit, *mutati transversa fremunt*; erat enim tum transversus Æneæ ventus occidentalis, & plane in Siciliam propellebat; unde concludit Palinurus, *quoque vocat, vertamus iter*, scilicet in Siciliam.

24. *Fraterna Erycis.*) *Eryx* filius *Butæ* communiter creditur est cum Ænea matrem habere *Venerem*; reipsa *Lycasten* Siculam meretricem, quæ ob formæ elegantiam, usitato veteribus sermone, *Venus* appellata est. Avum habuit *Amycum*, regem Bebrycum circa Pontum, qui cæstuum certamine occisus est a Polluce: quapropter fugiens Butes regnum in Sicilia constituit: Eryx pariter ab Hercule cæstibus occisus est, infra vers. 412. Ex eo *nomen datum Eryci* monti atque urbi circa Lilybæum occidentale Siciliæ promontorium, de quo Æn. 3. 706. quo nunc iter Trojani deflectunt. De *Sicanis*, antiquis Siciliæ populis, Æn. 3. 687.

25. *Remetior.*) Nota enim erant jam inde maris illa Palinuro, ut modo diximus.

Tum pius Æneas: Equidem sic poscere ventos
Jamdudum, & frustra cerno te tendere contra.
Flecte viam velis. An sit mihi gratior ulla,
Quoque magis fessas optem dimittere naves,
Quam quæ Dardanium tellus mihi servat Acesten,
Et patris Anchisæ gremio complectitur ossa?
Hæc ubi dicta, petunt portus, & vela secundi
Intendunt zephyri: fertur cita gurgite classis;
Et tandem læti notæ advertuntur arenæ.
At procul excelso miratus vertice montis
Adventum, sociasque rates, occurrit Acestes,
Horridus in jaculis & pelle Libystidis ursæ:
Troia Crimiso conceptum flumine mater
Quem genuit. Veterum non immemor ille parentum
Gratatur reduces, & gaza lætus agresti
Excipit, ac fessos opibus solatur amicis.
Postera cum primo stellas oriente fugarat

Cla-

INTERPRETATIO.

tione sidera jam observato. Tunc pius Æneas ait: Certe video ventos petere hoc jamdiu, & te incassum contra niti. Detorque iter velis. An ulla terra potest esse mihi gratior, & ad quam potius cupiam appellere naves fessas, quam quæ servat mihi Trojanum Acesten, & continet sinu ossa patris Anchisæ? Postquam ea dicta sunt, tendunt ad portum, & zephyri faventes inflant vela: classis velox mari provehitur, ac demum læti applicantur noto litori. At Acestes eminens ex alto cacumine montis admiratus adventum sociarum navium, venit obviam, terribilis ob jacula, & pellem ursæ Libycæ: hunc mater Trojana peperit conceptum e Crimiso fluvio. Ille, non oblitus veterum patrum, gratulatur reversis, & lætus excipit pro rustica opulentia, & reficit fatigatos amicis opibus. Cum postera dies clara pepulisset stellas e primo orien-

NOTÆ.

36. *Acestes, &c.*) De hujus genere multa e Græcis asserunt admodum ambigua Hortensius & Cluverius. Ex iis ista colligo. Laomedon, rex Trojanus, offensus viro nobili, cujus fraude coactus erat Hesionem filiam suam marinæ belluæ exponere, virginis tres ejus filias Siculis nautis tradidit, vel mari submergendas, vel quo luberet avehendas. His in Siciliam appulsis, una e Trojanis tribus puellis filium suscepit, vel ex adolescente Trojano, qui se illis pro amore comitem addiderat, juxta Dionysium Halicarnassæum; vel ex Crimiso amne in canem converso, juxta Lycophronem. Hic hujus filius, reversus Trojam Priami temporibus, inde iterum post Trojæ excidium in Siciliam regressus est, & secum Elymum adduxit. Ibi recepti a Sicanis, & agris donati, mox Æneam eodem appulsum exceperunt, & cum eo varias illic statuerunt urbes ad occidentalem Siciliæ partem, de quibus infra vers. 718. Porro pater puellarum trium a Lycophrone *Phœnodamas*, a Servio & Pomponio *Hippotes* appellatur. Hujus filia Crimisi uxor, a Servio & Pomponio *Egesta*. Egestæ filium, de quo hic agitur, a Stephano *Egestus*, a Dionysio *Ægesthus*, a Tzetze *Ægestes*, a Virgilio & Silio *Acestes*. Fluvius pater, ex Lycophrone *Crimissus*, ex Diodoro *Crimissus*, ex Plutarcho *Crimesus*, ex Cornelio Nepote *Crinissus*, ex Virgilii variis exemplaribus *Crinisus*, *Crimisus*, & omnino emendatione, ut contendit Cluverius in Sicilia l. 2. c. *Crimisus*. Hic modo, ut idem luculenter probat, non est brevis ille fluvius, ad Segestam urbem in mare Tyrrhenum influens, vulgo *Freddo*, ut multi putant; sed major alius, ex agro Panormitano & septentrionali Siciliæ parte in meridionalem decurrens, qui cum *Hypsa* fluvio denique comminus, cum eo in mare Libycum devolvitur ad Selinuntem urbem, cum Hypsa communi dictus nomine *Belici*, aut *Belici destro*, qua in dextram Hypsæ ripam influit.

37. *Horridus in, &c.*) *In* præpositio adhibetur hoc modo ad significandum habitum, Æn. 4. 518. *In veste recincta*. *Pellium* antiquissimus usus est ad vestes, tamen post arborum folia. *Ursos* Plinius negavit nasci in Africa, ob calidiorem cœli temperiem: Cerdanus tamen multis defendit Virgilium, imprimis auctoritate Solini cap. 29. *Numidici ursi forma cæteris præstant, villis profundioribus*. Lipsius ursos Numidicos & Libycos a Romanis dictos putat non veros *ursos*, sed leones; quemadmodum *elephantes*, ab iisdem *boves lucas*, ob insolitam formam, cui nomen ex notiore animali imponebant. *Libystides*, a *Libystis*, gentile nomen est per pleonasmum forma-

tum

Clara dies, socios in cœtum litore ab omni
Advocat Æneas, tumulique ex aggere fatur:
Dardanidæ magni, genus alto a sanguine Divum,
Annuus exactis completur mensibus orbis,
Ex quo relliquias, divinique ossa parentis
Condidimus terra, mœstásque sacravimus aras.
Jamque dies, ni fallor, adest; quem semper acerbum,
Semper honoratum, sic Dii voluistis, habebo.
Hunc ego Getulis agerem si Syrtibus exul,
Argolicove mari deprensus, & urbe Mycenæ:
Annua vota tamen, solemnesque ordine pompas
Exequerer, struerémque suis altaria donis.
Nunc ultro ad cineres ipsius & ossa parentis,
Haud equidem sine mente, reor, sine numine Divum,
Adsumus, & portus delati intramus amicos.
Ergo agite, & lætum cuncti celebremus honorem:

Po-

INTERPRETATIO.

te, Æneas advocat socios in concionem e toto litore, & ex summitate tumuli sic loquitur: Trojani magni, genus e nobili sanguine Deorum, completur annuus circulus mensibus transactis, ex quo mandavimus terræ reliquias & ossa divini patris, & dedicavimus altaria funebria. Et jam, nisi decipior, adest dies, quem semper existimabo mœstum, semper colendum; sic voluistis, o Dii. Ego si hunc diem transigerem exul in syrtibus Getulis, aut interceptus mari Argolico, vel in urbe Mycenis: tamen celebrarem annua vota, & solemnes cæremonias juxta ritum, & cumularem altaria congruis muneribus. Nunc libenter adsumus ante cineres & ossa ipsius patris, certe non sine consilio & sine voluntate Deorum, ut puto: & vento impulsi ingredimur portus amicos. Agite igitur, & omnes læ-

NOTÆ.

tum a proprio *Libys.* Legunt tamen aliqui *Libyssidis*: ut sit a *Libys*, *Libyssa*; a *Libyssa*, *Libyssis*, *Libyssidis*. De *gaza*, opibus, Æn. 1. 123.

44. *Tumuli aggere.*) *Agger*, aggestio est, vel lapidum, vel terræ, unum in locum. *Tumulus*, est terræ tumor, ex illa aggestione: unde tam pro *sepulcro*, quam pro *colle* usurpatur: hic pro *colle*.

45. *Dardanidæ.*) A Dardano Jovis filio orti; ideo *a sanguine Divum*.

46. *Annuus exactis, &c.*) Anniversarius recurrit dies, Anchisæ morte consignatus. Igitur Anchises vere ineunte, hyeme exeunte, obierat. Patet id, quia I. tempus hoc ipsum adhuc hybernum vocat Dido, Æn. 4. 309. *Hyberno moliris sidere classem.* II. in ipsa profectione Trojani *frondentes ferunt ramos*, Æn. 4. 399. ex Africa autem in Siciliam cursus vix duorum triumve dierum est. III. Incerta tum erat cœli temperies, qualis primo vere: abiit Æneas ex Africa sudo cœlo, mox tempestas oritur, nunc dubitat utrum subsequens dies nona serena futura sit, v. 64. *Si nona diem &c.* IV. Terra tum vestita erat gramine & floribus, v. 79. *Purpureosque jacit flores*, v. 287. *Tendit gramineum in campum.* Nec tamen inde sequitur Æneidos opus annuum spatium prætergredi, ut ostendimus in argumento Æneidos.

48. *Condidimus terra.*) Non totum ipsum cadaver, quod sepulturæ mistum non est: sed combusti corporis *reliquias*, *ossa*, *cineres*, quæ e busto collecta tumulo deinde ac terræ mandaverat. Etsi enim apud veteres in usu fuerit, cadavera unguentis condita terræ mandare, usitatius tamen comburere, præsertim virorum illustrium apud Græcos: sic Patroclus ab Achille comburitur, ac deinde tumulatur, Iliad. 23. Sic Misenus ab Ænea, Æn. 6. De *aris geminis* ad sepulcra struendis, Æn. 3. 63. De *Getulis* Africæ populis, qui ad *Syrtes* usque pertinent, Æn. 4. 40. De *Syrtibus*, importuosis litoris Africani oris, Æn. 1. 115.

52. *Argolico mari.*) *Argolico sinu*, qui pars est Ægæi maris ad orientem Peloponnesi. *Urbe Mycenæ*: ut Æn. 1. 251. *Urbem Patavi.* Habent aliqui codices *Mycenæ*, *Mycenas*, *Mycenis*. *Argos* & *Mycenæ*, urbes Peloponnesi, Æn. 2. 180.

54. *Struerémque suis altaria donis.*) *Struerem*, explicat Turnebus *cumularem*: unde *structor* dicebatur in re coquinaria, qui fercula struebat, scite componebat, cumulabat. *Suis donis*, congruis; congrua autem erant mortuis dona, *lac*, *vinum*, *mel*, *sanguis*; ut diximus Æn. 3. 63. & mox videbitur v. 78.

56. *Sine mente, sine numine.*) Sine consilio, & voluntate Deorum. De *numine* hoc sensu, Æn. 1. 137.

Poscamus ventos, atque hæc me sacra quotannis
Urbe velit posita templis sibi ferre dicatis.
Bina boum vobis Troja generatus Acestes
Dat numero capita in naves: adhibete Penates
Et patrios epulis, & quos colit hospes Acestes.
Præterea, si nona diem mortalibus almum
Aurora extulerit, radiisque retexerit orbem,
Prima citæ Teucris ponam certamina classis.
Quique pedum cursu valet, & qui viribus audax,
Aut jaculo incedit melior, levibusque sagittis,
Seu crudo fidit pugnam committere cestu;
Cuncti adsint, meritæque expectent præmia palmæ.
Ore favete omnes, & cingite tempora ramis.
Sic fatus, velat materna tempora myrto.

Hoc

INTERPRETATIO.

anno sacrificium peragamus: petamus ventos ab eo, *& ut patiatur me urbe condita singulis annis persolvere hæc sacrificia* in *templis sibi dedicatis. Acestes oriundus Troja donat vobis capita boum duo numero per naves* singulas: *invitate ad epulas penates, & patrios, & eos, quos hospes Acestes veneratur. Insuper, si nona Aurora protulerit hominibus diem serenum, & luce detexerit orbem, proponam Trojanis pugnam velocium navium. Et qui valet cursu pedum, & qui incedit fidens viribus, aut solertior jaculo, vel levibus sagittis, sive qui audet conserere pugnam duro cestu; hi omnes adsint, & expectent præmia meritæ victoriæ. Favete omnes linguis, & circumdate capita ramis. Sic loquutus, tegit caput myr-*

NOTÆ.

59. *Poscamus ventos.*) Ab ipso Anchisa, quem ut Deum colere instituit. *Divinique ossa parentis.* Hujus autem divini cultus notæ sunt *aræ, sacra, ludi, templa dicata, vota* pro ventis obtinendis. Quorum tamen aliqua in communibus mortuorum honoribus fuisse tum usurpabantur.

63. *Adhibete Penates.*) De *Penatibus, Æn.* 2. 717. Qui *adhiberentur epulis, Æn.* 3. 177.

64. *Si nona, &c.*) *Si,* aliis *dubitantis* esse videtur, qui ideo *almum* interpretantur *serenum*: & sensus erit: *ludi nona die celebrabuntur, si serenus erit*; sin minus, in aliam diem remittentur. Aliis videtur esse *affirmantis*: & absolute sumitur pro: *cum aurora extulerit nonam diem.* Sic explicuimus *Æn.* 1. 607. *Si qua pios respectant numina.* Per *nonam diem,* alludit ad novendialia Romanorum sacra pro mortuis: servabantur enim domi cadavera septem dies, octavo cremabantur, nono reliquiæ sepulcro mandabantur.

66. *Ponam certamina.*) Pro instituam solemnia, *ponere.* Sic apud Græcos, ludorum ejusmodi designator dicebatur ἀγωνοθέτης ab ἀγὼν *certamen,* & τίθημι *pono.*

68. *Incedit.*) Sic *Æn.* 1. 50. *Divum incedo Regina.* Quæ quanquam ad majestatem incessus pertinere videri possunt, occurrit tamen mihi, *incedo* a poeta dici pro *sum.* Sic usurpatur & *venio,* Georg. 1. 29. *An Deus immensi venias maris.* De *cestu,* chirotheca e corio bubulo crudo, infra v. 401.

71. *Ore favete omnes.*) Formula apud alios auctores, *Favete linguis.* Quibus formulis dubium est, *silentium,* an *plausus* & acclamatio indicatur. Pro *silentio* facit locus Senecæ lib. de vita beata cap. 27. *Quoties mentio sacrorum literarum intervenerit, favete linguis. Hoc verbum, non ut plerique existimant, a favore trahitur; sed imperatur silentium, ut rite peragi possit sacrum, nulla voce mala obstrepente.* Pro *plausu* & acclamatione facit Ovid. Met. 15. 677. *En Deus est, Deus est, animis, linguisque favete. Quisquis adest visum venerare numen, & omnes Verba sacerdotis referunt geminata, piumque Æneadæ præstant & mente & voce favorem.* Idem in Ibin v. 96. *Quisquis ades, sacris ore favete meis. Quisquis ades, sacris lugubria dicite verba.* Hæc ut conciliem, existimo, non perpetuum *silentium* indici, neque perpetuam *acclamationem*; sed omnino *attentionem* ad sacra, ut ea tantum dicant, quæ sacrorum ritu dicenda sunt: a cæteris omnibus verbis abstineant: Interpretationem adjuvat Ovidius loco citato, cum ait, *animis linguisque favete*; quibus eumdem *animis* ac *linguis* exhiberi favorem jubet. At non jubet, nihil omnino animis intus ac mente cogitari, sed ea duntaxat quæ ad Deum, & sacra pertinent; ita ore omnino nihil dici, sed ea quæ eo etiam spectent. Et vero Seneca vocem tantum *malam* & *obstrepentem* arcet; Horatius Od. 3. 1. 1. tantum *profanum vulgus,* id est, profanis sermonibus indulgens: Ovidius loquentes inducit ea solum, quæ sacrificio conveniant, ut patebit superiora exempla relegenti. Latini autem veteres hujus auctores formulæ, cum eam vocibus ambiguis expresserint, *favete ore, linguis*; una autem *favete verbis, tacentes, silentio*; indicare videntur voluisse temperantiam illam loquendi ac tacendi vicem.

72. *Materna myrto.*) Veneri, Æneæ matri, di-

Hoc Elymus facit, hoc ævi maturus Acestes,
Hoc puer Ascanius: sequitur quos cætera pubes.
Ille e concilio multis cum millibus ibat
Ad tumulum, magna medius comitante caterva.
Hic duo rite mero libans carchesia Baccho
Fundit humi, duo lacte novo, duo sanguine sacro:
Purpureosque jacit flores, ac talia fatur:
Salve, sancte parens: iterum salvete, recepti
Nequicquam cineres, animæque, umbræque paternæ.
Non licuit fines Italos, fataliaque arva,
Nec tecum Ausonium, quicumque est, quærere Tybrim.
Dixerat hæc, adytis cum lubricus anguis ab imis
Septem ingens gyros, septena volumina traxit,
Amplexus placide tumulum, lapsusque per aras:
Cæruleæ cui terga notæ, maculosus & auro
Squamam incendebat fulgor: ceu nubibus arcus
Mille trahit varios adverso Sole colores.

Ob-

INTERPRETATIO.

to matris suæ. Elymus idem facit, idem Acestes grandior natu, idem puer Ascanius: quos reliqua juventus imitatur. Æneas cum multis millibus ibat e concione ad sepulcrum medius in magna turba circumfusa. Illic juxta ritum effundit stillans in terram duo pocula puri vini, duo lactis recentis, duo sanguinis sacri, spargitque flores purpureos, & profert talia: Salve, sancte pater: salvete rursus, frustra recuperati cineres, & anima, & umbra paterna. Non fas fuit quærere tecum regionem Italam, & agros fatales, nec Ausonium Tybrim, quisquis ille sit. Hæc protulerat, cum serpens lubricus, ingens, eduxit ex intimis penetralibus sepulcri septem sinus, septem plexus; tranquille circumdans sepulcrum, & labens inter aras: cui maculæ cærulea illustrabant dorsum, & fulgor auro interpunctas squamas: quemadmodum arcus in nubibus concipit mille diver-

NOTÆ.

gata arbore. Unde ad coronas autumi ab Ænea electus, ut deinde a Romanis in oppione, Ecl. 3. 57.

73. *Elymus.*) Hic, ex Strabone, Dionysio, Lycophronis interprete Isaaco Tzetze, fuit Trojanus. Post excidium Trojæ in Siciliam ab Aceste advectus fuit, ut diximus v. 36. Addit Tzetzes, fuisse spurium Anchisæ filium. Testatur Dionysius, regio genere ortum esse; ideoque novos illos Siciliæ incolas Trojanos, universim suo nomine *Elymos* appellatos. Negare videtur Virgilius fuisse Trojanum Anchisæ filium, & regio sanguine oriundum; siquidem eum concertationis verbis Siculum testatur v. 300. *Tum duo Trinacrii juvenes, Elymus, Panopesque.* Deinde nullam ei laudem ab Æneæ consanguinitate, & regia origine tribuit: quod certe non omisisset, qui eundem loco vers. 297. Diorem commendat a *stirpe Priami*, & vers. 24. Erycem *fratrem* Æneæ appellavit. Itaque hoc unum fatetur vers. 376. Elymum fuisse *comitem senioris Acestæ*: cui se comitem adjungere tum in ipsa Sicilia, quam in Troade potuit.

77. *Carchesia Baccho.*) De *Carchesiis*, poculis Georg. 4. 380. De *Baccho*, vino, Ecl. 5. 69. De *sacris funebribus*, lacte, vino, sanguine, Æn. 3. 66.

79. *Purpureos flores.*) Vel rosas intelligit; flores dicatos Veneri, Anchisæ amatrici; vel generatim flores quoscumque purpureos.

80. *Iterum salvete recepti.*) Iterum salvete; non autem, iterum recepti. Iterum, inquit; sive quia jam anno superiore exequiis patrem honoraverat, salutaveratque funebri more; sive quia modo dixit, salve, sancte parens; ergo iterum salve: ter enim extrema illa salutatio repetebatur in Romanorum funeribus vale; cui synonymum est salve, ex Varrone apud Servium: non quod salutem iis valetudinemque optarent, qua frui ultra non poterant; sed pacem saltem & gaudium in altero statu. *Recepti nequicquam cineres.*) Per cineres, ait Servius, patrem intelligit, quem a Trojano excidio frustra liberaverat. Immo, cineres, ipsos intelligit, quos anno superiore reliquerat in Sicilia, nunc iterum revisit reddita suo, ac revisit; nequicquam tamen; quia non confert reditus, ut cum eo adire Italiam liceat. *Animæque umbræque.* Vel plurali numero usus est pro singulari, ut passim poetæ: vel reipsa plures putavit esse animas, de quibus commodius disseremus Æn. 6. v. 724. & sequentibus.

82. *Fines Italos.*) De Italia, Æn. 1. 534. De *Ausonia*, Italiæ nomine, Æn. 3. 171. De *Tybri*, Italiæ fluvio, Æn. 1. 17. De *adytis*, locis intimis, Æn. 2. 297. De *squamis*, Georg. 4. 13. De *arcu*, seu Iride, Æn. 4. 700. De *agmine*, in serpen-

Obstupuit visu Æneas: ille agmine longo
Tandem inter pateras & levia pocula serpens,
Libavitque dapes, rursusque innoxius imo
Successit tumulo, & depasta altaria liquit.
Hoc magis inceptos genitori instaurat honores:
Incertus, Geniumne loci, famulumne parentis
Esse putet: cædit quinas de more bidentes,
Totque sues, totidem nigrantes terga juvencos:
Vinaque fundebat pateris, animamque vocabat
Anchisæ magni, manesque Acheronte remissos.
Necnon & socii, quæ cuique est copia, læti
Dona ferunt, onerantque aras, mactantque juvencos.
Ordine ahena locant alii: fusique per herbam
Subjiciunt verubus prunas, & viscera torrent.
Expectata dies aderat, nonamque serena

Au-

INTERPRETATIO.

sos colores, Sole opposito. Æneas videns stupefactus est: ille demum repens longo tractu inter pateras poculaque polita, & degustavit cibos, & innocuus rediit iterum in profundum sepulcrum, & reliquit aras degustatas. Tanto magis Æneas perficit sacra inchoata in honorem *patris, dubitans, an Genium loci, an famulum patris existimet eum esse: mactat juxta consuetudinem quinque oves, & totidem sues, totidem juvencos nigros tergoribus: & effundebat vinum e pateris; & appellabat animam magni Anchisæ, & manes ejus emissos ex inferis. Pariter & socii offerunt læti munera* secundum *facultatem, quæ est unicuique: & onerant altaria, & immolant juvencos. Alii disponunt ærea vasa* per *ordinem, & strati super herba supponunt prunas verubus, & torrent viscera. Dies optata advenerat, & jam equi Phaethontis advehebant*

NOTÆ.

pentibus, Georg. 3. 423. De verbo *libavit*, degustavit, Æn. 1. 740.

93. *Depasta altaria.*) Non ab igne, victimas consumente, nondum enim cæsæ fuerant victimæ, sed ab ipso serpente, qui prima dona libaverat.

94. *Instaurat.*) Renovat incepta sacrificia: jam enim fuderat vina vers. 78. rursusque iterum fundit v. 98. Quid ita? an quia sacrificia serpentis occursu turbata esse putabat? At bono erat omini serpentis occursus. An quia dum prævia sacrificia e floribus & liquoribus, quasi mortuo homini obtulerit; nunc viso serpente, majora offerenda existimat, quasi heroi, inter Deos admisso? Certe non admodum diversa ab his sacrificia Plutoni, Proserpinæ, Diisque inferorum alibi offert, Æn. 6. 243.

95. *Geniumne loci, famulumne, &c.*) Genii & custodes locis, urbibus, domibus attribui solebant; ut & hominibus singulis attribui solitos diximus Ecl. 4. 63. *Famulos* item majoribus Diis eodem assignabant, eosque e brutis animantibus plerumque assumebant. Sic Æn. 6. 190. columbæ ministræ sunt Veneris, ut Æneam ad auream arborem deducant. Sic ex Silio Italico lib. 13. 124. apud Capuam: *Numen erat jam cervus loci, famulamque Dianæ credebant.* Sic aquila Jovi, sic ex Plutarcho in Cleomene dracones heroibus sacri putabantur: unde hic anguis Anchisæ famulus.

96. *Cædit quinas de more bidentes.*) Vel cædit *de more*, id est, non per seipsum, sed per famulos, more pontificum Romanorum. Vel *oves de more bidentes*, id est, *biennes*, aut *ambidentes*, de quibus Æn. 4. 57. Vel *quinas, de more* scilicet Diis adhibito; quibus numero impari victimæ cædebantur, quia *numero Deus impare gaudet*: inferis autem numero pari, Æn. 6. 243. Igitur offert Æneas patri quinque pecudes, ut jam cœlesti Divo, easque nigrantes, ut ex inferis assumpto. Notatque Turnebus ejusmodi sacrificia Romanis *suovetaurilia* dicta esse; quia sus, ovis, & taurus fiebant.

98. *Animamque vocabat, &c.*) Non simpliciter inclamat, invitatque ad sepulcra, et aras, ut sacrificiorum sanguine pascatur: quemadmodum pascuntur animæ mortuorum, imprimisque Tiresiæ apud Homer. Odyss. 11. 95. quemadmodum Achilles tota nocte circa Patrocli rogum vina fundit, animam ejus vocans, Iliad. 23. 221. Non ita inquam, Sed invocat, ut sibi ad id propitius pater, cujus manes *Acheronte remissos* putat, & inter Deos vitam degere. De *Acheronte*, inferorum fluvio, Æn. 6. 142. De *manibus*, Georg. 4. 469.

102. *Ahena.*) Vasa ærea: vel ad lavanda corpora, vel ad elixandas carnes. Licet enim Homerus heroibus suis elixas carnes non paret, ut notat Plato de rep. lib. 3. has tamen prius elixas illis temporibus in usu fuisse notavimus, Æn. 1. 213. De epulis post sacrificia plura vide Æn. 8. 180.

Auroram Phaethontis equi jam luce vehebant:
Famaque finitimos & clari nomen Acestæ
Excierat: læto complerant litora cœtu,
Visuri Æneadas, pars & certare parati.
Munera principio ante oculos, circoque locantur
In medio: sacri tripodes, viridesque coronæ,
Et palmæ, pretium victoribus; armaque, & ostro
Perfusæ vestes, argenti aurique talenta:
Et tuba commissos medio canit aggere ludos.
Prima pares ineunt gravibus certamina remis,
Quatuor ex omni delectæ classe carinæ.
Velocem Mnestheus agit acri remige Pristin;
Mox Italus Mnestheus, genus a quo nomine Memmi:
Ingentemque Gyas ingenti mole Chimæram,

Ur-

INTERPRETATIO.

nonam Auroram sereno lumine: & fama et nomen illustris Acestæ eduxerat vicinos: occupaverant litus hilari multitudine, partim *visuri* Trojanos, *partim etiam parati certare. Primo præmia statuuntur ante oculos & in medio circo: sacri tripodes, & virentes coronæ, & palmæ, dona victoribus destinata; & arma, & vestes intinctæ purpura, pondera argenti & auri: & medio e tumulo tuba canit indictos ludos. Quatuor naves, pares vastis remis, electæ e tota classe, incipiunt primum certamen. Mnestheus agitat fortibus remigibus celerem Pristin; Mnestheus,* inquam, *mox Italus, a quo nomine oritur familia Memmii: & Gyas magnam*

NOTÆ.

105\. *Auroram Phaethontis equi.*) *Phaethon* hic, vel Solis est filius, qui cum a patre diurnum regimen currus extorsisset precibus, & equos imperite regeret, ex iis a Jove in Eridanum Italiæ fluvium fulmine excussus est: Ovid. Met. 2. Vel potius *Sol ipse* est, qui dicitur ab Homero Odyss. Ψ. 330. Ἠέλιος φαέθων, *Sol Phaethon*, id est, *splendens*. Ejus equi quatuor, *Pyrois* a πῦρ *ignis*; *Eous*, ab ἠὼς *Aurora*; *Æthon*, ab αἴθω *uro*; *Phlegon*, a φλέγω *inflammo*. De *Aurora*, Georg. 1. 249.

110\. *Tripodes &c.*) *Tripus* proprie sellæ mensæve species, tribus nixa pedibus; cui quandoque insidebatur, sæpe imponebantur lebetes cratereque ad libamina, Æn. 3. 359. *Sacer* dicitur, quia in templo Delphico, è quo omni divina magni erat usus; tum viris fortibus donabatur in præmium, unde Horat. Od. lib. 4. 8. *Donarem tripodas præmia fortium Graiorum.*

111\. *Et palmæ, pretium victoribus.*) Id est, pretium solemne & vulgare victoribus omnibus. Quærit hinc Plutarchus Sympos. lib. 8. quæst. 4. *Cur sacrorum certaminum aliud aliam habeat coronam, palma sit communis omnibus.* Respondetque hoc ideo usu venisse, quod viro forti palmæ persimilis, non deprimatur onere, sed contra magis obluctetur. De *ostro*, ostreo, sive conchylio, unde purpura expolitur, Georg. 2. 506.

112\. *Talenta.*) Τάλαντον, a τλάω *sufferre*: quia primo librum significavit, qua pondera appendebantur: tum quodvis magnum auri argentique pondus: denique certum determinatumque pondus, varium tamen apud varias gentes. Celeberrimum Atticum talentum, quod sic describitur a Rhemnio Fannio:

Cecropium superat post hæc duo talentum,
Sexaginta minas, seu sex, sunt millia drachmæ,
Quod summum doctis perhibetur pondus Athenis.

Porro *drachma* Attica, *denario* Romano, & *gros* Francico æquiparatur. *Grossus* porro est *marcæ* sexagesima quarta. *Marca* signati argenti hoc anno 1714. Ludovicos argenteos capit octo; hoc est, libras nostras sive Francos quadraginta. Grossus igitur valet octo solidos cum denariolis paulo minus tribus: qui grossi sexies millies repetiti Francicos conficiunt 2550. Et hic valor est *argentei talenti* Attici ad modum nostrum revocati. *Aurei* autem *talenti* valorem conjicere, habita auri cum argento comparatione: aurum enim Græcum Romanumque duodecies argenti valorem; Francicum etiam ac decies & amplius nunc superat. *Cætera*, infra v. 248.

114\. *Prima pares, &c.*) I. LUDUS, *navium decursus*. Cujus exemplum in Homero non habuit Virgilius; nec vero voluit cursum illum equestrem imitari, quia Homerus in eo plus operæ studiique posuerat; ludos alios imitaturus, quos ille minus diligenter scripserat, Iliad. Ψ.

116\. *Pristin, &c.*) Naves quatuor, æquales magnitudine ac robore, suis insignitæ nominibus, quæ e pictis in puppi monstris repetita. *Prima Pristis* appicta erat marina bellua, e balænarum genere, de qua Æn. 3. 427. *Secunda Chimæra*, ignivomum ac triforme monstrum: quod ex Ovid. Metam. 9. 647. *medio in partibus hircum, pectus & ora leo, caudam serpentis habebat*. De ea Æn. 6. 288. Tertiam ornabat *Centauri* pictura ex equina & humana specie conflata, de quo Georg. 2. 456. Quartam *Scyllæ*, marini in freto Siculo monstri, effigies, quam explicuimus Æn. 3. 427.

117\. *Mox Italus Mnestheus, &c.*) Ut nobili-

bus

Urbis opus; triplici pubes quam Dardana versu
Impellunt, terno consurgunt ordine remi.
Sergestusque, domus tenet a quo Sergia nomen,
Centauro invehitur magna: Scyllaque Cloanthus
Cærulea, genus unde tibi, Romane Cluenti.
Est procul in pelago saxum, spumantia contra
Litora; quod tumidis submersum tunditur olim
Fluctibus, hyberni condunt ubi sidera Cori:
Tranquillo silet, immotaque attollitur unda
Campus, & apricis statio gratissima mergis.
Hic viridem Æneas frondenti ex ilice metam
Constituit, signum nautis, pater: unde reverti
Scirent, & longos ubi circumflectere cursus.
Tum loca sorte legunt: ipsique in puppibus auro
Ductores longe effulgent ostroque decori:
Cætera populea velatur fronde juventus,

No-

INTERPRETATIO.

Chimæram, magna mole, opus instar urbis; quam juvenes Trojani triplici versu impellunt, cui remi surgunt triplici ordine. Et Sergestus, a quo familia Sergia trahit nomen, vehitur Centauro magna: & Cloanthus, unde tibi origo est, o Cluenti Romane, vehitur Scylla cærulea. Procul in mari, adversus spumosum litus, est rupes, quæ aliquando mersa verberatur fluctibus, quando hyemales Cori abscondunt astra: at tranquillo tempore silet, & erigitur ex immotis aquis, veluti campus, & perfugium gratissimum mergis apricantibus. Illic pater Æneas ponit metam e frondosa ilice, quæ esset signum nautis: a qua scirent redire, & circa quam flectere longos circuitus. Deinde sorte capiunt loca: & ipsi duces e puppibus procul resplendent, insignes auro & purpura: reliqui juvenes coronantur po-

NOTÆ.

bus Romanorum familiis gratificetur, eas a Trojanis deducit, a Mnestheo *Memmios*, a Sergesto *Sergios*, a Cloantho *Cluentios*. Addunt alii etiam, a Gya, *Geganios*: quod tamen Virgilii testimonio caret.

119. *Urbis opus.*) *Urbis instar*; in qua tantum operis fuerit, quantum in urbe condenda. Sic apud Cicer. Act. in Ver. 5. 89. *Erat illa navis constrata, & ita magna, ut si in prædonum pugna versaretur, urbis instar haberi inter illos piraticos myoparones videretur.*

Triplici versu, &c.) *Triremem* significat navem: qualem tamen Trojanis temporibus nondum fuisse probabile est; sed Poeta ut multa alia, sic & illud per anticipationem dicere liquit. Quid sit autem in navibus *versus* & *ordo* remorum duplex, triplex, quadruplex, unde *biremes*, *triremes*, *quadriremes*, &c. appellantur, valde ambiguum est. Quia tamen ex Virgilio, *triplici consurgunt ordine remi*, constat in utroque navis latere remigum ordines extitisse alios aliis superpositos: non ita tamen, ut superiorum remigum pedes inferiorum capitibus impenderent, perpendiculari, ut aiunt, rectaque linea; sic enim latera navium exstruenda altius fuissent: sed ita, ut transtra, quæ & *juga* & *transtra* dicuntur, oblique a summo ad imum instar graduum dispositis insisterent remiges, quorum superior ordo ibi figebat pedes, ubi ordo inferior sedebat. Porro series illa remigum, a summo latere ad imam carinam oblique numerata, *ordines* dicebantur; & pro multiplici *ordine* navis erat *biremis*, *triremis*, *quadriremis*, a Ptolemæo Philopatore exstructa etiam *quadraginta* ordinum: at eadem series, a prora ad puppim numerata, dicebantur *versus*, & sic in singulis lateribus *versus* aliquando viginti quinque, aliquando plures; & in Ptolemæi navi, quæ quadraginta *ordinum* fuit & quater mille remigum, versus quinquaginta fuere. Igitur Chimæra hæc Virgiliana, quæ *triplici versu*, *triplici ordine* instructa erat, remiges in singulis lateribus novem, tota nave octodecim capiebat.

125. *Olim.*) *Aliquando*, indefinite. Sic Georg. 3. 303. *Cum frigidus olim jam cadit.*

126. *Hyberni Cori, &c.*) *Corus* ventus flat ab occasu æstivo. *Hybernus* dicitur, seu frigidus, quia tum maxime ad septentrionales ventos accedit. *Condit sidera* nimbis inductis. Scribitur etiam *Caurus*.

128. *Apricis mergis.*) Avibus aquaticis, *mergo*, quæ cum frequenter se aquis immergant, amant ad Solem siccare se in locis *apricis*, id est, Soli expositis. De voce *apricis* Ecl. 9. 49.

129. *Metam.*) *Meta* est *extremitas*, *terminus*: sive in agris, sive in circo: vulgo e lapidibus oblongis, in acumen ac pyramidem erectis. Talis erat Romano in circo figura metarum, quas in extremo desertu bigæ & quadrigæ circumflectebant:

eo

Nudatosque humeros oleo perfusa nitescit:
Considunt transtris, intentaque brachia remis
Intenti expectant signum: exultantiaque haurit
Corda pavor pulsans, laudumque arrecta cupido.
Inde ubi clara dedit sonitum tuba, finibus omnes,
Haud mora, prosiluere suis: ferit aethera clamor
Nauticus, adductis spumant freta versa lacertis.
Infindunt pariter sulcos, totumque dehiscit
Convulsum remis rostrisque tridentibus aequor.
Non tam praecipites bijugo certamine campum
Corripuere, ruuntque effusi carcere currus.
Nec sic immissis aurigae undantia lora
Concussere jugis, pronique in verbera pendent.
Tum plausu fremituque virum studiisque faventum
Consonat omne nemus, vocemque inclusa volutant
Litora, pulsati colles clamore resultant.
Effugit ante alios, primusque elabitur undis
Turbam inter fremitumque Gyas: quem deinde Cloanthus
Consequitur, melior remis; sed pondere pinus
Tarda tenet. Post hos aequo discrimine Pristis
Centaurusque locum tendunt superare priorem.
Et nunc Pristis habet; nunc victam praeterit ingens

Cen-

INTERPRETATIO.

populeis foliis, & renident nudi oleo per nudos humeros: sedent in transtris, & expectant signum attenti secundum brachia remis intenta: & metus pulsans, atque arrectum desiderium gloriae, fatigat corda subsultantia. Deinde quando clara tuba emisit sonum, non est mora, omnes e terminis suis prorumpunt: nauticus clamor pulsat caelum, fluctus turbati adductis brachiis spumant: pari impetu imprimunt sulcos in aquis, & totum mare eversum remis & rostris trifidis aperitur. Non tam celeres currus invadunt campum in certamine bigarum, & erumpunt emissi e carcere. Nec ita aurigae immissis jugis quatiunt habenas sinuosas, & proni extenduntur ad verberandum equos. Tum omnis silva resonat plausu & fremitu hominum & acclamationibus faventium, & litora volvunt murmur inclusum: colles icti clamoribus, eum remittunt. Gyas primus abit ante alios, & evadit per undas inter fremitum multitudinis: quem deinde Cloanthus sequitur, melior instructus remis, sed navis gravior male ipsum retinet. Post illos aequali intervallo Pristis & Centaurus conantur attingere priorem locum. Et nunc

NOTÆ.

eo alludit Virgilius; & quamquam illic ramus hanc figuram non refert, refert tamen quomodocumque ipsas rupes, cui ramus infigitur. De myrto, purpurea, Georg. 2. 64. De *populo*, Ital. *pioppo*, Georg. 2. 13. De *ilice*, Ital. *leccio*, Ecl. 1. 18.

135. *Oleo.*) Ad membra roboranda: unde etiam eo luctatores ungebantur, Æn. 3. 280. De *transtris*, scamnis remigum, supra v. 119.

137. *Haurit corda pavor &c.*) Versum jam explicuimus, Georg. 3. 105.

143. *Rostrisque tridentibus.*) Passim legebatur olim *stridentibus*; sed obstat mensura primae syllabae, quae ubique longa est. Sed a viris doctis Academiae Neapolitanae profecta est superiore saeculo illa correctio, quae vel summa; utpote cum antiqua navium specie veterumque nummis ac pictura convenientissima, quarum in prora rostrum trifidum ex aere bifidumve adjiciatur, ad hostiles naves in incursu vulnerandas.

144. *Bijugo certamine, &c.*) Curru *bigarum & quadrigarum*: de quibus Georg. 3. 18. De *carceribus*, infra v. 288. *Juga*, ligna transversa, quibus equi temoni curros alligabantur: hic vero, juxta aliquos, pro ipsis *jugalibus equis* usurpantur.

149. *Vocemque inclusa volutant litora.*) Commutatio est pro, *vocemque inclusam volutant*.

Centaurus; nunc una ambæ junctisque feruntur
Frontibus, & longa sulcant vada salsa carina.
Jamque propinquabant scopulo, metamque tenebant,
Cum princeps medioque Gyas in gurgite victor
Rectorem navis compellat voce Menœten:
Quo tantum mihi dexter abis? huc dirige cursum,
Litus ama, & lævas stringat sine palmula cautes:
Altum alii teneant. Dixit: sed cæca Menœtes
Saxa timens, proram pelagi detorquet ad undas.
Quo diversus abis? iterum, pete saxa, Menœte,
Cum clamore Gyas revocabat: & ecce Cloanthum
Respicit instantem tergo, & propiora tenentem.
Ille inter navemque Gyæ scopulosque sonantes
Radit iter lævum interior, subitusque priorem
Præterit, & metis tenet æquora tuta relictis.
Tum vero exarsit juveni dolor ossibus ingens,
Nec lacrymis caruere genæ: segnemque Menœten,
Oblitus decorisque sui sociumque salutis,
In mare præcipitem puppi deturbat ab alta.
Ipse gubernaclo rector subit, ipse magister;

Hor-

INTERPRETATIO.

Pristis præit; nunc magna Centaurus præcedit eam victam; nunc ambæ currunt simul æquatis proris, & longis carinis secant salsos fluctus. Et jam appropinquabant scopulo, & attingebant terminum, cum Gyas, qui *primus erat, & victor medio in mari, increpat his verbis Menœten gubernatorem navis suæ: Quo tantum recedis mihi ad dextram? huc flecte cursum, adhære litori* rupis, *& permitte ut remi radant sinistra saxa; alii currant pleniore mari.* Sic *dixit: sed Menœtes metuens occulta saxa, detorquet proram ad undas maris. Quo recedis diversus? iterum revocabat eum Gyas repetens cum clamore; Pete saxa, o Menœte: & interim videt Cloanthum imminentem dorso, & tenentem proxima spatia. Ille* Cloanthus *interior radit sinistram viam inter navem Gyæ & saxa sonantia, & repentinus prætergreditur* Gyam, qui modo fuerat *prior, & tenet securum mare metis prætervectis. Tunc autem ingens dolor accensus est in medullis juvenis, & genæ non caruerunt lacrymis, & immemor dignitatis suæ & vitæ sociorum dejicit tardum Menœten ex alta puppe pronum in mare. Ipse succedit gubernaculo moderator, ipse magi-*

NOTÆ.

162. *Mihi dexter abis.*) *Mihi abis*: abundat hic *mihi*, ut alibi sæpe, & Georg. 3. 16. *In medio mihi Cæsar erit.*

163. *Litus ama.*) *Accede propius ad litus.* Sic Horat. Od. lib. 1. 25. 3. *Amatque janua limen.* Jubet igitur ut navem admoveat propius litori, non Siciliæ quidem, sed rupis & metæ, ne latiore cursu eam circumeundo ab aliis insequentibus superetur.

Palmula.) Pars extrema remi planior & in modum humanæ palmæ protensa. Catull. in Phaselo vers. 4. *Sive palmulis opus foret volare sive linteo.*

170. *Interior.*) Quicquid sit de hujus vocis significatione in hominum congressu & incessu, *dextram* an *sinistram* partem notet: certum est in decursu circensi interiorem partem *sinistram* esse: quia, cum in circo meta ad sinistram currenti esset, brevior circa eam flexus *sinister* erat, isque metæ propior atque *interior*: *dexter* autem *exterior* atque a meta remotior. Igitur, cum navalis hic ludus circensem imitetur, hic *interior* est *sinister*. De *circo* & *metis*, infra v. 288.

171. *Tuta.*) Nempe a periculo scopulorum, qui metam circumstabant: nondum tamen omnino tuta, quia nondum victoria parta erat: post metam quippe superatam, & aliqua ex parte circumitam, in portum sinistro cursu redeundum erat, ut dicemus infra v. 235.

174. *Decoris sui, sociumque, &c.*) *Decoris sui*, quia indignum est principem virum ab aliquo pronum suis manibus ejicere. *Socium salutis*, id est, *salutis sociorum*, quæ amisso gubernatore periclitabatur. Nec placet Cerdanus, qui *socium* agnoscit accusativo casu; tum quia multi vetiti regimen, *oblitus decoris*, *sociumque*;

tum

Hortaturque viros, clavumque ad litora torquet.
At gravis ut fundo vix tandem redditus imo est
Jam senior, madidaque fluens in veste Menoetes,
Summa petit scopuli, siccaque in rupe resedit.
Illum & labentem Teucri, & risere natantem,
Et salsos rident revomentem pectore fluctus.
Hic laeta extremis spes est accensa duobus,
Sergesto Mnestheoque, Gyan superare morantem.
Sergestus capit ante locum, scopuloque propinquat:
Nec tota tamen ille prior praeeunte carina:
Parte prior, partem rostro premit aemula Pristis.
At media socios incedens nave per ipsos
Hortatur Mnestheus: Nunc, nunc insurgite remis
Hectorei socii, Trojae quos sorte suprema
Delegi comites: nunc illas promite vires,
Nunc animos, quibus in Getulis syrtibus usi,
Ionioque mari, Maleaeque sequacibus undis.
Non jam prima peto Mnestheus, neque vincere certo.
Quanquam o! sed superent, quibus hoc, Neptune, dedisti.
Extremos pudeat rediisse: hoc vincite, cives,
Et prohibete nefas. Olli certamine summo
Procumbunt: vastis tremit ictibus aerea puppis,

Sub-

INTERPRETATIO.

atae navis: & hortatur nautas, & vertit clavum ad litora metae. *Sed Menoetes, postquam gravatus* undis, *aegre tandem emersus est ex imo fundo, jam senior, fluens humida in veste, conscendit summitatem rupis & sedit in arido saxo. Trojani riserunt illum, & cadentem, & enatantem: & rident revomentem e pectore salsam aquam. Tunc bona spes superandi* Gyam *tardantem orta est ultimis duobus, Sergesto & Mnestheo. Sergestus anticipat spatium, & appropinquat rupi: nec tamen ille prior est, tota navi praecedente: prior est ex parte, & aemula Pristis urget rostro* aliam *partem. Sed Mnestheus ambulans media* in *navi inter ipsos socios, eos hortatur: Nunc, nunc insurgite in remos, o Trojani socii, quos in extremo exitio Trojae elegi comites: nunc exerite illud robur, illam fortitudinem, qua usi estis in syrtibus Getulis, & mari Ionio, & infestis aquis Maleae. Non jam peto prima* loca ego *Mnestheus* modo victor, *neque contendo vincere. Tamen o* utinam possem! *Sed vincant quibus hoc concessisti, o Neptune. Pudeat nos ultimos reverti: hoc superate, o cives, & impedite* hoc *dedecus. Illi summa contentione incumbunt* in remos: *navis aerata tremit ma-*

NOTAE.

tum quis non videt, qui dici possit Menoetes *reditus salutis.*

177. *Clavumque.*) Pars in summo gubernaculo transversa, instar capuli, qua gubernaculum regitur. Gubernaculum vero, remus erat longior latiorque ad puppim religatus, quo certum navis gubernator moderabatur. De *Teucris*, Trojanis, Æn. 1. 239.

184. *Carina.*) Ima trabs est, navis totius fabricam fulciens, & instar spinae a prora ad puppim decurrens. De *rostro*, v. 143. De *Getulis*, Æn. 4. 40. De *Syrtibus*, Æn. 1. 115. De *Ionio mari*, Æn. 3. 210.

193. *Maleaeque sequacibus undis.*) Malea promontorium est Peloponnesi, sinum inter Argolicum & Laconicum, nunc *Capo Malio di S. Angelo:* procellis infestum; unde *sequaces* ejus dicuntur undae, quasi naves insequerentur. Superatum autem ab Ænea fuit, cum e Sporadibus & Cycladibus insulis ad Strophades iter fecit, Æn. 3.

195. *Quanquam o! sed, &c.*) Duplex affectus. I. Victoriae optatio: *Non vincere certo: quanquam o! vellem, scilicet, vincere.* II. Correctio: *Sed tamen vincant illi, quibus hoc, Neptune, dedisti.* De *Neptuno*, Æn. 1. 129.

Subtrahiturque solum: tum creber anhelitus artus
Aridaque ora quatit: sudor fluit undique rivis.
Attulit ipse viris optatum casus honorem.
Namque furens animi dum proram ad saxa suburget
Interior, spatioque subit Sergestus iniquo,
Infelix saxis in procurrentibus hæsit.
Concussæ cautes, & acuto in murice remi
Obnixi crepuere, illisaque prora pependit.
Consurgunt nautæ, & magno clamore morantur:
Ferratasque sudes & acuta cuspide contos
Expediunt, fractosque legunt in gurgite remos.
At lætus Mnestheus successuque acrior ipso,
Agmine remorum celeri, ventisque vocatis,
Prona petit maria, & pelago decurrit aperto.
Qualis spelunca subito commota columba,
Cui domus & dulces latebroso in pumice nidi,
Fertur in arva volans, plausumque exterrita pennis
Dat tecto ingentem: mox aere lapsa quieto
Radit iter liquidum, celeres neque commovet alas.
Sic Mnestheus, sic ipsa fuga secat ultima Pristis

Æ-

INTERPRETATIO.

guo successu, & aqua subducitur: tunc frequens anhelitus concutit membra & sicca ora remigum: *sudor fluit undique* in *rivos. Ipsa fortuna attulit viris gloriam cupitam. Nam dum Sergestus ardens animi impellit proram ad scopulos, inter* scopulos & Mnestheum, *& labitur spatio angusto, miser adhæsit scopulis protensis* sub aqua. *Rupes commota* sunt, *& remi impacti in acutum saxum crepuerunt, & prora allisa* stetit *suspensa* in scopulis. *Consurgunt nautæ, & magno* cum *clamore sistunt: & adhibent ferratas trudes, ac perticas acuminata cuspide: & colligunt e mari remos fractos. At Mnestheus gaudens & ardentior ex illo successu, veloci impulsu remorum, & invocatis ventis, secat undas faciles, & navigat patenti mari. Qualis columba, cui domus & nidi sunt in cavo saxo, repente excita e spelunca fugit in campos volans, & territa dat alis ictum ingentem domui suæ: mox elapsa in aerem tranquillum, secat viam tenuem, nec movet celeres alas. Sic Mnestheus, sic ipsa ejus Pristis findit fugiens extremum* spatium æ-

NOTÆ.

199. *Subtrahiturque solum.*) Subtracta maris aqua non mutari, sed quasi per vim subtrahi videtur retro, tanto impetu navis porro impellitur: *solum* enim est quicquid alteri substernitur, ut ostendimus Ecl. 6. 35.

203. *Interior.*) *Inter* Mnestheum & metam, flexum breviorem & *sinistrum* capiens; supra vers. 170.

205. *Murice.*) Saxo acuto, aspero ac prominente; sic dicto a *murice*, ostreo, unde purpureus liquor exprimitur; cujus conchylium fastigiatum & acutum est.

208. *Sudes .... contos, &c.*) Perticæ, quæ Tacito *trudes* appellantur: quibus vado inhærens impellitur navis, aut inertia alia moles promovetur. Monetque Isidorus *cuspidem conti*, ferro non armatam esse, sed tantum ex ipso ligno acuminatam.

211. *Agmine remorum.*) Actu motuque remorum ordinato, & per quamdam successionem continuo. De illa voce, Georg. 1. 431.

212. *Prona maria.*) Secunda, facilia, sine ullo jam obstaculo; cursu tam facili, ut non in plano æquore, sed in declivi loco pronus ac præceps currere videatur. Pl. lib. 1. 70. *In ora adverso, in alia prona mari.*

214. *Pumice.*) *Pumex* lapis est levis, spongiosus, ad scabra lævigando, idoneus: hic pro cavernosa rupe sumitur per tapinosin; ut vers. 209. *Gurges* pro mari, quemadmodum diximus Æn. 1. 122. Est autem hæc, navim inter & columbam, satis instituta comparatio, cum navium & volucrum magna cognatio sit, ut diximus Æn. 1. 228. & mox Mnesthei navem appellet *volantem*, v. 219.

218. *Ultima æquora.*) Ultimam navigant maris partem, ultra metam. De *brevibus vadis*, Æn. 1. 115.

Æquora, sic illam fert impetus ipse volantem.
Et primum in scopulo luctantem deserit alto
Sergestum, brevibusque vadis, frustraque vocantem
Auxilia, & fractis discentem currere remis.
Inde Gyan, ipsamque ingenti mole Chimæram
Consequitur: cedit, quoniam spoliata magistro est.
Solus jamque ipso superest in fine Cloanthus:
Quem petit, & summis adnixus viribus urget.
Tum vero ingeminat clamor, cunctique sequentem
Instigant studiis: resonatque fragoribus æther.
Hi proprium decus & partum indignantur honorem,
Ni teneant, vitamque volunt pro laude pacisci.
Hos successus alit: possunt, quia posse videntur.
Et fors æquatis cepissent præmia rostris,
Ni palmas ponto tendens utrasque Cloanthus
Fudissetque preces, Divosque in vota vocasset:
Dii, quibus imperium est pelagi, quorum æquora curro,
Vobis lætus ego hoc candentem in litore taurum
Constituam ante aras voti reus, extaque salsos
Porriciam in fluctus, & vina liquentia fundam.

Di-

INTERPRETATIO.

signati *maris: sic ipse impetus provehit* illam *volantem. Et primo præterit Sergestum, connitentem adversus rupem altam & vada humilia, frustraque implorantem auxilium, & tentantem currere fractis remis. Deinde consequitur Gyam, & ipsam ejus Chimæram vastæ magnitudinis: vincitur* illa, *quia orbata est gubernatore. Et jam unus Cloanthus restat* vincendus *prope ipsum terminum: hunc* Mnestheus *sequitur, & premit contendens totis viribus. Tunc vero invalescit clamor, & omnes favore incitant insequentem, & aer sonat fragoribus. Illi indignantur, nisi conservent gloriam propriam, & honorem jam comparatum; & vellent pacto mutare vitam cum victoria. Hi animantur successu: putant* vincere, *quia videntur* sibi *posse. Et fortasse meruissent* paria *præmia, navibus ex æquo* victricibus: *nisi Cloanthus tendens* ad *mare ambas palmas* manuum, *emisisset preces, & Deos invocasset per vota: O Dii, quibus est regnum maris, quorum decurro spatia, ego vobis offeram lætus in hoc litore ante altaria candidum taurum, voto obligatus; & projiciam viscera in salsos fluctus,*

NOTÆ.

225. *Superest in fine Cloanthus.*) Mnestheus de victoria contendit cum Cloantho. At Cloanthus tamen jam a versu 171. *metis tenere æquora tuta relictis*. Hoc ut conciliem, existimo præmium et propositum fuisse, non qui dumtaxat metam attingeret primus, sed qui præterea circumacta meta primus utroque cursu rediret in portum, unde dextero cornu naves exierant. Idque manifestum est I. Quia hoc tria proponit Æneas certaminis v. 130. *Constituit signum nautis pater, unde reverti Scirent, & longos ubi circumflectere cursus.* II. Quia mox v. 243. navis Cloanthi tum victoriam obtinet, cum *ad terram fugit, & portu se condidit alto*. At in cursu, quo certa loco fuit, *portus*, inquit *altus* [illegible] non potest; cum vero [illegible] portui, & [illegible] *gravissima* [illegible]. Hic igitur jam & Mnestheus & Cloanthus metam prætergressi putandi sunt. *Cloanthus* quidem, qua *lætus* jam *tenet æquora tuta relictis*; Mnestheus vero, quia *fuga secat ultima æquora*. Cloanthus autem *solus ipso superest in fine*: id est, in extremo recursu, reditu a meta ad portum: quo in reditu eum superare, aut saltem æquare Mnestheus contendit.

228. *Fragoribus.*) Ita ex manuscriptis cum N. Heinsio emendavimus. Olim *clamoribus*: sed plurium exactis, cum superiori versu dixerit, *Ingeminat clamor*.

237. *Voti reus.*) Voto obligatus. Sic Ecl. 5. 80. *Damnabis tu quoque votis*: ubi hæc verba explicuimus.

238. *Porriciam in fluctus, &c.*) *Porro & procul jaciam in fluctus*. Verbum est in sacris solemne. Sic apud Livium lib. 29. 27. Scipio e Sicilia in Africam navigaturus, *cruda exta, cæsa victima, uti mos est, in mare porricit; tubaque signum dedit proficiscendi*. *Libationis* vero per exemplum habemus apud Thucyd. lib. 6. ubi Ni-cias,

Dixit, eumque imis sub fluctibus audiit omnis
Nereidum Phorcique chorus, Panopeaque virgo;
Et pater ipse manu magna Portunus euntem
Impulit: illa Noto citius volucrique sagitta
Ad terram fugit, & portu se condidit alto.
Tum satus Anchisa, cunctis ex more vocatis,
Victorem magna præconis voce Cloanthum
Declarat, viridique advelat tempora lauro:
Muneraque in naves, ternos optare juvencos,
Vinaque, & argenti magnum dat ferre talentum.
Ipsis præcipuos ductoribus addit honores:
Victori chlamydem auratam, quam plurima circum
Purpura Mæandro duplici Melibœa cucurrit,
Intextusque puer frondosa regius Ida
Veloces jaculo cervos cursuque fatigat,
Acer, anhelanti similis; quem præpes ab Ida
Sublimem pedibus rapuit Jovis armiger uncis.

Lon-

INTERPRETATIO.

& effundam vina pura. Dixit: & ex intimis fluctibus audiit eum omnis turba Nereidum, & Phorci, & virgo Panopea, & ipse pater Portunus magna manu impulit navem currentem: illa celerius vento & pennata sagitta currit ad terram, & immisit se in portum intimum. Tunc filius Anchisæ, vocatis omnibus juxta consuetudinem, declarat magna voce præconis Cloanthum *victorem, & coronat ejus caput viridi lauro: datque ipsi eligendos tres juvencos, & vina, & magnum talentum argenti portandum,* quæ erant *munera pro navibus. Ipsis vero ducibus tribuit singularia dona: victori* Cloantho *chlamydem auro intextam, circa quam Melibœa purpura densa cucurrit gemino flexu, & regius puer* Ganimedes in ea *intextus, ardens, similis anhelanti, persequitur cursu & jaculo cervos celeres in Ida silvosa; quem volans armiger Jovis pe-*

NOTÆ.

cias, Lamachum, & Alcibiadem, e Piræeo Athenienses portu solventes, aureis argenteisque pateris vinum in mare fudisse dicuntur.

240. *Nereidum Phorcique chorus, &c.*) *Phorcus* sive *Phorcys*, marinum numen, Ponti & Terræ filius, filias habuit Gorgones tres, Medusam, Euryalen, & Sthenyo. *Chorus ejus*, marina alia numina. *Nereides*, Nymphæ maris, Nerei & Doridis ejus sororis filiæ. *Panopea*, Nereidum una, de qua Georg. 1. 437. ubi de *Portuno* quoque diximus, cui a *portu* vel *portandis* navibus nomen est. De *Noto* vento meridionali, Ecl. 2. 58.

245. *Præconis.*) *Præco*, cum tubicine, quia apud Livium lib. 33. 32. *Romani ad spectaculum consederant, & præco cum tubicine, ut mos est, in medium arenam processit.* Præco igitur, qui voce, non cantu, populum, vel ad ludum, vel ad alia præcibat: ut enim, inquit Varro, *concio* est populus, qui per præconem *conciitur* & convocatur; ita *præco*, qui *præit*, & ante conventum excitat populum ut veniat.

248. *Talentum.*) Constat ex comparatione cum aliis præmiis contextis, *talentum*, neque hic, neque v. 112. sumi posse pro *talento Attico*. Constat idem ex Homero, qui Il. 23. præmium statuit equestris curriculi, primum quidem, fœminam cum lebete; secundum, equam prægnantem; tertium, lebetem; quartum, duo auri talenta. Igitur vel *talentum* pro quolibet auri argentique pondere hic sumendum est, ut diximus v. 112. vel pro *talento Siculo* veteri, quod minimum quid valuisse ait Pollux lib. 9. Et ex ipsius verbis colligit Budæus fuisse *sex drachmarum*, hoc est, solidorum argenteorum Francicorum vigintum unius & quinquaginta. Homerus autem si non Siculo talento, simili saltem aliquo usus est.

251. *Purpura Mæandro, &c.*) De *Chlamyde*, supra lib. 4. 137. Fuit hæc auro texta *aurata*: sed extrema in ora geminam habuit sinuosam flexuosamque limbum, *plurima purpura*, id est, densiore distinctum. *Mæander* fluvius minoris Asiæ maximus, e Phrygia majore nascens, tum inter Cariam & Ioniam in mare Myrtoum, quæ pars est Ægæi, ad Heracleam urbem influens, nunc *Madre* appellatur: tot flexibus in se quasi recurrens, ut pro quibuscumque flexibus metaphorice usurpatur. *Melibœa*, Thessaliæ urbs ad radices montis Ossæ purpurei ostrei piscatu ac tinctura celebris. De *purpura* densiore ac *dibapha*, Georg. 2. 506.

252. *Puer regius Ida.*) In chlamyde textus erat *Ganymedes*, Trois regis filius, de quo Æn. 1. 32. De *Ida* Troadis monte, Æn. 2. 801. Et divinandi quidem hanc picturam fuisse necesse est duas velut in partes: quarum altera venantem Ganymedem exprimeret, altera raptum ejus & comitum stuporem.

255. *Jovis armiger.*) Ex Plinio l. 2. 55. Fulmen non percutit e volucribus aquilam, quæ ideo

ar-

Longævi palmas nequicquam ad sidera tendunt
Custodes, sævitque canum latratus in auras.
At, qui deinde locum tenuit virtute secundum,
Levibus huic hamis consertam auroque trilicem
Loricam, quam Demoleo detraxerat ipse
Victor apud rapidum Simoenta sub Ilio alto,
Donat habere viro, decus & tutamen in armis.
Vix illam famuli Phegeus Sagarisque ferebant
Multiplicem, connixi humeris; indutus at olim
Demoleus cursu palantes Troas agebat.
Tertia dona facit geminos ex ære lebetas,
Cymbiaque argento perfecta atque aspera signis.
Jamque adeo donati omnes, opibusque superbi,
Puniceis ibant evincti tempora tæniis:
Cum sævo e scopulo multa vix arte revulsus,
Amissis remis, atque ordine debilis uno,
Irrisam sine onore ratem Sergestus agebat.
Qualis sæpe viæ deprensus in aggere serpens,
Ærea quem obliquum rota transiit, aut gravis ictu
Seminecem liquit saxo lacerumque viator:
Nequicquam longos fugiens dat corpore tortus,
Parte ferox, ardensque oculis, & sibila colla
Arduus attollens; pars vulnere clauda retentat
Nexantem nodos, seque in sua membra plicantem.

Tali

INTERPRETATIO.

dibus uncis rapuit ab Ida in sublime. Frustra senes custodes tendunt palmas ad astra, & latratus canum videtur furere in aerem. At postea huic Mnestheo, qui viribus obtinuit locum secundum, donat habendam loricam, compactam hamis & ornatam triplici licio auri, ut sit ipsi decus & armatura in bello: Æneas ipse victor hanc abstulerat Demoleo juxta rapidum Simoenta, & prope altam Trojam. Vix ministri Phegeus & Sagaris obnixi humeris portabant illam multiplici textu densam: Demoleus autem illa olim armatus agitabat fuga Trojanos vagos. Tertia præmia dat Gyæ, duos lebetas ex ære, & pocula conflata argento atque scabra figuris. Jamque adeo omnes remunerati, & gloriantes opibus, incedebant coronati rubris vittis circa caput: cum Sergestus multo labore vix extractus e scopulo, remis amissis, & spoliatus uno remorum ordine, provehebat navem irrisam sine gloria. Qualis sæpe interceptus in eminentia viæ anguis, quem rota ærea obliquum trajecit, vel quem viator graviter feriens reliquit semimortuum & laceratum saxo: frustra fugiens movet corpore longos flexus: parte sui ferox, & micans oculis, & sublimis erigens colla sibilantia; pars debilis vulnere retardat eum torquentem nodos, & involventem se in sua

NOTÆ.

ministram fulminis Jovisque a portis fugitur. De hamis & lorica auro trilice, Æn. 3. 467.

260. Demoleo.) Demoleus, Græcorum dux alius, ab Ænea occisus. Simois, fluvius Troadis Æn. 1. 104. Ilio alto, Græco more corripit vocalem longam ante aliam absque vocalium elisione, ut Georg. 1. 281. Imponere Pelio Ossam. De Ilio, Troja, Æn. 1. 5. De lebetibus dono datis, Æn. 3. 466. De Cymbiis, vasculis, Æn. 3. 66.

269. Puniceis tæniis.) Vittis laneis, ex lemniscis e laurea corona pendentibus, quæ coronæ lemniscatæ dicebantur. Tæniis, vox disyllaba per contractionem, ut passim aureis. De puniceo, sive rubicundo & muro colore, Ecl. 5. 17.

273. Via in aggere.) Agger, via publica pars media, eminentior & lapidibus strata atque exaggerata, ut pluvia defluant.

Tali remigio navis se tarda movebat:
Vela facit tamen, & plenis subit ostia velis.
Sergestum Æneas promisso munere donat,
Servatam ob navem lætus sociosque reductos.
Olli serva datur, operum haud ignara Minervæ,
Cressa genus, Pholoe, geminique sub ubere nati.
Hoc pius Æneas misso certamine tendit
Gramineum in campum, quem collibus undique curvis
Cingebant silvæ, mediaque in valle theatri
Circus erat, quo se multis cum millibus heros
Consessu medium tulit, exstructoque resedit.
Hic qui forte velint rapido contendere cursu,
Invitat pretiis animos, & præmia ponit.
Undique conveniunt Teucri, mistique Sicani:
Nisus & Euryalus primi.

Eu-

INTERPRETATIO.

membra. Navis tarda movebat se talibus remis: tamen velis utitur, & intrat portum velis tumentibus. Æneas gaudens propter navem & socios reductos, donat Sergestum promisso præmio. Datur illi serva, haud inscia artis Minervæ, Cressa secundum *genus*, nomine *Pholoe*, *& bini filii ad ejus ubera. Pius Æneas, dimisso hoc ludo, procedit in campum virentem: quem silvæ* in *collibus curvatis* positæ *claudebant undique; & in ima valle erat circuitus theatri: quo heros intulit se medium inter multa millia, & composito in cætu resedit. Illic invitat valore* præmiorum *animos, qui forte velint certare cursu, & statuit præmia. Undique congregantur Trojani, & Sicani* cum

NOTÆ.

284. *Operum Minervæ.*) Quæ cum artibus aliis, tum præcipue lanificio, ac texturæ præesse dicitur, Æn. 2. 31. *Cressa*, Cres, Cretæ, e Creta, *Candia*, Æn. 3. 104.

288. *Theatri circus erat, &c.*) De *Theatri* forma, Georg. 2. 381. De *circo*, cujus aliquam similitudinem vallis hæc Sicula *referebat*, hæc accipe. I. *Circus* locus fuit a Tarquinio Prisco Romæ constructus, montes inter Aventinum ac Palatinum, ludis celebrandis ad imitationem Olympicorum; sed præcipue decursionibus equestribus, quas jam Romulus in campo Martio ad Tyberis ripam instituerat, & nuncupaverat *equiria*. Nomen inde habuit, quod *circularis* seu orbicularis esset figuræ, longior tamen quam latior, quippe longitudine pedes circiter bis mille, latitudine mille tantum complexus. II. *Cavea*, fuit ambitus circi, ubi populi sedes, in cuneos distincta, ut de theatro diximus. III. *Arena*, spatium fuit circi medium, in quo aurigæ decurrebant, comminutis albis lapidibus, aliquando etiam minio & chrysocolla constratum. IV. *Euripus*, fuit lacuna, altitudine ac latitudine pedum decem, arenam circumdata, eamque a cavea dividens: in eam derivabantur aquæ: unde ab Euripo nomen habuit, Euboici freti angustissimo loco, in quo septies aquæ singulis diebus reciprocant. V. *Carceres*, loca fuerunt fornicata, ubi currus ante pugnam coercebantur, & unde dato signo sublatisque repagulis erumpebant, ducto per sortem ordine. Dicebantur *ostia* etiam & *limina*: eorumque medium erat oppidum, quo ascendebatur ad lusum, ubi erat ludorum editoris præsidumque sessio. VI. *Metæ*, moles erant lapideæ, rotundæ, in acumen desinentes, tres simul junctæ, quarum acuminibus ova erant imposita: hæ in utraque arenæ parte fere extrema positæ erant, relicto tamen circumundique spatio, quo circa metas aurigæ currum facile deflecterent. VII. *Spina*, fuit septum, secundum longitudinem circi: a meta ad metam, instar spinæ dorsi productum: circi arenam duas in partes, dextram sinistramque, disterminans. In ea *columnæ*, *obelisci*, *delphini*, *Deorum statuæ*, *delubra* etiam, & *sacraria* disposita ad ornatum. VIII. *Cursus* a carceribus incipiebat secundum latus dexterum circi: ita ut metæ ultimæ ad sinistram currentium essent. Ad eas qui pervenerant, circuibant eas septies, in sinistram interioremque partem deflectendo: inde per sinistrum circi latus redibant ad metas *Murcias*, carceribus propiores, ubi e curru descendebant. De *fastigantibus* aurigarum, & *missibus*, Georg. 3. 18.

291. *Hic qui forte velint, &c.*) II. LUDUS, *pedestris cursus*. Imitatus Homerum Virgilius, qui Iliad. 23. 740. tres inducit cursores apud Patrocli tumulum, *Ajacem Oilei*, *Ulyssem*, & *Antilochum*: & Ajacem quidem Minerva dolo fimo bovino in fimo lapsum facit: id unum ex eo mutuatus est Virgilius, reliqua longo intervallo superavit.

293. *Pretiis .... præmia.*) Diversa sunt: *præmia*, munera ipsa; *pretia*, valor, dignitasque præmiorum. De *Teucris*, Æn. 1. 239. De *Sicanis*, Æn. 3. 687. De *Niso & Euryalo*, Æn. 9. 176. De *Diana*, Æn. 3. 476.

Euryalus forma insignis, viridique juventa;
Nisus amore pio pueri; quos deinde sequutus
Regius egregia Priami de stirpe Diores.
Hunc Salius, simul & Patron: quorum alter Acarnan,
Alter ab Arcadia Tegeææ sanguine gentis.
Tum duo Trinacrii juvenes, Elymus Panopesque,
Assueti silvis, comites senioris Acestæ.
Multi præterea, quos fama obscura recondit.
Æneas quibus in mediis sic deinde loquutus:
Accipite hæc animis, lætasque advertite mentes.
Nemo ex hoc numero mihi non donatus abibit.
Gnosia bina dabo levato lucida ferro
Spicula, cælatamque argento ferre bipennem:
Omnibus hic erit unus honos. Tres præmia primi
Accipient, flavaque caput nectentur oliva.
Primus equum phaleris insignem victor habeto.
Alter Amazoniam pharetram, plenamque sagittis
Threiciis, lato quam circum amplectitur auro
Balteus, & tereti subnectit fibula gemma.
Tertius Argolica hac galea contentus abito.
Hæc ubi dicta, locum capiunt, signoque repente

Cor-

INTERPRETATIO.

Iis mixti: primi Nisus & Euryalus. Euryalus insignis pulchritudine, & robusta juventute; Nisus, honesto amore pueri: quos deinde sequitur Diores regius juvenis e præclara stirpe Priami. Hunc sequuntur simul Salius & Patron: quorum alter est Acarnan, alter ex Arcadia, e sanguine Tegæi populi. Postea duo juvenes Siculi, Elymus & Panopes, assueti silvis, comites senis Acestæ. Insuper multi, quos fama obscura celat. Quos inter medios Æneas deinde ita loquutus est: Percipite hæc animo & huc applicate lætas mentes. Nullus ex hoc numero recedet non remuneratus a me. Dabo reportanda duo tela Gnosia rutilantia levigato ferro, & securim tectam cælato argento: hoc præmium erit simile omnibus. Tres primi referent munera alia, & coronabuntur pallida olea circa caput. Primus victor habeat equum decoratum phaleris. Secundus pharetram Amazoniam, & repletam sagittis Thraciis; quam latus balteus ex auro circumdabit, & fibula nectit gemma tereti. Tertius abeat contentus hac casside Argolica. Postquam hæc dicta sunt, sin

NOTÆ.

298. *Acarnan.*) *Salius*, ex Acarnania, Epiri parte, de qua Æn. 3. 292.

299. *Arcadia, Tegeæ, &c.*) *Patron, Tegæus*, vel *Tegeates*, ex Tegea, urbe Arcadiæ, novem pagis constante juxta Strab. lib. 8. De *Arcadia*, Ecl. 4. 58. De *Trinacria*, Sicilia, Æn. 3. 687. De *Elymo*, supra v. 73. De *Aceste*, v. 36.

306. *Gnosia, &c.*) *Gnosus* urbs Cretæ insulæ, sive Candiæ, Æn. 3. 104. unde *spicula* laudatissima: *spiculum* autem, non sagitta, sed missile telum fuit, pedum quinque, triangulo ferreo: *pilum* aliter dictum. De *bipenni*, securi utrimque acuta, Georg. 4. 331.

309. *Flava oliva.*) Arbore dicata Minervæ, Georg. 1. 18. *Flava*: quia folii pars posterior subpallida, & coloris veluti possacei est: ea coronabantur victores Olympicis ludis, Georg. 3. 20.

310. *Phaleris.*) *Phaleræ*, equorum ornamenta, præsertim in capite, τὰ φάλαρα, quod est a φαλὸς, lucens: Ital. *bardatura*, Æn. 7. 278.

311. *Amazoniam pharetram, &c.*) Qualem ferebant *Amazones*, quas in *Thracia* proprie dicta aliqui veterum collocabant. De vera earum sede dicemus, Æn. 11. 659. De *Amazonum* nomine, Æn. 1. 494. De *Thracia*, Æn. 3. 14.

313. *Tereti.*) Quæ rotunda, & in longum porrecta est.

314. *Argolica galea.*) Vel quam Argivo alicui eripuerat, vel Argolica figura: ut enim vidimus Æn. 3. 637. clypeos Argolicos singulari fuisse forma, ita & galeas fuerunt: nam in Græcorum cæde Æn. 2. 389. Trojani cum eorumdem arma sibi apta-

Corripiunt spatia audito, limenque relinquunt
Effusi, nimbo similes; simul ultima signant.
Primus abit, longeque ante omnia corpora Nisus
Emicat, & ventis, & fulminis ocior alis.
Proximus huic, longo sed proximus intervallo,
Insequitur Salius. Spatio post deinde relicto
Tertius Euryalus.
Euryalumque Elymus sequitur. Quo deinde sub ipso
Ecce volat, calcemque terit jam calce Diores,
Incumbens humero: spatia & si plura supersint,
Transeat elapsus prior, ambiguumve relinquat.
Jamque fere spatio extremo, fessique sub ipsum
Finem adventabant; levi cum sanguine Nisus
Labitur infelix; caesis ut forte juvencis
Fusus humum viridesque super madefecerat herbas.
Hic juvenis, jam victor ovans, vestigia presso
Haud tenuit titubata solo: sed pronus in ipso
Concidit immundoque fimo sacroque cruore.
Non tamen Euryali, non ille oblitus amorum:
Nam sese opposuit Salio, per lubrica surgens;
Ille autem spissa jacuit revolutus arena.
Emicat Euryalus, & munere victor amici
Prima tenet, plausuque volat fremituque secundo.

Post

INTERPRETATIO.

tenent locum, & audito signo statim aggrediuntur curriculum, & relinquunt limen elapsi, similes nimbo; simul attendunt ad terminum. Primus currit Nisus, & exilit longe ante omnes socios, velocior & ventis & alis fulminis. Proximus ab eo, sed post longum intervallum proximus, sequitur Salius. Tum spatio post Salium *relicto Euryalus tertius. Elymusque sequitur Euryalum. Deinde juxta hunc ipsum statim currit Diores, & jam fricat ejus calcem calce, imminens* alteri *ejus humero: & si longius restaret spatium, praeteriret* eum *elapsus prior, aut relinqueret dubium. Jamque pene* in *ultimo curriculo* positi, *& fatigati accedebant ad ipsum terminum: cum miser Nisus cadit humido* in *sanguine, quippe mactatis juvencis forte* sanguis *superfusus madefecerat terram & virides herbas. Ille juvenis, jam exultans, ut victor, non firmavit pedem compressa terra vacillantem: sed pronus cecidit in ipsum fimumque obscenum sanguinemque sacrum. Non tamen ille oblitus* est *Euryali, neque amoris: nam surgens in lubrico* loco *opposuit se Salio: ille autem jacuit supinus in densa arena. Exilit Euryalus, & victor beneficio amici occupat primum* locum, *volatque plausu &*

NOTÆ.

aptarent, galeae & *Grajorum more jubatae*, tantum non e suis oculis sunt. De *Argis*, urbe Peloponnesi, *Æn.* 1. 28.

316. *Limen.*) Lineam aliquam descriptam in campo, quae *carceres* & *ostia* eis suppleret, supra vers. [illegible] De *alis* fulminis appingi solitis, Æn. 8. 429.

324. *Calcem terit jam calce.*) Arguitur hic a quibusdam Virgilius, quod calcem praecurrentis insequentis calce tritam dixerit, cum teri non possit ab insequente nisi summis pedum articulis. Temere; neque enim Diores Elymum aequa directaque linea insequebatur, alioqui nunquam ipsum anteire potuisset; at paullum ad latus ut pene incumberet, non ejus *humeris*, sed alteri tantum *humero*, & pedes utrimque secundum latera se interdum stringerent, atque ita *calcem calce* tererent.

329. *Caesis juvencis.*) Ad sacrificia Anchisae peragenda.

332. *Titubata.*) Passive, cum *titubo* neutram vim vulgo habeat. Et hic Nisi casus est expressus ex Homero Iliad. 23. 774. ut jam notavimus v. 291.

Post Elymus subit, & nunc tertia palma Diores.
Hic totum caveæ consessum ingentis, & ora
Prima patrum magnis Salius clamoribus implet;
Ereptumque dolo reddi sibi poscit honorem.
Tutatur favor Euryalum, lacrymæque decoræ,
Gratior & pulchro veniens in corpore virtus.
Adjuvat, & magna proclamat voce Diores,
Qui subiit palmæ, frustraque ad præmia venit
Ultima, si primi Salio redduntur honores.
Tum pater Æneas: Vestra, inquit, munera vobis
Certa manent, pueri, & palmam movet ordine nemo.
Me liceat casum misereri insontis amici.
Sic fatus tergum Gætuli immane leonis
Dat Salio, villis onerosum atque unguibus aureis.
Hic Nisus: Si tanta, inquit, sunt præmia victis,
Et te lapsorum miseret; quæ munera Niso
Digna dabis, primam merui qui laude coronam,
Ni me, quæ Salium, fortuna inimica tulisset?
Et simul his dictis faciem ostentabat, & udo
Turpia membra fimo. Risit pater optimus olli:
Et clypeum efferri jussit, Didymaonis artes,
Neptuni sacro Danais de poste refixum.

Hoc

INTERPRETATIO.

acclamatione favente. Postea succedit Elymus, & mox Diores tertius victor. Tunc Salius implet magnis clamoribus cœtum omnem sedentem in magno theatro, & conspectum primorum procerum: & postulat sibi restitui gloriam fraude ereptam. Favor, & decens fletus, & virtus gratior apparens in formoso corpore protegit Euryalum. Juvat eum, & magna voce clamat Diores: qui successit tertius victoria, & frustra accessit ad ultimum præmium, si prima gloria restituitur Salio. Tunc ait pater Æneas: Vestra præmia vobis stant certa, o juvenes, & nemo mutabit ordinem victoriæ.

Liceat me misereri casus amici insontis. Sic locutus, dat Salio magnam pellem Gætuli leonis, gravem villis & auratam unguibus. Tunc Nisus ait: Si tanta munera dantur victis, & te miseret eorum qui ceciderunt: qua dabis digna dona mihi Niso, qui meruissem virtute primam coronam, nisi adversa eadem fortuna, quæ obstitit Salio, mihi quoque obstitisset? Ac simul hæc dicendo ostendebat vultum, & membra fœdata humido fimo. Pater optimus Æneas arrisit illi, & imperavit clypeum afferri, opus Didymaonis, ereptum a Græcis e postis

NOTÆ.

339. *Nunc tertia palma Diores*) *Palmam*, hic non solum pro victoria, sed pro ipso victore usurpat: ut Georg. 1. 59. *palmas equarum*, pro victricibus inter equas. Porro quia Diores quintum duntaxat ordinem obtinebat, nec nisi casu Nisi, & fraude Salio lusa, tertium in locum provectus est, ideo dixit, *nunc*: *nunc*, inquam, primis duobus casu ac fraude sublatis. De *cavea*, parte circi, supra v. 288.

340. *Ora prima patrum.*) Seniorum ac Judicum, quorum in conspectu atque ante ora vociferatur.

344. *Veniens in corpore virtus.*) *Apparens*, exoriens: melius *existens*: nam venio significat sæpe sum, existo. Georg. 1. 29. *An Deus immensi venias maris.*

351. *Gætuli leonis, &c.*) Africa tota leonibus ferisque aliis infesta: imprimis *Gætulia* ejus pars, de qua Æn. 4. 40. Pellis autem hujus ungues ad splendorem deaurati fuerant; *unguibus aureis*.

353. *Si tanta, &c.*) Vis Nisi verborum hæc est: Ego & Salius ambo cecidimus: at ego primus, hic secundus ad metam anhelat: si ergo hic donatus munere, cur ego indonatus?

359. *Didymaonis.*) Fictum est nomen, & insignem artificem hic notat.

360. *Neptuni sacro, &c.*) Censet Donatus hunc clypeum ex aliquo in Græcia Neptuni templo ereptum ab ipso Ænea, cum per Græcas insulas atque urbes navigaret; quemadmodum clypeum alium postibus Actiaci Apollinis figerat, Æn. 3. 288.

at-

Hoc juvenem egregium præstanti munere donat.
Post ubi confecti cursus, & dona peregit:
Nunc, si cui virtus animusque in pectore præsens,
Adsit, & evinctis attollat brachia palmis.
Sic ait, & geminum pugnæ proponit honorem:
Victori velatum auro vittisque juvencum;
Ensem, atque insignem galeam, solatia victo.
Nec mora: continuo vastis cum viribus effert
Ora Dares, magnoque virum se murmure tollit:
Solus qui Paridem solitus contendere contra,
Idemque ad tumulum, quo maximus occubat Hector,
Victorem Buten immani corpore, qui se
Bebrycia veniens Amyci de gente ferebat,
Perculit, & fulva moribundum extendit arena.
Talis prima Dares caput altum in prælia tollit,
Ostenditque humeros latos, alternaque jactat
Brachia protendens, & verberat ictibus auras.
Quæritur huic alius: nec quisquam ex agmine tanto

An-

INTERPRETATIO.

Neptuno dicatis. Donat egregium juvenem hoc insigni præmio. Deinde postquam absoluti sunt cursus, & perfecit remunerationem: Nunc, ait, si virtus est alicui & animus præsens in pectore, accedat, & erigat brachia ligatis manibus. Sic dixit, & proponit geminum præmium certaminis: victori juvencum tectum auro & tæniis, victo gladium & pulchram cassidem ad solatium. Nec mora est: statim Dares erigit vultum immani cum robore, & attollit se magno cum fremitu hominum: qui solus solebat certare cum Paride, & qui idem ad sepulcrum, ubi maximus Hector recumbit, percussit Butem illustrem victoriis, qui jactabat se ortum ex familia Bebrycia Amyci, & prostravit eum morientem in arena fulva. Talis Dares erigit caput altum in prima certamina, & ostentat humeros latos, & porrigens jactat brachia alternatim, & verberat ictibus aerem. Quæritur alter certaturus cum eo:

NOTÆ.

atque ita ad contemptum Græcorum illic *fixum*, hic *refixum* clypeum fuisse. Sed non decuit *pium Æneam* in spoliandis Deorum templis sacrilegium admittere. Quare Servium libentius audio: qui putat auream inter munera, quæ Helenus Æneæ ex Epiro solventi dederat, Æn. 3. 464. hunc fuisse clypeum olim a Pyrrho refixum e Neptuni templi postibus, in excidio Trojæ. De *Neptuno*, Æn. 1. 129. De *postibus*, parte januæ, Æn. 2. 442. De *Danais*, Æn. 1. 34.

362. *Post ubi, &c.*) III. LUDUS, *Pugilatus, sive cestuum certamen*. Expressus ex Homero Iliad. 23. 653. ubi contendunt inter se *Epeus* & *Euryalus*: sed via alio eventu memorabili: unde Virgilius Homero plane hic superior est. *Epeum* sibi nimium confidentem imitatur Virgilii *Dares*, *Euryalum Entellus* senex. De *pugilatu*, infra v. 401.

366. *Velatum auro vittisque juvencum.*) Boves cornibus deauratis vittisque ac tæniis insignes erant, & cum sisterentur mactandi ad aras, & cum in præmium dabantur. De primo more, Æn. 9. 627. *Et statuam ante aras aurata fronte juvencum.* De altero Livius l. 7. 37. *Consul advocata concione P. Decii cumulatas novæ virtute laudes peragit; & præter militaria dona, auream coronam ei, & centum bobus, eximioque uno albo, opimo, auratis cornibus, donat.*

370. *Paridem.*) Hunc enim Priami filium, etsi moribus mollem, viribus tamen robustum fuisse; & cestuum certamine victoriam ex ipso Hectore fratre retulisse diximus, Ecl. 2. 61. De tumulis, Æn. 1. 31.

371. *Quo maximus occubat Hector.*) Hector, Priami filius, de quo Æn. 1. 103. occisus ab Achille, redemptus a Priamo in Sigeo promontorio tumulatus est: factis, ut habet Dares Phrygius, inter utrumque exercitum duorum mensium induciis: ludique ad tumulum singulari pompa celebrati sunt; in quibus Dares hic Virgilianus inter alios dicitur decertasse.

372. *Victorem Butem, &c.*) Hic *Butes*, non ille fuit Amyci filius, pater Erycis, de quo supra v. 24. quippe Eryx multo ante Trojanum bellum ab Hercule occisus fuit, ut mox videbimus v. 411. Quomodo igitur Butes, Erycis pater, sub ultimum Trojanæ obsidionis tempus occisus fuisset a juvene Darete? Itaque hic *Butes*, de quo hic sermo, alter aliquis fuit, e primi Butæ posteris: quod innuunt Virgilii verba, *se veniens Amyci de gen-*

Audet adire virum, manibusque inducere cestus.
Ergo alacris, cunctosque putans excedere palma,
Æneæ stetit ante pedes: nec plura moratus,
Tum læva taurum cornu tenet, atque ita fatur:
Nate Dea, si nemo audet se credere pugnæ,
Quæ finis standi? quo me decet usque teneri?
Ducere dona jube. Cuncti simul ore fremebant
Dardanidæ, reddique viro promissa jubebant.
Hic gravis Entellum dictis castigat Acestes,
Proximus ut viridante toro consederat herbæ:
Entelle, heroum quondam fortissime frustra,
Tantane tam patiens nullo certamine tolli
Dona sines? ubi nunc nobis Deus ille, magister
Nequicquam memoratus Eryx? ubi fama per omnem
Trinacriam, & spolia illa tuis pendentia tectis?
Ille sub hæc: Non laudis amor, nec gloria cessit
Pulsa metu: sed enim gelidus tardante senecta
Sanguis hebet, frigentque effœtæ in corpore vires.
Si mihi, quæ quondam fuerat, quaque improbus iste
Exultat fidens, si nunc foret illa juventa;
Haud equidem pretio inductus pulchroque juvenco
Venissem: nec dona moror. Sic deinde locutus,
In medium geminos immani pondere cestus

Pro-

INTERPRETATIO.

nec ullus ex tanta turba audet se offerre huic *viro, & alligare cestus manibus. Ergo lætus, & sperans superare omnes victoria, stetit ad pedes Æneæ: nec diutius tardans, tunc apprehendit sinistra* manu *taurum cornu, & sic loquitur: Quis erit finis expectandi? quousque oportet me retineri? impera* me *abducere præmium. Simul omnes Trojani fremebant, & volebant præmia reddi viro. Tunc Acestes graviter increpat verbis Entellum, quippe sederat proximus* in *viridi lecto herbarum: Entelle,* qui *frustra* fuisti *olim fortissimus heroum, an permittes tam patiens tanta præmia auferri sine pugna? ubi nunc* est *Deus ille Eryx, frustra dictus nobis a te magister tuus? ubi* est *fama sparsa per totam Siciliam, & illa spolia suspensa e tuis tectis? Ille ad hæc* ait: *Non abiit amor laudis, nec gloria fugata per timorem: at vero sanguis frigidus stupet senectute tardante, & vires exhaustæ frigescunt in corpore. Si mihi, si nunc* mihi *adesset illa juventus, quæ adfuit olim, & qua improbus iste gaudet cum confidentia, accessissem* ad pugnam, *non certe invitatus præmio & formoso juvenco: nec curo præmium. Sic postea locutus, projicit in medium duos cestus magni ponderis,* cum *qui-*

NOTÆ.

se ferebat: quo nunc remolliorem aliquem, quem filii, gradum noscant. *De Bebrycibus,* & *Amyco* eorum rege, occiso a Polluce, supra v. 24.

384. *Quæ finis.*) Amat Virgilius hoc nomen fœminino genere, Æn. 2. 554. *Hæc finis Priami fatorum.* De *Dardanidis,* Æn. 1. 539. De *toro,* lecto, Æn. 3. 224.

396. *Sanguis hebet, frigentque effœtæ, &c.*) Sanguis in senibus minori copia, tardiores spiritus & crassiores emittit; unde frigus & stupor. *Effœtæ* proprie dicuntur fœminæ, quæ multos fœtus pepererunt.

401. *Cestus.*) *Cestus,* chirothecæ species quædam erat e corio bubulo, plumbo etiam, ac ferro interdum inserto: his pugiles muniebant manus, eosque cubito atque humero, ut excuterentur, alligabant. Nomen multi, inter quos Vossius, deducunt a *cædo,* ideoque scribunt *cæstus:* malim audire Festum & Scaligerum, Poet. l. 1. 22, qui deducunt a *κεστὸς cingulum, lorum,* & hoc a *κεντέω pungo,* quia acu punctum & consutum erat. Sic apud Homer. Iliad. 14. 214. Venus deponit in sinum Junonis *cestum* suum, seu κεστὸν ἱμάντα, *punctum cingulum,* cui amor, desiderium,

Projecit: quibus acer Eryx in prælia suetus
Ferre manum, duroque intendere brachia tergo.
Obstupuere animi: tantorum ingentia septem
Terga boum plumbo insuto ferroque rigebant.
Ante omnes stupet ipse Dares, longeque recusat:
Magnanimusque Anchisiades, & pondus, & ipsa
Huc illuc vinclorum immensa volumina versat.
Tum senior tales referebat pectore voces:
Quid si quis cestus ipsius & Herculis arma
Vidisset, tristemque hoc ipso in littore pugnam?
Hæc germanus Eryx quondam tuus arma gerebat.
Sanguine cernis adhuc sparsoque infecta cerebro.
His magnum Alciden contra stetit: his ego suetus,
Dum melior vires sanguis dabat, æmula necdum
Temporibus geminis canebat sparsa senectus.
Sed si nostra Dares hæc Troius arma recusat,
Idque pio sedet Æneæ, probat auctor Acestes;
Æquemus pugnas. Erycis tibi terga remitto,
Solve metus: & tu Trojanos exue cestus.
Hæc fatus, duplicem ex humeris dejecit amictum,

Et

INTERPRETATIO.

bus Eryx ardens solebat inferre manus in pugnam, & cingere brachia duro coriis. Obstupuerunt animi spectatorum: *tanti erant boum*, quorum *septem magna coria rigescebant plumbo & ferro insuto. Dares ipse obstupescit præ cæteris, & multum abnuit pugnare; & generosus filius Anchisæ versat huc illuc & pondus & ipsa ingentia involucra ligaminum. Tunc senex* Entellus *emittebat e pectore talia verba: Quid, si aliquis* vestrum *vidisset cestus, & arma ipsius Herculis, & triste certamen in hoc ipso littore? Eryx frater tuus ferebat olim hæc arma. Vides adhuc ea fœdata sanguine, & cerebro sparso. His pugnavit adversus magnum Herculem: ego iisdem solitus* pugnare, *dum sanguis calidior præbebat robur, & nondum senectus æmula albescebat sparsa utrisque temporibus* capitis. *At si Dares Trojanus recusat arma hæc nostra, & si id placet pio Æneæ, idque probat Acestes auctor* hujus pugnæ; *æqualiter pugnemus. Depono tui* causa *coria Erycis, depone timorem: tu quoque aufer cestus Trojanos. Hæc locutus, deponit ex humeris ge-*

NOTÆ.

illum, blandiloquentis, omnesque ad captandas mentes inerant illecebræ. Et vero Virgilius ita cestum exprimit verbis, quæ cingulo apprime congruunt, v. 364. *Evinctis attollat brachia palmis*; v. 408. *Vinclorum immensa volumina*; v. 425. *Paribus palmas innexuit armis.* Ludus autem ille inter antiquissimos fuit, vocabaturque *pugilatus*: in eo diversus a *lucta*; quod in *pugilatu*, mutuo *pugnis* se invicem cæderent, ab adverbio πὺξ *pugno*: in *lucta*, complexu lacertorumque brachiis, ac pedibus *luctarent* ut se prosternerent.

411. *Tristemque, &c.*) De *Hercule* Jovis & Alcmenæ filio, Æn. 8. 288. De *Eryce* filio Veneris, atque ita *Æneæ germano*, fratre, supra v. 24. Causam porro cur ab Hercule in Sicilia *Eryx* occisus sit hæc afferunt. Herculem, occiso Iberiæ sive Hispaniæ rege Geryone, boves ejus cum in Italiam adduceret; eorum unus forma præstantior, transmisso freto in Siciliam enatavit, ab Eryce raptus est, & ab Hercule frustra repetitus. Hinc gravis inter eos pugna ter cestibus commissa, quarum ultima Eryx interfectus est.

414. *Alciden.*) *Herculem*, qui licet Jovis & Alcmenæ filius, tamen & *Amphitryoniades* & *Alcides* dictus est, ab *Amphitryone* Thebano Alcmenæ marito, & ab *Alceo* Amphitryonis patre. Alii derivant ab ἀλκῇ *robur*.

415. *Æmula senectus.*) Vulgo *invidam* explicant, quæ vigorem juvenibus invidere solet, vel quæ frustra vigorem illum imitatur, *æmulaturque*. Fortasse *æmulam* dixit, quia in utrisque temporibus canos spargentem; quasi utraque tempora cum festinatione quadam & æmulatione certatim canescerent.

418. *Sedet.*) Fixum est, sedet in animo. *Auctor Acestes.*) Non auctor quidem editorque ludorum, quos Æneas omnes instituit; sed hortator Entelli, ut cum Darete pugnaret; atque ita *auctor*: supra v. 387.

421. *Duplicem amictum.*) Vel geminam vestem,

in-

Et magnos membrorum artus, magna ossa, lacertosque
Exuit, atque ingens media consistit arena.
Tum satus Anchisa cestus pater extulit æquos,
Et paribus palmas amborum innexuit armis.
Constitit in digitos extemplo arrectus uterque,
Brachiaque ad superas interritus extulit auras.
Abduxere retro longe capita ardua ab ictu;
Immiscentque manus manibus, pugnamque lacessunt:
Ille pedum melior motu, fretusque juventa:
Hic membris & mole valens, sed tarda trementi
Genua labant, vastos quatit æger anhelitus artus.
Multa viri nequicquam inter se vulnera jactant,
Multa cavo lateri ingeminant, & pectore vastos
Dant sonitus: erratque aures & tempora circum
Crebra manus: duro crepitant sub vulnere malæ.
Stat gravis Entellus, nisuque immotus eodem,
Corpore tela modo atque oculis vigilantibus exit.
Ille, velut celsam oppugnat qui molibus urbem,
Aut montana sedet circum castella sub armis,
Nunc hos, nunc illos aditus, omnemque pererrat
Arte locum, & variis assultibus irritus urget.
Ostendit dextram insurgens Entellus, & alte

Ex-

INTERPRETATIO.

minum amictum: & nudat magnos artus membrorum, magna ossa, & lacertos, & arduus stat in medio campi. Tum pater Æneas filius Anchisæ extulit cestus æquales, & ligavit utrinsque manus paribus armis. Statim uterque stetit erectus in articulos pedum, & intrepidus erexit brachia in altum aerem. Retro averterunt ab ictu alta capita, & miscent manus manibus, & provocant certamen. Ille fortior agilitate pedum, & defensus juventute: hic robustus vastitate membrorum, sed genua pigra vacillant trementi, & difficilis anhelitus agitat vasta membra. Illi viri frustra inter se minantur multas plagas, multas ingerunt cavis lateribus, & edunt magnum sonitum pectore, & frequens manus vagatur circa aures ac tempora, & malæ crepitant sub gravibus ictibus. Entellus consistit gravis, & immotus in eodem statu, tantummodo eludit ictus corpore & oculis vigilantibus. Alter sicut qui invadit urbem machinis, aut qui obsidet in armis montana castella, sic pervestigat dolose nunc hos, nunc illos aditus, & omnem locum, & eum premit frustra variis impressionibus. Entellus insurgens ostendit

NOTÆ.

interiorem & exteriorem, vel unicum, eumque cuffultum & instar duplicis, qualis fuit læna, de qua Æn. 4. 262.

422. *Membrorum artus.*) *Artus* sunt compagines ac juncturæ majorum corporis membrorum, ut *articuli* minorum, puta digitorum. *Lacertus*, os est inter manum vertebram & cubitum. *Brachium*, est os inter lacertum & humerum.

432. *Genua labant.*) Proceleusmaticus est, quatuor breves pro dactylo: ut Georg. 4. 297. *Parietibusque premunt arctis.*

434. *Cavo lateri.*) Vel *curvo*, quia infra latera corpus flectitur & curvatur: vel ipsum *cavo*, quia laterum costis cavum pectoris thorax circumcluditur.

438. *Tela...*) *Tela* vulgo a τῆλε, *longe*, unde significant missilia quæcumque arma, quæ procul & eminus jaciuntur. Tamen aliquando usurpantur quoque pro armis, quibus pugnatur cominus. Pro ense, Æn. 9. 747. *At non hoc telum, mea quod vi dextera versat, effugies ... sic ait, & sublatum alte consurgit in ensem.* Hic pro cestibus. Unde firmatur conjectura Vossii: qui deducit a *tego*, *tegulum*, *telum*, priore producta ob contractionem, ut a *premo*, *premulum*, *prelum*: atque ita significabit id omne, quo quis se tegit ac tuetur.

Exit.) Active pro *eludit*, *evitat*. Sic & Æn. 11. 750. *vim viribus exit*. Vox Lucretiana lib. 5. 1329. *Nam transversa feros exibant dentis adactus jumenta.*

Extulit: ille ictum venientem a vertice velox
Prævidit, celerique elapsus corpore cessit.
Entellus vires in ventum effudit, & ultro
Ipse gravis graviterque ad terram pondere vasto
Concidit: ut quondam cava concidit, aut Erymantho,
Aut Ida in magna, radicibus eruta pinus.
Consurgunt studiis Teucri & Trinacria pubes:
It clamor cœlo: primusque accurrit Acestes,
Æquævumque ab humo miserans attollit amicum.
At non tardatus casu, neque territus heros,
Acrior ad pugnam redit, ac vim suscitat ira:
Tum pudor incendit vires, & conscia virtus:
Præcipitemque Daren ardens agit æquore toto,
Nunc dextra ingeminans ictus, nunc ille sinistra.
Nec mora, nec requies: quam multa grandine nimbi
Culminibus crepitant, sic densis ictibus heros
Creber utraque manu pulsat, versatque Dareta.
Tum pater Æneas, procedere longius iras,
Et sævire animis Entellum haud passus acerbis:
Sed finem imposuit pugnæ, fessumque Dareta
Eripuit, mulcens dictis, ac talia fatur:
Infelix! quæ tanta animum dementia cepit?
Non vires alias, conversaque numina sentis?
Cede Deo. Dixitque, & prælia voce diremit.
Ast illum fidi æquales, genua ægra trahentem,

Ja-

INTERPRETATIO.

dextram, & alte erexit: alter celer prævidit ictum imminentem a capite, & levi corpore elapsus effugit. Entellus effudit impetum in auras, & ipse gravis & graviter procumbit ultro in terram magno pondere: ut aliquando pinus cavitata revulsa radicibus procumbit in Erymantho, aut in magna Ida. Trojani & juvenes Siculi surgunt diversis animis: clamores mittuntur ad cælum: & Acestes primus accurrit, & miserans erigit e terra amicum æquævum. Sed heros non tardatus est, nec territus illo *casu, redit ardentior ad pugnam, & ira revocat robur; præterea pudor & fortitudo* sibi *cognita inflammat vires, & ardens urget toto campo currentem Dareta, nunc dextera, nunc iterum sinistra ingerens ictus. Nec est mora, nec requies: quam spissa grandine crepitant nimbi super tectis, tam spissis ictibus heros utraque manu frequens verberat & agitat Dareta. Tunc pater Æneas non passus est iras progredi ulterius, & Entellum furere animo crudeli; sed indixit finem certaminis, & subduxit lassum Dareta, solans eum verbis, & talia loquitur: Infelix! quæ tanta insania occupavit mentem: nonne experiris aliud robur, & mutatos Deos? Cede Deo.* Sic *dixit, & dicendo abrupit pugnam. At*

NOTÆ.

446. *Ultro.*) Per se ipse, nullo impellente.

448. *Erymantho.*) *Erymanthus* mons, silva, & fluvius Arcadiæ in Peloponneso: nunc *Dimizzana*; locus silvis asper, & apro quondam infestus, quem occidit Hercules. De *Ida*, Phrygiæ monte etiam silvoso, *Æn.* 2. 801. De *Teucris*, *Æn.* 1. 239. De *Trinacriis*, *Æn.* 3. 687. De *æquore*, pro campo, *Æn.* 5. 780.

466. *Vires alias.*) *Majores* illi, *minores* tibi vires esse, quam putaveras.

467. *Cede Deo.*) Vel *Deo illi*, cujus numina jam a te aversa sunt. Vel *Eryci heroi*, Deo scilicet, Entelli magistro ac protectori, quem Acestes vocavit Deum supra v. 391. cui mox deinde tanquam Deo taurum Entellus immolat, v. 483. Vel *simpliciter*, juxta mentem Plutarchi; qui auctor est hoc proverbium apud veteres Græcos usurpatum fuisse, εἶκε θεῷ, *sequere Deum*; explicatque obtem-

pera

Jactantemque utroque caput, crassumque cruorem
Ore rejectantem, mixtosque in sanguine dentes,
Ducunt ad naves: galeamque ensemque vocati
Accipiunt; palmam Entello taurumque relinquunt.
Hic victor, superans animis, tauroque superbus:
Nate dea, vosque hæc, inquit, cognoscite, Teucri;
Et mihi quæ fuerint juvenili in corpore vires,
Et qua servetis revocatum a morte Dareta.
Dixit, & adversi contra stetit ora juvenci,
Qui donum adstabat pugnæ: durosque reducta
Libravit dextra media inter cornua cestus
Arduus, effractoque illisit in ossa cerebro.
Sternitur, exanimisque tremens procumbit humi bos.
Ille super tales effundit pectore voces:
Hanc tibi, Eryx, meliorem animam pro morte Daretis
Persolvo: hic victor cestus artemque repono.
Protinus Æneas celeri certare sagitta
Invitat, qui forte velint, & præmia ponit:
Ingentique manu malum de nave Seresti
Erigit, & volucrem trajecto in fune columbam,
Quo tendant ferrum, malo suspendit ab alto.
Convenere viri, dejectamque ærea sortem

Ac-

INTERPRETATIO.

fideles socii Daretis ducunt ad naves illum, trahentem genua infirma, & nutantem utrinque caput, & exspuentem ore spissum sanguinem ac dentes mixtos sanguine: & vocati ab Ænea accipiunt cassidem & gladium, & permittunt Entello taurum & palmam. Tunc victor, elatus animo, & superbiens tauro, ait: Fili Veneris, & vos, o Trojani, hæc animadvertite: & quale robur mihi fuerit in corpore juvenili, & e quali morte eripiatis liberatum Dareta. Sic locutus est, & stetit adversus caput oppositi tauri, qui stabat præmium certaminis: & sublimis, manu reducta, impegit duros cestus inter media cornua, & immisit eos in ossa perrupto cerebro. Sternitur bos, & tremens procidit in terram moribundus. Ille super bove profert e pectore talia verba: O Eryx, immolo tibi pro morte Daretis hanc vitam potiorem: hic victor depono artem & cestus. Statim Æneas invitat qui forte velint contendere sagittis, & proponit præmia: & magna manu attollit malum de nave Seresti, & suspendit ex alto malo columbam in fune trajecto volitantem, ad quam dirigant sagittas. Convenerant viri, & ærea cassis

NOTÆ.

pera vatiorsl, quæ quasi Dem oracula de rebus agendis semper dictat.

473. *Palmam.*) Vel translatio est, pro *victoria*; vel proprie *palma*, de qua diximus v. 111.

483. *Hanc tibi, Eryx, meliorem animam.*) *Meliorem*, vel quia vilipendit a se victum Dareta; vel quia Diis gratiores sunt victimæ ex brutis animantibus, quam humanæ, vel alludit ad *succidaneas victimas*; quæ cum primæ fugerant, aut infaustæ fuerant, aliæ in locum substituebantur, dicebanturque *meliores*, inclamantibus sacerdotibus, *θύεσθαι ἀμείνοσιν*, *secundis melioribus*.

484. *Hic victor cestus, &c.*) Morem notat gladiatorum consuetudinis artis, qui cum per ætatem ab arte discedebant, virga donabantur, quam rudem appellabant, vocabanturque *rudiarii*: & artis suæ arma suspendebant ad postes Herculis. Hic Entellus, non Herculi, a quo Eryx occisus, sed ipsi Eryci sua consecrat, quem Dei loco videtur habere, ut jam diximus v. 467.

485. *Celeri certare sagitta.*) IV. LUDUS. *Sagittarum jactus.* Expressus est ex Homeri Iliad. 23. 850. ubi *Teucer* columbæ funem secat, *Meriones* columbam ipsam evolantem ferit. Virgilius quatuor inducit certantes; *Hippocoonta*, *Mnestheum*, *Eurytiona*, *Acesten*. Et Hippocoon quidem malo sagittam infigit. *Mnestheus* funem secat. *Eurytion* columbam inter nubila transfodit. *Acestæ* sagitta in auras contorta ignem concipit.

487. *Seresti.*) De hoc Trojano duce, Æn. 1. 615.

Accepit galea: & primus clamore secundo
Hyrtacidæ ante omnes exit locus Hippocoontis:
Quem modo navali Mnestheus certamine victor
Consequitur, viridi Mnestheus evinctus oliva.
Tertius Eurytion, tuus, o clarissime, frater,
Pandare: qui quondam jussus confundere fœdus
In medios telum torsisti primus Achivos.
Extremus galeaque ima subsedit Acestes,
Ausus & ipse manu juvenum tentare laborem.
Tum validis flexos incurvant viribus arcus
Pro se quisque viri, & depromunt tela pharetris.
Primaque per cœlum nervo stridente sagitta
Hyrtacidæ juvenis volucres diverberat auras,
Et venit, adversique infigitur arbore mali.
Intremuit malus, timuitque exterrita pennis
Ales, & ingenti sonuerunt omnia plausu.
Post acer Mnestheus adducto constitit arcu,
Alta petens, pariterque oculos telumque tetendit;
Ast ipsam miserandus avem contingere ferro
Non valuit; nodos & vincula linea rupit,
Queis innexa pedem malo pendebat ab alto.
Illa Notos atque atra volans in nubila fugit.

Tum

INTERPRETATIO.

accepit sortes conjectas: & favente clamore primus ante cæteros extrahitur locus Hippocoontis Hyrtaci filii: *hunc sequitur Mnestheus modo victor* in *nautica pugna, Mnestheus coronatus viridi olea. Tertius est Eurytion, tuus frater, o nobilissime Pandare: qui olim jussus turbare fœdus, primus vibrasti jaculum in medium Græcorum. Ultimus & in profundo cassidis remansit Acestes, ausus etiam ipse aggredi manu laborem juvenum. Tunc viri* illi, *unusquisque pro se, curvant robustis viribus flexiles arcus, & educunt sagittas e pharetris. Et sagitta juvenis Hyrtacidæ prima ferit levem aerem, nervo per cœlum sonante: & pervenit ad* malum, *& figitur in arbore oppositi mali. Malus tremuit, & avis territa tremuit alis, & omnia* loca *sonuerunt magno plausu. Postea ardens Mnestheus stetit tendens arcum, dirigens in altum, & simul intendit oculos et sagittam: at miser non potuit attingere ferro ipsam avem;* tantum *secuit nodos & funes lineos, quibus pendebat ab alto malo constricta* circa *pedem. Illa avis fugit evolans in ventos & nigras nubes. Deinde prom-*

NOTÆ.

491. *Galea.*) In *galeam*, quia apud milites: apud cæteros vulgo in *urnam*, aut *situlam*, sortes conjiciebantur.

492. *Hyrtacidæ Hippocoontis.*) Hortensius hunc appellat Hyrtaciden filium Hippocoontis. Donatus mavult Hippocoonta filium Hyrtaci. Est quidem apud Homerum *Hyrtacides Asius* Il. 12. 96. sed *Asius* proprium est, *Hyrtacides* patronymicum, ut patet Il. 13. 384. ubi *Asius* idem ille ab Idomeneo occiditur. Est etiam apud eundem Il. 10. 518. *Hippocoon* Thrax, consobrinus Rhesi; qui ea ipsa nocte, qua Rhesus ad Trojam cæsus est, a somno excitatus est ab Apolline. Hic ex Æneæ partes esse deinde potuit.

493. *Victor.*) Non primo, sed secundo loco.

496. *Pandare, qui, &c.*) Convenerat Græcos inter ac Trojanos, ad dirimendum bellum, ut Paris Helenæ raptor, & Menelaus Helenæ maritus, singulari certamine de Helena contenderent. At Paris, cum prope victus esset, a Venere e pugna subductus est, inducta caligine, Iliad. 3. 380. Deinde Jupiter, adstante Junone, Minervæ mandavit ut fœdus turbaret: quod ut faceret, persuasit illa Pandaro, e Mysia, Lycaonis filio, ut sagittam in Menelaum torqueret; atque ita vulnerato Menelao rursus in bella itum est, Iliad. 4. 89. De *Achivis*, Æn. 2. 462.

512. *Notos.*) Ventos quoslibet, proprie meridionales; Austri aliter dicuntur, Ecl. 2. 58.

Tum rapidus jamdudum arcu contenta parato
Tela tenens, fratrem Eurytion in vota vocavit:
Jam vacuo lætam cœlo speculatus, & alis
Plaudentem, nigra figit sub nube columbam.
Decidit exanimis, vitamque reliquit in astris
Aeriis, fixamque refert delapsa sagittam.
Amissa solus palma superabat Acestes:
Qui tamen æthereas telum contorsit in auras,
Ostentans artem pariter, arcumque sonantem.
Hic oculis subito objicitur magnoque futurum
Augurio monstrum: docuit post exitus ingens,
Seraque terrifici cecinerunt omina vates.
Namque volans liquidis in nubibus arsit arundo,
Signavitque viam flammis, tenuesque recessit
Consumpta in ventos: cœlo ceu sæpe refixa
Transcurrunt, crinemque volantia sidera ducunt.
Attonitis hæsere animis, Superosque precati
Trinacrii Teucrique viri: nec maximus omen

Ab-

INTERPRETATIO.

ptus Eurytion, tenens sagittam jamdiu intentam arcu parato, invocavit per vota fratrem Pandarum*: & continuo columbam jam gaudentem aere libero & plaudentem alis, transfodit* eam *inter obscuras nubes. Cadit mortua, & amisit vitam in astris cœlestibus, & labens refert sagittam infixam. Acestes restabat solus amissa victoria: qui tamen vibravit sagittam in aerem sublimem, ostentans simul industriam & sonitum arcus* sui. *Tum occurrit oculis prodigium repentinum & futurum magni ominis: ingens casus* hoc *explicuit postea, & vates terrifici declaraverunt tardam prædictionem. Nam sagitta arundinea volans inflammata est inter aereas nubes, & igne notavit iter, & absumpta evanuit in leves ventos: quemadmodum sæpe stellæ cadentes e cœlo transeunt, & volantes trahunt post se comam. Siculi Trojanique viri steterunt stupefacti a-*

NOTÆ.

514. *Fratrem in vota vocavit.*) Pandarum, qui, inquit Servius, apud Lycios colitur quasi heros. At errat si eum idem Lycium falso putat, inductus in errorem his Homeri versibus, Iliad. 4. 119. Εὔχετο δ' Ἀπόλλωνι Λυκηγενεῖ, &c. *Supplicabat autem Apollini Lycio, inclyto jaculatori, agnorum primogenitorum sacrificaturum claram hecatomben, ubi domum reversus esset, sacræ in urbem Zeliæ.* Est enim *Zelia*, urbs Mysiæ, & ad radices montis Idæ, & fluvium *Æsepum*, cujus accolas populos in auxilium Priami adduxerat Pandarus, ut legitur ibid. v. 91. *Lycium* igitur Apollinem ab eo invocatum puto, non quod patria esset Lycius, sed propter Lycii templi atque oraculi celebritatem; de quo Æn. 4. 143. Fratrem vero invocat Eurytion, vel ut heroa, vel ut eumdem jaculandi peritum, quippe qui Menelaum vulneraverat, Iliad. 4. 139. Sic Manlius apud Livium lib. 38. 48. *Te L. Scipio appello; cujus ego mihi, succedens in vicem imperii tui, virtutem felicitatemque non frustra ab Diis immortalibus precatus sum.*

521. *Pariter, arcumque.*) *Pariter* ultimam brevem hic producit sequente vocali, propter cæsuram.

523. *Augurio monstrum; docuit post, &c.*) Augurium proprie quid sit, diximus Æn. 2. 703. Hic pro quolibet signo, ac præsagio futurorum eventorum sumitur. *Monstrum* est, quidquid contra rerum naturam accidit, & aliquid monstrat ac significat eventurum. *Exitus*, qui hinc secutus est, incendio fuit navium Trojanarum, infra vers. 659.

524. *Seraque, &c.*) Explicat Servius *gravia*; Hortensius *futura*; Cerdanus *tarda*: hoc sensu: ignorabant quid hoc monstro portenderetur; id mox docuit exitus, tumque Vates intellexerunt aperueruntque omina, sed serius ac tardius, cum nullus ultra esset remedio locus.

525. *In nubibus arsit arundo.*) Prodigium in eo fuit, quod id juxta rerum ordinem accidere non poterat; ut sagitta ex arundine, quamlibet sicca, ignem inter nubila conciperet; quod de terræ exhalationibus in altum aerem eductis Aristoteles ait. De *stellis*, ut vulgus putat, *cadentibus*, quales & unde sint, diximus Georg. 1. 365.

530. *Nec omen abnuit Æneas.*) Cum debuisset aversari, accipit, atque ut sibi prosperum agnoscit; vel dissimulans ob Acestæ reverentiam, & licet infaustum accipit; vel potius deceptus recordatione lucis illius flammæ, quæ in Ascanii capite effulserat, Æn. 2. 680.

Abnuit Æneas; sed lætum amplexus Acesten
Muneribus cumulat magnis, ac talia fatur:
Sume, pater, nam te voluit rex magnus Olympi
Talibus auspiciis exsortem ducere honorem.
Ipsius Anchisæ longævi hoc munus habebis:
Cratera impressum signis, quem Thracius olim
Anchisæ genitori in magno munere Cisseus
Ferre sui dederat monimentum & pignus amoris.
Sic fatus, cingit viridanti tempora lauro,
Et primum ante omnes victorem appellat Acesten.
Nec bonus Eurytion prælato invidit honori,
Quamvis solus avem cœlo dejecit ab alto.
Proximus ingreditur donis, qui vincula rupit:
Extremus, volucri qui fixit arundine malum.
At pater Æneas, nondum certamine misso,
Custodem ad se se comitemque impubis Iuli
Epytiden vocat, & fidam sic fatur ad aurem.
Vade, age: & Ascanio, si jam puerile paratum
Agmen habet secum, cursusque instruxit equorum,
Ducat avo turmas, & se se ostendat in armis,
Dic, ait. Ipse omnem longo decedere circo
Infusum populum, & campos jubet esse patentes.
Incedunt pueri, pariterque ante ora parentum

Fræ-

INTERPRETATIO.

nimo, & everterunt Deos: & maximus Æneas non rejecit omen; sed amplexus Acesten, cumulat *magnis donis, & talia dicit: Accipe, o pater, nam talibus prodigiis magnus rex cæli voluit te habere honorem extraordinarium. Habebis hoc munus ipsius senis Anchisæ: poculum cælatum figuris, quod olim* Cisseus *rex Thraciæ dederat habendum Anchisæ patri pro magno munere, &* quasi *pignus & monimentum sui amoris. Sic locutus, coronat caput* ejus *viridi lauro, & declarat Acesten primum victorem inter omnes. Et benignus Eurytion non invidit victoriæ* sibi *prælata, licet solus dejecisset volucrem ex alto aere. Proximus est* in distributione *præmiorum, qui secuit funem: ultimus, qui levi sagitta perfodit malum. At pater Æneas, ludis nondum dimissis, vocat ad se Epytiden, custodem & comitem pueri Ascanii, & sic loquitur in aurem fidelem. Age, vade: & dic, inquit, Ascanio, si jam habet secum instructum agmen puerorum, & si composuit cursus equorum, huc deducat turmas* in honorem *avi sui, & monstret se in armis. Ipse imperat populum omnem sparsum recedere e toto circo, & spatium fieri vacuum. Accedunt pueri,*

NOTÆ.

534. *Exsortem ducere honorem.*) *Extra sortem ordinemque propositorum præmiorum.* Et tractum a more Græcorum; apud quos, antequam præda divideretur inter milites, selectissima quæque iis, qui se fortiter in prælio gessissent, non sorte, sed judicio dabantur. Sic Æn. 9. 271. Ascanius Niso: *Clypeum cristasque rubentes excipiam sorti, jam nunc tua præmia, Nise.*

537. *Cisseus.*) Rex alicujus Thraciæ partis, Hecubæ pater, quæ Priami conjux fuit, ab eoque dicta *Cisseis.*) De *Thracia*, Æn. 3. 14.

547. *Epytiden.*) *Epytides*, patronymicum ejus fuit nomen; proprium, *Periphantes*, qui *Epyti* filius, Anchisæ præco, Iliad. 17. 324.

548. *Ascanio, si jam, &c.*) Non enim interfuerat ludis Ascanius, turmas interea suas ad ludum instituens. De eo, Æn. 1. 271.

553. *Incedunt pueri, &c.*) V. LUDUS. *Equestris decursio puerorum Trojano more.* Hunc omissum a veteris Homeri ludis Iliad. 23. addidit Virgilius in gratiam Augusti, qui his temporibus ludum illum in usum revocaverat, ut diximus Æn. 3. 280. De Augusto sic Sueton. c. 43. *Trojæ lusum edidit frequentissime, majorum minorumque* pue-

Frænatis lucent in equis: quos omnis euntes
Trinacriæ mirata fremit Trojæque juventus.
Omnibus in morem tonsa coma pressa corona:
Cornea bina ferunt præfixa hastilia ferro,
Pars leves humero pharetras: it pectore summo
Flexilis obtorti per collum circulus auri.
Tres equitum numero turmæ, ternique vagantur
Ductores: pueri bis seni quemque secuti
Agmine partito fulgent, paribusque magistris.
Una acies juvenum, ducit quam parvus ovantem
Nomen avi referens Priamus, tua clara, Polite,
Progenies, auctura Italos; quem Thracius albis
Portat equus bicolor maculis; vestigia primi

Al-

INTERPRETATIO.

& in conspectu parentum emicant æqualiter super equis frænatis: omnis juventus Siciliæ & Trojæ plaudit admirans eos equitantes. Omnibus capilli premuntur corona compta: gerunt duas hastas corneas armatas ferro, pars humero pharetras politas: flexibilis circuitus torti auri per collum descendit in summum pectus. Turmæ equitum sunt tres numero, & tres duces oberrant: pueri duodecim sequuti unumquemque ducem emicant agmine distincto, & similibus ducibus. Una est turma puerorum, quam lætam ducit parvus Priamus, ferens nomen avi, tua inclyta proles, o Polite, auctura Italos: quem portat equus Thracius bicolor notis candidis; gressus primorum pedum candidi sunt, &

NOTÆ.

puerorum delectu: prisci decorique moris existimans, claræ stirpis indolem sic notescere. In hoc ludicro C. Nonium Asprenatem lapsu debilitatum aureo torque donavit, passusque est ipsum posterosque Torquati ferre cognomen. Mox finem fecit talia edendi, Asinio Pollione oratore graviter invidioseque in curia questo Æsernini nepotis sui casum, qui ipse crus effregerat. In eoque Augustus ducem secutus erat Julium Cæsarem, de quo idem Suetonius c. 39. *Trojam lusit turma duplex, majorum minorumque puerorum.* Tres hic turmas statuit Virgilius, singulas puerorum duodecim, cum vulgo in exercitu turmæ ter denos haberent equites, quibus præerant tres *decuriones*. Tres, inquam, statuit turmas, licet Julius duas tantum; quia fortasse turmarum numerus ad arbitrium editoris mutabatur, & ab Augusto auctus fuerat: est enim verisimile ita descriptos hic a poeta ludos fuisse, ut ab Augusto tunc edebantur. Porro hæc fuerunt ludentibus pueris arma atque ornamenta. I. Galea. II. Corona supra ipsam galeam. III. Torques aureus, catenæ instar circuitu collo summum in pectus delabens. IV. Pharetræ humero suspensæ: non omnibus quidem: ait enim, *pars leves humero pharetras*: sed fortasse ducibus. V. Hastilia duo præfixa ferro, quibus ea se videntur ex equis vicissim impulisse: unde frequens casus sequebatur, ut ex Suetonio modo vidimus.

556. *Tonsa coma, &c.*) Nascimbenus tonsuram de tonsura capillorum explicat. Servius *coronatam*, *&c galeam*: & vero Homerus Iliad. 7. 12. de galea loquens ait: ὑπὸ στεφάνης ἐϋχάλκου *sub corona ærea*. Tamen existimo pueros, & *galeatos*, & supra galeam *coronatos* fuisse: qualis est Marrubius sacerdos, Æn. 7. 751. *Fronde super galeam & felici comptus oliva.* Galeatos quidem, quia Ascanius deinde v. 673. *Galeam ante pedes projecit inanem*; Coronatos vero, non floribus tamen, sed pressis concisisque frondibus: talis ipse Virgilius Georg. 3. 21. *Ipse caput tonsæ foliis ornatus olivæ.*

557. *Cornea bina, &c.*) *Hastile*, lignum ipsum hastæ, cui ferrum præfixum est: ligneum, inquam, ex arbore *corno*, Ital. *corniolo*: de qua Georg. 2. 34. & hastas quidem illas necesse est breviores fuisse, ut bina ferri possent, vel alternatis vicibus manu, vel singulæ singulis manibus.

561. *Partito.*) Ab antiquo *partio*: nunc enim *partior*, active tantum, non etiam passive sumitur. *Magistris*) Ducibus, quos modo enumeratum est, & hæc appellatio propria est in eo genere: quippe cum eligebatur Romæ dictator, qui sub eo præerat equitatui, vocabatur *magister equitum*. De voce *ovans*, Æn. 3. 189.

564. *Polite, progenies, &c.*) Ejus Politæ filius, qui in oculis Priami patris a Pyrrho interfectus est, Æn. 2. 526. *Polite*, vocativus est a nominativo *Polites*, non a *Politus*. Hic Polites, teste Servio, dicitur tamen a Catone in originibus venisse cum Ænea in Italiam, & urbem condidisse *Politorium* in Latio, ubi nunc *Polus*: quam deinde urbem Ancus Romanorum rex delevit, quod esset illa Latinorum adversus Romanos perfugium. Virgilius, qui Politen a Pyrrho cæsum induxit, hujus urbis structuram attribuere videtur ejus filio, cum ait: *Progenies auctura Italos.* De *Italis*, Æn. 3. 334.

566. *Portat equus bicolor, &c.*) Albus quidem fronte primisque duobus pedibus: hoc enim est *primi pedis*, id est, *primorum pedum*. At quis alter color? Fortasse rufus: talis enim equus ab Homero describitur, Iliad. 23. 455. totus rufus, & alba stella in fronte conspicuus, quod repræsen-

Alba pedis, frontemque ostentans arduus albam.
Alter Atys, genus unde Atti duxere Latini,
Parvus Atys, pueroque puer dilectus Iulo.
Extremus, formaque ante omnes pulcher Iulus
Sidonio est invectus equo: quem candida Dido
Esse sui dederat monimentum & pignus amoris.
Cætera Trinacriis pubes senioris Acestæ
Fertur equis.
Excipiunt plausu pavidos, gaudentque tuentes
Dardanidæ, veterumque agnoscunt ora parentum.
Postquam omnem læti consessum oculosque suorum
Lustravere in equis, signum clamore paratis
Epytides longe dedit, insonuitque flagello.
Olli discurrere pares, atque agmina terni
Diductis solvere choris, rursusque vocati
Convertere vias, infestaque tela tulere.
Inde alios ineunt cursus, aliosque recursus,
Adversis spatiis, alternosque orbibus orbes
Impediunt, pugnæque cient simulacra sub armis.
Et nunc terga fuga nudant, nunc spicula vertunt

In-

INTERPRETATIO.

erigit frontem candidam. Secundus dux est Atys, a quo Attii Latini ducunt originem: parvus Atys, & puer carus puero Iulo. Ultimus Iulus, & præ omnibus spectabilis propter pulchritudinem, impositus est equo Sidonio: quem pulchra Dido dederat ei ut esset monimentum, & testimonium sui amoris. Reliqua juventus vehitur equis Siculis senis Acestæ. Trojani recipiunt cum plausu eos de gloria sollicitos, & lætantur eos videndo, & agnoscunt vultus antiquorum patrum. Postquam læti circuierunt equitando omnem concionem & conspectum suorum, procul Epytides dedit paratis signum clamore, & sonuit flagello. Illi excurrerunt simul pares, deinde tres duces diremerunt agmen in separatas turmas: iterumque admoniti relegerunt iter, & immisere hastas inimicas. Postea incipiunt alios cursus & alios recursus ex oppositis locis, & implicant alternatim gyros gyris, & sub armis edunt imaginem certaminis. Et modo præ-

NOTÆ.

more hic Virgilium voluisse Cerdamo videtur. De Thracia, equorum feraci, Æn. 3. 14.

566. 567. Primi albi pedis, &c.) Servius de duobus anterioribus pedibus explicat, Cerdanus de unico pede dextro. Frontem albam Scaliger interpretatur, albo veluti stella notatam, quia omnino alba deterioris equi indicium est.

568. Genus unde Atti.) Sic rescribo cum Pierio ex antiquis codicibus. Constat enim signatam hic a Virgilio fuisse gentem Attiam, non Actiam, neque Atyniam: unde maternum genus Augustus ducebat. Quare dixit: genus unde Atti duxere Latini, non vero Romani, quia Attia gens erat ex urbe Latii Aricia, nunc Ariccia.

569. Puer dilectus Iulo.) Notat certe conjunctam affinitatem inter utramque gentem, Juliam, quæ ab Iulo, & Attiam, quæ ab Atys, qua ex conjunctione prodiit Augustus. Quippe Julia, Julii Cæsaris soror, nupserat M. Attio Balbo, qui ex conjugio genuit Attiam, quæ collocata C. Octavio, Octavium genuit, Augustum deinde appellatum. Unde emendabis Plutarchum & alios, qui Augustum ex sorore Cæsaris natum ferunt; & Lucanum perinde libri 10. ubi is dicitur Cæsaris hæres & ex sorore nepos: habet autem emendatissimus Livii codex, Pierio teste, sororis nepos, quod verum est: fuit enim Augustus nepos Juliæ, sororis Cæsaris; non nepos Cæsaris ex Julia sorore, quæ ex vulgatam confusione orta error est. De Sidonio, Æn. 1. 451. De Didone in argumento lib. 4.

573. Senioris Acestæ.) Ad equos Acestæ refero, quibus Acestes Trojanam juventutem ad ludum Julium instruxerat: non ad pubem Acestæ, seu juventutem Siculam; quam probabile est in Trojanis illis pueris locum non habuisse, siquidem e tribus ductoribus nullus Siculus fuit.

575. Pavidos.) De laude & victoria sollicitos & in pavore periculosa, de quo v. 138. Exsultantiaque haurit corda pavor pulsans.

576. Ora parentum.) Parentum similitudinem in filiis. De verbo lustro, pro circumeo, Æn. 2. 564.

Infensi, facta pariter nunc pace feruntur.
Ut quondam Creta fertur Labyrinthus in alta
Parietibus textum cæcis iter ancipitemque
Mille viis habuisse dolum, qua signa sequendi
Falleret indeprensus & irremeabilis error.
Haud aliter Teucrum nati vestigia cursu
Impediunt, texuntque fugas & prælia ludo;
Delphinum similes, qui per maria humida nando
Carpathium Libycumque secant, luduntque per undas.
Hunc morem cursus, atque hæc certamina primus
Ascanius, longam muris cum cingeret Albam,
Retulit, & priscos docuit celebrare Latinos.
Quo puer ipse modo, secum qui Troia pubes,
Albani docuere suos: hinc maxima porro
Accepit Roma, & patrium servavit honorem;
Troiaque nunc, pueri, Trojanum dicitur agmen.
Hac celebrata tenus sancto certamina patri.
Hic primum fortuna fidem mutata novavit.
Dum variis tumulo referunt sollemnia ludis,
Irim de cælo misit Saturnia Juno
Iliacam ad classem, ventosque aspirat eunti
Multa movens, necdum antiquum saturata dolorem.
Illa viam celerans per mille coloribus arcum,

Nul-

INTERPRETATIO.

dant terga fuga, modo convertunt hastas quasi inimici, modo æqualiter incedunt quasi pace composita. Quemadmodum Labyrinthus in alta Creta dicitur habuisse olim iter implexum obscuris parietibus, & fraudem incertam propter mille vias, per quas error inobservabilis & inexplicabilis turbabat signa progrediendi. Non aliter filii Trojanorum impediunt currendo cursum, & miscent fugas ac certamina ludendo; similes delphinis, qui natando per liquidum mare findunt Carpathium ac Libycum mare, & ludunt inter fluctus. Ascanius, cum circumdaret Albam longam mœnibus, primus hanc consuetudinem decursionis, atque has pugnas renovavit, & docuit veteres Latinos eas edere. Quomodo ipse fuit, & cum eo Trojana juventus, eodem modo Albani docuerunt suos posteros: hinc vero maxima Roma accepit & retinuit patrium ludum: & illi pueri nunc dicuntur Troja & Trojanum agmen. Hactenus pugnæ celebratæ sunt sancto parenti. Tum fortuna primum conversa mutavit fidem. Dum per diversos ludos persolvunt sepulcro justa, Juno filia Saturni demisit Irim e cælo ad naves Trojanas, & adjuvat ventis eam descendentem, plurima parans, & nondum expleta juxta veterem indignationem. Illa virgo festinans iter per

NOTÆ.

588. *Creta fertur Labyrinthus.*) De *Creta* insula, *Candia*, Æn. 3. 104. De *Labyrintho*, Æn. 6. 27. Et comparat varios cursus puerilis figuras cum *Labyrintho*, subjungit deinde pueros cum *delphinis*.

594. *Delphinum*, &c.) *Delphin*, vel *delphinus*, communiter creditur esse *piscis incurvus*, Ital. *delfino*, quem falso incurvo corpore pinxere veteres; nisi forte sic apparet propter impetum ac velocitatem motus, cum erumpit e mari; hinc enim dicitur a Plinio lib. 9. 8. *velocissimum omnium animalium, non solum marinorum; super volucri, ocyor telo .... tanta vi exilit, ut plerumque vela navium transvolat.*

595. *Carpathium, Libycumque.*) *Carpathium* mare, ad orientem Cretæ insulæ, ubi est *Carpathus* insula, Cretam inter & Rhodum sita, nunc *Scarpanto*. *Libycum* mare, circa Libyam, de qua Africæ parte, Æn. 1. 162. & Georg. 3. 249. De *Ascanio*, Æn. 1. 271. De *Alba*, Æn. 8. 48. De *Latinis*, veteribus Latii incolis, Æn. 1. 10.

606. *Irim de cæl.*, &c.) De *Iride*, & arcu cœlesti, Æn. 4. 700. De *Junone*, *Saturni filia*, Æn. 1. 27.

Nulli visa cito decurrit tramite virgo.
Conspicit ingentem concursum: & litora lustrans,
Desertosque videt portus, classemque relictam.
At procul in sola secretæ Troades acta
Amissum Anchisen flebant, cunctæque profundum
Pontum aspectabant flentes. Heu! tot vada fessis,
Et tantum superesse maris! vox omnibus una.
Urbem orant: tædet pelagi perferre laborem.
Ergo inter medias se se haud ignara nocendi
Conjicit, & faciemque Deæ vestemque reponit.
Fit Beroe, Ismarii conjux longæva Dorycli,
Cui genus, & quondam nomen, natique fuissent.
Ac sic Dardanidum mediam se matribus infert.
O miseræ, quas non manus, inquit, Achaica bello
Traxerit ad letum, patriæ sub mœnibus! o gens
Infelix! cui te exitio fortuna reservat?
Septima post Trojæ excidium jam vertitur æstas,
Cum freta, cum terras omnes, tot inhospita saxa
Sideraque emensæ ferimur: dum per mare magnum
Italiam sequimur fugientem, & volvimur undis.
Hic Erycis fines fraterni, atque hospes Acestes:
Quis prohibet muros jacere, & dare civibus urbem?

O

INTERPRETATIO.

arcum mille colorum, nulli aspectabilis descendit per pronam semitam. Videt magnum concursum ad ludos, *& circumiens litora cernit portus vacuos & naves incustoditas. At Trojanæ procul separatæ in deserto litore flebant Anchisen amissum, & cunctæ plorantes aspiciebant altum mare. Unus erat sermo omnium, Heu! tot fluctus & tantum maris restare fatigatis! Postulant urbem: tædet eas pati asperitatem maris. Igitur Iris non ignara nocendi immittit se in medium earum, & exuit formamque & habitum Deæ. Assimilatur Beroe, uxori grandævæ Dorycli Ismarii, cui fuerat olim nobilitas, & fama, & soboles. Sic autem immiscet se mediam matribus Trojanorum. O infelices, inquit, quas manus Græcorum non traxere ad mortem,* in *bello, sub muris patriæ! o gens infortunata! cui morti reservat te fortuna? Jam septima æstas transiit ab excidio Trojæ,* ex quo tempore *vagamur emensæ tot maria, & omnes terras, & tot scopulos inhabitabiles, & sidera; ex quo per vastum mare quærimus Italiam fugientem, & jactamur fluctibus. Hic est regio Erycis fratris Æneæ, & hospes Acestes: quis*

NOTÆ.

613. *Secretæ Troades acta.*) Nam, ut ait Hortensius, indecorum est honestas matronas publice in spectaculis esse cum viris. *Acta* litus est, ab ἀκτή, quo voce etiam usus est Cicero, de Siculo litore loquens Verrina 5. 31. *[illegible] in acta dies totos bibere.*

620. *Beroe, Ismarii, &c.*) Ficta nomina Beroes & Dorycli. *Ismarius* dicitur, id est, *Thracius*, ab Ismaro, Thraciæ maritimæ monte, de quo Georg. 2. 37. De *Dardanidis*, Æn. 1. 564. De *Achaja*, Græcia proprie dicta, vel Peloponnesi parte, Æn. 1. 492.

626. *Jam vertitur æstas.*) Jam præterita est septima, & convertitur, vergitque in octavam. Hunc enim esse secundum diximus, Æn. 1. 760. Et vere tunc ita loquebatur Beroe, non metaer, sed vere; ipso quippe ludorum die, ut diximus supra v. 46.

628. *Sidera emensæ.*) Per navigationem, quæ astrorum aspectu regitur.

630. *Fugientem.*) Quia, quo propius ad eam accedebant, eo videbantur ab ea longius vi tempestatum repelli. De *Eryce*, Æneæ fratre, v. 24. De *Aceste*, v. 36. De *Penatibus*, Æn. 2. 717. De *Hectore*, Æn. 1. 103. De *Xantho*, Troadis fluvio, Æn. 1. 477. De *Simoënte*, Troadis item fluvio, Æn. 1. 104. De *Cassandra* vate, Priami filia, Æn. 2. 246.

O patria, & rapti nequicquam ex hoste Penates!
Nullane jam Trojæ dicentur mœnia? nusquam
Hectoreos amnes, Xanthum & Simoenta vid[illegible]?
Quin agite, & mecum infaustas exurite [illegible].
Nam mihi Cassandræ per somnum [illegible] imago
Ardentes dare visa faces: Hic [illegible] Trojam,
Hic domus est, inquit, vobis [illegible] tempus agit res;
Nec tantis mora prodigiis [illegible]uatuor aræ
Neptuno; Deus ipse [illegible]que ministrat.
Hæc memorans, [illegible] vi corripit ignem,
Sublataque procul [illegible] connixa coruscat,
Et jacit. A[illegible]tes, stupefactaque corda
Iliadum. [illegible]e multis, quæ maxima natu,
Pyrgo, [illegible]ami natorum regia nutrix:
Non [illegible] vobis, non hæc Rhœteia, matres,
Est D[illegible]li conjux: divini signa decoris,
Ard[illegible]que notate oculos: qui spiritus illi,
Qui vultus, vocisque sonus, vel gressus eunti.
Ipsa egomet dudum Beroen digressa reliqui
Ægram, indignantem tali quod sola careret

Mu-

INTERPRETATIO.

vetat Æneam fundare muros, & dare urbem civibus? O patria, & Penates frustra erepti ab hostibus! an deinceps nulli vocabuntur muri Trojæ? nullibi aspiciam fluvios Hectoreos, Xanthum & Simoenta? Imo agite, & mecum incendite funestas naves. Nam umbra Cassandræ vatis visa est per somnum præbere mihi faces accensas, atque; Hic quærite Trojam, hic est vobis domus. Jam tempus urget rem, nec mora est adhibenda tantis præsagiis. Ecce quatuor altaria posita Neptuno; Ille ipse Deus suppeditat nobis animos & faces. Hæc dicens, prima per vim rapit funestum ignem, & erecta dextera nitens procul librat, & conjicit. Attoniti sunt animi & attonita corda Trojanarum. Hic una e multis, quæ erat annis provectissima, nomine Pyrgo, regia nutrix tot filiorum Priami: Non hæc vobis est Beroe, o matres, non uxor Rhœteia Dorycli: animadvertite indicia divinæ pulchritudinis, & oculos micantes, quis sit illi vigor, quæ facies, aut sonus vocis, aut gressus ambulanti. Egometipsa, jamdiu digressa a Beroe, reliqui Beroen ægrotantem, & dolentem quod sola immunis esset talis offi-

NOTÆ.

638. *Agit res.*) Sic Romanus, ac Mediceus codex, aliique vetusti, apud Pierium: licet in aliis legatur *tempus agi res*; id est, *tempus agendi rem*. Magis tamen placet prima lectio, *tempus agit res*, id est, *ipsum tempus*, *ipsa occasio rem urget & porro impellit: nunc esse faces*, &c.

639. *Quatuor aræ Neptuno.*) A quo constitutæ? non ab Ænea, qui ad tumulum, & in patris honorem sacra fecerat; tumulus autem & sacrificii locus procul aberant ab ea litoris parte, nec procul a circo; ut patet ex brevi sanguine, quo lapsus est Nisus, v. 333. Ergo, vel a Cloantho; qui, hoc ipso in litore Siculo, immolandum pro navali victoria taurum Diis pelagi voverat v. 235. vel ab ipsis Trojanis, qui, dum Æneas Anchisæ sacra faceret, mactabant ipsi juvencos pro sua quisque copia, sive ut Anchisæ, sive ut aliis etiam Diis colerent, neque enim id a poeta definitur, v. 100.

642. *Ignem .... coruscat.*) Neutrum id vulgo verbum est; apud Virgilium sæpe activum Æn. 10. 651. *Strictumque coruscat mucronem*. Æn. 12. 431. *Hastamque coruscat*.

645. *Pyrgo.*) Fictum nomen a turre. De Priami quinquaginta filiis, ac duodecim filiabus Æn 2. 503.

646. *Rhœteia.*) E Rhœteo, Troadis promontorio, non procul ab urbe Troja.

647. *Divini signa decoris.*) Quatuor ea signa commemorat. I. *Fulgorem vultus & oculorum*. II. *Spiritum*, id est, halitum odoratum. III. *Incessum*, aut grandem, aut decentem. IV. *Sonum vocis* alterutrum, alterutrumque. De tribus primis diximus, Æn. 1. 406. 407. 409. De quarto dixit Æneas ad Venerem ibidem, v. 332. ubi: *Nec vox hominem sonat*.

651. *Indignantem quod*, &c.) Ægre ferentem, quod per valetudinem sibi non liceret interesse sacris.

Munere, nec meritos Anchisæ inferret honores.
Hæc effata.
At matres primo ancipites, oculisque malignis
Ambiguæ, spectare rates, miserum inter amorem
Præsentis terræ fatisque vocantia regna:
Cum Dea se paribus per cœlum sustulit alis,
Ingentemque fuga secuit sub nubibus arcum.
Tum vero attonitæ monstris, actæque furore,
Conclamant, rapiuntque focis penetralibus ignem;
Pars spoliant aras, frondem, ac virgulta, facesque
Conjiciunt: furit immissis Vulcanus habenis
Transtra per, & remos, & pictas abiete puppes.
Nuntius Anchisæ ad tumulum cuneosque theatri
Incensas perfert naves Eumelus, & ipsi
Respiciunt atram in nimbo volitare favillam.
Primus & Ascanius, cursus ut lætus equestres
Ducebat, sic acer equo turbata petivit
Castra, nec exanimes possunt retinere magistri.
Quis furor iste novus? quo nunc, quo tenditis, inquit;
Heu miseræ cives! non hostem, inimicaque castra

Ar-

INTERPRETATIO.

cii, nec exhiberet Anchisæ digna sacrificia. Hæc locuta est. Sed matres primo cœperunt aspicere naves oculis malevolis, incertæ & dubiæ inter miserum amorem præsentis regionis & regna invitantia per fatum; cum Dea Iris extulit se per aërem alis æquatis, & in discessu signavit magnum arcum inter nubes. Tunc autem stupefactæ prodigiis, & impulsæ furore, vociferantur, & rapiunt ignem ex aris intimis: pars nudant aras, injiciuntque frondes, & ramos, & faces: ignis sævit laxatis habenis per transtra, & remos, & puppes pictas ex abiete structas. Eumelus nuntius defert ad sepulcrum Anchisæ & sedes theatri naves esse combustas, & ipsi spectatores vident nigrantes favillas volare in fumo. Et primus Ascanius, quippe qui lætus regebat decursionem equestrem, eo modo excurrit ad castra tumultuantia, festinus in equo, & magistri stupefacti non possunt eum retinere; atque: Quis est iste novus furor? o miseræ cives! quo jam, quo tenditis? non

NOTÆ.

660. *Rapiuntque focis penetralibus ignem, &c.*) Dionysius Halicarn. postquam de Ægesto sive Acesta & Elymo, jam in Sicilia considentibus, locutus est, ita de hoc navium incendio disserit, lib. 1. [illegible] &c. *In hoc autem vires postquam incidit Æneas, complectitur suos comites, & condit in eorum gratiam urbes Ægestam & Erycem, & exercitus sui partem in iis relinquit; quantum ego conjicio, sua sponte, ut labore & marinis jactationibus fessi loca ista quiescerent; ut vero aliqui scribunt, detrimentum classis illic passus ab incendio, quod aliquot feminæ tædio navigationis excitaverant, & necessario coactus turbam relinquere, quam post abruptas naves reliquas capere non poterat.* Plutarchus in Romulo, refert ex aliquorum sententia incensas a mulieribus naves Trojanorum fuisse in ipsis Tyberinis faucibus, Romæ cujusdam Trojanæ causa, a qua deinde Roma nomen habuerit. Strabo l. 6. id Crotone accidisse narrat, & sic deinde rem definit: [illegible] &c. *Et Trojanarum quidem factum multis adscribitur locis, videturque incredibile, cum tamen fieri potuerit.*

661. *Spoliant aras.*) Frondibus, verbenis, taeniis, quibus ornatæ erant & ara, & atrium, Æn. 4. 457.

662. *Vulcanus habenis.*) De *Vulcano* pro igne, Georg. 1. 295. *Habenis.*) Translatio ab aurigis, qui habenas ad incitatissimum cursum laxiores equis permittunt. De *transtris*, supra vers. 119. De *abiete*, Georg. 2. 68. De *cuneis theatri*, supra v. 288.

665. *Eumelus.*) Effictus aliquis eques, qui apud naves cum mulieribus steterat.

669. *Magistri.*) Vel alii duces duo, *Priamus* & *Atys*, qui sic appellantur, v. 564. Vel curatores

A-

Argivum; vestras spes uritis. En ego vester
Ascanius. Galeam ante pedes projecit inanem,
Qua ludo indutus belli simulacra ciebat.
Accelerat simul Æneas, simul agmina Teucrum.
Ast illæ diversa metu per litora passim
Diffugiunt, silvasque, & sicubi concava furtim
Saxa petunt: piget incepti, lucisque: suosque
Mutatæ agnoscunt, excussaque pectore Juno est.
Sed non idcirco flammæ, atque incendia vires
Indomitas posuere; udo sub robore vivit
Stupa, vomens tardum fumum: lentusque carinas
Est vapor, & toto descendit corpore pestis:
Nec vires heroum, infusaque flumina prosunt.
Tum pius Æneas humeris abscindere vestem,
Auxilioque vocare Deos, & tendere palmas:
Jupiter omnipotens, si nondum exosus ad unum
Trojanos, si quid pietas antiqua labores
Respicit humanos, da flammam evadere classi
Nunc, pater, & tenues Teucrum res eripe leto:

Vel

INTERPRETATIO.

incenditis hostes, & hostilia castra Græcorum, sed *spes vestras. Ecce ego sum vester Ascanius. Abjecit ad pedes vacuam cassidem, qua utens* in *ludo ediderat imaginem pugnæ. Accurrit simul Æneas, simul multitudo Trojanorum. Sed illæ* præ *timore fugiunt quacumque in remota litora, & clam quærunt silvas, ac rupes cavernosas, si alicubi* sunt: *pudet eas facinoris & vitæ, & revocatæ* a furore *agnoscunt suos* cives, *& Juno expulsa est ex animo. Tamen flamma & incendia non amiserunt propterea vim* suam: *stupa emittens pigrum fumum alitur sub ligno humido, & sensim ignis absumit trabes, & pernicies funditur* per *totam molem; & labor virorum, injectaque unda non proficiunt. Tunc pius Æneas* cœpit *lacerare vestem* ab *humeris, & invocare* Deos in *auxilium, & extollere palmas* manuum. *Jupiter omnipotens, ait, si nondum odisti Trojanos omnes ad unum, si vetus clementia tua spectat casus humanos, concede nunc classi evitare incendium, o pater, & serva ab exitio res angustas Troja-*

NOTÆ.

Ascanii Epytides, aliorumque juvenum custodes. De *Argivis & Argis* urbe Peloponnesi, Æn. 1. 288.

673. *Galeam ... inanem.*) Jam vacuam, quippe extractam e capite. Alii explicant *spoliatam crista*, quæ prius superposita galeæ jam impetu deciderat. De *Teucris*, Æn. 1. 239.

681. *Udo sub robore.*) Duro quovis ligno; aliquando certa specie arboris, e quercuum genere, Georg. 3. 162.

682. *Stupa.*) Linum vile, cortici proximum adhærens, obturandis ac stipandis rimis ac foraminibus comparatum. Græce στύπη, a στύφω *astringo*.

Tardum fumum, lentusque, &c.) Quia uda & victus udis materia non facile in flammam emicabat.

683. *Vapor.*) Proprie est halitus ac flatus, qui fumi instar exspiratur: hic pro igne sumitur juxta Lucretium lib. 2. 149. *At vaporis quem Sol mittit, lumenque serenum. Carina*, trabes imas lium in navibus.

683. *Corpore pestis.*) *Corpus* hic pro navium mole, *Pestis* pro igne usurpatur, & sæpe pro noxia quacumque re, ut apud Livium lib. 44. pro sude: *in aliam sudiferam partem incidebant: elephantes enim ab resistentibus in litore acti extremas obterebant.* Plinius lib. 2. 48. pro tempestate: *Præcipua navigantium pestis, &c.*

685. *Abscindere vestem, &c.*) Maximum hoc signum doloris fuit, usitatissimum apud Hebræos, ut patet ex sacris literis. Sed & apud Ægyptios ex Herodoto lib. 2. quos mortuos prosecutæ mulieres vagæ per urbem percutiebant se nudatis mamillis. Apud Trojanos, ex Seneca in Troad. v. 101. ubi Hecuba: *Cadat ex humeris vestis apertæ; jam nuda vocant pectora dextras.* Apud Græcos, ex Herodoto l. 8. re male gesta a Mardonio. Apud Romanos, ex Suetonio in Nerone cap. 42. qui *postquam Galbam & Hispanias descivisse cognovit .... veste discissa, capite converberato, actum de se pronunciavit.* Causa autem hujus

ritu-

Vel tu, quod superest, infesto fulmine morti,
Si mereor, demitte, tuaque hic obrue dextra.
Vix hæc ediderat, cum effusis imbribus atra
Tempestas sine more furit, tonitruque tremiscunt
Ardua terrarum, & campi: ruit æthere toto
Turbidus imber aqua, densisque nigerrimus Austris:
Implenturque super puppes, semiusta madescunt
Robora, restinctus donec vapor omnis, & omnes,
Quatuor amissis, servatæ a peste carinæ.
At pater Æneas casu concussus acerbo,
Nunc huc ingentes, nunc illuc pectore curas
Mutabat: versans, Siculisne resideret arvis
Oblitus fatorum, Italasne capesseret oras.
Tum senior Nautes, unum Tritonia Pallas
Quem docuit, multaque insignem reddidit arte;
Hæc responsa dabat, vel quæ portenderet ira
Magna Deum, vel quæ fatorum posceret ordo.
Isque his Æneam solatus vocibus infit:
Nate Dea, quo fata trahunt retrahuntque, sequamur.
Quicquid erit, superanda omnis fortuna ferendo est.
Est tibi Dardanius divinæ stirpis Acestes:
Hunc cape consiliis socium, & conjunge volentem:
Huic trade, amissis superant qui navibus, & quos
Pertæsum magni incepti rerumque tuarum est;
Longævosque senes, ac fessas æquore matres,

Et

INTERPRETATIO.

rerum: vel, si mereor, tu trade me morti inimico fulmine, & hic opprime me tua manu, quod solum restat. Vix dixerat ea, cum immissis pluviis tempestas furit præter consuetudinem, & alta loca terrarum & campi quatiuntur fulmine: imber sonans aquis & densatus a nigris Austris cadit ex toto aere: & naves desuper implentur, ligna semiusta humescunt, donec ignis totus extinctus est, & carinæ naves receptæ sunt ab igne, quatuor tantum abruptis. Sed pater Æneas perculsus hac tristi calamitate, agebat animo magnas curas, nunc huc, nunc illuc: deliberans, an remaneret in agris Siculis immemor fatorum, an peteret regiones Italas. Tunc senex Nautes, quem Tritonia Pallas unice instituit, & effecit clarum multis vaticiniis, edebat hæc responsa, dicebatque, vel quid magna ira Deorum minaretur, vel quid exigeret series fatorum. Atque ille solatus Æneam loquitur his verbis: Fili Veneris, eamus quo fata vocant & revocant. Quicquid accidet, omnis fortuna vincenda est tolerando. Est tibi Trojanus Acestes e divina origine: accipe illum & volentem adhibe socium ad consilia: da illi eos, qui superflui sunt amissis navibus, & quos tædet magni consilii & rerum tuarum; & elige senes grandævos, & ma-

NOTÆ.

moris hæc erat, ut pectus pateret ad planctum, cujus etiam frequens apud veteres usus.

695. *Ardua terrarum.*) Montes, apices terrarum altissimos. Vulgaris est ea locutio atque elegans, ut Æn. 2. 332. *Angusta viarum*, Ibid. v. 725. *Opaca locorum*. De *Austris*, ventis meridionalibus, Ecl. 2. 58. De *vaporibus*, supra v. 681.

704. *Nautes, unum Tritonia, &c.*) *Nautes*, caput *Nautia* familiæ Romanæ, cujus in custodia Palladium Romæ per successionem fuit, ut habet Dionysius Halicarn. lib. 6. Et causam diximus, Æn. 2. 166. De *Pallade* Æn. 1. 43. & 2. 31. De *Tritonia*, ejus cognomine, Æn. 2. 171. De *ordine fatorum*, Æn. 1. 243. De *Aceste rege*, *Dardanæ stirpis*, supra v. 36.

Et quicquid tecum invalidum, metuensque pericli est,
Delige, & his habeant terris sine mœnia fessi.
Urbem appellabunt permisso nomine Acestam.
Talibus incensus dictis senioris amici:
Tum vero in curas animus diducitur omnes.
Et nox atra polum bigis subvecta tenebat:
Visa dehinc cœlo facies delapsa parentis
Anchisæ subito tales effundere voces:
Nate, mihi vita quondam, dum vita manebat,
Care magis; nate, Iliacis exercite fatis;
Imperio Jovis huc venio, qui classibus ignem
Depulit, & cœlo tandem miseratus ab alto est.
Consiliis pare, quæ nunc pulcherrima Nautes
Dat senior: lectos juvenes, fortissima corda,
Defer in Italiam: gens dura, atque aspera cultu,
Debellanda tibi Latio est. Ditis tamen ante
Infernas accede domos, & Averna per alta
Congressus pete, nate, meos. Non me impia namque
Tartara habent tristesque umbræ; sed amœna piorum
Concilia, Elysiumque colo. Huc casta Sibylla
Nigrarum multo pecudum te sanguine ducet.

Tum

INTERPRETATIO.

tui lassas navigatione, & quodcumque tecum est infirmum & timens pericula: & permitte ut illi *fatigati habeant urbem* in *hac regione. Vocabunt urbem* illam *Acestam, concesso* ab Aceste *nomine.* Æneas *commotus est talibus verbis amici senis: deinde vero distractus est animo in omnes curas. Et nox nigra occupabat cælum invecta duobus equis: deinde species Anchisæ patris delapsa e cælo visa est* ipsi *repente proferre talia verba:* O *fili, mihi magis care* quam *vita, quando vita inerat mihi; fili agitate casibus* Trojanis: *venio huc jussu Jovis, qui avertit incendium a navibus* tuis, *ac denique misertus est tui ex alto cælo. Obtempera consiliis, quæ senex Nautes præbet tibi prudentissima: transporta in Italiam electos juvenes, generosissimos animos: gens fortis & aspera moribus vincenda est tibi in Latio. Tamen prius veni ad domos inferas, & per Avernum profundum quære mea colloquia, o fili. Non enim me sceleratus Tartarus & mœsta umbra tenent, sed habito Elysium, & lætos cœtus bonorum. Casta Sibylla huc ducet te multo sanguine*

NOTÆ.

718. *Acestam.*) De hac urbe, infra v. 759.

721. *Bigis.*) Ut Soli *quadrigæ*, sic Nocti & Lunæ *bigæ* a paucitate trahentium currum assignantur, & quidem ab Ovidio *equi*, ab Ausonio *juvenci*, ab aliis *muli*, quia sicut muli non suo, sed equi genere procreantur; ita Luna, non suo, sed Solis lucet lumine. Tibullus tamen lib. 3. 4. 17. attribuit Nocti quadrigas. Color autem illis niger vulgo datur; a Claudiano *cæruleus*, qui sæpe usurpatur pro nigro; ab Ovidio *niveus*, quia illic de Luna agitur.

722. *Visa facies delapsa parentis, &c.*) E cælo labitur, quo ejus manes *Acheronte remissos*, & inter Deos admissos putari vidimus v. 99. Tamen idem commorari dicitur apud inferos v. 733. Scilicet putabant veteres quatuor inesse homini, de quibus Æn. 4. 385. præsertim *animam* & *simulacrum*, sive *idolum*, sive *manes*; *animam*, heroum præsertim in cælum abire; *simulacrum* commorari manere apud inferos. Sic apud Homerum Odyss. 11. 600. Ulysses, in illa sua mortuorum ex inferis evocatione, ait: Τὸν δὲ μετ' εἰσενόησα βίην Ἡρακληείην, εἴδωλον, &c. *Post hunc vero vidi vim Herculeam, idolum: ipse vero apud immortales Deos oblectatur in conviviis.* De *Ilio*, Æ. 1. 5. De *fatis*, Æ. 1. 243. De *Italia*, Æ. 1. 534. De *Latio*, Æ. 1. 10. De *Dite*, Plutone, Georg. 4. 467. De *Avernis*, pro inferis, Æn. 6. 237. De *Tartaro*, infimo inferorum loco, Georg. 1. 36. De *Elysio*, beatorum apud inferos sede, Æ. 6. 638. De *Sibyllis*, Æ. 6. 10. De *Sacrificio Sibyllæ*, Æ. 6. 243. De *genere Æneæ*, seu posteris, Æn. 6. 756.

Tum genus omne tuum, &, quæ dentur mœnia, disces.
Jamque vale: torquet medios nox humida cursus,
Et me sævus equis Oriens afflavit anhelis.
Dixerat, & tenues fugit, ceu fumus, in auras.
Æneas: Quo deinde ruis? quo proripis? inquit.
Quem fugis? aut quis te nostris complexibus arcet?
Hæc memorans, cinerem, & sopitos suscitat ignes:
Pergameumque Larem, & canæ penetralia Vestæ
Farre pio & plena supplex veneratur acerra.
Extemplo socios, primumque accersit Acesten:
Et Jovis imperium, & cari præcepta parentis
Edocet, & quæ nunc animo sententia constet.
Haud mora consiliis: nec jussa recusat Acestes.
Transcribunt urbi matres, populumque volentem
Deponunt, animos nil magnæ laudis egentes.
Ipsi transtra novant, flammisque ambesa reponunt
Robora navigiis: aptant remosque, rudentesque:
Exigui numero, sed bello vivida virtus.

In-

INTERPRETATIO.

nigrarum victimarum. Tunc disces omnes posteros tuos, & urbes quæ concedentur. Nunc autem vale: nox humida peragit medium cursum, & Sol *oriens crudelis me attingit equis anhelantibus. Sic locutus erat, & evanuit velut fumus in levem aerem. Æneas deinde ait: Quo curris? quo te subtrahis? quem fugis? aut qui te cohibet ab amplexu nostro? Hæc dicens succendit ignem in cinere sepultum; colitque supplex pio frumento & thuribulo pleno Lares Trojanos & sacraria alba Vestæ. Statim advocat socios, ac primo Acesten: declaratque mandatum Jovis, & jussa dilecti patris, & quod jam consilium haereat menti. Nulla* est *mora in* hoc *consilio, & Acestes non recusat mandata. Addicunt matres urbi, & relinquunt plebem volentem, animos non cupidos magnæ gloriæ. Alii reficiunt scamna, & reparant* in *navibus ligna semiusta flammis: accommodant remos & funes: pauci* quidem sunt *numero, sed virtus ardens*

NOTÆ.

738\. *Torquet medios, &c.* Tria sunt hic notanda. I. Æstas, sive solstitium æstivum, hic significatur: cum scilicet nox est brevissima, primumque diluculum mediæ nocti fere conjunctum: sic enim, *medios torquet nox cursus; & oriens me equis afflavit*, id est, *Sol oriens*. Quæ ratio temporis cum illa, quam diximus v. 46. apprime convenit. Et vero confectis ludis, verisimile est Æneam consilii ambiguum dies non paucos in deliberando posuisse, cum hoc ipsi insomnium contigit. II. Umbræ noctu tantum solent apparere, diluque fugiunt. Propert. l. 4. 7. 89.

Nocte vagæ ferimur, nox clausas liberat umbras:
Errat & abjecta Cerberus ipse sera.
Luce jubent leges Lethæa ad stagna reverti:
Nos vehimur, vectum nauta recenset onus.

Alii hoc tribuunt *umbris*, quæ circa tumulos manebant; cum *manes* sive *idola* apud inferos clausa essent. Licet autem hæc Anchisæ species e cœlo, non ex inferis, apparere hic dicatur, eamdem tamen ipsi tribuit lucis ac diei formidinem. III. Somnia tandem ea putantur vera, quæ ad extremam noctem obveniunt; falsa, quæ sub primam noctem. Causam affert Plinius, l. 10. 75. *A vino & a cibis proxima, atque in redormitione, vana esse visa prope contuendo.* Quare verum hoc insomnium Æneas existimavit.

744\. *Pergameumque Larem, &c.*) *Penates, Lares, Vestam*, id est, inextinctum ignem, secum in Italiam advexisse Æneam diximus, Æn. 2. 293. ubi de *Vesta*, & Æ. 2. 717. De cultu *Larium* diximus Æ. 3. 177. Colebantur autem infestis in ignem floribus, vino, thure, libis, sive placentis e purissimo frumento, quod *far* appellatur; mola item salsa, de qua Æ. 2. 133. Unde hic ait *farre pio*, id est, placenta & libo; & *acerra*, arcula thuris sive thuribulo. Supersunt hic tria notanda. I. Per *sopitos ignes*, non intelligi ignes extinctos, hoc enim nefas erat; sed leviter emicantes. II. Vestam dici *canam*. Vel quod antiquam, ut dicta est Æn. 1. 296. *cana fides*. Vel quia Vestales, deinde virgines albo amictu indutæ sunt. III. Æneam, post Anchisæ discessum, sacra fecisse *Laribus*, quia putabant veteres, nihil aliud *Lares* esse, quam animas parentum, ut ostendimus Æn. 2. 717.

751\. 753. *De transtris*, supra v. 119. *De voce ambesa*, Æn. 3. 257. De *rudentibus*, infra v. 824.

Interea Æneas urbem designat aratro,
Sortiturque domos: hoc, Ilium, & hæc loca, Trojæ
Esse jubet. Gaudet regno Trojanus Acestes,
Indicitque forum, & patribus dat jura vocatis.
Tunc vicina astris Erycino in vertice sedes
Fundatur Veneri Idaliæ: tumuloque sacerdos
Et lucus late sacer additur Anchisæo.
Jamque dies epulata novem gens omnis, & aris

Fa-

INTERPRETATIO.

bella. Interim Æneas describit spatium *urbis aratro, & distribuit domos* per *sortem: imperat hoc* spatium *dici Ilium, & hæc loca*, loca *Trojæ. Acestes Trojanus lætatur* nova *ditione, & assignat forum, & ponit leges senibus convocatis. Tunc templum propinquum sideribus ponitur Veneri Cypriæ in cacumine Erycis* montis, *& sacerdos, ac silva late sacra attribuitur sepulcro Anchisæ. Et jam omnis populus epulatus fuerat* per *novem dies, & facta* fuerant *sacri-*

NOTÆ.

755. *Urbem, &c.*) De hac tria dicenda, *nomen, situs, conditor*. I. Vocatur a Stephano *Egesta*, a Dionysio Halicarnasseo *Ægesta*, a Cicerone & Romanis vulgo *Segesta*, a Plinio cives ejus *Acestæi*, quod convenit cum Virgilio, qui *Acestam* vocat: nunc, teste Fazello, *Barbara*. Varietatem nominum induxit multiplex regis hujus appellatio, quem Virgilius *Acesten* vocat, supra v. 36. II. Situs ejus est in parte occidentali Siciliæ, sinum versus & emporium, cui nomen *Castell' a mare*, & septentrionem respicit: urbs ipsa *Segesta*, non in litore, sed ab hoc emporio milliaria circiter quinque in terras recedit ad meridiem: ager calidis & sulphureis fontibus passim scatet. III. Hujus conditor dicitur a quibusdam apud Strab. l. 6. Philoctetes, qui ex agro Italiæ Crotoniensi Trojanum Ægestum eo consilio in Siciliam miserat. Apud Lycophronem & ejus interpretem Tzetzem, Ægestæ atque Elymo tribuitur, supra v. 73. Apud Virgilium, Pompejum Festum, Dionysium, Ciceronem, Æneæ attribuitur. Ita Cicero Verrina 4. 72. *Segesta est oppidum pervetus in Sicilia, quod ab Ænea, fugiente a Troja, atque in hæc loca veniente, conditum esse demonstrant*. Dionysii Halicarn. verba jam retulimus v. 660. De Romano more circumducendi *aratri*, ad circuitum urbis designandum, Æn. 1. 473. in voce *porta*.

756. *Hoc, Ilium, & hæc loca, Trojæ.*) Ilii mentionem in Sicilia nusquam reperi: quare hic *Ilium* nomi puto pro *arce* aut urbe ipsa Segestana, quæ ad similitudinem Ilii sive Trojæ condita sit: quemadmodum ex arce Trojana *Pergamo*, edita loca omnia deinde *Pergama* vocata esse diximus Æn. 1. 470. *Loca Trojæ.*) *Scamandrum* sive *Xanthum* & *Simoenta*, Troadis fluvios, de quibus Æn. 1. 104. 477. quorum nomina duobus circa Segestam in Sicilia fluviis ab Ænea fuisse imposita testantur quidam apud Strab. l. 13. Et *Scamandri* quidem mentio est apud Diodorum l. 20. quem Cluverius ait nunc appellari nomine *S. Bartholomæi*, vel *Freddo*. Addit idem *Simoenta* ad orientem ipsius esse, & cum eo post paulo misceri: nec ejus vulgare nomen assignat.

758. *Indicitque forum &c.*) *Forum* locus erat, ubi jus dicebatur. *Indicere*, tempus proprie notat, quo jus in foro dicendum erat. *Dat jura*, jus illud legesque aperit, ex quibus urbem regi oporteret. *Patres*, id est senatores: & sic Romæ senatores deinde vocati sunt. Notandum autem civitatem tribus præcipue contineri, muris, legibus, religione: quibus ex æquo ab Ænea provisum est.

759. *Erycino in vertice.*) De situ *Erycis*, nunc *S. Juliani*, montis post Ætnam in Sicilia maximi, diximus Æn. 1. 577. In hujus declivi, paulo infra verticem, urbs fuit ejusdem nominis. Hanc fundatam; & utrique nomen inditum volunt ab ipso Eryce Diodorus l. 4. & Apollodorus l. 2. A sepulcro Erycis ibidem constituto nomen petit Hyginus c. 270. Ab Ænea cum Segesta urbe conditam esse censent Dionysius l. 1. & Tzetzes in Lycophronem. De *Eryce*, supra v. 24.

760 *Sedes fundatur Veneri Idaliæ.*) In summo montis Erycis vertice planities fuit, ubi templum Veneris Erycinæ diu celebratum, & juxta Tacitum a Tiberio, juxta Suetonium a Claudio deinde instauratum. Primus ejus conditor Æneas dicitur a Pomponio Mela, ab Hygino, a Dionysio, qui Venerem illam ipsam non *Erycinam*, sed *Æneiam* vocatam addit. Ab his ita dissentit Diodorus l. 4. ut non solum Erycem urbem, sed & Erycinæ Veneris ædem ab *Eryce* fundatam putet; ab Ænea donis duntaxat ornatam. Æneæ tamen opus vulgo id habitum esse innuit Tacitus Annal. l. 4. *Idaliam* vocat Venerem Virgilius, non quod hoc illi nomen insignite fuerit, sed quomodo Delium Apollinem appellat *Thymbræum*, ut observavimus Æn. 3. 85. & Æn. 4. 345. *Idalium*, sive *Idalia*, oppidum & nemus est insulæ Cypri, in mediterranei maris maxime orientali sinu, quæ tota Veneri dicata fuit.

761. *Sacerdos & lucus, &c.*) Quippe promiserat se, condita urbe, sacra in perpetuum Anchisæ patri facturum, v. 60. Itaque sacerdotem ei, & sacram silvam dedicat. *Anchisæo.*) Pro *Anchisæio*, ut Æn. 4. 552. *Cineri Sichæo*, pro *cineri Sichæio*. Testatur autem Hyginus c. 270. in Erycini montis sepulcrum Anchisæ factum: quamvis in Italiam pervenisse Cato dicat: alii, antequam Æneas Siciliam attigisset, in itinere obiisse.

762. *Dies epulata novem, &c.*) Novendialia sacrificia repetita, de quibus v. 64. sacrificiis autem fere semper adjuncta epulæ e sacris extraibis. Cujus autem in honorem peracta hæc sacra? An iterum patris, ut illa superiora? an Deorum novæ urbis? An Veneris Erycinæ? Hoc tertium puto: incidi enim in annum Athenæi l. 9.

Factus honos: placidi straverunt æquora venti,
Creber & aspirans rursus vocat Auster in altum.
Exoritur procurva ingens per litora fletus:
Complexi inter se noctemque diemque morantur.
Ipsæ jam matres, ipsi, quibus aspera quondam
Visa maris facies & non tolerabile numen,
Ire volunt, omnemque fugæ perferre laborem.
Quos bonus Æneas dictis solatur amicis,
Et consanguineo lacrymans commendat Acestæ.
Tres Eryci vitulos, & Tempestatibus agnam
Cædere deinde jubet, solvique ex ordine funes.
Ipse caput tonsæ foliis evinctus olivæ,
Stans procul in prora, pateram tenet, extaque salsos
Porricit in fluctus, ac vina liquentia fundit.
Prosequitur surgens a puppi ventus euntes:
Certatim socii feriunt mare, & æquora verrunt.
At Venus interea Neptunum exercita curis
Alloquitur, talesque effundit pectore questus:
Junonis gravis ira & inexsaturabile pectus
Cogunt me, Neptune, preces descendere in omnes:
Quam nec longa dies, pietas nec mitiget ulla;

Nec

INTERPRETATIO.

ficio per aras: cum tranquilli venti complanaverant fluctus, & validus Auster aspirans invitavit iterum in mare. Surgit magnus luctus per litora sinuosa: cives stant complexi inter se noctemque diemque. Jam ipsæ matres, ipsi, quibus conspectus maris videbatur olim horridus, & vis ejus intolerabilis, illi volunt proficisci, & pati difficultates omnes itineris. Bonus Æneas solatur illos sermone benevolo, & plorans commendat eos Acestæ consanguineo suo. Postea jubet suos immolare Eryci tres vitulos, & agnam Tempestatibus, & funes per ordinem abrumpi. Ipse coronatus frondibus concisæ olivæ circa caput, erectus longe in prora, tenet poculum, & projicit viscera in aquas salsas, effunditque vina pura. Ventus exoriens propellit a puppe navigantes: socii verberant mare certatim, & verrunt ejus planitiem. Venus autem interim agitata curis alloquitur Neptunum, & emittit e pectore tales querelas: Aspera iracundia & insatiabilis animus Junonis cogunt me delabi ad omnes preces, o Neptune. Hanc, neque diutur-

NOTÆ.

quem hic adscribere non pigebit, [illegible] &c. In Eryce autem Siciliæ tempus quoddam erat, quod vocant [illegible], sive profectionis dies, quibus aiunt Venerem in Africam abire. Tum nullæ apparent circa locum columbæ, tanquam aliquam Deam comitatæ. Nono post die, quod tempus [illegible], sive reversionis dies appellant, columba ex mari una pravolante, & in templum se recipiente, sequuntur mox aliæ. Tum quotquot circum habitant divites, convivia agunt, cæteri læti plaudunt. Eadem ferme habet Ælianus Hist. anim. l. 4. 2. Quæ cum Æneæ profectione, & reditu, diuturnaque mora, satis congruunt, ut eo digitum Virgilius retenderit, & Æneæ matri suæ Veneri proprium aut solenne sacra, cui modo templum fundaverat.

764. Auster.) Ventus meridionalis, navigantibus e Sicilia in Italiam commodus. Ecl. 2. 58.

768. Numen.) Vel numen ac divinitas maris, vel quorumcumque Deorum voluntas, Æn. 1. 12.

771. Consanguineo Acestæ.) Consanguineus, non cognatum & ex eadem familia hic significat; nullum enim est vestigium hujus inter Æneam & Acesten cognationis, sed ex eadem gente Trojana. Vide quæ de Acestæ origine dicta sunt, v. 36. De Eryce, v. 24. De Erycis divinitate, v. 467. De divinitate Tempestatum & agna iisdem immolanda, Æn. 3. 120. De vino & extis porriciendis in mare ante profectionem, supra v. 238. De extis, Æn. 4. 64. Patera poculum est patens.

779. At Venus, &c.) De Venere, Æn. 1. 260. De Neptuno, Æn. 1. 129. De æquore, pro maris planitie, Æ. 1. 150. De Junonis ira in Trojanos, Æ. 1. 11. De ejusdem odio adversus fata, Æ. 1. 243. De Phrygibus, Æ. 1. 185.

Nec Jovis imperio fatisve infracta quiescit.
Non media de gente Phrygum exedisse nefandis
Urbem odiis satis est, pœnam traxisse per omnem
Relliquias; Trojæ cineres atque ossa peremptæ
Insequitur: causas tanti sciat illa furoris.
Ipse mihi nuper Libycis tu testis in undis
Quam molem subito excierit: maria omnia cœlo
Miscuit, Æoliis nequicquam freta procellis:
In regnis hoc ausa tuis.
Proh scelus! ecce etiam Trojanis matribus actis
Exussit fœde puppes, & classe subegit
Amissa socios ignotæ linquere terræ.
Quod superest, oro, liceat dare tuta per undas
Vela tibi, liceat Laurentem attingere Tybrim:
Si concessa peto, si dant ea mœnia Parcæ.
Tum Saturnius hæc domitor maris edidit alti:
Fas omne est, Cytherea, meis te fidere regnis,
Unde genus ducis; merui quoque: sæpe furores
Compressi, & rabiem tantam cœlique marisque.
Nec minor in terris, Xanthum Simoentaque testor,
Æneæ mihi cura tui. Cum Troia Achilles
Exanimata sequens impingeret agmina muris,

Mil-

INTERPRETATIO.

omni tempus, nec ulla pietas placat; nec quiescit victa jussu Jovis aut fatis. Non sufficit ipsi *consumpsisse infando odio urbem e medio populorum Phrygiæ, & duxisse* ejus *reliquias per omne* genus *pœnarum: cineres & ossa interfectæ Trojæ persequitur; noverit ipsa causas tanti furoris. Tu ipse testis es quantam excitaverit mihi nuper tempestatem in mari Libyco: confudit omnia maria* cum *cœlo frustra confidens ventis Æoliis: ausa* est *hoc in tua ditione. O crimen! en etiam impulsis mulieribus Trojanis incendit fœde naves, & coëgit* cives *amissa classe relinquere* eas mulieres in *peregrina regione. Quod* spectat ad *reliqua, precor; liceat* Trojanis *committere tibi per undas vela secura, liceat pervenire* ad *Tybrim Laurentem: si quidem peto res concessas, si quidem fata dant* illis *eas urbes. Tunc filius Saturni, victor profundi maris, protulit ista: O Venus, omnino æquum est te confidere meo imperio, unde accepisti ortum;* hoc *etiam merui: sæpe repressi furores & rabiem immanem cœli & maris. Nec minor cura* est *mibi Æneæ tui in terris, testes* appello *Xanthum & Simoenta. Quando Achilles persequens turmas Trojanas territas allide-*

NOTÆ.

784. *Infracta.*) *Fracta.* Affirmat enim fere semper augetque, non negat; scilicet ab *infringo*, quod semper affirmat.

788. *Causas tanti sciat illa furoris.*) Significat nullam esse furoris illius causam; quasi dicat, *sciat illa causas, ego enim nescio.* De *Libyco mari*, circa Africam, Æ. 1. 162. De *Æolo* ventorum Deo, Æ. 1. 56.

790. *Molem.*) Cumulos fluctuum tempestate excitatos. Sic Æ. 1. 138. Neptunus increpat ventos: *Tantas audetis tollere moles?* De *Parcis*, quæ pro fatis sumuntur, Æ. 1. 26. De *Neptuno Saturni filio*, Æ. 1. 129.

800. *Cytherea, &c.*) De hoc *Veneris* nomine, Æ. 1. 261. De *ejus genere & ortu e spuma maris*, Æ. 1. 240.

802. *Merui quoque.*) Merui beneficiis meis ut mihi fideres.

803. *Xanthum, &c.*) Hos attestatur fluvios Neptunus, non quasi sacra sibi numina; sed quia ipsi testes fuerant exhibiti Æneæ subiti, quorum in ripa Æneam periculo Neptunus eripuerat. De *Xantho & Simoente* fluviis Trojæ, Æ. 1. 104. 477. De *Ænea ex Achillis manibus erepto*, Æ. 4. 228. De *Pelide*, Achille, ejusque patre Peleo, Æ. 2. 263. De *Neptuni odio in Trojanos*, Æ. 2. 610.

Millia multa daret leto, gemerentque repleti
Amnes, nec reperire viam atque evolvere posset
In mare se Xanthus; Pelidæ tunc ego forti
Congressum Ænean, nec Diis, nec viribus æquis,
Nube cava eripui: cuperem cum vertere ab imo
Structa meis manibus perjuræ mœnia Trojæ.
Nunc quoque mens eadem perstat mihi, pelle timorem:
Tutus, quos optas, portus accedet Averni.
Unus erit tantum, amissum quem gurgite quæret;
Unum pro multis dabitur caput.
His ubi læta Deæ permulsit pectora dictis,
Jungit equos curru genitor, spumantiaque addit
Fræna feris, manibusque omnes effundit habenas.
Cæruleo per summa levis volat æquora curru:
Subsidunt undæ, tumidumque sub axe tonanti
Sternitur æquor aquis: fugiunt vasto æthere nimbi.
Tum variæ comitum facies: immania cete,
Et senior Glauci chorus, Inousque Palæmon,
Tritonesque citi, Phorcique exercitus omnis.
Læva tenent Thetis & Melite, Panopeaque virgo,
Nesæe, Spioque, Thaliaque, Cymodoceque.

Hic

INTERPRETATIO.

bat eos ad muros, & tradebat morti multa millia, & fluvii pleni cadaveribus *gemebant, & Xanthus non poterat invenire viam & exonerare se in mare: tunc ego servavi cava nube Æneam certantem* cum *forti filio Pelei, nec Diis nec viribus paribus: quamvis optarem evertere a fundamentis monimenta perjuræ Trojæ constructa meis manibus. Nunc etiam restat mihi eadem voluntas erga* Æneam, *depone metum: perveniet securus* ad *portum Averni, quem cupis. Unus erit tantummodo quem requires submersum mari; unicum caput peribit pro multis.*

Postquam pater Neptunus *recreavit his verbis lætum animum Deæ, alligat equos currui, & imponit iis ferocientibus fræna spumantia, & manibus laxat omnes habenas. Volat celer per summos fluctus* in *curru cæruleo: unda demittunt se, & mare inflatum complanatur aquis, sub rotis sonantibus: nimbi fugiunt toto aere. Tunc varii vultus comitum* apparent, *grandia cete, & chorus Glauci senioris, & Palæmon filius Inus, & Tritones veloces, & totus exercitus Phorci. Thetis, & Melite, & virgo Panopea, Nesæe, & Spio, Thalia, & Cymodoce,*

NOTÆ.

813. *Portus accedet Averni.*) Qui non longe aberat ab urbe *Cumis*, & *antro Sibyllæ*; quo pervenit, Æ. 6. De *Averno*, Georg. 2. 161. Æ. 4. 512. Æ. 6. 237.

815. *Unum pro multis, &c.*) Palinurus, qui Morphei fraude submergetur. v. 840. *De equis & curru Neptuni*, Æ. 1. 160. *De feris*, pro equis, Æ. 2. 51.

820. *Sub axe tonanti.*) Vel *axe Neptunii currus*, qui magno rotarum strepitu impelli & quasi tonare videbatur. Vel *axe cæli*, id est, cælo ipso, quod tempestatem minabatur, & jam tonabat, priusquam has Neptuno preces funderet Venus.

822. *Variæ comitum facies, &c.*) Varia maris numina, aut monstra. I. *Cete*, maximi sunt pisces, qui pro balænis vulgo sumuntur: neutrius generis, & pluralis numeri, quia Græca vox est, eaque neutra τὸ κῆτος, plurali numero τὰ κήτεα, & per contractionem κήτη, unde *Cete*. II. *Glaucus*, *Panopea*, *Palæmon* filius *Inus*, Georg. 1. 437. III. *Senior Glauci chorus*, Nymphæ, aut Tritones: & commutatio est, id est, *senioris Glauci chorus*. IV. *Tritones*. Æ. 1. 148. V. *Phorci exercitus*, supra 240. VI. *Thetis*, Nerei filia, Ecl. 4. 32. cum reliquis Nymphis marinis, quarum nomina singulatim explicantur Georg. 4. 335. præterquam *Melites*, quæ ab Hesiodo numeratur inter quinquaginta Nerei filias, Μελίτη, a μέλι, *mel*.

Hic patris Æneæ suspensam blanda vicissim
Gaudia pertentant mentem: jubet ocyus omnes
Attolli malos, intendi brachia velis.
Una omnes fecere pedem: pariterque sinistros,
Nunc dextros solvere sinus: una ardua torquent
Cornua, detorquentque: ferunt sua flamina classem.
Princeps ante omnes densum Palinurus agebat
Agmen: ad hunc alii cursum contendere jussi.
Jamque fere mediam cœli nox humida metam
Contigerat; placida laxarant membra quiete
Sub remis fusi per dura sedilia nautæ;
Cum levis ætheriis delapsus Somnus ab astris
Aera dimovit tenebrosum, & dispulit umbras,
Te, Palinure, petens, tibi tristia somnia portans
Insonti: puppique Deus consedit in alta,

Phor-

INTERPRETATIO.

occupant sinistra spatia. *Tum vicissim blanda lætitia subit animum incertum Æneæ: imperat celeriter omnes malos erigi, & admoveri manus ad vela. Simul omnes extenderunt funes veli, & simul laxaverunt modo sinistros, modo dextros sinus veli: simul vertunt alta cornua* antennæ: *venti prosperi provehunt classem. Palinurus primus ante ducebat densam classem: alii jussi sunt dirigere cursum ad illum. Et jam nox humida attigerat fere medium spatium cœli; remiges strati inter dura scamna sub remis permiserant membra tranquillo somno; cum Somnus celer delapsus e sideribus cœlestibus discussit aerem obscurum, & fugavit tenebras; quærens te, o Palinure, ferens tibi innocenti somnia funesta; & Deus sedit in*

NOTÆ.

829. *Attolli malos.*) De re nautica hæc accipe. I. *Malus*, ingens arbor est, in medio navis erecta, e qua vela suspenduntur. Cum in altum solvebant veteres, hunc erigebant, inserebantque foramini, qui Latinis *puteus*, Græcis [illegible], dicebatur; tum funibus undique firmabant: apud autem ad litus, eruebant e puteo, & inclinabant ad puppim, in ligno quod Plauto *carteria*, Homero [illegible] appellatur. De erectione hic loquitur Virgilius. De inclinatione Lucanus lib. 5. 43. *Et posita remis petierunt litora malo.* II. *Antennæ*, oblongæ perticæ, e quibus expansa pendebant vela: hæ malo transversæ suspendebantur, vel in ipsa mali summitate, si major venti vis capienda erat; vel medio in malo, si moderatior sufficiebat. III. *Brachia* & *cornua*, partes sunt antennæ; *Brachia* quidem partes mediæ, quæ hinc inde ad mali latera prominebant: *cornua* vero partes extremæ, quæ brachia terminabant. Itaque hic per *brachia* totas & ipsas antennas Æneas intelligit; jubetque velis intendi antennas, per enallagen sive commutationem; id est, *jubet vela intendi antennis.* Nisi forte præstet ita simplicius explicare; *jubet admoveri manus & brachia utrumque omnium explicandis velis.* IV. *Funes*, quibus antennæ velis instructæ demittebantur, attollebanturque, vocabantur *rudentes*: qui vero ex utroque infimo veli angulo pendebant, dicebantur *pedes*. V. *Pedum* usus erat in captando vento: nam cum vulgo antenna extra malum, prorsum versus, ex æquo penderet: pedesque hinc atque hinc e velo penduli ad latera navis item ex æquo alligarentur; prout magis minusve pedum alter aut laxabatur, aut stringebatur, ita magis minusve in dextrum sinistrumve latus *detorquebantur cornua* antennarum, ipsaque *obliquabantur* antennæ, & majore minoreve situ vela ventum excipiebant. Atque illud est, *obliquare sinus in ventum*, supra v. 16. Itemque *facere pedem*, id est, *extendere pedem*, ut sæpe, *facere vela*, id est, *extendere vela*.

832. *Sua flamina.*) Prospera, commoda. Sic Ovid. Trist. 1. 9. 49. *Vos facite ut ventos, loca cum diversa petamus, illa suos habeat, nec minus ille suos.*

835. *Metam.*) Aerem circo comparat, in quo sidera, atque ipsa nox, decurrunt: terram, exiguæ rotundæque molis, positam in medio comparat metæ, quam sidera circumeunt. De circo, & meta, v. 109.

838. *Somnus.*) De eo, ejusque insignibus, Æn. 6. 893. *Delapsus ab astris*, id est, ex aere, per quem vagatur, ut variis hominibus somnia immittat; cum enim noctis sit filius, & habitet apud inferos, ex astris & cœlo descendere, quasi e propria sede non potest.

839. *Dispulit umbras.*) Vel simpliciter motum exprimit volantis Dei, qui tenebrosum aerem alis findit. Vel significat, aerem ab eo etiam clariorem redditum, ut ejus insueta claritas Palinuro fraudem faceret.

Phorbanti similis, fuditque has ore loquelas:
Iaside Palinure, ferunt ipsa æquora classem,
Æquatæ spirant auræ, datur hora quieti.
Pone caput, fessosque oculos furare labori.
Ipse ego paullisper pro te tua munera inibo.
Cui vix attollens Palinurus lumina fatur:
Mene salis placidi vultum fluctusque quietos
Ignorare jubes? mene huic confidere monstro?
Ænean credam quid enim fallacibus Austris,
Et cœli toties deceptus fraude sereni?
Talia dicta dabat, clavumque affixus & hærens
Nusquam amittebat, oculosque sub astra tenebat.
Ecce Deus ramum Lethæo rore madentem,
Viqne soporatum Stygia super utraque quassat
Tempora, cunctantique natantia lumina solvit.
Vix primos inopina quies laxaverat artus,
Et super incumbens, cum puppis parte revulsa,
Cumque gubernaculo, liquidas projecit in undas
Præcipitem, ac socios nequicquam sæpe vocantem.
Ipse volans tenues se sustulit ales in auras.
Currit iter tutum non secius æquore classis,
Promissisque patris Neptuni interrita fertur.
Jamque adeo scopulos Sirenum advecta subibat,

Dis-

INTERPRETATIO.

alta puppe, similis Phorbanti, & protulit ore verba ista: O Palinure, fili Iasi, ipsum mare provehit naves, venti flant æquabiles, tempus offertur ad quietem. Demitte caput, & subtrahe labori oculos lassos. Ego ipse implebo pro te tuum officium tantisper. Cui Palinurus respondet vix aperiens oculos: An vis me nescire faciem tranquilli maris & undarum quietarum, an me fidere huic monstro? quid enim committam Æneam Austris dolosis, etiam toties deceptus fraude aeris sereni? Proferebat talia verba, & nullatenus detrahebat gubernaculum, cui affixus, & adhærens, & intendebat oculos in sidera. Ecce Deus excutit super gemina tempora ramum sparsum aqua Lethæa, & soporatum virtute Stygia, & relaxat obnitentis oculos fluitantes. Vix somnus improvisus occupaverat prima membra, & statim Deus super innitens, impulit, cum parte puppis effracta & cum gubernaculo, illum pronum in undas liquidas, & sæpe implorantem socios frustra. Ipse alatus & volans sustulit se in levem aerem. Classis decurrit mari viam non minus tutam, & provehitur secura promissis patris Neptuni. Imo jam

NOTÆ.

842. *Phorbanti.*) Multi fuerunt hujus nominis, interque alios unus e filiis Priami: de quo hic sermonem esse putat Hortensius. *Jasius*, Trojanus aliquis, pater aut avus Palinuri.

849. *Salis &c.*) *De sale*, pro mari, Æ. 1. 39. *De Austris*, ventis meridionalibus, Ecl. 2. 58. *De clavo*, manubrio gubernaculi, supra 177. *De Lethæo rore*, & fonte apud inferos oblivionem inducente, Georg. 1. 78. & Æ. 6. 705. *De Styge*, fluvio etiam inferno, Æ. 4. 383.

856. *Natantia lumina.*) *Fluctuantia*, quæ nunc aperiuntur, nunc clauduntur. *De gubernaculo*, supra v. 177.

864. *Sirenum scopulos, &c.*) Duo quærenda, quæ *Sirenes*, qui earum *scopuli*. I. *Sirenes* monstra fuerunt; Acheloi fluvii & Calliopes aut Melpomenes Musæ, filiæ tres, *Parthenope*, *Leucosia*, *Ligea*. Varia specie pinguntur: superiore quidem corporis parte fœminæ; inferiore vero gallinæ, aut passeres, aut pisces. Harum una voce, altera tibiis, tertia lyra canebat. His deliciis nautas prætereuntes, gantes in naufragium pelliciebant ad scopulos. Harumque fatum fuit, tamdiu vivere, quamdiu cantantes eas audiens nemo incolumis prætervectus esset. At cum Ulyssem, monitus a Circe, sociorum aures obturasset cera, seque navis malo alligari jussisset, atque arte trajecisset incolumis, ideo Sirenes in mare se præcipites de-

de-

Difficiles quondam, multorumque ossibus albos;
Tum rauca assiduo longe sale saxa sonabant:
Cum pater amisso fluitantem errare magistro
Sensit, & ipse ratem nocturnis rexit in undis,
Multa gemens, casuque animum concussus amici:
O nimium cœlo & pelago confise sereno,
Nudus in ignota, Palinure, jacebis arena.

INTERPRETATIO.

progressa radebat rupes Sirenum, olim asperas & albentes ossibus multorum: tunc saxa rauca resonabant procul fluctibus perpetuis; cum pater Æneas agnovit navem esse fluitantem amisso gubernatore, & ipse gubernavit eam per undas obscuras, multum gemens, & turbatus animo ob sortem amici. O Palinure, aiebat, qui nimis fidisti cœlo & mari tranquillo, jacebis insepultus in ignoto litore.

NOTÆ.

deruut. Nomen, non a *σύρω*, *traho*, quia *Sirenes*, non *Syrenes*, appellantur, sed vel a *σειρά*, *catena*, *funis*, vel a *σειρ*, quod interdum est *decipio*. II. Sedes earum collocatur ad Surrentinum Italiæ promontorium, in mare Tyrrhenum prominens, inter agrum Campanum & Picentinum sinumque Puteolanum & Pæstanum. Sed cum illic plures sint insulæ: inprimis *Capreæ*, major insula, Tiberii secessu ac voluptatibus infamis, nunc *Capri*, ad Puteolanum sinum magis accedens: item *Sirenusæ*, scopuli, continenti propiores ac Pæstano sinui: hinc sedem Sirenum alii in *Capreis*, alii in *Sirenusis* locant; optime qui in *Sirenusis*, nunc absque nomine scopulis. Pæstanus vero sinus nunc est *golfo di Salerno*; Puteolanus, *golfo di Napoli*.

871. *Nudus in ignota*, *Palinure*, *&c.*) Cætera, quæ ad Palinurum pertinent, describentur Æ. 6. 337. Non enim fluctibus haustus est, sed cæsus ab inquinati litoris incolis occisus.

FINIS PRIMI TOMI.

www.ingramcontent.com/pod-product-compliance
Lightning Source LLC
Chambersburg PA
CBHW020533300426
44111CB00008B/644
* 9 7 8 3 7 4 1 1 7 7 3 8 5 *